蒙古汗庭的宴會。請注意蒙古女士所戴的固姑冠（boghtaq）。

出處：拉施德丁的《史集》（*Jāmi' al-tawārikh*），Diez-Album A. Fo. 70. S. 22（翻印自普魯士文化遺產基金會——柏林國家圖書館）。

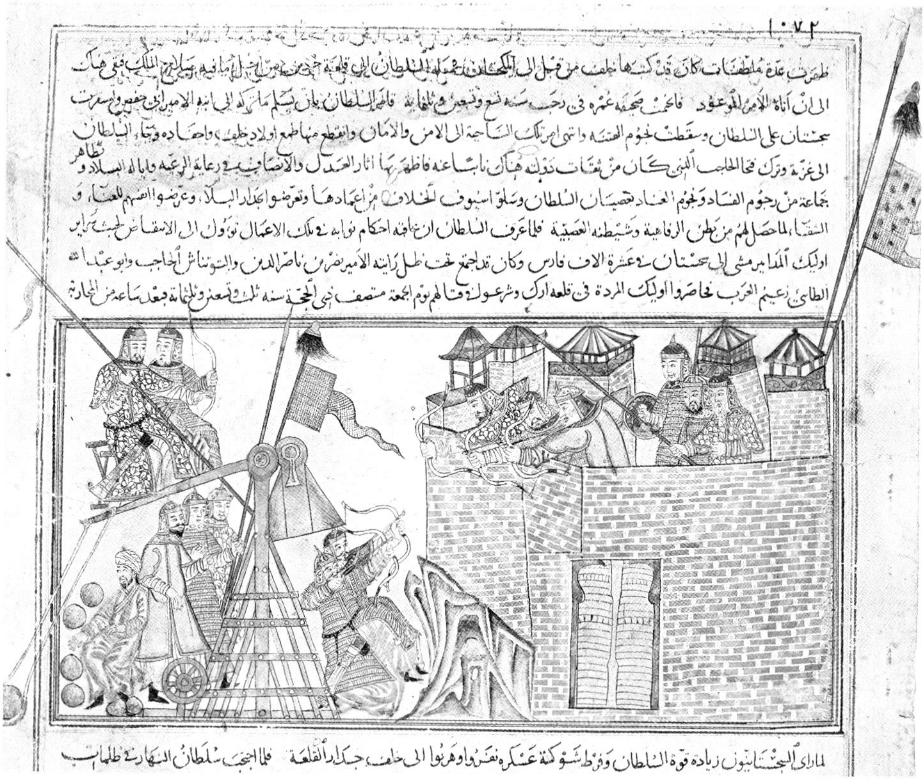

攻城作戰。這兩張細密畫雖然描繪的是 1003 和 1012 年，加茲尼的馬哈茂德（Maḥmūd of Ghazna）的攻城作戰，卻出現了時代錯置的現象。攻城機械由穆斯林操作，但其他戰士則穿著蒙古盔甲。

出處：拉施德丁，《史集》，愛丁堡大學圖書館，ms. Or. 20（推定年代在 1306 和 1314 之間），fos. 124b 和 130b（翻印自愛丁堡大學圖書館）。

ماعرض له السلطان عز اله وتوجه في مهمته ورجع من ذلك السفر على مركب النجح والظفر فطلب شاه أرمن المال المذكور لياعله
أسطولا من ايسار الوحشه والاله لعاد ارصد الربه وضمنه شيئا من الاسناد والاستعطا ببلا يط ما لعله من الخيل برك اله الى غرها في
حقه من اجله بعزة جادته ماشئت عفورشارمن ذلك الملاطفات وازن بها وخاطر بعضهم ان سلطان وارسل السلطان الامير جلب التسارط برد
جادت لنا هضه فاستحسه هو لا معهم زعيم مرو الرنود لا نه كان غار فا مع اطف ذلك ||ت بواب ومخارم ذلك الهضاب عالما طرنهما ومشوا الى ذلك الجند
وهم عمّا ل يكلون الحديث بما يا كلون الصد رو يعضون و الهجا عون فتح ويخلون ت مداخل الارض ومخارجها ومصابها كما تدخل اليد واخذوا
ذلك النواجن فطما الاب الى الامان وطلب الاستمار اطلاعه على خوايم الاعمال وممارسة شدا يد اليام وهرب ت الى الذمة عناية الطالب المؤتن
وريايته ونبل من عقوق ابنه واستغاث وخضر ابنه وخضر ابنه القلعة التي كانت طاهم خاينه ونقل خاينه وماملكة وحواشيه ومواشيه اليها فنزل الحاجب المؤنس وارسل جلاد
جلا القلعة في وجه هو حوالي الحصار ومجال الحرب وشرع في القتال   شعر

ه نضل وحصن كرده آهن ماى   هه سربض قلعه مرد آهن پوش

خضب عمّا ر السلطان المخنفات والعراديت على جاني القلعة ومدموا حايطها من حطها من الى الارض فعددا رجاله العسكا ر الحايط ثم عدد والبريد

被蒙古人帶著走的俘虜。

出處：拉施德丁的《史集》，Diez-Album A. fo. 70, S. 19, no. 2（翻印自普魯士文化遺產基金會——柏林國家圖書館）。

蒙古人折磨俘虜的場景。這類插圖有助於強化蒙古殘暴的形象。

出處：拉施德丁的《史集》，Diez-Album A. fo. 70, S. 6. No. 1（翻印自普魯士文化遺產基金會——柏林國家圖書館）。

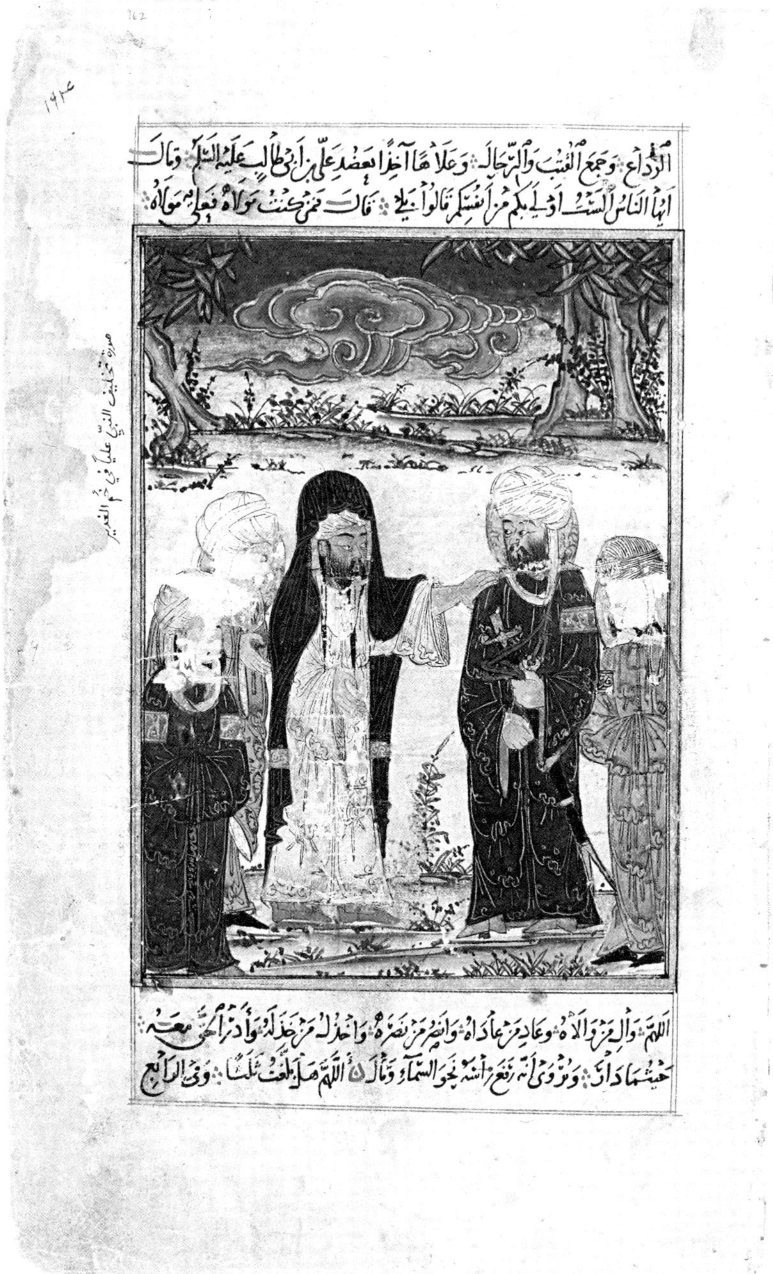

先知在胡木塘（Ghadir Khumm）佈道時，認可阿里為其合法繼任者。這張插圖也許反映了當時伊利汗完者都的什葉派傾向。

出處：比魯尼的《古代民族編年史》（Āthār al bāqiya），愛丁堡大學圖書館，ms. Or. 161（翻印自愛丁堡大學圖書館）。

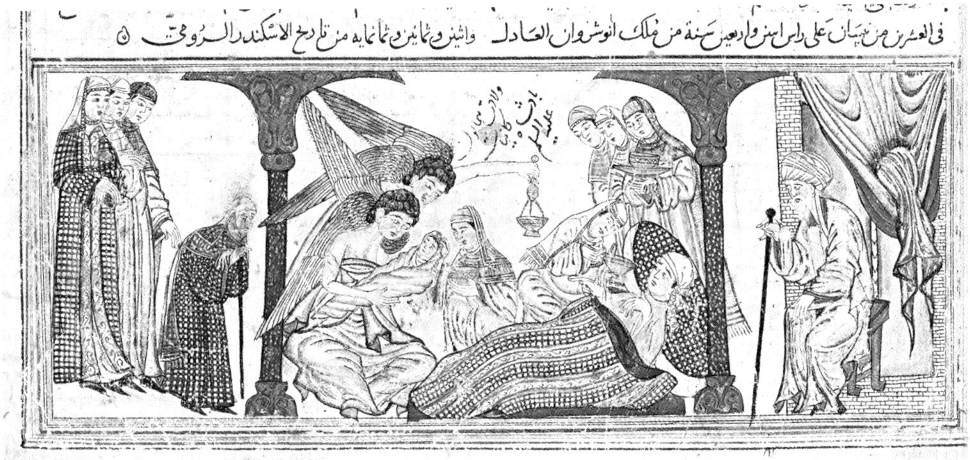

先知的誕生。一般認為這張細密畫模仿了基督誕生的場景。

出處：拉施德丁的《史集》，愛丁堡大學圖書館，ms. Or. 20, fo. 44a（翻印自愛丁堡大學圖書館）。

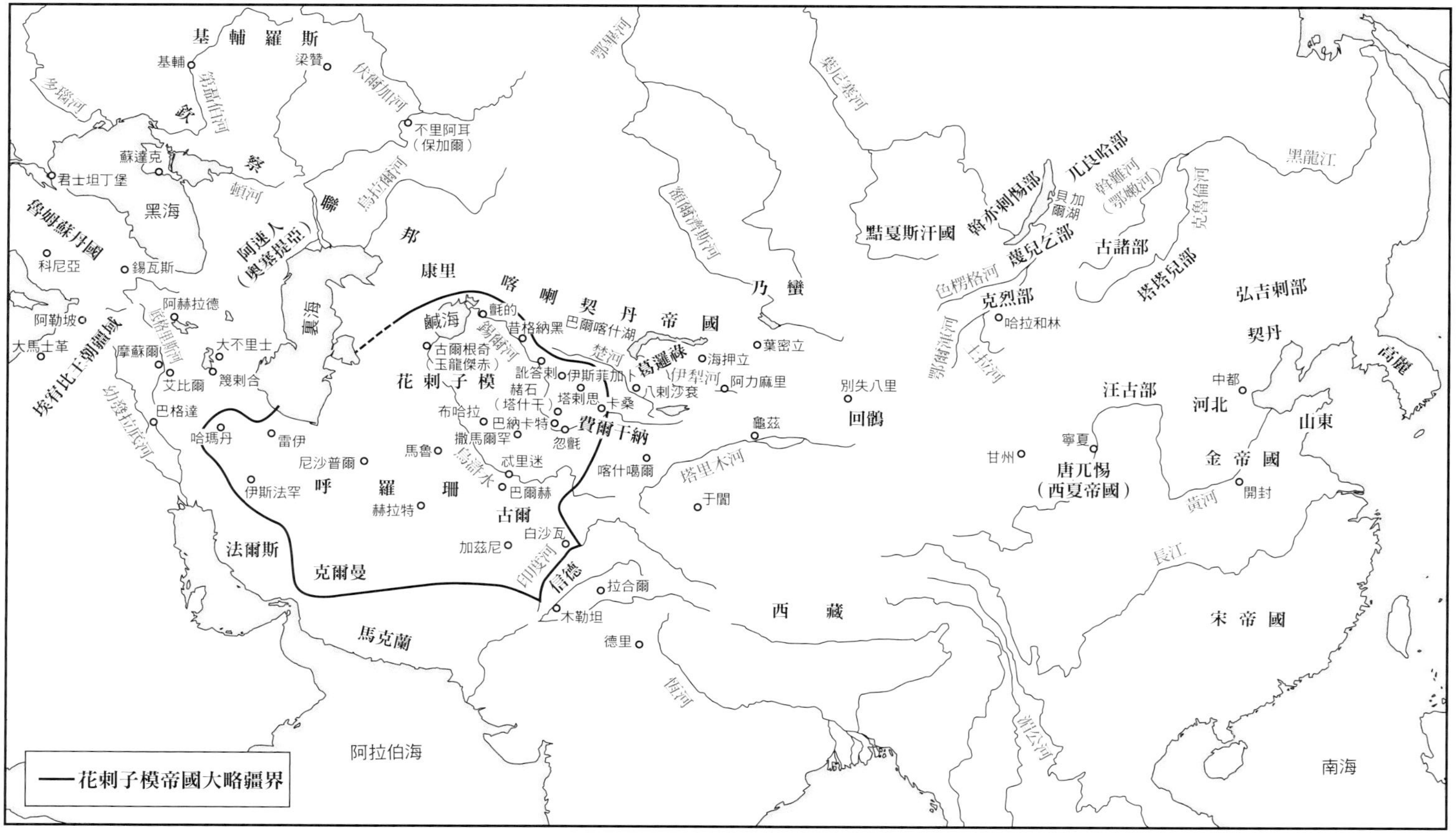

成吉思汗西征前夕的亞洲。

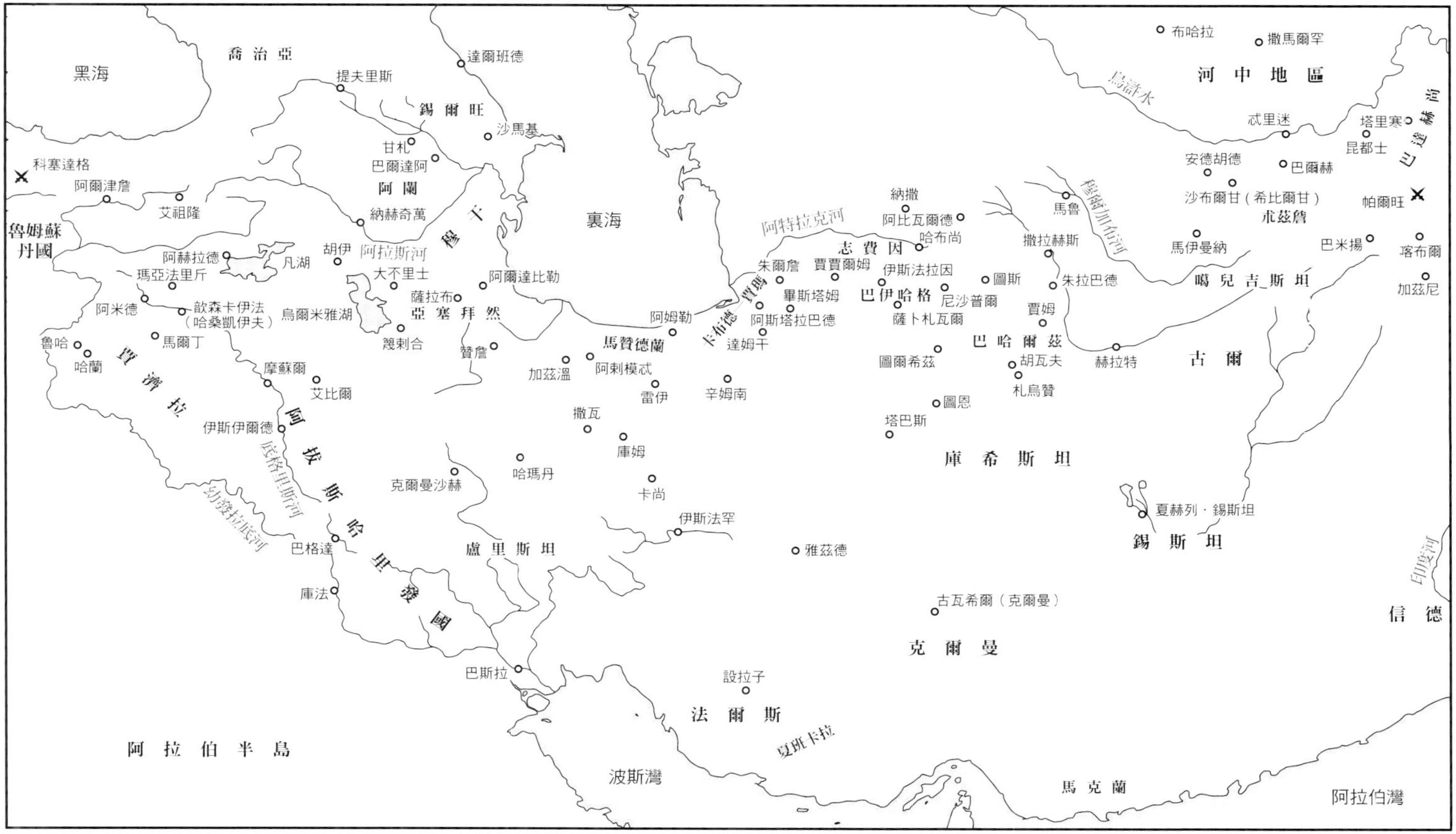

成吉思汗入侵到 1250 年的伊朗世界。

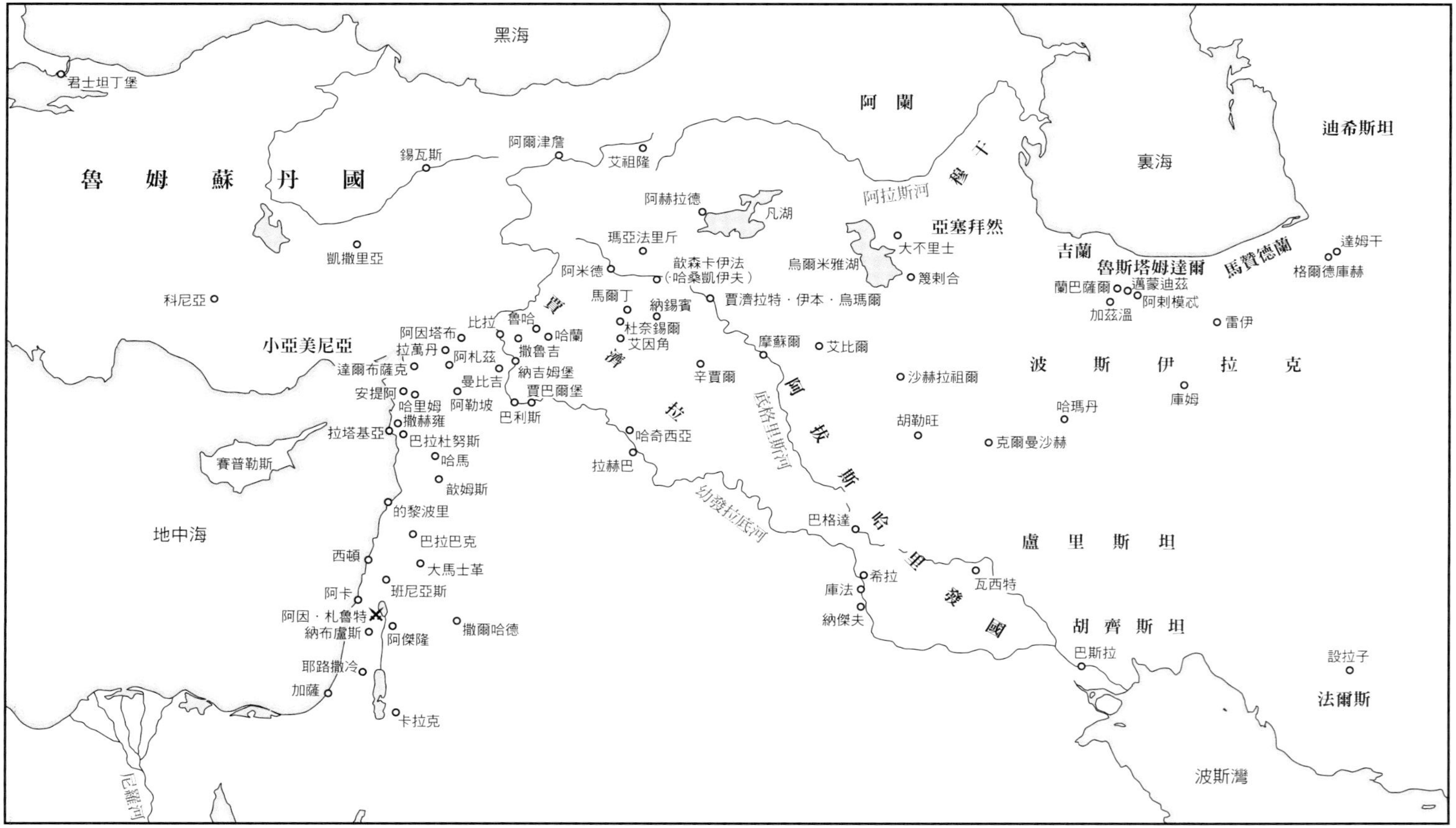

旭烈兀軍隊在 1255 年到 1260 年的戰役。

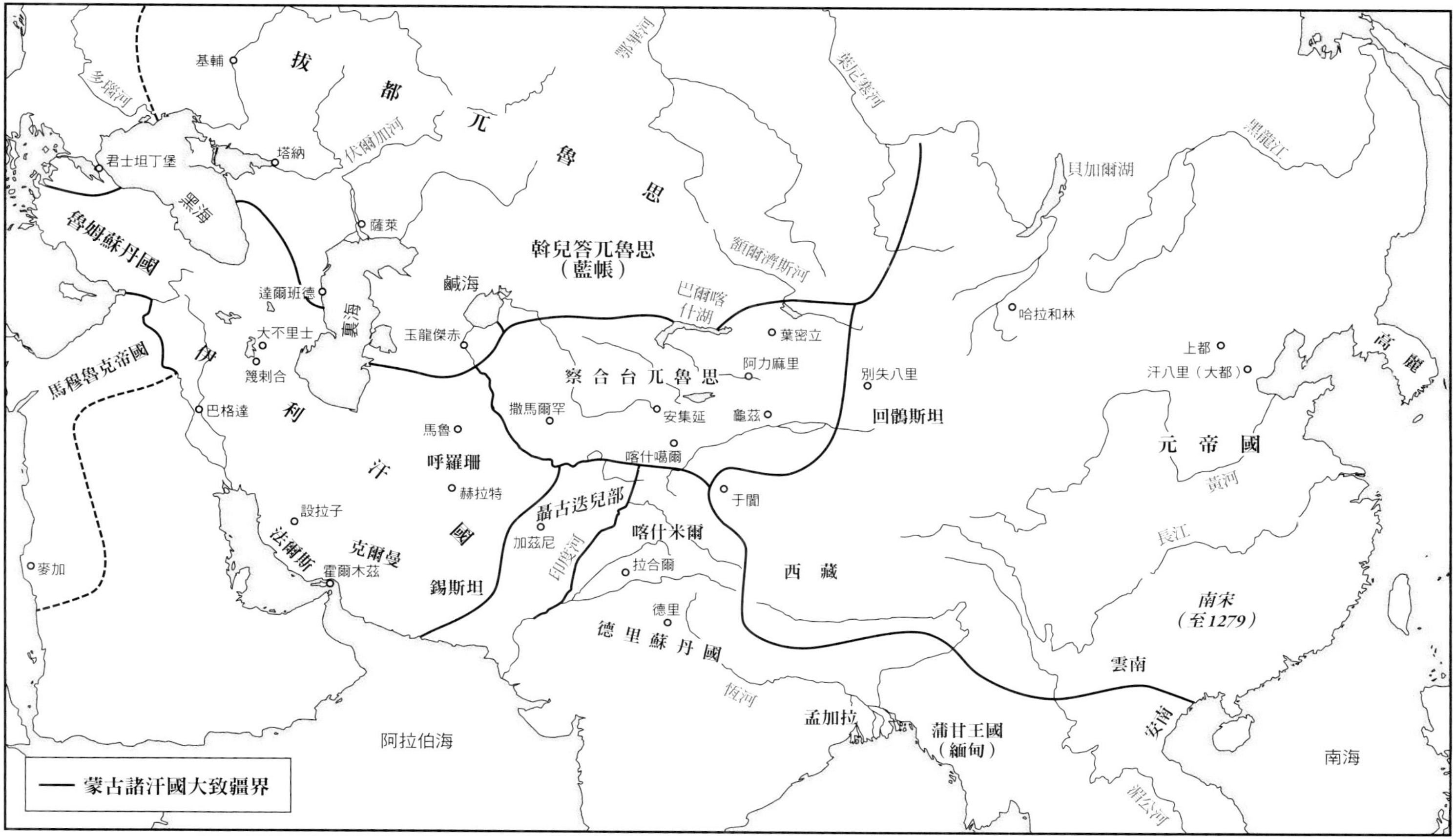

蒙古在 1260 年之後管轄的領土。

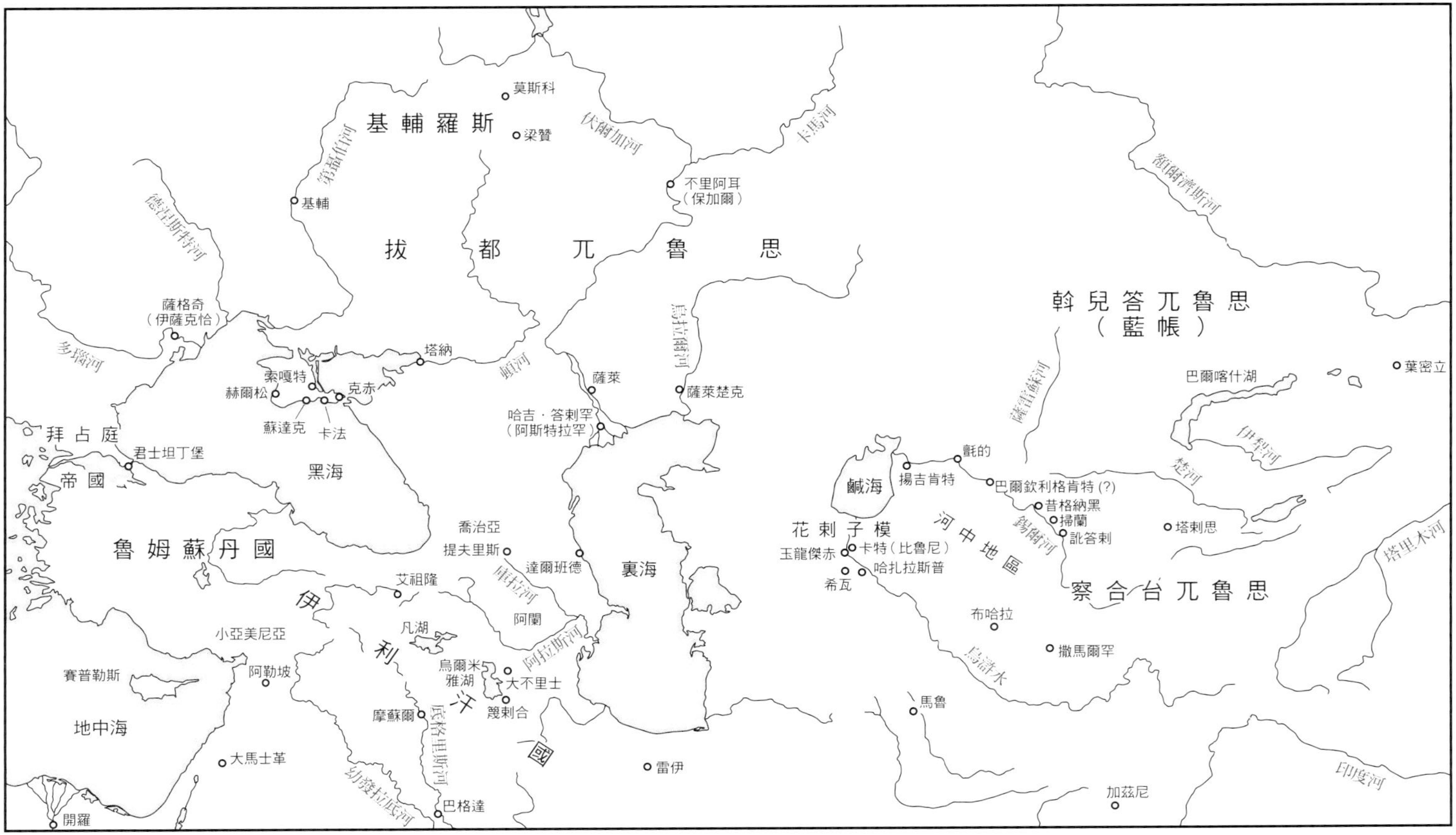
基輔羅斯
莫斯科
梁贊
基輔
第聶伯河
伏爾加河
卡馬河
不里阿耳
（保加爾）
額爾濟斯河
拔都兀魯思
德涅斯特河
斡兒答兀魯思
（藍帳）
薩格奇
（伊薩克恰）
多瑙河
塔納
頓河
薩萊
烏拉爾河
薩萊楚克
薩雷蘇河
巴爾喀什湖
葉密立
索嘎特
克赤
赫爾松
蘇達克
卡法
哈吉・答剌罕
（阿斯特拉罕）
伊犁河
氈的
楚河
拜占庭
君士坦丁堡
帝國
黑海
揚吉肯特
鹹海
巴爾欽利格肯特 (?)
昔格納黑
掃蘭
錫爾河
塔剌思
訛答剌
花剌子模
河中地區
喬治亞
提夫里斯
玉龍傑赤
卡特（比魯尼）
哈扎拉斯普
塔里木河
鲁姆蘇丹國
達爾班德
裏海
希瓦
艾祖隆
庫拉河
察合台兀魯思
伊
阿蘭
布哈拉
小亞美尼亞
凡湖
利
阿拉斯河
撒馬爾罕
烏滸水
烏爾米
雅湖
大不里士
賽普勒斯
阿勒坡
汗
摩蘇爾
蔑剌合
馬魯
地中海
底格里斯河
國
大馬士革
雷伊
印度河
幼發拉底河
加茲尼
巴格達
開羅

朮赤的領土。

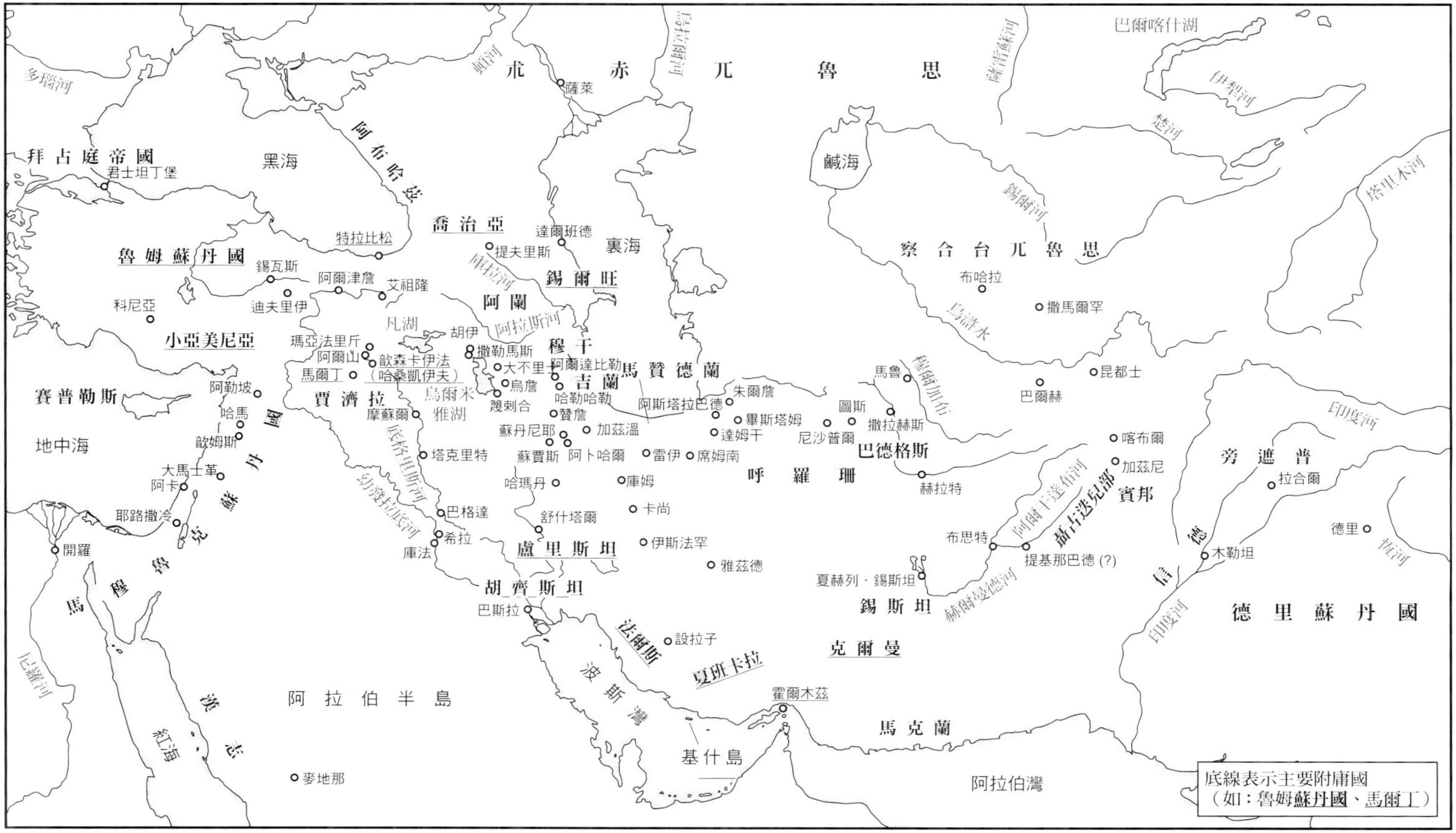

拜占庭帝國
君士坦丁堡
黑海
阿布哈茲
特拉比松
喬治亞
魯姆蘇丹國
錫瓦斯
阿爾津詹
艾祖隆
迪夫里伊
科尼亞
小亞美尼亞
瑪亞法里斤
阿爾山
馬爾丁
歆森卡伊法
（哈桑凱伊夫）
賽普勒斯
地中海
阿勒坡
哈馬
畝姆斯
大馬士革
阿卡
耶路撒冷
開羅
馬穆魯克蘇丹國
賈濟拉
摩蘇爾
烏爾米雅湖
凡湖
胡伊
撒勒馬斯
大不里士
烏詹
蔑剌合
阿蘭
穆干
吉蘭
阿爾達比勒
哈勒哈勒
贊詹
蘇丹尼耶
加茲溫
蘇賈斯
阿卜哈爾
塔克里特
巴格達
希拉
庫法
哈瑪丹
舒什塔爾
盧里斯坦
胡齊斯坦
巴斯拉
錫爾旺
達爾班德
提夫里斯
庫拉河
阿拉斯河
裏海
馬贊德蘭
阿斯塔拉巴德
朱爾詹
畢斯塔姆
達姆干
雷伊
席姆南
庫姆
卡尚
伊斯法罕
雅茲德
設拉子
法爾斯
夏班卡拉
波斯灣
基什島
霍爾木茲
克爾曼
馬克蘭
阿拉伯灣
圖斯
尼沙普爾
撒拉赫斯
馬魯
穆爾加布
巴德格斯
呼羅珊
赫拉特
夏赫列・錫斯坦
錫斯坦
赫爾曼德河
布思特
提基那巴德（?）
阿爾干達布河
聶古迭兒部
喀布爾
加茲尼
賓邦
旁遮普
拉合爾
木勒坦
信德
德里
恆河
印度河
德里蘇丹國
巴爾赫
昆都士
撒馬爾罕
布哈拉
烏滸水
察合台兀魯思
錫爾河
鹹海
塔里木河
楚河
伊犁河
巴爾喀什湖
薩雷蘇河
烏拉爾河
朮赤兀魯思
薩萊
頓河
多瑙河
阿拉伯半島
麥地那
漢志
紅海
尼羅河
底格里斯河
幼發拉底河
底線表示主要附庸國
（如：魯姆蘇丹國、馬爾丁）

伊利汗國。

海都與察合台系管轄的領土。

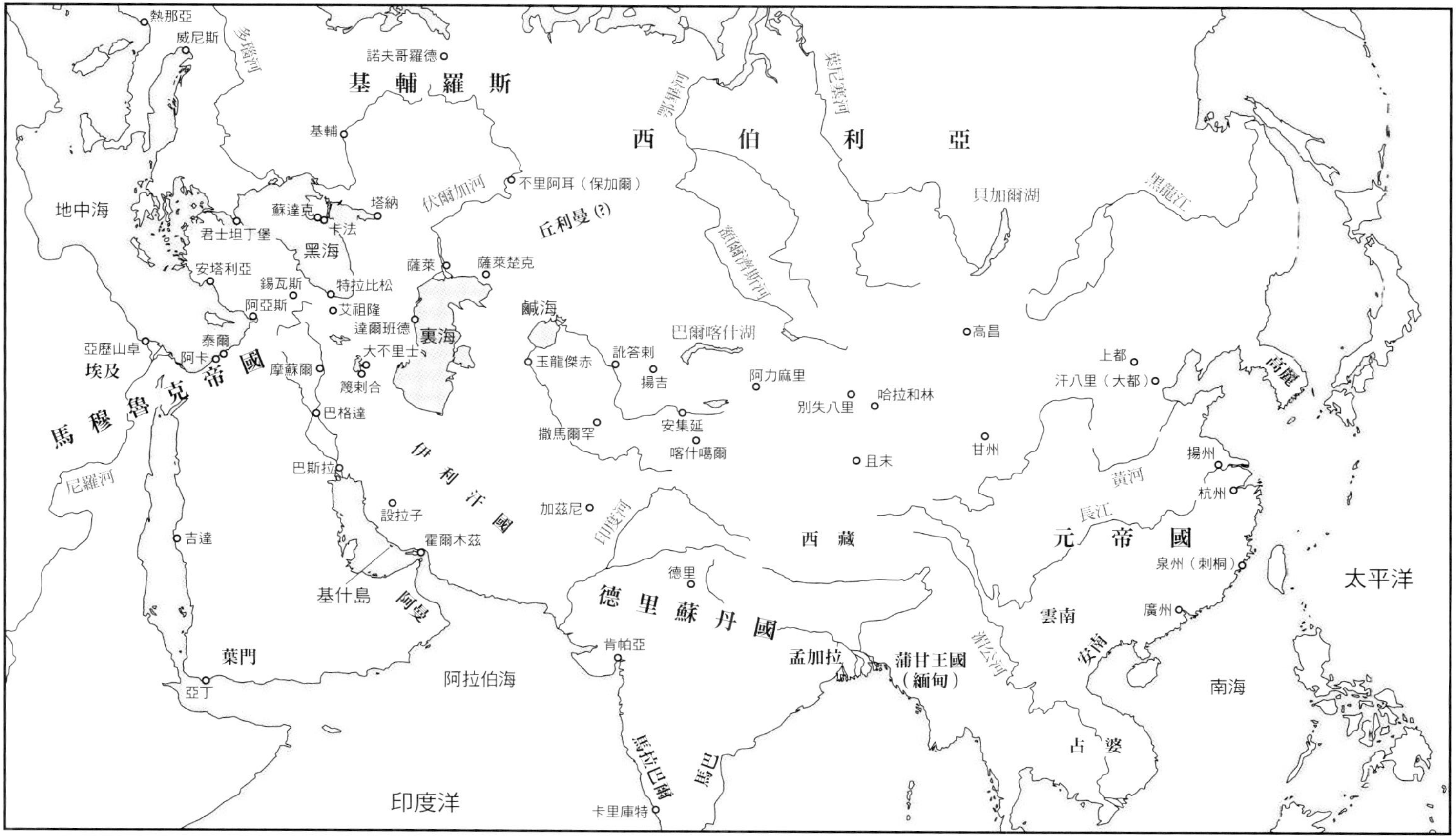

蒙古時代歐亞大陸的商業網路。

蒙古帝國與伊斯蘭世界

從征服到改宗的歷史大變局

The Mongols & the Islamic World

Peter Jackson

彼得・傑克森——著 廖素珊、王紫讓——譯

獻給

瑞貝卡（Rebecca）

目次

第三部　蒙古君主與穆斯林臣民

第四部　伊斯蘭化的起點

導讀

蒙古征服與後哈里發時代的穆斯林世界

蔡偉傑（深圳大學人文學院歷史系助理教授）

十三世紀蒙古人征服了中亞、中東、波斯與俄羅斯，對於穆斯林而言，其歷史意義在於阿拉伯的阿拔斯王朝被消滅，而伊斯蘭世界多數人公認的領袖哈里發也隨之消失，導致了伊斯蘭世界陷入長期分裂的局面。此外蒙古人在這場戰爭的殺戮與破壞更是具有高度爭議性的話題，與其相關的歷史記憶仍然歷久彌新。至今中東的穆斯林（包括了恐怖組織「基地」前領導人奧薩瑪・賓・拉登與伊拉克前總統薩達姆・海珊）在提及美國進攻伊拉克一事時，仍舊以蒙古人對波斯與中東的侵略來做對比。

過去在西方學界探討蒙古人與伊斯蘭世界的歷史，有德國東方學家史普勒（Bertold Spuler, 1911-1990）的早期經典研究《蒙古時代：穆斯林世界的歷史》。[1]另外還有較為新近的研究成果，例如大衛・摩根（David Morgan）的《蒙古人》。[2]如今擺在各位讀者面前的這本《蒙古帝國與伊斯蘭世界：從征服

[1] Berthold Spuler, *The Mongol Period: History of the Muslim World* (Leiden: E. J. Brill, 1959).

[2] David Morgan, *The Mongols*, 2nd ed. (Oxford: Blackwell, 2008).

到改宗的歷史大變局》（*The Mongols and the Islamic World: From Conquest to Conversion*）可以視為是關於這段歷史迄今最全面的研究。英文原版於 2017 年由耶魯大學出版社發行。作者彼得・傑克森（Peter Jackson）為英國基爾大學（Keele University）歷史系榮退教授，以中古史研究著稱。

本書回顧了蒙古人興起的過程以及當時內亞與伊斯蘭世界的狀況，並探討蒙古人如何在短時間內征服了廣大的穆斯林領地，並且比較了蒙古征服中東期間與後來內戰所造成的破壞規模，以及蒙古人如何讓其穆斯林臣民接受其統治，後來蒙古人如何接納伊斯蘭教，以及蒙古統治對伊斯蘭世界的影響等議題。

傑克森認為穆斯林對西遼（喀喇契丹）稱霸中亞的看法預示了後來對蒙古帝國征服伊斯蘭世界的評價，但是兩者之間存在不小的差異。簡而言之，對於穆斯林而言，蒙古人的統治較具侵入性和壓迫性。而旭烈兀西征之所以能夠順利成功的因素之一，在於其軍隊中充滿了許多穆斯林的同盟軍。這不僅使其對手難以利用聖戰（jihād）的名義來抵抗蒙古大軍，並且還有助降低其他穆斯林的反對。

關於蒙古人征服中亞與中東過程中發生的大規模屠殺，傑克森指出這主要發生於成吉思汗統治時期，而非後來的旭烈兀西征。一方面是成吉思汗的軍事行動帶有報復性質，另一方面是旭烈兀西征時許多城市主動選擇了投降蒙古大軍，所以也避免了被屠殺的命運。而旭烈兀的軍事行動和他祖父成吉思汗的七年遠征最大的不同之處並非沒有造成屠殺或破壞，而是前者執行重建措施的速度來得更快。傑克森提醒讀者，若將伊斯蘭土地的荒蕪僅僅歸因於成吉思汗到旭烈兀遠征的軍事行動，恐怕都是不完整的。

雖然傑克森也認為 1260 年之後蒙古帝國的連年內戰，難以配得上「蒙古治世」（*Pax Mongolica*）一詞，但是蒙古的統治所帶來的東西方之間物質、科技與藝術交流成就確實難以忽視。在當時的蒙古諸汗國中，拜伊利汗旭烈兀及其繼任者的經營所賜，大不里士成了當時國際貿易的主要中轉站。大不里士富庶程度之高，以致當時的方濟會士鄂多立克（Odorico da Pordenone, c.1286–1331）表示法國全國的歲入還比不上伊利汗從這座城市所徵得的歲收。

金帳汗國內部的城市雖然無法和大不里士競爭，但是其都城薩萊，還有塔納和卡法也都是重要的貿易樞紐。位於中亞的察合台汗國則有費爾干納谷地的安集延作為重要城市。不過作者也提醒我們，蒙古內部戰事所造成的損害並不僅限於農民和城鎮居民，商人也往往是皇室覬覦或報復的顯著目標。因此我們不應該高估蒙古帝國建立後對商業的正面作用。

關於穆斯林眼中的蒙古統治者形象，由於草原習俗與伊斯蘭教法的牴觸（例如收繼婚和穆斯林宰殺牲畜的儀式），收取不合乎伊斯蘭教規定的稅賦（特別是人頭稅），以及伊斯蘭教和穆斯林官員失去了首要地位，導致了穆斯林視蒙古統治為異族統治或壓迫。但是傑克森也提醒讀者注意，這些牴觸與衝突實際上比過去所認知的來得小。以穆斯林宰殺儀式為例，公開宰殺和私下執行兩者就被區別對待。而且蒙古對特定伊斯蘭習俗的禁令，也隨著地區和時間的不同而有所改變，不能一概而論。

蒙古人奉行成吉思汗對所有宗教平等的大札撒，因此有些西方觀察者認為蒙古征服者具備了宗教寬容的大度。本書主張，後來蒙古統治者接受伊斯蘭教（主要是蘇非神祕主義教派）的原因，除了蘇菲苦行者與蒙古薩滿有類似之處以外，他們可能更加看重這些蘇非能夠行神通奇蹟的能力，另外皈依伊斯蘭教也能夠爭取穆斯林臣民的認同。而新皈依伊斯蘭教的蒙古汗之所以遭到反對，並非肇因於他們個人的改宗，而是因為他們試圖在汗國內恢復伊斯蘭教其至高無上的地位以及實施伊斯蘭法律。而反對派則是以草原守舊勢力為主，因為這作法偏離了成吉思汗所立下的大札撒。

至於蒙古帝國征服伊斯蘭世界的遺產，首先是「蒙古帝國文化」的創立與延續，這種帝國文化是蒙古和突厥文化的混合體，其中也包括穆斯林以及其他統治地區（如中國和西藏）的文化。而人口遷徙導致了新民族的出現。其次，蒙古時代導致更互相緊密聯繫的世界興起。正是因為印度、伊朗和近東之間更緊密的經濟連結措施，使得這些地區在 1330 和 40 年代同時經歷了類似危機，包括了黑死病的流傳，但這也反過來說明當時蒙古帝國治下的歐亞具有某種程度的整合性。最後，蒙古人或許在有限的程度上，也促使了後來鄂圖曼帝國的建立，而且大大促進了伊斯蘭教的傳播。

一般讀者在閱讀本書時，首先遇到的問題應該是書中提及的眾多人物與地名。地名的部分還可以透過地圖和古今地名對照來補足。不過人物的部分也許會比較困難，特別是西亞與中亞人。若是涉及元代中國的部分，尚有羅依果（Igor de Rachewiltz）等人編著的《執事汗廷：蒙元初期的名人（1200-1300）》以及近期余大鈞編著的《元代人名大詞典》可供翻檢。[3]至於元朝領地以外的蒙古時代名人傳記彙編，過去相對較為缺乏。不過近年來在這個領域新出了一些成果，彌補了這部分材料的缺乏。例如由德格魯伊特出版社（De Gruyter）所發行的學報《亞洲研究》（*Asiatische Studien - Études Asiatiques*）第 71 卷第 4 期，就收錄了由彭曉燕（Michal Biran）所主編的專欄「執事汗廷：蒙古時代的歐亞轉變中的菁英」（*In the Service of the Khans: Elites in Transition in Mongol Eurasia*），[4]還有彭曉燕、喬納森·布拉克（Jonathan Brack）與方斐蒂（Francesca Fiaschetti）合編的《蒙古時代的歐亞絲路之旅：將軍、行商與知識份子》都收錄了許多蒙古時代的名人傳記。例如本書中所提及的來自小亞細亞，後來成為忽必烈汗的通譯，後來又奉命出使伊利汗國的愛薛怯里馬赤（'Īsā Kelemechi, 1227-1308），金浩東就有專題研究論文收入後書。[5]

---

❸ Igor de Rachewiltz, Hok-lam Chan 陳學霖, Ch'i-ch'ing Hsiao 蕭啟慶, and Peter W. Geier, *In the Service of the Khan: Eminent Personalities of the Early Mongol-Yüan Period (1200-1300)*. Asiatische Forschungen, no. 121 (Wiesbaden: Harrassowitz, 1993). 余大鈞編，《元代人名大詞典》（呼和浩特：內蒙古人民出版社，2016年）。

❹ Michal Biran, ed., *In the Service of the Khan: Elites in Transition in Mongol Eurasia. Asiatische Studien – Études Asiatiques* 71, no. 4 (2017): 1051-1245.

❺ Hodong Kim, "'Īsā Kelemechi: A Translator Turned Envoy between Asia and Europe," in *Along the Silk Roads in Mongol Eurasia: Generals, Merchants, and Intellectuals*, Michal Biran, Jonathan Brack, and Francesca Fiaschetti, eds. (Oakland, CA: University of California Press, 2020), 255-269. 這篇文章最早是以韓文出版，稍早已經有了中譯文，參見金浩東，〈蒙元帝國時期的一位色目官吏愛薛怯里馬赤（Isa Kelemechi，1227~1308年）的生涯與活動〉，《歐亞譯叢》，第1期，余太山、李錦綉主編（北京：商務印書館，2014年），第224-263頁。

最後要說的是，本書作者本身並非蒙古學者出身，因此不具備蒙文與中文史料的解讀能力。但是他能運用大量的波斯文、阿拉伯文與拉丁文史料，並借助了察合台文、蒙文、中文、敘利亞文與俄文史料的西文譯本，以及海量的二手西文研究成果，才得以完成這部鉅作。本書第一章介紹了中世紀述及蒙古的著作者們，完全能夠獨立視為一篇詳盡的蒙古時代世界史的多語種文獻回顧，這樣的介紹性文章更是中文世界不可多得的材料。這一方面反映了這段歷史的研究難度之高，對於譯者而言，更是一項艱鉅的任務，因此這本書能夠引介到中文世界，特別要感謝譯者的辛勞。另外也要感謝中國社會科學院古代史研究所副研究員李鳴飛博士協助審校書中關於波斯文史料的部分。

簡言之，這本書奠基在紮實的史料解讀上，對於蒙古人與伊斯蘭世界之間的歷史做了詳盡的回顧，是學術性相當高的原創性著作，對於蒙古帝國史與伊斯蘭教史有興趣的讀者不應錯過本書。

致謝

2006年時，我初次構想寫一本書，來討論受異教蒙古人統治的穆斯林。耶魯大學出版社的海瑟·麥卡倫（Heather McCallum）非常支持我的想法，我很感激她對這個計畫的長期熱情與興趣，持續的時間超乎我倆的預期。我也很感謝海瑟和她的同事瑞秋·朗斯戴爾（Rachael Lonsdale）、梅麗莎·邦德（Melissa Bond）和薩曼莎·克洛斯（Samantha Cross），協助本書順利出版，還有理察·梅森（Richard Mason）仔細而且有效率地編輯本書書稿。

筆者撰寫本書期間，欠了不少人情。我必須要提下述這些機構的職員，他們給我無窮盡的協助、耐心與善意：劍橋大學圖書館（Cambridge University Library）、博德利圖書館（Bodleian Library）、牛津大學伊斯蘭研究中心（Library of the Oxford Centre for Islamic Studies）、大英圖書館（British Library）、華堡研究所圖書館（Warburg Institute Library）、惠康圖書館（Wellcome Library）、倫敦大學亞非學院圖書館（Library of the School of Oriental and African Studies）、伯明翰大學圖書館（Birmingham University Library）和曼徹斯特大學約翰·萊蘭茲圖書館（John Rylands University Library in Manchester）。我能夠借閱亞非學院、伯明翰大學與約翰·萊蘭茲圖書館的館藏，則有賴大學與國立圖書館合作架構（SCONUL scheme），這項珍貴的特權不該被視為理所當然，我也很樂意在此感謝合作架構的協助。我也很感謝下列機構的職員：巴黎的法國國家圖書館（Bibliothèque Nationale）、以及（幾年前）在伊斯坦堡的蘇萊曼圖書館（Süleymaniye Kütüphanesi）和托普卡匹皇宮（Topkapı Sarayı Müzesi）。

2010年4月在威斯康辛大學麥迪遜分校（University of Wisconsin-Madison）一場由大衛・摩根（David Morgan）教授籌劃的「蒙古帝國與其世界」專題研討會上，我有幸以第六章部分內容初期的版本與會，並且獲益良多。此外，我在華威大學（University of Warwick）、伯明翰大學、聖安德魯斯大學（University of St Andrews）、雪菲爾大學（University of St Sheffield）、基爾大學（the University of Keele）以及牛津大學萬靈學院（All Souls College, Oxford）的研討會上，閱讀眾多與蒙古和伊斯蘭世界相關的論文，也令我獲益良多，並以不同方式將本書第十一章、十二章和十三章的內容發展得更完整。我也很高興2014年6月到7月間，在耶路撒冷一場由彭曉燕（Michal Biran）和金浩東（Hodong Kim）教授召集「蒙古帝國研究的新方向」（New Directions in the Study of the Mongol Empire）的會議上，發表一篇篇名不那麼令人激動的論文〈察合台系改宗的比較視角〉（The Conversion of the Chaghadayids in Comparative Perspective），我有機會能試著討論第十三章裡其中一個主題。我要特別感謝每場會議的與會者對我提出種種具啟發性的問題。

從1970年代起，從事研究蒙古帝國及其後繼的國家的學者，都注意到一手史料的版本或譯文數量增加，更明顯的情況是，相關的學術研究，無論是文章或書，都有爆炸性的成長。對我而言，與領域內眾多的學術同僚私下交流帶惠我良多，我很確定更甚於我帶給他們的。個人還得感謝以下幾位人士：彭曉燕教授、安妮瑪麗・埃德（Anne-Marie Eddé）教授、喬治・萊恩（George Lane）博士、羅曼・波希卡夫（Roman Pochekaev）博士和米克洛什・沙柯吉（Miklós Sárközy）博士，他們提供我在英國任何博物館都無法取得的複印文檔或電子檔副本。此外，彼得・高登（Peter Golden）教授、科林・海伍德（Colin Heywood）博士和尼古拉克拉丁（Nikolai Kradin）好心地贈予他們所收藏文章的副本給我。好幾位學者提供我文獻的影本或單行本，否則我要多花好幾個月才能注意到這些資料，而金浩東教授寄給我連續幾期在首爾出版的《中央歐亞研究》（*Journal of Central Eurasian Studies*）。在許多場合，僅僅是與同僚彼此對話、問答或是分享參考資料，我就能獲益匪淺—這種幫助絕非微不足道。我也非常感謝彭曉燕和大衛．摩根教授，他們兩位代表耶魯大學出版社閱讀我最後一版的草稿，他們的評論和建議都讓我的想法變得更好，除去不少錯誤，澄清誤解之處。當然，無庸置疑的是我即使受人幫助，也並不能減少我對於此書中仍有缺點的責任。

最後必須在此一提的恩情——儘管絕非無關緊要——那就是我的太太瑞貝卡（Rebecca）長年不曾間斷的支持。她在不同時刻讀過每一章的草稿，既給予鼓勵，也質疑我的論點或文體。將本書獻給我的太太，特別是如果沒有她的話，我不可能完成本書。

彼得．傑克森

於史丹佛郡馬德雷

2016 年 9 月

本書體例

非拉丁文字的轉寫

關於蒙古語和突厥語專有名詞和名稱的寫法，本書依照波伊勒（J. A. Boyle）的拉施德丁《史集》第一部分第二卷譯本，《成吉思汗的繼承者》（*The Successors of Genghis Khan*，1971），並稍作修改。像是成吉思便以蒙語 Chinggis 拼寫，而非波斯作者的寫法 Chingīz，或是刪改過的歐洲衍生字 Jenghiz 或 Genghis。成吉思所建立的王朝世系也就寫做 Chinggisids。相較之下，雖然帖木兒在本書是以突厥—蒙古的拼寫 Temür 呈現，但是我比較支持常用的 Timurids 這個拼法來表示朝代。此外，本書察合台的名字是採用蒙語拼寫的 Chaghadai，他的名字如果用突厥語會拼為 Chaghatay。有時用來表記蒙古語喉音子音的 kh 或 gh，本書通常以 q 取代（因此是 Qubilai、qaghan 和 quriltai，而不是 Khubilai、khaghan 和 khuriltai）。不過讀者還是會發現例外：著名的伊利汗合贊寫做 Ghazan，但是另一位年代稍晚的察合台汗則稱為 Qazan，因為這些用法已經成為史學界的慣例—儘管兩位汗王名字相同，在回鶻字當中也一樣（其意為「大釜」）。在現今土耳其的地名採用現代的土耳其語拼法。當然，出現在穆斯林文獻資料中的蒙古和突厥名字及詞彙，是以阿拉伯語和波斯語拼寫。

至於阿拉伯語和波斯語，我採用《伊斯蘭百科全書》（*The Encyclopaedia of Islam*）第二版（1954-2009）的拼寫方式，不過以 ch 代替 č、j 代替 dj 以及 q 代替 ḳ。波斯語轉寫則視同阿拉伯語：所以採用 th 而非 s、ḍ 而非 ż、w 而非 v；只有表示「和」的連接詞例外，阿拉伯語寫做 wa-，在波斯語中它通常是 -u。有時即便作者的歸屬名（nisba）[1] 來自土耳其地區，也以阿語—波斯語形式拼寫（因此 Āqsarā'ī 而不是拼為 Akserayi），但是遇到非阿拉伯裔人士，歸屬名前的定冠詞 al- 則會省略（如同 Juwaynī）。關於英語已經接受的常用地名（例如：Merv、Herat、Aleppo 和 Damascus）以及長期歐化的頭銜、官階（例如：caliph 和 amir，但是採用 wazir 而非 vizier）使用前述方式拼寫。書中反覆出現的非英文詞彙在首次出現之後（例如：quriltai、noyan、tümen、ortaq、amīr、malik、adhimmī、dīnār 和 Sharī῾a），就不用斜體且不加變音符號。朝代名稱不使用變音符號（所以是 Salghurids 而非 Salghūrids）。頑強抵抗蒙古的埃及馬穆魯克王朝寫做 Mamlūk，王朝名稱起源的馬穆魯克奴隸兵菁英則寫做 mamluk（字母 u 沒有母音上的長音符號）。阿拉伯—波斯用來表示父名的 bin 和 ibn 經常縮寫為 b，但若要指稱特定人士（通常是作者），就不會使用縮寫，例如 Ibn al-Athīr。鑑於阿拉伯和波斯文的諸多字母差別只在變音標點的位置，閱讀史料（印刷版或手抄版）的專有名詞時會產生困難。部分假設性的拼寫寫法前面會加註星號。文本內不確定的名字，尤其在註釋，我會使用大寫字母表示：這裡以 Č 代表雙子音 ch、Ġ 代表 gh、Š 代表 sh、T̲ 代表 th 以及 X 代表 kh，A、W 和 Y 則分別代表長母音 ā、ū、ī。若原始手稿似乎缺少變音標點，我便會直接寫出手稿上的阿拉伯—波斯子音，並加上斜體。所以 Ḥ（ح 和 حـ）實際上可能是 J（ج 和 جـ）、Č（چ 和 چـ）或是 X（خ 和 خـ）。而沒有變音標點的「字母基座」（tooth），可能代表 B、P、T、T̲、N、Y 或 '（如果只是阿拉伯語閉鎖音〔hamza〕）在拼寫上就會以一點表示。

中文、漢文以漢語拼音表示。

俄文字母的轉寫如下：

и 和 й	i	ж	zh	щ	shch
э	é	х	kh	ъ	ʹ

[1] 註：用以表示此人的出生地、部落歸屬或祖先，有時近似於姓氏。

ы	y	ц	ts		
ю	iu	ч	ch		
я	ia	ш	sh		

古蘭經引文

本書古蘭經引文採用阿比多·哈里姆（M. A. S. Abdel Haleem）的《古蘭經》英譯本（Oxford, 2005；2010 年再版更正）。經句的章節數字則依照古斯塔夫·弗呂格爾（Gustav Flügel）本《阿拉伯文古蘭經》（*Corani textus arabicus*, Leipizig, 1893）第三版。

日期

從穆斯林文獻資料引用的日期，伊斯蘭曆（Hijrī）在前，公元格里曆在後：例如記作 659/1260-1。（編按：為便利中文讀者閱讀，中譯本改為公元格里曆在前，伊斯蘭曆在後，記做 1260-1 ／ 659 年，伊斯蘭曆的月份名稱也依順序改記成數字，如「色法爾月」記做「2 月」）。

參考資料引注

我經常引用同一著作的不同版本或譯本（例如：拉施德丁的《合贊汗祝福史》〔*Ta'rīkh-I mubārak-I Ghāzānī*〕、佚名的《軼聞匯集》〔*al-Ḥawādith al-jāmi'a*〕以及伊本·瓦希勒的著作《埃宥比家族傳史釋疑》〔*Mufarrij al-kurūb*〕的最終版本）。因為部分作者使用單一版本的文本或譯本（特別是我自己沒有的）的習慣經常令人感到挫敗，希望選擇的便利能彌補部分讀者可能覺得註釋過於雜亂的缺點。

緒論

本書要從兩個問題開始談起。首先，本書探討鐵木真（更常稱作成吉思汗，1162-1227）與之後三位合罕的軍事征服對伊斯蘭世界（Dār al-Islām）造成的衝擊，在他們的統治下，蒙古（或者常被稱為韃靼）帝國最後整併了敘利亞與拜占庭希臘世界以東的所有穆斯林土地。第二，本書檢視大約到蒙古諸汗改宗伊斯蘭前後，蒙古在穆斯林地區統治的特色，以及不信道者的統治對穆斯林的長期影響。幾本研究蒙古征服者的經典著作自然都觸及了這些題目，像大衛·摩根（David Morgan）的《蒙古人》（*The Mongols*，1986；第二版，2007），以及伯托德·史普勒（Bertold Spuler）的《在伊朗的蒙古人》（*Die Mongolen in Iran*，1939；第四版，1985），還有各式百科彙編，最近期的是《劍橋內亞史》（*The Cambridge History of Inner Asia*，2009）和《新劍橋伊斯蘭史·第三卷》（*The New Cambridge History of Islam*, III，2010）。但就我所知，尚未有作者寫作專書探討這些問題。

本研究大部分依據十三、十四世紀波斯和阿拉伯作者的作品，也多少參考了拉丁文和古法語史料，由曾到蒙古帝國的西方觀察家和訪客寫成。遺憾的是，我的語言能力不足以直接研讀亞美尼亞、喬治亞、敘利亞和中文漢文文獻，我只能參考翻譯本，至於西藏史料，我則得仰賴二手研究。我也不會蒙古語：在那兩個世紀裡，傳世的蒙古文獻相對稀少，本書中引用那個時代唯一留下來的蒙古語史料，即所謂《蒙古祕史》（*Secret History of the Mongols*），使用的是翻譯極佳（且註解詳盡）的羅依果博士（Dr Igor de Rachewiltz）的譯本。

歷史學對游牧民族並不友善。他們不是沒有，就是只留下少量文獻，也沒有檔案資料。我們因此得依靠他們定居鄰居的作品，而後者在最好的情況也至多將他們寫成簡單純樸，但更常是將他們描繪得野蠻殘忍。游牧民族被刻劃為目無法紀、貪得無厭，不斷需要壓制；他們本身的優點——輕裝簡行的機動性和速度——則反過來強化了這些負面反應。[1]史料的偏頗已經長期影響二手研究，又因為國族情緒而遭到強化，因此游牧民族的征服往往被認定是阻礙政治和文化發展的主因。直到近三十年，歷史學家才開始挑戰這個刻板印象。學者指出游牧民族和定居鄰居相比說不上是「生性好戰」，他們並非因迫於生活方式導致的內在貧窮驅使，轉而去掠奪鄰居或透過威脅來勒索財富，而定居文化則在無力招架下淪為易受游牧民掠奪攻擊的犧牲品。[2]再者，游牧民族對定居社會的態度也絕非鐵板一塊。部落軍隊和放牧人口全體的利益或許有別；游牧民族和農耕鄰居間往往具有共生關係。[3]最後一點，游牧民族對取得科技知識的興趣也受到嚴重低估。[4]

蒙古人由於比其他游牧民族先驅移動的規模更為浩大，因此被套上或承擔了最糟糕的惡名，而這絕不僅限於學術界。對今日的一般西方人來說，成吉思汗率領的蒙古人在 1219-24 年對伊斯蘭世界發動的首次攻擊，僅是令人著迷的開端：一個原本默默無聞的民族，在魅力十足的領袖帶領下，創造了史上最遼闊的陸上帝國。對成吉思汗褒貶不一的各式評價，掩蓋了蒙古西征與後續發展的細節。成吉思汗被視為擁有卓越才幹的將領，但卻是沒有文化和嗜好血腥的君主[5]（他的生平則神祕地成為那些企圖搶占極右派政治光譜的人所追求的典範）。有時候，成吉思汗的惡名也變成難以抗拒的誘惑，許多書不過是借用其名，內容卻跟本人生平幾乎勾不上邊。[6]

和成吉思汗相較，他的孫子旭烈兀（1218-1265）的遠征降伏了西南亞更大的穆斯林人口，但他的名字跟他所建立的伊利汗國，在歐洲幾乎不為人所知。儘管事實上，他在 1258 年攻陷巴格達，突然且暴力地終結阿拔斯王朝，在此之前，巴格達作為哈里發國的首都（雖有短暫中斷）已經延續了將近五百年。一位專攻伊拉克現代史的歷史學家在二次波灣戰爭後，於英國國家學術院發表演講，從旭烈兀入侵開始，歷數伊拉克的政權更迭，並寫成一篇「學術普及」論文，[7]而此舉也許多少顯示，或提高了旭烈兀的能見度。

但在今日的伊斯蘭世界情況則不同。在此，旭烈兀軍事行動的份量遠勝過他祖父的戰績。有學者在 1950 年代引述一位敘利亞政府官員的說法，蒙古洗劫巴格達使得伊斯蘭科學發展倒退了好幾世紀，也拖累了他們超越西方歐洲的能力。[8]艾曼紐・席凡（Emmanuel Sivan）已在三十多年前指出，從二十世紀中開始，當代穆斯林便不斷從十二世紀敘利亞的伊本・泰米葉（Ibn Taymiyya，1263-1328，為罕百里教法學派〔Ḥanbalī〕❶的知名法學家）對伊朗改宗蒙古人的譴責獲取靈感，以便抗拒日漸高漲的世俗化與西方影響力。[9]當奧薩瑪・賓・拉登於 2002 年 11 月 12 日在半島電視台的廣播中指出，「錢尼和鮑威爾（在第一次波灣戰爭中）在巴格達殺害和毀滅的，比蒙古的旭烈兀（用錯字 Hulegu）還要多」，他顯然不覺得有必要跟聽眾對這樁遙遠的歷史多做說明。[10]注意到這種類比的，不只有激進派穆斯林。2003 年 1 月，在英美聯軍二度攻擊伊拉克之前，薩達姆・海珊便將之比擬為蒙古人在 1258 年的入侵[11]——諷刺的是，不久之前，蒙古征服巴格達和海珊 1990 年入侵科威特才被劃上等號。[12]顯然，旭烈兀的軍事行動儘管間隔超過七百年，但仍舊能在穆斯林心靈中激起共鳴。

研究近東與伊朗的學者，也在蒙古遺產對該地區的發展上，做出極為不利的陳述。[13]一位伊朗近代史家的話頗能代表許多人的看法：

> 我們很難將太多正面成就歸功於波斯的蒙古政權……就算有幾個值得注意的建築如蘇丹尼耶和旭烈兀〔原文誤寫做 Holagu〕在篾剌合的天文台，這對他們加諸在這個國家上的損失根本難以補償。成千上萬（也許數百萬）的人遭到殺害；城鎮毀滅；定居農業在搶劫、掠奪和重稅下一蹶不

❶ 註：罕百里教法學派是順尼派伊斯蘭法學派四大主流學派之一，在伊斯蘭神學方面的立場嚴格保守。

振。任何想為蒙古統治下的災難尋求正面意義的勇敢嘗試，都會令人想起伏爾泰對虔誠信仰的詩意諷刺，里斯本地震的確帶來某些好處，如狗能大啖死者屍體。[14]

這在我看來是過份輕忽蒙古統治帶來的有利結果，而某些研究伊朗的學者也願意再多做權衡考量。[15] 但潛伏於其下的觀點仍舊成立：要正反並陳是徒勞無功和難以企及的任務。[16]

前面引述的評價在不久前仍得到西方歷史學者的背書。比如，桑德斯（J. J. Saunders）提到蒙古人時說，他們是「令人痛恨的異族征服者和占領軍，沒有紮根，沒有贏得忠誠」，指控他們進行「殘忍和特意為之的種族滅絕」，譴責他們「對城市文明懷有盲目、非理性的恐懼和仇恨」。[17] 然而，如今許多西方學者強烈不同意這類說詞。的確，學界仍舊願意承認，蒙古征服伴隨著大規模屠殺（但學者已對其背後的策略動機存有較清晰的瞭解）。[18] 更有甚者，幾位學者也開始分析，阿拔斯王朝的滅亡，與順尼派（編按：又譯遜尼派，本書取原音較近的「順尼」）所稱伊斯蘭政教領導的毀滅，以及隨之而來的精神層面的衰弱，究竟本質為何。[19] 儘管他們比較關注馬穆魯克埃及和敘利亞這類伊斯蘭心臟地帶，而較少著墨於蒙古統治的伊朗和中亞。他們也不免更關心伊本・泰米葉的作品，他本人是逃離蒙古占領的哈蘭（Ḥarrān）難民。儘管他並不僅限於批判蒙古人，並且認為，比起戰敗跟投降，穆斯林的內在精神危機才是更大的問題。[20]

如果對今日的穆斯林而言，蒙古在近東的暴行依舊是歷史記憶的一部分，那麼在過去半個多世紀以來，西方史學界的蒙古帝國研究便經歷了顯著的轉向。在最初發表於 1968 年的論文中，路易斯（Bernard Lewis）教授質疑蒙古人的大屠殺是否真的造成通說所認為的深遠經濟結果；他更進一步主張，當時已經衰微的伊拉克是唯一承受長期惡果的地區，而哈里發國滅亡的意義則一貫被誇大。這篇論文指出蒙古霸權（尤其在政治上）的正面效應後，成為英語學界的里程碑。儘管這篇論文有些邏輯上的缺陷：他將從東方入侵的游牧民族入侵當成整體看待，因此在文中蒙古人常與草原民族，舉如十一世紀的塞爾柱突厥人及十六和十七世紀的鄂圖曼人，混為一談，彷彿他們是同質現象。[21]

自從路易斯的論文發表後，西方歷史學家也漸漸轉向，開始強調蒙古統治對廣大亞洲征服地區的正面影響。[22] 2006 年，佛拉納（Bert Fragner）邀請研究者採用蒙古游牧民族的視角，來取代中國跟伊朗定居社會的傳統論述，由於這兩個社會做為脆弱文化資料庫的特權地位，使得他們在忍受和適應異族征服而（在最後）「馴服」和同化／驅逐征服者的論點受到長期的重視。[23] 這類觀點改變的徵兆之一便是，蒙古統治的既定印象或多或少在此文發表之後變得較為溫和。學界也提出蒙古統治階層和本土貴族及官員階級之間更緊密同化（至少在伊利汗國伊朗）的證據。[24] 諸汗本身也經歷某種程度的修正和改寫。萊恩（George Lane）博士將他們定位於——在許多不同領域裡尋求知識——的傳統中，與早期草原強權和唐朝皇帝歸屬同一系譜。[25] 大衛・摩根則指出，過去我們長期預設，蒙古君主只縱情於戰爭、打獵、宴會、酗酒和聲色犬馬，對繁瑣的國政管理興趣缺缺，開心地將責任推給波斯或（在中國的）內亞官僚，這論點已經再也站不住腳。[26]

在不同的層面上，蒙古擴張一貫被視為「第一個全球事件」。[27] 在這點上，湯瑪斯・T・愛爾森（Thomas T. Allsen）教授的開創性作品特別具有影響力。他是學者中少數能閱讀中國和伊斯蘭雙方文獻的人，因此能快速拓展蒙古歷史的領域。他強調蒙古人在提升經濟和文化活動上所扮演的積極角色：他們對涵蓋整個亞洲的商業網絡的刺激（不僅是我們長久以來所知的亞洲和天主教歐洲之間的聯繫），[28] 以及他們特意扶持的學術交流，尤其是中國和伊朗之間，其涵蓋範圍多樣，如醫學、天文學、地理學、農學和烹飪。[29] 如同紐約大都會博物館和洛杉磯郡立美術館在 2002-03 年的一項重要展覽所呈現的（洛杉磯的展覽於無意間在時間上與美國主導的入侵伊拉克行動相疊合），蒙古帝國域內的跨文化影響甚至擴及視覺藝術。[30] 這種帝國的運作方式被艾茲赫德（S. A. M. Adshead）稱之為「基礎資訊迴路」（the basic information circuit）。[31] 梅天穆（Timothy May）教授則將此現象稱之為「成吉思大交換」

（the Chinggis Exchange），以與歷史學界描述西歐入侵美洲造成深遠後果的「哥倫布大交換」相類比。[32] 萊恩為他的書《蒙古在十三世紀伊朗的早期統治》（*Early Mongol Rule in Thirteenth-Century Iran*）所選的副標是「波斯文藝復興」（A Persian Renaissance）。的確，用摩根的話來說，現在投注在這類跨文化接觸的注意力，轉而在蒙古人和蒙古帝國研究上，出現了「重大的史學轉向」。[33] 彭曉燕（Michal Biran）教授在最近的一本成吉思汗傳記（所屬叢書標題是〈穆斯林世界的締造者〉，顯然頗有深意）中，便就蒙古人對伊斯蘭世界的整體遺產，提出了全面且正面的看法。[34]

儘管普遍同情成為新的主軸，我仍舊希望在給予公正評價之外，也同樣小心避免過度淡化蒙古征服所帶來的震撼，特別是伴隨西征而來的，短期或長期的破壞。史料也許誇大了——在許多例子中無疑是誇大——征服者的人數、抵抗居民的死傷人數，以及（特別是伊朗東部幾大城市中心）所造成的損害。然而，這並不意味著，我們應該淡化這些連續侵略（由擁有某些更先進攻城科技的不信道者游牧民族所發動）造成的陰暗衝擊。我們也不該忘記平衡判斷以下史實：不管是蒙古統治頭幾十年（或更久）的貪婪和毫無章法的徵稅，對經濟社會造成的傷害，或（伊朗和伊拉克）數世紀以來首度臣服於不信道者的強權，其對廣義的穆斯林集體心態的影響。換句話說，此書更關心穆斯林臣民的觀點，而非他們不信道的主子。

另一方面，我也關注穆斯林「盟友」——附庸國統治者和他們的軍隊——的角色，他們在提高蒙古戰爭機器的軍事能力，和勸降其他穆斯林和平歸順上出力不少。在此必須強調：當成吉思汗在 1219-20 年首度率軍攻打花剌子模帝國時，蒙古軍隊絕非只由不信道者組成，反而是包含大批的穆斯林軍隊。四十年後這個特徵更是明顯，當時與旭烈兀攻擊阿拔斯哈里發國的聯盟包括更多來自伊朗、伊拉克和安納托利亞的穆斯林君主。這個常被忽略的事實，在多大程度上減輕了（如果有的話）被征服穆斯林的創傷經驗，仍有待商榷。本書後面將用一章來探討這些穆斯林附庸國在蒙古統治下的情況。

此書的探討範圍不限於帝國統一的時代，也在不同程度上涵蓋帝國分裂後獨立和實際上自治的汗國。在旭烈兀毀滅哈里發國不過幾年，蒙古世界就在1260年代早期開始分裂。其中兩個繼承國——伊朗和伊拉克的伊利汗國和中亞的察合台汗國——穆斯林一開始就占多數；而第三個汗國，即東歐—裏海大草原和西伯利亞西部的朮赤系領地（史家多稱作欽察汗國或金帳汗國）穆斯林數量較少，因此伊斯蘭化所費時間較久。不過這三個汗國的成吉思系統治者與蒙古部眾最後都接受伊斯蘭教。至於合罕（qaghans）統治的元帝國——包括中國、現今的蒙古和中亞東部，主要盛行佛教——由於穆斯林人口少，伊斯蘭化程度有限，只在必要時納入討論。事實上，書中絕大部分的證據都和伊利汗國有關，因為關於另外兩個西部蒙古政體的十三和十四世紀文獻相對匱乏；但即使如此，（我相信）仍有可能提供相關它們的合理結論。由於二手研究對朮赤領地（以及相關於伊利汗國更多領域）的涵蓋較為全面，我可能會讓蒙古在中亞的情況討論的超過一些。就算可能有點比率稍重，我也覺得這是必要的。

本書不打算提供任何蒙古汗國（不論統一帝國或前述三大汗國）的歷史敘事，也不處理蒙古世界和伊斯蘭世界未受蒙古統治地區之間的關係。有關蒙古與馬穆魯克帝國的外交往來和軍事及科技對峙，魯汶·阿米泰教授（Reuven Amitai）和安妮·布蘿德布里姬（Anne Broadbridge）的著作已經做了精采的討論；[35] 筆者也研究過蒙古與穆斯林印度的接觸。[36] 本書的目的，比較像是研究蒙古征服者和在他們統治下（所有社會層級的）穆斯林之間的接觸。在這層意義上，我試圖回答一些問題。蒙古人怎麼能在短短數十年內征服如此廣袤的穆斯林土地？蒙古征服的軍事行動對伊斯蘭世界的破壞有多大，而蒙古敵對諸汗之間的戰爭在多大程度上讓傷害更為惡化？蒙古統治以哪些方式觸及附庸穆斯林君主、穆斯林臣僕和穆斯林庶民階層？這些臣民如何看待他們不信道的君主？成吉思系王朝成員、軍事指揮官和蒙古士兵如何最終接納伊斯蘭教？產生了什麼結果（如果有的話）？蒙古入侵對被征服的伊斯蘭地區產生了哪些短期或更為長期的影響？最終成為世界帝國的一部分後，這對伊斯蘭世界造成了哪些影響？特別是與歷史悠久、文明發達的非穆斯林中國文化密切接觸的結果？當然，面對這些問題，我們經常都只有片面、暫時或猜測的答案。

本書前兩章屬於介紹性質。第一章回顧本書主要的歷史文獻。這些文獻大多來自順尼派穆斯林，但也包括兩位什葉派、一些在蒙古統治區的東方教會基督徒，以及一群來自拉丁歐洲的觀察者。在此，以及稍後在書中，我將試著探討，為何這些作者以這種方式說故事，並回到他們各自的脈絡，弄清楚他們的想法與目的，確認其意圖的讀者（有時甚至只有一個讀者）。我得承認，這類基礎工作雖然可取，但往往難以企及。我們對史家志費尼（Juwaynī，伊利汗國的巴格達總督）和拉施德丁（Rashīd al-Dīn，伊利汗國超過二十年的首席大臣）相當熟悉。但像是志費尼的續篇作者瓦薩甫（Waṣṣāf），我們對他生平的了解則僅限於他願意透露的部分。其他這個時期在蒙古帝國境內的史家，寫下的個人紀錄更少，只留下模糊的身影。第二章則是重點概述了蒙古入侵前，伊斯蘭世界與歐亞草原游牧民族的關係。這些游牧民族多半是在六、七世紀突厥汗國滅亡後，逐漸取而代之。對伊斯蘭世界特別重要的是，大約在 1125-1250 年間，不信道者喀喇契丹（Qara-Khitai）的崛起。他們很可能是蒙古族群，而且至少一位十三世紀的穆斯林觀察者與現代學者，都把他們看做未來聲勢更大的蒙古入侵的前兆。[37]

接著，本書可以鬆散的分成兩部分。第三至六章關注大約到 1260 年為止的征服時期，剩餘其他章節主要探討在那之後的分裂帝國時期。第三章處理 1252 年以前的蒙古擴張史，第五章則會從旭烈兀於 1250 年代侵略西南亞接續討論。第四章研究從窩闊台（在位：1229-41 年）到蒙哥（在位：1251-59 年），諸合罕治下的帝國行政管理的複雜層面，以及成吉思帝室成員間的封地分配。土地分封與後來準獨立汗國的出現只有非常有限的關聯，但這段時期太常只被視作旭烈兀所建伊利王朝的前奏。反之，我則試圖強調帝國體系內的張力和成吉思系諸王間的內部緊張，好為第五章鋪路。第五章後半探討了旭烈兀建立伊利汗國所具有的破壞性，並將之視為 1260-62 年蒙古帝國分裂過程的一部分。長久以來，我一直對旭烈兀在伊朗、伊拉克成為伊利汗過程的「官方」版本抱持懷疑，我在 1978 年的論文就曾主張這其實是篡奪行為。[38] 而近年才發現、尚未充分利用的波斯文《蒙古人記事》（*Akhbār-i mughūlān*，咸信為庫特卜丁·設拉子依〔Quṭb al-Dīn Shīrāzī〕所作）也支持我的看法，論點只需稍微調整。第六章則討論蒙古入侵對伊斯蘭世界的破壞程度，以及1260年前，不論是當地或由蒙古統治者推動的重建。

第七章的主軸是探討繼承國間的衝突，以及游牧民的騷擾，兩者對伊斯蘭世界的農業和城市經濟所造成的衝擊。不同蒙古政權實施的重建措施也會順帶提及。這些動盪讓人很難毫無保留地接受時下認可的「蒙古治世」（Pax Mongolica）此一概念，而蒙古諸汗相互攻伐所導致的破壞，也必須連征服時期的帳一併計算。不過，即便研究十三世紀末十四世紀初蒙古內戰會讓我們懷疑「治世」一詞，我們還是可以合理主張在這段時期一些偏遠地區之間「相互連結」（interconnectedness）的程度增加了。蒙古征服本身包含了大批穆斯林與非穆斯林（通常是非自願）的遷移。這種（尤其是學者的）離散，無疑讓伊斯蘭地區與歐亞其他部分（主要是中國，也包含拉丁歐洲）建立更為緊密的關係。第八章企圖描繪此一過程的各種跡象，（程度不一地）顯現在貿易、視覺藝術、技術知識等領域。本章同時也會界定跨文化接觸在各領域的極限。

在成吉思汗西征七、八十年，旭烈兀西征四十年後，從伊利汗開始，才有稱得上「改宗」的蒙古汗。接下來的三章，將從不同的角度，分析異教蒙古霸權所帶來的衝擊。第九章談的是藉由向蒙古輸誠維持自身權位的地方穆斯林君主：必須強調，帝國權威並未均勻分布，以及蒙古間接掌控下附庸政權的存在。本章也特別討論征服者加諸的義務以及附庸得到的好處。研究這些關係也讓我們有機會探問，穆斯林貴族女性是否，或在何種程度上，得益於傳統蒙古社會中女性較為顯著的角色和較高地位。第十章審視受蒙古人任用的穆斯林臣僕，和不信道的諸汗、武將還有非穆斯林同僚之間，有時相當脆弱的關係。本章將爬梳蒙古顯貴和「塔吉克」（Tājīk）文官之間權力平衡的改變，並探討這些不同的統治幹部在多大程度上（如果有的話）整合在一起。由於證據的性質，九、十兩章的焦點大部分放在伊利汗國。在不信道者蒙古統治下，各社會階層的穆斯林的經驗——這一主題令人吃驚地遭到忽視——則於第十一章中討論。我將特別將這些經驗放在稅制、法律與宗教自由的脈絡下來檢視，並關注征服者制訂的種種鎮壓手段，尤其是那些奉為圭臬的蒙古法律（札撒）和習俗（約森），並小心不誇大其施行的範圍或任何一致性。本章也將特別關照蒙古帶來的改變中，最不受穆斯林歡迎的部分：將穆斯林與其他宗教團體一視同仁。

第十二和十三章將探討蒙古人的伊斯蘭化。王室改宗是穆斯林作者的寫作重心。他們自然而然會將伊利汗合贊（Ghazan，1295 年）接納伊斯蘭教視為分水嶺，並看成為國家的宗教傾向帶來決定性改變的推手。但從事實看來，君主改宗只是跟隨大批軍事人員的腳步，而伊斯蘭化是個持續很久且有時斷斷續續的過程。第十二章關注在改宗的模式與概念問題，不僅限於伊斯蘭對西亞游牧蒙古人的吸引力，還有新信仰透過何種手段傳播的這類困難。在某個意義上，本章也討論了蒙古平民改宗（在某個程度上）與貴族改宗之間的關聯。不過，由於缺乏證據，很多討論依舊只是推測。在第十三章，開頭先概述西部三個汗國伊斯蘭化的過程，並聚焦在改宗經過記述較詳細的幾位汗（儘管我們的所知沒我們希望的多）。本章也進一步試圖說明，在王室改宗後的變與不變——特別是，統治者之後的政策在多大程度上會受到新信仰的影響——並就伊斯蘭化的步調做出結論。

尾聲則考慮不信道的蒙古統治對伊斯蘭世界的長期影響，一直延續到十六世紀甚至十九世紀，甚至在成吉思系君主早已不再掌權的地區。在治理國家與政治制度的領域，特別重要的是突厥—蒙古軍事強人帖木兒（本名 Temür，-i lang 則是外號「跛子」；因此在歐洲文獻中拼成 Tamerlane）。他既是正統穆斯林也恪守蒙古傳統，自大約 1370 年至直到 1405 年過世為止，他試圖從中亞的根據地重建成吉思汗的帝國，但卻以一位具有成吉思系血統的傀儡汗的名義進行統治。另一樁則是烏茲別克人在 1500-07 年驅逐了帖木兒的後裔，實際上使成吉思系再度君臨河中地區（Transoxiana），哈薩克人也差不多同時再度統治以他們為名的北方大草原。也是因為成吉思系統治的復甦與長期影響，近年出版的《劍橋內亞史》（涵蓋年代在部分地區甚至延伸到 1880 年）副標題就是「成吉思系時代」（The Chinggisid Age）。[39] 不過，蒙古遺產並不限於制度，也包含伊斯蘭信仰在亞洲其他非伊斯蘭區域的傳播，還有在日後創造新的族群。最後一個題目則是探討蒙古征服與黑死病起源的關係。過去的論調經常將歐亞大陸單一疾病圈的形成歸咎於蒙古人，雖然證據並不夠充分。

本書的年代斷限頗為分歧，端視蒙古諸汗與追隨者正式接受伊斯蘭教，停止當不信道者的時間而定。因此在改宗的伊利汗合贊之後（如在第九至十一章），蒙古伊朗的篇幅就很少。西部草原的朮赤系的年代下限就拉得比較長，直到十四世紀，而對中亞察合台系的關注則甚至延續到更晚。但無論如何，若只把眼光放在改宗前的時代，所造成的扭曲則不可原諒：在改宗之後，異教作法依舊持續，我們也不可能僅憑異教時代的史事，就能持平判斷異教征服的後果。

基於相同的理由，本書所涵蓋地理區域的界線也必然是浮動的，包含在不同時期僅有少數穆斯林人口的地區，或者由接受伊斯蘭的諸汗（其不論程度）統治的地區：比如，我們會論及蒙古的哈拉和林（Qaraqorum）不僅是因為它是統一帝國的行政中心，也是因為當地有穆斯林社群；或說十三世紀末朮赤汗那海（Noghai）時代的多瑙河下游盆地──在鄂圖曼征服數十年前──因為那海和他的兒子都接納了伊斯蘭教。

那些因為界定寬泛，招致眾多誤解的地理與族群名詞，得在此加以說明。我也冒險拒絕了一些傳統用法。我偏好使用「伊朗」，而非英國和其他歐洲歷史學家常用的「波斯」，但我設想的範圍比今日伊朗的國界要大。以本書來說，伊朗不僅包含亞塞拜然，也延伸到東至烏滸水（Oxus River；也稱為阿姆河 Amū-daryā）和阿富汗的蘇萊曼山脈（Suleiman range），因此包括今日土庫曼以及赫拉特（Herat）及加茲尼（Ghazna）這樣的城市（兩者都位於今日阿富汗）。同樣的，「呼羅珊」（Khurāsān）❷的範圍遠大於今日伊朗的呼羅珊省。「中亞」在本書包含蘇聯解體後中亞五國的其中四個（哈薩克、烏茲別克、塔吉克和吉爾吉斯），再加上中國的新疆維吾爾自治區。[40]「內亞」（有

❷ 註：為伊朗與中亞古地名，大約位於今日伊朗東部與阿富汗、土庫曼交界的地區。

時也叫「中央歐亞」）的範圍較廣，除了前述地區外，還包含蒙古和西伯利亞南部。[41]最後，我用「歐亞草原」來指稱從滿洲森林地帶邊緣，一路延伸至烏克蘭水系，和遠及多瑙河下游的草原地帶。

至於族群名稱，我偏好將鐵木真統一的歐亞草原東部民族稱為「蒙古人」，儘管穆斯林臣民或帝國外的敵人更常稱他們為「韃靼人」（Tatar）。本書大部分時候都對「韃靼人」一詞採狹義解釋。首先，這個詞大多用來指毗鄰蒙古的一個部落，他們是成吉思汗的宿敵（編按：塔塔兒部）。其次，這個詞會用來指草原西部和森林地帶「突厥化」的蒙古人，比如喀山、阿斯特拉罕（Astrakhan）、西伯利亞和克里米亞諸汗國，這些都是十五世紀從垂死的金帳汗國分離出來的政權。除此之外，「韃靼人」一詞僅出現在直接引述的史料上。名詞「突厥人」（Turks）則遵照通常用法，如在第二章，包含所有那些屬於、或宣稱屬於同一支阿爾泰民族的人；在這個意義下的相應的形容詞則是「突厥人的」（Turkic）。Turkish 一詞一般用來表示突厥諸民族所用的相關語言，偶爾會用來表示鄂圖曼土耳其語或現代土耳其語（編按：中譯本將視情況譯作「突厥語」或「土耳其語」）。「突厥」（Türk）則特別指稱存在於六至八世紀的帝國，包括統治者、人民和留給其草原後繼者（也包含蒙古人）的傳統。最後，「塔吉克」（Tājīk）一詞，則如同史料中的用法，指稱波斯族群，但不指稱今日塔吉克共和國的人民。

期望讀者諸君，不會認為區分這些名詞，是學究過了頭——或更糟糕的——令人頭昏腦脹。

第一部

話說從頭

第一章

蒙古帝國的觀察者：
順尼派、什葉派、敵對勢力與歐洲基督徒

在丹妮絲·艾格勒教授（Denise Aigle）對蒙古時期波斯法爾斯省的權威研究中，她將注意力投注在三個有關原始史料的問題上。首先，所有文獻都來自非蒙古文化，因為我們擁有極少數由蒙古人自己寫成的資料，而留傳下來的原始資料不是來自臣民，就是來自敵對政體，例如位於埃及與敘利亞的馬穆魯克帝國。其次，很大一部分的原始資料是在蒙古伊朗（伊利汗國）任職之人的作品，因此與政權的關係密不可分。第三，帝國頭幾十年的豐富史料和伊利汗國分崩離析時代相對稀少的文獻之間，有著顯著的對比。[1] 對一位同樣關注伊朗之外，蒙古治下伊斯蘭世界的歷史學家而言，或許可以再加上另一個問題：在伊利汗國內生產的同時代文獻汗牛充棟，而另外兩個西部蒙古汗國的資料在相較之下顯著貧乏，因此前者占有絕對優勢，這兩個蒙古汗國後來成為伊斯蘭世界的一部分——奠基於東歐—裏海大草原的金帳汗國（或用另外的稱呼術語，朮赤兀魯思 ❶，或欽察汗國），以及中亞的察合台汗國。

在短暫討論蒙古和中國文獻後，我將史料——大部分以波斯語或阿拉伯語書寫——分成九類：（一）在 1260 年前，於非蒙古統治區域產生的著作，從

❶ 註：「兀魯思」（ulus）是一種封地，見第四章詳述。

而與首批蒙古侵略與最早階段的蒙古統治同時；（二）在蒙古統治者皈依前於帝國境內書寫的伊斯蘭史料；（三）穆斯林伊利汗國（為此目的，從自 1295 年開始的合贊改宗算起）境內的伊斯蘭文獻，儘管我為伊利伊朗和伊拉克的當地歷史另闢專篇而加以討論（四）伊利汗國治下伊拉克與伊朗的地方作者著作；（五）伊利汗國的非敘事史料；（六）朮赤和察合台汗國的史料，還有帖木兒王朝史料；（七）自帝國分裂（約莫 1261 年）後以及來自敵國，特別是馬穆魯克蘇丹國的史料，和最後，（八）屬於順尼派穆斯林傳統外的史料——那是說，由伊利汗國境內什葉派和東方基督教臣民所寫的史料——以及（九）在蒙古疆域內從天主教西歐來的基督教訪客所寫的作品。

我該在此處指出，我沒有納入考量範圍的資料。我大半忽略聖徒傳記史料：不同蘇菲道團（*silsīlāt*）的史料；蘇菲聖人的生平；以及他們論述（*malfūẓāt*）的選集，這些資料對一個主要關注整體社會的政治歷史與宗教發展史（而非蘇菲道團本身的精神性與內部增長）的歷史學家呈現出巨大難題。再者，我較不傾向於引述稍後的波斯通史，諸如米爾·罕德（Mīr Khwānd，卒於 1498 ／ 903 年）和罕德·阿米爾（Khwānd-Amīr，卒於 1535-6 ／ 942 年）這些作者，因為他們仰賴的來源已經幾乎全從蒙古時期留傳下來。為了相同理由，我很少使用相對晚期、來自馬穆魯克帝國的阿拉伯文編纂資料，因此很少提及馬格里齊（al-Maqrīzī，卒於 1442 ／ 845 年）與艾尼（al-‘Aynī，卒於 1451 ／ 855 年）的通史，《珍珠項鍊》（*Iqd al-jumān*），我也完全沒有引用伊本·弗拉特（Ibn al-Furāt，卒於 1405 ／ 807 年）的史書，或伊本·哈賈爾（Ibn Ḥajar）與伊本·塔格利比爾迪（Ibn Taghrībirdī）的十五世紀傳記辭典。

一、蒙古與其他遠東史料

唯一留存下來的蒙古語史料是鉅作 *Monggol’un niucha tobch’an* 或 *Chinggis Qaghan-u huja’ur*，以《蒙古祕史》之名較為人所知，其中包括許多民間傳統（儘管主要的大綱顯然是歷史性的）。羅依果（Igor de Rachewiltz）最近提出新的論點，認為1229年是最起初的成書時間，但學界也廣泛接受書中最後包括窩闊台統治時期的部分，以及某些有關成吉思汗人生事件的段落是後來才添加的——可能是在1251-52年間或之後不久，於蒙哥登基後。[2] 然而，《蒙古祕史》提供相當少的蒙古在伊斯蘭世界的活動資料：它對蒙古原鄉與中國戰爭上展現較大興趣，並只以相較之下極短的篇幅敘述成吉思汗在西亞的軍事活動。

另一個唯一留存下來的蒙古史料，被拉施德丁·法德拉（Rashīd al-Dīn Faḍl-Allāh）稱為《金冊》（*Altan Debter*〔Golden Book〕），他也將它描述為「應該在王室國庫（*khazāna-yi ʻāmira*）中找到的諸史書（*kutub-i ta'rīkh*）」。[3] 複數的使用（按：*kutub* 為 kitab 的複數型）可能顯示，我們處理的東西接近「不折不扣的記載」（中文，實錄；蒙古語，*tobcha'an*），也就是每位汗統治時期的編年史，中國保留這份文獻，而在明朝驅逐蒙古之後，也使用此文獻來創造成吉思系合罕的官方王朝歷史，《元史》。[4] 拉施德丁顯然可以接觸到蒙古史料，最可能是透過孛羅丞相（Bolod Chingsang），即他的蒙古資料提供者。《金冊》現在僅存於中文版的《聖武親征錄》（*The Deeds of the Holy Warrior*，即指成吉思汗），成書時間在1263-85年間。[5]

中文史料比起蒙古語史料略多。《元史》中主要實錄的編纂者由宋濂（Song Lian）帶領，匆匆在明朝初期寫成，他只有分散各處的史料可供最初三章參考，涵蓋直到蒙哥於1259年死去的各個統治時期（編年實錄唯一被翻譯的部分）。[6] 但我們可以在（未翻譯的）傳記部分找到更多資料，包括眾多蒙古和中國人物的小傳。[7] 從中國南宋在1221年和1237年遣派至蒙古人處的使節報告則提供廣泛重要的資訊。不過，在成吉思汗西征時，河中地區與鄰近區域的狀況的某些資料可以在李志常的《長春真人西遊記》裡尋獲，書內提供道教真人丘處機（Qiu Chuji）從中國到成吉思汗在興都庫什山脈的指揮部之旅行細節，時間是1221-4年。[8] 這比漢化的契丹大臣耶律楚材所寫的《西遊錄》更有價值，耶律楚材陪同成吉思汗於1219-24年待在中亞；作者的主要目的是以辯論攻擊道士，而他對其所見領地的描述則很籠統。[9]

二、與蒙古早期侵略同時代的穆斯林觀察者：伊本・艾希爾、納撒維、朮茲札尼和其他人

想當然耳，我們應該以與成吉思汗侵略和隨後在綽兒馬罕（Chormaghun）和拜住（Baiju）率領的蒙古進擊的當代史料為起點。暫且忽略兩位在成吉思汗軍隊攻擊下的地區旅行的觀察家，即地理學家雅古特・哈馬維（Yāqūt al-Ḥamawī）和智者伊本・拉巴德（Ibn al-Labbād），我們手中最早擁有廣泛資訊的文獻是《歷史大全》（*al-Kāmil fī l-ta'rikh*〔The Perfection of History〕），由伊茲丁・阿布・哈桑・阿里・賈札里（'Izz al-Dīn Abū I-Ḥasan 'Alī al-Jazarī）寫成，他以伊本・艾希爾（Ibn al-Athīr，生卒年 1160-1233／555-630 年）聞名於世，並在摩蘇爾（al-Mawṣil）寫作。[10] 從他的敘述中，幾個事件顯然對伊本・艾希爾有深遠影響。一個是花剌子模沙赫，阿拉丁・摩訶末・本・帖乞失（'Alā' al-Dīn Muḥammad b. Tekish）❷的驟然垮台，他慢慢建構出龐大帝國，但僅幾年後蒙古人就抵達並摧毀它。伊本・艾希爾認為這是摩訶末魯莽地挑戰阿拔斯哈里發國其無可避免的後果。[11] 他也被蒙古軍事行動的迅雷不及掩耳和地理規模所震懾，就像雅古特一般。在極短的時間內，蒙古人從中國領土向西襲來，橫掃河中地區，穿越北部伊朗，遠至伊拉克邊界，在進入欽察草原前毀滅亞塞拜然和阿蘭（Arrān）；其他中隊則在克爾曼（Kirmān）、西吉斯坦（Sijistān，錫斯坦〔Sistān❸〕）和印度邊疆作戰。[12] 蒙古人甚至能進犯難以企及的地區，如馬贊德蘭（Māzandarān），此地於早期幾位哈里發在征服其餘伊朗後好幾十年仍頑抗不從。[13] 世人對這驚人的成就似乎有個手邊現成的解釋：摩訶末消滅如此眾多君主，此事意味著一旦輪到他被推翻，就沒有人能領導穆斯林對抗侵略者。[14]

---

❷ 註：摩訶末生卒年：1169至1220年。1200年即位，向古爾開戰。1217年，因阿拔斯王朝的巴格達哈里發有意聯合喀喇契丹夾擊花剌子模，摩訶末要求另立哈里發。1219年與蒙古人正式開戰，敗逃於小島上死去。

❸ 註：現代伊朗東部和阿富汗南部。

總的來說，伊本・艾希爾敘事的主要基調是災難。兩個更進一步促成他判斷的事件是，蒙古侵略和達米埃塔（Damictta）❹在1219／616年被第五次十字軍東征的軍隊奪下同時，這對穆斯林埃及造成可怕的威脅，[15]而穆斯林統治者看來似乎是持續爭戰的獵物，不管威脅是來自兩方哪個敵人。伊本・艾希爾是後來相信下列謠言（他將源頭歸諸於波斯穆斯林）的那些人之一，那就是，蒙古人是阿拔斯哈里發納希爾（al-Nāṣir li-dīn Allāh，卒於1225／622年）召喚前來，作為其與花剌子模沙赫衝突的武器。[16]對伊本・艾希爾而言，沒有一位君主的抱負「高於肚子或私處之上」，而他籲請真主派遣一位合適領袖來主導伊斯蘭世界的保衛戰，是稍後一再在他的敘述中出現的主題。[17]他僅有個暗示說，花剌子模沙赫的兒子且卓有效率的繼任者札蘭丁（Jalāl al-Dīn）會是伊本・艾希爾此角色的候選人——儘管花剌子模軍隊對穆斯林的暴行受到嚴厲譴責。[18]他會做此想是因為札蘭丁儘管軍事行動遭逢重大逆境，仍比任何前任者都能對基督教喬治亞人施加更大傷害。

伊本・艾希爾一度相信真主曾介入並從蒙古人手中拯救穆斯林，就像真主在1221／618年派遣他們至尼羅河三角洲討伐法蘭克十字軍東征戰士一般。[19]他沒有活到見證1242-3／640-1年蒙古對魯姆的塞爾柱蘇丹國的攻擊，或旭烈兀軍隊在1250年代晚期的主要軍事行動，並在攻陷巴格達和推翻阿拔斯哈里發國（1258／656年）時達到高潮。伊本・艾希爾可能在他活著時，從蒙古人軍事行動的模式推斷，他們只想進行廣泛的掠奪和毀滅——不像法蘭克人——其目標並不在永久征服。[20]只有在他書的結尾處，他才對他的錯誤展露出逐漸明白的了悟，因為他引述一位雷伊（Rayy）❺穆斯林商人的信，後者曾在1229-30／627年陪同蒙古人進入亞塞拜然，並警告他的同宗教人士：入侵者要的遠遠不只是掠劫。[21]

錫哈卜丁・穆罕默德・本・阿赫邁德・胡蘭迪茲依・納撒維（Shihāb al-

❹ 註：位於埃及。
❺ 註：位於伊朗。

Dīn Muḥammad b. Aḥmad al-Khurandizī al-Nasawī，卒於 1249-50 ／ 647 年）在 1241-2 ／ 639 年完成《札蘭丁傳》（*Sīrat al-Sulṭān Jalāl al-Dīn*），這是末代花剌子模沙赫的阿拉伯語傳記；在本世紀稍晚，一位佚名作者產出波斯文翻譯（然而卻刪掉了幾章）。從 1225 ／ 622 年左右起，納撒維見證了花剌子模政權在東部伊朗的最後數月，他是逃亡者札蘭丁的隨從，為祕書處處長（*kātib al-inshā*）。[22] 納撒維有一本早期波斯語作品很少被援引，即《肺病患者的咳嗽》（*Nafthat al-maṣdūr*〔The Coughings of the Consumptive〕），成書時間為 1234-5 ／ 632 年，此書提供札蘭丁之死和他自己成為難民抵達瑪亞法里斤（Mayyāfāriqīn）❻之間的苦難記載。

即便納撒維能夠取得伊本・艾希爾的《歷史大全》，且對後者在摩蘇爾便能取得遙遠東方土地的高品質資訊深感困惑，但納撒維聲稱，他決定僅會記載他個人經歷過或從目擊者得來的事件。[23] 我們不清楚他是否曾一貫遵守此一原則。再者，《札蘭丁傳》的結構相當混淆，作者從一個地點跳到另一個地點，有時似乎帶著嚴格按照時間順序記述事件的目標，不管它們之間有無關連。納撒維因摩訶末其令人印象深刻的帝國瓦解和他兒子生涯的滄桑而深受震撼。[24] 這作品事實上包含較少蒙古軍事行動資料，而多半是札蘭丁以他兄弟和在西部伊朗其他穆斯林王朝君主為代價，意圖塑造新國家的不懈努力，但終究徒勞無功。值得注意的是，對納撒維而言，就像在作品中出現的其他忠心臣僕，君主札蘭丁是伊斯蘭教反抗異教徒蒙古人的唯一堡壘。[25] 他在某種程度上較少強調花剌子模軍隊對亞塞拜然和北部伊朗的穆斯林同胞的破壞，這使此軍隊成為殘暴的代名詞。

第三位與成吉思汗向伊斯蘭世界進攻同時代的作者是敏哈吉丁・烏斯曼・本・席拉吉丁・朮茲札尼（Minhāj al-Dīn 'Uthmān b. Sirāj al-Dīn Jūzjānī），比伊本・艾希爾年輕整整一代，在 1260 ／ 658 年左右寫作，離這些事件幾乎有四十年之久，地點在相對安全的獨立德里蘇丹國。[26] 身為僅才在 1226 ／ 623

---

❻ 註：位於土耳其東南部。

年離開古爾（Ghūr）到印度的本地人，朮茲札尼有直接熟悉東部伊斯蘭世界和對侵略有個人經歷這兩大優勢。再者，如同伊本・艾希爾能取得在那些早期蒙古軍事行動時曾待在伊朗的人的心聲，朮茲札尼也以相同的方式運作，他在德里受惠於遠從印度河外的傑出穆斯林難民所提供的第二手資訊。

朮茲札尼在他的《納希爾史話》（*Tabaqāt-i Nāṣirī*〔Nāṣirī Epochs〕，獻給當時統治的德里蘇丹納希爾・穆罕默德）裡的立場相對上較為明確。儘管他準備好給予蒙古統治者偶然的美德——比如，成吉思汗的公正，或窩闊台的寬容仁慈[27]——儘管他也知曉至少有一位蒙古君主，即朮赤兀魯思的別兒哥（Berke）已經擁抱伊斯蘭教，他仍經常將成吉思汗和他的繼任者描繪為「受詛咒的」（mal'ūn），且在死亡時刻會朝地獄邁去。侵略本身則描繪成徹底的災難，是不信道者對伊斯蘭世界的侵略過程的最近階段，而這過程從十二世紀喀喇契丹時便已展開。[28]在這第二個例子裡，「從中國邊境、突厥斯坦、河中地區、吐火羅斯坦〔Ṭukhāristān❼〕、札烏（斯坦）、古爾、喀布爾、加茲納因〔Ghaznayn〕、伊拉克、塔巴里斯坦〔Ṭabaristān❽〕、阿蘭、亞塞拜然〔Ādharbāījān〕、賈濟拉、安巴爾、錫斯坦、馬克蘭、克爾曼、法爾斯、胡齊斯坦、迪亞爾・巴克爾〔Diyār Bakr❾〕和摩蘇爾，及遠至敘利亞和魯姆的界線」，每件事都在不信道者橫掃之下陷落，「穆斯林君主和蘇丹沒留下任何痕跡」。[29]這是個誇張之語，因為即使是在上述列出的土地上，仍舊有幾位穆斯林親王在蒙古宗主權下繼續統治。但這使得朮茲札尼能將德里蘇丹國描繪為伊斯蘭世界的唯一倖存堡壘。[30]他顯然也相信他正活在特別由蒙古人的來臨所預示的末日裡，他的書有時採納啟示性口吻。[31]

那麼，描述成吉思汗在西亞的軍事行動的主要同時代資料的討論便到此為止。讓我們現在轉向幾位較不知名的人物。地理學家雅古特・哈馬維（卒於1229／626年）在1220-1／617-8年旅行經過東部伊朗和花剌子模，時間就在

❼ 註：烏滸水以南地區。
❽ 註：現今裏海南岸地區。
❾ 註：賈濟拉三省中最北省。

蒙古攻擊前，[32] 他證實當時這些地區的繁榮，並對隨後某些城市的命運做第二手報導。另一位論及蒙古入侵的首批穆斯林阿拉伯作者是睿智的阿布杜拉蒂夫·巴格達迪（'Abd al-Laṭīf al-Baghdādī），也以伊本·拉巴德（Ibn al-Labbād）聞名於世（卒於 1231-2 ／ 629 年）。伊本·拉巴德的著作書名不詳，原本亦未留存。但據說是由伊本·拉巴德所寫、「韃靼人的記載」的長篇摘錄則保存在夏姆斯丁·穆罕默德·札哈比（Shams al-Dīn Muḥammad al-Dhahabī，卒於 1348 ／ 748 年）的《伊斯蘭大歷史》（*Ta'rīkh al-Islām*）中，札哈比也從伊本·艾希爾和納撒維的作品中擷取有關這個早期時期的資料。伊本·拉巴德的侵略敘事顯然深刻影響札哈比，後者稱呼其為「吞噬（所有其他）記載的記載，一份讓（所有其他）報導黯然失色的報導，一個讓（所有其他）故事遭到淡忘的故事，一場讓（其他）災難頓形失色的災難，和一場遍佈全球和充滿全世界的災禍」。[33] 1220 年代，當他在北部敘利亞和安納托利亞旅行時，伊本·拉巴德碰見逃亡的人，包括商人，他從他們那慢慢收集有關蒙古人的資料。[34] 因此，就像伊本·艾希爾和雅古特兩人，他是在傳聞的基礎上寫作；而他可能比那位在摩蘇爾寫作而更有名的同時代作者，在更大程度上更縱情於誇大之詞。

幸運的是，一份來自伊斯瑪儀阿撒辛派圈子的文獻在最近幾年變得為人所知，那就是《復活之詩》（*Dīwān-i qā'imiyyāt*〔Poems of the Resurrection〕；影射精神復活，或稱之為《復活》〔*Qiyāma*〕，宣稱是在 1164 ／ 559 年於阿剌模忒〔Alamūt❿〕寫成），它是由哈桑·馬赫木迪·卡提伯（Ḥasan Maḥmūdī Kātib）編纂而成的格席達詩（qaṣīdas）⓫詩集，卡提伯是納希爾丁·圖西（Naṣīr al-Dīn Ṭūsī）的親近同事。書中有幾首詩指涉成吉思汗和「韃靼人」，因筆下顯露起初存在於阿剌模忒和蒙古人之間的友好關係而價值非凡，儘管成吉思汗在書中被不可信地塑造為阿撒辛派大師的工具，並臣服於他的權威之下。[35]

---

❿ 註：阿撒辛派總部，位於伊朗北部阿勒布爾茲山脈。

⓫ 註：一種阿拉伯詩歌體裁。

伊本·阿比哈迪德·馬達因尼（Ibn Abī I-Ḥadīd al-Madā'inī，生卒年 1190-1258／586-656 年）住在巴格達，於蒙古征服此城後幾個月過世。他將一份蒙古入侵的記載收入他為《辭章之道》（*Nahj al-balāgha*）所做的注釋（*sharḥ*）⓬，此書於 1246／644 年開始書寫，完成於 1251／649 年；最後提到的日期是 1245／643 年。[36] 儘管這本書的大部分抄襲自伊本·艾希爾，但內容的正確性並不突出：比如，馬達因尼將 1220／617 年開始由蒙古將領哲別（Jebe）和速不台（Sübe'edei）率領的遠征，和幾年後由綽兒馬罕率領的軍事行動搞混。但對 1233／630 年之後的時期而言，他變成一個重要——且似乎是更可靠的——來源，對伊斯法罕的命運（此城頑抗蒙古人直到 1235-6／633 年），以及在下十年間幾場在伊拉克的軍事行動上，特別有價值。[37] 一位稍晚的巴格達史學家伊本·薩依（Ibn al-Sā'i，卒於 1276／674 年）的作品沒有在這時期留傳下來，但被《軼聞匯集》（*al-Ḥawādith al-jāmi'a*）的作者擷取於書中。

最後，我們要討論一小群在敘利亞寫成的阿拉伯資料。穆罕默德·阿里（伊本·納齊夫）·哈馬維（Muḥammad b. 'Ali〔Ibn Naẓīf〕al-Ḥamawī）的《曼蘇爾史》（*al-Ta'rīkh al-Manṣūrī*）成書於 1233-4／631 年，獻給哈馬的埃宥比（Ayyubid）統治者，曼蘇爾·穆罕默德（al-Manṣūr Muḥammad），此書包含成吉思汗攻擊花剌子模帝國和綽兒馬罕的軍隊從 1230／628 年於西北部伊朗開始的早期行動的記載。[38] 本書關於成吉思汗進攻的史事細節較為準確，儘管專有名詞有混淆的情形（比如，成吉思汗一度錯誤地被稱為「庫需路」〔Kushlū〕，換句話說，錯認為成吉思汗的敵人屈出律〔Güchülüg〕）；但此書代表了伊本·艾希爾之外，另一支早期的資訊。也就是說，單純複製伊本·艾希爾的敘利亞史料，對了解 1230–1／628 年之前的情況價值不高。在那個時候，在敘利亞仍舊可能忽視蒙古的進擊。伊本·阿比·達姆（Ibn Abī-i Damm，卒於 1244／642 年）在哈馬寫作，他的編年史（現存僅是節本）結

⓬ 註：一般都直接稱呼這份文獻為《辭章之道注釋》（*sharḥ Nahj al-balāgha*）。

束在 1230-1／628 年，此書似乎繞過了他難以美化粉飾的主題，他自認可以在其涵蓋從伊斯蘭曆 618 年開始的記載中完全不提蒙古人（儘管其理由可能部分在於繼神聖羅馬帝國皇帝腓特烈二世〔Frederick II〕最近領導的十字軍東征後，作者將法蘭克人視為更大的威脅）。[39]

然而，在伊本・艾希爾死後二十或三十年間，我們能幸運取得一些重要資料：錫哈卜丁・阿布・夏馬（Shihāb al-Dīn Abū Shāmā，生卒年 1203-1268／599-665 年）的大馬士革史，《兩座花園續篇》（*al-Dhayl ʻalā l-Rawḍatayn*〔Supplement to the Two Gardens〕），這是他另一本有關撒拉丁 ⓭ 時代的作品（事實上較晚開始書寫）的續篇。[40] 大馬士革作者夏姆斯丁・阿布・穆札法爾・尤素夫・本・齊祖利（Shams al-Dīn Abū l-Mu ẓaffar Yūsuf b. Qizūghlī，生卒年 1185-1256／581-654 年左右）的通史，《顯要人物史的時代鏡鑒》（*Mir'āt al-zamān fī ta'rīkh al-a'yān*〔The Mirror of the Age in the History of Notable Men〕），他通常被稱之為錫布特・伊本・焦吉（Sibṭ〔即「外孫」〕Ibn al-Jawzī）。[41] 以及《埃宥比家族傳史釋疑》（*Mufarrij al-kurūb fī akhbār banī Ayyūb*〔The Dissipator of the Cares in the Account of the Ayyubid Line〕），由賈瑪拉丁・穆罕默德・本・薩利姆（Jamāl al-Dīn Muḥammad b. Sālim）在 1261／659 年後不久於埃及完成的王朝歷史，薩利姆多被稱為伊本・瓦希勒（Ibn Wāṣil）（生卒年 1208-1298／604-697 年），為哈馬本地人。[42] 錫布特・伊本・焦吉和伊本・瓦希勒補充蒙古攻擊伊拉克、安納托利亞和北部敘利亞的重要資訊，而伊本・瓦希勒和阿布・夏馬則為蒙古在 1260／658 年短暫占領敘利亞和巴勒斯坦，提供額外主要文獻。伊本・瓦希勒和錫布特・伊本・焦吉兩人都將札蘭丁視為對抗蒙古人的壁壘，儘管他們比其臣屬納撒維更強烈譴責他的軍事行動；至少伊本・瓦希勒滿意地認為在導致最後一位花剌子模沙赫死亡的蒙古浪潮下，顯現蒙古人在伊拉克和敘利亞的攻勢最終

⓭ 註：1174-93年在位，埃及埃宥比王朝第一任蘇丹，因在對抗十字軍東征上的英勇行為，而成為埃及歷史的民族英雄。

會被埃及軍隊遏止，首先是在 1260 ／ 658 年的阿因．札魯特（‘Ayn Jālūt）戰役 ⓮，然後是隨後的馬穆魯克蘇丹拜巴爾斯（Baybars）和嘉拉溫（Qalāwūn）的勝利。[43] 最後，我在此納入科普特派基督教歷史學家伊本．阿米德（al-Makīn Ibn al-‘Amīd，卒於 1272 年左右）的《受福集錄》（*Kitāb al-majmū' al-mubārak*），此書結束在 1260 年，受惠於一本早期且可能是穆斯林的文獻；它提供蒙古進犯的零散細節，而後者被他兩位更重要的同時代穆斯林作者省略。

三、在異教徒伊利汗之下寫作的穆斯林歷史學家：志費尼和其他人

不像我們至目前為止提到的其他作者，阿拉丁．阿塔．馬利克．志費尼（’Alā’ al-Dīn ‘Aṭā Malik Juwaynī，卒於 1283 ／ 681 年）是在蒙古人最初對伊斯蘭土地進攻後出生的（1226 ／ 623 年）。[44] 他的家族是呼羅珊的官僚，曾輪流服務於塞爾柱王朝和花剌子模沙赫；他的祖父陪同花剌子模沙赫從巴爾赫（Balkh）往南逃亡。志費尼的父親進入蒙古政府任職，在 1230 年代曾兩次拜訪大汗窩闊台的汗廷。他將成吉思汗侵略的消息傳遞給他兒子，[45] 而志費尼本人是阿兒渾阿合（Arghun Aqa）的官員，後者當時是西南亞總督，志費尼在 1252-3 ／ 650-1 年旅行至合罕蒙哥的總部（斡耳朵），之後回返，並趁在蒙古時收集進一步的資料。他告訴我們，[46] 他是在蒙古被說服開始寫作《世界征服者史》（*Ta'rīkh-i jahān-gushā*〔History of the World-Conqueror〕）的，此書後來獻給旭烈兀。從書中偶爾會交叉參照不存在的章節顯示，留存下來的可能是未完成的版本。即使如此，就任何標準而言，此書是在伊利汗改宗前，於伊朗寫作的穆斯林歷史學家中最有價值的作品。

然而，志費尼是蒙古人手下的第一位任職於伊朗蒙古政府的歷史學家。他

⓮ 註：1260年在巴勒斯坦北部的戰役，兩方是埃及馬穆魯克王朝和蒙古軍隊，埃及戰勝，而蒙古未能占領非洲。

也許會抨擊某些他同僚的低劣文化素養；[47] 他也許悔恨花剌子模沙赫的過世以及哀嘆不信道的主子的來臨；但他服務他們的事實無可避免地影響他書寫歷史的方式。當志費尼讓闊里吉思（Kōrgüz）這位呼羅珊總督將領報告窩闊台說，「合罕疆域裡的僕人」住得舒適奢華時，[48] 我們無須對這個官僚間的轉述引文大驚小怪，信以為真：官員或許有許多提供樂觀報告給君王的理由，其中包括為他們自己治理活動的辯護，以及尋求在宦海中生存的保證。

伊本・艾希爾對札蘭丁的態度矛盾搖擺，而志費尼對末代花剌子模沙赫的好感則無可懷疑（儘管在花剌子模軍隊犯下大屠殺這點上，他很坦率）；[49] 當他拿起他的筆時，前景仍舊似乎在許多方面持續慘澹。志費尼提到旭烈兀在 1259 年 9 月中旬／ 657 年 9 月末，於大不里士準備入侵敘利亞，在行文的某個時間點上，他說現今年份是 1260 ／ 658 年。[50] 於是，他是在阿拔斯哈里發國被推翻遠遠超過二十個月後完成寫作。在蒙古人於 1257 年 11-12 月／ 655 年 11 月期間進攻巴格達時，他是旭烈兀的隨從人員，[51] 而在他完成作品時，他正代表蒙古人管理那個遭到攻擊的城市。但志費尼的史書結束於巴格達遠征前；在他對遠征前蒙哥給旭烈兀指示的記載中，沒有提到巴格達或哈里發。[52] 不是志費尼無法說服自己寫這個主題，就是身為總督的他覺得自己無法以適度的誠實來處理這個題材。

但在某些方面，自從蒙古人第一次入侵伊斯蘭土地後，情境已經有巨大改善；但他也有可能——或在某種程度上僅僅是明智地——將他們視為真主命令的天意的工具。我們將在第十一章看到他如何巧妙地將他們描繪成準一神論者。對志費尼而言，他對蒙古人的征服喀喇契丹帝國這事比伊本・艾希爾還要消息靈通，真主派遣他們前來拯救遭到屈出律迫害的穆斯林子民（儘管我們不能排除這只是呼應蒙古人自己的宣傳的可能性）。[53] 矛盾的地方還有，伊斯蘭教現在傳播到以前從未滲透的地方，志費尼將這發展在某個行文時間點上，特別與窩闊台的統治聯繫起來。[54]

窩闊台登基（1229 年）與多年後蒙哥的登基（1251 年），在志費尼看來，此事展現真主對伊斯蘭人民的憐憫和仁慈。[55] 各國被呈現為在聽聞窩闊台的溫和名聲後尋求歸順他的統治。[56] 一系列軼事用來闡述真主在窩闊台的天性中，不僅培植慷慨、公義和寬大，也透過真實信仰的教誨感化他。[57] 志費尼是在蒙哥治下寫作，服務於他的代表，因此必須以更榮耀的字詞來描繪蒙哥——他是「和平和安全的祝福的承載者（*māda-yi ni'mat-i amu-u amān*）」，以及透過他的公正，創造的整體得到復甦，重新開花結果。[58] 為了鎮壓和處罰一位回鶻統治者（亦護都〔iduq-qut〕）想根除別失八里穆斯林的陰謀，蒙哥在某個時間點上被描繪為「聖戰士君王」（*pādishāh-i ghāzī*）。[59]

在這方面，一個更合用的工具就在手邊。不管他對蒙古人的掠劫巴格達，以及他們謀殺最後一位阿拔斯哈里發和其家人有何看法，我們至少能肯定一件事，那就是，志費尼將合罕兄弟旭烈兀的西征視為天意：即伊斯瑪儀阿撒辛派在北部伊朗據點的毀滅。這是「穆斯林傷口的藥膏和信仰混亂的療藥」，旅行者現在請求真主賜福給消滅此教派的君王。[60] 志費尼使用「聖戰」（*jihād*，吉哈德）這個字眼來描述一位異教徒蒙古親王的這些軍事行動，而他率領的軍隊部分還是由順尼派穆斯林分遣隊組成；[61] 而推翻令人痛恨的伊斯瑪儀這項任務是強大的塞爾柱蘇丹在一個半世紀前無法達成的，這項功績並在行文某個時間點被簡短地描寫成「信仰劍士」（*shamshīr-zanān-i aḥmadī*）的成就。[62] 卡蘿．希爾布蘭登教授（Carole Hillenbrand）指出，塞爾柱王朝毀滅易司馬儀派的努力在此特意遭到誇大，以榮耀蒙古的成就。[63] 但對志費尼而言，透過這個勝利，真主培植成吉思汗的隱藏目的現在終於得到彰顯。[64]

再者，志費尼在處理旭烈兀的遠征上，與他對成吉思汗及其將領的軍事行動的記載的語調極為不同。他短暫提及旭烈兀使荒蕪重現生機的愛好[65] 是有徵兆的。志費尼費心地單只記錄旭烈兀的這類活動，後者發生在遭受蒙古統治數十年的地區——當然是除了阿撒辛派領地外。他沒有讓我們讀到旭烈兀後來的軍事行動的任何記載，而在這些行動中，君主第一次以暴力讓伊拉克和敘利亞的正統穆斯林土地臣服：若要詳細說明這些，志費尼就得描繪一個更能喚起人們對前一個世代中，成吉思汗軍隊的活動的情景。

間隔志費尼和拉施德丁作品的超過四十年間被稱做「史學空白」

（historiographical void）。[66] 在《兄弟的安慰》（*Tasliyat al-ikhwān*〔The Consolation of the Brethren〕）中，志費尼親自描述他與其兄弟財政大臣夏姆斯丁在 1281-3 年間所承受的苦難；我們只在一本手稿中發現補敘，其敘述時間直到貼古迭兒．阿赫邁德治期。[67] 否則，直到最近，我們只有札西爾丁．阿里．穆罕默德．伊本．卡札魯尼（Ẓahīr al-Dīn ʻAlī Muḥammad Ibn al-Kāzarūnī，生卒年 1214-1298 ／ 611-697 年）提供的蒙古攻陷巴格達與毀滅哈里發國的記載，那是在他（以阿拉伯語書寫）的阿拔斯王朝的大略歷史，即《歷史的縮影》（*Mukhtaṣar al-ta'rīkh*〔Epitome of History〕）中結尾處可見，另外還有兩部簡短通史，分別由法官．納希爾丁．阿布杜拉．白達維（Qadi Nāṣir al-Dīn ʻAbd-Allāh Bayḍawī）於 1275 ／ 674 年左右，和內估伯（尼克佩）．本．馬斯烏德（Negübei〔Nīkpāy〕b. Mas'üd）在十三世紀晚期或十四世紀早期寫作而成。當然，我們從現存手稿的數目判斷，白達維的《歷史紀錄體系》（*Niẓām al-tawārīkh*〔The Classification of Histories〕）至目前為止得到比較廣泛的閱讀。[68] 標準校定本被愛德華．G．布朗（Edward G. Brown）描繪為「單調乏味的小書」，[69] 它告訴我們的事拉施德丁幾乎都告訴我們了。但查爾斯．梅爾維爾教授（Charles Melville）曾指認出第二本校定本，在 1295 ／ 694 年於合贊登基後寫成，包括某些前所未有的資料。[70] 如同梅爾維爾指出的那般，白達維的作品的價值主要在於它顯露在早期階段人們如何在蒙古政權和波斯文化傳統間達成妥協的嘗試，以及十三世紀晚期受過教育的波斯穆斯林對伊利汗國早年歷史的所知，這兩個事實。值得注意的是，這是阿布瑪吉德．穆罕默德．大不里士依（Abū l-Majd Muḥammad Tabrīzī）唯一包含在他的概要作品《大布里士寶庫》（*Safina-yi Tabrīz*，1320 年代早期，按：又譯作《桃里寺文獻集珍》）大綱中的蒙古時代歷史著作。[71]

在某種程度上，這份空白現在被《庫特卜皮箱中的蒙古人記事》（*Akhbār-i mughūlān dar anbāna-yi Quṭb*〔The Account of the Mongols in Qutb's Pormanteau〕）填補起來，這是在庫姆發現的佚名編年史，存在於哲學家暨天文學家庫特卜丁．馬赫穆德．本．馬斯烏德．設拉子依（Quṭb al-Dīn Maḥmūd b. Masʿūd Shīrāzī，卒於 1311 ／ 710 年）所寫的選集（majmū'a）手稿裡，[72] 出版於 2009 年。這本編年史的作者從 1281-2 ／ 680 年開始寫作，範圍涵蓋蒙古首度出現直到伊利汗阿魯渾（Arghun）在 1284 ／ 683 年登基的事件，但我們不知道作者是誰。選集的其他篇章都不是設拉子依親筆之作，他可能是從在篾剌合天文台工作時，從在那裡碰到的許多學者之一取得此編年史。它讀起來比較像本記注選集，而非連貫的歷史；有時候，時間空隙延伸超過數年；而敘述風格使編年史有時讓人摸不著頭緒。[73] 手稿曾經屬於拉施德丁，他至少重新改寫過書中的部分故事（哈里發的「小掌墨官」（Lesser Dawatdar）之子賈拉勒丁在 1264 ／ 662 年的叛國），與《蒙古人記事》的風格十分類似。如同喬治·萊恩指出的，[74] 這本簡短的小書極有價值，提供很多志費尼或（非常奇怪地）拉施德丁在旭烈兀和阿八哈時期所沒有寫到的資料（比如，陪同旭烈兀去伊朗的軍備，或旭烈兀及其朮赤系堂親的衝突理由）。有趣的是，另一本在蒙兀兒印度編纂的大部頭巨著《千年史》（*Ta'rīkh-i alfī*）雖然價值不高，是由阿赫邁德·本·納茲爾拉·戴布利·塔塔威（Aḥmad b. Na ẓr-Allāh Daybulī Tattawī，卒於 1588 ／ 996 年）帶領一系列作者寫成，但書中包含一段和《蒙古人記事》強烈雷同的段落。[75] 它可能來自一個更完整的文本或其他尚未確知的共同史料。

四、在伊利汗皈依後活躍於伊朗的穆斯林作者

這個章節將只關注那些在伊利時期寫作的作者——也就是說，直到 1350 年左右。[76] 他們之間最主要的作者是博學家拉施德丁·法德拉·哈瑪丹尼（Rashīd al-Dīn Faḍl-Allāh Hamadānī，卒於 1318 ／ 718 年），他出身猶太裔醫生世家，可能在 1290 年代早期皈依伊斯蘭教，當時他是伊利汗乞合都（Gaikhatu，統治期間 1291-95 ／ 690-94 年）的醫生和寶兒赤（*ba'urchi*，廚師，管家）。[77] 拉施德丁隨後在伊利汗合贊（統治期間 1295-1304 ／ 694-703 年）和完者都（Oljeitü，統治期間 1304-16 ／ 7703-716 年）手下升任至首席大臣。大批冠著他名字的作品（儘管極有可能是由他指揮下的學者團隊所寫的）列於《拉施德丁選集》（*Jāmi'-i taṣānīf-i Rashīdī*，在一份手稿中，這個書名

也被用來稱呼他的哲學—神學著作集）中。[78] 在此，我們的注意力將僅限於他的偉大史書，《史集》（*Jāmi' al-tawārikh*〔Collection of Chronicles〕）；他的神學作品將在第十三章中討論；而他相關其他主題的作品，如醫學或農學，將在第八章中討論。從拉施德丁為他的大不里士基金起草的捐贈契據（waqf-nāma）的附錄顯示，這麼大量的產出是為了禁得起時間的考驗，其中某些著作每年都以波斯語跟阿拉伯語製作副本。[79] 他最知名的作品，波斯語的《史集》原貌大略能透過無數現存手稿重建；但遺憾的是，阿拉伯語版本只有殘篇斷簡存留至今。

就像志費尼的作品，拉施德丁的《史集》能被歸為「官方歷史」——事實上更應該如此，因為此書是由合贊本人委任寫作（儘管關於合贊早期生涯，與他皈依伊斯蘭教的經過後來有某些修正，並包括在呈交給其繼任者完者都的版本裡：幾份手稿能代表這文本，尤其是 BN 補本 1113 號）。[80] 而合贊的部分甚至包含他許多敕令的本文。當然，對於官僚懷抱的對中央政令（diktat）有效性的信心，我們依舊有責任保持警覺。拉施德丁宣稱在合贊之前，伊利汗國在苦役下呻吟，而秩序、公義和繁榮僅在透過他主子的行政改革和法律制訂下，才被重新引介——拉施德丁無疑是這些活動的真正創始者，而同樣地，就此方面而言，他是我們的唯一文獻來源。[81] 就算曾真有這類改革的巨大需要——即若合贊本人也曾真心投入那份工作——如同拉施德丁所說的，我們仍舊有理由懷疑改革是否終究有效。

拉施德丁的背景顯然和志費尼不同。如果志費尼是提供傳統心態的穆斯林作者的主要範例，即其對蒙古征服的反應因身任官職而噤聲，反之，拉施德丁則代表另一種蒙古臣僕和新貴——在這個例子裡，近期皈依的猶太人其官位完全得看帝國主子臉色。身為一位皈依者，他有得不斷展示真實穆斯林作為的壓力，隨時面對嫉妒、懷疑和毀謗他的政敵。至少有些他對伊利汗合贊和完者都成為穆斯林的奉承，的確為了這個目的服務⓯。

⓯ 註：1318年，拉施德丁遭政敵指控對完者都投毒，與幼子同遭腰斬。

在這兩個蒙古史主要源頭之間，有重要差異，不只是作品的範圍和角度。[82] 我們將在第十三章中審視後面一項對比。就地理範圍而言，拉施德丁的作品比《世界征服者史》更為廣泛全面。首先，他尋求寫出一本有關蒙古人本身與成吉思汗後裔的更正確的歷史，一本更符合蒙古人自身傳統的書，而非他的先驅者所寫的那類歷史（我們必須假設主要是針對志費尼）。[83] 第一部分以《合贊汗祝福史》（*Ta'rīkh-i Mubārak-i Ghāzānī*）為名，分成三個章節：論突厥和蒙古部落；論成吉思汗的祖先、生涯和直到目前君主鐵穆耳（卒於 1307 年）的諸合罕史；論忽必烈和其伊利汗後繼者。拉施德丁受惠於蒙古資料提供者的口頭見證，尤其是他的君主，合贊，和孛羅丞相（卒於 1313 ／ 713 年），後者是合罕駐伊利汗汗廷使節及蒙古傳統專家。[84] 他的寫作來源不僅包括伊本．艾希爾和志費尼的作品，也——可能要多虧孛羅——包含現在已經佚失的《金冊》。當拉施德丁講述蒙古對花剌子模帝國的軍事行動時，口吻讓人想起《聖武親征錄》，文本借用清晰可見。的確，他的書中簡單納入抄襲而來的資料，伴隨著挪用自伊本．艾希爾和志費尼的段落，完全沒嘗試對相互衝突的資料進行批判性評估或提出解決。無論如何，此書提供我們對《蒙古祕史》於 1240 年左右結束後發生的事件，最密切貼近蒙古人的觀點。

不過在蒙古人與突厥人之外，拉施德丁於合贊繼任者完者都的敦促下，編寫了篇幅超過一半，內容也最具原創性的第二部，第二部內容包含其他民族，也包含穆斯林與非穆斯林的歷史。在《合贊汗祝福史》中，他曾順口提到將會有續作（*dhayl*），將分別完整交代烏古斯（Oghuz）、回鶻與中國的歷史。在這些當中，烏古斯與中國歷史於第二部中留存下來，還有伊朗的早期穆斯林王朝、印度、猶太人、法蘭克人，以及亞美尼亞人的歷史章節。[86] 由於這個全景觀點，他的作品被稱之為「呈現出中古時代，在亞洲或歐洲，沒有任何單一民族所擁有的龐大歷史百科全書」。[87] 他興趣的廣度反映了資訊來源的廣泛，包括一位來自喀什米爾的佛教僧侶，可能還有一位法蘭克人伊索羅（Isolo），他是效力於合贊的比薩人。

1305-6 ／ 705 年，拉施德丁以系譜作品《五族譜》（*Shu'ab-i panigāna*

〔The Fivefold Branches〕）來補充《合贊汗祝福史》，前者包括成吉思系後裔。儘管這在很大程度上複製了主要篇幅中的系譜段落，它有兩項優勢：成吉思系的專有名詞往往給予回鶻名字和阿拉伯—波斯語拼音，使我們能夠辨識其確切拼法；並引介額外或不同細節的差異，比如相關於蒙古指揮官。這個補充作品因此被視為非常重要。[88]

拉施德丁的伊利汗完者都史沒有留存下來，但其治期被涵蓋在其他當代作者的作品裡。《名流世系與歷史的勝境花園》（*Rawdat ūlī l-albāb fī ma'rifat al-tawārīkh wa l-ansāb*〔The Garden of the Intellects in the Knowledge of Histories and Generations〕；通常簡單稱之為《巴納卡提史》〔*Ta'rīkh-i Banākatī*〕）由法赫爾丁．阿布．蘇萊曼．達烏德．巴納卡提（Fakhr al-Dīn Abū Sulaymān Dā'ūd Banākatī）於 1317 ／ 717 年完成，大部分是抄襲自《史集》的刪節本，儘管行文寫到不賽因統治的第一年，因此包括完者都的原始資料；更有甚者，它還包含早些的《史集》裡早於 1303 ／ 703 年前找不到的某些資料。一本特別專寫這個治期的更豐富史書是《完者都史》（*Ta'rīkh-i Uljāītū*），由賈瑪勒丁．阿布．卡西姆．阿布杜拉．卡尚尼（Jamāl al-Dīn Abū l-Qāsim 'Abd-Allāh Qāshānī）寫成，也寫到 1317 ／ 717 年。書的安排順序遵循編年史，日期細節往往包括相對應的突厥—蒙古十二生肖曆法的日期，形成某種形式的宮廷日記。從十四世紀留傳下來的單一手稿則顯示，此書的架構漫不經心，相同插曲有時記述兩次，縱使其中一個充滿其他地方找不到的細節。卡尚尼主張他才是《史集》的真正作者，由於兩本史書風格的顯著差異，因此此說廣泛不被採信。然而，以相關於卡尚尼本人的通史《歷史精華》（*Zubdat al-tawārīkh*）留存下來的段落作為證據，已故的亞歷山大．莫頓（Alexander Morton）對此加以探討並主張，這聲稱至多可能可以應用到《史集》的第二部，但不能用在第一部的蒙古歷史上。[89]

就在拉施德丁的巨著問世幾年前，錫哈卜丁．阿布杜拉．本．伊茲丁．法德拉．設拉子依（Shihāb al-Dīn 'Abd-Allāh b. 'Izz al-Dīn Faḍl-Allāh al-Shirāzī）——他更廣為人知的綽號則是瓦薩甫（*Waṣṣāf al-ḥaḍrat*，即「宮廷的歌功頌德者」）——著手寫作蒙古人史，尤其是伊利汗。《地域之分隔與歲月之推移》（*Tajziyat al-amṣar wa-tazjiyat al-a'ṣār*〔The Apportionment of Countries and the Passing of Epochs〕）是志費尼的史書的續集，開始於 1257／655 年（我們應該指出瓦薩甫無法解釋地將旭烈兀遠征巴格達的日期定在 1256-7／654-5 年）。第一部於 1298-9／698 年開始寫作，序言完成於 1300 年 5 月中旬／699 年 8 月末；第三部在瓦薩甫其歷史學家同行即拉施德丁首席大臣的贊助下，獻給伊利汗合贊，時間是 1303／702 年；而瓦薩甫在 1306-7／706 年寫的第四部則在 1312／712 年獻給據說相當困惑的完者都。[90] 第五部，也就是最後一部，直到 1327-8／728 年左右才問世。[91]

瓦薩甫的誇大冗長比志費尼的過度風格更為極端，考量到他作品的範圍不僅涵蓋伊利汗國歷史，還包含中亞甚至忽必烈之孫合罕鐵穆耳（1294-1307 年）及其繼任者治下的元朝中國的事件此點，就更令人覺得遺憾。作為法爾斯財務機關中的公務員，他大部分時間住在其出生地設拉子，再者，他的角度多半是伊朗南部與島嶼的地方歷史學家觀點；他以出生地為傲的態度非常明顯。[92] 但他在 1296-7／696 年造訪巴格達，並收集蒙古征服此城的資料。[93] 儘管他的作品能在某種程度上被視為「官方」歷史，特別是此書有部分被獻給兩位續任的伊利汗，但考量到他對窩闊台系汗海都（Qaidu）的明顯同情，後者是元朝政權與伊利汗國的敵人，這個分類變得有點不具意義。

1330 年代湧現獻給拉施德丁的兒子吉亞斯丁．穆罕默德（Ghiyāth al-Dīn Muḥammad，卒於 1336／736 年）的大批史書，他是伊利汗不賽因（Abū Sa'īd，1316-35／716-36 年）的維齊爾。穆罕默德．本．阿里．夏班卡拉依（Muḥammad b. 'Alī Shabānkāra'ī）在 1332-3／733 年完成一部通史，《歷史家譜選集》（*Majima' al-ansāb fi l-tawārīkh*〔A Collection of Genealogies in the Histories〕）。但這作品在三年後在維齊爾的住所遭到洗劫時被摧毀，夏班卡拉依於是得在 1337／738 年寫出新的修訂本（這是獻給亞塞拜然的丘班王朝〔Chobanid〕統治者的第三個版本，時間是 1343／743 年，後來沒有出版）。[94] 夏班卡拉依的優勢，如同瓦薩甫，是法爾斯和南部。

1329-30／730年，僅在瓦薩甫完成《地域之分隔與歲月之推移》一或兩年後，哈米德拉・穆斯陶菲（Ḥamd-Allāh Mustawfī Qazwīnī）寫出《歷史摘錄》（*Ta'rīkh-i guzīda*〔Choice History〕），這是部分仰賴伊本・艾希爾、志費尼和拉施德丁的蒙古時期資料而寫成的伊斯蘭通史，但它也提供其他地方都沒有的史料。[95]此書是詩歌歷史《勝利紀》（*Ẓafar-nāma*〔The Book of Triumphs〕）的刪節版，穆斯陶菲在十五年的辛勤耕耘後，於1334-5／735年完成此書。以菲爾多西（Firdawsī）十一世紀的《列王紀》（*Shāh-nāma*）為範本，《勝利紀》呈現某些在《歷史摘錄》裡找不到的史料（不幸的是還包括了關於命運的詭譎多變、財富和權勢的轉眼即逝等等的樸實智慧的冗長段落）。穆斯陶菲聲稱從波斯（tāzīk）和蒙古軍官（sarwārān）那收集資訊，在行文某處曾明確表達他受惠於某位不花（Buqa）而得到旭烈兀軍事活動的細節，這位不花是玉剌帖木兒（Yula Temür）的兒子和乃蠻軍官，家族和加茲溫關係密切，精通「突厥人」的歷史。[96]但對至1303年的這個時期而言，顯然哈米德拉・穆斯陶菲主要受惠於拉施德丁；他也的確曾聲稱他的工作是將《史集》化為詩歌。[97]《勝利紀》後來成為《史集續篇》（*Dhayl-i Jāmi' al-tawārīkh*）的源頭，《史集續篇》是由帖木兒王朝時代歷史學家哈菲茲・阿布魯（Ḥāfī ẓ-i Abrū）所寫的拉施德丁的蒙古人歷史續作，主要涵蓋時間在1304／703年之後的時期，尤其是不賽因治期。[98]就像瓦薩甫，哈米德拉・穆斯陶菲是財務官員，儘管身在北方城鎮加茲溫，他的專業使得他能在其地理作品《心之愉悅》（*Nuzhat al-qulūb*〔The Hearts' Delight〕）中夾雜經濟和行政事務的珍貴資料，後者完成於1340／741年或不久後；某些史料直接相關於蒙古征服和蒙古統治的衝擊。

五、伊利汗國的地方歷史

我們應該指出的是，「地方歷史」這個詞並未承載在歐洲中古時代，或甚至前蒙古時代的阿拉伯地方歷史傳統的脈絡下的所有意涵。換句話說，比如，這個類別並不包含城市貴族留下的紀錄，或蒐羅地方學者名流的傳記，而在更早的年代這類著作曾經相當蓬勃發展。[99] 跟前述伊利汗國的史書，不管是拉施德丁的《史集》還是瓦薩甫的《地域之分隔與歲月之推移》一樣，本節所引述的作品多半來自宮廷，也為宮廷服務，除了王室之外，也包括伊利領土內的附庸君主國。作者心心念念的仍舊是王朝事務；其優勢是相對於帝國的地方觀點。[100]

學界現在廣泛相信，《軼聞匯集》（*al-Ḥawādith al-jāmiʻa*〔Collected Events〕）——到 1300-01／700 年的一部伊拉克歷史以及唯一在伊利汗國由一位順尼派穆斯林以阿拉伯語寫成的這類史書——不是伊本．富瓦惕（Ibn al-Fuwaṭī）在他的傳記辭典提到的本人著作，也不是他聲稱的由志費尼委任寫成的書。[101] 不管其作者是誰，他都屬於歷史書寫的巴格達學派傳統，而在直到蒙古攻陷巴格達的時期，書寫內容有部分受惠於伊本．卡札魯尼的《歷史的縮影》；儘管作者對在離伊拉克某些距離外發生的事件的日期無法精確掌握（比如，將察合台的侵略呼羅珊定於 1266-7／665 年，而不是 1270／668 年），因此在這點上他比其先驅者遜色。我們可以引述最近期對此作品的評論，「它無法真的被置於」阿拉伯—馬穆魯克／波斯—蒙古分水嶺的「任何一邊」。[102] 儘管作者顯然將哈里發國的毀滅視為災難性打擊，他卻不時稱呼不信道者旭烈兀為「蘇丹」，而且似乎不帶任何諷刺意味。

安納托利亞（魯姆）產生三部史書，第一本是伊本．比比（Ibn Bībī）的《關於最高尚事務的最高貴規律》（*al-Awāmir al-ʻalā'iyya fī l-umūr al-ʻalā'iyya*〔The Loftiest Imperatives Concerning the Most Exalted Matters〕），這是本描述直到 1280／679 年的塞爾柱蘇丹的內部歷史；也有一本刪節本，《塞爾柱史簡編》（*Mukhtaṣar-i Saljūq-nāma*）。1323／723 年，卡里姆丁．阿克薩萊依（Karīm al-Dīn Āqsarā'ī）寫了一本通史，《夜間記事和跟隨善的腳步》（*Musāmarat al-akhbār wa-musāyarat al-akhyār*〔Nocturnal Narratives and Keeping Up with the Good〕），此書的第四和最後章節用來書寫蒙古諸汗和他們的塞爾柱當代人的時代。第三本作品是相對簡短

的《塞爾柱史》（*Ta'rīkh-i āl-i Saljūq*），完成於 1363 ／ 765 年或不久後，但起始於 1277 ／ 675 年，由早在 1290 年左右就活躍的某人寫成。[103]

在伊利汗國的另一端，薩義夫·穆罕默德·本·雅庫布·哈拉維（Sayf b. Muḥammad b. Ya'qūb al-Harawī，通常被稱為薩義菲〔Sayfī〕）的《赫拉特史紀》（*Ta'rīkh-nāma-yi Harāt*〔Historical Account of Herat〕）的日期始自 1322 ／ 722 年左右，提供在蒙古時期未受到強烈重視的一個地區的豐富資料。儘管此書能號稱是伊朗當地最充實和消息詳盡的地方歷史，薩義菲卻大量抄襲拉施德丁的作品，而在關於其他來源方面則含糊不清，比如，他告訴我們，他收集的成吉思汗軍事行動資訊是從輪番從目擊者口中聽聞消息的老人那裡得來。[104] 其他提供有用資訊的書有《錫斯坦史》（*Ta'rīkh-i Sīstān*），約完成於 1326 ／ 726 年（從此之後，我們則仰賴統治王室成員沙赫侯賽因〔Shāh Ḥusayn〕始自 1619 ／ 1208 年的《國王的回憶》〔*Iḥyā' al-mulūk*〕）；[105] 另外兩本克爾曼的古特魯汗王朝（1226-1304 ／ 623-703 年）的史書是佚名的《喀喇契丹皇家史》（*Ta'rīkh-i shāhī-yi Qarākhiṭā'iyyān*〔The Royal History of the Qara-Khitai rulers〕）；1290 年代早期）和納希爾丁·穆恩希·克爾曼尼（Nāṣir al-Dīn Munshī Kirmānī）的《高貴宮廷的顯赫項鍊》（*Simṭ al-'ulā li l-ḥaḍrat al-'ulyā*〔The Necklace of Eminence for the Exalted Court〕；1315-16 ／ 715 年），他是克爾曼文書處（*diwān al-rasā'il wa l-inshā*）的首席必闍赤；一本由伊本·札爾庫布（Ibn Zarkūb，卒於 1343-4 ／ 744 年）所寫的法爾斯史，《設拉子紀》（*Shīrāz-nāma*〔The Story of Shīrāz〕）；而雅茲德則有兩本十五世紀的作品，賈法爾·本·穆罕默德·賈法里（Ja'far b. Muḥammad Ja'farī）的《雅茲德史》（*Ta'rīkh-i Yazd*）和阿赫邁德·本·侯賽因·本·阿里·卡提伯（Aḥmad b. Ḥusayn b. 'Alī Kātib）的《雅茲德新史》（*Ta'rīkh-i jadīd-i Yazd*〔A New History of Yazd〕）；[107] 外加幾本獻給不同裏海省份的書，尤其是奧利雅拉·阿姆利（Awliyā' Allāh Āmulī）的《魯揚史》（*Ta'rīkh-i Rūyān*，1362-3 ／ 764 年）和十五世紀的《馬贊德蘭史》（*Ta'rīkh-i ṣabaristān-u Rūyān-u Māzandarān*），由薩義德·札西爾丁·馬拉西（Sayyid

Ẓahir al-Dīn Mar'ashī）寫成。此外，由住在伊朗南方的作者編寫的通史對當地事務而言價值不菲：瓦薩甫的作品提供許多法爾斯、克爾曼、盧里斯坦（Luristān）和鄰近地區的資訊，而夏班卡拉依的《歷史家譜選集》（*Majma' al-ansāb*）包含夏班卡拉當地王朝的一個章節。

六、伊利汗國的非敘事文獻

在伊利汗治下寫成的文獻雖然很多，但幾乎完全屬於敘事文類。從蒙古伊朗唯一留存至今的通用傳記辭典是《依尊銜編排，文采美妙的傳記辭典節本》（*Talkhīṣ Majma' L-ādāb fī mu'jam al-alqāb*〔Abridgement of the Collection of Belles-Letters in the Lexicon Arranged by Honorifics〕），由卡瑪勒丁．阿布杜．拉札格．伊本．富瓦惕（Kamāl al-Dīn 'Abd al-Razzāq Ibn al-Fuwaṭī，卒於 1323 ／ 723 年）寫成。直到 1280-1 ／ 679 年，他都是篾剌合天文台的圖書館員，天文台是由旭烈兀的天文學家和大臣納希爾丁．圖西所創立，因此他住在巴格達。此書對蒙古時期的價值最近得到德文．德維斯教授（Devin DeWeese）的肯定。即使只是刪節形式也讓人很遺憾辭典沒全本留存下來。它可能從未完成，因為無數條目只留下名字或一點注記，有些個人只分配到兩個條目——甚至連卡瑪勒丁．阿布杜拉赫曼（Kamāl al-Dīn 'Abd al-Raḥmān，伊利汗貼古迭兒．阿赫邁德〔Tegüder Aḥmad〕的親信）都只有三個條目。[108] 從現存的部分（從 'izz 到 muwaffaq）看來，《節本》無論如何似乎都是令人驚嘆的作品，因為不像早期穆斯林傳記辭典，它的範圍沒有僅限於穆斯林，但還包括基督教和猶太顯要的資料，甚至異教徒蒙古人成吉思汗和旭烈兀。[109]《歷史香水盒中的迷人香氣》（*Nasā'im al-asḥār min laṭā'im al-akhbār*〔The Frangrances of Enchantment among the Perfume-Boxes of Histories〕）的範圍則較為狹隘，這是本波斯維齊爾的有用傳記選集，由前述的納希爾丁．穆恩希．克爾曼尼於 1325 ／ 725 年完成。此外，在傳記辭典上，我們得仰賴那些在馬穆魯克帝國裡寫成的作品（見下文）。

除了納希爾丁・圖西的一篇簡短財政論文（可能寫成於 1260 年代早期）外，[110] 還留下兩本有關伊利政府的工作指南：阿拉丁・法拉基・大不里士依（'Alā' al-Dīn Falaki Tabrīzī）的《吉兆之書》（*Sa'ādat-nāma*〔Auspicious Book〕），是本始於完者都治期（1304-16 年）的會計手冊，和《書吏抄寫職務手冊》（*Dastūr al-kātib fī ta'yīn al-marātib*〔A Handbook for the Scribe on the Assignment of Ranks〕），由穆罕默德・本・辛度・沙赫・納赫奇瓦尼（Muḥammad b. Hindū Shāh Nakhchiwānī）在伊拉克的札剌亦兒蘇丹謝赫・烏拿斯（Shaykh Uways）治下於 1360 年後完成，但此書開始寫作時間則早於伊利汗國的結束，並描述那個早期時期的機構。伊利政治家這邊的信件則透露很少，而寫出最重要敘事歷史的兩位最顯要作者則使我們失望。尤根・保羅教授（Jürgen Paul）在夏姆斯丁・志費尼與其弟，歷史學家兼巴格達總督阿拉丁的信中根本找不到同時代事件的資料；[112] 亞歷山大・莫頓則顯示——在我看來是種總結——拉施德丁的信件（*mukātibāt*）長久以來被視為價值不菲的文獻，但包含某些明確啟人疑竇的信，應該是十五世紀的偽造之作。[113]

聖徒傳記文獻對社會，和在較小程度上，經濟史的貢獻無可否認。我有限度地引用塔瓦庫里・伊本・巴扎茲・阿爾達比利（Tawakkulī Ibn Bazzāz Ardabīlī，約寫成於 1358 年）的《終極純粹》（*Ṣafwat al-ṣafā*〔The Puriest of the Pure〕），這是關於謝赫・薩菲丁・阿爾達比利（Shaykh Ṣafī' al-Dīn Ardabīlī，卒於 1334 ／ 735 年）的人生軼事選集，他是薩法維王朝沙赫的祖先。強調奇蹟活動和年代順序資料的廣泛缺乏是此文類的重要特色，也讓作品問題重重。但如同我們曾指出的那般，它的價值藉由其是彙編（近當代）見證此事實得到放大，因而不僅是文學作品。[114] 最後，我們還該提到阿拉道拉・席姆納尼（'Alā' al-Dawla Simnānī，卒於 1334 ／ 734 年）的作品，儘管它們關注精神事務，並提及他辭掉為阿魯渾服務的工作前的個人經驗，因此得以讓我們一窺一位異教徒伊利汗汗廷的宗教氣候。[115]

七、朮赤、察合台和帖木兒文獻

就我們所知，朮赤兀魯思在十三至十五世紀間沒有孕育出自己的歷史學家，而汗國裡的歷史事件僅能困難地藉由求助於各種外部資料而得以重建：即附庸魯姆蘇丹國和（至少到 1270 年左右的那段時期的）亞美尼亞的編年史；以及伊利歷史學家的作品全集和尤其是在金帳汗國的馬穆魯克盟友的近東土地寫成的史書。[116] 除了十六世紀早期的《成為勝利之書的歷史摘錄》（*Tawārīkh-i Guzīda-yi nuṣrat-nāma*），此書擴大了在《貴顯世系》（*Mu'izz al-ansāb*）中找到的朮赤系後裔的系譜，而稍後自 1500 年後由金帳汗國留傳下來的歷史作品似乎都完全奠基在口述傳統。[118] 這並非是在否認它們的價值。比如，烏利．察米歐魯教授（Uli Schamiloglu）就強調收集自金帳汗國行政體系的這些文獻提供的資訊，[119] 而德維斯強烈主張，歐特迷失．哈吉（Ötemish Ḥājjī）的《杜斯特蘇丹史》（*Ta'rīkh-i Dūst Sulṭān*）中對 1550 年代別兒哥和月即別汗皈依的記載，提供了幾世代後對伊斯蘭化過程如何回憶的洞見。[120]

儘管在不求助於元朝帝國的中文史料和蒙古語的本地文獻下，只能拼湊出一個非常不完整的歷史，察合台兀魯思在穆斯林資料方面稍微比朮赤兀魯思還要詳盡。幸運的是，賈瑪勒．卡爾希（Jamāl al-Qarshī）在 1282 ／ 681 年完成他的波斯—阿拉伯語辭典《蘇拉赫詞典》（*al-Ṣurāḥ min al-Ṣiḥāḥ*），辭典之後附上一份《補編》（*mulḥaqāt*），敘述從蒙古時期寫到海都的兒子察八兒（Chapar）在 1303 ／ 702 年登基為止的中亞歷史。賈瑪勒．卡爾希於 1230-1 ／ 682 年出生於阿力麻里城（Almaligh）⓰，早期人生的大部分是在當地附庸王朝的宮廷裡度過。在被迫於 1264 ／ 662 年離開該城後，他的旅行足跡遍佈西突厥斯坦，但常待在喀什噶爾，他在此顯然很接近馬思忽惕．貝格（Masʿūd Beg）建立的行政體系的首府；他也曾經去海都的汗廷覲見數次。他的歸屬名「卡爾希」便得自於他接近某個權力中心（qarshi 便是突厥語「宮殿」之

⓰ 註：現今中國新疆霍城縣一帶。

意）。[121] 然而，儘管賈瑪勒·卡爾希的人脈關係頗為顯赫，《蘇拉赫詞典補編》（*Mulḥaqāt bi l-Ṣurāḥ*）能提供的細節比我們希望的還少，我們則依舊得大量仰賴於伊利歷史學家拉施德丁、瓦薩甫和卡尚尼提供的海都和他的察合台同盟的資料。

在賈瑪勒·卡爾希之後，察合台汗國在兩百五十年來沒有出現另一位本地歷史學家。我們能從帖木兒王朝統治下的伊朗所產生的歷史作品中匯集整出兀魯思某些十四世紀的歷史，這王朝由帖木兒（「跛子」；因此是 Tamerlane；卒於 1405 ／ 807 年）所創立，他是河中地區巴魯剌思氏（Barulas）的突厥─蒙古部落成員。最著名的史書有尼札姆丁·沙米（Niẓām al-Dīn Shāmī，1404 ／ 805 年）的《勝利紀》（*Ẓafar-nāma*）⓱；夏拉夫丁·阿里·雅茲迪（Sharaf al-Dīn ʿAlī Yazdī，1424-5 ／ 828 年）的《勝利紀》（*Ẓafar-nāma*）⓲，隨書附上的序言（*muqaddima*）中則敘述了帖木兒之前的蒙古歷史；以及穆因丁·納坦茲依（Muʿin al-Dīn Naṭanzī，1414 ／ 817 年）的《穆因歷史選》（*Muntakhab al-tawārīkh-i Muʿīnī*）。[122] 我們還該提到《貴顯世系》（*Muʿizz al-ansāb*〔Homage to Genealogies〕），由複製拉施德丁的《五族譜》（*Shuʿab-i Panjgāna*）的不知名作者於 1426-7 ／ 830 年在伊朗寫成（儘管有些修正以及不帶有回鶻文字形式），文本繼續寫到他自己的時代，並添加有關帖木兒、他的王朝和軍事軍官的廣泛篇幅；[123] 他可能也參考了侯賽因·阿里·沙赫（Ḥusayn b. ʿAlī Shāh）的稍早家譜作品，此書以一本獨一無二的手稿留存下來。[124] 儘管《突厥世系》（*Shajarat al-atrāk*〔Tree of the Turks〕）中的察合台汗的記載──佚失的《成吉思汗王朝四兀魯思史》（*Taʾrīkh-i arbaʿa ulūs-i chingīzī*〔History of the Four Chinggisid Uluses〕）的節本，被認為是為帖木兒的孫子兀魯伯（Ulugh Beg，卒於 1449 ／ 853 年）所著 [125]──大致來自雅茲迪的序言，但添加了零散細節。最多產的帖木兒王朝作者以錫哈卜丁·阿布杜

⓱ 註：沙米的《勝利紀》內容相當於帖木兒的傳記。

⓲ 註：雅茲迪的《勝利紀》也是帖木兒的傳記。

拉・拉發拉・胡瓦菲（Shihāb al-Dīn ‘Abd-Allāh b. Luṭf-Allāh al-Khwāfī）莫屬，他以哈菲茲・阿布魯聞名（卒於 1430 ／ 833 年），作品不僅包括上述的《史集續集》，還重新整理了沙米的《勝利紀》，還寫了一部通史，即《歷史精華》（*Zubdat al-tawārīkh*〔The Cream of Histories〕），和一部書寫呼羅珊歷史的特別豐富的地理誌。

使用沙米、雅茲迪和納坦茲依的作品時必須謹慎。前兩位作者在 1309 年左右後提供的察合台汗年表並不正確，帝王紀元日期大概提早了七年。[127] 納塔茲的朮赤系和察合台系的記載顯然奠基於口述傳統，相當粗略且有點簡單；他的年表甚至更不可靠，諸汗的家譜在此和在雅茲迪作品裡找到的和《貴顯世系》中的系譜沒有什麼關連。[127] 最後，我們必須強調，沙米和雅茲迪兩人（特別是後者）都呈現了察合台史的扭曲版本，肇因於帖木兒的祖先被賦予相當不寫實的影響和威權，將其祖先追溯到十三世紀巴魯剌思氏的合剌察兒（Qarachar）那顏。

察合台兀魯思的西半部從 1370 ／ 771 年開始由帖木兒和其後代統治，而東察合台汗國——這地區後來以「蒙兀兒斯坦」為人所知——保留其自治權。1546 ／ 952 年，米爾札・海達爾・杜格拉特（Mīrzā Ḥaydar Dughlāt）出身自一個自從十四世紀晚期就統治喀什噶爾、阿克蘇（Āqsū）⓳和鄰近城市的突厥—蒙古家族，和東察合台汗關係密切，完成《賴世德史》（*Ta'rīkh-i Rashīdī*），並將其獻給當時統治的汗，拉失德蘇丹。他主要的目的之一顯然是頌揚他自己的王朝，及將其目前崇高的地位投射回一個較早時代，就像帖木兒王朝歷史學家為帖木兒的祖先所做的那般。除了雅茲迪的《勝利紀》，米爾札・海達爾從此抄襲了帖木兒在蒙兀兒斯坦的軍事行動的長篇段落，並仰賴口述來源。他的書起始於 1347 ／ 748 年東察合台汗國禿忽魯帖木兒（Tughluq Temür）汗的登基，提供那位統治者皈依伊斯蘭教的有用記載。但是，對這些早期年代，他令人驚異地缺乏訊息。這只能部分歸因於察合台蒙古人傳言中對

⓳ 註：位於今日新疆西部。

自身過去的深刻無知；而米爾札．海達爾也沒有意圖去記下非穆斯林諸汗的生平功業。[128] 其結果是，兀魯思從 1340 年左右到十五世紀中期的歷史靜躺在黑暗中，僅斷續被帖木兒王朝作者的作品的細節所打斷。

八、在 1265 年左右後於蒙古敵國寫作的作者

埃及和敘利亞的馬穆魯克帝國——伊利汗國的主要敵人——孕育出令人驚異的歷史著作數量。[129] 首先，有個別馬穆魯克蘇丹的傳記，特別是拜巴爾斯的兩本：《盛開的花園，拜巴爾斯的人生》（*al-Rawḍ al-zāhir fī sīrat al-malik al-Ẓāhir*〔The Blossoming Garden concerning the Life of al-Malik al- Ẓāhir〕），由他的大法官法庭（*kātib al-inshā*）祕書穆赫易丁．伊本．阿布杜札希爾（Muḥyī' al-Dīn Ibn 'Abd al- Ẓāhir，卒於 1292 ／ 692 年）所著，以及一本未完成的《拜巴爾斯史》（*Ta'rīkh al-malik al- Ẓāhir*），由敘利亞人伊茲丁．穆罕默德．本．阿里．伊本．夏達德（'Izz al-Dīn Muḥammad b. 'Alī Ibn Shaddād，生卒年份 1217 至 1285 ／ 613-684 年）所著；[130] 還有兩本曼蘇爾．嘉拉溫的傳記：伊本．札希爾的《曼蘇爾人生的光榮時日》（*Tashrīf al-ayyām wa l-uṣūr fī sirat al-malik al-Manṣūr*〔The Glorious Days and Epochs in the Life of al-Malik al-Manṣūr〕）；和《曼蘇爾蘇丹人生的最佳事物》（*al-Faḍl al-ma'thūr min sīrat al-sulṭān al-malik al-Manṣūr*〔The Best to be Transmitted from the Life of Sultan al-Malik al-Manṣūr〕），由他姪子納希爾丁．沙菲．本．阿里．阿斯格蘭尼（Nāṣir al-Dīn Shāfi' b. 'Alī al-'Asqalānī，卒於 1330 ／ 730 年）所著。[131] 因為這些作者都為蘇丹服務，而至少，伊本．阿布杜．札希爾是應拜巴爾斯的要求而著手寫作《盛開的花園，拜巴爾斯的人生》，因此他們的作品應該被視為「官方」歷史，有點等同於拉施德丁的著作。它們反映統治者的有利觀點，後者自 1262 ／ 660 年開始就在開羅擁有俯首聽命的阿拔斯哈里發，並透過這些史書發佈本身與蒙古人的觀點對立的普世主義聲言。

馬穆魯克疆域也產生數部重要編年史，它們之間的相互關係很複雜。那

些從埃及出產的作品中有兩本由魯昆丁・拜巴爾・曼蘇里・達瓦達爾（Rukn al-Dīn Baybars al-Manṣūrī al-Dawādār，卒於 1325 ／ 725 年）所著，他是一位奴隸士兵指揮官，在納希爾・穆罕默德蘇丹下曾短暫擢升為副官（*nā'ib al-salṭana*）：《聖徒史思想精選》（*Zubdat al-fikra fī ta'rīkh al-hijra*〔Choicc Thoughts on Hijrī History〕）的現存部分結束於 1309-10 ／ 709 年；而一本節本版本《給突厥王朝諸王的禮物》（*Tuḥfat al-mulūkiyya fī l-dawlat al-turkiyya*〔The Gift fo Kings concerning the Dynasty of the Turks〕）則寫到 1311-12 ／ 711 年，包括在其較長篇版本中找不到的資料。拜巴爾・曼蘇里顯然對蘇丹國的外交關係懷有特別興趣，《聖徒史思想精選》收納入塞爾柱魯姆和金帳汗國的非凡價值史料。[132] 阿布・巴克爾・本・阿布杜拉・本・艾巴克・伊本・達瓦達里（Abū Bakr b. 'Abd-Allāh b. Aybak Ibn al-Dawādārī）本人是另一位奴隸士兵軍官的兒子，在 1334-5 ／ 735 年或不久後完成《珍珠寶庫與精華薈萃》（*Kanz al-durar wa-jāmi' al-ghurar*〔The Treasury of Pearls and the Choicest Hoard〕）此長篇著作。[133] 科普特基督教歷史學家穆法達勒・伊本・阿比・法達依（al-Mufaḍḍal Ibn Abī l-Faḍā'il）則在 1358 ／ 759 年完成《伊本・阿米德史續集的正確道路和無比成就》（*al-Nahj al-sadīd wa l-durr al-farīd fī mā ba'd ta'rīkh Ibn al-'Amīd*〔The Correct Path and Peerless Achievement in the Sequel to the History of Ibn al-'Amīd〕），此書是用來當作他叔叔伊本・阿米德的作品的續集。他顯然使用努瓦依里（al-Nuwayrī）的資料，並在常常引述《聖徒史思想精選》外，還頻繁借用兩本拜巴爾斯的傳記；但他將敘事寫到 1341 年左右，並進一步穿插早幾十年間其他地方都找不到的細節。[134]

馬穆魯克的敘利亞省分也出產重要歷史作品。阿布・夏馬在馬穆魯克的強制統治後只存活了數年，但他的史書由他的大馬士革同胞阿拉姆丁・卡西姆・比爾札利（'Alam al-Dīn al-Qāsim al-Birzālī，卒於 1339 ／ 739 年）在數十年後寫作續篇，就叫做《續集》（*al-Muqtafā*〔The Sequel〕），《續集》一書的興趣超越大馬士革，包括了伊利汗國的有用資料。但對我們此章的目的而言，三本最有價值的敘利亞史書是《時代鏡鑒續篇》（*al-Dhayl Mir'āt al-*

zamān），即由庫特卜丁・穆薩・尤尼尼（Quṭb al-Dīn Mūsā al-Yūnīnī，生卒年份 1242 至 1326 ／ 640-726 年）所寫的錫布特・伊本・焦吉的作品續作；夏姆斯丁・穆罕默德・本・易卜拉欣・賈札里（Shams al-Dīn Muḥammad b. Ibrāhīm al-Jazarī，生卒年份 1260 至 1338 ／ 658-739 年）所寫的《年代事件與記事，以及顯貴要人子弟之訃聞》（*Ḥawādith al-zamān wa-anbā'uhā wa-wafayāt al-akābir wa l-a'yān min abnā'ihi*〔The Events and Reports of the Era and the Obituaries of the Great and Notable among its Sons〕）；以及由夏姆斯丁・阿布・穆罕默德・札哈比（卒於 1348 ／ 748 年）所寫的卷帙浩繁的《伊斯蘭大歷史》，我們已在上文中提過此書。[135] 所有三部作品在每個年份下面都不僅包括重大事件，也有訃聞，如同賈札里的書名所明確表示。札哈比也有寫一本較短的書，《伊斯蘭政權》（*Duwal al-Islām*〔Islamic Regimes〕）。《人類簡史》（*al-Mukhtaṣar fī akhbār al-bashar*〔The Abridged History of Humanity〕）由哈馬的埃宥比王朝倒數第二位蘇丹穆阿亞德・阿布・菲達・伊斯瑪儀・本・阿里（al-Mu'ayyad Abū l-Fidā Ismā'īl b. 'Alī，通常簡稱為阿布・菲達〔Abū l-Fidā〕，卒於 1331 ／ 732 年）所著，它更常遭到引述，或許有點名過其實。至於 1261 ／ 659 年前的時期，我們得仰賴伊本・瓦希勒的《埃宥比家族傳史釋疑》，他曾是阿布・菲達的老師之一，但此書沒有原創價值；儘管在他活著時，作者提供了一些有用資料。兩本出自十四世紀中期的更簡短的史書由 K・V・澤特斯庭（K. V. Zetterstéen）於 1919 年收集和編纂。其中一本是「Z 作者」的匿名作品，包含伊利汗合贊於 1295 年公開接納伊斯蘭教時的一份目擊者記載，其大部分內容和賈札里提供的敘述極為相似。

幾份地理誌作品包含大量充實的歷史資料。我們在上文提到伊本・夏達德（卒於 1285 ／ 684 年）寫的《敘利亞和賈濟拉的埃米爾記載中最珍貴有價之物》（*Al-A'lāq al-khaṭīra fī dhikr umarā' al-Shām wa l-Jazīra*〔The Most Precious Valuables in the Account of the Amirs of Syria and the Jazīra〕），作者是拜巴爾斯的傳記家之一，此書則是地形—歷史辭典，首先以地區，然後以地名的字母順序排列處理，常包含在其他書找不到的相關於蒙古軍事行動的細節。[136] 一本稍晚的地理誌是夏姆斯丁．迪馬希格依（Shams al-Dīn al-Dimashqī，卒於 1327 ／ 727 年）的《地海奇聞選錄》（*Nukhbat al-dahr fī 'ajā'ib al-barr wa l-baḥr*〔Select Passages of the Age regarding the Marvels of Land and Sea〕），傾向於從早期穆斯林地理誌中重複資料，但無論如何提供了某些蒙古—馬穆魯克時代的原始資料。[137]

至現在為止列出的作者，其價值主要在補充或修正在蒙古領土裡產生的記載：它們告訴我們蒙古的軍事行動、外交接觸，有時提供蒙古亞洲所發生的事件的更細膩敘事。但兩本馬穆魯克帝國的巨作值得我們注意，由於它們對蒙古事務做謹慎和連貫的調查。一本是百科全書《文苑觀止》（*Nihāyat al-arab fī funūn al-adab*〔The Ultimate Aspiration in the Scribal Arts〕），由錫哈卜丁．阿赫邁德．努瓦依里（卒於 1333 ／ 749 年）所著，他是馬穆魯克政府書記，有機會與蒙古人做第一手接觸，並在書中的歷史相關的篇章有一段介紹蒙古世界的文字。[138] 另一本是錫哈卜丁．阿赫邁德．伊本．法德拉．烏瑪里（Shihāb al-Dīn Aḥmad Ibn Faḍl-Allāh al-'Umarī，生卒年份 1301 至 1349 ／ 700-749 年）的百科全書，《眼歷諸國行紀》（*Masālik al-abṣār fī mamālik al-amṣār*〔The Paths of Observation among the Civilized Regions〕），[139] 其中有更大篇幅專門寫蒙古人（並在書中其餘地方散見參考段落）。烏瑪里利用大量志費尼的作品。但身為馬穆魯克蘇丹通信部門（*dīwān al-inshā'*）的首長，他格外處於有利位置，能取得與他主子有外交接觸的遙遠地區的情報，而那些地區包括穆斯林印度和蒙古疆域。在他對蒙古帝國的引言，以及蒙古的主要汗國的四個章裡，烏瑪里常常從商人和使節那取得資訊。然而，他的最可貴特色就是反映蘇丹盟友金帳汗國的蒙古人之蒙古歷史觀點，後者顯然和伊利汗國的顯著不同，若不是有他的書，我們就會缺乏這類看法。

有關一或兩個在蒙古伊朗活躍的人物資料也可以在蘇丹國寫出的傳記辭典中找到，特別是《名人訃聞集》（*Wafayāt al-a'yān*〔Obituaries of the Great〕），由伊本．哈利汗（Ibn Khallikān，卒於 1282 ／ 681 年）所著，以及它的續篇作品，《續名人訃聞集》（*Tālī kitab Wafayāt al-a'yān*），由基督教作者伊本・蘇夸伊（Ibn al-Ṣuqā'i，卒於 1326／726 年）所著。然而，更多蒙古條目出現在哈利勒・本・艾巴克・薩法迪（Khalīl b. Aybak al-Safadī，卒於 1363／764 年）的龐大傳記辭典《訃聞全書》（*al-Wāfī bi l-wafayāt*〔The Entirety of Obituaries〕）中，以及同位作者較簡短的《時代顯要》（*A'yān al-'aṣr*〔The Notables of the Era〕），此書則限於在他自己的世紀去世的人物：有些資料來源來自他朋友烏瑪里的《眼歷諸國行紀》，儘管薩法迪也使用札哈比的《伊斯蘭大歷史》的訃聞和其他不知名來源。就像伊本・富瓦愓的作品，薩法迪的兩本辭典不僅包括擁抱伊斯蘭教的蒙古諸汗——比如，伊利汗合贊、察合台汗答兒麻失里（Tarmashirin），以及朮赤汗月即別——但也包括不信道者：成吉思汗、旭烈兀、忽必烈，與月即別的前任脫脫，以及像忽都魯・沙赫（Qutlugh Shāh）這樣的蒙古軍官。[140]《訃聞全書》後來轉而成為（更常被引用的）十五世紀傳記辭典，如伊本・哈賈爾和伊本・塔哈利比的辭典的基本資料來源。

我們必須略提印度穆斯林歷史學家。遺憾的是，在獨立的德里蘇丹國記錄歷史事件的穆斯林作者與同時代馬穆魯克歷史學家相比，在許多層面上都力有未逮。除了阿米爾・霍斯洛（Amīr Khusraw，卒於 1325／725 年）的歷史詩歌（*mathnawīs*）外，在朮茲札尼的作品後，沒有敘事文獻在迪亞丁・巴拉尼（Ḍiyā al-Dīn Baranī）1357／758 年的《菲魯茲王朝史》（*Ta'rīkh-i Fīrūzshāhī*）前留存下來，而阿布杜・馬利克・伊薩米（'Abd al-Malik 'Iṣēmī）其稍微早期的《蘇丹們的勝利》（*Futūḥ al-salāṭīn*〔Victories of Sultans〕）則大莫寫成於 1350 年，地點在當時獨立出去的德干蘇丹國；這本書採納了前兩本文獻，儘管它們對蒙古侵略的處理相對有限。伊薩米的詩歌作品以菲爾多西其十一世紀的《列王紀》為典範，大致較為接近傳統（如果有時概略的）史書。儘管表面上是朮茲札尼的《納希爾史話》的續作，巴拉尼的作品遠較為抽象，試圖用蘇丹的統治來作為表達伊斯蘭史哲學的媒介物。[141]

若沒有提到最知名的阿拉伯中世紀穆斯林旅行作者的話，本章節就不算完整。夏姆斯丁・阿布・阿布杜拉・穆罕默德・本・阿布杜拉・拉瓦提・坦吉

（Shams al-Dīn Abū ʻAbd-Allāh Muḥammad b. ʻAbd-Allāh al-Lawātī al-Ṭanjī）以伊本．巴圖塔（Ibn Baṭṭūṭa）而聞名於世，他在 1325 ／ 725 年離開家鄉丹吉爾，造訪大部分的蒙古世界，即伊利汗國、金帳汗國與察合台汗國領域，之後轉往印度次大陸，他在那住了幾年。他的遊記《伊本．巴圖塔遊記》（*Tuḥfat al-nuẓẓār fī gharā'ib al-anṣār*〔Gifts to Onlookers regarding the Marvels of the Civilized Regions〕）完成於 1356 ／ 757 年，大大豐富了我們對兩個北方蒙古汗國的內幕知識。[142] 但此書問題重重，引發爭論。他的目標——或摩洛哥蘇丹伊本．朮札伊〔Ibn Juzayy〕的代理目標，伊本．巴圖塔在這位蘇丹的命令下，回國後口述他的記載——是造訪伊斯蘭教傳播之處的每個世界角落。這導致敘事的歪曲偏見，其結果是，時間順序有時呈現內在的不一致，[143] 而某些旅行的真實性深受懷疑。現在學界確定，伊本．巴圖塔的保加爾之旅是偽作，而他從伏爾加河到君士坦丁堡的行程的有些階段則令人困惑地模糊不清，同時混雜真實資訊（如有關半傳奇苦行者薩里．薩爾杜克〔Sārī Salṭūq〕⑳的事蹟）和純粹虛構資料。[144] 元朝中國的部分也包含完全無法吻合他聲稱居留時代的現實狀況的資料。另一方面，甚至連飽受懷疑的敘事段落，也都融入了聽來似乎真實的細節。[145]《伊本．巴圖塔遊記》只會在我們對作者的真實性沒有懷疑的脈絡下在此書中引用。

九、在伊利汗國領域內寫作但在順尼派伊斯蘭傳統之外的歷史學家

在那些代表伊利帝國境內少數族群的歷史學家中，有一個團體由兩位什葉派作者組成，其中較知名的是天文學家納希爾丁．圖西（生卒年份 1201 至 1274 ／ 597 至 672 年）。他原本為伊斯瑪儀阿撒辛派效力，後來於 1255 ／ 653 年轉而為旭烈兀服務，[146] 他見證了哈里發國的毀滅，後來他為此寫

⑳ 註：十三世紀的土耳其苦行者，被順尼派視為聖人。

了一本小書，《巴格達陷落的特點》（*Kayfiyyat-i wāqi'a-yi Baghdād*〔The Particulars of the Fall of Baghdad〕）。此書因附加於志費尼的《世界征服者史》的某些手稿後而被發現，也納入內估伯·本·馬斯烏德起草的史書，因此可以被視為作為伊本·易伯里（即巴爾·希伯來；見下文）的《逸話趣聞錄》（*Mukhtaṣar*）和拉施德丁的史書兩者的來源。[147] 以讓人想起志費尼筆下的蒙哥的語句，圖西的旭烈兀在敘事開端就被描述成「安全和安寧的承載者（*māda-yi amn-u amān*）」。[148] 這可遠遠不僅是傳統奉承；對什葉派而言，令人痛恨的哈里發國的結束是值得額手稱慶之事。根據拉施德丁的說法，在挺進巴格達中，圖西以直率的肯定鼓勵旭烈兀，攻陷城市後不會有可怕結果。[149]

另一位什葉派作者是薩菲丁·阿布·賈法爾·穆罕默德·本·阿里·塔巴塔巴（Ṣafī' al-Dīn Abū Ja'far Muḥammad b. 'Alī b. Ṭabāṭabā），也就是伊本·提克塔卡（Ibn al-Ṭiqṭaqā），他將《伊斯蘭朝代史》（*Kitāb al-Fakhrī*）獻給摩蘇爾的伊利總督，法赫爾丁·爾撒（Fakhr al-Dīn 'Īsā），時間是 1302／701 年。此書的主要興趣大都相關於哈里發國直到 1258／656 年的歷史，而我們的引用目的是它在蒙古時代上少得可憐的軼事。作者數度對征服者和阿拔斯政權殞落前的情況表達意見，而其意見不偏不倚和恰如其分。有人提議他即使是位什葉派，仍舊懊悔老舊秩序的逝去。[150] 但他顯然對伊利汗有同情心：是他告訴我們，在巴格達陷落後，旭烈兀召集烏理瑪，問他們是否寧願被公正的不信道者國王統治，勝於不公正的穆斯林蘇丹。[151]

我們從第二個團體得到不同觀點，即基督教作者。敘利亞雅各派（基督一性論）高級教士格里高流斯·阿卜·法拉吉（Gregorius Abū l-Faraj），多稱為巴爾·希伯來（Bar Hebraeus）或（採納其阿拉伯名的）伊本·易伯里（Ibn al-'Ibrī，生卒年份 1225-6 至 1286 年），在 1260 年是阿勒坡大主教，當時他曾短暫遭蒙古人囚禁。四年後，他從旭烈兀那拿到敕令（*puḳdānā*，或比如 *yarligh*〔札里黑〕）成為東方總主教。他特別是擁抱神學和靈性、辯證法、物理學和天文學的飽學之士，此外，巴爾·希伯來還寫了兩本史書，一本以敘利亞語，一本以阿拉伯語寫成。敘利亞語的《編年史》（*Maktbānūt zabnē*）由他兄弟巴爾・掃馬（Bar Ṣawma）繼續寫到1296年，分成兩個部分。第一部分（通常稱做《編年誌》〔Chronography〕）是從開天闢地以來的歷史，儘管在地理範圍上的野心比拉施德丁的小得多。巴爾・希伯來廣泛使用志費尼的史書，但有做些重大修正；[152] 他也以目擊者的身分重新述說了在其他書中沒提到的許多事件。第二部分是《教會編年史》（*Chronicon ecclesiasticum*），主要寫敘利亞雅各派教會史，但也偶爾包括相關於蒙古政權的歷史細節。

在他的敘利亞語作品中，巴爾・希伯來提供蒙古時代早期一個層面的洞見——一個處處受限於穆斯林主權和在某種程度上得到解放的社群的反應。他注意到蒙古人如何在巴格達大屠殺中饒過基督教人民；他哀悼旭烈兀和他主妻脫古思可敦（Doquz Khatun）之死，稱他們為「兩道讓基督教勝利的巨大光芒」。[153] 但儘管他的生涯與或許可稱為東方基督教徒的黃金時代吻合，巴爾・希伯來並沒隱瞞基督徒在蒙古治下受苦的插曲。[154] 他的續篇作者，巴爾・掃馬就更不樂觀。當志費尼抱怨蒙古人以前一貫高度尊崇穆斯林但卻不再如此時，巴爾・掃馬卻對他們對基督徒的態度做出完全相同的觀察，他的理由是蒙古人已經全部皈依伊斯蘭教（此處提及伊利汗合贊最近在1295年的改宗）。[155]

巴爾・希伯來的其他歷史作品，《諸國歷史節本》（*Mukhtaṣar ta'rīkh al-duwal*〔The Abridgement of the History of States〕）有不同的偏頗之見。因為巴爾・掃馬描述此書是《編年誌》未完成的阿拉伯語翻譯本，由他兄弟在他死前不久於篾剌合穆斯林社群的要求下開始寫作（《諸國歷史節本》只寫到1284年），[156] 因此學界長久以來認為它只是敘利亞世界歷史的阿拉伯語節本。但有人曾主張，《節本》不僅缺乏《編年誌》的某些細節，但也包括它刪除掉的資料——比如，納希爾丁・圖西的巴格達陷落記載的一個版本。[157] 再者，《編年誌》是以敘利亞人邁克爾（Michael the Syrian，卒於1199年）的著作為範本而寫成的基督教歷史，《節本》則是針對穆斯林讀者而寫，並在文筆風格和範圍上恰恰符合伊斯蘭史學的傳統文類。[158]

巴爾・希伯來的敘利亞歷史提供基督教運勢在伊利汗國頭幾十年的改變，而比其更鮮活的描繪則可以在《雅巴拉哈三世東方大教長和訪客拉班・掃馬的歷史》（*Tash'ītā d-mār Yahballāhā qātōlīkā d-madnhā wad-rabban Ṣāwmā sā'ōrā gawānāyā*〔The History of Mar Yahballāhā, Catholicos of the East, and of Rabban Ṣawma, Visitor-General〕）裡找到。聶斯脫里派大教長雅巴拉哈三世（Mar Yahballāhā III，卒於 1317 年）在 1281 年從合罕忽必烈的領地，與他的朋友兼心靈導師拉班・掃馬（Rabban Ṣawma，卒於 1294 年）抵達伊朗，三世的敘利亞語傳記包含掃馬自己記述的節本（以波斯語書寫，現已佚失），內容是他於 1287-8 年間作為伊利汗阿魯渾的使者到西歐的旅行。為了我們的探討目的，《雅巴拉哈 ..... 歷史》在描繪異教徒伊利汗治下教會的特權地位，以及在改宗前和後，他們在穆斯林市民同胞手中承受的苦難時，最有參考價值。最近學界提議，此書作者可能是雅巴拉哈三世的繼任者，馬爾・提摩太二世（Mar Timotheos II），他曾一度是艾比爾的大主教，他試圖為雅巴拉哈辯解，後者的策略後來顯然徒勞無功。[159]

《喬治亞編年史》（*K'art'lis ts'chovreba*）是一系列不知名編年史家書寫的文本的編纂，在十八世紀早期匯集而成，包括某些對我們有用的資料。但亞美尼亞歷史學家構成更重要的團體。[160] 大部分的大亞美尼亞臣屬於喬治亞王國，但在 1236-9 年間易手轉由蒙古宗主統治，此地出產三位歷史學家。甘札的基拉科斯（Kirakos Ganjakets'i，他的名字表示他是從阿蘭地區的穆斯林城鎮的甘札〔Ganja〕出生）在 1241 年完成他著作的第一部分，但持續寫作直到他在 1272 年去世前不久。瓦爾丹・阿雷維西（Vardan Arewelts'i，約卒於 1270 年）；和阿克納的格里高爾（Grigor Aknerts'i），他在大約 1313 年左右寫作。頭兩位作者提供嚴謹和深思熟慮的事件記載；阿克納的格里高爾的資料則有時或多或少是虛構。斯捷潘諾斯・奧爾別良（Step'anos Orbelian，卒於 1304 年）則提供更有立場的看法，他出身自亞美尼亞休尼克（Siounia〔Siwnik〕）的統治家族，傾向於誇大蒙古統治者對基督徒的同情，並誇大他自己父親和親族對伊利汗的影響力。小亞美尼亞王國，或說奇里乞亞（Cilicia）留下了幾套編年史，其君王海屯一世（Het'um I，1226-70 年）是蒙古附庸，在 1254 年曾造訪蒙哥的汗廷。其中一部編年史據信為國王的兄弟森巴特將軍

（the Constable Smbat，卒於 1269 年）所作，森巴特將軍本人曾在 1246 年將海屯一世的降服書呈交給合罕貴由。

海屯一世的姪子也和他同名，通常以格里果斯的海屯（Hayton of Gorighos）為人所知，他出生自小亞美尼亞，後來流亡並成為普利孟特瑞會（the Premonstratensian Order）㉑的教士，因此看起來可能屬於不同範疇。身負賽普勒斯王國任務的他抵達西歐，教宗克勉五世（Clement V）要求他為對抗馬穆魯克的未來十字軍東征起草個論文，規劃最佳路線。海屯的《東方歷史之花》（*La Flor des Estoires de la Terre d'Orient*〔The Flower of the Histories of the East〕）完成於 1307 年（拉丁版本於那年稍晚問世），包含蒙古汗國的歷史調查。乍看之下，海屯的資歷無懈可擊。他告訴我們，從成吉思汗直到蒙哥登基時期，他都使用「韃靼」史書；而從蒙哥到旭烈兀之死，海屯則仰賴他從叔叔海屯一世聽到的見聞；而從阿八哈即位開始，他書寫自己的經驗；在一個稍早的重要時間點上，他提到曾個人參與伊利軍隊在 1303 年的入侵敘利亞。[161] 但這本書錯誤重大。首先，有些資料是錯誤的，而有些則只是傳說。[162] 就像斯捷潘諾斯．奧爾別良，海屯從事文學群帶關係，提供蒙哥在 1254 年賜予海屯國王的特權之極為誇張的記載。但他也提供了蒙古歷史的偏見版本，絲毫不提合贊最近的皈依伊斯蘭教。[163] 這是因為《東方歷史之花》是本宣傳之作，用來促成伊朗蒙古人和拉丁西歐之間的軍事聯盟，這在海屯看來是其陷入困境的家鄉的唯一希望。[164] 換句話說，他首先是位亞美尼亞貴族，而十字軍理論家和歷史學家的身分則退居其次。

十、歐洲基督徒觀察家

在此，我們最後要審視的文獻是拉丁歐洲的基督教作品。[165]《馬可波羅遊記》（*Devisament du monde*〔The Different Parts of the World〕）通常被認

㉑ 註：1120年成立於法國的修會，紀律嚴格。

為是出自著名的馬可波羅，他是威尼斯商人的家庭成員，但這是一本爭議重重的文獻。波羅陪伴父親與叔叔踏上他們的第二次遠東之旅，本人則在1274至90年左右為忽必烈效力。[166] 然而，此書不像下一個段落中我們會提到的那些遊記，這本書不是旅遊記述，而是已知世界的概覽：因此很難判別它何時是在書寫個人經驗，何時又是仰賴傳聞。再者，當時的手抄本傳統極為複雜。有人主張，波羅東行沒有遠到超過東歐大草原，因此從未去過中國，儘管這個觀點現在完全不足採信。[167] 然而，某些有用的觀察可以收集自此書。我試圖將使用的資料限於那些可以在可能是最早的文本中發現的史料，其出版時間是十四世紀早期，就是巴黎1116號手稿，它最近經由菲利普．梅納爾（Philippe Ménard）編輯出版。

更為重要的文獻是來自新近成立的托缽修會成員的記載，分別是方濟會與道明會修士，他們要不是以認可的外交使節身分，就是以傳教士（或兩者都是）的身分在1245-55年間造訪蒙古領土。教宗依諾增爵四世在1245年派遣的三個使節團中，有一團由道明會修士阿思凌（Ascelin）率領旅行到近東，在1247年於大亞美尼亞和蒙古將軍拜住碰面。儘管由其中一位成員，聖康坦的西蒙（Simon de Saint-Quentin）所寫的《韃靼史》（*Historia Tartarorum*）已經佚失，它的長篇摘錄得以保存在《大寶鑑》（*Speculum historiale*）裡，後者也是由道明會修士所寫，博韋的樊尚（Vicent de Beauvais）約於1253年寫成此書，書中包括蒙古處理魯姆的塞爾柱蘇丹國的珍貴資料，這在其他地方都找不到。[168] 方濟會修士柏郎嘉賓（John of Plano Carpini〔Giovanni del Pian di Carpine〕）則率領另一個使節團，經由東歐大草原到達貴由合罕位於蒙古的汗廷（1245-7年），因而在他的《蒙古史》（*Ystoria Mongalorum*）中留給我們有關帝國的最重要西方文獻之一。另一位方濟會修士稱自己為布利蒂亞的C（C. de Bridia'）寫了一本《韃靼史》（*Hystoria Tartarorum*，1247年），它的通用書名是《韃靼報導》（*Tartar Relation*），此書作者可能是柏郎嘉賓的旅伴之一，滯留在西方草原的蒙古營地未歸。第三位方濟會修士的《魯布魯克東遊記》（*Itinerarium*）由魯布魯克的威廉（William of

Rubruck）所寫，他以傳教士身分造訪蒙古，又是經由橫越草原的北方路線（1253-5 年），此書的細節豐富，對其本人的經驗記載鮮活，後來獻給法國國王路易九世。[169]

在下一個世紀中，更多托缽修會團體在蒙古領土內旅行。儘管某些是教宗使節——特別是方濟會修士喬凡尼．馬黎諾里（Giovanni di Marignolli），他在教宗本篤十二世的授意下率領使節團造訪末代元朝皇帝妥懽貼睦爾（Toghon Temür，以順帝名號統治），時間是 1338 至 45 年——但大部分則是去尋求拯救和收割靈魂。他們包括道明會修士里克爾多．達．蒙達克羅切（Riccoldo da Montecroce），在 1290 年代活躍於近東。他的作品中有《朝聖之書》（*Liber Peregrinationis*〔Book of Pilgrimage〕），提供此時伊利汗國的描述，和五本《致勝利教會之信》（*Epistolae ad ecclesiam triumphantem*〔Letters to the Church Victorious〕），出自於對失去阿卡（Acre，1291 年）㉒的反應而寫成。為了支撐托缽修會的傳教活動，十四世紀早期的教宗創造了兩個龐大的大主教職位，各別以合罕首都汗八里（Khanbaligh，大都，以前的金中都，靠近現代的北京）和蘇丹尼耶（Sulṭāniyya）為中心，後者位於伊朗北部，是伊利汗完者都的住所之一。第二任蘇丹尼耶大主教是道明會修士紀堯姆．亞當（Guillaume Adam），他在 1318 年寫了《如何打敗撒拉森人》（*Tractatus quomodo Sarraceni sunt expugnandi*〔How to Defeat the Saracens〕）。它主要是十字軍東征專書，提供不少當代伊利汗國的資料，紀堯姆將汗國視為拉丁西方的潛在盟友。最後，方濟會修士們寫的信件則提供我們，他們修會的傳教努力在兩個正在經歷伊斯蘭化過程的蒙古政體中，所碰上的障礙之有利資料：這兩個政體即是 1320 年代的金帳汗國和 1338 至 40 年的察合台汗國。

基督教作者，特別是那些在伊斯蘭教於蒙古士兵間取得重大進展時期寫作的作者，常常不小心洩漏對穆斯林及其宗教的敵意。但這些作者——這也特別

㉒ 註：阿卡城的陷落使十字軍失去耶路撒冷王國的最後堡壘，1302-3年，十字軍被徹底趕出聖地。

應用在柏郎嘉賓和魯布魯克身上——對蒙古信仰和習俗的闡釋說明，使他們的作品成為在穆斯林史料裡發現的資料之外，必要的補充文獻。他們幫助我們將布幔縫合回原狀，而波斯語和阿拉伯語文獻的歷史事件則是上面的精美刺繡。

第二章

在蒙古入侵之前：
穆斯林與內亞族群的相遇

一、與內亞草原的早期接觸

當成吉思汗率領的蒙古勢力於1219／616年入侵伊斯蘭世界的時候，穆斯林已經與東起滿洲地區，西至匈牙利，北至西伯利亞森林地區的歐亞草原帶上的人們有五個多世紀的接觸了。這片草原，起自東方的砂質或礫石質土壤，直到西方由烏克蘭諸多大河灌溉的茂盛牧草地，是游牧民族的家園——牛、綿羊、山羊、駱駝，特別是馬匹的馴養者——沒有定居的屋舍，而是游移於夏季的高地牧場與冬季的河谷之間。當哈里發的軍隊在七世紀中葉跨越高加索山脈，並在八世紀初葉首次渡過烏滸水（Oxus，或吉洪河 Jayḥūn、阿姆河 Amū-daryā）進入河中地區（Transoxiana，或 Mā warā' al-nahr），與他們發生衝突的游牧民族多屬於突厥人；直到大約650年，他們構成了部分的西突厥合罕國（Western Türk Qaghanate），疆域從黑海草原（Pontic steppe）延展到中亞。在高加索與裏海以北，主要的勢力是可薩人（Khazars）的合罕國（約625-965年），其合罕在850年前的某個時間點皈依猶太教，並成功地阻擋了穆斯林向北擴張。但在其他方向，哈里發的軍隊從一開始就進展地很順利。由於突厥勢力在此地相當破碎，也因為穆斯林在751年於塔剌思（Talas，或 Ṭarāz；現代的江布爾 Dzhambul）附近戰勝了唐朝中國的軍隊，❶使得河中地區可以被納入伊斯蘭世界。[1]

然而，穆斯林軍隊在東方爆炸式的急速擴張很快就失去了動力。其他草原政權，例如葛邏祿（Qarluq）——這支部族在 766 年占領了西突厥人的舊都，也就是楚河（Chu）畔的碎葉城（Sūyāb），其統治者在 840 年也取用了合罕的頭銜[2]——則是堅韌的對手。到了十世紀初葉，在錫爾河（Sīr-daryā，或藥殺水 Jaxartes）中游的城鎮，例如伊斯菲加卜（Isfījāb）、赭時（Shāsh，也就是後來的塔什干 Tashkent）、塔剌思、掃蘭（Sawrān），僅僅是伊斯蘭世界在邊疆前線的哨站而已。直至此時，伊斯蘭世界的政治統一已經逝去，而歷史長久的阿拔斯哈里發帝國（'Abbasid Caliphate），儘管從巴格達對其行省行使權力，也不過是個名義上的霸權而已。在這些行省之中，哈里發由自治的世襲統治者代表，他們被哈里發授予埃米爾（*amīr*，命令者、統治者）的稱號、名號響亮的頭銜，以及對實權的壟斷，作為交換條件，這些統治者要在鑄幣（*sikka*）以及聚禮日的講道辭（呼圖白 *khuṭba*）之中提到哈里發的名字。在這些朝代之中，伊朗人的薩曼王朝（Samanids）從其首都布哈拉（Bukhārā）統治呼羅珊（Khurāsān）與河中地區，為了鞏固王朝的合法性，他們向毗鄰的不信道突厥人發動聖戰。在第九世紀末尾，藉由薩曼王朝的庇蔭，穆斯林殖民地在異教領土之內建立，而穆斯林勢力在這個區域的進取也慎重地被恢復。[3]

在薩曼王朝疆土的北方與東方，不信道者的世界，或「戰爭之境」（*Dār al-Ḥarb*，對於戰爭之境，穆斯林沒有長久休戰的打算）延伸到很長的距離。直到十一世紀前半葉，北方與西方的草原以及西伯利亞西方的大部分森林區域，都由基馬克人（Kimek）統治，這是一支龐大的游牧部族。他們早已半定居化，從事農業，不過依然維持年度遷移的模式，伊斯蘭在基馬克人之中毫無進展。[4]與此相似，在可薩合罕國於 965 年瓦解之後，數支游牧族群占據了可薩人的故地，他們也幾乎沒有與伊斯蘭接觸（烏古斯人 Oghuz 的其中一支是

❶ 註：也就是漢文文獻中的「怛羅斯」之役。

唯一的例外，會在之後提到）。在異教的荒漠之中，伏爾加河（Volga）中游的保加爾人（Bulgar）國度可說是一片綠洲，在這裡，半定居化的突厥統治階級支配了多數說芬—烏戈爾語（Finno-Ugric）、居住在森林中的人們。保加爾人（與他們遷移到多瑙河以南的同族人群已經分離甚久）一向臣服於可薩合罕的統治，在 922 ／ 310 年之前接受了伊斯蘭。在此之時，一個哈里發使節團接受邀請，旅行到保加爾統治者的營地，而使節團其中一位成員，伊本・法德蘭（Ibn Faḍlān），寫作了一部篇幅甚長的彙報，描述保加爾人以及在這個北方區域的其他族群。在十世紀末葉，保加爾人新建的城市中心，不里阿耳（Bulghār）城，已經成為北方森林出產品運送到花剌子模、河中地區、中東的主要管道。[5] 伊斯蘭在不里阿耳城之處根基牢固。在馬爾瓦濟（Marwazī）於十二世紀初葉的紀錄之中，伏爾加保加爾人早已享有對其異教鄰人發動聖戰的名聲。[6] 方濟會修士魯布魯克的威廉（William of Rubruck），在 1253-4 年向蒙古地區的旅途之中穿越草原，以一種帶有嫉妒的口吻描述了他們，作為「最壞的撒拉森人（Saracens），比其他撒拉森人都要嚴格遵循穆罕默德的宗教。」[7]

與北方相比，通往東方的路徑則是伊斯蘭對手的沃土。在蒙古高原，主宰的勢力是回鶻人（Uighurs，為穆斯林地理學家所知的是另一個稱呼托古茲烏古斯 Toquz Oghuz，即「九烏古斯」Nine Oghuz）的帝國，在 762 年接受了摩尼教（Manichaeism）作為國教，在 840 年回鶻帝國傾覆之後，諸回鶻君主向西南方遷移，以高昌（Qocho，或別失八里 Beshbaligh）與甘州（Ganzhou）為中心建立了新政權（譯按：即高昌回鶻、甘州回鶻）。然而，在半定居化的別失八里回鶻人之中，摩尼教並非向伊斯蘭退讓，而是被佛教所取代。[8] 佛教信仰——穆斯林認為是偶像崇拜的極致——在九世紀中葉的唐朝中國已經喪失了官方支持；然而，佛教卻成為伊斯蘭在中亞的主要對手。[9]

同樣，基督教也在東方興起。希臘正教（帝王派 Melkite）似乎沒有在花剌子模以東的地方取得顯著進展，雖然在十三世紀的撒馬爾罕有一處希臘正教的社群；而我們不確定一性論派（Monophysite，或雅各派 Jacobite、西敘利亞派 West Syrian）的社群在且末（Cherchen）地區到底存續多久，儘管馬可波羅在十三世紀晚期有所記載。[10] 在東方，無論是在突厥斯坦或在中國，最具優勢的一直都是聶斯脫里派（Nestorian Church，其信徒稱之為東方教會 Church of the East）。[11] 在八世紀晚期，聶斯脫里派創建了管理突厥人的教省（metropolitanate），並在其後數十年建立了新興教區（ecclesiastical provinces），分別以喀什噶爾（Kāshghar）與阿力麻里（Almaligh）為中心，這主要歸功於大教長（catholicos）提摩太歐斯一世（Timotheos I，逝世於 823 年）提出的傳教計畫；這些新措施有可能反映了葛邏祿統治者以及其大批臣民皈依基督教。[12] 基督教以這種模式，向東方的草原與更遠的地方擴散。馬爾瓦濟將庫曼（Qūn）部落描述為聶斯脫里派信徒；[13] 許多在 1046 年前甫進入七河地區（Semirech'e）的大批突厥人，被識別為乃蠻（Naiman）部落，也被稱為聶斯脫里派信徒。[14] 基督教雅各派的教長（prelate）巴爾．希伯來（Bar Hebraeus，逝世於 1286 年），在伊利汗國境內的伊拉克寫作，保存了一份記載，內容敘述在約 1007 年之時，一整個突厥部落近期皈依基督教的紀錄。在巴爾希伯來自己的插敘之中，他有力地論證這個部族可能是蒙古高原西部的克烈部（Kereyit，諸克烈汗在十二世紀確實是聶斯脫里派信徒）。[15] 另外，乃蠻部也是可能的選項，[16] 雖然乃蠻部在 1200 年前並非全部都是基督教徒。

二、草原族群進入伊斯蘭之境

薩曼王朝盡責地將固定數量的突厥少年男子（*ghilmān*，單數為 *ghulām*；在十三世紀之時更常使用的稱呼是 *mamālīk*，單數為馬穆魯克 *mamlūk*）送給哈里發，這些突厥少年在前線的頻繁衝突之中遭受奴役，他們將被哈里發當作穆斯林撫養長大，接受軍事訓練，並且作為哈里發宮殿的衛隊。[17] 薩曼王朝與其他行省的穆斯林世襲統治者，都遵循哈里發維持一群突厥奴隸士兵（ghulams）的範例，而從九世紀開始，突厥軍官們自己也建立了世襲王朝，例如加茲尼王朝（Gaznawids，963-1186／352-582 年），或稱為雅密尼王朝（Yaminids），並從他們先前的薩曼主人那裡占據了部分的東部伊朗以及現今的阿富汗。不過，即使在十世紀，突厥人也並非只作為奴隸而進入伊斯蘭世界，因為皈依伊斯蘭的自由游牧突厥人軍團也侍奉薩曼王朝的埃米爾們，作為輔助部隊。

甚者，在一段短暫的時間之內，薩曼埃米爾國（amirate）緊鄰的東方區域就會成為伊斯蘭世界的範圍，且並非透過武力，而是藉由統治者的和平皈依。十世紀晚期的阿拉伯地理學著作顯示在葛羅祿人與烏古斯人之中有大量的穆斯林；[18] 在這些文本之中，穆斯林烏古斯部落民似乎被稱為突厥蠻（土庫曼，Türkmen，或 Turcoman），雖然這個稱呼不僅只是用來稱呼烏古斯人。[19] 然而，要直到根源與葛邏祿人有關的 [20] 喀喇汗王朝（Qarakhanid dynasty，約 840-1213 年）皈依伊斯蘭之後，伊斯蘭化進程才有足夠的動力。皈依的確切媒介依然未知，雖然與薩曼王朝日漸緊密的聯繫，以及喀喇汗王朝內部持不同政見的屬民，必然扮演重要的角色。[21] 然而，有假說指出伊斯蘭在此時期透過流浪的蘇菲行者傳播，則純屬臆測，因為沒有可靠的證據。[22] 我們擁有的可靠證據，則認為喀喇汗統治者薩圖克．博格拉汗（Satuq Bughra Khan，統治於約 955-60 年）的皈依，來自於一位穆斯林法官（*faqīh*）或商人的影響。[23] 伊本．法德蘭的記錄則認為，總體而言，突厥人接受伊斯蘭的重要動機是因為渴望培養與穆斯林商人的連結，這些商人在游牧民中享有不小的特權。[24]

就在這個時刻，伊斯蘭世界東部的定居區域，開始經歷了來自草原、新皈依的突厥游牧民大量移入，一開始是喀喇汗王朝的勢力，接著是十一世紀初葉，塞爾柱人（Saljuq）的到來。喀喇汗人掃蕩了薩曼埃米爾國，並在 999／389 年占據河中地區，永遠結束了（正如曾經發生的）此地由伊朗人統治的插曲。塞爾柱人，起源於錫爾河以北的烏古斯人之中，則在大約 1000 年之時皈依伊斯蘭。塞爾柱人領導著數量甚大的同族部落民，得到加茲尼埃米爾的許可之後，遷移進入呼羅珊。但是，當加茲尼埃米爾的不安全感逐漸增加，促使他攻擊塞爾柱人之時，埃米爾在丹丹納干（Dandānaqān， 1040／431 年）遭受決定性的慘敗。因此，加茲尼王朝在伊朗東部的領土落入塞爾柱人之手，他們之後將會創立一個大帝國，疆域包含伊朗、伊拉克與安納托利亞。[25] 在 1055

／448年，塞爾柱領導者進入巴格達，將哈里發納入其保護，並獲賜了崇高的「蘇丹」（sultan）稱號。兩個統治的世襲朝代——喀喇汗王朝與塞爾柱王朝——至少還加上絕大多數游牧族群中的平民，近期都皈依了伊斯蘭。這使得喀喇汗王朝受到原屬薩曼王朝的河中地區穆斯林知識分子階級（*literati*，即烏理瑪 *'ulamā*，單數為 *'ālim*）的歡迎，也可以將其視為，在某種程度上，舒緩了塞爾柱的烏古斯人／突厥蠻人於伊朗地域的劫掠行為。

塞爾柱人的軍事行動正在西南亞的伊斯蘭世界邊境上推進，在這裡，他們藉由在1071／463年於曼齊克特（Manzikert）的勝利，從拜占庭帝國手中奪取大部分的安納托利亞，與此同時，喀喇汗王朝向東方的不信道鄰國發動聖戰，在397-1007年滅亡于闐（Khotan），並將穆斯林統治拓展到該處，甚至遠達裕勒都斯河（Yulduz）附近，超過伊犁河（Ili），包含海押立（Qayaligh）。[26] 在十一世紀，甚至在塔里木河谷地東方的龜茲（Kūcha）都有伊斯蘭的出現，此地的穆斯林統治者從屬於喀喇汗王朝。[27] 喀喇汗王朝諸君主取用了雄壯的稱號，例如「桃花石汗」（Ṭamghāch Khan，即「中國汗」）以及——透過阿拔斯哈里發的恩賜——「東方與中國之王」（*malik al-mashriq wa l-Ṣīn*），[28] 顯示穆斯林邊界的擴展乃是藉由皈依與聖戰（*jihād*）達成。

在喀喇汗王朝治下，喀什噶爾與八剌沙袞（Balāsāghūn，位於楚河畔，離碎葉古城不遠，並且與現代的布拉納Burana城鎮距離很近，在托克馬克Tokmak以南）在諸汗主要駐地的附近，被整併進入伊斯蘭之境。從十二世紀到十三世紀初葉，穆斯林宗教與法律學術在八剌沙袞、于闐（Khotan）以及費爾干納（Farghāna）谷地的諸城鎮之中發展興盛。[29] 賈瑪勒·卡爾希（Jamāl al-Qarshī），於1303／702年寫作，將會回憶起在他年輕的時候，與來自八剌沙袞的諸多謝赫以及學者（*'ālim*）會面；[30] 兩百五十年之後，當八剌沙袞這個城市早已消失，甚至連確切位置都不清楚的時候，米爾札·海達爾·杜格拉特（Mīrzā Ḥaydar Dughlāt）將會被卡爾希提及來自此地學者的數目驚豔。[31]

與喀喇汗比起來，塞爾柱人採納伊斯蘭與伊朗架構的程度更深遠。在波斯諸廷臣的影響之下，塞爾柱人執掌具有波斯文化特色的宮廷，以及取用了波斯王權的符號與風格；雖然王朝的主要分支，「大塞爾柱」（Grear Saljuq）蘇丹們，使用傳統的穆斯林人名，但是塞爾柱親族的一支分家，安納托利亞（羅姆 Rūm）的統治者，則在約 1200 年開始，從遠古伊朗的傳統之中借用人名（例如凱霍斯洛 Kaykhusraw、凱庫巴德 Kayqubād）。與其北方的喀喇汗鄰國迥異，大塞爾柱諸君主更進一步地與其多數的部落追隨者疏離，而甚為仰賴突厥奴隸部隊，做為實施更加專制統治的工具。與阿拔斯哈里發國的情形相同，突厥奴隸司令常常被升遷為行省總督，隨著塞爾柱帝國權威最終的破碎與衰敗，這些突厥奴隸們將能夠轉變為世襲統治者。例如埃爾德居茲王朝（Eldegüzids），位於阿蘭（Arrān）、亞塞拜然（Azerbaijan）、伊朗西北部的鄰近地區，以及被稱為花剌子模沙赫王朝（Khwārazmshāhs）的政權，其領土在十三世紀初葉將會從原先的核心，烏滸水下游地區，擴張為涵蓋大部分伊朗地區。

三、突厥人於穆斯林著作之中的形象

自從九世紀以來，穆斯林地理學家們就開始寫作有關於伊斯蘭所居世界（*oecumene*）北方與東北方的區域，當伊本·胡拉達茲比赫（Ibn Khurradādhbih）根據自身掌管哈里發國郵驛系統（*barīd*）的經驗，描述草原與森林地帶的族群，他的著作就成為了其後繼者的典範——最主要的十世紀地理學家是馬斯烏迪（al-Masʿūdī）、伊本·豪加勒（Ibn Ḥawqal）、伊斯達赫里（al-Iṣṭakhrī），以及穆加達希（Muqaddasī）。必須承認的是，穆斯林作者之間也有知識的鴻溝。例如文學家（*littérateur*）山艾立比（al-Thaʿālibī）記載了有關回鶻人皈依摩尼教的記錄，然而卻錯把佛教當成回鶻人的新信仰，兩個世紀之後的志費尼也犯下同樣錯誤。[32] 不過，至少到了志費尼的時代，別失八里的回鶻人確實從摩尼教改為信仰佛教；不過，無論如何，我們不應該忽略這兩種競爭的信仰互相滲透的傾向。[33]

不過，總體而言，穆斯林評註者依然相當程度意識到內亞族群祖先的習俗與傳統，即使這些族群在相當遙遠的距離。像當時居住在葉尼塞河（Yenisei）上游的林棲族群，黠戛斯（乞兒吉思，Qirghiz 或 Kirghiz），山艾立比觀察到他們之中有些人崇拜偶像，另一些人則崇拜太陽。黠戛斯人藉由觀察炙烤過的綿羊肩胛骨上的裂紋來占卜，這項習俗的目擊者將會是之後（1254 年）在蒙古合罕宮廷作客的魯布魯克。[34] 黠戛斯人在埋葬死者時，也將死者的奴隸與僕役（仍然活著）陪葬，因此他們或許能在死後世界陪伴著死者。[35] 許多儀式由今日稱為薩滿（*shaman*，突厥語 *qam*）的專家負責進行，其職責是謀取帶有惡意的諸神靈之協助，以及操作某種控制自然力量的技藝。更多有關薩滿教的習俗會在第十一章中提及。

對於九至十世紀的穆斯林作者們，不信道的內亞突厥人，在某方面形成了一種刻板印象：住在帳篷之中，避免固定的住所，以狩獵與牲畜的乳與肉為生，迷戀征戰，而他們在戰爭中表現卓越。[36] 某些人認為他們是伊斯蘭世界最強勁的敵人。[36] 內亞突厥人作為無與倫比的弓箭手，並且因為與馬匹密不可分而著名，他們在伊斯蘭世界的地位有如古希臘的斯基泰人（Scythians），羅馬帝國的匈人（Huns），拜占庭的阿瓦爾人（Avars），以及中國的匈奴人與草原上的諸後繼者。[38] 事實上，「突厥」通常做為概括的術語，來形容所有草原上的居民，無論其族群或語言屬於突厥語族或蒙古語族，而有時候「突厥」這個名詞，甚至會用來形容東歐的匈牙利人與斯拉夫人。因此，馬赫穆德．喀什噶里（Maḥmūd al-Kāshgharī）編纂的阿拉伯語—突厥語大辭典（約 1077 ／ 497 年）將契丹人（Kitan，或 Khiṭā）標示為突厥人；伊本．艾希爾將契丹人與韃靼人都歸類為突厥人；以及馬爾瓦濟將羅斯人視為突厥人。[39] 在十三世紀 60 年代的納希爾丁．圖西，以及十四世紀初葉的拉施德丁，都將蒙古人描述為本來屬於突厥人的一支。[40]

突厥人值得尊敬的特質，發展成為阿拉伯文學中一組特殊的意象（topos）。其中一位最有名的示範者是加息若（al-Jāḥiẓ，逝世於 868-9 ／ 255 年）。加息若寫道，突厥人除了身懷軍事技能之外，既身強力壯又相當堅韌，勇氣十足，雖然同時也兩面騎牆；不過只要皈依了伊斯蘭，一個突厥人就會證明自己是新信仰堅定不移的實行者與保衛者。對於這些特質的讚美，特別揮灑在作為奴隸士兵們（ghulams / mamluks）進入伊斯蘭世界的突厥少年之上。在十一世紀早期，山艾立比就已經引用了一句諺語，將突厥人比喻為珍珠，從來不顯露他們全部的光華，除非他們被迫離開他們的家園。這句諺語顯然流通了很久，因為在蒙古入侵的前夕，法赫里・穆達比爾（Fakhr-i Mudabbir）為拉合爾的一位突厥奴隸統治者寫作的時候（約 1206 ／ 602 年），這句諺語以一種稍微不同的形式被複述：

> 突厥人就像是珍珠，在海裡的牡蠣之內潛藏著。只要它還在自己的棲所之中，它就缺乏力量與價值；然而，當它離開牡蠣與海洋，它就取得了價值，成為珍寶，裝飾諸王的冠冕，點綴新娘的頸項與雙耳。[41]

在史詩文學之中，中亞的突厥人也占有一席之地，藉由十一世紀初葉的作者菲爾多西（Firdawsī）創作了《列王紀》（*Shāh-nāma*），後來將會成為伊朗的民族史詩。數十年前，學者便已經知道，《列王紀》中的要角，圖蘭（Tūrān）人——在國王阿夫拉西亞伯（Afrāsiyāb）的率領下，長年與伊朗人為敵——不太可能是菲爾多西同時代的突厥人，比較可能是這個區域先前的印歐語居民。[42] 然而，在過去，圖蘭人很快地就被認為是當時中亞草原的占領者，甚至到了突厥統治者們，例如喀喇汗王朝諸君主，都被視為阿夫拉西亞伯直系後裔的地步。不過，接下來還有更不協調的發展，喀喇汗王朝本身近期皈依伊斯蘭，並且正在採納波斯宮廷文化的進程之中，為了宣稱王朝本身特有的突厥性格，他們將阿夫拉西亞伯挪用作為祖先。馬赫穆德・喀什噶里，本身可能是一位喀喇汗的王子，將阿夫拉西亞伯等同於突厥民間英雄阿勒普・通阿（Alp Tonga），而在下一個世紀，阿夫拉西亞伯後裔的主題將會被喀喇汗宮廷詩人因襲，例如蘇占尼・撒馬爾罕迪（Suzanī Samarqandī）。[43] 我們將會看到阿夫拉西亞伯神話將會被伊朗蒙古伊利汗的波斯臣僕們所採用，雖然是為了不同的目的。

除了在菲爾多西史詩《列王紀》中的角色之外，突厥人還有另外一種更為險惡的角色。在突厥人占據的廣大疆域之外，伊斯蘭之境的北方與東方只有雅朱者與馬朱者（Yājūj and Mājūj，歌革與瑪各 Gog and Magog），會在末日之時顛覆世界。雅朱者與馬朱者若要侵入人類所居之地，在此時只被一道牆垣或障壁給阻攔，據說這道牆是正是由亞歷山大大帝（穆斯林稱其為左勒蓋爾奈英 Dhū l-Qarnayn）為此目標而樹立，《古蘭經》之中提及其干預的始末。[44] 這些遙遠的廣大土地在十三世紀初葉依舊是未識之境（*terra incognita*），雖然偶而會有旅行者敘述他們的旅程遠至「雅朱者與馬朱者之牆」。因此，在九世紀，伊本·胡拉達茲比赫就曾敘述一位哈里發使節撒拉姆（Sallām）的彙報，據說他被派遣是為了要尋找「左勒蓋爾奈英之壁」究竟在何處；他有可能旅行到了中國北部用以防禦的長城。[45] 朮茲札尼引用了一位作者，他認為突厥人是雅朱者與馬朱者的守衛（*muqaddima*）。[46] 有些人甚至認為突厥人本身就是被左勒蓋爾奈英圈禁的雅朱者與馬朱者。[47] 朮茲札尼似乎也將突厥人等同於雅朱者與馬朱者，因為對他而言，「許多典籍」詳細敘述世界末日的徵兆，就是突厥人的入侵。[48] 對於其他能夠辨別的人而言，突厥人依舊是相當具有威脅的存在，雖然沒有到雅朱者與馬朱者的程度。在十一世紀 70 年代，馬赫穆德·喀什噶里傳述了一則穆罕默德先知的聖訓（*ḥadīth*），提到當真主對穆斯林感到憤怒之時，就會發動突厥人打擊他們；在一個世紀多之前，阿拉伯地理學家傳述了另一則聖訓，在其中穆罕默德警告其追隨者，不要招惹突厥人。[49] 當志費尼複述這樣的警告之時，[50] 類似的傳述已經具有更迫切的實際意義。然而，在呼羅珊、伊朗西部、伊拉克建立了塞爾柱統治的突厥族群，早已成為穆斯林有兩個世代的時間了，因此，在十二世紀，位於中亞的穆斯林人口，以及在十三世紀，位於更遠方的穆斯林人口，都受到了警示，要準備忍受不信道者的征服。

四、草原西部的動盪：欽察—康里人的到來

因為部落移動，促使接連不斷的游牧族群大舉遷徙，進入定居的伊斯蘭之境，其最初動力的來源遠遠超出伊斯蘭之境的邊界，來自於遙遠地方發生的事件。在十一世紀前半葉，歷史學家稱之為「庫曼遷徙」（Qūn migration）的進程，其後半階段不僅衝擊了伊斯蘭世界東部，更遠至黑海草原（Pontic steppe）以及羅斯（Rus′）的森林地帶。我們對這些事件的知識主要來自於馬爾瓦濟，其風格並不尋常，因為他描繪了這一連串的遷徙過程，而非如同早期穆斯林地理學著作的方式，只提供靜態的圖景。不過，馬爾瓦濟提供的細節也相當少，足以支持相當多種的詮釋，並且產生了更多的、超出這些細節能夠解答的問題。真正能被確定的事件是，遠東一連串的部落動盪導致一個規模巨大、結構鬆散的突厥人盟邦（confederacy），穆斯林稱之為欽察（Qipchaq），替代了正在瓦解的基馬克聯盟。在驅逐了更北方的烏古斯人之後，欽察新來者立足於錫爾河下游到第聶伯河（Dnieper）的區域，他們被羅斯人稱為波羅維茨人（Polovtsy），被拜占庭人稱為庫曼人（Cumans）。他們與康里人（Qangli）的確切關係並不清楚——康里人作為這片廣大土地（錫爾河與烏拉爾河之間）東半部的主人出現；[51] 然而這整個區域以「欽察草原」（Qipchak steppe, *dasht-i Qipchāq*）之名而為人所知，這個稱呼到了蒙古統治時期仍然通用。與「庫曼遷徙」可能有關的事件則是一支突厥人在十一世紀 40 年代的到來，歷史學家使用「乃蠻」（Naiman，蒙古語「八」之意），也就是其名稱的蒙古語來稱呼他們，他們最遠來到阿爾泰山（Altai）的西麓以及額爾濟斯河（Irtysh）上游的盆地。[52] 在其後，或許時間至晚是十二世紀 20 年代，另一支部族，玉里伯里人（Ölberli），來自東部草原，並且可能含有原始蒙古人（proto-Mongol）的族群，在伏爾加河與烏拉爾河之間的土地立足，玉里伯里人在此地將會在東部的欽察—康里人之中扮演重要的角色。[53]

對於在十一世紀與十二世紀，發生於東亞與中亞的一連串遷徙，我們的理解十分不完備，並且因為原始資料的限制，顯然會一直保持這種狀態。這些遷

徙過程必然與兩種不同的發展有關，兩者都與牽涉到非突厥人群，並且都開始於唐朝中國結束（907 年）之後的數十年內。[54] 較為近期的是唐兀惕人的崛起，中國人認為這支族群與吐蕃人（Tibetans）有關，但可能含有其他族群（例如突厥人）；唐兀惕人的帝國，中國人稱之為西夏（Xi Xia，982-1227 年），在 1028 年消滅了甘州回鶻政權。[55] 然而，馬爾瓦濟所描述的部落遷移，極有可能與另一個更長久的進程有關，這就是契丹人的命運升沉，契丹人是一支來自滿洲地區的強大游牧族群，他們自身似乎說著一種蒙古語；無論如何，拉施德丁將會評論喀喇契丹人（見下所述）與蒙古人的語言、外表、習俗（*ughat-u shakl-u 'ādat*）都十分相似。[56] 契丹人統御了今天的蒙古地區，以及一部分的中國北部，以遼朝（Liao，907-1125 年）的名稱在該處統治。[57] 當契丹人的名號傳達到伊斯蘭世界之時，此名號以阿拉伯化的形式（Qitā/Khitā/Khiṭā），成為中國北部的同義詞（對於使用拉丁語的歐洲人而言，這個辭彙將會轉變成 Cathay，並且用來指稱中國全境，如同今日俄語依然使用 Kitai 稱呼中國一樣）。馬爾瓦濟明確地將「庫曼遷徙」的起源歸因於對「契丹」（Qitā）汗的懼怕；[58] 而玉里伯里人在數十年後的西遷，或許也與臨近滅亡的遼帝國有所關聯。

五、喀喇契丹與其穆斯林鄰國

即使遼帝國在西亞相當知名，但是其與東部的諸穆斯林統治者只有時斷時續的外交關係，[59] 而伊斯蘭世界基本上只將契丹人看成貴重貿易貨物的一個來源而已。[60] 然而，在接下來的十二世紀初葉，發生的許多事件將會把契丹人帶到更接近伊斯蘭之境的地區。在 1125 年，遼帝國被女真人（Jurchen）推翻，女真人是一支通古斯人（Tungusic），所說的語言與近代的滿洲語（Manchu）相當類似，他們占據遼帝國的蒙古與中國領地，並且建立金朝（Jin，1115-1234 年）以統治之。流亡的契丹人，在現已傾覆的皇室的一名年輕後裔，耶律大石（Yelü Dashi）的領導之下，向西方逃竄，並且在中亞開拓了一個新的帝國。這個帝國（約 1124-1218 年）被中國稱為西遼（*Xi Liao*）；至於喀喇契丹（Qarā- Khitāī）的說法，出現於穆斯林的史料之中，則顯然是「遼契丹」（Liao Kitan）的意思，而並非先前的認知，來自突厥語的「黑色」（*qara*）。[61] 西遼的君主結合了中國的皇帝制度，以及內亞的稱號菊兒汗（Gür-khan，「普世之汗」），[62] 向半定居的、以別失八里與高昌為都城的回鶻政權，向七河地區的葛邏祿牧民，並向從事農業與棲居城市的河中地區穆斯林徵收賦稅。塞爾柱蘇丹桑賈爾（Sanjar），前來協助撒馬爾罕的喀喇汗統治者，卻在附近的卡特萬草原（Qatwān Steppe）被西遼決定性地擊敗（1141／536 年）。許多喀喇汗王朝的統治者，早先已經被塞爾柱蘇丹削弱成為其附庸，現在被迫承認喀喇契丹的宗主權；喀喇汗王朝的一座大城，八剌沙袞，成為菊兒汗的駐地所在。花剌子模沙赫王朝，至今為止受到塞爾柱的任命，也與喀喇汗王朝相似，承認了菊兒汗的權威。[63]

喀喇契丹帝國的建立，也間接地影響了伊斯蘭世界東部的權力平衡，因為喀喇契丹帝國將其他游牧族群從其領地逐出，包含河中地區以內與以外的族群，主要是大批的烏古斯（突厥蠻）人，他們因此在十二世紀 40 年代湧入呼羅珊。蘇丹桑賈爾試圖阻止烏古斯人，卻於 1153／549 年於馬魯（Merv）附近遭到擊敗並且被俘虜；在獲得釋放不久之後，他就因憂傷而死。塞爾柱帝國在東伊朗的勢力已經被掃蕩殆盡，而桑賈爾先前的軍官們與烏古斯諸領袖瓜分了大部分的呼羅珊。[64] 這個政治真空將會由兩個朝代所填補，即是古爾王朝（Ghurids，或襄薩巴尼王朝 Shansabanids），以及菊兒汗的附庸，花剌子模沙赫王朝。[65]

古爾王朝的族屬是伊朗人，原先是赫拉特（Herat）東方山地的統治者。他們一開始將其勢力往東北方擴展，直到舒格南（Shughnān）與吐火羅斯坦（Ṭukhāristān）的地區；不過在 1175-6／571 年，他們占領了赫拉特，並在 1186／582 年征服了加茲尼王朝位於拉合爾（Lahore）的最後堡壘，預告著一連串對旁遮普西部的劫掠，其中獲利甚多。從數個印度教國家劫掠的戰利品，使古爾諸蘇丹獲得財源，得以嘗試將呼羅珊納入控制。在呼羅珊，他們與花剌子模沙赫帖乞失（Tekish，統治於 1172-1200 ／ 567-96 年）及其子阿拉丁．摩訶末（'Alā' al- Dīn Muḥammad，統治於 596-1200-20 ／ 617 年）進行了曠日廢時的戰鬥。古爾王朝獲得了阿拔斯哈里發納希爾丁拉（al-Nāṣir li-dīn Allāh，即納希爾 al-Nāṣir）的鼓動，先前，在哈里發的煽動下帖乞失消滅了塞爾柱在北伊朗的統治，然而納希爾現在將花剌子模沙赫視為更大的威脅。古爾蘇丹穆伊茲丁（Mu'izz al- Dīn）在 1204 ／ 601 年入侵花剌子模，不過被阿拉丁．摩訶末與及時到達的喀喇契丹援軍擊敗。隨著穆伊茲丁在 1206 ／ 602 年被謀殺，古爾王朝迅速衰落，使得花剌子模沙赫摩訶末得以征服剩餘的古爾王朝疆域，直至印度河以西（1215-16 ／ 611-12 年）。這些勝利使摩訶末過度擴張了。摩訶末早已在約 1210-11 ／ 607 年之時摒棄喀喇契丹的宗主地位，並且吞併了一些喀喇汗的政權，將他的主要駐地移到撒馬爾罕。現在，摩訶末被哈里發傾向古爾王朝的立場所激怒，於是宣告廢黜納希爾，另立一位聖裔（*sayyid*，阿里 'Ali 的後裔）為哈里發，並且進軍巴格達，然而失敗了。[66] 朮茲札尼說，摩訶末甚至考慮過遠征中國。[67] 不過在幾年之內，他自己的帝國就會被蒙古人摧毀。

六、諸菊兒汗與其穆斯林臣民

對於在喀喇契丹人到來之後一世紀寫作的朮茲札尼而言，他們的抵達代表「第一次突厥入侵」（*awwal khurūj-i turk*）；朮茲札尼幾乎認為喀喇契丹的到來預言了他身處時代的蒙古人攻勢。[68] 儘管許多突厥王朝現在都向喀喇契丹納貢，而他們的臣民大多是穆斯林，喀喇契丹的統治階級還是沒有皈依伊斯蘭。彭曉燕教授（Professor〔Michal〕Biran）很有說服力地將此現象歸因為喀喇契丹統治階級餘留的中國傾向，以及他們堅定的願望——至少在帝國初期的數十年是如此——那就是收復些許位於東方遠處的契丹—遼故土。[69] 我們或許還能補充，在菊兒汗治下的臣屬族群並非全都是穆斯林，例如也包含了別失八里的回鶻政權。喀喇契丹的管理架構並非採取穆斯林的規範，而是契丹與中國傳統的混合；例如喀喇契丹的錢幣，就採用了中國的樣式來鑄造。不過，雖然喀喇契丹人是不信道者，在初期，他們對於穆斯林臣民的統治負擔較輕。伊本·艾希爾宣稱，在喀喇契丹人奪取城市之後，城市居民的生活並沒有經歷改變，他又引述布哈拉頭人（*raʾīs*）的說法，也就是入侵者並沒有劫掠城市，也沒有發動屠殺。[70] 諸菊兒汗對待帝國核心領土與附庸君主國領土的行政管理有所差異。軍隊不會定期駐紮在核心領土之外；長官或「駐節」（阿拉伯語、波斯語席赫納 *shiḥna*）由菊兒汗派遣出去，監督每一位附庸君主，通常選自與附庸國相同的宗教／文化群體，似乎因為這樣，也不會嚴苛的需索（而花剌子模根本沒有這樣的一位長官）。彭曉燕因此認為，中亞的穆斯林居民可能甚至不知道他們已經臣屬於不信道者的統治之下。[71] 穆斯林文化並未受到威脅，持續在河中地區與突厥斯坦繁盛發展，正如在喀喇汗王朝的時代一樣。

同樣的，穆斯林的「宗教階級」在新政權下也未遭受苦難。尼札米·阿魯迪·撒馬爾罕迪（Niẓāmī-yi ʿArūḍī-yi Samarqandī）、伊本·艾希爾、朮茲札尼這三位作家都是獨立寫作，全部證實喀喇契丹政府在最初數十年的正義。伊本·艾希爾談到第一位菊兒汗禁止部下壓迫臣民。朮茲札尼承認喀喇契丹早期的君主公正地統治，對穆斯林表示友好，也以尊重的態度對待學者們（ʿulama）。[72] 確實，耶律大石在卡特萬戰勝之後，他在布哈拉處決了伊瑪目胡撒姆丁（imam Ḥusām al-Dīn）。兩份資料透露這場幽暗的事件，並不能被簡單的視作不信道者對穆斯林神職人員的迫害。在十二世紀中葉隨後，由尼札米·阿魯迪紀錄的一則軼事之中，他告訴我們，菊兒汗耶律大石將其提名的布哈拉世俗長官置於一位學者領袖，伊瑪目阿赫邁德·本·阿布杜阿濟茲（imam Aḥmad b. ʿAbd al-ʿAzīz），之下，並告誡他要隨時傾聽伊瑪目的建言。[73] 伊本·艾希爾簡潔地提及胡撒姆丁的處決，僅將其描述為一位哈乃斐學派的法官，稱他為胡撒姆丁·烏瑪爾·本·阿布杜阿濟茲·本·馬札·布哈里（Ḥusām al-Dīn ʿUmar b. ʿAbd al-ʿAzīz b. Māza al-Bukhārī），因此揭示了胡撒姆丁其實是布爾罕王朝（Āl-i Burhān）的一位成員，這是布哈拉的一個地方王朝，壟斷了布哈拉的「謝赫伊斯蘭」（*shaykh al- islām*）與「薩德爾」（*ṣadr*）稱號，而更重要的是，他是阿赫邁德（Aḥmad）的兄弟。[74] 這表示胡撒姆丁的死亡或許只是出乎意料，也或許是來自於家族內部的某種衝突，其中阿赫邁德獲得了不信道者的幫助，得以贏得爭鬥。無論真相如何，新政權依然信賴這支穆斯林地方權貴，顯示喀喇契丹和喀喇汗王朝一樣，並未對穆斯林神職人員採取壓迫的態度。直至十三世紀初葉，「薩德爾賈罕」（*Ṣadr-i Jahān*，「世界之柱」），這個地方王朝首領為人所知的名號，本身依然負責將布哈拉的年貢輸送給菊兒汗。[75]

朮茲札尼甚至引述了一份記載，其中說耶律大石王朝最後一位菊兒汗直魯古祕密地成為一位穆斯林，但他不保證這種說法是否真實。[76] 諸菊兒汗表面上的派別之爭，只是不完全地反映了草原游牧政權掌管一個宗教多樣化的帝國之時，所奉行的宗教多元主義。如同他們大多數的臣民，諸菊兒汗最有可能信奉佛教，混合其契丹先祖的薩滿教（雖然正如我們剛才提到過，被回鶻人所迷惑的伊本・艾希爾，認為第一位菊兒汗耶律大石是摩尼教徒）。[77] 但是諸菊兒汗尊崇所有宗教的聖職，包括基督教聶斯脫里派、佛教，伊斯蘭當然也包括在內，並且給予他們特權，作為他們替王朝祈禱的回報。[78] 只有當某些東方部落，例如乃蠻部，開始拒斥菊兒汗的權威之時（因此也代表貢賦的減少），菊兒汗在十二世紀 70 年代才開始增加對穆斯林臣民的索取。[79] 隨著蒙古人在遠東崛起，乃蠻難民們的到來，以及乃蠻首領屈出律在約 1211 年奪取喀喇契丹的統治權，喀喇契丹政權只會進一步的崩壞，用懲罰手段對待穆斯林神職人員，因此使穆斯林的輿論與之疏離。不過這些都是較為晚期的發展了。

無論喀喇契丹人在最初數十年的政權是多麼溫和，以平衡的角度觀之，他們的到來，依舊可以被視為對伊斯蘭世界整體的一記重擊。先前屬於伊斯蘭之境的廣大領土，現在落入不信道者的統治之下——以河中地區為例，這樣的情況是過去四個世紀的第一次。當花剌子模沙赫摩訶末・本・帖乞失在 1206-7／603 年從古爾王朝手中奪取忒里迷（Tirmidh），並且盡責地將此城獻給其喀喇契丹宗主之時，根據伊本・艾希爾的說法，他招致了眾多的批評與謾罵。歷史學家伊本・艾希爾感到有必要為摩訶末辯護，他聲稱，由摩訶末之後背叛喀喇契丹的作為觀之，他對於忒里迷的處置不過是一項計謀而已。[80] 花剌子模沙赫摩訶末拒絕不信道者的宰制，將會被熱情地讚揚，並且為他自己贏得了「蘇丹桑賈爾」（Sultan Sanjar）以及「亞歷山大再世」（*Iskandar-i thānī*）的頭銜。[81] 然而，不可否認的事實是，摩訶末在與古爾王朝的爭鬥之中，早已發現菊兒汗的宗主權以及喀喇契丹的援軍相當好用。

隨後的事件，使我們對於摩訶末向喀喇契丹遲來的挑戰有不同的見解。伊本・拉巴德與伊本・瓦希勒將喀喇契丹視為一道障壁（*sadd*），被花剌子模沙赫開啟了；對於伊本・哈巴德而言，他認為喀喇契丹人是摩訶末的屏藩（*wiqāya*）。[82] 志費尼認為花剌子模沙赫摩訶末藉由損害菊兒汗的勢力，以及去除了成吉思汗路途上的其他統治者，實際上是幫助了蒙古人的征服行動。[83] 這個主題成為了軼聞的內容。據說摩訶末的父親帖乞失，在臨終的床榻之上，曾經告誡他的兒子們千萬不要與喀喇契丹人爭執，將喀喇契丹人比喻為「一道牆，後面有恐怖的仇敵」。[84] 根據志費尼，當花剌子模戰勝喀喇契丹之時，他的表親曾經聽說喀喇契丹人被描述為「左勒蓋爾奈英之牆」，橫亙在穆斯林以及「執著於復仇與憤怒，超出雅朱者與馬朱者」數量的一群人之間。志費尼在稍晚甚至在其筆下，使摩訶末之子札蘭丁，在警告美索不達米亞與北敘利亞諸君主有關 1229 年蒙古人新軍隊到來的一封信件之中，自稱為左勒蓋爾奈英之牆；另外，根據錫布特・伊本・焦吉（Sibṭ Ibn al- Jawzī），埃宥比君主阿胥拉夫・穆薩（al-Ashraf Mūsā）在 1231 年札蘭丁敗亡之後，也用類似的稱呼來形容他。[85] 顯然，對於處在花剌子模帝國被一支異教勢力全面毀滅的作者們，摩訶末在喀喇契丹滅亡之時所扮演的角色，是一個敏感的話題。

七、欽察—康里人與諸花剌子模沙赫

在 1043 ／ 435 年，根據伊本・艾希爾的紀錄，隨著「一萬帳的突厥人」皈依伊斯蘭，只剩下韃靼人與「契丹人」（Khiṭā）仍未信奉伊斯蘭。這是相當顯而易見的誇大，[86] 因為突厥人的家園，位於喀喇汗王朝疆域的北方與東方，依然頑固地處於伊斯蘭世界的範圍之外。在十三世紀初葉，如果喀喇契丹可說是對抗花剌子模最顯著的非穆斯林勢力，那麼，喀喇契丹人也絕非花剌子模草原邊境上，唯一不信道的政權。廣大的草場直接橫亙在錫爾河以北，形成欽察—康里人部分的牧地，我們在早先早已提過欽察—康里人，而他們與伊斯蘭世界的邊境，根據馬赫穆德·喀什噶里，大約就在肯吉克（Kenjek）城鎮附近，塔剌思東方數里之處。到了十三世紀 40 年代，當教宗使節團旅行到蒙古帝國的宮廷之時，這些疆域仍然被認為是一個不同的國家，與「比瑟爾密尼」（*Bisermini*，來自 *beserman*，即「穆斯林」*musulmān*）的領土不同。[87]

欽察—康里盟邦政治架構相當鬆散，而數個族群與穆斯林鄰國之間的關係——有如他們更西方的親族，與基督教羅斯人、匈牙利人、喬治亞人之間的關係——也在劫掠、聯姻，以及作為輔助部隊提供軍事服務之間擺盪不定。[88] 在十二世紀，花剌子模沙赫王朝從錫爾河下游的據點氈的（Jand）頻繁攻擊欽察—康里人。在組成盟邦的諸部落之中，斡蘭部（Oran）是其中一支（法赫里·穆達比爾將他們列為欽察人的一支）。[89] 一位斡蘭人酋長，阿勒普·卡拉（Alp Qara），在 1182 ／ 578 年向花剌子模沙赫帖乞失臣服，隨後其子基蘭（Qiran）則與花剌子模王室聯姻。在此情況下，帖乞失娶了斡蘭的公主，據說會生出未來的花剌子模沙赫摩訶末，這位公主被後世稱為圖兒罕可敦（Terken Khatun，有不只一位花剌子模沙赫的正妻用過這個頭銜）。[90] 我們主要由帖乞失文書部的長官得知，這個同盟關係帶來了許多欽察人加入軍隊。[91] 志費尼確認了斡蘭部族的人民作為異邦人侍奉帖乞失，[92] 而圖兒罕可敦的眾多親族，在摩訶末治下將會占據許多高級軍事與文官職位，而圖兒罕可敦在花剌子模也擁有自己的施政機構，並在花剌子模得以實行實質的自治權。在摩訶末征服古爾王朝領土之時，以及他對抗其他統治者的軍事行動之中，欽察部隊都扮演了極為重要的角色，阿勒普·卡拉 [93] 的部屬之中有「尤古爾人（Yughur）之子」的記載，顯示斡蘭人與西伯利亞西部的林棲族群有密切關聯，他們是古典穆斯林地理學家所說，從事毛皮貿易的尤拉人（Yura，或尤格拉人 Yughra）。[94] 花剌子模輔助部隊其中至少含有尤古爾人，幾乎都沒有改宗為穆斯林，這些部隊貪婪殘忍的行為，極大地導致了對花剌子模暴虐統治的印象，直至十一世紀 40 年代。

我們不能確定卡迪爾不花汗（Qadir-，或 Qayir-Buqu Khan）是否就是圖兒罕可敦的父親，帖乞失為了對抗他，導致在 1194-5 ／ 591 年深冬發動一場災難性的戰役，遠於昔格納黑（Sighnāq）與氈的（Jand）之地。[95] 不過他的臣民也屬於斡蘭人，而這場衝突可能蘊涵帖乞失與圖兒罕可敦極端緊張的關係，朮茲札尼完全將之歸咎於這位花剌子模沙赫與一位奴隸女孩私通所致。[96] 帖乞失無法信任軍隊中的斡蘭人，因為他們在一次關鍵的時機之時拋棄了他，他只能支持卡迪爾不花汗的姪甥（nephew）阿勒普．底芮克（Alp Direk）與之對抗。卡迪爾不花汗被推翻並且被捕獲，但幾乎馬上就被釋放了，做為一位被誓言束縛的附庸君主，派遣了一大支軍隊以對抗其 nephew。現在輪到阿勒普．底芮克被打敗了。[97] 這就是帖乞失在獲得阿拔斯哈里發納希爾頒布的「伊拉克、呼羅珊、突厥斯坦蘇丹」頭銜，在最後一個地名背後所隱含的政治現實。[98] 帖乞失的兒子與繼承者摩訶末，稍後也得處理卡迪爾不花汗人民的不滿，這件事恰好與他在約 1210 ／ 607 年對抗喀喇契丹的成功戰役同時發生。[99] 雖然我們無法知道更多了，但是我們可以想像，在蒙古大舉入侵之時，摩訶末與其母親圖兒罕可敦，以及與軍隊中斡蘭／康里族群的齟齬，或許就是這些事件造成的結果。[100]

我們的史料使用的種族標示是流動不定的。納撒維將圖兒罕可敦的族人稱之為巴牙兀人（Baya'ut，一支部分向西遷移的部落，剩下的部族成員，當鐵木真，也就是未來的成吉思汗崛起之時，仍然居住在蒙古高原）並將他們歸類為葉馬克人（Yemek）的一支；與此相似，朮茲札尼似乎也將玉里伯里人等同於葉馬克人。[101] 葉馬克是基馬克的另一種寫法，正如我們之前所看到的，基馬克是一個巨大的部落統屬，他們占據了亞洲草原西北部的大部分，以及鄰近的森林地帶，直至十一世紀，當「庫曼遷徙」發生之時，他們在欽察人的到來之下逐漸解體，並大部分改由欽察人統治。[102] 葉馬克這個稱呼似乎還有更廣泛的使用，因為當朮茲札尼敘述成吉思汗逃竄的蔑兒乞敵人出現在西部草原之時，稱呼其領袖「卡迪爾汗（Qadir Khan），葉馬克人脫脫（Toqtoqan，或 Toqto'a）

之子。」[103]

八、蒙古人於東部草原之崛起

穆斯林作家更廣泛地使用另一個名稱，用來描述東部草原的不信道游牧民，這個名稱就是「韃靼」（Tatar）。在十一世紀中期，加爾迪濟所述有關突厥人的紀錄，就包含了一項民間傳說，傳說中（不正確地）將基馬克人視作韃靼人的一支。[104] 在其最精確的意義上，韃靼是蒙古高原一個相當確定的部落之名，也就是塔塔兒部，在十二世紀後半葉為女真—金帝國所用，作為間接控制草原的工具，塔塔兒部最後會在1202年被鐵木真征服與徹底消滅。拉施德丁饒富趣味地提到，在先前的時代，塔塔兒部似乎主宰了整個東部草原，並且絕大多數的突厥人都採用了塔塔兒的名稱，如同在拉施德丁的時代，他們都使用了「蒙古」的名稱一樣。拉施德丁解釋，在歷史背景之下，其他族群接受將成吉思汗的蒙古人歸類為塔塔兒人；他的解釋至少被一位現代作者所採用。[105]「韃靼」（Tatar，隨後在基督教西方會被訛傳為Tartar）將會是蒙古人在伊斯蘭世界最廣為人知的名稱。[106]

如同組成了「庫曼遷徙」的多種部落移動一樣，在鐵木真出生之前的一個世紀，諸多突厥人，或許還有通古斯人，與蒙古起源的族群，形成一個可以識別的「蒙古民族」之過程，我們幾乎都無法得知。[107] 然而，我們更幸運的是，可以看到由於鐵木真的崛起所產生的部族移動，以及鐵木真建立了亞洲草原東部的蒙古霸權之進程。在最近，這些深遠的政治變化與蒙古高原的氣候變遷被連結起來：十二世紀80年代持續數年的乾旱，促使游牧部落之間的激烈衝突，以及既有秩序的崩解；還有從1211年到1225年，出現長時段溫暖與不尋常濕潤的天氣，使得草地的生產力上升，或許造成了軍事資源大幅度的增強。[108] 無論事件的原因究竟為何，蒙古帝國的出現不只由穆斯林作家志費尼與拉施德丁詳細記錄，也由我們唯一能得到的蒙古語文獻記錄下來，這就是「忙[中]豁倫紐察脫〔卜〕察安」（*Mongghol'un niucha tobcha'an*），《蒙古祕史》。

在十二世紀的最後數十年，蒙古人不過是一個少數群體，居住在這片將會由他們的名字來命名的地區。他們可能在十二世紀中期建立了一個比較強大的政權，但為時不長。在鐵木真出生之時（最有可能的時間是1162年），他們在政治上是支離破碎的；而蒙古人在此時的脆弱與貧窮到了帝國時代都仍然是一項話柄。[109]此區域的主宰勢力是塔塔兒部，位於蒙古高原東部的貝爾湖（Buyur Nor）與呼倫湖（Külün Nor），並與女真—金帝國緊密結盟；蔑兒乞部（Merkit），主要是林棲族群，位於貝加爾湖的南方與東方；汪古部（Önggüt），聚居於現今的鄂爾多斯（Ordos）地區；克烈部（Kereyit，或Kerait），居住在鄂爾渾河（Orqon）與土拉河（Tula）的谷地；以及乃蠻部，其土地在額爾濟斯河上游的盆地以及阿爾泰山的山麓。這些族群在政治上的複雜程度與團結程度並不一致。塔塔兒部與蔑兒乞部相對而言組織較為鬆散，汪古部、克烈部、乃蠻部則擁有某種程度的階序層級與管理架構，為首的是世襲統治的諸汗。[110]

在約1170年之時，鐵木真的父親也速該被塔塔兒人謀殺，緊接著鐵木真（當時大約九歲）其母與其兄弟都被族人拋棄，他們被迫從牧民生活轉換為林棲族群的生活型態。[111]只有當少年鐵木真集結了一群發誓效忠、來自不同部落的「伴當」（夥伴，即*nököd*，單數為那可兒*nökör*），並且依附於其父也速該的老朋友與義兄弟（安答*anda*），[112]克烈部汗脫斡鄰勒（Toghril，或To'oril）之時，他的命運才告好轉。藉由脫斡鄰勒的幫助，鐵木真擊敗或贏回了他的親族，並且獲取了對蒙古人某種程度的領導權。鐵木真與脫斡鄰勒同盟接著勸誘金帝國政府拋棄塔塔兒部，他們隨後將塔塔兒部毀滅；為了替父報仇，鐵木真屠殺了塔塔兒部幾乎所有的成年男性。脫斡鄰勒則從金帝國得到「王」的稱號（因此他通常以「王汗」Ong Khan的頭銜為人所知）；鐵木真則得到較小的頭銜「札兀惕忽里」（*ja'ut-quri*）。

雖然鐵木真與脫斡鄰勒的同盟關係如此緊密，以致於脫斡鄰勒將鐵木真指定為其繼承人，使脫斡鄰勒自己的兒子桑昆（Senggüm）還因此失去了繼承權，這兩人的關係依然破裂了，在隨之而來的敵對之後，鐵木真作為報復征服了克烈部（1203 年）。脫斡鄰勒在逃往乃蠻領地的時候被殺害，他的兒子們則離散各地。蒙古領導人鐵木真接著轉向乃蠻部的一個分支（1204 年）以及蔑兒乞部。當乃蠻與蔑兒乞兩個部落的大多數人都被整併入新生的蒙古帝國之後，在 1206 年舉行了部落領袖的大會議（忽鄰勒塔，*quriltai*），其中推舉鐵木真作為君主，如同《祕史》所說，統治「居住氈帳的人民」，[113] 並使用「成吉思汗」的稱號。這個稱號可能代表「嚴峻之汗」（Hard / Severe Khan），而非早先認為的「世界統治者」（World Ruler），[114] 因此成吉思汗的名號在意義上，將會與在喀喇汗王朝及其他草原族群之中找到的突厥稱號卡迪爾汗（Qadir Khan）相符合。[115]

然而，無庸置疑，這位嶄新的帝王早已準備好，要宣示某種霸權，統治所有游牧族群，並且復興突厥帝國的傳統，在東部草原，帝國傳統在回鶻汗國於 840 年崩潰之後即告中止。這項傳統的一項重要組成要素是「福蔭」（'good fortune'，突厥語 *qut*；蒙古語 *suu*）的概念，由「天空」（sky，即「長生天」*tenggeri*，常被誤譯為「天界」'Heaven'）賞賜，並授予一支具有神聖魅力（charisma）的氏族，使其握有唯一的統治權。[116] 成吉思汗為其 1218 年的大規模西征戰役所選定的基地，是鄂爾渾河谷地的區域，其後此處將會以哈拉和林（Qaraqorum）城作為中心，這裡距離於都斤山（*ötügen-yish*），六至七世紀時期突厥人的「聖地」，以及距離哈喇巴喇哈遜（Qara Balghasun），八至九世紀回鶻諸合罕的駐地，都很接近。後來，歐洲傳教士魯布魯克的威廉（1255 年）確認蒙古人將這裡視為「王族」之地。[117]

成吉思汗建立的大蒙古兀魯思（*yeke mongghol ulus*，「大蒙古國」），[118] 無論在意識形態上，或是在行政管理上（會在第四章詳細檢視），都超越了前人鑄造的政體。不過，雖然草原帝國的意識形態在先前只限於統治所有游牧族群，但蒙古人將會做出爭辯，說長生天已經將全世界的統治權賜予成吉思汗的後裔。[119] 成吉思汗的帝國也比先前諸帝國更為團結。帝國核心是成吉思汗的家屬與親衛（怯薛，*keshig*），根據《蒙古祕史》，成吉思汗在 1204 年，於征伐乃蠻的戰役前夕創建怯薛，並在兩年後將怯薛的數量增加至一萬人。[120] 怯薛成員的工作，不只是維護其主人成吉思汗的安全，或滿足成吉思汗個人與其家屬的需要，更負有管理職責，正是帝國政府機構的核心。怯薛由成吉思汗自己的伴當（*nököd*）——這些人從與部落的聯繫之中被連根拔起（*déracinés*），他們的升遷並非基於出身，或在部落中的地位，而主要是基於對成吉思汗本人與其王朝的忠誠——以及由官員與部落領袖的兒子、年輕親族組成（怯薛可能作為人質，以確保官員、領袖們的忠誠）。

成吉思汗一方面維持先前內亞政權留下來的十進位軍事編制系統，另一方面則謹慎地將政治上最先進的，或之前抵抗最激烈的諸部落，分散於新編成的十進位編制（譯按：即萬戶、千戶等等）之中，由來自其他部落的人領導，這些領導人先前已在成吉思汗的怯薛之中獲得經驗與訓練。[121] 成吉思汗又更進一步，將戰利品的分配權收歸中央，所以一大部分的戰利品會歸於平民而非氏族長老，因此確保了提升社會流動性的承諾。[122] 藉由這些方法，成吉思汗打擊了早期游牧帝國在衰落時期都會出現的離心力量，在早期，已經存在的部落族群只要脫離帝國並取得自治，就可以游離出來。值得注意的是，蒙古帝國在兩個世代之後的分裂，是因為王朝血統譜系以及地緣政治邊界的關係，而非出於部落游離，而成吉思汗後裔依然在分裂出來的繼承者國家之中不受外部挑戰地統治，在所有地區至少都統治到十四世紀中葉，在某些地區（例如河中地區、哈薩克斯坦，以及克里米亞）更維持統治直到十八世紀。甚至當突厥—蒙古的埃米爾們在十四世紀中葉奪取實權之時，權力也並非來自他們在部落裡的任何世襲地位，而是來自他們在成吉思汗後裔王國內的職權；[123] 而他們依然認為擁立一個成吉思系的汗作為傀儡，是其職責所在，例如十四世紀晚期的帖木兒（Temür），位於察合台汗國（Chaghadayid）的河中地區，或是十五世紀初的也迪古（Edigü），位於金帳汗國（Golden Horde）。

蒙古人相當願意從敵人與臣民之中借用、學習新技術。克烈部的軍事組織包含了一個「中心」（突厥語、蒙古語 *qol*），這是一個徵召而來（因此也與部落脫離）的部落成員所組成的衛隊，他們的忠誠集中在汗本人身上；這個組織正可說是提供了成吉思汗創建怯薛的靈感。[124] 乃蠻汗則擁有一個粗略的文書部，發布以回鶻文字寫成的文書，並在這些文書之上用印，使其具有效力：文書部的主管，回鶻人塔塔兒統阿（Tatar Tonga，中文「塔塔統阿」*Tata Tonga*），其職責也包含管理稅收，將會在1204年之後侍奉成吉思汗，並且向成吉思汗的諸子傳授回鶻文字。[125] 這代表了蒙古帝國書記處（chancery）的誕生，時為征服者鐵木真被推舉為至尊地位兩年之前。成吉思汗的後繼者送往諸外邦的最後通牒是以蒙古語寫成，但引人注意的是，其中包含的序言乃是突厥語。[126]

在東部草原的許多戰役，使許多部族歸於蒙古人的統治；然而其中有兩支重要的族群——蔑兒乞部與乃蠻部——在成吉思汗於1204年決定性地戰勝乃蠻的塔陽汗（Tayang Khan）之後，被逐出故地，並且向西逃竄。[127] 一開始，蔑兒乞人的統治者脫黑脫阿·別乞（Toqto'a Beki）與他的兒子們，加上塔陽汗之子屈出律（Güchülüg）都在黑額爾濟斯河（Black Irtysh）依附塔陽之兄卜欲魯汗（Buyuruq Khan）以避難。在這裡，在1208-9年蒙古的新軍事行動以卜欲魯汗敗亡結束，不久之後，脫黑脫阿·別乞也敗亡。

成吉思汗的勝利在喀喇契丹帝國內部的吸引到了支持者，現在帝國已經因為婪索而逐漸分崩離析。在這些支持者之中，最重要的是巴而朮（Barchuq），別失八里的回鶻亦都護，他向成吉思汗呈上降服的消息，並且殺害了喀喇契丹在宮廷的代表。脫黑脫阿·別乞的兒子們在巴而朮的領地內尋求庇護，巴而朮驅逐了他們，或許也藉由蒙古人的協助，而他們逃跑去向欽察—康里人會合，此時正被成吉思汗的將領（*noyad*，單數為那顏 *noyan*）哲別（Jebe）與速不台（Sübe'edei）追逐。作為這些功勞的回報，亦都護被承認為成吉思汗的「第五個兒子」，並且得以與蒙古公主聯姻。[128] 大概在同一時間，蒙古征服者成吉思汗得到了他的第一位穆斯林附庸。——被稱為「龜茲（Kūsān，或Kūcha）蘇丹」，或許是一位回鶻人出身的穆斯林君主——殺害流亡的克烈王子桑昆，替成吉思汗立下了有益的功勞，並且藉由獻上桑昆的妻兒，向征服者成吉思汗表示臣服。[129] 易司馬儀（Ismā'īl），喀喇契丹位於龜茲的八思哈（*basqaq*），將城市獻給哲別，接著將會參與捕獲屈出律的行動。[130] 然而，兩位最有價值的穆斯林歸附者，卻是葛邏祿人的阿兒斯蘭汗（Arslan Khan），正如亦都護所做的一樣，他殺害了菊兒汗的席赫納（*shiḥna*）以反叛喀喇契丹，以及布匝兒（Buzar，或斡匝兒 Ozar），出身低微的阿力麻里統治者。[131]

短暫地於阿兒斯蘭汗之處避難後，屈出律前往菊兒汗的宮廷尋求庇護。他的許多乃蠻人追隨者分散到也迷里、海押立，以及別失八里地區，當屈出律在喀喇契丹帝國中的景況好轉，這些人才與他會合，因此給予屈出律篡奪王位的能力。[132] 哲別與速不台緊追著逃跑的蔑兒乞諸王子，侵入康里領地，也就是在1209年（或1210年初）花剌子模沙赫摩訶末・本・帖乞失擊退一波蔑兒乞入侵者的地方，並根據朮茲札尼，摩訶末追逐他們，直到太陽不會落下的極北之處。[133] 現在，在成吉思汗的將領哲別與速不台於楚河畔消滅蔑兒乞主力之後，將與摩訶末交手，但還無法分出勝負。[134]

依循此種模式，東部草原的動盪激發一波新的遷移浪潮，導致區域權力平衡的大幅轉移，由於亟需消滅具有潛在危險的流亡團體，使成吉思汗與其勢力捲入西部區域，而此處早已被先前通過的成吉思汗敵手所癱瘓。在此時，蒙古人與其欲獵殺的游牧族群相似，對於伊斯蘭世界而言僅僅是不同分支的「韃靼人」，這種認知，在一個世代或者持續更久的時間之後，仍會存在於作為局外人的穆斯林寫作者之著作，他們在蒙古人所居的世界（*oecumene*）範圍之外。朮茲札尼將蔑兒乞的領導者視為一位韃靼人，只是其中一點；[135] 而朮茲札尼、伊本・艾希爾、伊本・納齊夫・哈馬維（Ibn Naẓīf al- Ḥamawī）、伊本・阿比・哈迪德（Ibn Abī l- Ḥadīd），都將乃蠻人屈出律及其追隨者標示成韃靼人。[136]

九、文化不和諧

在草原上生活，並不代表牧民忽視農耕與都市生活的誘惑。牧民缺乏取得足量金屬的管道，因此不能生產武器，除此之外他們也需要其他的產品——包含奢侈品——而只有定居社會才能出產。中國政權通常都相當謹慎，將與游牧族群的貿易限制在生活必需品，並且禁止軍事物資的流通，雖然通常難以收效。[137] 與此相應，游牧族群也學會了在穿越大草原的主要貿易路線上利用自己的地理位置，並為商人提供保護，以換取部分利潤。如同我們提過的，他們總是願意借用從更複雜的社會所發展出來的技術，例如回鶻人處理文書的技藝。有些游牧族群的領導人親身體驗了這些複雜社會的生活：克烈部的脫斡鄰勒，也就是王汗，曾經在喀喇契丹帝國流亡一年，另一方面，年輕的鐵木真本人有可能在女真—金帝國做為一名囚犯，度過了十年。[138]

然而，這並不代表在成吉思汗統治之下的內亞族群願意接納城市或農耕的生活。長久以來，牧民一直提防定居文明的誘惑，因為定居生活有可能耗竭他們的軍事實力。在八世紀早期，一位突厥合罕就被勸說不要建造城市，根據的是因為完全一致的理由，而直至十一世紀 70 年代，馬赫穆德·喀什噶里引用了一句突厥諺語，警告採納波斯人生活型態的危險（很有可能就是定居生活）。[139] 牧民與林棲族群也沒有多少共同之處。在蒙古征服數十年之後寫作的拉施德丁描述「森林」兀良哈人（Uriyangqat）如何穿著樹皮並且獵捕山上的牛、綿羊、羚羊，充滿疑慮地看著定居族群，想像他們的生活是一場痛苦的折磨，但他們與同樣鄙視牧養綿羊的族群。[140] 我們應該要這樣看待這類的心態——這些心態有時候透過定居文化而被散布出來——將其視為意識形態立場的證據，而非將其視為日常生活的問題。[141] 不過，害怕拋棄草原的傳統，以及厭惡逐漸轉變為定居族群的生活方式，是本書之中我們將會一再遭遇的主題。

＊＊＊

在蒙古初次攻擊的前夕，那時，東部伊斯蘭世界早已越來越習慣操弄草原游牧族群，使之互相對抗；此地區也見證了伊斯蘭化游牧民的湧入——無論是大批湧現，或是作為征服者，或是作為輔助部隊；在過去的八十年左右，在某種程度上，這樣的湧入現象已經轉變為由一支主要的不信道草原勢力，統治穆斯林的疆域。然而，即使是喀喇契丹的經驗——統治部分北中國超過兩個世紀的王朝之繼承人，且吸收了許多中國文化——也無法使河中地區、花剌子模、伊朗，以及現今阿富汗的定居穆斯林社群準備好，能夠面對成吉思汗率領的蒙古人之到來。當然，穆斯林至少對蒙古人出現的廣大地域有模糊的認識，與歐洲的基督教人群（幾乎只能完全按照《聖經》、按照受人敬仰但不甚可信的早期基督教作品，或按照末世預言之，來解釋蒙古入侵）[142] 呈現明顯的對比。數個世紀以來，有些許從事遠距離貿易的商人離開伊斯蘭之境，造訪亞洲更東方的區域。根據志費尼的說法（或許誇大了人數），成吉思汗與其諸子、諸那顏能夠在蒙古地區集結四百五十位穆斯林組成一支商隊，他們命運悲慘，最後被花剌子模沙赫在訛答剌的長官謀害。[143] 當時的穆斯林觀察者即使採用末世預言，他們也知道得足夠多，足以將這些新來者放置於多少更符合現實的地理學與民族學架構之中。許多人將蒙古人歸類為「突厥人」就已滿意，[144] 如同朮茲札尼也這樣歸類喀喇契丹人。對於伊本・艾希爾而言，韃靼人是「一大批不同種類的突厥人」。在蒙古人的案例之中，這種歸類也得到了支持，因為許多被包裹入成吉思汗戰爭機器的游牧族群，確實都屬於突厥族群。[145] 不過，伊斯蘭之境中，最早一批提到蒙古入侵西亞的寫作者，也有一位——在埃及的一名科普特基督徒編年史家——有著不同的觀點，他將蒙古人的領袖稱為「中國國王」（*malik al- Ṣīn*），並且認為其軍隊中也包含了「契丹人」（Qiṭā）與「欽察人」[146]（「契丹」在這裡究竟代表中國，或代表更有可能的喀喇契丹，就不得而知了）。不過，將一支未知而可怕的種族歸類在熟悉的脈絡之中，這類的認知似乎令人感到安慰，但是絲毫無法使成吉思汗入侵的最初衝擊，變得不那麼慘烈。

第二部

世界帝國的誕生：
征服、破壞與連結

第三章

蒙古西進

（1219-1253 年）

在削弱東部草原諸游牧部落之後，成吉思汗的主要目標將是位於中國北部的女真—金（Jurchen-Jin）帝國。有些人認為成吉思汗的目的是為了取得與帝國有利的貿易條件，而他被迫採用戰爭手段解決，因為金帝國不肯妥協。[1]然而，我們不應該忘記，在十二世紀中葉，金朝皇帝相當敵視蒙古人，並且至少用極為羞辱的恐怖刑罰，消滅了一位被俘虜的蒙古首領，也是成吉思汗的一位親族。拉施德丁明確地提到成吉思汗渴望向金帝國復仇，以懲治這件罪行；[2]並且，我們也應該想到，復仇在蒙古社會有極為重要的地位，以及成吉思汗為了報復塔塔兒部殺害其父之仇，向塔塔兒部施加的嚴峻處罰。[3]

在一開始，與女真—金的戰爭進行順利，不過這場戰爭將會持續到成吉思汗逝世之後七年，也就是到了 1234 年，金帝國最後的殘餘被消滅為止。1215 年金帝國中都（Zhongdu，位置接近現今的北京市）淪陷的紀錄，甚至傳播到了西亞。花剌子模沙赫摩訶末·本·帖乞失派遣的使節團造訪金中都進行偵察，回報說城市外面的土地都因為屍體的脂肪而變得油膩，且遺留下成堆的骨骸；其中一堆骨骸接近城牆，正是年輕女子從垛牆墜下，以免落入蒙古人之手的地方。無論如何，這就是朮茲札尼的證言，直接引述自一位花剌子模的使者。[4]根據當時一位目擊者所言，許多花剌子模沙赫王朝的穆斯林臣民，早已被蒙古人崛起與征服的流言震懾，在蒙古人入侵河中地區兩年之前，就先拋棄了家園逃往他處。[5]無庸置疑，伊斯蘭世界東部早已充分知曉，位於其邊界以外的強大新勢力，其崛起的經過。

一、蒙古與花剌子模衝突之原因

成吉思汗攻擊伊斯蘭世界的原因，有相當多種的解釋。甚至我們的原始資料也沒有達成一致。造成衝突最直接的起因，在征服劫難同時或稍晚的諸多資料之中都有清楚地提到，就是由於一支來自蒙古地區的商隊使節團，在訛答剌（Uṭrār）遭到屠殺。圖兒罕可敦的姪甥輩（nephew）❶亦那勒朮（Inalchuq），頭銜是卡伊爾汗（Ghayir Khan，或卡迪爾汗，Qadir Khan），代表摩訶末統治訛答剌，他向摩訶末回報這支使團的目的是進行諜報活動，並且他們還散布流言，警告蒙古人的威力強大。這就是有關這起事件最詳盡的內容，由納撒維所記錄。這種解釋將某部分的責任歸咎於受到厭惡的斡蘭／康里族群，他們被花剌子模沙赫所驅使。主要的資料來源一致認為，亦那勒朮的動機是貪圖使團豐富的貨物，或在事件之前，或在事件之後，花剌子模沙赫摩訶末對殺害使團的暴行表示支持。這些史料進一步指出，摩訶末至少處決了一名捎來成吉思汗要求索討賠償的使節。[6]就如隨後的事件所確認的，蒙古人對其使節所受的待遇極端敏感，而方濟會修士柏郎嘉賓則記載，蒙古人從未與任何殺害他們使節的人們言和，而是對他們發動報復。[7]對報復的渴求，某方面解釋了成吉思汗為何發動入侵西亞的七年戰役。

伊利亞．帕夫洛維奇．彼得魯舍夫斯基（I. P. Petrushevsky）藉著對現有原始資料進行的嶄新調查，挑戰了對商隊事件的此種敘述，以及將責任怪罪於亦那勒朮的說法。[8]他指出，蒙古人向來利用使團獲取諜報，並散布虛假資訊，

---

❶ 註：關於亦那勒朮與圖兒罕可敦的親屬關係，有不同的說法。不過大抵上都肯定他們有親戚關係。

在敵人之中植下恐慌。[9]甚者，根據志費尼的紀錄，這些被殺害的商人，一共是四百五十位穆斯林，都是成吉思汗諸子與諸那顏的僕從，為了此次出使被特別挑選出來。（附帶一提，志費尼沒有提到對諜報活動的指控。）根據彼得魯舍夫斯基的看法，使戰爭爆發的責任，最終還是在於成吉思汗。不過，我們或許可以說，在歷史上使用商人作為間諜相當常見，而朮茲札尼（引用了一位目擊者的說法，也沒有偏袒蒙古人的傾向）確實提到摩訶末本人行動在先，藉由派遣一支商隊使節團，其目標是要回報蒙古人的勢力情況。我們不清楚這支使團，是否就是志費尼提到過規模較小的商隊，這支商隊自發地由花剌子模帝國出發前往蒙古地區，因此促使了成吉思汗派遣商隊前往花剌子模沙赫王朝。[10]

然而，對商業的威脅比起諜報嫌疑也相當重要。無論如何，與摩訶末的戰爭，很有可能是因為他關閉了其領土與東方土地之間的商路所致（顯然是在與屈出律發生衝突之後）——通常，關閉商路對游牧族群而言，本身就是宣戰的行為。[11]志費尼敘述了一支商隊的到來，促使成吉思汗派遣使節前往摩訶末，其中紡織品就占有相當重要的貿易地位；而伊本·艾希爾與伊本·納齊夫（Ibn Naẓīf）特別都提到花剌子模沙赫扣留了蒙古人相當需要的紡織品。[12]數個世紀以來，東部的游牧族群為了確保貿易的通暢，時常與中國敵對。成吉思汗對促進貿易的關心，可以從他提供造訪領土的商人安全通行權（safe conduct）與武裝保護之中，相當明顯地看得出來。[13]《蒙古祕史》之中，成吉思汗在聽說使團遭到謀害之後，他說他的「金縻繩」（*altan arqamji*）斷裂了，這個辭彙或許並非對於世界統治權的隱喻，而是意味著寶貴的商業。[14]一份被扭曲的記述，稱為《大衛王記事》（*Relatio de Davide rege*），在 1221 年抵達第五次十字軍東征的埃及，其中指出蒙古人經由「絲綢之路」向前推進。[15]根據此事提供的資訊，商隊使節團的命運，以及接下來派遣出去要求賠償的使節，都只加劇了衝突。

我們也不應該忘記這些事件的背景脈絡。對於賈馬勒·卡爾希（Jamāl al-Qarshī，約 1303 ／ 702 年）來說，促使征服者成吉思汗西進的最初動機，是他的宿敵，此時已經奪取喀喇契丹帝國王位的乃蠻王子屈出律，攻擊了成吉思汗的一位附庸，阿力麻里的布匝兒；[16] 他沒有提到花剌子模沙赫摩訶末的挑釁。我們或許可以預料到，賈馬勒·卡爾希這位作者過於強調阿力麻里的重要性，因為阿力麻里正是他自己的故鄉。然而，賈馬勒·卡爾希提醒了我們，屈出律的活動吸引了成吉思汗的注意，並且將蒙古勢力吸引到相當接近摩訶末領土的邊界之上。同樣重要的是拉施德丁提到的開戰事由（*casus belli*），也就是在屈出律被蒙古人消滅之後，花剌子模攫取了所有屈出律在突厥斯坦握有的領土。[17]

有些同時代的人相信，蒙古人是受到阿拔斯哈里發納希爾丁拉（al-Nāṣir li-dīn Allāh，逝世於 1225 ／ 622 年）的召喚前來對抗他的死敵摩訶末。如果，正如伊本·艾希爾所斷定的，這些消息來自於波斯穆斯林的散佈的話，我們或許可以不予採信，認為這只是花剌子模的政治宣傳罷了，就像二十年之後在基督教歐洲出現的類似控訴一樣，也是說神聖羅馬帝國皇帝腓特烈二世（Frederick II）為了與教宗鬥爭，招募蒙古人前來。[18] 同樣地，流言也指控摩訶末的祖先，花剌子模沙赫阿即思（Atsiz），說他召喚了喀喇契丹人前來，以對抗塞爾柱蘇丹。[19] 不過，伊本·艾希爾自己在某方面雖然過於尷尬，而難以複述對哈里發納希爾的控訴，然而他似乎相信這個指責；一個世代之後，在近東的作者們似乎也這樣相信。[20] 哈里發的其中一位盟友，賈拉勒丁·哈桑（Jalāl al-Dīn Ḥasan），阿剌模忒堡（Alam ū t）尼札里易司馬儀派（Niẓārī Ismāʿīlīs，更為人所知的名稱是阿撒辛派 Assassins）的大師（Master），也被流言指控在蒙古人入侵伊斯蘭世界之前，就已先向蒙古人傳訊，他據說也是烏滸水以南第一位臣服於蒙古人的統治者。[21] 我們知道納希爾先前曾經鼓動古爾人以對抗帖乞失與摩訶末。如果我們可以相信《大衛王紀事》（*Relatio de Davide*），他甚至雇用了聶斯脫里派大教長（catholicos）雅巴拉哈二世（Yahballāhā II），在屈出律作為基督徒統治的短暫期間，作為與喀喇契丹通信的中介；[22] 而花剌子模沙赫札蘭丁稍晚聲稱找到了納希爾寫給「契丹」（Khitā，最有可能的當然是喀喇契丹）的書信。現代作者在這個問題上立場分歧。然而，必須要提到的是，哈里發既然願意聯繫菊兒汗，這個行為使他向異教蒙古人接洽之事，變得更有可能。[23]

另外一個議題，是成吉思汗在較早期的目標究竟是什麼。我們已經知道在 1206 年舉行忽鄰勒塔（quriltai）大會之時，他早已有了創建帝國的野心。很快蒙古人就會將全世界視為他們的私產，藉由長生天的命令，全世界被授予一位令人尊敬的征服者。這個意識型態，會在蒙古人送往諸獨立政權的最後通牒之中顯現，這些文書之中，現存最早的是在 1237 年，由匈牙利的道明會（Dominican）修士尤利安（Julian）帶回拉丁語歐洲的文書，以及在 1247 年，由教宗依諾增爵四世（Innocent IV）的使節團帶回的文書。[24] 因此，巴托爾德（Barthold）認為蒙古君主與花剌子模沙赫的衝突必定會發生，只是時間遲早的問題，即使訛答剌事件沒有發生，也是一樣。[25]

確實，《蒙古祕史》（唯一提供我們蒙古本身立場的文獻）提到長生天增加了年輕鐵木真的力量，賦予他統治「兀魯思」的權柄。然而這個背景脈絡與草原游牧民（在另外一處，提到他們是「居住氈帳的人們」）[26] 的領導權有關；有關統治全世界的內容沒有隱含在內。八世紀的突厥人與此類似，也相信君主權的概念只限制在游牧族群所居世界（*oecumene*）的範圍之內，無法達到蒙古人最終信奉的政治概念，雖然這個早期的帝國傳統很可能由回鶻謀士們傳播給了蒙古人。[27] 在納撒維的紀錄之中，成吉思汗冒犯了摩訶末，因為成吉思汗表示，他對摩訶末的善意就如同對「他最親愛的兒子」的善意一樣；[28] 但我們或許不應該過度解讀此事，而應該把此說法只視為蒙古征服者在顯露他的優越。

為了解答我們的這個問題，更重要的是志費尼的紀錄，蒙古將領哲別與速不台於 1220 ／ 617 年在尼沙普爾（Nīshāpūr）城之前出現，向城中代表宣布成吉思汗一道敕令（*yarligh*）的副本，在其中，成吉思汗宣稱他已得到主宰「自日昇之處到日落之處所有地表」的權力 [29]—— 這樣的辭彙，無疑使我們想起其後的蒙古最後通牒。雖然志費尼（一定要注意的是，他至遲在 1260 ／ 658 年寫作）或許一種更近期的態度來回憶七年戰役，不過這種時代錯誤並不重要。[30] 或許修士尤利安（Julian）敘述成吉思汗在顛覆花剌子模沙赫王朝之後，產生了想要征服世界[31]—— 那就是，在摩訶末草率地放棄河中地區，任其自生自滅，並且甚至不在烏滸水停下來抵抗—— 或者，使用另外一種說法，如大衛．摩根所說，蒙古人「當他們發現他們實際上是在征服世界，才產生了這個想法」。[32]就在攻下河中地區之後，蒙古征服者們的行為，幾乎無法顯示他們在此處只想暫時存在。《蒙古祕史》提到成吉思汗任命了數個城鎮的官員，並且招募了兩位穆斯林突厥人，馬赫穆德．牙剌哇赤（Maḥmūd Yalavach，突厥語 *yalavach*，「大使」），在這裡也被稱為馬赫穆德．忽魯木石（Qurumshi，「花剌子模人」），以及他的兒子馬思忽惕（Mas῾ūd），為了瞭解「城市的法律與習俗」。[33]蒙古人甚至將中國工匠安置在撒馬爾罕。[34]

一位來自宋朝中國的使節在 1237 年拜訪蒙古人，他告訴我們成吉思汗故意拖延了對抗欽察人的戰役，除非女真—金先被顛覆。[35]如果這個資訊屬實，那麼此種可能性就更能得到支持，那就是征服者成吉思汗自己產生了野心，想要降服草原之外的疆土。不過，不管真相到底是什麼，我們不清楚成吉思汗原先要攻打花剌子模帝國的決定，是否來自於為了實現天命而展開的世界征服計畫。

二、蒙古在伊斯蘭世界東部的征戰（1219-24／616-21年）[36]

我們擁有的四份主要史料，都詳細記載了蒙古人在西亞的征服。朮茲札尼作為蒙古征服其故鄉古爾（Ghūr）的目擊者，很自然地擁有最多蒙古人在古爾及其鄰近地區進行軍事行動的資料，這些地區位於今日的阿富汗；納撒維對於呼羅珊發生的事件描述特別詳細；以及伊本．艾希爾，給予了背景宏大的敘述，不過我們經常不知道他的原始資料是什麼。然而，是在幾乎四十年之後寫作的志費尼，提供了有關成吉思汗入侵花剌子模帝國最完整的考察，以及各支蒙古軍隊的確切行動。因此（除了某些時間錯亂以及其他的混淆之處，還有一些缺漏，例如曾經提過要記載赫拉特陷落的章節），志費尼是我們所有的一手史料之中，提供最詳盡資訊的資料。

首先，成吉思汗最需要做的事情是除去屈出律。成吉思汗的將軍哲別帶領一支軍隊，由回鶻亦都護（*iduq-qut*）協助，被派遣出來以獵殺屈出律，這位乃蠻王子逃跑了，但在帕米爾（Pamirs）地區的撒里黑（Sariq Köl）被追上並被殺害。[37] 喀喇契丹帝國的殘餘——在數年之內，早已喪失了西方的屬國，花剌子模沙赫王朝，以及東方的附庸，回鶻人與葛邏祿人——比較輕易地落入蒙古人的手中。接著，從額爾濟斯河畔的營地，成吉思汗在這裡度過 1219／616 年的夏季，由他的四位嫡子伴隨，前往對抗他新近的敵人。

或許因為先前摩訶末的軍隊在與成吉思汗的衝突之中受挫，又因為占星預測警告不要與入侵者衝突，這位花剌子模沙赫決定不要與蒙古人展開野戰。取而代之的是，摩訶末將他的整體軍力分散，駐紮在河中地區的諸城鎮之中，並且退至烏滸水以南；隨後，當摩訶末渡河之時，他拋棄了他剩餘的軍隊，將部隊分散，如果用志費尼的話來說，就是「分散到諸堡與外省」（*qilāʾ-u biqāʾ*）。[38] 這個策略被摩訶末之子札蘭丁激烈抨擊，同時也被納撒維譴責，並且被歷代的歷史學家們批評。[39] 可以想像，花剌子模沙赫摩訶末懼怕展開一場會戰，將導致蒙古人的勝利，他也將蒙古人視為缺乏大規模攻城戰所需科技與能力的游牧民，因此，他的戰術想必會導致蒙古人在挫敗中退卻。但是，摩訶末會做出這樣的決定，無疑還有其他的顧慮。

摩訶末很明顯地不信任他的斡蘭／康里屬民，以及他們的部隊，這些部隊構成了他大多數的軍力，而摩訶末懷疑他們傾向其母圖兒罕可敦：當摩訶末離開巴爾赫（Balkh）的時候，他發現這些康里部隊陰謀刺殺他。[40] 摩訶末或許也懷疑這些三心二意的族群會傾向蒙古人：在撒馬爾罕的突厥軍營將會很快投降入侵者，相信他們屬於同個種族，因此性命將會受到寬恕（根據後來發生的事件，這是錯誤的信念）。[41] 大約三年之後，我們發現蒙古人，為了在更西方的敵人們之中離間欽察游牧民，向他們訴諸共同的草原血統；[42] 而蒙古人可能在先前早已使用過這類戰術。甚者，無論摩訶末的帝國在地圖上看起來多麼遼闊，實際上有如一棟危樓，除了花剌子模本身之外，由許多近期才整合的領土所構成。河中地區在過去十年內被兼併；古爾以及阿富汗其他地區則在過去六年才被兼併。突厥人與塔吉克人之間的關係相當緊繃。塔吉克人之中，包含了古爾的官員與軍隊，在十年之前依然侍奉摩訶末的敵人古爾王朝，位於呼羅珊與現今的阿富汗，因此花剌子模沙赫摩訶末幾乎無法信任這些塔吉克人，正如他無法信任康里人一樣。當康里人雅敏・馬利克（Yamīn Malik，或阿敏・馬利克 Amīn Malik）在阿富汗，試圖協助摩訶末之子札蘭丁招募抵抗蒙古人的軍隊之時，加茲尼（Ghazna）的首長將會這樣回覆他：「我們是古爾人，你們是突厥人；我們無法共存。」[43] 加上摩訶末與哈里發的關係針鋒相對，以及他在 1217-8／614 年試圖取代納希爾的企圖，都損害了他領土上順尼派（Sunnī）穆斯林宗教組織眼中的地位，以及他訴諸聖戰以對抗不信道者的能力。[44]

在不同的地區，對蒙古人的抵抗也有相當大的差異；我們將在第六章檢視抵抗行動以及其後果。至於現在，需要注意的是，花剌子模沙赫摩訶末決定將其軍隊分散在河中地區以及呼羅珊的城鎮之中，產生了比致命後果更嚴重的事情，因為這項策略導致整個帝國缺乏領導，而蒙古人也因此不需要展開會戰，得以接二連三地攻取中心城市。當然，仍然有爭論的餘地，因為成吉思汗的軍隊或許在野戰中會獲勝，而城市中的人口就會缺乏保護。不過，與實際上發生的事件相比，或許這樣的結果還比較有益，因為城市就會被迫投降而不會抵抗；然而摩訶末的策略，是集中部隊並且大批駐紮，卻會引發更強烈與持久的抵抗，從而加劇入侵者的憤怒。

蒙古人兵分四路攻打花剌子模帝國。到達訛答剌之後，成吉思汗自己與幼子拖雷前往河中地區，摩訶末的核心領地。他留下次子察合台與三子窩闊台圍攻訛答剌，同時派遣長子朮赤處理錫爾河下游的諸城鎮，又派遣另一支軍隊，共有五千兵力，前往上游攻占忽氈（Khujand）與法納卡特（Fanākat，或巴納卡特 Banākat）。[45] 訛答剌被摩訶末送去協助的援軍拋棄，並在長久的消耗之後淪陷，亦那勒朮則被活捉，他直到最後依然在抵抗入侵者。察合台與窩闊台帶著亦那勒朮從訛答剌到撒馬爾罕與其父成吉思汗會合，在撒馬爾罕，亦那勒朮被殘忍地處決，雙眼、雙耳與口腔被灌入燒熔的金屬。[46] 而在此時，已經占領昔格納黑（Sighnāq）、烏茲坎德（Ūzkand）、巴爾欽利格肯特

（Barchinlighkent）與氈的（Jand）的朮赤，則撤退到喀喇庫姆草原（Qara-Qum steppe），或許是為了提防斡蘭／康里人提供援軍給花剌子模沙赫摩訶末，或提供逃亡的花剌子模軍隊一處避難地點。

成吉思汗在訛答剌聽聞了撒馬爾罕的防禦力量，於是決定改道前往布哈拉，他在 1220 ／ 617 年之初抵達。[47] 布哈拉城投降，或許如同伊本・納齊夫所知道的，是因為其城牆破敗；[48] 但堡壘依然持續抵抗，最後因為一次攻勢而陷落，而布哈拉城的居民們被迫參與這場攻勢。蒙古君主成吉思汗接著前往撒馬爾罕，由一大群從布哈拉強徵的兵力伴隨，這些人被當成肉盾來使用。在一次顯然由城市居民組織的莽撞出擊之後，撒馬爾罕在教士的勸誘下投降。有一些部隊已經突圍到安全地帶，但堡壘的守軍仍然堅持了一段時間，只換得在投降之後被屠殺的命運。根據朮茲札尼，撒馬爾罕在同年 3 月 17 日／ 1 月 10 日投降。[49]

一開始，在訛答剌的成吉思汗就知曉了摩訶末與其母圖兒罕可敦的緊張關係，[50] 他向在花剌子模的圖兒罕可敦表達善意，並派遣使節訴說寬慰的言辭，說他爭鬥只與其子摩訶末有關，並想要與圖兒罕可敦維繫和平。然而，由於圖兒罕可敦信任康里部族，而蒙古人現在將康里人視作敵人，這樣的宣示相當空洞；而圖兒罕可敦當然沒有被成吉思汗的嘗試所說服，決定拋棄花剌子模，逃往馬贊德蘭（Māzandarān，不過，志費尼宣稱她是在回應當摩訶末渡過烏滸水之時所發布的命令），[51] 成吉思汗因此派遣了察合台與窩闊台攻打古爾根奇（Gurgānj，即玉龍傑赤）❷，並命令朮赤從氈的派遣部隊來協助攻擊。[52] 根據伊本・艾希爾，與撒馬爾罕的居民相反，玉龍傑赤的居民發動了激烈的抵抗，因此蒙古人要攻下城市，只能在每條街巷進行肉搏戰。察合台與窩闊台接著與其父成吉思汗會合。

在奪取撒馬爾罕之後，成吉思汗在河中地區度過春季與夏季。在寒冷的季

❷ 註：Gurgānj 與Ürgench 兩者是同一地名在不同語言中的拼寫方式，前者本書音譯為「古爾根奇」，後者則根據漢語文獻譯做「玉龍傑赤」。此後不再另外說明。

節到來之前，成吉思汗指揮攻下了忒里迷（Tirmidh），接著向東移動，似乎到達了今天的塔吉克斯坦，以度過冬季；小支的分遣隊在這裡被派出，前往攻取巴達赫尚（Badakhshān）。到了 1220-1 年冬季的末尾，成吉思汗渡過烏滸水，並接受了巴爾赫的投降。在塔里寒（Ṭāliqān），其堡壘被稱為納瑟爾庫赫（Naṣr-Kūh），抵抗十分頑強，成吉思汗收到了蒙古將領帖客出克（Tekechük）被摩訶末之子札蘭丁擊敗的消息。成吉思汗因讓他的軍官們持續圍城，自己則前往加茲尼。從這個時刻開始，成吉思汗因為需要處理札蘭丁而被分心，因此不再參與蒙古征服呼羅珊的過程。這項任務最後由他的兩個將領以及幼子拖雷（Tolui）執行。

在撒馬爾罕之時，成吉思汗早已知道花剌子模沙赫摩訶末從巴爾赫逃亡到尼沙普爾，於是他派出了一支擁有約兩萬到三萬馬匹的兵力前往追逐，由他的將領哲別與速不台率領，根據朮茲札尼，這支軍隊在 1220 年 5-6 月／ 617 年 3 月渡過烏滸水。[53] 幾個月之後，征服者成吉思汗也派遣了幼子拖雷前往呼羅珊。這兩支軍隊，其中一支由哲別與速不台率領，另一支規模更大，由拖雷率領，都從西亞的所有蒙古軍力之中按比例徵召，拖雷率領的軍隊甚至依照了十丁抽一的比例，[54] 或許反映出成吉思汗相當重視如何削減摩訶末在烏滸水以南的廣大領土。在此階段，成吉思汗也不可能預知花剌子模政權在呼羅珊會迅速崩潰，正如在河中地區的情形一樣。

在接受巴爾赫、撒拉赫斯（Sarakhs）、尼沙普爾的降服之後，哲別與速不台分散了兵力，哲別前往馬贊德蘭，而速不台則前往賈姆（Jām）與圖斯（Ṭūs）。[55] 蒙古人囚禁了圖兒罕可敦，她的孫子們，以及摩訶末的後宮，他們都在馬贊德蘭的一處堡壘之內避難。圖兒罕可敦作為囚徒，被送往在塔里寒的成吉思汗，她從此處被送往蒙古地區。志費尼將會記載她在 1232-3 ／ 630 年於哈拉和林逝世。[56] 然而兩位將領似乎從未遇見他們的主要目標，花剌子模沙赫摩訶末；而摩訶末的經歷與見聞，早已經嚴重地影響他的健康，他在裏海岸邊的一座島嶼上逝世，時間或許是 1220 年 10 月初。由於不知道摩訶末的死訊，哲別與速不台繼續向西方前進，根據伊本．艾希爾的紀錄，是藉由贊詹（Zanjān）與加茲溫（Qazwīn）的道路。[57] 他們接受了亞塞拜然埃爾德居茲王朝（Eldegüzid）阿塔貝格（atabeg）的降服，雖然的其中一座城鎮蔑剌合（Marāgha）遭到劫掠。從此處，這支蒙古軍分遣隊進入北伊拉克，短暫地威脅了艾比爾（Irbil），並促成了為時不長的聯盟，由艾比爾統治者穆札法爾丁・科克布里（Muẓaffar al-Dīn Kökbüri）、摩蘇爾（Mosul）阿塔貝格巴德爾丁・盧盧（Badr al-Dīn Lu'lu'），以及哈里發納希爾組成。[58] 哲別與速不台在擊敗基督教王國喬治亞的軍隊，蹂躪其領土之後，藉由穆干（Mūghān）與錫爾旺（Shīrwān）的道路行進，並橫越高加索山。他們擊垮了阿速人（Alans，即是奧塞梯亞人 Ossetes，穆斯林稱之為阿斯人 Ās），進入黑海草原，在 1223 年他們在草原上於迦勒迦河（Kalka）畔擊敗了一支由欽察人與羅斯人組成的聯軍，隨後向東返回，與成吉思汗會合。

至於拖雷的軍事行動，則顯然是當兩位將領快速通過呼羅珊之時，用來鞏固他們的戰果。拖雷從主力之中派出分遣隊前往西北呼羅珊的許多城鎮，志費尼列出的名單有阿比瓦爾德（Abīward）、奈撒（Nasā）、亞濟爾（Yazīr）、圖斯、賈賈爾姆（Jājarm）、志費恩（Juwayn）、巴伊哈格（Bayhaq）、胡瓦夫（Khwāf）、桑詹（Sanjān，或 Sangān）、朱拉巴德（Zūrābād），[59] 拖雷自己則依序攻下馬魯（Merv）、尼沙普爾與赫拉特。尼沙普爾先前供給哲別與速不台軍隊西北呼羅珊的所需的糧食，並在稍晚，在 1220 年 6 月 5 日／617 年 4 月 1 日，為哲別的軍隊主力提供補給；哲別留下命令，要求城中駐軍拆毀城牆。然而，或許因為不實謠傳說花剌子模在西方獲勝，他們因此沒有遵守命令。拖雷的前鋒在成吉思汗的女婿脫合察兒（Toghachar）帶領之下，於 1220 年 11 月／617 年 9 月中旬到達尼沙普爾。然而在兩天之後，脫合察兒被城垛射來的一支箭矢所殺，蒙古軍隊撤退了；直到 1221／618 年，拖雷才能把注意力移回尼沙普爾，出其不意地抵達，並用巨大規模的軍隊震懾守城者。拖雷拒絕談和的請求，即使抵抗非常激烈，城牆還是在同年 4 月 9 日／2 月 14 日裂出一道缺口；在第二天，尼沙普爾陷落，城中居民都被屠殺。在攻取赫拉特之後，拖雷與其父成吉思汗及時會合，協助攻取塔里寒。[60]

在此同時，成吉思汗將注意力轉往札蘭丁。這位王子在加茲尼受到親切的歡迎，加茲尼是他封地的核心，也是過去古里王朝的領土，札蘭丁快速地在此處建立他的權力中心，並且在其麾下聚集了六萬人，包含古里人、突厥蠻人，以及哈拉吉人（Khalaj）的部落族群。因此札蘭丁不只擊敗了帖客出克與蒙勒火兒（Molghor）率領的一支前鋒，更在帕爾汪（Parwān）擊敗了由成吉思汗養子失吉・忽禿忽（Shigi Qutuqu）率領，更大規模的軍隊。這是第一次——也是最後一次——花剌子模軍隊戰勝蒙古人。征服者成吉思汗從塔里寒往加茲尼的方向前進。在途中，他的軍隊停下來攻取巴米揚（Bāmiyān），在這裡他最鍾愛的孫子木阿禿干（Mö'etügen）死於圍城戰之中。成吉思汗在印度河岸與札蘭丁遭遇。在一場激烈的接戰之中，納撒維認為日期是 1221 年 11 月 24 日／ 618 年 10 月 8 日，花剌子模軍隊被消滅了，然而札蘭丁泳渡印度河而得以逃脫。在回到伊朗之前，札蘭丁將會待在印度，為時三年。[61]

在庫拉曼（Kurramān）地區度過冬季之後，根據志費尼的記載，成吉思汗考慮要取道喜馬拉雅山麓與阿薩姆（Assam）地區返回故土，但因為根本沒有道路，因此放棄了計畫。因此，他退至白沙瓦（Peshawar），並從此處前往巴格蘭（Baghlān）的山區以度過 1222 ／ 619 年的夏季，在初秋之時再次渡過烏滸水。在撒馬爾罕的鄰近地區度過接下來的冬季之後，成吉思汗在錫爾河畔舉行了一次忽鄰勒塔大會，他的兒子們都有參加，也包含不久之後就會逝世的朮赤。征服者成吉思汗在回程的最後階段之前，於忽闌巴失（Qulan-bashi）的草原度過夏季（位於阿雷斯河 Aris 與塔剌思河 Talas 谷地之間的平原）；他在 1224 ／ 621 年的春季回到蒙古的故土。在接下來的數年，成吉思汗懲罰唐兀惕（西夏），因為唐兀惕的統治者拒絕提供西征戰役所需的軍隊；不過，成吉思汗於軍事行動中，在 1227 年 8 月／ 624 年 9 月逝世，在唐兀惕政權滅亡之前數個星期。隨後是兩年的汗位空懸，直到在蒙古故地舉行了忽鄰勒塔，帝國王朝的成員、主要的官員與軍事將領皆有參加，在大會中決定選出成吉思汗的三子窩闊台作為繼任者。窩闊台並不襲用「汗」（khan）的稱號，而使用了突厥帝國的稱號「合罕」（qaghan, qa'an），無疑是因為回鶻謀士們的重大影響，也代表突厥人在蒙古帝國游牧族群菁英與軍隊編制之中的優勢地位。[62] 對羅依果而言，這代表了「從一個部落聯盟……真正轉型到征服國家的開始」，而窩闊台發動的戰役，使他有資格被稱為「真正的帝國創建者」。[63]

三、蒙古在1229-52年於西亞的軍事行動

在旁遮普西部度過混亂的三年之後，札蘭丁留下一小支軍隊保衛他在此地的征服成果，接著經由馬克蘭（Makrān）沙漠與克爾曼（Kirmān）回到伊朗。札蘭丁召集了王朝舊日的臣僕與他們的兵力，很快地試圖復興他父親的帝國（至少在伊朗西部），儘管付出主要代價的並不是蒙古人，而是信奉基督教的喬治亞人，以及追隨他的穆斯林世襲統治者。這些穆斯林統治者包含他同父異母（half-brother）的兄弟吉亞斯丁．披爾．沙赫（Ghiyāth al-Dīn Pīr Shāh）以及埃爾德居茲王朝（Eldegüzids），札蘭丁在1225／622年終結了他們在亞塞拜然與阿闌（Arrān）的統治，但並未用任何穩定的政權加以取代；他與羅姆塞爾柱王朝、埃宥比王朝的對抗則更為失敗。札蘭丁唯一積極對抗蒙古人的行動是在1228／625年於伊斯法罕城外的交戰，戰果未定，然而卻導致了蒙古敵軍展開圍城。[64]

直到1229年的忽鄰勒塔之後，窩闊台即位，才決定要從蒙古地區派遣新的部隊前往處理花剌子模人。在這個時候，我們第一次看到被稱為探馬（*tamma*）的軍隊，這是一支駐紮部隊，其職責是在邊境的區域戍守。[65] 他們有時候會由來自不同血緣的族群組成，正如拉施德丁所說，*az nasl-i dīgar*，例如他敘述的部隊由回鶻人、葛邏祿人、突厥蠻人，以及來自喀什噶爾（Kāshghar）與龜茲（Kūcha）的人組成。[66] 抵達伊朗西部的探馬赤（*tammachis*），由將領綽兒馬罕（Chormaghun）統率。除此之外，另一支由蒙格禿（Mönggedü）統率的分遣隊，會駐紮於位在現今阿富汗北部的昆都士—巴格蘭（Qunduz- Baghlān）地區，並在印度的邊境發起軍事行動；雖然在此情況之中，札蘭丁於旁遮普西部建立的短暫政權，會被德里蘇丹夏姆斯丁．

伊勒圖特米胥（Shams al-Dīn Iltutmish）的軍隊消滅。[67]

綽兒馬罕被賦予統率西南亞所有蒙古軍隊的權力。綽兒馬罕在前往伊朗的路上，於 1230／627 年試圖入侵錫斯坦（Sīstān），但是沒有成功，並且因為攻取呼羅珊的一些據點，而消耗了些許時間，[68] 攻打呼羅珊的任務會由其部下成帖木兒（Chin Temür）繼續。綽兒馬罕的主要任務是消滅花剌子模的抵抗。在呼羅珊，兩位札蘭丁的前部下，哈剌察（Qaracha）與牙罕・孫忽兒（Yaghan Sonqur），被呼羅珊省分的副長官怯勒孛羅（Kül Bolod）帶領的蒙古人擊敗，被迫到錫斯坦的堡壘中避難；將領答亦兒（Dayir）那顏在後追趕，當他在 1235／632 年攻陷堡壘之時，這兩位部將或許也戰死了。[69] 綽兒馬罕的軍隊在前往亞塞拜然攻打札蘭丁本人之前，似乎也占領了雷伊（Rayy）與哈瑪丹（Hamadān）。[70] 札蘭丁被迫在蒙古人面前撤退，而這位最後的花剌子模沙赫，在 1231／628 年被一名庫德人盜匪殺害，在接下來的十四年左右，一支先前追隨札蘭丁的花剌子模欽察騎兵，大約有一萬五千人，現在於賈濟拉（Jazīra）地區開拓了一處據點，並且將他們自身雇用給這個區域開價最高的穆斯林君主。隨著札蘭丁的敗亡，亞塞拜然諸城市落入蒙古人之手。[71] 綽兒馬罕在亞塞拜然建立了他的指揮部，先後降服大亞美尼亞（1236 年）與喬治亞王國（1238-9 年）。綽兒馬罕自己的軍事行動，看似幾乎僅限於伊朗西北部以及南高加索（Transcaucasus）地區。在 1229-30／626 年，綽兒馬罕發動了一連串攻勢以打擊撒馬爾罕，又派出援軍，最後終於在 1235-6／633 年攻取此城。[72] 在 1239-40／637 年，哈里發的使節們發現他在加茲溫附近出現。[73]

伊朗南部早已願意接受窩闊台合罕的宗主權。喀喇契丹埃米爾巴拉克・哈吉布（Baraq Ḥājib），由札蘭丁的同父異母兄弟吉亞斯丁・披爾・沙赫（Ghiyāth al-Dīn Pīr Shāh）任命，作為他在克爾曼的代理者，還有法爾斯（Fārs）薩魯爾王朝（Salghurid）的阿塔貝格，也急切地想要保全領土，以免遭受花剌子模沙赫們經歷過的蒙古災難，因此兩位都派遣了高階代表，前往窩闊台的宮廷，並獲得窩闊台承認他們的統治頭銜。[74] 因為從這兩個王國以及從盧里斯坦派出的諸使節團，參與了 1246 年貴由的即位儀式，也因為貴由給予阿兒渾阿合（Arghun Aga）的委任狀之中包含克爾曼、法爾斯、盧里斯坦這三個區域，而六年之後蒙哥授予的委任狀也是一樣，所以，蒙古人似乎早已將這些地區視為帝國的一部分。[75]

當蒙古軍隊在伊朗建立某種程度的控制之後，他們開始襲擾伊拉克諸城鎮，這些城鎮先前為哲別與速不台所忽略。艾比爾早已在 1235-6 ／ 633 年受到蒙古軍隊的威脅。當小察阿歹那顏（Chaghadai 'the Lesser'）在 1237 年 6 月 23 日／ 634 年 10 月 27 日攻取城市之時，堡壘堅決抵抗，並且在同年 7-8 月／ 12 月，由一支哈里發的軍隊解圍。哈里發穆斯坦綏爾（al-Mustanṣir）試圖召集兵力以對抗蒙古人。當巴格達自身在 1238 年 2 月／ 635 年 7 月受到威脅之時，他請求穆斯林君主們的協助。在此關頭，只有埃及的埃宥比蘇丹卡米勒（al-Kāmil）派遣的部隊，人數略少於兩千兵力，抵達巴格達，而哈里發的軍隊在同年 6 月 17 日／ 11 月 3 日遭受慘敗。[77] 阿拔斯軍隊或許曾在其他場合得勝。因為瓦薩甫（Waṣṣāf）在六十年之後造訪巴格達，將會聽說穆斯坦綏爾如何在巴格達的城牆之外逆襲綽兒馬罕的部隊；雖然這個故事的真實性值得懷疑，因為哈里發據說有十二萬兵力可供調遣。[78] 無論真相是什麼，在 1255 年旭烈兀攻擊的前夕，蒙古高層之中有些人相信哈里發擁有數量龐大的軍隊。

在 1241 ／ 639 年，綽兒馬罕死於某種導致癱瘓的疾病，為其助手拜住（Baiju）所取代。[79] 除了在 1247 年到 1251 年之間，當時他從屬於額勒只吉歹（Eljigidei），新任指揮官拜住將會持續負責西南亞的軍事行動，直到旭烈兀在 1257 年的到來。在窩闊台在 1241 年 12 月／ 639 年 6 月逝世，以及其長子貴由在 1246 年即位之前，合罕之位長期空懸的時候，拜住展現巨大的能力。在 1242 年／ 640 年，他進軍安納托利亞，占領艾祖隆（Erzurum，或 Arzan al-Rūm）、阿爾津詹（Arzinjān，或 Erzincan）、錫瓦斯（Sivas），並逆轉勝負，在 1243 年 6 月 26 日／ 641 年 1 月 6 日，於科塞達格（Kösedagh）決定性地擊敗了塞爾柱蘇丹吉亞斯丁．凱霍斯洛二世（Ghiyāth al-Dīn Kaykhusraw II）。[80] 蘇丹國於是從先前的區域強權淪為蒙古的附庸，並需要繳納龐大的貢賦。敘利亞先前免於蒙古人的入侵。然而，在 1244 年／ 642 年夏季，一支偏師在將領牙撒兀兒（Yasa'ur）率領之下，攻入敘利亞北部，將花剌子模劫掠者逐出，他們逃往巴勒斯坦南部，被納入埃及蘇丹薩利赫·埃尤布（al-Sāliḥ Ayyūb）麾下，洗劫了基督徒治下的耶路撒冷，並在大馬士革近郊落腳。牙撒兀兒似乎接受了阿勒坡、歆姆斯（Ḥimṣ）、大馬士革諸埃宥比統治者的降服，他們此後都要向蒙古人繳納貢賦。[81] 不久之後，可以在貴由的宮廷中找到阿勒坡蘇丹的一位叔伯，與摩蘇爾統治者的一位兄弟，因為他們在 1247 年陪同蒙古長官阿兒渾阿合（Arghun Aga）回到了拜住的總部。[82] 西歐的觀察者相信在 1246 年之時，蒙古的統治者距離安提阿（Antioch）只有兩天的路程。[83]

在 1243-4 ／ 641 年末尾，蒙古軍隊圍攻瑪亞法里斤（Mayyāfāriqīn）。城市的埃宥比統治者錫哈卜丁·加齊（Shihāb al-Dīn Ghāzī）逃亡了，他在三年前曾經拖延而不回覆蒙古的最後通牒，僅僅獻上了禮物；但攻擊者被他的代表所收買。在 1244 ／ 642 年，他們占領了加齊於阿赫拉德（Akhlāṭ）的堡壘，[84] 在同一年，蒙古軍隊奪取了哈蘭（Ḥarrān）與魯哈（al-Ruhā，也就是埃德薩 Edessa），並得到馬爾丁（Mārdīn）的和平降服。[85] 當拜住在 1252 ／ 650 年恢復對瑪亞法里斤的圍攻之時，城市的統治者卡米勒·穆罕默德·本·加齊（al-Kāmil Muḥammad b. Ghāzī）前往新合罕蒙哥的宮廷，因此攻擊獲得了緩解。他在蒙哥的宮廷裡遇見了馬爾丁的阿爾圖革王朝（Artuqid）統治者與摩蘇爾君主巴德爾丁·盧盧的兒子們，合罕的營地現在已經接待了敘利亞與美索不達米亞的主要統治者們，或他們關係緊密的代表。[86] 蒙古人甚至從一個不太可能的角落獲得援軍，狂暴的花剌子模軍隊，因為他們在敘利亞與巴勒斯坦的野心，導致他們在 1246 ／ 644 年被歆姆斯與阿勒坡的聯軍打敗，而他們倖存者之中的一支分遣隊在庫胥律汗（Küshlü Khan）的帶領下，逃往美索不達米亞，受其宿敵蒙古人的驅策。[87]

然而，儘管有這一連串成功，綽兒馬罕與拜住在對抗阿拔斯哈里發之時，都沒有顯著的進展。小察阿歹（Chaghadai 'the Lesser'）在 1245 年 9 月／ 643 年 4 月對巴格達一次未果的攻擊，使伊本·阿比·哈迪德得以用凱旋與感恩的語調，替其歷史著作收尾。[88] 在數年之內，使節們從巴格達出發，旅行到蒙古地區，並帶回一支蒙古使節團；教宗的使節柏郎嘉賓，在貴由的宮廷看到了哈里發的使節團，相信哈里發定期向蒙古人繳納貢賦。[89] 然而，我們的史料之中，留下的整體印象是蒙古的推進業已停滯。根據拉施德丁，當旭烈兀在 1255／653 年抵達波斯西部之時，他狂躁地質問了拜住，因為他沒有充足的能力發動戰爭對抗哈里發而數落他；雖然旭烈兀後來接受了拜住的說辭。[90]

這段時期也見證了另一個為於數百里以北的穆斯林國家的覆滅。當哲別與速不台穿越保加爾合罕國的領土，準備與成吉思汗會合之時，他們被一連串的保加爾部隊伏擊，遭受了恥辱的失敗。[91] 在 1229 年派往此處以報復的軍力也沒有多少進展；在 1235 年的新舉辦的忽鄰勒塔之後，窩闊台決定遠征西部草原，目標是降服不里阿耳、康里人、欽察人，以及處罰羅斯人，因為他們在 1223／620 年冒失地協助欽察人。這場遠征由許多王子帶領，名義上由朮赤的兒子拔都（Batu）統帥，宿將速不台伴隨，完美達成了目標，兼併了欽察人的殘餘勢力，征服許多羅斯君主國，並將他們削弱為需要上繳貢賦的國家；在 1241-2 年，拔都與其同僚在返回東方之前，將會將會繼續蹂躪波蘭與匈牙利。[92] 不過，他們第一場行動是洗劫不里阿耳（1237 年）並毀滅伏爾加保加爾政權，在這些遙遠的地區，它是三個世紀以來守衛伊斯蘭的堡壘。[93] 這裡眾多的穆斯林人口，現在處於不信道者的統治之下。

四、蒙古的戰爭技藝[94]

蒙古人能夠成功征服花剌子模沙赫帝國以及其鄰國的土地，不太可能是因為人數眾多。根據在 1237 年或在不久之後寫作的一位宋朝中國使節，蒙古軍隊由所有十四歲以上的男性組成（「十五歲」，根據中國人的虛歲算法）。[95] 如果只看這個史料，似乎會認為是一支規模龐大的軍隊。然而，實際上，蒙古人通常在數量上被其敵人超越。[96] 根據《蒙古祕史》提供的數字，成吉思汗的草原部隊——在十三世紀初葉的某個時刻——只有 95,000 人。[97] 假設服役的蒙古男性與全體蒙古人的比例是一比五（而我們知道汪古部有 10,000 人），成吉思汗時代的蒙古地區，其人口經過估計大概也不會超過695,000人。[98]而這些服役的男性，又有一大部分在中國前線作戰。一些困惑來自於最大的軍事單位——土綿（*tümen*或「萬戶」）——通常只在名目上在任何時候能保持一萬男性，因為戰爭會造成人數的損耗；最近的估計，認為一個萬戶實際上通常只有百分之六十的人數，即六千人。[99]同時代資料給出的大額數字，以及它們宣稱入侵者的數量多到不可勝數，部分是因為蒙古人有時候會傳布謠言，誇大他們軍隊的數量；[100]部分也是來自入侵者偏愛的戰術，在穆斯林與西歐基督教史料皆有記載，[101]那就是強迫先前被征服的城市居民作為肉盾，以降低蒙古人大量死傷的風險。伊本·艾希爾說到布哈拉囚犯們的布署——以十個為一組，每一組都有一面旗幟——大大震懾了撒馬爾罕的市民與駐軍，他們認為這些囚犯都是真正的戰士，來自成吉思汗自己的軍隊。[102]

某種程度上，蒙古的軍事力量，是因為他們有大量的內亞小馬（Inner Asian ponies）儲備，足以讓每一位兵士能夠攜帶多餘的坐騎（非常重要，如果不想讓小馬們氣力耗竭的話）；柏郎嘉賓下結論說，他們的坐騎超過其他任何地方能夠找到的數量，甚至認為他們擁有占全世界幾乎半數的家畜。[103]不過草原小馬（steppe pony）與一般的馬（horse）相比之下，擁有許多的缺點：缺乏足以負荷甲冑的力量，而其步態相較之下極為不平穩。[104]實際上，蒙古人的力量，主要並非來自兵士或坐騎的數量，而是他們能夠調動重要資源的能力、通訊方式、偵察地形的技術、紀律，以及軍事規畫。在這裡應該提及他們獨特的作戰模式，梅天穆將之雅稱為「海嘯戰略」（Tsunami Strategy）：摧毀一片廣大的地區，但只有一部分被一支探馬（*tamma*）軍占領，因此在軍隊進入鄰近地區之前鞏固了蒙古人在當地的控制，而鄰近地區早已被嚴重削弱。[105]

蒙古人的情報工作極為優異。他們很自然地仰賴諜報，其中商隊扮演了重要的角色，這些商隊前往成吉思汗的指揮部，被成吉思汗本人、其家庭，以及官員們在成功的戰事之中攫取的巨大財富所吸引。[106]南宋特使趙珙（Zhao Hong）在1221年提及一位回鶻商人，據說他將金帝國財產富饒且人口眾多的山東路、河北路相關資訊傳遞給了蒙古人；[107]這使我們想到亦那勒朮認為從蒙古地區來到訛答剌的商隊是間諜，其實有很好的理由。藉由間諜手段，成吉思汗知道了花剌子模沙赫摩訶末與其母圖兒罕可敦互相厭惡，因此他可以很有技巧的離間他們。蒙古人也擅長傳播假訊息，以在敵人之中植下分歧與互不信任，例如成吉思汗將據稱由欽察將領們所寫的叛變信件送給摩訶末。[108]

甚者，蒙古人還受助於他們極為精湛的機動力以及久經磨礪的通訊系統，讓他們可以在很遠的距離之外，指揮範圍分散甚廣的行動，同時還能嚴格遵循著先前訂定的時間進程。[109] 有時候這些行動與「捏兒格」（*nerge*）的成形有關，這是一種廣大而逐漸收縮的包圍圈，最終會將敵人團團圍住——借用自年度冬季狩獵的一種戰術，此時大批獵物被這種方式圍困住，這樣的圍獵也被當作一種軍事訓練。[110]

如果沒有了成吉思汗的屬下的優異才能，以及在普通人之間名符其實的鋼鐵紀律，這樣的嚴格紀律還吸引了許多同時代人的評論，那麼成吉思汗的冒險事業就是令人難以置信的。[111] 成吉思汗的親衛，也就是怯薛（*keshig*），由一萬人的菁英部隊組成，而征服者成吉思汗就使用這些他可以依賴的人，進行特殊的任務；因此，怯薛成為蒙古官員階級名符其實的培養園地，而升遷過程也只根據功績，而非根據出身。[112] 早在1202年，成吉思汗就頒布了一道敕令（蒙古語 *jasagh*，「札撒」；衍生出突厥語 *yasaq*，阿拉伯—波斯語 *yāsā*），禁止其部隊放棄追逐敵人而去搶奪戰利品，否則處以死刑，直到勝利已經成為事實（*fait accompli*）。[113] 同樣地，隨後的一道敕令也宣告，如果任何一位士兵離棄了所屬的編制單位，也要處以死刑。[114] 我們的史料也記錄了蒙古游牧戰士所展現的堅韌與彈性，產生自草原上牧民的艱苦生活——再一次，相異於他們定居的敵人。對於志費尼來說，這是「一支具有農民風格的軍隊」以及「一群偽裝成軍隊的農民」（譯按：志費尼此處要表達的是，這支軍隊有如農民一般吃苦耐勞）；而魯布魯克評論如果西方的農民（更不用提國王與騎士們了）如果能準備好忍受如此的貧困，以及採用相似的飲食習慣，他們將可以征服世界。[115] 蒙古平民的努力奮鬥，或許因為他們相信自己注定要征服世界，而被激發起來不過我們先前已經看過，這種想法可能出現在七年戰役之後。

我們也可以列出更多蒙古軍隊的其他特點，這些特點讓他們在其他戰爭的劇幕之上表現精良：例如，複合弓的使用；在戰場上的機動能力，像是螺旋戰術（*caracole*），在其中連續的小隊重複地用密集的箭雨進行攻擊，然後隨即撤退；他們還會使用假人士兵來欺騙敵人。[116] 在某些時候蒙古人還假裝撤退，以引誘一部分的敵軍進入伏擊，這樣的策略在撒馬爾罕以及玉龍傑赤的圍城戰中都出現過。[117] 不過，這些武器與戰術，也是更早期的歐亞草原游牧政權，其悠久軍事傳統的一部分（並且，對游牧族群而言毫不怪異）。除此之外，蒙古人也散布有關他們武器威力的假消息。[118] 在確實發生的少數會戰之中，例如有一場——在帕爾汪（Parwān）——結果以札蘭丁的軍隊獲勝，儘管蒙古人在馬上布置假人，試圖驚嚇他的軍隊。[119] 不過，如果只注意蒙古人在戰場上的優勢，就會忽略這個事實，那就是花剌子模沙赫摩訶末採用的戰略，很大程度上是要避免會戰。

事實上，貫串整場花剌子模帝國戰爭的主要作戰模式，是攻城行動。與普遍相信的不同，入侵的蒙古軍隊並非對攻城作戰毫不熟悉，而這一點是他們顯然對他們比前人優越之處。柏郎嘉賓對蒙古人在攻城戰中的自信，表達了隱晦的敬意，他提到蒙古人偏好他們的敵人把自己關在堡壘裡面，在這種情況下，他們就像是在豬圈裡面的小豬一樣。[120] 在對花剌子模帝國的攻擊之中，攻城武器已經出現。投石機（catapults, *manjanīqhā*）與彈丸在氈的、撒馬爾罕、尼沙普爾都被提及，志費尼與朮茲札尼都提及在圍攻忒里迷與納瑟爾庫赫之時，使用了投石機。[121] 朮茲札尼說成吉思汗派遣阿不卡（Abka，或咸補海 Ambughai）那顏，帶領一萬名「蒙古」投石機技師，前往攻打噶兒吉斯坦（Gharchistān）的阿希雅爾（Ashiyār）堡壘。這支分遣隊或許在 1222-3 年之時，攻陷了「噶兒吉斯坦的所有堡壘」；雖然實際上蒙古人一共花了超過十五個月才攻下阿希雅爾城——還是大部分的守城者都因飢餓而死的緣故。[122] 數十年之後，甘札的基拉科斯（Kirakos Ganjakets'i）提到了蒙古人在喬治亞與大亞美尼亞嫻熟地使用各種攻城用投射器，[123] 羅斯的編年史家們也提到在 1239 年於切爾尼戈夫（Chernigov），蒙古人所使用攻城器具的威力與射程。[124]

在此之時，有些攻城機械可能來自臣服的統治者們；在 1237 ／ 634 年，蒙古人強制摩蘇爾的巴德爾丁．盧盧（Badr al-Dīn Lu'lu'）供應配備與軍需（或許還要供應部隊），以圍攻艾比爾。[125] 不過，在成吉思汗遠征期間配置的軍械，則可能來自中國。直至 1221 年，蒙古人在中國境內就已經使用中國式的攻城武器了，也包括投石機（中文 *pao*，「砲」）。[126] 蒙古人的習慣是在被征服的諸城市之中，徵召各種專業工匠；他們也受益於來自金軍的眾多逃兵。[127] 在十二世紀，中國攻城機械的射程增長了三倍，有人也認為配重式拋石機（counterweight trebuchet）發源於中國，而並非如從前所想的發源於西亞。[128] 更重要的是，女真—金朝與宋朝早已知道使用火藥。[129] 我們知道至少有一位中國的攻城技師跟隨成吉思汗前往西方，中國史料也有證據，提到在布哈拉、忽氈、玉龍傑赤之時，入侵的蒙古軍隊佈署了以火藥構成的燃燒武器。在伊斯蘭史料之中，這些火藥武器的本質，會被傳統用以形容石油（naphtha）的辭彙（*nafṭ*；有關此事，在第五章會談到更多）所掩蓋。[130] 雖然成吉思汗征服的規模之廣、速度之快，幾乎無法歸功於火藥武器的使用，但是我們至少可以說，蒙古軍隊顯然對攻城戰役有極佳的準備，遠超花剌子模沙赫摩訶末與其謀士們的預期，他們對游牧族群為敵的體驗，可能只侷限於東方的欽察—康里人。[131] 這些欽察—康里人，既沒有一個核心，也「沒有一個國家」，沒有攻城戰役的經驗。從拉施德丁的記述可以看到，氈的城的居民，位於欽察草原的邊緣，「從來沒有經歷過戰役」，甚至因為蒙古人能夠攀上城牆，而感到訝異。[132]

敵人的不團結也確實造就了蒙古人的成功。花剌子模沙赫來源駁雜的軍隊，就如我們先前所見，其不同族群之間互相厭惡，且對君主沒有多少忠誠可言，缺乏成吉思汗部隊的凝聚力，蒙古軍隊在過去的二十年內被鍛造在一起，且由成吉思汗全然信任的將領們統率。在羅姆蘇丹國，由於近期薩阿德丁．可佩克（Saʿd al-Dīn Köpek）對塞爾柱軍隊的高層發動整肅，以及巴巴．易斯哈格（Bābā Iṣḥāq）在 1240 年發動的突厥蠻叛亂，因此被削弱了。[133] 在伊朗，幾座城市從大塞爾柱時期就被派系鬥爭給撕裂。[134] 不過，如果極為看重這些缺乏凝聚力的狀態，就會使人想要問出這個問題：那就是，如果一個更強勁、更團結的對手，是否能阻擋蒙古入侵者？[135] 無論如何，如同我們接下來將會看到的，蒙古人早已從他們敵人的隊列之中，輕易地吸引了人數可觀的穆斯林投誠者。

五、穆斯林對蒙古入侵者的支持

如果不考慮成吉思汗軍力的組成，對七年戰役之所以成功的分析就是不完備的。七年戰役並非只是草原游牧民與林棲族群的冒險事業，這些蒙古高原的族群在十三世紀 10 年代被成吉思汗征服。成吉思汗也不只由臣屬於他的半定居族群分遣隊伴隨，例如回鶻人或契丹人的士兵與官僚，他也不只擁有中國的攻城技師。簡而言之，成吉思汗的部隊並非只由不信道者所組成，因為從一開始，這位蒙古君主就尋求穆斯林盟邦的協助，他們不只提供額外的騎兵，也提供步兵，而步兵正是傳統草原游牧部隊缺乏的兵種。

屈出律與花剌子模沙赫摩訶末都無法獲得穆斯林臣民的一致擁護，而我們已經看過，回鶻亦都護、菊兒汗的一位穆斯林八思哈（*basqaq*），以及臣屬於喀喇契丹的突厥君主們是如何歸順蒙古人的。其中兩位還參加了對抗花剌子模沙赫的遠征。布匝兒（或斡匝兒），阿力麻里的葛邏祿統治者，被志費尼稱讚相當虔誠且敬畏真主，因為與成吉思汗結盟，屈出律將他殺死，以作為報復；在他的兒子與繼承人昔格納黑的斤（Sighnāq-tegin）領導之下，派出一支小隊在 1219 ／ 616 年適時地跟隨蒙古人。[136] 阿兒斯蘭汗（Arslan Khan），海押立的統治者，被朮茲札尼明確地稱為一位穆斯林，並且可能是一位喀喇汗人，也在約 1211 年臣服成吉思汗；阿兒思蘭汗領導六千名騎手，他參與了蒙古將領多連・扯兒必（Dölen Cherbi）圍攻瓦爾赫（Walkh）的戰役。[137] 阿兒思蘭汗後來與一位成吉思汗家族的公主聯姻。[138]

從花剌子模沙赫的領土，蒙古征服者們也募集到了顯要的穆斯林支持者。在摩訶末撤退到烏滸水以南之時，昆都士（Qunduz）的統治者阿拉丁（'Alā' al- Dīn），以及巴爾赫的其中一位顯貴（*qudamā'*），都拋棄了摩訶末，轉而投靠蒙古人。[139] 阿拉丁隨後指揮輔助部隊（*charīk*），協助蒙古將軍帖客出克，以消滅之前在花剌子模沙赫札蘭丁麾下的哈拉吉人（Khalaj）、突厥蠻人（Türkmen），以及古爾人（Ghūrīs）。[140] 志費尼也短暫地提到成吉思汗向古爾人埃米爾魯昆丁．庫爾特（Rukn al-Dīn Kurt）發布詔書（yarligh），他顯然就是位於赫拉特的庫爾特王朝的祖先，必定在如此早的時候就已經向蒙古人臣服了。[141] 其他人則因為摩訶末冷酷的擴張政策而離心離德，轉而支持入侵者，在這些人之中有一位也名叫魯昆丁（Rukn al-Dīn），花剌子模沙赫摩訶末處死了他的叔伯與堂表親，現在他藉由蒙古人的幫助，把握機會以恢復他在卡布德─賈瑪（Kabūd-jāma）的政權。[142] 在訛答剌陷落之後，巴德爾丁．阿米德（Badr al- Dīn al- ʿAmīd）——他的父親與叔伯都是訛答剌的法官，先前被花剌子模沙赫摩訶末處決——現在投靠了蒙古人；他提供了寶貴的情報，指出摩訶末與其母圖兒罕可敦關係疏離，並親自起草前面提過的叛變信件。

蒙古人的到來，使在王位鬥爭之中需要同盟穆斯林王子們有了機會。

如果我們可以相信《錫斯坦史》的匿名作者的話，錫斯坦王國其中三名王位覬覦者之一，在 1222 ／ 619 年請求蒙古人的幫助，以對抗他的 brother 與叔伯；[143] 雖然當蒙古軍隊來到之時，他已經被一位奴隸謀殺了。其他有關支持蒙古人的史料，則出現在更遠的西方。在 1226 ／ 623 年，克爾曼的巴拉克．哈吉布（Baraq Ḥājib），我們先前看到他將會在幾年之後，被窩闊台承認為統治者，寫信給蒙古人，警告他們札蘭丁的實力正在增長。[144] 在 1230 ／ 627 年，札蘭丁被塞爾柱與埃宥比聯軍於雅希切門（Yasi-chemen）擊敗之後，被札蘭丁反覆攻擊的易司馬儀阿撒辛派（Ismāʿīlī Assassins）據說傳訊給河中地區的蒙古人，鼓動他們將札蘭丁解決。[145] 根據一份最近才看得到的易司馬儀派資料，提供了寶貴的內部證據，顯示易司馬儀派與成吉思汗的關係一開始相當親密。[146] 根據伊本．艾希爾，自從蒙古人到來之後，易司馬儀派的野心就增長了。[147] 有人認為他們與蒙古人結成了同盟，持續到十三世紀 40 年代，距離札蘭丁之死已經相當久了。[148]

歡迎征服者的也不只是諸王子與埃米爾。在 1235-6 ／ 633 年對伊斯法罕的最終攻擊之中，沙斐儀學派（Shāfiʿī）的社群打開了城門，他們當時正與哈乃斐學派（Ḥanafī）爭執不休；根據伊本・阿比・哈迪德，沙斐儀學派請求窩闊台協助他們以對抗哈乃斐學派。[149] 錫布特・伊本・焦吉（Sibṭ Ibn al-Jawzī）形容被派到瑪亞法里斤（Mayyāfāriqīn）的蒙古使節是一位，「來自伊斯法罕的和藹（*laṭīf*）謝赫。」[150] 我們已經注意到，商人是如何向蒙古人提供寶貴的情報。成吉思汗與繼任者加強了與商人階級的緊密關係，將資本提供給商人，並從利潤之中抽成，另外，在蒙古所占的中國領土之內，穆斯林商人們從很早的時候就參與了獲利甚豐的包稅（tax-farming）生意。[151] 長久以來，成吉思汗將商人們納入他的部屬之中：賈法爾・火者（Jaʿfar Khwāja）在早年也相當窮困，在對抗金帝國的戰爭之中提供了寶貴的協助；哈桑・哈吉（Ḥasan Ḥājjī），一位長期的合作者，與昔格納黑（Sighnāq）居民談判之時遭到殺害。[152] 我們早已提及馬赫穆德・牙剌哇赤（Maḥmūd Yalavach），在成吉思汗第一次遠征花剌子模沙赫之時投奔，並向征服者成吉思汗提出有關城市行政的建言；馬赫穆德與其子馬斯忽惕將會在窩闊台統治時期身居高位。[153] 在窩闊台治下，商人在蒙古擴張的過程中，扮演更為直接的角色。夏姆斯丁・烏瑪爾・加茲溫尼（Shams al- Dīn ʻUmar Qazwīnī），一位寶石商人，成功說服羅姆蘇丹在 1236 ／ 633 向合罕的宮廷表示臣服之意。[154] 根據朮茲札尼，在 1236 ／ 633 年，拉合爾的城市防禦由於市民半調子的努力而衰弱，因為他們之中有許多人已經獲得蒙古人的許可，可以橫渡印度河前往呼羅珊與中亞經商。[155]

更狂暴的人們，也將他們的命運與成吉思汗的軍隊連結。我們知道，蒙古人在 1220-1 ／ 617 年到達雷伊（Rayy）之時，也有其他部隊跟隨，包含穆斯林與不信道者，還有一些「搗亂份子」，他們只想要藉著機會來劫掠以及「鬧事」。[156] 納撒維就記錄了一位名叫哈巴什（Ḥabash）的人，來自一個接近哈布尚（Khabūshān）的村莊，他是一群叛徒的頭目，藉由入侵者的名義圍攻了呼羅珊的幾個城鎮，並且據說與蒙古人一樣凶狠。[157] 伊本・艾希爾提供了另一個穆斯林傭兵隊長（*condottiere*）的案例——阿庫什（Aqush），一位突厥奴隸（mamluk），也是亞塞拜然埃爾德居茲王朝（Eldegüzid）統治者的埃米爾——他聚集起眾多突厥蠻人與庫德人，在 1221 年初／671 年底，蒙古第一次攻擊喬治亞王國之時，與他們合作。[158] 在這兩個案例之中，與蒙古人合作的吸引力，或許是因為能夠報復一群宿敵——以及在第二個案例之中，能夠藉由協助一群不信道者，來損害另一群不信道者。蒙古的軍事行動因此以這樣的面貌出現：作為受到歡迎的干涉行動，以影響既存的地方衝突。

六、「大蒙古人民」

這些穆斯林盟邦現在都已是合罕的臣民（突厥語 *il / el*）。[159] 如同許多突厥游牧民以及從亞洲的定居區域前來的輔助部隊，現在成為在征服者的軍隊成員，這些穆斯林——在政治意義上——也成為了蒙古人。如同修士尤利安（Friar Julian）所說，「在此後，他們需要以韃靼人之名為人所知」。[160] 與之相同，在八百年前，阿提拉的軍隊之中，許多不同的部族都被歸類為匈人，無論其起源為何，另外，七世紀的突厥人也包含許多群體，他們在族群上與語言上，都與統治階層相當不同。[161] 這不僅僅是命名的問題而已。被征服的定居族群，如同許多早些時候被蒙古人征服的部落群體，嚴格來說都成為了蒙古人的世襲隸屬民（*ötegü boghol*）。[162] 即使逃亡到蒙古控制之外的領土，這樣的地位也不會轉變。在 1237 年，由修士尤利安帶回的最後通牒之中，拔都向匈牙利國王寫道，「我已經知道了你在庇護庫曼人，但他們是我的奴隸。」[163]

這樣的奴役代表臣服於蒙古軍隊的紀律，以及遵守某些規範。有早期的證據顯示，這些規範包含採用蒙古男性的髮型（包括將頭部的一個馬蹄鐵形狀的區域剃光，並在頭的兩側留下髮辮）。[164] 當撒馬爾罕的堡壘在 1220 ／ 617 年淪陷之時，康里人及其他突厥人組成的駐軍，數量超過三萬，蒙古人以要他們剃髮為藉口，將他們與塔吉克人拆散。這項不由自主的時尚宣言，不過是為了屠殺他們的前奏；但此事件暗示，將被吸納進入蒙古軍隊的人們剃髮，早已是常見的做法。[165] 西歐與中國的觀察者發現，作為臣服的象徵，蒙古人不僅強迫欽察／庫曼／波羅維茨（Qipchaq/Cumans/Polovtsy）牧民剃髮，也強迫故金的中國官員與蒙古軍隊中的穆斯林剃髮。[166]

同樣地，將蒙古服飾贈送給附庸君主也可以突顯出區別，例如在（1260／658）年，旭列兀將一件蒙古斗篷與一頂帽子（*sarāghūch*）❸送給班尼亞斯（Bānyās）的埃宥比統治者薩依德·哈桑（al-Sa'īd Ḥasan）。[167]在某種程度上，隱含的動機是軍事安全——需要將輔助部隊與敵人區分開來——或許也是一種戰術——想要在他們的軍隊編制之中，誇大蒙古人的數量。但更重要的根本原因，顯然是因為帝國的諸多武裝力量，現在被視為組成了單一的種族。成為「蒙古人」可能甚至代表飲食習慣的改變。我們將會看到，成吉思汗似乎要求他的穆斯林臣民食用蒙古食物。《加利西亞編年史》（*Galician Chronicle*）敘述了在1246年，羅斯的附庸君主拜訪拔都的總部，拔都提供了發酵的馬奶酒（*qumis*）給他。據說拔都這樣跟他說：「你現在跟我們一樣是個韃靼人了，喝點我們的飲料吧。」[168]

加入成吉思汗的世界征服計畫也必須付出代價。但是對於在數十年之後寫作的拉施德丁來說（或許也過於誇大了），這些代價會得到補償。他說：「契丹（Khitāī，中國北部）、女真（Jūrcha，或 Chörche，也就是滿洲地區）、南家（Nangiyās，中國南部）、回鶻、欽察、突厥蠻、葛邏祿、哈拉吉（Qalach，或 Khalaj）的人民，所有的囚徒，與塔吉克（Tājīk）人民，現在都被蒙古人餵養，都同樣被稱為蒙古人；他們在整體上認為，自稱蒙古人對名聲與地位有所助益。」在一個快速擴張的帝國之內，參與協作的利益明顯要大於付出的代價。至於這個帝國在最初數十年如何運作，將會是下一章的主題。

---

❸ 註：這是波斯語文獻中用來指稱蒙古帽子與服裝的詞彙，但具體內涵為何目前並不清楚。

第四章

帝國的統治與分封
（約 1221 年—約 1260 年）

成吉思汗遺留給後繼者的帝國，涵蓋了廣袤的區域。帝國的疆土從中國北部與高麗王朝的領土，直到花剌子模以及鹹海（Aral Sea）北方的草原，又從西伯利亞的森林直到興都庫什山脈，以及伊朗高原。在窩闊台統治之下，帝國的面積還會增長更多。然而，在初期的數十年，將帝國稱為一個整體，究竟有多符合現實？蒙古人使用什麼方法來統治如此廣闊而分散的區域？合罕如何將其權力投射到距離蒙古地區數千里的土地？蒙古人使用何種方法來榨取資源，確保君主能夠犒賞盡忠與效勞之人，以及持續進行擴張的偉業？

一、帝國的性質

與先前的契丹—遼帝國、女真—金帝國相比，成吉思汗的帝國有著明顯的進步。[1] 遼與金這兩個朝代都統治了一個多族群構成的帝國，並且藉由定期收稅，在其統治之下發展出直接榨取中國北部定居人口的能力。因此，遼帝國與金帝國不再唯獨仰賴定居政權的貢賦，或控制長距離貿易並利用其收益（例如，六到八世紀的突厥帝國就使用這樣的方式），雖然它們還是需要利用這兩種管道以取得收入。不過，遼與金這兩個政權維持了兩種不同的行政系統，分別管理游牧與定居區域，西方遠處的喀喇契丹也是一樣。然而，一開始的蒙古人並非如此。蒙古人從各個族群，例如喀喇契丹人、女真—金人、唐兀惕人之中招募部隊與官僚，這些族群擁有管理異質社會的經驗。蒙古人也從擁有游牧先祖但部分定居化的社會之中吸納個人，例如回鶻人、汪古人、契丹人；[2]後面這一類型的個人之中，最優異的是耶律楚材（Yelü Chucai，逝世於1243年），有一段時間是成吉思汗的主要謀臣。[3]除此之外，蒙古人也取得大量穆斯林官僚與商人的效力，他們來自中亞、花剌子模，以及伊朗世界（Iranian world）。雖然在草原北方的森林地帶，由於缺乏任何細緻的本土行政傳統，蒙古人只能在此處行使間接統治，但是，在南方——也就是中國、河中地區，以及大部分的伊朗——蒙古人創造了比遼帝國與金帝國更進一步的統治體系，因為他們不只是仰賴多種的行政系統，更是將這些系統混合為一。[4]

蒙古帝國，如同歷史上其他的大帝國一樣，也是一個異質的結構。如果說在成吉思汗的時代，蒙古人仍然依賴劫掠、貢賦、發展國際貿易的加總，那麼到了窩闊台及其繼任者的時代，他們已經可以直接享用定居區域的資源，並且能夠整合游牧與定居的統治模式。基本上，蒙古人在稅收管理方面，承襲了被征服的諸王朝，不過也整併了其他稅務，例如忽卜出兒（*qubchur*），就是來自於回鶻人。[5]蒙古人從契丹—遼帝國那裡借用了牌子（*paiza*，漢語 *paize*），這是一塊小板，授權給官員或商人，使他們得以出行辦理公務。[6]他們也從被消滅的對手，例如從女真—金帝國以及唐兀惕，接管了郵驛系統，並將其從遠東擴展到中亞，以及更遠的地方：這套系統的核心，被稱為「站」（*yam*），主要是為了官方信差以及使節所用而被設計出來，在成吉思汗生前早已就位，並在窩闊台治下大幅擴展。[7]

然而，即使擁有幅員廣闊的定居領域，蒙古帝國在早期之時，仍然是以一個游牧政權的方式來管理。政府的所在稱為斡耳朵（*ordo*，突厥語 *orda*），是合罕或一位親王的機動營地，或許由數千帳篷組成——例如拔都（Batu）的總部就是如此，魯布魯克的威廉（William of Rubruck）形容這就像是一座能夠移動的大城市。[8]志費尼描述了回鶻人闊里吉思（Körgüz），他是窩闊台在呼羅珊、馬贊德蘭的長官，當他選擇居住於圖斯（Ṭūs）城的堡壘之時，他就離棄了蒙古的習俗。[9] 合罕根據不同的季節有許多架設帳幕的地點，即使是哈拉和林（Qaraqorum）的城鎮，也只是鄰近於其中一個地點而已（而蒙哥甚至比窩闊台花更少時間在其近郊）；哈拉和林的功能主要是倉庫以及工匠生產的中心。[10] 在這點上，成吉思系王朝與先前來自草原的諸多朝代比較相似，尤其是塞爾柱人，大多數時間都待在他們的帳篷之中，以及喀喇汗王朝，統治了超過一百五十年之後，才移至撒馬爾罕的堡壘定居。[11] 還有兩個重要的部分，顯示成吉思系王朝的帝國，依然展現了傳統內亞草原政權的特性（縱使這是一個極為龐大的帝國，侵入中國、伊朗的農業—城市社會領域的程度也更深）：那就是合罕身分的傳遞，以及從被征服的領土中分配封地與財產。我們以下將會依序檢視。

二、繼承成吉思汗

黃金家族（*altan orugh*）的所有成員[12]——也只有他們——帝國王朝家族，擁有神聖魅力（charisma），具有成為統治者候選人的資格。除此之外，沒有嚴明的規定來規範帝國的統治者應該如何更替，除了傾向從王子（蒙古語 *ke'ün*；突厥語 *oghul*，稍晚成為 *oghlan*）中選擇一位眾人認為最有智慧、最有經驗，以及最好的戰士之外——這種選擇方式，傅禮初（Joseph Fletcher）教授借用了凱爾特世界（Celtic world）的術語「選長制」（tanistry）來稱呼。[13] 這裡所說的經驗，也可能與熟諳成吉思汗的話語（*biligs*），以及其後諸統治者的話語有關。[14] 這些特質，似乎與最老成（senior）的王子互相連結，然而判定老成（seniority）的標準卻也是不明確的——不知道是否只需要較長的年齡，或是需要計算與共同祖先的親疏關係。[15] 不過，與這類旁系繼承方式相衝突的方式，則是合罕們試圖提名他們的繼承人。最終而言，合法性可能還是歸於成功用武力來奪取頭銜的權位宣稱者——雖然訴諸武力的戰術，是明確地被成吉思汗的一條法令（*yasa*）所禁止的，除非同時具有共識的認可。[16]

成吉思汗最年長的兒子朮赤在 1226 ／ 621 年先於其父逝世。[17] 根據《蒙古祕史》、《元史》、志費尼《世界征服者史》、拉施德丁《史集》，征服者成吉思汗選定了窩闊台作為繼承人，雖然窩闊台是第三個兒子，而第二個兒子察合台依然在世（根據《祕史》，當時朮赤也仍然在世）。至於選定窩闊台的時間究竟處於何種背景，則因不同資料而異。《祕史》將此事件置於其父成吉思汗要前往西亞進行七年遠征的前夕，而拉施德丁將此事件置於成吉思汗的臨終之時；然而《元史》的本紀則描述這是征服者成吉思汗的遺詔，但只在〈太宗本紀〉中窩闊台即位之時提到。[18] 在 1229 年的忽鄰勒塔，當窩闊台被正式擁立並即位為合罕之時，依然還是有一些拖雷的支持者，拖雷是成吉思汗最年幼的嫡子，在兩年的汗位空懸時期擔任監國（regent）。[19]

多蘿緹亞·克拉芙斯基（Dorothea Krawulsky）教授與之相抗，她認為窩闊台受到成吉思汗選定的故事是虛構的，可能因為處於定居中國與伊朗的史書作者們，無法想到任何其他權力轉移的方式，才產生了這樣的說法。[20] 然而，根據志費尼，成吉思汗的兒子們或許藉由立下文書的方式，向其父保證帝位會傳遞到窩闊台，而這他們寫下來的陳述（*khaṭṭhā*），在 1229 年的忽鄰勒塔被呈上。[21] 當然，克拉芙斯基的論點無法適用於《蒙古祕史》之中的敘述；不過這個敘述中的某些細節是很令人懷疑的。在其中，窩闊台說出他的疑慮，因為他的後裔可能會有一些人非常不適合統治，甚至到了這樣的地步：

包在青草裡，牛不吃的；
裹在脂肪裡，狗不吃的。

成吉思汗因此在回答之中暗示說，如果真的發生了這樣的情況，那麼他其餘諸子的後代或許有資格繼承。[22] 由於這段敘述沒有出現在十七世紀成書的《黃金史》（*Altan Tobchi*）之中，而此書其他部分卻緊隨著《蒙古祕史》的文字，因此這段敘述很有可能是一條並沒有出現在《蒙古祕史》原始版本的插敘，而是在 1251 年的政變之中，逐出窩闊台支系，並在拖雷的長子蒙哥繼位為合罕之後，才被加入原文之中。[23] 畢竟，我們擁有的歷史經常被勝利者所改寫。

然而，在 1251 年窩闊台支系爭辯說，合罕之位應該被限制在窩闊台的後代之中，這項宣稱之後被海都（Qaidu）覆述，又引用了一條據說是成吉思汗自身頒布的法律（*yasa*）；在賈馬勒·卡爾希（Jamāl al-Qarshī）的時代，還有一種說法是窩闊台懷抱著尚為嬰兒的海都，說出其心願，希望他應該終究要統治。[24] 對於侍奉蒙哥與其弟旭烈兀的志費尼而言，這類的宣稱不過是「故事……與軼聞」（*taṣānīf... wa- dāstānhā*）而已。[25] 然而，這個問題卻絕非清晰明確。在拉施德丁的史書之中，貴由的遺孀，也就是監國斡兀立·海迷失（Oghul Qaimish）控訴蒙哥的支持者們背棄了他們先前為了保證將統治權確定在窩闊台系，而寫下來的誓言（蒙古語 *möchelge*）。[26] 在比較前面的地方，當拉施德丁在記載突厥語蒙古諸部落之時，他記錄了札剌亦兒（Jalayir）部落的額勒只吉歹（Elchidei，或 Eljigidei）提醒 1251 年忽鄰勒塔的參與者，他們已經發誓要在窩闊台的後裔之中選擇一位繼位者，即使只剩下一位「包在青草裡牛不吃的，裹在脂肪裡狗不吃的」，也是如此。[27] 以及貴由在即位之時，向所有忽鄰勒塔的出席者都要求一張書寫下來的誓言，將統治權限定在他的後裔，而這些出席者用同樣的語句保證，他們不會推選出別人。[28] 這句話在這些誓辭之中生動地被覆述，與《蒙古祕史》之中窩闊台說的話產生共鳴，這個事實或許極為重要。在拉施德丁的敘述裡（與《蒙古祕史》中的插敘相反）這句套語並不包含在支持拖雷支系繼位的原因之中，反而可能顯示出將統治權限定在窩闊台支系的某些承諾確實存在過。在 1251 年的忽鄰勒塔之中，蒙哥的弟弟忽必烈（Qubilai），試圖用一項薄弱的提議來抗衡額勒只吉歹的勸諫，指控反對派甚至在蒙哥的追隨者以前就已經先違背了「約定、宣示、古老的法律」（*shurūṭ-u sukhun-u yāsā-yi qadīm*）[29]——這是對拖雷支系罪行的承認，也似乎洩漏了實情，並且進一步支持這樣的可能，也就是窩闊台支系的繼位宣稱是有道理的。如果真相真的是這樣，那麼，蒙哥被推選成為合罕，將會是一個比我們先前所想像的，還要更戲劇化的大逆轉。

隨後，志費尼與拉施德丁將會增強拖雷支系的繼位宣稱，藉由一種混淆手法，那就是將拖雷作為「守灶子」（*ot-chigin*）的權利——守灶子是最年幼的嫡子，繼承其父的世襲產業（patrimony）或原初的領地——與宣稱擁有對整個帝國的領導權混淆起來。[30] 為了強調這兩種權利互相對等，拉施德丁在某處寫到，成吉思汗回應他的兩個孫子貴由與闊端（Ködön，或 Köten）想要禮物的時候，說他沒有任何東西能給，因為所有的東西都屬於拖雷，「家園與大禹兒惕（*yurt*）的主人」。[31] 拉施德丁敘述拖雷支系的不協調之處，甚至在以下的事件之中更為明顯，那就是在 1251 年，當拔都支持蒙哥繼位之時，他宣稱統治權屬於蒙哥，因為根據蒙古法律與習俗，父親的領土屬於幼子（也就是拖雷）[32]——事實上，在這個時候，他的論證就會將繼承身分轉移到拖雷自己的幼子阿里不哥（Arigh Böke），而不是托雷的長子蒙哥。

甚者，拉施德丁還說拖雷繼承了其父成吉思汗的大部分軍隊。但是當《蒙古祕史》在計算成吉思汗將他游牧臣民中的諸「千戶」分配到親族之時，給出了各個兒子分配到的數量：朮赤分配到九千兵力，分別由忽難（Qunan）、蒙客兀兒（Möngge'ür）、客帖（Kete）那顏統率；察合台分配到八千兵力，分別由合剌察兒（Qarachar）、蒙客（Möngke）、亦多忽歹（Idoqudai）那顏統率；窩闊台分配到五千兵力，分別由亦魯格（Ilüge）與迭該（Degei）那顏統率；而拖雷則是分配到五千兵力，分別由者歹（Jedei）與巴剌（Bala）那顏統率。[33] 拉施德丁則提供了不一樣的數量，年齡較長的三個兒子各分配到四千兵力，將領的細節有一些不同，但拖雷分配到的數量則被完全忽略，取而代之的是從其父繼承了「中央、右翼、左翼」，共有十萬零一千兵力，以對抗兄長們以及其他親族少得多的兵力。[34] 如果要發生這種情況，只有在拖雷擔任監國的兩年之時才有可能，他會在此時控制「中央」，直到窩闊台即位為止。從目前的情況看來，拉施德丁的敘述相當荒謬。如果拖雷，以及隨後，其遺孀唆魯禾帖尼（Sorqaqtani）與其諸子，在窩闊台與貴由統治之時擁有如此壓倒性的軍力優勢，我們很難想像這兩位合罕在實際上究竟如何行使任何權力。[35] 確實，拉施德丁在其他地方提到，當窩闊台成為合罕之時，諸王子的軍隊現在都受他指揮。[36] 但是拉施德丁對拖雷十萬零一千兵力的解釋卻違背了他的預設的規畫：他向我們保證，成吉思汗早就預料到拖雷支系最終會繼位，因此試圖提供必要的資源給他們；事實上，他早就默觀出拖雷可能會是他的繼承人。[37] 如同我們將會看到的，伊利汗國統治伊朗的最後時期，拖雷的地位還會再度經歷更大的膨脹。

三、1241-6年與1248-51年的繼位爭議

如果窩闊台真的是被成吉思汗所選定的，那麼他就會是數十年之中最後一個可以說是被選定的合罕。窩闊台自己希望能夠將傳位於其孫失烈門（Shiremün），然而這個計畫失敗了。雖然在之後是窩闊台的長子貴由繼位，但是嫡長子繼承制（primogeniture）——蒙古人的定居臣民所偏好的繼位法則——也只會漸進地被樹立而已。在五年的合罕之位空懸之時（1241-6 年）窩闊台的遺孀脫列哥那（Töregene）擔任監國，鐵木哥斡赤斤（Temüge Otchigin），成吉思汗的幼弟，也是王朝現存最年長的成員，試圖要奪取大位；在貴由於 1246 年即位之後，鐵木哥斡赤斤被審問並被處決。[38] 在遙遠的德里，朮茲札尼聽聞了蒙古內部發生衝突，並且有些鐵木哥斡赤斤的後代逃亡到中國的流言，[39] 雖然這種說法沒有在其他地方得到證實。

拔都在 1236-42 對抗欽察人與羅斯人的西征戰役之中與貴由嚴重爭執，而現在他已成為成吉思汗後裔之中最年長者，在察合台逝世之後（1244-5 ／ 642 年）。[40] 拔都與其兄弟似乎仍被認為沒有資格繼承合罕之位，因為其父朮赤可疑的出身，朮赤被認為是在鐵木真年輕之時，其妻孛兒帖（Börte）被蔑兒乞人俘虜之時所懷上的。不過，拔都依然堅決反對貴由的繼位，並採取拖延戰術，將推選延遲五年之久。然而，最後他只能默認，並派遣他的諸多兄弟前往蒙古地區參加大會（1246 年 8 月）。然而，兩人的關係仍然相當緊繃，而一場武裝衝突只因為貴由在 1248 年 4 月逝世才得以避免。由於敵人已經退場，拔都抓緊機會，確保推舉出一位立場更投契的候選人，也就是蒙哥，先是 1250 年於

中亞召集部分蒙古宗室貴族進行推選，接著則是在隔年於蒙古故土舉辦更全面的忽鄰勒塔。

將帝國寶座轉移到蒙哥的過程，也伴隨了大規模的流血衝突。[41] 窩闊台支系以及他們的追隨者分裂了，因為在效忠貴由的諸子以及在效忠失烈門之間游移不定，導致貴由的遺孀斡兀立・海迷失無法以單一候選人的名義召集統一的陣線。不過，窩闊台支系以及他們察合台支系的盟友們已經準備好要對抗蒙哥。以下事件的標準內容，是根據大批互相獨立記載的史料——志費尼、朮茲札尼，以及魯布魯克的威廉——他們計畫要包圍新合罕蒙哥的營地，並且將他殺害。然而，當蒙哥的一位軍械士（armourer）偶然遇到他們，並發現了他們在馬車之內藏匿的大批武器，軍械士迅速返回稟報其主人蒙哥，計畫因此失敗。敵方的王子們被圍捕，他們與支持者都被審問。許多人都被處死，包含也速蒙哥（Yesü Möngke），察合台支系的首領，以及他的侄兒不里（Büri）。同樣的命運也降臨在他們的女眷身上，連同斡兀立海迷失自身、失烈門的母親，還有也速蒙哥的妻子，她們也一樣被處死了。為數不少的成吉思系王朝成員被饒恕了，但他們被流放到中國的邊境。隨後則是在帝國王朝成員之間的一次大型財產再分配。

四、諸封地與共享權力

如同先前的草原政權，被征服的土地被視為整個統治家族的共同世襲產業（common patrimony），而絕大部分的王子與公主都會分配到帝國中的一份土地（蒙古語 *qubi*；漢語 *fendi*，「封地」）作為封地。[42] 游牧社會的需求，導致必須將特定的牧地分配給個人，所以成吉思汗後裔的每一位成員，根據志費尼的說法，都有自己的駐點（*maqām*）與營地（*yurt*，禹兒惕）。[43] 因此，例如成吉思汗諸弟以及他們的後裔，分配到了位於蒙古地區東部以及現今的滿洲地區（Manchuria）的封地。[44] 就如我們先前所見，王朝的成員都被授予特定數目的「千戶」，這些千戶由被征服的游牧族群組成。這樣的世襲產業，包含明定的牧地以及人口，在史料之中被稱為「兀魯思」（*ulus*）。合罕藉由其官僚（獨立於合罕自身的封地），直接管理中央兀魯思（*qol-un ulus*）。以領土範圍觀之，中央兀魯思最有可能是指哈拉和林周圍的區域（而不是蒙古人原先位於斡難河 Onon 與克魯倫河 Kerülen 的核心土地）及其居民；以軍事資源觀之，中央兀魯思則包含了成吉思汗的親衛，《蒙古祕史》說這些親衛作為「大（也就是帝國的）中心（*yeke qol*）」的一部分，在即位儀式上被交給窩闊台。[45]

面積最大的諸封地被賜予征服者成吉思汗的嫡子們。[46] 志費尼告訴我們，朮赤作為長子，得到了最遙遠的封地，從「海押立（Qayaligh）與花剌子模的邊界（*ḥudūd*），到達薩克辛（Saqsīn）與不里阿耳（Bulghār）的最遠處（*aqṣā*）」，以及「只要韃靼人的馬蹄能到達的地方」。察合台得到了一塊從回鶻領土直到撒馬爾罕與布哈拉的封地；其核心是伊犁河（Ili）谷地，察合台汗的夏季駐地很接近阿力麻里（Almaligh）城，以及伊塞克湖（Issyk Köl）畔。[47] 不過，察合台的封地沒有包含回鶻君主國，那裡依然直接臣屬於合罕。」[48] 窩闊台的營地（*yurt*）則在葉密立河（Emil）與科布克河（Qobuq）的區域；得到合罕的身分之後，他將自己的封地傳給了長子貴由。令人好奇的是，我們沒有關於拖雷封地的資訊，志費尼似乎想要說他與其父成吉思汗在一起。[49] 在拉施德丁一段類似的記述中，確認了這個印象，裡面說成吉思汗因為拖雷與他在一起的緣故，稱拖雷為他的那可兒（*nökör*，「伴當」comrade-in-arms），雖然在其他地方，拉施德丁說每一位兒子都得到了帝國的一份土地。」[50] 伊本・法德拉・烏瑪里（Ibn Faḍl-Allāh al-ʿUmarī）在這處跟從志費尼的說法並使用了相當接近的語句，不過在其他兩點之上，他更進一步：為了反對伊利汗的權力宣稱，朮赤支系諸汗與察合台支系諸汗都否認成吉思汗曾經給予拖雷任何封地使之統治，而這種觀點也被烏瑪里的情報來源伊斯法罕尼（al-Iṣfahānī）支持。[51] 只有瓦薩甫（Waṣṣāf）用不太一樣的方式來理解志費尼的語句，他明確地說拖雷的禹兒惕（*yurt*）就在窩闊台的禹兒惕旁邊，不過依舊沒有指出確切的位置。[52] 我們可以從其他背景得知，拖雷作為「守灶子」，注定要繼承其父成吉思汗原先在斡難河（Onon，按：今稱鄂嫩河）與克魯倫河

（Kerülen）畔的領地，[53] 而當拉施德丁告訴我們這項蒙古習俗，也就是守灶子（*ot-chigin*）會留在家園的時候，他可能認為拖雷甚至在征服者成吉思汗逝世之前，就早已繼承了這些領地。[54] 不過，在權衡這些證據之後，比較有可能的還是拖雷在成吉思汗生前並未獲得任何封地。

至少我們可以知道，最初的意圖是，成吉思汗後代的不同支系應該要在他們獲封的領土上，行使某種程度的自治。在每個兀魯思之內，如同合罕之位的繼承一樣，所偏好的繼承模式也是老成原則，不過，封地的擁有者也可能會試圖指定他的繼承人。因此貴由在即位之時，將察合台的孫子與指定繼承人哈喇旭烈（Qara Hülegü）替換成察合台的其中一位兒子也速蒙哥（Yesü Möngke），也速蒙哥是貴由的一位老朋友（根據史料，我們知道他也酗酒成性），替換理由是年長的親王優先於年幼的親王。[55] 不過合罕本人有時候也藉著機會，違逆這項原則，將他自己的人選強加為兀魯思的首領。如果我們可以相信亞美尼亞人基拉科斯（Kirakos）的話，其中一個案例就是拔都的兒子與繼承人撒里答（Sartaq），他正是蒙哥的人選；[56] 而蒙哥在將哈喇旭烈重新安置為察合台兀魯思的統治者之後，由於哈喇旭烈親王過早死去，蒙哥將察合台兀魯思託付給哈喇旭烈的遺孀兀魯忽乃（Orqina），她以其子木八剌沙（Mubārak Shāh）的名義進行統治。[57] 藉由這種方法，成吉思系王朝的首領，也就是合罕，試圖在距離哈拉和林遙遠的區域強化他的影響力。

共有統治權的概念──由成吉思系王朝作為整體共同擁有──在許多諮議大會（忽鄰勒塔 quriltais）之中得到展現，大會是為了達成重大決定而召開，可能是為了推選一位新的合罕，為了新的擴張戰役，或為了司法事宜。[58] 成吉思汗四個兒子家系的代表，在創造驛站（*yam*）網絡之時都扮演了重要的角色。[59] 同樣的共有統治權原則，也呈現在征服軍隊的組成之中。早在成吉思汗攻擊花剌子模帝國之時，我們就發現被派遣到遠方的部隊由一種比例構成──十丁抽一的比例，例如伴隨拖雷進入呼羅珊的分隊──而這些人則來自於帝國家族的許多親王所擁有的部隊。[60] 在 1247 年，當貴由派遣將領額勒只吉歹（Eljigidei）進入伊朗之時，其軍隊也徵召自「每一位親王」，徵兵的比例則是百丁抽二。[61] 志費尼告訴我們，在 1252 年伴隨忽必烈對抗雲南的軍隊，以及在兩年後伴隨旭烈兀進入伊朗的部隊，也與此相似，都是從「東方與西方的軍隊」之中，以百丁抽二的比例徵集而成。[62]

諸多主要的遠征，都是由代表不同王朝支系的王子們帶領的。在 1236 年，伴隨拔都與速不台向西行進的軍隊之中，不只包含由拔都諸兄弟所帶領的軍隊，也包含許多分遣隊，分別由察合台支系王子不里（Büri）與拜答兒（Baidar）、窩闊台合罕之子貴由與合丹（Qadan）、拖雷之子蒙哥與撥綽（Böchek），以及成吉思汗與一位側室所生的兒子闊列堅（Kölgen）所率領。[63] 旭烈兀的軍隊也包含了分遣隊，分別由三位朮赤支系的王子、一位察合台支系王子，以及成吉思汗的一位外孫率領，還有由帝國女婿們所率領的部隊；不過，窩闊台支系似乎就不再有代表了。[64]

我們猜想，留在臣服土地上的駐軍（探馬軍 *tamma*，或探馬赤軍 *tammachis*），應該是要永久地駐紮。當蒙哥派遣撒里（Sali）那顏（noyan）去帶領位於印度邊界以及北阿富汗的部隊之時，撒里那顏詢問，他將會在該處待多久的時間。合罕回應說，「你會一直待在那裡，直到永遠」。[65] 一開始，成吉思汗的四個兒子都受到命令，要供應一個由其屬下率領的「千戶」在這個區域駐紮；而在窩闊台即位之後，新的部隊與之類似，也被派遣到該處，這些部隊也分別由代表合罕、拔都、察合台的那顏們率領（在此處，因為某些緣故，沒有提到拖雷）。[66] 探馬軍似乎也與征服的主力軍隊相同，按照比例的方式被徵選出來。在十四世紀，一個新的準部落族屬（quasi-tribal grouping）會在呼羅珊出現，也就是賈兀尼・古爾邦部（Ja'ūn-i Qurbān，蒙古語 *je'üni qurban*，「百中取三」），這個名字正是此種招募方法的遙遠回響。[67]

當蒙古的勢力伸展到定居文化區的時候，王朝的成員也在此處獲得了份額：例如，整座城鎮、年度收入的分配額，以及對於嫻熟工匠群體的所有權。這種類型的王子財產被稱為媵哲（*inchü*）。[68] 一位王子的封地（蒙古—突厥語 *ulus*，「兀魯思」；漢語 *touxia*，「投下」），則或許以一種比較多樣化的面貌呈現。因此，納撒維（Nasawī）說成吉思汗在 1221 年，於攻取古爾根奇

（Gurgānj，即玉龍傑赤 Ürgench）之前，就將這座城市授予了朮赤，[69] 而魯布魯克則提到，位於達爾班德以北的一座阿速（Alan，或阿斯 Ās）人的堡壘是合罕蒙哥的私產，他在 1236-42 年的拔都遠征之時攻取了它。[70] 在定居中國與伊朗所征服的土地，似乎總體而言仍然屬於「中央（*qol*）兀魯思」的一部分，換句話說，就是在合罕的直接權威之下，不過，其他成吉思系王朝的成員也對一些特定城市的人口與收入享有特權，這些城市通常是他們本身或他們的祖先所參與攻取的。[71] 我們可以看到，在 1236 年，當窩闊台將新近征服的金帝國人口，分配給他自己以及其親族之時，這個原則起了作用。太原（Taiyuan）的居民被授予察合台，他在 1213 年參與攻取此城，他也獲得了原先從城市劫掠而來的戰利品；拖雷支系則繼承了拖雷自己在成吉思汗有生之年，於中國北部參與的戰役之中所獲得的戰利品。[72]

我們可以假設，志費尼提供了我們一種「快照」式的描述，而隨著帝國的擴張，成吉思汗在早期所授予的領土也會隨之調整。我們在主要史料之中，可以追蹤朮赤兀魯思的成長及其向西方的移動。[73] 我們所知最早的授予，被記錄在《蒙古祕史》之中，其父成吉思汗授予朮赤「林中百姓」（forest peoples，也就是斡亦剌惕人 Oyirat 與乞兒吉思人 Qirghiz）。[74] 但是，拉施德丁在其敘事中一些不同的地方，提供了有關朮赤兀魯思的位置，細節則互相衝突。在其中一處，拉施德丁說朮赤兀魯思擁有「在額爾濟斯河與阿爾泰山疆域的所有領土與兀魯思」，而以額爾濟斯河為中心，[75] 這樣的細節顯然與極早的時期相符，這大約是在 1207 年左右，當朮赤參與對抗「林中百姓」的軍事行動之時。朮赤的領地傳給其諸子，他們以拔都為首，拔都是歷史學家稱之為「金帳汗國」（Golden Horde）的政權之真正創立者，在此之時，朮赤兀魯思的影響力中心似乎主要已經在西方了。作為 1236-42 年遠征的結果，兀魯思的中心還會繼續向西移動，因為征服了保加爾合罕國（Bulghār qaghanate）、羅斯諸君主國（Rus′ principalities）、多瑙河畔的保加利亞（Danubian Bulgaria），並且完成了對欽察人的征服。朮赤兀魯思所延伸的範圍似乎沒有明確的限制[76]—— 在東北方，與合罕領地的邊緣相接，拉施德丁將此邊界稱為德勒蘇（Deresü）；[77]

在北方，則深入俄羅斯的森林地帶，甚至更延伸到尤格拉（Yughra）與薩莫耶德（Samoyed）出產毛皮的土地；在西方，延伸至多瑙河谷地、喀爾巴阡山，以及波羅的海世界的邊緣。朮茲札尼筆下的拔都，在1251年的忽鄰勒塔表達了這樣的意見，那就是他與其兄弟在西方擁有了足夠的土地，並不渴望取得合罕之位。[78] 拔都領地的核心是欽察草原（Qipchaq steppe, *dasht-i Qipchāq*）——也就是欽察—康里人先前的草場，因此「欽察汗國」（Qipchaq khanate）這個稱呼，也通常用來形容他後代的領地——除此之外，還包含富有且文化上較先進的花剌子模地區。在這些疆域之內，朮赤眾多的兒子，每一位都有自己的封地。拔都自己的草場在伏爾加河沿岸，而我們也知道斡兒答（Orda）的兀魯思，因為斡兒答作為最年長的兒子而享有特別的尊榮。[79] 斡兒答的土地在東北方，位於額爾濟斯河上游，這裡曾經是朮赤的主要營地[80]（斡兒答的母親並不被稱為朮赤的正妻，不過，既然她被描述為一位有地位的女性，所以斡兒答有可能是朮赤與先前正妻唯一的兒子，也因此是「守灶子」。）

在遙遠的西方，朮赤支系擁有雙重的優勢，也就是擁有黑海—裏海草原河流谷地的茂密草地——包含烏拉爾河（Ural，或雅伊格河 Yayiq，這是突厥語族群的稱呼）、伏爾加河、頓河（Don）、第聶伯河（Dnieper），以及德涅斯特河（Dniester）——還有一道長而開放的邊界，相當便於擴張。其他支系並不擁有可與之相比的廣大土地——尤其是察合台支系，他們唯一與非蒙古政權的邊界只有興都庫什山。或許這就是察合台支系王子不里（Büri）不滿的背後原因，根據魯布魯克，他質疑為何他不被允許在伏爾加河岸邊放牧牲畜，這或許暗示著朮赤支系將其東方的草場轉移給察合台支系的時間略有拖欠（不過我們也要注意，不里在1236-42年的遠征之中，站在貴由一方，與拔都發生爭執）。魯布魯克聽說不里因為喝醉才會說出這樣的話；然而這並沒有使他在1251年的政變之中得到寬赦，此時不里被拔都的屬下逮捕，被帶到拔都的營地（斡耳朵）並且遭到處死。[81]

這場政變，以及帝國王朝中央兩支系數名成員的消滅，其後伴隨了新的領地分配。有些領地被封給了「窮人」（have-nots）——較為低階的察合台支系與窩闊台支系諸王子，他們投靠了新任合罕蒙哥，或因為太年輕而沒有成為反對派的王子們。我們在先前也看到哈喇旭烈與其年幼的兒子木八剌沙是如何成功的被指派為察合台兀魯思的首領。貴由的兒子禾忽（Hoqu），此時仍然是嬰兒，以及合丹（Qadan）與滅里（Melik），窩闊台與一位嬪妃所生的兩個兒子，還有海都（Qaidu），一位窩闊台的孫子，都被授予了封地。窩闊台的另一位孫子脫脫（Totoq），則獲得了葉密立地區的封地，此處是窩闊台領地的核心；然而，我們在任何資料之中都不知道他或其他人先在是否掌管窩闊台兀魯思，或甚至窩闊台兀魯思是否仍然存在。[82] 拖雷支系的增長是以窩闊台支系的損失為代價。根據拉施德丁，蒙哥的幼弟阿里不哥在阿爾泰山設立夏季營地，並在兀瀧古河（Ürünggü）與乞兒吉思（Qirghiz）領地過冬，他們的母親唆魯禾帖尼也居住在此處；[83] 這個區域的某一部分很有可能位於之前先後由窩闊台與貴由所領有的封地。在吐蕃，不久之前窩闊台的兒子闊端（Ködön，或Köten）在此地掌握巨大的權力，現在新封地被劃分出來，給予了蒙哥諸弟，特別是三弟旭烈兀（Hülegü）；不過闊端的後代依舊在唐兀惕（Tangut）國保有了他們的領地。[84] 如同我們將要看到的一樣，朮赤支系之後還會經歷更驚人的擴張。

五、蒙古貴族女性的角色

在內亞游牧社會之中，女性普遍享有可觀的自由。[85] 在契丹—遼帝國之中，皇太后們行使著權力，而在十二世紀之時，喀喇契丹有兩位菊兒汗是女性。[86] 在蒙古的領土之中，則只有一位公主，撒迪別（Satī Beg），在1338年／739年的伊利汗伊朗被承認是作為君主的統治者。[87] 她的名字被置於呼圖白（*khuṭba*）之中，並出現在硬幣之上。不過，窩闊台的正妻脫列哥那（Töregene），以及貴由的正妻斡兀立·海迷失（Oghul Qaimish），都在丈夫逝世之後被立為監國，在察合台兀魯思之中，兀魯忽乃（Orqina），哈喇旭烈（Qara Hülegü）汗的遺孀，也作為其幼子的攝政。成吉思系王朝的公主們參加忽鄰勒塔，而她們的意見有一定份量。拖雷的遺孀唆魯禾帖尼・別乞（Sorqaqtani Beki），是蒙哥、忽必烈、旭烈兀、阿里不哥的母親，在丈夫逝世（1233 年）之後，在政治上扮演活躍的角色，並被描述為蒙哥得以獲得合罕之位的主要背後功臣之一；忽必烈的妻子察必（Chabi）對他有重大的影響力。[88] 根據拉施德丁，當蒙哥派遣旭烈兀前往西方之時，曾經建議他在所有事情上都要諮詢正妻脫古思可敦（Doquz Khatun）的意見。[89] 在帝國時代之前，蒙古貴族女性顯然具備作戰能力，她們會將這些能力傳授給兒子們；雖然女性直接參與戰役極為不尋常，足以吸引我們的史料的注意，而加以評論。[90]

朮赤支系的領地與伊利汗國也不例外（雖然在這兩處沒有女性攝政的紀錄）。[91] 伊本・巴圖塔將會評論在朮赤支系的領地之中，高階級女性享有的自由。[92] 在伊朗，某些公主們也分配到了自己的斡耳朵（*ordos*），並且擁有武裝隨從，至少直至 1295 年，合贊（Ghazan）似乎才要開始將這些小隊吸收進入他自己的軍隊之中。[93] 如果說西歐基督教傳教士里克爾多・達・蒙德克羅切（Riccoldo da Montecroce）似乎有些誇大，當他觀察到「韃靼人相當尊崇全世界的女性，又特別尊崇他們自己的女性」，然而，在這一點上他是正確的，那就是高階級蒙古女性所能享受到尊重。[94]

然而，這些還是相當重要的，那就是分辨（1）一般而言，女性的角色較少受到限制，這點包含貴族女性在公眾儀式中的顯著地位，伊本・巴圖塔觀察到，在金帳汗國以及伊利汗國的領土上都是如此；[95]（2）某些王朝女性在統治方面即為顯赫，不只是作為攝政監國；以及（3）與之相反，女性在蒙古統治者的名單上全面缺席——除了撒迪別做為唯一的例外。我們應該要小心，不應該誇大帝國王朝的女性所被允許的自由：甚至里克爾多也暫緩了我們剛才引用的評論，他指出女性依然要服從男性的權威，並引述了象徵的（不過是誤解的）例子作為證據，那就是她們的頭飾固姑冠（*boghtaq*）的形狀像是一隻腳（圖版一）。[96] 不過，即便如此，以上的例子使人難以懷疑，在蒙古人治下，就如同在草原政權之中的一般情形，貴族女性享有的政治影響力遠大於傳統伊斯蘭定居社會。

六、帝國的行政架構

治理新征服區域的兩種主要官員，是八思哈（*basqaq*）與達魯花赤（*darughachi*，或答魯合 *darugha*）。有人認為，[97] 八思哈這個官職是借用自喀喇契丹，而喀喇契丹人自身又可能借用自喀喇汗王朝；諸菊兒汗習慣上會為帝國之中的每一個附庸國都任命一位代表（在阿拉伯語、波斯語史料之中，稱為席赫納 *shiḥna*）。與之相同，花剌子模沙赫摩訶末・本・帖乞失在接受撒馬爾罕喀喇汗統治者的臣服之後，任命了一位八思哈以監視他，確保他的忠誠。[98] 拉施德丁敘述成吉思汗在1221年任命統治長官的時候，他使用了席赫納這個詞彙；在稍後之處，拉施德丁將成帖木兒、闊里吉思、阿兒渾阿合都稱之為「伊朗的八思哈」，其中有一處，他用「席赫納」這個稱號來指稱阿兒渾阿合。[99] 在語意上，突厥語的稱呼八思哈（*basqaq*，*bas-*，「壓制、控制」）與蒙古語的稱呼達魯花赤／答魯合（*darughachi / darugha*）互相符合，八思哈經常只是達魯花赤的另外一個名稱而已。不過，我們還是不能確定，這兩者的稱呼術語的實質究竟是否完全相等。[100]

根據《蒙古祕史》，當成吉思汗對撒兒塔兀勒（*Sarta'ul*，穆斯林）的征服完成之後，他在每一個城市都任命了達魯花赤：特別提到的城市有布哈拉、撒馬爾罕、玉龍傑赤（古爾根奇）、于闐、喀什噶爾、葉爾羌、龜茲。[101] 如同喀喇契丹的八思哈一樣，達魯花赤這個稱號通常代表長官（commissioner）或「駐節」（resident），監督附庸君主的行動。從道教祖師長春真人（Changchun，丘處機 Qiu Chuji）的旅行記錄之中，我們知道早在1221年，阿力麻里（Almaligh）就有了達魯花赤，與當地的世襲統治者並存。[102] 不過，並非《蒙古祕史》之中列舉的所有地點都保留了自身的統治者，而達魯花赤與城市而非統治者的連結，暗示著達魯花赤的職位更加分明、更加當地，也有可能更加次要。無論如何，如同伊斯特凡・瓦薩里（István Vásáry）教授所觀察到的，達魯花赤與八思哈這兩個詞語的意義會隨著時間而改變。[103]

在1221年的任命之中，只有兩位達魯花赤——都位於花剌子模沙赫先前的領土——我們知道確切的姓名。其中一位是契丹人耶律阿海（Yelü Ahai），他成為了「布哈拉地區（*nāḥiyat*）的長官與席赫納（*shiḥna*）」（這或許代表整個河中地區），並駐紮於撒馬爾罕。阿海的事業為志費尼所掩蔽，因為他只將阿海稱之為「塔兀沙（Tūshā）八思哈」，根據包保羅（Paul Buell）教授的研究，證明了塔兀沙這個名字實際上是一個漢語稱號（太師 *taishi*）。在 1222 年不久之後，阿海逝世，其職位似乎由他的兒子耶律綿思哥（Yelü Miansige）繼承，在 1238 年馬赫穆德·塔拉比（Maḥmūd Tārābī）叛亂之時，綿思哥仍然擔任此職位。[104]

至於 1221 年的第二項任命，也就是任命成帖木兒（Chin Temür），我們知道的資訊則比較多。志費尼將成帖木兒描述為一位喀喇契丹人，然而拉施德丁則說他屬於汪古部（Önggüt），他被朮赤任命為花剌子模（玉龍傑赤）的八思哈（我們應該記得，這個區域已經被授予給朮赤）。[105] 在約 1229 年之時，窩闊台命令成帖木兒從花剌子模前去加入綽兒馬罕，提供軍事協助，因此他在接下來的數年都待在呼羅珊。在此地，由於成帖木兒即時地介入了花剌子模叛亂的埃米爾哈剌察（Qaracha）與牙罕·孫忽兒（Yaghan Sonqur），以及他在 1232-3 年／ 630 年將一群省份上的新近臣服的當地統治者（馬利克 *malik*s，譯按：即阿拉伯語的國王之意。）派遣給窩闊台合罕，確保了他作為呼羅珊與馬贊德蘭長官的職位，即使面臨著答亦兒那顏（Dayir Noyan）的競爭，也就是窩闊台先前將這個職位授予的人選。[106] 當成帖木兒在 1235-6 ／ 633 年逝世之後，年邁的將軍諾撒耳（Nosal，或奈撒耳 Naisal）治理了數年之久，窩闊台就下令以回鶻人闊里吉思取而代之，並將諾撒耳的職權限制在軍事指揮之上。[107] 然而，闊里吉思似乎沒有謹慎行事以避免冒犯有權勢的上位者。在窩闊台逝世之後，他成為合罕遺孀脫列哥那怨恨之下的受害者；她把闊里吉思送到察合台兀魯思的總部，闊里吉思因為先前挑釁的言論，使他在此地遭到處決。闊里吉思的職位則由斡亦剌惕人（Oyirat）阿兒渾（Arghun）那顏（稍晚被稱為阿兒渾阿合 Arghun Aqa）繼任，他是脫列哥那任命的人選，然而他努力保有其職位，不僅度過了 1251 年的中央政權更迭，甚至繼續任職，與旭烈兀的遠征同時，並且（嚴謹地說）直到他在 1275 年／ 673 年逝世為止。[108]

這些那顏們的職能是什麼？耶律阿海在 1220 年代於河中地區的職責包含徵收稅賦、召集並補給維護地方治安的軍隊、分配與監督徭役（*corvée*），以及接待諸如道士長春真人之類的貴賓。[109] 闊里吉思在任職呼羅珊、馬贊德蘭的最初數年，據說進行了省份上的第一次人口普查，重新制定了稅額，並創建了許多作坊（*kārkhānahā*）。[110] 不過，當窩闊台在 1239 年／ 637 年或稍早之前批准了闊里吉思的職位之時，他藉著將闊里吉思的職責拓展到由綽兒馬罕征服的烏滸水以西的所有土地，大幅擴展了闊里吉思的職權範圍。[111] 因此，綽兒馬罕的權威被限縮到純粹的軍事之上，如同前幾年諾撒耳在呼羅珊的情況一樣。闊里吉思現在治理一個廣闊的地區，當這位長官垮台之時，志費尼描述了他的職權範圍的延展，乃是「從烏滸水，直到法爾斯、喬治亞、羅姆、摩蘇爾」。[112] 我們在這裡看到的正是伊朗「分支文書部」（branch secretariat，漢語 *xingsheng*「行省」）的創立——行省是蒙古人借用自女真—金帝國的行政機構，包保羅教授將之美稱為「聯合附隨行政機構」（joint satellite administration）——以及行省取得了原先由探馬軍（*tamma*）行使的統治職責。[113] 在其他地區，兩處這樣的統治機構早已被建立了。在中國北部，花剌子模人馬赫穆德．牙剌哇赤（Maḥmūd Yalavach）負責治理先前的金帝國領土，以及目前所征服的宋帝國領土；他的兒子馬斯烏德（Masʿūd）在蒙哥統治的初期，則負責管理包含河中地區、突厥斯坦、回鶻領土、于闐、喀什噶爾、費爾干納、訛答剌、氈的，以及花剌子模的區域。[114]

在蒙古統治的早期，軍事權威與民事權威還沒有分化。被任命為達魯花赤的人，通常出自於合罕的怯薛（*keshig*），如同我們先前所注意到的，怯薛是蒙古政權架構的核心組織。[115]「聯合附隨行政機構」的創立，或許意味著探馬軍指揮官的權力縮減，[116] 但是並不代表軍事與民事的徹底分離。即使官僚化的程度加深，整個區域依舊在軍事管制之下。蒙古人在此方面將會緩慢地轉變。在中國，達魯花赤將會繼續同時行使民事與軍事職權，直到忽必烈在 1260 年代試圖將這兩個領域分離為止。[117]

在官僚政治的較低階，書吏或祕書（即「必闍赤」，突厥語 *bitikchi*；蒙古語 *bichechi*）也與之類似，被吸納進入親衛之中。[118] 來自不同族群的成員都擔任了這個職位。長春真人在前往成吉思汗總部的旅途之中，在河中地區拜訪了耶律阿海，注意到中國人在「許多族群的人們」之中，也被雇用以參與地方行政。[119] 大約三十年之後，志費尼提到帝國宮廷中的穆斯林必闍赤，並且說到對於每一種語言，都有相對應的書吏們——這些語言包括波斯語、回鶻語、漢語（*khitā'ī*）、吐蕃語、唐兀惕語，以及其他語言。[120] 這樣的一個世界，顯然珍視翻譯技能，我們會在稍後討論此種情況（見第八章、第十章）。在初期的數十年，蒙古征服者們毫無疑問最重視回鶻語言與文字，或許這就是為何魯布魯克被誤導的原因，他下定結論，說回鶻人向蒙古政權提供了最首要的必闍赤。[121] 志費尼也提到闊里吉思與阿兒渾兩人能夠獲致高位，是因為他們熟習回鶻文字。[122] 根據伊本·富瓦惕（Ibn al-Fuwaṭī），先後治理過河中地區與中國北部的大臣馬赫穆德·牙剌哇赤（Maḥmūd Yalavach），能夠書寫蒙古語、回鶻語、突厥語、波斯語，並且能夠口說「契丹語」（Khiṭā'ī'，漢語或契丹語？）、「印度語」（Hindī）、阿拉伯語。[123] 似乎許多人——包含穆斯林——因為對回鶻文字的知識而被蒙古征服者雇用，而他們的出身都相當寒微。志費尼作為一支古老波斯官僚家族的名門子弟，他的措辭相當不含蓄：「他們認為回鶻語言與文字是知識與學問的顛峰……他們認為放屁與掌摑出自於天生的仁慈。」[124] 在其中一處，志費尼告訴我們這類低賤行為的確切案例，來自於阿昔爾（Aṣīl），闊里吉思的管家，稍後成為維齊爾，他是一位農莊主（*dihqān*）的兒子。[125] 確實，志費尼對阿兒渾的看法似乎有些矛盾（雖然志費尼沒有直接批評阿兒渾），[126] 以上的批評仍然有可能將阿兒渾包含在內。

行政機構應該要由協作的方式組成，這個理念，與軍事遠征的構成或領地及臣民的分配一樣，也反映在區域與地方政府的組成之中。因此，當成帖木兒從花剌子模出發，前往支援綽兒馬罕的軍事行動之時，他為綽兒馬罕安排了「代表王子們的諸埃米爾」，而綽兒馬罕則回過頭來，也為成帖木兒配置了一名「代表每位王子以及王子的兒子們」的埃米爾。成帖木兒任命了巴哈丁·志費尼（Bahā' al-Dīn Juwaynī，歷史學家志費尼的父親）作為財政大臣（*ṣāḥib-dīwān*），而至於其他的埃米爾們，就我們所知，他們每一位都派遣了一位祕書（必闍赤）到這個部門（*dīwān*）以代表他們各自所屬的王子們。[127]

七、稅收[128]

在這裡不考慮對附庸君主徵收的貢賦，因為我們將會在第九章檢視。那麼，對被征服的定居人口徵稅，一開始只是一系列非常規的徵收，為的是給征服軍隊補給軍需，或為了預備更長時段的戰爭。前面這一項臨時徵收，通常包含在「答合兒」（*ṭaghār*）的稱呼之中，[129] 在這裡無須更細緻地闡述。而後面這一項，則包含了在1220-1年／617-18年，哲別與速不台於哈瑪丹、大不里士、甘札對於馬匹、衣物、金錢的需索，或在1231年／628年，綽兒馬罕於大不里士對於絲綢與其他昂貴織品的需索；[130] 在旭烈兀遠征之時，向每一位亞美尼亞人徵調兩捆繩索、一支箭矢，以及一只馬蹄鐵；[131] 或者對於頓河與多瑙河之間的領土居民，向每一位成年男性徵調一柄斧頭，以及任何還沒有鍛造的鐵（如果魯布魯克可信的話，徵調的範圍甚至還包括多瑙河南岸）。[132] 對於精良織品以及金屬的重視需要注意，在游牧族群之中，它們的供應相當短缺。

在蒙古早期統治之時所徵收的稅賦類別，或許可以最為便利地被分類為：蒙古之前的統治者習慣上所徵收的稅種，以及游牧族群本身（間斷地）所需要的稅種，現在也向定居族群徵收。讓我們從後者開始看起，這一類型由探合（*tamgha*）、合蘭（*qalan*）、忽卜出兒（*qubchur*）組成。探合是對商業交易所徵收的稅賦。❶ 至於在中亞何時實施，則屬未知。保羅．拉契涅夫斯基（Paul Ratchnevsky）認為，由於成吉思汗這位蒙古君主與商人培養了緊密的聯繫，探合不太可能在成吉思汗的統治時期存在，他認為探合是由窩闊台引進的。[133] 探合在伊朗的出現，則可能是隨著旭烈兀的到來。[134]

---

❶ 註：tamgha本意是印記、印章的意思，此指針對商業交易課徵的稅收。

合蘭這個術語的意義，在史料之中通常不太清楚，有可能涵蓋了多種稅賦。[135] 約翰・梅森・史密斯（John Masson Smith）教授論證說合蘭（可能來自於突厥語 *qal-*，「維持、接續」）代表先前的統治者們，傳統上向蒙古人的定居臣民所徵收的稅賦。[136] 如果是這樣的話，這也僅是合蘭其中一種被使用的意義而已：這個術語更廣義地用來指稱附加的徭役（*corvée*）義務，也更狹義地用來指稱傳統上由耕種者支付的農業稅 [137]——在伊斯蘭世界之中，這類稅賦就是哈拉吉（*kharāj*，向人工灌溉的土地所徵收的稅賦），或是稱為烏胥爾（*'ushr*）的什一稅（tithe）。

忽卜出兒一開始在《蒙古祕史》之中出現（以其蒙古語的形式，忽卜赤里），代表從游牧人口之中徵收牲畜，當鐵木真為了協助他（當時）的同盟，也就是陷入困境的脫斡鄰勒之時，他向他的部屬施行此項徵收。[138] 在 1235 年的忽鄰勒塔之時，窩闊台徵收忽卜出兒，每一百頭牲畜之中索取一頭牲畜，為了他自己的家戶，另外又索取一頭牲畜，為了要救濟窮人。在 1250 年，稅率曾經被嚴峻的斡兀立・海迷失暫時提升到十頭牲畜之中取一頭，之後蒙哥再次頒布了原先的敕令，不過命令任何擁有少於一百頭特定牲畜的人，不需要支付任何牲畜。[139] 有人認為，在蒙古地區所見，帶有城牆的許多中心，是為了臨時儲存大批用此種方式徵收的牲畜而建造。[140] 在伊朗對定居人口施行忽卜出兒，通常是與蒙哥的統治時期聯繫起來，不過窩闊台的一份詔令之中，命令徵收十分之一的穀物以救濟窮人，似乎與 1235 年向游牧民的徵收有關連（拉施德丁在提到此次徵收穀物之前，就先提到了對游牧民的徵收），[141] 也有可能代表忽卜出兒的「定居」版本。

無論實情是什麼，在蒙哥的統治之下，忽卜出兒一開始做為對定居族群的人頭稅（head-tax），忽卜出兒就是以此種意義反覆出現在波斯語的史料之中。[142] 忽卜出兒的施行，總是晚於人口普查，至少在 1250 年代早期的伊朗、高加索、羅斯都是如此，不過，在更早的時候，人口普查已經在伊朗的其他地區進行過，例如在錫斯坦，還有在中國也進行過，不過就我們所知，並非作為忽卜出兒的前置作業，另外在呼羅珊與馬贊德蘭也由闊里吉思進行過

（1239-40年／637年），明顯是作為稅收（*mālhā*）的基礎。[143] 很有可能這些先前的計算，是為了作為徵收輔助部隊的基準，或僅僅是為了確定貢賦的概括數額。蒙哥命令新稅只能每個年度徵收一次；其收益則被保留，作為強制徵兵（*ḥashar*）、郵驛系統（站 *yam*），以及供給特使（額勒赤 *elchis*）的開銷之用。蒙哥合罕也制定了累進稅率：一個有錢的人每年需要支付十第納爾（*dinar*），而一個窮人每年只需要支付一第納爾。志費尼的用語暗示著這些數額是基於河中地區的稅收系統所制定，在河中地區，長官馬思忽惕·貝格（Masʿūd Beg）早已引進了忽卜出兒的徵收（不過，我們並不知道這是一項近期的創新，或是從窩闊台與貴由的統治時期就已經開始的慣例）；而根據常德（Changde）在1259年的記載，我們知道在河中地區，富人所支付的人頭稅，其額度比窮人更高，而最高的支付金額是十枚金幣。[144] 阿兒渾阿合在帶著蒙哥的詔令回到呼羅珊之後，諮詢了他的官僚們，並且定下了最高的年度稅率，也就是每十個人支付七十枚金幣。而在1258年／656年，當旭烈兀到達南高加索之後，長官阿兒渾阿合制定了一項更廣大的改革，其中最富有的人要支付五百第納爾，而最窮的人只需要支付一第納爾。[145]

雖然傳統伊斯蘭稅制的基礎原則是土地的擁有與利用，然而，忽卜出兒的基礎則是基於個人（無論是否為土地的擁有者），[146] 如同蒙古人利用人口普查所顯現的一樣。不過，值得注意的是，蒙古征服者們保留了舊有的土地稅——哈拉吉或烏胥爾——與新的稅賦並存；[147] 阿克納的格里高爾（Grigor Aknerts‘i）提供的印象是，這些土地稅可以達到農作產出的一半。除了吉茲亞（*jizya*）之外，蒙古人只廢除了一種傳統上在伊斯蘭領土之內所徵收的稅賦（儘管嚴格上來說，此稅賦並非聖典的規定），也就是無繼承人的男性之遺產稅，無論這位死去的男性是一位高級官員，或是一位農民。對於此事，我們擁有的證言不僅限於志費尼，他說蒙古人認為這項遺產稅是不吉利的，而志費尼自己作為巴格達長官之時廢除了這項稅賦，除此之外，我們還擁有一份似乎是由納希爾丁·圖西根據第一位伊利汗旭烈兀的命令而草擬的記載，其中證實了成吉思汗與其王朝成員都反對這樣的遺產稅。[148] 厭惡這項稅賦的理由——而征服者們不尋常地願意放棄稅收——並不清楚；然而最有可能的原因是草原的禁忌，也就是禁止接觸新近死者的財產，這項禁忌由西歐的旅行者們以及其他人所證實。[149]

八、蒙古法律

志費尼告訴我們，成吉思汗對每一種狀況都發布了一則規定。志費尼與其他穆斯林作者使用阿拉伯—波斯語的術語「札撒」（*yāsā*，突厥語 *yasaq*）來指稱這些頒布的法規，這個稱呼與蒙古語的「札撒」（*jasagh*）互相對應，其意義是「規範法」（normative law）。[150] 至於成吉思汗的裁決範圍究竟為何，則已經有了許多討論。[151] 最主要的爭議與所謂的「大札撒」（Great *Yasa*）有關，大札撒據說是成吉思汗在 1206 年即位之時所頒布的一本法典，而爭議的興起則是因為我們無法了解兩件事情。首先，是用來修飾的形容詞「大」（*buzurg*），波斯歷史學家通常將其與札撒連結在一起（在漢語史料之中則與「大」*da* 相對應），這個詞僅是表示「祖傳的」（ancestral），也就是「帝國的」（imperial）。其次，則是在波斯語的史料之中，「札撒」有時候會與「約孫」（*yūsūn*，蒙古語 *yosun*，「習俗」custom、「慣例」practice）並列，可以更廣泛地用來指稱「法律」——而實際上無異於指稱「統治」（rule）或「政權」（regime）。[152] 這個觀念似乎與更古老的突厥語稱呼多魯／多雷（*törü* / *töre*）❷互相對應，出現於突厥帝國與回鶻帝國之時。[153] 因此，基於這些緣故，最適合用來詮釋「札撒」這個術語的英語詞彙，應該是「order」，因為這個詞語在英語中含有雙重意義（譯按：可以用來指稱法令或秩序。），而在更廣義的意思之上，札撒則用來指稱成吉思系王朝的（世界）秩序。這也是貴由合罕在 1246 年使用這個詞彙的主要意旨，當時他呼喚教宗依諾增爵四世（Innocent IV）親自前來他的宮廷，以「聆聽來自札撒的每一道命令」，另外，伊利汗阿

---

❷ 註：無法確知是否有漢文對應詞彙，姑且根據原文音譯。

八哈在 1268-9 年寫給蘇丹拜巴爾斯的信中，也顯然使用了相同的詞彙。[154]

在成吉思汗去世之時就已經有書寫成文的規範存在，這並非完全不可能的想法。我們有許多證據，當蒙古人開始征服東亞的領土之時，他們早已雇用了許多書吏，產出以回鶻文字所書寫的文書。當任命失吉・忽禿忽（Shigi Qutuqu）作為札魯忽赤（*yarghuchi*）或最高斷事官（根據《蒙古祕史》的一個段落，此段落長久以來被誤認為「大札撒」的起始），成吉思汗指示他要保存書寫紀錄，不只要記錄被分配給王朝家族成員的臣民數量，也要將所有的司法判決記錄下來。[155] 另外一個例子，則是在長春真人覲見成吉思汗的時候，李志常（Li Zhichang）告訴我們，征服者成吉思汗兩次命令書吏將其訪客的話語記錄下來，第一次使用漢文，第二次則使用回鶻文字。[156] 拉施德丁告訴我們，在窩闊台統治時期，例如察合台這樣的統治親王們，他們擁有親近的侍從，每天都寫下他們說出的每一句話（*bilig*）。[157]

根據拉施德丁，成吉思汗「制定並匯編了統治的札撒與約孫之習俗與慣例」（*rusūm-u qawānīn-i yāsāq-u yūsūn-i pādishāhī-rā murattab-u mudawwan gardānīd*）。[158] 不過，這些原先為了特定目標（ad hoc）而制定的法令與判決，被視為一份文集（corpus，而非一部「法典」code），我們所知的最早時間則是來自於 1229 年，當窩闊台即位之時，據說下令保存這些法令與判決，使其不被更動。[159] 志費尼向我們保證，成吉思汗的諸札撒，記錄在一本「大札撒之書」（*yāsā-nāma-yi buzurg*）之中，保存在國庫裡，在大型的集會之時會拿出來以做參考，這些集會包含新任合罕的即位，或為了討論軍事遠征而召開的會議。[160] 我們清楚的是，在窩闊台與繼任者們的統治時期，這份法令文集不停的積累，許多額外的札撒被頒布，並且添加到成吉思汗的札撒之中。因此，在 1246 年貴由即位之時，他宣告其父窩闊台的諸札撒不會被更動。[161] 直到晚期的 1311 年，新即位的合罕普顏篤（Buyantu，即元仁宗，統治於 1311-20 年）❸下令要調查其曾祖父忽必烈的諸札撒，其中被廢棄的札撒，應該要重

❸ 註：漢語史料通常記載的是「愛育黎拔力八達」這個名字。

新遵從。[162] 志費尼提到的公開場合，很有可能與拉施德丁提到的公開場合相同，拉施德丁說，征服者成吉思汗的後裔們會召開札撒勒（*yasal*）或札撒米希（*yasamishi*），❹這個詞語他定義為「將他們的習俗與慣例定出秩序（set in order，*rāst kardan*）」。[163]

另一個我們面臨的問題，是我們缺乏任何有關諸札撒的全面清單。許多人企圖重構「大札撒」，[164] 但是這些嘗試從來沒有獲得歷史學家們的廣泛認可。[165] 很有可能，十五、十六世紀的作者們，以他們當時能獲得的資料，來回顧十三世紀的狀況，他們將更晚期的積累或插敘，認定為成吉思汗與其直接繼承者們頒布的法令（或習俗）。其中的一個案例，是克里米亞汗國（Crimean khanate）的四位哈喇出貝格（*qarachu* begs，或哈喇赤貝依 *qarachi* beys）之制度，在一位十七世紀作家的眼中，這項制度來自於成吉思汗的札撒，然而，其實最早是十四世紀才創立的。[166] 另一個，則是父親亡故的孫子，將有權從祖父繼承父親的遺產，與父輩的叔伯份額相同。在十六世紀早期，烏茲別克汗（Uzbek khan）穆罕默德．昔班尼（Muḥammad Shībānī）這樣的一位大人物，都相信這就是成吉思汗自己的一條札撒；但是我們沒有任何證據，顯示這條規定在十三世紀就已經存在。[167] 關於這個主題，在結語之中會提到更多。不過我們或許也可以順帶提到伊本．阿拉伯．沙赫（Ibn ʿArab Shāh），他在 1401 年被帖木兒（Temür）的軍隊俘虜，從大馬士革被帶到中亞，並且寫作了一部充滿敵意的征服者帖木兒傳記。在伊本．阿拉伯．沙赫的《哈里發的果實》（*Fākihat al-khulafāʾ*，寫作於 1448 年）之中，這是一本屬於「君主之鑑」（mirror for princes）文類的故事集，他在其中列出了「成吉思汗的圖拉（*Tūra*）」之中，他認為與伊斯蘭法衝突，並顯然覺得相當荒謬的一些條款：這些條款沒有在任何地方出現，因此肯定不足為信。[168]

志費尼告訴我們，在大集會之中討論的事務是「有關軍隊的布署以及省份

❹ 註：漢文史料多有在公開集會中頒布、宣讀札撒的記載，但並未提及集會名稱。此處「札撒勒」跟「札撒米希」係根據原文音譯。

或城市的毀滅」；而確實，大衛·摩根注意到，在志費尼討論成吉思汗札撒的篇章之中，他只局限於關注國務、軍事、郵驛網絡，以及組織年度狩獵。[169] 因此，有一條札撒禁止未向王子們諮詢意見，就攫取合罕之位。[170] 這並不一定代表征服者成吉思汗就沒有頒布有關其他事務的札撒。事實上，志費尼進一步提到，成吉思汗廢除了一些應受譴責的慣例（沒有特別指出是什麼），創立了許多從理性的角度看來值得尊敬的習俗，並且，許多判決（*aḥkām*）都與伊斯蘭法（Shariʿa）相當協調。[171] 志費尼盡可能地少談札撒，其動機可能是因為有些札撒無可避免與伊斯蘭法律、習俗有所衝突，如同我們將會在第十一章所看到的那樣，雖然這些札撒對穆斯林臣民全體的影響程度為何，依然具有爭議。

九、權力配置之概述

直至十三世紀中期之時，蒙古帝國的治理機制已經具備了這樣的面貌：極為複雜的模式，包含合罕與親王的特權，直接統治或透過附庸國君主控制，以及民事或軍事的任命官僚。在某些被征服的土地上，蒙古進軍之時的統治政權被掃蕩殆盡：花剌子模與喀喇契丹帝國，就如唐兀惕國（西夏）與金帝國一樣，都不復存在了。草原的廣大地域，以及某些超出草原範圍的區域，被分配給成吉思系王朝的王子們作為兀魯思；雖然有時候合罕也會試圖任命自己的人選，以維護他自身的利益。而在許多區域——主要是伊朗南部——地方的世襲統治者依然存續，或者是在合罕的宗主權之下任命了新的世襲統治者；第九章將會深入探討這些統治者們。在某些案例之中，此類附庸統治者附近會有一位蒙古王子駐紮。從而，布匝兒（Buzar，或斡匝兒 Ozar）建立的世襲統治政權，其都城依然位於阿力麻里，不過附近就是察合台與其繼任者的春夏季營地。[172] 而別失八里的回鶻亦都護由於一開始就臣服於成吉思汗，因此享有特殊地位，直接從屬於諸合罕，然而蒙哥則認為有必要將別失八里地區分配給窩闊台支系的王子脫脫（Totoq）作為封地，[173] 無疑是因為亦都護在繼位爭端之中的偏袒。帝國的政治形態因為這項事實而變得更為複雜，那就是某些率領探馬

（*tamma*）軍分遣隊的蒙古將領，坐落於草原於邊緣地帶，然而他們並不直接效忠於合罕，而是聽命於他們所代表的某些特定帝國家族成員，這位成員的駐地可能位於距離數百里之處。

甚者，從窩闊台統治時代以來，在早已複雜無比的網狀結構之上，藉由創立了三個區域文書部（regional secretariats），又加上了一層權威——包保羅稱之為「聯合附隨行政機構」（joint satellite administrations），就如我們先前所見——以監督被征服的定居區域，不僅包含合罕權威直轄的領土，也包含授予其親族的領土；這些機構由合罕自身任命的人選統領。這些新的文書部，監督稅收的課徵與收集，更進一步也負責分配給合罕親人的歲入，不過他們在這些區域官僚機構之中也擁有自己的代表，很自然地想要直接利用他們自己的財產來源。甚至在窩闊台在世之時，察合台就已經僭越了他自己的權利，因為他在河中地區的部分駐紮，不過合罕忽視了這件冒犯之舉。[174] 志費尼告訴我們，在窩闊台逝世之後，每一位獲得領地的王子都對稅收進行分配（*iṭlāq*），並用自身的名義發布札里黑與牌子。[175] 察合台支系得到窩闊台遺孀脫列哥那監國的准許，從合罕的逝世之中獲利，將闊里吉思消滅了；[176] 而有可能就在這個時候，其中一位察合台支系成員也速蒙哥（Yesü Möngke），試圖將其權威擴展至赫拉特，但是沒有成功。[177] 這些王子據說也利用了貴由逝世之後，合罕空缺時期的時機，以擴展自己的權威，並從中獲利。[178]

有關位於烏滸水以西由蒙古人所征服的區域，我們擁有的資料無疑最為充分，從其行政架構之中，我們可以看到許多種類的兩方對立。第一重對立在於我們或許可以稱之為孕育中的民事管理機構，與軍事機構之間的衝突。志費尼強調了闊里吉思在修復綽兒馬罕與拜住的軍隊造成的損害之中扮演的角色，他聲稱，綽兒馬罕與拜住「認為該處領土【大不里士】是他們自己的私產」。[179] 在闊里吉思權威之下的土地被窩闊台大幅度的擴展，而他的官僚則不出意料地承攬了徵收伊拉克、阿蘭、亞塞拜然稅收的責任，不過也與綽兒馬罕的屬下多次爭執。[180] 甚至，如果我們認為志費尼的宣稱，在闊里吉思治下農民不再承受軍隊的勒索與徵收，[181] 只是誇大的說辭，只是因為志費尼家族效命兩位長官中的闊里吉思而非綽兒馬罕，而因此偏袒的話，那麼，行政長官治下領土重建的關心，以及他願意反抗軍隊的貪婪，仍然是相當明顯的。

第二重對立則在於長官與地方諸馬利克之間的衝突，這些馬利克們與長官相同，也因合罕的恩惠而受益，他們為了確保領地的擴大，會以自身的名義向帝國宮廷索要札里黑與牌子：如同闊里吉思向他的保護人，窩闊台的首席大臣鎮海（Chinqai）所說的一樣，如果這些馬利克們成功了，他們與闊里吉思本人還會有什麼不同？鎮海在確保窩闊台沒有同意他們的請求之中，扮演了重要角色。[182] 當貴由即位之後，他因此謹慎地將札里黑與牌子只授予阿兒渾一人，使阿兒渾成為合罕與地方諸馬利克及諸官僚之間的唯一中介；據說在省級官員之中，只有阿兒渾（代表伊朗）、馬赫穆德·牙剌哇赤（代表中國）以及其子馬斯烏德（代表中亞），具有覲見新任統治者貴由合罕的權利。[183]

第三重對立則源自可能互相衝突的諸王子之利益，這些王子或許握有資產或收稅權，並且互相鄰近。只要王朝的成員聚焦於擴張成吉思汗後代的帝國之時，這個情況就依然可以處理。然而，當蒙古王子們開始繁衍下一代的時候，他們仍然相當年輕。只要經過數十年，共同血緣就快速地被稀釋了，這種共同血緣在先前可能帶給兄弟與堂親之間一種共享的目標感（雖然在1236-42年欽察戰役之中的爭吵，以及1241-51年之間的爭執，早已明顯地揭露其侷限性）；而成吉思汗常常被人引用的、有關家族成員之間要維持團結的訓誡，對於這些共同祖先至少在四個世代或五個世代之前的諸王子來說，顯然相當空洞。

我們所能發現的最後一重兩方對立，則在於合罕自身與其大部分親族之間，這些親族在「聯合附屬文書部」之內的代表，有時候會與區域長官或中央文書部互相衝突，而他們也利用時機，直接干涉與其領地相鄰的省份事務，尤其是在窩闊台逝世之後漫長的合罕空缺時期。在過去的研究之中，一般認為這些分離的傾向在貴由統治時期仍然未受遏止，不過金浩東（Hodong Kim）教授已經提供了很好的理由，為這個短暫的統治時期翻案。[184] 確實，貴由在西亞主要的冒犯者是其敵人拔都，也就是朮赤兀魯思的首領，而貴由在死去之前，正計畫要逼迫拔都這個敵手屈服。

十、蒙哥與中央集權

蒙哥管理帝國的主要手段，如同他前任的諸合罕一樣，就是他的怯薛（*keshig*）成員——他的家戶組織以及他的親衛。[185] 湯瑪斯·愛爾森（Thomas Allsen）強而有力地論證，說蒙哥作為新的君主，展開了一系列的改革，為了要最大化地收集資源以滿足將要在西方與中國發動的征戰。[186] 自從成吉思汗統治時期就發給宮廷官員、帝國王子與公主的所有印章以及象徵權威的牌子，現在全被追回。原先提供王朝成員與商人使用的帝國的郵驛系統（站 *yam*），現在只能在處理公事之時使用。斡脫（*ortaq*）商人——也就是與政府合作的商人[187]——現在則完全不能使用郵驛網絡；除此之外，他們之前享有的稅收豁免也被削除了。至於在封地之內，王子們現在被禁止使用他們自身的權威來召喚臣民，他們若沒有帝國官僚的許可，現在也不能干涉財政事務。蒙哥合罕改革的目標是增加稅收的基礎，並且削減諸多獲封王子的特權。在史料中，蒙哥呈現了相當留意財政的印象——甚至有些吝嗇；[188] 不過，為了公平起見，在此也必須附記，蒙哥似乎對於作為貴由與斡兀立·海迷失債權人的商人們相當慷慨，超過其謀臣建議的程度。[189] 志費尼力圖呈現蒙哥的和藹與寬大，指出其改革也是為了減輕臣民的負擔。愛爾森顯然是正確的，他指出了這些措施背後的主要動機——也就是確保納稅者不會因為過度的婪索而陷入貧窮，使他們長期貢獻國庫的能力受到損害。[190] 至於合罕的改革政策是否反映了伊夫提哈爾丁·穆罕默德·加茲溫尼（Iftikhār al-Dīn Muḥammad Qazwīnī）的影響，哈米德拉·穆斯陶菲（Ḥamd-Allāh Mustawfī）宣稱此人教導了蒙哥，還有「他的兄弟與親族」，[191] 我們則不甚清楚。

愛爾森指出，蒙哥無法明確地被歸類為一位帝國中央集權改革鬥士，或一位「草原傳統主義者」；他被迫要允許一些慣例持續存在，而這些慣例與中央官僚制度的效率互相牴觸，例如封地系統以及地方文書部的協作結構。[192] 或許，蒙哥做為一位精力十足的改革者之形象，也需要用其他因素來限制。某種程度上，我們可以對許多原始資料抱持保留意見，如同大衛・摩根對拉施德丁敘述伊利汗合贊改革的紀錄所採取的態度一樣。這些讚美改革計畫的史料作者們，通常也對誇大改革前的糟糕狀態很有興趣，他們的讚辭，更像在指示出先前的錯誤，而非到底什麼被改正。[193] 在這裡，我們主要的資料來源志費尼，並非改革計畫的主要負責官僚，就像在合贊統治時期的拉施德丁也不是；但是志費尼的作品依然題獻給蒙哥合罕之弟旭烈兀。或許，志費尼有可能意在貶損蒙哥的前任者，也就是窩闊台、貴由合罕的成就呢？

在 1250-1 年，窩闊台支系與察合台支系的反抗，使新任合罕蒙哥有方便的藉口，以削減兩支系親王的力量，從而擴張了蒙哥自己與其家庭的權力。然而，他與朮赤支系的關係為何？這個帝國王朝的分支曾經給予他無條件的支持。如同愛爾森言簡意賅的敘述，「在處置他的敵人之後，蒙哥現在要面對同樣重要的工作，那就是如何對待他的盟友。」[194]

十一、朮赤支系在西亞的勢力

即使我們先前強調了協作的統治權，在窩闊台統治時期的伊朗東部實際上是被合罕與拔都的代表管理。[195] 隸屬於成帖木兒之下的諸埃米爾之中，志費尼特別提到怯勒孛羅（Kül Bolod）是奉合罕之命而行事，諾撒耳（Nosal）代表拔都，吉思勒不花（Qizil Buqa）代表察合台，以及也可（Yeke）代表拖雷的遺孀唆魯禾帖尼。[196] 不過我們沒有最後兩位埃米爾吉思勒不花與也可的更多資訊。當窩闊台任命成帖木兒——我們之前看過，他是一位朮赤支系的官僚——作為呼羅珊與馬贊德蘭的長官之時，合罕將自己的屬下怯勒孛羅派給成帖木兒，作為他的輔佐；[197] 成帖木兒逝世之後，怯勒孛羅似乎繼續扮演這個角色，這次是協助諾撒耳（他代表拔都）。[198] 怯勒孛羅逝世之後，阿兒渾與之相似，也被任命為新任長官闊里吉思的同僚（那可兒 *nökör*）。[199] 闊里吉思同樣在早期也曾經效命於朮赤支系，是必闍赤之中的一員，後來也被送往玉龍傑赤去協助成帖木兒，在成帖木兒之下，他升遷到內臣與代理人（*ḥijābat-u niyābat*）的位置。[200] 這是赫拉特的歷史學家薩義菲（Sayfī）寫過的詞語，強烈地指出闊里吉思依舊是拔都的手下。[201]

朮茲札尼特別注意拔都在伊朗享有的權威，他是成吉思汗孫子們之中最老成（senior）的：

> 所有在蒙古統治之下的伊朗省份，拔都都擁有收入配額，而他的代表們經常按他的額度帶走〔那一〕部分；所有的蒙古權貴與將領都遵從拔都。[202]

在 1230 與 1240 年代，以及在蒙哥的統治之下，薩義菲都提供了此種情況的證據。在 1239-40 年／637 年，薩義菲記載從窩闊台之處以及從拔都之處的使節來到赫拉特，他們確認了加爾盧格（Qarlugh）的席赫納（*shiḥna*）職位，以及伊茲丁的馬利克（malik）職位。[203] 在隨後的一年，瑪吉德丁（Majd al-Dīn），卡利庸（Kālyūn）的馬利克，親自前往覲見拔都，以得到許可重建城鎮的防禦工事。當瑪吉德丁在回程之時，他造訪赫拉特，並且攜帶了一塊由拔都授予的牌子，任命他為赫拉特的馬利克，敘事之中我們被告知，加爾盧格相當歡迎拔都的命令，認為他的命令與窩闊台合罕的命令無異。[204] 瑪吉德丁據說以更加隆重的禮儀來接待拔都的使節，勝於接待合罕的使節，並且將最精選的禮物贈送到拔都的總部去。[205] 當瑪吉德丁被阿兒渾阿合的屬下殺死之後，拔都任命瑪吉德丁馬利克的兒子夏姆斯丁．穆罕默德（Shams al-Dīn Muḥammad）作為赫拉特的統治者，不過在此事件之中，這位王子在 1244-5 年／642 年，從拔都的斡耳朵回程之時被人殺害。[206] 在這段敘事的稍後之處，薩義菲宣稱赫拉特的統治者們當時需要兩年一次繳交十匹驛馬（*ulagh*）、兩頂奢華的帳篷、以及三百枚成色優質的第納爾（dinars）給拔都的代表們，之後會送到拔都在欽察草原的總部，這項習慣一直不受挑戰，直到 1250 年，馬利克夏姆斯丁．庫爾特（Shams al-Dīn Kurt）拒絕了這項索討。[207]

同樣，拔都的勢力在近東也快速成長，尤其是在窩闊台逝世之後，與在其堂弟與敵人貴由繼位之間的五年。伊本・阿米德（Ibn al-ʿAmīd）說拔都將拜住（Baiju）及其軍隊置於他的控制之下，而拜住這位將領則常常伺候拔都，並遵從他的命令。[208] 馬穆魯克辭書學家努瓦伊里（al-Nuwayrī）敘述了在 1242 年／ 640 年入侵安納托利亞的軍隊，其由拜住率領，並且代表拔都；而伊本・比比（Ibn Bībī）則告訴我們，當塞爾柱蘇丹凱霍斯洛二世在科塞達格（Kösedagh）戰敗之後，被迫要派遣使節前往黑海草原的拔都之處。[209] 在 1247 年，貴由合罕試圖扭轉情勢，派遣額勒只吉歹（Eljigidei）以取代拜住，並控制羅姆、喬治亞、阿勒坡、摩蘇爾，以及塔卡烏爾（Takawur，小亞美尼亞）的事務，如果引用志費尼不置可否的措辭，那就是「使得沒有其他人能夠干涉它們」；而在 1248 年，額勒只吉歹的使節團派往當時正在賽普勒斯率領十字軍的法蘭西國王路易九世，就適切地說了拜住從屬於它們的主人額勒只吉歹。[210] 根據伊本・法德拉・烏瑪里（Ibn Faḍl-Allāh al-ʿUmarī），額勒只吉歹收到的指示是逮捕拔都在這個區域的屬下們。[211] 貴由在過早的逝世之時（1248 年／ 646 年），他自己則率領一支龐大的軍隊向西方進軍以對抗拔都，貴由的逝世從而避免了一場急迫的衝突。[212] 額勒只吉歹被逮捕並被處決；顯然，拜住及其軍隊再次臣屬於拔都，而拔都在 1250 年／ 650 年，於瑪亞法里斤的埃宥比君主呼求之後，確保軍隊從此城撤退。[213]

拔都的屬下顯然在行省的官僚體系之中享有特權。當成帖木兒被任命以治理呼羅珊與馬贊德蘭之時，他的同僚派遣必闍赤們，為王子們的利益服務，新任長官成帖木兒任命了夏拉夫丁（Sharaf al-Dīn）作為維齊爾（wazir）代表拔都，原因是他的年長與優越（*qadamat-u sabaqat*）。[214] 夏拉夫丁是花剌子模當地人，當成帖木兒前往呼羅珊的時候，他曾經作為一位必闍赤加入了成帖木兒。[215] 他到了闊里吉思任內，也持續在官僚體系之中，雖然在新長官的鐵腕統治之下沒有什麼實權，而當脫列哥那任命阿兒渾以繼任闊里吉思之時，夏拉夫丁被確立為首席祕書（大必闍赤，*ulugh bitikchi*）。[216] 夏拉夫丁在任官之時，經常往來於拔都的斡耳朵（*ordo*）。他的繼任者尼札姆丁・沙赫（Niẓām al-

Dīn Shāh）在 1249 年／647 年，於拔都的斡耳朵逝世。[217] 在 1251 年／649 年之時或稍早之前，納吉姆丁．阿里．吉拉巴迪（Najm al-Dīn ʿAlī Jīlābādī）從拔都之處到來，並有一紙詔書（yarligh）將其任命為大必闍赤；這份任命被新即位的合罕蒙哥所確認，當阿兒渾在當年稍晚前往蒙哥宮廷之時，他任命納吉姆丁作為他在呼羅珊的代理人。[218]

朮赤支系是 1251 年大清洗的主要受益者，因為王朝中央的窩闊台支系、察合台支系如此戲劇化地被剪除。因此志費尼令人訝異地承認在蒙哥統治時期，伊朗官僚體系之內朮赤支系的顯要地位：席拉吉丁．舒賈依（Sirāj al-Dīn Shujāʿī）獲得的關注就少得多，此人首先代表蒙哥合罕之母唆魯禾帖尼，在她逝世之後，則代表蒙哥的幼弟阿里不哥，[219] 除此之外，對於幫助察合台與窩闊台支系做事的人（如果有任何人的話），志費尼則沒有任何提及。一位馬穆魯克歷史學家知曉在約 1260 年之時，拔都的繼任者別兒哥在河中地區以西，享有五分之一的稅收，而合罕則取得五分之二，剩下的五分之二則給予部隊（可能也包含朮赤支系本身位於伊朗的分遣隊）。[220] 在更北方，一部分的河中地區似乎轉由朮赤支系控制，因為朮茲札尼提到了拔都的保護（*ḥimāya*）延伸到了「突厥斯坦」的穆斯林；而在 1260 年／658 年，朮茲札尼也會聽說，在蒙哥逝世之後，於突厥斯坦、呼羅珊以及伊朗其他地區，呼圖白（*khuṭba*）之中宣讀的是別兒哥的名字。[221] 在此之時，布哈拉居住的一萬六千名工匠之中，有五千名屬於朮赤兀魯思；剩下的人當中，三千名是唆魯禾帖尼的私產（也就是屬於其子阿里不哥的，因為她在 1252 年已經逝世），而八千名屬於「中央兀魯思」。[222] 當魯布魯克在 1253 年穿越中亞之時，他發現拔都權威的邊界位於塔剌思以東不遠之處，這裡也就是修士們進入合罕屬下所直轄的地方。[223] 朮赤支系擴展權威的代價，或許就是在 1257 年創立了管理此區域中定居領土的區域文書部，由乞解（Kitai）領導，蒙哥任命他為羅斯（Rus′）的達魯花赤[224]——這是我們聽聞此職位的最早時間。

在拔都的有生之年，拖雷支系與其朮赤支系堂親們的關係顯然相當和諧，而朮赤支系在蒙哥的推選之上扮演重要的角色。拔都在 1255 年逝世之後，由其子撒里答（Sartaq）所繼承，然而撒里答只統治了一小段時間，當他從合罕的總部要返回領地的時候逝世了。因此，朮赤兀魯思的領導權短暫地轉移到烏剌黑赤（Ulaghchi），他是撒里答的兒子或弟弟，然後在約 1257 年再次轉移到拔都的弟弟別兒哥（Berke）。[225] 撒里答與別兒哥的關係很差。亞美尼亞的歷史學家們比較偏向身為聶斯脫里派基督徒的撒里答，因此指控別兒哥與其兄弟別兒哥徹兒（Berkecher，兩位都是穆斯林）毒殺了撒里答，並將撒里答之死描述為對蒙哥與旭烈兀的一記重擊。[226] 在傳到德里的情報基礎之上，朮茲札尼宣稱撒里答曾經侮辱過別兒哥，而將其早死歸因於叔叔別兒哥的禱告（不過，他也引用了一則流言，說撒里答其實是被蒙哥的屬下所毒殺）。[227] 權衡之下，別兒哥似乎在其姪子撒里答的逝世之中有某種程度的涉入。無論蒙哥對此事件的真正感覺為何，在 1251 年對合罕的繼位扮演重要角色的別兒哥，被授予喬治亞作為獎勵，[228] 而朮赤汗別兒哥與拖雷支系的關係似乎並沒有惡化。拉施德丁甚至進一步說，在別兒哥大部分的統治時期，兩者的關係都很好。[229] 朮赤支系與拖雷支系的關係惡化，只有在蒙哥逝世之後，當伊利汗國創立，而西亞的權力格局也為之一新的時候。

十二、帝國的統一性

蒙古帝國的凝聚力來自多種因素。首先，或許是因為成吉思系王朝的成員在征服之中都可以分配到戰果，並且在某種程度上，甚至可以參與統治。其次，就是帝國的突厥—蒙古（Turco-Mongol）官僚。在拉施德丁《史集》之中的諸部落歷史，相當清楚地顯示，不只是出身於相同部落的成員，而甚至是出身於同一貴族譜系的成員，都散布在整個帝國綿長廣闊的土地之上，組成了一個真正橫跨大陸的統治階級（這種方式使人聯想到羅馬帝國的世襲貴族，或是九世紀、十世紀在沒那麼廣大的卡洛琳王朝領土上的法蘭克貴族）。[230] 第三個因素則是驛站（*yam*）。《蒙古祕史》中記載，窩闊台、察合台、拔都互相交換了訊息，表示他們願意將彼此的驛站互相連結起來。[231] 而在幾乎七十年之後，當鐵穆耳（Temür）合罕向伊利汗完者都（Öljeitü）通知說他與其他成吉思系王朝的人們已經達成全面和平之時，他提到了商隊與車隊現在已經一站接著一站地連結起來，從帝國的外圍區域直到疆域的核心之處。完者都將會在 1305 年寫道，「我們已經將我們的驛站連接起來，」他將這個好消息傳播給法蘭西國王腓力四世（Philip IV）。[232]

最後一點構成帝國統一整體的要素，也或許是最重要的，那就是堅守對整個體系的忠誠，這個體系被認為由帝國的創造者成吉思汗所制定。拉施德丁寫道，蒙哥在派遣旭烈兀前往西亞之時，也告誡他要守護「成吉思汗的習俗，以及約孫（*yosun*）與札撒（*yasa*）」，無論是在大事上，或是在小事上。[233] 蒙哥究竟是否說過這些並不重要，更重要的是在五十年之後寫作的拉施德丁，相信他真的說過這些話。雖然我們的史料通常用「札撒」這個術語來稱呼一道特定的敕令，不過，「成吉思汗的札撒」已經成為一句短語，用來表示成吉思汗的全數訓誡，特別是他嚴令子孫們應該要保持一體（在一則軼事之中相當生動地被記錄下來，那就是一支箭很容易折斷，但是好幾支箭就會無法折斷）。[234] 對於志費尼來說，這項嚴令正是「他們的行動與札撒之樞紐」。[235] 在家族團結的背景之下，成吉思汗的後代將蒙古軍威的偉大勝利歸功於「札撒」。[236] 不過，我們將會在下一章看到，旭烈兀的行動與維持帝國的統一性相距甚遠。

第五章

旭烈兀的戰役與帝國分裂

（1253-62 年）

一、旭烈兀的西南亞戰役[1]

在 1252 年，蒙哥合罕發動新的征戰，直指依然反抗蒙古的政權，一部分目標是替擴張進程注入嶄新的活力——在貴由治下，擴張一度中斷——但也有一部分目標是為了鞏固蒙哥本人的統治，因為他的推選有爭議，以及蒙哥陷入與窩闊台支系、察合台支系親屬的爭執之中。[2] 他的兩位弟弟率領遠征。蒙哥首先在 1522 年派遣忽必烈，藉著降服大理國（Dali，現今的雲南 Yunnan），由側翼包抄南宋，接著恢復對南宋本部的戰爭，蒙哥合罕在 1258 年接手計畫，親征南宋，結果在圍攻南宋的一座堡壘時身亡。旭烈兀則被派遣到伊朗。

旭烈兀遠征的直接目標是滅亡尼札里易司馬儀派（Niẓārī Ismāʿīlīs）——阿撒辛派（Assassins），或木剌夷（Mulāḥida），這是正統派穆斯林稱呼他們的名稱——他們以厄爾布爾士（Alburz）山脈以及庫希斯坦（Quhistān）為據點。如同我們先前所見，當成吉思汗在攻打花剌子模帝國之時，阿撒辛派就以臣服了成吉思汗，並且似乎還在十三世紀 40 年代與蒙古人進行過合作。然而阿撒辛派與蒙古人的關係卻惡化了，可能是因為成吉思汗要求阿撒辛派大師（Master）應該要造訪他的總部。[3] 隨後，阿撒辛派謀殺了蒙古將領大察阿歹

（Chaghadai 'the Greater'），因為他冒犯了他們，並且，貴由在 1246 年繼位之後，用一則憤怒的訊息，輕蔑地斥退大師阿拉丁（'Alā' al-Dīn）的使節。[4] 很自然地，蒙古政權無法長久忍受這支勢力，他們以伊朗北部的堡壘網絡為核心，這些堡壘據說都無法攻陷。在 1252 年 8 月／650 年 6 月，將領怯的不花（Kedbuqa）作為旭烈兀軍隊的前鋒，被派遣去對抗阿撒辛派。怯的不花在獲取易司馬儀派庫希斯坦地區長官（*muḥtasham*）的降服之後，他圍攻了格爾德庫赫（Girdkūh）堡壘但沒有成功，接下來則攻取了圖恩（Tūn）與圖爾希茲（Turshīz）這兩座城鎮。[5] 魯布魯克的威廉在 1254 年造訪蒙哥的總部，聽到流言說阿撒辛派正在想辦法刺殺合罕。[6] 這種說法可能是阿撒辛派對蒙古攻擊的回應，但也同樣有可能是加茲溫（Qazwīn）城法官（qadi）夏姆斯丁（Shams al-Dīn）的宣傳手法，他常常籲請蒙古人的協助，並且此時正在鼓動蒙哥對抗他們：史料提及他以一種宛如演劇的風格出現在合罕面前，在衣著之下身穿鎖子甲，並解釋這樣破壞宮廷禮儀的原因，乃是因為易司馬儀派激發的恐怖。[7]

不過，征服阿撒辛派並非旭烈兀唯一的任務。根據拉施德丁，拜住近期傳訊給蒙哥，其中抱怨了易司馬儀派與哈里發穆斯台綏木（al-Musta'ṣim），因此王子旭烈兀的任務也包含征服阿拔斯哈里發國位於伊拉克的領土；穆斯台綏木將會被給予主動臣服的機會。旭烈兀也要降服盧爾人（Lurs）與庫德人（Kurds），特別是沙赫拉祖爾（Shahrazūr）的庫德人。[8] 在旭烈兀抵達之前，為了減輕對伊朗西部草原的負荷，拜住及其軍隊收到命令，移入安納托利亞。[9] 塞爾柱蘇丹伊茲丁・凱卡烏斯（'Izz al-Dīn Kaykāwūs）試圖抵抗這支游牧族群的湧入，然而在 1256 年 10 月 15 日／654 年 9 月 23 日於阿克瑟拉伊（Akseray）被擊敗。伊茲丁・凱卡烏斯在短暫逃入希臘人的尼西亞（Nicaea）帝國領土之後，他返回並且陷入與其同父異母的兄弟魯昆丁・格利奇・阿爾斯蘭（Rukn al-Dīn Qilich Arslan）的鬥爭之中；不過，這兩兄弟最後都與旭烈兀談和。[10] 關於其他在伊朗南部進行軍事行動的蒙古分支部隊們，我們只知道其中一支部隊由將領額帖古・赤那（Ötegü China）統率對抗夏班卡拉（Shabānkāra）的庫德人，他們在 1260 年／658 年投降，於其首領在戰鬥中被殺死之後。[11]

旭烈兀向西方行進，經由中亞前往伊朗，這是一項曠日持久的事務，持續了超過兩年。旭烈兀在 1253 年 10 月 19 日／ 651 年 8 月 24 日離開他在蒙古地區的營地，直到 1256 年 1 月 1 日／ 653 年 12 月 1 日才渡過烏滸水。[12]1255-6 年的冬季在沙卜爾干（Shabūrghān）的草地之上度過，[13] 無疑是因為在溫暖的季節到來之前，攻打阿撒辛派於厄爾布爾士山脈的諸堡壘，將會招致災難。延誤只有部分原因是後勤問題所造成。[14] 我們沒有蒙古軍隊的確切總數，根據估計可能約略是十五萬人；[15] 不過大量的準備工作已經在事前完成，包含徵募軍需，以及占用與養護所有在旭烈兀道路上的牧草地。[16] 一個重要的情況是旭烈兀的軍隊不只包含一路上在河中地區徵募的穆斯林援軍，還包含帝國王朝其他支系所貢獻的部隊。斡亦剌惕（Oyirat）酋長不花帖木兒（Buqa Temür），其母是成吉思汗的女兒扯扯干（Chechegen），可能還從蒙古地區就伴隨著旭烈兀。不過，三位來自朮赤兀魯思的親王，不勒海（Balagha）、禿塔兒（Tutar）、忽里（Quli），以及察合台支系親王貼古迭兒（Tegüder）都在路上加入了旭烈兀，由於需要在超過一次的預定會合之中停駐下來，或許也導致他的行程緩慢。

首先，旭烈兀前往庫希斯坦，在那裡圖恩（Tūn）城鎮發生叛亂，不過再一次被武力攻下（1256 年 3-4 月／ 654 年 3 月）。接著，他逐漸向伊朗北部阿撒辛派的主要堡壘群移動。面對著蒙古主力軍隊，魯昆丁．忽兒沙赫（Rukn al-Dīn Khūrshāh），方才繼任他被謀殺的父親阿拉丁為大師，反覆地拖延時間達數星期之久，首先派出了他的其中一位兄弟，接著派出了他的維齊爾（wazir），最後則是他一位尚是嬰兒的兒子，然而忽視了旭烈兀要求拆除堡壘的命令。然而，溫暖的天氣使得蒙古軍得以從三個方向會師於他在邁蒙迪茲（Maymūndiz）的堡壘。即使在蒙古攻城投射器數天的轟炸之後，忽兒沙赫依舊在拖延，直到 11 月 19 或 20 日／ 10 月 29 或 30 日他自己才出現。旭烈兀親切地招待了他，而他也派遣易司馬儀派的分隊去摧毀其他的堡壘，雖然阿剌模忒（Alamūt）與蘭巴薩爾（Lambasar）的守軍拒絕配合。阿剌模忒堡被朮赤支系的親王不勒海包圍，並藉由忽兒沙赫的中介而投降；蘭巴薩爾堡則堅守了一年。現在已經沒有什麼用處的忽兒沙赫希望能獲得允許前往合罕的總部，然而被蒙哥下令處死，可能是在前往的路上，或在拜訪未果的回程之中，因為蒙哥拒絕見他。在蒙古勢力之下的所有易司馬儀派，也包含忽兒沙赫的整個家族，皆被屠殺。

志費尼對於阿撒辛派——據說是過去的君主、現在的君主、希臘人的君主、法蘭克人的君主都恐懼的對象[17]——之毀滅所做的讚頌，作為讚美其主人伊利汗旭烈兀的工具，不僅過於誇大，也或許太早了一些。格爾德庫赫將會持續抵抗蒙古人，直到 1271 年 12 月上旬／ 670 年 4 月下旬，已經是阿八哈統治時期了。志費尼這位波斯歷史學家也忽略了這項事實，那就是位於敘利亞的易司馬儀派諸堡壘，仍然沒有被蒙古人觸動過。敘利亞諸堡壘將會持續存在，直到 1270-3 年／ 668-71 年之時，在一連串的戰役之中屈服於馬穆魯克蘇丹拜巴爾斯（Baybars）；在此之後，甚至許多易司馬儀派成員，會發現他們的才能是使他們受到馬穆魯克政權歡迎的資產。[18] 不過，蒙古軍隊畢竟有效地消滅了伊朗的易司馬儀派政權，作為正統派穆斯林，這是一項全體歡慶的事件。

這將不會是對於旭烈兀隨後戰役的反應。在對抗易司馬儀派的軍事行動之中，旭烈兀要求哈里發派來援軍。[19] 穆斯台綏木的本能是遵從；然而在他的臣僚與諸埃米爾慫恿之下，這些人爭論說蒙古王子旭烈兀的真正目的是削弱巴格達抵抗攻城戰役的實力，因此穆斯台綏木最後沒有派出任何部隊。穆斯台綏木的處境並不值得欣羨，因為巴格達在過去十五年深受各種自然災害所苦，而政府也缺乏足夠的資金作為薪餉發放給士兵。[20] 當維齊爾伊本·阿勒卡米（Ibn al-ʿAlqamī）勸說哈里發贈送貴重的禮物給旭烈兀，哈里發也準備要這樣做，但被小掌墨官（Lesser Dawātdār）及其屬下勸阻，他們控訴維齊爾只是想要奉承敵人；取而代之的是送去了價值較小的物品。當旭烈兀要求哈里發派遣維齊爾、掌墨官，或將領蘇萊曼·沙赫（Sulaymān Shāh）前來之時，哈里發命令他們前往，但隨後又改變了想法，可能是因為這三位都拒絕了；最後，被派出去的代表都是比較不重要的人。[21]

旭烈兀決定不再等候。當拜住與速渾察（Sughunchaq）帶領的前鋒經由艾比爾（Irbil）前進之時，他跟隨主力軍隊經由胡勒旺山口（Ḥulwān pass）行進。當掌墨官試圖阻止剛渡過底格里斯河的拜住與速渾察前進之時，他遭受了一場嚴重的挫敗，喪失了幾乎所有的部眾，並撤退進入城市。旭烈兀在 1258 年 1 月中旬／ 656 年 1 月中旬抵達巴格達，蒙古人隨即開始密集的圍城。王子旭烈兀自己的軍隊在城市的東側修築了一道壁壘，而拜住、速渾察、不花帖木兒在西側修築了另一道。哈里發終於試圖進行妥協，但為時已晚，他派出了維齊爾，不過旭烈兀說這並不足夠，還要求派出掌墨官與蘇萊曼·沙赫；至於穆斯台綏木要不要跟隨他們，則自己決定。掌墨官與蘇萊曼·沙赫兩人都被處死，但維齊爾伊本·阿勒卡米受到饒恕。哈里發自己在 2 月 10 日／ 2 月 4 日帶著兒子們與其家族出現，而蒙古人很快就開始洗劫巴格達。當穆斯台綏木將其寶庫與後宮移交給勝利者之後，他對於蒙古人而言就沒有用處了。當蒙古人從城中撤退並且第一夜休憩，旭烈兀下令將哈里發與他其中一個兒子處決，用古老而可敬的方法，那就是包裹在毛氈裡擊打至死。他的另外一個兒子則在大約同一時間於巴格達被處死。[22]

這樣看來，旭烈兀似乎用審慎的態度攻打巴格達，或許是因為像是拜住這樣的蒙古將領相當提防巴格達眾多的人口，並認為哈里發有一支強大的軍隊。[23] 而他也受到這項事實影響，那就是我們之前所見的，蒙古人是歷史上一長串圖謀此城之敵的最新一群，而在他們之前的人都失敗了；發動攻擊之後，或許會有恐怖的災難發生。在諸哈里發喪失政治實權的時代，他們致力於宣傳神聖不可侵犯的形象。[24] 根據拉施德丁，這個主題在穆斯台綏木的回應及其官僚在面對蒙古要求降服的時候，[25] 都相當重要，也使得旭烈兀在召喚占星家胡撒姆丁（Ḥusām al-Dīn）提供指引之時，胡撒姆丁做出了前途不祥的預測。然而，胡撒姆丁的同僚，什葉派的納希爾丁·圖西（Naṣīr al-Dīn Ṭūsī）提供了更清醒——也更投契——的結論。被問到攻取巴格達會有什麼後果之時，據說納希爾丁·圖西只簡單地回應：「旭烈兀會取代哈里發而統治。」[26] 瓦薩甫說，先前在哈瑪丹，當旭烈兀首次下定決心要進軍巴格達之時，圖西已經被詢問過，並在觀測星象之後同樣預測吉利的結果。[27] 瓦薩甫與其他作者不同於拉施德丁的地方，是將這次有關後果吉凶的辯論，與另外一個數星期之後會出現的議題聯結起來，那就是要用何種方式——或者說，要不要——將哈里發處死。[28] 非常有可能的是，在攻擊阿拔斯哈里發國的過程之中，尖銳的意見對立就顯現了。旭烈兀懼怕的——如果根據某些作者所宣稱的，他真的害怕的話——是將穆斯台綏木的鮮血灑在地面上，從而冒犯了騰格里，因為這道有關王族成員的禁忌在草原族群之中流傳甚久；[29] 因此採用了如上所述的處決方式。巴爾．希伯來很有可能是正確的，他暗示旭烈兀將哈里發處決，是為了「擊倒」不祥預測的方法。[30]

做為一個持續了五百多年的政權，阿拔斯哈里發國的覆滅，無論如何都是一個極為重大的事件，給同時代的人以及後世之輩留下了非常強烈的印象。在穆斯台綏木垮台之後，一則有關他死亡的故事廣泛地流傳，並成為民間傳說。這則故事是這樣的，旭烈兀正面對穆斯台綏木的財寶，問他說為何他不使用這些財寶招募更多軍隊來對抗蒙古人（或者，另一個版本說，為何他不將這些財寶獻給蒙古人，以拯救他自己與巴格達）；接著，穆斯台綏木被囚禁在一個牢房之中，裡面什麼都沒有，只有他的財寶，而他在四天之內就因為飢餓而死。這則故事顯然潤飾自納希爾丁．圖西對巴格達淪陷的記載之中，旭烈兀與哈里發的對話，並在之後被瓦薩甫以及其他穆斯林作者覆述。[31] 這則故事顯然對基督教作家有很大的吸引力，因為它的各種變體被不同的作者們記載，包含拜占庭歷史學家格奧吉歐斯．帕奇梅雷斯（Georgios Pachymeres，約逝世於 1310 年）、亞美尼亞歷史學家阿克納的格里高爾（Grigor Aknerts‘i，約 1313 年）、流亡的亞美尼亞王子格里果斯的海屯（Hayton of Gorighos，約 1307 年）、匿名的「泰爾的聖殿騎士」（Templar of Tyre，約 1314 年）、威尼斯探險家馬可波羅（Marco Polo，1291 年）、道明會傳教士里克爾多．達．蒙德克羅切（Riccoldo da Montecroce，約 1300 年）、以及聖路易的傳記作者儒昂維爾的讓（Jean de Joinville，1309 年）。[32]

在 1259 ／ 657 年，旭烈兀派遣由其子玉梳木忒（Yoshmut）率領的部隊攻打瑪亞法理斤（Mayyāfāriqīn）。此城的埃宥比君主，卡米勒．穆罕默德（al-Kāmil Muḥammad），在先前的 1252 年／ 650 年曾親自覲見過蒙哥，在巴格達的圍城戰之中改變了心意，準備援助哈里發，不過在這個事件之中為時已晚；接著，他更試圖與阿勒坡蘇丹納希爾．尤素福（al-Nāṣir Yūsuf）組成同盟對抗蒙古人，但是沒有成功。不過，即使玉梳木忒從摩蘇爾獲得了援軍，瑪亞法理斤仍然足夠強大，一直抵抗到 1260 年 4 月／ 658 年 4 月，當卡米勒因為他的冒失付出性命的時候。[33] 至於馬爾丁（Mārdīn）城的阿爾圖革王朝（Artuqid）統治者薩依德．納吉姆丁．伊勒加齊（al-Saʿīd Najm al-Dīn Īlghāzī），則是下一個目標，因為他沒有等待旭烈兀，而是私底下拖延時間，試圖與納希爾．尤素福共同抵抗蒙古人。玉梳木忒的軍隊得以在 5 月 5 日／ 5 月 22 日進入此城，不過堡壘則繼續抵抗直到薩依德逝世為止，其子穆札法爾．喀喇．阿爾斯蘭（al-Muẓaffar Qara Arslan）可能是因為主張投降的緣故，先前被薩依德囚禁，現在被釋放出來並且代表馬爾丁城有條件地投降，因此蒙古人就撤退了（1261 年 6 月／ 659 年 7 月），穆札法爾則被承認為君主。[34]

蘇丹納希爾．尤素福，敘利亞的主要埃宥比王朝統治者，統治者三座主要城市：阿勒坡、大馬士革、歆姆斯，他在 1244 年／ 642 年就與蒙古人有聯繫了。兩年之後，他曾經出現在貴由的即位儀式，也曾在蒙哥即位之時再次確認他的臣服，還在巴格達陷落之後與旭烈兀互通訊息。[35] 然而，就與馬爾丁的薩依德一樣，他一再地選擇不拜訪合罕的宮廷，並在最近，也不在旭烈兀的面前出現，而根據伊本．阿米德，旭烈兀受到了冒犯，因為納希爾每年都會贈送禮物給拜住，卻不送任何禮物給他。[36] 在 1259 年／ 657 年，這位蒙古王子終於失去了耐心。在這一年，他忙於攻下納希爾在賈濟拉地區的諸堡壘，主要包含哈蘭、魯哈（埃德薩）、薩魯吉（Sarūj）、賈巴爾堡（Qalʿat Jaʿbār）、比拉（al-Bīra）；因此埃宥比蘇丹納希爾喪失了他在幼發拉底河以東的所有領土。在這一年的末尾，旭烈兀前往敘利亞北部。阿勒坡由納希爾的叔公（great-uncle）穆阿札姆．圖蘭．沙赫（al-Muʿaẓẓam Tūrān Shāh）指揮，他是光榮顯赫的撒拉丁（Saladin）少數仍然健在的兒子。在 1260 年 1 月 5 日／ 658 年 2

月 9 日，城市在七天的圍攻之後陷落，居民遭到屠殺。阿勒坡的堡壘仍然在圖蘭・沙赫的率領下持續抵抗數天，不過接著有條件地投降了；因為圖蘭・沙赫年紀老邁，他的性命被饒恕。[37]

阿勒坡陷落的消息，引起敘利亞全境最大的恐慌，因為此城自從十世紀拜占庭帝國的攻擊以來，曾經抵禦過接連不斷的入侵者，而埃宥比王朝的統治者們在最近數十年還鞏固了防禦工事。被納希爾・尤素福所拋棄的大馬士革城居民們，向蒙古人獻出了城市的鑰匙。當怯的不花在 3 月／3 月凱旋入城之時，據說還有小亞美尼亞（Lesse Armenia）國王海屯（Het'um）、法蘭克君主安提阿的博希蒙德六世（Bohemond VI of Antioch）伴隨，這兩人都接受了蒙古的宗主權，而蒙古人也得到相當友善的接待。[38] 哈馬城的居民與此相似，也很快地向旭烈兀臣服，雖然此城的埃宥比統治者曼蘇爾（al-Manṣūr）不在城內，而是與納希爾到了比爾札（Birza），於是拋棄了納希爾投奔埃及人。至於納希爾自己，不相信埃及馬穆魯克政權提供的庇護，在巴勒斯坦流浪了數星期，直到落入怯的不花部隊的手中。不過，還是有一些埃宥比君主，多少願意團結在征服者的周圍。納希爾的兄弟，札希爾・加齊（al-Ẓāhir Ghāzī）就向蒙古人臣服，並且依然是撒爾哈德（Ṣarkhad）的君主。[39] 阿胥拉夫・穆薩（al-Ashraf Mūsā）在被被納希爾廢黜之前是歆姆斯的君主，他造訪了旭烈兀的總部，得到的獎賞是重建他的統治，並且或許也得到了某種在全敘利亞諸穆斯林統治者當中的優先地位。薩依德・哈桑（al-Sa'īd Ḥasan），先前納希爾將他囚禁在比拉（al-Bīra），蒙古人也將他釋放，並重建了他在班尼亞斯（Bānyās）的統治，據說他不只穿上了蒙古人的衣著，還因為旭烈兀正妻脫古斯可敦的期望而成為了一名基督徒。[40] 在巴勒斯坦南部的卡拉克（Kerak），統治者是另外一位遠房堂親穆格斯・烏瑪爾（al-Mughīth 'Umar），他早在 1254 年就向蒙古人成為同盟，而魯布魯克也在蒙哥的總部遇見他的使節。[41] 現在，面對旭烈兀要求他臣服，穆格斯向這位蒙古王子派出了自己的使節團。作為回應，他得到了希伯崙（Hebron），而一位席赫納（*shiḥna*）也被派遣到卡拉克，雖然後來他撤退到了北方，在知道馬穆魯克戰勝怯的不花之時。[42] 不過，在旭烈兀於春季回師之時，他正是穆斯林敘利亞全境的主宰。旭烈兀處置已經臣服的埃宥比諸君主之方式，顯示他沒有計畫要消滅埃宥比王朝，不如說是想要維持他們的統治，以作為附庸君主們來看待。[43]

在攻取阿勒坡的數個星期之內，旭烈兀就帶著大多數的部隊從敘利亞撤退，將一萬到兩萬的兵力留給怯的不花，以守衛新征服的領土。旭烈兀實際的動向並不明確，不過拉施德丁記錄他抵達阿赫拉德（Akhlāṭ）的時間是 1260 年 6 月 6 日／ 658 年 6 月 24 日。拉施德丁也將旭烈兀的回師歸因於收到蒙哥的死訊，他在遙遠的中國作戰（1259 年 8 月），馬穆魯克的史料也採用同樣的解釋。[44] 不過，自從合罕逝世到回師之間有數個月的延遲，使得旭烈兀撤退的原因更可能是他得知了遠東發生的繼位衝突，其兄忽必烈（Qubilai）與其弟阿里不哥（Arigh Böke）成為兩位競爭的合罕，忽必烈在 1260 年 5 月被推選，阿里不哥則在 1260 年 9 或 10 月被推選。[45] 旭烈兀在 1262 年寫給法蘭西國王路易九世的一封信中，自己解釋了返回的原因，是由於軍需已經耗盡，以及在溫暖季節開始之時，必須要移動到高地的草場。[46] 這些原因或許並非他撤退的唯一理由。試圖確保法蘭克人合作對抗馬穆魯克，伊利汗旭烈兀很自然地沒有提及內戰在遠東的爆發，或者，他需要監視與（現在）敵對的朮赤支系位於高加索的前線。

在離開敘利亞之前，旭烈兀派遣使節團向新任馬穆魯克蘇丹薩義夫丁·古圖茲（Sayf al-Dīn Quṭuz）傳遞最後通牒。[47] 雖然開羅的馬穆魯克政權從 1250 年成立以來，沒有穩定性可言，在最近數個月卻受益於大量逃離蒙古人的軍事群體湧入。在這些軍事群體之中，最主要的是哈馬的曼蘇爾帶來的敘利亞部隊、沙赫拉祖爾庫德人、以及成群的突厥奴隸士兵（mamluks），包含許多納希爾·尤素福的部隊，還有一群由魯昆丁·拜巴爾斯·本杜格達里（Rukn al-Dīn Baybars al-Bunduqdārī）率領的部隊，拜巴爾斯是蘇丹的敵人，先前逃離埃及加入納希爾的麾下，但現在回到了埃及並與古圖茲談和。古圖茲早已決定採行抵抗政策，以支持本身令人疑慮的統治權，他在拜巴爾斯的勸說下展開攻勢；他處決了蒙古使節團，並且準備遠征巴勒斯坦。在 1260 年 7 月 26 日／

658 年 8 月 15 日，馬穆魯克軍隊——根據瓦薩甫，有一萬兩千騎兵[48]——離開開羅，到達阿卡（Acre）的海岸，耶路撒冷王國的首都。法蘭克人現在仍然遭受怯的不花部隊稍早對西頓（Sidon）展開的攻擊，因此為了回應蘇丹的行動，給予埃及軍隊通行領地之權並供給糧食。[49] 在 1260 年 9 月 3 日／9 月 25 日，於加利利（Galilee）鄰近阿因·札魯特（ʿAyn Jālūt）之處，古圖茲及其軍隊與蒙古人展開激烈的戰鬥。由於歆姆斯的阿胥拉夫在衝突熾烈之時拋棄蒙古人轉投馬穆魯克，[50] 因此馬穆魯克軍隊逆轉局勢，重挫了敵人。怯的不花被殺害，他倖存的部隊逃往北方，直到小亞美尼亞；班尼亞斯的薩依德·哈桑被俘虜，因為叛教的緣故遭到處決。數個星期之後，一小支進入敘利亞北部的蒙古分遣隊，在十二月於歆姆斯附近被消滅。殘存的埃宥比王朝諸君主迅速承認了開羅的宗主權，而馬穆魯克與蒙古領土的邊界將會很快的確定下來，以幼發拉底河為界。諷刺的是，古圖茲沒有活到能享受他的勝利果實，在返回埃及的路上，他被拜巴爾斯率領的一群馬穆魯克軍官謀害，拜巴爾斯則凱旋進入開羅，成為新的蘇丹。[51]

旭烈兀沒有能力報復這些挫敗，因為他需要密切關注遠東發生的事件，另外，最有可能的是，他想要在伊朗與伊拉克建立自己的政權。馬穆魯克在阿因·札魯特戰役中的勝利，做為阻止看似殘酷的蒙古人進軍的大事件，可能更像是藉由後見之明，才具有重要性。然而，毫無疑問的是，當時埃及與敘利亞的穆斯林將阿因·札魯特戰役視為對強大敵人前所未見的勝利。阿布·夏馬（Abū Shāma）評論說，蒙古人被他們自己同種的族群突厥人打敗（*ibnāʾ jinsihim min al-turk*），就像對於每一種疫病，都有一種相應的解藥一樣。[52] 甚至在敘利亞的法蘭克人以及他們在歐洲的同族，他們迎接這則消息的語調，就像古圖茲的勝利是他們的一樣。[53] 旭烈兀自己對戰敗有何反應，則沒有記載。在一星期之前，怯的不花將俘獲的納希爾·尤素福送到他那裡。旭烈兀親切地招待納希爾，並且准許他將會做為一位蒙古附庸來統治。然而，當阿因·札魯特戰敗的消息傳來，他嗅到欺騙的氣味，於是處死了納希爾，可能是在他的總部，或在這位埃宥比君主返回敘利亞的路上。[54]

二、旭烈兀對手之困境

我們的讀者可能會問，為何蒙古人的這些對手，尤其是阿撒辛派大師忽兒沙赫與哈里發穆斯台綏木，為何竟然採取這樣的行事方法，也導致了自身的毀滅？當然，忽兒沙赫或許察覺到，蒙古人已經決定無論如何都要消滅阿撒辛派，[55] 因此他最多也只能爭取自己及其追隨者多出幾個月的壽命。穆斯台綏木的情況則有所不同。我們無法排除這種可能性，那就是哈里發就與史料描述的一樣昏庸無能。他或許真的對軍事開支相當吝嗇，就如其敵人旭烈兀，與可能的盟友瑪亞法里斤統治者卡米勒（al-Kāmil）所宣稱的一樣。[56] 伊本・卡札魯尼（al-Kāzarūnī）控訴哈里發將政府拋給官員們運作，而他們既拖欠軍餉又裁減部隊，而《軼聞匯集》（*al-Ḥawādith al-jāmi'a*）的作者則斥責哈里發本人，說他忽視軍隊並且裁減許多兵士，因此他們只能依靠乞討維生。早在 1252-3 年／ 650 年，部隊之中已有許多人離開了巴格達前往敘利亞，因為他們的薪餉停止發放了。[57] 另一方面，穆斯台綏木一定會因為取悅蒙古人，而失去許多哈里發朝❶的威望。他與其隨從相當焦慮，不想顯露他們的地位有多脆弱，例如贈送大量的貴重禮物。[58] 甚者，他對旭烈兀高傲的評判，主要關於旭烈兀的年輕以及相對缺乏歷練——這些評論得到了反效果——有可能其實是藉著鞏固巴格達與阿拔斯哈里發朝不可凌犯的形象，計畫來震懾旭烈兀的。

無論如何，我們不應該忽略這些統治者依賴的謀臣之特性。這些旭烈兀與其從屬們需要處理的諸多政權，其內部相當分裂。這並不只限於那些顯著的案例，例如阿撒辛派受到鄰近的順尼派穆斯林所厭惡，或是敘利亞在一大群埃宥比君主之間支離破碎。除此之外，統治者的謀士與臣僚之間意見紛歧，也損害了他們作出一致而堅決的行動，因為有些人勸說不計代價的抵抗，但是其他人則主張投降。對於阿撒辛派大師的隨行人員而言，誠然如此，他們意見分裂，並且給予互相衝突的建議，忽兒沙赫受到來自納希爾丁・圖西以及其他穆斯林

---

❶ 註：相較於坊間通稱的「王朝」，精確寫法應為「哈里發朝」，但本書並不硬性統一。

的壓力，他們希望與蒙古人達成和解。[59] 相同的案例也發生在哈里發的宮廷，其中謀臣尖銳地互相對立。掌墨官試圖廢黜穆斯台綏木，目標是換取一個更有精力的哈里發，[60] 而掌墨官的支持者控訴維齊爾，什葉派的伊本・阿勒卡米，說他與旭烈兀私下聯繫。[61] 結果是穆斯台綏木在不同派系的對立之間被撕裂，不停地撤回自己發布過的命令。伊本・提克塔卡（Ibn al-Ṭiqṭaqā）為維齊爾辯護，並駁斥常見的指責，就是他背叛了巴格達而投向蒙古人。這項辯護或許只是偏袒什葉派而已；然而，伊本・提克塔卡根據已知的蒙古習俗，宣稱如果維齊爾真的背叛了自己的主人哈里發，旭烈兀將會把他處死，因為他不值得信任。另一方面，我們應該也要注意，伊本・阿勒卡米在巴格達城陷落之後，數個星期就逝世了，而他在 1258 年 6 月上旬／ 6 月一開始，正是因為這些原因，被剝奪了巴格達的長官之權。[62]

類似的情況也可以解釋納希爾・尤素福的猶豫不決，因為他其中一位最具影響力的謀臣，醫師宰因丁・蘇萊曼・哈菲茲（Zayn al-Dīn Sulaymān al-Ḥāfiẓī），在 1251 年／ 648-9 年代表納希爾・尤素福出使蒙哥的宮廷之後，就致力於蒙古人的事業，並主張投降；[63] 不過我們也不應該忽略其他的條件，那就是納希爾的軍事力量被不同族群之間的對立所箝制，而納希爾也不相信他需要應付的兩位穆斯林君主——他的堂親，卡拉克的穆格斯，以及馬穆魯克蘇丹古圖茲——使他天生的優柔寡斷更加惡化。[64]

蒙古人位於西南亞的敵手，又進一步屈居劣勢，因為旭烈兀的軍隊不只包含喬治亞、亞美尼亞的基督徒援軍（他們在劫掠巴格達的時候相當主動積極），更包含了其他穆斯林諸君主所率領的穆斯林分支部隊。《蒙古人記事》（*Akhbār-i mughūlān*）列出了令人印象深刻的統治者名單：阿布・巴克爾・本・薩阿德（Abū Bakr b. Saʿd），法爾斯的薩魯爾王朝（Salghurid）阿塔貝格；伊茲丁・凱卡烏斯，以及其同父異母兄弟魯昆丁・格利奇・阿爾斯蘭，兩位安納托利亞的塞爾柱王朝蘇丹；還有「呼羅珊、錫斯坦、馬贊德蘭、克爾曼、魯斯塔姆達爾（Rustamdār）、錫爾旺……伊拉克、亞塞拜然、阿蘭，以及盧里斯坦的馬利克們」，他們都率領部隊加入了旭烈兀，而其他君主則透過兄弟或親族來輸送援軍。[65] 例如，從克爾曼與雅茲德派來的分遣隊，就進行了圍城戰役，攻打較小的易司馬儀派諸堡壘，位於呼羅珊的塔里寒地區。[66] 蒙古人在伊拉克主要的盟友是巴德爾丁・盧盧，摩蘇爾的統治者，一開始提供了由其子薩利赫・易司馬儀（al-Ṣāliḥ Ismāʿīl）率領的部隊攻擊巴格達，接著，他自己在艾比爾堡壘的投降之中有著重要的作用。[67] 在 1259 年／ 657 年末尾，雖然因為年齡太大，無法親自效力，但是他也被命令派遣軍隊，一樣由他的兒子薩利赫率領，前去協助對抗阿勒坡的軍事行動；在路上，旭烈兀派遣薩利赫去奪取阿米德（Āmid）。巴德爾丁的軍隊也參與了瑪亞法里斤的攻城行動。巴德爾丁在某種程度上其實是為了自己的利益而行動：艾比爾與阿米德都是他在過去想要圖謀的據點，而他在數年之前也短暫地占領阿米德。不過巴德爾丁對蒙古人戰爭的貢獻，則絕對不能輕忽。[68]

在旭烈兀軍隊裡出現的這些穆斯林輔助部隊，他們確實超越了所有在四十年前伴隨成吉思汗攻打花剌子模的穆斯林總數，而他們並不只是藉由增加蒙古人的軍力，以協助旭烈兀完成其任務，或是藉由展現壓倒性的力量，來震懾那些頑固的抵抗者。他們還營造出一支龐大穆斯林軍隊的形象，損害任何想要激起聖戰精神以對抗旭烈兀的企圖，並且提供旭烈兀許多高階級的代理人，得以作為穆斯林之間的中介，並確保友善的投降。例如，夏姆斯丁・穆罕默德・庫爾特（Shams al-Dīn Muḥammad Kurt），赫拉特的統治者，就勸說了庫希斯坦的易司馬儀派長官在 1256 年投降。[69] 階級較低的穆斯林也可以去收買敵人的支持者。阿勒坡的宰因丁・哈菲茲就是屬於此類——諸埃米爾與城市顯貴——的其中一位人物，他選擇與不信道者密切合作，或許是出自於對納希爾・尤素福的厭惡，或許是希望得以提高自身的地位，又或許是察覺到蒙古人不可戰勝。[70] 有流言說宰因丁的岳父替旭烈兀的軍隊打開了阿勒坡的城門。[71] 其他穆斯林的軍官以及臣僚——在巴拉巴克（Baʿlabakk）與哈馬（Ḥamā）——也投靠了入侵者。[72] 這並不是說，所有作為蒙古人中介的穆斯林，都能有效地使征服進程變得容易。欽察將領喀喇孫忽兒（Qarasonqur）率領哈里發的前鋒部隊，他就對旭烈兀的前鋒蘇丹出黑（Sulṭānchūq）的勸說充耳不聞，而蘇丹出黑被形容是一位「花剌子模種」的人（大概是說，他也是一位欽察人）；[73]而羅姆的伊茲丁·凱卡烏斯在1259年／657年勸說瑪亞法里斤的市民投降，但一無所獲；而艾祖隆君主的兒子在隔年被派遣去勸說阿勒坡投降，也並不成功。[74]

三、武備問題

蒙古人的勝利也歸因於他們現在在武器裝備中享有的優勢。伴隨旭烈兀遠征的攻城機械，似乎超過了成吉思汗軍隊在數十年前的裝備。這或許是資料多寡的問題，因為史料提供了更多訊息，記載旭烈兀戰役之中的武器裝備，超過其祖父成吉思汗之時。但是，不可否認地，某些武器帶給兩位伊利汗國的作者非常深刻的印象。第一位作家是《蒙古人記事》（*Akhbār-i mughūlān*）的作者，他描述了一種複合的弩（*arcubalista*），由三架十字弓綑綁在一起，能夠發射巨大的弩箭，所穿出的孔洞幾乎是四分之三加茲（*gaz*，一共大約是70公分）——這是一種已知在數個世紀之前就使用於中國的武器。[75]從一份埃及史料對於歆姆斯戰役（1281年／680年）的記錄之中，入侵的蒙古軍隊在這場戰役似乎配置了類似的機械，其中四具機械可以被放置在一輛馬車之上。[76]

另外一位作者則是志費尼。他特別描述了由一千名中國的投石機操作者以及石油投擲者（naphtha-throwers，*nafṭ- andāzān*）的小隊之角色，他們伴隨旭烈兀到達伊朗。[77]中國技師們也建造了巨大的弩機，名為「牛之弓」（ox-bow，*kamān-i gāw*），據說擁有2500尺（feet, *gām*）的射程，並且似乎導致了邁蒙迪茲堡壘的準時投降。史蒂芬·霍（Stephen Haw）引述了約在1044年成書的一部中國著作，其中就有提到「八牛弩」（eight-oxen crossbow），可以解釋波斯歷史學家志費尼為何使用「牛之弓」這樣的稱呼。[78]既然志費尼特別敘述易司馬儀派的守城者是被其拋射物「焚燒」（burned up，*sūkhta gashtand*）我們因此有證據知道這種器械能夠發射「火箭」。[79]在圖西（Ṭūsī）的記述之中，所提到的「石油機械」（naphtha machines，*ālāt-i nafṭ*），以及在巴爾希伯來（Bar Hebraeus）的阿拉伯語編年史之中提到的機械（*ālāt al-naft*），還有拉施德丁與瓦薩甫都有提到的「石油罐」（*qawārīr-i naft*），全部都出現在巴格達戰役的記載之時，也都可能用來指稱從管子裡發射火焰的裝置。[80] 我們在之前已經見過，*naft* 這個術語傳統上用來指稱希臘火（Greek Fire），不過也被用來形容嶄新的火藥，而十三世紀中葉的蒙古人明顯地有使用火藥。[81]

旭烈兀似乎也布署了配重式拋石機（counterweighting trebuchets），由穆斯林攻城技師建造與運作——這是相對於成吉思汗時期「牽引式」（'traction' type）拋石機的巨大進步，因為配重式拋石機只需要十到十五人操作，而非原先的兩百五十人。[82] 這類由穆斯林技師操作的機械，將會被在對抗宋帝國的戰爭之中使用，第一次的案例是在 1272-3 年，位於襄陽（Xiangyang）。[83] 約翰・梅森・史密斯教授（Professor Smith）論證，藉由拉施德丁《史集》的十四世紀初葉愛丁堡大學所藏抄本，其上的插圖（圖版二、三）顯示，穆斯林的拋石機已經超過了中國的拋石機，因為擁有了使用鐵而非使用木材製作的軸承（socket-bearings），或許輪軸（axle）也是。[84] 在《蒙古人記事》之中，敘述巴格達淪陷的段落較為簡短，不過提到哈里發及其臣僚決定求和，乃是因為知道蒙古人可以拋射重達 100 到 500 曼（*manns*）的石頭（這將會是 83.33 公斤到 416.66 公斤 —— 比較大的數值顯然是誇張了）。[85] 十六世紀後葉的《千年史》（*Ta'rīkh-i alfī*）一段有關旭烈兀攻城武器的記述，與《蒙古人記事》的段落十分相似，其中提到由五或七個部件所組成的投石機（catapults，*manjanīqhā*），可以被拆卸以及組裝。[86] 但這種武器裝備到底是近東或中國的工藝，我們就不清楚了。巴德爾丁・盧盧曾經提供投石機給玉梳木忒，以圍攻瑪亞法理斤，而在馬爾丁布署的數百具機械，也一定由蒙古人的穆斯林附庸供應。[87] 毫無疑問的是，蒙古的投射武器比哈里發的投射武器還要優越，因為地方歷史學家伊本・卡札魯尼（Ibn al-Kāzarūnī）雖然只用模糊而傳統的術語提起旭烈兀的機械（*manājīq*），但是說到放置在巴格達城牆上的那些機械毫無用處，無論是射程或準確度都相當不足。[88] 此類不對等可能反映了這樣的事實，那就是蒙古人擁有獲取最佳攻城技術的途徑，無論是從中華世界，或是從伊斯蘭世界。

四、委託旭烈兀執行的任務內容

湯瑪斯．愛爾森（Thomas Allsen）說蒙哥創建了兩個新的區域性汗國，一個在伊朗，一個在中國，在西南亞一次「新的土地分配」出現了，其中正如忽必烈在中國一樣，旭烈兀同樣享有君主式的管轄權。[89]愛爾森與尚．奧邦（Jean Aubin）各自都斷定在旭烈兀前往西方之時，蒙哥合罕就已經為伊朗土地進行了新的安排。這些學者親向於假設蒙哥將統治權轉移給旭烈兀，並排除掉金帳汗國對此區域未來可能的干涉。在這裡，我們需要區分兩個不同的議題：（1）蒙哥真的想要其弟旭烈兀在西南亞創立並統治一個新的兀魯思嗎？或者，其實他只計畫要將此區域整合進入中央兀魯思（ulus of the centre，*qol-un ulus*）？以及，（2）在這兩者之中，無論是創立並統治新的兀魯思，或是整合進入中央兀魯思，蒙哥能夠確保其親族，尤其是朮赤支系的服從嗎？因為新的安排將會取代他們在這個區域原先的獲益。

旭烈兀在蒙哥統治時期的地位並不明確。直到1260年／658年，「伊利汗」的稱號才第一次與他的名字聯結起來，出現於之後將被稱為伊利汗國領地的鑄幣之上。雖然，有一些微小的證據顯示此稱號早在前一年就開始使用。無論真相是什麼，沒有證據顯示這個稱號是由蒙哥授予的。[90]伊利汗這個稱號的意義究竟是什麼，有相當多的討論。[91]可以理解的是，它等同於漢語的「國王」（*guowang*，prince of the polity「政權的君主」，例如木華黎Muqali就擁有此稱號，它是成吉思汗在中國北部首位最高長官governor-general），而實際上代表總督（viceroy）。[92]但是，最有說服力的解釋來自於馬塞爾．埃達勒（Marcel Erdal）教授：那就是伊利汗稱號的第一個部分「伊利」並不代表「和平／臣屬」之汗（這是蒙古語 *el* / *il* 所暗示的意思），而是來自於古突厥的稱號 *ilig*（例如一位六世紀的突厥君主，以及之後幾位喀喇汗君主皆有使用），而旭烈兀所採用的這個稱號，含意很簡單，就代表「統治者」（sovereign）。[93] 這種解釋有三項跡證支持。其一，是在一方由完者都（Öljeitü，1305 年）與不賽因（Abū Saʿīd，1320 年）使用的印璽之上，出現了漢語稱號「真命皇帝」（*zhenming huangdi*，「擁有真正天命的皇帝」）；[94] 很有可能這個稱號是在本地被創造出來，而非由元朝所授予，它與「伊利汗」這個名稱互相對應。其次，是朮赤兀魯思諸汗有時候也會使用伊利汗的稱號。[95] 其三，是有這樣的事實，那就是伊本・富瓦惕的傳記辭典之中，有兩次使用伊利汗這個稱號來形容成吉思汗自身，[96] 這項內容使得伊利汗若有任何「從屬」的含義，都相當不協調。

史料如何告訴我們旭烈兀被委託要執行的任務內容？史料之中幾乎沒有任何指示，提到蒙哥想將旭烈兀立為一個新兀魯思的首領。甚至連志費尼，作為經歷這些事件的同時代人，並在旭烈兀手下寫作，也僅只告訴我們蒙哥在弟弟的性格之中看到了作為統治者的徵兆，並在他的進取精神之中察覺到征服的才能，因此命令他去降服西方的土地。[97]《軼聞匯集》（*Ḥawādith al-jāmiʿa*）與之相似，本身只說了蒙哥合罕派遣旭烈兀到河中地區以及鄰近的區域。[98] 雖然朮茲札尼宣稱蒙哥任命旭烈兀統治「伊朗與波斯伊拉克（ʿAjam）」，但在此時，許多資訊抵達了遙遠的德里，而它們都極為不正確（例如，有關旭烈兀死訊的消息）。[99] 在白達維（Bayḍāwī）的第二版歷史著作之中，其成書時間晚於 1295 年（不過，我們要注意，第一版是在二十年之前寫成的），他說蒙哥授予旭烈兀烏滸水以西的土地，也就是伊朗。[100] 而晚期的作者們，它們在伊利汗國已經存在七十年或更久的時候寫作，他們的意見也互相分歧。夏班卡拉依（Shabānkāra'ī）自己相當投入這樣的敘述，也就是蒙哥將西部的土地授予旭烈兀，但是他損害了自己證言的可信度，因為，如同我們接下來會看到的，他做出了不可能的宣稱，說這些土地最早是他們的父親拖雷的遺產。[101] 巴納卡提僅僅說旭烈兀被派遣去征服這些區域；同樣，哈米德拉・穆斯陶菲在《歷史摘錄》（*Ta'rīkh-i guzīda*）與《勝利紀》之中也這樣說。[102] 在《勝利紀》稍後的一處相當令人驚訝，哈米德拉・穆斯陶菲藉由一位伊利汗國那顏之口說出了非常露骨的陳述，那就是：當蒙哥派遣旭烈兀到西方的時候，只是要他去指揮一場軍事戰役，並非要他成為伊朗的統治者。[103] 因此，這些史料也絕非只有一種說法。

現在讓我們來檢視拉施德丁的證據，他在曾經統一的帝國分裂為許多互相競爭的汗國之後四十年寫作，而他自己牢靠地忠於拖雷支系，也就是他自己的雇主諸伊利汗，還有他們在遠東的堂親，也就是忽必烈合罕與鐵穆爾合罕。我們已經看到，他相當沒有說服力地為合罕之位轉移到拖雷支系提供背景，也就是宣稱成吉思汗已經分配給第四子拖雷絕大多數的部隊。他也說了蒙哥決定在每個方向分配土地給他其中一位弟弟，這樣他們就可以完成征服，並且持續守衛這些土地。在派遣忽必烈到東部區域之後，合罕「任命」旭烈兀，「為了西方的國度，伊朗、敘利亞、羅姆、亞美尼亞」（不過我們或許要注意，這個說法並沒有直接指出要給予這些土地）；以這種方式，這兩位王子就可以分別組成他的左翼與右翼。[104] 在《史集》之中的其他敘述則更加簡單，我們讀到，被挑選出來並被分配給旭烈兀的部隊，將會作為他的私產（*inchü*），他將會帶著這些部隊來到伊朗，並且安頓下來；一旦他征服這些土地之後，這些領土與部隊一樣，屬於他與他的後代。[105] 拉施德丁藉由反覆地陳述，試圖加強這個印象，說旭烈兀也被授予了所有在稍早被派遣到伊朗的探馬部隊，包含先後由綽兒馬罕以及拜住統率的部隊，以及被派遣到阿富汗與印度邊境，由答亦兒（Dayir）與蒙格禿（Mönggedü），以及（稍後）由撒里那顏統率的部隊（然後，這些軍隊很自然的傳給了作者自己的主人合贊）。[106]

總之，加上這些敘述，似乎支持旭烈兀被蒙哥任命去統治一個新的兀魯思。然而，即使是拉施德丁，這位立場最傾向於拖雷支系的證人，有關旭烈兀的地位，其陳述仍然是相當模糊的。在另一處，他敘述了這位王子所受的任命，使用了相當防衛的措辭，令人好奇與懷疑：

> 雖然蒙哥合罕已經計畫，而且私底下（*dar khāṭir*）決定了，旭烈兀汗將會利用提供給他的部隊在伊朗安頓下來，並且永久（*hamwāra*）統治伊朗的領土，而這個王國將會授予旭烈兀與他榮耀的家族，正如現在一樣，然

而蒙哥合罕公開地（*ẓāhiran*）命令說，當旭烈兀完成這些任務之後，就要返回他原先的營地。[107]

這個陳述又引發了一個大問題：為什麼合罕表面上的命令與私底下的意圖會有所差異？拉施德丁的用字在這裡足以激起懷疑，也就是說，這個狀況並沒有與他在其他敘述之中想讓我們相信的那麼直接。

我們接著一定要轉向烏瑪里的著作《眼歷諸國行紀》（*Masālik al-abṣār*，約成書於 1338 年），其中以非常不同的觀點敘述了伊利汗國的創立。烏瑪里告訴我們，根據其他蒙古諸汗的說法，當成吉思汗將他的領土分配給諸子之時，旭烈兀或他的父親拖雷都沒有分配到任何領地；[108] 因此，旭烈兀這支世系獲取統治權的方式，並非來自於成吉思汗或後繼的諸合罕，而是在一段時間之後使用武力奪取（*bi l-yad wa l-'udwān wa-muṭāwila al-ayyām*）。[109] 旭烈兀一開始只是其兄長蒙哥合罕的代表（*mandūb*），但是在攻陷巴格達之後，他安頓了下來，發動叛變，並且宣告自治（*tamakkana wa-'aṣā wa-istaqalla bi-nafsihi*）。[110]

當然，伊本．法德拉．烏瑪里是在馬穆魯克政權之下寫作，此政權直到 1323 年都與旭烈兀及其建立的王朝互相衝突，並且與伊利汗國的敵人金帳汗國擁有相當友好的外交聯繫。因此，我們或許可以預期烏瑪里提供的視角反映了極為不同的偏見，與拉施德丁的立場互為兩個極端。然而，重要的是，在這個情況之中，烏瑪里的資訊來源並不是馬穆魯克的官僚，也不是朮赤支系的使節，而是來自蒙古治下伊朗的移民：學者謝赫夏姆斯丁．伊斯法罕尼（Shaykh Shams al-Dīn al-Iṣfahānī），他直到 1324-5 年／725 年都是一位大馬士革的居民，還有法迪勒．尼札姆丁．阿布．法達伊勒．葉海亞．達亞利（al-Fāḍil Niẓām al-Dīn Abū l-Faḍā'il Yaḥyā al-Ṭayyārī），烏瑪里稱他是伊利汗不賽因的一位祕書（*kātib*），並且直到 1337 年／738 年才從巴格達來到開羅。[111]

五、與朮赤支系決裂、創立伊利汗國

現在，我們必須研究旭烈兀的行動，在征服伊拉克、短暫征服敘利亞、其兄蒙哥合罕逝世，以及他與朮赤支系爆發衝突之後。在我們進展之前，有一點必須提及，那就是金帳汗別兒哥在皈依伊斯蘭之後，曾與哈里發通訊，並且互相致贈了禮物，朮茲札尼（Jūzjānī）與伊本・法德拉・烏瑪里（Ibn Faḍl-Allāh al-ʿUmarī）都有同樣的記載；[112] 而如同朮茲札尼與後來的馬穆魯克作者們所宣稱的，哈里發穆斯台綏木遭到處決，可能也導致了別兒哥與旭烈兀關係的疏離。[113] 然而，實際上，別兒哥花了整整三年，才由於對其堂弟處置阿拔斯哈里發朝的憤怒而有所行動；這顯然不是他們衝突的主要原因。[114] 衝突直接的起因，實際上，似乎是旭烈兀對其軍中由朮赤支系諸王子及其率領部隊的暴力襲擊。

拉施德丁在其歷史著作中有三處提及了朮赤支系的王子們在伊朗遭受的命運，面對這個主題，他再一次地含糊其辭。就在他描述了蒙哥如何逝世以及由於旭烈兀與親族之間爆發敵意，使這位王子沒有機會報復阿因・札魯特的戰敗之後，拉施德丁宣稱不勒海（Balagha）大約就在此時於一場宴會中死去。禿塔兒（Tutar）則接著被逮捕，受到了施行巫術與叛變的指控，在判決有罪之後，被送到別兒哥之處以受罰，然而，因為根據成吉思汗的札撒（yasa），別兒哥又將他送回給旭烈兀；在 1260 年 2 月 2 日／ 658 年 2 月 17 日，禿塔兒被處決。接著，忽里（Quli）也死了，因此三位王子統率的分遣隊逃回欽察草原。[115] 在數頁之後，拉施德丁就敘述旭烈兀與別兒哥之間開戰了。他將兩人之間的緊張關係歸咎於別兒哥的專橫態度，不過拉施德丁也承認，他們之間的敵意在三位朮赤支系的王子死去之後才變得公開。[116] 在稍早的時候，拉施德丁其到朮赤後裔的段落，我們看到被指控叛變與巫術的王子是不勒海，他被送往別兒哥之處，又妥當地被送回給旭烈兀以受罰（並且，這些事件發生在不可能正確的 1256-7 年／ 654 年），而隨後的禿塔兒、忽里之死則被歸因於下毒，並且導致旭烈兀與別兒哥的疏離。[117] 當戰爭爆發之後，旭烈兀與別兒哥都各自屠殺了領地內代表對方利益的斡脫（*ortaq*）商人。[118]

對於這場危機，亞美尼亞歷史學家阿克納的格里高爾（Grigor Aknerts'i）提供了一個敘事，這是我們目前擁有最接近於連貫的故事。他告訴我們，說旭烈兀與朮赤支系決裂不久之後，旭烈兀就寫了信給蒙哥：「我們從此處將年老的騎兵以及帖邁乞克（*t'emayc'ik*）送回。」這個謎樣的訊息大概是指探馬赤（*tammachi*）軍，他們先前與拜住一同向西移入安納托利亞，顯然是一則暗示，表示做為結果，旭烈兀現在享有更大的行動自由；如同我們之前看過的，有證據顯示拜住本來聽從朮赤支系的命令行事。格里高爾繼續敘述，說蒙哥合罕的回應是下令將其弟旭烈兀任命為統治者。在一場當地舉行的聚會之中，面對這道敕令，大部分與旭烈兀隨行的諸王子與將領們都屈服了。只有朮赤支系的王子們沒有，他們全被處死，除了忽里的兒子明罕（Mingqan）因為太年幼而被饒恕，只被囚禁在烏爾米雅湖（Lake Urmiya）的一座小島上。[119]格里高爾的敘事之中說道，三位朮赤支系的王子是一起遭到處決的，與拉施德丁的版本有別；而我們必須知道格里高爾並非最精確的見證者，尤其是與基拉科斯相比（他提到三位王子對於行政的「干涉」，但只簡略地描述他們被逮捕，以及遭到處決）。[120]不過格里高爾的內容看起來大抵是可信的。

這場暴力衝突的起因是朮赤支系對伊朗西北部地區的領土索討，用志費尼的話來說，就是在成吉思汗有生之年「韃靼人的馬蹄所到之處」。[121]再次引用了夏姆斯丁·伊斯法罕尼（Shams al-Dīn al-Iṣfahānī），提供了我們最詳盡的細節。其中一處說道，哈瑪丹、阿蘭、大不里士、篾剌合是成吉思汗給予朮赤的一部分土地；[122]處，烏瑪里只有提到大不里士與篾剌合，但斷言這些區域早已被指定為伴隨旭烈兀遠征的朮赤支系部隊休整（*'ulūfa*）之用。[123]，旭烈兀將哈瑪丹城中以及其他領地中從屬於別兒哥的七百位領導人物處死，懷疑他們懷有對朮赤支系的同情，並密謀反對他。[124]汗國的史料之中，拉施德丁對於朮赤支系的領土聲稱完全緘默不言。[125]薩甫多少可以證實烏瑪里的說法。瓦薩甫說，朮赤的冬季據點在達爾班德（Darband）以北，但有時朮赤支系的部隊會移入阿蘭與亞塞拜然。因此習慣將這些土地當作其領地的一部分。[126]們，在

1302-3 年／702 年從脫脫（Toqto'a）汗之處抵達的使節團要求割讓此處，其根據是成吉思汗將其領土分配給諸子的方式。[127] 位馬穆魯克作者，脫脫甚至想要更多，他在 1304-5 年／704 年提醒埃及蘇丹，他已要求伊利汗國獻出「呼羅珊，直到大不里士」。[128]

當然，有可能在蒙哥派遣旭烈兀前往西方的時候，朮赤支系就讓出了他們在伊朗北部這些區域，還有伊朗其他區域的統治、財政、領地權。然而，我們在先前注意到，同時代的作者伊本·夏達德（Ibn Shaddād）宣稱，在與旭烈兀的衝突爆發之前，朮赤支系有權在烏滸水以西征服的領土上，獲取五分之一的戰利品收入。對奧邦而言，朮赤支系權利縮減的徵兆，是任命代表合罕每個兄弟的代理人加入「聯合附屬管理機構」作為長官阿兒渾·阿合（Arghun Aqa）的助手（*nökörs*），並將朮赤支系的代表納吉姆丁·吉拉巴迪（Najm al-Dīn Jīlābādī）免職，他曾陪同阿兒渾·阿合在一次旅程中前往薩萊（Sarai），據說沒有返回伊朗。[12] 然而，時序的先後並不支持奧邦的論點，因為對薩萊兩次不同的造訪被混淆了。志費尼指出，在 1258 年／656 年，納吉姆丁第二次造訪薩萊之時——在第一次造訪的三年之後——他依舊在大必闍赤（*ulugh bitikchi*）的職位之上，並代表拔都（原文如此！）。[130] 這件事情暗示朮赤支系在伊朗仍然處於有力的地位。有關這場齟齬更充分的證據，早已在 1250 年代的呼羅珊就已顯現，那是夏姆斯丁·庫爾特（Shams al-Dīn Kurt），赫拉特（Herat）的馬利克（malik），違抗了當地的朮赤支系將領，並向旭烈兀抱怨不勒海與禿塔兒的婪索，旭烈兀正是夏姆斯丁的靠山。在此之時，就如愛爾森所指出的，旭烈兀斷然回絕拔都的親族，而我們或許可以藉此發現這些封地領有者的行動自由也隨之減少。[131]

在蒙哥即位之後，我們確實應該要預期拖雷支系在行政系統中的地位上升，而蒙哥諸弟的代表們早在 1253 年／651 年就適時地出現於阿兒渾阿合的隨員之中。至於有關領地的利益，志費尼則兩次暗示了有一場新的分配，第一次提及是在蒙哥舉行的第二場忽鄰勒塔之後，他將整個領土分享給他的親族、後代、諸弟妹，另外，志費尼第二次的提及則是在對伊朗諸省分進行普查之後，蒙哥將這些省份分配給他的親族與諸弟——志費尼在這裡說他還會回來詳述此事（然而，實際上並沒有）。《元史》佐證了志費尼第二次的提及，將此事的日期定在 1256-7 年的冬季。[132] 無庸置疑，這暗示了合罕諸弟現在於伊朗或其他征服的區域，都享有了一份領地或收入。除此之外，也有其他證據顯示蒙哥分配了土地。根據《元史》，在 1252 年之時，蒙哥將喬治亞分配給別兒哥，[133] 而金帳汗月即別（Özbeg）在 1312 年／ 712 年即位之時，也派出了一個使節團前往伊利汗的宮廷索討領土，並非基於成吉思汗的原先分配，而是基於蒙哥本人的詔令（yarligh），[134] 這暗示了蒙哥合罕至少承認朮赤支系對於南高加索地區（Transcaucasus）的權利。然而，並非如同愛爾森所假設，這件事必然是因為蒙哥利用拔都逝世以及撒里答（Sartaq）與烏剌黑赤（Ulaghchi）短暫的統治時期，來重定並削減朮赤支系在西南亞的資產與權利。[135] 這也可以同樣被認為是拖雷支系的利益增強了，以窩闊台支系與察合台支系的利益為代價，而對於拖雷支系諸王子來說，更多土地分潤是可能的，因為近期征服了庫希斯坦與厄爾布爾士的易司馬儀派領土。

既然我們傳統上仰賴的作者都無法產出一幅清晰的圖景，我們很幸運地擁有一份新證據，它在過去數年才出現。在現在要處理的歷史背景之中，《蒙古人記事》（*Akhbār-i mughūlān*）是一部極端寶貴也饒富趣味的史料。必須承認，它對於導致伊利汗國創立的敘述稍嫌散漫（除此之外，也殘缺不全，因為有數年的記載空缺）；然而，平衡而論，它提供了這些事件嶄新而更清晰的說明。《蒙古人記事》完全沒有提到蒙哥合罕任命旭烈兀作為伊朗的統治者，甚至連這樣的企圖都沒有；蒙哥的目標只是要旭烈兀去為烏滸水以西的土地「恢復秩序」（set in order，*rāst kunad*）。[136]《蒙古人記事》還確認了旭烈兀與別兒哥衝突的根源比不勒海之死還要更早，時為 1258 ／ 656 年，比拉施德丁的時間更為符合現實；至於不勒海與禿塔兒之死的紀錄，則多少與《史集》中的一個版本相符（雖然《蒙古人記事》沒有提到忽里的命運）。[137] 最重要的是，《蒙古人記事》清楚地將衝突與朮赤支系在伊朗的地位聯結起來，並且告訴了我們，不只有這三位朮赤支系的王子在此地享有權威（*dar mulk ḥukm mīkardand*），而尤有甚者，諸席赫納（*shiḥna*s）與諸行政官（*ḥākimān*）代表別兒哥及其家族統治優良的呼羅珊、伊拉克、亞塞拜然、阿闌、喬治亞諸省份之中最上選、最美好的領土（*har chi nīkūtar-u bihtar būd*），並習慣說：「這些土地是我們的滕哲」（*inchü* 這個術語，在這裡的意義是「私產」）。[138]

《蒙古人記事》的內容，提供了我們所能擁有最直接的、關於朮赤支系在伊朗權利的敘述——而且不僅只有提到呼羅珊而已，因為呼羅珊不同於以後會成為伊利汗國的伊朗西北部地區。由於《蒙古人記事》來自一份伊利汗資料，並且成書於較早的十三世紀 80 年代，所以此書相當重要。將《蒙古人記事》與瓦薩甫、伊本・夏達德、烏瑪里提供的資料一起對照，就指出了別兒哥依舊在南高加索地區以及伊朗東部坐擁拔都曾經享有的權利——換句話說，朮赤支系在伊朗的私產，自從窩闊台統治時代，直到旭烈兀攻擊朮赤支系部隊之時，幾乎沒有減損，或者根本沒有減損。或者，我們可以說，西南亞「新的土地分配」並非源於蒙哥統治時代，而是在他死後的時期才開始。

阿克納的格里高爾在有關決裂的內容之中，提到了蒙哥作為現任的合罕，幾乎可以確定是時序錯誤。由於旭烈兀與別兒哥之間的戰爭不可能在 1261-2 年的冬季之前爆發，[139] 因此旭烈兀通信的對象很有可能是忽必烈。拉施德丁提到大概就在此時，有信使從忽必烈之處前來，攜帶詔書授予旭烈兀從烏滸水到敘利亞與埃及邊境的所有土地。[140] 在上面一段引述自哈米德拉・穆斯陶菲的《勝利紀》之中，旭烈兀王朝的合法化還是更晚的時候——是在旭烈兀逝世以後，忽必烈的詔書抵達，授權阿八哈去「準備接收伊朗的統治權」。[141] 無論確切的時序為何，忽必烈的地位比蒙哥的地位更加危險。他的權威受到強烈的挑戰，這些競爭不只來自阿里不哥，也來自朮赤支系。因此他需要作出妥協，以確保旭烈兀的支持。

在旭烈兀的思緒之中，最重要的是，他需要等候事態發展，並以從中取利為目標。如果晚期伊利汗國作者夏班卡拉依的《歷史家譜選集》（*Majma' al-ansāb*）可信的話，那麼，當旭烈兀一獲得蒙哥的死訊，他就召回了從伊朗發送，預計要運送到蒙古地區的財寶。[142] 有趣的是，當一位西歐編年史家（他的資訊或許來自巴勒斯坦的法蘭克人）敘述旭烈兀在 1260 年從敘利亞撤退的事件，他說旭烈兀停下來並且不再向東行進，是因為他希望能獲取統治權。[143] 我們或許會懷疑旭烈兀在這個時候，到底有無可能成為合罕的候選人，一如在幾乎半世紀之後，格里果斯的海屯所宣稱的一樣；[144] 因此，這個地方的意思，顯然指的是伊朗境內的統治權。旭烈兀甚至有可能在遠東的鬥爭之中，一開始保持中立。拉施德丁想要我們相信旭烈兀從一開始就支持推選出忽必烈。然而，在《史集》之中，旭烈兀呈現出偏袒忽必烈的印象，事實上要更加複雜一些。拉施德丁提到，流言說旭烈兀與別兒哥兩人都支持阿里不哥，但他僅將這些流言視之為別兒哥的政治宣傳，因為我們知道別兒哥從頭到尾都支持阿里不哥。[145] 然而，旭烈兀的長子朮木忽兒（Jumughur），他在 1253 年／651 年旭烈兀向西方行進之時，留下來照料父親在蒙古地區的斡耳朵（*ordo*），現在位於阿里不哥的支持者之中，並且參與戰鬥對抗忽必烈。拉施德丁斷言朮木忽兒沒有別的選擇（忽必烈在遠方的中國），而旭烈兀對朮木忽兒的行動也顯現不悅，命令他改為支持忽必烈。隨後，朮木忽兒獲得了阿里不哥的許可，使用某種藉口離開了他的軍隊，但在前往其父旭烈兀的總部之時，在路上死去。[146] 拉施德丁對內戰之中同盟關係的處理是矛盾的，這顯現了一項事實：忽必烈乃是伊利汗國能夠擁有合法性的唯一來源。

旭烈兀在高加索地區與一位蒙古汗發生衝突，這位汗宣稱他在伊朗北部擁有廣大的權利，而其政治宣傳又充分利用了他自身的穆斯林信仰以及旭烈兀的不信道，使得旭烈兀處決了許多隨行的穆斯林人士，知名的有宰輔薩義夫丁．必闍赤（Sayf al-Dīn Bitikchi，在拉施德丁的紀錄中，他含糊其辭，並將這起處決事件包夾在 1262 年／660 年末尾旭烈兀與別兒哥爆發敵意的敘事之中；伊本．富瓦惕則明確地說到大不里士的馬利克（malik）由於被控訴與別兒哥通信，因此也在被處決的行列之中。[147] 拜住遭到處決，以及他的指揮權被轉移到綽兒馬罕的兒子失烈門（Shiremün），拉施德丁在其他地方提到這場事件，或許也與此有關（不過他將這件事放置在蒙哥統治時期）。[148]

長遠而言，朮赤支系爭論說，旭烈兀僅僅是蒙哥的代表，而他的兀魯思並非來自於成吉思汗所做出的任何土地分配，而這似乎也觸及了伊利汗宮廷的痛處。這樣的感覺，在夏班卡拉依的《歷史家譜選集》（*Majma' al-ansāb*）之中也能找到耐人尋味的回響，此書原先是為了伊利汗的維齊爾吉亞斯丁（Ghiyāth al-Dīn）所寫，他是拉施德丁之子。夏班卡拉依聲稱，「西方的土地」從烏滸水直到敘利亞與埃及的邊界，是旭烈兀之父拖雷的襲產（*mīrāth*），乃是成吉思汗本人親自授予拖雷的。[149] 夏班卡拉依更進一步，將拖雷說是成吉思汗與另外一個妻子所生的兒子，這位妻子，比其三位長兄朮赤、察合台、窩闊台的母親更要年長——成吉思汗的這位妻子就是克烈部王汗（脫斡鄰勒 Toghril，在夏班卡拉依的書中，有時會用雄偉的稱號「汗中之汗」來稱呼）的一個女兒。[150] 如果在拉施德丁的時代，存在任何依據使得這件事情可信的話，那麼拉施德丁一定會提到這件事。夏班卡拉依這項證言顯然是虛假的，也無法在任何早期史料之中證實，甚至是以拖雷支系立場來寫作的史料也一樣。這只能是一項偽造，以反制朮赤支系與察合台支系對伊利汗稱號的挑戰，並且支持拖雷支系對伊朗統治權的宣稱。

將這些不同的敘事內容放置在一起，我們有可能更精確地理解旭烈兀在約1260年之時的情形。史料並沒有完全排除這種可能性，那就是蒙哥隱蔽地想要創造出一個兀魯思讓旭烈兀統治，如同拉施德丁企圖暗示的一樣。[151] 然而許多跡象顯示，縱使旭烈兀在伊朗行使全面的軍事指揮權，他並不享有他遺留給其子的政治權威。無論蒙哥私底下的目的是什麼（而拉施德丁的陳述開始顯得有些俗套），朮赤支系似乎根本沒有意識到他們的權利與資產有任何減少，即使連在呼羅珊都是這樣，就更不用提南高加索了。

旭烈兀對抗朮赤支系諸王子的行動，某方面是簡化了伊朗的情勢。在倖免於殲滅的朮赤支系部隊之中，有些經由高加索逃到了欽察草原，而至少有兩百兵力的一支小隊，顯然根據別兒哥的命令而行動，他們向西移動進入馬穆魯克蘇丹拜巴爾斯的領土，並在他的麾下效勞。[152] 而大部分先前由禿塔兒與忽里統率的部隊，要不是經由迪希斯坦（Dihistān）草原逃回家鄉，就是向東移動進入現今的阿富汗，他們在那裡建立了據點，如同拉施德丁所說，在「加茲尼與比尼葉·加烏（Bīnī-yi Gāw）的山中，遠至木勒坦（Multān）與拉合爾」，[153] 在這裡，由一位名為聶古迭兒（Negüder）的人所統率，他在稍早之時於呼羅珊東部指揮一支朮赤支系的分遣隊，他們建立了一個實質上自治的政權。

現在，伊朗境內只剩下一支主要並非拖雷支系的分遣隊了，那就是察合台支系王子貼古迭兒（Tegüder）統率的部隊，他們會表示合作，直到旭烈兀的繼任者阿八哈統治時期。接著，在1268-9年／667年，在察合台汗八剌入侵呼羅珊之前，他傳遞了一則隱蔽的訊息給貼古迭兒，其中含有要貼古迭兒支持八剌入侵的指示。貼古迭兒當時駐紮在南高加索，試圖向北移動，進入欽察草原以前往察合台支系的領地。他被喬治亞國王大衛五世（David V）所阻撓而受挫，接著又被失烈門所擊敗，失烈門就是先前伊朗的指揮官綽兒馬罕之子。貼古迭兒作為一名俘虜被帶回來，並且獲得了饒恕；但他被剝奪了指揮權，而他的部隊也被完全整合入阿八哈的軍隊編制之中。[154] 這起事件，使數年之前旭烈兀攻擊朮赤支系軍隊的過程宣告完成；從此時起，所有伊朗境內駐紮的蒙古軍隊都效忠伊利汗。

六、察合台兀魯思的重組

旭烈兀並非唯一得利於蒙古地區繼位衝突的西方成吉思系王朝成員。在1260年／658年，新推選出來的合罕忽必烈（Qubilai）首先進行的動作之中，其中一項就是任命一位王子接管察合台支系的兀魯思，以為了他的利益調集資源。然而，他提名的人選阿必失合（Abishqa），被阿里不哥的屬下們攔截並殺害了，於是阿里不哥認命了他的一位依附者阿魯忽（Alughu）作為新汗。[155] 抵達中亞之後，根據瓦薩甫的記載，阿魯忽將「從阿力麻里到肯吉克與塔剌思，以即從喀什噶爾到烏滸水岸邊的領土」都納入他的控制之下。[156] 然而，這是憑藉非比尋常的劇變才達成的。一當阿魯忽的地位牢固之後，他就背判了阿里不哥，並扣留預計要向東方運輸的稅收與軍需物資。作為此次戲劇化轉折的一部分，他突然與阿里不哥的朮赤支系盟友相對抗。阿魯忽的軍隊入侵河中地區，並任命其親族揑古伯（Negübei）為此處的長官；在布哈拉，別兒哥的軍官（*nökörs* 那可兒）與部屬，包含屬於朮赤支系私產的五千名專業工匠及其家人，他們全部都被圍捕並被處死，就如旭烈兀屠殺別兒哥在伊朗的斡脫（ortaq）商人們一樣。阿魯忽的部隊也侵入了花剌子模（在成吉思汗時代就是朮赤支系的資產）並將撒里那顏（Sali Noyan）位於印度邊境的探馬（*tamma*）軍納入其控制之下，探馬軍將撒里那顏俘獲，交給了阿魯忽。[157] 隨後，阿魯忽擊敗了別兒哥的軍隊，並劫掠了訛答剌。[158] 亞美尼亞歷史學家甘札的基拉科斯（Kirakos Ganjakets'i）聽說阿魯忽向旭烈兀提供幫助，[159] 及使真是這樣，如此的幫助似乎也未具體實現。

雖然阿里不哥對阿魯忽的背叛反應劇烈，他入侵察合台兀魯思，占領了阿力麻里，並迫使阿魯忽逃到于闐（Khotan），但是當阿里不哥被他大多數的部隊拋棄之後，並被迫向忽必烈臣服（1264 年），阿魯忽依然有能力重拾其地位。[160] 大概在此時期，阿魯忽很有可能娶了擔任監國的兀魯忽乃（Orqina）以鞏固其地位，他也收到了來自忽必烈的特許，使其在烏滸水到阿爾泰山之間的土地尚有壟斷的權威。我們需要注意的是，首先，阿魯忽從這場鬥爭之中，作為察合台兀魯思的主宰出現，這個兀魯思在幅員上得以增加，其次，他進一步獲取了馬思忽惕・貝格的效力，他之前直接對合罕負責，但現在作為阿魯忽的財政大臣（*ṣāḥib-dīwān*），並幫他管理河中地區的龐大稅收。從這個時候開始，我們可以說，察合台支系的汗國建立了。[161]

七、統一帝國的結束

拉施德丁強調，當阿里不哥投降之後，一次忽鄰勒塔被召集，以使忽必烈的即位正式化；不只旭烈兀與阿魯忽，甚至敵對的別兒哥據說都受到邀請。[162] 這樣的集會根本沒有舉行過。不久之後，當阿魯忽逝世，忽必烈合罕將察合台支系的八剌派出，以代表他的利益與木八剌沙共同統治。這是忽必烈最後一次能夠干涉中亞的繼承事務了；而他終告失敗，因為八剌很快地就頂替了他年輕的共治者，並且背叛了忽必烈。至於朮赤系諸汗，無論是別兒哥（逝世於 1267 年／ 665 年）[163] 或是其繼承者忙哥帖木兒（Mengü Temür），似乎都不承認忽必烈。許多年來，合罕唯一的盟友就只有諸伊利汗，也就是旭烈兀與阿八哈。

甚者，在數年之內，窩闊台的孫子海都（Qaidu）就會在中亞創建屬於自己的兀魯思。[164] 在 1252 年，蒙哥將海押立給予海都，而海都在蒙哥死後的繼位衝突之中支持阿里不哥，甚至在阿里不哥投降之後，他多次拒絕前往忽必烈宮廷的邀請。一開始，海都與八剌之間呈敵對關係，然而到了 1268 年，他們互相達成了權宜妥協（*modus vivendi*），還加上了金帳汗國的忙哥帖木兒。在 1269 年／ 667 年於塔剌思附近舉行的忽鄰勒塔之中，這三位親王同意瓜分河中地區的歲入，八剌獲得其中三分之二，海都與忙哥帖木兒則分享剩下的三分之一。海都的主要駐地似乎在塔剌思附近，在 1272 年 8 月下旬／ 671 年 1 月下旬他於此處即位，在約 1275 年之時，他也在這裡接待了基督教聶斯脫里派的兩位僧侶，馬可斯（Markôs）與拉班．掃馬（Rabban Ṣawma）。[165] 某種意義上，海都再造了其祖父窩闊台的兀魯思，這個兀魯思在 1251 年之後就實質湮沒了；雖然，彭曉燕認為窩闊台兀魯思不足以支撐海都的權力，[166] 拉施德丁也說他被迫要一點一點地徵召他的軍事力量，因為他無法依賴任何早年遺留下來的窩闊台支系的儲備部隊。[167] 甚者，海都的領地也絕非只限縮於窩闊台與貴由曾經的封地之內。在八剌（1271 年／ 670 年）死後，海都主張他擁有控制察合台兀魯思的權威，並自己任命察合台汗。其中最著名的就是八剌的兒子篤哇（Du'a），海都在約 1282-3 年／ 681 年任命他，兩人並會在接下來的數十年內聯手對抗元朝與伊利汗國。賈馬勒．卡爾希（Jamāl al-Qarshī）揭露說，資格老練的行政官馬思忽惕．貝格．本．馬赫穆德．牙剌哇赤（Masʿūd Beg b. Maḥmūd Yalavach，逝世於 1289 年／ 688 年），本來先後為諸合罕與察合台諸汗效力，現在遵從海都的命令，而馬思忽惕的三個兒子也與他一樣任職為官僚，直到十四世紀初葉。[168] 雖然對於海都到底有沒有宣稱做為合罕，一直具有疑問，我們還是應該注意，卡尚尼說海都宣稱自己是合罕，而在海都的兒子與繼任者手下寫作的賈馬勒．卡爾希，曾經在一次提起「我們的合罕們」。[169] 直到海都在 1303 年 2 月下旬／ 702 年 7 月上旬逝世為止，[170] 他都是忽必烈與其世系的主要反對者。

然而，這已經不只是規模前所未見的蒙古人內部不合。在高加索戰爭爆發的數個月之內，別兒哥就開始與開羅的馬穆魯克政權進行外交聯繫，操作他自己的伊斯蘭信仰，並且鼓動蘇丹拜巴爾斯反對不信道者旭烈兀。[171] 相應之下，旭烈兀則轉向馬穆魯克另外的主要敵人，也就是西歐的基督徒。在 1292 年，旭烈兀向教宗烏爾巴諾四世（Pope Urban IV）與法蘭西國王路易九世（Louis IX of France）寫信，尋求他們的支持以對抗埃及。寫給教宗的信沒有留存；我們只有烏爾巴諾四世的回覆而已，在信中提到旭烈兀的使節在西西里島被敵對的國王截獲，他是埃及的一位盟友。不過，在寫給聖路易的信中，伊利汗旭烈兀計畫讓法蘭克人從海路封鎖埃及，而他自己的軍隊則從陸路攻擊。[172] 這是第一次，蒙古君主準備好要與外在勢力聯合，以對抗同族群的蒙古人。

1261-2 年所發生的事件，在許多層面上，都代表了蒙古帝國的裂解。沒有領土的喪失——除了敘利亞與巴勒斯坦之外，此兩處在過去數個月遭到蹂躪。廣大的蒙古疆域仍然在成吉思系王朝的手中。此後七十多年，沒有任何人企圖在伊朗樹立並非屬於王朝的統治者——在中國統治的時間甚至還更長。甚者，成吉思系王朝在黑海—裏海草原與伏爾加河流域的統治持續到十六世紀，在中亞草原的統治還持續到十七、十八世紀。對成吉思汗後裔的效忠顯得相當頑強。然而，成吉思汗創立的帝國再也不是一體了——甚至在遠東勝利擴張之時也已分裂，而這是先前從來沒有游牧族群達到過的成就，因此顯得有些弔詭。忽必烈值得受到頌揚，因為他結束了與宋帝國漫長的戰爭（1279 年），並且在三個多世紀以來，第一次將中國統合在單一政府之下；比較沒那麼大的成就，則包含在高麗（Korea）與吐蕃（Tibet）樹立了蒙古的權威，並將蒲甘（Pagan，即緬甸 Burma）與安南（Annam，現今的越南 Vietnam）削弱至必須繳交貢賦的地位。不過，這位不可思議的契丹（Cathay）統治者，因為馬可波羅的記載而得以不朽，卻是第一位沒有在帝國廣袤的領土上普遍被承認的蒙古合罕。

第六章

征服時期的破壞、人口銳減及重建

相較於蒙古入侵，十字軍從 1098 年開始對黎凡特海岸的占領，或者，甚至是中亞穆斯林在十二世紀臣服於喀喇契丹，都只不過是對邊境的侵擾而已。而蒙古戰役，已經成為毀壞肥沃農業地帶、劫掠城鎮與城市，以及屠殺人口的代名詞。在一個世紀之前，愛德華・格蘭威爾・布朗（E. G. Browne）寫道，「在這樣……毫無目標的殘酷之中……野蠻游牧民的爆發……更像是盲目的自然力量所造成的某種獸性巨禍，而非人類歷史上的重大事件。」[1] 在諸多企圖解釋蒙古暴力背後所隱含動機的假說之中，我們早已注意到有約翰・約瑟夫・桑德斯（J. J. Saunders）所提出的「對城市文明盲目、不理性的恐懼與厭惡」。其他解釋還包含「一種草原的智慧，知道游牧民要如何才能最好地獲得他們想從農業世界中獲得的東西」；[2] 渴望嚇阻進一步的抵抗；[3] 以及懲罰不尊重成吉思汗所授天命的人。[4] 最後，伊利亞・巴夫洛夫維奇・彼得魯舍夫斯基（I. P. Petrushevsky）與約翰・梅森・史密斯（John Masson Smith）都將入侵者的目標更整體地看待，說是（在這裡引用彼得魯舍夫斯基的話語）「有計畫地毀滅人群之中有能力抵抗的族群，震懾剩餘的人，有時候也為游牧族群提供牧地。」[5]

一、史料的結論

我們能夠評價毀滅程度的能力，以及能夠理解毀滅背後動機的能力，並沒有受到同時代或稍晚的史料所幫助，因為它們都傾向於沉浸在誇大的鋪張遣辭之中。對於雅古特（Yāqūt）而言，蒙古人的出現，是自創造天地以來前所未見的事件。[6]我們早已注意過伊本．艾希爾（Ibn al- Athīr）對於這場大災難的反應。例如，伊本．艾希爾對1220-1年強而有力的哀悼，通常被認為是場面調度（*mise-en-scène*）手法的原型。他已經拖延數年才開始書寫蒙古人的入侵，畢竟誰能輕易寫下伊斯蘭與穆斯林的訃告呢？從來沒有如此的大難——甚至尼布甲尼撒（Nebuchadnezzar）毀滅耶路撒冷，以及以色列的眾子被擄掠到巴比倫，都無法與之相比；而或許在末日來臨之前，根本沒有任何可比的災難會發生，甚至連雅朱者與馬朱者（Yājūj wa-Mājūj，歌革與瑪各 Gog and Magog）的到來，都是如此。至少旦札里（al-Dajjāl，穆斯林傳統中與敵基督 Antichrist 相對應的人物）至少還會寬恕擁護他的人，然而伊本．艾希爾說，蒙古人不饒恕任何人。[7]因為伊本．艾希爾的記載，我們才有這則一再被複述的軼聞，那就是一位蒙古騎兵在被攻取的城市之中，不停擊殺穆斯林居民，他們只能被動地接受他們的命運，有一位穆斯林甚至在殺手離開去拿劍的時候，還遵守命令等在原地。[8]

蒙古人在呼羅珊的戰役，吸引了另外兩位同時代人的注意。伊本．拉巴德（Ibn al-Labbād）寫道，「……似乎他們的目標就是人類的滅絕，他們不尋求領土與財產，只想要毀滅世界，使之成為一片荒蕪。」[9]他反覆敘述有關蒙古人暴行的故事：他們飲用被他們割開喉嚨的人的鮮血；緩慢地肢解俘虜，作為一種娛樂；強姦貌美的女性連續數天，再將之殺害[10]——這些故事會在拉丁語歐洲稍晚敘述蒙古襲擊東歐（1237-42年）的史料之中得到回響。[11]納撒維（Nasawī）如同伊本．艾希爾，一樣致力於帶有偏見的泛論，他斷言，在呼羅珊只有他自己的胡蘭迪茲（Khurandīz）堡壘被饒恕而已。[12]而納撒維在敘述完尼沙普爾的毀滅之後（此城被單獨提起，是因為遭受了特別嚴厲的處置，就如我們將會看到的一樣），除此之外，納撒維拒絕詳細描述諸城市的命運，這些城市位於呼羅珊、花剌子模、伊拉克、馬贊德蘭、亞塞拜然、古爾、巴米揚，與「遠至印度邊境」的錫吉斯坦（Sijistān，錫斯坦 Sīstān），因為先前說過的內容，足以精準呈現其他所有地方發生過什麼；除了將攻城者與被圍攻者的名字替換一下之外，不需要任何補充了。[13]

我們或許會預期這些作者訴諸煽情，因為它們在不信道者大規模入侵伊斯蘭疆域的首次衝擊之中寫作。然而他們的陳述可以被親身經歷這些事件，但是在數十年後才記錄下來的人們證實。蘇菲行者納吉姆丁·拉濟·「達雅」（Najm al-Dīn Rāzī 'Dāya'，逝世 1256 年／654 年）斷言說，「這些受詛咒的生物們所造成的混亂與殘破、殺戮與擄掠、毀滅與焚燒，在任何過去的時代都前所未見」，而它們只與「末日之時將會發生的大難」相似。[14] 在敘述位於河中地區、費爾干納、突厥斯坦的穆斯林諸城市之命運之時——主要是八剌沙袞、布哈拉、撒馬爾罕——朮茲札尼要我們相信，絕大多數的人口都殉道了，只有少數人作為俘虜而倖存[15]（儘管事實是八剌沙袞因為沒有抵抗而被饒恕）。他說，在綽兒馬罕的率領之下，抵達伊朗的新軍對所造成的屠殺與此相似，也超出了筆墨可以記錄的能力。[16]

這幅陰鬱的圖景，由毫無憐憫的喋血所形成，在數十年過去之後，以及當伊朗出現穆斯林伊利汗國的穩定政府之時，也並未褪色。道明會修士里克爾多·達·蒙德克羅切（Riccoldo da Montecroce）在 1290 年代於伊朗居住，有人告訴他說，蒙古人造就了「如此巨大的殺戮、毀滅，與荒蕪」，沒有親眼看過的人根本無法相信。[17] 在 1295 年，合贊皈依伊斯蘭之後，於穆斯林眼中，蒙古的征服與統治大幅度地改過向善了，此時書寫的作者們可以較為平實地敘述合贊的祖先在數十年前於西南亞製造的屠殺與掠奪。瓦薩甫幾乎是偶然地順帶一提成吉思汗的軍隊在河中地區與呼羅珊造成的「大屠殺」。[18] 甚至拉施德丁也妥協了，他說自從人類開始存在以來，成吉思汗與其王朝殺戮的人口比任何先前的人都還要多，並且列出這些城市——巴爾赫、沙卜爾干、塔里寒、馬魯、撒拉赫斯（Sarakhs）、赫拉特、突厥斯坦、雷伊、哈瑪丹、庫姆、伊斯法罕、篾剌合、阿爾達比勒、巴爾達阿（Barda'a）、甘札、巴格達、摩蘇爾，以及艾比爾——在這些城市之中，蒙古人都製造了「幾乎無人得以倖存」的屠殺。當然，他的其中一個意圖，是要強調合贊完成的重建工作。[19] 到底這種強調有沒有效果，仍然是有爭議的；不過值得注意的是，在一個世代之後的哈米德拉・穆斯陶菲・加茲溫尼仍然懷疑伊朗是否能在一千年之內，從蒙古征服造成的損害中恢復。[20]

二、成吉思汗軍隊的屠殺事件

諸如此類的評判，都加強了蒙古人對伊斯蘭世界東部的諸城市犯下了大規模、無差別屠殺的印象。對愛德華・格蘭威爾・布朗（E. G. Browne）而言，「如果死亡是抵抗的代價的話，在大多數案例之中，死亡也是投降的後果。」[21] 不可否認地，為了報復商隊使節團在訛答剌被殺害之仇，成吉思汗對花剌子模帝國的攻擊伴隨著大量的喋血事件。不過將從廣泛的資料諸拼湊起來之後，我們可以辨識入侵者對被征服的人群所做出的多種不同回應。我們首先需要區分有防禦工事的諸城市遭受的處置，以及施加在鄉間居民之上的處置。方濟會修士、教宗使節柏郎嘉賓在 1247 年寫作，他描述了進軍中的蒙古隊伍不劫掠、縱火，也不殺戮牲畜，而只是盡可能地殺害或傷害人們，如果無法做到的話，就逼他們逃離。[22] 因此，例如在 1236 年，一位猶太旅人的信件之中就提到蒙古人的小隊在摩蘇爾近郊的主要道路上無差別地殺人。[23] 根據伊本・艾希爾，雷伊與哈瑪丹之間的諸聚落，比任何一座落入哲別與速不台的城市都要悲慘。因為蒙古人「焚燒、毀滅，並將男人、女人、孩童都用刀劍殺害；他們什麼都不饒恕」；同樣的戰術也應用在哈瑪丹通往亞塞拜然道路上的諸村莊，以及在薩拉布（Sarāb）與巴伊拉干（Baylaqān）之間的諸城鎮與村莊之中。[24] 目標大概是要「軟化」區域，製造冷酷的懲處，向那些足夠幸運而得以躲避在城牆後的人們殺雞儆猴（他們的抵抗將會造成入侵者的嚴重損失），並且損害他們堅守下去的經濟能力。[25]

關於有防禦工事的地方，我們則擁有多得多的資訊。于爾根．保羅教授（Jürgen Paul）突顯了蒙古人在七年戰役之中所面對的敵人之異質性。這些軍隊由花剌子模將領以及多數為康里人的部隊所組成；城市顯貴與（有些時候，與顯貴有別的）領導者負責管理城鎮或整個區域；大多數的人口，位於城市與鄉間；以及在蒙古入侵之前早已存在的本地游牧族群，可能是突厥蠻人、庫德人，或阿拉伯人。這些不同的群體，抵抗蒙古人的意願可能也有所差異。投降通常是城市貴族會作出的決定，即使有軍事上的抵抗，也通常無精打采；然而平民通常由「艾亞爾」（vagabonds，*'ayyārān*）❶率領，更有可能抵抗入侵者。[26] 而抵抗的力道，反過來也導致了毀滅的規模。

迅速的投降通常會得到聊勝於無的獎勵。八剌沙袞、烏茲坎德（Ūzkand）、巴爾欽利格肯特（Barchinlighkent）等城鎮，因為沒有太大的抵抗，而避免了一場屠殺。[27] 志費尼說，在成吉思汗從布哈拉進軍到撒馬爾罕之時，他並不侵犯投降的城鎮，但留下部隊去圍攻那些抵抗的城鎮，例如抵抗的撒里普勒（Sar-i Pul）與達卜希雅（Dabūsiya），而布哈拉與撒馬爾罕鄰近的區域也因為降服，而避免了殺戮。[28] 受到如此饒恕的代價通常是徵兵（levy，*ḥashar*），以協助征服者在其他地方的行動。在饒恕札爾努格（Zarnūq）居民的性命之後，成吉思汗徵召他們之中的年輕人（*jawānān*）參與攻打布哈拉；而縱使呼羅珊東部的某些城鎮——札烏贊（Zawzan）、安德胡德（Andkhūd）、馬伊曼德（Maymand，或馬伊曼納 Maymana）、加里雅特（Qāriyāt）——其居民未受傷害，但他們被迫要為未來的蒙古戰役提供輔助部隊。[29]

我們或許會預期訛答剌單獨被挑選出來，受到特別殘酷的處置，然而在我們主要的資料之中，只有朮茲札尼明確地指出全城人口都被刀劍殺害，而稍後蒙古人在訛答剌強制徵兵以參與攻打忽氈（Khujand，如下所述），這項事實顯示朮茲札尼可能誇大其辭。[30] 拉施德丁寫道，人們以五十名為一群遭到殺

---

❶ 註：'ayyār（複數'ayyārān）一詞的本意為「無家者」（vagabond），後來多指10-12世紀活躍於伊拉克、伊朗一代的武士團體。

害，但也提到「農民與工匠」得以倖存下來，並被徵召，參與其他地方的軍事行動。[31] 布哈拉與撒馬爾罕則自成一類，因為他們的商人得到了成吉思汗在訛答剌被殺害的商隊使團的貨物。[32] 在一處，志費尼似乎指出此兩城的居民有感恩的理由，因為蒙古人只殺戮劫掠了一次。[33] 不過他在之後的地方提供了更詳盡的內容，而伊本·艾希爾也有提到，那就是對此兩城施行了懲罰。布哈拉的市民們在知道花剌子模沙赫的部隊拋棄了他們並且逃離的時候，就派出了他們的法官（qadi）前往談和，並且被接受了。他們並未受到傷害，雖然他們的財產被征服者們沒收，而在攻擊駐軍仍在抵抗的堡壘之時，他們被迫成為肉盾。一當堡壘陷落，他們就被命令出城，被分散以及遷移，而此城則被徹底劫掠；女性被系統化地強姦，而任何在布哈拉城內被找到的人都加以處死。這個區域成為了一片荒埔。[34] 被遷移的人們則納入蒙古軍隊之中，用來震懾撒馬爾罕。而在撒馬爾罕，城市投降之後，城中人口（與突厥駐軍受到的處置不同；見下）也被用與布哈拉相同的模式對待。[35] 志費尼說，從撒馬爾罕城強徵的兵員們被派遣到呼羅珊與花剌子模；而我們被告知，在蒙古人攻擊忽氈城的堡壘之時，他們不只使用了忽氈城鎮中的年輕人而已，也逼迫從布哈拉、撒馬爾罕、訛答剌強徵的兵員（*ḥashar*）進行攻擊。[36]

顯然，無法尊重蒙古信使的不可侵犯性，也會使蒙古人的怒氣發洩在其他的據點之上。在攻打花剌子模帝國的早期階段，朮赤對昔格納黑（Sighnāq）發起了一場大屠殺，此城殺害了哈桑·哈吉（Ḥasan Ḥājjī），他是一位成吉思汗的長期合作夥伴，被派遣前往城中談判。[37] 這場教訓或許有所裨益，因為我們在烏滸水以北，再也沒有看過任何殺害信使的案例。相反地，氈的（Jand）在當時已經達成了城市的投降協議，只有一些領導者被處決，因為在談判中侮辱了蒙古信使成帖木兒（Chin Temür）。[38] 這或許是對敵方不可接受的行為進行某種究責的最早案例。

我們可以辨認出其他情況，導致蒙古人屠殺城市的人口。當一次攻城行動奪走一位帝國王子，或一位顯貴性命的時候，蒙古人施行特別嚴峻的懲罰。在 1221-2 年／ 618 年，成吉思汗圍攻巴米揚之時，他最鍾愛的孫子木阿禿干

（Mö'etügen）死去了，因此在城市陷落之後，征服者成吉思汗命令他的部隊屠殺所有的活物，並且詔告沒有人能繼續在此處生活；到了哈米德拉．穆斯陶菲的時代，這座城市依然是一片廢墟。[39] 蒙古將領脫合察兒（Toghachar）是成吉思汗的女婿，他於尼沙普爾城下被殺死，尼沙普爾在稍早向哲別與速不台投降之後叛亂。在為期五天的攻城戰之後，尼沙普爾陷落，脫合察兒的遺孀主持了大屠殺，甚至連貓狗的性命都沒有被放過；只有四百位工匠被饒恕，並且被遷移到突厥斯坦。[40] 當一位較低階的將領與奈撒（Nasā）的居民進行小規模衝突，並被殺死之後，蒙古人攻城十五天，在奪取城鎮之後屠殺了人口。[41]

除此之外，我們還發現，對於抵抗太激烈或者是抵抗時間太久的堡壘，蒙古人會無差別屠殺以發洩怒氣。例如忒里迷（Tirmidh），在持續十一天的攻城戰之後遭到奪取；古爾濟旺（Gurziwān），在攻城一個月之後奪取；塔里寒的堡壘，稱為納瑟爾庫赫（Naṣr-kūh，或努斯拉庫赫 Nuṣrat-kūh），一開始成吉思汗親自圍城，但是過了一些時間，在其子拖雷率領的援軍協助之下才攻取；撒卜札瓦爾（Sabzawār），由脫合察兒軍隊的一支分隊在三天的戰鬥之後攻取；以及夏赫列．錫斯坦（Shahr-i Sīstān，或尼姆魯茲 Nīmrūz），先後被攻下兩次，一次在 1223 ／ 619 年，另一次在（九個月的圍城之後）1235 ／ 632 年。[42] 在古爾根奇（Gurgānj）——伊本．艾希爾稱之為「花剌子模之城」，雅古特也在一到兩年之前，將玉龍傑赤描述為他造訪過的所有城市之中最富有也最龐大的，耶律楚材（Yelü Chucai）也認定玉龍傑赤在先前比布哈拉還要富裕，人口也更多[43]——所有人口都被殺害了。屠殺有部分是為了報復他們死命的抵抗，持續了四個月（根據朮茲札尼的說法），但也是因為蒙古人藉由破壞攔截烏滸水的水壩而攻取城市，所以有些躲藏起來的倖存者都被溺死；不過志費尼只有提到，蒙古人試圖使河流改道，但沒有成功。[44]

殘酷的處置也等待著那些一開始投降，但隨後反抗征服者們的權威，並且殺死成吉思汗代表的城市。尼沙普爾更是再度地冒犯了蒙古人，因為導致了蒙古將領死亡，這件事剛才我們已經提過了。[45] 當花剌子模沙赫札蘭丁在帕爾旺擊敗蒙古人的消息傳播出去，數座位於呼羅珊先前臣服的城鎮，現在開始反叛。例如，巴爾赫在1220-1年／617年投降，並沒有遭受劫掠與屠殺，蒙古人只是在這裡安置了一位席赫納（*shiḥna*）；城中有一些人口接著被徵召，參與對馬魯（Merv）的攻擊。[46] 然而，當札蘭丁的勝利激起了新的抵抗，巴爾赫的居民就被驅趕出城，再平原之上被屠殺。[47] 赫拉特在被圍攻十天之後有條件投降，城中人口被饒恕，雖然有一些例外。不過，與巴爾赫相似，當人們起身反抗，並將被任命管理他們的席赫納（*shiḥna*）蒙兀歹（Mengütei）處死，蒙古人就回來了，在八個月的圍城之後攻取赫拉特，並且屠殺了所有人——除了一些女性之外，她們被奴役——然後焚燒了城市。[48] 我們不知道施加在撒拉赫斯（Sarakhs）之上的命運。此城的法官（qadi）之前傳達了降服之意，他被任命為馬利克（malik），然後也安置了一位席赫納（*shiḥna*），但是當馬魯城來援軍到達之時，市民發動叛亂，並且將以上的其中一位，或者兩位官僚處死了。[49] 至於敘述馬魯城陷落之前的內容，我們詳細的內容來自於志費尼。一個群體包含謝赫·伊斯蘭（*shaykh al-islām*）派出信使到哲別與速不台之處宣告臣服，但是在蒙古人可以反應之前，城市被其他群體控制了，他們選擇抵抗並且殺死謝赫·伊斯蘭。顯然，因為這個原因，還有因為鼓動撒拉赫斯反叛，當馬魯城被拖雷的軍隊攻陷之時，除了一些工匠之外，所有的人口都被消滅了。[50]

有關加茲尼城命運的數種敘事版本，似乎可以用類似的方式來解釋。根據伊本·艾希爾，這個城鎮缺乏足夠的駐軍，很輕易地就陷落了，除了被奴役的女人之外，居民都被殺死。+51 但是志費尼再一次提供了一幅更詳盡的圖景，他告訴我們，在某個時刻，加茲尼的居民他們投降了，蒙古人也指派了一位八思哈（*basqaq*）；志費尼敘述了一支蒙古軍隊毫無預警地到來，在街道上殺戮，並且焚燒了聚禮清真寺，我們想必可以將志費尼的敘述歸因於這次稍早的攻擊，因為這支分遣隊接下來就會在帕爾旺遭受屈辱的慘敗。[52] 隨後，在札蘭丁於印度河畔戰敗之後，成吉思汗立刻將窩闊台送回加茲尼，窩闊台屠殺了除了工匠之外的居民；+53 這在朮茲札尼的概述之中被確認，[54] 而伊本·艾希爾粗略的細節，也確實有意地放置在印度河戰役之後。

直到現在為止，我們專注在成吉思汗主力軍隊的行動上。因為哲別與速不台的主要任務是捕捉逃亡的花剌子模沙赫摩訶末，所以他們需要急速行軍，使他們的行為與主力軍隊相比不太一樣。朮茲札尼相信他們擁有成吉思汗的指令，要求不得損害任何呼羅珊的城市。[55] 然而，有一次，伊本・艾希爾在敘述蒙古人於呼羅珊與伊拉克的軍事行動之時，他做出了令人懷疑的泛論，說蒙古軍隊連一座城市也沒有放過，他們毀滅、焚燒、劫掠「他們經過的任何事物」。[56] 然而，在稍早之處，當伊本・艾希爾敘述開始追逐摩訶末之時，他說道蒙古人並不盡全力劫掠或殺戮，而是緊緊追著摩訶末。[57] 但是，一般而言，我們先前看到的模式也可見於哲別與速不台的行動之中。其中一位蒙古軍隊的成員在鄰近赫拉特的「布珊吉的圖伊」（Tūī of Būshanj）城下被殺害，這兩位將領就把所有的人口都用刀劍殺死。[58] 在哈布尚（Khabūshān）也有許多殺戮，根據志費尼頗有意思的模糊說詞，乃是因為城中居民的「粗心大意」（*'adam-i iltifāt*）。[59] 當蒙古人在 1221 年／ 618 年初期之時攻取篾剌合（Marāgha）之後，其居民都被屠殺，雖然女性只有被奴役；躲藏起來的市民則被計謀誘出，之後也被殺掉了。[60] 阿爾達比勒（Ardabīl）成功抵抗了入侵者先後的兩次攻擊，但是在第三次攻擊之時被攻取，所有人口都被屠殺。[61]

一場屠殺出現在加茲溫（Qazwīn），城中人口發動很劇烈的抵抗，甚至在街道上與蒙古人巷戰；稍晚的歷史學家哈米德拉・穆斯陶菲是這個城市的本地人，在他的著作《勝利記》（*Ẓafar-nāma*）之中敘述了這場屠殺。[62] 在這裡，《大衛王報導》（*Relatio de Davide rege*，1221 年）也協助我們理解這場屠殺，它揭露說加茲溫一開始先投降了，並且得到了一位長官，但是接下來起而叛變，並且殺害了這位長官與他的許多部屬。[63] 雷伊（Rayy）也投降了哲別與速不台，但是隨後在某個時刻，城市遭到劫掠，人口也被屠殺。[64] 伊本・艾希爾顯然敘述了兩個片斷事件，他先說道蒙古人出其不意地到來，並攻取城市，而女性與孩童被奴役，[65] 但接著敘述了新的蒙古軍隊如何在 1224 年／ 621 年開始之時抵達，並且殺死了大多數在此期間之中返回的居民，這些居民已經開始重建城市（可能是要再次構築防禦工事）。[66] 位於阿闌（Arrān）的巴伊拉干

（Baylaqān），其居民犯下了不可饒恕的冒犯行為，他們殺害了一位派遣到城鎮的蒙古信使，是他們自己要求派過來，以與其談和的。當蒙古人襲擊了這座城鎮，據說他們殺害了所有人，無論年紀與性別，甚至將胚胎從母親的子宮裡面掏出來。[67]

至於其他處於這兩位那顏路徑之上的城市，我們的資訊實際上通常都很模糊；對於被派遣出去要求城市們降服的諸蒙古信使，我們沒有有關他們命運的細節，我們也不知道城市抵抗的力道，或者是任何攻城戰的過程。我們也無法解釋薩瓦的命運（跟據雅古特，入侵者沒有讓此處的任何人活著），或者是在阿姆勒（Āmul）、伊斯法拉因（Isfarāyīn）、納赫奇萬（Nakhchiwān）的大屠殺，或者是在朱爾詹（Jurjān，或古爾干 Gurgān）的屠殺，只有一位十四世紀的作者提到，或者是在贊詹（Zanjān）的屠殺（拉施德丁宣稱蒙古人在此城屠殺的人口數量，是在其他城市屠殺的許多倍），還有在薩拉烏（Sarāw，薩拉布 Sarāb）的屠殺。[68] 我們也不知道為什麼新的蒙古分隊在 1224 年／ 621 年蹂躪雷伊之後，繼續摧毀了庫姆（Qum）與卡尚（Kāshān），這兩個並不在早期戰役路徑之上的城市，並且屠殺了城中的人口。[69]

雖然志費尼明確地提到，在離開尼沙普爾之後，哲別與速不台饒恕了那些投降的城市，並且摧毀那些抵抗的城市。[70] 不過能證實這條陳述的證據，主要還是來自於伊朗的西北部。例如，沒有針對大不里士（Tabrīz）發動攻擊，因為此城的埃爾德居茲王朝（Eldegüzid）統治者，懶惰而懦弱的月即別（Özbeg），獻出了馬匹、衣服，與錢財，賄賂蒙古人前往別的地方[71]——顯然也與蒙古的敵人札蘭丁索討的納阿勒・巴哈（*na'l-bahā*，「靴金」）相對應。[72] 蒙古的軍隊再次抵達大不里士之時，月即別逃跑了，城中準備好要抵抗，然而入侵者再次撤退了，因為他們對於更多金錢與衣物的需求得到滿足。[73] 金錢與衣物作為贈禮，也保證了甘札（Ganja）還有達爾班德（Darband）的安全。[74] 當哈瑪丹的頭人帶著金錢、衣物、馬匹出現，並要求談和的時候，這個城市被饒恕，而蒙古人就只是路過；此時他們任命了一位席赫納（*shiḥna*），以為他們積聚更多的財富。[75] 只有在後來，當居民極為絕望，因為他們沒有辦法再籌募更多的金錢，並且由於頭人以及一位律師的共同領導，他們構築了防禦工事並且殺害了席赫納；在1221年／618年，當蒙古人再次出現的時候，雖然他們想要投降，但哈瑪丹還是被報復性的攻城行動攻取，居民遭到屠殺，城市也被焚毀。[76]

三、窩闊台與貴由治下的戰爭行為

當成帖木兒（Chin Temür）被任命為呼羅珊（Khurāsān）與馬贊德蘭（Māzandarān）的長官之時，這些省份正在紛擾的混沌狀態之中，而志費尼指出，這位新長官在施行其權威與鎮壓叛亂領土的時候相當無情。但是，甚至在這裡，蒙古人也區分了主動投降的地區以及由武力攻取的地區，對於投降的地區，蒙古人只溫和地徵收物資，而對於攻取的地區，居民則在交出所有財產之後被殺害。[77]對於蒙格禿（Mönggedü）與答亦兒（Dayir）在東方遠處，於印度邊境所進行的戰役，我們擁有的細節相較之下很少，不過拉合爾在1214年／639年被攻取，城中的男性似乎被屠殺，而他們的部屬（*atbā'*）則被囚禁。[78]

在1229年／627年之後，蒙古軍隊於伊朗西部、伊拉克，以及安納托利亞的行動，先後由綽兒馬罕與拜住所率領，也跟隨著類似的模式。法爾斯（Fārs）與克爾曼（Kirmān）都被放過，沒有受到蒙古人的攻擊，因為它們的領導者迅速地投降了。[79]艾比爾（Irbil）城在1237年7-8月／634年12月，於一次不知長度的攻城戰之後被攻取，則遭受了大屠殺，使得此地籠罩了腐爛屍體的臭味；雖然也有一些人只被囚禁，但是可能主要是女孩子。[80]當拜住在1242年入侵安納托利亞，根據亞美尼亞歷史學家基拉科斯，艾祖隆（Erzurum）發動抵抗，並且後來被武力攻取，結果是居民被屠殺。當地的歷史學家伊本·比比（Ibn Bībī）告訴我們，攻城者遭受嚴重的損失，甚至可能會撤退，但是因為城中的財政審計官（comptroller of finances，*mushrif*）杜瓦依尼（Duwaynī）背叛，城市因而陷落，這證實了基拉科斯描繪的圖景，也就是蒙古人分化城中居民，饒恕對他們有用處的人，然後殺害其他人。[81] 在接下來的第二年，凱撒里亞（Kayseri）的居民都被刀劍殺死，因為他們發動抵抗，城市則成為廢墟。巴爾·希伯來說道，適合被奴役的年輕男性與女孩子受到饒恕並且被帶走；伊本·比比則說女性與小孩被帶走並且遭到奴役。[82] 另一方面，在同樣的戰役之中，錫瓦斯（Sivas）與迪夫里伊（Divrigi）很快就投降了，而勝利者只劫掠了城市就告滿足。[83] 根據伊本·比比，錫瓦斯投降的消息是由其法官（qadi）傳達，這位法官在蒙古征服的時候（1221 年）位於花剌子模，還得到了一份詔書（yarligh）與一個牌子（paiza），他現在將詔書與牌子呈上給拜住。作為回應，拜住只允許一部分蒙古士兵進入城市劫掠三天，隨後就撤退了。[84]

四、直至1254年的普遍模式

因此，蒙古人對於其進軍路徑之上的諸城市人口，以及其他的定居族群，展現了一系列不同的反應。其中一個極端，是當他們遭遇到了相當強烈的抵抗，或當一座城市首先投降，但是之後叛亂的話，所有人口可能都會被殺死；而在少數的情況下，如果當特別顯貴的蒙古人在攻城戰役之中被殺，屠殺甚至擴及到所有的活物——雖然擁有技能的群體或許會被饒恕，然後作為奴隸帶走。稍微沒有那麼劇烈的權宜之計，則是殺死所有成年男性（不過，在此種狀況之中，有技能的工匠們也通常被饒恕，並被遷移），以及奴役女性與孩童。在有些城鎮之中，或許只有軍隊，或者甚至只有他們的率領者被殺死。投降的城市居民會被饒恕，但是會頻繁被徵召以參加對抗鄰近城鎮的軍事行動。而在另一個極端，作為對快速臣服的回應，或者當蒙古人必須匆促行動的時候，他們可能會接受軍需物資與金錢，然後就路過了；當然，這些措施無法保證蒙古征服者們不會在稍晚返回，並且要求更多物品與勞力，其規模令人感到負擔沉重。但是，就像某些作者所假定的，如果蒙古人真的相當急切，想要清除所有潛在的抵抗，他們顯然不會給許多堡壘第二次機會。

甚者，在這些事件之中，似乎有大量的證據顯示，入侵者一般遵循著某些法則，似乎是戰爭的律法，當一座城市投降的時候就被饒恕了，然而如果發動抵抗並且被武力攻取，就會遭受大屠殺，至少全數男性會被殺死，而女性會被奴役。我們也不應該忘記，穆斯林君主們也遵循同樣的法則，例如成吉思汗主要的對手，花剌子模沙赫摩訶末・本・帖乞失。在約 1212-13 年／ 609 年，當撒馬爾罕居民消滅了所有城市中的花剌子模人，並且抵抗其軍隊之後，摩訶末也在撒馬爾罕主導了一場類似的大屠殺，只饒恕了外國商人的聚居區。[85]

確實，某些堡壘的案例，也構成了蒙古人所遵循的戰爭律法之例外。蒙古人有時候提供投降的條件，只是為了當這個地區投降，且將領與駐軍落入他們之手的時候能夠撕毀承諾；似乎很明顯，一旦面臨長時間且強大的抵抗，蒙古人就會使用這種詭計。顯然，這就是教宗信使柏郎嘉賓引述的戰術，他敘述蒙古人如何引誘那些投降的人離開城市，說是要統計他們的人數，但接下來就有系統地用斧頭將他們殺死，除了工匠以及他們認為可以當作有用奴隸的人們。[86] 在撒馬爾罕，在康里／欽察駐軍初期的短暫抵抗之後，他們相信蒙古人會歡迎他們，因為身為突厥人，他們與蒙古人屬於相同的「種族」（race），因此他們有條件投降，當他們被解除武裝之後，就被蒙古人屠殺了。[87] 或許也在河中地區的法納卡特（Fanākat）也是一樣，此城有條件投降，但是士兵們隨後被屠殺。[88] 在 1231 年／ 628 年，蒙古人屠殺了伊斯伊爾德（Isʿird）的居民，他們在五天的攻城戰之後有條件的投降；雖然他們也饒恕了許多他們想要的女孩與貌美的女人，並將她們帶到阿赫拉德（Akhlāṭ）。[89] 六年之後，根據伊本・阿比・哈迪德（Ibn Abī l-Ḥadīd），哈里發指派的艾比爾長官在堡壘之中抵抗，他獻上了貢賦以換取和平；雖然蒙古人接受了金錢，但接下來就要求加倍，不過沒有成功。[90] 伊本・阿比・哈迪德也描述了伊斯法罕在 1235-6 年／633 年的陷落，在許多次攻擊之後，或許也是出於惱怒而導致表裡不一，蒙古勝利者屠殺了沙斐儀學派，連同他們哈乃斐學派的鄰居，而蒙古人曾經保證會饒恕沙斐儀學派，因為他們背叛城市，為蒙古人打開城門；[91] 雖然平衡而論，在屠殺的激烈過程之中，很難分辨這兩個群體。蒙古人在 1242 年毀棄了他們的承諾，無論是在艾祖隆，在二十天的攻城戰之後，或是阿爾津詹（Arzinjān）在強烈的抵抗之後；居民被引誘出城，接著遭到屠殺，除了阿爾津詹的「一些男孩與女孩」之外，他們淪為奴隸並且被帶走。[92] 阻止征服者們劫掠戰利品，也無異於邀請毀滅的到來。在 1236 年，當奪取甘札之後，根據此城的本地人基拉科斯，蒙古人相當生氣，因為如此多居民都焚燒他們的住處與財產，防止他們落入敵人的手中，因此蒙古人就將所有人用刀劍殺死了，男人、女人、孩童都一樣。[93]

五、其他導致毀滅的因素

當我們評估蒙古人在最初三十年的攻擊所造成的毀滅之時，我們應該要注意，首先，烏滸水以北的地區，在成吉思汗的軍隊到來之前，就遭受了顯著的破壞。大概在 1209 年，菊兒汗的軍隊花了三天三夜屠殺八剌沙袞（Balāsāghūn）叛變的居民（這次經驗或許使倖存者投降了蒙古人），而在數年之後，屈出律（Güchülüg）劫掠了喀什噶爾（Kāshghar），以報復他們殺害了一位作為盟友的喀喇汗統治者，並將城中大部分的領導人物都用刀劍殺死。[94] 當然，這些暴行也不只是不信道者的傑作。伊本・艾希爾告訴我們，在花剌子模沙赫摩訶末劫掠撒馬爾罕之時，有二十萬穆斯林被殺死，不過在志費尼敘述的內容之中，這個數字——將近一萬人——則更有說服力。[95] 伊本・艾希爾也聽聞在摩訶末與屈出律早期的衝突之中，摩訶末撤出了赭石（Shāsh，即塔什干 Tashkent）、伊斯菲加卜（Isfījāb）、費爾干納（Farghāna）、卡桑（Kāsān）以及其他城鎮的人口，並隨後將這些城鎮摧毀。這很有可能也是雅古特指出的相同策略，他提到摩訶末從喀喇汗王朝手中奪取河中地區的邊境區域（*thughūr*）之後——他顯然是指伊斯菲加卜、塔剌思（Ṭarāz，即怛羅斯 Talas）、撒布蘭（Ṣabrān，即掃蘭 Sawrān）、撒尼卡斯（Sānīkath，揚吉肯特 Yangikent）、法拉布（Fārāb）——沒有足夠的資源去守衛這些地方，所以他的軍隊就毀壞了這些城鎮，居民則遷移到其他地方。舉例來說，在 1219 年，當蒙古人到達伊斯菲加卜的時候，他們殺戮的居民不過是那些還沒有遷移的人口。[96] 在不信道者大規模入侵之後，一般民眾很可能沒有辦法區分新近的災難，以及先前的厄運。

不僅如此，蒙古人的攻擊也間接地損害了治安，尤其是在呼羅珊，在成吉思汗入侵之後於這個區域，有些對正統派穆斯林的損害，其實是其他人的傑作，並且阻礙了蒙古人自己發起的重建行動。當花剌子模沙赫傾覆之後，呼羅珊諸多城鎮的權威落入當地埃米爾的手中。根據納撒維，同時代的人將他們稱為「第七年的埃米爾們」，也就是這些從〔61〕7 年崛起的人。[97] 他還列出了一些人：塔吉丁．加馬爾（Tāj al- Dīn Qamar），位於尼沙普爾；伊勒塔庫．本．額勒赤．帕赫拉旺（Iltaqu b. Elchi Pahlawān），位於撒卜札瓦爾（Sabzawār）與巴伊哈格（Bayhaq）；沙勒（Shāl），似乎是一位喀喇契丹人，位於志費恩（Juwayn）、賈姆（Jām），與巴哈爾茲（Bākharz）；一位稱為尼札姆丁．阿里（Niẓām al-Dīn ʿAlī）的軍官，位於伊斯法拉因（Isfarāyīn）。而被花剌子模沙赫王朝驅逐的當地世襲統治者則回到了奈撒（Nasā）。塔吉丁．烏瑪爾．本．馬斯烏德（Tāj al- Dīn ʿUmar b. Masʿūd），一位突厥蠻（Türkmen）酋長，控制了阿比瓦爾德（Abīward）、哈拉干（Kharraqān）與馬爾加（Margha）。[98] 這些都暗示了，在札蘭丁於 1224 年／ 621 年從印度返回之前，這些地方小統治者的互相衝突，或許造成了更多傷害。[99] 加茲尼地區很可能也會出現類似的情況，當地的古爾人與突厥人將領深深捲入衝突之中，[100] 但是首先由於札蘭丁的出現，以及接下來成吉思汗為了追逐札蘭丁而到來，這些衝突才在萌芽之時就被消滅。

在札蘭丁歸來，以及他復興花剌子模帝國但徒勞無功之後，新的混亂因素出現了。這些造成混亂的原因，又因為以下的事實而受到增強，那就是蒙古人通常要求將許多城市的防禦工事拆除，使它們沒有辦法承受新的攻擊，這些城市不只遭受征服者的攻打，也受到其他較小的群體攻擊。志費尼敘述，在 1230 年代，兩位先前從屬於札蘭丁的埃米爾哈剌察（Qaracha）與牙罕．孫忽兒（Yaghan Sonqur），他們劫掠了尼沙普爾以及其附屬的地區；哈剌察會殺害任何臣服於蒙古人的人，直到他被擊敗，並且被蒙古將領怯勒孛羅（Kül Bolod）從呼羅珊逐出為止。[101] 札蘭丁的追隨者在他死亡（1231 年／ 628 年）之後，繼續逃向西方，在美索不達米亞與敘利亞北部造成混亂，直到 1246-7 年／ 644 年。在伊朗，易司馬儀阿撒辛派從花剌子模帝國的傾覆之中取利，他們奪取了達姆干（Dāmghān），雖然為了保有此城，他們必須同意每年向札蘭丁獻上貢賦。[102] 而在 1245 年，達姆干城再度投降易司馬儀派，因為要躲避夏拉夫丁（Sharaf al-Dīn）派遣的稅吏：易司馬儀派屠殺了一些居民，將大部分剩餘的居民帶走，將堡壘夷平，並將房屋毀壞為廢墟。[103]

六、旭烈兀部隊的暴力運用（1255-62）

存在著一種傾向，那就是將旭烈兀的軍事行動，描述為較其祖父成吉思汗的行動更加節制。在某種程度上，這是因為不同於成吉思汗攻打花剌子模帝國，旭烈兀的遠征本身並非一種報仇行為。然而，這種差異也顯現了我們史料的不同語調。伊本・艾希爾（Ibn al-Athīr）與伊本・拉巴德（Ibn al-Labbād）憂愁的悼辭，在稍後的作者們對於 1250 年代諸多戰役的敘述之中，幾乎毫無共鳴之處，這可能使我們低估了造成的損害。這些作者對於損害沉默不言，至少有一部分是因為用新的觀點來看待蒙古人，那就是作為潛在的秩序提供者。阿撒辛派的逐步侵犯，正是發展過程中的一個部分：他們相當鄰近加茲溫（Qazwīn），使得志費尼將此城描述為「伊斯蘭的前哨（*tughr*）」，[104] 這將會使其居民向蒙哥請求協助。繼續向西方看去，花剌子模人已經成為殘暴的代名詞：伊本・瓦希勒（Ibn Wāṣil）認為他們在 1241 年／ 638 年戰勝阿勒坡軍隊之後，對穆斯林女性（*ḥaram*）實施的暴行（*fawāḥish*）比「韃靼人或其他不信道者」的暴行更加惡劣。+105 旭烈兀引進了某種看似穩定的政府，或許可以解釋一位伊利汗國之後的作者令人懷疑的聲稱，他說人們在整個伊利汗國的時代，享受到了免於壓迫的喘息時刻。[106] 我們可以引述大衛・摩根（David Morgan）的話（在稍微不同的背景之下），他說「甚至蒙古人也比什麼都沒有要好。」[107]

甚者，我們也必須承認，與成吉思汗軍隊早期戰役的比較——如果這種比較存在的話——也只適用於伊朗。在伊朗，該地區南部的諸政權，例如法爾斯（Fārs）的薩魯爾王朝（Salghurids）、克爾曼的古特魯汗王朝（Qutlughkhanids），以及盧里斯坦的諸阿塔貝格（atabegs），早在窩闊台統治時期就已臣服，現在只剩下夏班卡拉（Shabānkāra）需要圍攻，因此，我們有理由可以認為，過去三十年的蒙古軍事行動已經強力地抑制了抵抗。事實上，旭烈兀的軍隊遭遇到相對而言極少的抵抗，除了易司馬儀阿撒辛派（Ismāʿlī Assassins）之外，他們可能認為除了抵抗之外沒有其他選擇。阿撒辛派位於庫希斯坦（Quhistān）的據點圖恩（Tūn），背棄了稍早對怯的不花（Kedbuqa）的臣服，因此被攻取，其居民被屠殺，除了年輕女性與所有不足十歲的孩童。[108]

志費尼用旭烈兀攻打易司馬儀派的軍事行動，結束了他的著作《世界征服者史》。他沒有提到旭烈兀攻打阿拔斯哈里發國，以及伊拉克的其他政權，還有其後的攻擊行動。從而，對於旭烈兀向西方進一步的軍事行動，牽涉到屠殺正統派穆斯林，而使我們能夠將旭烈兀的軍隊，與其祖父成吉思汗的軍隊所造成的損害進行比較，這些紀錄在志費尼的著作之中都沒有出現。對於這些記述，我們只能依靠拉施德丁，以及基本上在敵國領土成書的阿拉伯語史料。從這些史料中浮現的圖景是，當旭烈兀處理伊拉克與敘利亞北部的諸多獨立政權之時，他的行為大部分與成吉思汗在崩解中的花剌子模沙赫帝國所做的行動非常相似；對於穆斯林諸城鎮與城市的處置，一樣取決於它們是否願意迅速投降。[109]

在正統派穆斯林的領土之中，接續早期處置方式的第一處暗示，就是克爾曼沙赫（Kirmānshāh）的命運，此城發生了一場原因不明的屠殺。[110] 在其他通往巴格達路徑之上的城鎮，沒有受到屠殺的記載。不過當蒙古人勝利之後，巴格達城因為哈里發的違抗與猶豫而付出了慘重的代價。在 1257 年／655 年，旭烈兀的特使們在離開巴格達之時遭到襲擊，並且在談判之中，一支箭矢射死了一位蒙古將領，這些事件促使被激怒的旭烈兀下令全速攻取巴格達，[111] 因此注定了它的命運。在1258年2月7日／656年2月1日，哈里發的部隊從城裡出現，還有大量的居民伴隨，他們希望能夠獲得饒恕。然而，他們被分成十人、百人、千人的單位，並被刀劍殺死。在2月10日／2月4日，哈里發穆斯台綏木，帶著他的兒子們，以及三千名聖裔、教長、法官與顯貴，宣告投降，哈里發被命令要指示仍然在城裡的居民放下武器出城；但是服從這些命令的所有人隨後都被殺死。在三天之後，當旭烈兀自身進入巴格達之時，「全面屠殺與劫掠」（*qatl-u ghārat-i ʿāmm*）開始，直到2月16日／2月10日才宣布赦免。[112] 聖裔、穆斯林學者、基督教神職人員，以及來自呼羅珊與其他地區的商人，他們在幾年前就與蒙古人有聯繫，他們都受到饒恕，因為在事前根據蒙古勝利者的指示，在他們的房屋上做了標記。[113] 書法家、音樂家薩菲丁．烏爾馬維（Ṣafī' al-Dīn Urmawī）對劫掠的敘述，進一步證明了暴力相當具有組織性，並且受到控制，而殺戮絕對不是無差別的。[114]

在伊拉克的其他城市與地區之中，希拉（Ḥilla）很快就降服了：一些阿里的後裔（ʿAlids）在巴格達圍城期間出現在蒙古人的營地，向旭烈兀請求指派一名席赫納（*shiḥna*），當由不花帖木兒（Buqa Temür）率領的蒙古軍隊出現之時，居民在幼發拉底河上架設橋梁。與之相反，瓦西特（Wāsiṭ）拒絕投降，結果是不花帖木兒用武力攻取此城。[115] 根據哈米德拉．穆斯陶菲，旭烈兀在庫德斯坦（Kurdistan）進行了大屠殺，殺死了當地大部分的埃米爾們。[116] 至於有關幼發拉底河東岸諸城鎮的命運，證言則不一致。歆森卡伊法（Ḥiṣn Kayfā，按：即土耳其之哈桑凱伊夫）投降了，並且並未受到太多損傷。[117] 巴爾．希伯來（Bar Hebraeus）指出，哈蘭（Ḥarrān）與魯哈（al-Ruhā，即埃德薩Edessa）的居民都投降了，並被饒恕，但在曼比吉（Manbij）、比拉（al-Bīra）、賈巴爾堡（Qalʿat Jaʿbār）、納吉姆堡（Qalʿat Najm）和巴拉希（Bālāsh）發生了屠殺。[118] 伊本．夏達德（Ibn Shaddād）確認，旭烈兀的軍隊在經過一場困難而長時間的圍城戰之後才攻取了比拉（al-Bīra）；他也說道，蒙古人驅散了魯哈的居民，但是哈蘭的居民沒有受到傷害；[119] 因此，拉施德丁的說法，認為哈蘭與杜奈錫爾（Dunaysir）、納錫賓（Naṣībīn）一樣，是被武力攻取，並遭受了一場屠殺，這是錯誤的。[120] 屠殺的命運則自然地降臨到那些先前投降而又反叛的城市們，不過在 1260 年／658 年，飢荒與疾病使反叛的瑪亞法里斤（Mayyāfāriqīn）居民大量死亡，以至於只剩下很少人能夠被屠殺。[121] 當摩蘇爾的統治者薩利赫·本·巴德爾丁·盧盧（al-Ṣāliḥ b. Badr al-Dīn Lu'lu'）在 1261 年／659 年末尾否認了蒙古人的宗主權，經過六個月的圍攻，摩蘇爾在 1262 年 7-8 月／660 年 9 月投降，蒙古人殺死了那些在飢荒和其他圍城苦難之中倖存的居民，只放過了一些工匠（*pīsha-war*）；拉施德丁說，摩蘇爾沒有一個活人倖存（儘管在蒙古人離開之後，有將近一千人從山洞與山頂上出現，並在那裡聚集起來）。[122] 不過，蒙古人在同一年再次攻取辛賈爾（Sinjār），但是我們只知道他們拆除了城牆與兩座堡壘。[123]

在敘利亞，我們發現了一種類似的模式。阿勒坡城的防禦工事非常堅固，其居民都沒有想到會快速淪陷，但是只堅持抵抗了一整個星期。旭烈兀因為阿勒坡城的抵抗而被激怒，拒絕了以雅各派（Jacobite）教長（Maphrian）巴爾·希伯來所率領代表團的提議，巴爾·希伯來被逮捕，並在納吉姆堡（Qal'at Najm）被監禁了一段時間。城中人口遭到屠殺。[124] 然而，與蒙古人習慣的做法相反，也不知道原因究竟為何，旭烈兀放過了堡壘的駐軍，而他們還抵抗了更久。不過，歷史學家伊本·阿迪姆（Ibn al-'Adīm）在 1262 年／660 年逝世之前，從埃及短暫返回阿勒坡，對這裡的荒蕪感到震驚，激發他寫下了一篇哀悼的格席達詩（*qaṣīda*）。[125] 在東部，伊本·夏達德說蒙古人驅趕了巴利斯（Bālis）的居民，在他的時代，巴利斯仍然是一片廢墟，沒有人居住。[126] 在敘利亞與巴勒斯坦的其他地方，雖然納布盧斯（Nablus）的一些居民被屠殺，[127] 但是絕大多數城市居民選擇了迅速投降，包括大馬士革、哈馬（Ḥamā）、歆姆斯（Ḥimṣ）等主要中心城市，以及撒赫雍（Ṣahyūn）、巴拉杜努斯（Balāṭunus）、阿札茲（'Azāz）和卡拉克（Kerak）等城鎮。[128]

同樣，在這個時刻，我們可以探討入侵者對待保護民（*dhimmī*，音譯為「齊米」）社群——也就是猶太人與基督徒——的態度，他們居住在大城市之中。許多史料都確認巴格達的基督徒倖免於遭到屠殺。他們的性命或許是被雅各派（Jacobite，一性論派 Monophysite）大教長（Catholicos）所拯救，他跟隨蒙古人一起進入城市；至少這是巴爾・希伯來提供給我們的印象。[129] 至於有關阿勒坡的基督徒，證據則相當曖昧模糊。巴爾・希伯來與其同僚，也是基督徒作者的伊本・阿米德（Ibn al-ʿAmīd）認為阿勒坡的屠殺比巴格達的屠殺還要嚴重，一個可能的理由是因為雅各派基督徒並不像巴格達的情況一樣，能夠得到饒恕。儘管在希臘正教的教堂之中避難，他們還是被屠殺了；倖存者則被亞美尼亞部隊拯救。[130] 不過，根據伊本・瓦希勒（Ibn Wāṣil），蒙古人顯然做了一些努力，保全了阿勒坡僧侶與修道者的性命，就像他們在哈里發的巴格達城做的一樣：某些特定的建築，例如猶太人的會堂，則因旭烈兀的命令而得到保護，居住在其中或在此尋求庇護的人們，性命得以被饒恕。[131] 不過，沒有其他資料提示，保護民們在除了巴格達與阿勒坡這兩座城市之外，能夠倖免於普遍的屠殺。

有一類城鎮是一般規則的例外。甚至拉施德丁也願意承認，旭烈兀未能信守諾言，饒恕忽兒沙赫（Khūrshāh）、穆斯台綏木（al-Mustaʿṣim），以及艾比爾（Irbil）的哈里發長官塔吉丁・伊本・薩拉雅（Tāj al-Dīn Ibn Ṣalāya）等權貴，促使某些地區下定決心要抵抗。[132] 因為這個原因，使某些城市的居民要求在投降之前保證他們的生命安全，例如在撒魯吉（Sarūj）發生的案例一樣，而旭烈兀對這些城市的反應都特別暴力。[133] 與之類似，哈里姆（Ḥārim）的居民也抵抗了一段時間，但最後要求由阿勒坡堡壘的前任指揮官法赫爾丁・阿雅斯・薩基（Fakhr al-Dīn Ayās al-Sāqī）來保證他們的性命安全。憤怒的旭烈兀將他們全部屠殺了，包含女性、兒童，甚至是搖籃裡的嬰兒，儘管法赫爾丁確實代表旭烈兀發誓過。[134] 阿布・夏馬（Abū Shāma）說，旭烈兀曾經向阿勒坡保證受降，但隨後卻食言了，這可能說明了類似的情況背景。[135] 無論如何，這位蒙古王子似乎相當介意他自己不被信任。

七、同時代數據的問題[136]

對於抵抗蒙古軍隊的城市中，被殺害的居民數量有多少，我們的史料提供了冷酷的數字。志費尼寫道，「無論那裡有沒有國王，或省份的統治者，或城市的長官發動抵抗，蒙古人會將抵抗的首領與他的人民、他的追隨者、本地人、外地人一起消滅，毫不誇張地說，直到有十萬人的城鎮只剩下不到一百人。」[137] 然而，他對他所聽聞的玉龍傑赤死亡人數感到懷疑，因此拒絕引述之，不過他斷言被饒恕的工匠們，總數就超過十萬人；[138] 巴爾・希伯來或許使用的資料來源與志費尼不同，或是誤解了志費尼，認為十萬是玉龍傑赤被殺害的居民總數。[139] 其他本地人提供的數字也與此相似，使我們無法輕易相信。納吉姆丁・拉齊（Najm al-Dīn Rāzī）在 1220-1 ／ 617 年蒙古人到來之前逃離，聽說入侵者在他出生的雷伊（Rayy）以及周邊區域，屠殺或俘虜了五十萬人。[140] 哈米德拉・穆斯陶菲・加茲溫尼被這個事實震驚，那就是在他出生的地方加茲溫，在那裡沙斐儀學派占絕大多數，而哈乃斐學派與之相比只有「千分之一」的數量，但光是哈乃斐學派成員就死了一萬兩千人。[141]

難以置信的巨大數字特別與呼羅珊的中心大城市相關，時間是在 1220-2 年／ 617-18 年。朮茲札尼說赫拉特（在第二次被攻取之時）的死亡人數是 2,400,000，這是將六十萬這個數字用可疑的權宜之計乘上四倍的結果，因為有記載說城市的一個角落死了 600,000 人[142]——這是多麼雜亂隨意的統計資料，如果有人還需要提醒的話。薩義菲說尼沙普爾的死亡人數是 1,747,000 人，而赫拉特的死亡人數超過 1,600,000 人，[143] 兩者都不可信；而我們也要注意一位商人告訴伊本・拉巴德，說他計算過赫拉特的死亡人數，一共是 550,000 人。[144] 伊本・艾希爾受到告知，說在馬魯（Merv）一共有 700,000 穆斯林殉道。[145]《錫斯坦史》（*Ta'rīkh-i Sīstān*）的作者在幾乎一個世紀之後寫作，他告訴我們在蒙古人第二次圍攻錫斯坦王國的首都之時（1235 年／ 632 年），甚至在城市陷落之前，就「差不多」有 100,000 人因為飢餓與疾病而死去。[146]

確實，外地的觀察者們，也證實了屠殺與人口減少的圖景。聖康坦的西蒙

（Simon de Saint-Quentin）在數年之後寫作，估計在凱撒里亞被殺害的人數約為 100,000 到 300,000。[148] 長春真人在 1221 年到達撒馬爾罕，時為城市被攻取之後，他說「城中常十萬餘戶，國破而來，存者四之一」；[148] 而我們需要注意，他提到的撒馬爾罕還是有條件投降的城市。數個月之後，長春真人路過巴爾赫，此城因為近日的叛亂，人口都被除「去」；他的隊伍在街道上「尚聞犬吠」。[149] 亞美尼亞森巴特將軍（Constable Smbat），在 1247-8 年於河中地區、伊朗旅行，並將他的經歷書寫給賽普勒斯王以及其他人，說道——以某種興味——諸多穆斯林城市都被廢棄，而巨大的骸骨堆則橫陳在附近。[150] 不過，這些骨骸也不只是被屠殺的穆斯林遺體而已。因為絕望的抵抗也可能造成入侵者的嚴重損失。伊本・艾希爾聽說在玉龍傑赤，死去的攻城者比守城者還要多，而到了拉施德丁的時代，還可以在舊城附近看到死去蒙古人的骸骨堆。[151]

然而，即使我們假設在某些案例之中，蒙古征服者們真的進行了無差別的大屠殺，而現存的城市人口早已因為大量郊區難民與「外地人」的湧入而被吞沒，就像我們所知在尼沙普爾發生的情況，[152] 大部分我們所得到的數字，還是只能令人懷疑。一般而言，這些數字只能使我們做出結論，一如大衛摩根所說，那就是屠殺的規模是前所未有的。[153] 有些加茲溫的顯貴家族確實在 1220 年／617 年的大屠殺之中倖存。[154] 而有時候，我們的資料本身，就會損害我們對其陳述的信任。志費尼從一位聖裔（sayyid）那裡聽到，他宣稱有計算過馬魯城的屍體，而數量一共超過 1,300,000 人。接著我們被預期要相信，新的蒙古軍隊在馬魯城會師，因為聽說城市吸引了許多的外地人，以及一些城中先前的居民【原文如此】，所以他們又殺了一萬人。[155] 根據相同的原因，伊本・艾希爾有關蒙古人在巴伊拉干（Baylaqān）的諸多暴行，也喪失了他們的衝擊力，因為他接下來提到倖存的居民回到城鎮，並且敘述了他們在喬治亞人手中的命運，伊本・艾希爾聲稱，這些喬治亞人犯下的屠殺與劫掠比蒙古人還要惡劣。[156]

可以理解的是，有些穆斯林作者傳播的數字，並非來自基於個人印象的臆測，而是源於蒙古征服者們自身。我們知道蒙古人不只是記錄他們自己的死亡人數。[157] 他們也清點了敵人的死亡人數，例如馬魯城被屠殺的人口數量，或者，實際上是他們即將要屠殺的人口數量，就像他們對於撒馬爾罕駐軍中的康里人即其他突厥人所做的一樣。[158] 這種統計方式通常是將每具屍體割下一隻耳朵，並且數算所有耳朵的數量而達成的。因此我們會閱讀到蒙古勝利者將右耳的聚集成堆，它們屬於被消滅的金帝國軍隊，而巴爾・希伯來聽說在 1237-8 年，拔都發動的戰役之中，所有在羅斯以及在伏爾加保加爾領土被殺掉的人，右耳都被割下，這是來自窩闊台合罕的命令；這很有可能就是志費尼提到的戰役，其中據說造成了 270,000 隻耳朵的數量。[159] 在 1258 年，旭烈兀的屬下將 12,000 隻耳朵呈上，它們屬於掌墨官（Dawātdār）在巴格達附近被屠殺的軍隊。[160] 這類恐怖的統計方法確實應用於尼沙普爾被砍下的頭顱堆，否則將男性的頭顱與女性、小孩的頭顱細心分開的做法就是難以解釋的。[161] 即使有可靠的數字，蒙古人也不須被迫公開這些數據。我們知道蒙古人為了震懾其他仍然獨立的政權，會誇大他們殺戮的人口數量，如同它們誇大自己的數量一樣。或許最為人所知的案例是旭烈兀在 1262 年寫給法蘭西國王路易九世的書信，其中提到在巴格達有兩百萬人被殺死（還附上了蒙古人消滅的一連串君主），顯然是為了震懾法蘭西王，使他與蒙古人合作。[162]

並非所有數據都如此不可靠。與呼羅珊中心大城市相較之下不重要的地方，往往會有可靠的數據。伊本・艾希爾估計有「超過四萬」的人在 1221 年於加茲溫被殺死，[163] 這個數量比通常出現的數字要可信（或者，至少比哈米德拉・穆斯陶菲在一個世紀之後提出的陰鬱暗示要準確，他說光是哈乃斐學派成員就死了一萬兩千人，而沙斐儀學派的人數是哈乃斐學派的一千倍）。同樣，據說在攻取薩卜札瓦爾（Sabzawār）之後，總共有 70,000 具屍體被埋葬，[164] 而在奈撒（Nasā）陷落之時，同樣有 70,000 人死去，史料還明確的提到，這個數字包含了城中居民與來自外地的難民。[165] 至於位處更西方，被綽兒馬罕與拜住在一段稱之為「劫掠、小規模入侵、外交壓力、全面癱瘓」的時期所攻擊的城鎮，[166] 我們則擁有更小的數字。有關在 1231 年／628 年於伊斯伊爾德（Isʿird）被殺害的人數，有兩份來源獨立的史料分別提供的數字是「超過 15,000 人」與「20,000 人或更多」。[167] 在 1252-3 年／628 年，一場對迪亞爾・巴克爾（Diyār Bakr）與瑪亞法里斤（Mayyāfāriqīn）的劫掠之中，蒙古部隊據說殺害了超過 20,000 人。[168] 當拜住在 1257 年／655 年攻取阿布魯斯塔因（Abulustayn）之時，被殺害的人數總共大概是 7,000 人；這個數目並不包含年輕男子與女孩，他們被俘虜並帶走了。[169]

直至目前，在旭烈兀的戰役之中，我們所知道的數字大部分都可以相信。在瓦西特有將近 40,000 人被殺死，這個數字並非不合理。[170] 伊本・瓦希勒提到，阿勒坡的倖存者數量為 50,000 人，而札哈比（al-Dhahabī）則斷定阿勒坡有四分之一的居民被屠殺，使我們可以估計大約有 25,000 人（阿勒坡的人口總數可能是 100,000 人）被殺死；[171] 至於有超過 100,000 的婦女與孩童淪為奴隸，被販賣到遠至小亞美尼亞與法蘭克人擁有的諸島嶼，這個數字則肯定誇大了。[172] 至於巴格達，蒙哥的中國信使常德（Changde）在巴格達陷落的隔年（1259 年）抵達旭烈兀的總部，他聽說城市的東半部死者有「數萬」❷（而巴格達西半部沒有防禦工事的部分，人口早已被屠殺了）。[173] 大約二十年之後，白達維（Bayḍāwī）將會宣稱「大部分的人口」都被屠殺了。[174] 札哈比提供的數字是 1,800,000 人，或是十四世紀《軼聞匯集》（*al-Ḥawādith al-jāmiʿa*）的作者，與哈米德拉・穆斯陶菲提出的 800,000 人，顯然是太大了（至於顯然更誇大的數字 2,000,000 人，由旭烈兀本人在四年之後，於寫給法蘭西王的信中引述），而且這些數字還必須與巴格達城在數十年之前的縮減與衰落互相衝突：即使我們不那麼採信伊本・朱拜爾（Ibn Jubayr）嚴厲的評論，他曾在 1184 年拜訪巴格達，雅古特也在十三世紀 20 年代觀察到，巴格達城的西半部早就已經是孤立的聚居區了。[175] 然而，我們需要注意，由於瘟疫在屠殺的倖存者之中爆發，使得死亡人數大幅增加。[176] 另外，蒙古人在 1238 年／635 年、1245 年／643 年、1249 年／647 年的攻擊之中，哈里發的巴格達城也被來自伊拉克其他地方的難民淹沒了，無庸置疑，特別是因為傳說巴格達在歷史上無

❷ 註：常德《西使記》的記載是「死者以數十萬」。

法被攻陷，這件事被廣泛地相信，甚至旭烈兀似乎都曾這樣相信。[177]

八、屠殺之後：第二度人口減少

無論被征服的城市人口的命運為何，將強迫徵召的士兵們帶走，以協助蒙古攻取其他據點的做法，是對城市進一步的打擊。根據同時代觀察者的評論，這些被徵召的人們不過是蒙古軍隊的人肉盾牌而已，因此一樣有可能被敵人屠殺，而如果他們漫不經心地戰鬥，就會被他們的新蒙古主人屠殺，[178]他們之中的許多人是否能夠返回家鄉，相當令人懷疑。與此相似，擁有技能的人員也經常從家園被遷移，無論他們是在大屠殺中被豁免，或者是從一座被饒恕的城市，從其居民整體之中被挑選出來。志費尼告訴我們，在 1220 年／617 年從撒馬爾罕被帶走的工匠有 30,000 人，並確認了工匠們從花剌子模與尼沙普爾被帶走，[179]而薩義菲則聲稱有一千戶織工從赫拉特被運送到別失八里。[180]其他遭受類似命運的許多人，也就是與穆斯林相對應的歐洲人，他們在 1241-2 年蒙古人摧毀匈牙利與波蘭期間遭到劫持，而方濟會修士魯布魯克的威廉在 1254 年拜訪蒙古地區之時，發現了他們的行蹤：例如，一位巴黎的金匠，建造了一座精細的銀製噴泉，可以在蒙哥的宮廷裡用來分配各種飲料，還有一隊來自外西凡尼亞（Transylvania）的日耳曼銀礦工。[181]

關於難民如何逃離被蒙古人征服或威脅的土地，我們的資訊相對較少。朮茲札尼告訴我們，當成吉思汗的軍隊在現今的阿富汗行動之時，許多來自古爾與呼羅珊的人們拋棄了他們的家園，首先進入信德（Sind）地區，接著向前進入旁遮普（Punjab）地區。[182]但是可能有更大規模的遷徙，那就是從伊拉克與賈濟拉地區進入馬穆魯克的領土。[183]要辨認遷移的菁英成員，比確認大規模遷徙的發生機率要來的容易。不過，我們知道大規模遷徙發生了，雖然可靠的數字難以掌握，而誇大的數字則相當多，例如當巴爾．希伯來向我們保證說，全敘利亞的所有人口都逃亡到阿勒坡了（可能是在 1259 年，來自敘利亞最北部的區域）。[184]埃及是一座避風港，指引那些想要逃離蒙古征服者的人。卡爾・佩特里教授（Professor Carl Petry）利用兩本十五世紀馬穆魯克傳記辭典之中的資料，在開羅的人口之中辨認出一些學者（ʿulama），他們的歸屬名（*nisba*s）源自於波斯文明的各大主要中心。[185] 敘利亞與巴勒斯坦則是另外的移民來源，其中就包含了歷史學家伊本・夏達德（Ibn Shaddād）。在他到達埃及的那一年，也就是1260年／658年，我們甚至可以看到在遠方的錫斯坦（Sīstān）當地酋長們試圖沿印度河航行而下，以經由紅海逃往埃及。[187] 地理學家夏姆斯丁・迪馬希格依（Shams al-Dīn al-Dimashqī，逝世於1327年／727年）則告訴我們，在同一年的時候，開羅的人口已經膨脹到了一百萬，因為接收了來自伊拉克、賈濟拉、敘利亞的移民。[188] 如果我們知道開羅城在1220年有多少人口，這個數據就會更加有用處。但令人驚訝的是，迪馬希格依所指出的這個日期，甚至還沒有將旭烈兀入侵敘利亞之時，逃離這些地區的難民計算進來。

征服者們是否故意將農耕土地轉變為供養牲畜的牧地？這個問題仍有許多不確定。根據志費尼，窩闊台合罕對呼羅珊的動盪做出了憤怒的回應，下詔消滅這個省份所有的人口，並用洪水將房屋全數淹沒。[189] 這項命令雖然在隨後被收回，但它仍然使人想起在窩闊台統治期間，據說計畫要在中國北部進行的毀滅措施，目標是創造更廣大的牧地。[190] 當哈米德拉・穆斯陶菲說到位於波斯伊拉克（ʿIrāq-i ʿAjam）的蘇賈斯（Sujās）與蘇赫拉瓦爾德（Suhraward），兩個城鎮都成為廢墟，並縮水到村莊的大小，又說到其近郊的一百多個村莊現在幾乎都由蒙古人居住，他可能是在指兩城鎮近郊的農業人口受到清除。哈米德拉又敘述了位於亞塞拜然的達拉瓦爾德（Darāward），本來是此省份一個城鎮的名字，但現在只是指稱一個地區，在此地有一支蒙古分遣隊的冬營地（*qishlaq*），或許也暗示了城鎮遭受了同樣的命運。[191]

然而，這類的材料仍然不足以作為基礎，以重建一項政策。我們擁有最早的——實際上也是唯一的——有關這項政策的證據，來自於中亞。在1246年，當柏郎嘉賓穿越鹹海與錫爾河以北之時，他經過了「無數成為廢墟的城市，無數被毀壞的堡壘，以及許多被遺棄的城鎮」；他在下一行提到了雅尼肯特（Ianikint，即揚吉肯特 Yangikent）、巴爾欽（Barchin，即巴爾欽利格肯特 Barchinlighkent）和歐爾納斯（Ornas，或拼成歐爾帕爾 Orpar，也就是訛答剌 Uṭrār）等城鎮。[192] 柏郎嘉賓自己告訴我們，揚吉肯特和巴爾欽利格肯特位於拔都向欽察草原進軍的路上（也就是在約 1236 年之時），雖然巴爾欽利格肯特有過抵抗，不過揚吉肯特至少迅速地投降了。[193] 柏郎嘉賓有可能把這些沒有穆斯林史料提及的軍事行動，與成吉思汗的遠征混淆了（雖然在這次遠征之中，巴爾欽利格肯特也投降了）。在 1253 年，魯布魯克穿越巴爾喀什湖（Lake Balkhash）以南的平原，他觀察到那裡大多數的大城鎮都被摧毀以製造牧地。[194] 不過我們沒有理據，將這件事連結到成吉思汗的七年戰役。可以想像，這是為旭烈兀遠征所做的其中一部分準備工作，旭烈兀遠征與魯布魯克的出使的時間同時發生，使得魯布魯克在烏滸水與哈拉和林的旅程中，目睹了大片的土地被保留為牧地。[195]

九、經濟蕭條與文化衰敗

難以懷疑的是，成吉思汗的到來，給西亞帶來了經濟紊亂。耕種過的土地究竟被毀壞到何種程度，而荒蕪的狀態又持續多久，這些都不太清楚。然而在伊朗高原之上，農業相當依賴需要定期維護的地下灌溉溝渠（*qanāt*s，坎兒井），因此損害可能更加長久。即使入侵者沒有直接毀壞這些系統，但是他們屠殺了農民，或者更有可能的是農民逃跑了，代表這些不受照料的溝渠將會因為失修而荒廢，就像是在赫拉特的狀況一樣。[196]

商業與手工業不可避免地受到損害，不過時間顯然較短，因為蒙古人對這兩者都相當有興趣。伊本・拉巴德被告知說，來自各方的商人已經在尼沙普爾尋求庇護，而伊本・艾希爾則提到從其他地方前來造訪呼羅珊的商人，在蒙古戰役之時被殺害。[197] 這些攻擊也間接地影響的貿易，雖然到底影響了多久，並不十分清楚。伊本・艾希爾獲悉，黑貂、松鼠、河狸毛皮從欽察領地的出口（顯然是從克里米亞的蘇達克 Sūdāq 出口，伊本・艾希爾將其描述為欽察人的港口，而蒙古征服者在約1223年／620年之時攻取此地），因為蒙古戰役的緣故而短暫地中斷。[198] 卡尚（Kāshān）所出產古舊而高品質的虹彩陶器（lustre pottery），似乎在1222年／619年與1262年／660年之間停產，可能部分原因是市場的崩潰，而在伊利汗國的初期復興。[199] 除此之外，在1220年代也有大批金屬工匠從呼羅珊向西遷移。[200] 不過，許多確切狀況依然與城市被征服的時間與局勢有關。摩蘇爾是巴德爾丁·盧盧的都城，他相當順服，因此摩蘇爾沒有遭受圍城與暴力攻取，直至1262年他的兒子叛亂為止，不過，在伊拉克新統治者旭烈兀治下，此城持續作為絲綢生產中心而繁盛。[201]

蒙古入侵對智識與精神生活的衝擊也難以估計。在成吉思汗的入侵之中，蒙古人也盯上了著名的建築，其中包含在宗教上具有重要意義的建築。在加茲溫、雷伊、哈瑪丹，主要的清真寺都被焚毀。[202] 在馬魯，大塞爾柱（Great Saljuq）蘇丹桑賈爾（Sanjar）的陵墓被蒙古人劫掠以搜尋珍貴的寶物，之後也遭受了類似的命運，而在圖斯（Ṭūs），容納第八任伊瑪目阿里·禮薩（ʿAlī al-Riḍā）以及阿拔斯哈里發哈倫·拉希德（Hārūn al-Rashīd）遺骨的聖陵也被毀壞。[203] 就我們所知而言，當旭烈兀入侵敘利亞之時，宗教建築只遭到劫掠，除了阿勒坡的宗教建築之外，在那裡，大清真寺被旭烈兀的亞美尼亞輔助部隊縱火，火焰延燒到了附近的區域，吞噬了一座經學院（*madrasa*）。[204] 至少，在敘利亞，損害會在不久之後被馬穆魯克蘇丹拜巴爾斯所修復。[205]

在最初攻擊的數十年之後，志費尼觀察到學院被摧毀，以及「總體而言，地表之上」，特別是呼羅珊，現在都相當缺乏學者與文人，因為他們在入侵之中都死去了。[206] 從前後文觀之，讀者顯然會將這個情況歸咎於成吉思汗的戰役，然而，這個因果關係的性質依然並不明確。雅古特哀悼馬魯城遭受的命運，暗示了名勝建築的毀壞，以及學者的缺乏。[207] 他聽說蒙古人燒毀了撒瓦（Sāwa）的圖書館，據說這是世界上最大的圖書館。[208] 然而，圖書館的藏書並沒有被焚毀：在艾祖隆（Erzurum），基督教手抄本作為戰利品被帶走，而納希爾丁·圖西則將許多書籍從巴格達、摩蘇爾、瓦西特、巴斯拉、敘利亞，以及賈濟拉，轉移到篾剌合。[209] 不過，學者可能確實因為穆斯林人口大量遭到屠殺而死去。一個世紀以後，伊本·巴圖塔的抄寫員伊本·朮札伊（Ibn Juzayy）被告知說，有 24,000 位學者在蒙古入侵伊拉克之時死去；[210] 而志費尼則評論說，現在如果想要學習，得要到大地的腹中，因為飽學之士都在那裡了，[211] 這暗示了學者階級高昂的死亡率。不過，值得注意的是，他也特別指出連續徵召年輕人到其他地方參與蒙古的軍事行動，對撒馬爾罕造成的有害影響。[212] 或許志費尼的抱怨，是因為這些年輕人在他們應該獲取知識與靈性洞察力的年齡，就被迫參與行政管理，為征服者效勞：這就是他自己的命運，他從二十歲以來就被執掌財政的部門（*dīwān*）雇用。[213] 志費尼也指出，穆斯林現在已經旅行到了伊斯蘭的邊界之外，並且建立了學校，有才學的人在那裡教導伊斯蘭信仰；[214] 但是，這些旅程大多是非自願的流亡。

十、重建的努力

重建的步調參差不齊。甚至伊本·艾希爾——我們必須記得，他在 1232-3 年／630 年之前寫作——都聽說一旦蒙古的統治建立之後，河中地區就已經開始恢復；然而在花剌子模，雅古特則說古爾根奇已經被完全摧毀而幾乎沒有任何蹤跡留存。[215] 征服者們已經蓋了一座新的城市（蒙古人稱之為玉龍傑赤 Ürgench），接近舊都城的位置。因此，這與在呼羅珊的情形有相當尖銳的對比，呼羅珊仍然是荒廢的無人之地，穆斯林害怕再次居住在那裡。[216] 一個世代之後，志費尼相信河中地區基本上已經完全恢復本來的繁榮，並且將河中地區與呼羅珊、波斯伊拉克（ʿIrāq-i ʿAjam）做了類似的比較，他說，呼羅珊與波斯伊拉克這兩個區域數次遭到劫掠與屠殺。[217] 這個差異可以解釋，因為成吉思汗早已決定要將河中地區納入他的帝國，不過，如果他曾經有想過將呼羅珊納入的話，呼羅珊諸城市在 1221 的叛亂，也使他改變了心意。

我們需要謹慎的處理耶律楚材在《西遊錄》（*Xi you lu*）之中的證言。雖然他描述了撒馬爾罕，說它富有與人口眾多，他也描述了巴爾赫的繁榮，然而此城在當時是一片廢墟。[218] 不過，長春真人（Changchun）早在 1222 年就已經拜訪河中地區，提供了極為早期有關努力重建的證據，他提到中國人、契丹人、唐兀惕人都被號召前來幫助撒馬爾罕的區域農業生產，雖然這些人到底有多少，以及他們究竟是士兵還是精心被引進以從事農業的殖民者，我們則無法分辨。[219] 常德（Changde）在 1259 年路過中亞，注意到阿力麻里居民之中的中國人，並且形容撒馬爾罕相當龐大、人口眾多。[220] 柏郎嘉賓則聽說蒙古人藉由引進新居民，已經使揚吉肯特（Yangikent）的人口增加了。[221]

雖然就在蒙古入侵的數年之後，於呼羅珊有某些規模不大的重建，不過這是當地的都市人口（即 *'ayyārān* 艾亞爾）的成果，例如赫拉特的案例，此城在 1222 年實際上是一座荒蕪的幽靈城市。[222] 但接下來，蒙古人自身就致力於補償其戰役造成的負面效果。在 1230 年代的晚期，窩闊台發布命令，使兩群絲織工返回赫拉特。作為這些努力的結果，在 1240 年進行的人口普查，顯示赫拉特一共有 6,900 人。[223] 志費尼在 1256 年／ 654 年跟隨入侵的蒙古人，他得到旭烈兀的允許，去重建哈布尚（Khabūshān），他發現此城從稍早的蒙古攻擊以來，依然失修，還是一片荒蕪，建築物被廢棄，地下溝渠（*kārīzhā*）沒有水；唯一一堵站立的牆壁是屬於聚禮清真寺的。[224] 在拉施德丁的時代，契丹（可能是中國）種植者在馬魯與大不里士可以被找到，而一個重要的群體則被安置在伊朗西部的胡伊（Khūy，或霍伊 Khoy），他們後代的擁有淺色皮膚的美麗樣貌，將會吸引十四世紀中葉的哈米德拉·穆斯陶菲來評論；[225] 我們並不知道這些契丹人在何時抵達。在伊朗西部這裡，有更多證據顯示快速的重建。雅古特聽說阿爾達比勒（Ardabīl），已經回到了原先的情形（在遭受劫掠之前），或甚至更好。[226] 基拉科斯說，甘札（Ganja）只荒廢了四年，之後就有了要求重建的指示（除了城牆之外）；而蒙古人早在約 1244 年就下令重建艾祖隆（Erzurum，或卡林 Karin，或狄奧多西城 Theodosiopolis）。基拉科斯提到了雷伊與伊斯法罕的重建，根據上下文推測，時間在 1241 年之前。[227] 然而庫姆（Qum）的部分重建或許被延遲，直到十三世紀的末尾為止。[228]

有些重建工程則是個人贊助的行為，由帝國王朝的成員們進行。拖雷的遺孀，唆魯禾帖尼·別乞（Sorqaqtani Beki）捐獻了一千銀錠（巴里失 *bālish*）

以重建布哈拉的馬德拉撒葉・汗尼（*Madrasa-yi khānī*，「汗的經學院」），並下令買下村莊以作為校產，並且為教師與學生提供住宿。[229] 其他措施則是行政官員的成果——他們是遠東的定居社會、半定居社會的代表，在成吉思汗統治早期就被蒙古人征服。在布哈拉，有些重建進程來自成吉思汗第一個認命的長官，契丹人「圖沙」（Tusha，耶律阿海 Yelü Ahai），雖然實際上是馬赫穆德・牙剌哇赤（Maḥmūd Yalavach）奉窩闊台合罕的命令行事，嚴謹地重建此城。[230] 甚至在呼羅珊，官方贊助的重建也發生了，例如在圖斯（Ṭūs）的案例，此城依然是一片廢墟，直到窩闊台任命的長官，回鶻官僚闊里吉思（Körgüz），在約 1239 年／ 637 年推動計畫以補償損害。[231] 根據薩義菲的說法，窩闊台自己任命了伊茲丁（ʿIzz al-Dīn）作為赫拉特的長官，特別要求他想辦法重建這個城市以及附近的區域。[232] 在約 1247 年，阿兒渾阿合（Arghun Aqa）下令重建馬魯與圖斯。[233] 不過這些試圖使人口再度居住的努力，有時候也被長期延遲了。尼沙普爾需要等到 1271 年／ 669 年，才被呼羅珊的維齊爾瓦吉赫丁・贊吉・法爾尤瑪迪（Wajīh al-Dīn Zangī Faryūmadī）所重建，[234] 而伊本・富瓦惕說，根據納希爾丁・圖西的命令（最可能在十三世紀 70 年代初期），有五百戶從遠至艾比爾與摩蘇爾的中心城市返回篾剌合，此時距離他們向外遷移的時間已有了四十年。[235]

旭烈兀的戰役，與其祖父成吉思汗的七年戰役，或在這兩次戰役期間的諸多戰役，最鮮明的對比並非缺少屠殺與毀滅，而是重建措施執行的速度。蒙古人在 1260 年／ 658 年占領敘利亞與巴勒斯坦，當然為時相當短暫；但是依然在蒙古人統治之下的伊拉克，則可以與成吉思汗的行動提供更為實際的對照。大部分位於巴格達的聖地，例如哈里發清真寺（caliphal mosque）、穆薩・賈瓦德（Mūsā al-Jawād）的聖陵，以及位於魯撒法（Ruṣāfa）的諸多墳墓，在城市陷落的時候被焚毀。但是在 1258 年 2 月 20 日／ 656 年 2 月 14 日，也就是哈里發穆斯台綏木死亡之時，伊瑪德丁・烏瑪爾・加茲溫尼（ʿImād al-Dīn ʿUmar Qazwīnī）被任命為那顏喀喇不花（Qarabuqa）的代表，並且開始重建這兩座首要的建築。有兩位那顏也參與了重建，使得死去的牲畜從路上被清除，而市集重新建立起來。[236] 伊本・富瓦惕提到，宏偉的穆斯坦綏里葉（Mustanṣiriyya）學院在隔年再次開放，並且讚揚了伊瑪德丁・烏瑪爾對清真寺與經學院的重建，以及對聖陵與集會所（hospices，*ribāṭs*）❸的修復。[237]《軼聞匯集》（*Al-Ḥawādith al-jāmi'a*）列出了維齊爾伊本・阿勒卡米（Ibn al-ʿAlqamī）與其他人任命的官員，他們負責監督伊拉克其他城市的重建。[238] 不過伊本・富瓦惕與瓦薩甫都將大部分的重建工程歸功於歷史學家志費尼自身，他在接下來數年作為省份的長官：他監督了一條連接納傑夫（Najaf）與庫法（Kūfa）的運河開鑿工程，許多大型宗教建築（甚至是什葉派的建築）的重建，巴格達供水系統的修復，以及橋樑的建造。[239] 在1258年之後，從馬穆魯克帝國來的穆斯林持續拜訪巴格達以學習，而彭曉燕（Michal Biran）則證明了巴格達的諸圖書館依舊相當繁盛。[240] 瑪麗安娜・辛普森（Marianna Simpson）則指出，在1290年代，波斯的手抄本繪畫藝術誕生於巴格達城，這是拉施德丁在大不里士附近創立工作坊的整整十年之前。[241] 許多伊朗的重建工程也被歸功於志費尼的弟弟夏姆斯丁。[242]

這些重建計畫到底有多有效、多普遍？哈米德拉・穆斯陶菲告訴我們，自從蒙古入侵以來，雷伊就一直是廢墟（此城作為行政中心的地位，則讓給了瓦拉明 Warāmīn），雖然重建工程根據合贊的命令而開始。[243] 在波斯伊拉克（ʿIrāq-i ʿAjam），五十個左右位於撒爾賈罕（Sarjahān）附近的村莊，據說被入侵者摧毀了。[244] 但是哈米德拉更常描述某些成為廢墟的城鎮，沒有說是在征服之時而荒廢，或是暗示任何其他的原因，例如以下的這些城鎮：例如胡勒旺（Ḥulwān）；大部分的庫姆（Qum）；巴伊拉干（Baylaqān）；圖爾希茲（Turshīz），位於錫斯坦；馬魯；以及卡布德—賈瑪（Kabūd-jāma），位於馬贊德蘭。[245] 他重複地將注意力放在區域稅收（可能是土地稅哈拉吉 *kharāj*）的大幅減少之上：例如波斯伊拉克（ʿIrāq-i ʿAjam），在塞爾柱時

❸ 註：ribāṭ 一詞原意為基地、旅棧或避難所，早期多做為軍事用途，後來則以蘇菲派集會中心而聞名。khānqāh 一詞也是也是指蘇菲派的集會中心。本書作者將這兩個詞都英譯為 hospice。為了統一起見，中文本都將之譯為「集會所」。

代是 25,200,000 第納爾，在他自己的時代則是 350,000 第納爾；古胥塔斯菲（Gushtāsfī），位於穆干（Mūghān），從 1,000,000 第納爾降至 118,500 第納爾；羅姆（Rūm），在塞爾柱時代超過 15,000,000 第納爾，降至 3,300,000 第納爾；阿赫拉德（Akhlāṭ）從將近 2,000,000 第納爾降至 390,000 第納爾；賈濟拉（Jazīra）省，以摩蘇爾（Mosul）為中心，在巴德爾丁・盧盧的時代是 10,000,000 第納爾，降至 201,500 第納爾；庫德斯坦，從 2,000,000 降至 201,500 第納爾；以及胡齊斯坦（Khūzistān），在阿拔斯時代超過 3,000,000 第納爾，降至 325,000 第納爾。[246] 哈米德拉謹慎地將先前的收入轉換成那個時候的價值，但即使他如此嚴謹地在每次都比較範圍相近的地區，我們也不知道這些稅收下降，究竟是反映了征服造成的毀滅，還是之後的行政管理不善，或是由於商業稅的重要性超越了土地稅（哈拉吉 *kharāj*）。但是稅收減少的數量在克爾曼則要低很多，[247] 此地倖免於入侵，而且受到間接統治，暗示我們應該將稅收降低歸咎於征服的情形。

＊＊＊

用這個問題來作為結論應該是適當的：蒙古人在這數十年的行為，是否與其他稍早的軍隊有顯著的差異，無論這些軍隊是不信道者或穆斯林？我們或許可以引述在 1099 年，十字軍於耶路撒冷的暴行（到了約 1200 年，一般認為 70,000 名左右的穆斯林被殺死）；[248] 在 1209 年，喀喇契丹軍隊於八剌沙袞的行動；在約 1212-13 年／ 609 年，花剌子模沙赫摩訶末對於撒馬爾罕的處置；以及在十二世紀 90 年代，其父帖乞失的軍隊於波斯伊拉克的肆虐根據幾乎同時代的作者拉宛迪（Rāwandī）所說，其暴行超越了喬治亞人、喀喇契丹人，以及法蘭克人。[249] 尼沙普爾顯然比在 1154-5 年／ 549 年於古茲人（Ghuzz）手中的命運要惡劣的多；但是伊朗東部諸城鎮所遭受的命運，真的有比在約 1150 年／ 544 年，復仇心切的古爾王朝統治者阿拉丁・侯賽因（ʿAlāʾ al-Dīn Ḥusayn，被稱為 *Jahānsūz*「世界焚燒者」）對加茲尼的野蠻處置更壞嗎？[250]

在蒙古屠殺的背景之中，我們必須承認，有關許多城鎮的遭遇，史料只提供了粗略的資訊。不過我們所能擁有詳細的證據，則顯示在伊朗、美索不達米亞北部、安納托利亞、敘利亞—巴勒斯坦，蒙古征服者們對抵抗的反應方式更加理性，超出慣常的假設；他們似乎甚至注意到，敵人做出的冒犯也擁有一連串不同的嚴重程度。而在伊朗、伊拉克、安納托利亞，在經過不同的中間時期之後，他們開始想辦法進行重建。蒙古人與其他征服者軍隊的不同之處，很有可能，並非對城市文明的盲目厭惡。而應該是蒙古人在比前人或同時代人短促甚多的時間之內，遠為成功地征服大量據點，以及他們擊潰對手或利用被他們所饒恕者的無情效率。[251] 蒙古人造成的毀滅，與其說是來自意識形態或游牧族群的心態，不如說是來自前所未有的強大力量。

更進一步的警告仍屬必須。對於蒙古人從成吉思汗遠征時代到旭烈兀遠征時代所做的毀滅，無論定下何種結論，如果將伊斯蘭世界的荒蕪唯獨歸咎於諸多征服戰役，那就會是錯誤的。在 1260 年之後，隨著帝國破碎化而引發的蒙古內戰，造成了龐大的損害。甚至，新的游牧族群遷移進入定居區域，也並非只侷限在蒙古帝國擴張的數十年之間，而是約略與以下諸事同時發生，那就是在蒙哥逝世之後，出現的許多汗國之間開始互相敵對，以及這些汗國內部互相敵對之時。我們在接下來，就會提到這些繼承者國家。

第七章
蒙古內戰的時代

一、「四大兀魯思」：建構與現實

在 1260-4 年，忽必烈（Qubilai）與阿里不哥（Arigh Böke）之間於遠東的衝突，以及在 1261-2 年冬季，旭烈兀（Hülegü）與別兒哥（Berke）於高加索爆發的戰爭，產生了重大的後果。蒙古帝國分裂成為許多事實上獨立的國家，每一個國家本身都擁有可觀的力量，它們通常列出如下：（1）大汗（Great Khan，即合罕 qaghan）的領土，在中國與蒙古地區本部（Mongolia proper），中國人稱之為元帝國（Yuan empire）；（2）伊利汗國（Ilkhanate），位於伊朗、伊拉克、安納托利亞；（3）察合台兀魯思，位於中亞；（4）朮赤兀魯思，位於草原西部，有時候也稱為拔都的兀魯思，或別兒哥的兀魯思，現在歷史學家通常仍然稱之為「金帳汗國」（Golden Horde）。現在，帝國之中被征服的穆斯林，也分散在這些國家之間。在元帝國，他們只是一個小型的少數族群；在伊利汗國與察合台兀魯思，他們是多數族群；而在朮赤兀魯思，他們至少是一支人數眾多而蓬勃發展的少數族群。

然而，如果我們這樣敘述四大汗國的話，就是忽略了史料之中其他也被稱為「兀魯思」的政權，[1] 首先就是朮赤支系領地的「左翼」，被稱為「藍帳汗國」（Blue Horde，在有些史料之中也被稱為白帳汗國 White Horde），位於西伯利亞（Siberia）西部，由拔都的兄弟斡兒答（Orda）的世系組成。拉施德丁告訴我們，雖然藍帳汗國諸汗皆以拔都繼承者金帳汗之名義發布所有命令（*yarligh*），然而他們享有完全的自治，也不前往金帳汗國的宮廷。[2] 傳統上的分類也不包含海都（Qaidu，逝世於 1303 年／702 年）及其子與繼承者察八兒（Chapar）的廣大土地，他們吞併了察合台兀魯思至少四十年以上。[3] 我們偶爾會遇到這個詞語「海都與篤哇的兀魯思」（the ulus of Qaidu and Du'a），好似他們共同統治單一的國家一樣，而這個詞語也時序錯亂地出現於西歐的著作之中。[4] 更進一步，不符合四大汗國分類的異常現象還有獨立的聶古迭兒部蒙古人（Negüderi Mongols），或稱為「喀喇兀那部」（Qara'unas），他們之前是朮赤支系的分遣隊，在約 1261 年之時逃脫了旭烈兀的屠殺，在現今的阿富汗聯合起來，由當地的朮赤支系指揮官聶古迭兒（Negüder）率領，控制了印度、河中地區、伊朗之間的邊境地區，[5] 直到 1290 年代聶古迭兒部臣服於中亞蒙古人之前，甚至在臣服之後，這個地區在某種程度上還是無人地帶。馬可波羅形容聶古迭兒向「居住在其王國周圍的所有韃靼人」作戰。[6]

除此之外，有時候「四大汗國」的其中之一也會分裂。例如在十三世紀的最後十年，西方的朮赤支系領土實際上在脫脫（Toqto'a）汗，及其遠房堂親與對手那海（Noghai）之間分裂，脫脫汗統治第聶伯河（Dneiper）以東的地帶，那海的領土則從第聶伯河延伸到多瑙河（Danube）。他們之間的衝突，只因為在 1299 年那海戰敗與死亡才宣告終止。+7 在 1340 年代，察合台兀魯思永久分裂成西半部以及東半部，西半部以河中城市地區（urban Transoxiana）為核心，東半部則被稱為蒙兀兒斯坦（Mughalistān，蒙古領地）並且以游牧文化為其特性。另外也可以說，在 1336 年／ 737 年，伊利汗國同樣分裂為兩個敵對的政權，因為在呼羅珊推選出了脫合帖木兒（Togha Temür，或 Taghai Temür）。[8]

如果要對應現實情況的話，成吉思汗後代的領土分裂為四部分，更適合形容十四世紀所發生的現象。舉例來說，這也是伊本·法德拉·烏瑪里（Ibn Faḍl-Allāh al-ʿUmarī）在約 1338 年看待蒙古世界的方式。[9] 四大汗國這個概念將會持續很長的時間，甚至在帖木兒王朝（Timurid）時代及其後皆是如此。一部關於成吉思汗後代的歷史著作，曾經被認為是帖木兒的孫子兀魯伯（Ulugh

Beg）所作，並且在十六世紀被宏達迷兒（Khwānd-Amīr）所用，其書名就是《成吉思汗王朝四兀魯思史》（*Ta'rīkh-i arba'a ulūs-i chingīzī*）。[10] 在兀魯伯之後一百年，米爾札·海達爾·杜格拉特（Mīrzā Ḥaydar Dughlāt）將會這樣寫到，四大汗國的起源，來自於成吉思汗將龐大封地授予四位嫡子。但是，從1260年代早期發生的事件之中所浮現的政治局勢地圖，與征服者成吉思汗自己的土地分配，只有極為有限的關係而已。任何看起來與四對應的數量，都不過是巧合而已。[11]

二、合罕與蒙古統一

如果帝國的分裂是出自於蓄意，歷史學家就會毫無疑問地將分裂視為一個合理的發展。[12] 在1260年之時，蒙古的擴張實際上已經達到了草原的邊界。甚者，帝國各部分之間的距離相當巨大；從哈拉和林的舊中心幾乎已經沒有辦法實際地控制這些地區，更不用說從忽必烈在蒙古地區與中國邊界的夏季首都開平城（重新命名為「上都」Shangdu，在英語世界中更以Xanadu為人所知）控制，或他在冬季的駐地汗八里（Khanbaligh，也就是「大都」Dadu，在1266年至1275年期間建立，接近先前金帝國的中都Zhongdu）。[13] 而從1259年到1304年，沒有一位合罕可以在所有蒙古領土上普遍被承認，旭烈兀的繼承者是唯一一支持續承認忽必烈與其世系的成吉思汗後代。在每一位伊利汗即位之時，諸合罕持續將壟斷權威的許可派送到伊朗，可能貼古迭兒·阿赫邁德（Tegüder Aḥmad，統治於1282-4年／681-3年）除外，忽必烈似乎不認同其推選，[14] 還有拜都（Baidu），他的統治時期（1295年／694年）太短了。有些人認為乞合都（Gaikhatu）與拜都的統治時期，也是宗主權約束鬆弛之時，因為兩位君主雖然依舊將合罕的名字置於鑄幣之上（除了一些乞合都的發行的硬幣之外），但是他們停止使用伊利汗的稱號了。[15] 在合贊（Ghazan）皈依伊斯蘭並且即位之後（忽必烈逝世之後數月），他很快就將合罕的名字與頭銜從鑄幣之上移除了，不過這並不代表任何與元帝國關係的正式破裂。[16] 與之相反：定期的外交聯繫與文化交流（見第八章），都顯示這是互相信任的盟友關係，而直到不賽因統治時期，合罕依然持續將崇高的頭銜授予某些伊利汗的宰相們。[17] 因此，我們可以說，在此時期有一個「拖雷支系軸心」（Toluid axis）橫跨了亞洲大陸，直到 1330 年代為止。

另外兩個代表王朝統一的跡象，在 1260 年之後就迅速消失了。其一，是效忠不同支系的部隊在一個區域之內出現，其次則是其中一個兀魯思的諸汗與諸王子，在另外一個兀魯思的領土之中，擁有特權、財產、人員，這種飛地難免成為統治者們的目標，如果這些統治者決定要剝奪對手的有價私產，以及將這些私產占據，為他們自己所用的話。[18] 我們已經在稍早看到旭烈兀如何襲擊朮赤支系在伊朗的軍隊，在數年之後又吸納了貼古迭兒的察合台支系分遣隊，終結了這類分離軍事力量在伊利汗國之內的存在；以及朮赤支系在伊朗的牧地與稅收如何成為伊利汗國的資產；以及阿魯忽如何在布哈拉屠殺別兒哥的屬民。根據烏瑪里所說，阿八哈摧毀了別兒哥位於大不里士的作坊。[19] 而當八剌對抗合罕的時候，他也捕捉了領地中忽必烈與阿巴哈的屬民，並且占有了他們的資產。[20] 在 1268 年的春季與夏季／在 666 年末尾，八剌入侵呼羅珊之前，他先派遣了馬思忽惕・貝格（Masʿūd Beg）前往伊利汗的宮廷，以達成諜報目標，但表面上說是要審計海都與八剌在伊朗的私產（媵哲，*inchü*）；[21] 在八剌的攻擊與戰敗之後，這些財產的情況到底是什麼，我們就不知道了。

這些改變所造成的整體結果，是藉由將資源鞏固與集中在區域的諸汗手中，使得兀魯思（ulus）轉變為更加自足的汗國（khanate）。總而言之，這種轉變使得統治許多富有城鎮與城市的諸汗獲得好處，而主要領土由草原組成的諸汗則付出代價。中亞或西亞的王子們理論上依然還有權利，可以獲得中國某些地區的稅收，而諸伊利汗作為盡職的從屬，持續接受他們享有的份額，時斷時續，一直到十四世紀。[22] 至於對其他「叛亂」的蒙古統治者們，忽必烈則試圖將他們在其領地上擁有的權利做為一種政治手段加以利用，以確保他們承認他的統治權。因此，也難怪馬可波羅會將忽必烈與海都的衝突，歸咎於合罕拒絕將海都應有的份額從中國送去；[23] 但是我們必須說，此種策略在這裡完全沒有效果。

諸金帳汗對於合罕的態度也有轉變。在1260-4年的內戰之中，別兒哥支持阿里不哥，在忽必烈勝利之後，他也拒絕承認忽必烈。別兒哥的繼承者忙哥帖木兒（Mengü Temür，統治於1267-80年／665-79年）則與海都成為同盟。[24]在1275年，當忽必烈的兒子那木罕（Nomoghan）於中亞被其軍隊之中一群叛變的王子逮捕，他淪為俘虜，並且被交給忙哥帖木兒。火你赤（Qonichi），斡兒答兀魯思的統治者，也同樣支持海都。朮赤支系長達數十年都不願意像在蒙哥統治的時代一樣與忽必烈合罕合作，或許是因為想要損害忽必烈企圖將控制力延伸到中亞，使中亞如同他專注的遠東地區一樣。不過，在1283年，忙哥帖木兒的兄弟與繼承者脫脫蒙哥（Töde Mengü）在與火你赤商議之後，釋放了那木罕，將他送回合罕之處，也承認了忽必烈的霸權；那木罕這位王子在1284年於汗八里與其父重聚。[25]然而，在這個時候，任何和解行為都僅僅是暫時的，因為《元史》指出，朮赤支系與元帝國的友誼並未恢復，直到忽必烈之孫鐵穆耳合罕（Temür）的統治時期（1294-1307年）。[26]根據拉施德丁，忽必烈有一位姪女，名為揭里迷失．阿合（Kelmish Aqa）❶，嫁給了一位朮赤支系重要的那顏，並且是忙哥帖木兒之子脫脫（Toqto'a）汗的外祖母或岳母（也可能兩者都是？），揭里迷失．阿合在朮赤支系與拖雷支系恢復良好關係之中，有重大的作用。[27]脫脫有可能因為其盟友伯顏（Bayan）陷入困境，而與汗八里的關係更為靠近，伯顏是火你赤的兒子與繼承者，與他爭奪斡兒答兀魯思汗位的對手有著海都與篤哇的支持。在1303年／702年，伯顏向鐵穆耳合罕與伊利汗合贊派出信使，提議組成一個巨大的聯盟以對抗中亞的蒙古人，而中亞的蒙古人反過來又極力阻撓朮赤支系與拖雷支系的軍隊進行會師。[28]

在1304年，篤哇說服察八兒向全蒙古世界提出全面和解，並且承認鐵穆耳合罕的權威。察八兒的嘗試收到了即時且正面的回應，而伊利汗完者都也接待了來自鐵穆耳的使節團，由察八兒、篤哇、脫脫、斡兒答兀魯思，以及其他王子們的信使伴隨，宣告了和平的建立。[29]不過，這個新建立的和平很快就瓦

❶ 註：目前尚不確定她的正式中文譯名，姑且根據原文音譯。

解了，就像我們稍後會看到的一樣，而全面的和平再也沒有達成過；甚至區域的和平協定也都為時短暫。在 1309 年／709 年，於一連串的爭鬥之後，察合台汗國重新向合罕宣告臣服。[30] 然而在 1313 年／713 年，察合台汗也先不花的一位代表，與合罕的一位前線指揮官之間的交流，也說明了察合台汗國官僚心中孕育的自信，這種自信來自於數十年對元帝國的抵抗，以及察合台支系在毀滅察八兒領土過程中的角色。由於也先不花的信使們使用「札里黑」（*yarligh*）這個詞語來描述其君主察合台汗的命令，使得合罕的將領反應非常激烈；他吼叫說，除了合罕本身的敕令之外，沒有任何命令能被稱為札里黑；親王們的命令應該稱為令卡吉（*linkajī*，漢語 *lingzhi*，「令旨」）。信使們則反駁說，「對我們而言，也先不花的地位就等同於合罕。」[31] 顯然，合罕與地區諸汗的關係，已經無法回到 1259 年的情形了。這場爭執預示了察合台汗國與元帝國之間持續十年的戰爭，有時候察合台汗國也與元帝國的同盟伊利汗國作戰。直到 1323 年／723 年，也先不花的繼承者怯別（Köpek，統治於約 1320-6 年／720-6 年）才終於與合罕達成和平，並且承認了合罕名義上的權威。[32]

金浩東教授（Professor Kim）論證說，蒙古帝國持續被視為一個整體，甚至在 1260 年之後也是如此，而組成帝國的這些汗國並不被視為獨立的政權，它們也不自認為是獨立的政權。[33] 實際上，成吉思汗的後代們依然維持著——或者裝作維持著——擁有共同祖先與政治遺產的感受，其程度未有減弱。不過，雖然兩個拖雷支系的政權依然遵循持續的友好關係，其他地區諸汗對合罕的態度則從公然對抗合罕，到僅在名義上承認合罕的資格。在 1330 年代晚期，烏瑪里在敘述有關合罕領地的內容之時，他認為有必要強調，合罕親族的領地在合罕的管轄之外。他將合罕的地位與哈里發的地位互相比較，並且評論說如果面臨任何重要的事情，這些親族會通知合罕，但是並不需要合罕的批准。[34]

三、「中央帝國」

我們值得在這裡停下來，特別是來思索中亞蒙古政權的情況以及獨特的角色。察合台的兀魯思坐落於蒙古世界的中心，將會以 *Dumdadu mongghol ulus*，也就是「中央蒙古人／國家」（Middle Mongolian people/state）這個名字為人所知，這個稱呼或許也由西歐觀察者擷取，而且他們將之美稱為 *Medium Imperium*，「中央帝國」（有時候會被訛傳為詭異的 *Imperium Medorum*，「米底人〔Medes〕的帝國」）。[35] 在 1260 年伊利汗國創立之後，察合台汗國可能是最大的破壞來源，因為它現在幾乎完全失去了通往與非蒙古政權接壤的外界邊境管道。[36] 當拉施德丁敘述海都在 1269 年主持的忽鄰勒塔之時，他使八剌汗的口中提到「這個縮水的兀魯思」（*hamīn mukhtaṣar ūlūs*）並且抱怨說，他被諸親族更廣大的土地，以及被海都的權勢所包圍；因為這些緣故，他尋求海都的支持，使他能夠向伊利汗的領地擴張。[37] 四十年後，我們看到八剌的孫子也先不花也害怕被元帝國以及伊利汗國的軍隊夾擊，因此考慮搶先攻擊伊利汗國的呼羅珊，作為他唯一的應對辦法。[38]

我們史料的語調更進一步暗示，察合台兀魯思的內部也是最不穩定、最容易變化的。值得注意的是，對於在 1260 年代早期的阿魯忽，以及在二十年之後的篤哇，都被描述為將察合台的軍隊「聚集起來」。[39] 我們應該要將中亞想像為一個名副其實的貯藏庫，其中有許多行動自由的王子以及他們的追隨者，機靈地尋找新同夥與更多戰利品；他們包括了察合台與窩闊台為數眾多的後代，也有一些蒙哥與阿里不哥的後代，還有其他成吉思汗之弟拙赤合撒兒（Jochi Qasar）的後代成員。[40] 在 1271 年八剌入侵呼羅珊失敗及其死亡之後，察合台兀魯思經歷了一段危機時期，而一些王子拋棄此地，轉而為忽必烈或伊利汗阿八哈效勞。為忽必烈效勞的王子們，其中有名的是阿魯忽的兒子出伯（Chübei）與哈班（Qaban），他們餘生都會為元帝國作戰；[41] 而加入阿八哈勢力的王子們，則包含前任察合台汗木八剌沙（Mubārak Shāh），一位名為孛兒捷（Böjei）❷的王子，還有一些拙赤合撒兒的後代。[42] 相當重要的是，除了巴巴．斡兀立（Baba Oghul）之外，沒有其他已知的王子，從更不受侷限的朮赤

❷ 註：目前尚不確定正式中文譯名，姑且根據原文音譯。

領地到伊利汗國境內尋求庇護（因為，如果他們這樣做的話，伊利汗國的史料一定會告訴我們）。

根據瓦薩甫，海都打過的仗多達四十一場，無論是與合罕或是其他人的軍隊。[43] 海都的軍事行動，以及他對於察合台支系篤哇的支持，篤哇是八剌的兒子，與海都密切合作，都引進了更加進取的政策，也收復了喪失的土地。但是他鍛造出來的這個國家只比他多活了幾年而已。海都的逝世以及由更弱小的察八兒繼位，使這個同盟宣告終結。在 1305 年，篤哇狡猾地以其新宗主鐵穆耳合罕之名義，掉頭對抗察八兒，發動了一場中亞戰爭，有幾位窩闊台支系的王子以及察合台支系的其他成員在戰爭之中支持篤哇。結果則是將海都的兀魯思肢解，以圖利察合台汗與合罕。[44] 為數眾多的王子由海都的兒子撒班（Sarban）率領，移入伊利汗國的呼羅珊，尋求伊利汗完者都的庇護。

篤哇可以被認為是察合台汗國的第二個創造者。從他逝世之後，直到約 1340 年，汗位的繼承都被他的兒子與孫子們所壟斷，除了一位遠房親族納里豁阿（Naliqo'a，統治於約 1308-9 年／ 707-8 年）之外，納里豁阿自己或許是察合台的一位孫子，[45] 但是被篤哇世系的擁護者認為是一位篡位者，很快就被篤哇的兒子怯別給推翻了。當怯別最年長仍然存活的兄弟也先不花即位為汗（統治於 1309- 約 1320 年／ 709- 約 720 年），根據瓦薩甫的說法，他將「大部分海都與篤哇的帝國」都統合在他的治理之下。塔剌思（Talas）曾經是海都的主要駐地，現在則是也先不花的夏季營地。[46] 雖然瓦薩甫頌揚也先不花的即位，引入了察合台兀魯思的和平與閒暇，[47] 新的緊張關係仍然興起了。察八兒試圖奪回他的汗位，卻被篤哇的兒子們擊敗（1309 年／ 708 年），只能在中國尋求庇護，在中國，鐵穆耳的繼承者海山（Qaishan，即元武宗 Wuzong，統治於 1307-11 年）將土地以及一個榮耀的頭銜汝寧王授予察八兒與他的後代。[48] 也先不花將西部廣大的領土，也就是費爾干納與河中地區，交給怯別管理，或許是為了要集中自己的精力在與合罕軍隊的衝突之上。[49] 然而一個遙遠的堂親與盟友，納里豁阿的姪孫（great-nephew）牙撒兀兒（Yasa'ur），其營地（*yurt* 禹兒惕）在撒馬爾罕附近，[50] 並且顯然厭惡怯別在河中地區新建立的權威，與怯別激烈地爭執，而武裝衝突隨即發生，衝突最後以在 1316 年，牙撒兀兒拋棄河中地區逃往呼羅珊，尋求完者都的庇護而結束。[51]

我們現在將眼光移向察合台兀魯思與斡兒答兀魯思的邊界，也就是在察合台兀魯思的北方，可以清楚地看到這些草原政體的領土變換有多大。十四世紀初期斡兒答後代之間發生的內戰，到了 1313 年／712 年依然正在肆虐，但其結果並不明確。[52] 不過，在 1305 年／705 年，察八兒有能力在額爾濟斯河與阿爾泰山附近建立總部；[53] 而額爾濟斯河地區，至少曾經是斡兒答領土的核心，可能是最近才取得的。另一方面，拉施德丁提到，塔剌思以及「舊塞拉姆」（Old Sayrām，先前的伊斯菲加卜 Isfījāb）的領土屬於海都，但是也鄰近於斡兒答之孫火你赤的領土。[54] 在十四世紀中葉的數十年之間，斡兒答世系諸汗已經將他們的權威延伸到氈的（Jand）、巴爾欽利格肯特（Barchinlighkent）、昔格納黑（Sighnāq）、掃蘭（Sawrān）；伯顏的兒子撒昔不花（Sasi Buqa）汗，在 1320-1 年／720 年被葬於掃蘭，[55] 而伯顏的孫子伊拉贊（Īrazān）在 1344-5 年／745 年被葬於昔格納黑，這支世系的統治者在 1366-7 年之間於昔格納黑鑄幣。[56] 藍帳汗國政權核心的顯著移動，或許在 1270 年代察合台支系虛弱的時候就已經開始了，並且在察八兒與篤哇間爭鬥的第十四世紀初葉之時加快速度。[57]

四、蒙古內戰與帝國事業

蒙古諸政權之間的競爭，實際上使帝國在西方的拓展停止了。從 1229 年到 1260 年的帝國擴張，聚集起成吉思汗後代的資源，以完成由他們受人敬畏的祖先所開啟的偉業——也就是將已知世界納入大蒙古兀魯思（*yeke mongghol ulus*）之中。這個時期並非完全沒有緊張的敵對關係，因為顯然有 1241-6 年的繼位爭端，以及更顯著的 1250-1 年繼位爭端；然而從 1260-1 年開始，更加暴力與長久的諸多衝突，導致了一段停滯的時期。別兒哥在 1259 年入侵波蘭，以及旭烈兀在 1259-60 年入侵敘利亞與巴勒斯坦，標誌出代表成吉思系王朝整體的軍隊，向其他獨立政權發動的最後一波大規模攻擊。旭烈兀初具雛形的伊利汗國，在1260年末由於被馬穆魯克軍隊擊敗，其擴張實際上停止了。伊利汗國先後在1281年、1299年、1300年、1303年入侵敘利亞，其中只有第二次入侵是成功的，那時合贊使馬穆魯克軍隊屈辱地戰敗，並蹂躪了敘利亞鄉間，但即使如此，蒙古軍隊也在幾個星期之後就撤退了。

伊利汗國在南高加索的牧地，在朮赤支系的威脅之下相當脆弱；而在呼羅珊與馬贊德蘭的牧地，則處在中亞蒙古人的威脅之下。旭烈兀與其繼承者們在這兩個區域耗費的時間，比在領土上的其他區域都還要多，這並非毫無意義；甚至當伊利汗自身不在東方的時候，他也傾向派遣兒子或未來的繼任者，作為呼羅珊與馬贊德蘭的總督駐紮在此地[58]——被旭烈兀時期的阿八哈，阿八哈統治晚期以及貼古迭兒·阿赫邁德統治時期的阿魯渾，從1284年／683年以來的合贊（被阿魯渾與乞合都派遣），合贊統治時期派遣弟弟完者都，以及完者都之子，年輕的不賽因，在即位前數年，都是類似的例子。

阿八哈派遣到第二次里昂大公會議（1274年）的使節團，尋求西方的協助以對抗馬穆魯克，他們將伊利汗國過去對抗埃及的失敗，歸咎於這項事實，那就是阿八哈的帝國被最強大的敵人們所包圍。這些敵人謹慎地選擇他們的進攻時機。[59]當察合台汗國的軍隊在1301年／700年劫掠法爾斯之時，他們利用合贊入侵敘利亞而不在國內的時機。[60]馬穆魯克蘇丹們為了奉行遏阻伊利汗國的策略，與金帳汗國諸汗有頻繁的聯繫，有時候也與海都以及察合台支系建立聯繫。[61]有時候，伊利汗們一定體會到了察合台支系感受到的束縛。一位來自河中地區的資訊提供者在1315年／715年告訴完者都，說也先不花、怯別、金帳汗國的月即別，還有馬穆魯克蘇丹納希爾·穆罕默德·本·嘉拉溫（al-Nāṣir Muḥammad b. Qalāwūn，按：為蘇丹嘉拉溫之子）已經組成了一個聯盟準備對付他，並企圖要瓜分伊朗；不過，後來這個人被貶斥為一位騙徒與間諜，並被囚禁在大不里士的監牢之中。[62]

只有在遠東，在忽必烈統治之下，對外擴張的衝勁才持續了一段時間。但是除了那些為合罕效力的王子們，或如同伊利汗這樣，在遠處與合罕維持著友善的關係，其他成吉思汗的後代們既無法分享這些勝利，也不能獲取戰役之後新鮮的戰利品。當帝國王朝轉向對付自身，諸兀魯思之間在邊境領土上的衝突就造成了威脅，汲取了以前用來對抗尚未臣服與頑強抵抗的國家的能量。能為下一世代產出封地的對外進軍枯竭了。確實，在 1259 年之前，也並非每一位王子都能獲得封地；但在之後，草場、收入、人力資源的總額，與渴望的成吉思汗後代相比，都縮水了。[63] 王子們與那顏們，以及他們的追隨者，可能因此更願意拋棄統治他們的汗，以期望從其中一位相鄰的敵手那裡得到更多獎賞，在這樣行事的時候，他們在臨走之時，有時候會造成可觀的損害。在帝國仍然統一的時候，這類長距離移動會發生，都是來自於某次忽鄰勒塔的決定，以及合罕的命令；然而現在這些移動不可預測，也沒有辦法控制。

兀魯思內部的汗位爭奪，使得不同蒙古汗國之間的戰爭，以及資源削減的問題更加複雜，通常一位汗或其追隨者試圖將繼位資格限制在其直系血統的分支世系之內，而競爭對手則訴諸老成（seniority）的原則。史料之中，特別指出此類爭端的，有在 1282-4 年於伊利汗國內部（叔侄之間的衝突）；十三世紀末尾於斡兒答兀魯思內部；1303 年海都的繼位爭端（一位貴由的孫子或曾孫，宣稱擁有海都的汗位）；約 1308-9 年／ 707-8 年於察合台兀魯思內部（當納里豁阿，一位不里的後代，取代了篤哇的世系）。[64] 在 1284 與 1295 年，現在被認為是西方三個蒙古汗國之中，最穩定的伊利汗國伊朗，上演了武裝衝突以爭奪汗位的戲碼。

無可否認，成吉思汗的後代們並沒有失去征服世界的目標，甚至在 1260 年之後依然如此。一位馬穆魯克王朝的作者，在前後文提到別兒哥與蘇丹拜巴爾斯的外交通訊之時，他筆下的別兒哥駁斥了蒙古人現在自相殘殺的事實，這位作者還加上了——竟然頗為巧妙——「如果我們依然團結，我們就可以征服世界」。[65] 確實，安妮・布蘿德布里姬（Anne Broadbridge）引述證據，說別兒哥將他的同盟拜巴爾斯視為一位臣屬於他的統治者。[66] 伊利汗國，遭到阿因・札魯特的逆轉所重創，則堅信他們的馬穆魯克對手不過是蒙古人逃跑的欽察奴隸而已，他們也似乎也致力於擴張。[67] 在 1268 年／ 667 年寫給拜巴爾斯的一封信之中，阿八哈使用了傳統的表述「和平」（*il* / *el*）以要求蘇丹的臣服，以及用「叛亂」（*yaghi*）來描述拜巴爾斯持續拒絕蒙古帝國的權威。阿八哈也寫下了令人懷疑的陳述，他說一場由成吉思系王朝諸君主（「所有我們的兄弟」）舉行的忽鄰勒塔，已經承認了合罕的權威。[68] 這種表述似乎成為了一種伊利汗國的外交上的慣用伎倆。在 1274 年，阿八哈派遣到里昂的使節團說，近期伊利汗與其蒙古鄰國之間已經達成和平（然而沒有紀錄）。[69] 而他的繼承者貼古迭兒·阿赫邁德，在寫於 1283 年／ 682 年要求馬穆魯克蘇丹嘉拉溫（Qalāwūn）臣服的第二封信之中，藉由斷言說蒙古統治者們再一次地達成了和平，而加強了要求的語氣。[70] 在 1299-1300 年／ 699 年，合贊在向敘利亞的馬穆魯克軍隊發出布告之時，將會做出同樣的宣稱。[71] 在後面這兩個事件之中，偽造蒙古人已經達成和睦，被用作一種潛藏的威脅，也就是表示伊利汗現在擁有餘裕，可以來對抗外部的敵人。

然而和平充其量也只是短暫的。在 1299-1300 年／ 699 年，一位在馬穆魯克埃及的觀察者評論說，所有東方與西方的君主都在爭戰；[72] 而蒙古領地之上也沒有例外。完者都在 1305 年寫給法蘭西國王腓力四世的一封信之中，他讚揚了 1304 年的和解，說這場和解平息了肆虐四十五年的爭執。他以隱蔽的威脅作為結論，威嚇無論對蒙古人或法蘭克人依舊堅持敵意的對手，不過可以理解的是，在信中就不提到蒙古統治世界的理念了。[73] 與完者都同樣親族的成吉思系成員，當在 1304 年達成和平之時，還有金帳汗月即別，在 1330 年代與西歐的君主有通信來往，他們都較無顧忌地使用世界征服的修辭。[74] 不過，在蒙哥逝世之後的數十年，這個世界征服的修辭所喚起的理想，那些蒙古君王們也只能口頭說說而已。

五、朮赤支系的野心、伊利汗國的領土

朮赤支系諸汗從來沒有放棄他們對亞塞拜然與阿闌豐沃草場的領土宣稱，這些地方被旭烈兀侵占了。不過朮赤支系也並非總是強硬而侵略的。拉施德

丁向我們保證說，當忙哥帖木兒與阿八哈達成和平之後（無疑是在1270年／669年，忙哥帖木兒派遣使節團，祝賀伊利汗阿八哈戰勝了察合台汗八剌），直到1288年／687年之前都沒有敵對關係；[75]不過，他其實錯了，因為我們從其他史料之中知道，在1279-80年／678年有過一次大規模攻擊。[76]同樣地，拉施德丁告訴我們自從1288年／687年的入侵之後，和平持續維持，直到他寫作的時代，不過他將此歸因於朮赤支系的脆弱，並說兩國的友誼只是對外的表演而已；[77]但在另一處，他無論如何還是記載了另一場在1290年／689年的攻擊。[78]在1294年／693年，脫脫向乞合都派遣使節團以簽訂和議，不過，既然他們也提出了「所有種類的要求」，很有可能，派遣使節的目的，只是要重申朮赤支系要求歸還高加索以南的領地而已。[79]另一方面，瓦薩甫顯然認為乞合都統治的時期，在某方面是一個轉捩點，因為他將此時期稱之為兩個政權再次恢復了外交聯繫。[80]在1304年以前，沒有對南高加索的入侵行動，以及缺乏任何脫脫派遣使節團到馬穆魯克蘇丹的記載，[81]可能是因為脫脫與那海的衝突所致，而脫脫需要避免激怒伊利汗。在爭鬥的後期，脫脫與那海兩方都對合贊示好，然而——拉施德丁沾沾自喜地告訴我們——伊利汗合贊堅定拒絕為了自己的利益而加以干涉。[82]一位馬穆魯克作者宣稱脫脫已經與合贊談和了，[83]或許這可以遮掩拉施德丁記載的缺失。

查爾斯·哈爾佩林（Charles Halperin）強力地論證說，征服南高加索是金帳汗國諸汗最關心的事務，遠遠勝過經濟上較不吸引人的羅斯諸君主國所能提供的誘惑。若此說屬實，那麼朮赤支系的外交與軍事活動，在十四世紀之時更具威脅。1302-3年／702年，脫脫複述了朮赤支系慣常的要求，而在1312年／712年，月即別即位之時，又再一次出現。[85]月即別將會親自領軍，兩次大規模入侵亞塞拜然，第一次是在1319年／719年，不賽因年幼之時，第二次是在1336年／736年，不賽因逝世之後；在1322年／722年，我們發現月即別與察合台汗怯別形成同盟，那時怯別正在攻打伊利汗國。[86]在1357年／758年，伊利汗國滅亡之後數年，月即別的兒子札尼別（Janibeg）入侵了亞塞拜然，而直到1380年代，脫脫迷失汗依舊宣稱朮赤支系長久以來對此區域的所有權。[87]

拉施德丁在一份清單之中，不完整地列出土地荒廢、人口遭到殺戮或逃亡他處的邊境地區，其中就提到了達爾班德（Darband）與錫爾旺（Shīrwān）。不[88]過，事實上我們對朮赤支系—伊利汗國戰爭對此區域造成的損害知道甚少，不過有一件事值得注意，那就是在伊利汗國最初數十年之中，從達爾班德方向的入侵部隊，傾向於由父親死於旭烈兀之手的朮赤支系的王子們率領，因此他們特別具有強烈的個人動機，希望能夠復仇：那海，禿塔兒之子，於1262年／660-1年與1265年／663年入侵，以及塔馬脫脫（Tama Toqta），不勒海之子，於1288年／687年入侵。[89]另一方面，在1265年阿八哈於庫拉河（Kur）以北構築了一道防禦牆（速別，*sibe* 或 *sübe*）以及深壕溝，[90]或許限制了朮赤支系的軍隊深入南方，進入亞塞拜然與阿蘭的路徑，並且降低了他們造成損害的能力。

六、中亞蒙古人與元帝國之間的邊境

長達二十年左右，海都與篤哇有能力阻止元帝國的進軍。在1271年，阿力麻里（Almaligh）被忽必烈合罕之子那木罕（Nomoghan）攻取，然而數年之後就被收復了。[91]效忠忽必烈的回鶻（Uighur）亦都護（*iduq-qut*）被迫放棄別失八里（Beshbaligh），並先後在高昌（Qaraqocho）、哈密力（Qāmul，或Qomul；即哈密Hami）、甘肅（Gansu）的永昌（Yongchang）駐下之後；只在1313年於高昌短暫地被扶植。海都與察合台支系似乎任命了他們自己的附庸作為亦都護。[92]在馬可波羅看似記載他自己從陸路前往中國（約1274年）的段落之中，他敘述喀什噶爾（Kāshghar）與于闐（Khotan）依舊臣服於合罕（不過葉爾羌Yārkand早已在海都的權威之下）。無論如何，忽必烈的駐軍在1280年代晚期撤出了這兩個城鎮。[93]不過，海都似乎沒有進占它們（不過瓦薩甫將喀什噶爾包含在他的領地之內），但這些區域到了1320年代之時，都由察合台汗國領有。[94]忽必烈喪失了對中亞重要的穆斯林聚落的控制。似乎無法到達的穆斯林巴達赫尚（Badakhshān）王國，承認合罕的統治權，然而在十三、十四世紀之交也反覆被海都的軍隊所騷擾。[95] 在 1316 年／716 年，我們發現來自巴達赫尚的一支分遣隊與察合台汗國合作，共同入侵呼羅珊，因此察合台汗國顯然擁有巴達赫尚的宗主權了。[96]

回鶻斯坦（Uighūristān）以及其他位於海都領土與合罕領土之間的土地，是拉施德丁所列出受到蒙古內戰破壞的第二個區域。[97] 這些地域之中的穆斯林居民，無疑為反覆的爭鬥所苦。在 1266 年，八剌劫掠了于闐，當時于闐被忽必烈的一位部屬統治，[98] 而在之後，篤哇也持續壓迫于闐。匿名作者所寫的瑪爾·雅巴拉哈（Mar Yahballāhā）傳記，宣稱就在大教長雅巴拉哈於約 1274 年穿越這個區域之前，禾忽（Hoqu，貴由的一位兒子，但並非長子）屠殺了于闐的數千居民，商隊的路徑因此中斷；雅巴拉哈與拉班·掃馬發現近期被忽必烈的敵人（顯然又是禾忽）所劫掠的喀什噶爾，缺少居民。[99] 元帝國政府在 1274 年試圖安撫與援助于闐、葉爾羌、喀什噶爾。[100] 禾忽被迫加入忽必烈敵人的陣營，因為無端被那木罕（Nomoghan）的同僚，將領安童那顏（Hantum Noyan）所攻擊。[101]

七、伊朗東部的不穩定前線

拉施德丁列出了一連串被毀滅的地區，但其中忽略了伊朗與察合台汗國之間的漫長邊界。在這裡，並沒有速別（*sibe*）以阻止入侵的軍隊，這可能就是烏瑪里其中一位資訊提供者向他如此保證的原因，他說一位察合台汗國的士兵，其價值與一百位來自欽察草原的士兵相等，而從高加索北方發動的攻擊，在伊利汗國所激發的恐慌，比不上察合台汗國從東方發動的攻擊。[102] 在東方邊境，如同海都與其盟友大規模進軍南下所造成的一樣，通常是伊利汗國付出代價。

在旭烈兀的時代，烏滸水分隔了察合台支系與伊利汗國的領土。雖然在 1270 年／668 年，八剌對呼羅珊的入侵以失敗告終，然而在 1275-6 年／674

年，伊利汗阿八哈依然打消了念頭，決定不派遣一支軍隊去逮捕頑抗的赫拉特馬利克，因為呼羅珊在八剌的攻擊之後仍然是一片荒埔，無法為這樣一場戰役提供補給。[103] 伊利汗國東方的領土也暴露在聶古迭兒部或喀喇兀那部的攻擊之下，這些群體以現今的阿富汗為據點。波斯語史料證實了他們的兇殘；對賽義菲來說，他們的掠奪可說是眾所皆知。[104] 阿八哈試圖透過流亡的察合台支系成員，例如先前的察合台汗木八剌沙，來對他們行使間接的控制。[105] 然而，這項策略失敗了；木八剌沙是個善變的附庸，他在 1275-6 年／ 674 年攻擊克爾曼的時候死去；[106] 而孛兒捷（Böjei）的兒子阿布杜拉（ʿAbd-Allāh），在數年之後於加茲尼地區率領聶古迭兒部的隊伍，回應了叛亂的克爾曼蘇丹哈加吉（Ḥajjāj）的善意，這位蘇丹正奉海都與察合台支系的命令行事。[107] 在 1278-9 年／ 677 年冬季，聶古迭兒部對法爾斯與克爾曼進行了一次大膽的劫掠，[108] 顯然就是來自於這項請求，而劫掠又反過來促使阿八哈在隔年遠征呼羅珊與錫斯坦。阿八哈徵召了一些喀喇兀那部隊伍，使他們為伊利汗國效力，並將他們派遣到伊朗中部與西部。[109] 然而他們在伊朗東部與阿富汗的同夥（*confrères*）仍然威脅著伊利汗附庸的領土，並又在三年之後劫掠克爾曼；瓦薩甫說設拉子（Shīrāz）的居民每年冬季都生活在恐懼之中，害怕聶古迭兒部的攻擊，直到阿魯渾（Arghun）統治時代的末尾（1291 年／ 690 年）。[110] 當阿布・菲達（Abū l- Fidā）的一位訊息提供者告訴他說，霍爾木茲（Hurmuz）已經成為了廢墟，因為韃靼人的入侵所致，他一定是在指聶古迭兒部。[111]

根據瓦薩甫，海都將他的兒子撒班（Sarban）駐紮在烏滸水上游南方。我們並不知道確切的日期，但是在大約 1290 年，我們已經發現了撒班的據點在沙卜爾干（Shabūrghān）附近，而篤哇（Du'a）的那顏牙撒兀兒（Yasa'ur）則駐紮在巴爾赫（Balkh）與巴德格斯（Bādghīs）附近的區域。[112] 中亞蒙古人試圖藉由叛變的伊利汗國那顏涅孚魯思（Nawrūz）以控制加茲尼地區的聶古迭兒部，[113] 然而失敗了，因為涅孚魯思轉而與海都對抗，並在 1295 年／ 694 年向合贊臣服。儘管如此，他們還是將大部分的聶古迭兒部納入他們的管轄範圍之中。在 1290 年代中晚期，篤哇召喚了聶古迭兒部統治者阿布杜拉（ʿAbd-

Allāh），阿布杜拉本身是一位察合台支系王子，而篤哇以自己的長子忽都魯火者（Qutlugh Qocha）代替了他。拉施德丁的敘述之中，談到忽都魯火者之時，暗示他實際上與其父篤哇共同統治察合台兀魯思。[114] 做為五個土綿的首領，忽都魯火者享有對許多王子的全面統率，並且是烏滸水與阿爾干達布河（Arghandāb）之間廣大土地的主人，如果瓦薩甫可信的話，這片土地甚至包含馬魯城。[115]

中亞蒙古人從他們的前線基地向伊利汗國的領土發動頻繁的攻擊，造成了更大的損害。瓦薩甫暗示說忽都魯火者獲益於伊利汗國部隊中的投誠者，這些投誠者可能被忽都魯火者劫掠印度而受到誘惑，因為預期會得到豐富的戰利品。[116] 當篤哇與海都的軍隊在叛變的那顏涅孚魯思帶領之下，在 1291 年／690 年進入省份，拉施德丁說他們造成的殺戮、劫掠、毀滅，已經無法敘述。雖然尼沙普爾成功地抵禦了一次攻城行動，然而許多村莊被劫掠，而許多俘虜被帶走；而位於圖斯（Ṭūs，或馬什哈德 Mashhad）的聖陵也被掠奪了。[117] 在 1295-6 ／ 695 年，篤哇與撒班因為合贊離開呼羅珊而從中獲利，他們發動了長達八個月的毀滅戰役，迫使呼羅珊與馬贊德蘭這兩個省份屈服。[118] 赫拉特的馬利克法赫爾丁（Fakhr al-Dīn）將忽都魯火者軍隊劫掠的緣故，作為無法依約繳納貢賦給伊利汗的理由。[119] 當合贊在 1301 年／ 700 年於敘利亞作戰而不在此地之時，他們蹂躪了克爾曼與法爾斯，向西貫穿伊利汗國的領土，遠至圖斯塔爾（Tustar，即舒什塔爾 Shustar）。[120]1202-3 年／ 702 年的冬季，撒班及其部屬再度攻擊呼羅珊，他們試圖與忽都魯火者的軍隊會師，然而慘遭失敗。[121] 這類的入侵一定造成了從成吉思汗戰役的破壞之中進行任何重建的延遲。根據哈米德拉．穆斯陶菲，朱爾詹（Jurjān）這座城鎮在他自己的時代依然是廢墟；[122] 而當馬可波羅觀察到巴爾赫被「韃靼人以及其他人們」蹂躪許多次，導致此城的華屋依然是一片廢墟，他想到的一定是察合台支系所發動的攻擊。[123] 顯著的重建行動可能被延遲，直到 14 世紀初葉，據說維齊爾阿拉丁．辛度．法爾尤瑪迪（'Alā' al-Dīn Hindū Faryūmadī）在此時終於將呼羅珊恢復到先前的繁華之中。[124]

雖然忽都魯火者在1299-1300年／699年入侵印度的回程之中，受到致命的創傷，不過他下轄的部隊依舊在察合台支系的掌控之中：聶古迭兒部首先由他的部下塔剌海（Taraghai）率領，直到1305年／705年，接著被篤哇的兩個兒子也先不花與（在也先不花於1309年／709年繼位為察合台汗之後）亦特忽勒（It-qul）先後率領。[125] 亦特忽勒則顯然由忽都魯火者的兒子達烏德火者（Dā'ūd Qocha）繼承，達烏德火者在1312年／712年被完者都的軍隊驅逐，似乎是因為完者都煽動了幾位聶古迭兒部的酋長所致。至於也先不花派出的報復遠征軍是否再度扶植了這位王子，我們就不知道了。[126] 不過在1324年／724年，篤哇最年幼的兒子，未來的察合台汗答兒麻失里（Tarmashirin），渡過了烏滸水並且奪取加茲尼—喀布爾地區，但在1326年／726年被伊利汗不賽因由哈桑·本·丘班（Ḥasan b. Choban）率領的軍隊擊敗。哈米德拉·穆斯陶菲描繪了一副陰暗的圖景，敘述這些伊利汗國部隊在加茲尼城內所犯下的暴行，即使他們代表著一位穆斯林君主：他們摧毀了加茲尼的馬赫穆德（Maḥmūd of Ghazna）之墓，並不分市民與軍隊大肆屠殺。[127] 根據伊本·巴圖塔，在1330年代，加茲尼再次落入答兒麻失里的手中，現在他自己是察合台汗，也是一位穆斯林了，然而城市幾乎都淪為廢墟了。[128] 或許在加茲尼近郊綿延二十天旅程的荒廢土地，有一部分就是這場伊利汗國戰役的後果，不過，烏瑪里將這片荒蕪歸因於察合台支系與德里蘇丹之間的衝突。[129]

八、河中地區、突厥斯坦、花剌子模

察合台汗國的其他領土也並沒有免於野蠻的攻擊。志費尼在蒙哥合罕逝世之前的時期寫作，他對比了河中地區重建成為繁盛的情況，以及呼羅珊悲慘的命運。[130] 然而，河中地區幸福的狀態並沒有持續下去。拉施德丁說「突厥斯坦」的領土先後被阿魯忽、阿魯忽之子出別與哈班、八剌（很有可能，八剌的兒子們也有預謀）破壞，以及最近期被藍帳汗國（Blue Horde）的伯顏（Bayan）毀壞。[131] 如同我們先前看到的，在1260-4年的內戰之中，阿魯忽的部隊屠殺了在撒馬爾罕與布哈拉代表別兒哥利益的群體；在其他的受害者之中，還有著名的謝赫薩義夫丁・巴哈爾濟（Sayf al-Dīn Bākharzī）的一位兒子。[132] 接著，在 1272-3 年，伊利汗阿八哈根據他的宰相，也就是財政大臣（Ṣāḥib-dīwān）夏姆斯丁・志費尼（Shams al-Dīn Juwaynī）的建議，以及為了從烏滸水以北的紛擾中取得利益，因為海都在那裡對八剌與阿魯忽的兒子們施加控制，阿八哈的軍隊入侵河中地區。他們對基胥（Kish）❸與納赫夏布（Nakhshab）發動了數次攻擊。當布哈拉的居民拒絕選擇伴隨著伊利汗國的軍隊回到呼羅珊，此城遭受到一場屠殺，從 1273 年 1 月 28 日／ 671 年 7 月 7 日開始，一共持續了七天；被殺害的人數據說是一萬人，而被帶走的俘虜——男孩與女孩們——根據估計，約有五萬人。為了報復馬思忽惕・貝格（Masʿūd Beg）在數年之前作為信使前往伊朗之時，對待財政大臣夏姆斯丁・志費尼的輕蔑態度，他建立的學院被焚毀。出別與哈班追逐伊利汗國撤退的軍隊，追回了半數的俘虜，至於這些俘虜們到底有沒有回到家園，我們就不知道了。[133] 僅僅在三年之後，也就是在 1275-6 年／ 674 年，出別與哈班可能奉忽必烈之命行動，他們對布哈拉與撒馬爾罕地區大肆殺戮與劫掠，因此，這個地區荒廢了七年的時間。[134]

根據米爾札・海達爾・杜格拉特（Mīrzā Ḥaydar Dughlāt），蒙兀兒斯坦（Mughalistān）的游牧族群被他們更定居化的西方鄰人，稱之為賈塔人／切特人（*Jata/Chete*），通常被翻譯為「盜匪」，或許也有「掠奪者」的涵義，就如同在海達爾自己的時代，代表一支嶄新而強大的族群的「哈薩克」（*qazaq*，從此衍生出 Kazakh）這個辭彙一樣。[135] 我們最早遇到賈塔這個稱呼，是在賈馬勒・卡爾希的著作之中，他描述了喀什噶爾被「受詛咒的賈塔人（Jatā'iyya）」給劫掠。這個事件的確切時間未知，但必然發生在喀什噶爾理論上處於海都保護之下的時候；這場劫掠或許就是上面所提到由禾忽（Hoqu）發動的攻擊。無論如何，掠奪者殺害了許多人口，包含學者（*'ālim*）階級中的

---

❸ 註：河中地區的城市，別名Shahr-i Sabz 夏赫列・薩布茲，其意為「綠色之城」。

成員，並且擄掠了五千人作為奴隸。[136] 這些蒙兀兒（Mughal）游牧民應該就是哈米德拉·穆斯陶菲所說，反覆攻擊河中地區諸村莊的「不信道者」，他們使得當地居民在移動的時候也被迫武裝。[137]

在 1305-6 年／705 年，篤哇與察八兒的支持者於中亞的衝突，是相當殘暴的事件。通常，史料之中的細節都會說到游牧軍隊的劫掠與屠殺——當然，這些行動本身就是區域經濟繁榮所造成的負面影響。但是有時候，我們也會窺見對定居人口肆無忌憚的攻擊，例如在 1305-6 年／705 年，當篤哇的支持者，由察合台支系王子牙撒兀兒（Yasa'ur）率領，在戰勝了察八兒的兄弟沙赫·斡兀立（Shāh Oghul）之後，將塔剌思、揚吉（Yangī）、肯吉克（Kenjek）、齊格勒（Chigil）等區域化為荒埔，折磨當地居民，驅走牲畜，並且將任何他們帶不走的東西焚毀。[138] 瓦薩甫寫道，因為諸王子之間的戰爭，部隊的集中與行動，還有聚落的毀滅，使得突厥斯坦與河中地區全境都變得荒蕪。商人停止旅行，頭人與耕種者則因為被索討軍需、強徵穀物而遭到擊垮，許多人們都向外遷移了。[139]

隨著也先不花以及怯別與他們的親戚牙撒兀兒之間爆發衝突，河中地區再次受到了襲擾。在 1314 年／713-14 年，在牙撒兀兒向伊利汗完者都臣服之前，他的部隊劫掠了撒馬爾罕、撒格拉季（Sāghraj）、基胥（Kish）、納赫夏布（Nakhshab）、庫芬（Kūfīn）以及其他的城鎮；布哈拉與忽氈（Khujand）避免了同樣的命運，只是因為謝赫巴德爾丁·曼丹尼（Shaykh Badr al-Dīn Mandānī）從中斡旋。從這些被打擊的城市之中，顯貴們試圖逃往花剌子模，但是牙撒兀兒的軍隊驅趕了一大批人口渡過烏滸水（我們很難贊同卡尚尼 Qāshānī，他相信這場破壞，是在牙撒兀兒王子不知情或不同意的情況下發生的）。在呼羅珊，他們的苦難相當巨大。由於與怯別持續處於敵對關係，牙撒兀兒被迫將他們從最初位於穆爾加布（Murghāb）的營地向南移動，進入赫拉特的領土，結果就是多達 100,000 人據說因為寒冷與飢荒死去。[140] 絲毫不令人訝異的是，牙撒兀兒經常被認為是代表游牧族群利益的鬥士，以及漠視定居族群需求的人。[141]

花剌子模也承受週期性的毀壞。在1260年代早期，阿魯忽襲擊朮赤支系的河中地區，他的一些軍隊也將花剌子模捲入戰事之中。[142] 另外，在1273年／671年，阿八哈的軍隊入侵河中地區的時候，他的許多將領被派遣去對抗花剌子模，在古爾根奇（Gurgānj，即玉龍傑赤 Ürgench）、希瓦（Khiva）、喀喇喀胥（Qarāqash）都進行了大屠殺（*qatl-i 'āmm*）。[143] 在1315年8月／715年5月，巴巴．斡兀立（Baba Oghul，成吉思汗之弟拙赤合撒兒 Jochi Qasar 的一位後代）在稍早拋棄察八兒轉投朮赤支系，現在又拋棄朮赤支系，轉投伊利汗完者都。巴巴．斡兀立在擊退花剌子模長官忽禿魯．帖木兒（Qutlugh Temür）的一次攻擊之後，他在戰役之中毀壞了整個省份，卡尚尼曾經相當生動地敘述，他劫掠了數座大型城鎮，主要是哈札拉斯普（Hazārasp）、喀特（Kāt）、希瓦，犯下無數暴行並且帶走五萬名俘虜。不過在牙撒兀兒的一次突擊之後，巴巴．斡兀立失去了他的俘虜，而這些俘虜以淒慘的狀態回到了家園。為了回應月即別的強烈抗議，完者都在朮赤支系特使的面前處決了巴巴．斡兀立，然而——可以理解，因為巴巴．斡兀立並非在他的權威之下行動——完者都也沒有提供其他的補償措施。[144]

九、內爭之衝擊

因此，在蒙古顯貴無數的戰爭之中，根本無須費心尋求毀壞的事例。然而，要估計這些毀壞的規模，則是另外一件事；同樣，這些衝突到底將早期的征服戰役所造成的經濟不穩定延長多久時間，也不容易判斷。我們太常面臨將損害概括化的情形了——而且是令人起疑的概括化。拉施德丁告訴我們，因為海都的「叛亂」，許多蒙古人與塔吉克人都被殺死，而繁盛的區域成為荒埔；[145] 他又宣稱，由於叛變的涅孚魯思（Nawrūz）給予海都與篤哇協助，使得呼羅珊又遭受到許多損害，而無辜的穆斯林也被殺害。[146] 但是作為一位伊利汗國的大臣，他擁有充分的理由以強調海都的活動所造成的負面效應（或者，在涅孚魯思的垮台之後，強調涅孚魯思在早期的不忠誠），因為他要為拖雷支系辯護。而一個城鎮到底需要被劫掠多少次，或者是一整個區域要被毀壞多少次，重建才會變得不可能？[147] 我們實在很難壓抑永無休止的存疑態度。

有關蒙古諸君主向其鄰國與對手發動攻擊的一些數目字，並不足以估計毀滅的程度。這些數字通常令人懷疑地巨大，它們毫無疑問代表的是一位統治者理論上能夠擁有的全部力量（要注意所有超越十四歲的男性至少他們都是戰士），而非一次特定戰役中的軍隊數量。從而，馬可波羅著作的一個版本說，在 1262 年旭烈兀與別兒哥各自擁有 300,000 人參加戰鬥。這個數字使我們想起拉施德丁對於阿因・札魯特之役史詩般的描述，他說怯的不花（Kedbuqa）高傲地告訴捉到他的馬穆魯克士兵，說旭烈兀擁有 300,000 騎兵，因此足以承擔失去他自己的後果，[148] 而烏瑪里則敘述伊利汗國在全盛之時足以布署三十個土綿（tümen）。[149] 我們所知有關金帳汗國的軍隊數目，應該也要採取同樣的保留態度。[150] 直至目前為止，如果這些數目字還擁有任何價值，只是因為它們能夠可靠地指出，朮赤兀魯思可以動用比其鄰國更大量的人力儲備。事實上，烏瑪里也確認了金帳汗國的軍力遠遠超出察合台兀魯思的軍力，而格里果斯的海屯（Hayton of Gorighos）則認為察八兒擁有 400,000 兵力，而脫脫擁有 600,000 兵力。[151] 這些兵力總數與烏瑪里一位訊息提供者不可思議的宣稱相比之下，全部都黯然失色，他說脫脫在對抗也先不花的戰役之中，採用十丁抽一的方法調集軍隊，這樣就產生了 250,000 兵力。[152] 我們不知道這個朮赤支系部隊的總數，是否含有附庸國君主的輔助部隊；不過在戰役之中，脫脫顯然有羅斯的士兵伴隨。[153]

有關中亞蒙古人進行的諸戰役，我們似乎擁有更樸實，因此也更有可能的數目字。在 1270 年／ 668 年，八剌在進入呼羅珊之時，據說有 150,000 兵力，而在 1295 年／ 695 年，篤哇進入呼羅珊之時，則有 100,000 兵力；七年之後，撒班（Sarban）與其同盟伴隨 50,000 兵力向圖斯進發；在 1313 年／ 713 年，怯別與其察合台支系同僚入侵呼羅珊，根據不同數據，可能有 40,000、50,000，或 60,000 匹馬（不過賽義菲在一處給出了更準確的數字，是 56,000 匹馬）；而當察八兒在垮台前夕，據說試圖率領二十個土綿以迎戰元朝軍隊

（顯然包含他可能的盟友篤哇的部隊）。[154] 可以想像，以上這些被引述的數目字，本來都是以土綿來計算的。因此，我們應該要記得，就像稍早提到的，土綿只在理論上由10,000人組成，而這樣的一個單位，在任何給定的時刻都會因為作戰的關係而減少。[155]

有關於城鎮被廢棄的情況，則有太多不確定的因素。在十七世紀初葉，普遍認為八剌沙袞（Balāsāghūn）在成吉思汗時代之後，很快就被沙子所掩蓋了。[156] 哈米德拉·穆斯陶菲對於此城鎮沒有任何可說的，除此之外也敘述說，在他自己的時代，此區域的居民主要是游牧民，[157] 這些事實或許代表八剌沙袞附近的區域屬於在旭烈兀進軍之前被清除的地區之一。不過，拉施德丁則說，在他自己的時代，位於伊犁河（Ili）與楚河（Chu）之間的區域，也就是海都下葬之處，有相當多村莊，則暗示了在1300年之後不久，農業依然相當興盛。[158] 據說親眼見證的穆斯林旅行家，也不能提供我們充分的幫助。伊本·巴圖塔說撒馬爾罕與布哈拉大部分仍然是廢墟。伊本·巴圖塔沿著察合台汗國—伊利汗國的邊境旅行，注意到大規模毀滅的證據，不過他將毀滅歸咎於一個世紀之前成吉思汗的軍隊。[159] 我們將會好奇，事實上毀滅是否是更近期爭鬥的結果。無論如何，事實是伊本·巴圖塔描述巴爾赫是一片廢墟，但是根據帖木兒時代的作者夏拉夫丁·阿里·雅茲迪（Sharaf al-Dīn ʿAlī Yazdī），此城已被察合台汗怯別重建，[160] 這加深了有關伊本·巴圖塔真實行程的疑惑。[161]

伊本·法德拉·烏瑪里（Ibn Faḍl-Allāh al-ʿUmarī）利用了在1330年代得到的資訊，描繪了另外一幅相當有可能有關蕭條的圖景：

> 有一個穿行過該處（突厥斯坦）鄉間並沿著該處村莊旅行的人告訴我，「這些聚落的遺跡早就沒有了，只有它們位置的跡象，以及殘破的廢墟。你看到在遠處的一個聚落有令人印象深刻的建築以及青翠的周邊環境，你因為期待在那裡遇見熱情的居民而備受鼓舞。然而當你抵達之時，你看到那些建築根本空無一人，那裡的居民只有住在帳篷裡的人還有牧民。沒有人播種，也沒有人耕作。那些綠意不過是真主創造的牧地。這裡的植被

就如同草原上一樣：既沒有播種者來播下種子，也沒有耕作者來耕種植物。」[162]

這類的印象根本無法估計。烏瑪里的資訊提供者看到了哪一部分的突厥斯坦？這片荒野是察八兒時代的衝突所直接造成的結果，還是海都與忽必烈之間的戰爭造成的？或者，其實要回溯到數十年之前，到農地被轉變為牧地的時候？最簡單的答案，就是我們不得而知。

十、游牧諸汗，其軍隊與其定居臣民

先前的段落專注於蒙古君主們如何處理敵人的臣民與領土。現在讓我們來研究他們對待自身臣民與領土的方式，我們或許合理地預期他們的行為會比較克制一些。當然，在統治廣大定居區域的兩大蒙古政權，也就是元朝中國與伊利汗伊朗之間，一定存在鮮明的差異。不過，針對蒙古統治者在自身領地會比較克制的說法，需要打兩個折扣。第一個折扣是，在整個蒙古世界之中，直到十四世紀，成吉思系的統治者及其軍隊，都持續遵循游牧式的生活方式，而且也不是只有入侵的軍隊才會造成農業區域的損害。諸伊利汗自身就依照習俗，進行季節移動，如同查爾斯・梅爾維爾（Charles Melville）所證明的一樣，與之伴隨的模式是在夏季營地與冬季營地之間的遷移節奏，直到完者都統治時期。[163] 此外，在許多案例之中，即使一位蒙古統治者的領地主要是草原，並不意味著他就敵視城市文化。

游牧騎兵的需求顯然與農業利益互相衝突。[164] 在 1264 年春季，阿里不哥（Arigh Böke）的軍隊駐紮在阿力麻里的區域，被迫用小麥取代大麥以餵飽他們的坐騎，結果就是阿力麻里城中許多居民因飢餓而死去。[165] 在木八剌沙（Mubārak Shāh）統治察合台兀魯思的短暫時期之中，拉施德丁告訴我們，說軍隊持續劫掠、騷擾人民，縱使木八剌沙汗——他是一位穆斯林——據說阻止他們壓迫農民，也是一樣。[166] 木八剌沙的繼任者八剌（Baraq）兩度計畫掠奪河中地區，但第一次被海都阻止，第二次則被馬思忽惕・貝格（Masʿūd Beg）勸阻。[167] 然而他在準備入侵呼羅珊之時，仍然造成嚴重的短缺，因為徵收了小麥與大麥以餵肥馬匹。[168]

在伊朗，伊利汗自己的軍隊可能會在前往擊退敵人的途中，損害了定居地帶。在塔瓦庫里・伊本・巴札茲（Tawakkulī Ibn Bazzāz）所寫的《終極純粹》（*Ṣafwat al-ṣafā*）中記載了一件軼事——這是一本謝赫薩菲丁・阿爾達比利（Ṣafī' al-Dīn Ardabīlī）的傳記——證實了部隊的通過，會對農業區域與農民造成損傷。[169] 對拉施德丁而言，以下這一點似乎很重要，那就是阿八哈為了與八剌作戰，在從亞塞拜然前往呼羅珊的長途路程之中，他禁止部下損傷一根麥稈，而在行軍回程之時，他們也不傷害任何一隻活物。然而埃及的作者們（在這個背景之中，也未必是冷靜客觀的史料來源）則堅持說，阿八哈的騎兵在農田之中放他們的坐騎吃草。[170] 同樣，伊利汗的部隊有時候也會被狂熱沖昏頭腦，當他們在對不願屈服的臣民展開懲罰式的戰役之時，例如在 1280 年代早期對付安納托利亞境內科尼亞（Konya）區域的突厥蠻（Türkmen）群體，一位匿名作者在八十年之後說，從那個時候開始，此區域就「真的無人居住了」（*hamchunīn kharāb*）。[171] 根據拉施德丁，合贊在擔任呼羅珊長官之時，於對抗反叛的涅孚魯思之軍事行動中，禁止他的士兵放任牲畜進入田地或果園，也禁止取食穀物或暴力對待農民，[172] 這樣的陳述（無論是真是假）暗示了這些暴行相當普遍。合贊分配伊克塔（*iqṭā'*，授予土地）給士兵的詔令之中，也提到了他們在出征之時損害省份的習慣。[173]

伊利汗的定居臣民與蒙古征服時期帶來的游牧族群之間也會發生週期性的衝突。這類游牧群體包含從旭烈兀統治時代，或甚至更早的時代，就駐紮在此區域的探馬（*tamma*）軍，他們透過長期使用，事實上占有了他們的牧地。直至十四世紀之時，有些地方上的蒙古軍隊已經轉化為新的人造部落，以原先指揮將領的名字命名（例如，朮赤支系部隊的殘餘早期在伊朗東部重整，形成了聶古迭兒部）；法爾斯（Fārs）與克爾曼（Kirmān）的朱兒馬部（Jurma'īs），其核心即是一支由一個名為朱兒馬（Jurma）的人所率領的軍隊，或烏干尼部

（Ūghānīs）原先是在克爾曼邊境的一個千戶，由札剌亦兒部的烏干（Ughan）率領。[175] 雖然朱兒馬部與當地村莊的人口混合了，並在 1278-9 年／677 年聶古迭兒部的劫掠之中被捕捉並被奴役，以及雖然朱兒馬部與烏干尼部有一段時間強力地抵抗察合台軍隊在 1301 年／700 年的入侵，[175] 卻不代表這些游牧族群與定居人口之間彼此相安無事。一位當地的編年史家提到烏干尼部在 1280 年代對於「溫暖與寒冷的地區」所犯下的罪行，而烏干尼部與朱兒馬部在伊利汗國滅亡之後，依然在克爾曼肆虐，當時新的穆札法爾王朝（Muzaffarid）統治者被呼求要阻止他們的破壞。[176] 一位十五世紀的詩人保存了呼羅珊的阿比瓦爾德（Abīward）居民的悼辭，哀悼的內容是他們被賈兀尼・古爾邦部（Ja'ūn-i Qurbān）蒙古人壓迫的經過。[177]

在伊朗，使農地遭到損害的責任，也要歸咎於外部的牧民群體，然而他們嚴格來說臣屬於伊利汗自身的權威之下。瓦薩甫敘述了在 1278-9 年／677-8 年，於呼羅珊向阿八哈臣服並為其效力的喀喇兀那／聶古迭兒部隊伍，說他們「更像是魔鬼而不是人類，他們是最無賴的蒙古人」，又說他們習慣從事的活動就是掠奪。在貼古迭兒・阿赫邁德與阿魯渾之間的內戰之中，這些伊利汗的喀喇兀那部毀壞了達姆干（Dāmghān）地區，而在阿魯渾統治時代末尾之時，又毀壞了一次。[178] 一支由達尼胥曼德・巴哈杜爾（Dānishmand Bahādur）率領的隊伍，在 1290 年／689 年使志費恩（Juwayn）地區成為荒埔。[179] 在 1299 年，另外一支喀喇兀那千戶由一位名為不花（Buqa）的人率領，拋棄了位於達魯姆（Ṭārum）附近的營地，向東行進以加入聶古迭兒部，他們蹂躪了雅茲德（Yazd）與克爾曼的邊界。[180]

其他的游牧群體則跟隨流亡的成吉思系後代，尋找新的牧地，以及作為輔助部隊提供勞力。在察八兒（Chapar）被篤哇（Du'a）擊敗之後，幾位王子放棄了中亞，如同我們先前所看到的，察八兒在元帝國領土之內尋求庇護，其他人則到伊利汗完者都的領地避難。首先是在 1306 年夏季／706 年早期，一隊共有三萬人的群體，由察八兒的兄弟撒班（Sarban），阿里不哥的一位孫子明罕（Mingqan），以及屬於拙赤合撒兒世系的帖木兒（Temür）率領，一同進入呼羅珊。[181] 接著在 1308 年／708 年夏季，察合台支系的左勒蓋爾奈英（Dhū l-Qarnayn），也進入呼羅珊，以從伊利汗之處尋求新的牧地。[182] 要監督接連不斷的游牧群體湧入並且吸納他們，並不是一件容易的事情。因為由於撒班、帖木兒、左勒蓋爾奈英在渡過烏滸水之後，都很快地死去了，因此這些省份或許免於遭受十年之後將會經歷的大規模問題。這個問題是由牙撒兀兒造成的，由幾位窩闊台支系的王子伴隨，完者都將他們安置在呼羅珊，但牙撒兀兒在不賽因年幼之時挑起麻煩，試圖使地方的世襲統治者們臣服於他，包括赫拉特與錫斯坦的馬利克們。在這些爭鬥之中呼羅珊與馬贊德蘭蒙受可觀的毀壞。[183] 牙撒兀兒在 1230 年被宿敵怯別推翻，因為赫拉特的統治者請求怯別的援助。[184]

第二個必須打的折扣，是針對另一種常見的論點，那就是，即使我們認為諸汗繼續保持游牧生活與習俗，但他們也努力修復由征服戰役或更近期戰事所造成的損害。在 1269 年海都召集的忽鄰勒塔之中，就表達了關切，要保護河中地區繁盛的城鎮，這些城鎮在貪婪的八剌威脅之下；大會上達成同意，王子們將會居住在山中與平原之上，避開城市中心，也不會在耕地之上放牧牲畜。[185] 在河中地區由於八剌與阿魯忽的兒子們的掠奪，以致荒蕪七年之後，馬思忽惕．貝格（Masʿūd Beg）奉海都之命，再次集結撒馬爾罕與布哈拉離散的人口，並採取措施以恢復經濟活動（約 1282 年／681 年）。[186] 在 1299-1300 年／699 年（因此處於 1305 年發生的衝突之前）寫作的瓦薩甫，聽說河中地區再度成為了一個興盛的區域。[187] 根據一位十五世紀初葉的作者，篤哇（有可能靠著海都的後援）重建了河中地區與費爾干納（Farghāna）的許多城鎮，最著名的就是安集延（Andijān），此城發展成了一處繁榮的商業轉口中心，書中指出城裡劃分出區隔不同族群的聚居區，也暗示了這一點。[188] 數十年之後，如同我們先前看到的，篤哇的兒子怯別將會重建巴爾赫。而被成吉思汗化為廢墟的舊忒里迷（Old Tirmidh）則顯然在 1316 年之前就重建了防禦工事，因為怯別的軍隊得以在此處抵禦牙撒兀兒部隊的攻擊。[189] 花剌子模的灌溉網絡在蒙古人 1221 年的攻擊之中受到損毀，到了十四世紀初葉，也再度成為興盛的農業區域。在錫爾河下游的昔格納黑（Sighnāq）與掃蘭（Sawrān），當此區域成為斡兒答兀魯思的中心之時，也得以復興。[190] 我們知道朮赤支系建立了許多城鎮做為手工業與補給的中心。[191]

王子們最掛念的則是城鎮與貿易。至少，我們知道在伊利汗國，商業與手工業的稅額，比基於土地的稅額還要多。君主、其家族、上層官僚階級，以及軍隊都依靠商業與手工業的稅收支持；管理帝國的成本則主要由農業收入提供。菲利浦·雷姆勒（Philip Remler）論證說，這個現象解釋了在合贊統治時代之前，對農業區域的相對忽視，以及牧民被允許在鄉間定居的事實。[192] 對於另外兩個西方的汗國，類似的資訊缺乏；不過與之相似，統治者的季節營地也通常在城鎮近郊，這些城鎮做為稅賦收集與手工業生產的中心，有時候也是鑄幣廠之所在。如果我們先前所見，海都的主要駐地就在塔剌思（Talas）附近。從 1296-7 年／ 696 年開始，多瑙河下游的薩格奇城鎮（Ṣāqchī，或伊薩克恰 Isaccea，位於現今的羅馬尼亞）成為那海（Noghai）草原政權的重要中心；有那海之名的錢幣便在此鑄造，馬穆魯克作者拜巴爾斯·曼蘇里（Baybars al-Manṣūrī）也將薩格奇描述為那海的一處駐地（*manāzil*）。[193] 有些蒙古合罕或君主，甚至建造了具有城牆的城鎮中心：例如，在葉密立河（Emil）畔的葉密立（Emil）城，就由窩闊台建造。[194] 河中地區的卡爾希（Qarshī）城，則由察合台汗怯別建造，就在納赫夏布（Nakhshab）附近數英哩。不過究竟是在怯別作為也先不花總督之時（此時，納赫夏布—基胥 Nakhshab-Kish 地區是他的夏季營地）[195]，或在他自己的統治時期建造的，我們就不得而知了。不過，這些蒙古統治者所在的城市基本上都是帳篷城市（tent cities）。在十年之後，伊本·法德拉·烏瑪里告訴我們，卡爾希依然是察合台汗的駐地，然而，這也顯示，諸汗其他時間通常都避免居住在城牆之內。[196] 最著名的營地城市範例就是薩萊（Sarai，波斯語 *sarāī*，「宮殿」），由拔都在約 1250 年於伏爾加河三角洲所建立，與可薩（Khazar）合罕國其中一座都城亦的勒（Itil）的舊址相距不遠。在之後某個時刻，上游處將出現另一座（可能是月即別建造的）薩萊葉·賈迪德（*Sarāī-yi jadīd*，「新薩萊」），不過，也有人認為這不過是對拔都所建薩萊的別稱。[197] 即使這些建造城市的活動與完全放棄游牧生活仍然相距甚遠，但必然助長了（有時候甚至顯現了）某種對城鎮居民需求的感知。

另一方面，比起黑海—裏海草原或中亞的蒙古統治者，伊利汗們控制領地內的游牧族群的需要顯得更為急迫。在拉施德丁筆下，合贊向蒙古軍隊表示，如果這是長遠來說最有利的統治方法，他很樂意敲詐領地上的農民：

> 我並不站在塔吉克（Tāzīk，也就是 Tājīk，即波斯 Persian）農民（剌亦牙惕 *ra'iyyat*）這邊，如果有人想對他們搶劫的話，沒人比我更有能力做到：我們一起搶劫去……

然而合贊接著便開始提倡克制。他一開始說的話（無疑受到拉施德丁的啟發）實際上是訴諸一個利益共同體，以「推銷」他的改革；不然這些意見幾乎就是另一個八剌會說的話。[198] 不過，對於我們而言，八剌與合贊最重要的區別並不在地理學或生態學之上。不如說，這是兩類統治者的區別，其中一類統治者們無法超越短期利益，而只能從定居臣民身上榨取盡可能多的資源，而另外一類統治者們知道，為了長期利益，要保障定居臣民的繁榮興盛，以及他們作為稅收來源的潛力。這種延遲滿足的施行，或許對於信奉伊斯蘭的蒙古諸汗來說更為迫切——或者至少是對書寫他們的穆斯林作者而言是如此。

＊＊＊

如同描述成吉思汗的軍隊對抗花剌子模沙赫帝國與其他較小穆斯林王國戰役的史料一樣，這些記錄十三世紀晚期與十四世紀早期蒙古內戰的史料，也傾向於誇大，並且避免敘述特定的情況；不過這裡有一處顯著的差異。那就是，史料只有很少數的案例之中，給出了無差別大屠殺城市人口的印象，例如在 1273 年，伊利汗國對於花剌子模的襲擊（我們需要注意，導致這起殺戮的部隊，來自於通常被認為對定居文化有更為同情的政權）。一般而言，戰爭造成的損害與後果，通常都與中世紀戰役造成的情況差不多。[199] 我們無法知道，蒙古內戰對於農業與城市社會所造成的不良影響，是否超過塞爾柱晚期與花剌子模時期的損害。同樣，也不可能評斷游牧族群的湧入，是否導致了比古茲人（Ghuzz）在十二世紀中葉至後葉，於桑賈爾的塞爾柱帝國崩潰之前數十年，所造成的混亂還要巨大。[200] 我們最多只能比較肯定地說，這些衝突阻礙或逆轉了重建工程，而許多蒙古統治者以及他們的大臣們，在最初的征服之後就已開始進行重建。

第八章

蒙古治世與跨大陸交流的再思考

一、蒙古治世：既定印象、現實和絲路

現在的通說普遍認為，由於蒙古人統治了亞洲定居世界的大部分心臟地帶，而不僅僅是邊界地區，這造成了兩種發展：其一，由於免除了各式通行費與稅賦，並掃除了有競爭力的掠奪者，跨區域的貿易得以成長；其二，亞洲各區域間（以及亞歐之間）的跨文化接觸，密集程度勝過以往各個年代。這兩個由蒙古征服所創造的情況常被總結為「蒙古治世」（*Pax Mongolica*）這個詞彙。但這個眾所周知的安全感，使得富有的旅人能不受騷擾地移動過長遠距離，其實更像是詩人腦袋裡的產物，而非君主實際的成就。「蒙古治世」反覆出現於研究蒙古人的論著之中，實際上是對上述虛構的迴響。毋庸置疑，這詞彙借自更為古老的「羅馬治世」（*Pax Romana*）概念——儘管大家多半忽略這個詞原先是用來諷刺羅馬的剝削，在塔西佗（Tacitus）筆下，一位喀里多尼亞（Caledonian）❶酋長說道：「他們創造了一片荒野，卻稱其為治世。」[1] 我希望第七章已經成功質疑本書所觸及的大部分時間範疇內的治世之存在。如同狄宇宙（Nicola Di

❶ 註：蘇格蘭地區的舊稱。

Cosmo）所指出的那般，「蒙古治世」的概念比相應的「羅馬治世」概念更不恰當，因為自 1260 年代早期後，成吉思系帝國便不再是個整體。[2]

任何有關蒙古人促進了跨大陸交流的討論，都部分取決於我們怎麼認識之前絲路的歷史。[3] 芮樂偉・韓森教授（Professor Valerie Hansen）在她最近的優秀研究裡清楚指出，絲路不是一條清晰可辨的道路，而是「許多變動的、無標示的小徑橫亙在廣袤沙漠與山巒之間」。絲綢也不是唯一或最重要的貿易商品；這些路線也運送化學品、金屬、馬鞍與皮革製品、玻璃與紙張。[4] 無論如何，絲路有著漫長的歷史，可遠溯至西元前二千年前，許多世紀以來接觸的確存在——當然會隨政治情況而有所改變——存在於定居社群之間，以及農耕和游牧社會之間，大衛・克里斯欽（David Christian）將前者定位為「跨文明」接觸，後者定位為「跨生態」接觸。[5]

韓森指出，直到西元後一千年結束時，絲路上的貿易都以地方生產的民生產品為主，商隊的規模小，運送的距離也有限。史料——不管是文獻、銘文，或如同敦煌所見的洞窟壁畫——甚少暗示國際貿易的存在。當時會出現長距離運送的大宗貨物，是唐帝國政策的結果：比如，在 755 年 ❷ 從中亞撤軍前，唐朝將大批絲綢運送到中亞，以便支付衛戍部隊的軍餉。在第三到第十世紀間，絲路作為商業動脈此點，事實上意義較小，它多半是個文化交流路線，促進科技知識和宗教教義兩者的傳播。[6]

如果說，因為蒙古征服前的政治分裂，所以比較不利於商業或文化交流，這種說法遠遠站不住腳：在更早期，粟特人在商業和文化活動上，已經做出令人印象深刻的貢獻，儘管當時中亞多國紛立。[7] 但像塞爾柱那般遼闊的突厥帝國的出現，也許曾在絲路貿易的成長上扮演過某種角色。成書於成吉思汗征服同時的《大衛王紀》，便提供了長途陸路貿易的證據，至少在敘利亞海岸與中亞之間（雖然沒有到中國），因為書中提到烏滸水以東的許多城鎮，並指明在城鎮之間所需的交通天數，資訊來源似乎是抵達敘利亞的黎波里的「香料與寶

---

❷ 註：安史之亂開始的年份。

石貿易商」。[8] 在亞洲的另一端也是如此，遼國的興起，似乎開啟了整體中國跟中亞及更遠區域之間更大的「相互連結」。[9] 我們或許有充分理由說，蒙古時代是歐亞大陸內自十一世紀就開始，並且逐漸增強的整合過程之顛峰。[10] 即便如此，統一帝國的時代是首次（也是最後一次）由單一游牧國家主宰整條絲路；而在任何時候，沒有任何定居國家曾經在此點上成功過。[11]

二、蒙古亞洲的貿易：商品

主要的貿易商品可分成三類。首先是價值高昂、體積小、相對容易運送和運費便宜的商品，比如西歐商人所稱的 *spezierie*（「香料」，這個術語不只納入胡椒、薑和肉桂，也包括香精、染料和藥物）；[12] 絲綢與其他奢華紡織品（著名的金織品將在下文中闡述）；珍珠、寶石、金銀錠，以及毛皮。第二個範疇則是較沒那麼昂貴但體積較大的品項，例如穀類、木材、鐵金屬、蠟、便宜布料，以及葡萄酒、糖、鹽和魚之類的食品。第三項包含人類與動物。[13] 在此，我將集中討論似乎因為蒙古人到來而產生的商品需求。

第一個案例是波斯人稱之為織金錦（*nasij*）的錦緞，它在西方文獻中——包括威尼斯冒險家馬可波羅、佛羅倫斯銀行家法蘭西斯可·彼戈羅帝（Francesco Pegolotti）的經商指南——被稱為 nasich 與 *nakh*，代表兩種不同種類，以金線裝飾的絲綢布料。[14] 金色在本質上當然是帝國的色彩；於蒙古語詞彙中也可找到相等的表達方式。[15] 蒙古諸汗極為稱讚和重視這類奢華織品，他們與他們的妻子、主要司令官，以及廷臣在公共儀式場合上穿戴它們，而它們也被當作表達慷慨的贈品，贈送給軍事菁英和附庸國君主，甚至用來作為皇室與親王大型帳棚的內襯（或偶爾是外面的覆蓋物）。[16] 回鶻亦都護在歸順時曾呈獻織金錦給成吉思汗，而蒙古人為確保供應，將織金錦列為他們要求的貢品[17]，並雇用奴隸織工生產驚人的數量。伊利汗國的親王擁有這類工匠團體，就像在 1284／682 年，貼古迭兒·阿赫邁德的軍隊從瓦拉明（Warāmīn）帶走的三百戶人家，而這些家戶原本屬於阿魯渾。[18] 考量到伊斯蘭世界中歷史悠久的紡織生產，紡織品不僅是用來做為衣物，也用來擺設，蒙古人似乎特別重視穆斯林織工的價值。在志費尼筆下的一則軼事裡，窩闊台大汗將中國工匠的工藝品與伊斯蘭世界的織金錦及其他產品相較，認為中國工匠的手藝略遜一籌。[19]

第二個商品則是奴隸，這是東歐大草原與近東之間早就存在的貿易，因蒙古攻擊欽察／庫曼汗國的行動而得到決定性的推動，特別是拔都與其同袍在1239-40年間的猛攻，將數千名欽察人從他們居住的牧地驅趕而出。大批人在匈牙利王國和巴爾幹國家尋求庇護；但許多人逃至克里米亞沿岸，如同魯布魯克多年後聽說的那樣，他們陷入極端困境，竟然淪落至人吃人的慘況。[20]這些倒楣的難民裡，有些人被絕望的親族賣為奴隸，以換取生活必需品；蒙古人自己則將那些他們捉到的俘虜賣掉，以此作為將部分戰利品交換為動產的手段。取得青少年男子的貿易商特別能得到好處，這能提供他們投資埃及埃宥比蘇丹薩利赫·阿尤布（al-Ṣalih Ayyūb，統治期間1240-9／637至47年）渴望的新機會，他希望藉透過建立大型奴隸軍團來鞏固地位，對抗充滿敵意的敘利亞和巴勒斯坦親族。未來的馬穆魯克王朝蘇丹巴拜爾一世（Baybars）就是在1243／641年被賣入安納托利亞錫瓦斯的幾位欽察年輕奴隸中的一員，後來被轉運到開羅。[21]

一旦穩定控制住東歐大草原地區以後，蒙古人便容許奴隸貿易繼續下去；自1262／660年開始，隨著朮赤汗國和馬穆魯克蘇丹國之間友好關係的發展，別兒哥和他的繼任者開心地掌管著這項貿易流通，它既能壯大他們對抗敵人伊利汗的寶貴盟友，又能從中獲取價值不菲的歲收。隨著時間流逝，蒙古男孩也成為這個貿易的商品。根據烏瑪里所言，切爾克斯人、阿速人與羅斯人綁架蒙古男孩，或從商人那裡買下他們；走投無路之時，父母自己也會將兒子賣為奴隸。[22]但是，似乎是蒙古國家間的衝突，定期將大批淪為奴隸的蒙古俘虜帶進馬穆魯克境內。馬穆魯克作者曾提及，在1288／687年，海都戰勝元朝軍隊的結果是奴隸市場的過剩，並報導淪為奴隸的蒙古士兵與妻子家眷，是在脫脫與那海於1297-8／697年以及1299至1300／699年的戰爭中，抵達埃及。[23]拉施德丁寫到合贊對蒙古年輕人淪為奴隸和被賣給商人的數目大為驚駭，而這是成吉思汗後裔之間相互傾伐的結果，於是合贊下令買下經過他領土的奴隸，使之重獲自由身，並在伊利汗國的怯薛中成立新的軍事單位。[24] 穿越海峽的奴隸士兵買賣，在拜占庭於 1261 年從拉丁國家重新奪回君士坦丁堡後，得到更進一步的保障，這項奴隸貿易一直操控在熱那亞人手中，熱那亞人則透過一連串與金帳汗國諸汗的條約，穩固了他們在克里米亞海港卡法（Kaffa）的地位。[25] 直到他們外銷原先是金帳汗臣民的蒙古人，因此挑戰他的統治權時，汗才揮兵攻擊卡法，就像脫脫在 1308 年，以及札尼別在 1340 年代中期所做的那般。[26]

而在伊利汗國的另一端，印度奴隸的貿易似乎蓬勃昌盛。拉施德丁告訴我們，撒里那顏在喀什米爾和旁遮普的軍事行動，為旭烈兀帶來可觀的戰利品，即印度奴隸——光從喀什米爾一地就有數千人——而他們的後代在拉施德丁的時日裡，就在伊朗的皇家地產滕哲（*inchü*）上工作。[27] 在 1262 年左右，由於將印度邊境喪失給獨立的聶古迭兒部，供應也許曾經削減；但在聶古迭兒部許多次襲擊所擄獲的印度囚犯 [28] 之中，仍有相當大的比例仍舊透過貿易商，運送到伊利汗的領土。在察合台汗國，一份 1326 ／ 726 年、來自布哈拉的瓦合甫文獻，提到十二位奴隸的名字，其中十位顯然是印度出身。[29]

現在讓我們轉向第三項，即馬匹貿易。西部大草原足以養育極大數量的馬。伊本・巴圖塔提到，驅趕家畜的人們如何年年將幾千匹高品質的戰馬從朮赤領土帶去賣給德里蘇丹，而後者早就準備好以可觀的價碼買下牠們，藉此維持龐大的騎兵隊的坐騎。[30] 然而，如果我們可以相信德里歷史學家巴拉尼（Baranī）的話，馬匹早在巴勒班（Balaban，按：德里蘇丹國統治者）統治期間（逝於 1287 ／ 685 年），已從蒙古疆域抵達蘇丹國。[31] 儘管我們缺乏朮赤汗對這項貿易的態度之證據，他們極可能抱持贊同的姿態。因為他們與海都以及察合台系的關係，遠非保持在持續性的友善，因此供應精選戰馬給德里蘇丹國——中亞蒙古人最可怕的外部敵人——對他們而言也許和與埃及的奴隸士兵貿易一樣有異曲同工之妙。此外，中國和伊朗之間也有繁盛的馬匹貿易，[32] 而另一方面，經由紅海和波斯灣之間的海路，以及和另一端印度半島的印度教國家間亦有這類貿易。

三、路線

如同蒙古人產生對各種貨品的需求的逐漸增加，他們也導致對西亞內部貿易路線的方向改變，以及新目的地的出現；這些地方要不就在他們的直接統治下，例如克里米亞海岸的卡法（又稱為塞奧多西奧波利斯〔Theodosiopolis〕；現今的斐奧多西亞〔Feodosiia〕）、亞速海的塔納（Tana），要不然就在他們附庸國的領土內，譬如在小亞美尼亞王國的阿亞斯（Ayās，Laiazzo），或者特拉比松帝國的首府，特拉比松城（今土耳其特拉布宗）。[33] 在這個地理移轉後面的原因，是拔都創立薩萊，以及大不里士的崛起，大不里士現在實際上是包含整個伊朗的大國中心，它也在很大程度上取代巴格達。連接巴格達到安塔利亞（Anṭālya，位於塞爾柱安納托利亞）與到敘利亞海港的較老路線，變得比較乏人問津，那些海港中有法蘭克人占據的城市，比如阿卡、泰爾，以及的黎波里，而這個發展又因威尼斯和熱那亞之間爆發聖撒巴斯戰爭（War of Saint-Sabas）而進一步惡化。聖撒巴斯戰爭從 1256 至 1287 年沿著海岸間歇性打打停停。[34]

在成吉思汗時代，能夠超出蒙古世界範圍，穿越亞洲大陸的路線，已知有數條。最北方的路線，依烏瑪里所記，從「鐵門」（達爾班德〔Darband〕）起始，經過邱利曼（Chūlmān，卡馬盆地）、西伯利亞與哈拉和林，最後抵達中國。[35] 其他兩條路線則走較古老的絲路。主要的那條路線，依照一篇 1315 年的佚名東西貿易論文，跟稍晚彼戈羅帝的經商指南，都提到從塔納連接到阿斯特拉罕（穆斯林稱為哈吉．答剌罕〔Ḥājjī Tarkhān〕）、薩萊和烏拉爾河（亞伊克河）下游的薩萊楚克（Saraichuq），最後從花剌子模的玉龍傑赤（Ürgench），或者從訛答剌和揚吉（Yangī，靠近塔剌思）抵達阿力麻里城。從阿力麻里城可以經高昌（Qaraqocho）通往中國西北的甘州（Ganzhou），和合罕的首都汗八里（Khanbaligh）。[36] 南邊另外一條前往甘州的路線則經過河中地區和塔里木盆地的城市，喀什噶爾（Kāshghar）和且末（Cherchen）。從玉龍傑赤往南翻越興都庫什，經過加茲尼（Ghazna）可以通往德里，從 1346 年一樁威尼斯的訴訟案件中，我們可以發現已經有威尼斯商人走過這條路線。[37] 可以確定的是，將大量戰馬從朮赤領土運往穆斯林印度的也是這條路線。以大不里士為中心，往東走可以前往呼羅珊跟河中地區，往南走可以到波斯灣，無論是從巴斯拉，或者走設拉子到基什島跟霍爾木茲，就可以走海路到印度與中國。從大不里士往西，便可以連接蘇摩爾、巴格達、錫瓦斯、艾祖隆（Erzurum）、特拉比松和阿亞斯。最後，從黑海沿岸的塔納和卡法，走海路穿越海峽可至埃及、北非和西歐。我們必須強調的是，蒙古時代的嶄新之處並不在於跨大陸路線本身，而是商人更有可能將整條路線走完。

四、蒙古諸汗和對商業活動的贊助

蒙古人對貿易的重視，在與花剌子模沙赫摩訶末爆發戰爭上曾是個重要因素。即使在伴隨征服的動盪中，商人和使節都有允諾他們安全通行的武器，也就是「牌子」（paiza），比如，這份特權就被無數名拉合爾商人利用，而那是在拉合爾於 1241 ／ 639 年被奪下前的事。[38] 伊本・艾希爾說到，雷伊的一位商人在此城於 1229-30 ／ 627 年間向綽兒馬罕投降後，跟隨蒙古軍隊進入亞塞拜然。[39] 魯布魯克的觀察中則完美捕捉了游牧民族和商人這份幾近共生的關係，他說拔都的斡耳朵後面總是跟著市集。[40]

在旭烈兀和其頭幾位繼任者的統治下，他們常在季節遷徙的過程中駐留大不里士，那城市歷經驚人的成長，合贊因此需要開始興建圍繞郊區的新城牆；城內有很大比例的居民是外國人。[41] 早至 1263 年，我們發現一位威尼斯商人在大不里士起草遺囑。[42] 大不里士成為國際貿易的主要中轉點，在十四世紀早期，贏得半傳說般的繁榮聲名。這聲名對它來說恰如其分，與其說它是君主的首都，不如說是伊利汗國的管理樞紐，大不里士的名聲如雷貫耳，是奢華貨品的著名生產地。馬可波羅的書曾特別提及在此大量販售的寶石，盛讚城市工匠生產的絲綢和織金錦。[43] 十字軍理論家馬里諾・薩努多（Marino Sanudo）聲稱，在大不里士和巴格達購買的薑和肉桂，其品質比亞歷山卓要高，因為較短的海路路程更能保存它們的價值（儘管這種說法背後的動機可能是為了提倡對馬穆魯克埃及的經濟抵制）。[44] 在大約 1330 年，彼戈羅帝認為值得在他的經商指南中用數頁篇幅來專門描述大不里士的產品——包括絲綢、香料、靛青、珊瑚、毛料衣物、珍珠與各種毛皮——還有能在那裡得到的不同匯率。[45] 根據中世紀敘述者深愛的互相競比傳統，一位方濟會傳教士鄂多立克（Odorico da Pordenone）告訴我們，在那個時候，法國國王從整個王國得到的歲入，比伊利汗從這座單一城市收到的還少——鄂多立克說，這座城市比任何其他城市都要來得高貴，它幾乎與全世界進行貿易。[46]

儘管朮赤汗的薩萊無法和大不里士競爭，薩萊仍與數個繁榮的貨物集散地銜接，快速在金帳汗國內興起，透過貢品的形式供應貨物。在十四世紀早期，保加爾（Bulghār，不里阿耳）已經從 1237 年的蒙古攻擊中恢復生機，成為貿易路線的重鎮，並間接連接薩萊至上卡馬（Upper Kama）地區。[47] 數個其他中心，主要有塔納和卡法，也吸引商人從義大利商業城市前來。在塔納，至少在彼戈羅帝的時代，主要貿易貨品包括蠟、鐵、錫，如胡椒、薑和番紅花這類香料、絲綢、棉花、麻布、毛皮（比大不里士列出的種類還多），以及珍珠。[48] 卡法最重要的外銷品是穀類，而西歐此時也越來越依賴穀物進口。[49]

元朝皇帝——忽必烈和他在中國的繼任者——採取重要步驟來扶持貿易，興建新道路，延長驛站網絡，擴展大運河。儘管他們沒有削減商業交易的稅賦，然而他們卻賦予商人比宋朝時更高的地位，允許他們在帝國全境內進行貿易，而不是像宋朝那般限制他們只能在海港城市活動。[50] 海都和篤哇也至少資助（或修復）了一個城鎮，即費爾干納的安集延（Andijān），顯然是要它做為工藝生產和商業中心。但蒙古統治者所做的，不僅單單是創造讓貿易順暢流通的條件；他們也親自投入貿易活動，因為諸汗、親王跟公主會預付款項給斡脫商人，並簽約授權他們代為從事交易。[51] 然而在元朝，至少直到 1294 年，朝廷強化一種可以稱之為政府贊助的壟斷貿易，[52] 反之，就我們所知，斡脫的活動在西亞則與那些「自由」貿易商同時並行。

但這種蒙古人純粹偏好商人的論點需要加以釐清。在 1252 ／ 650 年下，《軼聞匯集》提到，從亞塞拜然來的蒙古軍隊如何襲擊一個從安納托利亞要前往巴格達的商隊，將商人殺害並掠劫他們的貨品。[53]這可不是暫時有之的現象，並非是某些貪婪或缺乏紀律的司令官突然冒出的無差別野蠻行徑。我們倒不如說，這非常有可能是種經過精心計算、對阿拔斯哈里發朝首都的策略性打擊；而這是個及時的提醒——從帝國分崩離析前不到十年內——對商人的縱容，並未延伸至那些商業活動有利於敵人的商人身上。

五、汗國分裂時代的陸路貿易和旅行：阻礙和冒險

在我們對蒙古時代歐亞商業網絡的評價中，最核心的是這個問題，即在1261年以後，成吉思系諸國在多大程度上，延續某種意義上的整體運作，維持跟帝國分裂前一樣的商業網路。[54]在此舉幾個十三世紀晚期和十四世紀頭幾年的例子便已足夠，當時中亞斷斷續續的戰事所帶來的破壞，抑制了中國和西方地區之間的陸路旅行或貿易。未來的聶斯脫里派大教長雅巴拉哈三世（Mar Yahballāhā）和他的同僚拉班・掃馬（Rabban Ṣawma），肩負忽必烈的委任抵達伊利汗國，受阻而無法從陸路於1280年返回中國。[55]忽必烈派往伊利汗阿魯渾的使節孛羅丞相（Bolod Chingsang）和愛薛怯里馬赤（ʻĪsā Kelemechi）於1286年返回中國的路上，因為中亞的動亂而分開；孛羅被迫折返伊利汗國（他在那裏滯留直到過世，可說是跨文化交流的幸事），而愛薛則花了兩年才與合罕重聚。[56]1297到8／697年，一個由法赫爾丁・阿赫瑪德（Fakhr al-Dīn Aḥmad）領隊、從伊朗派往中國的使節團，由於合罕鐵穆耳和海都以及篤哇之間的戰爭，不得不取道海路。[57]拉施德丁本人曾提到由於「道路封閉」，使得他沒有機會為他的《史集》確認合罕鐵穆耳所有妻子的名字。[58]西歐資料來源也為跨大陸旅行的障礙提供洞見。當馬可波羅和父親及叔叔（在1290年）離開合罕的汗廷時，因為怕被中亞的戰事波及，他們選擇經由海路前去伊朗。一封寫於1305年1月的信，撰筆人是方濟會傳教士若望・孟高維諾（Giovanni di Montecorvino），寄自汗八里，確認了持久戰事的影響，後者阻止他收到從西歐來的任何消息長達十二年之久。[59]

我們得知，篤哇和察八兒與合罕鐵穆耳於1304年達成和解的背後動力之一是，商人和商隊（*qawāfil*）應該能在中亞和元朝疆域之間旅行。瓦薩甫告訴我們，這個眾所渴望的結果終於達成，商隊又一次地能開始在蒙古世界全境內旅行。[60] 既然孟高維諾在1305年建議陸路，他顯然相信1304年的和平已經帶來改善。如果真是如此的話，和平則極為短暫。在孟高維諾書寫僅僅幾個月後，於描述篤哇和察八兒的支持者間爆發的苦澀戰爭所帶來的經濟後果時，瓦薩甫明確地說，商人不得不避免旅行和商業活動。[61]A・P・瑪提內茲假設，察八兒在1310年對合罕的決定性降服，使得治世成為事實；[62] 但是，就如我們看到的，察合台汗國與元朝軍隊，以及察合台系自身間的傾軋戰事仍舊在中亞斷續進行。合罕與察合台汗國於1323年建立的和平，以及烏瑪里的見證皆表示，在1330年代，從埃及和敘利亞的商人在得知穆斯林汗答兒麻失里登基後[63]，便蜂擁聚集到河中地區，顯示陸路旅行再度變得安全。但在1345年，也許肇因於新爆發的蒙古內部衝突，橫越中亞的路線又無法通行，而教宗的使節馬黎諾里在從元朝疆域回返歐洲時，被迫改採海路。[64] 在此時，走北路旅行究竟可不可能，我們不得而知。彼戈羅帝有一段著名的話，他向讀者保證，塔納和「契丹」（Cathay）間的路線是最安全和最迅速的；[65] 但他的資訊也許在馬黎諾里的時代已經過時。

這裡必須注意到的關鍵點是，蒙古內部戰事所造成的損害並不僅限於農夫與城鎮居民。如同下列案例所顯示的那般，商人往往是皇室貪婪或報復的顯著目標。當察合台汗八剌在大約1266年反抗合罕時，他在自己的疆土內圍捕了從屬於忽必烈和阿八哈兩者的商人，並搶奪他們的商品。[66] 在伊利汗國和金帳汗國爆發戰爭的當口，存有對商人採取甚至更激烈的手段對待的證據，當時，旭烈兀和別兒哥各自透過殺害代表敵人利益的商人，來使對方蒙受損失。那海在1299／698年的春天洗劫和焚燒蘇達克（Sūdāq）（索達伊亞Soldaia），商人在嚴刑逼供下放棄商品。那海還在其他克里米亞城市，如卡法、薩魯克曼（Sarukermen，赫爾松〔Cherson〕）、柯克耶（Kirkyer）和克赤（Kerch），逮捕和沒收穆斯林、阿蘭和西歐商人的財物；這些手段顯然都是意欲損害敵人脫脫的利益，因為資料來源清楚顯現，在蘇達克，那些為那海從事貿易的商人被從其餘人那裡挑出來（整體超過此城所有商人的三分之二），而且並未遭遇騷擾。[67] 外交使節也容易受害，因為他們通常由斡脫商人陪同，蒙古統治者將資金委交給這些商人為他做貿易，比如，合贊派遣法赫爾丁·阿赫瑪德在1297-98／697年到元朝朝廷時，就帶了十萬金第納爾。[68] 在1313-15年間／713-14年，察合台汗也先不花至少攔截元朝和伊利汗國之間的使節三次（在第三次時，人員被殺），並沒收他們的財產，其中有些應該是商業資本。[69]

毫無疑問地，同時代人顯然抱持著下列觀念，在蒙古各種勢力相互征戰期間，商人和其商品的命運會對貿易造成有害的打擊。根據瓦薩甫所言，自窩闊台駕崩後幾乎七十年間，無人膽敢冒險在沒有保鏢護衛的情況下，旅行過帝國之境。[70] 他告訴我們，在旭烈兀和別兒哥的暴行後，商人和使節便停止在伊利汗國和金帳汗國之間旅行，直到乞合都（統治期間1291-5／690-4年）和脫脫（統治期間1291至1312／690-712年）的時代，當時外交交流再度為商人（tujjār，圖賈爾）和斡脫開啟了這條商路。[71] 當然，這種說法顯然有過度簡化的問題，因為拉施德丁向我們保證，商人在阿八哈建築壁壘後繼續暢行無阻地往返兩地，而朮赤親王塔馬脫脫（Tama Toqta）在1288／687年出征河中地區期間，仍舊找得到可以洗劫的「斡脫和商人」。[72] 但即便如此，這論點仍舊成立。1302／701年，僅僅高加索戰事的開打威脅，便嚇阻商人在伊利汗國和朮赤領土間旅行，直到證實那些是毫無根據的謠言。[73]1312／712年，在月即別寫給伊利汗完者都的一封信中，強調解決領土糾紛的重要性，並表達此類渴望，如此商人便可以再度在他們的疆域之間旅行。[74]

如此多當時人留下的證詞，使我們難以想像跨亞洲貿易如何能在大一統的帝國分裂後的幾十年間，毫無阻礙地延續下去。史料證據顯然不支持阿布—盧戈德（Abu-Lughod）的主張：「當一位區域統治者確保交通路線的安全，另一位統治者也會跟進」（他所說的時間是帝國分裂後的初期），[75] 在兩位統治者交戰的時候，這種說法顯然頗有疑問；席歐西坦（Ciocîltan）的說法也變得毫無根據，他認為「成吉思汗的繼任者維持著從太平洋到黑海與地中海這大片土地的和平。」[76] 羅茂銳（Morris Rossabi）的假設也是，他聲稱「一般而言，中國元朝統治者和波斯伊利汗之間的友好關係，為大部分的商隊保障了相對安全的通道」[77]，這個說法忽略了通常互相敵對的中亞蒙古人，因此需要打比較大的折扣。儘管金浩東在區別「非官方」商人，以及與諸汗有較正式關連的斡脫商人（因此成為掠奪和暴力的更顯著目標）[78]上，無疑是正確的，但我們難以確定，懷有敵意的蒙古軍隊在實際上是否能做出區分。梅天穆認為交通網絡，即驛站（*yam*），在整個繼任的汗國時代一貫存在。[79]但我們有伊利汗完者都在1305年的證詞，他說，交通網絡斷裂多時，驛站才剛再度「聯繫起來」。

也許在帝國早期，在東亞與西亞，草原與農耕地區之間，貿易曾經相當蓬勃發展。不過，在1260年後，用「蒙古治世」一詞來揣想蒙古世界的情況則不免過於樂觀。緊隨蒙哥死後的成吉思系帝國的分裂，以及斷續發生在敵對汗國間的戰事——儘管統治者關心要為貿易維持路徑的暢通無阻和安全——卻為了其他目的而破壞了貿易與旅行兩種活動。當然，我們所用的史料作者比較有可能寫下的是週期性的貿易干擾，而非此外其他時間的交通穩定狀態。甚至連伊利汗國和馬穆魯克王朝間的衝突都未曾阻止兩者之間在敘利亞北部持續進行貿易。[80]我們也難以想像，十二世紀的伊本．巴圖塔，從馬格里布（Maghrib）出發，到遠至東歐大草原、河中地區和印度次大陸地區，一路旅行通暢。但綜合考量，我認為我們需要將治世的概念與跨大陸貿易（也許有幾個例外，那就是彼戈羅帝建議的北方草原路線，和在1320年代和1330年代更南的路線）分隔開來，轉而去正視某些時期蒙古統治者強力維持的（相對）和平狀態，在這些時候，他們鼓勵在單一兀魯思內的商業貿易。

即便如此，比起陸路旅行的安全或不時的不安全，影響貿易更重要的因素，是歐亞貿易網中出現了前所未有的大量戰利品與資本、整體關稅的下降、眾多斡耳朵與商隊驛站的存在、對城市的支持，以及包括奢侈品和奴隸在內的產品需求的增加。[81]近期研究顯示，蒙古人獲得宋朝國庫，以及元朝推廣不能贖回銅幣的紙鈔，都引發銀錠從中國大量往西流出，因此在十三世紀最後二十五年和十四世紀中期間的幾個時間點上，引發於北印度、近東和歐洲銀幣鑄造的可觀增長。此外，廣大範圍的貨幣的互相通用出現，這是因為貿易逐漸透過以銀的重量表達的抽象會計單位來進行。[82] 幾乎毫無疑問的是，直到黑死病降臨前的大部分蒙古時代裡，歐亞大陸作為整體在經濟意義上變得越趨整合。而在這個過程裡，海上商業也許扮演了至少與陸路商業活動一樣重要的角色。

六、蒙古時代的海上貿易

如果長途陸路僅能斷斷續續免於受到戰事衝突的危險干擾，那麼蒙古時代一個顯著發展就是亞洲海上貿易的增長，範圍從波斯灣經過印度洋，然後橫越南中國海。[83] 如同陸路一樣，蒙古時期的不同之處在於，商人願意旅行過波斯灣和中國之間的整個距離，而不僅只是停留於南印度海港以及從此處返回；大費周章繞過蒙古諸汗間戰事的優點，非常有可能勝過海上旅行的危險，和旅程所需的驚人時間，孟高維諾曾估計旅程最長得耗費將近兩年之久。[84] 好幾個世紀以來，穆斯林社群居住在印度海港，如古吉拉特的肯帕亞（Kanbhāya，坎貝），他們從那裡從事商業航行直抵中國；而中國海港如泉州（Quanzhou）（刺桐 Zaitun）自從唐朝以來就有穆斯林商人居住。直到元朝早期，穆斯林在中國中央及地方政府兩處享有優惠地位，儼然已經成為常識——他們隸屬於色目人這個階級——他們位於第二優先階級，僅次於蒙古人，高於北方中國人（漢人，包括契丹人和女真人）和前宋朝帝國的南人。[85] 一位具有影響力的穆斯林商人蒲壽庚曾協助蒙古人拿下泉州（1276 年），[86] 而忽必烈征服南宋的消息則在西亞穆斯林商人間成為強大的動力，使他們紛紛經由海路航行到中國。[87] 元朝見證穆斯林商人在中國居住的可觀成長。廣州穆斯林墓園的墓碑主要是紀念源自波斯語世界（例如昆都士〔Qunduz〕）的死者，這與在城市裡存在較久，以阿拉伯裔為主的穆斯林商人社群不同。[88]

特別是，穆斯林在斡脫商人間占壓倒性多數。儘管忽必烈採取削減斡脫商人特權的措施，他們仍舊透過泉州的主要海港，牢牢握住海上貿易。[89]1325-1350 年間，有項從泉州以船運至波斯灣的商品數量激增，那就是青花瓷，在江西的景德鎮特別為伊朗市場燒製。[90] 忽必烈鼓勵海上貿易的增長，不僅是為了產生新的歲入，也是藉此與其伊利同盟維持接觸，並以中國皇帝的傳統方式，贏得本身霸權的認可，從而使仍舊獨立的統治者承認其本身的「附屬」地位。後兩者的目的牽涉到與東南亞、南印度本地勢力的頻繁交流，特別是馬拉巴爾（喀拉拉）和馬巴（Ma‘bar，烏木海岸〔Coromandel coast〕）。[91]

此外，我們還該指出，穆斯林商人在伊利汗國的財務行政中逐漸獲取強有力的地位，尤其是在南部，在法爾斯省以及鄰近海岸地區。馬可波羅僅提到霍爾木茲海港，從印度來的商人在那裡聚集，特別愛購買香料、絲綢、織金錦、寶石和象牙，然後他們將這些賣往全世界，中國文獻資料也賦予此地某種顯著地位。[92] 但在霍爾木茲附近等待從印度抵達的船的商人容易受到聶古迭兒部的掠奪性攻擊，[93] 而在伊利汗國時代，霍爾木茲面臨較安全的基什島海港的激烈競爭，後者似乎在波斯灣地區城市裡享有優越地位。在大約十三世紀初，基什島的統治者是賈瑪勒丁・易卜拉欣・穆罕默德・提比（Jamāl al-Dīn Ibrāhīm b. Muḥammad al-Tībī，卒於 1306-7 ／ 706 年），他在伊利汗授權下，也於法爾斯省實行包稅制，並從乞合都那取得伊斯蘭馬利克（Malik al-Islām）的頭銜，他的活動顯眼到引發伊本・蘇夸伊（Ibn al- Ṣuqā‘ī）的注意，稍後則是在遠方埃及的薩法迪（al- Ṣafadī）。賈瑪勒丁崛起的日期可從其與夏姆斯丁・志費尼（Shams al- Dīn Juwaynī）和速渾察（Sughunchaq）那顏的斡脫合夥關係算起，他的行腳遠至中國，是他的時代中最重要的穆斯林商人，在任何時候都擁有可進行貿易的一百艘船，在與印度和元帝國兩者的外部貿易上都舉足輕重。對瓦薩甫而言，這個貿易不僅強化波斯灣地區的繁榮，也強化其他國家，包括伊拉克和呼羅珊，「遠至魯姆、敘利亞和法蘭克人的土地」的貿易。賈瑪勒丁的兄弟塔克丁・阿布杜拉哈曼（Taqī‘ al-Dīn ‘Abd al-Rahmān）在 1293 ／ 692 年成為馬巴印度教國王的首席大臣，利用職務之便圖利賈瑪勒丁，年年從基什島調度大量商品供賈瑪勒丁的經紀人挑選。這對兄弟從供應馬巴國王精選馬匹上賺取到特別豐厚的利潤，馬匹這個商品在印度半島上是惡名昭彰地供應不足，且為基什島兩大主要外銷品之一。[95] 馬巴因此變成蒙古伊朗和元朝帝國之間海上貿易的關鍵中轉站。[96] 瓦薩甫以抒情的筆觸將基什島描述為印度、中國最偏僻處、突厥斯坦、埃及、敘利亞，和甚至遙遠突尼西亞的凱魯萬（Qayrawān）產品的交會點。他顯然相信自己正在見證世界歷史中史無前例的景象。[97]

七、技術人員的移動

相較於蒙古時代的陸路貿易，其他模式的接觸比較不受到 1216 年後的政治情況所影響。這裡要探討的問題是移動模式的差異極廣。貿易需要相對頻繁或定期的旅行，因此遭中斷的機會在相應之下則變得較大。學界廣泛接受的論點是，蒙古時期的文化交流是發生在個人層次，而較不是透過書寫文獻或技術工具在物質上的傳遞。[98] 但這類的持續傳遞，或許是來自技術人員團體被迫流散他鄉，他們在遭到征服之後，從大陸的一地轉至另一地；但也可能是單一旅程的結果，比方說，從中國到伊朗的技術人員，便可讓專家（們）與具有類似技術和興趣的人頻繁接觸，而毋須經過更多的旅程。

就這些面對面的接觸而言，蒙古人本身的移動人類戰利品（尤其是那些被他們納入自身軍隊的成員）起了推波助瀾的作用。草原社會缺乏專家。在打造帝國的過程中，游牧民族需要擁有技術能力的人員，而這些人通常在他們的百姓中付之闕如；成吉思汗的招募馬赫穆德．牙剌哇赤（Maḥmūd Yalavach）便提供一個早期範例，因為後者熟悉「城市的法律和習俗」。[99] 擁有這般才能的俘虜，命運要比缺乏才幹的人要好得多。[100] 蒙古人在征服領域內執行人口普查，將有專業技能的個人與平民大眾分隔開來，另列名冊。在蒙古帝國中，他們之中有許多人隸屬於享有某種聲望的階級：宗教事務上的聖者與學者專家、煉金術士、哲學家、物理學家、天文學家和占星家（最後兩個範疇幾乎難以分辨）。征服者也費心尋找專業工匠，比如在 1231 ／ 628 年從大不里士人口中挑選出來的精緻布料織工，他們後來被分配到為合罕生產奢華帳棚的工作。[101]

我們也須謹記語言專家的顯著地位。在整個帝國時期並沒有通用語的存在，儘管波斯語是最接近這個地位的語言，無論是在中國或朮赤領土西部皆然。[102] 為管理他們的龐大疆域，蒙古人賦予語言人才極高的價值；而似乎也不缺乏願意符合服務標準而潛心學習掌握外國語的個人。這不僅僅單純是招募能與使節及商人溝通的口譯人員；蒙古人也需要有人翻譯宗教文本和科學著作。

工匠團體經常被轉移到廣大距離外，為了經濟榨取的利益。他們在帝國參與工程的性質是非自願的；許多人淪為奴隸。我們曾討論中國、契丹和唐兀惕人員是如何被帶至河中地區的，有些甚至遠至伊朗西部去從事農耕工作，丘處機曾說中國工匠的蹤跡到處可見，他自己在1222年便見過一位負責撒馬爾罕天文台的中國官員。[103]與此同時，技術精良的工匠往往是陷落的穆斯林城市中僅剩的倖存者，他們往往被迫前往蒙古高原或者更遠的地方。志費尼告訴我們，花剌子模的工匠在東方許多地方居住跟耕種。[104]拖雷從赫拉特移走千戶織工，送至別失八里，他們在那裡首先為成吉思汗的一位妻子，後來是為窩闊台合罕，生產精巧的衣服。[105]在窩闊台的命令下，更多伊斯蘭領土內的工匠團體重新在蒙古落地生根。他們之中也許包括了興建哈兒石掃鄰（Qarshi Suri）❸宮殿的工程師，那地方在哈拉和林北方大約二十五英里處，窩闊台是趁年度遷徙時在仲春時節修復宮殿的。[106]大約有三千戶工匠被轉送到華北渾河畔的蕁麻林（Xunmalin，現今的洗馬林），其中許多人來自撒馬爾罕，拉施德丁在七十年後曾提到他們（他稱此地為「錫瑪力」Sīmalī）；[107]估計有超過三百戶穆斯林工匠家庭在汗八里西方的弘州（Hongzhou）落戶。[108]因此，整體來說，蒙古人從東亞進口殖民者，以便修復蒙古對伊朗世界的破壞，而穆斯林移民被往東運送去生產特殊產品；或者，換個方式來說，「蒙古人將東亞人送往西方以增加生產的數量，而將西方人送往東方以改善生產的品質。」[109]

在旭烈兀出征期間，技術人員仍舊能免於遭到屠殺，他們被留下活口來製造利潤。比如，阿勒坡在1260年1月／658年2月陷落時，工匠被遷移。[110]幾個月後，在旭烈兀聽聞阿因．札魯特戰役的消息後，下令屠殺埃宥比蘇丹納昔爾．尤素夫和隨員之時，只有廚師與奴隸士兵（古拉姆，*ghilmān*）倖免於難，還有某位穆赫易丁（Muḥyī' al-Dīn），他向屠殺者表明自己是天文學家；

❸ Qarshi 即突厥語「宮殿」之意。

他後來活到能加入納希爾丁・圖西在篾剌合天文台的職員之列，並將他的故事告訴巴爾・希伯來。[111]

儘管如此，在旭烈兀治下，我們見到專業人員在同樣稀少或毫無選擇的情況下，被從遠東帶走，但他們並未淪為奴隸，而這類人員遷徙持續了幾十年。就像他們的某些草原先驅和定居敵人，蒙古統治者覺得自己在以下兩點上相當必要，那就是，他們不僅要被奢華物質圍繞，身邊也得有學術名流陪伴。旭烈兀的宮廷裡充斥著學者和智者（*'ulamā' wa-ḥukamā*）。根據拉施德丁所言，哲學家、天文學家和物理學家緊跟在他身後抵達伊朗。[112] 拉施德丁顯然將此視為成吉思系諸汗將已知世界的各部分納入統治的結果：完者都的汗廷就聚集了來自中國、印度、喀什米爾、西藏，也有出身回鶻人和其他突厥民族、阿拉伯人和法蘭克人的哲學家、天文學家、歷史學家以及其他學者。[113]

蒙古國家間的這類相互接觸，從表面上看來僅限於伊利伊朗和元朝中國（即「拖雷軸心」），[114] 兩國之間經常交換使節和科技專家，有時則是皇家新娘（例如，闊闊真在 1291 年抵達伊利汗國，據說其隨從人員包括三位波羅家族的成員）。[115] 這個印象也許有部分是因為這兩個拖雷系國家留下更多資料文獻。除了花剌子模外，金帳汗國領土也許在資產與技術外銷上，比起其他成吉思系汗國所能提供的範圍更窄；[116] 儘管朮赤領土一向作為中亞與東亞金屬加工技術流傳入中東的管道。[117] 但毋庸置疑的是，中亞裔穆斯林在中國和伊斯蘭世界之間扮演了重要的中介角色。湯瑪斯・愛爾森在《蒙古時代歐亞的文化和征服》（*Culture and Conquest in Mongol Eurasia*，2001 年）和隨後的書中，曾大量涵蓋這個主題，並表現卓越。我將會時常提及他的發現，並增添過去十五年以來其他學者提出的證據和概念。[118]

我們在此需要討論兩個問題。首先，哪些發展可以合理歸因於蒙古征服大半伊斯蘭世界的後果？即使排除年度朝覲，穆斯林在幾個世紀以來已經穿越伊斯蘭世界（*oecumene*），旅行橫越令人嘆為觀止的距離。至於與非穆斯林世界的關係，借用中國母題或技術在十三世紀並非嶄新現象。譬如，我們或許可以合理預期蒙古征服的一個結果，就是在伊朗的穆斯林織工複製唾手可得的中國紡織品；但事實上，有證據顯示，這個趨勢在蒙古人來臨前，已經在大不里士出現。[119] 到十一世紀，伊朗陶工顯然從宋朝生產的中國瓷器得到靈感與啟發，而中國母題則出現在伊朗金屬加工品上，並與遼金同步。[120] 蒙古時代的獨特之處，則是這類借用的程度與範圍的爆炸性成長。

第二個問題是：在蒙古時代，伊斯蘭世界與外部的密切文化交流，產生了多大多遠的衝擊？儘管在元朝中國的穆斯林社群相對龐大（這形容詞絕對不誇張），在伊朗的中國人數目卻非常少。[121] 因此，穆斯林對中國科技的影響，比反向的任何效應都還要強烈。我們只需想到兩位穆斯林圍城專家，亦思馬因（Ismā'il）和阿老瓦丁（'Alā' al-Dīn）❹，就足可見證。阿八哈將他們送去給忽必烈，他們組合和操作配重式投石機，也就是回回砲（馬可波羅在書中惡名昭彰地將此功勞歸於他的父親和叔叔），使得蒙古人能在 1273 年加速攻下襄陽。[122] 又或是來自布哈拉的穆斯林天文學家扎馬魯丁（Jamāl al- Dīn）❺，他在 1267 年獻給元朝朝廷一份以西方式觀察和計算為基礎的曆法，還有他構想出的天文儀器。他在 1271 年被任命為新的回回司天監。[123] 儘管如此，既然本書的焦點是在蒙古統治所賦予穆斯林的衝擊，因此我們在此該關心的是，蒙古世界的其他地區對穆斯林伊朗與伊拉克文化的貢獻，而非穆斯林本身對伊斯蘭世界外土地的文化貢獻。[124] 穆斯林在其他地方的存在與活動的一個高度相關層面——即元朝帝國的某些部分的採納伊斯蘭文化——將在後記中討論。

八、文化中介者：納希爾丁·圖西、拉施德丁和孛羅丞相[125]

我們可以在伊利汗國中追蹤重要個人的活動，儘管要辨識出較不著名的人物較為困難。伊朗的文化活動尤其與兩位知名人士緊緊聯繫在一起：納希爾丁·圖西和拉施德丁。在圖西的鼓動下，旭烈兀下令在篾剌合興建天文台，

---

❹ 註：人名據《元史》卷九十〈方技傳〉翻譯。

❺ 註：人名據《元史》卷四十八〈天文志·西域儀象〉翻譯。

而這地方早已有數十年的天文觀察活動；[126] 圖西（卒於 1274 ／ 672 年）被任命為第一任台長。他本人曾列出四位穆斯林同僚——穆阿雅德丁・烏爾迪（Mu‘ayyad al-Dīn al-’Urḍī）、法赫爾丁・篾剌奇（Fakhr al-Dīn Marāghī）、法赫爾丁・阿赫拉迪（Fakhr al-Dīn Akhlāṭī）和納吉姆丁・達比朗・加茲溫尼（Najm al-Dīn Dabīrān Qazwīnī）——拉施德丁和伊本・富瓦惕也曾提到過他們的名字，說他們是在旭烈兀的批准下，特別為此工作挑選的天文學家。[127] 但還有其他人加入他們。巴爾・希伯來提到眾多從各地來的智者聚集在圖西身邊，[128] 而我們只要翻閱富瓦惕的傳記字典，就會得到有關天文台和其圖書館的鮮活印象，富瓦惕本人在那裡工作至 1280 至 81 ／ 679 年。天文台及圖書館吸引遠方學者到此聚集，並且是範圍廣泛的學術研究中心。在這些學者中有些人出身自蒙古領土之外：烏爾迪從大馬士革被召喚而來；[129] 穆赫易丁・馬格利比（Muḥyī‘ al-Dīn al-Maghribī）在天文台創立後不久即抵達篾剌合，先前他則為納昔爾・尤素夫效力，他出身突尼西亞。

根據拉施德丁，旭烈兀派遣一位自中國帶來的天文學家加入圖西的隊伍，那位學家是一位道士（波斯文作 sīng-sīng，中文是先生）Fumengji ❻，旭烈兀命令圖西這位什葉派學者取得中國天文學家所擁有的所有歷史和天文學知識，並要 Fumengji 從圖西那裡學習穆斯林天文學。拉施德丁告訴我們，圖西在兩天內便成功掌握新同僚教他的知識，然而中國學者卻令人詫異地受益很少，因為他對天文表和天體的運動知識少之又少。[130] 也許是基於這個原因，圖西在他的天文學手冊《伊利汗天文表》（*Zīj-ī īlkhānī*）的序言中沒有提到他，只列舉了其他四位同僚。《伊利汗天文表》是這類手冊中，第一本融合中國曆法（ta’rīkh-I Qitā）的書，而中國曆法在過去往往被錯誤地指稱為「中國—回鶻曆法」，[131] 這可能是 Fumengji 對此書的主要貢獻。此書包含在帝國不同地區所使用的各種紀年的換算表，也就是伊斯蘭曆法、中國干支、突厥—蒙古十二生肖曆法、東方基督教使用的塞琉古紀年（始自西元前 311 年），和伊嗣俟的伊朗紀年（始自 632 年）。[132]

❻ 註：只能從文獻得知拼音，無法確知漢字人名，中文學界推測可能是「傅孟吉」或「屠密遲」。

圖西死後，重要工作仍在篾剌合持續進行。穆赫易丁・馬格利比（卒於 1283／682 年）在圖西死後一年寫出他自己的天文表，書名是《光之循環》（*Adwār al-anwār*〔The Cycles of Light〕）。[133] 稍後有位在篾剌合的天文學家叫夏姆斯丁・穆罕默德・瓦布卡納威（Shams al-Dīn Muḥammad al-Wābkanawī），他在合贊的命令下開始著作《皇家驗證天文表》（*Zīj-i muhaqqaq-i sultānī*〔The Verified Royal Tables〕），並將書獻給後來的伊利汗不賽因。他嚴厲批評圖西的《伊利汗天文表》，其論點基礎是它僅是衍生自早期的天文表，而書中天體的計算位置從未符合實證水準。瓦布卡納威認為，馬格利比的《光之循環》是奠基在獨立觀察上更為優秀的作品。[134]

篾剌合的工作也不僅只是關乎天文學事務。儘管富瓦惕留下的傳記字典不曾完成，但書內提到圖書館裡藏有一本詩歌編年史（現已佚失），[135] 並提到許多人的名字，他們在圖西活著時被吸引到篾剌合並在那定居下來。他們之中有庫特卜丁・馬赫穆德・本・馬斯烏德・設拉子依（Quṭb al- Dīn Maḥmūd b. Masʿūd Shīrāzī，卒於 1311／710 年），據說他在圖西本人的指導下研習數學，並從納吉姆丁・加茲溫尼的作品中學習邏輯（*al-mantiqiyya*），以及從烏爾迪的作品中學習幾何學和天文學；[136] 而奇瓦姆丁・阿布杜拉・雅茲迪（Qiwām al-Dīn ʻAbd-Allāh al-Yazdī）和奇瓦姆丁・穆罕默德・亞茲利（Qiwām al-Dīn Muḥammad al-Yāzirī）兩人都在加茲溫尼的指導下研習邏輯。[137]

拉施德丁則在不同的領域，都與文化和科技融合更為密切相關。拉施德丁是猶太後裔，比起什葉派的圖西更是「局外人」，儘管他後來在實際上是位正統穆斯林。如大家所說的，他是一位真正令人驚嘆的人物，「在伊斯蘭伊朗、蒙古帝國和他的猶太背景三者交會之間……占了一席之地」。[138] 拉施德丁在合贊和完者都治下，贊助來自亞洲兩端的無數學者。此外，據說他還寫了幾本各種學術主題的書，儘管在某些案例裡，他也許只是主持研究團隊。那些著作沒有全部留存下來，但書名都列在《拉施德丁選集》裡。[139]

光《史集》一書就包含了蒙古人、中國人、印度、猶太人、亞美尼亞人和法蘭克人的歷史，[140] 它是拉施德丁對伊斯蘭外其他文化傳統保持開放心胸的豐碩成果。他在序言裡確認歷史學家的責任在於記錄非穆斯林民族的歷史，而不是尋找方式矯正他們，即使穆斯林傳統優於其餘傳統。[141] 他甚至收錄了佛陀的生平與教義，占去了書中有關印度歷史的大半篇幅。[142] 藉由檢視書中所援用的大乘佛教文本（包括《天請問經》〔*Devatā-sūtra*〕），古格里・叔本（Gregory Schopen）指出拉施德丁如何大大超越翻譯的限制。儘管非宗教段落的翻譯忠於原文，但那些特別與佛教觀念有關的段落之翻譯則特別詳盡，明顯是用來做為能使穆斯林讀者獲益的註解。[143] 這是位致力於將較寬廣的宗教世界介紹給他的穆斯林同胞的人。

拉施德丁採取步驟刺激其他領域的研究。在他的《伊利汗的中國知識寶典》（*Tānksūq-nāma-yi īlkhānī dar funūn-I ʻulūm-I khitā'ī*〔Treasure Book of the Ilkhan on the Branches of Chinese Sciences〕）序言中，他聲稱自己仿效著名阿拔斯哈里發哈倫・拉施德（Hārūn al-Rashīd，卒於 809 ／ 193 年）的野心，哈倫・拉施德曾透過翻譯計畫，將希臘科學著作翻譯成阿拉伯文，供穆斯林閱讀。[144] 拉施德丁本人接受過醫生訓練，據說他曾為追求醫學知識而在伊利帝國全境內旅行。[145] 當他獲取權力高位時，他的主要目標之一顯然是追求穆斯林醫生的利益，並將中國醫學知識引介入伊朗。就像圖西使波斯和中國天文學傳統代表融合在一起，拉施德丁也引介頂尖波斯醫生之一薩菲丁（Ṣafī' al- Dīn）和中國醫生 Siyū-sha（無法確認漢字為何，作者推測漢語發音為 Xiuxie，但存疑），他說此舉是為了便於向兩者學習。這兩人合作翻譯一本關於脈診的中國著作。[146]

作為關心重振伊利汗國農耕經濟的大地主和政府部長，拉施德丁也對農學有濃厚興趣。他的《跡象與生命》（*Āthār wa-aḥyā'*〔Monuments and Living Things〕）此書只留存下一大片段。從保存在《拉施德丁選集》裡的此書目錄判斷，它處理的事務範圍廣泛，包括農業發展的先決條件、樹、水果和草藥的種類、栽培方法、害蟲控制、畜牧業、穀類和其他農產品的儲存，甚至包含寶石的開採。[147]

對蒙古人而言，飲食和醫學密不可分。拉施德丁最初便以寶兒赤（ba'urchi，廚師和管家）的身分進入伊利汗汗廷裡服務。《伊利汗的中國知識寶典》的序言也顯現他對藥理學的興趣，拉施德丁告訴我們，他翻譯了一本「用香草、礦物、樹木、動物跟魚……來製作藥物的書」。[148] 他不時顯露出對中國料理所用食材的知識，某些資訊顯然來自伊利汗國境內的中國居民。我們也可以假設，在 1253 至 56 年，伴隨旭烈兀從遠東而來的大軍，帶來了他們自己家常菜的口味。一個例子是米，前蒙古時期的伊朗顯然不知道這種穀物。根據拉施德丁，他在合贊汗統治期間，設法從印度引進不同品種的稻米，儘管那項實驗失敗了。可以想像米在蒙古時期於伊朗料理中變得更加普遍；但我們沒有確切的證據。[149]

拉施德丁的已知來源 [150] 本身就證明旅人在蒙古世界中所涵蓋的巨大距離。我們先前討論過，許多《史集》資料，特別是有關蒙古人、突厥民族和元朝中國的早期歷史，顯然得自於大那顏孛羅丞相，他是忽必烈的使節，於 1284-5／683 年抵達，自那時起便定居伊朗。[151] 至於中國歷史，拉施德丁描述兩位精通醫藥、占星學和中國曆法的中國學者 Lītājī（無法確認漢字，作者推測讀音為 Li Tazhi，中文學界推測為「李大遲」）和＊ K.MSWN（秦／錢 孫／宋？〔Qin\Qian Sun\Song ？〕，中文學界推測為「倪克孫」），兩人加入他的團隊，他們帶來一本中國皇帝列表的書。[152] 但學界已經無法辨識這本書，而它顯然是幾本書的摘錄本。再者，就像福赫伯．法蘭克（Herbert Franke）很久以前指出的那般，維齊爾或他的合作者很可能是栽進一系列的誤解之中。[153]

《史集》處理伊利汗的部分似乎是受到中國式史學傳統的啟發。每個汗的統治時期在統治者的妻妾和子嗣列表外，都包含了相對詳盡的事件全覽，標明了相對正確的日期，通常註明以十二生肖曆法和根據伊斯蘭曆（拉施德丁的史書在其他部分所提供的日期僅包含一種曆法的年份）估算的年份。[154] 這個安排——與拉施德丁的先驅志費尼，或他較年輕的同代人瓦薩甫如此不同——令人聯想到中國朝代史所建立的「本紀」。有人主張，拉施德丁在此深受中國歷史記述影響——毫無疑問的是透過孛羅丞相的媒介，孛羅丞相是在 1273 年的元朝創立祕書監的負責官員，此人與遼、金和宋朝的歷史素材收集頗有關連，就算只是有間接關係。在卡尚尼的例子中，這個類似點則更為明顯，（我們該記得）他是拉施德丁的研究助手之一，而他的《完者都史》（*Ta'rīkh-i Uljāītū*）

總的來說則遵循更為詳盡的編年史結構。[155] 無論如何，我們可以主張，阿拉伯史學傳統本身就足以提供這類編年史安排的足夠範本。

拉施德丁的史書也涵蓋蒙古世界以外的地域。他幾乎是逐句逐字地抄襲某些地理資料，以及較年輕的同代人瓦薩甫的一本有關十三和十四世紀初的德里蘇丹國的簡短歷史。瓦薩甫的歷史來源則不知來自何處。但他大量從《印度研究》（*Taḥqīq mā li l-Hind*）中採納許多印度地理和早期歷史細節；此書的作者是十一世紀名家，阿布·拉伊罕·比魯尼（Abū Rayḥān al-Bīrūnī，他的廣泛興趣剛巧和拉施德丁十分相似）。[156] 為了某些理由——也許因為比魯尼的佛教記載是完全仰賴一位更早期穆斯林作者的二手資料——拉施德丁的佛教資料則是來自喀什米爾的佛教僧侶（bakhshī，即漢語「巴克什」），卡馬拉·斯里（Kamāla Śrī）。[157] 但他顯然也取得有關中亞佛教的資料，毫無疑問是從不同來源，而有些細節只能在中國佛教傳統的實踐中找到（儘管在此，他的資料提供者可能也是回鶻人或西藏人）。[158] 而他的法蘭克人早期歷史概覽，顯然是根據伊本·易伯利（巴爾·希伯來）的《諸國歷史節本》（*Mukhtaṣar ta'rīkh al-duwal*）中，汲取從亞當至大衛王的（猶太—基督教）神聖歷史。卡爾·揚（Karl Jahn）則清楚指出，該部分的第四部與最終部——基本上是教宗與皇帝名稱列表——與奧帕瓦的馬丁（Martin of Troppau, Martinus Oppaviensis）所著的《教宗與皇帝編年史》（*Chronicon Pontificum et Imperatorum*，1268-9 年）相當雷同，拉施德丁也許是透過當時在伊朗宣教的道明會修士的中介取得此類資料。[159]

至於《跡象與生命》（*Āthār wa-ahyā'*），就像他的歷史書的結構，拉施德丁受益於孛羅丞相的經驗和專業，後者像他一樣也曾是個寶兒赤，並在 1271 至 1277 年間，擔任忽必烈中國的農業監督主管。[160] 拉施德丁的地理書《氣候帶構造》（*Ṣuwar al-aqālīm*〔The Configurations of the Climes〕）被列舉在《拉施德丁選集》中，原本要作為《史集》的補充著作，遺憾的是已經佚失。但他在《史集》的歷史段落裡收納了相關於中國地理的重要資料，比如，他描述了渤海灣，並記載了在忽必烈的命令下，興建來連接汗八里和杭州主要港口的大運河概況。[161] 據說《氣候帶構造》包含了驛站網絡的各階段細節，[162] 因此在此，孛羅丞相可能又是資料的主要來源。愛爾森在他的著作中特別強調孛羅丞相的地位，認為他是將中國歷史與文化知識帶給伊利伊朗高官的第一人。[163]

九、地理視野的擴張

多虧和中國及遠東其他地區的接觸的成長，穆斯林對更寬廣世界的意識因此得到意義重大的進展。我們面臨的一個問題是，取得這份知識的中介為何。譬如，我們知道，天文學家扎馬魯丁對西方地理的熟悉在元朝製圖學留下印記，並影響了其他許多在元朝抵達中國的穆斯林。[164] 在曾從元朝領土旅行至伊利汗國的已知旅人中，最著名的個人要算是像孛羅這樣的使節，或其他遠東民族的代表，舉如雅巴拉哈三世和其同伴拉班．掃馬，後兩者都是汪古部族出身。[165] 我們對在蒙古時期拜訪西亞的遠東本地穆斯林所知較少。但來自西方、曾在中國度過歲月的穆斯林，舉如商人賈瑪勒丁．易卜拉欣．提比（Jamāl al-Dīn Ibrāhīm al- Ṭībī）和伊本．薩伊夸勒．賈札里（Ibn al-Ṣayqāl al-Jazarī，卒於 1301-2／701 年），當然還有烏瑪里的資料來源提供者，他們都在返國後傳播有關中國的資訊。[166]

新知識花了點時間才反映在伊朗書寫的地理著作裡。宇宙誌學家札卡里亞．本．穆罕默德．加茲溫尼（Zakariyā' b. Muḥammad Qazwīnī，卒於 1283／682 年）的著作《國家紀念碑》（*Āthār al-bilād*〔The Monuments of Countries〕）和《創造的奧妙》（*'Ajā'ib al-makhlūqāt*〔The Marvels of Creation〕）仍舊可看出其深深仰賴十一世紀比魯尼的地理知識；只有《創造的奧妙》中所附的地圖離開先前傳統，將中國描述成一個與印度和非洲相當的次大陸。[167] 我們的文獻來源告訴我們其他地圖，例如在 1290／689 年由庫特卜丁．設拉子依製作、獻給阿魯渾的地圖，描繪了「西方的海與其海灣及海岸線，包括許多西方與北方的地域」。[168] 建築師（*muhandis*）卡里姆丁．阿布．巴克爾．撒勒瑪西（Karīm al-Dīn Abū Bakr al-Salmāsī）用混凝紙漿（papier mâché）塑造的地面球體似乎讓富瓦惕印象非常深刻，兩人曾於 1266／664 年在篋刺合碰面。[169] 這其中是否有牽涉到地勢圖，即最初在十一世紀於中國出現的那種，則不清楚。[170] 大約成書於 1320 年的《大不里士寶庫》（*Safina-yi Tabriz*，又譯作《桃里寺文獻集珍》）的地圖在非洲和地中海地區的呈現上，遵循早期穆斯林地理學家傳統，但在相較下，則提供了阿拉伯和中國海岸較為寫實的描繪。我們無法得知，這是否該歸功於拉施德丁或他的資料。[171] 這是 1325 至 1350 年間，伊朗和中國存有強烈聯繫的證明，然而，年代稍早的哈米德拉．穆斯陶菲與瓦薩甫也都各自提供了杭州海港的詳細描述。[172]

十、視覺藝術

最後，本章如果不論及藝術，則會造成令人惋惜的缺憾。中國技法的影響，特別是對波斯細密畫與瓷器的衝擊，可說是蒙古時代最顯著的發展之一。這其中牽扯到數個深遠改變：素材、技術和母題。我們必須強調，在接觸中國文化後產生的作品，呈現了琳達．可馬洛夫（Linda Komaroff）所稱的「新視覺語言」和「原創美學風格」。[173] 就像在大一統帝國時期，中亞工匠融合中國與中亞風格一般，[174] 伊朗陶工、金屬工匠與細密畫家也擷取中國題材和母題，並發展出混合形式。我們在進一步討論前，必須先探討兩個脈絡的相關點。其一，是新統治者對花樣繁複的奢華紡織品的偏愛，使得西亞工匠變得熟悉數種母題和設計（有些可以在遼和金這兩個前蒙古時期的紡織品中發現），並運用在瓷器或細密畫之上。[175] 其二，是從中國來的紙張變得越來越唾手可得。這促進了插圖手抄本的發展，並鼓勵工匠繪製花樣和圖案，使得母題的轉移不僅限於從設計師到工匠之間，也使媒材間的轉移成為可能。[176]

我們在此則將把討論侷限在手抄本繪畫。[177] 插圖在伊斯蘭世界裡相對歷史悠久，但它僅限於醫學和科學著作、動物寓言書，以及純文學（*ādāb*）。然而，這類插圖手抄本只有少數留傳下來，主要是十二世紀之後的作品；在波斯語世界裡留傳下來的書，則僅有一本成書於 1250 年前。[178] 蒙古時期的一個顯著特徵是，涵蓋更廣闊的文學活動領域（包括詩歌和歷史著作）這類手抄本圖繪的爆炸性發展。再者，紙張製造的改良技術使得製作大開本手抄本成為可能，例如愛丁堡／哈利利（Khalili）版的《史集》和「大蒙古」版《列王紀》（先前多稱為「德莫特〔Demotte〕版《列王紀》」）；而圖像的尺寸和品質也因此得以增進。[179] 由拉施德丁建立的抄書室所生產的諸多抄本是最顯著的例子。但它們不是唯一的案例：主要的蘇菲派集會所（哈納卡，*khānqāhs*）便以委託為教育目的製作的奢華手抄本而聞名。[180]

中國對伊利伊朗細密畫的衝擊，並不只發生在拉施德丁的抄書室裡、那些從木版印刷的捲軸上複製中國皇帝肖像的藝匠身上，[181] 也不僅限於伊朗藝術家更普遍地借用具有中國特色的母題——比如在中國繪畫中相當重要的雲、節瘤叢生的樹幹、龍、鳳凰及蓮花等等。[182] 在伊利時代中期之後，某些波斯繪畫也表現出更加自然主義的傾向，顯示他們不僅有能力繪製更詳細寫實的風景，也能夠配合中心主題，創造出驚人的視覺效果。[183] 當然，採用中國主題或母題的情況仍有個別差異，比起伊利汗庭附近的作品，（目前可辨識出）在設拉子或伊斯法罕製作的作品便較少採用中國主題。事實上，十五世紀的帖木兒藝術將更常看到中國的啟發，但在伊利汗治下，或在後繼的札剌亦兒（Jalayirid）與穆札法爾王朝（Muzaffarids）統治期間則較不明顯。

值得注意的是，手抄本上的插圖有時不是用來解釋或說明文本，而是用來評論當代的時事，儘管有時這些事件跟文本內容並無直接關聯。此類範例可舉愛丁堡收藏的比魯尼關於曆法系統的《古代民族編年史》（*Āthār al-bāqiya*，Or. 161，複製於 1307-8 ／ 707 年）手抄本的最後兩幅插圖為例，書中在伊斯蘭曆的特定年分，會有相應的歷史故事插圖。不過，最後這兩幅插圖比手抄本的其他插圖都要來得巨大且繪製精良，內容強調阿里是穆罕默德的合法繼承人（圖六），或許也呼應了當時完者都汗廷的辯論，那些辯論導致這位伊利汗在兩年左右後皈依什葉派。[184] 艾宏展（Johan Elverskog）令人信服地指出，樂意採納具象藝術做為宣傳一種神學觀點的手段，反映出佛教的影響，而這個由釋迦牟尼本人倡導的實踐則擁有長遠的歷史。[185]

越來越樂意違抗描繪人形的宗教禁令此事，會使人感到驚愕。我們在十二世紀蒙古人來臨前很久的伊斯蘭世界中就可以發現這個現象；但它在伊利時代達到新高峰。[186] 特別是，我們應該指出，參與製作愛丁堡藏《史集》（ms Or 20，複製於 1314 ／ 714 年）與比魯尼的《古代民族編年史》手抄本的藝術家，在兩書中都放入幾幅先知穆罕默德本人的圖畫。[187] 這在前蒙古時代並非前所未聞——在一本十二世紀末十三世紀初的手抄本裡就有兩幅穆罕默德的畫像——但它在一般伊斯蘭藝術中則相當罕見。[188] 當然，伊斯蘭藝術傳統中留存有極少，或說毫無範例，可供上述兩本愛丁堡手抄本的插圖家描摩，因此，例如先知出生的繪畫中的人像就是借用與改編自基督教藝術中的耶穌誕生場景（圖七）。[189]

十一、成吉思系諸汗的角色

蒙古諸汗在前述的發展中扮演何種角色？在文化交流的過程中，除了單純主持學術發展趨於燦爛的汗廷外，他們所發揮的作用究竟到何種程度？在中國，已知元朝朝廷贊助將與科學主題和佛教教義相關的書籍翻譯成蒙古文。而十四世紀的伊朗與河中地區，雖然出現了若干多語言詞彙對照表，但許多翻譯是由「非官方」推動。[190] 無論如何，成吉思系諸汗在多大程度上共享了領地內的多語文化，仍是個爭論不休的議題。但值得指出的是，兩位最有名的文化中介者——圖西與拉施德丁——各自在篾剌合和大不里士活躍，而這兩地都是伊利汗汗廷年度巡迴的必經之處。

當志費尼於 1256 年進入新攻陷的阿剌模忒時，他負責管理那裡所有的天文儀器。[191] 不過他沒有明確地說這是否是旭烈兀的命令；而根據卡尚尼，旭烈兀特別鍾愛天文學與幾何學。[192] 富瓦惕曾明白指出，興建篾剌合天文台的初始動機來自旭烈兀；[193] 而我們討論過，據說旭烈兀曾介入召集圖西的合作同僚。拉施德丁所描繪的合贊，其具備專長的專業領域數量令人難以置信，據稱他不僅能夠掌握金工、鐵工、木工和繪畫，還有哲學、神學、煉金術、藥劑學、植物學、礦物學與天文學。他告訴我們，這位伊利汗拜訪篾剌合天文台多次，小心檢視儀器，並命令興建另一座天文台，地點就在他於大不里士打造的陵寢附近，他對科技事務的瞭解讓當地專家大吃一驚，而在他們遭遇難題時，下達詳盡的指令。[194] 不過，在拉施德丁也以同樣嚴肅的態度，保證蒙哥解決了歐幾里德留下的數個難題後，[195] 讀者不免要對這類格套的真實性感到懷疑。值得注意的是，拜占庭歷史學家帕奇梅雷斯（Pachymeres）只讚許合贊的工匠技巧，並明確指出他的長才是在戰爭的隨身裝備方面：馬鞍、馬刺、馬勒之類等等。[196] 但儘管拉施德丁對他的皇家主子的才能是如何地過度渲染，但他在這位伊利汗在天文學知識方面的發言，至少已在最近發現的《合贊論天文儀器》（*al-Risālat al-Ghāzāniyya fi l-ālāt al-raṣadiyya*〔Ghazan's Treatise on Astronomical Instruments〕）中得到證實，此書中描述合贊至少發明了十二種天文儀器。[197] 富瓦惕則確認了拉施德丁所說，合贊對各種藥草的興趣之事。[198]

儘管如此，即使確定有皇家介入，重要的是，我們該避免誤解其背後動機。伊本·提克塔卡（Ibn al- Ṭiqṭaqā）在一個生動的段落中聲稱，過去的穆斯林國王所贊助的知識領域——特別是文法、語義學與詩歌——現今是如何地遭到漠視。反之，蒙古統治者重視細心的會計學，將其作為行政控制的工具，而醫學是作為保養身體的一種方法，至於熟悉星辰則是為了決定最有利於他們進行各種事務的吉日。[199] 在讚美旭烈兀贊助學識（*ḥikmat*）的同時，拉施德丁說他特別喜好煉金術，在上面浪費了大筆金錢。[200] 在天文學的領域也是如此。促使旭烈兀委任興建篾剌合天文台的動機不是對（我們眼中所謂「純科學」）知識的慾望，而是為因應對占星學的急迫需求。旭烈兀就像其他早期的伊利汗一般，對其念茲在茲。[201] 合贊的大不里士天文台的靈感也許也來自類似的動機。對蒙古人而言，辨識出採取行動的最吉祥時刻——特別是軍事行動——是最為重要的事。[202] 因此，伊利汗對天體的興趣非常務實——遵循了蒙古人自己的信仰。

至於在伊利汗的藝術贊助背後，是否有這類實用的動機，則較難以察覺。相對於磁磚，大部分的陶瓷器——也許從蘇萊曼聖殿（Takht- i Sulaymān）❼ 發

---

❼ 註：蘇萊曼聖殿為古代波斯祆教的聖地，十三世紀時蒙古人將部分遺跡重新整修成夏宮與遊獵場所，相關遺址目前已經被聯合國教科文組織認定為世界文化遺產。

掘的例外——都並非為了上層階級而製作。[203] 但我們沒有理由就此假設，伊利汗在繪畫以及供他們穿戴和做為禮物的奢華紡織品的設計上，沒有積極的興趣。[204] 他們的元朝堂親確實就展現了這方面的興趣。1276 年在從宋朝手中奪取杭州時，忽必烈的軍隊便小心保留皇宮收藏的繪畫，將其中許多運至汗八里。[205]1270 年，合罕禁止在綢緞上運用某些主題——日月龍虎——也不准在馬鞍上描繪龍或犀牛；上述的每個象徵都和遼與宋的帝國權力有緊密關連。1314 年，為了相同理由，元朝朝廷規定只有帝袍能畫五爪龍。[206] 換句話說，關乎到紡織品時，蒙古君主對象徵帝國特權的藝術傳統非常留意。

因此，我們也不該輕易忽略，在許多情況下，藝術作為視覺宣傳的可能價值。確實，已經有人提出，在書本插畫上的新發現，顯示「原先徹底的異族統治者」，開始有需要表達對伊朗「宗教與文化傳承新的公開支持」。[207] 這類認可不必然得等到皈依伊斯蘭教。我們會在下文中指出，阿巴哈相當熱衷於在蘇萊曼聖殿中置入《列王紀》故事的描繪，顯示伊利汗也認定他們也屬於神聖的伊朗王權傳統的一部分。不過大量的證據顯示，這類參與多半發生在合贊汗改宗之後。愛丁堡藏拉施德丁的《史集》的阿拉伯文手稿，也許可以提供細密畫作為宣傳手段的一個主要範例。就像此書的其他大開本手抄本，這種規格是設計用來接觸廣大群眾，並配上精美的大張插圖。在這些圖像中，君王和戰士總是繪以蒙古五官，即使是在蒙古之前，或更遙遠的前伊斯蘭時期的事件插圖上也是如此。許多細密畫呈現的主題，都用來提醒讀者某些重要事實：暴力，不論是征服的暴力或君主權威許可的暴力；在位君主的權威與榮光；以及君主對伊斯蘭的忠誠。[208] 完者都——以及他之前的合贊——顯然也認可這樣的訊息。某些細密畫描繪先知本人，則表示這些案例的背後動力來自於一位非穆斯林，或者也許該說，是來自於對穆斯林的感受僅有有限瞭解的新近皈依者。不過這整批細密畫，究竟出自哪一位伊利汗的旨意，目前還只能推測。

十二、文化傳播的限制

本章的開頭先檢視了跨大陸貿易的侷限。而觀念與技術的傳播，即便能免於跟貿易同樣的障礙，卻依然有其限制。雖然穆斯林對遠東和其他智識傳統的知識，在伊利汗改宗後持續快速增長，最明顯的侷限是中國式紙鈔——連帶印刷術——在伊朗無法站穩腳步，成為失敗之舉。但一般來說，如同愛爾森在其開創性的作品中所評論的那般，由於缺少明確的證據，我們也無法討論文化上的接受或拒絕。[209] 任何嘗試想要確認這些跨大陸接觸達到多廣泛的程度，以及其影響有多遠的疑問，只會引發東拼西湊與不完整的答案。一個需要考慮、卻無法得到答案的問題是，「伊朗性」（Iranianness）意識的增長是否曾對外來思想和實踐的開放心態，有不利影響。無論實際情況究竟如何，我想在學術研究的領域中，我們應該謹慎再三，避免過度誇大十三和十四世紀大部分的歐亞大陸間相互聯繫的流動。毫無疑問地，文化遭遇（encounter）這個事實的確曾發生過。但有時，我們較無法確定的是文化傳播（transmission）的事實——即外來知識對主體文化的重大衝擊。這份動力在兩個階段運作：首先，以迎接與翻譯新作品的方式呈現；其次，以在之後傳播翻譯文本的方式呈現。

我們該以歷史著作為探討起點，並得注意到拉施德丁後繼者的受限程度，我是指那些跟隨他的腳步，在稍後的伊利汗時代和伊利汗國之後的後繼者。他們大量借用《合贊汗祝福史》（也就是《史集》中專注於蒙古人的第一部），彷彿他們接受整個成吉思系歷史是伊朗或伊斯蘭歷史不可或缺的一部分。但除了巴納卡提（Banākatī）在自己的著作中放入第二部的摘要之外，這些後繼者對拉施德丁的其他民族歷史並未展露任何興趣。[210]

我們特別要釐清的部分則是醫學和天文學領域，在此——相較於藝術領域——既存的智識系統霸權相當不利於從外界而來的創新。[211]《伊利汗的中國知識寶典》僅留存下一本手抄本的事實就顯示，此書在伊利汗領土內鮮少流通；我們只有一個線索，顯示拜占庭醫生熟悉此書。[212] 再者，甚至連拉施德丁（以及或許和他合作的穆斯林學者）都在某種意識型態的侷限裡運作。中國醫學系統緊密根植於兩大相對立宇宙力量的內在原則（陰／陽）以及「五行」之說，基本上迥異於在伊斯蘭世界裡蔚為風尚的蓋倫派（Galenic）醫學系統，後者的理論基礎是體液（humours）。❽最近對《伊利汗的中國知識寶典》的學術研究已經闡明，拉施德丁的專家團隊是如何地忠實複製他們在中國範本裡發現的眾多意象，但卻又將它們剝離支撐這些典範的獨特中國宇宙體系。其結果是，他們沒有成功傳達中國醫學理論的真實樣貌。中國醫學實踐的中心是「氣」（「呼吸」、「生命本質」）的概念，氣發源於自然環境，並會強烈影響身體健康。《伊利汗的中國知識寶典》中借自中國文獻的圖表，便是試圖說明這個過程。但文獻的編纂者卻挪用了這項資料，將這個中國術語翻譯成「血」，並僅是採用圖表來呈現蓋倫派的傳統血液循環觀點。[213] 拉施德丁的學者團隊所做的選擇也許有部分肇因於蒙古人本身將「氣」詮釋為血液中的生命活力這個事實。[214] 考量到拉施德丁本人常被指控他改宗伊斯蘭教是個幌子而易受攻擊，這個未能成功詮釋異族與非穆斯林學術傳統的嘗試並不令人意外。

在理論方面，伊朗醫生在大體上 —— 無論是穆斯林或聶斯脫里派基督徒 —— 死守著他們的蓋倫派傳承。但是，儘管如此，在藥理學與治療技術的領域裡可明顯感受到中國的貢獻。在十世紀與十一世紀，大黃這個甘肅（西夏）地區和西藏北部的本土植物，其清瀉功能早已為伊斯蘭世界所熟知，但它的使用似乎在蒙古時期變得更為強烈。（生長在華南的）華澄茄與白胡椒，在拉施德丁的時代也是穆斯林醫生高度需求的藥材。[215] 另一方面，中國脈診概念對西亞已經存在的把脈技巧有何確切影響，還有待研究。[216] 就像羅茂銳強調的，熟悉中國文獻並未轉化成對中國醫學和藥理實踐的全盤接受：中國醫藥僅是用來作為某些已存在的治療方法的補充。[217]

在中國對穆斯林天文學的貢獻方面，我們亦可得到相同的結論。圖西令人印象深刻的團隊成員 —— 在此使用已故 E．S．甘迺迪創造的術語「箴刺

---

❽ 註：體液學說認為人的情緒變化來自人體內四種體液的不平衡，而蓋倫則將此說連結到人的四種氣質類型，體液過多有個別的氣質類型：熱血、憂鬱、激進和冷靜。

合學派」的天文學家——關注於解決長久存在於托勒密的《天文學大成》（*Almagest*）的內在矛盾：此書描述天體應該遵循統一的環形運動，但其所根據的數學模式卻無法與此吻合。[219] 但廣泛而言，即使他們一心想消除其前後矛盾，並修正托勒密行星典範，他們仍對傳承自托勒密的地心傳統忠心耿耿。在圖西的《伊利汗天文表》序言中提到的穆斯林同僚裡，烏爾迪（卒於 1265-6／664 年的）帶來了最革命性的進步。這可見於烏爾迪的《天文學之書》（*Kitāb al-hay'a*〔Book of Astronomy〕）——此書成書於 1259／657 年前（因而是在作者從大馬士革搬去篾剌合前），[220] 因此不能說他受到中國天文學的影響。喬治・薩利巴（George Saliba）已經闡釋，庫特卜丁・設拉子依後來在（除了水星外的）行星運行典範上借用烏爾迪的理論。[221] 中國實踐似乎只有在製作日曆時發揮其影響力。儘管瓦布卡納威多所責難，圖西含納中國術語與中國曆法的《伊利汗天文表》持續得到借用和援引，並成為一系列在東部伊斯蘭世界裡所出版的天文表的典範（包括據說是帖木兒帝國蘇丹兀魯伯所寫的《新古拉干曆數書》〔*Zīj-i sulṭānī*〕），這現象延續至十七世紀。[222]

背景廣泛不同的學者或藝術家間的合作在所能發揮的影響，則差別相當巨大。儘管篾剌合天文台的生命相對短暫，它甚至在哈米德拉・穆斯陶菲寫作的時代（1340 年左右）就已經荒廢，[223] 但「篾剌合學派」的活動就任何標準而言都頗為關鍵。他們不僅對促進伊斯蘭天文學的全新「黃金時代」做出貢獻，他們的成就也在轉而對哥白尼十六世紀早期的作品方面，提供許多資訊。[224] 但在這裡，結果最豐碩的合作是存在於穆斯林之間，而非穆斯林和他們的中國同行之間。整體而言，我們似乎可以持平的論斷：就我們所探討的伊斯蘭和遠東文化代表的某些接觸，這些接觸竟然可以發生，這點與緊隨接觸之後、是否有任何意義重大或長久的結果，還要更為使人振奮。

第三部

蒙古君主與穆斯林臣民

第九章

間接統治：附庸的穆斯林王國

蒙古人對其龐大帝國的某些定居區域實施間接統治。他們願意讓當地君主留在王位上，以此交換對蒙古主權的認可、忠誠的服務，以及要求上繳特定的貢賦。但他們在創造新王朝時也毫不猶豫，如果這是基於財務和戰略理由而必須採取的措施的話，例如他們在西藏便是如此，當局在 1240 年代和忽必烈統治時期，分別授與薩迦寺（Sa-Skya）住持薩班貢噶堅贊和其姪子統治權，使他們有別於當地其他統治者，實際上成為了總督。[1] 以幾乎相同的方式，某些政權在蒙古宗主權下於伊斯蘭世界繁盛昌榮，因征服者的偏寵而得到特別地位，成為新貴王朝；最明顯的例子是克爾曼的古特魯汗王朝和赫拉特的庫爾特王朝。我寫作本章的目的不是研究各個附庸國的歷史，這其中至少與西亞相關的部分，我已在別處探討過，[2] 在此，要專注的主題是說明蒙古宗主權在穆斯林附庸統治者身上的衝擊和影響。一如既往，我們對後來在伊利汗國領土上的這類地方政權，所能掌握的資訊較為全面。

一、欽察汗國和中亞

沒有證據顯示，在朮赤的領地境內有任何本地穆斯林君主存在——那是說，相對應於基輔羅斯的眾多留里克王朝大公而言。此地兩大定居穆斯林國家都遭到蒙古人殲滅。拔都的軍隊在1237年毀滅伏爾加河中游的保加爾政權；花剌子模從成吉思汗入侵之時，就歸於蒙古直接統治。但志費尼提到一位1230年代的花剌子模馬利克，雖然沒說出他的名字，但應該是得到征服者（因此得和蒙古的八思哈合作）的指派；[3]我們後來再也沒聽到他的消息。

而有更多證據顯示，至少在最初幾十年內，察合台兀魯思境內依舊有本地統治者存在。志費尼提到1230年代晚期布哈拉的馬利克是薩殷・馬利克・沙赫（Sāyin Malik Shāh），[4]並告訴我們，蒙哥在烏茲坎德（Üzkand，可能是費爾干納的同名城鎮）扶植海押立的阿爾斯蘭汗（Arslan Khan）的一個兒子。[5]根據同位作者，成吉思汗的盟友昔格納黑的斤直到死前（1253-4／651年）都統治著阿力麻里城，他的兒子隨後接掌；賈瑪勒・卡爾希顯示王族血脈繼續在此傳承下去——此處如此靠近察合台兀魯思的主要中心之一——直到至少1274-5／673年。[6]碑文和文獻證據都顯示，在塔剌思、赭石（現今塔什干）、忽氈、烏茲坎德與于闐，都有具有突厥姓名或頭銜的穆斯林君主施行統治。拉施德丁提到一位馬利克，納希爾丁・喀什噶里（Nāṣir al-Dīn Kāshgharī）每年上繳貢金給海都，此舉足以顯示他是喀什噶爾的本地統治者。據此可以合理地假設，喀什噶爾與于闐的統治者至少是在舊地統治，即海都和合罕領域間的邊疆地區，並在兩大君主夾縫間艱難地求生存：因為忽必烈最後處決了納希爾丁・喀什噶里。[8]除此之外，我們不知道這類統治者和察合台汗以及海都之間有著什麼樣的關係，除了阿力麻里城的統治者外（即使他們所屬的王朝甚至是最近才建立的），是否有任何人屬於可追溯至前蒙古時期的王朝。儘管夏班卡拉依提到某位阿里・火者（ʿAlī Khwāja）的後代在朮赤征服時，被指派為氈的一地的馬利克，後來也仍舊在那裡統治，[9]但我們不確定，上述提到的穆斯林皇家血脈是否持續至十四世紀。然而，我們的確知道，聲望很高的布爾罕（Al-i Burhān）成員，也就是布哈拉薩德爾的王朝，曾為喀喇契丹效力，而在十三世紀末十四世紀初時仍在河中地區享有高位。[10]

二、伊利汗國裡的臣屬公國

我們對伊利汗國內的附庸王朝所知則要詳盡的多，這在很大程度上要歸功於地方史書中曾經紀錄非常多位統治者。在蒙古世界的遠西邊境，魯姆的塞爾柱王朝的土地長久以來便不斷吸引游牧民族進攻。而在存活過 1243 ／ 641 年的科塞達格戰役（Kösedagh）的慘烈失敗後，塞爾柱人以衰微的國勢持續苟延殘喘。前面提過，旭烈兀於 1256 ／ 641 年發動西征時，拜住奉命留守安納托利亞。也是透過拜住的影響力，穆因丁・蘇萊曼（Mu'īn al-Dīn Sulaymān，凱霍斯洛二世的維齊爾之子）成為格利奇・阿爾斯蘭四世（Qilich Arslan IV）的掌印官（佩瓦內，parwāna），在超過二十年的期間內是此蘇丹國真正的統治者。[11] 在阿八哈於 1277 ／ 676 年下令處決佩瓦內後，塞爾柱蘇丹繼續在蒙古的控制下施行治理權，直到十四世紀初，儘管到那時蘇丹已經成為不重要的影子人物，大部分領土被前塞爾柱埃米爾、新興的突厥蠻酋長和其他族群瓜分，而那些族群中以鄂圖曼人最為出名。

位於美索不達米亞的兩個政權——巴德爾丁・盧盧在摩蘇爾建立的短暫王朝和在瑪亞法里斤的阿爾圖革王朝支系——在 1260-2 年間被消滅，作為他們反叛的懲罰。但旭烈兀立即將瑪亞法里斤並於稍後將阿爾山（Arzan）賜給末代埃宥比蘇丹的一位官員，[12] 而且進一步准許表示忠誠的多個王朝存續下去。有趣的是，文獻告訴我們，他對突蘭沙赫（Tūrān Shāh）的一個兒子穆瓦希・阿卜杜拉（al-Muwaḥḥid 'Abd-Allāh，卒於 1293 ／ 692 年）懷抱同情。突蘭沙赫是埃及最後一位埃宥比蘇丹，當他父親在 1249 ／ 647 年至埃及登基時，他被留在歆森卡伊法（Ḥiṣn Kayfā）統治，現在則因迅速投降而保住他的蘇丹國 [13]——他是附庸王朝世系的頭一位君主，血脈持續至十五世紀中期遭白羊王朝奪取為止；十五世紀一本佚名的埃宥比王朝史也曾提到過他。[14] 我們在上文中已經見到，馬爾丁的阿爾圖革王朝君主穆札法爾在他父親薩依德死後，帶領整座城市向旭烈兀的軍隊投降。這個王國存續至 1408 ／ 811 年，當時最後一位阿爾圖革王朝統治者將馬爾丁與黑羊王朝的摩蘇爾交換。[15] 當時在伊斯爾德

（Is'ird）似乎也存在著由世襲馬利克統治的王朝。[16]

於西北部伊朗，在亞塞拜然和阿蘭的埃爾德居茲王朝——這個地方後來成為蒙古第一批軍事總督綽兒馬罕和拜住鍾愛的總據點，後來則是深受伊利汗青睞——於 1231 ／ 628 年瓦解，在札蘭丁的壓力之下。札蘭丁於 1231 ／ 628 年慘遭謀殺後，蒙古人便恢復埃爾德居茲王朝，在大不里士先行扶植月即別之子卡穆希（Khāmūsh），隨後則是他的兒子努斯拉特丁（Nuṣrat al-Dīn）。[17] 在這地區倖存過蒙古人來襲的其他統治者包括錫爾旺沙赫（Shīrwānshāhs），我們對這個小國所知甚微，只知道蒙古時期此地君王的名號，以及旭烈兀在 1260 ／ 658 年處死其統治者阿赫希坦（Akhsitān）之事[18]，還有一些基督教王朝，如喬治亞國王、小（奇里乞亞）亞美尼亞國王和大亞美尼亞的諸多君主。裏海的吉蘭（Gīlān）疆土一帶是蒙古鐵騎難以征服之地，小君主在此能維持有效的獨立，並反抗連續不斷的伊利入侵。[19]

在伊朗南部，某些王朝得以在數十年間保持原封不動。可舉的例子有在法爾斯，突厥蠻人（可能是烏古斯人）出身的薩魯爾王朝（國祚為 1148 至 1285 ／ 543-684 年），在大盧里斯坦的哈札拉斯皮德王朝（Hazaraspids，國祚大約是 1141 至 1297 ／ 536 至 696 年），以及克爾曼的統治王朝，即歷史學家所知的古特魯汗王朝（國祚大約為 1226 至 1305 ／ 623-704 年）。前兩個王朝自大塞爾柱時期以來就開始掌權；其他王朝的國祚甚至超越伊利汗國本身，小盧里斯坦的阿塔貝格（atabeg）和夏班卡拉的庫德君主即是如此。這些南部統治者決定俯首稱臣的情況各異。在法爾斯，阿布．巴克．本．薩德阿塔貝格主動將姪子塔哈姆坦（Tahamtan）送至窩闊台汗廷，並稱臣納貢，這手段（就像他的鄰居克爾曼的巴拉克．哈吉布）為他贏得古特魯汗的頭銜，但他也為此受到朮茲札尼的激烈譴責。[20] 夏班卡拉依的說法似乎顯示，雅茲德的阿塔貝格庫特卜丁．馬赫穆德沙赫（Quṭb al-Dīn Maḥmūd Shāh）同樣也是自願臣服。[21] 蒙哥賦予旭烈兀的任務之一就是削弱盧爾人（Lurs）和庫德人。蒙古人在小盧里斯坦發現一位能使順服之路容易的盟友，就像在錫斯坦一樣；阿塔貝格巴德爾丁．馬斯烏德（Badr al-Dīn Masʿūd）在面對有哈里發作後盾的敵人時，他的反應是轉而尋求蒙古的協助，並認可合罕的宗主地位。[22] 但夏班卡拉雖然送了窩闊台禮物，後來卻拒絕為巴格達戰役提供軍隊，最後招致蒙古人的攻擊而降服。夏班卡拉的阿塔貝格是穆札法爾丁．穆罕默德（Muẓaffar al-Dīn Muḥammad），他在一次首都遭包圍時，被旭烈兀的將軍帖古赤那（Ötegü China）殺害，時間是 1260 年 1 月中旬／ 658 年 2 月初，而遭到殺害的統治者的兒子庫特卜丁．穆巴利茲（Quṭb al-Dīn Mubāriz）則被扶植為其繼任者。[23]

當蒙古的宗主權擴展到伊朗南部，不僅讓沿海地區的商業財富，成為大量新貢賦的來源，也將帝國的影響力擴展到波斯灣之外。像薩魯爾王朝的阿塔貝格，阿布．巴克爾（統治期間為 1226-61 ／ 623-59 年），便控制了廣大的海域與航路，從接近波斯灣北岸的基什島跟對岸的蓋提夫開始，再延續到南岸的巴林，再到印度西北角的肯帕亞（坎貝）。肯帕德的穆斯林商人都以阿塔貝格之名進行呼圖白，據傳當地的印度教國王接受了法爾斯派來的席赫納，並每年上繳一筆協議好的貢金數目。根據拉施德丁和幾十年後的伊本．札爾庫伯的說法，阿塔貝格的權力在印度其他地區也受到認可。這很有可能只意味著在公開祈禱中提到他的名字以彰顯當地穆斯林社群商業關係[24] 上的重要性（也許還有不信道的君主在渴切促進商業發展上所送的禮物）；但阿布．巴克爾的頭銜相當浮誇，他的名號是「所羅門帝國繼承者，海上與陸上的蘇丹」。這位阿塔貝格對島嶼的鬆散掌控並非毫無受到挑戰；至少霍爾木茲就是臣服於克爾曼。[25] 但這樣一位附庸領袖的聲望也許會被人們視為蒙古騎兵在所能蹂躪的地區之外，仍能執行帝國統治的標誌，而從合罕（從 1260 年代開始則是伊利汗）的威權所能及的周邊區域看來，他的影響力也輕易跨越阿拉伯海域，一路暢行無阻。

在呼羅珊東部的印度邊界，朮茲札尼曾提到數個接受蒙古宗主權的君主。第一位是前花剌子模軍官，哈桑．葛邏祿（Ḥasan Qarluq），這位賓邦（Binbān，印度河中游以西）的統治者在 1234-5 ／ 632 年蒙古入侵後，隨即認可窩闊台的宗主地位；他的兒子兼繼任者納希爾丁．穆罕默德（Nāṣir al- Dīn Muḥammad）也同樣是蒙古臣屬。[26] 札蘭丁．馬斯烏德（Jalāl al- Dīn

Mas'ūd）是德里蘇丹伊勒圖特米胥（Iltutmish，統治期間為 1246 至 66 ／ 644 至 64 年）的兄弟，在遭到宮廷敵人威脅時逃至合罕的總據點，並在撒里那顏的領導下，帶著一支蒙古軍隊班師回朝，撒里那顏遂在拉合爾和旁遮普西部（很可能是在 1252 年或之前／ 650 年）扶植他為王。[27] 代表德里蘇丹統治信德的庫胥律汗（Küshlü Khan）親赴旭烈兀的總部，請求賜與蒙古席赫納的頭銜，並在 1257 ／ 655 年，帶領一支蒙古軍隊進入他的省分。[28] 最後，納希爾丁·穆罕默德蘇丹本人以在 1260 ／ 658 年接見旭烈兀的使節而聞名，那是薩里得到嚴格授命不准軍隊侵犯德里疆土的結果。我曾在別處提到，朮茲札尼曾試圖對這段歷史插曲進行美化，但此事件在事實上是對蒙古人的俯首稱臣。[29]。在朮茲札尼停筆後的隨後時期，我們只有這些地區的極少量資訊，而伊利汗國在此地的影響似乎很短暫。儘管旭烈兀（在 1260 ／ 658 年）因懷疑其意欲謀反而處決賓邦的納希爾丁·穆罕默德，他的領地的確在幾年內轉移到聶古迭兒部手上，而拉合爾和信德則在 1260 年代由德里蘇丹吉亞斯丁·巴勒班（Ghiyāth al-Dīn Balaban）併吞。[30]

三、新王朝

某些附庸王朝是新近才建立的。古特魯汗王朝源自兩位喀喇契丹的軍官，他們原本為花剌子模沙赫摩訶末效勞，兩人分別是巴拉克·哈吉布（Baraq Ḥājib，Ḥājib 有「管家」之意）和他的兄弟哈密德普爾（Khamīd-pūr）。1224 ／ 621 年，札蘭丁在印度重整旗鼓之際，儘管波剌黑曾經受吉亞斯丁（Ghiyāth al-Dīn，札蘭丁的同父異母兄弟）封為古特魯汗，卻背棄了他，圍攻吉亞斯丁在古瓦希爾（Guwāshīr，後來稱做克爾曼）的封地。他也反抗札蘭丁，直到不得不臣服於他。他也庇護了吉亞斯丁，並藉機和他的母親結婚，但當他的部分下屬引發吉亞斯丁的疑心時，便將這對母子勒斃。巴拉克·哈吉布從阿拔斯王朝哈里發那得到統治克爾曼的認可，被賜予古特魯蘇丹頭銜；但他充分展現投機分子的作風，也對窩闊台俯首稱臣，窩闊台也承認了他的古特魯汗頭銜。他提議代替蒙古人征服錫斯坦，並據說（很久後）才將吉亞斯丁的人頭獻給合罕（1235／632年），儘管在使節從蒙古返回前，他已經過世。[31]

赫拉特的庫爾特王朝統治者某種程度上，也是蒙古扶持下的產物。在1253／651年，或在此不久前，新近登基的蒙哥合罕賜予王朝創立者夏姆斯丁·穆罕默德（卒於1278／676年）總督職位，統治範圍涵蓋赫拉特、「錫斯坦」（可能是古爾和鄰近地區的代稱❶）、巴爾赫，和「所有通往印度方向的地區」。[32]夏姆斯丁的父親阿布·巴克爾·庫爾（或可能是阿布·巴克爾伊·庫爾特）[33]極可能就是拖雷在1221／618年指派，與蒙古席赫納曼古特（Mengütei）一起統治赫拉特的阿布·巴克爾：兩人都在繼花剌子模沙赫札蘭丁在帕爾旺打勝仗的消息傳來後的起義中被謀殺。[34]夏姆斯丁·穆罕默德在向蒙哥請願時聲稱，他從成吉思汗本人那得到統治古爾和凱薩（Khaysār）據點的敕令（札里黑）。[35]但在1220年代中期，這些地區是由魯昆丁·穆罕默德（Rukn al- Dīn Muḥammad）統治，他一定是代表蒙古人行使治權，並可能是夏姆斯丁·穆罕默德的舅舅。[36]薩義菲指稱，魯昆丁本人的父親是伊札丁·烏瑪爾（'Izz al-Dīn 'Umar），後者曾一度是古爾王朝的赫拉特總督，但被朮茲札尼稱之為奧斯曼，朮茲札尼曾奉命為魯昆丁出過幾趟外交任務。[37]這使得朮茲札尼成為比薩義菲更值得信任的消息來源，後者顯然一心只想為魯昆丁和他姪子塑造輝煌的軼事。但魯昆丁和阿布·巴克爾兩人究竟誰才是志費尼筆下的「魯昆丁·庫兒特」（Rukn al- Dīn Kurt），我們則無法確定，志費尼告訴我們，此人從成吉思汗那得到某種札里黑。[38]無論如何，我們沒有證據證明，夏姆斯丁的祖先（可能除了在位期間短暫的阿布·巴克爾之外）曾在1240年代前，於赫拉特本地施行過統治權，夏姆斯丁是在此時首度以此城統治者的身分出現。[39]

在蒙古人於1235-6／632年攻陷錫思坦首都，並殺害國王塔吉丁·易納

❶ 註：因為真正的錫斯坦在更遙遠的南方，不在赫拉特。

得金（Tāj al-Dīn Yinaltegin）後，米哈拉巴尼德（Mihrabanid）王朝❷是如何崛起的，我們並不清楚。但新國王夏姆斯丁・本・馬斯烏德（Shams al- Dīn ʿAlī b. Masʿūd）在 1236 年 5-6 月／ 633 年 9 月，從大公們那裡得到確切忠誠的誓言，並自稱是一度統治過此地的薩法爾王朝的子孫；他花了兩年或三年征服此地區，爾後在 1238-9 ／ 636 年遠赴窩闊台汗廷，得到頭銜和管轄權的確認。[40] 不論他出身為何，他因此成為蒙古人的不二人選。他在 1255 ／ 653 年被赫拉特的夏姆斯丁・穆罕默德殺害，而他的兒子兼繼任者在隨後超過十年內抵禦庫爾特王朝的進犯。[41] 錫斯坦很快便脫離伊利汗國的勢力範圍，它的國王擊退伊利汗入侵數次，並派他的兒子去占領呼羅珊南部的庫希斯坦（Quhistān），十五世紀的雅茲德史書則聲稱此王國並未向合贊稱臣（伊利）。[42]

由於庫爾特王朝統治者被授予大量土地，因而在呼羅珊東部地區的小國王間，取得更高層君主的地位。對伊利汗而言，赫拉特具有特殊的戰略地位。為了防備鄰近半自治的錫斯坦王國和更遠的聶古迭兒部（或 Qara'unas）蒙古人，在此地扶植偏向己方的政權實屬必要。再者，當伊利汗在 1266 ／ 664 年開始對抗河中地區的蒙古敵軍，赫拉特在呼羅珊的關鍵地位便更形重要。之後的察合台系軍隊，得向庫爾特人交涉，才能通過此地，八剌汗在 1270 ／ 668 年時就是如此。而 1318-20 ／ 718-20 年，叛逃的親王牙撒兀兒也想方設法要如法炮製，結果也以失敗告終。

四、伊朗：北部和南部

我們常將伊朗劃分成兩大截然不同的區域：南部溫度較高，且較不適合游牧民族居住，地方王朝維持某種權威，儘管現在臣服於合罕，或在稍後降服於伊利汗。北部地區大多是吸引人的草原，儘管容易受到其他蒙古勢力攻擊，最後還是在 1260 年後，成為伊利汗國的主要根據地，隨之成吉思汗時代的本地

❷ 註：1236至十六世紀中期統治錫斯坦的穆斯林王朝。

勢力，多半都遭到掃除。[43] 遠東地區也有類似的案例，在拉施德丁所稱的「小國王時期」（mulūk-i ṭawā'if），征服者會容許及利用草原邊境的本土政權，最後在攻伐金朝時予以鎮壓，[44] 而與此同時則玩兩手策略，允許非草原政權如朝鮮和西藏的附庸統治者存續下去。

然而，這個區別放在伊朗的脈絡中也許沒那麼恰當，因為在此蒙古人往往沒有廢除當地君主，即使是在西北部。加茲溫的馬利克曾在 1244-5 ／ 642 年短暫出現；庫姆的馬利克在蒙哥統治期間被蒙古司令官處死（司令官後來遭阿兒渾阿合處決）；哈瑪丹的一位馬利克在 1262 ／ 660 年和 1295 ／ 694 年曾被人提上一筆。[45] 在阿兒渾阿合總督統治期間和蒙哥登基的記載中，志費尼神祕地提及「薩德爾丁，全阿闌和亞塞拜然的馬利克」。[46] 在敵人環伺的情況下，他似乎被埃爾德居茲王朝的努斯拉特丁取代，但在蒙哥登基後又復位。[47] 他極有可能就是「大不里士的薩德爾丁馬利克」，在旭烈兀治下非常活躍，而在阿八哈登基時，得到據有該城的承認。在大約 1262 年時，由於遭懷疑對欽察懷抱同情而失勢，他接受了幾下鞭刑。當旭烈兀將阿闌和亞塞拜然轉而賜予自己的兒子玉疏木忒時，他的權威可能遭到削減；[48] 然而，薩德爾丁的兒子伊瑪德丁．穆罕默德（Imād al- Dīn Muḥammad，卒於 1277-8 ／ 676 年）還是在 1269-70 ／ 668 年繼任。[49] 隨後的馬利克歷史則不為人所知。另一位薩德爾丁是雷伊的馬利克，據說在 1273 ／ 671 年殉教，而 1260 年代從瓦拉明據點統治這個區域的地方馬利克王朝則倖存至十四世紀。[50] 烏瑪里寫作的年代是伊利汗國的末期，他的印象則是席姆南（Simnān）有自己的統治者（ṣāḥib）。[51] 大約成書於 1358 年的《終極純粹》（*Ṣafwat al-ṣafā*）收錄了早至謝赫．札希德（Shaykh Zāhid，卒於 1301 ／ 700 年）的生平軼事，至少提到一位統治哈勒哈勒（Khalkhāl）的馬利克，此地區域廣大，顯然不能以地方領主視之。[52]

如同西北部，伊朗東北部也因為豐美的牧草地而為蒙古人所看重，當地也有本地的國王：比如，阿比瓦爾德的伊赫提牙爾丁、畢斯塔姆的夏拉夫丁，和庫希斯坦的馬利克，後者死於 1267-8 ／ 666 年，富瓦惕曾提到他。[53] 在最初幾十年內最得勢的似乎是馬贊德蘭的軍事領袖，也就是卡布德—賈瑪的努斯拉特丁，以及呼羅珊的蘇盧克的巴哈丁。我們在之前曾討論卡布德—賈瑪的統治者如何得益於蒙古人的協助，從花剌子模帝國的死亡灰燼中，收復他的國家。由文獻可知，在 1232-3 ／ 630 年，從烏滸水以西來的兩個人成為首批馬利克，他們曾遠赴窩闊台的汗廷。滿懷感激的合罕賜予努斯拉特丁「從卡布德—賈瑪至阿斯塔拉巴德外的所有土地」以作為犒賞，並任命巴哈丁為「呼羅珊，即伊斯法拉因、志費恩、賈賈爾姆、朱巴德和阿爾格陽的馬利克」。[54] 巴哈丁後來由兄弟尼札姆丁繼位，[55] 但我們對卡布德—賈瑪後來的馬利克則毫無所知。這些地方政權很有可能要不是在 1240 年代，由於拔都大軍和窩闊台及貴由對抗而遭受無妄之災，就像格利揚的馬利克一樣，要不就是不能倖存過旭烈兀的入侵、其與欽察汗國的暴力衝突，以及伊利汗國在 1260 年代後的崛起。我們也許可將這許多人物視為等同總督；[56] 但權位通常是世襲，使他們的地位難以和庫爾特王朝或古特魯汗王朝的王位做出區分，這可能顯示蒙古人嚴密監視其他新王朝的誕生。無論如何，不管是馬利克或總督，他們同樣受制於宗主的喜怒無常。

五、附庸臣子的負擔和好處[57]

塞爾柱歷史學家伊本·比比抄寫了一位夏姆斯丁·烏瑪爾·加茲溫尼於 1236 ／ 633 年拜訪魯姆蘇丹阿拉丁·凱庫巴德一世（'Alā'l-Dīn Kayqubād）宮廷的故事。加茲溫尼是為窩闊台效力的寶石商人，帶著合罕表揚凱庫巴德一世公正治理的敕令前來，敕令裡還表達暗地的威脅，希望蘇丹會證明合罕沒有必要攻擊和摧毀他的領土。在回應蘇丹的詢問時，加茲溫尼敦促他臣服於蒙古人。他宣稱，蒙古人要求的負擔相當輕鬆：他們只要求每年進貢少量精緻衣物、馬匹和金子。凱庫巴德一世不久後便駕崩（1237 年 5 月 30 日／ 634 年 10 月 3 日）；但他的兒子兼繼任者，吉亞斯丁·凱霍斯洛二世讓加茲溫尼帶著禮物和臣服訊息返回汗廷。儘管在伊朗北部遭阿撒辛派羈留數月，這行人仍舊透過蒙古將軍綽兒馬罕的介入而得以繼續前行，成功送交塞爾柱蘇丹的書信。[58]

但加茲溫尼空洞的保證，使得凱霍斯洛對拔都七年左右後的進攻猝不及防，也對臣屬於蒙古人的現實毫無準備。

現今留傳下來的大部分蒙古最後通牒全是針對西歐統治者而發，一般來說都語意含混又模糊。貴由在 1246 年打發柏郎嘉賓，讓他帶著一封信上路，信中傳喚教宗和「國王們」親自來他的汗廷表達臣屬之意，並聆聽「札撒中的每道命令」。[59] 但在 1232 和 68 年間送至高麗王國的敕令，對「新附庸國」所要求的義務反之則更為詳盡：統治者必須進貢、送上人質、呈上人口登記、建立驛站、提供軍隊和後勤來支援蒙古軍事行動、親自到帝國汗廷晉見，和接受蒙古代表（達魯花赤或八思哈）的存在。類似的明確要求也出現在忽必烈於 1267 年寫給安南（現今越南）國王的信中。[60]

送抵近東的最後通牒則在史料中提到其他具體的特定要求，特別是防禦工事的銷毀，如在 1244 年給法蘭克君主安提阿的博希蒙德五世（Bohemond V of Antioch）和稍早幾年給瑪亞法里斤的謝哈布丁．加齊的信中。[61] 後者的兒子卡米勒將在 1260 ／ 658 年，因特別無視旭烈兀要他將阿米德的城牆徹底摧毀的命令，而遭到責斥（和處決）。[62] 在城牆毀滅之後往往接踵而至的是蒙古軍隊的勝利或統治者的和平投降。因此，當大馬士革在 1260 年投降時，城堡的城牆和高塔遭到毀壞。[63] 瓦薩甫告訴我們，按照皇家敕令（札里黑），額勒赤當時在法爾斯全境內巡視，監督所有堡壘的毀壞行動，除了那座在阿塔貝格的要求下，保持完封不動的白堡（Qal'a-yi Safid）。[64] 在錫斯坦統治者臣服於窩闊台之後，一位蒙古將軍便在當地國王的陪同下，拆除了當地的堡壘。[65] 而在信德，庫胥律汗在此投降，薩里的軍隊於 1257 ／ 655 年拆毀烏奇奇（Uchch）和木勒坦的城牆。[66] 根據聖康坦的西蒙所言，蒙古人更進一步禁止附庸君主雇用法蘭克傭兵，如魯姆的凱霍斯洛二世所做的那樣，法蘭克傭兵可說是塞爾柱王朝的「瓦良格禁衛隊」❸。[67]

---

❸ 註：瓦良格衛隊為拜占庭皇帝的宮廷禁衛軍，多由外來的維京人組成，作者以此比擬法蘭克傭兵與塞爾柱統治者的關係。

蒙古人在臣屬國派駐八思哈，監督君主的活動、執行人口普查，並將貢物繳交中央。[68] 八思哈的人數並不固定。蒙古人為馬爾丁指定了三位席赫納（八思哈），[69] 可能也在那地區的每個小王國裡都做了類似安排；但他們也在摩蘇爾安排一位總督，後者全權統治賈濟拉，至少在此地於 1303 ／ 702 年轉賜給馬爾丁的附庸統治者前是如此。[70] 瓦薩甫在讚美法爾斯的阿布・巴克爾阿塔貝格的先見之明時，提到許多位八思哈；阿布・巴克爾在設拉子外贈與他們合適的居所，提供他們所需，但自己也住在附近，並阻止百姓前去那裡，如此一來，沒有人能確定他王國的附庸地位。[71] 1263 ／ 661 年，在阿塔貝格塞爾柱・沙赫暴亂的前夕，法爾斯有兩位八思哈，歐古貝格（Oghulbeg）和忽都魯・必闍赤（Qutlugh Bitikichi）。這兩個人與忽都魯・必闍赤的妻兒及家庭成員遂成為暴動的第一批受害者。[72]

我們已經注意到以實物繳交貢物的案例。所求的現金總數數字很少見。在攻城前預先要求投降時，貢品的設定可能在相對較低的水準，並以十分之一比例的形式上繳，就像拔都的軍隊在 1237 年於羅斯的梁贊（Riazan）城首度出現時的要求一樣。[73] 當統治者是自願投降時，強加在統治者身上的財務負擔會低於那些頑強抵抗的案例。阿布・巴克爾這位俯首聽命的法爾斯阿塔貝格每年送往窩闊台汗廷的貢品僅僅是三萬金第納爾，這數目讓瓦薩甫不屑一顧，說它只等同於設拉子最貧窮地區的歲入；儘管阿塔貝格還附上大量珍珠和其他寶物。[74] 然而，那些需要蒙古軍隊使用更強大武力的許多君主被迫交出更大部分的財物。在科塞達格（於 1243 ／ 641 年）戰敗後，凱霍斯洛二世和他的繼任者被迫每年上繳給在穆干的蒙古軍隊一百二十萬 hyperpera（「伊珀皮隆」〔hyperperon〕是拜占庭金幣，又稱「貝桑特」〔bezant〕）、五百匹馬、五百匹駱駝、五千頭綿羊和五千匹織金錦；附加的禮物據稱有相同或更大的價值。[75]

兩段不同插曲則突顯出貢品的要求數量絕非一成不變。當旭烈兀將魯姆蘇丹國分封給凱卡烏斯二世（ʿIzz al- Dīn Kaykāwūs）和格利奇・阿爾斯蘭四世（Rukn al- Dīn Qilich Arslan）這對兄弟十六年後，在 1259 ／ 657 年，年度貢金總數固定為兩百萬（二十圖曼，可能是第納爾），還有五百匹絲綢織金錦（nakh）和大馬士革布料（kamkhā）、三千頂邊緣裝飾著金銀花絲的帽子、五百匹馬和五百匹騾子：[76] 有些數量和對他們父親的要求相同，但現金總數可能有所增加，帽子則顯然是代替五千頭綿羊（自 1256 年就駐紮在安納托利亞的蒙古軍隊對此毫無疑問地擁有更直接的取得方式）。

距此稍早，伊本・夏達德描述拜住的使節在 1251／649 年抵達大馬士革，一行人由商人陪同。他們帶著詔書而來，其中規定納昔爾・尤素夫和其他許多君主必須繳納的貢金數目：尤素夫和魯姆的伊札丁各須繳納二十萬第納爾；摩蘇爾的巴德萊丁・盧盧、馬爾丁的薩依德、瑪亞法里斤的卡米勒和吉茲拉特・伊本・烏瑪爾的統治者各須繳納十萬；而歆森卡伊法的統治者則得交出五萬：這些數目被描述為必須付給商人的「應付款項」（哈瓦拉，ḥawālāt），可能就是年度貢金。據說其他君主提出抗議，因為他們以尤素夫的名義做呼圖白，沒有他的准許，他們便不能支付這些款項。伊本・夏達德敦促尤素夫拒絕服從，所基的理由是貴由在 1246／643 年就已經解除他支付貢品或供給軍隊的義務。相關文件存放在阿勒坡，伊本・夏達德則銜命陪同蒙古使節及商人適時回返汗廷解釋此事。[77]

我們對尤素夫等人派出使節的下場以及貴由的反應都難以知悉，因為在 1244／642 年蒙古便發兵敘利亞。[78] 乍看之下，敘利亞諸王似乎被空洞的承諾欺騙，而貴由或他的將領則先行嘲諷地豁免他們一般重擔，清楚知道他們稍後會在飽受威嚇的情況下提供貢物和輔助軍隊。另一方面，對貴由政權的批評之一是，他奢侈鋪張，浪費帝國資源。而新近遴選出來的蒙哥合罕也沒有任何責任去履行貴由的承諾（儘管他的確滿足了前任者的債主）。

在蒙古人所提出的更繁重的要求裡，有一項是為蒙古駐軍提供住宿和補給。蒙哥明確豁免小亞美尼亞基督教國王海屯一世這個義務，作為他於 1254 年親自拜訪汗廷的回報，這顯然是個罕見的特權。[79] 探馬軍隊的來臨，為已存在的游牧人口添加大量牧民，比如，在法爾斯，游牧人口已經包含夏班卡拉庫德人、突厥蠻人，以及舍爾人，或者是在魯姆，拜住軍隊的駐紮增加了彼此摩擦的機會。最後，當蒙古要進行擴張戰爭、要懲罰反叛者，或要出兵應對其他支系的蒙古敵對勢力等等時，附庸君主必須提供自己的軍隊。就像巴德爾丁·盧盧一樣，這類服務在出兵目標是鄰近敵手或令人深惡痛絕的伊斯瑪儀阿撒辛派時，也許相當吻合他們自身的野心和反感。夏姆斯丁·穆罕默德·庫爾特親自參與撒里那顏的印度遠征，以及旭烈兀在高加索地區與別兒哥的戰役。[80]蒙古軍隊於 1263 年擊敗法爾斯的塞爾柱·沙赫的叛亂，便得到來自克爾曼、盧里斯坦、雅茲德阿塔貝格阿拉·道拉（'Alā' al-Dawla）和夏班卡拉阿塔貝格尼札姆丁·哈桑（Niẓām al-Dīn Ḥasan）的軍隊援助；哈桑後來死於戰役，阿拉·道拉則因負傷而亡。[81]1270／668 年，克爾曼蘇丹哈賈吉和大盧里斯坦的阿塔貝格尤素夫·沙赫，陪同阿八哈出征呼羅珊以對抗察合台入侵。尤素夫·沙赫並在阿八哈侵略吉蘭時提供通信服務。[82]1299／698 年，馬爾丁的納吉姆丁蘇丹（Najm al-Dīn）帶著軍隊和補給，支援合贊對馬穆魯克敘利亞的第一次侵略。[83]不同時期的史料都暗示，這些穆斯林君主對提供軍隊給蒙古攻打哈里發的內心感受。旭烈兀處決大盧里斯坦的阿塔貝格塔可拉（Takla），因為他過於公開地表達他對謀殺穆斯台綏木以及屠殺穆斯林的嫌惡。[84]拉施德丁告訴我們，即便巴德爾丁·盧盧出兵協助旭烈兀攻打巴格達，但當他受命要將哈里發的將軍，也是他的友人，蘇萊曼·沙赫·伊本·巴爾占姆的人頭掛在摩蘇爾的城牆上時，不由得哭了；但他還是服從命令，唯恐自己性命不保。[85]

除了利用八思哈來監視附庸君主之外，蒙古人也在宮廷中扶養他們的某位男性親屬（可能是兒子、兄弟或其他人），將之納入怯薛，試圖確保附庸君主的忠誠。這種作法與成吉思汗時代利用怯薛攏絡草原貴族子弟的手法如出一轍。因此，法爾斯的阿塔貝格阿布·巴克爾每年都送他的兒子薩阿德（二世）和一位姪子去窩闊台的汗廷；薩阿德在他父親於 1261／659 年死去時，正在旭烈兀的根據地當人質，僅僅繼任了十八天，便病死於返回設拉子的路上。[86]這體制不僅是乖乖聽命的保證。當然，如果不能達到這個目的，人質便能取代反叛的統治者。此外，它還設計來加強人質王子和帝國體系之間的關係。我們將在下文中對此做出更多探討。

在大一統帝國時代，許多統治者透過高階代表，或親自長途跋涉前去蒙古，以表達他們對合罕的臣服。柏郎嘉賓在1246年貴由準備登基的前夕時發現，帝國斡耳朵裡就有超過十位「撒拉森人的蘇丹」，遺憾的是，他沒有明確列出他們是誰。[87]我們已經指出，阿勒坡的納昔爾·尤素夫蘇丹、馬爾丁的阿爾圖革王朝君主和摩蘇爾的阿塔貝格巴德萊丁·盧盧都有派遣使節。當然，長遠來說，蒙古人只對統治者親自來一趟感到滿足。旭烈兀因為盧盧年老而解除其長途跋涉的義務，但卻再三要求納昔爾·尤素夫應該親自來他的斡耳朵，並將他的沒能服從視為不忠誠的表現。但拜訪合罕總部是個令人生畏的漫長旅程。瑪亞法里斤的卡米勒在1253年初／650年末出發前往蒙哥汗廷，在1257年1月31日／655年1月12日才返回他的首都：[88]他因此有超過四個陰曆年不在國內，而當時有來自像盧盧這樣的鄰居垂涎他的土地，領土受到侵犯是始終存在的風險。

有些附庸君主沒能熬過旅途的折騰。凱霍斯洛二世的三個兒子中最年輕的凱庫巴德二世（三子共同統治魯姆），就在1257／655年，於親赴蒙哥斡耳朵的路上喪命，儘管我們不清楚是在哪個階段。根據伊本·比比的說法，他是在路途上於神祕情況下，被埃米爾發現身亡；拜巴爾·曼蘇里的版本則是當一行人抵達汗廷時，蒙哥詢問他的死因為何；巴爾·希伯萊的版本指控是他同父異母哥哥凱卡烏斯二世指定陪伴的顯要犯下謀殺罪；但相反地，哈米德拉·穆斯陶菲則聽說阿拉丁在靠近魯姆時被他另一位同父異母兄弟格利奇·阿爾斯蘭四世毒殺。[89]不管在此案例中真相為何，似乎沒有穆斯林統治者是在此類拜訪途中因蒙古人的陰謀而遭殺害，如同柏郎嘉賓對羅斯大公雅羅斯拉夫（Iaroslav，1246年）的案子所懷疑的那般。[90]

儘管危險重重，附庸君主很有可能能從合罕汗廷之旅（或隨後的伊利汗汗廷）得到意外好處。蒙古統治者特別尊重以這種方式來表達忠誠的君主；這個姿態能得到許多好處，而蒙古人會拒絕給予較無進取心的臣屬相同好處。成為蒙古附庸不純粹僅是繁重的財務和軍事負擔，它也帶來潛在的利益。首先，一般來說，它以牌子（paiza）的形式為君主的地位背書，進而確認或延伸他的領土範圍，甚至在某些案例中，君主還能得到一筆錢。這類恩惠具有特別價值，或許對上述那些新貴統治者而言是如此。在赫拉特的夏姆斯丁．穆罕默德．庫爾特的例子裡，他從蒙哥那得到這些好處（其領土得到可觀的擴展），他所得到的禮物則被湯瑪斯．愛爾森（Thomas Allsen）恰當地稱之為「種子資金」（seed money），用來鞏固最近新崛起的權勢臣屬之忠誠。[91] 其他報酬也許包括從被推翻但聲望很高的王朝裡挑位公主賜婚。花剌子模沙赫札蘭丁的一位女兒被綽兒馬罕在兩歲時送到蒙古，在窩闊台的汗廷中養大，後來隨著旭烈兀的人員返回，在 1257-8 ／ 655 年，嫁給薩利赫．易司馬儀（al-Ṣāliḥ Ismā'īl），以表彰他父親盧盧的忠誠服務（盧盧本人是篡奪摩蘇爾王位的奴隸）。[92] 但薩利赫並不滿足於向蒙古人維持摩蘇爾傳統上的忠誠而得到特權，因此為自己帶來災難。

蒙古君主也履行以往可能由阿拔斯王朝哈里發所扮演的角色，即臣屬間或附庸君主家庭紛爭間的仲裁者，儘管蒙古人能夠透過軍事力量來強制執行他們的決定，這點與哈里發不同。當瑪亞法里斤的卡米勒於 1253 ／ 651 年抵達蒙哥汗廷，並與馬爾丁的薩依德的兒子穆札法爾、以及摩蘇爾的盧盧因誰先誰後覲見的問題捲入爭吵時，合罕要每個人描述他管轄下的地區；卡米勒似乎主要是因為擁有最大的領土（而不是因為在三人中他已經是位統治者），獲得有利裁決。[93] 當格利奇．阿爾斯蘭四世於 1246 ／ 644 年拜訪貴由的汗廷時，貴由以賜予他魯姆的王位和罷黜他的同父異母兄弟凱卡烏斯二世，作為回報。[94] 有時蒙古人在敵對臣屬間的仲裁導致分享統治權，甚至導致附庸國的瓜分。貴由的敕令沒有結束魯姆內的兄弟爭權，但最後在 1249 年，凱卡烏斯二世和格利奇．阿爾斯蘭四世達成妥協，願意共治。然後，在 1257 ／ 655 年或不久後（在他們最年輕的弟弟凱摩巴德二世過世後），旭烈兀將蘇丹國分封給凱卡烏斯和阿爾斯蘭，[95] 與貴由在 1246 年將喬治亞王國劃給兩位敵對堂兄弟大衛四世和大衛五世的手法如出一轍。小盧里斯坦的王位則有兩次由其統治王朝的兩位成員分享，第一次是遵循阿八哈在 1278-9 ／ 677 年所下的命令，稍後則是完者都。[96] 至於貼古迭兒．阿赫邁德，他將魯姆再次分封給兩位競爭對手，也就是阿爾斯蘭的兒子凱霍斯洛三世和他堂兄弟吉亞斯丁．馬斯烏德二世，後者剛從長期在朮赤汗國內流亡後返國。[97]

君主若被迫羈留在蒙古總部則可能引發更令人垂涎的機會。大盧里斯坦的阿夫拉西亞伯（Afrāsiyāb）是阿魯渾汗廷的人質，（1286-7 年，即在／ 685 年）得到伊利汗的札里黑，指定他為父親優素福沙赫的繼任阿塔貝格，而這似乎主要是因為他與影響力強的那顏孛羅丞相存有好交情；他的哥哥阿赫邁德後來取代他成為人質。[98] 克爾曼的巴拉克・哈吉布將兒子魯昆丁・火者楚（Rukn al-Dīn Khwājachuq）送到蒙古帝國總部當作人質，窩闊台合罕因此發出一道札里黑給他，命他在其父親死後 1235 ／ 632 年繼位；而他也在 1236 年 5 月初／633 年 8 月末在克爾曼成功登基。但在這個例子中，新統治者很快就遇上王位紛爭。他的堂兄弟庫特卜丁・穆罕默德（Quṭb al-Dīn Muḥammad）被巴拉克・哈吉布私下指定為繼任者，在此時旅行至蒙古，但多年來卻無法扭轉敕令。然而，在蒙哥於 1251 ／ 649 年登基後，他成功了。理由可能是新合罕認為庫特卜丁與被取代的窩闊台政權關係過於密切；庫特卜丁後來向巴格達的阿拔斯王朝哈里發尋求庇護，反而加重他原先被懷疑的模稜態度，此舉被證實是徒勞無功，他隨後被轉交給其堂兄弟處決。[99]

順從的臣屬君主得到額外土地的恩賜則是家常便飯。上文已經提及，在 1230 年代，兩位呼羅珊的馬利克親自抵達汗廷而得到窩闊台的讚賞及回報。在 1259 ／ 657 年，旭烈兀賜予原先落入瑪亞法里斤反叛君主之手的阿米德給魯姆的共治蘇丹。當馬爾丁的穆札法爾在 1261 ／ 659 年投降時，旭烈兀擴張其版圖，贈與他納錫賓（Naṣībīn）、哈布爾（Khābūr）、艾因角（Ra's al-ʿAyn）和哈奇西亞（Qarqīsiyya）❹。[100] 馬爾丁的阿爾圖革王朝親王特別熱心服侍旭烈兀的繼任者。拉施德丁告訴我們，由於穆札法爾的兒子和第二位繼任者，曼蘇爾・納吉姆丁得到伊利汗合贊的絕大寵信，他在同儕君主間特別突出，被准許擁有儀典傘蓋（chatr）和王家冠冕，並被賞賜整個迪亞爾・巴克爾和迪亞拉比亞（Diyār Rabī'a），即包括摩蘇爾的統治權，還被擢昇為蘇丹。[101]

在旭烈兀的軍隊於 1260 年短暫占領敘利亞期間，蒙古人重新扶植埃宥比

❹ 註：前兩城位於今土耳其境內，後兩城位於今敘利亞境內。

王朝諸親王，他們因為一位強大的親族阿胥拉夫·穆薩（al-Ashraf Mūsā）權力的擴張而地位陡落：納昔爾·尤素夫奪走穆薩的歆姆斯（Ḥimṣ）一地，但穆薩對蒙古的忠誠只延續到阿因·札魯特戰役，而班尼亞斯的薩依德·哈桑因在那場戰役中因支持蒙古人而遭馬穆魯克蘇丹處決。拉萬丹（Rāwandān）的城民對突蘭沙赫投降，後者是薩利·阿赫默德的兒子（薩利在1253／651年去世時，此城被他姪子納昔爾·尤素夫蘇丹奪走），蒙古人進而將同樣在薩利統治下的阿因塔布（ʿAyntāb）賜予突蘭沙赫。但他新到手的繁榮為時短暫，因為蒙古軍隊在1261／659年，從阿勒坡撤退時順便將他帶回東方，我們此後沒再聽到他的消息。[102]

值得注意的是，蒙古人在敘利亞的慷慨大方並未總是有利於穆斯林君主，因為有些穆斯林人口被轉移到當地基督教君主治下。在納昔爾·尤素夫逃亡後，旭烈兀犒賞亞美尼亞國王海屯一世和他的法蘭克女婿安提阿的博希蒙德六世（後來被伊本·阿卜杜勒·札希爾形容為「韃靼人的主要支持者之一」），賜予每人一塊他們祖先被埃宥比王朝奪走的土地：海屯一世得到達爾布薩克（Darbsāk）和拉班（Ra'bān），博希蒙德則得到奧龍特斯河谷的幾個地區（可能也包括拉塔基亞／老底嘉〔Lattakiya／Laodicea〕❺）。[105]不幸的是，對這兩位統治者而言，這些賞賜的土地招來埃及蘇丹拜巴爾斯的憤怒，與之相比之下，伊利汗的恩寵可說是毫無價值。

六、成吉思系後裔與附庸王朝的通婚[104]

王朝聯姻在成吉思系諸汗對附庸穆斯林統治者的政策上並未扮演重大角色，這是相對於他們對消失的王朝，例如和花剌子模的女性的聯姻而言。拉施德丁提供的妻妾列表顯示，諸汗偏愛和突厥及蒙古部落的貴族通婚，目的可能是和高階軍官形成緊密連結。這裡提到的妻子往往是弘吉剌氏統治家族的成員（成吉思汗本人的妻子孛兒帖就來自此家族），它事實上享有「后族」的地

❺ 註：位於安納托利亞。

位。[105] 儘管元朝皇帝將女兒嫁給附庸國王，[106] 成吉思系男性和附庸統治王朝的女性聯婚則比較少見。察合台與巴拉克．哈吉布的長女塞文奇圖兒罕（Sevinch Terken），以及他兒子（或孫子）哈達該（Qadaqai）和另一位克爾曼公主的通婚似乎很不尋常，這可能是表示特別青睞某位統治者的姿態；這些統治者在早期就主動向合罕投降，因此損害了花剌子模的抵抗力道。

一般說來，伊利汗（我們對他們的元朝堂親所知較少）在與附庸國通婚一事上設下較大的限制。他們的女兒多半嫁給他們的突厥—蒙古軍官；只有少數伊利公主以被賜婚給當地統治者而留名後世。朱蒂絲．菲佛（Judith Pfeiffer）博士指出，這類聯姻是用來鞏固政治聯盟，特意不生下子嗣的例子則屢見不鮮。[108] 旭烈兀的繼任者們鮮少從穆斯林附庸王朝中尋找伴侶，他們不是從斡亦剌惕、弘吉剌，和（後來的）克烈部族[109] 統治家庭裡，就是從元朝公主中挑選妻子，儘管後者比較不常見。身為異教徒的伊利汗所娶的少數穆斯林公主中，顯著的幾位都是克爾曼的古特魯王朝成員；我們將在下文探討聯姻所導致的錯綜複雜的關係。阿八哈與庫特卜丁．穆罕默德蘇丹的女兒八忒沙可敦（Padishāh Khatun）成婚，在他死後，她成為他兒子乞合都的妻子。她的同父異母姊妹奧多．古特魯（Ordo Qutlugh）嫁給未來的伊利汗拜都，拜都在 1290 年代早期她過世後娶了她的姪女，也就是蘇丹賈拉勒丁．鎖咬兒合忒迷失（Sultan Jalāl al-Dīn Soyurghatmish）的女兒，名叫沙赫阿蘭（Shāh ʻAlam）。[110] 我們所知的另外一個唯一例子是阿魯渾的妻子塞爾柱可敦（Saljüq Khatun），她是格利奇．阿爾斯蘭四世，即魯姆蘇丹的女兒。[111] 此外，阿八哈為他兄弟忙哥帖木兒安排和法爾斯女繼承人阿必失（Ābish）的親事，藉此合併薩魯爾王朝領地，使其更密切符合伊利汗國的利益。但這類婚姻的總數驚人的少：目前所知，伊利汗的妻妾中穆斯林跟基督徒的比例一樣稀少，例如我們知道的有阿八哈的妻子德斯皮娜可敦（Despina Khatun），她是拜占庭皇帝米海爾八世（Michael VIII）的女兒。這可能反映成吉思系諸汗政策的一個層面，他們想在帝國內的各種信仰間維持平衡（見第十一章），但在合贊改宗後，這份平衡可能開始朝偏好穆斯林公主那邊傾斜，因為據說他的弟弟完者都娶了馬爾丁統治者的女兒。[112]

七、穆斯林王妃和公主得到更重大的角色？

草原社會中貴族女性的影響力，如喀喇契丹所提供的最明顯例子一樣，後來在蒙古宗主管轄下的省級穆斯林王朝中得到複製，然而，這份影響力有多大？在某種程度上，對高階女性的尊重，在早期也輾轉傳入那些新近遭伊斯蘭化草原族群所征服的穆斯林疆域。塞爾柱皇家女性有自己的歲入和由奴隸組成的個人隨從；一位王妃，特別是如果她有一位有資格繼承王位的兒子的話，往往可以仰賴她的個人奴隸與軍方人脈，在政府中取得優勢。[113] 花剌子模的圖兒罕可敦的地位崇高，與兒子摩訶末有效共治，此舉見證了這個內亞傳統在這個穆斯林國家的持久活力，而此國緊鄰欽察草原，臣服於喀喇契丹的宗主權。1236／634年在德里，以及1250／648年在埃及，都出現了由埃米爾小集團——多半由奴隸兵（馬穆魯克）組成，自然也是草原出身——擁立一位女性統治者的情形，她的名字不但出現在呼圖白中，也被鑄造在錢幣上。[114]

法爾斯的圖兒罕可敦也是一例，她是薩阿德二世的寡婦，曾代表她的襁褓兒子穆罕默德短暫統治（1261-3／659至61年）。[115] 而被喀喇契丹王朝後裔統治的克爾曼，則特別以活力十足的女性統治者著稱。在此，伊利汗於數年來由庫特卜丁的寡婦古特魯圖兒罕可敦（Qutlugh Terken Khatun）為代表，[116] 旭烈兀指定她為已故統治者的年輕兒子哈賈吉的監國；她的權位隨後因她女兒八忒沙可敦嫁給伊利汗阿八哈而得到進一步強化。根據克爾曼尼的記載，哈賈吉蘇丹在繼母的監護下變得蠢蠢欲動，遂趁她前往阿八哈斡耳朵而不在的空檔，尋求阿卜杜拉統治下的聶古迭兒部的協助。當忽都魯圖兒罕得知他的詭計時，他在1275年左右出逃，最先是到錫斯坦，然後到德里，受到吉牙思丁·巴勒班蘇丹的歡迎。他在1291年年尾／690年死於信德，當時他正領著德里蘇丹賈拉勒丁·哈勒吉提供的軍隊，行軍在要去奪回王國的半路上。[117]

在哈賈吉逃亡後，忽都魯圖兒罕得處理另一位繼子的反抗，也就是賈拉勒丁·鎖咬兒合忒迷失，在阿八哈的授意下，他得以接收來自逃亡兄弟哈賈吉的私人財產和部分軍隊的統領權。札蘭丁·鎖咬兒合忒迷失也拒絕接受共同監國的順從角色，並在呼圖白中於她的名字旁插入自己的名字。[115] 透過八忒沙可敦的調停，忽都魯圖兒罕得到一只札里黑，禁止他插手政府事務；但在阿八哈死後，新的伊利汗貼古迭兒．阿赫邁德（統治期間 1282-4 ／ 681-3 年）與鎖咬兒合忒迷失極為友好，遂命令他倆共治王國；她在前去大不里士意欲扭轉此敕令的期間死去。伊利汗公主古兒都臣（Kürdüchin，蒙哥帖木兒和法爾斯的阿必失的女兒）被賜婚給鎖咬兒合忒迷失，他因此主政數年，直到他被取代，並被其同父異母姊妹八忒沙可敦處決。八忒沙可敦當時嫁給新的伊利汗乞合都，後者將她送往克爾曼代表他統治（時年為 1291 ／ 690 年）。當古兒都臣因乞合都之死和拜都登基而重新得勢（拜都娶了鎖咬兒合忒迷失的女兒）時，便逮捕八忒沙可敦，並（在 1295 ／ 694 年）將她處決，為鎖咬兒合忒迷失報仇。古兒都臣的統治十分短暫，沒多久後，乞合都便指定哈賈吉的兒子兼他自己的被保護者穆罕默德沙赫，成為克爾曼的統治者。[119]

我們或許會以為這兩位在古特魯汗王朝克爾曼的公主王妃，其地位至少會等同於喀喇契丹的慣有習俗。根據朮茲札尼的說法，德里女蘇丹拉齊婭（Raḍiyya）由一群奴隸司令官擁立為王，其中有兩位是喀喇契丹出身，女蘇丹來自後宮並穿著男性服飾，震驚神職界，醜聞鬧得沸沸揚揚。[120] 伊利帝國的皇家女性如兩位圖兒罕和八忒沙可敦，可能不受限於只能在後宮活動，而能從其外發揮權力，就像拉齊婭一般。瑪麗亞．舒佩（Maria Szuppe）的評論——「帖木兒的後宮不是個由高牆包圍的封閉區域，而是由帳棚和涼亭所組成」[121]——更確切地可應用在伊利汗妻妾分隔的住所，以及基地在外省但卻和伊利汗汗廷保持密切關係的突厥王妃和公主身上。[122] 但我們不能確定，忽都魯圖兒罕和八忒沙可敦是否有戴面紗。[123] 但我們更能確定的是，不像下文即將提及的埃宥比女性監國，上述兩位王妃享有統治權的特權、名字被列在呼圖白裡（忽都魯圖兒罕的名字還排在哈賈吉之前），並鑄造於錢幣上。我們不清楚法爾斯的圖兒罕是否也享有此殊榮，也未曾發現鑄上她名字的錢幣。[124]

我們的一個難題在於，蒙古宗主的直接手段，與可能只是由大塞爾柱時代傳承下來的統治傳統，兩者之間難以進行區分。另一個難題則在於何種現象確切代表了不同於過去的偏離。在克爾曼，古特魯圖兒罕可敦和後來的八忒沙可敦的地位，或另一位圖兒罕可敦在鄰近的法爾斯、於短暫空檔年間所享有的地位，或許可被視為歷史上前所未見過的解放程度。[125] 但說到底，兩位圖兒罕是從伊利汗接受任命，代表襁褓中的男性繼承人進行統治。而這類安排在前蒙古的伊斯蘭世界裡絕對不缺乏先例，在那個時代，國王的母親或祖母——甚至在不是突厥人出身的王朝裡——以監國身分治理。我們可以在埃宥比王朝找到最近的例子。黛法可敦（Dayfa Khatun，卒於 1242／640 年）曾自 1236／633 年起代表其孫納昔爾．尤素夫統治阿勒坡，而她的姪女嘎茲雅可敦（Ghāziyya Khatun）則自 1244／642 年起，就是她兒子曼蘇爾．穆罕默德在哈馬的監國；儘管我們得承認，這兩位女性都是顯赫的埃宥比王朝蘇丹的女兒此事，可能和她們能取得高位有關。[126]

然而，八忒沙可敦的權力基礎顯然不同於她的母親，因為她從來不是代表年幼的繼承人行使監國權。如果我們能相信哈米德拉．穆斯陶菲的說法，乞合都剛開始的意圖是要她與成年的鎖咬兒合忒迷失（以她的納艾布身分）共治，[127] 但在他失勢和遭囚禁後，她似乎得以獨自統治。在蒙古附庸國中，另外一個唯一例子是，一位穆斯林王妃從一開始就靠自己的能力被指定為統治者，享有名字列於呼圖白內和鑄造於錢幣上的特權。這個特例來自法爾斯，即阿必失，[128] 她原本不適合親自主政，因為她當時才五歲。我們或許應該指出，她是巴拉克．哈吉布和忽都魯禿兒罕的曾孫女。[129] 當在敘事中提到她那位嫁給鎖咬兒合忒迷失的女兒古兒都臣時，當地史家克爾曼尼欣喜地寫道，她的子孫不僅是來自成吉思汗家族（她父親是蒙哥帖木兒），也是源自大塞爾柱蘇丹桑賈爾（Sultan Sanjar）的雅茲德阿塔貝格的後代，而透過卡庫耶德王朝（Kakuyid dynasty，此王朝在前塞爾柱時代統治哈瑪丹、伊斯法罕和雅茲德）的血脈，最終可追溯到古伊朗凱尼王朝（Kayanian）❻的傳奇國王。[130] 那是個令人印象深刻的家譜門第，恰好會引發伊利時代中期作者的共鳴。但是，就算蒙古人的確

❻ 註：波斯傳說中的半神話王朝。

尊重令人敬畏的祖先，旭烈兀之所以選擇阿必失，可能僅是因為她是薩魯爾王朝的唯一女性後裔。不過，由於她被許配給他兒子忙哥帖木兒，她的任命也許是用來銜接蒙古直接統治的過渡階段。阿必失王妃和八忒沙可敦的政治生涯雖然偏離前蒙古伊斯蘭模式，遵循不同的軌道，但我們若稍有不慎，就可能會誇大她們在蒙古時期性別關係上的意義。

八、叛亂、介入和遏制

有時候，蒙古附庸國統治者的子民會從蒙古宗主權下得到好處。在苛政和貪婪的普遍抱怨之間，某些蒙古行政首長在穆斯林作者中，贏得才幹高超和公正的名聲。法爾斯堪稱幸運，曾擁有兩位能幹的行政首長：因吉亞努（Ingiyanu）在 1268-9 ／ 667 年，由阿八哈命其為全權總督派任此地，瓦薩甫描述他「公正聰穎，非常嚴格，但很公平」。他派遣能力強的官員，非常努力於消除貪污腐敗。但這些手段引發某些下屬的憤恨，因為他們的財路被斷。他們向伊利汗極力誹謗他，指控他侵吞歲入，並暗地裡竊望成為獨立的統治者。他於是被召回汗廷，儘管後來所有指控全遭撤銷，仍不被允許返回職位。他的繼任者是老將速渾察（Sughunchaq），後者被任命為整個帝國的總督（納艾布），特別是得為法爾斯和巴格達負責，他的能力和不偏不倚同樣引來瓦薩甫和伊本．札爾庫柏的讚美。他前後治理法爾斯兩次，第一次是從 1271-2 ／ 670 年起，直到他在 1273-4 ／ 672 年，陪同阿塔貝格阿必失返回斡耳朵與伊利汗的弟弟蒙哥帖木兒成婚為止；第二次則是從 1279 至 80 ／ 678 年起，直到隔年他被阿八哈召回，面對治理地敵人的不實指控。[131]

儘管蒙古諸汗認為間接統治對他們有利，不過，有些汗對當地君主的暴政，或者治理無能，也有所保留。當法爾斯的埃米爾們在 1263 ／ 661 年，逮捕僅統治四個月的薩魯爾穆罕默德沙赫時，他們在重重戒護下將他送去給旭烈兀，並提出請願，主張他不適合統治，但他們並不想要他的命；伊利汗接受這些指控，儘管他頗讚賞這位阿塔貝格在最近巴格達征討中的出兵協助。[132] 穆罕默德沙赫在這緊要關頭撿回一命，但在不久後卻遭到處決；當時旭烈兀得到消息，這位被罷黜的君主的兄弟兼繼任者塞爾柱・沙赫殺害其派駐的八思哈。[133]另一方面，貼古迭兒・阿赫邁德似乎容忍夏班卡拉的穆札法爾的腐敗無能，因為他視後者為可共同抵抗法爾斯薩魯爾的潛在盟友；他在阿魯渾登基後才遭到撤換。[134]

儘管蒙古人在伊朗具有相當大的勢力，也採取各種手段來確保穆斯林附庸國王的合作，他們其中某些人——儘管數量不多——被迫起而反抗。[135]魯姆在同父異母兄弟凱卡烏斯二世和格利奇・阿爾斯蘭四世之間的正式瓜分後引發動盪局勢。凱卡烏斯早在1256年抵抗拜住對安納托利亞的西征，卻得到赦免，但他在隨同旭烈兀於1260-1年間／658-9年出征敘利亞返回後，再度決心抵抗。之後，他被迫逃至鄰近的拜占庭帝國，從那在1263-4／662年請求拜巴爾斯蘇丹的協助。他起初得到良好的招待，後來被拜占庭皇帝米海爾八世囚禁在色雷斯，憂心忡忡的皇帝不想和旭烈兀作對，凱卡烏斯最後終於在1269-70／668年，由於金帳汗國忙哥帖木兒的入侵才被釋放。凱卡烏斯最後的日子以流放告終，在1278-9年間／677年死去，當時是蒙哥帖木兒在克里米亞的貴賓。[136]

法爾斯的塞爾柱・沙赫究竟為何選擇在1263／661年反抗蒙古宗主的原因不明。那也許是響應拜巴爾的號召信件，但只有伊本・瓦希勒和馬穆魯克文獻提到此事，那封信據說刺激了法爾斯和「盧爾」（大或小盧里斯坦）的統治者起而反抗不信道的蒙古人。[137]旭烈兀對這個支持馬穆魯克敵方的潛在勢力反應激烈。蒙古和輔助軍隊被派往設拉子平亂，塞爾柱・沙赫在戰鬥中喪生。這件插曲的一個結果是，在1263-4年間／662年，一群設拉子將領逃往埃及，轉而為蘇丹效力。[138]叛亂後，薩魯爾王朝唯二倖存的成員是阿必失和沙干（Salgham）姊妹，她們是薩阿德二世還在襁褓中的女兒。阿必失後來適時地被指定為法爾斯的統治者。

另一場由穆斯林國王帶領，對異教徒伊利汗的反抗再度發生在阿魯渾逝世前後。大盧里斯坦的阿塔貝格阿夫拉西亞伯在前去加入涅孚魯思那顏在呼羅珊的叛軍前，已經在1289至90年間／688-9年，於錫斯坦度過一年。[139]結果不得而知，但在1291／690年，阿夫拉西亞伯已經回到自己的汗國並且心懷不滿，由於伊利汗沒將法爾斯那片爭論不休的科吉盧耶地區轉賜給他，因此出兵占領伊斯法罕；其蒙古八思哈拜都被處死。阿塔貝格夢想著擴張領地，包括拿下從哈瑪丹到波斯灣的整個範圍，甚至派兵侵略達爾班德，並打敗一支蒙古軍隊。[140]這場反抗遭蒙古軍隊鎮壓；阿夫拉西亞伯遭囚禁，但新的伊利汗乞合都饒他不死，確認他的統治者地位。他後來在1296／695年遭合贊處死，因為他處決了八思哈拜都。[141]

在此要討論的最後一場反抗是雅茲德的阿塔貝格魯昆丁·尤素夫·沙赫（Rukn al- Dīn Yūsuf Shāh）的起義。他稍早時曾違逆乞合都，屠殺支持乞合都和此政權的蒙古人與穆斯林；但乞合都忽視了他的反抗，承認他的統治權。[142]合贊登基時，尤素夫·沙赫忽視了到伊利汗汗廷晉見，以及藉此宣誓忠誠的習俗，儘管額勒赤連續好幾次抵達，催促他前往汗廷。最後，合贊派遣也速答兒那顏帶領兩百名騎兵，要將阿塔貝格綁上鐐銬帶走。當尤素夫·沙赫的母親前來求情，卻遭到也速達而粗魯羞辱時，尤素夫·沙赫轉而鼓動雅茲德百姓起來反抗蒙古人，也速答兒及其軍隊在被打敗後慘遭屠殺。後來更大一支蒙古大軍兵臨城下，尤素夫·沙赫被迫逃往獨立的錫斯坦，然後是呼羅珊，他在那被俘，合贊下令將他處死。[143]

鄰近的外部穆斯林勢力，如馬穆魯克帝國和德里蘇丹國，或實際上在蒙古控制外的領土如錫斯坦，可以提供協助，或至少是庇護，[144]也是反叛的誘因。再者，自從1261年6月／659年7月起，開羅阿拔斯王朝哈里發穆斯坦綏爾的登基、他在那年稍晚對蒙古人出兵的不幸失敗，以及他的親族哈基姆（al-Ḥākim bi-amr Allāh）從1262年11月／661年1月就開始舉兵的這些因素[145]——賦予馬穆魯克蘇丹國一份強大的意識型態武器。摩蘇爾的統治者易司馬儀拜訪埃及，為他想反抗旭烈兀而請求拜巴爾斯的協助，並從穆斯坦綏爾那得到承認他領土的認可，他後來在出征的最初幾個階段與埃及蘇丹並肩作戰。[146]由於北伊拉克和賈濟拉過於靠近馬穆魯克邊界，此地的忠誠往往相當不穩定。伊本・夏達德在其所著的拜巴爾傳記中加油添醋，其中有一整章專門寫那些受蒙古暴政迫害，轉而向拜巴爾尋求庇護的穆斯林顯要。[147] 這類人潮在拜巴爾死後仍持續不斷湧入，比如，在 1281-2 ／ 680 年，辛賈爾的統治者就放棄王國逃往納希爾・穆罕默德蘇丹的朝廷。[148]

上文詳細討論過的兩場暴亂都源自統治者的個人挫折。凱卡烏斯原本已經對得與同父異母兄弟分享治權憤恨不已，又受到蒙古財政苛稅的進一步刺激。阿夫拉西亞伯為伊利汗未能遵照一份協議而不滿情緒高漲；儘管瓦薩甫的說法暗示，他認為伊利政權已經在劫難逃，估計好運會降臨在穆斯林的反抗上。[149] 如此一來，也許該問伊斯蘭教在此中扮演了什麼角色？考量到尤素夫・沙赫公然違背穆斯林改宗者合贊的權威，可能可以排除宗教動機；阿塔貝格的宣傳仍然利用了也速答兒及其手下是不信道者的事實。[150] 他大膽宣稱自己獨立的原因可能單純只是汗國中心的君主更迭，加上稍前乞合都的溫和寬大，肯定給人不穩定和軟弱的印象。但逢此新生的伊利汗國仍舊脆弱的時期，只有被馬穆魯克蘇丹所鼓動的兩場反抗，即易司馬儀和塞爾柱・沙赫的叛亂，似乎是由聖戰精神所刺激。

就我們所知，沒有其他反叛的統治者的死狀像易司馬儀那麼慘。他被包裹在綿羊脂肪裡，活生生放在夏季酷熱的太陽下曝曬，蛆生吞活剝他的肌肉；他在襁褓中的兒子被砍成兩半。[151] 但是，即使懲罰可以極端激烈，蒙古人也可以相當克制。伊本・夏達德描述旭烈兀和被征服的塢岦法里斤的卡米勒在 1260 年的一場會面。旭烈兀提醒後者「蒙古人的札撒」規定能饒恕三次反抗（dhunūb），但第四次的懲罰則是死刑。旭烈兀列出一張清單，卡米勒曾在哈曼丹拒絕從旭烈兀手中接過酒，其後還包括遠遠更為公然的不服從行徑：沒有遵照命令摧毀阿米德的城牆、沒有派遣援軍支援巴格達征討、沒有親自服侍旭烈兀。[152] 拉施德丁的較簡短敘述也曾提及旭烈兀列舉卡米勒的罪狀。[153] 這些細節暗示卡米勒已經到無法再得到寬恕的極限。

阿八哈對赫拉特的夏姆斯丁・庫爾特的信任，在這位馬利克於察合台入侵時期對波剌黑的處理後，就沒再恢復過，因此當夏姆斯丁最後被說服孤注一擲地仰賴伊利汗的憐憫時，結果是遭監禁，最終被毒殺。[154] 然而，有時，一位附庸君主（就我們所知）在沒顯示任何不服從的跡象下會被處死。阿八哈處決小盧里斯坦的王位候選人，以及他們的敵手塔吉丁·阿里·沙赫（Tāj al-Dīn ‘Alī Shāh），時年是 1278-9 ／ 677 年。[155] 魯姆的格利奇·阿爾斯蘭四世，則在陰謀除掉他的掌印大臣，即佩瓦內穆因丁之後，於 1267 ／ 666 年被弓弦絞死。沒有證據顯示佩瓦內的作為有先獲得阿八哈的允准，但他招來的蒙古軍隊顯然有人樂意替他除掉反叛的蘇丹。[156] 凱霍斯洛三世早已因與蒙古親王康吉爾塔伊的關係而遭貼古迭兒·阿赫邁德罷黜，但阿魯渾懷疑他曾共謀參與後者的謀殺，因此他在阿爾津詹被弓弦絞死（1284 ／ 683 年）。[157]

在上文的最後分析中，伊利汗對附庸國的處理方式可能顯得獨斷專橫，且和統治者的能力或甚至忠誠毫不相干。馬可波羅有微小的誤解，因為他宣稱克爾曼的王位並非世襲繼承，而是由「韃靼人」隨意派任所希望的人選。[158] 但他的評論包含了某種程度的真相，因為此省十五年來統治者的更迭，不僅是出自於對特定王朝斷斷續續的反感，也反映了中央的政權的遞變，[159] 而我們將在下一章中探討的省級總督的變換，也大半是遵循此一模式。

九、伊利直接權威的擴大

對瓦薩甫而言，阿必失的即位——而不是她與蒙哥帖木兒的婚姻或她在 1286-7 ／ 685 年的死亡——宣告法爾斯省落入陌生人（bīgānagān）之手，並開啟衰微的過程，延續至他的時代。[160] 無論如何，她在 1273 到 4 至 1283 到 4 ／ 672 至 682 年間，並不在斡耳朵，因為當時貼古迭兒·阿赫邁德派她回設拉子擔任總督，希望能以此弭平省分的混亂。[161]1285 ／ 684 年，在法爾斯又爆發一場叛亂後，軍隊被派往此地恢復秩序。現在的阿必失是位寡婦，遭到監禁，此省因此由亞塞拜然派來的蒙古總督統治。在伊利威權在法爾斯得到加強時，瓦薩甫的說法相當委婉含蓄。他指控維齊爾薩阿德·道拉（Sa’d al-Dawla）試圖連根拔除當地的國王和貴族勢力。[162] 然而，十三世紀最後數十年和十四世紀初，此地的確見證了將邊緣省分納入蒙古更直接的控制的努力。

在叛亂份子尤素夫．沙赫遭處決後，合贊將沙赫的兒孫從雅茲德驅逐出境，將此城委託給維齊爾拉施德丁管理；根據納坦茲依所言，在他的時代，尤素夫．沙赫的後代仍住在雅茲德從事農務。[163] 對魯姆蘇丹國的鎮壓則持續得更久。拜巴爾．曼蘇里寫到馬斯烏德二世於 1283 ／ 682 年即位為蘇丹時評論，他只剩下頭銜；真正的權力握在蒙古代表（席赫納）和他們的軍官手中。[164] 但到了合贊治下，伊利汗國對魯姆的控制得到強化的這類印象，則只是虛幻的；1290 年代，此地有一連串的蒙古那顏叛變。[165] 馬斯烏德二世（在 1297-8 ／ 697 年）遭罷黜，換上他姪子阿拉丁．本．法拉穆爾茲（'Alā' al-Dīn b. Farāmurz），即凱庫巴德三世（Kayqubād III），但合贊後來又因後者在 1302-3 ／ 702 年的背叛行徑將其廢黜，送往伊斯法罕；伊本．富瓦惕在三年後於烏瞻（Ujān）見到凱庫巴德三世時，描述他沈溺於飲酒並負債累累，儘管他的債主後來沒有追討債務。馬斯烏德二世後來短暫恢復王位，成為那個王朝最後享有蘇丹頭銜的人。[166]

在合贊治下，他的優先考量是對馬穆魯克的戰事，據說設拉子百姓抱怨，他們遭到漠視，因為伊利汗一心想征服馬穆魯克疆域。[167] 反之，完者都的興趣較集中於伊朗東部。他的軍隊重新控制庫希斯坦（1306-7 ／ 706 年）。[168] 同一年的另一場遠征強化了伊利汗在赫拉特的宗主地位，伊利汗後來以吉亞斯丁取代其頑強的兄弟庫爾特王朝的法克爾丁。[169] 我們在上文曾討論過，伊利軍隊只是暫時將察合台大軍從加茲尼地區驅離。據說，在埃及，甚至連完者都在 1306-7 ／ 706 年對吉蘭的侵略——卡尚尼說這場命運多舛的出征，來自於伊利汗國鄰國察合台的嘲笑——其主要目的竟是用來改善和呼羅珊之間的交通聯絡。[170] 這些動機可能都反映了完者都想恢復伊利汗國在北印度施加壓力的野心，這可是自旭烈兀時代以來的第一次；他以在 1311 ／ 710 年派遣使節團要求德里蘇丹阿拉丁．哈勒吉（'Ala' al-Dīn Khaljī）投降而出名。[171] 無論如何，儘管完者都稱不上戰爭領袖，這種精力充沛則難以佐證貝爾托德．史普勒對這位合贊繼任者不屑一顧的論定，儘管完者都在對敘利亞的政策上確實較為消極。[172]

然而，庫希斯坦是這些領地中，唯一歸於完者都直接統治下的地區。其他地方在本地王朝消滅後，蒙古仍然實施間接統治。1305／704年，完者都以召回古特魯汗王朝的庫特卜丁・沙赫・賈罕（Quṭb al-Dīn Shāh Jahān）來因應克爾曼的不穩定，順便結束王朝的統治，並將此省委任給新的馬利克，一位局外人納希爾丁・穆罕默德・本・布爾罕（Nāṣir al-Dīn Muḥammad b. Burhān），據說後者是古爾王朝的後裔，後來又由其子繼任。[173] 宮廷和眾多君主體制的奢靡花費，迫使政權往往最後得採取包稅制，以作為增加歲入的手段（並避免直接統治的開銷），窩闊台在中國就是如此。[174]1277-9年間／676-7年間，就在速渾察擔任兩任總督期間的空檔，包稅制的合約（muqāṭa'a）已經在法爾斯頒佈。[175]1293／692年，乞合都委任基什島的統治者兼人脈極廣的富商賈馬勒丁・易卜拉欣（Jamāl al- Dīn Ibrāhīm），將往後四年法爾斯和周邊小島的稅制行政都交給他，以交換一百萬第納爾（一百圖曼）的收入，並賜予他「伊斯蘭馬利克」的頭銜，以及擁有比一般人大三倍的親衛隊（駐守在他住處外的部隊）的權力。1296年尾／696年初，合贊對他的表現印象深刻，延續他在法爾斯再施行十年包稅制的權力，並加上伊拉克阿拉伯地區，包括在瓦西特（Wāsiṭ）和巴斯拉包稅三年的權限。賈馬勒丁會得到這些寵愛有部分是因為他與維齊爾薩德爾丁・阿赫邁德・哈利迪・贊賈尼（Ṣadr al-Dīn Aḥmad Khālidī Zanjānī）的友誼，但後者在1298／697年遭到處決，此後賈馬勒丁便暴露在敵人的陰謀魔掌中。在連續兩年被要求更大的額外金錢數目後，他與敵人達成妥協，得以降低數目；但他後來婉拒汗要他繼續在法爾斯施行包稅制上繳歲入的委任。[176]

作為財務政策的手段，包稅制受到嚴厲批評。誠然，瓦薩甫對伊斯蘭馬利克賈馬勒丁的態度友善，但也表達了他想保護法爾斯省的農民和鎮民免受蒙古額勒赤和其他官員貪婪之苦的關懷。[177] 無論如何，一般而言，從拉施德丁的評論可判斷——他說合贊統治前的包稅人品行低劣——包稅制確實導致效率低落和壓迫。[178]

第十章
多疑的君主與他們的臣僕

我們在上文討論過，蒙古征服者招募伊斯蘭世界裡既存的官僚階級入宮服務，就像他們在遠東的金帝國所做的那般。本章將會審視不信道的蒙古諸汗、他們的穆斯林大臣和官員（尤其是那些出席汗廷和斡耳朵的官員），和他們的非穆斯林下屬之間的關係。讀者在得知大部分的證據文獻都是來自伊朗時，應該不會太過驚訝；朮赤和察合台汗國的內部行政沒能提供我們多少資料，而相關於在諸汗總部服務的穆斯林公務員的資料更是稀少。當然，在察合台兀魯思內有連帶關係的穆斯林高官要比服務於朮赤汗國的還多。我們知道，察合台大臣哈拔許·阿米德（Ḥabash ʻAmīd）被賜婚，娶了札蘭丁的一位女兒；這位花剌子模沙赫有兩位女兒落入察合台之手。[1] 他的兒子蘇萊曼·貝格（Sulaymān Beg）後來成為阿魯忽手下一位重要的必闍赤（bitikchi）。[2] 馬思忽惕·貝格為阿魯忽和八剌效力過，而從 1271 年開始，則是成為海都的財政大臣，這職位後來由他的三個兒子連續繼任，直到十四世紀初期。我們也許會期待賈瑪勒·卡爾希曾留下這些大臣和蒙古主子之間的工作關係的一些雪泥鴻爪；但他僅止於告訴我們他的兒子全部得到海都的任命。根據瓦薩甫的說法，八剌有次曾命令馬思忽惕·貝格遭受杖笞，因為後者反對他掠奪撒馬爾罕和布哈拉的計畫（儘管他後來的確放棄計畫）。[3] 至於志費尼，他描述了哈拔許·哈密德如何殘忍報復他的女婿巴哈丁·馬吉納尼（Bahāʼ al-Dīn Marghinānī，約於 1251／649 年），因為後者曾在察合台汗也速蒙哥底下，暫時取代他的首席大臣職位——儘管馬吉納尼在自己升遷時曾試圖保護其岳父。[4]這類插曲可讓我們對在伊利汗治下的穆斯林大臣的遭遇有些心理準備。

一、伊利汗（1258-97年）和他們的親族

伊利汗國從蒙古帝國繼承來某些特色，尤其是缺乏繼任汗位和分配封地給王朝成員的固定模式。作為旭烈兀的長子（而且是成吉思系王子中最年長的一位），阿八哈（統治期間 1265 至 82 ／ 663 至 80 年）在他父親死時就在伊朗，卻是直到 1304 年前，最後一位不受挑戰便能登基的伊利汗。如同他之後到合贊之間的大部分繼任者，他舉行過兩次登基大典，第二次是在合罕的權威特許的認可抵達後才舉行。在阿八哈之後的伊利汗，只有兩位——貼古迭兒（以阿赫邁德蘇丹的名義統治，其統治期間是 1282-4 ／ 681-3 年）和乞合都（統治期間 1291-5 ／ 690-4 年）——是經由共識遴選而出。在阿魯渾（統治期間 1284-91 ／ 683 至 90 年）、拜都（統治期間 1295 ／ 694 年）和合贊（統治期間 1295 至 1304 ／ 694-703 年）的例子裡，權力轉移是透過武力和處決征服的政敵達成，而隨後舉行的忽鄰勒塔大會僅是起形式上認可的作用。[6]大部分的統治都相對短暫，以暴力或過度酗酒結束（或，在阿魯渾的例子裡，吞食過多藥物）。再者，旭烈兀也是直到 1316 年前，死後立即由兒子繼位的最後一位伊利汗。阿八哈和阿魯渾試圖指定繼任者的努力終告失敗，較年長的親戚成員提出有資格繼任汗位的人選主張——在 1282 和 1284 年都曾發生過[7]——並能繼續吸引強烈支持。要直到合贊死後，權力轉移才再度平穩運作。甚至在那時，完者都的和平繼位也許不是因為合贊唯一的兒子在襁褓中死亡，而是肇因於這項事實——即阿魯渾和合贊已經處決掉如此多成吉思系潛力競爭者。

伊利汗不僅將土地分封給兒子和近親，也分封給一些妻妾，許多妻妾有自己的斡耳朵。[8]旭烈兀將呼羅珊和馬贊德蘭賜給阿八哈，將阿蘭和亞塞拜然賜給另一個兒子，玉梳木忒。[9]阿八哈在登基時似乎讓玉疏木忒留任其位，但將呼羅珊和馬贊德蘭轉賜給另一位兄弟，禿卜申（Tübshin）；後者隨後由旭烈

兀的妾所生之子也速迭兒取代。[10] 新王朝的合格成員很快就因移居而變得人數眾多，尤其在 1268 ／ 666 年或 1268-9 ／ 667 年，當時阿八哈的母親亦孫真（Yesünchin）和繼母忽推可敦和完者可敦遲遲才從蒙古抵達伊朗，並由下列人士陪同，旭烈兀之子忽推、貼古迭兒（未來的阿赫邁德伊利汗）和幾位年輕王子，包括朮失怯卜（Jüshkeb）和景庶（Kingshü）（兩人同為旭烈兀早死的兒子朮木忽兒之子），以及旭烈兀之子塔剌海的兒子，拜都。阿八哈賜給忽推瑪亞法里斤的部分歲收；1279 ／ 678 年，他更進一步供給這群人，頒封忽推可分得部分瑪亞法里斤，將一部分的迪亞爾・巴克爾和賈濟拉封給完者可敦，將撒勒馬斯（Salmās）封給朮失怯卜的寡婦納倫可敦和她的兒子們，還有幾處土地則封給旭烈兀的妾所生之王子。[11] 就我們所知，貼古迭兒・阿赫邁德的唯一此類分封是將安納托利亞於 1282 年春天／ 681 年初賜給他兄弟康吉爾塔伊。[12] 阿魯渾登基時重新分配封地。朮失怯卜和拜都被指派到巴格達和迪亞爾・巴克爾；忽拉朮（旭烈兀之子）和乞合都則至安納托利亞；阿澤（Ejei，另一位旭烈兀之子）則到喬治亞；而呼羅珊、馬贊德蘭、雷伊和庫迷斯（Qūmis）❶ 則賜給新伊利汗之子合贊，景庶則是他的下屬。[13]1289 ／ 688 年處決朮失怯卜和忽拉朮之後，拜都和乞合都繼續在各自的職位留任。[14]

這類土地利益和對特定歲收的所有權聲稱，無可避免地會引發親王間，以及親王和官僚間的緊張。我們沒有證據顯示，任何伊利親王在不同的伊利省行政機關內擁有自己的副手，反之，1260 年代前，各成吉思系諸王在帝國的廣袤分散地區內紛紛派駐自己的代表。但我們的確知道，親王可以擁有高階穆斯林作為自己的個人財產。根據拉施德丁的說法，未來的伊利汗乞合都在 1286 ／ 685 年處死夏姆斯丁・志費尼的兒子哈倫（Hārūn），乞合都相信哈倫教唆了瑪吉德丁・伊本・艾希爾（Majd al-Dīn Ibn al-Athiīr）的處決，而後者被描述為乞合都的媵哲。[15] 同樣一位作者讓阿魯渾聲稱阿八哈將雷伊的馬利克法赫爾丁「賜給」他。[16] 然而，不幸的是，這類財產的關連證據很稀少。

---

❶ 註：伊朗大呼羅珊的城市。

阿八哈死後爆發第一次繼位爭論，死亡日期是1282年4月1日／680年12月20日，而他兄弟蒙哥帖木兒則於一個月內猝死，（人們事後聲稱）阿八哈指定後者為其繼位者。[17] 由年長親王忽拉朮和康吉爾塔伊（旭烈兀之子）以及朮失怯卜和景庶帶領的大部分伊利系親王和那顏則偏好另一個兄弟貼古迭兒。[18] 但一個重要的團體大力支持已故伊利汗的兒子阿魯渾，他當時在管理呼羅珊，並根據某些文獻記載，是阿八哈的指定繼承人：[19] 這些人包括阿魯渾的兄弟乞合都、堂兄弟拜都，和幾位效力過他父親的那顏，尤其是不花（身為孤兒的他被阿八哈養大，因此尋求以擁立阿八哈兒子的方式來報恩）。[20] 阿魯渾後來不得不退讓，默許他叔叔於1282年6月21日／681年3月13日登基；但他的憤恨在新的統治上投下陰影。

在隨後的兩年中，貼古迭兒·阿赫邁德疏遠許多親王和埃米爾，破壞了政治平衡使人們轉而偏袒他姪子。他最小的弟弟康吉爾塔伊很快地就因與阿魯渾友誼密切而遭到懷疑，《蒙古人記事》、巴爾·希伯來和拉施德丁都將此歸諸於康吉爾塔伊最後遭到逮捕和處決之因；另一方面，瓦薩甫似乎認為康吉爾塔伊密謀篡奪哥哥汗位的報告有其可信度。[21] 到了1284／683年，阿魯渾公開反叛時，朮失怯卜仍舊得到足夠的信任，在迪亞爾·巴克爾代表伊利汗的利益；但在拉施德丁幾乎沒有解釋的一段插曲中，阿魯渾想方設法將他轉調到巴格達，以讓他在那負責自己的斡耳朵，結果貼古迭兒·阿赫邁德也對朮失怯卜的忠誠失去信心。[22] 甚至在伊利汗垮台時，繼位仍舊不清不楚。儘管不花強力推動擁立阿魯渾，他的兄弟阿魯黑卻支持朮失怯卜，而騰吉思（Tegene）那顏則支持忽拉朮，後者現在是旭烈兀唯一還在世的兒子；不花後來被迫支持忽拉朮的候選人資格。[23] 一份指出朮失怯卜和忽拉朮帶領軍隊反叛阿魯渾的報告，使得貼古迭兒·阿赫邁德在1284年8月10日／683年5月26日遭到處決之事加快腳步。[24] 忽拉朮在紛亂中同意阿魯渾的登基；但根據拉施德丁的說法，朮失怯卜和他的兄弟景庶在那時仍舊密謀反抗。[25]

像他叔叔一樣，阿魯渾的統治因此開啟了深刻不信任的氣氛。隨著時間流逝，他逐漸疏遠不花，但他能登基主要是歸功於不花，因此不花被迫計畫反叛。幾位親王——忽拉朮、朮失怯卜、景庶和合剌那海（玉疏木忒的兒子）——和包括阿魯黑在內的數位那顏受到牽連；在拉施德丁的記載裡，不花祕密將汗位獻給朮失怯卜。儘管朮失怯卜向伊利汗揭發這項密謀，但甚至連此舉都無法贏得阿魯渾的信任。在不花和阿魯黑遭處決幾個月後，朮失怯卜保持顏面地被派遣回迪亞爾·巴克爾，伊利汗後來得知親王的心「不正」，在1289年6月／688年5月處決了他。這消息促使不花的前將領涅孚魯思在呼羅珊起而反叛，而忽拉朮和合剌那海被指控與他同謀，在1289年10月／688年9月雙雙遭到處決；他們襁褓中的兒子們也未能倖免於難。[26] 瓦薩甫說，在立即舉行的調查法庭（*yarghu*）展開調查後，結果是另外十三位成吉思系王朝成員被處極刑。[27]

阿魯渾在1291年3月10日／690年3月7日駕崩。合贊的名字曾和阿魯渾一起出現在錢幣上，這暗示他是被指定的繼承人。[28] 但在汗位爭奪中，結果是阿魯渾的兄弟乞合都先行繼位，乞合都得到唯一另一位候選人，他的堂兄弟拜都不情不願的協助，並俯首接受他的王權。乞合都適時在1291年7月23日／690年7月24日登基。瓦薩甫說，當新任伊利汗問起為何他的前任者統治時期如此短暫時，薩滿（shamans, *qāmān*）將其歸咎於阿魯渾對對殺戮的嗜好。[29] 乞合都顯然將此謹記在心，因為他的寬大與阿魯渾的統治形成強烈反比。趁阿魯渾最後病倒之際奪權的塔察兒和其他那顏中只有一位未得到饒恕，其餘人的性命皆得以留存；想讓安巴兒赤（Anbarchi，蒙哥帖木兒的一位兒子）登基的密謀同樣也被視若無睹。當酒醉的拜都侮辱他時，乞合都只將堂兄弟監禁起來，並在隔晨接受後者的道歉。但他的寬容適得其反；由於拜都現在覺得自己的處境如此不安全，遂整合一群抱持異議的那顏，後者再次由塔察兒率領，最終推翻乞合都。伊利汗被俘後遭到殺害，儘管表面上拜都對此不知情或沒有表示同意（乞合都被絞死日期為1295年3月24日／694年5月6日）。

拜都剛開始時計畫以合贊取代乞合都，而巴爾·希伯來的續篇作者則告訴我們，儘管如此，在乞合都遭到殺害、合贊從呼羅珊趕來的進程又遭冬季天候推遲後，拜都允許支持者轉而擁立他登基。[30] 拜都的統治維持不到七個月。合贊與反叛那顏涅孚魯思達成全新和解，後者成功說服他擁抱伊斯蘭教和起而反對伊利汗。兩方人馬協議後破局，發生對戰。就像他的前任者，拜都遭塔察兒遺棄，後者倒向合贊的陣營。拜都最終被俘，在 1295 年 10 月 4 日／694 年 11 月 23 日遭到處決。

二、在汗國中央和省分的穆斯林大臣

官僚體制的頂點是維齊爾或首席大臣——他往往是財政大臣，就像在蒙古征服前的先驅，頭銜是 *ṣāḥib-dīwān*。某些地區也有自己的行政組織，與中央類似，同樣也是由財政大臣領導。想當然耳，法爾斯、克爾曼和塞爾柱安納托利亞這些附庸國在統治王朝仍舊得以延續的情況下，當地統治者的維齊爾現在自然被視為伊利汗的眼目與代表。但同樣的情況也出現在巴格達與舊阿拔斯的領地，這些區域通常都與伊朗東部的其他地區分別處理。這樣的情況也出現在呼羅珊（包括馬贊德蘭、塔巴里斯坦和庫希斯坦），這可能與區域在征服後經過的時間，以及這些地區通常是伊利汗長子的駐地有關。

在蒙古統治伊朗的最早階段，蒙古征服者的主要穆斯林大臣和官員都出身中亞、花剌子模和呼羅珊。我們不知道薩義夫丁．必闍赤的背景，他曾陪同對抗阿撒辛派和哈里發的征戰，志費尼稱他為「最高大臣」（*ṣāḥib-i a'zam*），拉施德丁則稱他為「王國行政官」（*mudabbir-i mamlikat*）；[32] 他也許就是那位在別失八里代表蒙哥舉行審查庭的「埃米爾薩義夫丁」，經手審理一件回鶻亦都護被控反對穆斯林的陰謀案件。[33] 不管他的出身為何，他是在 1262 年 11-12 月／661 年 1 月間遭到審判和處決的數位大臣之一，拉施德丁沒有明確寫下其背後理由，但原因顯然和旭烈兀以及朮赤系諸王間的不合有關。[34]

志費尼家族是歷史悠久的官宦家族成員，他們聲稱是法德爾．伊本．拉比（al-Faḍl b. al-Rabī'，大約卒於 823／207 或 208 年）的後裔，即哈倫．拉施德（Hārūn al-Rashīd）這位哈里發的維齊爾，這家族是早期伊利汗國最出名的呼羅珊臣僕。[35] 儘管夏姆斯丁的弟弟，也就是歷史學家志費尼，留給我們他在呼羅珊的阿兒渾阿合治下事業的些許記錄，以及他在 1256 ／ 654 年開始為旭烈兀效勞的記載，但在關乎夏姆斯丁本人在 1262 ／ 661 年以全權統御整個帝國的財政大臣（*ṣāḥib-dīwān al-mamālik*）身分出現前的活動，我們卻毫無所悉，查無證據。[36] 拉施德丁筆下的夏姆斯丁的政敵暗示，這位財政大臣對老將阿兒渾阿合（與其他埃米爾）造成某些重大危害，可能是削減其在伊利汗國全境內的權力。[37] 無論如何，在 1275 ／ 673 年於圖斯附近去世的阿兒渾阿合看起來似乎在呼羅珊內保留了某些名義上的威權。在推翻貼古迭兒．阿赫邁德後，夏姆斯丁於 1284 年 10 月 16 日／ 683 年 8 月 4 日遭到處決。拉施德丁下結論說，他主政財政大臣的時間將比汗給予任何後繼者的時間都要長久。

在呼羅珊，維齊爾伊茲丁．塔希爾．法爾尤瑪迪（'Izz al-Dīn Ṭāhir Faryūmadi）來自志費恩地區的小鎮，屬於一個宣稱為塔希爾王朝（Tahirids）❷後裔的家族，此王朝於第九世紀時統治呼羅珊。從據說他享有「任命與廢黜」（*al-ḥall l-'aqd*）的權力此事實看來，我們也許可以推斷，他有不容小覷的權力和威勢。他先後為阿兒渾阿合與旭烈兀效力，阿八哈登基後又重新任命他，因此他得以繼續留在職位上，直到死於 1277-8 ／ 676 年，由他的兒子瓦吉赫丁（Wajīh al-Dīn）繼任其職位。[38] 後者於 1287 年 1 月 7 日／ 685 年 11 月 20 日遭阿魯渾處以極刑。[39] 但他的兒子尼札姆丁．葉海亞（Ni ẓām al-Dīn Yaḥyā）曾在合贊治下短暫擔任魯姆的維齊爾；一位叫阿拉丁．因度（'Alā' al-Dīn Hindū）的孫子在後來成為維齊爾，而另外兩位家族成員則在十四世紀初成為帝國的查帳員（mustawfi）。[40]

在巴格達，儘管處決了數位哈里發的官員，但在民事機構的人員雇用上最初有很明顯的前朝官員留任現象。伊本．阿勒合迷是哈里發的維齊爾，留任為巴格達的維齊爾（這情況無疑導致他曾背叛穆斯台綏木的謠言），他於三個月後身故，時年是 1258 年 6 月初／ 656 年 6 月初。旭烈兀將此職位賜給他兒子

❷ 註：820至872年間統治大伊朗東部和呼羅珊地區的波斯王朝。

伊茲丁・阿布・伊法達爾（'Izz al-Dīn Abū l-Faḍl，他很快便死去）。哈里發的財政大臣法赫爾丁・伊本・達姆干尼（Fakhr al-Dīn Ibn al-Dāmghānī）與其他人躋身確認留任的行列中，儘管他會因被指控從監獄釋放數名阿拔斯子嗣，而在 1260 年 6-7 月／658 年 7 月遭到處決。達姆甘尼的兩名短命的後繼者都是阿拉伯裔，但自此後阿拔斯時代的傳承就出現斷裂。[41] 在 1259 ／ 657 年，財務行政委任給波斯人志費尼，他已經在自己寫的《世界征服者史》中將自己描述為查帳員；《軼聞匯集》則記錄下他被任命為伊拉克財政大臣，此後便以此頭銜稱呼他。[42] 志費尼的責任範圍在 1273-4 ／ 672 年得到拓展，管轄地區包括胡齊斯坦的圖斯塔爾／舒什塔爾（Tustar / Shustar），[43] 他在此職位上效力超過二十年，直到死於 1283 ／ 681 年，由他的姪子繼任，即夏姆斯丁的兒子，哈倫。

在旭烈兀和阿八哈統治時期，從「波斯伊拉克」（*'Irāq-i 'Ajam*）出身的人員變得越來越顯而易見。其中特別知名的是來自加茲溫與雅茲德的官員。一位加茲溫人是合罕蒙哥及其兄弟的教師，而此城市的法官在煽動帝國汗廷征討伊斯瑪儀阿薩辛教派上扮演了一個角色。[44] 這些新來者和既存呼羅珊團體間的激烈競爭，有助於解釋伊利時代的早期變遷。在志費尼家族垮台後，大部分的最高階文官都是出身自波斯伊拉克：加茲溫（胡撒姆丁；法赫爾丁・穆斯陶菲）或贊詹（贊賈尼）。但我們仍舊可看見呼羅珊公務員的蹤跡，舉如賈拉勒丁・席姆納尼（Jalāl al-Dīn Simnānī）和他的兄弟夏拉夫丁・穆克里斯（Sharaf al-Dīn Mukhliṣ，名聞遐邇的蘇菲教長（sufi shaykh）阿拉・道拉〔Alā' al-Dawla〕的父親），他們的祖父是花剌子模沙赫摩訶末的維齊爾。[45] 但 1288 年後開始的時期也是新貴暴發戶的時代。

介於夏姆斯丁・志費尼在 1284 ／ 683 年的垮台，以及合贊改宗伊斯蘭教的期間，見證了財政大臣相對上的快速更迭，儘管前五年是由不花那顏持續擔任此職務。夏姆斯丁的財政大臣職缺的立即繼任者是法赫爾丁・穆斯陶菲，後者在 1286 ／ 685 年遭到解職，下放去管理安納托利亞。他的繼任者是席姆納尼，後者曾在呼羅珊效力於阿魯渾旗下，贏得伊利汗的信任。然而，他只任職兩年，直到 1289 年 6 月底／ 688 年 6 月初，當時阿魯渾指派一位從阿卜哈爾（Abhar）來的猶太人薩阿德・道拉（Saʿd al- Dawla）上任為維齊爾。[46] 薩阿德・道拉先前曾從巴格達增加兩倍稅收，證實了自己的能力，並在不到兩年內，補足了先前幾十年的財務缺口，為政府收回大量金錢，雖然不算是伊利汗國的維齊爾中最知名的，但卻絕對是最有效率的一位。[47] 根據瓦薩甫的說法，在阿魯渾死前，薩阿德・道拉祕密接觸已故汗的兒子合贊，那時合贊在治理呼羅珊，道拉希望能藉此得到免於受到由那顏塔察兒帶領的政敵傷害的保護。但這個策略卻沒能拯救他；就在阿魯渾死前一週，薩阿德・道拉被處決。我們不知道他的繼任者是誰，而資料顯示乞合都於 1292 年 11 月／ 691 年 12 月，指派贊賈尼為下一任維齊爾。[49] 在贊賈尼的勸說下，乞合都於 1294 ／ 693 年採納中國式紙鈔（鈔 *chao*；波斯語為 *chāw*）。這後來證明為經濟災難，紙鈔僅在幾個月後便被迫撤銷。[50]

拜都在 1295 ／ 694 年登基時，維齊爾的職位交給賈瑪勒丁・阿里・本・穆罕默德・本・曼蘇爾・達斯特吉爾丹尼（Jamāl al-Dīn ʿAlī b. Muḥammad b. Manṣūr Dastjirdānī），後者在 1289 ／ 688 年以來就被薩阿德・道拉指派為巴格達財政大臣，因此有能力在拜都準備奪權時給予支持。[51] 贊賈尼希望拜都留任他為維齊爾的期望最後落空，[52] 因此大力遊說拜都的支持者中的塔察兒、丘班與其他將領，讓他們轉投合贊陣營。[53] 但他希望在合贊底下擔任維齊爾的希望，也同樣未能實現，他從未因這份冷落而原諒涅孚魯思。[54] 我們不知道確切發生了什麼事，但解決方案似乎只能在《史集》的巴黎手抄本內的一個段落裡找到，我們在此讀到，如同合贊承諾的那般，贊賈尼在涅孚魯思擢昇為總督後，成為財政大臣。不久後，贊賈尼一定是遭到撤職，如同瓦薩甫寫的那般。[55] 他被夏拉夫丁・穆克里斯・席姆納尼取代，後者稍早被伊利汗指派為巴格達財政大臣，因為拉施德丁後來指稱席姆納尼為伊利汗國財政大臣，並紀錄他在 1296 年 10 月／ 695 年年底遭到撤職，以換上得寵的達斯特吉爾丹尼。[56] 達斯特吉爾丹尼就任維齊爾僅僅月餘，便因遭指控是對涅孚魯思不滿的成員之一，而在 1296 年 10 月二十 7 日／ 695 年 12 月 28 日遭處極刑。[57] 只有在那時，也就是 1296 年 10 月 30 日／ 696 年穆巴蘭姆月 1 日，達斯特吉爾丹尼遭處決三天後，贊賈尼才第三度成為維齊爾。[58] 然而，他在職期間短暫；他因挪用公款而在 1298 年 5 月 4 日／ 697 年 7 月 21 日遭到處決。[59] 他和達斯特吉爾丹尼是最後兩位為不信道的君主效命的伊利維齊爾。

三、伊利汗、他們的穆斯林大臣和歷史學家

瓦薩甫對旭烈兀統治的看法可以以他的一段話來做縮影，他說這位統治者「點燃蒙古征服之火，帶來外來統治的拂曉」，[60] 在他治下，財政大臣夏姆斯丁．志費尼一貫堅定立場，為穆斯林族群謀取福利。瓦薩甫對阿八哈的觀點比較正面，也許是基於新統治者較為寵信夏姆斯丁。這位伊利汗的名字常伴隨著「公正」（the Just〔*al-'ādil*〕）的形容詞，而志費尼、白達維、拉施德丁、瓦薩甫和《軼聞匯集》的作者都曾對阿八哈的這個統治層面加以評論，最後一位還補充說，伊利汗關心汗國的重建。[61] 而稱讚其智慧和寬容的巴爾．希伯來也說，阿八哈受到所有子民的愛戴。[62] 如同尚．奧邦（Jean Aubin）指出的那般，阿八哈的統治以其和平與繁榮聞名的一致事實，難以僅僅將史學家的話當作溢美之詞而斥之；他認為這個政績和兩位顯然相當能幹的人的效力有關，即蒙古那顏速渾察和財政大臣夏姆斯丁．志費尼，以及他們之間密切而和諧的合作關係。[63]

另一方面，瓦薩甫告訴我們，阿八哈曾有一度是如何地折磨財政大臣，在刀尖上挑塊伊斯蘭法律禁食的肉（*ḥarām*），要他吞下；夏姆斯丁在這個主宰他運氣的關鍵時刻，被迫吃下禁肉。之後，伊利汗告訴他的親信，如果夏姆斯丁拒絕，他會用刀子挖出大臣的一隻眼睛。[64] 阿八哈顯然有缺點。也許他的公正名聲來自於財政大臣能夠——或看來似乎是如此——將他從血腥復仇的偶爾行徑上扭轉的事實，例如在赫拉特，此城在 1270 ／ 668 年和波剌黑交涉後投降，或在拜巴爾斯入侵安納托利亞鄉村後，阿八哈意欲在 1277 ／ 676 年出兵討伐。[65] 可想而知，這位伊利汗的公正在某種程度上是死後才追加的優點，

始自政權開始反對阿魯渾的鋪張浪費和殘酷無情，以及乞合都不受羈絆的放縱情慾之際。瓦薩甫在描述拜都登基時，並非毫無來由地回頭引述阿八哈的吉祥（*maymūn*）時代。[66] 但他向貼古迭兒・阿赫邁德登基的致敬方式則裹上一層薄薄偽裝，偷偷暗示前朝是個恐怖和惡行橫行的時期，這種弦外之音可能更貼切地傳達了他的真實感受。

瓦薩甫對貼古迭兒・阿赫邁德的同情顯而易見：他懷有「正義之心」。[68] 瓦薩甫以坦率的語言描述這位伊利汗登基時特有的奢華和慷慨大度（巴爾・希伯來確認此點），但在另一個地方曾提到，他缺乏統治才幹。[69] 但不像拉施德丁——拉施德丁說貼古迭兒・阿赫邁德只是「號稱是位穆斯林」——瓦薩甫毫不懷疑新伊利汗的信仰，敘述後者「穿戴著伊斯蘭教的項鍊」，甚至（或他如此宣稱）滴酒不沾。[70] 他熱烈讚揚穆斯林百姓在貼古迭兒・阿赫邁德登基時的歡騰，並嘉獎他大幅度滿足伊斯蘭法律的要求。[71] 我們將在第十三章裡，更全面地檢視關於貼古迭兒・阿赫邁德的統治中，相互衝突的各方說法，以及其與曾姪合贊的對比。

《軼聞匯集》的作者將阿魯渾描述為一位公正的君王，對子民充滿同情。[72] 瓦薩甫提出更詳盡的描述。他告訴我們，這位伊利汗在戰事進攻時厭惡殺戮，曾對得為盛宴屠殺如此多的動物表達反感，但後來卻在薩阿德・道拉的影響下，變得異常嗜血。[73] 瓦薩甫從繼任的維齊爾贊賈尼那裡聽說，薩阿德・道拉說服阿魯渾自稱擁有先知的地位，並創立新的宗教，整頓艦隊以奪下麥加，在克爾白天房安置偶像；哈米德拉・穆斯陶菲也曾提過相同計畫（也許兩人最終仰賴的是同一個訊息來源）。[74] 綜觀最後一項計畫，它顯然與始於其治期最後幾年的一項未果的計畫產生某些混淆：那就是，讓戰艦在紅海出航以從後方攻擊馬穆魯克。[75] 瓦薩甫和巴爾・希伯來的續篇作者兩人都聲稱，阿魯渾本人對穆斯林懷有極大敵意，甚至到禁止財政機關招募穆斯林雇員，和不讓他們進入帝國斡耳朵的程度。[76] 這說法與我們所知的阿魯渾對高階職務的指派，以及他與席姆納尼（和許多穆斯林）的友好關係兩事，完全不符；[77] 即使在薩阿德・道拉位居維齊爾的最高位時，這類限制性政策的採納都難以想像，但是，無論如何，我們知道薩阿德．道拉曾和穆斯林同僚共事。毫無疑問地，這份誤解僅僅反映下列事務上，即在塔吉克事務上，不信道的蒙古那顏、不花及其兄弟阿魯忽享有前所未有的威權時，以及薩阿德．道拉在拔擢近親以及其他猶太人就任高位時，穆斯林普遍存有的被排除感。[78] 贊賈尼和瓦薩甫訴說的這類故事可能不該歸咎於上述事實，我們或許更應該說，那是來自於穆斯林和蒙古那顏兩方對猶太裔維齊爾的敵意。

在巴爾．希伯來續篇作者的筆下，乞合都不情不願地接受汗位，而且偏愛留駐魯姆，他是此地六年來的總督；這個斷言似乎為伊利汗迅速返回安納托利亞，和將登基日期推遲至 1292 年 6 月／ 691 年 7 月而得到證實。[79] 對瓦薩甫而言，乞合都的豪爽慷慨超過自窩闊台以來的任何蒙古統治者，這顯示在外的似乎僅是他好逸惡勞的表現。據說，乞合都一登基，就對管理政府毫無興趣，反而專注在追求聲色犬馬。幾位作者毫不避諱地提到他難以滿足的性慾，那顏和埃米爾的孩子常成為其受害者，瓦薩甫則以責怪但簡潔的一句話做下列總結：「君主統治最後轉為隨心所欲，他想要的就是臀部。」[81] 反之，巴爾．希伯來的續篇作者對乞合都的繼任者拜都的描述顯示一種更為強悍、克己和吸引人的個性。這位伊利汗似乎不是慾望的奴隸，反而是天生謙卑與帶著些許天真；值得注意的是，據稱拜都不願將整個汗國的管理交到任何人手上，表現出在國事上事事過問的不尋常傾向。[82] 當然，拉施德丁是在拜都的勝利敵手下寫作，因此沒有給拜都任何正面特質描述的篇章，而拜都在他的書中（反正非常簡短）占還不到一章，拉施德丁甚至刪除掉他曾登基的事實。[83]

讓我們轉而討論維齊爾。我們的所有原始資料來源都將夏姆斯丁．志費尼描述為其後繼者的絕佳楷模，這可能顯示他調停異教徒伊利汗和他們子民之間的手腕。[84] 幾十年後，納赫奇瓦尼稱讚他在平衡帳目方面的成就。[85] 瓦薩甫讚揚夏姆斯丁為設拉子人民所採取的行動，並在 1293 ／ 692 年在拜訪大不里士時去造訪維齊爾的墳墓。從瓦薩甫開始，大部分的作者都將他的處決說成殉難。[86] 哈米德拉．穆斯陶菲的口氣無疑地是出自黨派歧見，因為他的親族來自加茲溫，為志費尼家族的政敵，他在記載阿八哈和貼古迭兒．阿赫邁德的治期時，絕口不提志費尼兄弟的苦難。但甚至連他都承認夏姆斯丁獨一無二；他更進一步稱呼他為殉道者，儘管他也將這個地位給予維齊爾過世的政敵瑪吉德・穆勒克（Majd al-Mulk）。他可能相信夏姆斯丁被指控挪用公款的罪名，但不相信他會毒殺阿八哈。[87]

我們也許會認為薩阿德・道拉的政府會受到全面而普遍的憎惡。哈米德拉・穆斯陶菲從未原諒他害死自己的叔叔法赫爾丁・穆斯陶菲，說儘管薩阿德・道拉外表謹慎，他實際上詭計多端又惡貫滿盈。[88]瓦薩甫顯然也不是薩阿德・道拉的朋友，明顯痛惡和哀嘆這項事實——管理伊利汗國全體穆民的威權竟然掌握在猶太人的手裡。幾位與薩阿德・道拉關係密切和擁有相同命運的蒙古那顏並未阻止瓦薩甫將維齊爾的死，描述成讓蒙古人和穆斯林都同感歡欣的快事。[89]但瓦薩甫樂意承認薩阿德・道拉在財務方面的才幹。更有甚之，他承認薩阿德・道拉說服阿魯渾強硬推動改革，而改革的部分靈感是來自於想改善伊利汗國整體子民的生活。[90]克爾曼尼也證實了這項說法。在聲討維齊爾該為穆斯林顯要之死負責的同時，克爾曼尼也承認了薩阿德・道拉的統治公正，以及相當克制，沒有壓迫平民。[81]也值得指出的是，富瓦惕也稱讚薩阿德・道拉的副手，查帳員（*mustawfi*）伊茲丁・穆罕默德・本・賈拉勒丁・烏拜德拉・圖斯塔里（'Izz al-Dīn Muḥammad b. Jalāl al-Dīn 'Ubayd-Allāh Tustarī）的行政和財務能力。[92]

大家對下兩位維齊爾的看法一般來說相互衝突。根據哈米德拉・穆斯陶菲所言，賈馬勒丁・達斯特吉爾丹尼是位傑出又能力強的行政官。[93]但另一方面，瓦薩甫則對達斯特吉爾丹尼在乞合都統治期間，報答其恩人贊賈尼的慷慨的手法嗤之以鼻，並指控他挪用了一千圖曼（一百萬第納爾）。[94]《軼聞匯集》則描繪贊賈尼為貪婪的暴君，強迫使用紙鈔，然後在其遭廢止後，像達斯特吉爾丹尼一樣將土地稅（*kharāj*）增加一倍，強迫人民繳付忽卜出兒，增加探合，並將罰金和其他負擔提高到最高額度。[95]克爾曼尼也指出，贊賈尼想改變國家事務，頻頻騷擾顯貴，最後無法抗拒地採納以侵占人民財富的方法來得到最大歲入。克爾曼尼說，紙鈔只是他在任職期間該受譴責的措施之一，但卻沒有明確列舉其他缺失。[96] 顯然，讓這些作者忿忿不平的是，在維齊爾艱難地努力想彌補皇家財務，因而引入紙鈔後，眾多人民因此承受的經濟損失。瓦薩甫和巴爾·希伯來的續篇作者兩人在敘述贊賈尼的第一任維齊爾任期時，都明白表示，他像他的主子乞合都一樣，異乎尋常地奢靡。[97]

但瓦薩甫在讚美贊賈尼時也很大方，並以沈重的筆觸和過多的隱喻記錄後者在1296年的災難，顯然不相信後來導致其遭處決的指控。[98] 甚至有一度，瓦薩甫還指出，乞合都的改宗，以及從未來的伊利汗那得到的保證，結束了那些受處決者的子孫會喪失遺產的爭議法規，這些功績都該歸功於贊賈尼的決定性角色。[99] 另一位筆下留情的人是哈米德拉·穆斯陶菲——可能在某種程度上是因為贊賈尼儘管是贊詹人，卻曾住過加茲溫。[100] 在承認贊賈尼過於慷慨，但在後來變得沈溺於陰謀和惡行，尤其是不實指控涅孚魯思之後，哈米德拉·穆斯陶菲描述他起初是個正派人士，並擁有非凡的能力。[101] 贊賈尼採取堅定措施來修補被前幾個月的暴亂傷害的驛站系統，當時額勒赤越權從民間徵用馬匹，因而造成驛站系統陷入一片混亂。再者，因為官方在波斯伊拉克城鎮裡徵收忽卜出兒，許多居民逃離家園避免被徵收苛稅；於是，加茲溫變得根本不可能舉行週五禱告。贊賈尼雖然免除了城鎮的忽卜出兒，卻以探合取代，加重了稅的負擔一倍之多。[102] 這份審判應該與《軼聞匯集》和克爾曼尼的《歷史香水盒中的迷人香氣》中的非難並列評估，儘管我們無法知道，它是否代表了對這位維齊爾的政策的較公平評價。

相較之下，拉施德丁對他前任者們的評論令人驚異地溫和。他只短暫帶過薩阿德·道拉的能力方面的記述，並提到其副手伊茲丁·圖斯塔里，但那只是為了記錄其處決。[103] 他責難薩阿德·道拉沒有值得讚揚的動機，對他的成就著墨極少，無疑是想將注意力全部灌注在合贊（和他自己）的改革嘗試上——也許也是要與這位沒改宗伊斯蘭教的猶太同胞保持距離。拉施德丁很有可能也是為了同樣的理由，而刻意淡化薩阿德·道拉的後繼者們所制訂的措施，並否認不論席姆納尼或贊賈尼，都曾成功增加財庫收入。[104] 拉施德丁對薩阿德·道拉或許抱著複雜的情感。他在合贊補救濫權的故事裡，批評贊賈尼腐敗詐欺，並嚴厲控訴維齊爾的易受欺騙和虧空國庫的浪費成性，[105] 他對贊賈尼的下場之鋪陳則暗示，他欣賞這個人，他也的確提到他們早期的交情不錯。[106] 無論如何，其他來源的證據顯示，薩阿德．道拉和贊賈尼都曾關注於確實消除濫權暴行——如額勒赤和斡脫商人對百姓的壓迫——拉施德丁在提到合贊登基前的國務時，曾強調這些現象。此舉使得《史集》的矛盾本質變得非常鮮明；拉施德丁在伊利汗國舞台上的要角位置，在提供他對事件無可匹敵的視野之餘，也使他滿懷著反感和不安，而後兩者是他大部分維齊爾同儕的特色。

四、文官和武官：蒙古總督（納艾布）和塔吉克維齊爾

在大塞爾柱和花剌子模沙赫時代，大部分的文官與武官涇渭分明；維齊爾通常不行使軍事權力，儘管這類案例不是完全缺乏。安．朗姆頓（Ann Lambton）指出，在伊利汗國早期，維齊爾經歷了某種降級。首先，他的能力在一段時間內被侷限於財務和稅收領域；第二，與塞爾柱前任者相反的是，他不能再參與軍事遠征，除非是陪同君主出征。[107] 但我們該指出的是，在 1277／676 年，阿八哈派遣財政大臣夏姆斯丁．志費尼到安納托利亞出一趟顯然是策略性遠征的任務，他取道達爾班德和「拉齊斯坦」（Lagzistān）返回汗廷，但在拉齊斯坦時，我們得知，他與兩位同行的那顏確保了部落的臣服，而後者到那時之前都一直不肯降服。[108] 但朗姆頓也許是對的，乞合都會准許贊賈尼統御一支一萬騎兵的部隊則顯示，維齊爾不再擁有聽命於自己的私人軍隊。[109]

在帝國的最初幾十年，除了忽必烈統治的短暫期間外，文官和武官沒有清楚的分別。在伊利伊朗，蒙古人似乎也沒劃清我們現在傾向於視為理所當然的文武職間的差別。[110] 關鍵的區別多半是在於蒙古／游牧軍民和波斯（塔吉克）定居百姓之間。[111] 卡尚尼寫到，完者都在 1304 年登基時，將「怯薛和蒙古兀魯思」交付給大埃米爾忽都魯．沙赫和丘班，而將汗國心臟地帶的可耕農地（*sawād*）和塔吉克農民（*ra'āyā*）委託給拉施德丁和薩阿德丁．撒瓦吉（Sa'd al-Dīn Sāwajī）這兩位共治的維齊爾。[112] 這可能解釋了為何我們的資料來源甚

至在皈依伊斯蘭教後仍舊堅持「穆斯林和蒙古人」的說法。因此，在某個程度上，我們也許能同意朗姆頓的理論，那就是，在早期伊利汗治下，「蒙古人和突厥人之間存有強烈清晰的二分法，一方面，他們實際上是軍人階級。而另一方面是非蒙古人的波斯人。」[113] 但「執筆者／文官」（*arbāb-i qalam*）——也就是波斯（塔吉克）官僚——和「持劍者／武官」（*arbāb-i sayf*）之間的傳統區別，則矛盾地反映出前蒙古時期的現象，而在蒙古治下的伊朗倒是比較無法成立。

我們感到問題重重的是，總督（納艾布）在君王下所享有的威權。文獻來源可能會讓我們困惑，因為它們有時將維齊爾本人與納艾布混為一談——在最常見的情況下，納艾布似乎意味著總督的副手。[114] 這其中蘊含的階級感本身就意義重大，而根據一本十四世紀中期的行政手冊，我們發現斡耳朵之中的空間配置，親王和軍事將領占據地位較高的營帳，就是君王的右邊，而維齊爾和底萬的官員則在君王的左側紮營。[115] 督管定居人口的維齊爾原本就應該位於總督之下，總督的主要關懷重點是在軍事上更為重要的游牧部族。我們必須牢記納艾布的這兩種意義。

在旭烈兀治下我們沒聽說過總督；總督初次出現是在阿八哈登基的時候。根據當代作者白達維，阿八哈政權的核心人物（madār）是速渾察那顏，他是全權總督和行政首長（nā'ib-i ū wa-ḥākim-I muṭlaq），特別負責巴格達和法爾斯；瓦薩甫說，他掌管「總督職位與帝國行政長官」（rāh-i niyābat-u ḥukūmat-i mamālik）。[116] 貼古迭兒．阿赫邁德登基時，他封速渾察為納艾布。[117] 我們知道，隨著時間流逝，這位新的伊利汗不太防範速渾察或另一位老將那顏失克禿兒（Shiktür，札剌亦兒部族亦魯該的兒子），繼續待他們如上賓；[118] 但就在 1284／683 年前他最後被推翻時，速渾察仍舊舉足輕重。在阿魯渾登基後，作為與夏姆斯丁．志費尼密切合作的貼古迭兒．阿赫邁德的前任支持者，速渾察注定會失勢，退居幕後，因為他一直沒被提到名字，直到拉施德丁後來記上一筆，直截了當地報告，他在 1290／689 年過世。[119] 緊接著在乞合都於 1291／690 年登基和回返安納托利亞之後，失克禿兒被授予總督頭銜，全權管理伊朗，而根據拉施德丁，或者，據瓦薩甫所言，他被委任負責「帝國政府、總督職權，與執掌諸軍事」（*ḥukūmat-i mamālik-u rāh-I niyābat-u dānistan-i maṣāliḥ-i charik*）。他能使用帝國紅璽（*āl-tamgha*）。[120]

伊利時代的特別驚人之處——標示一個與先前政權模式更明顯的悖離行徑——是文官和武官雙向的權威重疊。1284 年後，有兩個例子顯示，汗廷將顯而易見的權力延伸轉而給予蒙古納艾布。儘管奧邦主張，狄馬什格．火者（Dimashq Khwāja）是第一位（和最後一位）蒙古埃米爾兼維齊爾（1325-7 年），[121] 拉施德丁則寫道，在更早些時候，有兩位主要蒙古將領擔任此職——當時每人都是以總督的身分提供服務。第一位是在 1284-8 ／ 683-7 年間的不花，他是推翻貼古迭兒．阿赫邁德和擁護阿魯渾登基的主力；第二位是合贊治下頭兩年的涅孚魯思（阿兒渾阿合的兒子），他大力將合贊推上汗位。拉施德丁告訴我們，不花在夏姆斯丁．志費尼垮台後立即得勢，「帝國維齊爾職位的札里黑」就以他的名字發佈，他在所有國家事務上享有不受限的控制權。[122] 瓦薩甫沒有稱呼不花為「維齊爾」，但確認後者享有從烏滸水到埃及邊境的整個汗國的絕對威權，他還掌管帝國軍隊（*charīk-i buzurg*）、汗廷以及親王和公主的事務；文件不蓋他的用印就不能生效。[123] 至於涅孚魯思，據說他在 1295 年受封為「整個帝國和兀魯思，從東方的烏滸水河畔遠至敘利亞和埃及邊境，的埃米爾和維齊爾」。[124] 我們也許應該指出，同時代的敘利亞作者比爾札利（al-Birzālī）和賈札里（al-Jazarī）都稱涅孚魯思為維齊爾。[125]

誠然，作為立王者的不花和涅孚魯思在伊利政府中理應享有特權地位。但我們能肯定地就此下結論說，這兩位蒙古將領的威權超過，比如上文提到的速渾察，或乞合都對失克禿兒的（短暫）封賜嗎？頭銜顯然並不意味者他們能直接行使維齊爾這個職位的所有功能。不花似乎的確擁有直接監督財務的權力，至少直到他垮台不久前是如此；我們得知，當時底萬和名冊（*daftar*）都從他住處搜走，他在底萬提名的人被撤除職位。[126] 在他於阿魯渾統治初期的剩餘短暫期間內，夏姆斯丁．志費尼自願提議成為不花的副手（納艾布）行使職權。[127] 他在維齊爾職位的後繼者，法赫爾丁．穆斯陶菲明確地稱呼不花為納艾布；[128] 但他沒有保管印璽，後者仍舊在不花的黨羽手中，即掌印者阿里，大不里士總督。[129] 身為總督的涅孚魯思也管理財政事務（*māl*）；[130] 達斯特吉爾丹尼在當時任職財政大臣，被描述為他的納艾布，儘管他的部門是受涅孚魯思的兄弟，哈只納陊（Ḥājjī Narin）的直接監督。後者才是保管帝國紅璽的人。[131]

高級官僚的權限和突厥—蒙古高級武官的權限之間的界線往往模糊不清，而我們不該對此感到驚訝。從一開始，蒙古政體的核心就在帝國禁衛隊手中，且自此後就一直是如此（不管後來政府機構膨脹到有多龐大）。就像查爾斯·梅爾維爾指出的那般，主要穆斯林部長逐漸被收編入伊利汗的禁衛隊中，儘管後者的成員仍舊是以突厥—蒙古人為主。因此，蒙古那顏忽都魯·沙赫在一次和拉施德丁的談話中，提醒後者，他們同樣都是怯薛。[132]

我們也不該期待不同部門所隱含的責任範圍，或我們文獻來源的術語會有一致性。[133] 如果真有的話，納艾布的權力在何種程度上會超越「首席埃米爾」（chief amir，波斯語為 *mīr-i mīrān*，亞美尼亞語為 *amīr al-umarā*，突厥語為 *beglerbegi*；或在此使用十四世紀早期的名詞，兀魯思的埃米爾〔*amīr-i ulūs*〕）的職權？亦魯該在旭烈兀治下時顯然屬於後者；他的兒子失克禿兒在乞合都登基時任此職務；乞合都後來將此職務封給亦魯該的另一個兒子，阿不花（札剌亦兒王朝的祖先），當時失克禿兒被降級為總督。[134] 塔察兒曾在 1295 ／ 694 年於拜都治下短暫擔任首席埃米爾（*beglerbegi*），根據瓦薩甫所言，當時他被賦予財務、汗國和軍隊的控制權，這個事實可能意味著總督和首席埃米爾的職權有時幾乎難以區分。它們甚至有可能曾經相同。無論如何，《五族譜》稱呼不花為首席埃米爾，而《軼聞匯集》則解釋不花的這個頭銜等同於中國的丞相。[136] 阿布·菲達明確地指稱合贊和完者都治下的忽都魯·沙赫是涅孚魯思的繼任者，在他筆下，忽都魯·沙赫擁有「首席埃米爾」和納艾布等各種頭銜。[137]

從阿魯渾統治以降，我們也看到一系列的「絕對維齊爾」（absolute wazirs），在此使用奧邦創造的術語。[138] 第一位是薩阿德·道拉。瓦薩甫告訴我們，阿魯渾在每個細節上都信任道拉，並將他當時的那顏和埃米爾比擬為

「毫無生氣的圖畫、無實質的名號，與無用的護身符」。[139] 根據敘利亞作者尤尼尼所言，薩阿德・道拉在政府中行使完全的專斷威權，而札哈比則說，他在阿魯渾心中權勢顯赫，並能隨意指揮他。[140] 所以，當乞合都在 1292 ／ 691 年指任贊賈尼時，也曾發佈札里黑，禁止親王、公主王妃和埃米爾干涉國務或財務，也不准任何人抱怨新的維齊爾。隨後，這位伊利汗更進一步賦權給他，讓他取代帝國全境內的所有埃米爾和八思哈，並禁止親王或那顏在未獲得維齊爾的准許下，隨意封地或贈送金錢。[141] 根據拉施德丁的說法，贊賈尼在第二任任期時，在涅孚魯思於 1297 年夏天／ 696 年年尾）遭處決後，得到可觀的權勢和帝國紅璽。[142]

介於阿八哈死後與合贊統治間的汗位空懸期間，那時，在給予蒙古和塔吉克埃米爾的個別權力方面，似乎有點急就章。[143] 然而，我們必須強調，在異教徒伊利汗時代——實際上直到 1299 至 30 ／ 699 年——沒有塔吉克人被拔擢至王權的代理人（總督）如此高位。[144] 文獻中如此稱呼的第一位可能是撒瓦吉，根據瓦薩甫的說法，合贊在那年任命他為維齊爾兼納艾布。[145] 拉施德丁將撒瓦吉的維齊爾任命時間提早兩年，但從未描述後者是位納艾布，儘管拉施德丁的確寫道，在 1301 年 8 月／ 700 年 11 月，合贊將紅璽交付給撒瓦吉，並任命他主管底萬。[146] 因此，至少，撒瓦吉似乎享有和贊賈尼同樣的特權。然而，瓦薩甫可能僅是在撒瓦吉身上用納艾布這個名詞，而且指稱其較不崇高的意義——他只不過是總督的副手，這裡的總督就是忽都魯・沙赫，在合贊和完者都治下是總督或「首席埃米爾」（見上文）。

指派擁有蓋過維齊爾職權範圍的權力的總督，此舉蘊含著學界一般同意的假設，即蒙古人對其領土的日常管理行政毫無興趣。但大衛・摩根指出，蒙古人可能比以前的學者所想的，還要更深地涉入政務。[147] 但他們的君王不見得必然如此。拉施德丁曾肯定地說，在合贊之前的伊利汗，將大部分的政務交由埃米爾和維齊爾去管理，而免除為治國操心的統治者則將大部分時間花在打獵和取樂之上。[148] 拉施德丁更進一步提出可能是對阿八哈的含蓄批評，宣稱阿八哈的「崇高胸襟和帝王莊嚴」阻止他在腐敗官員上呈假收據後，詢問馬和武器的下落。[149] 我們該謹記在心的是，官員有極力削減君主的執政能力，以強調自我重要性的傾向，因此應該對此說法抱持懷疑。[150] 但另一個證詞則支持拉施德丁的評斷，那就是數十年後，烏瑪里的一位消息來源者也與此遙相呼應。[151] 在沈溺於奢侈逸樂的乞合都治下，維齊爾撒瓦吉才是真正的掌權者此事實，無須太大想像力便可如此推斷。[152] 但阿魯渾也幾乎沒有對統治展示更大的胃口。瓦薩甫聲稱，「除了汗的名義之外，君王執政和命令及禁令的執行等之必要事務，無論大小」全都交付給不花；[153] 這個形容無法讓人聯想到一位將密切監管政府當作第一優先的君主形象。

五、同質統治菁英的增長？

政權更迭中最明顯的一個層面是，伊朗與伊拉克的新君主說著他們的穆斯林子民無法瞭解的語言。就我們所知，即若在不信道者統治時期，他們也不曾費心去學波斯語或阿拉伯語。然而，儘管忽必烈只懂最基本的中文，卻下令帝國的王子學習中文，而且有某些證據顯示，從合罕普顏篤（Qaghan Buyantu，元仁宗，統治期間 1311-20 年）之後，元朝皇帝能讀，甚至在某種程度上能說中文，[154] 但反之，在這方面，我們則對伊利汗的所知不多。文獻裡明確地說，阿魯渾不懂波斯文字。[155] 在可能是過度吹噓合贊的成就的篇幅中，拉施德丁寫道，他的皇家主子熟悉數種語言，特別是阿拉伯文、波斯文、印度文、喀什米爾文、西藏文、中文和「法蘭克文」（拉丁文？），還說他「其餘語言」都略通。但我們也許該指出，即若如此，在此章節合贊據稱是使用蒙古術語（*ba-iṣṭilāḥ-i mughūlān*）和學者對話。[156] 我們發現他有時和涅孚魯思（蒙古那顏中懂波斯文的罕見例子）用突厥語交談。[157] 根據薩法迪，合贊用波斯文和拉施德丁交談，但他卻沒有透露他理解大部分於他面前說的阿拉伯語。[158] 如果這是真的，這便能解釋合贊在第一次侵略敘利亞期間，於 1299 ／ 699 年接見大馬士革代表團時，為何當時有口譯員在場的原因。[159]

志費尼對回鶻文字的暗地嘲笑，強調了行政機關在某種程度上，是以一種不熟悉的語言進行管理的事實。如果穆斯林官僚想升官加爵，他們現在得熟悉至少一種新的語言和文字，因為帝國御前大臣法庭的必闍赤得以數種語言生產文件。諸汗治理著多文化帝國，會重視語言專家的服務，絕非毫無來由。[160] 甚至在 1281 年，聶斯脫里派神職人員選出汪古僧侶馬可斯（Markôs）為雅巴拉哈三世大教長——儘管他對他們的禮拜語言敘利亞文一竅不通——的主要原因是，他懂蒙古語，熟悉蒙古習俗和行政手法。[161] 在志費尼寫作的一代人後，懂回鶻文字是種污名的趨勢似乎消退，因為更傑出的穆斯林家庭的子弟不避勞煩地學習它。他們當然會學習說蒙古語，據說維齊爾贊賈尼對此語非常嫻熟。[162] 根據卡尚尼的說法，完者都的首席那顏丘班向他的同僚亦怜真（Irenjin）抱怨，塔吉克大臣現在能在不先詢問某位蒙古埃米爾的情況下，於晚上晉見伊利汗，而在旭烈兀和阿八哈的時代事先詢問是必要步驟。[163] 這也許意味著完者都懂波斯語；但大臣們也許會說蒙古語。

其他人展現更令人印象深刻的才能。哈米德拉．穆斯陶菲．加茲溫尼說他的同胞伊夫提哈爾丁．穆罕默德（卒於 1279 ／ 678 年）努力用功，變得精通蒙古和突厥語言和文字（顯然是回鶻文字），到他能將波斯文學翻譯成這兩種語言的程度。[164] 薩阿德．道拉儘管曾住在巴格達多年，[165] 他懂突厥和蒙古語的事實，無疑使他在阿魯渾眼中成為珍寶，也許更因此刺激了穆斯林敵手去培養類似素養。卡尚尼在列舉雷伊和瓦拉明的馬利克法赫爾丁（卒於 1308 ／ 707 年）的素養中，就指出他精通六種語言和三種文字（蒙古文字，比如回鶻文字；波斯文字；和庫法體）。[166] 富瓦惕的傳記辭典包含數位聲稱精通蒙古語和突厥語的穆斯林官員，其中甚至有兩位懂中文。[167]

我們也許會傾向於將伊利汗的塔吉克臣僕中廣泛的語言才能——或，就此而言，涅孚魯思和幾位蒙古人的通曉波斯語——詮釋為在一個多樣性統治階級內，其融合現象蓬勃發展的指標；同理，蒙古那顏與說著波斯語的維齊爾兩者都躋身怯薛的事實也可做相同詮釋。我們讀到穆斯林以蒙古那顏的「維齊爾」身分服務。[168] 但重要的是，我們要以正確的角度審視此類現象。伊利汗對各式各樣的臣僕的仰賴不必然會導致他們的同化，[169] 儘管那可能是在合贊接受伊斯蘭教後便開始的事。我們上文從卡尚尼所引述的丘班的抱怨顯示，塔吉克大臣的權威在頭兩位伊利汗治下，比起在完者都治下，更為受限。但別具意義的是，丘班和（或許）亦怜真很懷念往日的時光；[170] 而在合贊登基前幾年，哪個團體統治，哪個團體應該服從，是毫無疑問的事。因此1280／679年，塔吉克人瑪吉德·穆勒克破格取得大權（見下文）引發廣泛的驚異。[171] 1295／694年，合贊在去大不里士的路上，那時的怯薛指揮官木來（Mulai）那顏，因為贊賈尼竟敢坐在馬上和新任伊利汗說話，而抽鞭鞭打這位維齊爾——這類放肆行徑可能會使贊賈尼丟官。[172] 這告訴我們，蒙古人認為哪些禮數應該擺第一，顯然並不尊重臣僕的人身。儘管如此，蒙古那顏和塔吉克埃米爾的確分享一項特色：那就是，他們在君主的反覆無常下有多麼脆弱。

六、高官的險境

1299年，在合贊治下的一連串處決後，瓦薩甫以異常的清晰洞見寫下他的觀察：

> 蒙古性情和性格中存有應該譴責的特質和常見缺失，導致將領與維齊爾永遠無法在司法非難和懲罰的打擊中找到安全感；五十年的盡心服務最後不光彩地結束；透過離間者的敦促和嫉妒的貶低，優秀的服務馬上遭到遺忘。[173]

志費尼家族（如果他們當時還活著的話）肯定會為此說法背書。財政大臣夏姆斯丁在遭處決前所起草的遺書裡，合理地明文禁止他的年輕子孫追求官職。[174] 文官在王朝裡往往樹敵無數。再者，主要大臣所能聚積的個人財富很可能招致嫉妒和反感，而志費尼兄弟不斷被迫在人生的最後二十年內，為敵人的指控起而抗辯，保護自己。

政權從一開始就保證，不僅穆斯林臣僕應該和蒙古軍官取得權力平衡，也保證每位被任命者應該和另一位保持均勢。這導致權力的複雜分工，如在巴格達一般。在此地，志費尼與席赫納阿里．巴哈杜爾（Alī Bahādur）以及後者的監視下共治。剛開始時，志費尼在伊拉克也得和伊瑪德丁．烏瑪爾．本．穆罕默德．加茲溫尼（ʿImād al- Dīn ʿUmar b. Muḥammad Qazwīnī）分享權力，後者曾經（仍舊是）蒙古將領哈剌不花的副手（納艾布）；[175] 根據札哈比的說法，志費尼繼任加茲溫尼之職此事顯示，加茲溫尼是年紀較長的夥伴。[176] 在阿八哈治下做為城市的總督，他從屬於速渾察那顏之下，後者特別得為巴格達與法爾斯負責。[177] 席赫納本人也許會被要求和一位蒙古同僚（那可兒）分享權力——比如，禿格勒巴里失（Tükel Bakhshi）就在 1263 ／ 661 年與忽失台（Hushitai）被提名為巴格達的席赫納。[178]

權力的分配加劇了緊張和危險。1261 ／ 659 年，志費尼的同事加茲溫尼和席赫納巴哈杜爾聯手向旭烈兀指控他；志費尼因被控挪用公款而遭逮捕，判處死刑，但可能是在他兄弟的解救下獲得緩刑。隔年（1263 ／ 661 年），夏姆斯丁．志費尼確保兩位指控者都因相同理由而遭處決。[179] 哈剌不花在巴哈杜爾後繼任巴格達的席赫納，在無法為指控志費尼而提出確切證據後，於一年後丟官。[180] 夏姆斯丁．志費尼本人則會在 1270 年代晚期面對類似的威脅，瑪吉德．穆勒克（伊瑪德丁．加茲溫尼以前在巴格達的副手）[181] 不斷指控志費尼兄弟挪用公款，想讓他倆垮台。有那麼幾年，夏姆斯丁．志費尼從與總督速渾察和諧的工作關係中獲利，後者幫助他澄清這些指控。但在 1280 ／ 679 年，阿八哈指派瑪吉德．穆勒克為查帳員，以及夏姆斯丁作為他在伊利帝國財務行政上的夥伴，涵蓋範圍「從烏滸水到埃及城門」；根據波斯文獻《蒙古人記事》，伊利汗向新大臣保證，瑪吉德．穆勒克的敵人就是他的敵人，並保證會保護他。我們能解釋這項破格任命的方式只有汗想分而治之的慾望。但這可沒結束瑪吉德．穆勒克的陰謀。最後，在貼古迭兒．阿赫邁德統治早期，在發現一紙文件引涉瑪吉德．穆勒克施行巫術後，他被交給暴民，他們將他碎屍萬段。[182]

大臣有時會被控得為汗之死負起責任。夏姆斯丁．志費尼的敵手指控他毒殺阿八哈（也許在蒙哥帖木兒的例子中也是），他們的論點似乎說服阿魯渾。[183] 拉施德丁本人在 1318 ／ 718 年被指控毒殺完者都而上絞刑架。[184] 薩阿德．道拉負責垂死的阿魯渾的醫療照顧，也遭指控，最輕時是疏忽，最重時是毒殺。[185] 但是，一般來說，那些以除掉汗國主要權貴來尋求升遷的官員總是訴諸這兩種指控的其中之一；挪用伊利汗的歲收公款以及與馬穆魯克敵人聯手策劃陰謀。

伊利汗在汗廷與王朝無數成員上的花費非常巨大，他們永遠需要額外收入。旭烈兀奪取一系列城市因而為國庫帶來巨大財富，根據瓦薩甫所言，其中從阿勒坡掠奪來的戰利品在貼古迭兒．阿赫邁德時期仍然保有。[186] 但是，如果我們相信拉施德丁的說法，那些財富不是早已被禁衛軍偷光，就是被貼古迭兒．阿赫邁德為買到支持而浪費殆盡，而阿魯渾聚積的財富在他死後為埃米爾和廷臣盜用。[187] 任何擔起在短期內提高稅收以補充財庫此重擔的人，或發出會讓垮台大臣的財富落入皇家財庫的毀謗的人，肯定都會得到審訊的機會。各式各樣的人物成為挪用公款指控和伊利汗本人財源告罄的受害者。由於被線民指控挪用資金，伊夫提哈爾丁．加茲溫尼得付出五十萬第納爾以避免當庭對質，因而破產；他於兩年後（1279 至 80 ／ 678 年）在窮困潦倒中死去。[188] 志費尼兄弟是最顯著的範例，因為他們的長期任官使得他們——或似乎是使得他們——能比任何人有辦法聚積大量財富。夏姆斯丁．志費尼沒將財富轉換成錢幣或香料，而是將所有財產投資在地產（*amlāk*）上，結果那些地產在他遭處決時變成伊利汗的滕哲。[189] 他的弟弟，作者志費尼顯然沒有將此教訓謹記在心。在阿八哈治理的最後一年，於瑪吉德．穆勒克的推動下，三百萬金第納爾的鉅額從他這邊詐取而出，他的拷問者隨後嘗試再勒索一百三十萬；[190] 儘管如此，志費尼在貼古迭兒．阿赫邁德治下重新受寵後，又將這些損失彌補回來。後來，贊賈尼由於包含侵吞公款在內的數個指控而遭到處決。[191]

與馬穆魯克王朝的叛國接觸，通常比挪用公款這個罪名所能提出的證據較為薄弱；但在伊利汗是不信道者，而開羅的敵方宮廷擁有作為伊斯蘭世界潛在救世主地位的時代，官員實在是很容易被冠上此罪名，也有其可信度。在巴格達陷落時，已經有幾位穆斯林顯貴從伊拉克逃進馬穆魯克的領土。我們在上一章探討過，拜巴爾斯如何寫信給幾個伊利汗國的主要附庸國，鼓勵他們反叛，而巴德爾丁・盧盧（Badr al- Dīn Lu'lu'）的兒子又是如何參與拜巴爾的傀儡哈里發穆斯坦綏爾（al- Mustanṣir）那場遠赴伊拉克但注定失敗的遠征。1264／662 年，旭烈兀失去一位信任的副手，也就是當賈拉勒丁（Jalāl al- Dīn），最後一位哈里發的「小掌墨官」（Lesser Dawātdār）穆札希德丁・艾巴克（Mujāhid al-Dīn Aybak）的兒子，率領將近一千五百名欽察騎兵的軍隊，藉口為討伐高加索地區的朮赤汗國而招募起兵，然後卻跟軍隊潛逃至埃及之時。《蒙古人記事》告訴我們，旭烈兀對此挫敗的懊惱，使他罹患一場奪去其性命的疾病。[192] 穆斯林顯貴在十三世紀的剩餘時間內仍繼續逃往馬穆魯克領土。[193] 結果是，伊利汗對更進一步的背叛行動相當警覺。在志費尼兩兄弟遭到的指控中，有一項就是與馬穆魯克私通款曲，而類似的懷疑使得達斯特吉爾丹尼在1296／695 年喪失性命。

在異教徒伊利汗治下的最高階穆斯林的生活因此遠非舒適（但就這方面而言，在後繼的穆斯林諸汗治下也不會更舒坦）。[194] 一位伊利汗的死亡或遭推翻會將主要官員暴露在極端危險的情況下。儘管，在除掉貼古迭兒・阿赫邁德後，阿魯渾允許夏姆斯丁・志費尼返回汗廷，但他顯然沒有忘記對這位財政大臣的指控，而在僅僅幾個月後，志費尼也遭到處決。1291 年 2 月／690 年2 月，由塔察兒帶領的一群蒙古顯要甚至沒等到阿魯渾斷氣，就下手除掉薩阿德・道拉和他的同僚，趁伊利汗因最後的疾病而奄奄一息時，審訊和處決他們。

下列事件見證了伊利汗的主要大臣（在 1295 年皈依伊斯蘭教前後皆是如此）其危機四伏的處境，如穆斯陶菲費心指出的那般，據說只有一位維齊爾——塔吉丁・阿里・沙赫（Tāj al-Dīn 'Alī Shāh）在 1324／724 年這令人驚異的晚期日期——是自然死亡。[195] 但降級和處決間的空檔長短變化極大。賈拉勒丁・席姆納尼在被拔官後不到兩個月，便在 1289 年 8 月／688 年 7 月中旬遭處極刑，他的前任哈米德拉・穆斯陶菲的空檔則可能長至四年。[196] 兩位現任官員，達斯特吉爾丹尼與贊賈尼不只倖存過第一次拔官，還活到再度就任維齊爾（在贊賈尼的例子裡還是經歷了兩次）。夏拉夫丁·穆克里斯·席姆納尼在1296／695年遭到二度撤官，就在達斯特吉爾丹尼遭處決前，然後他在1299／698年被打發至法爾斯就任總督。[197] 我們不知道他擔任此職務多久時間，他可能是自然死亡；如果真是如此，塔吉丁·阿里·沙赫的紀錄只有放在在職維齊爾列表中時才顯得獨一無二。

伊利汗的主要大臣自然會在省級關鍵職位上，安插自己的兒子、親族和盟友，來尋求和鞏固支持其地位。夏姆斯丁·志費尼的兒子中，兩位因為職務和才幹傑出而非常顯眼。巴哈丁·穆罕默德（Bahā' al-Dīn Muḥammad）在阿八哈登基時，得到伊斯法罕、雅茲德和大部分的波斯伊拉克的總督職位（*ḥukūmat*）；[198] 瓦薩甫將穆罕默德在1279年12月／678年8月死時不到三十歲此事，視為他父親權力開始式微的預兆。[199] 另一個兒子，哈倫，在他叔叔阿拉丁·志費尼成為巴格達總督後，在1271／670年被賜予和最後一任阿拔斯王朝哈里發穆斯台綏木的女兒或孫女成婚。[200] 賈拉勒丁·席姆納尼據稱拔擢自己的親戚。[201] 在1289年8月月末／688年8月月初，薩阿德·道拉將數個省分分封給他的近親和其他猶太裔公務員：巴格達和伊拉克分封給他兄弟穆哈扎布·道拉（Muhadhdhab al-Dawla）和法赫爾·道拉，迪亞爾·巴克爾給了另一位兄弟阿敏·道拉，法爾斯則給了夏姆斯·道拉。瓦薩甫諷刺地評論說，只因為合贊與乞合都那時仍舊各自駐守呼羅珊和安納托利亞，不然他也會將這些地分封給他「無知的親戚」（*juhhāl-i aqribā*）。[202] 同樣地，達斯特吉爾丹尼在剛就任維齊爾時，也將巴格達和伊拉克的總督賜給他兄弟伊瑪德丁·伊蘭·沙赫（'Imād al-Dīn Irān Shāh），而富瓦惕則高度讚揚後者的良好政績。[203] 這類親戚和盟友通常與主要大臣的命運休戚與共。

君王的更迭和中央主要人物的宦海浮沉也反映在省級政府上。接連幾任維齊爾都小心地將巴格達分封給信任的親戚，而我們又從《軼聞匯集》中得知許多內幕，因此巴格達也許可提供一個範例。1284／683年，於志費尼家族垮台後，阿魯渾在不花兄弟阿魯黑的整體督管下，安置新省府。土賽該（Tümsege）

被派任為席赫納，後者在能力範圍內指派薩阿德·道拉為其副手（納艾布）和總管；志費尼的前任副手瑪吉德丁·伊本·艾希爾成為他的同僚，而薩阿德丁·穆札法爾·伊本·穆斯陶菲·加茲溫尼則成為財務查帳員。[204] 隔年，薩阿德丁·穆札法爾由塔吉丁·阿里·朱凱班（Tāj al-Dīn ‘Alī Jukaybān）取代。[205] 這些公務員屬於與志費尼家族為敵的黨派。但阿魯黑不久後就展現想在周遭安插自己人選的強烈慾望，亨德·吉里—艾威（Hend Gilli-Elewy）指出，阿魯黑曾一度是志費尼的支持者。他處決瑪吉德丁·伊本·艾希爾、薩阿德丁·穆札法爾和阿里·朱凱班，以納希爾丁·庫特盧格·沙赫（Nāṣir al-Dīn Qutlugh Shāh）取代最後一位，成為查帳員，他是志費尼的僕人（*bandazāda*）的兒子。[206] 然後在 1288／687 年，在阿魯渾將阿魯黑撤職後，[207] 一個新的官員團被派往巴格達，包括軍事指揮官奧都喀牙（Ordo Qaya）、席赫納拜都·速古兒赤（Baidu Sükürchi），加上作為馬利克的辛瑪尼和身任查帳員的薩阿德·道拉。[208] 在薩阿德·道拉迅速竄升至維齊爾時（1289／688 年），他採取了除掉阿魯黑人選的步驟。納希爾丁·庫特盧格·沙赫此時仍留任城市必闍赤，是一群被拉到大不里士槓遭處決的人之一；在拉施德丁的版本中，他可能是阻礙新任維齊爾努力增進歲入的必闍赤之一。[209] 夏拉夫丁·席姆納尼一度是薩阿德·道拉在巴格達的頂頭上司，已經被從伊拉克的財政大臣職務上遭到撤職。[210]

志費尼家族似乎特別不幸，在夏姆斯丁遭處決數年後，家族成為一場全面肅清的目標。他兒子中有四個在父親死後不久遭處極刑。1286／685 年，阿魯黑處決另一個兒子哈倫，距他妻子死後僅七天。[211] 三年後，作為肅清阿魯黑任命人的行動之部分，阿魯渾——或其實可能是薩阿德·道拉——將志費尼的兒子曼蘇爾，以及夏姆斯丁所有剩下的兒子，除了當時處在安全的阿布哈茲的一位之外，全數處以極刑。[212] 薩阿德·道拉本人在 1291／690 年的垮台是他兩個在巴格達的兄弟遭殘酷處決的預兆。[213] 但不是所有受到他牽連的官員都是猶太裔：他們包括他的穆斯林副手，查帳員圖斯塔里。[214] 達斯特吉爾丹尼在巴格達的納艾布，於被罷黜的維齊爾在 1296／695 年遭處決後不久就喪命。[215]

贊賈尼死後不久，他的兄弟大法官庫特卜·穆勒克（Quṭb al-Mulk，庫特卜丁〔Quṭb al-Dīn〕）和他們的堂兄弟蓋瓦姆·穆勒克（Qiwām al-Mulk）也在1298／697年追隨他上了絞刑台。[216] 儘管如此，這模式偶爾還是會有些例外。雖然薩阿德·道拉的處決甚至伴隨著對全體猶太社群的大屠殺，瓦薩甫認為還是應該對下列事務記上一筆，他的親戚夏姆斯·道拉因在設拉子的良政，和對穆斯林顯要及烏理瑪的尊敬對待，而贏得好聲望，因此未受這類報復之苦，得以在乞合都治下繼續留任。[217]

官僚體制缺乏任何團隊精神，而塔吉克人的團結顯然僅限於親屬（或最多不會超過同鄉情誼）。志費尼在巴格達的副手瑪吉德丁·伊本·艾希爾在瑪吉德·穆勒克的教唆下，是在1281／680年審訊他的那批人之一。[218] 埃米爾掌印者阿里（大不里士總督）、法赫爾丁·穆斯陶菲和胡撒姆丁內政官員都在阿八哈治理期間，受惠於夏姆斯丁·志費尼的拔擢的這個事實，並沒有阻止他們與不花合作，爾後還背棄他，讓他在阿魯渾治下垮台。[219] 達斯特吉爾丹尼在謝赫·馬赫穆德·迪納瓦里（Shaykh Maḥmūd Dinawārī）和贊賈尼「引誘」數人告密反對他後垮台。[220] 贊賈尼在密謀殘害其他伊利政府的人物上，得到無人能及的惡名。據稱，他和他兄弟假造信件陷害涅孚魯思，他還詆毀忽都魯·沙赫和納吟（Nurin）。[221] 甚至在君主才有權下令處決穆斯林官員時，他仍舊可能是被其塔吉克敵手和指控者親手弄死；就這個可能性而言，如果他是遭伊利汗的蒙古軍官處決，他的命運通常不會較不殘忍。

處於官僚階級內的蒙古那顏也會捲入這類權力掙扎中。而在伊利汗汗廷動蕩不安的政治生態中，重要的多半不是種族或宗教關連（儘管穆斯林和基督教官員之間的敵對有著清楚的證據），而是蒙古人和波斯顯貴之間往往形成的唇亡齒寒的關係。[222] 在挾著宿怨報復志費尼家族時，瑪吉德·穆勒克有那顏也速不花保護；隨著時間流逝，他也得到塔察兒、奧都喀牙和拙赤（Joshi）的支持。[223] 夏姆斯丁·志費尼與不花交好，直到那顏在阿魯渾治期早期拋棄他。[224] 薩阿德·道拉由於得到奧都喀牙的贊助和合作才獲得升官。[235] 贊賈尼的官涯是以作為塔察兒的副手為起始，與其保持友好關係直到合贊治理期間，但是那顏阿不花協助他在 1292 ／ 691 年取得維齊爾職位。[226] 當一位有密切關係的那顏開始失寵或降級時，有些穆斯林公務員會橫遭死禍。這三位在省分裡擔任不花副手和祕書（*ba-niyābat-u kitābat*）的官員——胡撒姆丁．加茲溫尼、賈拉勒丁．席姆納尼與法赫爾丁．穆斯陶菲——都在薩阿德．道拉的處置下遭到極刑：加茲溫尼被控使法爾斯稅賦短少，處決於 1289 年初／ 687 年尾；席姆納尼被懷疑與不花密謀反對伊利汗，但根據拉施德丁的說法，在 1289 ／ 688 年中暫時遭饒過一命，在那之後，拉施德丁說，薩阿德．道拉在官場上竄升得更高；薩阿德．道拉認為法赫爾丁．穆斯陶菲對維齊爾職位有非分之想，在 1290 ／ 689 年將之處決。[227] 達斯特吉爾丹尼的命運預示合贊對維齊爾的保護者涅孚魯思越來越疏遠。[228]

相反地，蒙古顯貴有時分享官僚盟友和保護人的命運，因為蒙古機制本身淪於派系紛爭，而忠誠在塔吉克人之間一樣變幻莫測。在此舉個例子，一個包括不花、塔察兒、拙赤、昆出巴爾（Qunchuqbal）和朵剌台．亦德赤（Doladai Idechi）的團體，它被描述為「阿八哈汗的警衛（番直宿衛〔*kazīktānān*〕，如怯薛成員）和隨從」，在 1282 ／ 681 年支持擁立阿魯渾，並在兩年後參與他對他叔叔的反叛。[229] 奧都喀牙早至 1280 年就與塔察兒合作，也出現在阿魯渾的黨派中。[230] 但在新政權之下，他們之間卻出現嫌隙。首先，不花的高傲引發前任盟友的敵意，後來脫歡和莎勒壇額玉迭赤（Sulṭan Idechi）也加入其列。[231] 然後，在不花垮台和薩阿德．道拉高昇後，盟友間更進一步分裂：奧都喀牙已經與薩阿德．道拉密切合作，而他、拙赤和忽昌（Quchan）是後者的主要助手。[232]1291 ／ 690 年，塔察兒和他的支持者在處決與其等失和的莎勒壇額玉迭赤幾小時後，也處決了拙赤和忽昌；他們之後提審和處決奧都喀牙和薩阿德．道拉。[233] 再者，一位伊利汗垮台時，連帶會同樣對蒙古指揮官和塔吉克大臣造成致命效果。阿不花直到最後都維持對乞合都的忠誠，因此被拜都的支持者逮捕，稍後在拜都征討合贊期間遭到處決；他的兄弟失克禿兒在差不多同時間也遭極刑。[234] 塔察兒和涅孚魯思都沒在合贊統治期間活太久：塔察兒背叛太多主子，汗廷用某些藉口將其送去魯姆並在半路上加以殺害；合贊對涅孚魯思越來越猜忌，使得涅孚魯思因受到激怒而反抗，之後往東逃竄，赫拉特的馬利克將之遣返，送交給合贊的將領忽都魯．沙赫處決。

我們在上文列舉了這類提早結束的官涯，這應該能讓我們在設想只有塔吉克臣僕會被反覆無常的伊利汗挑出而成為特別目標時，更加小心。蒙古王公貴族（我們在上文所引述的瓦薩甫的用字，*nuwwāb*，「副手」可以拿來指稱他們）也很可能會失寵和失去項上人頭；他們和穆斯林官員一樣容易遭受相同（有時是捏造的）罪名的指控——穆斯林也常給他們安上罪名。塔吉克律師阿布．穆敏（'Abu al-Mu'min）帶頭指控阿魯黑挪用巴格達的皇家歲收，贊賈尼則說服合贊，涅孚魯思祕密與馬穆魯克蘇丹勾結。[235] 粗略估算，在拉施德丁於阿魯渾的那個章節中，提到的四十一次處決裡，有十六位是突厥—蒙古貴族：他們之間有不花、他的五個兒子、他兄弟阿魯黑、親王朮失怯卜、思拉朮和合剌那海。[236] 瓦薩甫的史書裡的總數還更高。然而，在身為穆斯林的合贊治下，每年平均有更多蒙古親王與那顏喪命，而塔吉克人的死亡人數反而較少：在此，我們再度考量只被拉施德丁提到的那些人，總共就有七位血緣親王、三十一位那顏和十位塔吉克官員。[237] 蒙古和塔吉克菁英遭處決的機率，顯然與在位的伊利汗的宗教信仰沒有關係。

第十一章

不信道者統治下的社會

毋庸置疑，對穆斯林而言，大部分伊斯蘭世界遭到蒙古人征服，是個痛苦難忘的經驗。這不單只是因為征服往往伴隨廣泛的毀滅，也不必然是因為暴虐行徑讓新統治者令人反感。他們從營帳行使統治權的這項事實，也無法將他們與其塞爾柱前朝清楚區分開來，因為這些諸汗也同樣行使所謂的「城牆外王權」（an extramural kingship）。[1] 最重要的因素不如說是蒙古統治菁英不是穆斯林。朮茲札尼所列舉的東方大部分被征服的土地，自從被阿拉伯穆斯林在第七和第八世紀征服以來，現在全部首次處於不信道者治下。只有對河中地區和（較小程度上的）花剌子模而言，這並非全新經驗；在那裡，不信道者喀喇契丹之負擔和現在穆斯林面對的苦境相比還算輕微。

穆斯林人口特別在五個層面上視蒙古統治經驗為異族統治或壓迫：（一）不熟悉的宗教傳統輸入，無法和伊斯蘭體制達成妥協；（二）沒有得到伊斯蘭法批准的強加稅賦；（三）在某些案例中，伊斯蘭經典規範遭到禁止，或強制施行與其相反的草原習俗；（四）在高級行政職位上指派非穆斯林官員；和（五）對所有宗教一視同仁的對待（因此使得伊斯蘭教從以往的領導地位降級）。因為我已經在第四章中，探討過稅務系統的問題，因此我將簡短地審視這個主題，而將更多篇幅拿來討論其餘項目。

一、異教徒宗教傳統和蒙古多元主義

在他們的穆斯林子民眼中，蒙古人是多神論者，缺乏任何讓人信服的啟示或經書，（並在與喀喇契丹相較下）甚至未受過中國文化規範的薰陶。我們今日將他們的異教習俗歸入一個常見範疇，即「薩滿教」。儘管他們只想與附庸人民瓜分世界，他們也必須和大批神靈共享之，而中許多神靈帶有惡意。蒙古人透過對祖先的尊敬來尋求自我保護，那些祖先往往大部分是由毛氈製成的偶像（ongghod，翁固德）代表，安座在營帳入口。而「宗教專家」——薩滿（蒙古語 böge；突厥語 qam）——身負照顧這些偶像的重任，如此一來，祖先神靈才不會受到冒犯。薩滿也得安撫其他神靈——森林、河流和群山的神靈——以期達到相同目的。因此，人類活動由某些禁忌所規範。舉例而言，要避免踩在門檻上，或不得在春夏季日間用活水盥洗或洗衣；後面這個禁令源自草原游牧信仰，認為這類活動會冒犯水神，祂們會以雷暴和閃電來報復，擊殺人類和家畜。[2] 薩滿的責任包括進入恍惚狀態，以從神靈世界接受指引、預言未來或解釋夢境；治療病患；以及影響天氣，也就是以一種魔法石頭帶來雪暴、冰雹或暴雨（這技術在突厥語裡稱之為 yad 或 yat）。[3]

儘管「天」（騰格里）被視為力量和成功的來源（特別是蒙古君王的力量和成功），蒙古人並不崇拜它；這不是穆斯林或基督教的上主，僅只單純指稱天空和人氣。[4] 這術語也不代表偉大一神教宗教的上帝——儘管蒙古御前大臣法庭的祕書或基督教和穆斯林作者傾向將騰格里稱為神、安拉或胡大（Khudā）❶。如柏郎嘉賓所認知的那般，蒙古異教習俗和現世的情境息息相關，但與一神教宗教的來世救贖走向毫無瓜葛。[5] 就像早期草原社會，蒙古人將來世純粹看做是現世生命的延續，並有陪葬物品；儘管旭烈兀是已知的伊朗成吉思系諸汗，最後一位死時有活人奴隸陪葬的。[6]

隨著疆域擴張，蒙古人對薩滿的信任延伸到其他宗教的聖者（holy

---

❶ 註：波斯語中對「神」的稱謂。

men）。以志費尼的話來說，基於所有宗教都代表「到神的朝廷」的另類道路的理由，每個宗教內「學識淵博和虔誠之人」都被挑出而得到特別尊敬的待遇。[7] 至少從蒙哥的統治開始，某些官員被賦予管理「伊瑪目、聖裔、法基爾（*fuqarā*）❷、基督教徒和每個宗教的聖者（*aḥbār*）」事務的責任。[8] 這類慈善之舉背後有許多動機支持。第一個目的，是想利用它們作為與被征服的子民溝通的中介，成吉思汗寫信給道士丘處機時就表示：「你有為我贏得百姓嗎？」。[9] 另一個目的，是他們應該利用感知到的魔法專業來祈求諸汗及帝國家族的長壽、健康和好運。當伊利汗乞合都在 1292 ／ 691 年年初生病倒下時，穆斯林的烏理瑪和伊瑪目，基督教的僧侶，包含大教長和主教、以及猶太教長老都被召喚前來，奉命為他的康復祈禱。[10] 成吉思汗和他的王朝對任何能夠延年益壽的方式都有強烈興趣；而像薩阿德．道拉和拉施德丁這樣的醫生會在政府中升遷到如此高位並非令人意外之事。

為了回報他們的祈禱，聖者往往獲賜達爾罕（*darkhan*）地位，也就是說，他們不必在人口普查中註冊，並豁免強制勞動、軍事服務，以及負擔忽卜出兒人頭稅的義務（儘管他們所從事的任何經濟活動都已經被課稅了）。這些特權顯然並未延伸到猶太人和祆教團體，極有可能是這兩個宗教都無成為國教的好運；[11] 但那些特權施行到穆斯林學者、伊瑪目、法官和謝赫，甚至聖裔身上，而基督教僧侶和神職人員或佛教僧侶（突厥語為 tūyin，從中文的「道人」衍生而來）和巴克什（突厥語 bakhshī）也不例外。[12] 值得指出的是，很偶然地，這項新的特准或許在財務上不曾對基督教神職人員和僧侶在財務上造成重大差異，因為有證據顯示，伊朗和安納托利亞的塞爾柱王朝——毫無疑問地是受其本身草原背景所影響——曾豁免他們繳納吉茲亞（jizya），即非穆斯林子民（保護民〔dhimmis〕，見下文）繳交的人頭稅。[13] 然而，不幸的是，在關於蒙古入侵前那段動蕩不安的花剌子模時期，基督徒在伊朗的處境，我們所知太少，因此無法達成定論。[14]

---

❷ 註：法基爾（複數fuqarā；單數faqīr）為伊斯蘭苦行者的一種，全書均音譯為「法基爾」。

我們得區分將在某些宗教裡賦予「聖者」特權，以及延伸到所有宗教團體的自由崇拜（當然是有條件的，必需在政治上服從）。志費尼從其有利觀點曾指出，成吉思汗本人並無任何宗教信仰，他頒佈一道札撒給子孫，告誡他們不得偏袒任何宗教。[15] 在以前是穆斯林統治的土地上，這政策意味著保護民——基督徒和猶太人——從屬地位的結束。那已經夠糟了；但它甚至引發使穆斯林覺得更為可憎的事，即贊助和實行偶像崇拜——也就是指佛教，其在伊朗是個不普及的信仰，至少是自第九世紀以後，而佛教徒絕對不在「有經者」（ahal al-kitāb）之列，後者指在穆斯林政權下的基督徒和猶太人。魯布魯克問起海押立的穆斯林這件事，佛教對他而言是個未知宗教，他寫道，他們非常反感憤怒，拒絕討論此事。[16] 但有證據顯示兩個宗教代表間曾有些對話，因為阿拉．道拉．席姆納尼以與佛教僧侶辯論勝利而聞名；稍後，在他回憶他於阿魯渾治下的經驗時，他指出佛教徒和穆斯林幾個相似點，並推崇得到啟發的巴克什，因為他視偶像崇拜為罪惡。志費尼則給了一個簡短但並非全然不表欣賞的佛教教義記述。[17]

在蒙古征服後，佛教徒似乎從中國、回鶻與唐兀惕領土、西藏和喀什米爾，大量移入伊利汗國；許多人可能來自旭烈兀與其兄弟們在西藏征服的附庸國。旭烈兀與其直接繼任者非常信任佛教僧侶和巴克什，委任興建佛塔，而最早的佛塔似乎是在拉布納薩古特（Labnasagut），接近伊利汗的夏季營地阿拉塔格（Alatagh）。[18] 未來的伊利汗乞合都和合贊都是在佛教環境中長大的。乞合都的喇嘛名字是亦怜真朵兒只（Irinjīn Dūrjī，西藏語 Rin-chen rDo-rje，「珠寶鑽石」）。合贊幼年時代被託付給一小群佛教僧侶，在任呼羅珊總督時，於哈布尚（Khabūshān〔Qūchān，古昌〕）興建佛塔。[19] 石頭雕鑿的佛教建築遺跡散見於篾剌合和康可烏稜（Qongqur Üleng，後來首都蘇丹尼耶之處）附近，兩處都是作為皇家住處的聚落。[20] 旭烈兀因為巴克什的煉金術技巧而偏寵巴克什，而他的主妻脫古思可敦，一位聶斯脫里派基督徒，直至他死前，都無法讓他斷絕這份依賴。[21] 他的孫子阿魯渾熱心支持巴克什，最後還因服下印度巴克什為他準備的延年益壽藥物而死。[22] 拉施德丁記載，無法估計的金錢花費在從四方遠處湧進阿魯渾汗廷的無數煉金術士之上。[23]

二、不合教規的稅收制度

我們在此概述一下早些時候對稅收的討論：蒙古人在伊斯蘭世界內保留了所有在征服時期已存的傳統稅收，只有一項除外：保留的稅賦中包括哈拉吉（kharāj），或農作物產量稅（或在適當時稱做 'ushr 或什一稅），以及天課（zakāt），收入的一部分拿出來繳交作為強制義務的救濟費。例外的就是吉茲亞（見下文）。但征服者也在已知稅收上引入新的稅賦。暫且先不論和闌（qalan），其意義晦澀不明，但在某些文本脈絡中，意味著某種義務傜役。我們還可指出另外兩種更明確的蒙古稅制：探合（tamgha），或稱為商業交易稅，和忽卜出兒（qubchur），來自於對游牧民牲畜的偶然徵稅，但自從蒙哥合罕登基後，也令人混淆地應用在蒙古人的定居子民的人頭稅上。

無論未被伊斯蘭法律批准的稅收有多麼令人反感，至少探合對被征服的穆斯林而言，看起來更為熟悉，因為穆斯林君主曾斷斷續續地從這類來源提高歲收，直到學者和法學家對此提出強力譴責，或是屈服於急需培養子民的善意，他們才會（往往是暫時地）被迫中斷這項權宜之計。[25] 伊利汗也常展現富有彈性的一面：在 1273-4 ／ 672 年拜訪巴格達期間，阿八哈發佈指示，要降低探合的稅，並移除百姓的其他重擔。[25] 探合在不同階段於伊利汗國各種領地上徵收，因為文獻告訴我們，它最初是在 1277 ／ 676 年引進安納托利亞。[26]

然而，忽卜出兒不幸地與吉茲亞類似，後者是對「有經者」或「保護民」（dhimmi）課徵的傳統人頭稅。志費尼曾提及，花剌子模沙赫對喀喇契丹的吉茲亞（顯然是貢金）相當痛恨，而伊本．納齊夫也使用此術語來描述蒙古人強加在新征服的河中地區的稅賦，在他筆下這無疑是種譴責。[27] 可能是因為這種關連，忽卜出兒成為異教徒壓迫的縮影，而在穆斯林作者的哀嘆中特別顯目重要，尤其是詩人普里．巴哈（Pūr-i Bahā）。[28] 就像吉茲亞，除了僧侶、巴克什和其他「宗教人士」，所有成年男性都得繳交忽卜出兒；而十四世紀中期編纂的一本百科全書著作中解釋，它也（可能以特別稅率）對工匠（qubchūr-i muḥtarifa）徵收。[29] 在伊朗，在伊利汗合贊採納伊斯蘭教後，忽卜出兒仍舊持續存在。

至少在蒙古統治的最初幾十年內，稅收相對沒有系統化，因此我們讀到經常和偶爾為之的「特殊」或「偶然」稅收（ʿawāriḍāt，阿瓦里達）。加上上述的幾種稅收，它們造成極度沉重的負擔，危及農夫的生計。如果志費尼的說法可信，就算游牧民也習於繳付如忽卜出兒的特殊稅收，而且毫無怨言，這一點也無法安慰農民。[30] 阿瓦里達是像夏拉夫丁（Sharaf al-Dīn）這類財政官員常採納的手段，他迫於壓力得上繳歲入的預定數目，而他在阿兒渾阿合於 1240 年代的總督管理中的惡行，曾遭志費尼描述。但從志費尼對蒙哥在位時的情況的記載判斷，額勒赤和與王朝成員簽約的斡脫商人也徵收部分這類稅賦——這兩種團體都認為有權力在沿路任何地區拿取他們需要或想要的東西。[31] 在此點上，稅收和其他壓迫手段結合，體現在額勒赤和行政官員隨從奪取貨物、為驛站網絡或額勒赤的運輸徵用動物，和強行要人民提供軍隊臨時住所。這情形在合贊治下的伊利汗國仍舊很普遍；無論如何，拉施德丁記錄下這些濫權暴行，並提醒讀者合贊曾努力消弭它們。我們必須記住的是，儘管如此，從歷史文獻中觀察，這類課稅並非嶄新現象，穆斯林王朝如塞爾柱就施行過這類稅賦。[32]

蒙古人曾試圖補救這個情況。在河中地區，於馬速忽．貝格管理期間，以及在合罕蒙哥早期統治的伊朗北部，我們得知阿瓦里達遭到禁止。但我們無法確定，這項改善是否不只是臨時措施。《軼聞匯集》描述從巴格達強徵鉅額稅金的重複努力。在 1278-9 ／ 677 年，總督阿拉丁．志費尼在接到從巴格達和其從屬地提高五萬第納爾稅金的命令後，透過「助手」（musā'ada），據說以殘暴和暴虐的手法執行這項任務。[34] 四年後，未來的伊利汗阿魯渾，即使因他父親死時沒選他做繼任汗而傷心欲絕，也以相同手法壓迫此城。[35] 然後，在 1288 ／ 687 年年初，那顏奧都喀牙和薩阿德．道拉抵達巴格達，要求交出全部的詔書（farāmin）和牌子（paizas）。[36]1294 ／ 693 年，在紙幣的災難性實驗後，維齊爾贊賈尼採納特殊手段來挽救皇家財務的慘況，將土地稅（哈拉吉）提高兩倍、徵收忽卜出兒，增加探合的稅率。[37] 而在那年稍晚，拜都的黨羽試圖沒收乞合都的指定繼位人蘇庫赤（Sükürchi）的財富，而巴格達居民則因位處雙方交火處而落入苦難中。[38]

阿瓦里達這個術語也用來指稱過度頻繁課徵的特定稅賦。拉施德丁說，在合贊之前的省級總督從城鎮年度課徵兩到三次探合，一年則課徵往往二十或三十次的忽卜出兒，而維持和供給來訪的額勒赤之所需，成為再度徵稅的藉口。我們得到保證，合贊決心改革稅賦制度，如此他的子民才不會遭受長期欺壓。[39] 改革當然有可能是來自拉施德丁的勸說，無疑地也是由拉施德丁本人執行；在此，大衛．摩根的警告值得注意，立法可能更適合用來證明問題的存在，而非問題的解決，而合贊的首輔大臣可能也不是說明惡習廢除最可靠的資料來源。[40] 薩義菲描述，在 1317 ／ 716 年，呼羅珊總督牙速兒（Yasa'ul）如何以強制對省份子民課徵三十萬第納爾的特別稅，來慶祝他女兒的婚禮。[41] 隔年，在一本亞美尼亞的手抄本末頁，有人抱怨掠奪成性的蒙古搶匪任意對基督徒和「塔吉克人」徵稅。[42] 看起來合贊的改革法令改變甚微。

三、伊斯蘭規範和草原習慣法的衝突

不信道者統治的來臨本身也在法律範圍內清晰可感。穆斯林附庸親王或官員現在發現自己臣屬於一種蒙古調查法庭（yarghu），後者裁決爭端，並調查煽動叛亂或挪用公款案件。蒙古人也受這類法庭管轄這點無疑不甚緊要。[43] 明顯重要的是，調查法庭行使的法律不是伊斯蘭法。我們不該誇大這情況的新穎或苛刻：穆斯林統治者曾長期行使一種世俗法律規範，通常被稱之為 siyāsa；但它的判決至少是由穆斯林宣告，而能被（也經常被）穆斯林法學家挑戰。我們必須承認，那些調查法庭在克爾曼附庸國國內審訊爭端時，似乎遵循當地法律和習俗。[44] 儘管如此，下面的段落將審視非穆斯林法特別危害伊斯蘭實踐本身的方式。

蒙古人的多元主義態度常常被視為一種早熟的宗教寬容；而這形象似乎很

容易就可以在我們的參考文獻中找到佐證。[45] 在十八世紀，愛德華．吉朋向身為開明專制君主的先驅成吉思汗致敬：

> 歐洲天主教的異端審問官，使用暴行以辯護無稽之談，他們恐怕會對一位野蠻人的案例感到困惑，這位野蠻人不但預先知曉了哲學的教導，而且憑著自己的法律就建立了一套由完善的有神論與完全寬容構成的體系。[46]

的確，對被征服的穆斯林而言，在 1311 年後，崇拜伊斯蘭教的條件在某種程度上比他們在西歐的同宗教人還要有利，當時維埃納公會議 ❸ 甚至禁止喚拜。[47] 穆斯林也許在蒙古征服者來臨前就已經大批出逃，以保存他們的生活方式和動產；但不像十二世紀在法蘭克人統治下，住在納布盧斯（Nablus）地區 ❹ 的罕百里穆斯林（Ḥanbalī Muslims）一樣，[48] 那些留下來被蒙古征服的人，不需要在往後選擇是否要在肩負宗教責任下移民，以滿足與執行穆斯林應當有的崇拜要求。儘管清真寺在蒙古征戰期間可能不是遭焚燬，就是被破壞，蒙古人倒是沒有惡意摧毀它，或將它們轉為教堂，如同在十字軍所接管的某些城市裡所發生的那般。例如，大馬士革的伍麥亞大清真寺（Umayyad Mosque) 並沒有——如一份法蘭克來源所宣稱的那樣——在安提阿的博希蒙德六世（Bohemond VI of Antioch) 的唆使下，被改建為教堂，他曾陪同怯的不花（Kedbuqa）在 1260 年進入城市。[49]

儘管如此，亞洲的新主人並非在無須批准或毫無障礙的情況下，直截了當地允許所有宗教的奉行。成吉思汗頒佈的某些札撒（蒙古語 *jasagh*；阿拉伯波斯語 *yāsā*）後來由他的繼任者重新發佈，可分成兩個範疇：它們強制執行草原習俗，或禁止會違反它的實踐。某些札撒以確定方式妨礙穆斯林的宗教慣例。自吉朋（Gibbon) 以降，許多歷史學者變得對蒙古的「寬容」概念（通常等同

❸ 註：西元1311-12年，在法國里昂附近舉行的天主教大公會議。

❹ 註：現今巴勒斯坦西岸。

於漠不關心）如此執著，以致於完全忽視這類札撒與伊斯蘭信仰的自由實踐之間的不相容，這實在是很古怪的事。[50]

我們不妨以婚姻當作我們討論的起點，這是我們已知蒙古人會對定居臣民施行的草原習俗之一。旭烈兀系的幾位不信道者成員（伊利汗阿八哈、阿魯渾、乞合都、拜都，以及阿八哈的兄弟蒙哥帖木兒）都曾與穆斯林公主成婚。在每個案例中，結婚已經違反伊斯蘭法，因為和不信道者的婚姻是被禁止的。[51] 而這類婚姻又導致更多違反伊斯蘭法的情事。1286-7／685 年，身為蒙哥帖木兒的寡婦的薩魯爾公主阿必失，儘管是徹頭徹尾的正統穆斯林，但根據瓦薩甫告訴我們的資訊，仍舊「以蒙古方式」下葬，在墳墓裡的遺體旁放了滿裝紅酒的金銀容器。[52]

蒙古人施行收繼婚（levirate marriage），[53] 寡婦可以嫁給前任丈夫由其他妻妾所生的兒子、丈夫的弟弟，或更年輕的親屬（比如，弟弟的兒子，但不能嫁給哥哥的兒子）。草原民族遵從收繼婚有已幾個世紀之久，[54] 因此不僅在習俗上，也在法律上將其視為理所當然之事，因為拉施德丁明確地在行文裡說，旭烈兀「遵照札撒」（*ba-rāh-i yāsāq*），繼承了他父親拖雷的妻妾（包括著名的脫古思可敦）。[55] 收繼婚有時是作為維持帝國的控制手段，來使用在附庸王朝的關係上，如同成吉思汗的一個女兒曾輪流嫁給汪古統治王朝的三位親王。[56]

有證據顯示，蒙古人有時將收繼婚廣泛地強制執行在子民身上。在元朝中國，廣大的漢族間被強迫執行此習俗——我們也該指出，中國的穆斯林居民也不例外——但這只是在忽必烈統治期間，而且為期短暫（1271-76 年）。[57] 在此，收繼婚不僅可能反映對丈夫家庭經濟利益的關注，也是由於遵循這項原則，兒子或弟弟應該繼承死去之人的所有資產，才能擔負他的軍事和稅務重任；而的確，這短暫的實施期間也與向獨立的南宋王朝做最後軍事挺進的時間不謀而合。但在非穆斯林世界的其他地方，已知案例都牽涉到社會較上層階級——舉例來說，1246 年，基督教羅斯公國的一對王族聯姻。[58]

娶身為寡婦的繼母在伊斯蘭法中被明文禁止。[59] 就資料來源顯示，在蒙古統治下的穆斯林土地，收繼婚這項習俗得到遵循，但涉入的人通常是不信道者——帝國王朝和蒙古貴族家族的成員。[60] 但在一個案例中，那位蒙古那顏確定是穆斯林。[61] 再者，某些有限的證據披露，高階穆斯林在朮赤領地與伊利汗國的不信道者統治時代，有時汗廷會期待他們奉行收繼婚。八忒沙可敦（Pādishāh Khatun）出身克爾曼的古特魯汗王朝，先是成為阿八哈的妻子，然後又嫁給他的兒子乞合都；哈米德拉．穆斯陶菲寫到後面這個事件時，描述這項聯姻是「蒙古方式」（*ba-rāh-i mughūlī*）。[62] 當流亡的魯姆塞爾柱蘇丹伊茲丁．凱卡烏斯二世（ʿIzz al- Dīn Kaykāwūs）在 1278-9 ／ 677 年死於克里米亞時，他的東道主金帳汗國汗忙哥帖木兒施壓，要過世君主的兒子馬斯烏德（Masʿūd）娶其蒙古繼母斡貝可敦（Örbei Khatun）。馬斯烏德對這類創新（*bid'a*）反感至極，在毫無選擇餘地下，只能搭船移民遠去安納托利亞，抵達伊利汗國。但他的繼母不想和他分離，立刻尾隨他奔赴阿八哈的汗廷，並在那受到隆重至尊的待遇；馬斯烏德最終在 1282 ／ 681 年和她成婚，可能是奉阿八哈之命。[63] 因為可敦是已故汗別兒哥的女兒，幾乎可以確定這場婚姻的雙方當事人都是穆斯林。[64]

與基督教和儒教兩者的傳統相反，伊斯蘭法律沒有反對除了與繼母結婚之外，其他形式的收繼婚，我們或許應該指出，前蒙古時期的穆斯林君主有時會娶兄弟或伯叔的寡婦。[65] 但與成為寡婦的嫂子、弟媳結婚顯然受到社會排斥。瓦薩甫提到，當旭烈兀在 1264 ／ 662 年命令被擊敗的反叛者，法爾斯的塞爾柱．沙赫的女兒嫁給（剛剛才遭殺害的）尼札姆丁．哈桑奴雅（Niẓām al- Dīn Ḥasanūya）的弟弟和繼任者，夏班卡拉的努斯拉特丁．易卜拉辛（Nuṣrat al-Dīn Ibrāhīm of Shabānkāra）親王時，瓦薩甫說那是遵循「蒙古札撒」。這可能影射她當時已婚，或至少已經許配給尼札姆丁．哈桑奴雅；瓦薩甫似乎也暗示，因為哈桑奴雅死於為伊利汗的戰鬥中（*dar kūchi-i ilkhāni*），因此札撒特別適用這個例子，並且特別突出。在描述公主於努斯拉特丁死後（1266 ／ 664 年），如何輾轉又嫁給第三和第四個兄弟時，瓦薩甫明確表達他的反感，說其是不合法的婚姻（*izdiwāj-i maḥram*）。[66]

因為與草原習俗相悖而被裁決禁止的某些實踐中，有兩項特別讓穆斯林感到難以忍受。禁止用活水盥洗直接觸犯到穆斯林的淨禮（*ghusl*）。在這種關連下，窩闊台汗的一個故事一定廣為流傳，因為志費尼和朮茲札尼兩人都曾分別和獨立記述此事。窩闊台和弟弟察合台——總是被描繪為毫不妥協的蒙古法律的支持者——騎馬出遊，看見一位穆斯林在小溪中進行淨禮。窩闊台知道察合台一定會要求死刑，便將判決延遲不發，私底下指示那位穆斯林假裝他是在找掉落的銀錠（*bālish*），並在小溪中趁夜偷放了銀錠。當翌晨他得審判這案子時，他命人找到那塊銀錠，基於這位穆斯林的目的不是在違抗札撒，而是貧窮逼迫他置生命於險境的理由，赦免了那位穆斯林；窩闊台甚至從自己的財庫裡再拿出十塊銀錠來給那個人，儘管後者得寫書面保證，承諾他不會再犯。[67]

在此範疇裡的另一道札撒則禁止穆斯林割喉宰殺動物，反而是要求他們採納蒙古方法，那就是剖開胸膛，擠壓重要器官，割斷主動脈。穆斯林屬於色目人階級，在元朝早期享有極大的恩寵。然而，在一道1280年發佈的敕令中，忽必烈合罕禁止中國的穆斯林和「保護民」（在這種背景下，可能是指猶太人）以他們的習慣手法宰殺動物；奴隸被鼓勵檢舉違反法令的主子，並得到承諾，將以自由作為回報。穆斯林更進一步地被禁止施行割禮、與親戚結婚，或每天禮拜五次。根據拉施德丁的記載與中文文獻，忽必烈對穆斯林的箝制引發自某些拜訪他汗廷的穆斯林商人拒吃他提供的肉，因為那是腐肉。但是，原因極有可能多半是來自政治，大過於宗教考量——那是針對近年來在行政機構中穆斯林地位越趨顯要的反動措施，用來阻止元朝中國子民可能會有的叛亂，另外也可能是對特別是新近征服的南宋領地傳達訊息。[69]

話雖如此，忽必烈的法令指涉的是成吉思汗本人的早期公告，據稱後者曾告訴穆斯林：「你們是我們的奴隸，但卻不吃我們的食物。這樣哪是對的？」[70] 在此，飲食問題與穆斯林宰殺儀式的禁令之間再度出現緊密關連，根據志費尼所言，這可追溯自帝國早期。[71] 但現在，在這個問題上，蒙古人可能未取得一致性的嚴格，基拉科斯（Kirakos）曾描述，於1230年代，蒙古將軍綽兒馬罕是如何舉行饗宴招待附庸國亞美尼亞親王阿瓦格（Avag）和他的隨從，將乾淨和不潔的肉類一起端出。他們拒食；但綽兒馬罕沒有暴怒，反而是命令端上他們能接受的食物。[72]當然，此處爭論的焦點有可能是食物種類，多過於屠宰方式。

然而，某些成吉思系後裔顯然更重視屠宰方式這個問題。儘管朮茲札尼對察合台對伊斯蘭教及其信徒的執拗敵意的陰鬱描述是誇大其詞，但他曾提及察合台子民（*qabā'il*）間的穆斯林不能執行宰殺儀式，甚至複誦日常經文，[73]這個細節令人驚訝地聯想到忽必烈稍晚的法令。這道特別的札撒是志費尼有關窩闊台的另一個寬大故事的主題。一位異教徒欽察突厥人從巴札尾隨一位穆斯林回家，向當局舉報他，說他在鎖上的大門後，於自己家中宰殺動物。合罕下結論說，穆斯林並沒有違反札撒，但那位欽察人卻有；穆斯林被饒過一命，欽察人卻遭處極刑。[74]窩闊台的判決給人的印象是，只有公開執行儀式的人才有犯罪。而忽必烈在中國箝制穆斯林的故事則確認此點。拉施德丁提及合罕的敕令的要旨時，告訴我們，忽必烈的基督教顧問愛薛怯裏馬赤和其他「麻煩製造者」，利用合罕的決定，引入補充的札里黑，命令穆斯林連在自己家中都不能宰殺綿羊，違者處死。[75]這個細節就像那位欽察告密者的故事一樣讓人不解，除非我們假設原先的法規只應用在儀式公開執行時。[76]

這些法規的脈絡間出現三個問題。（一）它們應用的範圍真的超越游牧社會，延伸到被征服的定居人民上？（二）我們的史料來源是否混淆了札撒和習俗（*yosun*，約孫）？以及（三）這類法令在哪裡施行，並施行多久？我們最好先一起處理頭兩個問題。安・朗姆頓（Ann Lambton）指出，在伊朗，蒙古人不曾試圖廢除伊斯蘭法法庭，她認為，蒙古人沒有嘗試「將蒙古習慣法強加在子民上以排除伊斯蘭法」。[77]丹妮絲・艾格勒教授（Professor Denise Aigle）則爭論，札撒這個術語用在政府與軍事上，約孫則純粹意味草原傳統，而穆斯林作者們——與局外觀察者如柏郎嘉賓相反的是——沒能區分這兩者的差別。[78]在她的觀點中，札撒關乎蒙古統治的安全、驛站的維護、軍事訓練等等，是普遍適用的，而適用於臣屬人民的草原習俗，則只有在遇到重大問題，或違禁行為可能會激怒合罕宮廷附近的神靈時，才會用到。她指出，如果草原習俗真有強制施行在蒙古治下的全體穆斯林身上，我們應該能從穆斯林作者那裡聽到更多報導。[79]

然而，我們必須記得，在我們的主要穆斯林作者中，志費尼拜訪過蒙古原鄉，而拉施德丁當了幾年伊利汗的首席大臣，此外，他的許多資料來源都密切仰賴伊利汗合贊與高階蒙古那顏孛羅丞相（他本人在箝制穆斯林期間離開中國）的口頭見證——他們兩人都不可能如艾格勒所說，將札撒與約孫混淆在一起。如果這類混淆確實存在，它會確切來自蒙古人將草原習俗約孫當札撒執行——這便是志費尼和拉施德丁兩人筆下所發生的事。[80]毋庸置疑，志費尼特別具體列在成吉思汗頒佈的敕令那個段落中的札撒，全部與國家利益以及軍事組織有關；而中國元朝文獻中的描述也是如此。[81]但是，前面志費尼跟拉施德丁所寫的窩闊台寬大為懷的故事裡，有關活水跟宰殺動物的札撒，就不是如此。儘管這些軼事的背景都是在合罕的活動營帳附近，但志費尼聲稱，甚至在呼羅珊都曾有一度沒人敢違反禁止遵循伊斯蘭法宰殺動物的札撒。如果真如艾格勒所說，禁令是針對蒙古人以阻止他們模仿穆斯林，這就等於對志費尼明確的聲明視而不見，他說穆斯林被迫吃腐肉。[82]

我們早些時候曾探討蒙古人如何在軍事上要求合作的人——無論是回鶻人、契丹人、中國人或穆斯林——在某種程度上，自我適應蒙古的衣著或髮型規範；有證據顯示，忽必烈將這些要求強制施行在南宋的「百姓」和官員身上。[83]因此，這類軍事人員是否也被期待要遵循其他蒙古習俗的問題，便應運而生。窩闊台的統治——理應慈祥與溫和——提供了一個特別驚人的案例，合罕為制裁林中人民，斡亦剌惕族，違反蒙古自己的外婚制而規定族人只能在部落內通婚時，展現非常無情的一面。[84]

讓我們來探討第三個問題：這些禁令的持續時間。忽必烈在1280年發佈的敕令聲稱，穆斯林宰殺儀式的規定自貴由統治時期就已予停止（這可能顯示，志費尼對蒙哥的阿諛可能不光是出自奉承）。但是，相同的敕令也主張，旭烈兀曾在伊朗重新頒佈這條敕令，命令穆斯林奉行蒙古人的飲食；[85]而亞美尼亞歷史學家阿克納的格里高爾（Grigor Aknertsʿi）在指控伊利汗國的創立者命令穆斯林吃豬肉時，可能對此記憶混亂。[86]無論如何，我們沒有其他史料顯示，這個特定札撒曾強制施行在伊利汗國的穆斯林子民身上。在這第二個範疇內，於西亞執行的札撒的證據全來自蒙古統治的頭幾十年，也就是1265年前。根據拉施德丁的說法，阿八哈登基時，宣布旭烈兀的札撒神聖不容破壞，而在同時又頒佈命令，所有族群都得以保留他們祖先的習俗和慣例（*rusūm-u āyīn*）；[87]這可能暗示旭烈兀政策的部分鬆綁。另一方面，我們在上文注意到，瓦薩甫有個故事說，阿八哈曾以提供不潔肉類，來虐待式地逗弄財政大臣夏姆斯丁・志費尼（Shams al- Dīn Juwaynī）。但這令人不快的故事不是用來描述任何更為廣泛的實踐，而是拿來彰顯夏姆斯丁的堅忍特質，不然或許就是意欲暗暗指出，高階穆斯林行政官在伊朗仍處於不信道者統治的時代裡，有多麼脆弱。

我們隨意就能找到的證據，允許我們做出某些暫時的結論。首先，我們知道，蒙古人至少對他們某些類別的子民，要求某種程度上的文化遵循，而這有時可能包括收繼婚。第二，某些札撒的應用範圍直接違反伊斯蘭實踐，其適用範圍卻似乎比我們被引導去相信的還要侷限，或說至少看起來是如此：例如，公開或私下執行穆斯林宰殺儀式，兩者被區隔開來。第三，蒙古對禁止特定伊斯蘭實踐，或強制執行抵觸伊斯蘭教的行徑的札撒之履行，也許隨帝國各地區（或許在農耕和游牧地區間）和不同時期（看政權對自我實力的當前評估）而有所改變。在中亞（或許在呼羅珊毗鄰地區也是），於察合台統治時代，以及忽必烈中國的穆斯林七年壓迫期間，無疑代表了穆斯林運氣最糟糕的時刻。但我們難以看出，宰殺儀式禁令或禁止在活水盥洗，是如何能在蒙古軍隊駐紮相對少數（或沒有）的地區得到貫徹。再者，如果其背後動力主要是要避免觸犯當地神靈，這份需要可能在定居文化地區被視為較不那麼迫切。第四，無論如何，這些由習俗轉變為敕令的強制執行，也許在蒙哥登基後便於西亞停止（至少對一般穆斯林是如此），等到旭烈兀時才又暫時在伊朗重新浮現。

四、官位和影響力的競爭：順尼派穆斯林、什葉派和保護民

成吉思汗與其繼任者的征服，從東方領土內帶來大量行政人員進入伊斯蘭世界，這些人包括契丹人、中國人、唐兀惕人和回鶻人，他們不是穆斯林，也不能期待他們偏袒穆斯林，更不太可能貫徹伊斯蘭法。行政機關在結構和技術方面，現在都是個衍生自數種非穆斯林與穆斯林傳統的大雜燴。隨著在伊朗的統治鞏固，特別是在旭烈兀入侵之後，蒙古人更加倚重土生土長的穆斯林官僚幹部成員，例如巴哈丁．志費尼（Bahā' al- Dīn Juwaynī），其父親是花剌子模沙赫摩訶末的財政大臣，以及他兩個更為出名的兒子，夏姆斯丁．志費尼（Shams al- Dīn）與歷史學家阿拉丁．志費尼（'Alā' al- Dīn）。無可否認地，比起在中國元朝的漢族官員，穆斯林在伊利政府中較能晉升高位，而在中國，傳統科舉制度遭到中斷，士大夫遂與高官無緣。但是，另一方面，即使是在伊利官僚階級（有時稱做底萬）裡，穆斯林官員也無法壟斷升遷。他們被迫在某種程度上與屬於敵對信仰的人分享權力，主要是什葉派以及保護民（，*ahl al-dhimma*）的代表，或——從穆斯林的觀點——與根本沒有宗教信仰的人。

新統治者的來臨，提供順尼派穆斯林的敵人更強有力的機會。哈米德拉．穆斯陶菲一句不經意的評論展現，當綽兒馬罕仍舊在呼羅珊（因而可能不晚於1230年）時，什葉派已經開始著手在他的中樞促進自己的利益，而一位從加茲溫來的順尼派學者據稱被迫旅行到那裡，據稱用理性辯論，在將軍面前擊敗他們（可能是指涉蒙古人主辦下已知的最早宗教辯論）。[88] 我們已經見到什葉派的納希爾丁．圖西如何在旭烈兀治下得到高位。阿爾津詹（Arzinjān）的亞美尼亞主教馬爾．哈西亞．薩爾吉斯（Mar Ḥasiyā Sargis，卒於1276／675年）非常受到阿八哈的寵愛，據說曾以穆斯林為代價，發揮邪惡的影響力。[89]

在伊斯蘭世界裡，基督徒在行政機關中任職不是完全沒有前例，但現在於伊拉克和美索不達米亞，則更常出現在地方層級。當蒙古將軍桑達忽（Sandaghu）在1262／660年拿下吉茲拉特．伊本．烏瑪爾（Jazīrat Ibn

‘Umar）❺時，他派任一位基督徒坐鎮指揮。[90] 在阿八哈與阿魯渾治下，摩蘇爾總督似乎來回由基督徒與穆斯林輪流任職：拉迪丁．巴巴（Raḍī’ al-Dīn Bābā）是加茲溫名門望族的子弟，從 1262 ／ 660 年起為此城的馬利克，幾年後被一位名為馬斯烏德的基督徒取代。他隨後指控馬斯烏德和席赫納尤須穆特挪用公款，確保他們遭到撤職，而自己重新任職；但是，當這件事被調查時，他無法提出可資證明的證據，因此在 1280-1 ／ 679 年遭處極刑。[91] 當伊本．提克塔卡在 1302 ／ 701 年完成他的書《伊斯蘭朝代史》（*al-Fakhrī*）時，摩蘇爾總督（我們也許該指出，他代表穆斯林改宗者合贊行使權力）是法赫爾丁．爾撒（Fakhar al-Dīn ‘Īsā），另一位基督徒。[92] 儘管沒有基督徒高昇到官僚頂峰，成為伊利帝國的維齊爾，但猶太人薩阿德．道拉（Saʿd al- Dawla）則在阿魯渾治下，從 1289 至 1291 年，任此高位至少兩年。

針對蒙古人底下的臣僕的某些抨擊，是來自像志費尼這類德高望重的官員家族成員，他們對出身卑微的人不屑一顧，認為他們會受到任用，不過是因為他們懂回鶻文，而這些抨擊既針對像夏拉夫丁．花拉子米（Sharaf al- Dīn Khwārazmī）這樣的穆斯林新貴，也針對不信道者。[93] 巴爾．希伯來宣稱，蒙古人不區分出身、宗教，或甚至能力，只任命任何會奉上足夠大筆賄賂的人為官。[94] 如果我們能相信拉施德丁對合贊的前幾任諸汗治下情況的描述，無數小販和其他無名小卒（他特別在提到穆斯林時指稱猶太人也有份）借錢賄賂官員給他們假花費的收據，或將錢投資在精緻衣服和坐騎上，裝出富裕的外表以確保得到有利可圖的包稅權。[95] 但是，蒙古人毋庸置疑還是尊重熟練回鶻文和看起來富裕之外的成就。熟悉蒙古人的政府管理手法是另一項重要資格：克爾曼尼說，阿魯渾的維齊爾席姆納尼精通他們的習俗與法律（*yūsūn-u yāsā*）原則。[96] 成吉思系諸汗對煉金術、占卜和醫藥的興趣[97] 也為那些能展示相關技能的人打開仕途之徑；比如，卡瑪勒丁．阿布杜拉赫曼（Kamāl al-Dīn ‘Abd al-Raḥmān）曾是阿拔斯宮廷的侍從（*farrāsh*），後來變得能對貼古迭兒．阿赫

---

❺ 註：位於土耳其東南部。

邁德發揮非常強烈的影響力。[98] 最著名的伊利維齊爾是拉施德丁，他最初是以伊利汗乞合都的廚師（寶兒赤）身分起家，升至顯赫地位，他同樣也不是波斯官僚傳統的代表，但卻像薩阿德·道拉一樣，職業是醫生（儘管薩阿德·道拉不像拉施德丁是位猶太教的改宗者）。[99]

五、對所有宗教的公平對待

上文所探討的札撒讓穆斯林易於將征服者視為反穆斯林，就比如像外國使節被迫要向成吉思汗畫像行跪拜禮一樣，此舉被基督教觀察家詮釋為要求他們否認自己宗教的壓力。[100] 但事實上，蒙古君主既不反基督教，也不反穆斯林。他們對任何宗教傳統的「專家」所展現的技術的開放意味著，他們常常對穆斯林和其餘宗教一起展現恩寵。有證據顯示，伊利汗的蒙古臣僕在捍衛和維護瓦合甫（單數為 *waqf*）上扮演要角，那是穆斯林為慈善目的資助的虔誠基金會。一份在 1272 ／ 670 年於安納托利亞克爾謝希爾（Kirsehir）擬定的瓦合甫文件上面，有大批蒙古軍官和顯要的名字，他們小心不干涉基金會，違者則會以受到「永恆的真主」的懲罰為懲處；一位蒙古那顏被發現在 1293 ／ 692 年於阿爾達比勒（Ardabil）資助一座蘇菲會館。[101] 帝國王朝成員同樣也會贊助與世界主要宗教有關的地點，包括伊斯蘭教，而穆斯林神職人員也樂於分享他們的慷慨。志費尼充滿感情地描述，蒙哥的母親唆魯禾帖尼（Sorqaqtani）這位聶斯脫里派基督徒，在賜予施捨和禮物給穆斯林伊瑪目以及謝赫時的慷慨大方，她還資助布哈拉的一所伊斯蘭經學院；儘管我們知道她的慷慨還及於佛教徒和道士。[102] 同樣地，瓦薩甫在描寫察合台兀魯思從 1252 年至 1260 ／ 649 年至 658 年時期的監國兀魯忽乃（Orqina）時，也很寬厚，她是位「偶像崇拜者」（可能是佛教徒），瓦薩甫說她對伊斯蘭教和穆斯林很友善。[103]

這類不偏不倚卻反諷地培育了一種信念，那就是統治者個人會特別對一個特定宗教友善。亞美尼亞作者斯捷潘諾斯·奧爾別良就指稱，旭烈兀和脫古思可敦在虔誠程度上堪比君士坦丁大帝和其母親海倫娜，而奧爾別良所顯現的熱忱並非獨一無二；其他東方基督教作者也過份熱情地寫著旭烈兀對基督徒的好感。努力指出基督教對他自己、甚至對成吉思汗的影響的首位伊利汗更是單純強化了這類印象。伊斯蘭教在 1295 年後於伊利汗國的勝利，也可能促使基督教作者像奧爾別良帶著懷舊心情回顧以前的時代，認為其為黃金年代。在十三世紀晚期，幾位伊利皇后的明顯基督教傾向，引發教宗和西方傳教士懷抱一個想望，即她們可能可以使丈夫的改宗變得容易。[104] 這類希望是虛幻、落空的。好幾年前，魯布魯克就曾諷刺地評論，不同宗教團體在被合罕希望每個人都應該替他祈禱時，所說的話而引發的樂觀期望：「他誰也不信……但他們都如蒼蠅跟著蜂蜜般追隨汗廷，他賜予他們全體禮物，他們所有人都相信，自己和他關係親密，並預測自己會時來運轉。」[105] 他的敘事提供了蒙哥汗廷情況的生動描寫，在那裡，敵對信仰的代表爭相奪取恩寵和影響力。不管蒙古君主是否特意鼓勵這類競爭以分而治之，這是無可否認的結果。[106]

我們應該把蒙古人對所有宗教的聖者的贊助及潛伏其下的態度，和其他層面的政策區分開來。我們已經探討過，他們在政府中雇用任何有才能且能提供用處的人，包括兩大派穆斯林，並招募迄今為止被鄙視的少數宗教族群，巴爾・希伯來對這類情況簡單地（如果不是有點尖酸地）做了總結。[107] 但這並不意味著蒙古君主對這些少數宗教族群展露比對穆斯林更大的恩寵。比如，在指派基督徒作為大多數居民是穆斯林的摩蘇爾總督上，將此舉詮釋為偏袒基督教，就是忽略魯布魯克的精湛評論，後者認為蒙古人會派任「撒拉森」官員管理羅斯，正是因為其人民是基督徒。[108]

在伊利歷史脈絡中，當我們看見一個獨特的配合情境時，特別更應該小心，那就是基督教附庸國王的軍隊——喬治亞、伊美里提亞（Imeretia）❻與小亞美尼亞的軍隊——曾參與蒙古出征，而那些與伊利汗衝突的非蒙古勢力幾乎全是穆斯林。旭烈兀在 1258 年也許饒過巴格達的基督教居民一命，但在 1260 年，如我們於上文所見，那些阿勒坡的基督徒也許與穆斯林一同喪命；而提

❻ 註：位於喬治亞。

供穆斯林同胞市民庇護的一座城市的基督徒因為違逆了他，落得相同命運的下場。[109] 再者，他大軍中的亞美尼亞軍隊在阿勒坡縱火焚燬主要清真寺時，他勃然大怒，將許多人處決。[110] 我們也不該將國內政策與國外政策混為一談。當道明會里克爾多・達・蒙達克羅切（Riccoldo da Montecroce）修士描述阿魯渾是「最糟糕的人，能做出所有惡行，儘管是基督徒的朋友」時，[111] 在此，與其說他是指伊利汗與其基督教子民的關係，不如說那是他想尋求與拉丁西方結盟的熱切渴望，以期共同對付雙方的敵人，馬穆魯克。[112]

早期的伊利汗與其他蒙古君主被觀察到的行為模式並無二致。在我看來，山謬爾・格魯波（Samuel Grupper）對伊利汗國佛教的透徹研究，因假設其表現一種專一和排外的執著，而有著理論缺陷。他本人曾正確地指出，佛教教義並不排斥將先前宗教的實踐拿來加以保留。[113] 有證據顯示，伊利汗早就準備好自己利用這項特許，因為他們的佛教偏好絕不會排除他們對其他宗教的明顯興趣。舉例來說，緣於此阿八哈才會在他死前僅僅數日，也就是 1282 年 3 月／680 年 12 月，與哈瑪丹的基督教社群慶祝復活節的開始。[114] 令人吃驚的是，阿魯渾儘管傾向佛教並有對穆斯林充滿敵意的名聲，仍舊參加穆斯林節慶。當他在 1289 年 10 月初／ 688 年 9 月底抵達大不里士時，他下令為開齋節慶典設立四個講道台，並召集法官、伊瑪目和所有百姓前來。節慶祈禱盛況空前，法官和講道者（*khaṭīb*）在儀式結束後得到獎賞。[115] 異教徒伊利汗也拜訪穆斯林聖人的陵寢以祈求他們的幫助，特別是在出征之時。據說阿八哈在 1270 ／668 年曾於靠近拉德坎（Rādkān）❼時這樣做，當時他正在與從中亞入侵的察合台軍隊作戰的半路上；在 1284 ／ 683 年，阿魯渾本人在畢斯塔姆（Bisṭām）的謝赫・巴雅茲德聖墓（the shrine of Shaykh Bayazid）祈求戰勝叔叔和敵人，也就是當時在位的伊利汗貼古迭兒・阿赫邁德；合贊在生涯早期常常拜訪呼羅珊的數座聖墓，包括謝赫・巴雅茲德、伊瑪目阿里・里達（Alī al-Riḍā）位於圖斯（馬什哈德）的聖墓，和梅哈納（Mayhana）的謝赫阿布・薩依德・本・

---

❼ 註：位於伊朗禮薩呼羅珊省。

阿比・哈伊爾聖墓（Abū Saʻīd b. Abī l-Khayr）。[116]

但是，不管伊利汗個人展現什麼樣的恩寵跡象，蒙古統治下的穆斯林現在發現自己的地位被削減為與基督徒以及猶太人平等，而後兩者根據神聖的烏瑪爾盟約（Covenant of ‘Umar）❽迄今享有二等公民的地位。所有信仰的新平等，在稅務與宗教建築方面特別醒目。[117]這首先意味著移除帶有歧視意涵的吉茲亞，即傳統非穆斯林人頭稅；儘管它的廢止可能在附庸穆斯林王國中到很晚才出現，因為阿克薩萊依（Āqsarā'ī）提到，新維齊爾法赫爾丁・穆斯陶菲・加茲溫尼在帶來魯姆的任命狀上完全沒有提到吉茲亞稅時，大家的困惑，而那是在阿魯渾統治早期。[118]第二，烏瑪爾盟約中只允許被破壞或毀壞的教堂和猶太會堂的重建，但蒙古人卻准許基督徒興建全新教堂。從1230年代開始，影響力龐大的聶斯脫里派僧侶審溫・列邊阿答（Simeon Rabban-ata）在甚至是穆斯林占大多數的城鎮裡——如大不里士和納赫奇萬（Nakhchiwān）——的興建教堂上起重大作用。[119]新教堂也會在伊利時代早期於篾剌合、艾比爾和巴格達出現。[130]拉施德丁曾寫道，旭烈兀至少是在他的聶斯脫里派妻子，脫古思可敦的影響下允許此事，則讓我們懷疑；[121]因為伊利汗在遵循成吉思汗頒佈給後代的大札撒下，無論如何肯定還是會這樣做。第三，基督徒現在能將自己的教堂鐘敲響——這再度違逆伊斯蘭法律——對此做出反應而搬走或毀壞教堂鐘的穆斯林得冒著被蒙古當局處決的險，如在1287年的克里米亞索嘎特（Solghat）❾城鎮。[122]最後，有些穆斯林財產被重新分配給基督教宗教機構。在巴格達陷落初期，聶斯脫里派大教長接管大掌墨官宮殿和數個其他財產，包括一座供穆斯林女性使用的集會所（ribāṭ），並以基督教文字取代伊斯蘭銘文。[123]基督教的時來運轉與地位提昇促使一位十三世紀詩人哀嘆，在巴格達，十字架現在講壇（敏拜爾，*minbar*）上升起。[124]

蒙古世界觀另一個更值得注意的表徵，則將所有宗教混雜在一起，那就是

---

❽ 註：穆斯林與敘利亞、美索不達米亞或耶路撒冷的基督徒所訂的條約，規定在伊斯蘭統治下的非穆斯林的權力和限制。

❾ 今稱舊克里木（Staryi Krym）。

蒙古征服者對瓦合甫此敏感議題的處理。瓦合甫在蒙古統治下持續存在，並且免稅——根據志費尼的說法，「得到免除和豁免」（*mu'āf-u musallanm*）；[125] 儘管在納希爾丁·圖西呈給旭烈兀或阿八哈的財政論文中，他覺得有必要強調侵占瓦合甫財產會引發的不良效應，而這點意義重大。[126] 伊本·法德拉·烏瑪里的消息來源人之一向他保證，旭烈兀或他的繼任者都不會侵占瓦合甫的土地；某些基金會的破敗情況反而該歸咎於其監督者；[127] 而在一首於 1270／669 年獻給呼羅珊的維齊爾伊茲丁·法爾尤瑪迪的頌歌中，詩人普里·巴哈（Pūr-i Bahā）猛烈抨擊一位特別不適任的行政官員（*mutawallī*）。[128] 儘管如此，對安·朗姆頓而言，烏瑪里刻畫了一個過份美好的現況；在她看來，一般和特定徵用的政策並不存在，但她是從十四世紀初期作者瓦薩甫和哈米德拉·穆斯陶菲的作品中引證，作為發生案例的列舉。[129] 的確，瓦薩甫甚至極端到說，在他的時代（即穆斯林伊利汗不賽因統治期間），伊利汗國大部分的瓦合甫都在毀壞狀態，收入遭到侵吞；而納赫奇瓦尼寫道，瓦合甫的管理事務讓人極端困惑。[130]

然而，即使排除公然侵占的案例，對瓦合甫管理的安排粗魯地碾壓順尼派占多數的穆斯林的敏感神經。在旭烈兀征服伊朗和伊拉克後，我們應該謹記，他的顧問圖西是十二伊瑪目派，但他也是數篇闡述令人痛恨的尼查里易司馬儀派教義的作者，而他被賦予負責伊利汗國境內所有瓦合甫的責任。圖西在每個省指派副手，他們上繳給他虔誠基金會收入的百分之十，以維持他在篾剌合的天文台的運作，據稱他還利用職權特別圖利什葉派。[132] 他的什葉派兒子們後來繼任他的職位。在貼古迭兒·阿赫邁德統治期間的一段短暫間隔後，最年輕的兒子阿赫邁德（卒於 1301／700 年）在阿魯渾於 1284 年登基後，又重返職位，掌管瓦合甫。[133] 從瓦薩甫於十年左右後，所告訴我們的不信道者伊利汗乞合都的政權情況來看，穆斯林慈善基金會再度屬於首席法官的管轄之下，[134] 但在合贊於 1299 年入侵敘利亞時，另一位圖西的兒子哈桑接管瓦合甫。[135] 在完者都繼任後他可能被取代，[136] 但哈桑幾年後又重新就任舊職，當時他與完者都那位勢力強大的維齊爾撒瓦吉處於敵對狀態。哈桑顯然留在職位上，直到他於

1317年3月2日／716年12月17日死去，因為他的職務代理人在1319至20／719年才被拔除。[137]

然而，更令人不快的事實是，從旭烈兀統治時期開始，伊斯蘭瓦合甫的收入為了宗教目的，被撥給基督教和猶太教群體，至少直到穆斯林改宗者貼古迭兒・阿赫邁德統治時期（1282-4／681-3年）為止是如此。[138]不管反過來，是否也是真是如此，這幾乎不重要，因為保護民作為少數族群，其宗教基金會一般來說可能比較沒那麼富裕。在蒙古於1260／658年短暫占領敘利亞期間，我們可以察覺類似相對應手段的運用。在3月中旬（9月），旭烈兀將敘利亞、摩蘇爾與賈濟拉的所有瓦合甫管理都交付給新派任的沙斐儀教法學派大法官，卡馬勒丁・烏瑪爾・提夫理西（Kamāl al-Dīn ʻUmar al-Tiflīsī）。[139]提夫理西這位敘利亞大法官在兩個月後為穆赫易丁・葉海雅・伊本・札奇（Muḥyī' al-Dīn Yaḥyā Ibn al-Zakī）取代，[140]而我們可以在十四世紀早期一位辯論家描述的文本中，找到描述後者在職期間發生的一段小插曲。在此我們讀到，一位基督教顯貴如何向旭烈兀指控，所有瓦合甫都是由穆斯林經營，後者將它們用來自我牟利，而旭烈兀又是如何在8月（9月）派他帶著敕令（*farmān*）回去，授權他可挪用穆斯林虔誠基金會三分之一的款項，而這就在阿因・札魯特戰役發生不到一個月前。[141]我們在這類手段上缺乏其他細節證據。但在關乎瓦合甫的問題上，與穆斯林統治者的傳統義務的明顯反差顯示，想要達到各方平穩的一般政策，是以伊斯蘭機構為代價，來提升少數宗教族群的利益。伊瑪德丁・烏瑪爾・加茲溫尼（ʻImād al- Dīn ʻUmar Qazwīnī），也許是少數族群中的一位，由於在巴格達被攻陷後，立即將諸瓦合甫的收入奉獻給穆斯林烏理瑪、法學家和蘇菲派信徒作為助學金，而受到讚揚。

根據志費尼的說法，即使在蒙古親王和大公個人採納特定信仰後，他們仍舊遵守成吉思汗的禁令，避免宗教狂熱，並平等對待所有信仰。[143]因此拔都的兒子撒里答（Sartaq）在擁抱基督教後，發出敕令，不僅豁免教堂的繳稅與義務勞動，也擴及清真寺及其人員。[144]旭烈兀的聶斯脫里派將領乃蠻（Naiman）人怯的不花（Kedbuqa）在1260年於大馬士革也展現同樣自制的行為。一位敘利亞作者的家人在那時住在那裡，他告訴我們，怯的不花由於尊敬成吉思汗的札撒，克制著不讓自己的基督教傾向過於明顯。[145] 但是，當然，在實踐上，這對穆斯林百姓沒有多大安慰。在那年稍後，一道旭烈兀的敕令抵達，正式准許基督徒膜拜的自由，他們遂出現所有令人無法忍受的行徑，公然舉著十字架穿越大馬士革遊街，將酒灑向穆斯林和清真寺（而這還是在賴買丹聖月）；而飽經試煉的穆斯林在向堡壘的蒙古指揮官示威後，不僅沒能得到損失賠償，還被趕了出來。[146] 難怪伊本·瓦希勒轉述了有關基督徒意圖的謠言，萬一蒙古戰勝馬穆魯克，基督徒會摧毀所有清真寺並大大傷害穆斯林。[147] 這可能是種歇斯底里；但它肯定是事物的正當秩序已經被顛倒的結果。

六、在新的傳布下伊斯蘭教感受到的威脅

不信道者的征服，對穆斯林的感受帶來多大的震撼，或許可以從各種故事中略窺一二，這些故事描繪穆斯林成為其他宗教傳統敵人的笑柄，特別是基督徒和佛教徒，或是從另一種故事的描寫中也可看出，這種故事訴說那些相同的敵人利用他們對蒙古人的影響力，企圖滅亡伊斯蘭教。其中最驚人的故事由志費尼提供，他告訴我們，回鶻人亦都護薩林迪（Salindi）的詭計，他的某些貴族在別失八里及其近郊屠殺所有穆斯林，搶奪他們的財產，奴役其後代。這插曲（或至少犯罪方的審判和處決）的日期是在 1252-3 ／ 650 年，與窩闊台系諸王嘗試推翻蒙哥有相互關連。這插曲同時出現在志費尼敘事的早期與非常晚期，都是在蒙哥繼位的文本裡。據說這項提議來自八剌必闍赤（Bala Bitikchi），他是海迷失后（Oghul Qaimish）監國的一位軍官（因此代表蒙哥的敵手），被派往別失八里，那裡的人提議說，如果他需要的話，可以提供他五萬名士兵。蒙哥繼位的消息（無疑是他於 1251 ／ 649 年在斡難河—克魯倫河地區的第二次登基）據說在上述詭計萌芽後就抵達。[148] 整個故事讓人困惑。事實是，亦都護、同夥和八剌都是在受到嚴刑拷問後才招認此點，因此令人難以信服，由於薩林迪本來就極有可能會支持窩闊台系的籲求，捨棄拖雷系，並

準備在軍事上協助前者。[149] 但作為計畫殺害大批穆斯林的背景，這理由純粹過於薄弱；這個記載讀起來像是事後由新合罕蒙哥的黨人（或至少是志費尼在蒙哥總部的線人）捏造的，目的是為了獲得穆斯林的支持。

我們已經注意到，許多志費尼的故事，是一系列用來突顯窩闊台合罕的慷慨和寬大，以及他同情穆斯林的軼事。在一個故事中，一個中國戲團為合罕演出一齣戲，劇中一位包著頭巾的老人被拖在馬尾後，用來傳達穆斯林在蒙古征服下淪落至此的苦狀。在查明他們的目的後，窩闊台命人拿出所有穆斯林的製品，並將它們與據說是較低劣的中國產品做比較，他指出，連最貧窮的穆斯林都擁有許多中國奴隸，但中國顯貴的家中卻沒有穆斯林奴隸。[150] 在另一個故事裡，一位穆斯林因無法償付回鶻貴族四塊銀錠（*bālish*）的債務而遭到公開懲罰的威脅，除非他放棄信仰，成為偶像崇拜者；他在走投無路下，向合罕上訴，結果債主被懲罰，而穆斯林獲賜一位回鶻妻子、房子和一百塊銀錠。[151] 在第三個故事中，一位說阿拉伯語的叛教者（*az munkirān-i dīn tāzi-zabāni*）出現在窩闊台面前，聲稱他夢到成吉思汗告訴他，指示窩闊台殺光穆斯林，因為他們本性邪惡。在回應窩闊台時，他坦承對蒙古語一無所知，而那是成吉思汗唯一知道的語言，因此他的謊言被拆穿，合罕將他處決。[152] 這個故事甚至傳到獨立的德里蘇丹國，因為朮茲札尼以非常類似的筆法講述此故事，儘管這個騙子在此被說成是位偶像崇拜者（*tūyin*，即佛教徒），是奉察合台的指示前來，但窩闊台饒他一命。[153] 朮茲札尼寫到察合台時，指控他不斷敦促合罕消滅穆斯林。[154]

談及據說由聶斯脫里派基督徒嘎達忽（Qadaq）扶養長大的貴由時，朮茲札尼說他對基督徒顯示極大的恩寵，而在他統治期間，沒有穆斯林敢大聲反對基督徒。[155] 朮茲札尼有大量相關於這位君王的故事，貴由與他父親相反，擁有對伊斯蘭教特別有敵意的名聲，作者還告訴我們，崇拜偶像的佛教僧侶（*tūyinān*）不斷煽動他迫害穆斯林。[156] 在一個故事裡，佛教僧侶占了上風，貴由於是發佈敕令，命令閹割蒙古境內的全數穆斯林，如此一來，隨著時間流逝，他們就會絕種。僧侶離開汗廷時，被合罕一隻凶猛的狗攻擊，咬掉他的生殖器，並咬死了他，這使得貴由心生膽怯，遂與在場的蒙古人和其他偶像崇拜者放棄頒佈那道敕令。[157] 在另一個軼事裡，佛教僧侶和基督徒合作，要求與一位穆斯林伊瑪目就三種信仰的個別優點公開辯論。當伊瑪目的論點證實過於強大時，佛教僧侶要他表演喚拜和跪拜；而當伊瑪目和同來的穆斯林這樣做時，偶像崇拜者在貴由的鼓勵下，把他們的頭打向地面以騷擾他們，想以此中斷他們的儀式。一點也不畏怯的伊瑪目在禮拜完後才起身回家。那晚，真主為穆斯林復仇，讓合罕生了致命的病。[158]

這些事件的背景多半都是發生在穆斯林為少數的地區，很少是在伊斯蘭教有悠久歷史的領土。然而，不同的故事也流傳至今，證實了穆斯林多數與新解放的保護民社群在伊斯蘭教核心地帶的衝突，在那裡，穆斯林現在發現伊斯蘭國家的保護已經消失。在馬可波羅聽來的一個故事裡，撒馬爾罕的基督徒移除一塊屬於穆斯林的石頭，想在那個地點蓋座新教堂，而穆斯林要求歸還石頭；在這個故事裡，基督徒憑藉上帝的奇蹟而勝利。[159] 在巴格達陷落後，塔克里特（Takrīt）的基督徒要求保護以防禦他們的穆斯林鄰居，蒙古軍隊殺害幾位穆斯林作為回應，儘管值得注意的是，當一位穆斯林揭發基督徒搶走穆斯林財物，並將其藏起來，沒交給蒙古人時，反而是更多基督徒遭到屠殺。[160] 巴爾·希伯來講述，在 1274 年，艾比爾的穆斯林如何阻礙聶斯脫里派大教長在棕枝主日公開遊街的命令，儘管蒙古軍隊在一旁保護基督徒。[161]

這類命令造成的衝突也許很常見。一個明顯的脈絡是對伊斯蘭的叛教。關於改宗基督教的具體資料很少。亞美尼亞歷史學家斯捷潘諾斯·奧爾別良曾不經意地說溜嘴，他的母親以前是穆斯林，但已經改宗；[162] 但這類事件在君主們藉由聯姻而結盟後，長久以來是相對普遍的現象。然而，我們可能會納悶，有多少人是基於一時衝動下，切斷與迄今為止的優勢信仰的連結而叛教。巴爾·希伯來曾提及 1268 年巴格達的一場騷動，當時聶斯脫里派大教長想為一位從塔克里特來的一位穆斯林進行洗禮；總督兼歷史學家阿拉丁·志費尼解除大教長的險境，但大教長被迫將住處搬到艾比爾。[163] 儘管如此，有更多地方提到改宗伊斯蘭教後受到的報復。聶斯脫里派大教長處決一位擁抱伊斯蘭教的基督徒，這在 1264-5 ／ 663 年引發巴格達的一場暴動；大教長本人尋求阿拉丁．志費尼的保護，驚險逃過一劫，而志費尼得派遣蒙古軍隊去壓制自己的穆斯林同胞。[164] 然而，在 1274 年，一位住在摩蘇爾附近的僧侶因穆斯林情婦的影響而變成穆斯林，當地蒙古指揮官在其僧侶同伴的煽動下逮捕了他（可能是因為通姦，而不是叛教），憤怒的穆斯林百姓站出來，強迫軍隊釋放這位前僧侶。[165] 提到撒馬爾罕一位聖裔的權威時，朮茲札尼講了關於那個城市的一位年輕基督徒改信伊斯蘭教的一個故事。他以前的教眾向一位偏袒基督教的來訪蒙古指揮官提出指控，於是指揮官對年輕人施加壓力要他放棄信仰，首先是試圖以言語說服，後來是用威脅；新改宗者堅定地抵抗，因此殉教。撒馬爾罕的穆斯林社群因而將請願書送到蒙古親王別兒哥（他本人是穆斯林改宗者）的營地；他派遣「一批突厥人和重要的蒙古穆斯林」軍隊，銜命屠殺基督徒以為死者復仇。朮茲札尼告訴我們，屠殺在他們禱告時進行，教堂也遭摧毀。[166]

不管在這些各式各樣的故事背後是否存在著歷史事實（如果有的話），無論它們是否以慈悲的筆觸作為結尾，它們的重要性在於，它們見證了不信道者蒙古政權下穆斯林子民間的深刻不安全感——這種不安全感對穆斯林占多數人口的地區而言也不陌生。既然如此，我們也許應該問，隨著時間流逝，穆斯林如何逐漸接受，不信道的軍事強權的來臨，以及他們暴力征服大片伊斯蘭領土的事實。

七、不信道者的統治：合法化、接納和挪用收編

對於這個問題，我們只能回答特定的一小部分。我們對大多數蒙古的穆斯林子民的觀點所知不多，因此只能從在著作中表達其情感的少數人之中推斷。他們面對的兩難困境是，如何在忠於統治者與忠於穆斯林社群（以伊利汗國作者的情況來說，還有逐漸成長的伊朗文化自覺）間，取得平衡；如何在不信道者統治的嚴苛現實與伊斯蘭社會傳統規範間達成妥協；也許還有，如何以最吸引人的方式，將這些規範展示給異教徒蒙古統治者。[167] 如同 艾宏展（Johan

Elverskog）所強調的那般，我們應該辨識出穆斯林對不信道者蒙古統治反應的多樣性，以及在藏於這些反應背後的多種衝動。[168]

對什葉派而言，對他們來說，自從阿里於661／40年死去後，就再也沒有任何政權擁有合法性，而阿拔斯哈里發國的結束則可能受到歡迎。什葉派在納傑夫、庫法和希拉的社群採取主動臣服旭烈兀，那甚至是在巴格達陷落之前。[169] 但對順尼派穆斯林而言，哈里發國對他們來說代表了超過五世紀以來政治合法性的終極源頭，因此它的滅亡是沉重的打擊。派崔西亞・克隆（Patricia Crone）指出，「史料並不完全滿溢著悲傷」。[170] 然而，舉一人為例，伊本・瓦希勒便感覺到，伊斯蘭教沒有遭受過比哈里發國的毀滅更大或更可怕的災難了。[171] 富瓦惕重複指涉1258年的毀滅是「那個事件」（*al-waq'a* 或 *al-wāqi'a*；有一次則用 *al-wāi'at al-'u ẓmā*，「那個大事件」），[172] 儘管我們無法知道他主要指的是阿拔斯哈里發朝的命運，或是巴格達的劫掠。

不過，對順尼派而言，全體伊斯蘭社群在1258年之後缺少一位伊瑪目做為名義上的領袖，似乎主要是象徵性的。像在十四世紀，順尼派作者伊本・賈瑪阿（Ibn Jamā'a，卒於1333／733年）並不認為馬穆魯克政權在開羅另立的影子哈里發具有真正的權威，他似乎傾向認可能夠取得政權者的合法性，至於缺少伊瑪目的權威則無關緊要；蘇丹現在是哈里發，因此是真主與社群之間的連結。[173] 無論如何，在1258年前的兩個世紀中，政治理論趨於淡化伊瑪目的角色，而偏重蘇丹的角色。[174] 十一世紀學者阿布・馬阿利・志費尼（Abū l-Ma'ālī al-Juwaynī）曾在其論文《協助被黑暗壟罩的諸國》（*Ghiyāth al-umam fi iltiyāth al- ẓulam*〔Aid to Nations Shrouded in Darkness〕）中探討缺乏伊瑪目的情況。[175] 如果哈里發國曾在某種程度上造成伊斯蘭世界的團結和統一，那份團結和統一仍在其滅亡後繼續找到其他表達方式，特別是共同的社會宗教論述、學習機構的跨地區網絡，以及到聖地的年度朝覲（*hajj*）。[176] 誠然，蒙古的威脅阻止人們在穆斯坦綏爾（al-Mustanṣir）哈里發在1242／640年死後十年間，離開伊拉克去朝聖，[177] 管如此，原本集中在哈里發身上的期望在穆斯台綏木（al-Musta'ṣim）的統治下，還是大幅減少。

在成吉思汗的軍隊於西亞出現後的頭幾十年內，蒙古軍隊至少被視為「末日」（Last Things）的預兆。這觀點持續的時間也許比我們以為得還要久，因為如此看待他們的人不僅包括朮茲札尼與差不多和他同代的阿烏非（Awfī）——兩人都在印度尋求庇護——還有賈瑪勒．卡爾希，他在1303／702年於中亞蒙古政權下寫作時，政權仍舊是異教徒統治。[178] 在頭幾十年，這份對蒙古人的感知可能鼓勵了彌賽亞式人物在被征服的穆斯林土地上的出現。一個例子——也是最惡名昭彰的例子——是平民馬赫穆德．塔拉比（Maḥmūd Tārābī），他召集到數目非常龐大的追隨者，在他與蒙古軍隊交戰，於1238-9／636年死前，有效接管布哈拉。儘管有關這場反抗的兩份主要記載——志費尼的作品以及《軼聞匯集》——在某些細節上有所差異，甚至包括領袖的名字，但兩份記載都同意說，他穿著打扮像蘇菲行者，聲稱擁有魔法能力，被視為彌賽亞。[179] 早期的伊利汗國見證了大量這類人物領導的失敗反抗：法官薩義德．夏拉夫丁．易卜拉欣（Sayyid Sharaf al-Dīn Ibrāhīm）在1265／663年起義，對抗在法爾斯由蒙古撐腰的薩魯爾政權，自稱是救世主馬赫迪（Mahdī）；[180] 在圖斯塔爾（Tustar）一位自封為先知的人，宣稱自己是爾撒（耶穌），解放其追隨者，不用再奉行某些每日禮拜，最後阿拉丁．志費尼將其在1273-4／672年處死；[181] 以及1285-6／684年在希拉地區的接連兩位煽動者，每人都將自己塑造為馬赫迪的代表。[182] 但彌賽亞式的起義和不信道者統治之間的確切關連仍舊難以釐清。在十四和十五世紀，當時非穆斯林統治已成過去，但仍舊可見到相似的千禧年運動，特別是呼羅珊的薩爾巴達家族（Sarbadārs）和胡齊斯坦的穆沙沙（Musha'sha'）教派，他們的某些概念可能甚至是六或七世紀前伍麥亞王朝時極端主義團體的概念的延續。[183]

有人提過，不信道者的征服以及隨後產生的高度不安全感促進了蘇菲主義的傳布，因為許多穆斯林拒絕接受現世，轉而在神祕主義的追求中尋找安慰。[184] 非常有可能的是，至少，異教徒統治者的來臨曾鼓勵蘇菲教長避免就任官職；而富瓦惕的傳記辭典當然包括幾位拋棄官職和成為苦行者的人——不管是否是出自於為不信道者統治者服務的反感，這點我們不得而知。[185] 最著名的例子是謝赫阿拉道拉・席姆納尼（'Alā' al-Dawla Simnānī 卒於 1334 ／ 734 年，他為在 1284 年與穆斯林貼古迭兒・阿赫邁德鬥爭而懊悔，放棄阿魯渾的行政中樞，轉而尋求學問和冥想的人生（儘管阿魯渾只准他在 1287-8 ／ 686 年這樣做）。[186]

在蒙古時期，謝赫和蘇菲教徒的數目其前所未有的成長，為平常百姓對艱苦、不安全感和壓迫的普遍情緒，提供保護的需求。[187] 有關謝赫生活的史料有時顯示，他們在蒙古人與其波斯臣民間作為調停。在面對塔瓦庫里・伊本・巴扎茲（Tawakkulī Ibn Bazzāz）的《終極純粹》這樣的證據時，我們不能馬上就對其記述信以為真，書裡提到謝赫薩菲丁・阿爾達比利（Ṣafī' al- Dīn Ardabīlī，卒於 1334 ／ 735 年），常常成功充當這個角色。但在謝赫在世時寫作的哈米德拉・穆斯陶菲，他的資料便向我們保證，謝赫與蒙古人的密切關係，使蒙古人在壓迫人民上多所克制。[188] 我們無法知道，在蒙古人改宗前，發生的這類介入是到何種程度；但是，無論如何，在哈米德拉・穆斯陶菲為蒙古時期所做的眾多聖人列表中，沒有其他人被賦予這類功勞。

臣民的接納與否對蒙古人並非毫無影響——至少，他們必須得到所任用的底下臣僚的接納。我們已經探討過，成吉思汗憂慮丘處機是否有為他贏得民心。當阿勒坡於 1260 年陷落時，喚拜立即恢復，呼圖白和週五聚禮迅速重新建立。[189] 而如果我們可以信任在四十年後寫作的伊本・提克塔卡，他說，旭烈兀在奪下巴格達後召集諸位烏理瑪，詢問他們一位公正的不信道的君主，是否好過不公正的穆斯林蘇丹。他們的回答可以預料是肯定的（也許他們也依稀想起過去關於喀喇契丹的這類故事）。[190] 我們可能期待提克塔卡——他當然是位什葉派——會與順尼派多數對阿拔斯哈里發朝的滅亡做出不同反應；而他在其他處曾明言自己的信念，認為臣民的責任是尊敬和遵從統治者，但他並沒明確指出，該統治者應該是穆斯林。[191] 但是，那故事的一個暗示是，旭烈兀清楚他的政權需要支持，至少是得到新近征服的城市裡某些穆斯林的接納。在這點上，我們必須謹記查爾斯・梅爾維爾曾精闢指出的一點，就像馬穆魯克政權與其在開羅乖乖聽命的哈里發一樣，伊利汗是阿拔斯哈里發的繼承人（如果說是以一種不同的方式）。[192]

難就難在於我們聽到的是誰的聲音。在此以鑄幣為例。伊朗的蒙古人——或至少他們的穆斯林鑄幣者——試圖以在錢幣上用融合伊斯蘭傳說的方式，合法化他們的統治。在頭幾十年內，某些在成吉思汗及蒙哥治下鑄造的錢幣上有清真言。緊接著在劫掠巴格達以及阿拔斯哈里發遭謀殺後——這會讓蒙古統治的異族特色特別鮮明——旭烈兀的第納爾鑄上古蘭經詩文：

> 真主啊！掌權的主啊！你要把權力賞賜給誰，就賞賜給誰。你要把權力從誰手中奪去，就從誰手中奪去。你要使誰尊貴，就使誰尊貴。你要使誰卑賤，就使誰卑賤。（《古蘭經》第三章第二十六節）。[193]

這個點子是否來自旭烈兀本人，仍舊不得而知。

至於伊利汗的穆斯林臣民中的文人，值得我們注意的是，富瓦惕的傳記辭典致力於將蒙古人融合進一個由伊斯蘭文化規範所界定的世界，而伊本・卡札魯尼甚至將旭烈兀塑造成穆斯林。[194] 志費尼則值得我們特別注意。學界過往慣常公認，他暗藏著對蒙古人特別陰鬱的看法，但作為旭烈兀的官員，被迫在寫《世界征服者史》時，隱藏偽裝他的情感。他因此採納了一種幾乎無法看透的華麗風格，往往以隱晦的《古蘭經》和十一世紀早期史詩菲爾多西的《列王紀》的引文為特色，以將蒙古征服詮釋為真主對犯錯連連的伊斯蘭族群的懲罰為慰藉，他認為反抗這類報應將徒勞無功。[195]

然而，米歇爾・威爾斯（Michael Weiers）則在最近指出，志費尼引述的古蘭經文並非單純只是要將蒙古征服描述為真主的意志和嚴厲懲罰的工具。當然，他是這麼做了，而且在他的歷史書開頭時所用的頌讚詞上表現得再清楚不過。[197] 但他的目的其實更進一步，他要帶出侵略的有利結果。比如，在處理伊斯瑪儀阿撒辛派遭推翻時，他尋求塑造蒙古人作為聖戰代理人以及伊斯蘭教解救者的形象。志費尼的努力有時並不成功，特別是當他努力將四散亞洲的穆斯林奴隸，宣揚成伊斯蘭在廣大域外的傳播，或聲稱成吉思汗的命令符合伊斯蘭法等等的時候。[198] 但若小心將引經文並列，會發現其次序彷彿形成單一詩歌的部分，藉由此，志費尼尋求將他所描述的歷史事件，更安穩地定錨在伊斯蘭教最神聖的經典裡——以米歇爾·威爾斯的話來說，「將成吉思汗和蒙古人的歷史古蘭經化和穆斯林化」。[199] 透過這些方式，志費尼企圖傳達的訊息很清楚：蒙古人已經能被視為一神論者，因此算是穆斯林。一個此類暗示出現在書的開頭，他說真主也被「熱愛真理和墮落的偶像崇拜者」所愛，以及他提到伊斯蘭教與無神論者都「行走在祂的路徑上」，彰顯祂的唯一性。[200]

經過這麼長的時間後，志費尼想將蒙古人描繪為相信一神教的正統伊斯蘭堡壘的努力，似乎和他對下列事實的評論一樣絕望，他曾說，死在征服者手中的穆斯林殉教者，將可以免除安全舒適人生中所承載的重擔。[201] 但為異教徒征服者所做的宣傳也有另外一面。我們大可以主張，這些宣傳背後有項促使伊利汗與其統治地區和臣民同化的「計畫」。[202] 他們可被視為統治整個伊朗（*Irān-zamin*）的最新幾位君主。[203] 在志費尼書寫《世界征服者史》的時代，新波斯語開始取代阿拉伯語，成為伊朗歷史書寫偏好採用的語言。對白達維的《歷史紀錄體系》而言，它雖然號稱是通史，本質上卻是伊朗歷史，其中阿八哈是伊朗（顯然包括伊拉克）和魯姆國王；而對哈米德拉·穆斯陶菲來說，「伊朗的土地」變得更大，從烏滸水延伸至安納托利亞。[204] 這是薩珊帝國（國祚為 227 至 651 年）的疆域，而不是後來的薩法維、卡札爾和巴勒維王朝，或今天的伊斯蘭共和國。自從阿拉伯穆斯林在七世紀的征服後，伊朗這個概念大體上沉寂了很長一段時間。但是，經過 1258 年哈里發國的摧毀，與所謂的「相對排除伊斯蘭的政治話語權」（relative disenfranchisement of political Islam）之後，「伊朗」一詞得到了新的生命。[205] 湯瑪斯·愛爾森讓我們注意到，志費尼對 *farr*（「〔皇家〕光輝」；古波斯語 khᵛarenah）概念的使用，其意義與古老伊朗王權有強烈關連，用來指涉成吉思汗和蒙哥兩人的政治權威。[206] 這類策略也不限於書本。例如，歷史學家的兄弟，夏姆斯丁·志費尼（他從 1260 年代早期到 1284 年遭處決之前，都是伊利汗的首席大臣），他便鼓勵阿八哈（於 1271 ／ 670 年）[207] 開始於亞塞拜然的設茲（Shīz）興建一座新宮殿，並將古代宮殿和祆教拜火神廟的遺跡融入到新宮殿之中，此地也就是所謂的蘇萊曼聖殿。而我們從十世紀與十一世紀的阿拉伯地理文獻得知，拜火神廟的牆壁上呈現了創造的奇蹟：象徵伊朗國王普世君權的天、星星和大地。而宮殿的輝煌則因為伊朗民族史詩菲爾多西的《列王紀》之描述，得以永久流傳下來。[208]

《列王紀》以循環的概念理解伊朗的歷史命運，每一次的災變，都將導致下一階段的新生。阿薩度拉·梅利奇安—奇爾瓦尼（Assadullah Melikian-Chrivani）顯示，志費尼的引文如何用來將蒙古統治者整合進這個伊朗歷史循環之中。成吉思汗——被視為像他的蒙古臣民和東方草原其他民族一樣是位「突厥人」——重複被描繪為阿夫拉西亞伯（Afrāsiyāb），他是圖蘭人的領導者以及伊朗凱揚王朝君王的敵人。不過，從一段菲爾多西時代沒有，可能是在突厥王朝（像喀喇汗王朝或塞爾柱王朝）盛期添加的段落中，阿夫拉西亞伯的祖先被上溯到凱揚王朝。[209]如同前述，阿夫拉西亞伯神話的元素在蒙古時代以前便已經在草原社會中生根。

當阿八哈和貼古迭兒·阿赫邁德在亞塞拜然的蘇萊曼聖殿建造宮殿時，那個地點可是古代伊朗王權的核心，以阿夫拉西亞伯的後裔做這樣的行為，要解讀成對伊朗文化的大不敬是完全有可能的。然而，身為伊利汗的重要臣僕，志費尼的兄弟能夠主導將《列王紀》的詩歌和主題融合入宮殿壁畫，某些今日還可得見。梅利奇安—奇爾瓦尼指出，他們引用《列王紀》的方式，借用了菲爾多西將「真主崇拜者」（yazdān-parastān）追溯到前伊斯蘭時代凱揚王朝的概念——這個概念的來源可能是蘇赫拉瓦爾迪照明學派蘇非作者庫特卜丁·設拉子依，他又影響了歷史學家志費尼，因而被他的兄弟轉而應用在異教徒蒙古人身上。確實，一道可能可追溯自貼古迭兒·阿赫邁德統治時期的簷壁飾帶似乎顯示，隨著這位改宗伊斯蘭教者的即位，凱霍斯洛（Kaykhusraw）——《列王書》中斬殺阿夫拉西亞伯的人——又第二次戰勝阿夫拉西亞伯。[210]

蒙古統治者當然有他們自己的意識型態：成吉思汗和他的王朝取得騰格里的天命而統治世界。但是，即使在帝國解體後，他的子孫仍對此原則保持堅定信念，[211]他們一定有察覺到它在草原民族的地域之外，沒有強烈吸引力。隨著成吉思汗帝國逐漸包含定居文化而擴張疆域後，擴充和多樣化成吉思系王權的意識型態基礎因此變得必要。[212] 而早期伊利汗，在自己藉由求助伊朗概念，來回應此緊急需求到何種程度，以及此舉在多大程度上，其實是反映他們的波斯大臣和歷史學家的想法，仍舊是爭論焦點。[213] 我們可以辯稱，志費尼兄弟與其他穆斯林菁英，為蒙古政權構思嶄新意識型態基礎的努力，應該被視為伊利汗們自我宣傳的一個面向。哈米德拉・穆斯陶菲・加茲溫尼的《心之愉悅》（約成書於 1340 年）中聲稱，阿八哈「熱忱地」（*bā ḥāl*）扛負起蘇萊曼神殿的修復工作，[214] 這顯示，這位伊利汗至少認可與伊朗以往的君主劃上等號的觀念，即使我們假設，壁畫的選擇是純粹是他的波斯大臣的點子。

無論如何，這「計畫」應該不僅被視為對普世哈里發國遭到毀滅的回應，也該視為對統一蒙古帝國分裂的反應——兩個事件在某種程度上都放鬆了伊朗跟更大的、外面世界的連結（儘管伊利汗們直到 1295 年仍繼續從合罕的任命狀得到合法性）。蒙古在遠東的政權本身提供一個對應歷史現象，我們已經指出，在那裡，忽必烈是第一個無法獲得全蒙古境內認可的合罕。無論如何，在最後消滅南宋之後，他也成為第一個在幾乎三世紀以來統治全中國的君王。在汗廷中的中國知識份子影響下，他將蒙古統治奠基在新基礎上，透過儒家傳統擺出中國皇帝的姿態，將他的王朝取名為元（「大哉乾元」）。但在其西藏帝師八思巴喇嘛（'P'ags- pa Lama）薩迦班智達（Sa-skya Paṇḍita）的提議下，他也同樣準備好採納佛教概念，允許自己被描繪為具有智慧的文殊菩薩與普世皇帝（轉輪王，*chakaravartin*）。[215]

穆斯林作者對伊利汗們等同於伊朗的認同顯然在 1295 年後加快腳步；阿茲達利（Azhdarī）的《合贊紀》（*Ghāzān-nāma*）約寫於 1360 年，以菲爾多西的史詩《列王紀》為典範，將合贊的改宗呈現為伊朗歷史上的新時代開端。[216] 我們將在後文中看到，歷史學家志費尼的觀點會得到拉施德丁的更進一步鋪展，後者敘述合贊的異教徒祖先之歷史，並在沒有證據的情況下，堅定地將他們描繪為一神論者。很有可能的是，到了拉施德丁的時代，這類觀念已經對征服者本身發揮影響，並在他們接受伊斯蘭教上扮演一角。

第四部

伊斯蘭化的起點

第十二章

「改宗」伊斯蘭的意義

如果說，在蒙古征服早期，入侵者似乎嚴重地打擊了伊斯蘭教，卻又提供嶄新希望和機會給伊斯蘭教的敵人的話，我們很快就會發現蒙古人的存在絕非沒有正面的影響。即使對朮茲札尼而言，蒙古人是「末日」的預兆，在其歷史著作之中常常詛咒他們，但他仍舊能在對別兒哥的記述的結論中得到安慰，因為別兒哥是當時金帳汗，也是一位伊斯蘭教皈依者。[1]志費尼也間接提及帝國王朝數位親王的改宗；這種模式在蒙古社會的低層階級得到響應，因為他們的追隨者和僕從也擁抱伊斯蘭教，而且志費尼告訴我們，皈依的人數量無法估計。[2]但作者也不會知道，在此後不到一百年之內，伊斯蘭教將會是所有蒙古西亞統治者的宗教。

在我們繼續討論之前，必須指出一些泛論的觀察。德文．德維斯（Devin DeWeese）教授在我們討論宗教皈依時，挑戰我們審視自己隱含的假設，並對史料提出比過去所問更有收穫的問題。[3]他特別將我們的關注導向那些居中傳播伊斯蘭教給蒙古人的人（無論是訪客或當地臣民的代表）；伊斯蘭化的受眾[4]（游牧族群中的平民，以及蒙古統治者）；宗教改變可以感覺到的吸引力（例如，經濟優勢、社會和文化聲望、政治合法性、社會融合，以及獲得與宗教「代理人」有關的專業知識之途徑）；以及宗教改變如何顯現與表達的多樣方式。德維斯提醒我們，伊斯蘭化應該被視為一種「遞增過程，其範圍不斷改變，而非在王室皈依或國家支持之下，一勞永逸獨立完成的步驟」。[5]在其他地方，特別是他的開創性大作《金帳汗國的伊斯蘭化與本土宗教》（*Islamization and Native Religion in the Golden Horde*）裡，德維斯強調統治者皈依的「神話」記載的效用——尤其是月即別的皈依故事，出現於歐特迷失・哈吉相對晚期的記述之中，這是後者在1550年代於花剌子模寫成，並將其獻給朮赤系（阿剌卜沙系，ʿArabshahid）統治者——理由是這個故事闡明此事件是如何被後代所瞭解，因此在伊斯蘭化的過程中標誌一個不可缺少的階段。[6]

一、定義伊斯蘭教的改宗

我們說「改宗」或「採納」伊斯蘭教之時，指的是什麼？在此可引述邁克爾・蘭貝克（Michael Lambek，他在此寫的是不同地理區域的脈絡）：

> 只要「改宗」這個詞意味著「從」什麼「變成」什麼；只要這個詞優先強調自我身分立刻、馬上、單方向的明顯轉變，而非漸漸變化……；只要這個詞優先強調私密的主觀經驗，而非集體的過程；只要這個詞優先強調理性化的「信仰」，而非儀式秩序，那麼，「改宗」這個詞都是有問題的。[7]

幾年前，理查・伯利爾特（Richard Bulliet）教授指出，穆斯林核心領地的早期幾代改宗者——社會上的改宗（social conversion）比起形式上的改宗（formal conversion）更有意義，「牽涉到從一個由宗教界定的社會群體到另一個社會群體的移動」[8]——對十三世紀與十四世紀的蒙古人來說，這種說法需要進一步限定，不過此看法在應用在蒙古人身上時，確實也道出部分事實。這個陳述吻合尼希米亞・列維茲恩教授（Professor Nehemia Levtzion）所創術語「公共或團體改宗」描述的現象。既然如此，「族群團體在自己的環境中採納伊斯蘭教，同時維持他們自己的文化身分認同，幾乎沒有出現和過去傳統決裂的現象，而前伊斯蘭習俗和信仰則繼續倖存」。[9]同理，大衛・帕金（David Parkin）爭論，應該以「接受」（acceptance）取代「改宗」（conversion）這個字眼，理由是「改宗」這個術語「預設從一個到另一個明確定義的宗教的轉變」；反之，「接受」伊斯蘭教「並非意味放棄先前存在的宇宙觀」。[10] 往後幾代人也許仍舊會繼續遵循前伊斯蘭規範。為了說明此點，我們可以指出在第一次十字軍東征（1096-9 年）時的證據，當時塞爾柱突厥人——通常被認為是順尼派伊斯蘭教的堅定擁護者——仍未廢除陪葬品的習俗。[11]

在審視改宗時，我們可能發現自己處理的是宗教實踐的改變，這與信條的改變一樣，甚至更為重要。[12] 的確，超過半世紀以前，亞歷山德羅·鮑薩尼（Alessandro Bausani）便認為，成為穆斯林在很大程度上根本不是內心信念的問題。[13] 當然，忽略這個可以觀察到的事實會十分愚蠢——人們有時會採納一個宗教，確實是因為他們發現自己能同意其某些信條（儘管奉行教義可能一樣發生在改宗後）。無論如何，如同在中世紀基督教脈絡中所指出的那般，歷史學家只能接觸到記載改宗的文本，以及對改宗經驗的詮釋；而經驗本身卻是無法取得的。[14] 德維斯使我們注意到，特別是在內亞社會裡，我們應該可以期待經濟或其他「物質的」動機在接受伊斯蘭教上扮演了某種角色，因為傳統內亞宗教習俗常常與財富和健康事務關係緊密。再者，在注意到歷史學家傾向於將個人改宗（individual conversion）標籤為「名義上的」（nominal）情況下，德維斯論辯說，這種隱含的貶斥在伊斯蘭教的背景中並不適用，這是說當考量到伊斯蘭針對形式規範和外在行為的獨特態度。該強調的是地位的改變，而非心態或信仰的改變，甚至連「名義上的」改宗——比如，為經濟或政治利益所促成——都應該被視為打開真主在信徒內心運作的道路。[15] 將這類改宗一筆勾銷為「半調子」或「不真誠」是徒勞無益的，因為我們沒有立場使我們能夠判斷，接受伊斯蘭教的蒙古統治者是否真心誠意。這類判斷太常被我們對改宗的觀點所斷定——圍繞著深沉的內心改變——而這類觀點的由來多半源於西方基督教的期待和經驗 [16]（無疑地，最終來自保羅的改宗經驗）。羅馬教會在中世紀對基督教新改宗者以及對基督教生活的態度，或許並未如我們以為的，有那麼深刻的差別。無可否認地，教宗力使新改宗者的轉變不要變得太困難，如同尼閣四世（Nicholas IV）在 1291 年的一封寫給未來的伊利汗完者都（在他罕見複雜的宗教歷程中，當時正處於基督徒階段）的信中所示，勸他不要改變衣著或飲食，因為害怕這會激起他人民的反對。[17]

然而，在這個層面上，基督教和伊斯蘭教存有尖銳的差異。在基督教世界裡，精神權威歸屬於聖職——而從十一世紀晚期開始，聖職就越來越臣屬於教宗和以羅馬為中心的逐漸龐大的教會官僚制度。再者，自從十三世紀早期，這些機構就站在宗教裁判所之後，肩負著找出和懲罰異端的責任。我們很容易就會誇大神職人員其權威的侵擾本質，和一般基督徒發現他／她的行為遭仔細審查的程度；但重點是，伊斯蘭教內沒有與之相似的平行機構存在。在伊斯蘭教內要決定什麼是合法，什麼是不合法，則是留待共識（ijmā'），也就是說，在宗教實踐上那是烏理瑪的責任，他們得在該議題上藉由對《古蘭經》和先知聖行（sunna）的詮釋而達成一致意見。[18] 但在許多事務上，烏理瑪——那個鬆散、非正式和遙遠廣泛的學者網絡——傾向於意見紛歧，尤其是自從九世紀以來，就伊斯蘭法律的四個不同學派（*madhāhib*，單數，*madhhab*）的成長而言。換句話說，機構組織缺乏決定性的影響力，難以一致判斷何者為真正伊斯蘭，何者為非。（這不是說任何事都能在伊斯蘭實踐中因達成一致共識而過關。舉如，寡婦再嫁給死去丈夫的兒子就不被伊斯蘭法律所接受；穆斯林女性與不信教者的婚姻也是如此。）

敵對宗教的信徒自然會傾向於貶損穆斯林敵手的傳教手法，並質疑他們所促成的改宗的真誠性。如里克爾多·達·蒙達克羅切（Riccoldo da Montecroce）在 1290 年代所觀察的那般，要變成穆斯林所需要的只須覆頌清真言，即對信仰的宣告。[19] 對里克爾多而言，這解釋了他在伊利汗國傳播基督教教義多年卻未能成功的原因。（他認為）伊斯蘭教是很容易遵循的宗教：不像基督教，它對信徒沒有道德要求，其結果是蒙古人很容易就會被吸引過去。[20]

當然，里克爾多對清真言的看法是對的。但那只是第一步。它還伴隨著某些標誌宗教忠誠改變的明顯舉措。在傳統上，割禮滿足這個角色。巴爾·希伯來的續篇作者宣稱，到了 1295 年，伊利汗國的蒙古民眾已經全部改宗，接受割禮，而米爾札·海達爾·杜格拉特（Mīrzā Ḥaydar Dughlāt）明確地說，東察合台汗禿忽魯帖木兒在 1347-8 ／ 748 年（儘管可能更晚）改宗時，便接受割禮。[21] 但十四世紀早期的一位作者在描述幾位蒙古人由一位較不為人知，名叫伊本·哈瓦利（Ibn al-Hawwārī）的謝赫和傳道士帶領改宗時，並未提到割禮。要不是他的紀錄，我們不會知道這位傳道士（並且偶然地總結，對他而言什麼構成接受伊斯蘭教）。「他們在他的監護下懺悔，」他說，「然後他們開始支付天課（zakāt，則卡特，強制救濟稅）和勤奮地執行他們的禮拜」。[22] 巴爾．希伯來的續篇作者說得彷彿改宗的蒙古百姓在淨禮、齋戒和其他伊斯蘭教實踐上接收到良好指令。[23] 而當拜巴爾．曼蘇里描述，在那海戰敗❶和於 1299 至 1300 ／ 699 年死去後，於欽察草原被俘虜的突厥—蒙古女性後來被奴隸販子賣到馬穆魯克埃及，出於自由意志擁抱伊斯蘭教，她們懷抱熱忱、小心翼翼進行禮拜，而這對他而言就已足夠證明這是真心誠意。[24]

嚴格意義上的遵行教規，當然會在新近的改宗者間有所不同。遵行教規可能簡單意味著多多少少定期出席聚禮清真寺的週五禱告；它也可能更進一步牽涉到私下執行的每日五次禮拜（salawāt；單數，ṣalāt），或持守齋戒，或定期吟誦《古蘭經》經文；或可能全都不包括這些宗教實踐。但重要的是，我們的史料傾向於專注在改宗者的行為（或被期待該做的行為），而非他或她相信的事物（或被要求要相信的）。

他們顯然不太重視改宗者的奇異外表。根據拉施德丁的說法，合贊是在宣告清真言兩年多之後，才在 1297 年 11 月／ 697 年 1 月戴上頭巾。在這段插曲較詳細（因此較花俏）的記載中，瓦薩甫補充說，埃米爾和朝臣奉命採納合乎信仰的適當衣著，任何塔吉克人都被禁止戴蒙古帽（kulāh，庫剌黑），毫無疑問地，他指的是邊緣翻起來的特色帽子（sarāghūch，在高階官員的案例中，邊緣還有毛皮）。[25] 關於那十二萬宣稱追隨禿忽魯帖木兒擁抱伊斯蘭教的察合台蒙古人，史料告訴我們，他們「剃髮成為穆斯林」。[26] 在他的孫子察合台汗馬哈麻（約卒於 1416 年）治下，據說任何拒絕戴頭巾的蒙古人會被用釘子釘穿腦袋。[27] 就在禿忽魯帖木兒登基前幾年，傳說金帳汗札尼別命令他的軍隊戴頭巾（'amā'im）和穿外袍（farajiyyāt）。[28] 根據薩法迪的說法，他的父親月即別停止戴蒙古傳統帽子，sarāqūj（sarāghūch），以及進行任何傳統習俗。[29] 顯然在每個例子中牽涉到的是拋棄蒙古衣著和獨特的蒙

❶ 註：那海於1299年在第聶伯河附近與脫脫再度開戰，戰敗後被俄羅斯士兵追殺而死。

古髮型，而如同我們已經討論過的，在帝國初期，某些帝國子民被迫採納這些蒙古習俗。它用來標誌從一個社群轉換到另一個社群——或者說，參與兩個相互重疊的社群，因為進入第二個社群絕不會取代第一個的成員身分。

二、選擇伊斯蘭

為什麼是伊斯蘭教？穆斯林在伊朗和伊拉克的伊利子民中占絕大多數。在欽察與察合台汗國，就文化和經濟層面來說，最先進的地區都是由穆斯林主宰：花剌子模和保加爾是一個例子，河中地區則是另一個例子。在更廣泛的背景下，十三世紀的蒙古人可能認為穆斯林擁有他們本身極為珍視的一系列技能——不管是貿易與財政專業、行政才能與經驗、醫學，還有通往神祕事物的管道。而對蒙古人而言，特別吸引人的是占星術。魯布魯克在和英國方濟會修道士羅傑·培根於巴黎碰面時告訴他，如果自己懂一點占星術的話，蒙古人可能會更熱烈歡迎他，但由於他對天文學的無知，蒙古人遂鄙視他。[30] 旭烈兀在篾剌合成立天文學團隊，大部分成員是穆斯林，他可能對他們的活動有強烈興趣。或者，我們也可以想到醫療。十二世紀的地理學家蓋納提（al-Gharnaṭī）傳下來的一個記載，很有可能是衍生自當地傳統，這記載將保加爾的統治者的改宗歸因於一位穆斯林，這位穆斯林治癒統治者和他的妻子[31]，這項事實提醒我們，草原社會是多麼珍視醫療技能。誠然，在蒙古治下的亞洲，基督徒和猶太人也有許多不可或缺的技能（尤其是醫學），並且在許多案例中，他們也在蒙古征服者處獲得雇用；但在此的簡單事實是穆斯林的人數遠遠超過他們。

穆斯林與貿易的關係特別密切，而蒙古人就像早期的草原勢力，非常重視這一點。我們該記得早在 1203 年，鐵木真在遙遠的蒙古的隨行人員中，就有兩位穆斯林商人，哈桑和賈法爾，而對成吉思系諸汗而言，扶持貿易是重要優先事項。有證據顯示，商人在回鶻汗於八世紀改宗摩尼教上扮演要角；[32] 最近有學者爭論，伏爾加的保加爾人會在十世紀早期採納伊斯蘭教不是——如迄今為止有些學者所認為的那般——對其可薩（Khazar）宗主的猶太教的反動，而是為了與其在花剌子模和薩曼王朝河中地區的主要商業夥伴改善貿易條件。[33] 想要辨識出蒙古時代王室改宗伊斯蘭教的消息對商業利益的衝擊，我們只需要提及魯布魯克的這項報告，他說，從安納托利亞或伊朗到拔都汗廷的穆斯林，在半路去別兒哥的營地時會帶著禮物，[34] 或我們該想到伊本・法德拉・烏瑪里的話，他說，穆斯林改宗者答兒麻失里登基為察合台兀魯思汗此事，引發大批穆斯林商人從馬穆魯克埃及和敘利亞，在1330年代湧入河中地區。

因此，我們很容易就會據此推斷，在最西邊的三個成吉思系國家的蒙古人採納信仰是無法避免的事。但我們需要謹記，在擁抱普世信仰之一時，早期草原君主有時是由於非常不同的考量。可薩「國王」在九世紀中期會皈依猶太教，可能是以此作為一種手段，意圖削減來自強大南方鄰國的宗教影響力，包含基督教拜占庭人，以及和阿拔斯哈里發國的穆斯林；回鶻汗在762年採納摩尼教也許是確立其人民的文化獨立於唐朝中國，以及使他們與西方葛邏祿敵人保持分離的手段。[35] 換句話說，對這兩位君主而言，改宗的選擇是在考量到在敵意鄰國或他們子民之中的重要族群的影響下，保留獨特認同的一種手段。有學者曾提議，在西北亞（十三世紀中期穆斯林在此絕對不是絕大多數），金帳汗別兒哥採納伊斯蘭教的動機之一是，在他自己的兀魯思和他不認可的忽必烈合罕其兀魯思間，「劃清界線」。[36] 有鑑於別兒哥在很早就採納伊斯蘭教的證據，這論點令人難以置信。[37] 但是，確實可能就是想與其大多數中國子民保持距離的渴望，使得忽必烈特別決定不去挑選本土中國佛教，而採納西藏密宗佛教；[38] 而旭烈兀和他的繼任者對藏傳佛教的明顯依附可能顯示，早期伊利汗也是為相似的動機所引導。不過，西亞成吉思系諸汗採納穆斯林多數的宗教信仰與實踐，不必然是向這類衝動屈服。反之，現實政治可能主宰了向一個完全不同方向的移動。

三、蒙古傳統和改變信仰的修辭

1323年，一位在卡法的方濟會傳教士寫信給他在西歐的上司：

儘管身為異教徒，他們重視堅定不移——所有人都應該維持他們父母過去所恪守的教派——他們視放棄它為缺乏節操，無論是基督教或其他教皆然。[39]

這位作者顯然對他文字的內在矛盾渾然不查（那麼，是什麼讓父母採納其祖先沒有相信的宗教實踐？）。他的聲言也無法與伊利汗完者都的多重宗教忠誠達成一致，後者曾依次是佛教徒、基督徒、順尼派穆斯林和什葉派十二伊瑪目派穆斯林。當然，修士心裡想到的僅是蒙古人對其祖先的宇宙學信仰和教派實踐的已知遵循。但我們在另一位方濟會修士的信中找到模糊的相應觀察，書信寫成於1320年，修士當時在東歐平原東部巴什基利亞（Bashkiria）活動。據說，此地的本地統治者「感染了撒拉森人的錯誤」，宣稱說，如果修士們有早點抵達，他會成為基督徒，但親王們若已採納一種宗教，然後又輕易改宗，那是種恥辱。[40] 這是種方便的推托之詞，我們可以（困難地）想像現代屋主可能會將其拿來做雇用任何仲介的外交手腕。但它可以告訴我們蒙古人的態度的蛛絲馬跡。

史料沒有給我們用來贏得蒙古統治者的論點的直接證據，只有一個例外。這個例外就是完者都罕見地改宗什葉派。同時代的正統作者和後來的什葉派作者兩方都曾清楚表述，在此，相關於此事實的一個有力論辯是，在什葉派眼中，伊瑪目職位完全屬於先知的直系子孫，而660／40年的順尼派則滿足於遴選第五位哈里發穆阿維亞（Mu'āwiya，伍麥亞王朝的第一位），後者僅是先知部落的一位成員，而阿拔斯王朝（在750／132年取代伍麥亞）則不是源自穆罕默德，而是先知的叔父的後裔。考量到君權的唯一資格是成吉思汗的後裔此點，什葉派可以宣稱，他們的忠誠可做此項類比，而順尼派則選擇將忠誠給予僅等同於那顏的人物。卡尚尼告訴我們，在完者都面前舉行的一場公開辯論中，埃米爾塔剌塔茲（Taramtaz）點出這個雷同點。[41] 這類在什葉派處理合贊時已經使用過的邏輯，啟發他對先知家族（ahl al-bayt）❷忠心耿耿，也是他在每個主要城市內建造聖裔之家（dār al-sādāt, house for sayyids）的政策根源。[42]

---

❷ 註：ahl al-bayt一詞意指先知的家族成員，此處作者強調的是有先知血緣的後代。

在其他例子裡，當所能選擇的伊斯蘭教是順尼派時，我們則所知不多。有鑑於上文引述的方濟會修士所言，我們可以推論，那些尋求將信仰引介給游牧民族的人，會強調其信仰的本質與教義和現行草原社會概念的一致性。一個可能的權宜之計是將蒙古人描述為已經處在接納真實信仰邊緣的一神論者。伊本・巴圖塔的見證宣稱，謝赫巴德爾丁・曼丹尼（Shaykh Badr al- Dīn Mandānī）取悅察合台的怯別，說《古蘭經》中曾提到汗的名字，此事可能代表此策略的扭曲呈現。[43] 我們注意到志費尼如何努力在其史書中塑造蒙古征服者作為成熟到準備皈依的一神論者的形象；而來自元朝帝國的史料則有此相同觀點的驚人迴響，當時是 1280 年代的中國，是取締穆斯林宰殺儀式與割禮的時代。根據拉施德丁所言，據說忽必烈在得知一段《古蘭經》經文規定等著多神教者的是死亡時，發佈敕令處決一位穆斯林神學家。法官哈米德丁・薩比克・撒馬爾罕迪（Ḥamīd al-Dīn Sābiq Samarqandī）巧妙地化解此一危機：「您不是多神教者，」他向憤怒的合罕保證，「因為您在您的札里黑開頭寫了神（khudā，胡大）的名字。」[44] 這個脈絡自然與勸誘改宗非常遙遠（當然，那位法官是在極大壓力下說了妥協性的話語）。但它暗示穆斯林學者對志費尼於二十年左右前採納的邏輯覺得自在。我們將在第十三章中看到，拉施德丁的史書將合贊的祖先描繪為堅定的一神論者。

我們應該順便指出，草原民族擁抱伊斯蘭信仰需要克服的巨大障礙。一個難題是穆斯林的淨禮，其牽涉到違逆不得在活水中盥洗的禁忌。早在第十世紀，伊本・法德蘭（Ibn Faḍlān）就已經觀察到，異教徒突厥人強加罰金在施行淨禮的穆斯林商人訪客上，因此貿易商只要是在草原上，就會停止這個實踐。[45] 考慮到蒙古人對草原傳統的感情，蒙古人可能也必須考慮到反對意見。當然，我們不知道的是，擁有伊斯蘭信仰的人是否低調處理這類要求。另一個傳統也與伊斯蘭做法相左，蒙古諸汗通常埋葬在祕密和神聖的地區（*qoruq*），伊斯蘭統治者的墳墓上興建陵寢，也許會外加一個蘇菲集會所（khānaqāh）。[46] 再次地，穆斯林聖人的聖墓崇拜——在十三世紀晚期已經是宗教實踐的重要元素，在伊斯蘭世界的大都會和周邊地區皆然——也難以與反對和死者墳墓的所有物接觸的強烈禁忌相互妥協。

儘管如此，對於基於概念的相似性，而導致伊斯蘭最終在西亞勝出的說法，我們應該抱持懷疑。臣服的概念——伊斯蘭（islām）此術語的基本意義——對蒙古的政治思想而言絕不陌生。如羅依果（Igor de Rachewiltz）所指出的，將所有其他民族對蒙古人的臣服（本身是蒙古人個人對天臣服的延伸），與所有人類對唯一神的臣服相類比，這種類比應該會對那些已經建立普世帝國的人有強力吸引力。[47] 這值得更進一步地探討，儘管它的確對伊斯蘭教為何不能在元朝領土內得到重大進展因而失敗提出解釋。

如果我們想瞭解伊斯蘭教在西亞以及佛教在東亞的個別勝利的話，就得提出最後一個論點。如同我在別處申論過的，那份勝利也許是因為這兩個信仰都與其他信仰有獨特的關係。一個約於 1290 年寫成的佛教記載說，蒙哥聲稱，佛教對其他宗教而言就像手掌對手指的關係，這對合罕本身的情感透露得不多，但卻點出佛教徒尋求描述佛法（dharma）的方式。佛教和伊斯蘭教以自己的方式宣稱能包容競爭者：伊斯蘭教是作為比猶太教或基督教更晚近、更完整的啟示之代表；佛教則是其他宗教傳統（特別是道教）的原初典範。[48]

四、改宗的順序：從統治者還是平民開始？

一位蒙古汗接納伊斯蘭教的記載——比如，馬穆魯克王朝作者所提供的別兒哥——輕而易舉給人他會立即被其大部分的蒙古子民模仿的印象。[49] 但德維斯正確主張，我們應該拋棄史料偏好的「從上至下」的熟悉模式，對下列事實保持警覺，那就是，王室改宗者也許往往至少是跟隨許多蒙古埃米爾和大多數蒙古軍隊的腳步，後兩者則提供王室追隨的範例。[50] 在這種情況下，統治者的皈依較不是標誌著內心的重新取向（儘管不能完全排除掉這點），而多半是使出讓自己符合大多數子民信仰的公開決策，以利用和控制子民的忠誠。

使伊斯蘭教的傳播，在普通蒙古人之間變得容易的是——例如在部分中國所達到的（合罕在該處則從未改宗伊斯蘭教）——蒙古征服者主導的穆斯林流散。在本章開端的一個段落裡我們曾暗示，志費尼曾更進一步評論，伊斯蘭教正滲透進從前其無法遍及的地區。[51] 在某個程度上，這個現象和河中地區及伊朗被征服的穆斯林百姓間，那些遭到強迫驅逐出境的技術工匠有關。即使在大肆屠殺的那些城市裡，蒙古人仍舊饒技工和工匠一命，將他們轉送到其他地區，在某些案例裡，甚至遠至蒙古原鄉和中國北部。朮茲札尼在讚揚窩闊台偏寵穆斯林時提到，窩闊台在唐兀惕、中國與（他這樣說）西藏興建清真寺，以及任命穆斯林指揮官鎮守東部據點。[52] 到那時，穆斯林軍隊也被指派橫越廣大的地域，為蒙古服務。朮茲札尼對 1241-2 年間的攻擊東歐有簡短描述，揭露穆斯林在侵略部隊裡，數目大到拔都得在穆希（Mohi）戰勝匈牙利人時 ❸，要求他們舉行勝利禮拜。[53]

在地方層面上，於遙遠地區將穆斯林移入，使穆斯林和不信道者間的社會和經濟關連誕生。然而，蒙古人作為衛戍部隊（探馬赤軍）在大片地區的分散廣佈——那是說，就我們上文討論的永久狀態而言——也是意義重大。在許多地區，他們一定構成少數族群，和徵召入成吉思汗王朝部隊的穆斯林軍隊並肩合作。而這些穆斯林在很大比例上是突厥人，因此在文化和生活方式上，與蒙古人本身不會相去太遠。[54] 此外，蒙古埃米爾和他們的軍隊可能常駐紮在相對靠近定居穆斯林社群之處，如同 1320 年代的河中地區。[55]

志費尼給我們蒙古人廣泛改宗伊斯蘭教的印象，這在從基督教西方遠來帝國拜訪的近乎同代人訪客那得到佐證。1248 年，道明會修士聖康坦的西蒙最近是教宗使節團的一員，被派遣去晉見在南高加索地區的蒙古將領拜住，他評論說，伊斯蘭教在蒙古軍隊裡傳播得很快。他也注意到，蒙古政權准許每種宗教實踐，只要遵守所有方面的服從。因此，伊斯蘭信條每天在軍隊中都能聽到五次覆誦，而穆斯林費盡心力將士兵從他們自己「沒有信仰的」宗教那邊贏過來（儘管他沒有告訴我們，例如說，相對於本土基督教輔助部隊，新皈依者是否主要是蒙古人）。[56]

我們必須考慮到被遷離家鄉到遙遠異地的經驗，會讓蒙古軍隊成員和自小長大的草原社會環境的關係鬆動（即使絕對不會全然消失）；遷徙會破壞他們對祖先傳統的遵循，使他們易於接受新的社會—宗教影響。伊本．夏達德（Ibn

❸ 註：1241年，拔都在第薩河戰勝由貝拉四世率領的匈牙利王國軍隊。

Shaddād）描述的一個插曲無疑與此相關。他說，在 1276-7 ／ 675 年，兩位蒙古將領索格台（Sögetei）和賈爾赤（Ja'urchi）兄弟從安納托利亞抵達馬穆魯克的大馬士革。他們是穆斯林，但他們的另一個兄弟是不信道者（*kāfir*），要求他們分享財富，因為兩位兄弟在城鎮享受安逸生活，而他和他的部隊卻得到處征戰；他們照辦，但後來在佩瓦內穆爾因丁的建議下，他們殺了那位不信道者兄弟，逃去敘利亞，以躲避伊利汗的報復。[57] 從此描寫可以推論，都會生活將索格台和賈爾赤帶進伊斯蘭教。

換句話說，在某種程度上，伊斯蘭化是更廣闊的文化同化過程裡的一部分。馬穆魯克作者烏瑪里評論說，東歐—裏海草原的蒙古人在被欽察人同化時，就是經歷這類過程。[58] 他也提到蒙古與波斯家族之間在伊朗的通婚和社會互動。但這是否可以回溯到合贊改宗之前，我們則不得而知。合贊禁止塔吉克穆斯林戴傳統蒙古帽的敕令——顯示某些人已經這麼做——提醒我們，文化同化可以雙向運作。但在幾十年前，朮茲札尼就有寫到蒙古人與更東方的穆斯林之間通婚，據稱這是完者都的命令，而瓦薩甫則聲稱，克爾曼的朱兒馬部（Jurma'ī）蒙古人在 1278-9 ／ 677 年前就已經和當地百姓通婚。[59] 我們可以合理推斷，伊斯蘭教的散播在伊利汗國蒙古士兵間遇到的障礙，要少於隔離在帝國汗廷內的蒙古貴族之間（儘管季節遷徙讓汗廷與都會生活產生更緊密的接觸），而通婚現象，比如在安納托利亞，就比在西南亞的其他地方開始得更早。[60] 在拉施德丁筆下的合贊曾宣稱，大部分在伊朗的蒙古士兵都渴望成為地主和從事農耕，這顯示到了 1300 年，文化同化進展深入；[61] 儘管哈米德拉·穆斯陶菲只提到少許蒙古族群在地方上進行栽種的案例。[62]

同理，我們可以預期在抱持更傳統思想的人們之間，會對伊斯蘭化百般抗拒，並將其等同於放棄歷史悠久的草原習俗。學者曾不只一次指出，在數個層面上，蒙古人於採納其穆斯林臣民的文化時驚人地緩慢。約翰·梅森·史密斯（John Masson Smith）爭論，合贊在軍隊中分配伊克塔（*iqtā*）的目的不是為了農業而拒絕游牧生活，而是為軍事行動孕育更大、更強壯的座騎[63]——這目標無疑地可穩固對軍事領導的支持。但是，考量到伊克塔這個術語在《史集》以外的史料（以及在領受人並非穆斯林附庸君主或馬穆魯克軍官難民的案例中）相對稀罕，魯汶·阿米泰（Leuven Amitai）指出，合贊的措施不過是一紙空話。[64]

讓我們從金帳汗國開始，大略審視伊斯蘭在三個西方汗國內的進展。聖康坦的西蒙的直接經驗僅限於拜住整體指揮下的蒙古人，以及拔都的威權遍及拜住與其軍隊的近期擴展，這事實顯示，伊斯蘭教在金帳汗國的有效治權的影響力可及之地，曾取得快速進展。如此一來，歐特迷失·哈吉（Ötemish Ḥājjī）相對晚期的記載就不讓人驚訝，他的記載保留了別兒哥在穆斯林軍隊支持迅速高漲的情況下取得汗位，與前面所提之事遙相呼應。[65] 在聖康坦的西蒙於十五年左右內的拜訪中，他筆下出現對這份景象的驚人確認。根據一封別兒哥在 1262-3 ／ 661 年寫給埃及蘇丹的信，後來由馬穆魯克作者拜巴爾·曼蘇里（Baybars al- Manṣūrī）引述，從朮赤兀魯思來的幾位蒙古指揮官，以及他們軍隊的士兵接納了伊斯蘭教。他們不單包括「派遣去呼羅珊（可能是奉忽里的命令）的土綿」，此外還有「所有那些與拜住一同出征的軍隊」。[66] 如同額勒只吉歹（Eljigidei）的基督教使團在 1248 年向路易九世保證的那般，拜住的軍師是「撒拉森人」的事實可能和此有些關連。[67] 根據埃及作者努瓦依里的說法，拜住要求以穆斯林方式淨身和下葬。[68] 在穆斯林印度寫作的作者報導 1260 年代蒙古難民的湧入——我們也必須假設，上文提到從呼羅珊來的土綿中包含的前朮赤士兵，現在展開逃亡，以免遭到旭烈兀大軍的屠殺。他們被描述為「新穆斯林」（naw-musulmaānān），但我們不能確定，他們是否在抵達印度前就擁抱伊斯蘭教信仰，[69] 因為之前在察合台親王阿卜杜拉麾下的一群聶古迭兒部蒙古埃米爾，在幾乎三十年後，也就是 1292 ／ 691 年帶領他們的軍隊為德里蘇丹效力，據說他們在那個關頭說了清真言，這可能是提供庇護的先決條件。[70]

就像朮赤的兀魯思，察合台汗國也缺乏本土敘事史料（除了合乎資格的賈瑪勒·卡爾希到十四世紀早期是個例外）。從他們的名字判斷（這絕不是判斷宗教忠誠的可靠指引），幾位窩闊台系和察合台系親王在十四世紀初期已經是穆斯林。[71] 再一個世代後，哈米德拉·穆斯陶菲聽說答兒麻失里的大部分子民（qawm，這一定是指游牧人口）仿效他成為穆斯林。[72] 但烏瑪里確認，在汗命令他們信仰伊斯蘭前，埃米爾和軍隊中就已經有穆斯林，[73]而在專門術語的基礎上，約翰・伍德斯（John Woods）教授和彭曉燕（Michal Biran）教授都曾指出，到了答兒麻失里時期，蒙古菁英內已有強烈的穆斯林傾向。[74]即使是在兀魯思的東部土地，比起在西半部的蒙古人之間，伊斯蘭教信仰的進展較少，但據稱，禿忽魯帖木兒的採納伊斯蘭教，為十二萬名蒙古人所仿效。米爾札・海達爾・杜格拉特則告訴我們，他自己部族的首領，禿豁剌惕（Dughlāt）埃米爾土雷克（Tülek）在禿忽魯帖木兒改宗三年前，就已祕密擁抱伊斯蘭教。[75]

伊利汗國則有更充足的證據，在此，蒙古人的廣泛改宗幾乎確定是發生在伊利汗合贊採納伊斯蘭教之前。我們在此再次必須謹記文化同化的狀況。合贊的父親阿魯渾是第一位出生在伊朗（根據拉施德丁的說法，他出生於 1261／660 年，地點在靠近阿闌的巴伊拉甘）的伊利汗，而不是在亞洲草原東部，[76]而到了 1295 年，蒙古軍隊已經居住在伊朗將近四十個年頭。拉施德丁敘述合贊不僅讓所有埃米爾改宗，也促使整個軍隊成為穆斯林，跟隨他自己的改宗，據瓦薩甫所言，有超過二十萬的「頑固多神論者」（*mushrik-i mutamarrid*）——應該是指蒙古人——在一天內擁抱伊斯蘭教。[77]儘管如此，這些聲明起碼是嚴重誤導。就在這個時間左右寫作的巴爾・希伯來的續篇作者告訴我們，伊朗境內的所有蒙古人都已經變成穆斯林——這觀點呼應（也許是在 1295 年前）里科爾多・達・蒙特克羅奇（Riccoldo da Montecroce）的說法。[78]就算這類宣稱是誇大其詞，他們仍舊正確地修正合贊的歷史學家們之證詞。在仔細審視馬穆魯克和伊利史料後，查爾斯・梅爾維爾教授的研究顯示，合贊皈依的背後動機之一是，在其敵手拜都的支持者，以及他自己軍隊的士兵之間已有大量蒙古穆斯林存在。[79]我們因此可以合理假設，拜都本人在登基時，很快就宣布伊斯蘭教的瓦合甫應該保留其免稅地位，而根據斯捷潘諾斯・奧爾別良的說法，他改宗伊斯蘭教僅是為了促使其軍隊指揮官在類似動機下起而效法。[80]

這些都不是要否認在士兵中的伊斯蘭化過程既緩慢，又斷斷續續。直到完者都的統治期間，我們看到似乎對新信仰教條驚人無知的現象。在完者都面前的那場穆斯林敵對學派間的爭論後，據稱蒙古將軍忽都魯・沙赫對採納伊斯蘭教提出抗議，並嘲笑允許與女兒或姊妹結婚的穆斯林派系。而他的攻擊不只一次被當作對伊斯蘭教深刻認知錯誤的表徵。[81] 我們可以理解，他可能把對祆教允許血親結婚（consanguineous marriage）的模糊認識，錯誤的套用在穆斯林身上。[82] 當然，或者他也許只是單純想嘲諷他不贊成的社會習俗。（值得注意的是，伊利蒙古的大敵、順尼派神學家和法學家伊本・泰米葉，在指控一位敵手宣稱亂倫合法時，就是確切訴諸這個策略。）[83] 在這個例子中，忽都魯・沙赫想的可能是——並錯誤地表達——內婚制（endogamy，按：此處應指穆斯林行「教內婚」），而蒙古人傳統上對此不表贊同，忽必烈便曾在 1280 年暫時禁止中國的穆斯林這樣做。[84] 還值得注意的是，忽都魯・沙赫是基於伊斯蘭教是個老（*kuhna*）宗教以及其分成幾個派系（*qism*）相互傾軋而反對它——這對於那些相信蒙古人的勝利全是靠團結的人而言，顯然是種冒犯和大忌。

五、訴求邊界外的穆斯林

王室皈依者也許並不單純意識到他們自己蒙古子民間穆斯林的存在；他們或許也尋求外在的穆斯林支持者。最顯著的例子是，伊利汗合贊採納伊斯蘭王（*Pādishā-i Islām*）的頭銜，此舉無異宣稱他必須在伊斯蘭世界的領導權上勝過馬穆魯克敵人（以及他們的傀儡阿拔斯哈里發）。[86] 同理，那海的兒子恰卡（Cheke）在 1296-7 ／ 696 年於朮赤兀魯思西半部採納「蘇丹」頭銜，[87] 此舉就是用來贏得他父親的敵人，脫脫汗（Toqto'a）的穆斯林士兵的心。

另外兩個金帳汗國的例子特別引人省思。在別兒哥的例子裡，我們對宗教接納和國外政策的激進轉變之間的一致性，感到震驚——這牽涉到與國外勢力的重新修復，其直接針對的是一位蒙古親族。從 1262 ／ 660 年起，別兒哥就尋求就他們共同敵人伊利汗國上，和埃及及敘利亞的馬穆魯克王朝達成和解。在這些外交交流中，他讓下列事實變得舉足輕重，那就是，旭烈兀曾殺害阿拔斯哈里發穆斯台綏木。然而，我們該指出的是，他反對的理由之一是，旭烈兀違背「札撒」，他要不是扣留伊拉克的戰利品，沒有和別兒哥分享，就是沒有在事前諮詢過他的親族（*'aaqa and ini'*），[88] 這顯示別兒哥在結合伊斯蘭教和遵循蒙古法律上沒看到任何矛盾。我們上文已經探討過，別兒哥花了三年才對哈里發之死有所反應，因此這點在爭論中只可能是次要因素。事實上，也許 1262 年發生的事是一位蒙古君主在情況改變之時，利用共享的宗教忠誠來處理國外勢力，是個可行之舉；無論如何，他或許都會將拜巴爾看成其下屬。相對的是，旭烈兀在 1262 年打開與天主教西方的接觸，並在某種程度上，以基督教語言傳達他的訊息，藉此也重申了本身世界統治權的傳統威望。[89] 然而，這並不是要否認，別兒哥對伊斯蘭教的承諾似乎比旭烈兀對基督教的任何傾向都要來得強烈。

下一位穆斯林汗，脫脫蒙哥的類似行徑則不太受到史學家注意。馬穆魯克蘇丹派遣到欽察草原的使者的信於 1282 年六到 7 月／681 年 3 月抵達埃及，帶來忙哥帖木兒的死訊（1280 年 7 月／679 年 3 月），以及新汗登基（1281 年 8-9 月／680 年 5 月）的消息。儘管如此，重要的是，在此階段沒有任何提及脫脫蒙哥是穆斯林之事。[90] 汗只在數個月後向納希爾．穆罕默德蘇丹宣布他的皈依。1283 年 8-9 月／682 年 6 月，一個包含從欽察來的兩位法學家（*fuqahā'*）的使團抵達時，他聲稱建立了伊斯蘭的法律（*sharā'i'*），並要嘉拉溫替他取個穆斯林名字，還要求蘇丹和其在埃及的傀儡阿拔斯哈里發兩人授其軍旗，在此之下他會對信仰的敵人宣戰。[91] 在這兩件事的空檔間，伊利汗阿八哈的死亡（1282 年 4 月 1 日／680 年 12 月 20 日）和穆斯林貼古迭兒．阿赫邁德的登基（1282 年 6 月 21 日／681 年 3 月 13 日），當然意義重大。新的伊利汗（如同他在 1282 年 6 月／682 年 3 月給嘉拉溫的信中所保證的）通知朮赤系他的改宗，[92] 並在嶄新基礎上，展開與開羅的交涉。貼古迭兒．阿赫邁德的無效嘗試，以及他統治的不穩定性，在脫脫蒙哥宣布信仰伊斯蘭教時，的確尚不明顯。在決定採納伊斯蘭教上——或至少在與嘉拉溫溝通此決定時——可以想像，脫脫蒙哥是在找尋勝過伊朗蒙古人的手段，免得新伊利汗取得外交成功。此外，脫脫蒙哥也可能有考慮到西北伊朗那些地區的大多數穆斯林人口，何況朮赤系對此地素有覬覦之心。對拔都兀魯思的汗而言，在貼古迭兒．阿赫邁德登基之後，宣布他的伊斯蘭信仰會沖淡這些穆斯林更容易與伊利統治達成和解的危險，而朮赤系出兵征服的可能性，相較之下則沒那麼緊要。

蒙古統治者跟隨其領地內普通蒙古人的腳步，或更進一步，感覺到有爭取外國穆斯林好感的需要此點，並非要將王室皈依單純訴諸於投機行徑。但投機主義確實提供了決定採納大多數子民信仰的可能脈絡。另一條脈絡則是與各類穆斯林的社會交流，我們接下來就要討論這點。

六、促進改宗的催化劑

我們當然無法排除蒙古軍隊內的改宗者在他們的君王改宗上扮演更直接角色的可能性。我們知之甚詳的、接受伊斯蘭教的蒙古汗確實是如此。合贊接受伊斯蘭教大多要歸諸於他的主要追隨者的介入，這些追隨者包含先前的反叛者那顏涅孚魯思，後者是阿兒渾阿合之子，也是一位穆斯林，此外還是合贊嬸嬸的丈夫。根據瓦薩甫的說法，1295／694 年，當涅孚魯思歸順，兩人達成和解時，他曾約定自己所保證的終身降服，而合贊做出最強烈的誓言，即成為穆斯林以及竭盡全力提倡伊斯蘭法律以做為回報；合贊也確實遵守了諾言。[92] 我們很幸運地擁有合贊於 1295 年 6 月 17 日／694 年 8 月 2 日正式皈依伊斯蘭教的記載，這儀式由謝赫薩德爾丁・易卜拉欣・哈穆瓦儀（Shaykh Ṣadr al-Dīn Ibrāhīm Ḥamuwayī）主持，他在場引導新伊利汗覆頌清真言。他告訴我們，合贊在儀式前提到他先前要擁抱伊斯蘭教的承諾。[94] 捏兀魯思似乎在之後繼續每早晉見合贊，並指導他《古蘭經》的教義。[95]

「宗教階級」在引導蒙古諸汗、他們的親族和追隨者改信伊斯蘭教上扮演了什麼角色？我們上文探討過，在蒙古人統治之前的草原，突厥人的伊斯蘭化曾經被歸諸於穆斯林聖者，他們往往是蘇菲行者或謝赫，但這個論點基礎並不恰當。然而，他們在蒙古人改宗上所扮演的角色有更為重大和具體的證據，儘管散見在各種史料中，通常也以很隱晦的方式表達。比如，薩德爾丁的父親，謝赫薩阿德丁・穆罕默德・哈穆瓦儀（Shaykh Saʿd al- Dīn Muḥammad Ḥamuwayī 卒於 1253-4／651 年）的功勞就是引導占據伊朗北部的蒙古人皈依。[96] 阿米泰引述過一個蘇菲教長的例子，後者在十三世紀稍後得到一位蒙古追隨者。[97] 百科全書作者伊本・法德拉・烏瑪里為定期與朮赤兀魯思接觸的宮廷之中寫作，得知別兒哥在成年時於布哈拉接納伊斯蘭教，這由著名的謝赫薩義夫丁・巴哈爾濟（Shaykh Sayf al-Dīn Bākharzī）一手促成，當時別兒哥正從蒙哥在 1251-2 ／ 649 年的登基大典中返回；賈瑪勒・卡爾希（Jamāl al- Qarshī）確認拜訪布哈拉的歷史真實性。[98] 儘管我們沒有脫脫蒙哥如何接納伊斯蘭教的資料，但馬穆魯克史料則一致贊同，當他在 1287 年退位時，是為了將剩餘人生花在與蘇菲教長共度。[99]

相關於那些傳授伊斯蘭皈依渴望以及知識給改宗察合台系諸汗的個人，我們僅有很稀少的資料。伊本・巴圖塔寫了一個小軼事，根據故事判斷，謝赫巴德爾丁・曼丹尼（Badr al- Dīn Mandānī）顯然和怯別非常友好。[100] 在幾乎一代前寫作的卡尚尼說，怯別的遠親和敵手牙撒兀兒透過巴德爾丁，而接受了伊斯蘭教，並將說服牙撒兀兒不要在 1316 ／ 716 年掠劫忽氈和布哈拉的功勞歸於巴德爾丁・曼丹尼，而這是巴德爾丁・曼丹尼從察合台汗國一路逃進呼羅珊前的事。[101] 以牙撒兀兒在河中地區的封地靠近撒馬爾罕這事實來看，他非常可能是在那裡皈依伊斯蘭教。顯然，謝赫巴德爾丁・曼丹尼在河中地區有某種地位與影響力；但他是否在怯別的兄弟與最終繼任者答兒麻失里的改宗上發揮作用，我們則不得而知。烏瑪里寫道，「那個國家中學識豐富的伊瑪目與敬畏真主的謝赫」支持答兒麻失里在軍隊中灌輸伊斯蘭的努力，並利用他們的服從來迅速在他們之間傳教。[102] 伊本・巴圖塔將答兒麻失里與兩位穆斯林老師連結起來：他描述謝赫哈桑（Shaykh Ḥasan）是汗的姻親，但其他史料卻沒提到此人，還有訛答剌的一位謝赫胡撒姆丁・雅格依（Shaykh Ḥusām al-Dīn Yāghī），他本人因拒絕接受答兒麻失里提供的禮物或官職，甚至在答兒麻失里於週五禱告遲到時訓斥他，而博得名聲；[103] 儘管如此，我們得順便指出，汗的皈依伊斯蘭教都沒有歸功於這兩人。

在米爾札・海達爾・杜格拉特的敘事中，禿忽魯帖木兒透過謝赫阿爾沙德丁（Arshad al-Dīn）接納伊斯蘭教，後者是謝赫賈瑪勒丁（Jamāl al- Dīn）的兒子。這位父親在一場稍早於阿克蘇地區的碰面時，給他留下深刻印象，並得到汗的承諾，說在他們下一次相遇時，汗會接納伊斯蘭教，但父親卻在這之間死去，因此以遺言交代阿爾沙德丁引導禿忽魯帖木兒皈依的任務。[104] 米爾札·海達爾說此故事的消息來源可靠，那人是賈瑪勒的後代，叫做毛拉納·火者·阿赫邁德（Mawlānā Khwāja Aḥmad），儘管作者承認，同代蒙古人對其中任何細節都未曾聽聞。[105]

然而，在改宗過程中，蘇菲教長的作用卻不乏證據。但是「蘇菲行者」（sufi）和「謝赫」（shaykh）這兩個術語含意多樣，光譜寬廣，包含各類個人。[106] 一方面指「受人尊敬的」人物，他們與穆斯林菁英圈走得很近，而且能與之來往。學者也被歸類為神祕主義者或禁欲主義者絕非不常見之事，就像富瓦惕尊稱那些列入「傑出蘇菲行者與高級烏理瑪」的人，或上文提到的雅格依，他們被描述為法學家（*faqīh*）兼禁欲者（*zāhid*）。[107] 在另一個極端則有苦行者（法基爾，複數 *fuqarā'*；單數 *faqīr*），往往被稱做卡蘭達爾（*qalandars*），他們揚棄世俗，穿上古怪（或說是很少）的衣著，與巡迴、貧窮、自我苦修（self-mortification）以及社會越軌息息相關。他們常常無視伊斯蘭法，沒有每天祈禱五次或執行賴買丹月齋戒，大口喝酒或呼大麻；他們引發穆斯林君主的敵意，後者視他們為社會顛覆者。[108]

現在，反對律法（antinomian）的蘇菲行者或苦行者，據稱對蒙古征服者具有吸引力，在很大程度上，這種說法來自於被想像的相似性，即他們與草原文化中地位顯要的薩滿類似，因此（有學者爭論）這鼓勵了亞洲的新主子更願意相信他們的伊斯蘭教訊息。不過，我們得要說，從苦行者與成吉思系親王的早期接觸來看，結果並不像前述的說法所想的那麼美好。1259 至 60 年間，在蒙古進攻敘利亞時期，旭烈兀問起靠近哈蘭的一個卡蘭達爾團體，在聽到納希爾丁·圖西說他們是地球上的多餘份子時，就下令屠殺他們。[109] 二十多年後，蒙古人仍舊似乎以他們對卡蘭達爾的嚴厲處理態度而聞名。[110]

魯汶·阿米泰有力地主張，儘管有證據將蒙古人和統治者，與蘇菲行者之間做連結，但蘇菲行者／薩滿模式這理論經不起仔細檢視，這有兩個原因。[111] 首先，儘管更反對律法的蘇菲行者與蒙古薩滿的活動，也許確實出現表面上的雷同，但這兩個團體關注的生活層面非常不同：尤其是，蘇菲行者的信仰觀念是朝向拒絕現世，薩滿的活動則指向獲得現世的更大好處。第二，阿米泰指出，那些已知對伊利汗有影響力的蘇菲行者無論如何都是出自較令人尊敬的團體——事實上，就是這些因素使得他們與薩滿毫無相同之處。舉如，謝赫薩德爾丁・易卜拉欣・哈穆瓦儀與伊利汗合贊正式接受伊斯蘭教的關係密切，他主要是位學者，是收集《聖訓》的人，而他做為蘇菲行者的名聲在很大程度上是「繼承」自他父親薩阿德丁・穆罕默德。[112] 德文・德維斯也指出，在十三世紀與十四世紀早期，出席蒙古統治者的汗廷的宗教人物被當代的資料咸認在王室改宗上有某些重要性，這些宗教人物更常是法學家與學者，而非苦行者。[113]

朱蒂絲・菲佛博士已經顯示，貼古迭兒・阿赫邁德的皈依與他曾侄合贊的改宗呈現很大的不同。1284 ／ 683 年，當他面對姪子阿魯渾的叛亂時，他要阿闌的卡蘭達爾團體領袖，巴比・雅庫布（ Bābī Yaʿqūb），代表他向真主說情。[114] 伊利汗身邊的小圈子包括兩種人物，一為像伊珊・明格利（Īshān Minglī）這樣反對律法的苦行者，他是巴比・雅庫布的子弟，[115] 還有更嚴肅的人物，比如謝赫阿布杜拉赫曼（Shaykh ʿAbd al- Raḥmān），而尚・卡瑪爾（Jean Calmard）則認為是經由阿布杜拉赫曼，貼古迭兒・阿赫邁德才接受伊斯蘭教的。[116] 但這兩位同樣都與伊利汗本人一起參與狂喜的迴旋舞舞蹈（*samā'*）活動。菲佛提出，激發貼古迭兒・阿赫邁德的是他需要合法性的其他來源，後者建立在不僅是做為黃金家族（*altan orugh*）的成員，且更要與能和精神世界做冥想接觸的人交往。

早些時候我們指出異教徒蒙古人會反對的伊斯蘭宗教實踐，尤其是死者埋葬地的相關事物。但是，當伊本・巴圖塔在 1330 年代經過察合台汗國時，有人告訴他，在過去，甚至連不信道的蒙古人都受發生在應是庫散姆・本・阿巴斯（Qutham b. al'-Abbās）那靠近撒馬爾罕的聖墓的奇蹟吸引，變得習慣去拜訪神龕以獲得祝福。[118] 蒙古人的態度在何時改變，以及為何開始改變？就我們目前所知，無法解決這個問題。儘管如此，蘇菲行者的功能可能看起來與傳統上駐紮在蒙古親王墳墓附近的守衛相似。蘇菲教長也有可能被視為結合兩種中介角色；他們完成薩滿撫慰死靈的任務，同時引介蒙古人死者能行奇蹟的新穎概念。

不過，阿米泰的中心論點無疑站得住腳。對蒙古君主而言，重要的可能不是蘇菲行者與薩滿在表面上的相似性，而是蘇菲行者具有某些他們所看重的特殊技能——在此方面是指在某些蘇菲行者圈裡流行的魔法和奇術活動。[119] 比如，謝赫阿布杜拉赫曼精通煉金術，史料告訴我們，他在這個優勢上贏得貼古迭兒·阿赫邁德的寵愛。[120] 當然，不管他們是否成功打入宮廷王家，較單純的穆斯林苦行者可能在草根階級的傳播信仰上卓然有效。兩位近距離觀察的西方基督徒——道明會的紀堯姆·亞當（Guillaume Adam），後來是蘇丹尼耶的大主教，在 1317 年左右寫作，以及 1320 年在巴什奇利亞活躍的一位方濟會傳教士——都相信在金帳汗國內伊斯蘭教的進展是以法基爾（*faqīrs*）為先鋒；亞當甚至以為，每年派遣這類苦行者去朮赤汗國，是馬穆魯克蘇丹的政策。[121]

誠然，一般來說，我們得保留下述可能性，在高階蒙古人的改宗中扮演活躍角色的人，其重要性可能是死後才追加的，而且通常是很晚以後，他的追隨者會將改宗歸諸於一位蘇菲教長，後者則因是主要網絡（*silsila*）的創立者而贏得名聲。德維斯評論，「在稍後史料記載的『王室』皈依上，蘇菲行者的角色可能有點遭到誇大，這反映了史料撰寫時代中蘇菲行者的社會地位，而非皈依的那個時代」，[122] 這觀點確實貼切。但甚至連此場景，都不一定要排除謝赫個人在帶領蒙古親王信仰伊斯蘭教上的可能成就，這使他、他的聖墓和子孫享有威望，並轉而對隨後世代裡充分發展的蘇菲道團的出現做出貢獻。[123]

蒙古人還透過其他什麼方法採納伊斯蘭教？與伊利汗合贊採納伊斯蘭教的紀錄文獻相反，我們在相關於朮赤系子孫，那些第一批接納伊斯蘭教的察合台系諸汗上，所擁有的當代見證極少。我們上文探討過，別兒哥的正式信教和薩義夫丁·巴哈爾濟間的關連有確鑿證據（儘管沒有提到他的兩個兄弟，別兒哥徹兒和伯剌／摩訶末也皈依伊斯蘭教）。[124] 另一方面，朮茲札尼告訴我們，別兒哥是在他父親朮赤征服花剌子模時誕生的，朮赤決心將兒子以穆斯林的身分養大；男孩交由穆斯林養母斷奶，在忽氈學習《古蘭經》，爾後行割禮，到十幾歲時被交付父親總部（*lashgargāh*）的穆斯林軍隊指揮大權。[125] 尚·理查

（Jean Richard）教授解決了這些傳統矛盾，主張巴哈爾濟僅要求別兒哥公開展示他從小被教導的信仰。但他的巧妙爭辯——別兒哥的母親是花剌子模沙赫摩訶末的女兒蘇丹可敦，大家知道她是朮赤的妻子之一，根據納撒維的說法，汗指示她將她的後代培養為穆斯林[126]——不再站得住腳。伊斯特凡．瓦薩里（István Vásáry）辨識出某些元素是對史料來源中「歷史」事實的添加，他指出，朮茲札尼的年表本身就錯誤百出，因為馬穆魯克特使在1264-5／663年拜訪別兒哥的斡耳朵時，說他是五十六歲（這轉而排除他是在征服花剌子模時出生，或摩訶末之女所生的可能性）。[127] 朮赤在朮茲札尼所寫事件版本中的角色似乎充其量只是誇大，在最糟糕時其真實性頗受質疑。

然而，或許不證自明的是，那些由穆斯林母親生下的蒙古親王們可能是在伊斯蘭信仰中長大；一個較晚的例子是，察合台汗納里豁阿（Naliqo'a），他是精力充沛的勸說他人改宗者，母親是克爾曼古特魯汗王朝的一位公主。[128] 但就我所知，傾向穆斯林的教誨是否從小培養，這個問題還未經論辯。朮茲札尼的概念，關於別兒哥養母在改宗上的角色（或也許是其消息來源者的概念），與其說和他童年的特定歷史事實吻合，不如說是和較古老的突厥草原傳統有關，舉例來說，喀喇汗王朝王朝的第一位穆斯林統治者就是如此（如同在十五世紀《突厥世系》此書中所能提供的較完整版本，別兒哥拒喝他母親的奶，直到她皈依伊斯蘭教，這顯然是借自烏古斯汗〔Oghuz Khan〕傳說的潤飾版本）。[129] 這類故事在伊斯蘭世界的流通，確實歸因於一個流行概念，那就是，小孩會從哺乳的女人身上，吸收特定特質和宗教傾向。[130] 然而，這些故事也向我們顯示共享相同乳母侍奉的孩子之間的關係。

乳兄弟（*kükelash*，'foster brother'）機制在突厥—蒙古社會做為中心的大部分證據來自十六世紀巴布爾和米爾札．海達爾．杜格拉特的作品。但瓦薩里曾強調十三世紀蒙古統治者賜與官職和報酬給乳兄弟的例子，而這層關係顯然得到拉施德丁些許的重視。[131] 拉施德丁俐落地刻畫它在皈依脈絡中的潛在重要性，他在描繪忽必烈的孫子阿難答時就是如此，他是元朝十三世紀時唯一已知成為穆斯林的成吉思系親王。

阿難答的封地在唐兀惕地區，他被交給一位從突厥斯坦來的穆斯林照顧，這位穆斯林叫密赫塔爾・哈桑（Mihtar Ḥasan），是位侍從武官（*aqtachi*），並由哈桑的妻子餵奶。在這個記載裡，伊斯蘭教「在他心中深深紮根」；阿難答學習《古蘭經》，花大部分時間於宗教奉獻上。他更進一步促成麾下十五萬蒙古士兵的大多數皈依伊斯蘭教。阿難答的一位那顏撒里答的抱怨傳抵他的堂兄弟，合罕元成宗鐵穆耳（統治期間 1291 至 1307 年）的耳中，後者在親王拒絕公開放棄信仰和膜拜偶像廟宇時，便將他囚禁起來。儘管如此，之後，在大約 1296 年，他在鐵穆耳一位妻子的說服下得到釋放，恢復受寵。拉施德丁說，密赫塔爾・哈桑的兒孫現在都位居要津，甚至連敵對的撒里答都變成穆斯林。[132]

露絲・鄧尼爾（Luth Dunnell）教授對阿難答的養母在他接納伊斯蘭教的角色上抱持懷疑態度。[133] 但不像朮茲札尼對別兒哥的關注，拉施德丁的記載只在強化穆斯林乳母的影響和提供青少年／成人皈依者支持上，暗示養父母家庭的角色。我們因此可以在此擁有接受伊斯蘭教的另一個範例，作為謝赫懇求以外的另類選擇。這些並不排除想要皈依的人稍後在成年時，對他的新信仰做出某些正式與公開承認的可能性，或許，就像別兒哥在穆斯林學者（ʿālim）或謝赫面前那般。

七、多元主義和改宗的假報導

我們在第十一章中探討過，蒙古人對超自然的態度如何引導諸汗和他們的副手對所有宗教「專家」所能發揮的技能，抱持開放胸襟，並平等對待所有宗教，允許每種信仰內的「宗教階級」擁有特權，贊助穆斯林聖墓，以及其他聖地。更有甚者，蒙古汗有時——也許是為了和這個或那個團體尋求共同點——會發出對某個宗教抱持同情的情感，如同巴爾・希伯來的說法，旭烈兀告訴族長，基督徒曾晉見過他的祖父成吉思汗，教導他們的宗教給成吉思汗，或他私底下向道明會阿什比的戴維（David of Ashby）透露他想接受洗禮，並告訴亞美尼亞人瓦爾丹（Vardan）他自出生起就是基督徒。[134] 我們沒有相關於伊斯蘭教的這類揭露；但就像西方傳教士所吹噓的帶有偏見的改宗報告，[135] 我們的穆斯林史料也同樣錯誤詮釋了慷慨行徑。志費尼在實事求是地寫到，拔都對宗教事務沒有興趣時，儘管如此他還是向讀者保證，蒙哥偏袒穆斯林多於其他信仰代表，或許是因為這位未來合罕、其兄弟和堂兄弟據稱都接受伊夫提哈爾丁·穆罕默德·本·阿比·納斯爾·加茲溫尼（Iftikhār al- Dīn Muḥammad b. Abī Naṣr Qazwīnī）的教導。[137] 賈瑪勒·卡爾希、尤尼尼和十五世紀晚期歷史學家米爾·罕德（Mīr Khwānd）全都各自將相同的偏袒歸諸於海都。[138] 有些作者則更進一步。朮茲札尼在遙遠的德里寫作時，從「值得信賴的消息來源者」那傳遞窩闊台和拔都兩人都祕密改宗伊斯蘭教的報告。[139] 在他筆下，出席蒙哥登基大典的別兒哥預言，不信道者統治的時日已經氣數將盡，並讓新合罕本人說出清真言——以任何標準而言，這都只是一廂情願的想法。[140] 蒙古行政官有時也被視為採納了伊斯蘭教。對志費尼而言，呼羅珊總督回鶻闊里吉思（Körgüz）在死前不久擁抱伊斯蘭教。[141] 基督徒基拉科斯（Kirakos）傳遞有關闊里吉思的繼任者阿兒渾阿合（卒於 1275 ／ 673 年）的類似謠言；[142] 它在穆斯林史料中找不到相應證據，儘管阿兒渾阿合的兒子涅孚魯思經證實非常偏袒穆斯林的利益。

我們必須區分蒙古統治者其行徑的四個層面：首先，顯著（但並非單獨）偏袒穆斯林人員和伊斯蘭慈善基金會瓦合甫（awaqāf；單數，waqf），這類行徑可能會引發上文所描述的誤解；第二，在個人行為上採納伊斯蘭宗教實踐；第三，強制執行伊斯蘭法並牽扯到貶低敵對信仰；以及第四，採納超越第三項的行徑，積極迫害敵對信仰的信徒。即使在第三個範疇內，我們也許仍得區分大規模重新徵收吉茲亞，以及免除神職人員跟僧侶的稅務（相對於他們在徵收忽卜出兒之時，或者他們在某些前蒙古王朝如塞爾柱下的地位而言）的不同。在這個脈絡下，我們還該指出最後一點。一位蒙古統治者出現任何超越個人信仰的行徑，都有破壞成吉思汗的札撒所要求的多元主義之風險。這意味著，無論伊斯蘭法的規定有無得到奉行，將伊斯蘭教提升到主要宗教的地位——這必定伴隨著其他信仰的降級——是與蒙古傳統背道而馳的。而我們在下一章的探討之中，謹記這點至為重要。

第十三章

諸汗改宗與穆斯林的復甦

本章將著重在我們所知資料較多的幾位蒙古諸汗，他們是爭議的焦點，或他們的改宗被史料以互相衝突的手法處理。我也將調查王室皈依的「官方」外部作業：在特別相關於伊斯蘭法律的履行上，緊隨其而來的什麼有所改變（和沒有改變）。或者，換一個方法來說，採納伊斯蘭教在哪些層面引發和過去的決裂？在這些問題中，我要強調，我的意圖不是要區分一方面的「真誠」或「全心全意」的改宗，和另一方面的「不真誠」或「半調子」改宗。我們也尚且無法將伊斯蘭教的建立視為「官方國教」。[1] 但就我看來，分辨在試圖透過重新確立伊斯蘭規範，或那些只是透過展現偏袒穆斯林埃米爾而可能促使突厥—蒙古那顏暴亂風險的改宗統治者，與僅滿足於在大小不同程度上個人奉行教條的君主之間的差異，此步驟在論點上非常合理。這直接影響到伊斯蘭化的步調，後者往往與一位統治者對伊斯蘭的皈依劃上等號——因此被誤導地視為彷彿它僅是存在於歷史的單一確定時刻。

一、朮赤系諸汗：從別兒哥到月即別

無論是否被以穆斯林的方式養大，成人時期的別兒哥都嚴肅看待伊斯蘭宗教實踐。根據志費尼的說法，慶祝新合罕選出時，出自於對別兒哥的尊敬，蒙哥的營帳裡所端上來的肉是以穆斯林手法宰殺的。[2] 魯布魯克聽說，別兒哥在自己的營帳裡禁止食用豬肉（儘管他的措辭顯示，親王僅是假裝自己是穆斯林，而非直截了當地聲稱他是穆斯林）。他也說，帶著禮物的穆斯林商人和使者去別兒哥汗廷的拜訪引發他和兄弟拔都之間的摩擦。[3]闡述汗捍衛伊斯蘭教的故事及時傳抵德里，因此朮茲札尼能在1260年將它們寫入他的史書。幾年後，拜訪別兒哥汗廷的馬穆魯克大使報告說，別兒哥有位叫做夏拉夫丁·加茲溫尼（Sharaf al-Dīn Qazwīnī）的維齊爾，並有一位從埃及法尤姆來的聖者（法基爾 faqīr）服侍他，這人名叫謝赫·阿赫邁德·密斯里（Shaykh Aḥmad al-Miṣrī），很得到汗的敬重。但他們描述汗的外表時都提到在戴著蒙古帽下，頭髮在耳朵旁綁成辮子；因此，很顯然地，汗保留了蒙古傳統髮型。[4]我們只希望我們對其他皈依伊斯蘭教的成吉思系諸汗也能有這一半的瞭解就好。

但是，雖然當代史料紀錄別兒哥在欽察汗國內傳播伊斯蘭教上有著重要角色，以及他有兩個兄弟也是穆斯林，不過新信仰看起來並沒有在朮赤系間強力紮根。[5]當別兒哥卒於1267／665年時，他的立即繼任者是拔都的孫子忙哥帖木兒，是一位不信道者；下一位汗，忙哥帖木兒的弟弟脫脫蒙哥（Töde Mengü，統治期間1281-7／680-6年）採納伊斯蘭教，但後來繼之統治的是兩位非穆斯林。而在其中第二位脫脫的統治期間（1291至1312／690-712年）以及他那位在更西方的遠房堂親那海稱霸時期，我們才第一次在朮赤兀魯思裡瞥見宗教對峙的痕跡。根據拉施德丁的記載，那海的女兒乞牙黑（Qiyaq）在與牙亦剌黑（Yailaq）成婚後的某個時間點上成為穆斯林，後者是撒勒只台古列干（Salji'udai Küregen）與一位拖雷系公主的兒子，也是脫脫一位妻子的兄弟。她的丈夫被描述為一位「回鶻人」，因此假設是位佛教徒，而他的家族對這份皈依充滿敵意，待她以鄙視；她因此向她父親申訴，後者要求脫脫賠償，但徒勞無功。[6]後來，拉施德丁明確指出撒勒只台古列干引發脫脫和他有力親族之間的決裂。[7]值得注意的是，1270年8月／669年1月，那海在一封寫給馬穆魯克蘇丹拜巴爾的信中，宣布自己皈依伊斯蘭教。[8]但這並未阻止他在1288／687年送佛陀聖骨給伊利汗阿魯渾；[9]而他妻子（令人混淆的也叫做牙亦剌黑）據稱在1287年接受在克里米亞的方濟會修士替她洗禮。[10]至少有一個西歐史料來源宣稱脫脫是受過洗禮的基督徒的事實（儘管沒有提到那海是穆斯林）[11]，這非常可能反映西方傳教士的過於樂觀；的確，穆斯林作者幾乎在同時提到脫脫埋首於巫術和巴克什（不是佛教僧侶就是薩滿）、他的不偏不倚以及個人對伊斯蘭代表的偏寵。[12] 這都可能導論出脫脫是位傳統多元主義的擁護者。因此，在衝突中，宗教信仰所扮演的確切角色至今不明。

從脫脫的姪子月即別的治期開始（1312 至 41 ／ 712 至 42 年），伊斯蘭教永遠紮根，成為金帳諸汗的宗教。月即別的名字後來與伊斯蘭教的來臨變得密不可分；有些學者已經指出，在他的統治期間，薩萊在外表上成為真正的穆斯林城市。[13] 他殘忍無情地處理對立者，殺害數位「回鶻人，即巴克什和巫師（al-saḥara）」，這顯示他在佛教僧侶和薩滿兩方都遇到（或預期會遇到）抗拒。據說，他也導致數十位朮赤系親王的死，他們拒絕他擁抱伊斯蘭教的命令。[14] 順便一提，這可幫助解釋為何月即別可以將朮赤兀魯思的汗位傳給他的兒子們，而不是採納伊朗合贊的平行相應措施，合贊沒有子嗣，只得保證他的兄弟和姪子會繼承。

但是，儘管月即別自身致力於伊斯蘭教，他傳播信仰的努力吸引了幾位當代穆斯林觀察者的注意，在伊利汗國和馬穆魯克疆域裡皆然，[15] 不過我們應該警覺，不要誇大這個案例。有趣的是，稍後的馬穆魯克歷史學家從伊本・杜克馬克（Ibn Duqmāq，卒於 1406-7 ／ 809 年）開始，就告訴我們，縱使伊斯蘭教義和收繼婚之間存有衝突，月即別還是娶了伯雅倫（Bayalun），後者曾是他父親脫黑怜察（Toshrilcha）的妻子（後來還是他叔叔和前任者脫脫的妻子），好在有一位穆斯林法學家介入，他辯稱這份婚姻合法，理由是伯雅倫之前的幾任丈夫是不信道者，因此在伊斯蘭教中這些婚姻都無效（我們在相關於伊利汗合贊上發現這基本原則的引用）。[16] 我們也不該被在十六和十七世紀寫作的莫斯科編年史家誤導，當時韃靼諸汗的伊斯蘭信仰在東正教神職人員眼中顯得至為礙眼，被當作是中世紀羅斯和其宗主之間的障礙，而當月即別在 1318 年（為背叛）處決特維爾的米哈伊爾三世（Mikhail of Tver）❶時，這事完全被

---

❶ 註：1271至1318年，因抗拒月即別與敵手和談的命令，而被月即別處死。

建構成穆斯林狂熱的行徑。[17] 儘管紀堯姆・亞當（Guillaume Adam）聽說馬穆魯克蘇丹說服汗下令沒收所有教堂的鐘，但在 1320-3 年間，活躍於月即別領地上的方濟會修士似乎不知道他是穆斯林；他們表達想將他改宗為基督徒的希望，說話的口吻彷彿宗教多元主義的政策仍在盛行。[18] 他在 1314 年為他們恢復的特權，不僅包括傳道和免稅權的慣常特許（一如往常是為了回報他們的祈禱），但還有不必顧忌伊斯蘭教在其他處傳播的權力，因為修士們被授權可以敲響教堂鐘，甚至興建新教堂。[19] 月即別統治期間，消息的有限傳播導致史料將伊斯蘭化過程中較重要的角色歸諸於他的兒子札尼別（Janibeg），據說他摧毀了偶像廟宇，並對方濟會傳教士懷抱敵意；他也限制東正教羅斯神職人員的財務免稅權。[20] 或許，意義重大的是，一位從月即別統治期間開始工作，直到札尼別時結束工作的蘇菲行者的描述最為貼切，他說，兒子「沈浸在穆罕默德的法律和宗教裡」，而這份讚揚並沒有給予父親。[21]

有關朮赤領地的東部，即所謂的藍帳汗國的伊斯蘭化過程，可惜我們所知甚少，藍帳汗是斡兒答（Orda）系分支。伊斯特凡・瓦薩里已經討論過，穆巴拉克・火者（Mubārak Qocha）並不像以前的學者以為的，其實沒有在十四世紀初統治過，我們應該把他的年代定在 1360 年代晚期；他因此不是第一位這些使用穆斯林名字的統治者。[22] 根據納坦茲依的說法，伊拉贊汗（Irazān，1320-1 至 1344-5 ／ 720 至 45 年）沿著錫爾河下游的河畔城鎮，興建清真寺、經學院和蘇非集會所——是最早與這類活動有關的藍帳汗；而湯瑪斯・愛爾森提出，伊斯蘭教之所以在斡兒答的子孫間得以立足，是他們採信此教的結果。[23] 在納坦茲依的記載中，伊拉贊奉月即別之命即位的事實，可能顯示他在登基前就是一位穆斯林。

二、察合台系諸汗：從答兒麻失里到禿忽魯帖木兒

在中亞，就像在朮赤領地，當伊斯蘭教堅實地於察合台系諸汗間紮根之前，也同樣有「虛假的曙光」。察合台的曾孫以不容置疑的穆斯林名字穆巴拉

克・沙赫（Mubārak Shāh，約於 1266 ／ 664 年）進行統治，他是位史料模糊的影子人物；他的繼任者八剌（Baraq，卒於 1271-2 ／ 670 年）據稱在統治期間非常晚的時候才皈依伊斯蘭教（其別名是吉亞斯丁 Ghiyāth al- Dīn）。[24] 因此，我們得等到十四世紀初期，才能見到更多皈依穆斯林的諸汗。在納里豁阿的短暫統治期間，其母是穆斯林公主（大約是 1308-9 ／ 707-8 年），他「的努力值得稱讚，埋首於傳播伊斯蘭信仰的實踐」，並出於此點，殲滅了篤哇的某些埃米爾，也試圖將篤哇系連根剷除。[25] 在他的繼任者治下，也就是篤哇存活下來的最年長兒子也先不花（統治期間為 1309 至約 1320 ／ 709 至約 720 年），我們發現宗教緊張的嶄新跡象，當時也先不花的弟弟怯別指控牙撒兀兒（納里豁阿的一位曾姪）出於偏袒穆斯林信友，在 1315 ／ 715 年察合台汗國侵略呼羅珊時，遏制戰友蹂躪此地。[26] 但我們沒有證據足以相信牙撒兀兒的政敵對伊斯蘭教懷抱敵意。怯別的統治（約為 1320-6 ／ 720-6 年）使他在穆斯林間贏得公正的名聲，他則與謝赫巴德爾丁・曼丹尼（Badr al- Dīn Mandānī）享有良好關係。[27]

我們在相較下對於穆斯林皈依者答兒麻失里（Tarmashirin，統治期間約為 1331-4 ／ 731-5 年）所知較多，他是篤哇第六個坐上汗位的兒子，也是最後一位。這要歸因於伊本・巴圖塔在 1333 年左右拜訪他的汗廷的偶然情況，以及他的聲望遠播至馬穆魯克帝國的事實。伊本・法德拉・烏瑪里在他那套偉大的百科全書裡，提到答兒麻失里的改宗，而札哈比在《伊斯蘭大歷史》內收錄答兒麻失里的訃聞，之後的薩法迪將其複抄入他的兩部傳記辭典裡。在答兒麻失里被推翻前，他逃往加茲尼，他在那個地區的副官孛欒台（Boroldai）被伊本・巴圖塔稱之為其密友親信和「深愛伊斯蘭教和穆斯林之人」。當伊本・巴圖塔在帕爾旺於 1333 ／ 733 年左右和他會面時，孛欒台身邊圍著一群謝赫，作者將在加茲尼興建清真寺和經學院的功勞歸於他。因為我們只有答兒麻失里皈依的模糊日期，烏瑪里將其定在「自從 725 年」（1325 年）後，所以我們只能確定他是以穆斯林的身分登基，[29] 他可能不是在河中地區皈依伊斯蘭教的，而是在烏滸水南方，當時加茲尼是他的基地，時間是在 1325-6 ／ 726 年或之後。[30]

答兒麻失里顯然費盡心力贏得虔誠教徒、公正與正統的統治者，以及有自覺的穆斯林之美名。伊本·巴圖塔寫了幾個不同的軼事，闡述他敬重穆斯林神學家。[31] 在札哈比和薩法迪的筆下，他廢除教規禁止的稅賦（mukūs：無疑是探合，以及可能有其他非伊斯蘭的稅賦），這個手腕顯然與下列事實有關，如同烏瑪里告訴我們，他的領地成為吸引穆斯林商人前來的磁石之地，那些商人遠自馬穆魯克帝國而來，返家時對他滿是讚譽。[32] 儘管如此，伊本·巴圖塔離開不久後，答兒麻失里面對姪子不贊（Buzun）的反叛，在逃往加茲尼半路上遭到攔截，然後被處死（1334 ／ 735 年）。[33] 隨之而來的是數個君主的短暫統治期，有些則動蕩不安。其中一位是阿里算端（'Alī Sulṭān，統治期間為 1340 ／ 740-1 年），為窩闊台的子孫，[34] 他是後來連續好幾位穆斯林諸汗的第一位——那是說，在察合台兀魯思的西半部，約莫包含河中地區。

我們在前一章中稍有關注蘇菲行者的角色，他們將蒙古諸汗導向伊斯蘭教的道路上。但如同伊利汗貼古迭兒·阿赫邁德的例子顯示，某些諸汗是自己被苦行者的實踐所吸引——儘管我們不知道確切來說有多不正統。德文·德維斯注意到河中地區的傀儡統治者合不勒沙（Kābul Shāh，統治期間為 1365 年或 1367 或 68 ／ 767-9 年或 766 年），他被帖木兒的盟友（後來是敵人）埃米爾侯賽因（Amīr Ḥusayn）扶植為汗，在即位前因「恐懼那個時代的煩惱」而過著蘇菲行者的隱居生活；納坦茲依讚揚他是「天生的聖徒，後天的行者」。德維斯據此指出，以這種方式退隱於世，對那些在爾虞我詐和腥風血雨的軍事貴族間求生的親王而言，是種有用策略。[35]

但是，考量到蒙古人對神祕的力量的態度，這些都顯示對成吉思系君主而言，採納穆斯林苦行者的生活，可以是衍生自政治隱退以外的動機。合利勒蘇丹（Khalīl Sulṭān）就問題重重，他與合贊算端（Qazan）在 1341 或二至 1344 或 45 ／ 742-5 年間共治中亞。既然伊本·巴圖塔（沒有提到合贊算端）說合利勒是牙撒兀兒的一個兒子，他可能就是朱奇（Juki），後者是某位在故事來源中曾被提及的親王的獨子。但這位摩洛哥旅行家所給的某些合利勒的功續細節純粹是出自想像，而使徒傳記作品在記載到蘇菲行者巴哈丁·納格什班德（Bahā' al-Dīn Naqshband，卒於 1389 ／ 791 年）時曾略微提及到他，而那些是唯一稱呼他苦行者的史料，並稱呼他為合利勒阿塔（Khalīl Atā，「父親」），這暗示他的年紀可能較長。無論如何，合利勒顯然不是隱士。[36] 然而，一位稍早來自察合台兀魯思的王室苦行案例則比較清晰明確。兩份十四世紀晚期的拉丁文獻描述方濟會傳教士在 1340 年阿力麻里城的殉教，都指涉煽動者是上文提到的阿里算端，說他是「撒拉森信仰者」（quidam religiousus saracenus）和一位法基爾（falcherius；faqīr）。[37] 就這兩個術語所指稱的，這位蒙古君主同樣也成為苦行者——但似乎不是為了與政治生活保持距離，反而是挾帶著當地穆斯林民眾的熱忱支持而積極參與政治。如此一來，如果蘇菲衣著對合不勒沙而言是提供庇護，那麼對阿里算端來說——我們假設他需要額外合法性，因為他是第一位自察八兒霸權瓦解後統治中亞的窩闊台系汗——這就是擁有穆斯林支持和通往統治權的通行證（這對合利勒確實可能如此）。但在兩個案例中，汗—蘇菲的宗教資格都沒能提供兩人長期保證：反基督教大屠殺後沒多久阿里算端就被推翻，而合不勒沙在登基數年內就被取代。[38]

烏瑪里在阿里算端登基僅只一年前左右寫作，那時已經聽說察合台蒙古人是最狂熱的穆斯林，在區分合法和禁止的事物上最為謹慎。[39] 才在不久前，哈米德拉·穆斯陶菲將他領地內大力鞏固伊斯蘭教的功勞歸諸於答兒馬失里。[40] 那些評論無疑施行於河中地區。即使在答兒麻失里後一代左右，伊斯蘭教在較東部的土地（「蒙兀兒斯坦」或「賈塔」〔Jata〕）上所獲得的進展非常少，而不贊反叛的根源地便是在此，[41] 而根據米爾札·海達爾·杜格拉特的《賴世德史》（成書於 1546 ／ 952 年），在這裡，大部分的蒙古人才剛在十五世紀早期「進入伊斯蘭」，那時是馬哈麻統治時期。[42] 由於這個相對較晚的史料將日期定在 1347-8 ／ 748 年，蒙兀兒斯坦——較游牧風格和較保守——選出自己的汗，禿忽魯帖木兒（卒於 1363 ／ 764 年），據稱他是篤哇的孫子，主要居住地在阿克蘇，在他統治某時成為穆斯林；他的後代直到十七世紀晚期仍舊在此地掌權。[43] 米爾札·海達爾的日期確實吻合合贊算端被聶古迭兒部那顏加茲罕（Qazaghan）推翻的日期（1346-7／747年），[44]他是最後一位有效統治整個兀魯思的汗，而加茲罕則是一長串作為西半部實質統治者的突厥—蒙古埃米爾中的第一位。[45]禿忽魯帖木兒的登基似乎反映東部那顏在接受西部那顏所扶植的諸汗上的不情不願——就像在1336／736-7年呼羅珊的埃米爾遴選他們自己的伊利汗脫合帖木兒（Togha Temür），以和伊拉克的謝赫·大哈桑王公（Shaykh Ḥasan-i Buzurg，札剌亦兒王朝的未來創始者）的提名人分庭抗禮一般。[46]但對伊斯蘭化的反感是否在他們的決定中扮演一個角色，我們則無法下定論。

米爾札·海達爾描述禿忽魯帖木兒被自己的遠祖禿豁剌惕族的埃米爾孛羅赤（Bolodchi〔Pūlādchī〕）扶上汗位時是位棄兒，是也先不花汗（卒於1320年左右／720年左右）的妾生的兒子。出於嫉妒，汗的主妻將懷孕的母親嫁給一位埃米爾，宮廷內侍（shira'ul）都克推（Dukhtui）；在生了禿忽魯帖木兒後，那女人也為新丈夫生了一個兒子。[47]但在超過一個世紀以前寫作的歷史學家反而寫道，親王是篤哇一位較年輕的兒子額密勒火者（Emil Qocha）的後代；系譜作品《貴顯世系》（成書於1426-7／830年）聲稱額密勒火者的寡婦嫁給都克推（在這裡拼成Duqtui），生了禿忽魯帖木兒（沒提到其他孩子），因此這男孩據稱是都克推的兒子。[48]當然，這可能僅是個帖木兒王朝政敵（和新貴）所散播的毀謗謠言。但提到相關於汗的血統問題時，米爾札·海達爾很顯然對此有所遮掩，德維斯則正確提出，禿忽魯帖木兒在採納伊斯蘭教上有其根源，特別是出於對合法性的額外來源的需要。[49]

米爾札·海達爾費盡心力指出，禿忽魯帖木兒的皈依，是察合台兀魯思伊斯蘭教歷史的里程碑。他對此主題的處理方式，正好提醒我們，一個地區伊斯蘭化的歷史如何在兩百年間就被重寫。他在怯別對伊斯蘭教的好感顯然被誇大的那個時代裡寫作，宣稱汗也是位皈依者，且一直到那時才駁斥八剌和怯別同樣不值一提，理由是伊斯蘭的正確宗教實踐（rushd）沒能在上述兩者的治期內紮根。[50]再者，他不但對兩位統治汗國東半部的穆斯林諸汗，即阿里算端（1340年）和麻哈沒的（Muḥammad b. Bolad，1340-1／741年）略而不提；[51]他也完全沒提到在此脈絡中答兒麻失里的任何事蹟，這很令人吃驚，因為後者毫無疑問地統治了整個察合台兀魯思一段時間，而其穆斯林資歷則無可懷疑。彭曉燕正確指出，答兒麻失里的皈依（在後世眼中這可能導致困境）沒有在東部領土成為改宗故事的主題，是因為其被幾十年後的禿忽魯帖木兒的皈依遮蔽光芒；[52] 但此種忽視本身也在某種程度上出現於米爾札·海達爾的作品裡，我們該記得他自己的王朝因與禿忽魯帖木兒的後代通婚數代而關係緊密。[53] 當然，我們無法排除他心中只想著蒙兀兒斯坦的皈依這可能性，因為在他的時代，河中地區已經長久以來不再是察合台系的屬地。

在 1337-8 ／ 738 年左右寫作，以及仰賴從蒙古世界來的近期資料，烏瑪里曾在一個時間點上，將察合台汗和遠東合罕與伊利汗和朮赤汗區隔開來，因為前兩者更嚴格地遵循成吉思汗的札撒；而在作品稍晚處，他重複說，朮赤兀魯思的蒙古人不再遵循札撒。[54] 現在，這些評論有點出乎意料。現代的蒙古歷史學家較傾向於將伊利汗與元朝皇帝連結在一起，部分是因為他們都是拖雷系子孫，部分則是因為——與朮赤系及察合台系親族相反——兩者都在領地上掌管完善的定居經濟，並能接觸範圍較豐富的文化資源。[55]

三、札撒對伊斯蘭法

那麼，我們能如何最佳詮釋烏瑪里的評論？我們該指出，針對皈依伊斯蘭教的蒙古諸汗的最常見指控（當然，也不限於改變信仰者）就是，他們放棄「成吉思汗的札撒」；這個指控在貼古迭兒·阿赫邁德和答兒麻失里兩者身上特別嚴重。[56] 札撒這個用語可能用來指稱一整套成文法，即所謂的「大札撒」。然而，札撒這個術語，在此極可能用來指關於特定事務的單一敕令——反對穆斯林諸汗的蒙古「保守派」（old guard，按：即札奇斯欽在《蒙古祕史》中翻譯的「老宿衛」）訴諸個別法規，或者，以另一種方式來說，指控統治者由於忽略特定敕令，而破壞整個蒙古世界的秩序。舉例來說，貼古迭兒·阿赫邁德的罪行可能是在沒有召集眾親王裁決的聽證會下，處決他的兄弟 康吉爾塔伊

（Qongquratai）。答兒麻失里也因一個兄弟之死而遭指控，儘管其兄弟之死和他只有間接關係，他將兄弟交給被他不公正地殺害的人的親屬。[57] 然而，我則認為，這些爭論所牽涉到的特定札撒其實是指成吉思汗頒佈的著名禁令，即他的子孫不該偏袒任何宗教，得一視同仁。有鑑於王朝的團結在成吉思汗王朝意識型態中的重要性，避免宗教偏袒可被視為成吉思汗訓誡的中心思想。在現在提及的這個脈絡裡，我們應該記得，此札撒施行於以往由穆斯林統治地區，意味著保護民——基督徒和猶太人——臣屬地位的結束，以及例如，吉茲亞的終結，即自伍麥亞時代他們就得付的歧視性人頭稅；它也使佛教宗教實踐的復興成為可能。

現在，就像馬穆魯克作者們向我們保證的那般，答兒麻失里已經無法滿足於僅是個人每日作五次祈禱。他們告訴我們，他更進一步強制推行伊斯蘭法和「放棄（蒙古）法律」。[58] 據說，他也試圖將伊斯蘭教施行於他的埃米爾和士兵上，要求他們履行每日祈禱和上繳五分之一（khums）的戰利品，甚至還強迫蒙古人從事農耕。[59] 馬穆魯克作者沒有直接告知他對佛教徒的行徑。但據稱，他偏袒穆斯林埃米爾，嚴厲對待不信道者埃米爾，忽視、威脅、斥退他們。[60] 這些證詞顯示，他尋求將伊斯蘭教在國內提升至優勢地位（因此呼應稍早針對貼古迭兒．阿赫邁德的指控）；儘管如此他確實沒有試圖消滅大批親族，如納里豁阿曾打算做的，或像在朮赤領土上的月即別實際所做的一般。伊本．巴圖塔聽說答兒麻失里之所以會被推翻，是因為他沒有去汗國東半部進行年度拜訪，像他的前任者一樣，在那裡舉行忽鄰勒塔大會——唯有如此做才能維持成吉思汗的札撒。[61] 如果這種忽視東部領土的行徑與此有關，[62] 則其理由毫無疑問是（一）因為那裡的蒙古貴族，大部分是非穆斯林，特別因為汗的伊斯蘭化政策而遭到冷落，以及（二）因為他們期待在傳統忽鄰勒塔上被諮詢意見，討論就這類重大的政策轉變。

我們對不贊其短暫統治的瞭解，似乎支持對他叔叔統治的這個詮釋。烏瑪里僅描述在不贊的治下，兀魯思的情況混亂（*mutakhabbaṭan*），[63] 這幫助解釋了在 1330 年代中期，穆斯林顯要（包括答兒麻失里的子孫）大規模逃亡，從河中地區進入德里蘇丹國。[64] 但是夏拉夫丁・雅茲迪（Sharaf al-Dīn Yazdī）在其《勝利紀》的序言中說，不贊缺乏伊斯蘭教的外在表現（*az ḥulya-yi ialām ʻārī būda*），而《突厥世系》（*Shajarat al- atrāk*）則宣稱由他領導，反叛他叔叔的軍隊，仍舊信奉多神教和錯誤（shirk-u ḍalālat）。[65] 伊本・巴圖塔在抵達印度後得知不贊的反叛，將他描寫為穆斯林，但信仰不純正，行徑邪惡，並壓迫穆斯林 [66]——他筆下的這種角色刻畫的來源只有可能是河中地區的穆斯林難民，這極可能暗示，新汗主要是為了破壞答兒麻失里的支持，而披上穆斯林的外衣。特別值得注意的是，根據伊本・巴圖塔，不贊允許基督徒和猶太人重建崇拜場所（kanā'is）。我們可以合理推論，答兒麻失里不僅拒絕他們重建崇拜場所，而是為了執行伊斯蘭法而下令拆除，因為那些是新建造的宗教建築，而這是伊斯蘭所禁止。[67] 這也表示不贊回頭實施比較傳統的多元主義政策。

不贊只享有了僅僅幾個月的權勢就被另一個姪子敞失（Changshi，統治期間 1335-7 ／ 736-7 年）推翻，敞失則被其兄弟也孫帖木兒（統治期間 1337-9 或 40 ／ 737 至 40 年）謀殺和取代。[68] 根據納坦茲依和拉施德丁佚名的續篇作者兩人所言，敞失在營地裡設立可移動的偶像廟宇。納坦茲依甚至宣稱，在佛教僧侶（巴克什）的煽動下，他在兀魯思全境內的所有清真寺畫上肖像。[69] 敞失（烏瑪里提到他是現任的汗，我們可以因此推論他堅守札撒）[70] 也允許方濟會傳教士在阿力麻里城興建教堂，而這機構在也孫帖木兒治下同樣繁盛的事實則可能顯示，這些統治者也尋求重新導正宗教平衡。也孫帖木兒轉而被穆斯林阿里算端取代，就我們所知，後者煽動阿力麻里城方濟會傳教士的殉教事件。他對答兒麻失里的伊斯蘭化政策的扭轉（在一場可能意圖喚起對其穆斯林前任者的記憶的舉措中，他採納相同尊號，阿拉丁〔'Alā al-Dīn〕），其形式較為極端，而且是在較為保守的兀魯思東半部，這相當好地解釋了為何他的統治期間更為短暫。他的政策似乎沒有在他之後延續，因為就在隔年，教宗本篤十二世派出由方濟會修士組成的使節團在去中國的半路上時，便能在阿力麻里城公開講道。[71]

四、伊利汗國：從貼古迭兒・阿赫邁德到完者都

現在讓我們轉向伊利汗國。旭烈兀、阿八哈、阿魯渾與乞合都全是異教徒。第一個本人認同伊斯蘭信仰的伊利汗是貼古迭兒，他是旭烈兀較小的兒子，短暫以阿赫邁德蘇丹（Sulṭān Aḥmad）的名號統治（1282-4／681-3年）。在東方基督教史料中，拜都（統治期間1295／694年）被描述為從基督教改信伊斯蘭教，而那些史料應該沒有扭曲史實的理由。合贊（統治期間1295至1304／694-703年）採用馬赫穆德（Maḥmūd）的名字，因此可以被視為第三位穆斯林伊利汗。儘管稍後的什葉派作者將合贊塑造成什葉派信徒，我們至多只能說，他忠於先知的家族（ahl al-bayt；見下文）。[72] 他的弟弟以及繼任者完者都（統治期間1304-16／703-16年）先後曾經是佛教徒、聶斯脫里派基督徒和順尼派穆斯林（這難道是對成吉思汗的札撒，要求不偏不倚的高度怪異詮釋嗎？）；但他至少從1310／709年開始是位什葉派十二伊瑪目派，當時他開始鑄造包含獨特什葉派訊息的錢幣。我們很難確定，他是否在死前回歸順尼派伊斯蘭教。[73] 但最後一位重要的伊利汗不賽因（統治期間1316至35／716至36年）肯定是順尼派。

伊利汗國史料質疑頭兩位穆斯林伊利汗（貼古迭兒、拜都）的信仰深度，甚至其真實性（我們稍後會探討馬穆魯克作者的態度）。部分是因為史料有疑慮的關係，或許也部分是因為自1295年開始，伊朗的蒙古統治者一律是穆斯林，因此後世傾向於將伊斯蘭化的真正開端歸諸於合贊即位。巴爾・希伯來的續篇作者將拜都的皈依斥為僅是半調子，只是拿來號召穆斯林的支持，並說他從未遵循淨禮和齋戒。[74] 拉施德丁暗示他贊助大教長、神父和僧侶，導致他失去謝赫伊斯蘭・馬赫穆德・迪納瓦利（Shaykh al- Islām Maḥmūd Dīnawarī）的支持。[75] 貼古迭兒・阿赫邁德皈依伊斯蘭教引發更多評論，拉施德丁以曖昧含糊的語句懷疑他的信仰（*da'wā-yi musulmānī mikard*），意味著他若不是以穆斯林方式祈禱，就是僅是宣稱自己是穆斯林。[76] 也值得我們注意的是，在白達維的《歷史紀錄體系》第二修訂版中（我們該記得此書也是在合贊治下寫作而

成），他至少曾提到貼古迭兒．阿赫邁德對伊斯蘭教和穆斯林的顯著偏寵，但卻在描述時含糊其詞，「他們說他是穆斯林。」[77]哈米德拉．穆斯陶菲在他的《勝利紀》中，其引用資料有許多是來自阿魯渾親信之一的兒子，他說貼古迭兒．阿赫邁德對信仰所知甚少，只想著逸樂之事。[78]這些作者的簡要記載都沒有將貼古迭兒．阿赫邁德描述為全心全意的皈依者，或甚至描述他親近伊斯蘭的措施。[79]對百達威和拉施德丁而言，如果這麼做，就是貶低他們自己君王合贊的角色——在拉施德丁的口中，他是伊利汗中第一位「強迫百姓行善和……避免邪惡」的君主。[80]同等重要的是，它也會突顯多少有些棘手的事實，那就是，第一位占據伊利汗位的穆斯林改宗者戰敗於合贊的異教徒父親，苦吞恥辱。拉施德丁甚至沒提到伊斯蘭教是導致貼古迭兒．阿赫邁德被推翻的反叛的核心問題。[81]

新皈依的蒙古統治者繼承某些祖先傳統，並將它們帶入他們的穆斯林宗教實踐。合贊和完者都兩人都在與基督教西方通信時，繼續將神稱為「騰格里」而非「安拉」，這可能只是理所當然的外交預防措施；[82]更驚人的是，不賽因在一份回鶻文敕令中保留「騰格里」，旁邊則是籲求「先知穆罕默德子民的力量」的語句。[83]完者都在接近蘇丹尼耶建造的宏偉陵寢，並沒有設立朝西南方往麥加基卜拉（qibla）朝拜方向，而是呈現南北軸線，遵循傳統草原要求，那就是營地和營帳的入口要朝南，而薩滿儀式應該從南方開始。[84]就我看來，完者都據稱稍後在 1304-5／704 年曾向馬穆魯克特使說的話，後來由特使傳達給伊本． 達瓦達里（Ibn al-Dawādārī）的父親，他說合贊只是表面上是穆斯林，我們不需要認為這是意義重大的證據。那可能是編年史家伊本．達瓦達里捏造的史實之一，用來加強他父親的重要性；或者，如果此言為真，伊利汗可能僅是希望藉由和他兄弟合贊拉開距離，以更進一步達到他自己的外交目的。[85]

但合贊統合宗教信念衝突的證據——保留他在成為穆斯林之前的宗教實踐和概念——遠多於他弟弟完者都和姪子不賽因。1302 年秋季／702 年年初，在他經過伊朗西部時，合贊主持一個絕對是異教的蒙古儀式，地點是他先前在涅孚魯思反叛時曾經拜訪的地方，當時他的前途懸而未決。他在這個場合表達感謝，請求上主在未來幫助他，並做了各種虔誠的決定，但之後埃米爾們在樹上綁上五顏六色的布條，所有出席的人花時間在其周遭跳舞，跳舞的方式讓人想起合贊的遠祖忽圖剌（Qutula）在類似情況下的舞蹈。拉施德丁描述伊利汗在這個場合中以穆斯林方式祈禱，但隻字不提這個他可能會感到尷尬的插曲。[86]再次地，合贊保留他某些在佛教徒階段所接受的概念是理所當然之事。這至少能極佳地解釋在拉施德丁記載中的古怪細節——這位君主在其統治期第一年的僅僅一個月間就處決了至少五位近親（更不用提還有三十八位埃米爾），[87]但他甚至不忍面對一隻掉進他食物中的蒼蠅的死。[88]在合贊的虔誠基金會中，也設立了鳥類庇護所，鳥兒能在冬季於那築巢和進食，有學者提議，這些舉措也反映了從佛教傳統吸納而來的戒律。[89]

王室追隨者也未拒絕有關娶父親除母親以外其他妻妾的札撒。在爭奪到伊利汗汗位後，合贊就立即著手迎娶阿魯渾的寡婦卜魯罕可敦（Bulughan Khatun）。根據馬穆魯克百科全書作者薩法迪的說法，穆斯林法學家想方設法做出通融，宣稱合贊和可敦的婚姻合法，法學家透過似是而非的理由說，她沒有在伊斯蘭法律下和阿魯渾成婚；薩法迪告訴我們，如果合贊不被允許娶她為妻，他就會拋棄新信仰。[90]拉施德丁以讓人感受得到的匆忙，草草帶過合贊與卜魯罕的婚姻。[91]同樣值得注意的是，我們的來源可能以噤聲的方式來表達他們對收繼婚的不贊同，即對合贊和完者都兩人其他的婚姻：合贊與札剌亦兒部（Jalayir）丹迪（Dondi）的婚姻，後者是他叔叔乞合都的寡婦之一；[92]以及完者都和亦勒禿思迷失（Eltüzmish）的婚姻，後者曾一度是他祖父阿八哈的妻子，還有古拿克（Günjüshkeb）和不魯罕庫剌撒尼（Bulughan Khurāsānī），兩位都是合贊的寡婦（儘管卡尚尼至少坦白表示第三樁婚姻的收繼婚性質）。[93]我們探討過，金帳汗國的穆斯林汗月即別只結過一次收繼婚。顯然，王室皈依者不會輕易放棄這類特權／責任，而蒙古汗在正式接受伊斯蘭教超過一個世紀後，仍舊必須執行這類特權／責任。

這些都與兩位統治者作為個人皈依者的表現方式相關。但他們的治理也未達到傳統的伊斯蘭規定。這裡的問題癥結絕不是拋棄在異教徒草原遵循的每種傳統實踐。例如，汗廷的季節性遷徙。我們不該期待合贊立即放棄他祖先偏好的季節性遷徙放牧生活方式，顯然他也沒有放棄[94]——就像穆斯林塞爾柱人也沒有。我們也不該預期他們放棄穆斯林君主不奉行的汗廷禮節。早在1303年，聶斯脫里派大教長就發現合贊和他的汗廷慶祝蒙古新年；[95]政權也繼續在穆斯林曆法外，為了官方目的而採用草原民族長久以來紀錄事件日期的十二生肖曆法。然而，與其審視這類規範的持久不衰，我們不如來考量可以被稱做公共國家政策的層面。

誠然，從合贊治理的早期，他的臣僕就付出艱辛的努力，藉由特意引發對阿拔斯革命的記憶（比如，合贊從拜都處奪取汗位的長征就始於呼羅珊），並利用喚起由阿布．穆斯林（Abū Muslim）❷在747年於呼羅珊領導的叛亂開端的黑色旗幟，將這位新近皈依的伊利汗的使命描繪為伊斯蘭教的復興。[96]瓦薩甫在寫到涅孚魯思是第二位阿布．穆斯林時絕非意外。[97]如此看來，以下的假設應該也不至於太離譜：合贊（或他的隨從）看出了扮演滅國的阿拔斯繼承人的優點，既可以吸引汗國內部穆斯林的支持，又可以挑戰馬穆魯克在開羅扶植的魁儡哈里發的正當性——這正是馬穆魯克蘇丹統治合法性的招牌。我們必須指出，拉施德丁無疑意識到這些抱負，並一如既往地憂心忡忡，在筆下用最高級的修飾詞保護他的王家主子，並否認任何哈里發或蘇丹曾經達到如合贊的豐功偉業。[98]

現實則與意識型態的姿態有些不同。例如，稅賦的改革相當有限。瓦薩甫以抽象的術語提到忽卜出兒和哈拉吉的修正（也就是說，作為移除無法預測的臨時徵收的政策部分），[99]但拉施德丁意味深長地告訴我們更多。忽卜出兒在穆斯林眼中是最令人厭惡的蒙古稅賦，但並未被廢止，如有時候建議的那樣。雖然一道（可能是）較早的合贊敕令曾被拉施德丁提及，裡頭命令農夫和軍隊都要繳交忽卜出兒，[100]但是新的敕令的發佈日期是1303年夏季／703年初，

❷ 註：黑衣大食阿拔斯王朝的開國元勛。

提供伊克塔給軍隊，並聲稱伊利汗不再對蒙古游牧民（*ūlūs-i mughūl*）徵收傳統的動物稅（*qūbchūr-i mawāshī*）。但敕令明確表示會像以前那樣對農夫徵收忽卜出兒，因此農夫得將忽卜出兒繳交給伊克塔擁有者。[101] 一份日期定於完者都治期的行政管理手冊顯示，政府那時仍對非游牧人口（*ra'āyā*）徵收忽卜出兒。[102] 我們將在下節中探討從長遠來說，試圖與不信道的蒙古政策決裂的重大失敗。

合贊顯然站在別兒哥和答兒麻失里的中間，因為他採納伊斯蘭教，在其統治早期階段引發抗拒（就我們所知，與別兒哥相反），但他成功弭平叛亂（就像月即別，但與答兒麻失里相反）。魯汶．阿米泰則假設，與其曾叔父貼古迭兒．阿赫邁德這位穆斯林相反，穆斯林合贊同時能奪取汗位與保留汗位，是因為在這段時段期間內，蒙古高級指揮官中的許多「保守派」已經死去或變老，其職位讓渡給了年輕一代的代表，他們逐漸受伊斯蘭教和穆斯林文化的潛移默化。[103] 這可能是部分的解釋。或者，話說回來，一批相對多數有血緣關係的親王在統治初期遭到處決可能也是一個原因。原因單純只是合贊（如同月即別）處決了太多抗拒伊斯蘭化的潛在領袖嗎？這或許也是個相關因素。然而，我想提議的是，合贊的成功——與貼古迭兒．阿赫邁德的失敗——來自他們允許自身的信仰決定政府行徑的不同程度。這從他們各自對保護民的態度就可看出端倪。

五、穆斯林伊利汗、佛教徒和有經者

在這個脈絡中，我們更能好好比較合贊和貼古迭兒．阿赫邁德，因為我們擁有幾位見證兩人相關政策之人的評論。我們必須承認，關於貼古迭兒．阿赫邁德的措施的證據矛盾百出。[104] 首先，我們可以駁斥亞美尼亞人格里果斯的海屯（Hayton of Gorighos）的誇張斷言，他極想促成西方聯盟與蒙古人合作。他不僅聲稱貼古迭兒．阿赫邁德搗毀所有基督教堂，禁止基督徒進行膜拜，放逐基督教修道士；他還進一步責難貼古迭兒．阿赫邁德對基督徒有荒謬至極的反感，極端到據說在他和馬穆魯克交涉時，這位伊利汗曾提議給予所有在他領土上的基督徒改宗伊斯蘭教或被砍頭的選擇。[105] 我們也可以忽視斯捷潘諾斯·奧爾別良（Step'anos Orbelian）同樣極端的說法，他說貼古迭兒·阿赫邁德的目標是滅絕基督教，並讓所有國家改宗伊斯蘭教。[106] 就像阿魯渾的追隨者阿魯黑斷言的那般，貼古迭兒·阿赫邁德真正令人反感之處極可能是在於，他想提升穆斯林的地位，卻讓其他族群付出代價 [107]——這項指控使人聯想到半世紀後對答兒麻失里的控告。

但是，即使排除掉這類具有強烈偏見的主張，我們仍得面對有關貼古迭兒·阿赫邁德統治的兩種顯著不同的觀點。根據瓦薩甫的說法，在他繼位後，伊利汗下令，基督教修道院（*dayrhā*）和（佛教）偶像廟宇都得改建成清真寺。[108] 另一方面，巴爾·希伯來向我們保證，在他短暫的統治期間，這位伊利汗對基督教神父和僧侶特別仁慈，發佈免除他們和教堂及修道院所有稅賦的敕令；巴爾·希伯來在他的基督教會歷史中更進一步地說，貼古迭兒·阿赫邁德允許他興建新教堂。[109] 但在寫給馬穆魯克蘇丹嘉拉溫的第一封信中，貼古迭兒·阿赫邁德卻曾宣稱履行伊斯蘭法，[110] 這聲明與巴爾·希伯來上述最後評論相互抵觸；尤尼尼則得到一個印象，他說貼古迭兒·阿赫邁德要求保護民穿可區別的衣物，重新對他們徵收吉茲亞。[111] 賣力想說服嘉拉溫不必對臣服於穆斯林君王信友抱持抗拒心理的伊利汗，[112] 會誇大他的親伊斯蘭手段倒是很正常。但在這些事件的不同版本中仍舊有很多隱晦不明之處。不是「有經者」的佛教徒，曾被迫擁抱伊斯蘭教嗎？而貼古迭兒·阿赫邁德是否僅是下令，將 1258 年或之後被改成基督教建築的清真寺，回復成原來的用途？就我們目前所知，我們無法回答這些問題。

貼古迭兒·阿赫邁德所確切採取的重要一步則和伊斯蘭教的瓦合甫有關。監督帝國境內瓦合甫的責任被委任給卡馬勒丁·阿布杜拉赫曼（Kamāl al- Dīn 'Abd al- Raḥmān）。伊利汗再次將伊斯蘭瓦合甫的收入與維護基督教及猶太人的虔誠基金會分隔開來，要求善款花在捐助人原先特定指明的目標上；基督徒與猶太人醫生，以及其他人的薪水現在是國庫的責任。[113] 貼古迭兒·阿赫邁德在對巴格達人民宣布返回阿拔斯時代榮景的公告中，以及在寫給馬穆魯克蘇丹的第一封信中，都提到這個措施，伊利汗還在信中強調瓦合甫的歲入現在只保留給創立者規定的那類獲益者。[114] 這些改變至少緩解了穆斯林原先心懷的主要不滿。

乍看之下，我們很難調和巴爾·希伯來有關於貼古迭兒·阿赫邁德對基督徒的恩寵的證詞，和聶斯脫里大教長雅巴拉哈三世（Mar Yahballāhā）的傳記中言及的迫害。在大教長的作品中，潛藏於其下的是某些在伊利汗圈子中的穆斯林對大教長本人所抱持的敵意，又加上兩位野心勃勃的聶斯脫里派高級教士的煽風點火。值得注意的是，貼古迭兒·阿赫邁德曾短暫沒收大教長的居所（即大掌墨官的房子，由旭烈兀賜給雅巴拉哈三世的一位前任者）。雅巴拉哈三世被指控暗中支持伊利汗的姪子阿魯渾，還更進一步被控在寫給合罕忽必烈的信中，基於他採納伊斯蘭教而毀謗貼古迭兒·阿赫邁德。但是，當大教長送出的信真的在呼羅珊遭到攔截時，信內通篇找不到可陷大教長入罪的證據；伊利汗因此恢復沒收自他的合法權利；重新接納和恩寵他。[115] 我們該記得，雅巴拉哈三世和掃馬在 1281 年是為了朝聖，從元朝領地抵達伊朗，忽必烈委任其一項任務，要在返程時帶回他們在約旦河浸過的合罕衣服，並將它獻給耶路撒冷的聖墓教堂。[116] 雅巴拉哈三世的信無疑僅是報告和解釋他們為何到了伊利汗國後就無法前進，因此任務失敗。但貼古迭兒·阿赫邁德的誤解也是理所當然。伊利汗國高階人員的確寫信向忽必烈抱怨他的政策，忽必烈則支持阿魯渾繼承大統。[117] 無論如何，貼古迭兒·阿赫邁德和他的親信在相關於合罕對穆斯林伊利汗繼承汗位一事的看法自然會高度敏感，因為就在那時，中國的穆斯林正受到嚴厲的不公平對待。

讓我們回到合贊。與他短命的前任者拜都相反——拜都儘管皈依伊斯蘭教，仍舊繼續偏袒基督徒[118]——合贊從即位開始就迫害非穆斯林，儘管在有經者的案例中為時短暫。拉施德丁告訴我們，在他採納伊斯蘭教後，伊利汗命令搗毀所有佛教肖像（*aṣnām*），拆除所有佛塔（*butkhānahā*）、祆教拜火神廟（*ātashkadahā*）和其他在伊斯蘭土地上沒有立足之地的膜拜場所（*mu'ābid*）。

的確，合贊本人曾參與佛教肖像的毀壞。佛塔變成清真寺和學院，[119]巴克什們被迫成為穆斯林。儘管如此，顯然許多被強迫的皈依者只是名義上的穆斯林，他們在心中仍舊暗自信奉不信道的信仰。因此，在一段時間後，合贊命令他們，任何懷抱如此希望的人應該移民至印度、喀什米爾、西藏，或返回其老家。那些留在他領土裡的人不得再扮演偽善的皈依者，因為這會玷污真實信仰，即伊斯蘭教；他們被鼓勵在阿魯渾所興建、但現在已毀壞的廟宇地點居住，靠救濟金為生。然而，萬一伊利汗得知任何新佛塔或拜火神廟又被興建，那些罪魁禍首將處以極刑。[120]富瓦惕說，合贊殺害了一些巴克什，[121]但他沒告訴我們，這是發生在開端，或是稍後再犯時的懲罰。拉施德丁筆下，合贊說出他對巴克什政策的大略摘要。合贊說，儘管巴克什顯然並不具備（真正的）知識，不過君王為了社會團結（taʿaṣṣub），還是得設法接管各式各樣缺少知識的臣民（並將此舉類比成畜牧業，多少帶有醜化的意味）；但他們不得實踐偶像崇拜，或犯下任何其他罪行。[122]即使在全面毀滅佛教崇拜地點的背景下，這都是個會讓一位穆斯林君主日後被咎責的極大讓步。

對基督徒和猶太人的政策則遵循稍微不同但更為複雜的軌道。在對抗拜都的最後征戰期間，涅孚魯思發送命令去大不里士，不僅要毀滅拜火神廟，還要摧毀教堂。[123]在小亞美尼亞國王的海屯二世的懇求下，他當時正要去合贊的汗廷，遂插手保護拉班．掃馬在篾剌合的教堂，而新的伊利汗後來似乎將毀壞／改建的這些手段修正為只針對「肖像之家」（the houses of images），即佛教廟宇。[124]然而，當合贊隨後抵達大不里士附近，他下令也要搗毀教堂和猶太會堂，對基督徒和猶太人徵收吉茲亞，而且後兩者得穿可區分的衣服（*ghiyār*）。當巴爾．希伯來的續篇作者在1296年停止寫作時，情況便是如此。[125]基督徒在巴格達也許承受了更沉重的打擊，他們在那個曾經是哈里發都城的命運是比較會激起強烈感情的議題（以及如我們討論過的那般，合贊支持者的宣傳特意引發對阿拔斯革命的記憶）。他們被迫再次交出大掌墨官之家，還有對面的集會所（*ribāṭ*），他們早已經將其轉建成他們領袖的陵寢。[126]消息在1295-6／695年傳抵大馬士革，保護民在巴格達甚至被迫繳付自穆斯台綏木哈里發死後的吉茲亞欠款[127]（如果此事為真，這是明目張膽的不公正行徑，因為此稅存在的目的是提供伊斯蘭國家的保護，而自從 1258 年後，巴格達就沒有這類國家存在）。

伊利汗在這些事件中的角色渾沌不清。我們也許需要區分清楚合贊的敕令、未經伊利汗批准而由涅孚魯思發佈的命令，以及當地代理人和暴民的過度偏激手段；我們也得劃清對從前穆斯林財產的恢復、吉茲亞的重新徵收，以及肉體迫害的界線。根據斯捷潘諾斯．奧爾別良的說法，合贊對海屯二世否認知曉任何攻擊之事，他將責任推給捏兀魯思；他更進一步發佈命令，基督徒和教堂不會受害，全體都應在和平環境下自由實踐他們的宗教。[128]但 1295 年 9-10 月／ 694 年 11 月，有人目擊伊利汗本人參與大不里士教堂的搗毀。[129]涅孚魯思顯然是這場苦難的主要煽動者（儘管我們不必接受奧爾別良的主張，他說涅孚魯思的計畫包括逼迫神父接受割禮），[130]合贊剛開始時也許是憂慮於失去有力副手的支持。

無論如何，這場迫害在涅孚魯思於 1297 ／ 696 年失寵、被俘和遭到處決後結束。一份敘利亞文獻表示迫害時間是六個月；《軼聞匯集》的作者將這些措施連結到無知民眾的騷亂，並說那些包括穿可區別衣服的手段持續了僅僅「（幾個）月（shuhūr[an]）」。[131]之後，至少沒再對基督徒徵收吉茲亞。[132]政府再度答應給予基督徒保護。當暴民在 1298 ／ 697 年於大不里士破壞剩餘的教堂時，合贊暴怒，處罰了一些滋事者。[133]可能是為了強化這個姿態，聶斯脫里派大教長在 1297-9 年間，反覆成為王室斡耳朵的貴賓，合贊在 1300 年曾和他一同待在篾剌合三天。[134]雅巴拉哈三世的傳記作者因此能夠這麼寫道，儘管伊利汗已經改變信仰，他對基督徒所抱持的好感仍舊沒有改變。[135]合贊在此關頭顯然回歸伊利汗和其他蒙古統治者的傳統多元主義立場。如果卡尚尼的資料可信的話，在 1302-3 ／ 702 年，合贊當時為巴格達的暴動而醜聞纏身，在那場暴動中一位阿里後裔（’Alid）❸被殺，據說合贊對成吉思汗所說的觀點表

---

❸ 註：指穆罕默德先知女婿阿里的後裔。

示贊同，即伊斯蘭教是最好的信仰，但穆斯林是最糟糕的宗教族群——卡尚尼說，早些時候合贊還駁斥這個觀點，認為它大錯特錯！[136]但這個故事應該是杜撰的。

麥克爾·威爾斯教授將放棄對基督徒歧視的原因部分歸諸於與馬穆魯克鬥爭的緊急狀況，因為從1298-9年開始，合贊像他父親一樣尋求拉丁西方的協助。[137]這份巧合也許意義重大。但無論如何，遵循成吉思系傳統必然曾經使政策扭轉成為必要之舉。我們所能說的就是，合贊和完者都兩人的皈依對那些想尋求實現西方歐洲與伊利汗合作的人而言是個尷尬棘手的困境。沒有證據顯示，教宗和西方君王曾知曉他們正和穆斯林君主交涉反抗穆斯林馬穆魯克人，[138]而合贊改宗的議題被格里果斯的海屯處理得非常笨拙，他表示，在繼位不久後，合贊對穆斯林產生反感，反而開始尊重和偏袒基督徒[139]——這顯然只是海屯的一廂情願，明顯搞混內政與外交事務。合贊在統治晚期所採納的姿態，不管他的動機為何，確實比貼古迭兒·阿赫邁德的舉動較少來自於規範信士與保護民之間正確關係的傳統伊斯蘭教條。無論如何，海屯在渴望贏得西方的信任下，傳達下列印象，那就是貼古迭兒·阿赫邁德和合贊的政策完全相反。

合贊改變政策的更可能原因也許是，儘管仍舊只是部分原因（也許是為了與巴克什妥協的較不明顯理由），他的行動和涅孚魯思的行動最後終究遭逢反對，縱使哈米德拉·穆斯陶菲保證，在伊朗的所有蒙古人已經都成為穆斯林。[140]在伊利汗合贊登基後不久，一群親王和埃米爾就涉及策劃陰謀，當時涅孚魯思仍舊掌握政權。他們的目標是以梭該（Sōge，或速該〔Süge〕）取代合贊，因為他是玉疏木忒的兒子，所以是王朝中年紀較大的親王，但還有一層文化—宗教面向。拉施德丁在這點上維持謹慎的靜默，到枯燥乏味的程度。然而，瓦薩甫說，那些密謀者意圖將「所有伊斯蘭世界的清真寺轉變回（異教）崇拜場所，與主教及僧侶的修道院房間」。[141]「回」（bāz）此字意義重大；密謀者想到的似乎只有那些沒收自其他宗教機構，而在最近變成清真寺的建築，換句話說，他們希望重新主張老舊的多元主義。儘管計畫流產，而梭該和其盟友遭到處決，但這可能因此使得合贊重新考慮其政策。

合贊的弟弟和繼任者完者都在雅巴拉哈三世的傳記作者筆下，被描述為「對基督徒懷抱仇恨」[142]，並要求他們再次穿上腰帶作為區別的標誌[143]——並認為他導致基督徒處境更明顯、更為持久的惡化。[144]但是，甚至在他於 1306-7 年對他們徵收吉茲亞後，仍在 1308 年被勸說先免除神職人員和僧侶的稅，然後是全體基督徒的稅。[145]他取消徵收吉茲亞可能反映在信奉十二伊瑪目派後（儘管是非正式的，直到 1310 ／ 709 年才公開），他也變得相當需要其他少數族群的支持。在不賽因治下（統治期間 1316-35 ／ 716-36 年）就並非如此了——他是正統順尼派，而且我們應該注意到，他也是第一位出生即是穆斯林與擁有穆斯林名字的伊利汗（順便一提，他有足夠的文化素養書寫漂亮的波斯字體，並會創作波斯文詩歌與演奏穆斯林音樂）。[146]1320 或 1321 年，消息傳抵埃及說，不賽因導致巴格達的教堂遭毀，而那些在大不里士附近的教堂則遭毀壞或改建成清真寺；我們不清楚這些措施的靈感是否來自開羅的類似發展，或是相反過來。[147]顯然，只在不賽因的治期內，正統伊斯蘭政權得到恢復，吉茲亞永久地被重新引入；[148]而這是發生在貼古迭兒·阿赫邁德死後超過三十年，合贊即位超過二十年後的事。

六、拉施德丁、伊斯蘭教和蒙古人

在研究合贊的皈依時，我們就不能不對其維齊爾拉施德丁編寫的「官方」歷史（我們的主要內部文獻）的語調留下深刻印象。如同我們上文探討過的那般，拉施德丁試圖給人貼古迭兒·阿赫邁德不是真正穆斯林的印象，並且花費篇幅努力地將合贊描繪為第一位穆斯林伊利汗。[149]但他在敘述 1295 ／ 694 年的事件時，他的偏袒態度表現得最為明顯，他努力否認合贊是受到任何埃米爾或謝赫的影響而皈依伊斯蘭教（他承認大部分的人都這樣懷疑），也否認年輕的伊利汗對這個新發現的信仰並不真誠。[150]涅孚魯思的勸說似乎是個關鍵，而也許謝赫薩德爾丁·哈穆瓦儀（Shaykh Ṣadr al- Dīn al- Ḥamuwayī）的角色也因此被降到最小。而在另一個段落，作者向我們保證，即若合贊在阿魯渾統治期間於呼羅珊主持佛教廟宇的興建，他那時已經越來越傾向於真正的信仰；他的皈依因此呈現出一種逐漸增長的內在信念。[151]

拉施德丁也關注到要強調合贊對先知家族（ahl al-bayt）的忠誠。在合贊的睡夢中，穆罕默德曾在他女婿，即第四位哈里發阿里，和他兒子及先知的孫子哈桑和侯賽因的陪伴下，出現兩次；穆罕默德讓伊利汗擁抱三人，並在他們之間建立兄弟情誼。這份特別的關係是合贊成功的來源，以及他對先知後裔的忠誠的根源，儘管拉施德丁也小心提到這位伊利汗並未停止認可先知的同伴（輔士，Ansār）的重要性。[152] 合贊也許是從哈穆瓦儀那裡意外習得這份依戀，哈穆瓦儀在他皈依上發揮作用，哈穆瓦儀的父親似乎擁有準什葉派信仰。[153]

拉施德丁在處理合贊和他的曾叔貼古迭兒・阿赫邁德的顯著差異，必定得從他對其蒙古主子較寬廣歷史角色的概念來審視。就他多少有些浮誇的言詞來看，在提到蒙古埃米爾第一次抵達穆斯林土地後，「真主成熟的判斷降下了指示，撫慰此種苦痛的解藥，將會是造成此一苦痛的民族皈依伊斯蘭教，以便向全人類彰顯、解釋、證明，神聖力量的完美無瑕與永恆命令的能耐」。[154] 再者，真主建立起強而有力和傑出的諸汗及君主的一條血脈（由成吉思汗的祖先屯必乃〔Tümenei〕帶頭），這是祂預定目的的一部分，而他們的回憶將因為他們的子孫合贊汗的存在而永遠持續，後者是「那條血脈的蒼穹之太陽，與那個王朝的全體之光輝」。[155] 合贊強化了信仰，孕育了其信徒；他復興每個伊斯蘭法教條和伊斯蘭習俗，而後兩者在不信道者和多神論者的手中遭到廢置和承受損害。[156] 更有甚者，拉施德丁隨後（以可諒解的誇張）補充，他將所有回鶻人、蒙古人、祆教徒和偶像崇拜者帶進伊斯蘭教。[157]

拉施德丁的觀點與志費尼在半世紀前的看法顯然不同。這不僅僅是因為志費尼服務的蒙古統治者仍舊是不信道者，而拉施德丁的伊利汗主子卻在最近改宗伊斯蘭教，也因為後面此事，無疑使得拉施德丁在如此下筆時較為容易。他在某種程度上滿足於遵循志費尼的腳步。在他的《史集》的第一部，即《合贊汗祝福史》的序言裡，他透過接續志費尼這位早先作者的一個主題並評論說，蒙古人的入侵是真主對穆斯林的預定懲罰，後者屈從於鬆懈與缺乏共識（*fatratī-u ikhtilāfi*），並偏離律法的道路。[158] 在拉施德丁看來，將蒙古人帶進伊斯蘭世界的神聖目的（就較為長遠來說）是要強化伊斯蘭教，並以如此方式和這般規模使得信仰散播全世界，如此一來就沒有任何多神論者膽敢於抨擊它[159]——這主張在某種程度上和志費尼也遙相呼應。

但拉施德丁的作品中的某些段落在描寫成吉思汗率領蒙古人第一次來臨，及蒙古統治權的頭幾十年之時，多少做了不同程度的潤飾，在相對於志費尼的解釋上，呈現一種大幅度的改進。那些被蒙古軍隊掃除的統治者是暴君，展現法老的性格和查哈克（Ḍaḥḥāk）❹的行徑，每個人的座右銘都是「唯我獨尊」；[160] 而相較之下，成吉思汗的統治為他們的前子民帶來公義和仁慈。[161]

在拉施德丁呈現合贊祖先的宗教信仰時，他與志費尼明顯分道揚鑣。真主的確為祂的目的選擇了恰當的工具，因為蒙古人是敬畏上帝的一神論者（*muwaḥḥid-u khudāshinās*）。[162] 拉施德丁一度畫出在據稱是一神論者的蒙古人，與偶像崇拜者和多神論（*but-parast-u mushrik*）民族之間畫出尖銳的區別——我們必須說那是毫無根據的區別——後兩者則指涉諸如回鶻人和徵召入成吉思汗軍隊及政府的其他人。[163] 這個一神論的形象在成吉思汗和其子孫的篇章中以兩種方式重複強化。首先，拉施德丁讓異教徒蒙古親王向上帝祈求成功。在一場 1302 年的異教徒儀式（這讓人聯想到忽圖利舉辦的那場）中，孛羅丞相告訴合贊，忽圖利如何向「遠古上帝祈禱」（*bā khudā-yi qadim munājāt kard*），祈求戰勝敵人。[164] 成吉思汗本人在他筆下則祈求「偉大的上帝（*khudā-yi buzurg*），塔吉克人和突厥人的創造者」，以向花剌子模沙赫復仇。[165] 在描述 1241 年遠征克勒人（匈牙利人）的記載中，拔都攀登山丘，向上主（*ḥaḍrat-i ḥaqq ta'ālā*）祈求勝利，就像他祖父所做的那般。[166] 若將這最後兩段描述與拉施德丁的作品及其源頭，即志費尼的對應篇章並列，則深具啟發性，因為志費尼告訴我們，成吉思汗與拔都為戰勝祈禱時，並未說是向誰祈

❹ 註：波斯史詩中的蛇王查哈克，施行邪惡統治。

禱，或向什麼祈禱。[167] 同理，在拉施德丁記載拖雷自我犧牲的著名行為之中，親王向「永恆的神」（*khudā-yi jāwīd*）祈求帶走他以取代他生病的哥哥窩闊台，這個懇求招致他自己的死亡。[168]《蒙古祕史》在處理這段插曲時，沒提到祈禱——或神——我們只被簡單告知，拖雷飲下薩滿為合罕的復原而用咒語加持的水，好以自己代替。[169]

拉施德丁運用的第二個手法，是把對蒙古多神論和偶像崇拜的明確否定，放進他眾主角的口中。我們已經注意到一個例子，即忽必烈在元朝領土上箝制穆斯林，當時法官哈米德丁（Qadi Ḥamīd al- Dīn）為緩和合罕的怒火而向他保證，由於他詔書的開頭出現「偉大的神」的名號，因此他不是多神論者。另外一個例子則與忽必烈的繼任者所做的努力相關，鐵穆耳勸誘穆斯林皈依者阿難答放棄其信仰，轉而崇拜偶像。阿難答堅定不移地抵抗這份壓力。他說，「我們的父親都是一神論者（*muwaḥḥid*）。他們認可神（*khudā*）是唯一，崇拜祂。毫無疑問地，因為這份合理的信仰，遠古之神（*khudā-yi qadim*）賜予他們整個世界……他們從未曾對偶像跪拜。」[170]

《史集》中的這些段落，與我們從《蒙古祕史》與其他文獻中，所得知的蒙古人的傳統宗教概念和實踐相當不同，因此呈現相當重大的意義。即若我們接受蒙古人本身在後征服時期的頭幾十年間，開始將騰格里同化為他們西亞多數子民崇拜的單一真主的這種說法，我們仍能在此看出拉施德丁的特意努力，將相等事物投射回可追溯自成吉思汗及其祖先時代上，並降低其餘的傳統蒙古異教儀式和實踐的重要性。我們要如何解釋這點？我們在上文探討過，伊利汗國史學家如何為他們的不信道的新統治者在古老伊朗歷史傳統中，找到定位。在拉施德丁的史書中，所提供的合贊祖先信奉一神論的獨特觀點，似乎反映他想在伊斯蘭歷史的框架中，挪用收編和為合贊祖先尋找定位的慾望。湯姆斯·愛爾森（Thomas Allsen）在將伊利汗國與中國比較時說——在中國，早期合罕被描述為轉輪王（而他們的元朝繼任者允許自己被同化為菩薩，以在佛教經典中找到一個位置）——「沒有試圖……將伊利汗溯及既往地轉變為穆斯林統治者的努力」。[171] 嚴格說來，此論點為真；但是，看起來伊朗似乎也在進行一種類似的運作。當志費尼準備好將成吉思汗描述為「沒有信仰和不遵循任何宗教」（*mutaqallid-i hīch din wa-tābi'-i hich millat nabūd*）的人之時，[172]，拉施德丁則反之，尋求將合贊祖先信奉的異教闡釋成位於真實信仰的邊緣。

拉施德丁眼前有個複雜而艱困的任務。在他尋求將合贊的伊斯蘭信仰變得無可置疑時，他也在支持自己，反抗心懷嫉妒的政敵的計策與中傷，他的政敵們挑戰拉施德丁自己新近從猶太教改宗的真誠度[173]——這個團體包括傑出的學者庫特卜丁．設拉子依（Quṭb al- Dīn Shīrāzī）。[174]而為合贊所做的聲明當然不僅代表對伊利汗國穆斯林的忠誠的籲求；它們也為要求馬穆魯克帝國的穆斯林之臣服提供基礎——並反駁開羅敵對政權的宣傳，此政權對伊利汗發出制裁，斥其皈依為空洞，或頂多只是半調子之舉。[175]同時，在拉施德丁所有對合贊的伊斯蘭教力量與真誠的強調上，他也覺得有必要以較傳統的模式來重新向蒙古人保證，伊利汗即使在小時都堅持奉行蒙古人的札撒和習俗，現在長大後仍是如此[176]——彷彿此點在事實上沒有矛盾之處。

無論潛藏於其下的混合衝動為何，拉施德丁對合贊祖先宗教立場的處理並非孤立現象。甚至在此之前，巴格達的歷史學家伊本．卡札魯尼（Ibn al-Kāzarūnī）就講述了一個旭烈兀皈依伊斯蘭教的造假記載，後來還出現在札哈比的第一位伊利汗的訃聞，以及薩法迪的《訃聞全書》中。[177]

拉施德丁並為下一代的歷史學家定調，他們傳達成吉思汗與旭烈兀離伊斯蘭教只有一步之遙的印象。哈米德拉．穆斯陶菲在《勝利紀》中（但有趣的是，卻不在《歷史摘錄》裡），讓旭烈兀說出一篇演講，表達遵照真實上帝意旨行動的感受；在派遣軍隊去保護納傑夫的聖墓時，旭烈兀變成「阿里和侯賽因的朋友」；而在他於巴格達陷落後在周遭前進時，他常說出真主（*yazdān*）的尊名。[178]

成吉思汗本人則成為歷史扭曲的特定焦點。對夏班卡拉依而言，成吉思汗的智慧和他與真主的友誼如此深厚，以致於他應該擁有先知的地位，那是說如果他是穆斯林的話。[179]在拉施德丁寫作十幾年前，維齊爾薩阿德．道拉據說曾說服阿魯渾，他從成吉思汗那繼承了先知（prophethood〔*nubuwwa*〕）的衣缽。[180] 鑑於對薩阿德·道拉的苦澀反感，我們無法確定這故事的可信性有多大，我們在上文已經探討過，這故事和據說要在克爾白天房設立偶像及創立新宗教的計畫有關。但成吉思汗做為先知的概念是蒙古世界外的思想暗流。伊本·瓦希勒已經指出，他在蒙古人眼中的地位等於先知。[181] 在馬穆魯克百科全書作者努瓦伊里（al- Nuwayrī）說的一個故事中，一位猶太人指導年輕的鐵木真，如果他將自己獻給神，他就會享有像摩西、耶穌，以及穆罕默德般崇高的地位，因此未來的征服者遂致力於苦行生活。這故事承載著染上伊斯蘭宗教實踐的亞伯拉罕一神論的弦外之音；與其說它呈現了努瓦伊里本人解釋成吉思汗的成功的主張，[182] 不如說它是來自伊利汗國的開羅使節的點子，因此就像魯汶·阿米泰所指出的，這也許反映了蒙古人在伊斯蘭化過程中的融合觀點。[183] 這類觀點涉及重新書寫成吉思汗的生涯，也許在合贊時代的蒙古最高中樞內是種流行看法，因為伊利汗國將領忽都魯·沙赫據說曾向敘利亞法學家伊本·泰米葉（Ibn Taymiyya）保證，成吉思汗的確曾是個穆斯林，那時是 1300 ／ 699 年，地點在大馬士革郊外。[184]

七、合贊、他的將領和他的大臣的伊斯蘭教：外部觀點

馬穆魯克敵人，理所當然，會不相信伊利汗和他們臣僕的伊斯蘭化。幾位馬穆魯克歷史學家提到貼古迭兒·阿赫邁德的伊斯蘭教——儘管後者在寫給嘉拉溫的第一封信中宣布他的信仰（1282 ／ 681 年），卻引發某種程度的懷疑（也許部分是因為其伴隨著歸順的習慣要求）。[185] 然而，關於合贊的皈依，馬穆魯克作者們——除了那些可接觸到謝赫薩德爾丁·哈穆瓦儀（Shaykh Ṣadr al-Dīn al-Ḥamuwayī）的記載的人外——態度則比較矛盾。[186] 而在合贊和完者都的時代，伊本·泰米葉（Ibn Taymiyya，卒於 1328 ／ 728 年）就伊利汗的地位和他們的軍隊發佈三個法律宣言，或「法特瓦」（fatāwā；單數 fatwā）。第一和第三道法特瓦的日期是在合贊第一次入侵敘利亞之後（1299 至 1300 ／ 699 年）；第二道法特瓦則是發佈於 1309 年，完者都皈依什葉派一

段時間之後。[187]

對馬穆魯克政權而言，1299至1300年的情況險峻。年輕的蘇丹納席爾·穆罕默德（al- Nāṣir Muḥammad）在瓦迪·哈茲納達爾戰役（Wādī al-Khaznadār）❺丟臉戰敗後逃回埃及，馬穆魯克衛戍部隊撤離敘利亞，而合贊的軍隊一路挺進遠至加薩，只有在大馬士革這類城市遇上穆斯林百姓的零星抵抗，而這現象令人不安。[188]伊本·泰米葉斷言，對那些宣稱有宗教信仰但又忽視任何一條伊斯蘭教規的人，穆斯林百姓的責任是起而抵抗，[189]但他會這麼說有自己的目的。不僅有必要鼓勵穆斯林百姓挺身堅定支持納席爾·穆罕默德，對抗合贊在戰役前和戰役中的政治宣傳也很關鍵。合贊從烏理瑪得到法特瓦，譴責攻擊馬爾丁的馬穆魯克軍隊，這些軍隊對穆斯林婦女施暴，並在清真寺飲酒——而這還是在9月（賴買丹月）。[190]這些暴行的報導對馬穆魯克政府的地位會造成多大傷害，則從其盟友，哈馬的埃宥比王朝蘇丹阿布·菲達（Abū l- Fidā）這等重要人物也相信傳聞，就可見一斑。[191]更有甚者，合贊的敕令在1299／699年保證大馬士革百姓的安全（amān），其中還包含其侵略的正當理由和他本人作為伊斯蘭社群首領的資格的聲明。[192]由薩義夫丁·奇克察克·曼蘇里（Sayf al-Dīn Qiqchaq al-Manṣūrī）帶領的某些馬穆魯克顯要，已經在合贊入侵前叛逃到蒙古人處。[193]有證據顯示，敘利亞穆斯林和馬穆魯克軍隊接受伊利汗的皈依是真心皈依，不想和他戰鬥；札哈比寫道，在蒙古人入城前，蒙古人和善對待敵人的傳言，在大馬士革內流通，而馬穆魯克蘇丹本人則在1301／701年寫給合贊的信中，洩漏他早就敏銳地知曉大難將至。[194]這些背景的鋪陳，很可能有部分是要將合贊放進阿拔斯傳統的努力。

伊本·泰米葉曾參與大馬士革代表團前往蒙古中樞，曾得到合贊和其兩位維齊爾拉施德丁及薩阿德丁·撒瓦吉（Saʿd al- Dīn Sāwajī）在1300年1月中旬／699年賴瓦爾·阿色尼月月尾）的接見。[195]他因此有機會第一手仔細觀

❺ 註：1299年，合贊蒙古軍隊越過幼發拉底河（伊利汗國和馬穆魯克的疆界），奪下阿勒坡，馬穆魯克戰敗。

察伊利汗及其隨從的態度有多麼伊斯蘭。根據烏瑪里，他當面指控合贊不守諾言，而這行徑（據說）與他的不信道者祖先忽必烈和阿八哈相悖。[196] 至於合贊的信仰，伊本・泰米葉似乎沒看到多少能讓他肯定的事。在伊本・泰米葉的法特瓦中，他技巧地結合對這些新皈依者的真誠伊斯蘭信仰或行徑的認可，以及強烈強調本質上非伊斯蘭的宗教實踐，他們沒有停止執行其異教徒的過往習俗。因此，若迫於需要，蒙古人可以說清真言，褒揚先知的名；他們或許會遵循 9 月齋戒；但他們很少被看到在祈禱。在入侵的蒙古軍隊士兵裡找不到宣禮員或伊瑪目；他們也沒支付合乎教規的救濟天課（則卡特）。[197] 他指控他們在 1299 至 1300 年的征戰中，甚至在大馬士革和耶路撒冷的清真寺裡對穆斯林婦女犯下暴行，並焚燬烏凱巴（al-ʿUqayba）的清真寺，[198] 因此也對合贊提出合贊對馬穆魯克軍隊所做出的行徑的相同指控。伊本・泰米葉堅稱，蒙古人的主要志業不是推廣伊斯蘭教，而是擴展成吉思汗的帝國：任何臣服他們的人都變成朋友，就算他是不信道者；反之，任何拒絕服從的人就是他們的敵人，即使他是最好的穆斯林。[199] 他們的軍隊包括喬治亞人和亞美尼亞人這類基督徒（馬穆魯克蘇丹已經在他的信中提出這個指控），更遑論叛教者。[200] 蒙古人服從成吉思汗的戒律（*amr*），那些是其異想天開的意見（*bi- ẓannihi wa-hawāhi*），並將其視為優先於《古蘭經》。伊本・泰米葉引述「他們最偉大的領袖」，聲稱他們將成吉思汗放在與先知同等地位，視穆罕默德和成吉思汗同為上帝的徵兆（*āya*）和先知的封印。[201] 這種一視同仁該受到冷落：成吉思汗不過是「多神論者的國王」（*malik al-mushrikin*），而他的札撒則與伊斯蘭教條形成對立。[202]

在伊本・泰米葉的各種非難中，我們應該指出，一個特別與我們早先討論合贊政權的相關層面，即伊利汗未能從保護民身上徵收吉茲亞和要求他們屈服（*saghār*）[203]——可能是拿來做對合贊向大馬士革發出平安（*amān*）宣告的巧妙應對，因為伊利汗在其中含沙射影地聲稱要對「誓約之民」（即保護民，*ahl al-dhimma*）徵收吉茲亞。[204] 而伊本・泰米葉說，蒙古人對有經者與偶像崇拜者展現平等對待，對每個族群的學者一視同仁。他更進一步要讀者注意在伊利政體中，自由思想家（*zindīq*）、非正統穆斯林（「易司馬儀派」〔Bāṭinīs〕，「什葉派穆斯林」〔Rāfiḍīs〕）與猶太人的突出地位，聲稱他們假裝是穆斯林，特別還點名什葉派伊本·阿勒合迷（伊本·泰米葉顯然認為後者在1258年背叛哈里發是確有其事）和納希爾丁·圖西。[205] 他們中的「主要維齊爾」將伊斯蘭教與猶太教、基督教作連結，因為他們認為每個宗教都代表朝向真主之路。[206] 這指控再簡潔不過地表達蒙古人在宗教事務上的傳統態度。

1320和30年代的馬穆魯克歷史學家認為拉施德丁的伊斯蘭信仰的確真誠。[207] 伊本·泰米葉卻不做此想：身為伊利汗的維齊爾和自猶太教改宗的拉施德丁，特別被泰米葉挑出來嚴厲譴責。拉施德丁是位「高談闊論的猶太人」，即使在皈依伊斯蘭教後，仍舊保留其猶太教信仰和哲學理念。[208] 這位「異端和偽善的維齊爾惡棍」（*wazir hādhā I-khabith al-mulḥid al-munāfiq*）沒有背離猶太教和基督教；他也沒要求猶太人與基督徒接納伊斯蘭教。[209] 他優先選擇和提拔最糟糕而非最好的穆斯林，其結果是，首席法官的職位都由那些自由思想家、抱持異端邪說和不信者所把持。[210] 這些指控的根據則在維齊爾自己的作品裡斑斑可見。米修特教授（Professor Michot）指出，伊本·泰米葉的某些評論呈現歪曲拉施德丁神學作品《經文集注》（*al-Tawḍīḥāt*）的手法。伊本·泰米葉究竟有無讀過此書，我們尚不清楚；他更有可能只將他的譴責建立在完者都統治早期某段時間，拉施德丁的毀謗者對其提出的指控。[211] 無論如何，某些激烈爭辯似乎衍生自《史集》裡找到的主題。誠然，伊本·泰米葉將成吉思汗描繪成年代較晚的法老或挪亞的曾孫寧祿（Nimrod）的角色刻畫，[212] 聽起來像對拉施德丁所做比較的有意識顛倒，我們已經在上文引述過，拉施德丁的比較是建立在這類傳奇暴君和成吉思汗的軍隊所推翻的穆斯林統治者之間。

＊＊＊

追蹤蒙古統治者——更遑論普通的蒙古人——的伊斯蘭化也許是個難以企及的目標；而本章所探討的每個個案研究，都闡述一個史學難題。整體而言，我試圖審視蒙古統治者皈依伊斯蘭教的方式，以及可能動機的範圍，並強調王室皈依者在尋求將新信仰強迫施行於不信道的追隨者及重新建立伊斯蘭法時，所面臨的困難。查爾斯・梅爾維爾（Charles Melville）在指出下述觀點時是正確的，「對蒙古人，比起對波斯官僚和歷史學家而言，宗教本身是個遠遠不會引發分裂的議題」。[213] 然而，對蒙古人來說異乎尋常的事，並非是他們的臣民應該遵循伊斯蘭教戒律（當然，前提是它們不會違反草原習慣法律），或甚至臣民與統治者作為個人應該遵循，而是他們竟然必需在以伊斯蘭原則為依歸的政體內生活。此種政體之所以會特別引起反感，是因為這這形同放棄了成吉思汗的札撒，也就是對蒙古臣民的宗教一視同仁。我們為此主張所依據的證據是，伊斯蘭教的重新建立，在伊利伊朗一直是個斷續過程，即使在 1295 年過後，也持續了二十年，甚至還在其他西方蒙古汗國內持續更久時間。在他們與其非穆斯林子民的關係上，穆斯林伊利汗——還有或許在本章中探討的某些其他君王——被證實在中程時間之內，不情願地履行穆斯林統治者的傳統責任。他們被迫緩慢執行；而他們或許就是想這麼做，不管引導他們進入新信仰的那些人懷抱什麼樣的感情和意見。新近皈依的穆斯林諸汗面臨反對勢力，不是因為他們在個人層面上改宗，而是因為他們試圖在汗國內恢復伊斯蘭教至高無上的地位，以及實施伊斯蘭法律。那些倖存下來，並對伊斯蘭化過程做出最大貢獻的君王之所以能夠成功，是因為他們漸進地提升新信仰的地位，逐步進行。他們也準備好採取非常手段——激烈的剪除家族成員——來排除路上的阻礙，納里豁阿便是在被推翻前決心採用此種作法；貼古迭兒・阿赫邁德與答兒麻失里，顯然不敢採取此激烈手段；但合贊與月即別，則做得毫不遲疑。

尾聲

蒙古帝國的遺產

要是我們找來某位十三世紀中期的穆斯林史家，問問他對蒙古人的意見，得到的答案大概與志費尼筆下來自布哈拉的難民相去不遠：「他們來了，他們破壞，他們焚燒，他們殺戮，他們掠劫，然後他們離開。」[1]的確，直到大約二十年前左右，大部分的蒙古帝國歷史學家可能會滿足於類似的結論：蒙古人只是毀滅了西亞繁榮的城市社會，卻沒有留給伊斯蘭世界任何好處。然而，晚近的史家比較傾向於拉施德丁的論斷：

> 在這時代，什麼事件或情況會比成吉思汗統治的開端更為重要？更能劃定一個新的時代？[2]

儘管拉施德丁寫作的年代比志費尼晚四十年，他頭頂的統治者（同樣重要的，也是他寫作的讀者）是一位穆斯林伊利汗。即使如此，上面的反問句依舊緊跟著成吉思汗的戎馬征戰，而非謳歌當前蒙古統治下的太平盛世。但現在許多學者會同意在這些征服之後，世界已經深刻改變，而且並不是在每個層面都變得更糟。

我們先前已經檢視了蒙古征服伊斯蘭世界所造成的部分後果：包括蒙古統治者如何試著彌補征戰和蒙古人內戰造成的傷害（第六和七章），在領地內遷徙工匠和大批人口，以及征服者特意扶持的商業和文化交流（第八章）。本章將關注來自蒙古征服戰役其較長期過程的後果，可歸入兩個範疇。一是蒙古不信道統治的直接影響，或許可稱之為「蒙古帝國文化」的存續，這種文化本身即混和了蒙古與突厥文化，間或夾雜了來自穆斯林或其他臣屬（中國人或西藏人）的文化元素。這包含成吉思家族統治正當性的概念、新（但未必是蒙古的）統治技術、對蒙古札撒的忠誠奉行（雖然在後來日漸廢弛）。二是間接和意料之外的影響：由於接收了蒙古占領區域的移民，加強了周遭穆斯林國家的國力、（不管是由於中亞和西亞穆斯林的遷徙，或藉由蒙古人或非蒙古臣民的皈依而達成的）伊斯蘭信仰的傳播，以及新穆斯林族裔的出現。最後，我們將檢視所謂蒙古遺產中最受爭議的部分，也就是整個歐亞大陸（包括遠至西班牙的整個伊斯蘭世界）整合成單一疾病圈，特別是十四世紀中期黑死病的流行。[3]

一、成吉思系血統的合法化

至少從1225至1250年開始，蒙古人和（某個程度上）他們的子民都深信，只有成吉思系家族成員才有資格稱「汗」及行使統治權。這當然不僅限於伊斯蘭世界。在1368年明朝將蒙古政權逐出中國本部之後，成吉思系持續統治蒙古，元順帝（元朝末代皇帝）撤退後仍統治著軍事力量可以控制的剩餘區域，而他的後代（僅短暫被一位非成吉思系打斷）在「北元」的朝代名號下繼續統治，直到在十七世紀遭滿洲征服。相較於忽必烈時代的統治疆域，北元僅反映了成吉思系權勢的黯淡殘影。如斡亦剌惕部（未來準噶爾汗國的核心）這類部族離開脫離，到了1400年時已經建立起他們的自治國，而他們的軍事能力則足以挑戰北元。在曾一度被蒙古統治的伊斯蘭疆域，成吉思系血統的領袖魅力反倒更為強大和持久。在毀滅哈里發國時，旭烈兀在順尼派穆斯林眼中，剷除了政治合法化的終極根源，而成吉思系血統則不無矛盾地在蒙古人皈依後，填補了權力的真空。[4]

在十四世紀中期，統治王朝內的繼承危機將所有西方汗國捲入長期戰爭。在察合台汗國，篤哇最後一位兒子答兒麻失里（在1334／735年）的垮台開啟來自察合台系和窩闊台系兩方面競爭者的繼位之爭。隔年，伊利汗國阿魯渾最後一位男性子孫不賽因死去，沒有留下男性繼承人，就此開啟了戰爭時期，不僅旭烈兀的旁系子孫，甚至連一位阿里不哥系親王和另一位成吉思汗的弟弟拙赤合撒兒（Jochi Qasar）的子孫都來競逐汗位。[5]最後，在朮赤領地，拔都系在1360年後和（顯然）早些時候斡兒答系的滅絕允許他們兄弟的後代，主要是昔班和禿兒帖木兒（Toqa Temür）[6]的後代競逐兩個兀魯思的領袖，開啟數個敵對諸汗同時治理的「混亂時期」（Time of Troubles），每個都有自己的勢力範圍，並持續至十五世紀。

而在十四世紀中期的中亞和西亞，實質統治權則從諸汗落入埃米爾手中，如1347年後的察合台河中地區、大莫1365年後二十年內的東察合台領地（「蒙兀兒斯坦」或「賈塔」）、1335年後瀕臨顛覆的伊利汗國，以及1360年後斷續征戰不休的朮赤兀魯思即是如此。不過，即使在這段時期，這些權力經紀人依舊受限於成吉思系的魁儡君主，並與帝國王朝維持聯姻關係。[7]唯一的例外是禿豁剌惕部埃米爾哈馬兒丁（Qamar al-Dīn），他在1360晚期和70年代顯然沒有任命一位傀儡汗，而是自己尋求竄奪蒙兀兒斯坦汗位，結果面臨他同儕的強烈反對。[8]成吉思系的壟斷王權在伊朗為期最短。脫合帖木兒（Togha Temür）在他於1353／754年死時都對呼羅珊擁有影響力，也曾有數年在安納托利亞得到認可，通常被視為最後一位伊利汗；[9]儘管一位「合贊二世」身為成吉思系傀儡汗似乎在伊朗西北部統治直到1357／758年。[10]1380年代在曾經的伊利汗國境內，見證了成吉思系合法性的最後喘息，當時脫合帖木兒的兒子洛格芒（Luqmān）以帖木兒軍閥的附庸身分統治阿斯塔拉巴德。[11]但在超過三十年前，有權有勢的埃米爾已經變成法律上的統治者：亞塞拜然的丘班王朝（Chobanids）❶；伊拉克（以及也短暫於亞塞拜然）的札剌亦兒王朝；法爾斯的因賈王朝（Injuids）❷；雅茲德、克爾曼，稍後是法爾斯的穆札法爾王

❶ 註：又稱丘班王朝，興於十四世紀波斯，1357年亡於金帳汗國札尼別之手。

❷ 註：蒙古什葉派王朝，十四世紀統治設拉子和伊斯法罕，1357年亡。

朝（Muzaffarids）❸。然而，我們或許應該指出，頭兩個王朝都是蒙古出身，而札剌亦兒王朝的謝赫．烏韋斯（Shaykh Uways，卒於 1374 ／ 776 年）的祖先包括超過一位伊利公主，他強調他與成吉思汗的血脈關連，以及身為成吉思汗傳承的復興者角色。[12]

帖木兒——趁成吉思系搖搖欲墜時，為自己締造出豐功偉業的最成功的埃米爾——似乎想出將其權威下的四個繼承國塑造成他的附庸國的方法，即扶植金帳汗國汗、東察合台汗，和最後一位伊利汗的兒子，他甚至想使明朝中國歸順，結果他在最後遠征中國途中，於 1405 ／ 807 年逝世。[13] 在將他的帝國劃分給四位繼承人時，他或許是有意識地採納成吉思汗作為他的典範。[14] 但儘管帖木兒是以劫掠者身分展開職涯（和成吉思汗幾乎如出一轍），但他和成吉思汗的雷同處卻很少。他出生在河中地區的基胥（薩布茲），屬於突厥—蒙古部族巴魯剌思（Barlās〔Barulas〕）部，在他身上同時體現了定居和游牧的文化。而與成吉思汗和其後繼者相反的是，他的基地在定居地區，滿足於在草原上實施間接統治。帖木兒並沒有成吉思系的血緣，但他總是以「埃米爾」或「大埃米爾」的頭銜為人所知，自稱為「駙馬」（Gūrkān，蒙古語 küregen，「女婿」），因為他娶了察合台汗合贊算端（Qazan，卒於 1346-7 ／ 747 年）的女兒，隨後還從成吉思系王朝迎娶了其他妻子。他更進一步讓幾位兒子和孫子娶得成吉思系公主，他們輪流自稱駙馬，而成吉思系血統在他選擇繼任者時是個重要標準。[15]

這一切論證並非要否定帖木兒未從其他來源建立其合法性，包括像是透過星盤上金星與木星相合，強調自身具有特殊的天命，因此帖木兒的其中一個稱號便是「吉星相合之主」（ṣāḥib-qirān〔Lord of the Auspicious Conjunction〕）。[16] 在他的自我呈現中，另一個同等重要的元素即是作為伊斯蘭教護持者的角色——當然，在這方面，他與成吉思汗就很不一樣了。試圖將好穆斯林資歷與傳統蒙古意識型態並列在帖木兒的時代並非新鮮事：察合台

❸ 註：伊利汗國於十四世紀分裂後的波斯王朝，1393年亡。

系君主牙撒兀兒就曾試圖在呼羅珊如此做，[17] 而伊利汗貼古迭兒．阿赫邁德和合贊兩人都尋求在這個相同基礎上促使馬穆魯克埃及歸順。但帖木兒則更進一步。撒爾馬罕的古爾—埃米爾帖木兒陵墓的銘文宣稱，他是第四位哈里發阿里的後裔，用約翰．伍德斯的話來說，遂結合了「後阿拔斯、晚期蒙古伊朗與中亞最有力的王朝合法性概念」。[18] 學術界認為，帖木兒以此方式適應和補充成吉思汗傳統，並透過創立往後王朝追隨的新典範，而對其延續做出貢獻。[19]

帖木兒作為平民，甚至未曾隸屬於產生巴魯剌思瓦部落領袖家族的資深分支，因此他無法直接統治，反而得像他的前任者加茲罕和埃米爾．侯賽因（Amīr Ḥusayn）一般被迫透過成吉思系汗統治。[20] 就如同他在阿斯塔拉巴德扶植洛格芒一樣，帖木兒滿足於任命一位被保護者脫脫迷失（朮赤的兒子脫合帖木兒的子孫）在 1378 年左右，坐上金帳汗國的汗位，並接受察合台系黑的兒火者（Khiḍr Qocha）1389 年在蒙兀兒斯坦的致敬，甚至支持一位北元冒牌貨抵抗明朝。在他領土的心臟地帶河中地區，他透過昔兀兒海迷失（Soyurghatmish，1370 至 88 ／ 771 至 90 年）和其子麻哈沒的算端（Sulṭān Maḥmūd，1388-1403 ／ 790 至 805 年）汗統治，兩人都是窩闊台的子孫。[21] 由於帖木兒不時聲稱他要導正被拖雷系罷黜的窩闊台血脈，已有學者指出，他對窩闊台系的扶植顯然是為了支持他自身恢復十三世紀蒙古帝國的計畫。[22] 儘管他們相關於帖木兒在西亞其他地方的成吉思系附庸國的地位顯得模糊不清，但這些窩闊台系諸汗可不僅只是傀儡：昔兀兒海迷失似乎在帖木兒的某些軍事行動中扮演積極角色，而麻哈沒的算端在 1402 ／ 804 年的安卡拉戰役中，俘虜了鄂圖曼蘇丹巴耶塞特一世（Bāyazīd），表現傑出。[23]

我們不知道，麻哈沒的算端是否在死後很快就被取代，但帖木兒的後裔覺得自身權勢強大到可以廢除諸汗，直接以自己的名義統治。汗的機制可能在帖木兒死後僅數月就顯得多餘，因為他的孫子哈利勒蘇丹（Khalīl Sulṭān）不是以成吉思系，而是以帖木兒系的身分，在撒爾馬罕坐上汗的位子——當地軍隊對帖木兒一個襁褓中的曾孫穆罕默德．賈罕吉爾（Muḥammad Jahāngīr）的父親依舊保有強烈忠誠（但同樣重要的是，他的父系祖母是成吉思系出身）。[24]

從赫拉特統治的沙赫・魯赫（Shāh Rukh，卒於 1447 年）就沒有扶植成吉思系傀儡，而是自己冠上汗和蘇丹的帝國頭銜。[25] 儘管我們讀到沙赫・魯赫的兒子兀魯伯罷黜一位汗，並派遣他從河中地區在 1429 年左右去攻打東察合台汗國的歪魯汗（Ways Khan），但帖木兒時代的作者並未提到他，而因為這段插曲只出現在時代較晚的米爾札・海達爾・杜格拉特的記載裡，其歷史真實性備受懷疑。[26] 據說，在兀魯伯 1449 年垮台之時，某位汗於撒馬爾罕登基。[27] 這是最後一次我們聽到帖木兒統治疆域裡的名義上的成吉思系汗。

帖木兒王朝意識型態的發展也許讓過去受到尊崇的成吉思血統居於次要地位。在帖木兒的一生中歌頌其功績的作者，沒有人提供他出生的年份，他們甚至可能不知道確切時間。但大約在二十年後，夏拉夫丁・雅茲迪明確寫下帖木兒出生於 1335-6 ／ 736 年，歷史就在此年見證了最後一位握有實權的伊利汗不賽因之死，而他的領土之後便逐漸由數個非察合台系，甚至非蒙古的王朝所瓜分。但這意味著雅茲迪尋將統治的天命視為伊利時代的延續。[28] 更重要的是，在他的《勝利紀》的序言（muqaddima）裡，雅茲迪將帖木兒十三世紀的祖先，巴魯剌思的合剌察兒（Qarachar），嫁接到成吉思汗的祖先血緣上，使他成為合出里（Qachulai）的子孫。合出里即屯必乃的小兒子和成吉思汗的曾祖父合不勒（Qabul Khan）的兄弟。此外，他捏造合不勒和合出里之間的書面契約，根據此約前者繼承統治王權，而後者繼承了行政和軍隊責任。根據雅茲迪的說法，成吉思汗從寶庫拿出此一保存數代的盟約，並用一道新的法令加以確認：他因此將察合台交給合剌察兒監護，後者據稱是合出里的後代，因此在察合台兀魯思內掌握行政權和軍權。[29] 雅茲迪告訴我們，文件已經在窩闊台系阿里算端其動蕩不安的統治期間內迭失。[30]

前帖木兒時代的文獻沒有一件證實雅茲迪這個令人驚奇的主張。的確，《蒙古祕史》的作者和拉施德丁都說巴魯剌思族和成吉思汗有共同祖先，儘管是透過不同分支的血緣，但只有拉施德丁將部族的血緣追溯回合出里，而在兩個例子裡，合剌察兒都沒被納入家譜中。[31] 兩位作者都說合剌察兒是成吉思汗一位千戶指揮官，但在《蒙古祕史》中，成吉思汗派遣一位完全不同的那顏闊闊擲思（Kököchös）到他兒子旗下。[32] 一位更早期帖木兒作者，即帖木兒的宮廷歷史作者尼札姆·沙米，沒有以這類術語描繪合剌察兒：他的確認為成吉思汗將察合台委託給合剌察兒照顧，但他僅強調合剌察兒在兀魯思裡的高階地位。[33]

重要的是必須指出，雅茲迪在起草序言時，雖盡所有努力膨脹帖木兒的祖先的重要性，但他仍舊覺得必須在蒙古帝國血緣裡為王朝的開創者找個位置。在這個關頭，摒除所有這類關連顯然既不可能也不可取。但等到他撰寫《勝利紀》的主要部分時，雅茲迪已經準備更進一步。約翰·伍德斯指出，雅茲迪如何僅在序言中保留一處帖木兒與成吉思汗擁有共同祖先的暗示；而他是如何有意識地重新改寫沙米的《勝利紀》其中涉及名義上的成吉思系諸汗昔兀兒海迷失和麻哈沒的算端的所有插曲，刪除任何提到他們的部分，這樣才能建立帖木兒本身就有權利行使統治權的印象。[34] 帖木兒傳說的發展在十八世紀早期達到完全成熟，《偉大者的寶藏》（*Kunūz al-a'ẓam*〔Treasures of the Mighty One〕）的作者在烏茲別克布哈拉寫作，摒棄帖木兒在合剌察兒那顏前的祖先，彷彿和成吉思汗的關連不再被認為必要。在這本作品中，大部分的察合台汗被描繪為殘忍的暴君，而帖木兒則是保存和復興伊斯蘭教的真主的工具。[35]

在朮赤和東察合台世界裡，對成吉思系合法性的堅持則無疑較為堅定，並在沒有經過改造和名義上的中斷下，持續更久。在禿豁剌惕族埃米爾哈馬兒丁嘗試掌管察合台兀魯思東半部的努力受挫於帖木兒的連續攻擊後，汗位傳至黑的兒火者，他是禿忽魯帖木兒的私生子。在黑的兒火者治下（約卒於1399年），他憑藉歸順抵擋掉帖木兒的侵略，使得東察和台領地重獲某種程度的安定，甚至還得益於北元的亂局而將疆域擴展至東部。他的子孫，則在十六世紀早期成功從禿豁剌惕（Dughlāt）族手中奪取喀什噶爾和葉爾羌的控制權（按：即建立葉爾羌汗國），繼續統治，在1670年代才又被「黑山派」（Black Mountain；Qarataghliq）的火者（Khwājas）[4] 奪取統治權。黑山派是奈克什班

---

[4] 註：即清代文獻中的黑山派和卓家族。

迪（Naqshbandī）蘇菲道團的一支，由強大的準噶爾汗國撐腰。非成吉思系（和非穆斯林）的準噶爾諸汗現在取代察合台系，成為「蒙兀兒斯坦」真正的統治者。[36]

在 1359 年後幾乎二十年內，數個短暫諸汗在廣闊綿延的朮赤領地上爭戰不休。在這個時期，頓河西部地區真正的權力握在埃米爾馬麥（Mamai）的手中。在他於 1380 年或之後不久被脫脫迷失推翻後，權力再度大體上回歸於一位成吉思系汗。然而，脫脫迷失（卒於 1407 年）——多虧他對其恩人帖木兒的蔑視❺——他的獨霸統治不到十五年。[37] 到十五世紀早期，東歐—裏海大草原再一次成為內部戰爭的場域，一方面是脫脫迷失和其數個兒子間，而另一方面則是先由帖木兒和其繼任者，然後由地方強人也迪古（Edigü，卒於 1419 年）扶植的敵對朮赤汗間。最後，在十五世紀第二個二十五年間，金帳汗國分裂成五個相互較勁的政治實體：「大帳」變成伏爾加河下游的阿斯特拉罕（Astrakhan）汗國的核心、伏爾加上游的喀山汗國、克里米亞汗國、由也迪古兒子們在伏爾加河東部創立的諾蓋邦聯（Noghay confederacy），還有更東方的朮赤兒子昔班的兀魯思。最後這個政體很快就分裂成（在西伯利亞西部的）秋明汗國和仍在雛形中的烏茲別克汗國，後者由阿布海兒（Abū l-Khayr，卒於 1468 年）創立。大約在 1500 年前，烏茲別克人轉而喪失了許多草原土地給新興的哈薩克邦聯，後者的汗不是昔班的子孫，而是他兄弟禿花帖木兒的後代。

除了諾蓋邦聯外，這些分裂的政體都是由朮赤系汗統治。朮赤系整體來說展現令人驚嘆的持久力。在最西部的政體中，「大帳」在 1480 年慘敗於伊凡三世帶領的新興勢力莫斯科大公國的手中後，1502 年由克里米亞汗明里．格來（Minglī Girei）接管。[38] 伊凡四世（「恐怖伊凡」）的莫斯科大公國分別於 1552 年和 1554 年擊潰喀山汗國和阿斯特拉罕汗國。但克里米亞汗儘管處在鄂圖曼名義上的保護下，仍保留了不可小覷的權勢，直到 1783 年被凱薩琳大

---

❺ 註：脫脫迷失得到帖木兒的幫助，得到白帳汗位，但後來和帖木兒失和。

帝征服。在東部，哈薩克眾多汗國則存續到於十九世紀早期被俄羅斯人併吞為止。

然而，成吉思系其堅韌度的最驚人跡象則在十六世紀初期，當時朮赤系昔班後代的兩個分支都取得可觀的勝利。首先，烏茲別克人在穆罕默德．「昔班尼」（Muḥammad 'Shībānī'）率領下，復興了昔班尼祖父阿布海兒的帝國，從河中地區和呼羅珊趕走最後的帖木兒系汗。雖然 1510 ／ 916 年穆罕默德．昔班尼在與薩法維王朝沙赫伊斯邁爾一世的戰役中，於馬魯附近戰死，這意味著喪失呼羅珊，但這並未阻止他的親族鞏固他們從塔什干到巴爾赫地區的統治。這個所謂的「成吉思系復辟」（Chinggisid restoration），重新建立了有序的分封體系，並重建了在遴選最高汗位的尊長原則。之後，在數年內，兩位穆罕默德．昔班尼的遠房堂兄弟——他們是昔班的子孫，一位叫阿剌卜沙（'Arab Shāh）君主的後代——從帖木兒系諸王手中接管希瓦（花剌子模，按：即希瓦汗國）。在 1599 ／ 1007 年，昔班系烏茲別克人為另一支朮赤系所取代，後者是脫合帖木兒的後代，在莫斯科大公國於 1554 年征服阿斯特拉罕時，逃到烏茲別克領地內尋求庇護。脫合帖木兒王朝（Toqatimurids，一度被歷史學家稱做「布哈拉汗國」或「阿斯特拉罕汗國」）直到大約 1750 年和 1737 年，從布哈拉和巴爾赫兩個中心，分別統治河中地區和烏滸水以南，而希瓦的阿剌卜沙系也延續至 1727 年。在隨後那些年間，傀儡汗通常是脫合帖木兒系。[39]

透過成吉思汗的連結來訴求某種合法性的傳統非常頑強。值得注意的是，延續到十八和十九世紀的後成吉思系（以及後帖木兒系）王朝——從 1756 年的布哈拉的曼吉特王朝（Manghits）和從 1804 年的希瓦的弘吉剌王朝（Qongrat〔Qongqurat〕）——對成吉思系血統的吸引力有足夠意識，因此透過與蒙古征服者的後裔聯姻來製造或誇耀他們擁有這類吸引力。[40] 穆罕默德．穆尼斯（Muḥammad Mūnis）的《花剌子模史》（*Firdaws al-iqbāl*〔The Paradise of Good Fortune〕）是由希瓦的第一位弘吉剌汗伊爾土澤（Eltüzer）委託寫作的，書中將汗的祖先提寧（Tinim）化身為成吉思汗信任的指揮官和女婿（駙馬）以及朮赤的副手，因此與雅茲迪筆下的合剌察兒在察合台兀魯思扮演類似的角色。提寧的子孫（他們之間有著名的那海，這是無恥地從成吉思汗家譜中偷來的）據說輪流統治保加爾，後來並在月即別和其繼任者治下官拜首席埃米爾（amīr al-umarā）。[41]

反之，缺乏成吉思系資格或無法捏造成吉思系血統的統治者被迫採納合法性的另類來源。阿拉伯人之間對世系的執著可追溯自前伊斯蘭時代（蒙昧時代）；而在伊斯蘭教興起和傳播後，赫赫有名的祖先通常得是一位哈里發（儘管不必然得是先知家族成員之一）、聖裔、重要的早期穆斯林領袖，或國王。在稍後的成吉思汗時代裡出現的新現象是和一位與皈依過程有緊密關係的（無論是真實或標榜）人物的子孫之號召力。因此，由於金帳汗國的埃米爾也迪古常受到一位或另一位脫脫迷失的兒子的攻擊，所以才虛構出能追溯到蘇菲教長巴巴・圖克勒斯（Bābā Tükles）的祖輩，一般大眾認為他是在月即別汗於一個世紀前皈依的決定性人物。[42]

伴隨著成吉思系的強烈魅力以及他們適合統治的獨特性，在大部分的穆斯林西亞延續直到相對現代時期，而成吉思系君主理所當然地保留從不信道者的統治時代而來的某些行政實踐。他們和其追隨者突厥—蒙古軍事貴族特別易於對他們認為是成吉思汗法律和習俗，「札撒」或眾所周知的「圖拉」（Tura〔töre〕）許下承諾。我們現在就來探討這些議題。

二、對蒙古規範和制度的忠誠

即便在（嚴格定義下的）蒙古政權瓦解之後，其他人依舊對征服者帶來的草原習慣奉行不渝。成吉思汗傳統在諸如帖木兒、印度蒙兀兒、鄂圖曼和薩法維王朝下延續了數個世紀——後面三個王朝被稱之為「火藥帝國」。這四個國家，可說是 1260 年成吉思帝國分裂後諸汗國的繼承人。

在某種程度上，蒙古人只是延續塞爾柱王朝立下的突厥傳統，比如君王在行政文件上的花押（tughra），那是某種格式化的「簽名」。[43]但某些不信道的蒙古時代的行政規範，則在後蒙古世界裡堅持延續了幾個世紀，特別是在以前的伊利領地。最明顯的是采邑（suyūrghāl，蒙古語 soyurghal，「恩寵」，「報酬」），這是有管理和歲收權利的恩賜土地，往往可以世襲，但不同於前蒙古時代的傳統伊克塔（在理論上，伊克塔只是恩賜歲收，且是非世襲的），札剌亦兒王朝、帖木兒王朝、黑羊王朝、白羊王朝和薩法維王朝都存在不同形式的采邑；佛拉納教授將之視為回歸伊斯蘭實踐的失敗。[44] 另一個比較少見的例子，是在官方文件中，於統治者簽名後包含突厥式的 sözümiz（意指「他的字」），這不只能在帖木兒的敕令中，也在十五世紀突厥蠻白羊王朝君主烏尊哈桑（Uzun Ḥasan）的敕令中可見；[45] 這類文件上有四位年長怯薛那顏的宣誓，就如艾騖德（Christopher Atwood）指出，這不是源自成吉思汗的統治實踐，也並非後世相信的是屬於札撒的部分，反之，這個作法可追溯到忽必烈時代和他的同代人伊利汗乞合都。[46] 第四個例子是自帖木兒直到薩法維時代，向官員強制要求約束性書面誓約（möchelge）。[47] 而第五例則是過去草原突厥人長期使用的十二生肖紀年，在蒙古引入伊朗之後，在伊朗使用直至卡札爾王朝（在 1925 年）結束為止。[48]

這類源自蒙古時代的傳統遺俗並不僅限於伊朗。鄂圖曼帝國也沿用數種源自伊利汗國統治安納托利亞的行政術語和制度。[49] 突厥穆斯林在蒙古時期從中亞蜂擁而入更加促成此一現象。透過同樣的途徑，代表成吉思系和蒙古帝國的回鶻文字，也在十五世紀晚期於安納托利亞蔚為風尚；雖然，隨著蘇丹在十六世紀征服阿拉伯世界的核心地帶，鄂圖曼的政治文化也隨之跟著阿拉伯化。[50] 成吉思系和鄂圖曼國家另一個可能的連結則將在稍後討論。

貴族女性在政治決策過程中的重要性已經是蒙古統治的顯著特色，此潮流仍在帖木兒王朝延續，儘管我們也該指出，帖木兒和其兒孫兩者的妻子有階級之分；蒙古帝國王朝的公主（我們在上文指出，由於她們能傳承成吉思汗的血統，因此非常珍貴）的階級比其他人高，並得到更大的禮遇和尊敬。[51] 伴隨著巴布爾在十六世紀早期征服印度北部，帖木兒王朝便將王室女性的政治重要性帶進次大陸，而最近一篇論文則注意到蒙兀兒公主在那相對高的地位。[52]

我們探討過，草原法律和習俗有時如何和伊斯蘭法引發衝突，而在蒙古人接受伊斯蘭教後，草原的作法也並未立即遭到拋棄。可以想像的是，在皈依後，對頭幾代的蒙古諸汗和突厥—蒙古貴族而言，新信仰和他們祖先的做事方式之間並無杵格。然而，隨著時間推移，遵循伊斯蘭和尊重札撒後來被視為形同水火。

帖木兒既熱心信奉伊斯蘭，也大力遵循蒙古傳統，包括札撒。他的宮廷史家尼札姆．沙米甚至認為在推尊帖木兒先祖在早期察合台汗國的地位時，值得將他描繪成札撒的守護者，[53] 這是拉施德丁筆下屬於察合台的角色。反之，帖木兒的兒子沙赫．魯赫於 1409 ／ 811 年在撒馬爾罕登基，相傳他意識到這兩種體系難以兼容，故宣稱他有意只依照伊斯蘭法來統治。他的楷模似乎是伊利汗合贊，而非成吉思汗。或許因為這樣，他的承諾也只是徒具虛文；沙赫．魯赫充其量只是在保留對蒙古傳承的忠誠之餘，推動伊斯蘭教規範。[54] 另一方面，文獻誇大了他的兒子兀魯伯偏袒蒙古傳統的傾向。[55]

有些時候，儘管伊斯蘭和札撒的衝突十分明顯，主政者卻不予理會，像是遇到婚姻政策的情況。帖木兒王朝繼續和死去兄弟的妻子成婚，在公主是成吉思系出身時尤其如此。[56] 晚至十五世紀中期，當蒙兀兒斯坦的察合台系已經成為五代的穆斯林後，我們發現篤思忒馬黑麻（Dūst Muḥammad）汗想娶他父親的一位寡婦，就像合贊和月即別做過的那般，遂輪流尋求數位穆斯林學者的批准，儘管他的作法比其先人還要激烈，他處決了所有八位抱持反對意見的烏理瑪。[57]

篤思忒馬黑麻可能只是個孤立案例，或許這故事的部分意義在於我們的文獻來源，米爾札．海達爾顯然意識到伊斯蘭教和至少一個草原習俗的無法妥協性。事實上，到了他的寫作年代，有證據顯示，儘管「成吉思汗的札撒」在中亞的突厥—蒙古游牧民族間的遵從仍舊很強烈，而儘管穆斯林文人擔心其非穆斯林源頭，[58] 它通常引發的是關於宮廷儀式和禮節的問題：比如，諸汗的登基大典中，會用白氈毛地毯將他拋起；[59] 基於（真實或感知到的）部落祖先在成吉思汗軍隊組織中的地位，衍生而來的埃米爾優先次序；接見大使的適當禮節。這是我們從札西爾丁．穆罕默德．巴布爾（卒於 1530 ／ 937 年）的回憶錄和從十七世紀作者穆罕默德・本・埃米爾・瓦利（Maḥmūd b. Amīr Walī）其回憶錄兩者得到的印象。

巴布爾是帖木兒的第六代子孫，而透過他的母親，一位察合台系蒙兀兒斯坦公主，他也是成吉思汗的後裔。在 1501 ／ 906 年，他將費爾干納附庸國喪失給昔班王朝的烏茲別克人後，便以在北印度創立「蒙兀兒」帝國而為自身創造出較為傑出的職涯，因此他勝過帖木兒的成就，後者本人僅滿足於洗劫德里。對巴布爾而言，那些在後來證明為無用的札撒規定應該被棄用，而這幾乎是不驗自明之事；[60] 但似乎值得注意的是，他認定的判斷準並非這些札撒是否與伊斯蘭相牴觸。埃米爾・瓦利在寫到札撒這個主題時比較沒如此冷靜，他列出了一串他所反對的做法跟細節。[61] 在主要牽扯到儀式的脈絡下，這些矛盾特別顯示出，無論如何，為非伊斯蘭實踐套上一種伊斯蘭特質會較為容易。當烏茲別克汗阿卜杜拉二世（'Abd-Allāh II，卒於 1598 ／ 1006 年）在 1582 ／ 990 年於布哈拉登基時，就傳統需求舉起白氈毛地毯時，穆斯林顯要不僅在場，還在白氈上灑上來自麥加附近滲滲泉（Zamzam）的聖水。[62] 透過這種手段，不信道者的習俗就能變成無害之物，甚至可被接受。

我們探討過，蒙古時代導致更互相緊密聯繫的世界興起。中亞、印度、伊朗和近東這幾個區域，都不約而同在 1330-40 年代經歷了危機，很可能是這些區域經濟連結更為緊密的一個指標。[63] 這個世界也變得更加國際化，而不僅限於跨大陸貿易或地理知識上。就我們在上文注意到的，征服的規模本身創造了對語言專家的需求。這絕不僅限於蒙古人本身或他們的領土，因為遙遠的異國社會彼此間越來越多的接觸，也廣泛催生了多語言翻譯的需要。這是《庫曼語辭典》（*Codex Cumanicus*）的世界，這本語言手冊體現了許多西歐人為商人的用途，不斷整理拉丁—波斯—突厥詞彙的一連串嘗試（可能是在 1290 年代中期），它也是為福音傳道而以欽察突厥文（在 1330 年代）寫成的基督宗教文本的彙編集本。[64] 舉一個更顯著地展現語言學技巧的重要性、並來自一個較令人驚訝的地方為例，這也是個「國王辭典」（Rasulid Hexaglot，約成書於 1360 年）的世界，它是一本阿拉伯文、希臘文、亞美尼亞文、波斯文、蒙古文和突厥文辭典，由葉門國王阿法達・阿巴斯・阿里（al-Afḍal ‘Abbās b. ‘Alī）——在地理上離蒙古領土極遠——在回應最終紮根於蒙古征服中，日趨廣闊和快速的文化接觸後，所委任的編纂工作。[65]

成吉思汗戰爭機器的聲望確保某些層面的蒙古文化甚至也能傳播到頑強抵抗蒙古擴張和最後成功遏止它的國家裡。因此埃及和敘利亞的馬穆魯克埃米爾穿上蒙古服裝，而烏瑪里得知，德里蘇丹和他的軍官也穿著「韃靼」外袍。[66]馬穆魯克作者對成吉思系歷史和蒙古習俗，展現驚人的熟悉度和興趣，這有部分是由從蒙古出身的奴隸士兵的存在所導致。[67]然而，重要的是，我們不要被某些馬穆魯克文獻來源所提供的資訊誤導。從早期階段，札撒就在馬穆魯克領地上成為方便的爭論對象，如我們在伊本・泰米葉於合贊第一次侵略敘利亞時所寫的作品裡所見。札撒和伊斯蘭法之間的對立爭議在伊本・泰米葉寫作之後數十年後於埃及浮上台面，但卻是在一個完全不同的脈絡下。爭議目標現在是蘇丹的奴隸軍官。薩法迪（卒於 1363 ／ 764 年）的聲稱——埃米爾阿塔迷失（Aytamish）這位蒙古出身的奴隸根據札撒管理蘇丹的私人奴隸士兵的事務——毫無根據。[68]而十五世紀早期歷史學家塔基丁・馬格里齊（Taqī’ al-Dīn al-Maqrīzī，卒於 1442 ／ 845 年）為反對蘇丹軍事宮廷內侍（ḥujjāb）而提出的更廣泛指控，即控訴當局將札撒延伸到涉及平常穆斯林和應該屬於伊斯蘭法及法官的管轄範圍的事務，也是毫無根據。[69]馬格里齊純粹是指涉治國之術（siyāsa）的應用，即蘇丹和其軍官所管轄的世俗正義，顯然期待兩個字之間的類似會協助他達成目的❻。[70]

三、突厥化

蒙古的征服大軍中突厥人占多數這件事，解釋了約在 1400 年前，突厥語在西亞跟中亞取代了蒙古語。[71]我們看到烏瑪里的評論，早在 1338 年，朮赤

❻ 註：：此指siyāsa和yasa兩字。

兀魯思的蒙古人已經跟境內多數的欽察臣民在文化上同化。也值得我們注意的是，就我們能從留傳至今的稀少文獻中所知，突厥語（在 1398 年的一份文獻中仍舊以回鶻字母書寫，但也附上了以阿拉伯字母拼寫的對照版），至少在月即別治下，變成金帳汗國領地內的統治語言，如同在喀山、阿斯特拉罕和克里米亞這些繼承國中也理所當然地使用突厥語；蒙古語的使用僅限於幾個特殊詞語。[72] 儘管如此，這模式在察合台汗國可能較不是如此。誠然，在此，怯別和答兒麻失里汗說突厥語，[73] 而在河中地區的蒙古部落，像帖木兒自己的巴魯剌思氏在十四世紀中期已被突厥化。察合台（無意間）成為東部突厥人所用的語文之名，稱之為察合台語（Chaghatay），是在帖木兒時代從花剌子模突厥語發展出的語言，[74] 轉而演化成其他語言如烏茲別克語和喀山語，此點意義重大。但從吐魯番文書判斷，蒙古語仍舊在兀魯思的極東土地用於行政管理，即「蒙兀兒斯坦」——最典型的蒙古地帶——時間晚至 1369 年。[75] 在伊利汗國，幾份官方文件在晚至不賽因治期仍舊以蒙古文起草，[76] 這令人驚訝，但大部分文件現在已經以波斯文書寫。

學界廣泛同意，以彭曉燕的話來說，「蒙古時期完成了中東統治菁英的突厥—蒙古支配的過程」。[77] 新一批游牧民大規模移民進伊朗——不管是否是透過征服者的後勤運輸從遠東帶入，或是被從附近原出生地驅逐而出並順著蒙古潮流湧入，比如，在那個地區被留下並遭到放任不管的突厥蠻人。[78] 我們缺乏確切證據能讓我們追蹤黑羊王朝和白羊王朝的出現，它們在十四世紀中期嶄露頭角時已經是完全成熟的聯盟；或像塔卡魯（Talkalū）及羅姆魯（Rūmlū）這類部落，它們在十六世紀的薩法維政體扮演如此顯要的角色；或是阿夫沙爾（Afshārs）和卡札爾，它們輪流在薩法維王朝之後接續成為伊朗的統治王朝。某些構成族群的抵達也許晚於蒙古征服；但同樣地，他們也可能是伴隨著入侵的塞爾柱人而來。[79]

突厥化的過程在飲食上特別明顯（當然不只飲食），包保羅對此做過非常廣泛的研究。儘管游牧蒙古人和突厥人的生活方式在傳統上非常類似，但突厥料理多少較為多變和更為複雜，而在帝國期間，蒙古人已經準備好吸納突厥料理。結果不僅是貴族料理新近變得多樣繁複，因為蒙古統治者似乎在草原游牧社會外培養了進食這類料理的習慣。[80]就舉一道菜為例：tutmach 是種塞內餡的麵，是大量帶到伊朗的補給品之一，用來餵飽旭烈兀的軍隊。[81]我們在其後幾十年內發現一位突厥蠻蘇菲行者，納希爾丁·圖西的兒子法赫爾丁給他在巴格達的慈善基金會（瓦合甫）安插職位，他勤勉地為那裡雇用的主管和必闍赤準備 tutmach；[82]他們之間僅有少數人，如果有的話，可能是蒙古人，甚至突厥人。我們不知道這道菜的食用在前蒙古伊拉克有多普遍，特別是在塞爾柱統治時期；但在伊利時期前參考資料的貧乏（那是說，對在中亞草原外的地區而言）或許顯示它是從蒙古時代起才變得更為受歡迎。[83]

四、從蒙古世界的穆斯林大出逃

馬格里齊能針對札撒寫下他那充滿偏見的悲歌，正是因為從蒙古占領區的移民規模廣大。到了旭烈兀侵略伊拉克和敘利亞時，大批難民逃往馬穆魯克埃及。我們已經注意到十四世紀早期地理學家夏姆斯丁·狄馬希格依的主張，他說到了 1260 年，從伊拉克、賈濟拉和敘利亞的移民使得開羅人口暴增至超過百萬。這類難民持續在往後超過數十年內抵達。他們包括蒙古族群：舉如，朮赤系分遣隊在伊朗存活下來的人，他們在 1261 年左右，於旭烈兀圍剿自己軍隊裡的朮赤系親王後朝西逃竄；或幾百名斡亦剌惕騎兵，他們支持拜都，而後者在 1296 ／ 696 年在合贊勝利後逃離伊利汗國。儘管這些「尋求庇護者」（wāfidiyya）受到歡迎，但一直要到十四世紀早期，在納西爾·穆罕默德·嘉拉溫的統治期間，移民才能在馬穆魯克蘇丹國取得高階軍事職位。[84]

如果說蒙古移民對馬穆魯克的戰爭努力的貢獻難以釐清，但我們仍能在德里蘇丹對獨立印度教國家的令人驚嘆的進攻更有把握，因為穆斯林難民的納入蘇丹軍事力量帶給他可觀動力。[85]我們從朮茲札尼得知，大量來自呼羅珊、古爾和加茲尼的難民已經在成吉思汗西征時進入印度，作者本身就是其中之一。[86]他也告訴我們，德里蘇丹夏姆斯丁·伊勒圖特米胥（Shams al-Dīn

Iltutmish，統治期間 1211-36 ／ 607-33 年）確實保證歡迎和回報他們。[87] 那些在這個第一階段進入蘇丹國的人之中有蘇丹國最有名的詩人阿米爾・霍斯洛（Amīr Khusraw Kihlawī，卒於 1325 ／ 725 年）的父親。[88] 移民在本世紀稍後仍持續湧入，因在印度尋求庇護的蒙古族群而暴增。我們能在這個過程中辨識出幾個不同階段。最明顯的是 1260 年代早期，正是伊利軍力在東部伊朗攻擊朮赤分遣隊時。然後是 1292 ／ 691 年、答兒麻失里於河中地區（1334 ／ 735 年）被推翻後幾年，以及 1340 年代中期，當時難民的流動和地位晦暗的合利勒蘇丹遭罷黜有關（大約 1344-5 ／ 745 年）。就我們所見，這些新來者的最早一批人也許在抵達時是不信道者，但隨後皈依伊斯蘭教，如同第二批一般。而那些在 1330 和 40 年代進入蘇丹國的人毫無疑問地已經是穆斯林。[89]

蒙古軍事活動甚至在無意間提供蘇丹國兩個最偉大的統治王朝。我們拼湊朮茲札尼和瓦薩甫提供的細節後得知，哈拉吉（Khalaj）酋長賈拉勒丁・菲魯茲（Jalāl al-Dīn Firūz b. Yughrush）注定成為哈勒吉王朝（Khaljī dynasty）❼的第一任蘇丹（1290-6 ／ 689-95 年），他來自賓邦地區（或許是在 1260 年代），他在那可能是蒙古席赫納。[90] 而如果伊本・巴圖塔的資料來源者可靠，加齊・馬利克（Ghāzī Malik）——後來的蘇丹吉亞斯丁・圖格容克（Ghiyāth al-Dīn Tughluq），即德里的同名的圖格容克王朝（the Tughluqids，國祚 1320 至 1412 ／ 720 至 815 年）之創立者——本人是位跟著聶古迭兒部人流亡而來的「突厥人」。[91]

我們必須承認，這些與蘇丹國本身已經異質紛雜的貴族和軍事人員相互來往的「新穆斯林」（當代印度作者通常對他們貼上這個標籤），也許在其難以捉摸的政治上，而非領土擴張上，扮演了更有意義的角色。[92] 但整體而言，他們也許使得可畏的德里軍事力量變得更大，因而至少強化了蘇丹威懾其印度教敵手的能力。再者，不是所有來自察合台汗國的移民都是蒙古人或甚至軍人。蘇丹穆罕默德・圖格容克（Muḥammad b. Tughluq，統治期間 1324 至 52 ／

❼ 註：從1290至1320年間統治印度大部分地區的穆斯林王朝。

724至52年）的才幹眾所周知，他利用從1334年開始的動盪，對河中地區的穆斯林官員、法學家和學者發佈公開邀請，歡迎他們往南來為他服務；有一批人就在摩洛哥旅行家伊本·巴圖塔前不久抵達信德。[93] 這類百姓幾乎確定在蘇丹的龐大帝國以及其在1330年代後分裂而成的繼承國的伊斯蘭化進展上，做出重要貢獻。

我們在第八章中注意到馬穆魯克國家和德里蘇丹國兩者如何得益於朮赤汗願意以友好態度在關鍵戰爭物質上採行高度策略性商業手段，即輸送突厥軍事奴隸到兩個國家，以及派遣精選戰馬到穆斯林印度。將此與大量難民的遷居合起來一起審視的話，這個交流對伊斯蘭教抗拒蒙古擴張的兩大主要堡壘的恢復力做出貢獻，即在近東和印度次大陸。這可能是蒙古人對伊斯蘭歷史的間接影響中最驚人之諷刺。

五、伊斯蘭教在歐亞大陸的傳播

蒙古自身的政體也促進了伊斯蘭教的傳播。我們在上文探討過志費尼的觀察，他認為，蒙古人的征服因引發伊斯蘭教散播至迄今為止其無法傳播的世界地區，而對伊斯蘭世界頗有助益。如果這個觀察在此脈絡中顯得有些空洞，那是因為擴張的本質所致：擴張大部分要歸因於從伊朗和中亞的穆斯林的被強迫搬遷。伊斯蘭教現在已建立鞏固地位的三大主要橋頭堡為中國、東部中亞（包含中國的新疆維吾爾自治區）和東歐—裏海大草原。

中國

在某種程度上，伊斯蘭教在元朝結束時，不僅成功滲透入合罕領土的西部邊疆，還甚至在中國大都會地區內建立起自身的勢力。儘管在中國的穆斯林的存在可追溯遠至唐朝（618至907年），但僅相對是有限的商人人口（有時包括他們的家人），並侷限在東南部的大港口，如廣州、揚州和杭州。更有甚者，和在蒙古元朝抵達中國的穆斯林相反的是，這些早期穆斯林移民——在許多案例中，只是暫時寄居中國——似乎不管怎樣都不會將自己視為中國人。[94] 而蒙古時代見證了定居在中國的穆斯林商人數目的顯著增長，特別是在元朝中國最大和最重要的港口，泉州（剌桐）和杭州。[95] 但這些新穆斯林移民絕非僅限於港口城市，一部分人還在蒙古國家行政管理上扮演重要角色，如果不是總是受歡迎的話。他們之中有來自河中地區的阿合馬·法納卡提（Aḥmad Fanākatī），他是忽必烈惡名昭彰的宰相，在 1287 年遭漢人政敵暗殺。[96]

更大一部分居住在元朝土地上的穆斯林是從西亞遷移過來的囚犯和奴隸。早在 1260 年，朮茲札尼就已經聽說，中國（桃花石 Tamghāch，亦意為拓拔）、西藏和過去唐兀惕王國的城市裡住了來自突厥斯坦和伊朗的大量穆斯林，當地為了他們興建了許多清真寺。[97] 如果他對西藏的訊息有誤，至少就唐兀惕而言，他確實是正確的。馬可波羅表示，沙州與甘州有穆斯林，儘管他給我們的印象是他們是少數。[98] 另一方面，拉施德丁得知，在唐兀惕地區的二十四個大城鎮裡，穆斯林是多數，那是說，與農業人口相較之下，而後者是「偶像崇拜者」；但對「唐兀惕」此術語用法的不精確導致我們難以確定穆斯林集中在哪些地區。[99] 在穆斯林皈依者阿難答的領地上，伊斯蘭教的運氣於他遭處決後——也就是在鐵穆耳的寡婦卜魯罕可敦沒讓他在 1307 年繼她丈夫後於汗八里成功繼位，以及將他的封地轉給帝國王朝的另一支系後 [100]——便不得而知。但甘肅和寧夏回族身分的產生似乎極有可能可追溯自他的時代，因為早至 1272 年，唐兀惕地區似乎就有足夠的穆斯林成年男子組成「西夏回回軍」。[101]

許多在蒙古時期引界入中國的穆斯林是軍人。在我們於上文提到的資料的一個段落裡，朮茲札尼也說到政府任命穆斯林埃米爾去指揮中國和唐兀惕的堡壘。[102] 儘管穆斯林官員烏馬兒（Sayyid Ajall Bukhārī，卒於 1279 年）——忽必烈在 1273 年派他前往管理新近征服的雲南省（大理國）——對在此地區建立伊斯蘭教有諸多功勞，但這很有可能在他抵達前和元朝自 1253 年起的征服前就是如此，而元朝的遠征軍裡有大批穆斯林軍隊，他們後來在雲南定居下來。[103] 我們也應該指出，烏馬兒在雲南省的政策與其說是在提倡伊斯蘭文化，不如說是培養中國實踐和儒家學術。[104] 無論如何，他的管理並未阻礙雲南穆斯林社群的成長，而這些社群仍存續至今。

中亞東部

如果察合台王朝統治河中地區和蒙兀兒斯坦的兩個分支都同樣在十四世紀／第八世紀）中期擁抱伊斯蘭教，緊鄰於東部的察合台系親族和鄰國就並非如此。這些親王是阿魯渾的兒子出伯（Chūbei）的後代，他和其兄弟合班（Qaban）在 1270 年代的動盪中進入元朝服務。[105] 幾位出伯的後代擁有元朝行政頭銜，特別是「豳王」、「威武西寧王」和「西寧王」，其中頭兩個頭銜曾賜予出伯本人。他，或可能是他死後其子，在也先不花和合罕元仁宗愛育黎拔力八達的軍隊之間的苦澀掙扎上扮演顯著角色，這些戰役發生在 1313-20 年間，並將元朝帝國版圖擴張到從阿爾泰山到羅布泊沿線。元朝疆域因此變得包含塔克拉瑪干沙漠的邊緣城市。[106]

米爾札．海達爾輾轉傳達一份報告說，蒙兀兒斯坦的察合台汗，即禿忽魯帖木兒的兒子黑的兒火者對高昌和吐魯番發動聖戰（ghazāt），將它們納入穆斯林勢力範圍，這可能發生在十四世紀結束時。[107] 如果這些軍事行動為真，無論如何，結果難以評估。1420 ／ 823 年，當帖木兒王朝沙赫．魯赫的使節團經過這地區前往中國時，其中一位成員吉亞斯丁．納卡什（Ghiyāth al-Dīn Naqqāsh）在任務過程中寫了日記，哈菲茲．阿布魯將其納入他的《歷史精華》中。納卡什記載，吐魯番的大多數居民仍舊是「偶像崇拜者」，他顯然被他們美麗的廟宇所震懾；順便一提，他沒有提到城鎮中有清真寺。[108] 伊斯蘭教的優勢顯然稍後才出現，那是在吐魯番終於收歸穆斯林統治之後；[109] 但甚至在 1494 年，據說一個使節團發現其中大多數居民是基督徒。[110]

卡尚尼在 1313-14 ／ 713 年左右，於出伯的兒子們占領的地區中明確提到哈密力（Qāmul，中文哈密），他們代表合罕施行統治權。十三世紀晚期，馬可波羅也描述此地人口完全是「偶像崇拜者」，[112] 而教宗大使馬黎諾里在 1340 年左右經過哈密力，沒有提到那裡的穆斯林。[113] 但和吐魯番相反的是，在納卡什拜訪時，哈密力的確有一座清真寺，由城鎮裡的穆斯林的行政長官（哈基姆 ḥākim）興建——儘管他沒告訴我們時間有多近。無論如何，納卡什給人清真寺被特意興建在佛教廟宇對面的印象。[114] 但哈密力的親王至少從 1390 年代開始就是出伯的後裔，[115] 似乎也不急著擁抱伊斯蘭教。十四世紀中期（因此是在哈密力國〔哈密國〕出現前），三位出伯的後代——蘇萊曼（Sulaymān，一位孫子）和他的兒子雅汗沙赫（Yaghan Shāh）和蘇丹沙赫（Sulṭān Shāh）——都有穆斯林名字。[116] 在這些親王中，至少說來，蘇萊曼的確是受到穆斯林實踐影響，因為一首當代佛教詩歌說他譴責飲酒，自己也很少喝酒。[117] 但我們沒在從 1390 年左右開始的哈密力察合台系親王中，發現穆斯林名字，其中第一位是兀納失里（Gunashiri〔n〕），他的名字無疑是來自梵文，因此他是佛教徒。[118] 金浩東曾有說服力地爭論，蒙兀兒斯坦的一個派系曾尋求推出兀納失里作為察合台汗國在 1388 年的汗位候選人，[119] 可以想像的是，這代表了反抗新近採納伊斯蘭教的反動。但當然，再次地，個人名字——甚至是佛教名字——絕非統治者信仰的確切指標（如答兒麻失里的例子所展示的那般）。但由此看來，若們扣掉 1470 和 80 年代哈密力被吐魯番穆斯林短暫占據的時期，在明朝文獻所提到的君主拜牙即（*Baiyatsi*，應該是指巴雅濟德〔Bāyazīd〕，但我們很難確定）之前的統治者似乎無人是穆斯林，這位君主後來被吐魯番汗國察合台系汗滿速兒（Manṣūr b. Aḥmad）在 1513 年擊敗。[120]

朮赤兀魯思

金帳汗國內伊斯蘭教的進展可能是這類過程中最模糊不清的。許多蒙古欽察子民和因為蒙古征服而從西部草原遷徙進來的人民，似乎在十三世紀採納伊斯蘭教，儘管後來朮赤兀魯思的伊斯蘭化的主要角色要歸功於月即別汗。在《心之愉悅》中（約成書於 1340 年），哈米德拉．穆斯陶菲評論說，欽察草原的居民大部分已經接受伊斯蘭教，而根據在早幾年寫作的阿布・菲達，甚至連在多瑙河下游的薩格奇（ Ṣāqchī）的大多數人口都是穆斯林。[121]

但伊斯蘭教在朮赤領土內的傳播腳步很容易被誇大。西伯利亞的「韃靼人」可能在相當晚期才皈依。[122] 在這個背景下，口述傳統有時可能會誤導我們。比如，穆罕默德・穆尼斯的《花剌子模史》就宣稱弘吉剌氏的提寧駙馬在人生晚期成為穆斯林——也就是說，在 1230 年代早期前的某時。[123] 考量到伊斯蘭教中建立前例（sābiqa）的重要性，我們有充分理由懷疑作者提供了一個不可能為真的早期日期。再者，在十三和十四世紀，希臘東正教在克里米亞城鎮蘇達克（索達伊亞）的突厥居民間仍舊紮根穩固，許多人有可辨識的欽察名字。[124] 晚至 1330 年代，伊本・巴圖塔曾在卡法地區遇見基督教欽察人，他說薩萊的欽察居民是基督徒。[125] 這些部落民族接受西歐方濟會修士的傳道並非難以想像之事，而至少自 1287 年開始，方濟會就在卡法設立機構。[126] 甚至直到十五世紀初，一位在東方住了數年的拉丁高級教士仍報告說，東歐大草原的許多（儘管只是少數）「韃靼人」是基督徒。[127]

安納托利亞

魯姆的併入蒙古領土對那地區的伊斯蘭教的進展有較間接的影響，因為它特別促進哈乃斐學派的推廣。其理由是哈乃斐主義在中亞有強大勢力，因此非常多穆斯林——學者、法學家和行政官員——旅行到蒙古世界的其他地區。有清楚證據顯示，哈乃斐派教徒湧入安納托利亞，為小國的伊斯蘭教添加獨特的哈乃斐風味，而那些小國則瓜分前塞爾柱蘇丹國的領土，特別是新興的鄂圖曼政體。對安納托利亞伊斯蘭化發展而言，此事的意義在於，哈乃斐派在他們對皈依的態度上比其他伊斯蘭法學派，包括沙斐儀法學派，展現更大的自由和迴旋餘地，而這項發展因此使得剩餘的希臘東正教人口在十四和十五世紀於穆斯林統治下，易於接受伊斯蘭教。[128]

六、人口移動和新民族的出現

在那些後來採納伊斯蘭身分認同的人中，許多是在蒙古歐亞大陸內形成的新興民族群體。他們之中的大多數晚至十五世紀才出現，但我們對他們的起源幾乎毫無所知。其原因無疑較少是來自蒙古西征路徑上人民的逃亡，而多半是來自蒙古人本身將突厥人口（和在較小範圍上的蒙古人口）從亞洲一處轉移到另一處，要不是為了協助他們領地的臣服和衛戍，不然就是為了在以前人口逃走或被消滅的地方促進經濟復甦。[129] 阿富汗的蒙古人是十三世紀被遷徙過來的說蒙古語的人的後代。阿富汗的哈札拉人（Hazaras）說著波斯方言，據信包括蒙古混血，有人主張說這可能是來自與聶古迭兒部人的接觸。[130] 在某種程度上，察合台兀魯思的往南移動、「混亂時期」的欽察領土，以及伊利汗國和元朝帝國於十四世紀中期的分崩離析，或許也對民族形成過程有其貢獻。

我們已經探討過，蒙古軍事編隊如何使準民族族群興起，舉如呼羅珊的賈兀伊和克爾曼的朱兒馬部和烏干尼部。[131] 成吉思汗在新軍事單位內分散相同部落成員的政策被延伸並引用到西部草原，拉施德丁曾提到一支包括回鶻人、葛邏祿人、突厥蠻人和喀什噶爾及龜茲（Kūsān）人的軍隊，他們在組隊後伴隨綽兒馬罕去到伊朗，這例子清楚展現了早期某些「蒙古」分遣隊的異質及紛雜特色。[132] 在後蒙古時期，這個政策的長期後果是許多新興民族包含了同名部族，如克烈、蔑兒乞、乃蠻、汪古和欽察，在此僅舉幾個最顯著的為例。[133] 十六世紀早期，克里米亞汗國的氏族包括巴林（Barin〔Ba'arin〕）、契丹、曼吉特和欽察。[134]

值得注意的是，有許多新興民族的名字，如朱兒馬人和烏干尼人，是衍生自個人統治者或指揮官，而非某些以前存在的部落。彼得・戈登（Peter Golden）的看法是，在此背後暗藏著長期存在的親族情誼，和源自那可兒（「伴當」）機制的族群認同其重要性之式微。[135] 出現在相關於帖木兒於河中地區早期事蹟的帖木兒朝代記載中的牙撒兀兒人（Yasa'urīs）通常被視為察合台系親王牙撒兀兒（卒於 1320 年）率領過的軍隊，[136] 他們一定曾陪伴他移民進入呼羅珊，但據說在主子被推翻後，加入怯別。[137] 如果這個認定是正確的，他們可能曾形成共治汗合利勒和合贊算端的權力基礎，後兩者都是牙撒兀兒的兒子，時間是 1340 年代。另一種可能性是，牙撒兀兒人多半是源自較早時期的同名重要那顏指揮下的軍隊，牙撒兀兒那顏是八剌和篤哇的旗下大將，從 1290 年左右就駐紮在烏滸水以南。[138] 這位牙撒兀兒以「偉大者」傳名於世，事實上是那位上述親王的外祖父。[139]

較為人所知但較引發爭議的是，在晚期出現的成熟邦聯。烏茲別克人傳統上與月即別有關，後者是金帳汗國一系列連續不斷的穆斯林諸汗的第一位，根據十七世紀阿布·加齊（Abū I-Ghāzī）這位半傳奇歷史學家的作品的權威說法，希瓦汗本人是位阿剌卜沙系，因此是朮赤之子昔班的後裔。但阿布哈齊只說，自從月即別的統治時期後，[140] 朮赤兀魯思（他稱其為伊利〔īl〕）是以月即別（烏茲別克）的伊利而為人所知。這並非本質上不可能之事：以幾乎相同的方式，自從 1260 年代開始它就常被稱為「別兒哥的兀魯思」，而帖木兒的軍隊和繼任者就常被冠上「察合台人」的稱號，這提供了十四世紀的平行例子。但烏茲別克這個民族意識第一次出現是在十五世紀中期的文獻，那是在月即別死後一百五十年，被古怪地冠在一群不是由拔都，而是由他兄弟昔班的後代領導的族群身上。[141] 同理，為何諾蓋人在那個世紀稍早於朮赤兀魯思東部邊境出現時，會取死於 1299 至 1300 年的那位成吉思系國王製造者的名字，而其影響力卻是在第聶伯河西部的原因，就令人費解。❽

在新「部落」以個人名字取名的這個相同範疇內，其中最神祕的是位於蒙古世界西部邊緣，即安納托利亞的部族。鄂圖曼人（奧斯曼利〔Osmanli〕）的統治王朝就像諾蓋人，是非成吉思系出身，但不像諾蓋人，通常不被視為蒙古後裔。反之，也像諾蓋人和烏茲別克人，鄂圖曼人的存在被證實源自蒙古時代本身。他們的同名領袖奧斯曼（'Osmān，或稱 'Uthmān；卒於大約 1324 年）的兒子奧爾汗一世（Orkhan）是鄂圖曼國家的真正創立者，他起初是在伊

---

❽ 註：諾蓋（Noghays）的名字源自那海（Noghai）。

利汗合贊的最後幾年間，出現在歷史舞台上。本章的範圍並不包括追蹤或記述鄂圖曼強權的興起。我們的關注焦點毋寧較為狹隘，主要是蒙古統治在安納托利亞西北部造成的可能衝擊。早期鄂圖曼文獻包含了許多虛構題材，沒有早於1400年左右的資料，並對安納托利亞的蒙古過往保持驚人的緘默。[142] 但盧迪·林德教授（Professor Rudi Lindner）曾提出證據，證實奧斯曼在完者都統治早期仍舊歸順於伊利政體，並指出他是那些在蘇拉迷失（Sülemish）於魯姆反叛失敗後、合贊尋求結盟的本地權勢之一，換句話說，他得益於此，合贊尋求結合的當地權勢以使其較貼合伊利利益，他並恩准他們鑄造貨幣的有利可圖的權力，因此促成1299至1300／699年安納托利亞鑄幣城鎮的顯著（儘管是轉瞬的）繁榮。[143]

蒙古人也有可能和鄂圖曼政體的形成本身有更直接的關連。關於鄂圖曼政體起源的時間，事實上，學者們鮮少有任何共識。學界對他們首度抵達安納托利亞的時間提出幾個日期，而我們在此則面對圍繞黑羊王朝和白羊王朝這兩個先例的相同問題。塞爾柱人於十一世紀來臨時引進來的新突厥人口中有鄂圖曼人的祖先此類主張，背後所仰賴的不是確鑿的證據，而是過去土耳其史學明顯不願意承認蒙古禍害可能在土耳其的誕生中扮演的任何角色。[144] 現代觀點則在兩者之間找到平衡點，鄂圖曼人可能是在蒙古於1220年左右至58年左右之間的蒙古征服軍事行動中抵達。一個可能性是他們是在花剌子模沙赫札蘭丁被塞爾柱—埃宥比聯盟於1230／627年打敗和前者於隔年死後，往西移入安納托利亞的突厥人。[145]

奧斯曼的名字以數種偽裝和變異方式留傳下來。奧爾汗一世鑄造的貨幣包括他父親的名字（最早的貨幣出現在1326-7／727年），拼法是 'Osmān。[146] 但科林·海伍德博士指出，拜占庭作者帕奇梅雷斯（Pachymeres）將 'Osmān 稱為「阿塔曼」（'Atmān'），暗示其蒙古背景。[147] 在此關連下，值得注意的是，朮赤的兒子昔班的一位曾孫和弘吉剌氏的一位那顏的名字也是奧塔曼（*Otman），那位那顏是卜魯罕可敦的父親，可敦則前後做過伊利汗阿魯渾和合贊的妻子。[148] 更重要的是，烏瑪里在奧爾汗一世在安納托利亞擔任埃米爾的段落裡，給了兩個分別但短暫的記載，它們顯然來自兩位不同的資料來源者。在第一個段落中，奧爾汗一世的父親名叫 'Uthmān，如我們所料；但在第二個段落中，他叫 ṬMAN，可能暗藏帕奇梅雷斯所給予的名字的相同形式。[149]

採納十六世紀早期歷史學家宏達迷兒的主張和四百年後克雷門．胡瓦特（Clément Huart）對此的發展，海伍德進一步為鄂圖曼人的來源鋪陳，認為他們是更近期的移民，在那海被脫脫汗於 1299 至 1300 ／ 699 年推翻後，從朮赤領地越過海峽進入安納托利亞。[150] 這絕非不可能，因為在十五世紀早期，鄂圖曼歷史學家亞茲齊盧．阿里（Yazicioğlu 'Alī）在他以土耳其文翻譯伊本．比比作品，以及為其寫作的續篇作品中就說過，其他難民在大約相同時間從朮赤影響範圍內抵達。卡拉斯侯國（the Karasi amirate）❾的創立者據稱伴隨凱考斯二世流亡（1261 ／ 659 年），而拜占庭皇帝將他們安頓在多布羅加（Dobrudja），他們在凱庫巴德三世（'Alā al-Dīn Kayqubād III b. Farāmur）統治期間或之後返回安納托利亞。[151] 若要支持海伍德的論點，我們或許可以更進一步引述一位安納托利亞作者在 1400 年不久前所寫的對鄂圖曼蘇丹（「奧斯曼的兒子」）其引人側目的角色刻畫，他將後者描繪成「單純的蒙古人」（mughūlī-yi sāda）。[152] 蘇丹在那麼晚的時期被如此稱呼，且他是來自安納托利亞極為西北部邊疆的親王，這標籤不可能是暗示其與伊利汗國有某些（遠非近期的）政治關連。目前所存的證據也不支持我們進一步討論這些主張。但我們仍舊對此抱持某種引人入勝的可能性，那就是，蒙古人或許在某種有限的程度上，曾贊助早期現代最持久和最成功的陸地伊斯蘭帝國的創立。

七、歐亞單一疾病圈：黑死病

我們尚且該考量蒙古擴張對伊斯蘭世界（和歐亞大陸作為一個整體）的歷史所造成的另一種可能（或說無意間）的後果，這與人民遷徙、伊斯蘭教本身

❾ 註：1297至1360年，位於安納托利亞西部的王朝。

的傳播，或烹飪口味或語言的散播比起來，較不那麼正面：即病毒的移動。在十四世紀中期，為歷史學家所知的大流行，即黑死病，從中國橫掃至歐洲大西洋海岸，其影響力的涵蓋範圍甚至比蒙古征服的土地還要廣袤。學界的廣泛共識是，此疾病源自於草原，而它標誌著山謬．阿謝德（Samuel Adshead）所稱的「單一的統一疾病結構」（a single uniform disease structure）的出現。[153] 學界則對下列假設意見紛歧，即蒙古統治的散播所創造的政治經濟情況和其扶持的跨大陸接觸的成長，得為疾病負起間接責任。[154] 證據顯示，腺鼠疫不是透過人類之間的親密接觸傳染，它在基本上是來自野生嚙齒動物數量的增長，[155] 而近期生物研究揭露，溫度或降水量的相對小型變化會引發跳蚤繁殖週期的劇烈增長。[156] 湯瑪斯．愛爾森的說法有許多精闢之處，蒙古人分散或轉調大批子民的作法，有時候會跨過生態前線，常常進入嚴苛環境，此舉降低了他們的疾病抵抗力。[157] 但這可能就是征服者對黑死病所需負的責任範圍極限。同時代的作者加布里埃爾．德．穆西斯（Gabriele de'Mussis）在他的《黑死病史》（*Historia de morbo*）中所宣揚的故事——這疾病之所以會被傳播到西歐是因為金帳汗國汗札尼別在 1346 年圍攻熱那亞的卡法時，最後訴諸早期生物戰爭的手段，即將己方軍人的屍體拋射入城內——現在的學界廣泛不予採信。[158] 但我們沒有理由懷疑，疾病的傳播是嚙齒動物藏在義大利船隻裡從克里米亞向西而來。

這場大流行的確切發源地點和時間已經無法釐清。它似乎在 1331 年前，或可能甚至在 1340 年代前，都尚未抵達中國。[159] 在靠近卡拉布加奇（Karadzhigach）村莊，即現今吉爾吉斯比什凱克（Pishpek）東南十公里處，有聶脫斯里派基督教墓園出土，證實在 1338 和 1339 年曾有過不尋常的高死亡率，在那兩年間有十件（也就是總數的百分之十）死亡與某種瘟疫有關。[160] 在不久前，於 1334-5 ／ 735 年左右，伊本．巴圖塔和印度—穆斯林文獻報導，德里蘇丹穆罕默德．賓．圖格魯克的軍隊在提朗（Tilang，泰倫迦納邦〔Telingana〕）爆發致命流行病（wabā'），他們那時正要去鎮壓遙遠南部馬巴的叛亂的路上。根據在僅十五年後在德干高原寫作的一位作者的說法，有半數軍官和三分之一的士兵死去，[161] 這比率符合在接下來的十年內歐洲的死亡率。蘇丹被迫放棄遠征，撤退進德干高原，結果他也在那染病，儘管回到德里時已經康復。[162]1343-5／744-5 年，伊本·巴圖塔抵達馬巴首府馬杜賴，見證了另一場瘟疫，蘇丹吉亞斯丁·達姆干尼（Ghiyāth al-Dīn Dāmghānī）的妻子和兒子不幸死亡。[163] 兩次流行都被確認為霍亂。[164]

疾病的爆發和黑死病的連結到此為止。然而，我們參考文獻的口吻使事情更為混淆。聶斯脫里墓碑上給的疾病名稱相當平常，因此我們無法確定那是場瘟疫。[165] 同理，阿拉伯—波斯字 wabā' 還可以包含斑疹傷寒、天花或霍亂，而我們的穆斯林資料來源則對 1346-9 年的流行病傾向於使用更特定的術語 ṭā'ūn（「瘟疫」）。[166] 但我們必須指出，伊本·巴圖塔則非如此，他同時使用 wabā' 指稱提朗的瘟疫和稍後的馬巴疫情以及黑死病本身，他在 1349 年於敘利亞和巴勒斯坦見證過後者的肆虐，那時他正在回摩洛哥的路上。[167]

幾位當時的穆斯林作者特別為大流行寫了論文，特別是宰因丁·烏瑪爾·伊本·瓦爾迪（Zayn al-Dīn 'Umar Ibn al-Wardī），他從穆斯林商人那裡得到資訊，他本人則是 1349／749 年阿勒坡那場大流行的受害者之一。在他的阿布·菲達的續篇歷史作品中，他僅說疾病在月即別的領土爆發，然後傳播到克里米亞、安納托利亞和賽普勒斯。[168] 但他的論文列舉了更廣闊的土地。在此，我們讀到瘟疫源自於傳說的「黑暗之境」（Land of Darkness，即出產毛皮的歐亞大陸北方，對伊本·巴圖塔而言在保加爾市之外），[169] 它在那肆虐了十五年，然後傳播至中國、印度、月即別的領土、河中地區、伊朗和近東。[170] 兩位在安達魯西亞寫作的作者，伊本·哈提瑪（Iban Khātima）和伊本·哈提布（Ibn al-Khaṭīb）得知，疾病源自於契丹，也就是中國北部（儘管我們應該指出，前者的終極消息來源是造訪阿爾梅里亞〔Almeria〕的基督教商人，但作者也具體指明衣索匹亞）。伊本·海堤布引述值得信賴的旅客的說詞，他們的足跡曾踏至遠處，他特別指名伊本·巴圖塔的說法，瘟疫起始於「契丹和信〔al-Ṣīn〕」（中國北部和南部），時間是 1333-4／734 年左右。[171] 這日期多少吻合伊本·瓦爾迪的說法，即使地理範圍並非如此；但這項資訊古怪地在伊本·巴圖塔旅行記的現存版本中遍尋不著。無論如何，沒有證據顯示，中國或印度個別是十七和十九世紀前的瘟疫中心。[172]

在他近期對黑死病的研究中，奧雷・班迪托教授（Professor Ole Benedictow）爭論，它源自金帳汗國一個以瘟疫出沒聞名的地區——即從裏海西北岸延伸進俄羅斯南部的領域。他正確懷疑伊本・瓦爾迪及其他人將瘟疫來源定於中國的說法，他引述他稱之為訊息最豐富的羅斯文獻：

> 在那年〔羅斯曆6854年＝1346年〕，上帝的懲罰降落在東部地區的人民、斡耳朵、奧爾納杰（Ornach）、薩萊、班茲德茲（Bezhdezh）及其鄰近城市和地區上，人們死亡率極高，〔即〕貝賽門人（Bessermens）、韃靼人、亞美尼亞人、阿布哈茲人（Abkhaz）。[173]

班迪托認為此聲明指的是東歐—裏海大草原和高加索南方，除了「貝賽門人」之外，他描述他們是「住在俄羅斯東北的一小群人」（因此「不符合這個模式」）。[174]但他的分析被一些辨識錯誤弄得站不住腳：「奧爾納杰」不是在頓河河口（他顯然認為此名指的是塔納，即現今的亞速），但它其實是花剌子模的玉龍傑赤。在中古世紀，「貝賽門人」這術語——相當簡單是指「穆斯林」——明確指稱那些住在裏海和鹹海東部的人，即現在的哈薩克南部。[175]然而，班迪托的主張中更大的謬誤在於，編年史家的資訊來源者說的可能僅是他們所知的瘟疫最新的來臨方向，他們可能根本對其在更遙遠的地方的更早存在和進展一無所知。而拜占庭作者將其來源定於「斯基泰」，[176]後者涵蓋的範圍超過僅是東歐—裏海大草原地區，那是對延伸歐亞大陸的整個草原條狀地帶的統稱。瘟疫仍舊有可能是首先出現在其他地方。的確，會提到玉龍傑赤可能表示其來源在更往東處，即察合台汗國的中亞。

有鑑於朮赤和察合台汗國兩者同樣貧乏的歷史文獻，我們不可能再更進一步推演這個問題。無論如何，我們只能納悶，蒙古人得為黑死病的誕生和傳播負責的這個觀點，有多大程度是來自於人們早就準備好要將另一個工業規模的死亡災難歸咎在征服者頭上。

結論

儘管不信道的喀喇契丹征服大部分穆斯林中亞的事實可以——也曾一度——被視為下一世紀蒙古征服的序幕，但兩者的相似處並不多。喀喇契丹來自中國北部，那是穆斯林文獻熟悉的地區，擁有讓人稱羨的文明，而且他們僅掌控了小部分的穆斯林土地。再者，喀喇契丹的枷鎖（至少就他們大部分的統治期間來說）也比較輕微。反之，蒙古人的來源地罕為人知，他們出現在所謂文明圈的時間也很晚，但他們卻征服了伊斯蘭世界東部的大部分土地。不能否認的是，他們的統治較具侵入性和壓迫性。

與成吉思汗征戰同時的記載，內容多半誇大不實，而蒙古入侵造成的損害也常常遭到中世紀史料與現代史家過度放大。在某種程度上，蒙古人能夠取得遠勝於其他草原先祖的攻城科技，使他們能夠在短短數年內控制一大批重要據點。儘管成吉思汗的進攻軍包含為數可觀穆斯林君主的部隊，且許多穆斯林顯貴也加入 1218 至 1224 年的西征，但這似乎並未減輕攻擊的暴力程度。再者，蒙古人採用的策略往往相當無情。鄉間有時遭到徹底蹂躪，以鼓勵城鎮盡快投降。我們過去也知道，比起相對快速屈服的城市，負隅頑抗或抵抗一陣子才投降的城市的命運將更為悽慘。整體而言，蒙古人似乎遵循其他強權也奉行的戰爭法則，我們也能辨識出，勝利者根據抵抗的性質與強度，所採取的懲罰等級。但這些城市中心即使免於大範圍的屠殺，也難逃技術工匠的徵調和防禦工事的毀壞，這讓他們易受盜匪攻擊，或可怕的伊斯瑪儀哈薩辛派的殘害，或是被征服者從別處移轉來的刁民的騷擾。

合罕蒙哥時期，蒙古的第二次大規模遠征無疑與加茲溫人民的請求不太相關，但這種勸進會出現僅僅是因為人們認為強化蒙古控制會恢復某種程度的秩序。它不像成吉思汗的軍事作為是種報復行動。但即便如此，這也是用來逼迫伊朗或其他不受蒙古掌控的強權臣服的手段。旭烈兀的軍事行動，整體來說，對伊朗地區的打擊遠遜於他的祖父，但他們對伊拉克和敘利亞的衝擊仍可與早期侵略相提並論。在後兩地，許多城市像在成吉思汗時代一樣遭受掠劫，人口遭到屠殺，一部分人則遭到驅逐。如果旭烈兀這次遠征的暴力發生頻率比較低，主要理由是大部分城市選擇不戰而降。

儘管蒙古帝國比起過去所有草原強權更能取得驚人的軍事資源，但也跟他們有同樣的弱點。首先，由於繼位沒有固定法則，導致在合罕窩闊台死後（1241 年）和他兒子兼繼任者貴由死後（1248 年），汗位長期空懸。1251 年，成吉思汗么子拖雷的家族在武裝內鬥之後繼承汗位，並導致窩闊台與其兄察合台的家族成員遭到處決。第二，許多征服的土地都被賜予帝室成員作為食邑。此外，成吉思系親王在窩闊台下設立，用來管理中國、中亞和伊朗的行省中有自己的代表，並試圖將他們的控制力延伸到合罕直接權威管轄下的土地和歲收上。因此，合罕和其親族、蒙古總督和地方附庸親王、以及軍事機構和剛萌芽的民事行政之間，常有利益衝突。

在旭烈兀遠征前數十年，先是拔都，後由其弟別兒哥率領，常駐於東歐和裏海草原的朮赤系諸王，對伊朗和安納托利亞的管理和歲收分配上，享有優勢影響力，尤其在 1251 至 52 年間窩闊台系和察合台系挫敗之後。儘管文獻上關於蒙哥對征服西南亞的未來的確切目的含糊其詞，但對證據的綜合判斷則顯示，他希望旭烈兀僅以他的副官身分行動，並在適當時機回返蒙古，我們沒有實質理由相信，朮赤系的權力因此遭廢止或者削弱。在蒙哥駕崩，以及他的兄弟忽必烈和阿里不哥於 1260 年在遠東爆發繼位衝突後，旭烈兀開始攻擊他軍中的朮赤系部隊，並圖謀朮赤系在伊朗的利益，因此將烏滸水以南的土地轉變成一個新兀魯思，多少可與其他兀魯思分庭抗禮。他的行動成了終結統一帝國的致命一擊。

蒙哥於 1251 年經由政變於取得汗位，以及旭烈兀的創立伊利汗國，都對統一帝國的發展造成破壞。重點是，我們必須辨識出，在我們的主要史料中，這些事件是以帶有高度偏見的手法處理。志費尼在蒙哥奪位後，為新君主的弟弟旭烈兀寫作，自認為他的任務是為拖雷系得到王朝大統提出正當理由。至於拉施德丁，則堅定忠於旭烈兀後裔，即伊利汗，以及他們在遠東的拖雷堂親的事業，因為他的伊利汗贊助者的王權最終是來自拖雷系的認可。其他文獻——尤其是在與朮赤系結盟的馬穆魯克領土內寫成的——也有它們各自的偏見，但它們也提供比較平衡的反面說法。

如同喀喇契丹帝國的模式，伊利汗國和中亞的許多定居區域繼續由接受蒙古宗主權的附庸君主所統治。草原高階女性的相對自由風氣便體現在蒙古伊朗的附庸國（伊朗是我們唯一有適當資料的地區）：亦即，克爾曼王朝的王妃或公主（開國者源自喀喇契丹）不僅可以掌握統治權，也享有君主地位的特權，例如在呼圖白中及貨幣上提到她們的名字。在伊利汗國境內，如美索不達米亞、伊朗南部和東部，可能在北部，也有附庸統治者。他們也必須繳納貢賦、以合罕之名（或在後來是以地區汗之名）鑄造貨幣、提供王室人質、與蒙古派駐官（八思哈或席赫納）合作，以及提供軍隊供征服者差遣。另一方面，蒙古宗主權無疑也為附庸國帶來好處，像是統治權的認可，有些案例也包含領土的擴大或帶來額外的收入，例如赫拉特的庫爾特王朝的興起，便得力於蒙古人的支持。這或許也解釋了為何叛亂並不常見。而在那些發生的叛亂中，受到對抗不信道者的聖戰精神感召則更少。蒙古對附庸國的干預通常是間歇性的，儘管在十三和十四世紀之交變得比較頻繁，他們對法爾斯的薩魯爾王朝和魯姆的塞爾柱人的手法多少更接近直接統治。不過，總體而言，伊利汗比較傾向採用包稅制，就像他們在法爾斯做的一般。

至於在新興蒙古領地裡的行政結構，我們對朮赤政權一無所知，而對察合台汗國則所知甚少。儘管從察合台兀魯思東疆出土的吐魯番文書顯示，他們仰賴當地官員來管理，而後者的名字則顯示他們是回鶻佛教徒。與中國的元朝政權相反——本地漢人被排除在最高管理階層之外——伊利汗藉由中亞—波斯（「塔吉克人」）官僚體系與突厥—蒙古軍官共同管理領地。但塔吉克人並非全都是穆斯林，也不完全由曾為塞爾柱人和花剌子模沙赫效勞的傳統官員幹部所組成，如志費尼家族。從 1288 至 1291 年，伊利汗國的維齊爾是一位猶太人，薩阿德．道拉；而在十四世紀前期共同擔任維齊爾的歷史學家拉施德丁，則是位改宗伊斯蘭教的猶太人。當波斯語做為伊利汗國官方行政語言而變得更為強勢時，蒙古語則在察合台汗國持續使用較久時間，而在十五世紀初，突厥語便在朮赤領地取代了蒙古語。

在伊利汗國的蒙古軍隊和塔吉克官僚有時能通力合作達成良好效果，但若將此看成他們逐漸團結形成單一統治階層的徵兆，則為謬誤。只要塔吉克官員出現些許放肆跡象，便會招來蒙古王公貴族的強烈反應，無論如何，兩者之間的關係往往被因派系存在以及誹謗和嫉妒所破壞。多位塔吉克維齊爾的失勢，不是因為（可能）子虛烏有的指控，就是受到密切來往蒙古指揮官垮台的連累。但高階武官也同樣可能會遭受降級或處決，只因他跟某位地位不穩的官僚有所牽連。民政與軍政沒有清楚界線的事實也增添了不穩定性。十三世紀晚期的伊利政體的特色是，伊利汗底下掌握軍事大權的總督（納艾布），可能也會兼領維齊爾的職務。反之，從 1290 年代早期的某些時期，塔吉克維齊爾則握有前所未有的權威。綜合來說，儘管近年學界致力於重新評價伊利汗，但證據並未改變長久以來的看法，那就是，大部分的伊利汗更專注於享樂，而將國政交給他人，無論是蒙古人或塔吉克人。

由於奉行成吉思汗對所有宗教平等的札撒，蒙古征服者贏得了宗教寬容（有時跟宗教冷漠差不多）的名聲。先不說這種看法有多時代錯置（更別提多簡化），事實上，這源自他們企圖將某些祖先規範訂為法律，並禁止與草原習俗相悖的伊斯蘭作法。話雖如此，我們的證據很局部片面，而且僅限於蒙古統治的前五十年。舉例來說，雖然蒙古人曾短暫要求中國居民實行收繼婚，但沒有證據顯示，他們也對西南亞的全體穆斯林提出相同要求。不過某些穆斯林附庸君主顯然被要求奉行此項習俗。由於疆域遼闊，可以想見要有效禁止穆斯林宰殺儀式或穆斯林淨禮實際上不大可能，可能僅限於合罕總部或親王營地附近的土地。一般穆斯林的信仰實踐受到打壓的情況，主要發生在成吉思汗次子察合台的領地，也短暫出現在忽必烈時期的中國。

面對文獻中這類描述穆斯林違反禁令，以致身陷險境的生動軼事，通常從「穆斯林在不信道統治下的不安全感」的大脈絡來解讀會比較恰當。成吉思汗的關於平等對待各種信仰的札撒，一來准許佛教徒在征服的穆斯林土地上活動，再者結束「有經者」（基督徒和猶太人）的次等地位，他們現在得以豁免付人頭稅（吉茲亞）的義務，最後則加深了順尼派穆斯林和其他宗教團體之間的競爭和緊張關係。在伊利汗國，伊斯蘭虔誠基金會（瓦合甫）曾有一度歸什葉派的納希爾丁．圖西管理，並挪用部分收入來挹注他在篾剌合的天文台，有部分則撥給基督徒和猶太人做慈善用途。

帝國分裂使得底下各組成部分加速往不同方向發展。伊朗從 1260 年左右起，便由自己的成吉思系旁支所統治。旭烈兀和連續幾位繼任者（除了貼古迭兒．阿赫邁德外），並未顯現受伊斯蘭文化影響的傾向，儘管他們所仰賴的官僚階級大多是穆斯林。某些官僚成員將他們的新君主連結到古代伊朗的國王——自公元 651 年阿拉伯征服暨薩珊波斯滅亡後，蒙古人是首次將整個國家當作獨立地緣政治實體來統治的人——有些伊利汗也願意對這種說法買單。因此，伊利汗國伊朗的發展道路，不僅從統一的帝國中分離，也從朮赤系與察合台系掌控下，已經建立的政治單位中分離。

將伊利汗看做前穆斯林時代的伊朗國王，認為他們是遙遠過去的延續，僅是讓人更容易接受不信道者統治的一種手段。其他手法則在於嘗試將征服者視為一神論者，因此他們離真實信仰不遠，心態已臻成熟到可以皈依，這便是志費尼的論辯。這的確可能是用來吸引蒙古人信仰伊斯蘭教的策略之一。我們對於蒙古普通士兵的改宗所知太少，我們僅知道這個現象早在 1240 年代就已出現。在這點上，蒙古（以及不信道的突厥）軍隊的四處遷移無疑助力甚大。四處調動的大軍，被安頓在不熟悉的環境裡，得以密切接觸穆斯林居民、穆斯林學者和蘇菲行者。一些側面的證據顯示，住在或靠近城市中心的蒙古人特別容易受到影響。

歷史學家長久以來接受我們的主要史料所提供的印象，那就是，蒙古統治者主動啟動伊斯蘭化過程，而普通士兵則追隨其腳步。但我們現在很清楚，那些諸汗會接受伊斯蘭教，更常是為了回應軍隊士兵中存在數量龐大的穆斯林皈依者。除了穩固軍隊將領的支持外，他們或許也受到其他動機影響；例如，他們想在企圖占領的土地內得到穆斯林百姓的認可，或得到既有穆斯林菁英的接納，或甚至藉此強化他們領地的商業吸引力。再者，我們應該再次謹記，1260年後的帝國分裂，以及西亞三個不同文化繼承國的崛起，也讓接受伊斯蘭的急迫程度有所不同。伊利汗統治的區域以穆斯林占多數，他們又與遠東的拖雷系盟友相距甚遠，勢必得借助主流宗教語彙來提升自身統治的正當性。朮赤系和察合台系諸汗統治的地區異質性高，穆斯林人數較少，因此花了較長時間才接受伊斯蘭教。在朮赤領地，特別是在花剌子模，穆斯林人口在文化和經濟上是最為先進的，並遠勝過基督教羅斯。察合台汗國的大部分領土與前喀喇契丹帝國重疊，而在此，就像在喀喇契丹時代，河中和鄰近地區的強大穆斯林社會多少因為回鶻斯坦的敵對佛教文化而得到制衡。這可能有助於解釋為何伊斯蘭教在此扎根的時間較晚，尤其在兀魯思東半部。

這些動機並不意味著蒙古諸汗並非完全真心誠意接受伊斯蘭教，如同馬穆魯克敵手所相信——或刻意相信的那樣。無論如何，我們缺乏能讓我們探悉王室皈依者心態的史料。在蒙古人統治下寫作的穆斯林作者對內心轉變少有著墨，他們的興趣是在外在和可觀察的跡象，特別是揚棄獨特的蒙古髮型或服飾的改變。伊斯蘭化是個長期的過程：至少，在前幾個世代，這不必然代表捨棄傳統草原規範，像是諸汗依舊施行收繼婚便清楚呈現了這點。而貿然偏離成吉思汗的宗教平等政策，似乎會導致叛亂與改宗穆斯林統治者垮台的風險。比起1309年左右或1330年代早期的察合台兀魯思，伊利汗國伊斯蘭化的過程比較和緩。儘管基督徒和猶太人在合贊改宗後開始受到迫害，在完者都任期開始受到歧視，但一直要到不賽因治期，「有經者」才再次被迫繳納吉茲亞。就我們所知，金帳汗國諸汗也準備慢慢進行伊斯蘭化。

蒙古人在相對短的期間內便展開對被征服土地的重建工作——像是在1221年後的河中地區，或1239年後的南高加索地區——而在旭烈兀遠征後，這類措施實施的速度更快，尤其是在巴格達。背後的原因自然不是人道因素，而是確實體認到經濟復甦對征服者的好處。然而，1260 年後的數十年，不論是來自汗國間的反覆衝突、還是國內的軍事鬥爭，抑或是在區域間遊走的新游牧移民，都讓穆斯林土地再度遭受新的打擊。其中伊朗東部和南部、花剌子模、河中地區，和塔里木盆地的城市看來受害最為嚴重。此外，雖然汗國統治者試圖振興經濟——即便他們的領土大半由草原組成，也被史學家認定是游牧利益的代言人——我們幾乎可以預期，根據游牧民重視商業的傳統，他們的努力也多半放在城鎮與貿易上，而非關注農業的需要。

我們也可以接著觀察，併入世界帝國所帶來的更多影響。從 1260 年後的諸汗戰爭，不時影響到貿易跟其他旅行的觀點來看，我們應該放棄「蒙古治世」此一歷史悠久的概念。不過，我們也承認，在蒙古霸權的同一時期，歐亞很大一塊區域的相互連結也增加了。這段時期，不管是陸路或特別是海路，伊斯蘭世界與中國還有遠東其他地區在貿易上出現了可觀的成長。蒙古人對此一發展的貢獻主要（這可能在一或兩世紀前的塞爾柱和契丹遼時代就已經開始）是商業稅的簡化、王室成員與其他貴族贊助商人的預付投資、對特定商品需求的成長，像織金錦、毛皮與奴隸這類奢侈品，還有最有可能的是——南宋在 1270 年代晚期覆滅之後所釋放出來的大量白銀。

蒙古統治時代也刺激了伊斯蘭世界的智識和文化活動。成群新征服的臣民（在穆斯林的案例中，通常是淪為奴隸的工匠）被雙向遷移到亞洲各地，且在伊利汗與拖雷堂親建立外交聯繫後，使得伊斯蘭世界比過去更常接觸中國，並協助科學與醫學觀念、儀器與其他工藝品的傳播。透過像納希爾丁．圖西和身兼維齊爾、史家與通才的拉施德丁這類臣僕的中介，中國和穆斯林學者齊聚在伊利汗國，共同合作進行多曆法的換算，或將中國科學著作譯為波斯文。不過，進一步檢視，便會發現伊利汗國的穆斯林學者並未通盤接受中國的知識與技術。因此，我們對蒙古統治在文化領域的影響，從某些層面上來說，也就要比通常設想的再保守一些。即便如此，蒙古時代穆斯林的知識視野，尤其在諸汗改宗之後還是出現了可觀的擴展。即使扣掉中國的影響，篾剌合天文台的穆斯林學者，在圖西的支持監護與在他死後，所產出的成果，也足以裨益後來的穆斯林天文學家以及哥白尼以降的十六、十七世紀歐洲的天文學同行。此外，另一個西亞與遠東接觸的顯著後果，則是視覺藝術與雕塑上新技法、新母題的引入，並留下了長期影響。至於伊利汗在這些文化交流中所扮演的角色，雖然可以商榷，但鑒於某些諸汗頗熱衷與知識專家交遊，似乎不宜忽略。

從更長遠的觀點來看，蒙古統治留下的印記在成吉思汗的孫子們死後數世紀後仍舊難以磨滅。蒙古人先採納了穆斯林的政治文化，作為回敬，穆斯林則吸收了成吉思系血統是統治者重要資格的觀念。結果是，直到十八世紀，中亞與西部草原依舊由源於成吉思系血統的各大王朝所統治。蒙古帝國對臣屬民族的政策也在歐亞民族地圖上留下了痕跡。其中一個重大後果便是將新的突厥族群引入西亞，並使西亞漸趨突厥化。另一個則是將淪為奴隸的工匠群體和他們的家庭，從伊朗和中亞遷移到遠東，他們在那建立穆斯林社群，如雲南和甘肅，並延續至今。較古老的部落如契丹、克烈和乃蠻在政治角力場上消失，並及時被新民族所取代。這些新民族常以個人領導者之名命名，並往往脫胎自蒙古治下重組的軍事團體，或者，可能性說來較小的是，他們是來自西遷的突厥民族，不論是否直接受到蒙古政權的支持。蒙古擴張也往往被認為是 1340 年代傳染病，也就是黑死病大流行的原因，確實長距離的人群移動，可能消耗人的體力，並降低他們抵抗疾病的能力。但在缺乏確切證據的情況下，我們最安全的結論似乎是：征服者並未料想到，他們的軍事行動導致大批穆斯林遷移入獨立穆斯林國家，如馬穆魯克帝國和德里蘇丹國。這些移民強化了他們對抗蒙古攻擊的能力，最終決定性地遏止了蒙古統治的擴散。

＊＊＊

蒙古統治無疑為東部伊斯蘭世界帶來了正面影響，只是被埋沒了太久。跟蒙古所造成的傷害——戰爭摧毀了當時繁榮的城市中心，或者大量穆斯林被迫離開家鄉，到帝國某個遙遠地區為征服者服務——相比，這些正面影響鮮少受到注意。然而，若企圖將蒙古人帶給伊斯蘭世界的轉變，與他們該負責的毀滅、動盪和悲慘放在一起衡量，不過讓人認為這是在詭辯。除非我們採取某種功利主義價目表，主張包含大量暴力的征服過程，可以因為倖存者更加繁榮（我們不能總是將這類繁榮視為理所當然）而合理化，或者平凡農民和鎮民的性命比藝術家和學者更沒有價值（連專業學者都不會魯莽地下此判斷）。不管商業或文化上有多昌盛繁榮，都無法抵銷蒙古侵略中成千上萬人失去生命的代價。

不過，總體來說，我們對蒙古征服與統治的印象，已經得到很大的擴展。這並不是因為我們修正了過往對征服破壞性質的看法（儘管這點的確被高估了），而是因為我們更專注在征服者多變的人性面貌。在我們面前，不只有一心遵從騰格里天命旨意的領袖，也有懸崖勒馬、決定不屠殺穆斯林的蒙古諸汗和將領。有些蒙古武將也將穆斯林虔誠基金會納入保護之下，有些蒙古顯貴與波斯官僚交好、共同合作，有時也一起成為皇家主子其怒氣與猜疑的受害者。伊利汗國的創立者饒過頑強抵抗的一座堡壘的衛戍部隊和一位年邁的穆斯林親王的命，並對一位年輕親王展現同情。但這並不意味著蒙古統治者習於溫和處事，尊重臣民的感受，或積極公正的治理——他們在這方面跟同時代歐亞大陸的其他統治者差不多。第一位伊利汗常被評判為能幹和值得尊敬的統治者，但他有時也準備好對那些已經允諾人身安全的人打破諾言、對曾特別受寵卻反叛的親王施加可怕的懲罰，而後者襁褓中的兒子還遭遇更悲慘的命運。下一位伊利汗的公正在文獻中得到稱讚，卻曾百般凌虐地引誘一位命懸一線的穆斯林首席大臣，而幾位旭烈兀的繼任者也大都對親理國政的責任興趣缺缺。

不過，跟「令人痛恨的異族征服者」、「冷酷和特意為之的種族滅絕」、「對城市文明缺乏理性的盲目恐懼和仇恨」這些論點比起來，我們其實已經取得了重大的進展。

附錄一

專有名詞詞彙表

altan orugh（蒙古語—突厥語）	「黃金家族」，如帝國王朝
amīr al-umarā（阿拉伯語—波斯語）	首席埃米爾（也請見下面，beglerbegi）
ʿawāriḍāt（阿拉伯語—波斯語）	阿瓦里達，不定期稅賦
Bakhshī（突厥語—蒙古語）	巴克什，佛教僧侶
Basqaq（突厥語）	八思哈，監督官，總督（也請見下面，darughachi）
ba'urchi（蒙古語）	寶兒赤，廚師，管家
beglerbegi（突厥語）	首席埃米爾
bichechi（蒙古語）	必闍赤，祕書（也請見下面，bitikchi）
belig（蒙古語）	發表，宣言
bitikchi（突厥語）	必闍赤，祕書
darughachi（蒙古語）	達魯花赤，總督
dhimmī（阿拉伯語—波斯語）	保護民；齊米，住在穆斯林領域的「有經者」的一員（如猶太人或基督徒）
elchi（突厥語）	額勒赤，使節；信使
faqīr（阿拉伯語—波斯語）	法基爾，苦行者
il\ili\el（突厥語）	伊利，和平；臣服
inchü（蒙古語）	媵哲，個人資產
iqtā'（阿拉伯語—波斯語）	伊克塔，歲入；賜予土地

jasagh（蒙古語）	札撒，命令，規定，（規範）法（也請見下面，yasa）
jizya（阿拉伯語—波斯語）	吉茲亞，伊斯蘭國家保護民臣民的人頭稅
keshig（蒙古語）	怯薛，守衛軍團
kharāj（阿拉伯語—波斯語）	哈拉吉，伊斯蘭土地稅
khatun（突厥語）	可敦，皇后，王妃
khuṭba（阿拉伯語—波斯語）	呼圖白，於週五禱告的講道中提到君主的名字
kükeltash（突厥語—蒙古語）	奶兄弟
küregen（突厥語—蒙古語）	（皇家）駙馬
möchelge（蒙古語）	書面誓言
nā'īb（阿拉伯語—波斯語）	納艾布，總督；副手，副官；代表
nökör（蒙古語）	那可兒，同志；隨從，伴當
noyan（蒙古語）	那顏，軍事指揮官
oghul（蒙古語）	血緣親王
ordo（蒙古語；突厥語 orda）	斡耳朵，營地，總部
ortaq（突厥語）	斡脫，夥伴（與蒙古汗王、親王或王妃公主有夥伴關係的商人）
paiza（蒙古語；中文「牌子」）	牌子，表示威權的牌匾
qaghan（突厥語）	合罕，皇帝；汗中之汗；「大汗」
qol\qul（蒙古語）	（在大汗財產或權力的脈絡下的軍隊）中心
qubchur（蒙古語）	忽卜出兒，原本由游牧民族支付的人頭稅；隨後強制對蒙古人的定居子民徵收
quritai（蒙古語）	忽鄰勒塔，大會
sāḥib-dīwān（阿拉伯語—波斯語）	財政大臣
shiḥna（阿拉伯語—波斯語）	席赫納，代表；總督
tomgha（突厥語—蒙古語）	探合，商業交易稅
temma（蒙古語）	探馬，派遣去守衛新征服土地的軍隊
tenggeri（突厥語—蒙古語）	騰格里，天空；「天」

tümen（蒙古語）	土綿，萬戶（指稱軍隊單位和貨幣總和，波斯語為 tūmān）
tūyin（突厥語—蒙古語）	佛教僧侶
ʿulamā（阿拉伯語—波斯語）	烏理瑪，學者，知識階級（單數 ʿālim）
Ulus（蒙古語）	兀魯思，蒙古汗或親王統治下的人民和牧草地
Waqf（阿拉伯語—波斯語）	瓦合甫，慈善目的的宗教基金會（複數 awqāf）
Wazir（阿拉伯語—波斯語）	維齊爾，首席大臣／顧問
Yaghi（突厥語）	反叛者，反叛
Yam	（突厥語；蒙古語 dzam）
Yarghu（蒙古語）	調查庭
Yarligh（突厥語）	札里黑，命令，敕令
yasa\yasaq（突厥語）	札撒，規定，（規範）法；（「體制」意義下的）命令
yosun（蒙古語）	約森，習俗
yurt（蒙古語）	禹兒惕，營地；牧草地
zakāt（阿拉伯語—波斯語）	天課，穆斯林救濟窮人的義務善款

附錄二

重要譯名對照表

《人類簡史》 *al-Mukhtaṣar fī akhbār al-bashar*（The Abridged History of Humanity）

《千年史》 *Ta'rīkh-i alfī*

《大布里士寶庫》 *Safina-yi Tabrīz*

《大寶鑑》 *Speculum historiale*

《五族譜》 *Shu'ab-i panigāna*（The Fivefold Branches）

《元史》 *Yuan shi*

《巴格達陷落的特點》 *Kayfiyyat-i wāqi'a-yi Baghdād*（The Particulars of the Fall of Baghdad）

《巴納卡提史》 *Ta'rīkh-i Banākatī*

《心之愉悅》 *Nuzhat al-qulūb*（The Hearts' Delight）

《文苑觀止》 Nihāyat al-arab fī funūn al-adab（The Ultimate Aspiration in the Scribal Arts）

《世界征服者史》 *Ta'rīkh-i jahān-gushā*（History of the World-Conqueror）

《兄弟的安慰》 *Tasliyat al-ikhwān*（The Consolation of the Brethren）

《史集》 *Jāmi' al-tawārikh*（Collection of Chronicles）

《史集續篇》 *Dhayl-i Jāmi' altawārīkh*

《札蘭丁傳》 *Sīrat al-Sulṭān Jalāl al-Dīn*

《伊本・巴圖塔遊記》 *Tuḥfat al-nuẓẓār fī gharā'ib al-anṣār*（Gifts to Onlookers regarding the Marvels of the Civilized Regions）

《伊本・阿米德史續集的正確道路和無比成就》 *al-Nahj al-sadīd wa l-durr al-farīd fī mā ba'd ta'rīkh Ibn al-'Amīd*（The Correct Path and Peerless Achievement in the Sequel to the History of Ibn al-'Amīd）

《伊斯蘭大歷史》 *Ta'rīkh al-Islām*

《伊斯蘭政權》 *Duwal al-Islām*

（Islamic Regimes）
《伊斯蘭朝代史》 Kitāb al-Fakhrī
《合贊汗祝福史》 *Ta'rīkh-i Mubārak-i Ghāzānī*
《吉兆之書》 *Sa'ādat-nāma*（Auspicious Book）
《名人訃聞集》 *Wafayāt al-a'yān*（Obituaries of the Great）
《名流世系與歷史的勝境花園》 *Rawdat ūlī l-albāb fī ma'rifat al-tawārīkh wa l-ansāb*（The Garden of the Intellects in the Knowledge of Histories and Generations）
《地海奇聞選錄》 *Nukhbat al-dahr fī 'ajā'ib al-barr wa l-baḥr*（Select Passages of the Age regarding the Marvels of Land and Sea）
《地域之分隔與歲月之推移》 *Tajziyat al-amṣār wa-tazjiyat al-a'ṣār*（The Apportionment of Countries and the Passing of Epochs）
《如何打敗撒拉森人》 *Tractatus quomodo Sarraceni sunt expugnandi*（How to Defeat the Saracens）
《年代事件與記事，以及顯貴要人子弟之訃聞》 *Ḥawādith al-zamān wa-anbā'uhā wawafayāt al-akābir wa l-a'yān min abnā'ihi*（The Events and Reports of the Era and the Obituaries of the Great and Notable among its Sons）
《成吉思汗王朝四兀魯思史》 *Ta'rīkh-i arba'a ulūs-i chingīzī*（History of the Four Chinggisid Uluses）
《成為勝利之書的歷史摘錄》 *Tawārīkh-i Guzīda-yi nuṣrat-nāma*
《西遊錄》 *Xi you lu*
《完者都史》 *Ta'rīkh-i Uljāītū*
《杜斯特蘇丹史》 *Ta'rīkh-i Dūst Sulṭān*
《依尊銜編排，文采美妙的傳記辭典節本》 *Talkhīṣ Majma' L-ādāb fī mu'jam al-alqāb*（Abridgement of the Collection of Belles-Letters in the Lexicon Arranged by Honorifics）
《兩座花園續篇》 *al-Dhayl 'alā l-Rawḍatayn*（Supplement to the Two Gardens）
《夜間記事和跟隨善的腳步》 *Musāmarat al-akhbār wa-musāyarat al-akhyār*（Nocturnal Narratives and Keeping Up with the Good）
《拉施德丁選集》 *Jāmi'-i taṣānīf-i Rashīdī*
《東方歷史之花》 *La Flor des Estoires de la Terre d'Orient*（The Flower of the Histories of the East）
《肺病患者的咳嗽》 *Nafthat al-maṣdūr*（The Coughings of the Consumptive）

《金冊》*Altan Debter*（Golden Book）
《長春真人西遊記》*Xi you ji*
《拜巴爾斯史》*Ta'rīkh al-malik al-Ẓāhir*
《珍珠寶庫與精華薈萃》*Kanz al-durar wa-jāmi' al-ghurar*（The Treasury of Pearls and the Choicest Hoard）
《突厥世系》*Shajarat al-atrāk*（Tree of the Turks）
《致勝利教會之信》*Epistolae ad ecclesiam triumphantem*（Letters to the Church Victorious）
《訃聞全書》*al-Wāfī bi l-wafayāt*（The Entirety of Obituaries）
《埃宥比家族傳史釋疑》*Mufarrij al-kurūb fī akhbār banī Ayyūb*（The Dissipator of the Cares in the Account of the Ayyubid Line）
《庫特卜皮箱中的蒙古人記事》*Akhbār-i mughūlān dar anbāna-yi Quṭb*（The Account of the Mongols in Qutb's Pormanteau）
《時代鏡鑒續篇》*al-Dhayl Mir'āt al-zamān*
《時代顯要》*A'yān al-'aṣr*（The Notables of the Era）
《書吏抄寫職務手冊》*Dastūr al-kātib fī ta'yīn al-marātib*（A Handbook for the Scribe on the Assignment of Ranks）
《納希爾史話》*Tabaqāt-i Nāṣirī*（Nāṣirī Epochs）
《馬可波羅遊記》*Devisament du monde*（The Different Parts of the World）
《馬贊德蘭史》*Ta'rīkh-i ṣabaristān-u Rūyān-u Māzandarān*
《高貴宮廷的顯赫項鍊》*Simṭ al-'ulā li l-ḥaḍrat al-'ulyā*（The Necklace of Eminence for the Exalted Court）
《國王的回憶》*Iḥyā' al-mulūk*
《敘利亞和賈濟拉的埃米爾記載中最珍貴有價之物》*Al-A'lāq al-khaṭīra fī dhikr umarā' al-Shām wa l-Jazīra*（The Most Precious Valuables in the Account of the Amirs of Syria and the Jazīra）
《曼蘇爾人生的光榮時日》*Tashrīf al-ayyām wa l-uṣūr fī sirat al-malik al-Manṣūr*（The Glorious Days and Epochs in the Life of al-Malik al-Manṣūr）
《曼蘇爾史》*al-Ta'rīkh al-Manṣūrī*
《曼蘇爾蘇丹人生的最佳事物》*al-Faḍl alma'thūr min sīrat al-sulṭān al-malik al-Manṣūr*（The Best to be Transmitted from the Life of Sultan al-Malik al-Manṣūr）
《盛開的花園，拜巴爾斯的人生》*al-Rawḍ al-zāhir fī sīrat al-malik al-Ẓāhir*（The Blossoming Garden

concerning the Life of al-Malik al-Ẓāhir）
《眼歷諸國行紀》 Masālik al-abṣār
《終極純粹》 Ṣafwat al-ṣafā（The Puriest of the Pure）
《設拉子紀》 *Shīrāz-nāma*（The Story of Shīrāz）
《勝利紀》 *Ẓafar-nāma*（The Book of Triumphs）
《喀喇契丹皇家史》 *Ta'rīkh-i shāhī-yi Qarākhiṭā'iyyān*（The Royal History of the Qara-Khitai rulers）
《喬治亞編年史》 *K'art'lis ts' chovreba*
《復活之詩》 *Dīwān-i qā'imiyyāt*（Poems of the Resurrection）
《朝聖之書》 *Liber Peregrinationis*（Book of Pilgrimage）
《給突厥王朝諸王的禮物》 *Tuḥfat al-mulūkiyya fī l-dawlat al-turkiyya*（The Gift to Kings concerning the Dynasty of the Turks）
《菲魯茲王朝史》 *Ta'rīkh-i Fīrūzshāhī*
《貴顯世系》 *Mu'izz al-ansāb*（Homage to Genealogies）
《軼聞匯集》 *al-Ḥawādith al-jāmi'a*（Collected Events）
《雅巴拉哈三世東方大教長和訪客拉班・掃馬的歷史》 *Tash'ītā d-mār Yahballāhā qātōlīkā d-madnhā wad-rabban Ṣāwmā sā'ōrā gawānāyā*（The History of Mar Yahballāhā, Catholicos of the East, and of Rabban Ṣawma, Visitor-General）
《雅茲德史》 *Ta'rīkh-i Yazd*
《雅茲德新史》 *Ta'rīkh-i jadīd-i Yazd*（A New History of Yazd）
《塞爾柱史》 *Ta'rīkh-i āl-i Saljūq*
《塞爾柱史簡編》 *Mukhtaṣar-i Saljūq-nāma*
《聖武親征錄》 *Shengwu qinzheng lu*（The Deeds of the Holy Warrior）
《聖徒史思想精選》 *Zubdat al-fikra fī ta'rīkh al-hijra*（Choice Thoughts on Hijrī History）
《蒙古史》 *Ystoria Mongalorum*
《蒙古祕史》 *Monggol'un niucha tobch'an*（Secret History of the Mongols）
《赫拉特史紀》 *Ta'rīkh-nāma-yi Harāt*（Historical Account of Herat）
《編年史》 *Maktbānūt zabnē*
《諸國歷史節本》 *Mukhtaṣar ta'rīkh alduwal*（The Abridgement of the History of States）
《魯布魯克東遊記》 *Itinerarium*
《魯揚史》 *Ta'rīkh-i Rūyān*
《歷史大全》 *al-Kāmil fī l-ta'rikh*（The Perfection of History）
《歷史的縮影》 *Mukhtaṣar al-ta'rīkh*（Epitome of History）
《歷史紀錄體系》 *Niẓām al-tawārīkh*（The Classification of Histories）
《歷史香水盒中的迷人香氣》

Nasā'im al-asḥār min laṭā'im al-akhbār（The Frangrances of Enchantment among the Perfume-Boxes of Histories）
《歷史家譜選集》 *Majima' al-ansāb fi l-tawārīkh*（A Collection of Genealogies in the Histories）
《歷史摘錄》 *Ta'rīkh-i guzīda*（Choice History）
《歷史精華》 *Zubdat al-tawārīkh*（The Cream of Histories）
《穆因歷史選》 *Muntakhab al-tawārīkh-i Mu'īnī*
《賴世德史》 *Ta'rīkh-i Rashīdī*
《錫斯坦史》 *Ta'rīkh-i Sīstān*
《辭章之道》 *Nahj al-balāgha*
《關於最高尚事務的最高貴規律》 *al-Awāmir al-'alā'iyya fī l-umūr al-'alā'iyya*（The Loftiest Imperatives Concerning the Most Exalted Matters）
《蘇丹們的勝利》 *Futūḥ al-salāṭīn*（Victories of Sultans）
《蘇拉赫詞典》 *al-Ṣurāḥ min al-Ṣiḥāḥ*
《續名人訃聞集》 *Tālī kitab Wafayāt al-a'yān*
《續集》 *al-Muqtafā*（The Sequel）
《韃靼史》 *Historia Tartarorum*
《韃靼報導》 *Tartar Relation*
《顯要人物史的時代鏡鑒》 *Mir'āt al-zamān fī ta'rīkh al-a'yān*（The Mirror of the Age in the History of Notable Men）
七河地區 Semirech'e
八剌 Baraq
八剌沙袞 Balāsāghūn
上都 Shangdu
乞合都 Gaikhatu
乞鮮 Kitai
也先不花 Esen Buqa
也迪古 Edigü
也孫帖木兒 Yesün Temür
也速迭兒 Yesüder
也速該 Yesügei
也速蒙哥 Yesü Möngke
于闐 Khotan
兀魯伯 Ulugh Beg
兀瀧古河 Ürünggü river
土拉河 Tula river
大不里士 Tabrīz
大亞美尼亞 Greater Armenia
大馬士革 Damascus
大理國 Dali, kingdom of
大都 Dadu
大察阿歹 Chaghadai 'the Greater'
大衛・摩根 Morgan, David
女真人 Jurchen
小亞美尼亞王國（奇里乞亞） Lesser Armenia (Cilicia)
小察阿歹 Chaghadai 'the Lesser'
山艾立比 al-Tha'ālibī
山東 Shandong
不里 Büri
不勒海 Balagha

不賽因 Abū Saʿīd
不贊 Buzun
中都 Zhongdu
丹吉爾 Ṭanja (Tangier)
切爾尼戈夫 Chernigov
切爾克斯人 Circassians
厄爾布爾士山脈 Alburz mountains
太原 Taiyuan
尤利安 Julian
巴比倫 Babylon
巴托爾德 Barthold, W. (Bartol´d, V.V.)
巴米揚 Bāmiyān
巴而朮 Barchuq
巴哈丁・志費尼 Juwaynī, Bahā' al-Dīn
巴耶塞特 Bāyazīd
巴斯拉 Baṣra
巴達赫尚 Badakhshān
巴爾・掃馬 Bar Ṣawma
巴爾喀什湖 Balkhash lake
巴爾赫 Balkh
巴德爾丁・盧盧 Badr al-Dīn Lu'lu'
方濟會 Franciscans
木八剌沙 Mubārak Shāh
木阿禿干 Mö'etügen
比爾札 Birza
火你赤 Qonichi
牙罕・孫忽兒 Yaghan Sonqur
牙速兒 Yasa'ul
牙撒兀兒 Yasa'ur
且末 Cherchen
加布里埃爾・德・穆西斯 Gabriele de' Mussis
加息若 al-Jāḥiẓ
加茲尼 Ghazna
加茲納因 Ghaznayn
加茲溫 Qazwīn
包保羅 Buell, Paul D.
卡里姆丁・阿克薩萊依 Karīm al-Dīn Āqsarā'ī
卡尚 Kāshān
卡迪爾汗 Qadir Khan
卡特萬草原 Qatwān steppe
卡爾希（河中地區城市） Qarshī (in Transoxiana)
古爾人 Ghūr, Ghūrīs
古爾根奇 Gurgānj
可薩人 Khazars
外西凡尼亞 Transylvania
失吉・忽禿忽 Shigi Qutuqu
失烈門 Shiremün
尼布甲尼撒 Nebuchadnezzar
尼札姆丁・沙米 Niẓām al-Dīn Shāmī
尼西亞帝國 Nicaea
尼沙普爾 Nīshāpūr
左勒蓋爾奈英 Dhū l-Qarnayn
布匝兒（斡匝兒） Buzar (or Ozar)
布哈拉 Bukhārā
幼發拉底河 Euphrates river
弘州 Hongzhou
旦札里 al-Dajjāl
本篤十二世 Benedict XII
札尼別 Janibeg
札西爾丁・阿里・穆罕默德・伊本・卡札魯尼 Ẓahīr al-Dīn 'Alī

Muḥammad Ibn al-Kāzarūnī
札西爾丁・穆罕默德・巴布爾 Bābur, Ẓahīr al-Dīn Muḥammad
札希爾・拜巴爾斯・本杜格達里 Baybars al-Bunduqdārī, al-Ẓāhir
札蘭丁 Jalāl al-Dīn
朮木忽兒 Jumughur
朮赤 Jochi
朮赤兀魯思 Jochid ulus
永昌 Yongchang
玉里伯里 Ölberli
玉梳木忒 Yoshmut
玉龍傑赤 Ürgench
瓦西特 Wāsiṭ
瓦拉明 Warāmīn
瓦爾丹・阿雷維西 Vardan Arewelts'i
瓦薩甫（錫哈卜丁・阿布杜拉・設拉子依） Waṣṣāf (Shihāb al-Dīn ʿAbd-Allāh Shīrāzī)
瓦薩甫・哈德拉特 Waṣṣāf al-ḥaḍrat
甘札 Ganja
甘札的基拉科斯 Kirakos Ganjaketsʿi
甘州 Ganzhou
甘肅 Gansu
白羊王朝 Āq Qūyūnlū
白沙瓦 Peshawar
禾忽 Hoqu
亦孫真 Yesünchin
伊本・巴圖塔 Ibn Baṭṭūṭa
伊本・比比 Ibn Bībī
伊本・札爾庫布 Ibn Zarkūb
伊本・瓦希勒 Ibn Wāṣil
伊本・艾希爾 Ibn al-Athīr
伊本・易伯里（即巴爾・希伯來） Ibn al-ʿIbrī (Bar Hebraeus)
伊本・法德蘭 Ibn Faḍlān
伊本・阿比哈迪德・馬達因尼 Ibn Abī l-Ḥadīd al-Madā'inī
伊本・哈利汗 Ibn Khallikān
伊本・胡拉達茲比赫 Ibn Khurradādhbih
伊本・泰米葉 Ibn Taymiyya
伊本・富瓦惕 Ibn al-Fuwaṭī
伊本・提克塔卡 Ibn al-Ṭiqṭaqā
伊本・蘇夸伊 Ibn al-Ṣuqā'i
伊利汗國 Ilkhanate
伊利亞・巴夫洛夫維奇・彼得魯舍夫斯基 Petrushevsky (Petrushevskii), I.P.
伊拉克 Iraq
伊朗 Iran
伊茲丁・阿布・哈桑・阿里・賈札里 'Izz al-Dīn Abū l-Ḥasan ʻAlī al-Jazarī
伊茲丁・凱卡烏斯二世 Kaykāwūs II, ʿIzz al-Dīn
伊茲丁・穆罕默德・本・阿里・伊本・夏達德 'Izz al-Dīn Muḥammad b. ʻAlī Ibn Shaddād
伊犁河 Ili river
伊斯法罕 Iṣfahān
伊斯特凡・瓦薩里 Vásáry, István
伊塞克湖 Issyk Köl
伏爾加河 Volga river

伏爾加保加爾人 Volga Bulgars
先知穆罕默德 Prophet Muḥammad
匈人 Huns
匈牙利人 Hungarians
印度河 Indus river
印度洋 Indian Ocean
合丹 Qadan
合罕普顏篤（元仁宗） Buyantu
合贊・馬赫穆德 Ghazan Maḥmūd, Ilkhan
吉亞斯丁・凱霍斯洛 Kaykhusraw II, Ghiyāth al-Dīn
吉爾吉斯 Kirgizstan
吉蘭 Gīlān
吐火羅斯坦 Ṭukhāristān
吐魯番 Turfan
回鶻斯坦 Uighūristān
多連・扯兒必 Dölen Cherbi
多瑙河 Danube river
安妮・布蘿德布里姬 Broadbridge, Anne F.
安南（越南） Annam (Vietnam)
安納托利亞 Anatolia
安提阿 Antioch
安童 Hantum
安集延 Andijān
忙哥帖木兒 Mengü Temür
成吉思汗（鐵木真） Chinggis Khan (Temüjin)
成帖木兒 Chin Temür
旭烈兀 Hülegü, Ilkhan
朱爾詹（古爾干） Jurjān (Gurgān)
汗八里 Khanbaligh
米海爾八世 Michael VIII
米爾札・海達爾・杜格拉特 Mīrzā Ḥaydar Dughlāt
艾比爾 Irbil
艾祖隆 Erzurum
艾鶩德 Atwood, Christopher
衣索匹亞 Ethiopia
西伯利亞 Siberia
西遼 Xi Liao
伯顏 Bayan
克赤 Kerch
克里米亞 Crimea
克勉五世 Clement V
克爾白天房 Kaʿba
克爾曼 Kirmān
克爾曼沙赫 Kirmānshāh
克魯倫河 Kerülen river
別失八里 Beshbaligh
別兒哥 Berke
別兒哥徹兒 Berkecher
孛兒帖 Börte
孛兒捷 Böjei
孛羅丞相 Bolod Chingsang
宋濂 Song Lian
完者可敦 Öljei Khatun
完者都（穆罕默德・忽答班答） Öljeitü (Muḥammad Khudābanda)
希瓦 Khiva
希伯崙 Hebron
忒里迷 Tirmidh
志費恩 Juwayn

扯扯干 Chechegen
李志常 Li Zhichang
沙卜爾干 Shabūrghān
沙州 Shazhou
沙赫侯賽因 Shāh Ḥusayn
狄宇宙 Di Cosmo, Nicola
貝加爾湖 Baikal lake
辛賈爾 Sinjār
那木罕 Nomoghan
那海 Noghai, Jochid khan
里克爾多・達・蒙達克羅切 Riccoldo da Montecroce
亞美尼亞 Armenia
亞塞拜然 Azerbaijan
亞歷山德羅・鮑薩尼 Bausani, Alessandro
呼羅珊 Khurāsān
奈撒 Nasā
屈出律 Güchülüg
帕爾汪 Parwān
帖乞失 Tekish
帖客出克 Tekechük
底格里斯河 Tigris river
忽必烈 Qubilai
忽里 Quli
忽拉朮 Hülechü
忽氈 Khujand
忽蘭巴失 Qulan-bashi
怯別 Köpek
怯的不花 Kedbuqa
怯勒孛羅 Kül Bolod
拉合爾 Lahore
拉施德丁・法德拉・哈瑪丹尼 Rashīd al-Dīn Faḍl-Allāh Hamadānī
拉班・掃馬 Rabban Ṣawma
拔都 Batu
拖雷 Tolui
拙赤合撒兒 Jochi Qasar
昆都士 Qunduz
明罕 Mingqan
易司馬儀派（尼札里易司馬儀派） Ismāʿīlīs(Niẓārī Ismāʿīlīs)
昔格納黑 Sighnāq
昔格納黑的斤 Sighnāq-tegin
昔班 Shiban
杭州 Hangzhou
河中地區 Transoxiana
河北 Hebei
法尤姆 al-Fayyūm
法納卡特（巴納卡特） Fanākat (Banākat)
法爾斯 Fārs
法赫爾丁・阿布・蘇萊曼・達烏德・巴納卡提 Fakhr al-Dīn Abū Sulaymān Dā'ūd Banākatī
法蘭克人 Franks
波斯伊拉克 ʿIrāq-i ʿAjam
的黎波里 Tripoli
芮樂偉・韓森 Hansen, Valerie
花剌子模 Khwārazm
金浩東 Kim, Hodong
長春真人（丘處機） Changchun (Qiu Chuji)
阿八哈 Abagha

阿力麻里 Almaligh
阿布・巴克爾・本・阿布杜拉・本・艾巴克・伊本・達瓦達里 Abū Bakr b. ʻAbd-Allāh b. Aybak Ibn al-Dawādārī
阿布・拉伊罕・比魯尼 al-Bīrūnī, Abū Rayḥān
阿布・菲達 Abū l-Fidā
阿布杜・馬利克・伊薩米 ʼAbd al-Malik ʻIṣēmī
阿布哈茲 Abkhaz, Abkhazia
阿布瑪吉德・穆罕默德・大不里士依 Abū l-Majd Muḥammad Tabrīzī
阿瓦爾人 Avars
阿因・札魯特 ʻAyn Jālūt
阿克納的格里高爾 Grigor Aknertsʻi
阿即思 Atsiz
阿里不哥 Arigh Böke
阿兒斯蘭汗 Arslan Khan
阿兒渾阿合 Arghun Aqa
阿拉丁・法拉基・大不里士依 ʻAlāʼ al-Dīn Falaki Tabrīzī
阿拉丁・阿塔・馬利克・志費尼 Juwaynī, ʻAlāʼ al-Dīn ʻAṭā Malik
阿拉丁・凱庫巴德 Kayqubād I, ʻAlāʼ al-Dīn
阿拉丁・摩訶末・本・帖乞失 Muḥammad b. Tekish, ʻAlāʼ al-Dīn
阿拉姆丁・卡西姆・比爾札利 ʼAlam al-Dīn al-Qāsim al-Birzālī
阿拔斯哈里發國 ʻAbbasid dynasty, ʻAbbasid Caliphate
阿的勒算端 ʻĀdil Sulṭān
阿剌模式 Alamūt
阿勒坡 Aleppo
阿速人 Alans
阿富汗 Afghanistan
阿提拉 Attila
阿斯特拉罕 Astrakhan (Ḥājjī Tarkhān)
阿斯塔拉巴德 Astarābād
阿爾津詹 Arzinjān (Erzincan)
阿爾泰山 Altai mountains
阿爾達比勒 Ardabīl
阿赫邁德・本・侯賽因・本・阿里・卡提伯 Aḥmad b. Ḥusayn b. ʻAlī Kātib
阿赫邁德・本・納茲爾拉・戴布利・塔塔威 Aḥmad b. Naẓr-Allāh Daybulī Tattawī
阿撒辛派 Assassins
阿魯忽 Alughu
阿魯渾 Arghun
阿闌 Arrān
阿難答 Ananda
保加爾（不里阿耳） Bulghār
信德 Sind
南高加索 Transcaucasus
哈札拉人 Hazaras
哈米德拉・穆斯陶菲・加茲溫尼 Ḥamd-Allāh Mustawfī Qazwīnī
哈利勒・本・艾巴克・薩法迪 Khalīl b. Aybak al-Safadī
哈拉和林 Qaraqorum
哈剌察 Qaracha

哈倫・拉希德 Hārūn al-Rashīd
哈桑・馬赫木迪・卡提伯 Ḥasan Maḥmūdī Kātib
哈班 Qaban
哈馬 Ḥamā
哈密力（哈密） Qāmul (Hami)
哈喇巴喇哈遜 Qara Balghasun
哈菲茲・阿布魯 Ḥāfīẓ-i Abrū
哈瑪丹 Hamadān
哈薩克人 Kazakhs
哈薩克斯坦 Kazakhstan
哈蘭 Ḥarrān
威尼斯 Venice
拜住 Baiju
拜都 Baidu
拜答兒 Baidar
柏郎嘉賓 Carpini, or Plano Carpini, John of
泉州（剌桐） Quanzhou (Zaitun)
洛格芒 Luqmān
科尼亞 Konya
科林・海伍德 Heywood, Colin
科塞達格 Kösedagh
突尼西亞 Tunisia
突厥人 Turks
突厥斯坦 Turkestan (Turkistān)
突厥蠻（土庫曼） Türkmen (Turcomans)
突蘭沙赫 Tūrān Shāh
紀堯姆・亞當 Adam, Guillaume
約旦河 Jordan river
美索不達米亞 Mesopotamia
耶律大石 Yelü Dashi
耶律阿海 Yelü Ahai
耶律楚材 Yelü Chucai
耶律綿思哥 Yelü Miansige
胡勒旺 Ḥulwān
胡齊斯坦 Khūzistān
迦勒迦河 Kalka river
迪夫里伊 Divrigi
迪亞丁・巴拉尼 Ḍiyā al-Dīn Baranī
迪亞爾・巴克爾 Diyār Bakr
哲別 Jebe
唆魯禾帖尼・別乞 Sorqaqtani Beki
埃及 Egypt
夏姆斯丁・志費尼 Juwaynī, Shams al-Dīn, *ṣāḥib-dīwān*
夏姆斯丁・阿布・阿布杜拉・穆罕默德・本・阿布杜拉・拉瓦提・坦吉 Shams al-Dīn Abū ʻAbd-Allāh Muḥammad b. ʻAbd-Allāh al-Lawātī al-Ṭanjī
夏姆斯丁・阿布・阿布杜拉・穆罕默德・札哈比 al-Dhahabī, Shams al-Dīn Abū ʿAbd-Allāh Muḥammad
夏姆斯丁・阿布・穆札法爾・尤素夫・本・齊祖利 Shams al-Dīn Abū l-Muẓaffar Yūsuf b. Qizūghlī
夏姆斯丁・迪馬希格依 Shams al-Dīn al-Dimashqī
夏姆斯丁・穆罕默德・本・易卜拉欣・賈札里 Shams al-Dīn Muḥammad b. Ibrāhīm al-Jazarī
夏拉夫丁・阿里・雅茲迪 Sharaf al-

基胥（夏赫列・薩布茲） Kish (Shahr-i Sabz)
常德 Changde
掃蘭 Sawrān
敏哈吉丁・烏斯曼・本・席拉吉丁・朮茲札尼 Jūzjānī, Minhāj al-Dīn ʿUthmān
敘利亞 Syria
曼齊克特 Manzikert
曼蘇爾・志費尼 Juwaynī, Manṣūr
曼蘇爾・嘉拉溫 Qalāwūn, al-Manṣūr
梅天穆 May, Timothy
理查・伯利爾特 Bulliet, Richard
第聶伯河 Dnieper river
脫古思可敦 Doquz Khatun
脫列哥那 Töregene
脫合帖木兒 Togha (or Taghai) Temür
脫脫 Totoq
脫脫迷失 Toqtamish
脫脫蒙哥 Töde Mengü
脫斡鄰勒（克烈部王汗） Toghril (To'oril)
莫斯科 Muscovy
訛答剌 Uṭrār
設拉子 Shīrāz
速不台 Sübe'edei
速渾察 Sughunchaq
麥加 Mecca
傅孟吉（屠密遲） Fumengji
傅禮初 Fletcher, Joseph
博韋的樊尚 Vicent de Beauvais
喀山汗國 Kazan, khanate of
喀什米爾 Kashmir
喀什噶爾 Kāshghar
喀布爾 Kābul
喀喇不花 Qarabuqa
喀喇孫忽兒 Qarasonqur
喀喇庫姆草原 Qara-Qum steppe
喬治亞 Georgia, kingdom of, Georgians
彭曉燕 Biran, Michal
揚吉肯特 Yangikent
揚州 Yangzhou
揭里迷失・阿合 Kelmish Aqa
敞失 Changshi
斯基泰人 Scythia, Scythians
斯捷潘諾斯・奧爾別良 Step'anos Orbelian
景庶 Kingshü
景德鎮 Jingdezhen
森巴特 Smba
欽察汗國（金帳汗國） Qipchaq khanate
渾河 Hunhe river
湯瑪斯・愛爾森 Allsen, Thomas
答亦兒 Dayir
答兒麻失里 Tarmashirin
腓力四世 Philip IV
腓特烈二世 Frederick II
菲爾多西 Firdawsī
貴由 Güyüg
費爾干納 Farghāna
貼古迭兒・阿赫邁德 Tegüder Aḥmad
跛子帖木兒 Temür-i lang (Tamerlane)
開平 Kaiping

開羅 Cairo
雅巴拉哈 Yahballāhā
雅古特・哈馬維 Yāqūt al-Ḥamawī
雅朱者與馬朱者（歌革與瑪各） Yājūj and Mājūj (Gog and Magog)
雅茲德 Yazd
雅羅斯拉夫 Iaroslav
雲南 Yunnan
黑的兒火者 Khiḍr Qocha
塔什干 Tashkent
塔巴里斯坦 Ṭabaristān
塔瓦庫里・伊本・巴扎茲・阿爾達比利 Tawakkulī Ibn Bazzāz Ardabīlī
塔吉克人 Tājīks
塔吉克斯坦 Tajikistan
塔克里特 Takrīt
塔克拉瑪干沙漠 Taklamakan desert
塔里木河 Tarim river
塔里寒 Ṭāliqān
塔剌思 Talas (Ṭarāz)
塔剌海 Taraghai
塔陽汗 Tayang Khan
塔塔兒統阿（塔塔統阿） Tatar Tonga
奧利雅拉・阿姆利 Awliyā' Allāh Āmulī
愛德華・吉朋 Gibbon, Edward
愛德華・格蘭威爾・布朗 Browne, Edward G.
新疆 Xinjiang
楚河 Chu river
歆姆斯 Ḥimṣ
滅里 Melik
聖康坦的西蒙 Simon de Saint-Quentin
葉尼塞河 Yenisei river
葉爾羌 Yārkand
裏海 Caspian Sea
裕勒都斯河 Yulduz river
賈拉勒丁・哈桑 Jalāl al-Dīn Ḥasan
賈法爾・本・穆罕默德・賈法里 Ja'far b. Muḥammad Ja'farī
賈瑪拉丁・穆罕默德・本・薩利姆 Jamāl al-Dīn Muḥammad b. Sālim
賈瑪勒・卡爾希 Jamāl al-Qarshī
賈瑪勒丁・阿布・卡西姆・阿布杜拉・卡尚尼 Qāshānī, Jamāl al-Dīn Abū l-Qāsim ʿAbd-Allāh
賈濟拉 Jazīra
路易九世 Louis IX
道明會 Dominicans
達姆干 Dāmghān
達拉瓦爾德 Darāward
達爾班德 Darband
頓河 Don river
圖兒罕可敦 Terken Khatun
圖斯 Ṭūs
圖斯塔爾（舒什塔爾） Tustar (Shustar)
圖蘭人 Tūrān, Turanians
察八兒 Chapar
察必 Chabi
察合台 Chaghadai
察合台汗 Qara Hülegü
寧夏 Ningxia
斡兀立・海迷失 Oghul Qaimish
瑪亞法里斤 Mayyāfāriqīn
窩闊台 Ögödei

綽兒馬罕 Chormaghun
蒙兀兒斯坦 Mughalistān
蒙古人 Mongols
蒙哥 Möngke
赫拉特 Herat
趙珙 Zhao Hong
德干 Deccan
德文・德維斯 DeWeese, Devin
德里 Delhi
德涅斯特河 Dniester river
德斯皮娜可敦 Despina Khatun
摩洛哥 Morocco
摩蘇爾 Mosul (al-Mawṣil)
撥綽 Böchek
歐特迷失・哈吉 Ötemish Ḥājjī
熱那亞 Genoa
魯布魯克的威廉 William of Rubruck
魯昆丁・忽兒沙赫 Khūrshāh, Rukn al-Dīn
魯昆丁・拜巴爾斯・曼蘇里・達瓦達爾 Rukn al-Dīn Baybars al-Manṣūrī al-Dawādār
魯昆丁・格利奇・阿爾斯蘭四世 Qilich Arslan IV, Rukn al-Dīn
儒昂維爾的讓 Joinville, Jean de
盧里斯坦 Luristān
盧爾人 Lurs
穆干 Mūghān
穆札希德丁・艾巴克 Mujāhid al-Dīn Aybak
穆因丁・納坦茲依 Muʿin al-Dīn Naṭanzī
穆罕默德・本・辛度・沙赫・納赫奇瓦尼 Muḥammad b. Hindū Shāh Nakhchiwānī
穆罕默德・本・阿里・夏班卡拉依 Shabānkāra'ī, Muḥammad b. ʿAlī
穆罕默德・昔班尼 Muḥammad Shībānī
穆罕默德・阿里・伊本・納齊夫・哈馬維 Muḥammad b. 'Ali（Ibn Naẓīf） al-Ḥamawī
穆法達勒・伊本・阿比・法達依 al-Mufaḍḍal Ibn Abī l-Faḍā'il
穆阿亞德・阿布・菲達・伊斯瑪儀・本・阿里 al-Mu'ayyad Abū l-Fidā Ismā'īl b. 'Alī
穆阿維亞 Muʿāwiya
穆斯台綏木・比拉 al-Mustaʿṣim bi llāh
穆斯坦綏里葉學院 Mustanṣiriyya college
穆赫易丁・伊本・阿布杜札希爾 Muḥyī' al-Dīn Ibn 'Abd al- Ẓāhir
篤哇 Du'a
興都庫什山脈 Hindu Kush
蕁麻林（洗馬林） Xunmalin (Ximalin)
諾撒耳（奈撒耳） Nosal(Naisal)
錫布特・伊本・焦吉 Sibṭ Ibn al-Jawzī
錫瓦斯 Sivas
錫哈卜丁・阿布・夏馬 Shihāb al-Dīn Abū Shāmā
錫哈卜丁・阿布杜拉・本・魯特夫拉・胡瓦菲 Shihāb al-Dīn 'Abd-Allāh b. Luṭf-Allāh al-Khwāfī
錫哈卜丁・阿赫邁德・伊本・法德拉・

烏瑪里 Ibn Faḍl-Allāh al-ʿUmarī, Shihāb al-Dīn Aḥmad
錫哈卜丁・阿赫邁德・努瓦依里 al-Nuwayrī, Shihāb al-Dīn Aḥmad
錫哈卜丁・穆罕默德・本・阿赫邁德・胡蘭迪茲依・納撒維 al-Nasawī, Shihāb al-Dīn Muḥammad b. Aḥmad
錫斯坦 Sīstān
錫爾河（藥殺水） Sīr-daryā (Jaxartes river)
霍爾木茲 Hurmuz
龜茲 Kūcha
篾剌合 Marāgha
襄陽 Xiangyang
謝赫薩菲丁・阿爾達比利 Shaykh Ṣafī' al-Dīn Ardabīlī
闊里吉思 Körgüz, Mongol governor of Iran
闊端 Ködön (Köten)
聶古迭兒 Negüder
薩菲丁・阿布・賈法爾・穆罕默德・本・阿里・塔巴塔巴 Ṣafī' al-Dīn Abū Ja'far Muḥammad b. 'Alī b. Ṭabāṭabā
薩義夫・本・穆罕默德・本・雅庫布・哈拉維 Sayf b. Muḥammad b. Ya'qūb al-Harawī
薩義德・札西爾丁・馬拉西 Sayyid Ẓahir al-Dīn Mar'ashī
鎮海 Chinqai
額勒只吉歹 Elchidei (or Eljigidei)
額爾濟斯河 Irtysh river
羅布泊 Lop Nor
羅依果 De Rachewiltz, Igor
羅傑・培根 Bacon, Roger
贊詹 Zanjān
蘇萊曼聖殿 Takht-i Sulaymān
蘇達克（索達伊亞） Sūdāq (Soldaia)
鹹海 Aral Sea
蘭巴薩爾 Lambasar
鐵木哥斡赤斤 Temüge Ot-chigin
鐵穆耳（元成宗） Temür

附錄三

世系表與統治者列表

表1：合罕世系

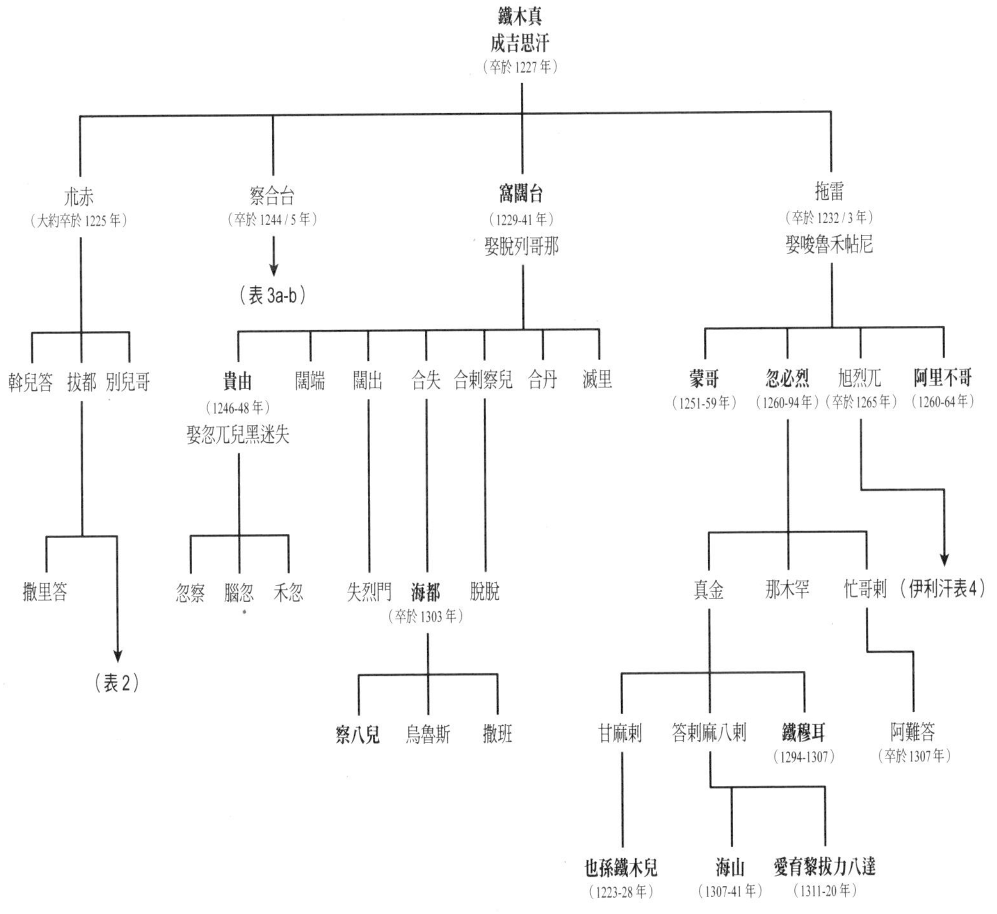

表2：朮赤系世系

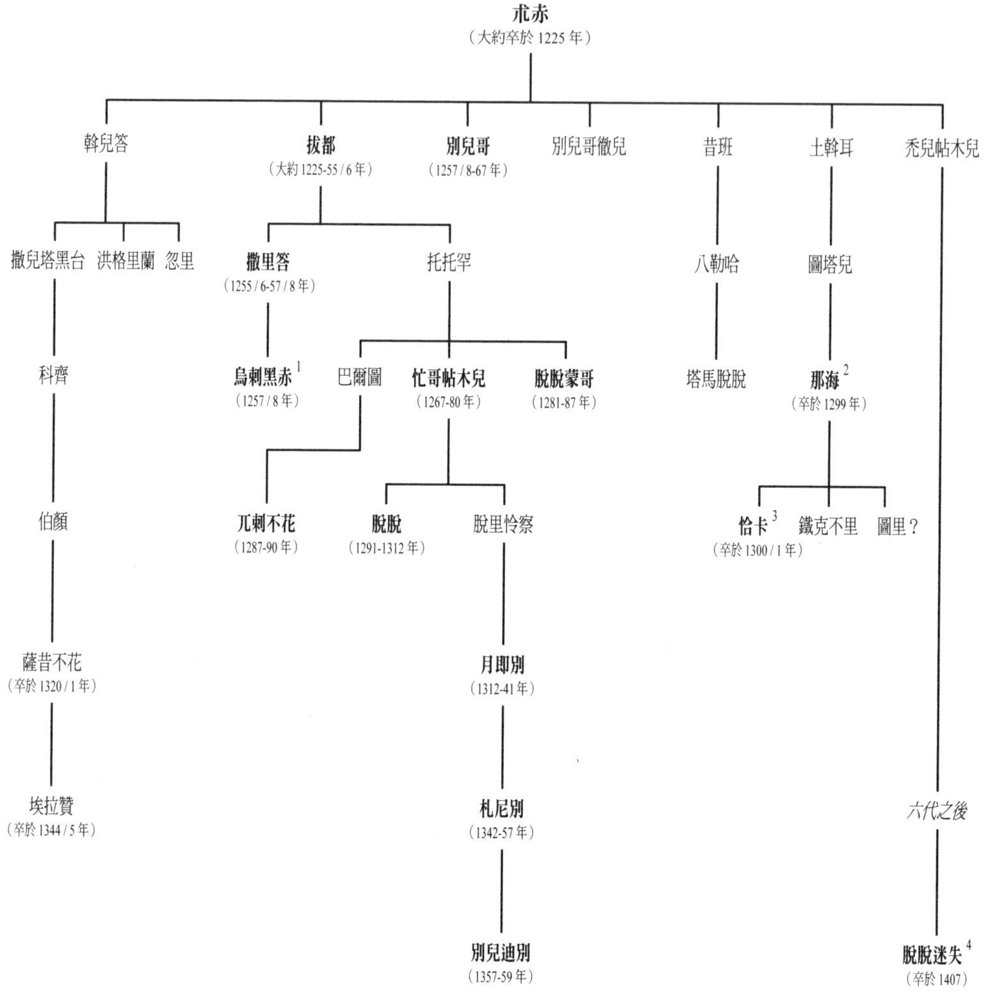

1 可能是撒里答的弟弟。
2 在兀魯思西半部。
3 短暫在保加利亞。
4 起初在斡兒答兀魯思；隨後在金帳汗國全境。

表 3a：察合台兀魯思汗世系（日期多半是大略日期）

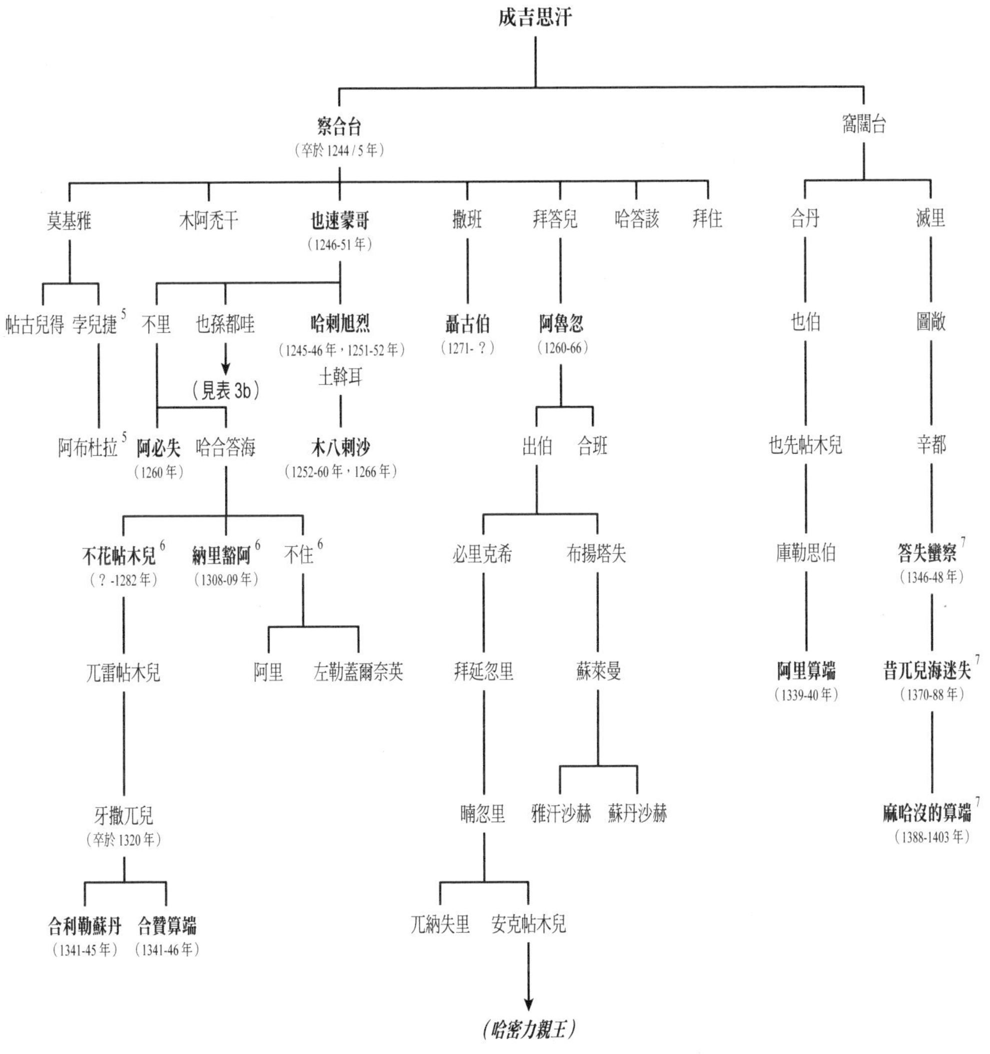

5 這些親王可能是拜都後裔，察合台的七子。
6 不花帖木兒和他的弟弟可能是察合台的兒子哈達該的兒子。
7 只在兀魯思的西半部。

表3b：察合台兀魯思汗世系（續表）

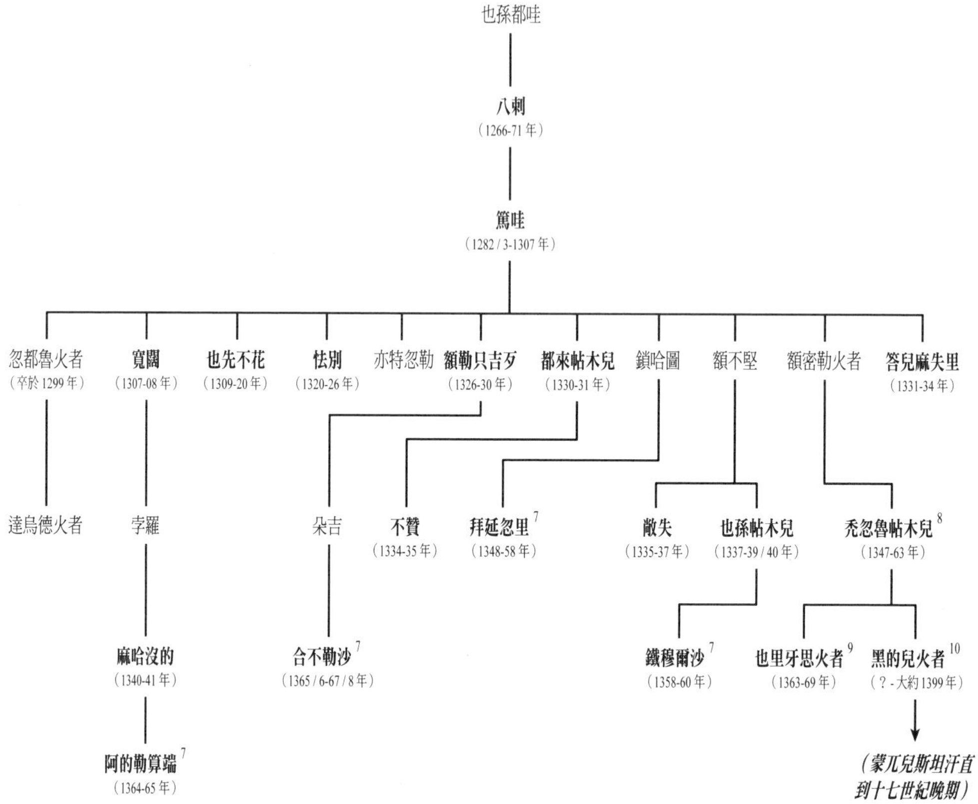

7 只在兀魯思西半部。
8 於他大部分統治期間只在蒙兀兒斯坦；但在1360和1361年短暫占領兀魯思西半部。
9 在早期代表他父親統治河中地區後，只在蒙兀兒斯坦。
10 祖先不明，只在蒙兀兒斯坦。

表4：伊利汗世系

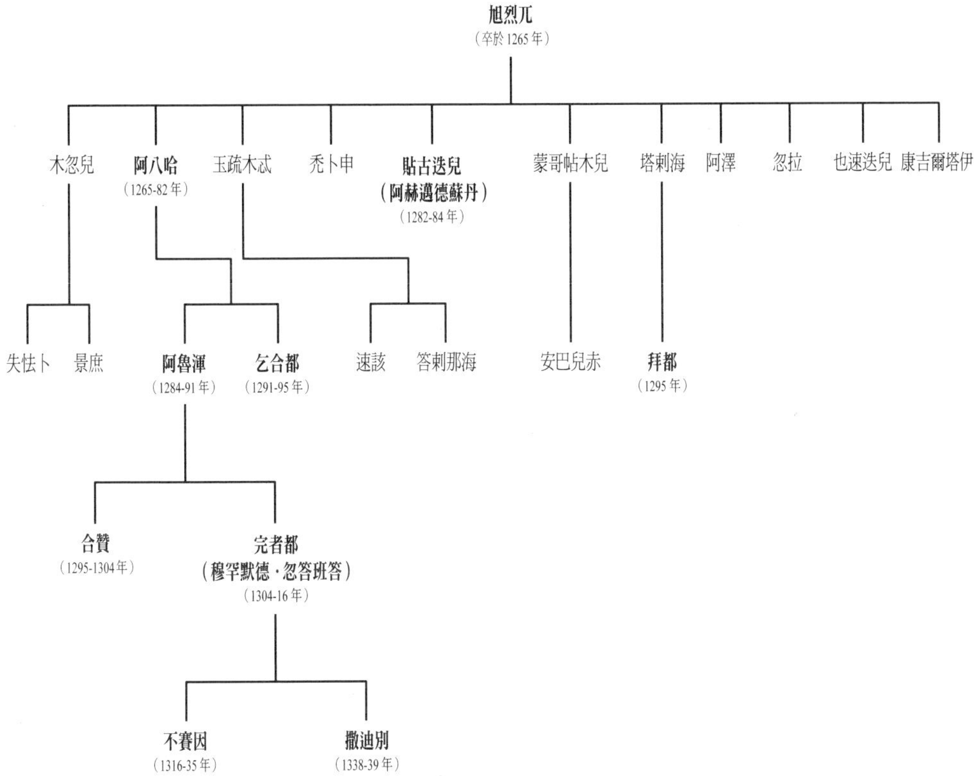

旭烈兀
（卒於1265年）
木忽兒
阿八哈
（1265-82年）
玉疏木忒
禿卜申
貼古迭兒
（阿赫邁德蘇丹）
（1282-84年）
蒙哥帖木兒
塔剌海
阿澤
忽拉
也速迭兒
康吉爾塔伊
失怯卜
景庶
阿魯渾
（1284-91年）
乞合都
（1291-95年）
速該
答剌那海
安巴兒赤
拜都
（1295年）
合贊
（1295-1304年）
完者都
（穆罕默德·忽答班答）
（1304-16年）
不賽因
（1316-35年）
撒迪別
（1338-39年）

表5：附庸國君主列表

（日期為即位日期。此處只列出常在第九章中提到的附庸國：關於其他國家，請讀者參閱 Clifford Edmund Bosworth, The New Islamic Dynasties: A Chronological and Genealogical Manual (New York, 1996)）

法爾斯的薩魯爾阿塔貝格

阿布・巴克爾	（1226／623年）
薩阿德二世	（1261／659年）
穆罕默德	（1261／659年）
（在他母親圖兒罕可敦的監國下）	
穆罕默德・沙赫	（1263／661年）
塞爾柱・沙赫	（1263／661年）
阿必失	（1264／662年）

（從1273-74／672年，開始與她丈夫蒙哥帖木兒共治，直到他死於1281／680年；1285／684年遭罷黜）

魯姆的塞爾柱蘇丹

凱霍斯洛二世	（1237／634年）
凱卡烏斯二世	（1245／643年）
格利奇・阿爾斯蘭四世	（1246／644年）
凱卡烏斯二世	（1249／647年）
（從1261／659年開始流亡）	
格利奇・阿爾斯蘭四世	（1249／647年）
（從1261／659年開始單獨統治）	
凱庫巴德二世	（卒於1257／655年）
凱霍斯洛三世	（1265／663年）
馬斯烏德二世	（1283／682年）
凱庫巴德三世	（1297-86／697年）
馬斯烏德二世（復位）	（1302-03／702年）

克爾曼的古特魯汗王朝蘇丹

巴拉克・哈吉布（古特魯汗）	（1222／619年）
魯昆丁・火者楚	（1235／632年）
庫特卜丁・穆罕默德	（1251／649年）
穆札法爾丁・哈賈吉	（1257／655年）
（從1275／674年開始流亡）	
古特魯圖兒罕可敦	（1275／674年）
（先前是哈賈吉的監國）	
賈拉勒丁・鎖咬兒合忒迷失	（1282／681年）
八忒沙可敦	（1291／690年）
古兒都臣	（1295／694年）
穆札法爾丁・穆罕默德・沙赫	（1296／695年）
庫特卜丁・沙赫・賈罕	（1304／703年）
（1305／704年遭罷黜）	

馬爾丁的阿爾圖革王朝親王

薩依德・納吉姆丁・伊勒加齊	（1239／637年）
穆札法爾・喀喇・阿爾斯蘭	（1261／659年）
薩依德・夏姆斯丁・達烏德	（1292／691年）
曼蘇爾・納吉姆丁・加齊	（1294／693年）

縮寫表

Primary sources

AA	al-Ṣafadī, *A'yān al-'aṣr*
AK	Ibn Shaddād al-Ḥalabī, *al-A 'lāq al-khaṭīra*
AM	(anonymous), *Akhbār-i mughūlān dar anbāna-yi Quṭb*
BH	Bar Hebraeus, *Maktbānūt zabnē,* ed. and tr. Budge, *The Chronography of Gregory Abû'l-Faraj* [references are to I, the translation]
CC	Rashīd al-Dīn, *Jāmi 'al-taw ārīkh*, Part I (*Ta'rīkh-i mubārak-i Ghāzānī*), tr. Thackston, *Jami'u't-Tawarikh: A Compendium of Chronicles* (2012)
DMZ	al-Yūnīnī, *Dhayl Mir'āt al-zamān* [Hyderabad edn unless otherwise specified]
DzhT	Rashīd al-Dīn, *Jāmi 'al-tawārīkh*, Part I (*Ta'rīkh-i mubārak-i Ghāzānī*), vol. I, part 1, ed. Romaskevich et al.; vol. II, part 1, ed. Alizade; vol. III, ed. Alizade
GW	Waṣṣāf, *Tajziyat al-amṣār*, partially ed. and tr.Hammer- Purgstall , *Geschichte Wassaf's* [I, text and trans.; II, III and IV, trans. only]
HJ	(anonymous), *al-Ḥawādith al-jāmi'a* [page references are to the editions by Jawād and al-Shabībī (1932) and by Ma'rūf and Ra'ūf (1997), in that order]
HWC	Juwaynī, *Ta'rīkh-i jahān-gushā*, tr. Boyle, *The History of the World-Conqueror*
IA	Ibn al-Athīr, *al-Kāmil fī l-ta'rīkh*
IAF	Ibn Abī l-Faḍā'il, *al-Nahj al-sadīd* [references are to Blochet's edition and translation unless otherwise specified]
IB	Ibn Baṭṭūṭa, *Tuḥfat al-nuẓẓār*

ID	Ibn al-Dawādārī, *Kanz al-durar*
IF	Ibn al-Fuwaṭī, *Talkhīṣ Majma'al-ādāb*
IKPI	Abuseitova et al. (general eds), *Istoriia Kazakhstana v persidskikh istochnikakh*
IW	Ibn Wāṣil, *Mufarrij al-kurūb*: vols I–V, ed. al- Shayyāl et al.; vol. VI [page references are to the editions by Tadmurī (2004) and Rahim (2010), in that order]
JQ	Jamāl al-Qarshī, *al-Mulḥaqāt bi l-Ṣurāḥ*
JT	Rashīd al-Dīn, *Jāmi'al-tawārīkh*, Part I (*Ta'rīkh-i mubārak-i Ghāzānī*), ed. Rawshan and Mūsawī [except where otherwise stated]
Lech	Ibn Faḍl-Allāh al-ʿUmarī, *Masālik al-abṣār*, ed. and tr. Lech, *Das mongolische Weltreich*
MA	Ibn Faḍl-Allāh al-ʿUmarī, *Masālik al-abṣār,* ed. Khuraysāt et al.
MFW	Rubruck, tr. in Jackson and Morgan (eds), *The Mission of Friar William of Rubruck*
MM	Christopher Dawson (ed.), *The Mongol Mission: Narratives and Letters of the Franciscan Missionaries in China and Mongolia*
MP	Marco Polo, *Le devisement du monde*, ed. Ménard et al.
MTD	Ibn al-ʿIbrī (Bar Hebraeus), *Mukhtaṣar ta'rīkh al-duwal*
Mustawfī, *ZN*	Ḥamd-Allāh Mustawfī Qazwīnī, *Ẓafar-nāma*
MZ	Sibṭ Ibn al-Jawzī, *Mir'āt al-zamān* [Hyderabad edn]
MZDMZ	Sibṭ Ibn al-Jawzī, *Mir'āt al-zamān*, ed. al-Jubūrī et al., and al-Yūnīnī, *Dhayl Mir'āt al-zamān*, ed. Jarrākh
NQ	Ḥamd-Allāh Mustawfī Qazwīnī, *Nuzhatal-qulūb*
NT	Bayḍāwī, *Niẓām al-tawārīkh* [1st recension and Muḥaddith's edition, unless otherwise specified]
PC	Plano Carpini, *Ystoria Mongalorum*, ed. Menestò et al.
SF	Anastasius Van den Wyngaert (ed.), *Sinica Franciscana*, I: *Itinera et relationes Fratrum Minorum saeculi XIII et XIV*
SGK	Rashīd al-Dīn, *Jāmi'al-tawārīkh*, Part I (*Ta'rīkh-i mubārak-i Ghāzānī*), vol. II, tr. Boyle, *The Successors of Genghis Khan*

SH	*Mongghol'un niucha tobcha'an* (*Secret History of the Mongols*)
Shāmī, *ZN*	Shāmī, Niẓām al-Dīn, *Ẓafar-nāma*
SMIZO	V. G. Tizengauzen (ed.), *Sbornik materialov, otnosiashchikhsia k istorii Zolotoi Ordy*
SP	Rashīd al-Dīn, *Shu'ab-i panjgāna*
SSQ	Simon de Saint-Quentin, *Historia Tartarorum*
TG	Ḥamd-Allāh Mustawfī Qazwīnī, *Ta'rīkh-i guzīda*
TI	al-Dhahabī, *Ta'rīkh al-Islām*
TJG	Juwaynī, *Ta'rīkh-i jahān-gushā*, ed. Qazwīnī
TN	Jūzjānī, *Ṭabaqāt-i Nāṣirī*
TR	Ḥaydar Dughlāt, *Ta'rīkh-i Rashīdī*
TU	Qāshānī, *Ta'rīkh-i Uljāītū Sulṭān*
VB	Vincent de Beauvais, *Speculum historiale*
WR	Rubruck, *Itinerarium*, ed. Chiesa
WW	al-Ṣafadī, *al-Wāfī bi l-wafayāt*
Yazdī, *ZN*	Yazdī, Sharaf al-Dīn ʿAlī, *Ẓafar-nāma* [references are to ʿAbbāsī's edition unless otherwise specified]
YS	Song Lian et al. (eds), *Yuan shi*
ZF	Baybars al-Manṣūrī, *Zubdat al-fikra*

Studies, series titles, journals and reference works

AAS	*Asian and African Studies*
AEMA	*Archivum Eurasiae Medii Aevi*
AF	Asiatische Forschungen
AFP	*Archivum Fratrum Praedicatorum*
AMTM	*Asian Medicine: Tradition and Modernity*
AOASH	*Acta Orientalia Academiae Scientiarum Hungaricae*

AOAW	*Anzeiger der phil.-hist. Klasse der österreichischen Akademie der Wissenschaften*
BEO	*Bulletin d'Études Orientales de l'Institut Français de Damas*
BIAL	Brill's Inner Asian Library
BSO[A]S	*Bulletin of the School of Oriental* [*and African*] *Studies*
CAJ	*Central Asiatic Journal*
CHC, VI	Herbert Franke and Denis Twitchett (eds), *The Cambridge History of China*, VI. *Alien Regimes and Border States 907–1368* (Cambridge, 1994)
CHEIA	Denis Sinor (ed.), *The Cambridge History of Early Inner Asia* (Cambridge, 1990)
CHI, V	J. A. Boyle (ed.), *The Cambridge History of Iran*, V. *The Saljuq and Mongol Periods* (Cambridge, 1968)
CHI, VI	Peter Jackson and Laurence Lockhart (eds), *The Cambridge History of Iran*, VI. *The Timurid and Safavid Periods* (Cambridge, 1986)
CHIA	Nicola Di Cosmo, Allen J. Frank and Peter B. Golden (eds), *The Cambridge History of Inner Asia:* [I.] *The Chinggisid Age* (Cambridge, 2009)
CSIC	Cambridge Studies in Islamic Civilization
CTT	Crusade Texts in Translation
DHC	Documents relatifs à l'histoire des Croisades
DOP	*Dumbarton Oaks Papers*
EDT	Sir Gerard Clauson, *An Etymological Dictionary of Pre-Thirteenth-Century Turkish* (Oxford, 1972)
*EI*²	*Encyclopaedia of Islam*, 2nd edn, ed. Ch. Pellat, C. E. Bosworth et al., 13 vols (Leiden, 1954–2009)
*EI*³	*Encyclopaedia of Islam Three*, ed. Marc Gaborieau et al. (Leiden and Boston, 2007–in progress)
EIr	*Encyclopaedia Iranica*, ed. Ehsan Yarshater (New York etc., 1980–in progress; and www.iranicaonline.org/ articles)
EM[*S*]	*Études Mongoles* [*et Sibériennes*]
ES	*Eurasian Studies*

FIS	Freiburger Islamstudien
GMS	Gibb Memorial Series
HCCA, IV	C. E. Bosworth and M. S. Asimov (eds), *History of Civilizations of Central Asia*, IV. *A.D. 750 to the End of the Fifteenth Century*, part 1: *The Historical, Social and Economic Setting* (Paris, 1998); part 2: *The Achievements* (Paris, 2000)
HJAS	*Harvard Journal of Asiatic Studies*
HS	Hakluyt Society Publications
HUS	*Harvard Ukrainian Studies*
IHC	Islamic History and Civilization. Studies and Texts
IJMES	*International Journal of Middle East Studies*
Iran	*Iran (Journal of the British Institute of Persian Studies)*
IS	*Iranian Studies*
IU	Islamkundliche Untersuchungen
IUUAS	Indiana University Uralic and Altaic Series
JA	*Journal Asiatique*
JAH	*Journal of Asian History*
JAOS	*Journal of the American Oriental Society*
JCES	*Journal of Central Eurasian Studies*
JESHO	*Journal of the Economic and Social History of the Orient*
JNES	*Journal of Near Eastern Studies*
JRAS	*Journal of the Royal Asiatic Society*
JSAI	*Jerusalem Studies in Arabic and Islam*
JSS	*Journal of Semitic Studies*
JSYS	*Journal of Song-Yuan Studies*
JTS	*Journal of Turkish Studies*
JWH	*Journal of World History*
MED	Ferdinand D. Lessing et al., *Mongolian-English Dictionary* (Los Angeles, 1960; reprinted with corrections, Bloomington, IN, 1982)

Morgan, *Mongols*[2]	David Morgan, *The Mongols*, 2nd edn (Oxford, 2007)
MRTB	*Memoirs of the Research Department of the Toyō Bunko*
MS	*Mongolian Studies*
MSR	*Mamlūk Studies Review*
NCHI, III	David O. Morgan and Anthony Reid (eds), *The New Cambridge History of Islam*, III. *The Eastern Islamic World: Eleventh to Eighteenth Centuries* (Cambridge, 2010)
OM	*Oriente Moderno*
PFEH	*Papers on Far Eastern History*
PIA	Papers on Inner Asia
PIAC	*Permanent International Altaistic Conference*
PLNV, b.s.	Pamiatniki Literatury Narodov Vostoka, bolshaia seriia
PPV	Pamiatniki Pis´mennosti V ostoka
QSA	*Quaderni di Studi Arabi*
REI	*Revue des Études Islamiques*
SCC	Joseph Needham et al., *Science and Civilisation in China* (Cambridge, 1954–in progress)
SI	*Studia Islamica*
Sochineniia	W. Barthold (V. V. Bartol´d), *Sochineniia*, ed. B. G. Gafurov, 9 vols in 10 parts (Moscow, 1963–77)
SOLL	Sources of Oriental Languages and Literatures
Spuler, *Mongolen*[4]	Bertold Spuler, *Die Mongolen in Iran*, 4th edn (Leiden, 1985)
StIr	*Studia Iranica*
TMEN	Gerhard Doerfer, *Türkische und mongolische Elemente im Neupersischen unter besonderer Berücksichtigung älterer neupersischer Geschichtsquellen, vor allem der Mongolen-und Timuridenzeit*, 4 vols, Akademie der Wissenschaften und der Literatur: Veröffentlichungen der orientalischen Kommission 16, 19, 20 and 21, I: *Mongolische Elemente* (Wiesbaden, 1963); II–IV: *Türkische Elemente* (Wiesbaden, 1965–75)
TP	*T'oung Pao*

TSCIA	Toronto Studies in Central and Inner Asia
Turkestan[1]	V.V. Bartol′ d, *Turkestan v epokhu mongol′skogo nashestviia* (1898–1900)
Turkestan[3]	W. Barthold, *Turkestan down to the Mongol Invasion*, 3rd edn (1968)
ZAS	*Zentralasiatische Studien*
ZDMG	*Zeitschrift der deutschen morgenländischen Gesellschaft*

Miscellaneous

Ar.	Arabic
BL	British Library
BN	Bibliothèque Nationale de France, Paris
Ch.	Chinese
EUL	Edinburgh University Library
IO	India Office
Mo.	Mongolian
Pers.	Persian
pl.	plural
sing.	Singular
SK	Süleymaniye Kütüphanesi, Istanbul
SOAS	Library of the School of Oriental and African Studies, University of London
TSM	Topkapı Sarayı Müzesi, Istanbul
Tu.	Turkish

註釋

緒論

1. Denis Sinor, 'The greed of the northern barbarian', in Larry V. Clark and Paul Alexander Draghi (eds), *Aspects of Altaic Civilization II: Proceedings of the XVIII PIAC, Bloomington, June 29–July 5 1975*, IUUAS 34 (Bloomington, IN, 1978), 171–82, and repr. in Sinor, *Studies in Medieval Inner Asia* (Aldershot and Brookfield, VT, 1997); more briefly, in his introduction to *CHEIA*, 4–5. See also the comments of Rudi Paul Lindner, 'What was a nomadic tribe?', *Comparative Studies in Society and History* 24 (1982), 689–711 (here 689–90); and of Peter B. Golden, 'Ethnogenesis in the tribal zone: The shaping of the Turks', *AEMA* 16 (2008–9), 73–112 (here 73–4); repr. in Golden, *Studies on the Peoples and Cultures of the Eurasian Steppes*, ed. Cătălin Hriban (Bucharest, 2011), 17–63 (here 17–18).
2. See, e.g., the eloquent plea of Christopher I. Beckwith, *Empires of the Silk Road: A History of Central Eurasia from the Bronze Age to the Present* (Princeton, NJ, 2009), introduction, xxi–xxv, for a revision of these traditional views; and in far greater depth, his epilogue, 'The Barbarians', ibid., 320–55.
3. Beatrice Forbes Manz, 'Reflections on nomads, agriculture and urban life', in İlker Evrim Binbaş and Nurten Kılıç-S chubel (eds), *Horizons of the World: Festschrift for İsenbike Togan* (Istanbul, 2011), 325–57.
4. Ruth I. Meserve, 'On medieval and early modern science and technology in Central Eurasia', in Michael Gervers and Wayne Schlepp (eds), *Cultural Contact, History and Ethnicity in Inner Asia: Papers Presented at the Central and Inner Asian Seminar, University of Toronto, March 4, 1994 and March 3, 1995*, TSCIA 2 (Toronto, 1996), 49–70.
5. See Peter K. Marsh and Myagmar Saruul-E rdene, 'I conquer like a barbarian! Genghis Khan in the Western popular imagination', in William W. Fitzhugh, Morris Rossabi and William Honeychurch (eds), *Genghis Khan and the Mongol Empire* (Santa Barbara, CA, 2009), 278–81.
6. To take a random example from the shelves of a second-hand bookshop: Jeffrey Tayler, *In the Bloody Footsteps of Ghengis* [sic] *Khan* (London: JR Books, 2009), whose subtitle reads, in fact, *An Epic Journey across the Steppes, Mountains and Deserts from Red Square to Tiananmen Square*.
7. Peter Sluglett, 'Regime change in Iraq from the Mongols to the present: An essay in *haute vulgarisation*', in Harriet Crawford (ed.), *Regime Change in the Ancient* [sic] *Near East and Egypt from Sargon of Agade to Saddam Hussein* (Oxford, 2007 = *Proceedings of the British Academy* 136), 203–22.
8. Bernard Lewis, 'The Mongols, the Turks and the Muslim polity', in his *Islam in History: Ideas, Men and Events in the Middle East* (London, 1973), 179–98 (here 179); in the new edn, *Islam in History: Ideas, People, and Events in the Middle East* (Chicago and La Salle, IL, 1993), 189–207 (here 189); see also the references quoted in ibid. (1973), 324, n. 1/ (1993), 443, n. 1.
9. Emmanuel Sivan, *Radical Islam: Medieval Theology and Modern Politics* (New Haven, CT, and London, 1985), 94–104. Johannes J.-G. Jansen, 'Ibn Taymiyyah and the thirteenth century: A formative period of modern Muslim radicalism', *QSA* 5–6 (1987–8), 391–6.
10. http://news.bbc.co.uk/2/hi/middle_east/2455845.stm [accessed 6 March 2014]. This has attracted frequent

comment. See Ian Frazier, 'Invaders: Destroying Baghdad', *The New Yorker*, 25 April 2005, 48–55 (here 48); David Morgan, 'The Mongol empire in world history', in Linda Komaroff (ed.), *Beyond the Legacy of Genghis Khan* (Leiden and Boston, MA, 2006), 425–37 (here 425–6); and Morgan, *Medieval Persia, 1040–1797*, 2nd edn (London and New York, 2016), 3.

11. *al-Sharq al-awsaṭ*, 17 Jan. 2003; cited in Stephan Conermann, 'Die Einnahme Bagdads durch die Mongolen im Jahre 1258: Zerstörung – Rezeption – Wiederaufbau', in Andreas Ranft and Stephan Selzer (eds), *Städte aus Trümmern. Katastrophenbewältigung zwischen Antike und Moderne* (Göttingen, 2004), 54–100 (here 54).
12. Cited by Anja Pistor-Hatam, 'Ursachenforschung und Sinngebung: Die mongolische Eroberung Bagdads in Ibn Ḫaldūns zyklischem Geschichtsmodell', in Stephan Conermann and Anja Pistor-Hatam (eds), *Die Mamluken: Studien zu ihrer Geschichte und Kultur. Zum Gedenken an Ulrich Haarmann (1942–1999)* (Hamburg, 2003), 313–34 (here 314). For the broader context, see Michal Biran, *Chinggis Khan* (Oxford, 2007), 128–31.
13. On the treatment of the Mongols by modern Iranian historians, see the detailed study by Anja Pistor-Hatam, *Geschichtsschreibung und Sinngeschichte in Iran. Historische Erzählungen von mongolischer Eroberung und Herrschaft, 1933–2011* (Leiden and Boston, MA, 2014).
14. Homa Katouzian, *The Persians: Ancient, Mediaeval and Modern Iran* (New Haven, CT, and London, 2009), 106.
15. See the survey of two volumes of conference proceedings by Anja Pistor-Hatam, 'History and its meaning in the Islamic Republic of Iran: The case of the Mongol invasion(s) and rule', in Ali M. Ansari (ed.), *Perceptions of Iran: History, Myths and Nationalism from Medieval Persia to the Islamic Republic* (London and New York, 2014), 147–62.
16. This is very much the view (specifically in the Russian context) of Charles J. Halperin, *Russia and the Golden Horde: The Mongol Impact on Medieval Russian History* (Bloomington, IN, 1985), 85.
17. J. J. Saunders, *The History of the Mongol Conquests* (London, 1971), 56 (for 'cold and deliberate genocide') and *passim*; idem, 'The nomad as empire-builder: A comparison of the Arab and Mongol conquests', in his *Muslims and Mongols: Essays on Medieval Asia*, ed. G. W. Rice (Canterbury, N.Z., 1977), 36–66 (here 48 and 49 for the other phrases quoted). See also Jan Rypka, 'Poets and prose writers of the late Saljuq and Mongol periods', in *CHI*, V (1968), 550–625 (here 554, 556); and p. 153 above.
18. For example, John Masson Smith, Jr, 'Demographic considerations in Mongol siege warfare', *Archivum Ottomanicum* 13 (1993–4), 329–34; and Johannes Gießauf, 'A programme of terror and cruelty: Aspects of Mongol strategy in the light of Western sources', in Frank Krämer, Katharina Schmidt and Julika Singer (eds), *Historicizing the 'Beyond': The Mongolian Invasion as a New Dimension of Violence?* (Heidelberg, 2011), 55–67.
19. R. Kevin Jaques, *Authority, Conflict and the Transmission of Diversity in Medieval Islamic Law* (Leiden and Boston, MA, 2006), esp. 3–5. Yahya Michot, *Muslims under Non-Muslim Rule: Ibn Taymiyya on Fleeing from Sin; Kinds of Emigration; the Status of Mardin; Domain of Peace/War, Domain Composite; the Conditions for Challenging Power*, tr. Jamil Qureshi (Oxford and London, 2006).
20. Ovamir Anjum, *Politics, Law, and Community in Islamic Thought: The Taymiyyan Moment* (Cambridge, 2012), esp. 173–4, 177ff, 229–32.
21. Lewis, 'Mongols, the Turks and the Muslim polity' (1973), 181–4/(1993), 191–4.
22. See Christopher Kaplonski, 'The Mongolian impact on Eurasia: A reassessment', in Andrew Bell-F ialkoff (ed.), *The Role of Migration in the History of the Eurasian Steppe: Sedentary Civilization vs. 'Barbarian' and Nomad* (Basingstoke, 2000), 251–74; the remarks of David Morgan in the new bibliographical chapter in *Mongols*[2] (Oxford, 2007), 193–6, and in his 'Mongol empire in world history'; and most recently, Nikolai N. Kradin, 'Chinggis Khan, world system analysis and preindustrial globalization', in his *Nomads of Inner Asia in Transition* (Moscow, 2014), 173–90 (esp. 175–85).
23. Bert G. Fragner, 'Ilkhanid rule and its contributions to Iranian political culture', in Komaroff (ed.), *Beyond the Legacy*, 68–80 (esp. 68–71).
24. Jean Aubin, *Émirs mongols et vizirs persans dans les remous de l'acculturation* (Paris, 1995). This viewpoint is taken further in George Lane, *Early Mongol Rule in Thirteenth Century Iran: A Persian Renaissance* (London and New York, 2003), and *Daily Life in the Mongol Empire* (Westport, CT, 2006), esp. chs 9, 'Religion and the

Mongols', and 10, 'Law and Mongol rule'; and see, most recently, his 'Persian notables and the families who underpinned the Ilkhanate', in Reuven Amitai and Michal Biran (eds), *Nomads as Agents of Cultural Change: The Mongols and their Eurasian Predecessors* (Honolulu, 2015), 182–213.

25. George Lane, 'Intellectual jousting and the Chinggisid wisdom bazaars', in Timothy May (ed.), *The Mongols and Post-Mongol Asia: Studies in Honour of David O. Morgan* (Cambridge, 2016 = *JRAS*, 3rd series, 26, parts 1–2), 235–47.
26. D. O. Morgan, 'Mongol or Persian: The government of Īlkhānid Iran', *Harvard Middle Eastern and Islamic Review* 3 (1996), 62–76; and 'The Mongols in Iran: A reappraisal', *Iran* 42 (2004), 131–6 (here 133–4).
27. S. A. M. Adshead, *Central Asia in World History* (Basingstoke, 1993), 53.
28. Notable in this context is his *Commodity and Exchange in the Mongol Empire: A Cultural History of Islamic Textiles* (Cambridge, 1997). See too Virgil Ciocîltan, *The Mongols and the Black Sea Trade in the Thirteenth and Fourteenth Centuries*, tr. Samuel Willcocks (Leiden and Boston, MA, 2012), chs 1–2.
29. Thomas T. Allsen, *Culture and Conquest in Mongol Eurasia* (Cambridge, 2001); also his 'The Mongols as vectors for cultural transmission', in *CHIA*, 135–54.
30. Linda Komaroff and Stefan Carboni (eds), *The Legacy of Genghis Khan: Courtly Art and Culture in Western Asia, 1256–1353* (New Haven, CT, and London, 2002); also Komaroff's introduction to *Beyond the Legacy*, 1–2, for the coincidence of date.
31. The title of ch. 3 in his *Central Asia in World History*: 'The Mongolian Explosion and the Basic Information Circuit, 1200–1300'; for an exegesis of the phrase, see ibid., 70–7.
32. Timothy May, *The Mongol Conquests in World History* (London, 2012), part 2; for the term, see May's introduction, 22.
33. Morgan, 'Mongol empire in world history', 426; also his 'Mongol historiography since 1985: The rise of cultural history', in Amitai and Biran (eds), *Nomads as Agents*, 271–82 (here 275–9).
34. Biran, *Chinggis Khan*, ch. 4, 'The Chinggisid legacy in the Muslim world'. See also Morris Rossabi, 'The Mongols and their legacy', in Komaroff and Carboni (eds), *The Legacy of Genghis Khan*, 13–35 (here 32–5); Bert G. Fragner, 'Iran under Ilkhanid rule in a world history perspective', in Denise Aigle (ed.), *L'Iran face à la domination mongole* (Tehran, 1997), 121–31.
35. Reuven Amitai-Preiss, *Mongols and Mamluks: The Mamluk-Īlkhānid War, 1260–1281* (Cambridge, 1995); Reuven Amitai, *Holy War and Rapprochement: Studies in the Relations between the Mamluk Sultanate and the Mongol Ilkhanate (1260–1335)* (Turnhout, 2013); Anne F. Broadbridge, *Kingship and Ideology in the Islamic and Mongol Worlds* (Cambridge, 2008), chs 1–4.
36. Peter Jackson, *The Delhi Sultanate: A Political and Military History* (Cambridge, 1999), chs 6, 11 and 13.
37. See Morgan, *Mongols*[2], 44; but for a different view, cf. Michal Biran, *The Empire of the Qara Khitai in Eurasian History: Between China and the Islamic World* (Cambridge, 2005), 202–7.
38. Peter Jackson, 'The dissolution of the Mongol empire', *CAJ* 22 (1978), 186–244.
39. And see in particular R. D. McChesney, 'The Chinggisid restoration in Central Asia: 1500–1785', in *CHIA*, 277–302. A similar emphasis is found also in McChesney, 'Islamic culture and the Chinggisid restoration: Central Asia in the sixteenth and seventeenth centuries', in *NCHI*, III, 239–65.
40. My definition thus differs from that of Beatrice Forbes Manz (ed.), *Central Asia in Historical Perspective* (Boulder, CO, and Oxford, 1994), for whom the term equates to just the five former Soviet republics; of Robert McChesney, *Central Asia: Foundations of Change* (Princeton, NJ, 1996), who uses it to embrace those five republics and northern Afghanistan, but excludes Xinjiang; and of Peter B. Golden, *Central Asia in World History* (Oxford, 2011), 1–2, who includes not only Xinjiang but Mongolia and Manchuria.
41. Thus approximating to the boundaries specified by Svat Soucek, *A History of Inner Asia* (Cambridge, 2000), ix–x, and by the editors in *CHIA*, 1. Denis Sinor's definition in his introduction to *CHEIA*, 3, is more fluid, varying with the extent of territories (even some with a predominantly agrarian economic base) ruled by representatives of an Inner Asian cultural zone, and thereby including, for instance, most of Anatolia from the late eleventh century. My 'Inner Asia' is equivalent (confusingly) to 'Central Asia' as defined by Christoph Baumer, *The History of Central Asia*, I. *The Age of the Steppe Warriors* (London and New York, 2012), 10.

第一章

1. Denise Aigle, *Le Fārs sous la domination mongole: politique et fiscalité (XIIIe–XIVe s.)* (Paris, 2005), 49. Many of the Persian sources considered below are examined by Charles Melville, 'The Mongol and Timurid periods, 1250–1500', in Melville (ed.), *Persian Historiography*, A History of Persian Literature, X (Ehsan Yarshater, general ed.) (London, 2012), 155–208.
2. Igor de Rachewiltz, 'The dating of the *Secret History of the Mongols* – A reinterpretation', *Ural- Altaische Jahrbücher*, n.F., 22 (2008), 150–84, arguing against Christopher P. Atwood, 'The date of the "Secret History of the Mongols" reconsidered', *JSYS* 37 (2007), 1–48. In his commentary on *SH* (III, 3–5), De Rachewiltz speculates that Ögödei may have been the author of the section on his own reign.
3. *JT*, I, 227 (trans. in *CC*, 83, slightly modified). For the *Altan Debter*, cf. also ibid., I, 186 (*CC*, 70); other references at I, 235 (*CC*, 85). These must be the scattered records referred to at I, 35 (*CC*, 13).
4. Walter Fuchs, 'Analecta zur mongolischen Uebersetzungsliteratur der Yuan-Z eit', *Monumenta Serica* 11 (1946), 33–64 (here 40–4); Allsen, *Culture and Conquest*, 88–90, 99–100.
5. For the *Shengwu*, see Paul Pelliot and Louis Hambis (eds), *Histoire des campagnes de Gengis Khan. Cheng-wou ts'in- tcheng lou* (Leiden, 1951: vol. I only published), introduc- tion, xi–xxiii. The relevant section is translated in Erich Haenisch, 'Die letzten Feldzüge Cinggis Han's und sein Tod', *Asia Major* 9 (1933), 503–51 (here 527–9). On Rashīd al-D īn, Bolod and the *Shengwu*, see Allsen, *Culture and Conquest*, 96–7.
6. Thomas T . A llsen, *M ongol Imperialism: The Policies of the Grand Qan Möngke in China, Russia, and the Islamic Lands, 1251–1259* (Berkeley and Los Angeles, CA, 1987), 12.
7. See F. W. Mote, 'A note on traditional sources for Yuan history', in *CHC*, VI, 689–726 (here 689–93).
8. I. de Rachewiltz and T. Russell, 'Ch'iu Ch'u chi (1148–1227)', *PFEH* 29 (March 1984), 1–26.
9. Yelü Chucai, *Xi you lu*, tr. Igor de Rachewiltz, 'The *Hsi- yu lu* by Yeh-l ü Ch'u-t s'ai', *Monumenta Serica* 21 (1962), 1–128 (here introduction, 2–6).
10. See D. S. Richards, 'Ibn al-A thīr and the later parts of the *Kāmil*: A study of aims and methods', in D. O. Morgan (ed.), *Medieval Historical Writing in the Christian and Islamic Worlds* (London, 1982), 76–108; also Richards' introduction to his translation, *The Chronicle of Ibn al-A thīr for the Crusading Period*, III. *The years 589–629/1193–1231: The Ayyubids after Saladin and the Mongol Menace* (Aldershot, 2008).
11. IA, XII, 318 (tr. Richards, III, 172–3).
12. Ibid., 359–60 (tr. Richards, III, 202–3); and cf. also 375 (tr. Richards, III, 215), where it is pointed out that Mongol forces have traversed the territory from the borders of China as far as Armenia in less than a year. Cf. Yāqūt al-Ḥ amawī, *Mu'jam al-b uldān*, ed. Ferdinand Wüstenfeld, *Jacut's Geographisches Wörterbuch* (Leipzig, 1866–73), I, 254–5.
13. IA, XII, 372–3 (tr. Richards, III, 213).
14. Ibid., 361 (tr. Richards, III, 204).
15. Ibid., 360–1, 376 (tr. Richards, III, 204, 215).
16. Ibid., 440 (tr. Richards, III, 261); at 362 (tr. Richards, III, 205), there is merely an obscure hint to this effect.
17. Ibid., 256, 361, 420, 497 (tr. Richards, III, 123, 204, 246, 304–5); cf. also the letter from a merchant of Rayy, at 503 (tr. Richards, III, 310); and for the phrase quoted, see 376 (tr. Richards, III, 215). IA is particularly scornful about the Eldegüzid *atabeg* Özbeg: 382, 411, 420, 435 (tr. Richards, III, 220, 240, 246, 258).
18. Ibid., 435, 453 (tr. Richards, III, 258, 271); for attacks on Muslims, see especially XII, 495–6 (tr. Richards, III, 303). Richards, 'Ibn al- Athīr and the later parts of the *Kāmil*', 97.Itani Kōzō, 'Jalāl al-D īn Khwārazmshāh in West Asia', *MRTB* 47 (1989), 145–64 (here 157–8), proposes that Ibn al-A thīr's opinion of Jalāl al-D īn sank after his investment of Akhlāṭ.
19. IA, XII, 331 (tr. Richards, III, 182).
20. Ibid., 399 (tr. Richards, III, 230–1).
21. Ibid., 503 (tr. Richards, III, 309–10). Richards, 'Ibn al-A thīr and the later parts of the *Kāmil*', 97.
22. See P. Jackson, 'al- Nasawī', *EI2*, VII, 973–4.
23. al-N asawī, *S īrat al-S ulṭān Jalāl al-D īn*, ed. (with Russian trans.) Zh. M. Buniiatov, PPV 107 (Moscow, 1996), text, 2–3; tr. Octave Houdas, *Histoire du Sultan Djelal ed-D in Mankobirti* (Paris, 1895), 3–4; cf. the

Persian redaction, ed. Mujtabā Mīnuwī (Tehran, 1344 sh./1965), 3–4, 6. Richards, 'Ibn al- Athīr and the later parts of the *Kāmil*', 84, 88.

24. al- Nasawī, text, 2–5 (tr. Houdas, 4, 5–7; Persian redaction, 4, 5–6).
25. Ibid., text, 177 (tr. Houdas, 253; omitted in the Persian redaction), where this view is put into the mouth of Sharaf al- Mulk. See further Itani, 'Jalāl al- Dīn Khwārazmshāh', 159.
26. For a comparison of this author with Juwaynī (below), see D. O. Morgan, 'Persian histo- rians and the Mongols', in Morgan (ed.), *Medieval Historical Writing*, 109–24 (here 109–18); more briefly in his introduction to the new one-v olume reprint of *HWC* (Manchester, 1997), xxii–xxiii.
27. Morgan, 'Persian historians', 111–12; also his 'Persian perceptions of Mongols and Europeans', in Stuart B. Schwartz (ed.), *Implicit Understandings: Observing, Reporting, and Reflecting on the Encounters between Europeans and Other Peoples in the Early Modern Era* (Cambridge, 1994), 201–17 (here 206–8).
28. *TN*, II, 94 (tr. Raverty, 900).
29. Ibid., II, 90–1 (tr. Raverty, 879–87).
30. Ibid., II, 90 (tr. Raverty, 874–9); cf. also I, 441, and II, 48 (tr. Raverty, 599, 800).
31. Ibid., I, 404 (tr. Raverty, 487), and II, 92–4, 98 (omitted in Raverty's trans.); Jackson, *Delhi Sultanate*, 113.
32. See Cl. Gilliot, 'Yāķūt al- Rūmī', *EI2*, XI, 264–6.
33. *TI*, XLIII, 26; also excerpted in Claude Cahen, ''Abdallaṭīf al-B aghdādī, portraitiste et historien de son temps. Extraits inédits de ses Mémoires', *BEO* 23 (1970), 101–28 (here 125).
34. See S. M. Stern, ''Abd al-L aṭīf al-B aghdādī', *EI2*, I, 74; Josef von Somogyi, 'Ein arabischer Bericht über die Tataren im „*Ta'rīḫ al-I slām*" von aḏ- Ḏahabī', *Der Islam* 24 (1937), 105–30, although the claim there that Ibn al-L abbād journeyed as far as Mongolia is based on Von Somogyi's misreadings of what are in fact Anatolian place names (e.g. Divrigi).
35. See, e.g., Ḥasan Maḥmūdī Kātib, *Dīwān- i qā'imiyyāt*, ed. Sayyid Jalāl Ḥusaynī Badakhshānī (Tehran, 1390 sh./ 2011), 212 (*qaṣīda* no. 78, v. 2286–7), 329 (*qaṣīda* no. 125, v. 3759). In tackling this source, I have been greatly helped by an unpublished paper(containing translated extracts) given by Dr Miklós Sárközy in Jerusalem in June 2014. On the author and his other works, see Badakhshānī's English introduction, 10–12; and for the *Qiyāma*, M. G. S. Hodgson, 'The Ismā'īlī state', in *CHI*, V, 422–82 (here 458–66).
36. See L. Veccia Vaglieri, 'Ibn Abī'l- Ḥadīd', *EI2*, III, 684–6; also the introduction to the partial edition and translation by Moktar Djebli, *Les invasions mongoles en Orient vécues par un savant médiéval arabe* (Paris, 1995), 9–16.
37. John E. Woods, 'A note on the Mongol capture of Iṣfahān', *JNES* 36 (1977), 49–51.
38. Ibn Naẓīf, *al- Ta'rīkh al- Manṣūrī*, facsimile edn by P. A. Griaznevich, PLNV, b.s., 11 (Moscow, 1963), fos 136b–141a, 209a–213b. On the author and his work, see Griaznevich's introduction, 5–20; more briefly, Claude Cahen, *La Syrie du Nord à l'époque des croisades et la principauté franque d'Antioche* (Paris, 1940), 57–8 ('Ibn Naṭīf'); Hans L. Gottschalk, *Al-M alik al-K āmil von Egypten und seine Zeit. Eine Studie zur Geschichte Vorderasiens und Egyptens in der ersten Hälfte des 7./13. Jahrhunderts* (Wiesbaden, 1958), 11.
39. Ibn A bī l -D amm, *a l- Shamārīkh fī l- tawārīkh*, Bodleian ms. Marsh 60, fos 171bff. On the 'eirenic' approach of this author, see the comments of Donald S. Richards, 'The crusade of Frederick II and the Ḥamāh succession', *BEO* 45 (1993), 183–200 (esp. 184, 185–6).
40. See Konrad Hirschler, *Medieval Arabic Historiography: Authors as Actors* (London and New York, 2006), 10–11.
41. I have used the recent edition of this work together with that of Sibṭ's continuator al-Y ūnīnī (see p. 37) but have inserted references also to the Hyderabad edn: for some criticisms of the latter, see Claude Cahen, 'Editing Arabic chronicles: A few suggestions', in his *Les peuples musulmans dans l'histoire médiévale* (Damascus, 1977), 11–36 (here 12–14). On the author, see Cahen, 'Ibn al- Djawzī, Shams al- Dīn Abu 'l- Muẓaffar Yūsuf b. Ķizoghlu', *EI2*, III, 752–3.
42. See Gamal el-D in el-S hayyal, 'Ibn Wāṣil', *EI2*, III, 967; Hirschler, *Medieval Arabic Historiography*, 12–13; and Mohammed Rahim's introduction to his edition of IW, VI, xii–xvi. It should be noted that Rahim's edition ends in 659/1261, at a point corre- sponding to 315 of Tadmurī's text; the latter edition goes down to 661/1263. For the Ayyubids, see A. M. Eddé, 'Ayyubids', *EI3* (2007), no. 2, 191–204.

43. IW, IV, 296, 323–4; the section on the invasion of Syria in 1260 is in VI, 265–97/193–217 *passim*. *MZ*, VIII, part 2, 670–1 (= *MZDMZ*, XV, 59).
44. On the author, see *HWC*, introduction; also Charles Melville, '*Jahāngošā- ye Jovayni, Tārik̲ - e*', *EIr*, XIV, 379–82, and George Lane, 'Jovayni, ʿAlā'- al- Dīn ʿAṭā- Malek', *EIr*, XV, 63–8. His birth date (10 Rabīʿ I 623) is given in *HJ*, 423/460; but IF, II, 316 (no. 1537), has 622.
45. *TJG*, I, 134 (*HWC*, 170).
46. Ibid., I, 2–3 (*HWC*, 4–5).
47. Ibid., I, 5 (*HWC*, 8).
48. Ibid., II, 228 (*HWC*, 492).
49. See *H WC*, introduction, xliii–xliv; and Teresa Fitzherbert, 'Portrait of a lost leader: Jalal al-D in Khwarazmshah and Juvaini', in Julian Raby and Teresa Fitzherbert (eds), *The Court of the Il- khans 1290–1340* (Oxford, 1996), 63–77 (here 69–75).
50. *TJG*, II, 261 (*HWC*, 525), and I, 75 (*HWC*, 96), respectively.
51. *JT*, II, 1009 (with Muḥarram in error; but see *CC*, 350 and n. 3).
52. *TJG*, III, 95–6 (*HWC*, 610–11). Cf. the corresponding point in *JT*, II, 976–7 (*CC*, 340), where Hülegü's commission from the Qaghan is explicit: along with instructions to suppress the Kurds and Lurs, the Caliph is to be made to submit or be destroyed. George Lane, 'A Tale of Two Cities: The liberation of Baghdad and Hangzhou and the rise of the Toluids', *CAJ* 56 (2012–13), 103–32 (here 113), believes that Juwaynī was 'simply too busy with his duties as governor of Baghdad' and that his silence was due to 'the political sensitivities of his new job rather than any squeamishness'; see also Lane, 'Whose secret intent?', in Morris Rossabi (ed.), *Eurasian Influences on Yuan China* (Singapore, 2013), 1–40 (here 10–11).
53. *TJG*, I, 50 (where this sentiment is put into the mouths of the people of Kāshghar), 55 (*HWC*, 67, 73).
54. Ibid., I, 9–10 (*HWC*, 13–14); and see I, 159 (*HWC*, 201), for the link with Ögödei's reign.
55. Ibid., I, 141–2 (*HWC*, 178–9). For an interpretation of Juwaynī's treatment of Ögödei, see Judith Kolbas, 'Historical epic as Mongol propaganda? Juwaynī's motifs and motives', in Bruno De Nicola and Charles Melville (eds), *The Mongols' Middle East: Continuity and Transformation in Ilkhanid Iran* (Leiden and Boston, MA, 2016), 155–71 (here 164–6).
56. *TJG*, I, 157–9 (*HWC*, 199–201).
57. Ibid., I, 190 (*HWC*, 234). Such tales were still current over forty years later, in the time of Ibnal- Ṭiqṭaqā, who compares Ögödei's generosity favourably even with that of the Caliph al-M ustanṣir: *Kitāb al-F akhrī*, ed. Hartwig Derenbourg, *Al-F akhrî. Histoire du khalifat et du vizirat depuis leurs origines jusqu'à la chute du khalifat 'Abbaside de Bagdâdh* (Paris, 1895), 29–30; tr. C. E. J. Whitting, *Al-F akhri: On the Systems of Government and the Moslem Dynasties* (London, 1947), 20.
58. *TJG*, I, 2 (*HWC*, 4, slightly modified).
59. Ibid., III, 61 (*HWC*, 589).
60. Ibid., III, 278 (*HWC*, 725).
61. Ibid., III, 102, *jihād* (*HWC*, 615), and 106, *ghazā* (*HWC*, 619, renders this merely as 'war'). For Juwaynī's view of the Assassins' overthrow, see generally Morgan, 'Persian historians', 117–18, and Lane, 'Whose secret intent?', 2–3.
62. *TJG*, III, 140 (my translation; cf. *HWC*, 639–40); on the Saljuqs' efforts, see 137 (*HWC*, 637).
63. Carole Hillenbrand, 'The power struggle between the Saljuqs and the Ismaʿilis of Alamūt, 487–518/1094–1124: The Saljuq perspective', in Farhad Daftary (ed.), *Medieval Isma'ili History and Thought* (Cambridge, 1996), 205–20.
64. *TJG*, III, 138–9 (*HWC*, 638).
65. Ibid., III, 105 (*HWC*, 617).
66. Aubin, *É mirs mongols*, 23.
67. For a useful summary of the contents of both pieces, see the English introduction to *TJG*, I, xxxvii–xlvi.
68. Charles Melville, 'From Adam to Abaqa: Qāḍī Baiḍāwī's rearrangement of history', *StIr* 30 (2001), 67–86.
69. Edward G . B rowne, *A History of Persian Literature under Tartar Dominion (A.D. 1265– 1502)* (Cambridge, 1920), 100.

70. Melville, 'From Adam to Abaqa: Qāḍī Baiḍāwī's rearrangement of history (Part II)', *StIr* 36 (2007), 7–64; the text of the second recension is given ibid., 52–7 (trans., 58 64). The printed editions, including the most recent, by Mīr Hāshim Muḥaddith (1382 sh./2003), are all based on the standard version.
71. *Safīna- yi Tabrīz* (Tehran, 2003), 182–98. See Lane, 'Whose secret intent?', 14; Charles Melville, 'Qāḍī Bayḍāwī's *Niẓām al-t awārīkh* in the *Safīna- yi Tabrīz*: An early witness of the text', in A. A. Sayed- Gohrab and S. McGlinn (eds), *The Treasury of Tabriz: The Great Il- Khanid Compendium* (Amsterdam and West Lafayette, IN, 2007), 91–102.
72. See E .W iedemann,' Ḳutb al- Dīn Shīrāzī', *EI2*, V, 547–8.
73. On the ms., see Reza Pourjavady and Sabine Schmidtke, 'The Quṭb al- Dīn al- Shīrāzī (d. 710/1311) Codex (Ms Mar'ashī 12868) [Studies on Quṭb al-D īn al-S hīrāzī, II]', *StIr* 36 (2007), 279–301 (here 283–99; 287 for the *Akhbār*). The date heading each section is not found in the manuscript and is inserted by Afshār, the editor.
74. George Lane, 'Mongol news: The Akhbār-i Moghulān dar Anbāneh Qutb by Quṭb al- Dīn Maḥmūd ibn Mas'ūd [*sic*] Shīrāzī', *JRAS*, 3rd series, 22 (2012), 541–59.
75. BL ms. IO Islamic 316 (Ethé, *Catalogue*, no. 115), fo. 90b, has been checked against IO Islamic 3292 (Ethé, no. 112), fos 305b–306a. The passage is in *AM*, 22–3 (fo. 24a in the facsimile): see below, p. 138.
76. Others (active under the Jalayirid or Muzaffarid dynasties, for example), who furnish information that only indirectly throws light on the earlier period, will be introduced within the chapter where they are first cited.
77. Amnon Netzer, 'Rashīd al- Dīn and his Jewish background', in Shaul Shaked and Amnon Netzer (eds), *Irano-J udaica, III: Studies Relating to Jewish Contacts with Persian Culture throughout the Ages* (Jerusalem, 1994), 118–26. Reuven Amitai-P reiss, 'New material from the Mamluk sources for the biography of Rashid al-D in', in Raby and Fitzherbert (eds), *Court of the Il-k hans*, 23–37 (here 25–6). See generally D. O. Morgan, 'Rashīd al- Dīn Ṭabīb', *EI2*, VIII, 443–4: as he points out, Rashīd al-D īn was never sole wazir but always had to share authority with a colleague.
78. See A. M. Muginov, 'Persidskaia unikal'naia rukopis' Rashīd ad-D īna', *Uchenye Zapiski Instituta Vostokovedeniia* 16 (1958), 352–75 (esp. 352–4, 369–74).
79. Nourane Ben Azzouna, 'Rashīd al-D īn Faḍl Allāh al-H amadhānī's manuscript produc- tion project in Tabriz reconsidered', in Judith Pfeiffer (ed.), *Politics, Patronage and the Transmission of Knowledge in 13th–15th Century Tabriz* (Leiden and Boston, MA, 2014), 187–200, revises the chronology of these arrangements.
80. For a brief survey of the variants in the BN ms., see Karl Jahn's introduction to his edn, *Geschichte Ġāzān Ḫān's aus dem Ta'rīḫ- i- mubārak- i Ġāzānī des Rašīd al- Dīn Faḍlallāh b. 'Imād al-D awla Abūl-Ḫ air* (London, 1940), xiv–xv.
81. A point stressed by David Morgan: see in particular 'Prelude: The problems of writing Mongolian history', in Shirin Akiner (ed.), *Mongolia Today* (London and New York, 1991), 1–8 (here 6–7), and 'Rašīd al-d īn and Ġazan Khan', in Aigle (ed.), *L'Iran face à la domination mongole*, 179–88 (here 185–6).
82. For a brief survey, see J. A. Boyle, 'Juvaynī and Rashīd al-D īn as sources on the history of the Mongols', in Bernard Lewis and P. M. Holt (eds), *Historians of the Middle East* (London, 1962), 133–7; repr. in Boyle, *The Mongol World Empire 1206–1370* (London, 1977).
83. *JT*, I, 34 (*CC*, 13).
84. Thomas T. Allsen, 'Biography of a cultural broker: Bolad Ch'eng-H siang in China and Iran', in Raby and Fitzherbert, *Court of the Il-k hans*, 7–22. For the sources for part I, see Kazuhiko Shiraiwa, 'Rashīd al- Dīn's primary sources in compiling the *Jāmi' al- tawārīkh*: A tentative survey', in Anna Akasoy, Charles Burnett and Ronit Yoeli-T lalim (eds), *Rashīd al-D īn: Agent and Mediator of Cultural Exchanges in Ilkhanid Iran* (London and Turin, 2013), 39–56 (here 40–52).
85. *JT*, I, 62–3, 138, 140 (*CC*, 25, 52, 53). For China, see ibid., II, 897 (*CC*, 310).
86. The history of China has been edited twice: by Karl Jahn, *Die Chinageschichte des Rašīd ad- Dīn* (Vienna, 1971), and by Wang Yidan, *Ta'rīkh- i Chīn* (Tehran, 1379 sh./2000). For the Oghuz, see Jahn, *Die Geschichte der Oġuzen des Rašīd ad-D īn* (Vienna, 1969). The facsimiles of the Royal Asiatic Society ms. (now the Khalili Collection ms.) of the Arabic history of India in Jahn's 2nd edition, *Die Indiengeschichte des Rašīd ad-D īn* (Vienna, 1980), are inferior to those in Sheila S. Blair, *A Compendium of Chronicles: Rashid al-D in's Illustrated History of the World* (London and Oxford, 1995), and I have accord- ingly referred to both texts.

87. *Turkestan*3, 46 (= *Sochineniia,* I, 94). See also J. A. Boyle, 'Rashīd al-D īn: The first world historian', *Iran* 9 (1971), 19–26; repr. in Boyle, *Mongol World Empire*.
88. See A. Zeki Velidi Togan, 'The composition of the history of the Mongols by Rashīd al- Dīn' , *CAJ* 7 (1962), 60–72 (here 68–70); İlker Evrim Binbaş, 'Structure and function of the genealogical tree in Islamic historiography (1200–1500)', in Binbaş and Kılıç- Schubel (eds), *Horizons of the World*, 465–544 (here 489–94); 705 is given as the current date in ms. III Ahmet 2937, fo. 6b. The Mongol imperial dynasty begins at fo. 96a, following the ancestors and descendants of the Prophet Muḥammad.
89. A. H. Morton (ed.), *The Saljūqnāma of Ẓahīr al-D īn Nīshāpūrī* (London, 2004), intro- duction, 23–5. See also his 'Qashani and Rashid al-D in on the Seljuqs of Iran', in Yasir Suleiman (ed.), *Living Islamic History: Studies in Honour of Professor Carole Hillenbrand* (Edinburgh, 2010), 166–77 (here 167); and David Morgan, 'Persian and non-P ersian historical writing in the Mongol empire', in Robert Hillenbrand, A. C. S. Peacock and Firuza Abdullaeva (eds), *Ferdowsi, the Mongols and the History of Iran: Art, Literature and Culture from Early Islam to Qajar Persia. Studies in Honour of Charles Melville* (London and New York, 2013), 120–5 (here 125, n. 4).
90. Waṣṣāf, 6, ll. 8–9, for the date in the preface, and 25, l. 16, for 698 (*GW*, I, text, 9, 50, trans., 9, 49, respectively); ibid., 405, ll. 10–12 (*GW*, IV, 30), for 702; 425, l. 7 (*GW*, IV, 82), for the date 706.
91. See *T urkestan*3, 49, n. 2 (= *Sochineniia,* I, 97, n. 3). For a helpful analysis of the arrange- ment of the work, see Russell G. Kempiners, Jr, 'Vaṣṣāf's *Tajziyat al-a mṣār wa Tazjiyat al- a'ṣār* as a source for the history of the Chaghadayid khanate', *JAH* 22 (1988), part 2, 160–87 (here 166–7). On the author, see P. Jackson, 'Waṣṣāf', *EI*2, XI, 174; Judith Pfeiffer, '"A turgid history of the Mongol empire in Persia": Epistemological reflections concerning a critical edition of Vaṣṣāf's *Tajziyat al- amṣār va tazjiyat al- a'ṣār*', in Judith Pfeiffer and Manfred Kropp (eds), *Theoretical Approaches to the Transmission and Edition of Oriental Manuscripts. Proceedings of a Symposium held in Istanbul March 28–30, 2001*, Beiruter Texte und Studien 111 (Beirut and Würzburg, 2007), 107–29.
92. See e specially W aṣṣāf, 147–8 (*GW*, II, 3–5), and the lengthy section that then follows on the history of Fārs.
93. Ibid., 26, l. 13 (*GW*, I, text, 52, trans., 50); cf. also 41, ll. 8–9 (*GW*, I, text, 78, trans., 80).
94. See Jean Aubin, 'Un chroniqueur méconnu, Šabānkāra'ī', *StIr* 10 (1981), 213–24; more briefly, C. E. Bosworth and P. Jackson, 'Shabānkāra'ī', *EI*2, IX, 158–9.
95. See B. Spuler, 'Ḥamd Allāh b. Abī Bakr b. Aḥmad b. Naṣr al-M ustawfī al-Ḳ azwīnī', *EI*2, III, 122.
96. Mustawfī, *ZN*, II, 1165, 1473; tr. Leonard J. Ward, 'The Ẓafar- Nāmah of Ḥamdallāh Mustaufī and the Il-K hān Dynasty of Iran', unpublished PhD thesis, University of Manchester, 1983, II, 4, and III, 672. On this work, see Ward's introduction, I, 30–37a.

For the background of *Yula Temür (whom Ward calls 'Bolad Timur'), see *TG*, 814; he is briefly mentioned ibid., 595, as stationed at Qazwīn when he was killed by the Ilkhan Tegüder Aḥmad, and figures several times in the pages of Waṣṣāf.
97. Mustawfī, *Z N*, II, 1415, l. 16 (tr. Ward, III, 542).
98. Charles Melville, 'Hamd Allah Mustawfi's *Zafarnamah* and the historiography of the late Ilkhanid period', in Kambiz Eslami (ed.), *Iran and Iranian Studies: Essays in Honor of Iraj Afshar* (Princeton, NJ, 1998), 1–12.
99. See the distinction drawn by Julie Scott Meisami, *Persian Historiography to the End of the Twelfth Century* (Edinburgh, 1999), 9–10.
100. A point well brought out by Charles Melville, 'Persian local histories: Views from the wings', *IS* 33 (2000), 7–14 (here 12).
101. IF, I, 387, *ḥawādith al- ta'rīkh*; II, 315 (where the commission by Juwaynī is mentioned), *kitāb al-ta 'rīkh wa l-ḥ awādith*; IV, 263, *qad dhakartuhū fī l-ta 'rīkh*; and V, 489, *dhakarnāhū fī siyāq al-t a'rīkh*. Reuven Amitai, 'The conversion of Tegüder Ilkhan to Islam', *JSAI* 25 (2001), 15–43 (here 21, n. 27), draws attention to a passage in al- Dhahabī's *TI* suggesting that the two works were by IF. It is possible, however, that al-D hahabī is citing IF's biographical dictionary, *Majma' al- ādāb*, rather than *HJ*.
102. See Hend Gilli- Elewy, '*Al- Ḥawādiṯ al- ğāmi'a*: A contemporary account of the Mongol conquest of Baghdad, 656/1258', *Arabica* 58 (2011), 353–71; the verdict quoted is expressed in the short abstract at 353.
103. On these works, see the survey by Charles Melville, 'The early Persian historiography of Anatolia', in Judith Pfeiffer and Sholeh A. Quinn (eds, with Ernest Tucker), *History and Historiography of Post-M ongol Central*

Asia and the Middle East: Studies in Honor of John E. Woods (Wiesbaden, 2006), 135–66.

104. Sayfī, *T a'rīkh- nāma- yi Harāt*, ed. Muḥammad Zubayr aṣ- Ṣiddíqí (Calcutta, 1944), 63.See generally I. P. Petrushevskii, 'Trud Seifi, kak istochnik po istorii vostochnogo Khorasana', in *Trudy Iuzhno-Tu rkmenistanskoi Arkheologicheskoi Kompleksnoi Ékspeditsii*, V (Ashkhabad, 1955), 130–62.

105. Clifford Edmund Bosworth, *The History of the Saffarids of Sistan and the Maliks of Nimruz (247/861 to 949/1542–3)* (Costa Mesa, CA, and New York, 1994), 424 and n. 1342 at 440–1. See also his 'Sistan and its local histories', *IS* 33 (2002), 31–43 (here 39–41).

106. These two Kirmān histories are examined most fully in Karin Quade- Reutter, „ ... *denn sie haben einen unvollkommenen Verstand"* – *Herrschaftliche Damen im Grossraum Iran in der Mongolen- und Timuridenzeit (ca. 1250–1507)* (Aachen, 2003), 60–74.

107. See Isabel Miller, 'Local history in ninth–fifteenth century Yazd: The *Tārīkh- i Jadīd- i Yazd*', *Iran* 27 (1989), 75–9.

108. IF, III, 395, and IV, 177–8, 179–80 (nos 2832, 3614, 3616). For another instance of such duplication, see I, 310–11, 316–17 (nos 438, 449).

109. Charles Melville, 'Ebn al-F owaṭī', *EIr*, VIII, 25–6. Devin DeWeese, 'Cultural transmis- sion and exchange in the Mongol empire: Notes from the biographical dictionary of Ibn al-F uwaṭī', in Komaroff (ed.), *Beyond the Legacy*, 11–29.

110. Vladimir M inorsky,'N aṣīr al- Dīn Ṭūsī on finance', in Minorsky, *Iranica: Twenty Articles* (Tehran, 1964), 64–85.

111. On this, see Philip Remler, 'New light on economic history from Ilkhanid accounting manuals', *StIr* 14 (1985), 157–77 (here 161–2).

112. Jürgen Paul, 'Some Mongol *insha'*-c ollections: The Juvayni letters', in Charles Melville (ed.), *Proceedings of the Third European Conference of Iranian Studies Held In Cambridge, 11th to 15th September 1995, Part 2: Mediaeval and Modern Persian Studies* (Wiesbaden, 1999), 277–85. Cf. also the remarks of Aubin, *Émirs mongols*, 23–4; but for a more sanguine view, Esther Ravalde, 'Shams al-D īn Juwaynī, vizier and patron: Mediation between ruler and ruled in the Ilkhanate', in De Nicola and Melville (eds), *The Mongols' Middle East*, 55–78 (here n. 9 at 56–7).

113. A. H. Morton, 'The letters of Rashīd al-D īn: Īlkhānid fact or Timurid fiction?', in Reuven Amitai-P reiss and David Morgan (eds), *The Mongol Empire and its Legacy* (Leiden, Boston, MA, and Cologne, 1999), 155–99. See also Birgitt Hoffmann, 'In pursuit of *memoria* and salvation: Rashīd al-D īn and his Rab'-i Rashīdī', in Pfeiffer (ed.), *Politics*, 171–85 (here 174–5). For a spirited, but for me unconvincing, attempt to rehabilitate these documents, see Abolala Soudavar, 'In defense of Rašid-o d-d in and his letters', *StIr* 32 (2003), 77–120.

114. On this source, see Monika Gronke, *Derwische im Vorhof der Macht. Sozial- und Wirtschaftsgeschichte Nordwestirans im 13. und 14. Jahrhundert* (Stuttgart, 1993), 7–11; Heide Zirke, *Ein hagiographisches Zeugnis zur persischen Geschichte aus der Mitte des 14. Jahrhunderts. Das achte Kapitel des Ṣafwat al-ṣ afā in kritischer Bearbeitung*, IU 120 (Berlin, 1987). On its character, see Gronke, 'La religion populaire en Iran mongol', in Aigle (ed.), *L'Iran face à la domination mongole*, 205–30 (here 208).

115. Devin D eWeese, ' 'Alā' al-D awla Simnānī's religious encounters at the Mongol court near Tabriz', in Pfeiffer (ed.), *Politics*, 35–76.

116. Charles J. Halperin, 'The missing Golden Horde chronicles and historiography in the Mongol Empire', *MS* 23 (2000), 1–15; repr. in Halperin, *Russia and the Mongols: Slavs and the Steppe in Medieval and Early Modern Russia*, ed. Victor Spinei and George Bilavschi (Bucharest, 2007), 264–76.

117. See the trans. in S. K. Ibragimov et al. (eds), *Materialy po istorii kazakhskikh khanstv XV– XVIII vekov (izvlecheniia iz persidskikh i tiurkskikh sochinenii)* (Alma- Ata, 1969), 33–43.

118. Essays on a number of these works are to be found in M. Kh. Abuseitova and Iu.G. Baranova (eds), *Pis'mennye istochniki po istorii i kul'ture Kazakhstana i Tsentral'noi Azii v XIII-X VIII vv. (biobibliograficheskie obzory)* (Almaty, 2001).

119. Uli S chamiloglu,'T he *q araçi* beys of the later Golden Horde: Notes on the organization of the Mongol world empire', *AEMA* 4 (1984), 283–97. See also his 'The *Umdet ül- ahbar* and the Turkic narrative sources for the

Golden Horde and the later Golden Horde', in Hasan B. Paksoy (ed.), *Central Asian Monuments* (Istanbul, 1992), 81–93.

120. Devin D eWeese, *I slamization and Native Religion in the Golden Horde: Baba Tükles and Conversion to Islam in Historical and Epic Tradition* (University Park, PA, 1994). Idem, 'Problems of Islamization in the Volga-U ral region: Traditions about Berke Khan', in Ali Çaksu and Radik Mukhammetshin (eds), *Proceedings of the International Symposium on Islamic Civilisation in the Volga-U ral Region, Kazan, 8–11 June 2001* (Istanbul, 2004), 3–13.
121. See the introduction to the edition and translation in *IKPI*, I, esp. 7–8, 14–24; more briefly, P. Jackson, 'Djamāl al-Ḳ arshī', *EI2*, XII (*Supplement*), 240; and T. I. Sultanov, 'Medieval historiography in manuscripts from East Turkestan', *Manuscripta Orientalia* 2, part 1 (March 1996), 25–30 (here 26).
122. For these authors, see John E. Woods, 'The rise of Tīmūrid historiography', *JNES* 46 (1987), no. 2, 81–108; and on Yazdī's various historical works, İlker Evrim Binbaş, 'The histories of Sharaf al-D īn Yazdī: A formal analysis', *AOASH* 65 (2012), 391–417. The *muqaddima* is found only in the facsimile edition of Yazdī's *ZN* by Urunbaev and in the more recent edition (unfortunately inaccessible to me) by Sa'īd Mīr Muḥammad Ṣādiq and 'Abd al- Ḥusayn Nawā'ī (Tehran, 1387 sh./2008).
123. John E .W oods, *T he Timurid Dynasty* (Bloomington, IN, 1990), 1–8. See also Sholeh A. Quinn, 'The *Mu'izz al-A nsāb* and the *Shu'ab- i Panjgānah* as sources for the Chaghatayid period of history: A comparative analysis', *CAJ* 33 (1989), 229–53; Shiro Ando, *Timuridische Emire nach dem Mu'izz al-an sāb. Untersuchung zur Stammesaristokratie Zentralasiens im 14. und 15. Jahrhundert* (Berlin, 1992), 13–50; Binbaş, 'Structure and function', 517–21; and T. I. Sultanov, 'Mu'izz al-A nsāb and spurious Chingīzids', *Manuscripta Orientalia* 2, part 3 (Sept. 1996), 3–7.
124. TSM, ms. Hazine 2152. See Emil Esin, 'Ḫanlar Ulaki (The Succession of Kings): On the illustrated genealogy, with Uyġur inscriptions, of Mongol and Temürid dynasties, at the Topkapı Library', in Walther Heissig and Klaus Sagaster (eds), *Gedanke und Wirkung. Festschrift zum 90. Geburtstag von Nikolaus Poppe* (Wiesbaden, 1989), 113–27; and Binbaş, 'Structure and function', 509–14.
125. Beatrice Forbes Manz, 'Ulugh Beg, Transoxiana and Turco-M ongolian tradition', in Markus Ritter et al. (eds), *Iran und iranisch geprägte Kulturen. Studien zum 65. Geburtstag von Bert G. Fragner* (Wiesbaden, 2008), 20–7 (here 21–2).
126. For the reason, see Michal Biran, 'The Chaghadaids and Islam: The conversion of Tarmashirin Khan (1331–34)', *JAOS* 122 (2002), 742–52 (here 745, n. 25).
127. See, for instance, DeWeese, *Islamization and Native Religion*, 93, n. 54.
128. *TR*, I (text), 106, 109–10, II (trans.), 85–6, 89. I have used Thackston's two-v olume edition of 1996 throughout, since his translation reissued in 2012 (as *Classical Writings of the Medieval Islamic World: Persian Histories of the Mongol Dynasties*, I) is not accompanied by an edition of the Persian text.
129. For examples of material on the Mongols, see Reuven Amitai- Preiss, 'Arabic sources for the history of the Mongol empire', *Mongolica* 5 (1994), 99–107. On Mamlūk sources more broadly, see Donald Presgrave Little, *An Introduction to Mamlūk Historiography* (Wiesbaden, 1970); and his 'Historiography of the Ayyūbid and Mamlūk epochs', in Carl F. Petry (ed.), *The Cambridge History of Egypt*, I. *Islamic Egypt, 640–1517* (Cambridge, 1998), 412–44 (here 418–32); on the early decades more specifically, Ulrich Haarmann, *Quellenstudien zur frühen Mamlukenzeit* (Freiburg im Breisgau, 1970).
130. See generally P. M. Holt, 'Three biographies of al-Ẓ āhir Baybars', in Morgan (ed.), *Medieval Historical Writing*, 19–29.
131. See Linda S. Northrup, *From Slave to Sultan: The Career of al- Manṣūr Qalāwūn and the Consolidation of Mamluk Rule in Egypt and Syria (679–689 A.H./1279–1290 A.D.)*, FIS 18 (Stuttgart, 1998), 25–8.
132. See Donald Richards, 'Baybars al-M anṣūrī's *Zubdat al-f ikra*', in Hugh Kennedy (ed.), *The Historiography of Islamic Egypt (c. 950–1800)* (Leiden, 2001), 37–44.
133. An abridged version, *Durar al-tī jān*, ed. in Gunhild Graf, *Die Epitome der Universalchronik Ibn ad-D awādārīs im Verhältnis zur Langfassung*, IU 129 (Berlin, 1990), contains nothing of interest for our purposes.
134. Two major lacunae in the text affect the years 666–668/1268–1270 and 682–687/1283– early 1289.
135. al-D hahabī wrote a continuation (*dhayl*), which covers the years 701/1301–2 to 746/1345–6 (forming vol. LIII

of the printed edition): see Moh. Ben-C heneb/J. de Somogyi, 'al- Dhahabī', *EI2*, II, 215.

136. D. Sourdel, 'Ibn Shaddād, ʿIzz al- Dīn', *EI2*, III, 933.

137. See D. M. Dunlop, 'al-D imashkī', *EI2*, II, 291.

138. al-N uwayrī, *N ihāyat al-a rab*, XXVII, ed. Saʿīd al-F atḥ ʿĀshūr et al. (Cairo, 1405/1985), 300–419. For his contacts with the Mongols, see Reuven Amitai, 'Did Chinggis Khan have a Jewish teacher? An examination of an early fourteenth-c entury Arabic text', *JAOS* 124 (2004), 691–705 (here 691–2); more generally, his 'Al-Nuwayrī as a historian of the Mongols', in Kennedy (ed.), *Historiography*, 23–36.

139. On this author, see K. S. Salibi, 'Ibn Faḍl- Allāh al- ʿUmarī', *EI2*, III, 758–9.

140. *WW*, XI, 197–9 (Chinggis Khan), XIII, 348 (Khuṭlū Shāh), XVI, 469 (Ṭuqṭāī < Toqto'a), XXIV, 185 (Qubilai), and XXVII, 399–401 (Hülegü). *AA*, II, 666–7 (Khuṭlū Shāh), 854 (Ṭuqṭāī). According to *JT*, II, 1278 (*DzhT*, III, 320; *CC*, 446), Qutlugh Shāh was a Muslim; though since al- Ṣafadī evidently thought he was an infidel (as did his source, al- Dhahabī: *TI*, LIII, 61), the point about this author's wide- ranging coverage still stands. See gener- ally Donald P. Little, 'Al-Ṣ afadī as a biographer of his contemporaries', in Little (ed.), *Essays on Islamic Civilization Presented to Niyazi Berkes* (Leiden, 1976), 190–210.

141. There are surveys of the two works in Peter Hardy, *Historians of Medieval India: Studies in Indo- Muslim Historical Writing* (London, 1960), chs 2 and 6. The scattered comments in Jackson, *Delhi Sultanate*, chs 3 and 8, tend to stress their problematic nature. On Baranī, see now also Blain H. Auer, *Symbols of Authority in Medieval Islam: History, Religion and Muslim Legitimacy in the Delhi Sultanate* (London and New York, 2012), 20–1, and index s.v. 'Ẓiyā' al-D īn Baranī'.

142. See D. O. Morgan, 'Ibn Baṭṭūṭa and the Mongols', *JRAS*, 3rd series, 11 (2001), 1–11 (esp. 2–3, 9, 10). For the completion of the work, see IB, IV, 451 (tr. Gibb and Beckingham, 978).

143. Ivan Hrbek, 'The chronology of Ibn Baṭṭūṭa's travels', *Archiv Orientální* 30 (1962), 409–86, a penetrating study that regrettably was never completed. For an excellent introduction to the travels, see Ross E. Dunn, *The Adventures of Ibn Battuta: A Muslim Traveler of the 14th Century*, 2nd edn (Berkeley and Los Angeles, CA, 2005; repr. with updated preface, 2012).

144. The literature is surveyed in Stephan Conermann, *Die Beschreibung Indiens in der „Riḥla" des Ibn Baṭṭūṭa. Aspekte einer herrschaftssoziologischen Einordnung des Delhi- Sultanates unter Muḥammad Ibn Tuġluq* (Berlin, 1993), 11–22. See further S. Janicsek, 'Ibn Baṭṭūṭa's journey to Bulghār: Is it a fabrication?', *JRAS* (1929), 791–800; and H. T. Norris, 'Ibn Baṭṭūṭa's journey in the north-e astern Balkans', *Journal of Islamic Studies* 5 (1994), 209–20.

145. C. F. Beckingham, 'The *Riḥla*: Fact or fiction?', in Ian Richard Netton (ed.), *Golden Roads: Migration, Pilgrimage and Travel in Mediaeval and Modern Islam* (Richmond, Surrey, 1993), 86–94 (here 87).

146. On the author, see H. Daiber, 'al- Ṭūsī, Naṣīr al- Dīn', *EI2*, X, 746–50.

147. Printed in Qazwīnī's edition of Juwaynī (*TJG*, III, 280–92) and tr. in J. A. Boyle, 'The death of the last ʿAbbasid Caliph: A contemporary Muslim account', *JSS* 6 (1961), 145–61 (here 150–61).

148. Ṭūsī, *Kayfiyyat*, 280 (cf. Boyle, 'Death of the last ʿAbbasid Caliph', 151).

149. *JT*, II, 1007 (*CC*, 350). There is a summary of this counsel (in which Ṭūsī figures merely as an anonymous *ʿālim*) in Ibn al- Ṭiqṭaqā, 190 (tr. Whitting, 135–6).

150. James Kritzeck, 'Ibn al- Ṭiqṭaqā and the fall of Baghdād', in James Kritzeck and R. Bayly Winder (eds), *The World of Islam: Studies in Honour of Philip K. Hitti* (London and New York, 1959), 159–84 (here 182–4). A Persian translation, Hindū Shāh b. Sanjar b. ʿAbd- Allāh Ṣāḥibī Nakhchiwānī's *Tajārib al-s alaf* (723/1323), is in fact a redrafting that omits the anecdotes from the Ilkhanid era: E. G. Browne, 'The *Tajaribu's- Salaf*, a Persian version of the Arabic *Kitabu'l- Fakhri*', in *Centenary Supplement of JRAS* (London, 1924), 245–54.

151. Ibn a l-Ṭ iqṭaqā, 21, ll. 1–6 (tr. Whitting, 14).

152. See Pier Giorgio Borbone, 'Barhebraeus e Juwaynī: un cronista siro e la sua fonte persiana', *Egitto e Vicino Oriente* 27 (2004), 121–44.

153. BH, 431, 444, respectively.

154. E.g. ibid., 433, 449, 458.

155. Ibid., 354. Cf. *TJG*, I, 60 (*HWC*, 78).

156. Bar H ebraeus,*C hronicon ecclesiasticum*, ed. and tr. Jean- Baptiste Abbeloos and Thomas Joseph Lamy

(Louvain and Paris, 1872–7), III, Latin trans., cols 468, 470 (English trans. in BH, introduction, xxviii–xxix).

157. G. M. Wickens, 'Nasir ad- Din Tusi on the fall of Baghdad: A further study', *JSS* 7 (1962), 23–35 (here 28–9; at 32–5 he gives a translation of the *Mukhtaṣar*).
158. Denise Aigle, 'Bar Hebraeus et son public à travers ses chroniques en syriaque et en arabe', *Le Muséon* 118 (2005), 87–107; and 'The historiographical works of Barhebraeus on the Mongol period', in Aigle, *The Mongol Empire between Myth and Reality: Studies in Anthropological History* (Leiden and Boston, MA, 2015), 66–88. See also Susanne Regina Todt, 'Die syrische und die arabische Weltgeschichte des Bar Hebraeus – ein Vergleich', *Der Islam* 65 (1988), 60–80.
159. Heleen Murre-V an den Berg, 'The Church of the East in Mesopotamia in the Mongol period', in Roman Malek (ed., with Peter Hofrichter), *Jingjiao: The Church of the East in China and Central Asia* (Sankt Augustin, [2006]), 377–94 (here 391–3).
160. Usefully surveyed in Bayarsaikhan Dashdondog, *The Mongols and the Armenians (1220–1335)* (Leiden and Boston, MA, 2011), 10–26.
161. Hayton of Gorighos, *La Flor des Estoires de la Terre d'Orient*, ed. Ch. Kohler, in *Recueil des Historiens des Croisades: Documents arméniens*, II (Paris, 1906), French text, 213 and 203 (Latin version, 334 and 324), respectively.
162. Denis Sinor, 'Le réel et l'imaginaire dans la description des Mongols dans la Flor des Estoires de la Terre d'Orient de Hayton', in *Actes du Colloque «Les Lusignans et l'Outre Mer» Poitiers-L usignan 20–24 octobre 1993, Auditorium du Musée Sainte-C roix – Poitiers* (Poitiers, [1994?]), 276–80.
163. Peter Jackson, 'The crisis in the Holy Land in 1260', *English Historical Review* 95 (1980), 481–513 (here 485–6).
164. David D. Bundy, 'Het'um's *La Flor des Estoires de la Terre d'Orient*: A study in medieval Armenian historiography and propaganda', *Revue des Études Arméniennes*, n.s., 20 (1986–7), 223–35. Dashdondog, *Mongols and the Armenians*, 22–4, sees Hayton's work as somewhat more authoritative.
165. See generally Peter Jackson, 'Western European sources', in Michal Biran and Hodong Kim (eds), *The Cambridge History of the Mongol Empire*, II [forthcoming].
166. ohn L arner, *M arco Polo and the Discovery of the World* (London and New Haven, CT, 1999), provides a splendid introduction.
167. The argument was advanced by Frances Wood, *Did Marco Polo Go to China?* (London, 1995). For particularly convincing refutations, see Igor de Rachewiltz, 'Marco Polo went to China', *ZAS* 27 (1997), 34–92, with 'Addenda and corrections', *ZAS* 28 (1998), 177; Stephen G. Haw, *Marco Polo's China: A Venetian in the Realm of Khubilai Khan* (London and New York, 2006); and Hans Ulrich Vogel, *Marco Polo Was in China: New Evidence from Currencies, Salts and Revenues* (Leiden and Boston, MA, 2013).
168. Gregory G. Guzman, 'Simon of Saint-Q uentin as historian of the Mongols and Seljuk Turks', *Medievalia et Humanistica* 3 (1972), 155–78 (here 162–5).
169. See generally Igor de Rachewiltz, *Papal Envoys to the Great Khans* (London, 1971), chs 4–6; on Carpini and Rubruck specifically, Peter Jackson, 'Franciscans as papal and royal envoys to the Tartars (1245–1255)', in Michael J. P. Robson (ed.), *The Cambridge Companion to Francis of Assisi* (Cambridge, 2012), 224–39.

第二章

1. For the Türk Qaghanates, see Peter B. Golden, *An Introduction to the History of the Turkic Peoples: Ethnogenesis and State- Formation in Medieval and Early Modern Eurasia and the Middle East* (Wiesbaden, 1992), 115–53; David Christian, *A History of Russia, Central Asia and Mongolia*, I. *Inner Eurasia from Prehistory to the Mongol Empire* (Oxford, 1998), 247–64, and Christoph Baumer, *The History of Central Asia*, II. *The Age of the Silk Roads* (London and New York, 2014), 173–206; for the Khazars, ibid., 213–20.
2. Omeljan Pritsak, 'Von den Karluk zu den Karachaniden', *ZDMG* 101 (1951), 270–300 (here 279–85). Peter B. Golden, 'The Karakhanids and early Islam', in *CHEIA*, 349–51.
3. Deborah G. Tor, 'The Islamization of Central Asia in the Sāmānid era and the reshaping of the Muslim world', *BSOAS* 72 (2009), 279–99. See also W. Barthold, *Zwölf Vorlesungen über die Geschichte der Türken*

Mittelasiens, tr. and ed. Theodor Menzel (Berlin, 1935), 61 (= *Sochineniia,* V, 60–1). On the Samanids, see Christoph Baumer, *The History of Central Asia*, III. *The Age of Islam and the Mongols* (London and New York, 2016), 25–32.

4. See generally Golden, *Introduction*, 202–5; S. G. Agajanov, 'The states of the Oghuz, the Kimek and the Kïpchak', in *HCCA*, IV, part 1, 69–72.
5. Golden, *I ntroduction*, 253–8. See also Janet Martin, *Treasure of the Land of Darkness: The Fur Trade and its Significance for Medieval Russia* (Cambridge, 1986), 6–14; R. K. Kovalev, 'The infrastructure of the northern part of the "Fur Road" between the middle Volga and the East during the Middle Ages', *AEMA* 11 (2000–1), 25–64; Thomas S. Noonan, 'Volga Bulghāria's tenth-c entury trade with Sāmānid Central Asia', *AEMA* 11 (2000–1), 140–218; and Jean-C harles Ducène, 'Le commerce des fourrures entre l'Europe orientale et le Moyen-O rient à l'epoque médiévale (IXe–XIIIe siècle): pour une perspective historique', *AOASH* 58 (2005), 215–28.
6. Sharaf a l-Z amān Ṭ āhir Marwazī, *Ṭabā'i' al-ḥ ayawān* (*c*. 514/1120), partially ed. and tr. Vladimir Minorsky, *Sharaf al-Z amān Ṭāhir Marvazī on China, the Turks and India* (London, 1942), Ar. text, 44, trans., 34.
7. WR, 9 2/in *S F*, 212 (tr. *MFW*, 131).
8. Soucek, *History of Inner Asia*, 78–9. See generally Christian, *History of Russia, Central Asia and Mongolia*, I, 264–71, and Baumer, *History of Central Asia*, II, 297–316; for the principality at Qocho/Beshbaligh, Peter Zieme, 'Das uigurische Königreich von Qočo', in Hans Robert Roemer (ed., with Wolfgang-E kkehard Scharlipp), *History of the Turkic Peoples in the Pre-I slamic Period* (Berlin, 2000), 204–12.
9. See Johan Elverskog, *Buddhism and Islam on the Silk Road* (Philadelphia, PA, 2010), ch. 2, for Muslim views of Buddhism during these early centuries.
10. MP, II, 12 (omitted in Ricci and Latham translations). Jean Dauvillier, 'L'expansion de l'Église syrienne en Asie centrale et en Extrême-O rient', *L'Orient Syrien* 1 (1956), 76–87 (here 82–4); repr. in Dauvillier, *Histoire et institutions des églises orientales au Moyen Âge* (London, 1983).
11. For what follows, see Jean Dauvillier, 'Les provinces Chaldéennes "de l'extérieur" au Moyen Âge', in *Mélanges F. Cavallera* (Toulouse, 1948), 248–316; repr. in Dauvillier, *Histoire et institutions*. Wassilios Klein, *Das nestorianische Christentum an den Handelswegen durch Kyrgyzstan bis zum 14. Jh.* (Turnhout, 2000), esp. 52–6.
12. Mark Dickens, 'Patriarch Timothy I and the Metropolitan of the Turks', *JRAS*, 3rd series, 20 (2010), 117–39.
13. al- Marwazī, Ar. text, 18, trans., 29.
14. BH, 205; and see Golden, *Introduction*, 274.
15. Bar Hebraeus, *Chronicon ecclesiasticum*, III, cols 279–80; and see Pelliot and Hambis, *Histoire des campagnes de Gengis Khan*, 208; Erica C. D. Hunter, 'The conversion of the Kerait to Christianity in A.D. 1007', *ZAS* 22 (1989), 142–63.
16. For the conflicting testimony, see Paul Ratchnevsky, *Genghis Khan: His Life and Legacy*, tr. Thomas Nivison Haining (Oxford, 1991), 2.
17. D. Sourdel, 'Ghulām, i. – The Caliphate', *EI*2, III, 1079–81; C. E. Bosworth, '..., ii. – Persia', ibid., 1081–4; P. Hardy, '..., iii. – India', ibid., 1084–5; D. Ayalon, 'Mamlūk', *EI*2, VI, 314–21.
18. References in Reuven Amitai, 'Towards a pre-h istory of the Islamization of the Turks: A re- reading of Ibn Faḍlān's *Riḥla*', in Étienne de la Vaissière (ed.), *Islamisation de l'Asie cent- rale. Processus locaux d'acculturation du VIIe au XIe siècle* (Paris, 2008), 277–96 (here 280).
19. Ibrahim Kafesoğlu, 'À propos du nom Türkmen', *Oriens* 11 (1958), 146–50; and see further Barbara Kellner-H einkele, 'Türkmen', *EI*2, X, 682; Golden, *Introduction*, 212–13.
20. See generally C. E. Bosworth, 'Īlek-K hāns', *EI*2, III, 1113–17; Michal Biran, 'Ilak-K hans', *EIr*, XII, 621–8; and Baumer, *History of Central Asia*, III, 102–8. On the dynasty's origins, Pritsak, 'Von den Karluk'; but cf. Golden, 'Karakhanids and early Islam', 355–7; B. D. Kochnev, 'The origins of the Qarakhanids: A reconsideration', *Der Islam* 73 (1996), 352–7.
21. Tor, 'Islamization of Central Asia', 292–6.
22. Jürgen Paul, 'Islamizing sufis in pre-M ongol Central Asia', in De la Vaissière (ed.), *Islamisation de l'Asie centrale*, 297–317. Wilferd Madelung, 'The spread of Māturīdism and the Turks', in *Actas do IV Congresso de*

Estudos Árabes e Islâmicos, Coimbra-L isboa 1968 (Leiden, 1971), 109–68 (here 119–21 and n. 32), and repr. in Madelung, *Religious Schools and Sects in Medieval Islam* (London, 1985). Amitai, *Holy War*, 68.

23. Golden, 'Karakhanids and early Islam', 357, citing the report of an early twelfth-c entury Qarakhanid envoy to Baghdad that is transmitted by the eighteenth-c entury Ottoman historian Müneccim-b aşı. For different accounts of Satuq's conversion, see Patrick A. Hatcher, 'Peddling Islam: The merchant in early conversion narratives of the Central Asian Turks', in Michael Gervers, Uradyn E. Bulag and Gillian Long (eds), *Traders and Trade Routes in Central and Inner Asia: The 'Silk Road', Then and Now* (Toronto, 2007), 31–44 (here 37–43).
24. Amitai, 'Towards a pre-h istory', 290, 291.
25. See A. C. S. Peacock, *The Great Seljuk Empire* (Edinburgh, 2015).
26. Boris Kotchnev, 'Les frontières du royaume des Karakhanides', in Vincent Fourniau (ed.), *Études Karakhanides* (Tashkent and Aix-e n-P rovence, 2001), 41–8 (here 42–3).
27. Liu Yingsheng, 'A study of Küšän Tarim in the Yuan dynasty', in Xin Luo (ed.), *Chinese Scholars on Inner Asia*, tr. Roger Covey (Bloomington, IN, 2012), 463–85 (here 470–3); this article first appeared in 1983.
28. Michal Biran, 'Qarakhanid studies: A view from the Qara Khitai edge', in Fourniau (ed.), *Études Karakhanides*, 77–89 (here 78–9). For the various senses of *Ṭamghāch*, see Barthold, *Zwölf Vorlesungen*, 97–8 (= *Sochineniia*, V, 87).
29. Biran, *Empire of the Qara Khitai*, 181–2. On the location of Balāsāghūn and Sūyāb, see Valentina D. Goriatcheva, 'À propos de deux capitales du kaghanat karakhanide', in Fourniau (ed.), *Études Karakhanides*, 91–114 (here 91–103); C. Edmund Bosworth, 'Balāsāghūn', *EI3* (2010), no. 2, 95–6.
30. JQ, Ar. text, clxxxi–ccx (Russian tr., 133–56), *passim.*
31. *TR*, I (text), 300, II (tr.), 225–6.
32. *TJG*, I, 44 (*HWC*, 59–60); and see Josef Markwart, 'Ǧuwainī's Bericht über die Bekehrung der Uiguren', *Sitzungsberichte der preußischen Akademie der Wissenschaften* (1912), 486–502. For the material in al-T haʿālibī's *Taʾrīkh ghurar al-s iyar*, see C. Edmund Bosworth, 'Thaʿālibī's information on the Turks', in Rudolf Veselý and Eduard Gombár (eds), *Ẓafar Nāme: Memorial Volume of Felix Tauer* (Prague, 1996), 61–6 (text, 63, tr., 64).
33. Hans-J oachim Klimkeit, 'Buddhistische Übernahmen im iranischen und türkischen Manichäismus', in Walther Heissig and Hans-J oachim Klimkeit (eds), *Synkretismus in den Religionen Zentralasiens* (Wiesbaden, 1987), 58–75; Helwig Schmidt-G linzer, 'Das buddhistische Gewand des Manichäismus: Zur buddhistischen Terminologie in den chinesischen Manichaica', ibid., 76–90.
34. WR, 180, 182, 204/in *SF*, 261–2, 272 (*MFW*, 193, 205).
35. al-Marwazī, Ar. text, 18–19, trans., 30.
36. André M iquel, *L a géographie humaine du monde musulman jusqu'au milieu du 11e siècle* (Paris and The Hague, 1967–88), II, 225–6, 231–3. See the references in Ulrich Haarmann, 'Ideology and history, identity and alterity: The Arab image of the Turk from the ʿAbbasids to modern Egypt', *IJMES* 20 (1988), 175–96 (here 179–81); and see also the quotations from Jāḥiẓ in Hugh Kennedy, *The Armies of the Caliphs: Military and Society in the Early Islamic State* (London and New York, 2001), 123, and in Reuven Amitai, 'Armies and their economic basis in Iran and the surrounding lands, *c.* 1000– 1500', in *NCHI*, III, 539–60 (at 541).
37. Andreas Kaplony, 'The conversion of the Turks of Central Asia to Islam as seen by Arabic and Persian geography: A comparative perspective', in De la Vaissière (ed.), *Islamisation de l'Asie centrale*, 319–38 (here 323–4, citing Ibn Ḥawqal).
38. Denis Sinor, 'The Inner Asian warriors', *JAOS* 101 (1981), 133–44 (here 133–4). Peter B. Golden, 'War and warfare in the pre-Č inggisid western steppes of Eurasia', in Nicola Di Cosmo (ed.), *Warfare in Inner Asian History (500–1800)* (Leiden, Boston and Cologne, 2002), 105–72 (here 123–8), and repr. in Golden, *Studies*, 65–133 (here 84–9).
39. IA, IX, 520. Maḥmūd al-K āshgharī, *Dīwān lughāt al-t urk*, tr. Robert Dankoff and James Kelly, *A Compendium of the Turkic Dialects* (Cambridge, MA, 1982–5), I, 341. al-Marwazī, Ar. text, 23, trans., 36. Michal Biran, 'Unearthing the Liao dynasty's relations with the Muslim world: Migrations, diplomacy, commerce and mutual perceptions', *JSYS* 43 (2013), 221–51 (here 247). For the Kitan as Turks, see also Ṣadr al- Dīn Abū l- Ḥasan

ʿAlī b. Nāṣir al-Ḥ usaynī, *Akhbār al-d awla al-s aljūqiyya*, tr. Clifford Edmund Bosworth, *TheHistory of the Seljuq State* (London and New York, 2011), 65; and *TN*, cited at p. 57 and n. 68. This generic usage of the term 'Turk' was not confined to Muslim observers: Golden, *Introduction*, 115–16.

40. J. A. Boyle, 'The longer introduction to the "Zij-i Ilkhani" of Nasir-a d-D in Tusi', *JSS* 8 (1963), 244–54 (here text, 247, trans., 248). *JT*, I, 43, 65, 78, 147 (*DzhT*, I, part 1, 84, 130, 162, 357; *CC*, 18, 27, 32, 56). Some of the relevant passages from the Arabic version of *JT* are cited by David Ayalon, 'The Great *Yāsa* of Chingiz Khān: A re-e xamination (C2)', *SI* 38 (1973), 107–56 (here 149–50).
41. For the comments of these three authors, see C. T. Harley Walker, 'Jāḥiẓ of Basra to al- Fatḥ ibn Khāqān on the "Exploits of the Turks and the army of the Khalifate in general"', *JRAS* (1915), 631–97; Bosworth, 'Thaʿālibī's information', text, 63 (trans., 64); and Fakhr-i Mudabbir, *Shajarat* (or *Baḥr*) *al- ansāb*, partial ed. and tr. E. Denison Ross, *Ta'rikh* [sic]- *i Fakhru'd- dín Mubárakshâh* (London, 1927), 37.
42. Tadeusz Kowalski, 'Les Turcs dans le Šah-n ame', *Rocznik Orientalistyczny* 15 (1939–49), 84–99; trans. as 'The Turks in the Shāh- Nāma', in C. Edmund Bosworth (ed.), *The Turks in the Early Islamic World* (Aldershot and Burlington, VT, 2007), 121–34.
43. Assadullah Souren Melikian-C hirvani, 'Le Livre des Rois, miroir du destin', *StIr* 17 (1988), 7–46 (here 25–31), and his 'Conscience du passé et résistance culturelle dans l'Iran mongol', in Aigle (ed.), *L'Iran face à la domination mongole*, 135–77 (here 146–8). Hua Tao, 'The Muslim Qarakhanids and their invented ethnicity', in De la Vaissière (ed.), *Islamisation de l'Asie centrale*, 339–50. al-Kāshgharī's possible origins are discussed in Omeljan Pritsak, 'Mahmud Kâşgarî kimdir?', *Türkiyat Mecmuası* 10 (1953), 243–6.
44. Qur'ān, xviii, 93–8; tr. M. A. S. Abdel Haleem, *The Qur'an* (Oxford, 2005; repr. with corrections, 2010), 189. See E. van Donzel and Claudia Ott, 'Yādjūdj wa- Mādjūdj', *EI2*, XI, 231–4; Miquel, *La géographie humaine*, II, 497–511.
45. See Emeri Van Donzel and Andrea Schmidt, *Gog and Magog in Early Eastern Christian and Islamic Sources: Sallam's Quest for Alexander's Wall* (Leiden and Boston, MA, 2010), Part 2.
46. *TN*, II, 93 (omitted from Raverty's translation on the grounds that the world had not yet ended).
47. Yehoshua Frenkel, 'The Turks of the Eurasian steppes in medieval Arabic writing', in Reuven Amitai and Michal Biran (eds), *Mongols, Turks, and Others: Eurasian Nomads and the Sedentary World* (Leiden and Boston, MA, 2005), 201–41 (here 226–9).
48. *TN*, II, 98 (tr. Raverty, 935).
49. al-Kāshgharī, tr. Dankoff and Kelly, I, 274, cited in Soucek, *History of Inner Asia*, 91; also the tenth-c entury sources quoted in Kaplony, 'Conversion of the Turks', 324. Ignaz Goldziher, *Muslim Studies*, tr. C. R. Barber and S. M. Stern (London, 1967), I, 245–6 (excursus 6: 'Traditions about the Turks'), suggests that most of the current Arabic sayings about the Turks date from the era following the advent of the Mongols.
50. *TJG*, I, 11 (*HWC*, 16).
51. For an admirable survey of the scholarship on this complex issue, and the possible etymology of the name Qangli, see Peter B. Golden, 'The shaping of the Cuman- Qïpchaqs and their world', in Felicitas Schmieder and Peter Schreiner (eds), *Il codice Cumanico e il suo mondo* (Rome, 2005), 247–77 (here 251–69, 272–3), and repr. in Golden, *Studies*, 303–32 (here 306–24, 327–8). Cf. Golden, 'The peoples of the south Russian steppes', in *CHEIA*, 279–80; *Introduction*, 270–7; and Baumer, *History of Central Asia*, III, 66–75 *passim*.
52. Barthold, *Z wölf Vorlesungen*, 121 (= *Sochineniia*, V, 103–4). Golden, *Introduction*, 274, n. 245. On their ethnicity, see S. Murayama, 'Sind die Naiman Türken oder Mongolen?', *CAJ* 4 (1959), 188–98. They had at one time been called by the Turkic name Sekiz Oghuz ('the Eight Oghuz'). The reference by JQ, Ar. text, cxlvii, clxii (Russian trans., 105, 118), interestingly, to the Naiman khan Güchülüg as 'al-S aghīzī' (presumably using a velar plosive in error for a post-p alatal plosive) suggests that Muslim writers still knew them under some such designation.
53. Thomas T. Allsen, 'Prelude to the western campaigns: Mongol military operations in the Volga-U ral region, 1217–1237', *AEMA* 3 (1983), 5–24 (here 7–8). Peter B. Golden, 'Cumanica II. The Ölberli (Ölperli): The fortunes and misfortunes of an Inner Asian nomadic clan', *AEMA* 6 (1985 [1987]), 5–29 (especially 14–15, 24–5). The reading of the name as 'Ilbarī' by Pelliot and Hambis, *Histoire des campagnes de Gengis Khan*, 105–6, must now be discarded.

54. For what follows, see Omeljan Pritsak, 'Two migratory movements in the Eurasian steppe in the 9th–11th centuries', in *Proceedings of the 26th International Congress of Orientalists, New Delhi 1964* (New Delhi, 1968), II, 157–63.
55. See Golden, *Introduction*, 165–7; Ruth Dunnell, 'The Hsi Hsia', in *CHC*, VI, ch. 2; and Y. I. Kychanov, 'The Tangut Hsi Hsia kingdom (982–1227)', in *HCCA*, IV, part 1, 206–14.
56. *JT*, I, 441–2 (*CC*, 151). For other evidence, see Biran, *Empire of the Qara Khitai*, 143–5.
57. Denis Twitchett and Klaus-P eter Tietze, 'The Liao', in *CHC*, VI, ch. 1. See also Herbert Franke, 'The forest peoples of Manchuria: Kitans and Jurchens', in *CHEIA*, 400–10; Denis Sinor, 'The Kitan and the Kara Khitay', in *HCCA*, IV, part 1, 227–42.
58. al-Marwazī, Ar. text, 18, trans., 29–30. Biran, 'Unearthing the Liao dynasty's relations', 225–7.
59. E.g. in 418/1027: al-Marwazī, Ar. text, 7–8, trans., 19–20; for the date, see text, 9, trans., 21. Karl A. Wittfogel and Fêng Chia-s hêng, *History of Chinese Society: Liao (907–1125)* (Philadelphia, PA, 1949), 52, 357. Sinor, 'Kitan', 233–4. See generally Biran, 'Unearthing the Liao dynasty's relations'.
60. Biran, 'Unearthing the Liao dynasty's relations', 234–43. Anya King, 'Early Islamic sources on the Kitan Liao: The role of trade', *JSYS* 43 (2013), 253–71. Valerie Hansen, 'International gifting and the Kitan world, 907–1125', ibid., 273–302.
61. Michal Biran, 'The Mongols and nomadic identity: The case of the Kitans in China', in Amitai and Biran (eds), *Nomads as Agents*, 152–81 (here n. 6 at 173, citing a paper by D. Kane).
62. Biran, *Empire of the Qara Khitai*, ch. 1. For a sketch of the history of this state, see Baumer, *History of Central Asia*, III, 144–9.
63. See Jürgen Paul, 'The role of Ḫwārazm in Seljuq Central Asian politics, victories and defeats: Two case studies', *ES* 6 (2007–8), 1–17 (here 11–17).
64. On these events, see *Turkestan*3, 326–37 (= *Sochineniia*, I, 389–400); C. E. Bosworth, 'The political and dynastic history of the Iranian world (A.D. 1000–1217)', in *CHI*, V, 144–57 *passim*, 173–5, 185–7.
65. For the duel between the two dynasties, see ibid., 159–66; C. E. Bosworth, 'The Ghurids in Khurasan', in A. C. S. Peacock and D. G. Tor (eds), *Medieval Central Asia and the Persianate World: Iranian Tradition and Islamic Civilisation* (London and New York, 2015), 210–21.
66. Bosworth, 'Political and dynastic history', 184, and his 'The steppe peoples in the Islamic world', in *NCHI*, III, 21–77 (here 74).
67. *TN*, II, 102 (tr. Raverty, 963).
68. Ibid., II, 94 (tr. Raverty, 900).
69. Michal Biran, 'True to their ways: Why the Qara Khitai did not convert to Islam', in Amitai and Biran (eds), *Mongols, Turks, and Others*, 175–99; Biran, *Empire of the Qara Khitai*, 196–201.
70. IA, XI, 84, 310 (tr. Richards, I, 361, and II, 153). This testimony, from the son of the *ra'īs* ʿUmar killed by the Qara- Khitai (below), perplexed Bartolʹd: see *Turkestan*3, 334, n. 3 (= *Sochineniia*, I, 398, n. 1).
71. Biran, *E mpire of the Qara Khitai*, 117–23; and see also Biran, 'Between China and Islam: The administration of the Qara Khitai (Western Liao), 1124–1218', in David Sneath (ed.), *Imperial Statecraft: Political Forms and Techniques of Governance in Inner Asia, Sixth–Twentieth Centuries* (Bellingham, WA, 2006), 63–83.
72. Niẓāmī- yi ʿArūḍī- yi Samarqandī , *Chahār maqāla*, tr. Edward G. Browne (London, 1921, repr. 1978), 39. IA, XI, 86 (tr. Richards, I, 363); *TN*, II, 96 (tr. Raverty, 912). See also Lane, 'Persian notables', 185.
73. Niẓāmī- yi ʿArūḍī- yi Samarqandī, 38–9.
74. IA, XI, 86 (tr. Richards, I, 363); see also al-Ḥ usaynī, *Akhbār al-d awla al-s aljūqiyya*, tr. Bosworth, 66. On this dynasty, see Omeljan Pritsak, 'Āl-i Burhān', *Der Islam* 30 (1952), 81–96, and repr. in Pritsak, *Studies in Medieval Eurasian History* (London, 1981); C. E. Bosworth, 'Āl- e Borhān', *EIr*, I, 753–4.
75. IA, XII, 257 (tr. Richards, III, 125). Biran, *Empire of the Qara Khitai*, 124.
76. *TN*, II, 96 (tr. Raverty, 911–12).
77. IA, XI, 83–4 (tr. Richards, I, 361); on this, see Biran, *Empire of the Qara Khitai*, 175.
78. Biran, *E mpire of the Qara Khitai*, 171–91.
79. Ibid., 56; and for the Gür-k han's difficulties in the east, see 57.
80. IA, XII, 231 (tr. Richards, III, 105–6).

81. See *T urkestan*3, 363 (= *Sochineniia,* I, 428), for references.
82. *TI*, XLIV, 366; text also in Cahen, ''Abdallaṭīf al-B aghdādī portraitiste', 117, and tr. in Cahen, ''Abdallaṭīf al-B aghdādī et les Khwārizmiens', in C. E. Bosworth (ed.), *Iran and Islam: In Memory of the Late Vladimir Minorsky* (Edinburgh, 1971), 149–66 (here 152). IW, IV, 38. Ibn Abī l-Ḥ adīd, ed. Djebli, *Les invasions mongoles*, Ar. text, 23 (trans., 22–3).
83. *TJG*, I, 52 (*HWC*, 70).
84. Ibid., II, 89 (*HWC*, 357). *TN*, I, 302 (tr. Raverty, 244), omitting the simile of the Wall.
85. *TJG*, II, 79–80, 183 (*HWC*, 347, 452); *MZ*, VIII, part 2, 671 (= *MZDMZ*, XV, 59); and cf. IW, IV, 296. On all this, see Michal Biran, '"Like a mighty wall": The armies of the Qara Khitai', *JSAI* 25 (2001), 44–91; and for Dhū l-Q arnayn's Wall in the Qur'ān, Van Donzel and Schmidt, *Gog and Magog*, 50–4. *Pace* Elverskog, *Buddhism and Islam*, 128–9, the evidence that Muslims saw the Qara- Khitai as a protective wall postdates the collapse of their empire.
86. IA, IX, 520, cited in Golden, *Introduction*, 213; see also Golden's comment in 'Karakhanids and early Islam', 354.
87. PC, 314 (*MM*, 59). On the term *Bisermini* and its cognates, see T. I. Tepliashina, 'Étnonim *besermiane*', in V. A. Nikonov (ed.), *Étnonimy* (Moscow, 1970), 177–88.
88. See generally Peter B. Golden, 'The Qıpčaqs of medieval Eurasia: An example of stateless adaptation in the steppes', in G. Seaman and D. Marks (eds), *Rulers from the Steppe: State Formation on the Eurasian Periphery* (Los Angeles, CA, 1991), 132–57 (here 146–9).
89. Fakhr-i M udabbir, *S hajarat al- ansāb*, 47: the identification by the editor, Ross (ibid., xii), with the Varangians must be rejected.
90. On Terken Khatun's affiliation, see *TJG*, II, 109 (*HWC*, 378). For her title, see *Turkestan*3, 337, n. 2 (= *Sochineniia,* I, 400, n. 4). Pelliot and Hambis, *Histoire des campagnes de Gengis Khan*, 89, prefer the spelling Türgän.
91. Bahā' al- Dīn Muḥammad b. Mu'ayyad al- Baghdādī, *al- Tawassul ilā l- tarassul*, ed. Aḥmad Bahmanyār (Tehran, 1315 sh./1936), 158, 174, 175; also in *Turkestan*1, I, 79, 80. *Turkestan*3, 340–1 (= *Sochineniia,* I, 404–5), has the erroneous reading 'Fīrān'. For a brief sketch of relations, see Serzhan M. Akhinzhanov, 'Kipcaks and Khwarazm', in Seaman and Marks (eds), *Rulers from the Steppe*, 126–31 (here 129–30); on earlier relations, between the Khwārazmshāh Atsiz and the Qipchaq, Paul, 'Role of Ḫwārazm', 14–15.
92. *TJG*, II, 35, 198 (*HWC*, 305, 465).
93. Baghdādī, *al-T awassul ilā l-ta rassul*, 158, with *būghūzādagān* in error; cf. text in *Turkestan*1, I, 79. *Turkestan*3, 340 (= *Sochineniia,* I, 404). They are not, of course, to be confused with the Uighurs (Uyghurs), whose name often appears under a similar form in Muslim sources.
94. Peter B. Golden, 'The peoples of the Russian forest belt', in *CHEIA*, 253–4. See further I. Vásáry, 'The "Yugria" problem', in András Róna-T as (ed.), *Chuvash Studies*, AF 79 (Wiesbaden, 1982), 247–57.
95. Jūzjānī on different occasions calls her the daughter of 'Iqrān' (< Qiran) and of 'Qadir Khan', suggesting that the former was a personal name and the latter a title: *TN*, I, 300, 306 (tr. Raverty, 240, 254). See the brief discussion in Golden, 'Cumanica II: The Ölberli', 23, n. 78.
96. *TN*, I, 301 (tr. Raverty, 241).
97. *Turkestan*3, 342–4 (= *Sochineniia*, I, 406–7).
98. *TJG*, II, 43 (*HWC*, 311–12).
99. Ibid., II, 82 (*HWC*, 349–50).
100. Ibid., II, 109 (*HWC*, 378).
101. al-Nasawī, 32, 51 (tr. Houdas, 44, 72; Pers. redaction, 38, 62): at the former juncture he incorrectly makes her Muḥammad's wife; at the latter, her father is called Changshi. *TN*, II, 220–1 (tr. Raverty, 1295). For an exhaustive but inconclusive discussion of the Baya'ut- Kimek- Qangli relationship and the two branches of the Baya'ut, see Pelliot and Hambis, *Histoire des campagnes de Gengis Khan*, 82–116 *passim.*
102. Golden, 'Peoples of the south Russian steppes', 279–80, and his *Introduction*, 276, 277.
103. *TN*, I, 309, and II, 149 (tr. Raverty, 267, 1096–7). In the first of these references, the printed text calls Qadir Khan the son of NWYAN and Raverty unaccountably reads 'Yūsuf', but cf. BL ms. Add. 26189, fo. 129b,

which omits *pisar* and thus equates Qadir Khan with Toqtoqan himself; the latter's name, which is given as TFQTAN in the printed edition, appears as TQ.QAN in the BL ms.

104. A. P. Martinez, 'Gardīzī's two chapters on the Turks', *AEMA* 2 (1982), 109–217 (here trans., 120–1).

105. *JT*, I, 77–8 (*DzhT*, I, part 1, 161–4; *CC*, 31–2); more briefly at I, 43–4 (*DzhT*, I, part 1, 84–5; *CC*, 18–19). See S. G. Kljaštornyj, 'Das Reich der Tataren in der Zeit vor Čìnggis Khan', *CAJ* 36 (1992), 72–83. The thesis advanced by Pritsak, 'Two migratory move- ments', 159, that the element *tat*-signalled a general designation for 'non-Turks', has been convincingly challenged by Golden, 'Cumanica II: The Ölberli', 19.

106. Igor de Rachewiltz, 'The name of the Mongols in Asia and Europe: A reappraisal', *EMS* 27 (1996), 199–210.

107. See the stimulating essay by Michael Weiers, 'Herkunft und Einigung der mongol- ischen Stämme: Türken und Mongolen', in Stephan Conermann and Jan Kusber (eds), *Die Mongolen in Asien und Europa* (Frankfurt am Main, 1997), 27–39.

108. Neil Pederson, Amy E. Hessl, Nachin Baatarbileg, Kevin J. Anchukaitis and Nicola Di Cosmo, 'Pluvials, droughts, the Mongol Empire, and modern Mongolia', *Proceedings of the National Academy of Sciences of the United States of America* 111, no. 12 (March 2014), 4375–9. Climatic change (though of a different nature) was first adduced by Gareth Jenkins, 'A note on climatic cycles and the rise of Chingis Khan', *CAJ* 18 (1974), 217–26.

109. *TJG*, I, 15–16, 26 (*HWC*, 21–3, 36). WR, 84/in *SF*, 207–8 (*MFW*, 124). There are echoes in *SH*, § 254 (tr. De Rachewiltz, 183), and in *TN*, II, 99 (tr. Raverty, 937–42). See further Allsen, *Commodity and Exchange*, 12–13.

110. For these peoples, see Peter B. Golden, 'Inner Asia *c.* 1200', in *CHIA*, 18–25; on the Kereyit, Chen Dezhi, 'The Kerait kingdom up to the thirteenth century', in Luo (ed.), *Chinese Scholars on Inner Asia*, 411–61 (an article first published in 1986). Rashīd al-D īn distinguishes those peoples possessed of a sovereign from the rest: *JT*, I, 40 (*DzhT*, I, part 1, 76; *CC*, 18).

111. Temüjin's youth and rise to power are surveyed by Ratchnevsky, *Genghis Khan*, chs 1–2, and more briefly by Biran, *Chinggis Khan*, 32–40.

112. *Nökör*: *TMEN*, I, 521–6 (no. 388: 'Gefolgsmann'). *Anda*: ibid., I, 149–52 (no. 33: 'Schwurbruder').

113. 'People of the felt- walled tents': *SH*, § § 202, 203, tr. De Rachewiltz, 133, 135.

114. Igor de Rachewiltz, 'The title Čìnggis Qan/Qaγan re- examined', in Heissig and Sagaster (eds), *Gedanke und Wirkung*, 281–9.

115. On which see al-Kāshgharī, tr. Dankoff and Kelly, I, 281; *EDT*, 603–4.

116. Omeljan Pritsak, 'The distinctive features of the *Pax nomadica*', in *Popoli delle steppe: Unni, Avari, Ungari, 23–29 aprile 1987* (Spoleto, 1988), I, 749–80 (here 751–3). Thomas T. Allsen, 'Spiritual geography and political legitimacy in the eastern steppe', in Henri J. M. Claessen and Jarich G. Oosten (eds), *Ideology and the Formation of Early States* (Leiden, 1996), 116–35. Peter B. Golden, 'The Türk imperial tradition in the pre-Chinggisid era', in Sneath (ed.), *Imperial Statecraft*, 23–61 (esp. 42–4). See also Aleksandr Sh. Kadyrbaev, 'Turks (Uighurs, Kipchaks and Kanglis) in the history of the Mongols', *AOASH* 58 (2005), 249–53 (here 252).

117. WR, 8 6/in *S F*, 208 (*MFW*, 125), *habent pro regali*. He did not fully grasp the reason, for which see Allsen, 'Spiritual geography', 125–7; Golden, 'Türk imperial tradition', 49–50; and Hans-G eorg Hüttel, 'Karakorum – Eine historische Skizze', in Claudius Müller (ed.), *Dschingis Khan und seine Erben* (Bonn and Munich, 2005), 133–7 (here 134–6). For an additional reason underlying the choice, see Pederson et al., 'Pluvials', 4377; Nicola Di Cosmo, 'Why Qara Qorum? Climate and geography in the early Mongol empire', in P. B. Golden, R. K. Kovalev, A. P. Martinez, J. Skaff and A. Zimonyi (eds), *Festschrift for Thomas T. Allsen in Celebration of His 75th Birthday* (Wiesbaden, 2015 = *AEMA* 21 [2014–15]), 67–78.

118. For *u lus*, see *TMEN*, I, 175–8 (no. 54).

119. Michal Biran, 'The Mongol transformation: From the steppe to Eurasian empire', in Johann P. Arnason and Björn Wittrock (eds), *Eurasian Transformations, Tenth to Thirteenth Centuries: Crystallizations, Divergences, Renaissances* (Leiden and Boston, MA, 2004 = *Medieval Encounters* 10), 339–61 (here 342, 347).

120. *SH*, § § 191–2, 225–6 (tr. De Rachewiltz, 113–14, 154–5). On the *keshig*, see generally Ch'i- ch'ing Hsiao , *The Military Establishment of the Yuan Dynasty* (Cambridge, MA, and London, 1978), 34–8; Thomas T. Allsen, 'Guard and government in the reign of the Grand Qan Möngke, 1251–59', *HJAS* 46 (1986), 495–521 (here 513–14); Samuel M. Grupper, 'A Barulas family narrative in the *Yuan Shih*: Some neglected prosopograph- ical

and institutional sources on Timurid origins', *AEMA* 8 (1992–4), 11–97 (here 40–7).

121. Ratchnevsky, *G enghis Khan*, 90–5. İsenbike Togan, *Flexibility and Limitation in Steppe Formations: The Kerait Khanate and Chinggis Khan* (Leiden, New York and Cologne, 1998), 136–9. Peter B. Golden, '"I will give the people unto thee": The Činggisid conquests and their aftermath in the Turkic world', *JRAS*, 3rd series, 10 (2000), 21–41 (here 23–4). For two examples, the dispersal of the Kereyit and of a group of Merkit, see *SH*, § § 186–7, 198 (tr. De Rachewiltz, 108–9, 126).
122. Togan, *F lexibility*, 90–1, 99.
123. An important point made by Patrick Wing, *The Jalayirids: Dynastic State Formation in the Mongol Middle East* (Edinburgh, 2016), 3–4, 39–43.
124. Ratchnevksy, *G enghis Khan*, ch. 2; Togan, *Flexibility*, 111–12, 118, 124–5. On the incor- poration of Toghril/ Ong Khan's guard, see especially Grupper, 'A Barulas family narra- tive', 39–40.
125. Ratchnevsky, *G enghis Khan*, 94, 185. On Tata[r] Tonga, see further Michael C. Brose, 'Uighurs and technologies of literacy', in Michael Gervers and Wayne Schlepp (eds), *Religion, Customary Law, and Nomadic Technology* (Toronto, 2000), 15–25 (here 19–20); Brose, 'Uyghur technologists of writing and literacy in Mongol China', *TP* 91 (2005), 396–435 (here 407–10).
126. Peter B. Golden, 'Imperial ideology and the sources of political unity amongst the pre- Činggisid nomads of Western Eurasia', *AEMA* 2 (1982), 37–76 (here 72).
127. For what follows, see Ratchnevsky, *Genghis Khan*, 83–6, 101–2; and, in greater detail, Paul D. Buell, 'Early Mongol expansion in western Siberia and Turkestan (1207–1219): A reconstruction', *CAJ* 36 (1992), 1–32 (here 3–12).
128. *TJG*, I, 32–3 (*HWC*, 45–6). M. Kutlukov, 'Mongol′skoe gospodstvo v vostochnom Turkestane', in S. L. Tikhvinskii (ed.), *Tataro-M ongoly v Azii i Evrope. Sbornik statei*, 2nd edn (Moscow, 1977), 85–106 (here 86–7). Thomas T. Allsen, 'The Yüan dynasty and the Uighurs of Turfan in the 13th century', in Morris Rossabi (ed.), *China among Equals: The Middle Kingdom and its Neighbors, 10th–14th Centuries* (Berkeley and Los Angeles, CA, 1983), 243–80 (here 246–8).
129. *JT*, I, 120–1 (*CC*, 46); but in another version of this episode at I, 397–8 (*CC*, 136), Qilich Qara is turned into a mere governor (*amīr- u ḥākim*) in the region, the name of which is clearly corrupt in the mss. and should probably read 'Kūsān-u Sārchāshma'. See Liu, 'A study of Küšän Tarim', 473–4.
130. *YS*, ch. 120, tr. in Elizabeth Endicott-W est, *Mongolian Rule in China: Local Administration in the Yuan Dynasty* (Cambridge, MA, 1989), 35; see also Buell, 'Early Mongol expansion', 28.
131. *TJG*, I, 57 (*HWC*, 75–6), calling Arslan Khan the ruler of Qayaligh; cf. also I, 58, 63 (*HWC*, 76–7, 82).
132. *SH*, § § 196–8 (tr. De Rachewiltz, 122–6); the chronology is a few years awry. *TJG*, I, 46–7 (*HWC*, 63).
133. *TN*, I, 309; cf. Raverty trans., 267, which adopts the reading Y Γ WR ('Yughūr'), to be corrected to *qahr* from BL ms. Add. 26189, fo. 129b. Jūzjānī here places Muḥammad's victory over the Merkit immediately before the 'calamity of the infidels of Chīn (*ḥāditha- yi kuffār- i Chīn*)', i.e. the Mongol invasion.
134. *TJG*, I, 51–2 (*HWC*, 69). For the dating, see Buell, 'Early Mongol expansion', 12–16.
135. *TN*, I, 309 (tr. Raverty, 267–8).
136. Ibid., I, 309, and II, 97, 107 (tr. Raverty, 264, 934–5, 980). IA, XII, 269–70, 271, 304 (tr. Richards, III, 134, 135, 162); and cf. XII, 362 (tr. III, 205), and his 'initial Tatars' at XII, 363 (tr. III, 206). Ibn Naẓīf al-Ḥ amawī, *al- Ta'rīkh al- Manṣūrī*, facsimile edn by P. A. Griaznevich (Moscow, 1963), fo. 136b. Ibn Abī l-Ḥ adīd, ed. Djebli, Ar. text, 24, *al- tatār alladhīna hunāka*, 'the Tatars who were [already] there' (trans., 24).
137. Sinor, 'Inner Asian warriors', 142–3.
138. Ratchnevsky, *G enghis Khan*, 49–51. See also Herbert Franke, 'The role of the state as a structural element in polyethnic societies', in Stuart R. Schram (ed.), *Foundations and Limits of State Power in China* (London and Hong Kong, 1987), 87–112 (here 94–6).
139. Golden, *I ntroduction*, 138. al-Kāshgharī, tr. Dankoff and Kelly, II, 103; cited by Maria Subtelny, 'The symbiosis of Turk and Tajik', in Manz (ed.), *Central Asia in Historical Perspective*, 45–61 (here 48 and n. 20). For other references, see Peter B. Golden, 'Courts and court culture in the proto-u rban and urban developments among the pre- Chinggisid Turkic peoples', in David Durand- Guédy (ed.), *Turko- Mongol Rulers, Cities and City Life* (Leiden and Boston, MA, 2013), 21–73 (here 41–2).

140. *JT*, I, 107 (*DzhT*, I, part 1, 242–3; *CC*, 42).
141. Manz, 'Reflections on nomads', 327.
142. Axel K lopprogge, *Ursprung und Ausprägung des abendländischen Mongolenbildes im 13. Jahrhundert*, AF 122 (Wiesbaden, 1993). Peter Jackson, *The Mongols and the West, 1221–1410* (Harlow, 2005), 136–47.
143. *TJG*, I, 60, and II, 99 (*HWC*, 79, 367). But Yelü Chucai, *Xi you lu*, tr. De Rachewiltz, 21, and *SH*, § 254 (tr. De Rachewiltz, 181; and see his note at 923), give 100. Thomas T. Allsen, 'Mongolian princes and their merchant partners, 1200–1260', *Asia Major*, 3rd series, 2, part 2 (1989), 83–126 (here 91), suggests that Juwaynī's figure included serv- ants, security guards and camel- drivers.
144. *Anonymi auctoris Chronicon ad A.C. 1234 pertinens*, tr. J.-M . Fiey (Louvain, 1974), 175–7. Cf. also Abū Shāma, *al- Dhayl 'alā l- Rawḍatayn*, ed. Muḥammad al- Kawtharī as *Tarājim rijāl al-q arnayn al-s ādis wa l-s ābi'* (Cairo, 1366/1947), 165, *al- kuffār min al- turk* ('pagan Turks'); *TN*, II, 166 (tr. Raverty, 1136–9), citing an allegedly ancient prophecy. Golden, 'Imperial ideology', 71–2.
145. IA, XII, 361 (tr. Richards, III, 204); and see also p. 52 above.
146. *Siyar al- abā' al- baṭārika*, ed. and tr. Antoine Khater and O. H. E. Khs- Burmester, *History of the Patriarchs of the Egyptian Church*, IV, part 1 (Cairo, 1974), Ar. text, 35 (trans., 73).

第三章

1. Thomas J. Barfield, *The Perilous Frontier: Nomadic Empires and China* (Oxford, 1989), 15, 197–8.
2. *JT*, I, 296, 587 (*CC*, 103, 204).
3. Ratchnevsky, *Genghis Khan*, 67, 108–9. Larry V. Clark, 'The theme of revenge in the *Secret History of the Mongols*', in Clark and Draghi (eds), *Aspects of Altaic Civilization II*, 33–57. Roberte Hamayon, 'Mérite de l'offensé vengeur, plaisir du rival vainqueur', in Raymond Verdier (ed.), *La vengeance. Études d'ethnologie, d'histoire et de philosophie, II: Vengeance et pouvoir dans quelques sociétés extra-o ccidentales* (Paris, 1980), 107–40 (here 107–25).
4. *TN*, II, 102–3 (tr. Raverty, 963, 965).
5. Shams al-D īn Muḥammad b. Qays al-R āzī, *al- Mu'jam fī ma'āyīr ash'ār al-' Ajam*, ed. Mīrzā Muḥammad [Qazwīnī] (Leiden and London, 1909), text, 4; cited by I. P. Petrushevskii, 'Pokhod mongol′skikh voisk v Sredniuiu Aziiu v 1219–1224 gg. i ego posledstviia', in Tikhvinskii (ed.), *Tataro-Mongoly v Azii i Evrope*, 107–39 (here 113). On the *Mu'jam*, see Rypka, 'Poets and prose writers', 621.
6. The principal sources are: *SH*, § 254 (tr. De Rachewiltz, 181); IA, XII, 361–4 (tr. Richards, III, 204–6); Nasawī, 41–3 (tr. Houdas, 57–61; Pers. redaction, 50–2); *TJG*, I, 58–63 (*HWC*, 77–82), and cf. also II, 99–100 (*HWC*, 367–8); *TN*, II, 103–4 (tr. Raverty, 966–8); Ibn Naẓīf al-Ḥ amawī, fo. 137a-b . It is worth noting that Yelü Chucai also makes the Uṭrār incident the sole reason for the Western campaign: *Xi you lu*, tr. De Rachewiltz, 21. See the treatment of this episode in *Turkestan*3, 397–9 (= *Sochineniia*, I, 464–6); in Boyle, 'Dynastic and political history of the Īl-k hāns', in *CHI*, V (1968), 303–421 (here 304–5); in Ratchnevsky, *Genghis Khan*, 122–3; and in Biran, *Chinggis Khan*, 54–5.
7. PC, 328 (*MM*, 68). See generally Denis Sinor, 'Diplomatic practices in medieval Inner Asia', in C. E. Bosworth et al. (eds), *Essays in Honour of Bernard Lewis: The Islamic World from Classical to Modern Times* (Princeton, NJ, 1988), 337–55 (esp. 343–5); repr. in Sinor, *Studies*.
8. For what follows, see Petrushevskii, 'Pokhod', 110–14, 118. Ratchnevsky, *Genghis Khan*, 121, disagrees.
9. For an example of the former, see WR, 168/in *SF*, 255 (*MFW*, 186).
10. *TJG*, I, 59–60 (*HWC*, 77–9); on the numbers, see above, p. 68 and n. 143 at p. 448.
11. See the pertinent comments of Beckwith, *Empires of the Silk Road*, 343–8.
12. *TJG*, I, 59–60 (*HWC*, 77–8). IA, XII, 362 (tr. Richards, III, 205). Ibn Naẓīf al-Ḥ amawī, fo. 136b. A less specific reference to the closure of trade routes in Ibn Abī l-Ḥ adīd, ed. Djebli, Ar. text, 23 (French trans., 23). On the Mongols' demand for luxury cloth, see Allsen, *Commodity and Exchange*; also ch. 8 below.
13. *TJG*, I, 59 (*HWC*, 78). See Allsen, 'Mongolian princes', 87–91.
14. *SH*, § 254 (tr. De Rachewiltz, 181; but cf. n. 4 ibid., and commentary at 924). Allsen, 'Mongolian princes', 92, points out that Chinggis Khan and his kinsfolk had also suffered the loss of their own investment.

15. Hansgerd Göckenjan, 'Frühe Nachrichten über Zentralasien und die Seidenstrassen in der „Relatio de Davide Rege"', *Ural- Altaische Jahrbücher*, n.F., 8 (1988), 99–124 (here 115–24); though this article misidentifies a number of the localities named.
16. JQ, Ar. text, clxii (Russian trans., 118); also in *Turkestan*1, I, 135–6.
17. *JT*, I, 297, 477 (*CC*, 104, 167).
18. IA, XII, 440 (tr. Richards, III, 361). For rumours about Frederick II, see Gustav Strakosch- Grassmann, *Der Einfall der Mongolen in Mitteleuropa in den Jahren 1241 und 1242* (Innsbruck, 1893), 115–16; Jackson, *Mongols and the West*, 68.
19. IA, XI, 81 (tr. Richards, I, 359).
20. Ibid., XII, 362 (tr. Richards, III, 205); though he is much more outspoken at XII, 440 (tr. Richards, III, 261). Richards, 'Ibn al-A thīr and the later parts of the *Kāmil*', 97. See also IW, IV, 170–1, and *MZ*, VIII, part 2, 634 (= *MZDMZ*, XV, 27).
21. *TJG*, III, 248 (*HWC*, 703). For relations between the Assassin Master and the Caliph, see Hodgson, 'Ismāʿīlī state', 469–72. Herbert Mason, *Two Statesmen of Medieval Islam: Vizir Ibn Hubayra (499–560 AH/1105–1165 AD) and Caliph an-N āṣir li Dīn Allāh (553–622 AH/1158–1225 AD)* (The Hague and Paris, 1972), 111, stops just short of connecting the submission with al-N āṣir.
22. Jacques de Vitry, 'Epistola VII', ed. R. B. C. Huygens, *Lettres de Jacques de Vitry (1160/1170–1240) évêque de Saint- Jean- d'Acre. Edition critique* (Leiden, 1960), 144–5; tr. in Jean Richard, *Au-d elà de la Perse et de l'Arménie. L'Orient latin et la découverte de l'Asie intérieure* (Turnhout, 2005), 45–7. Yahballāhā is here called 'Iaphelech' (from the Arabic *yāthlīq*, 'catholicos'). Different persons and episodes are mingled: Peter Jackson, 'Prester John *redivivus*: A review article', *JRAS*, 3rd series, 7 (1997), 425–32 (here 428–30).
23. al-N āṣir's correspondence, see *TJG*, II, 120 (*HWC*, 390–1). Jalāl al- Dīn's claim, *MZ*, VIII, part 2, 634 (= *MZDMZ*, XV, 27). See generally *Turkestan*3, 374, 399–400 (= *Sochineniia*, I, 439, 467), where rumours about contact with Chinggis Khan are dismissed. Those who do not rule out the possibility are Petrushevskii, 'Pokhod', 117–18; Mason, *Two Statesmen*, 111; and Angelika Hartmann, *An- Nāṣir li-D īn Allāh (1180–1225). Politik, Religion, Kultur in der späten 'Abbāsidenzeit* (Berlin and New York, 1975), 83–4, and 'al- Nāṣir li-D īn Allāh', *EI*2, VII, 996–1003 (here 997–8). Spuler, *Mongolen*4, 18, believes that the reports were true.
24. Herbert F ranke, *From Tribal Chieftain to Universal Emperor and God: The Legitimation of the Yüan Dynasty* (Munich, 1978), 16–17. More generally, see Johannes Gießauf, 'Der Traum von der Weltherrschaft: Eine Skizze der politischen Geschichte des mongolischen Großreichs vom Tode Činggis Khans bis zum Zerfall in Einzelkhanate', in Gießauf (ed.), *Die Mongolei: Aspekte ihrer Geschichte und Kultur* (Graz, 2001), 47–77. The ultimatums of 1247 are conveniently assembled in Eric Voegelin, 'The Mongol orders of submission to European powers, 1245–1255', *Byzantion* 15 (1940–1), 378–413 (here 386–9).
25. *Turkestan*3, 400 (= *Sochineniia*, I, 467). Cf. also Spuler, *Mongolen*4, 20; Morgan, *Mongols*[2], 60, and *Medieval Persia*, 58; Ratchnevsky, *Genghis Khan*, 121; and Baumer, *History of Central Asia*, III, 134.
26. Increasing his strength: *SH*, § 113, tr. De Rachewiltz, 43. Rulership over the ulus: ibid., § § 121, 244, tr. De Rachewiltz, 48, 168.
27. Allsen, 'Spiritual geography', 116–35.
28. Nasawī, 41, 42 (tr. Houdas, 57, 58; Pers. redaction, 49, 50).
29. *TJG*, I, 114 (trans. in *HWC*, 145, modified); a less specific reference to a document in the Uighur script at I, 136 (*HWC*, 173).
30. John Masson Smith, Jr., 'The Mongols and world-c onquest', *Mongolica* 5 (1994), 206–14 (here 207), argues that this testimony is authentic evidence for the era to which it purportedly relates. Amitai, *Holy War*, 43–4, agrees. So now do I, contrary to views I have expressed in earlier work: cf., for example, Jackson, 'World-c onquest and local accom- modation: Threat and blandishment in Mongol diplomacy', in Pfeiffer and Quinn (eds), *History and Historiography*, 3–22 (here 8–10).
31. Heinrich Dörrie, 'Drei Texte zur Geschichte der Ungarn und Mongolen: Die Missionsreisen des fr. Iulianus O. P. ins Ural-G ebiet (1234/5) und nach Rußland (1237) und der Bericht des Erzbischofs Peter über die Tartaren', *Nachrichten der Akademie der Wissenschaften in Göttingen, phil.- hist. Klasse* (1956), no. 6, 125–202 (here 172).

32. David Morgan, 'The Mongols and the eastern Mediterranean', in Benjamin Arbel et al. (eds), *Latins and Greeks in the Eastern Mediterranean after 1204* (London, 1989 = *Mediterranean Historical Review* 4, part 1), 198–211 (here 200); and see also his *Medieval Persia*, 61. Cf. too Biran, *Chinggis Khan*, 73, who views the collapse of the Khwarazmian empire as the event that 'more than anything else' encouraged the conviction that Chinggis Khan was destined to conquer the world, as opposed to just the steppe.
33. *SH*, § 263 (tr. De Rachewiltz, 194); the mention in this passage of Masʿūd and of Maḥmūd's own appointment to North China is anachronistic (see De Rachewiltz's comments at 964).
34. Li Z hichang, *X i you ji*, tr. Arthur Waley, *The Travels of an Alchemist: The Journey of the Taoist Ch'ang-c h'un from China to the Hindukush at the Summons of Chingiz Khan* (London, 1931), 93.
35. Xu T ing, *H ei Da zhilue*, in Peter Olbricht and Elisabeth Pinks (ed. and trans.), *Meng- Ta pei-l u und Hei-T a shih-l üeh. Chinesische Gesandtenberichte über die frühen Mongolen 1221 und 1237* (Wiesbaden, 1980), 209.
36. For the campaign in Transoxiana and Khwārazm, see Petrushevskii, 'Pokhod', 123–30; for the expedition as a whole, Boyle, 'Dynastic and political history', 307–22; Ratchnevsky, *Genghis Khan*, 128–34; Spuler, *Mongolen*4, 20–9; Beatrice Forbes Manz, 'The rule of the infidels: The Mongols and the Islamic world', in *NCHI*, III, 128–68 (here 132–5); and the analysis in Timothy May, *The Mongol Art of War: Chinggis Khan and the Mongol Military System* (Barnsley, 2007), 116–24. The comprehensive coverage in *Turkestan*3, 403–56 (= *Sochineniia,* I, 471–523), resolves various chronological problems, though failing to identify Juwaynī's 'Ulus-I di' (416, n. 1 = *Sochineniia,* I, 483, n. 3): for this posthumous title applied to Jochi, see J. A. Boyle, 'On the titles given in Juvainī to certain Mongolian princes', *HJAS* 19 (1956), 148–52; repr. in Boyle, *Mongol World Empire*. Jochi also appears in the sources as Tushi: Peter B. Golden, 'Tuši: the Turkic name of Joči', *AOASH* 55 (2002), 143–51 (repr. in Golden, *Studies*, 413–24).
37. *SH*, § 237, tr. De Rachewiltz, 163. *TJG*, I, 33, 50 (*HWC*, 46, 67–8), making it clear that this was a separate campaign from the attack on the Khwārazmshāh's dominions; for the location, see the long notes in *HWC*, 67–8, n. 18, and in *SH*, tr. De Rachewiltz, 844–5.
38. *TJG*, I, 113 (I have amended the trans. in *HWC*, 143, which unaccountably renders this phrase as 'villages and countryside'); see also II, 126 (*HWC*, 396–7), and for the astrolo- gers, II, 105 (*HWC*, 375).
39. Nasawī, 44–5 (tr. Houdas, 62–3; Pers. redaction, 54). For Jalāl al-D īn's objections, see *TJG*, II, 107 (*HWC*, 376–7).
40. *TJG*, II, 109 (*HWC*, 378). Cf. also Ibn Naẓīf, fo. 139b.
41. IA, XII, 368 (tr. Richards, III, 209–10); see also ibid., XII, 375 (tr. Richards, III, 214), regarding the mamluk Aqush.
42. From the Alans (Ās): ibid., XII, 385–6 (tr. Richards, III, 222). From the Rus′: John Fennell, *The Crisis of Medieval Russia 1200–1304* (Harlow, 1983), 65.
43. *TJG*, II, 193 (*HWC*, 461). For Ghūrī disaffections, see Peter Jackson, 'The fall of the Ghurid dynasty', in Carole Hillenbrand (ed.), *The Sultan's Turret: Studies in Persian and Turkish Culture* (= *Studies in Honour of Clifford Edmund Bosworth*, II, Leiden, 2000), 207–37 (here 232–3); repr. in Jackson, *Studies on the Mongol Empire and Early Muslim India* (Farnham and Burlington, VT, 2009).
44. The weakness of the Khwārazmshāh's situation is well outlined in *Turkestan*3, 404–6 (= *Sochineniia,* I, 472–4), and in Morgan, *Medieval Persia*, 51–2; see also Petrushevskii, 'Pokhod', 109. For opposition to the proclamation of the anti-c aliph, see IF, II, 355 (no. 1621).
45. *TJG*, I, 64, 70–1 (*HWC*, 83, 91–2).
46. Only in Nasawī, 45 (tr. Houdas, 63; Pers. redaction, 54). Ratchnevsky, *Genghis Khan*, 130, is sceptical.
47. *TJG*, I, 91–2 (*HWC*, 117). For the date, see the discussion in *Turkestan*3, 409 (= *Sochineniia,* I, 476), where 1 Dhū l-Ḥ ijja 616 [7 Feb. 1220], supplied by *TN*, II, 106 (tr. Raverty, 976–7), is preferred to Muḥarram 617 [March] in *TJG*, I, 79 (*HWC*, 102).
48. Ibn N aẓīf, fo. 138b.
49. *TN*, II, 107 (tr. Raverty, 980). *Turkestan*3, 412–14 (= *Sochineniia,* I, 479–81), reconciles the data in the various sources.
50. Nasawī, 46 (tr. Houdas, 64; Pers. redaction, 55).
51. *TJG*, II, 199 (*HWC*, 466), and cf. II, 106 (*HWC*, 375). But Nasawī, 46–8 (tr. Houdas, 65–8; Pers. redaction,

56–9), provides a much more detailed account.

52. For this and what follows, see *TJG*, I, 97 (*HWC*, 123–4); IA, XII, 394–5 (tr. Richards, III, 227–8).
53. *TN*, II, 108 (tr. Raverty, 981–9): he sets the Mongol force at 60,000.
54. *TJG*, I, 113, 117 (*HWC*, 143, 151).
55. What follows is taken from *TJG*, I, 113–16 (*HWC*, 144–9), unless otherwise specified. For Sarakhs (not mentioned in their itinerary), see ibid., I, 121, 123–4 (*HWC*, 155, 158).
56. Ibid., II, 199–200 (*HWC*, 465–8).
57. IA, XII, 374 (tr. Richards, III, 214). The brief history of the Khwārazmshāhs in Tabrīzī, *Safīna- yi Tabrīz*, 439, dates Muḥammad's death on the eve of Friday 1 Sha'bān 617/ 1 October: the author's source is unknown.
58. Ibid., XII, 378–9 (tr. Richards, III, 217–18).
59. *TJG*, I, 118 (*HWC*, 151–2).
60. Nīshāpūr: ibid., I, 136–40 (*HWC*, 172–8). Herat and Ṭāliqān: ibid., I, 105, 119 (*HWC*, 132, 152).
61. For his activities in India, see Peter Jackson, 'Jalāl al-D īn, the Mongols and the Khwarazmian conquest of the Panjāb and Sind', *Iran* 28 (1990), 45–54.
62. Igor de Rachewiltz, '*Qan*, *Qa'an* and the seal of Güyüg', in Annemarie von Gabain and Wolfgang Veenker (eds), *Documenta Barbarorum*, VSUA 18 (Wiesbaden, 1983), 272–81 (here 272–4); also his 'Turks in China under the Mongols: A preliminary investigation of Turco- Mongol relations in the 13th and 14th centuries', in Rossabi (ed.), *China among Equals*, 281–310 (here 283–6); and the notes to his trans. of *SH*, II, 986–7, and III, 132–3.
63. In the commentary to his trans. of *SH*: III, 131.
64. David Durand-Guédy, *Iranian Elites and Turkish Rulers: A History of Iṣfahān in the Saljūq Period* (London and New York, 2010), 292–3. The main sources are al-Nasawī, 159–64 (tr. Houdas, 224–32; Pers. redaction, 167–72); IA, XII, 476–7 (tr. Richards, III, 288–9); and *TJG*, II, 168–70 (*HWC*, 436–8).
65. *SH*, § 274 (tr. De Rachewiltz, 205; and see his note at 1002–3). For *tamma*, see *TMEN*, I, 255–7 (no. 130); Paul D. Buell, 'Kalmyk Tanggaci people: Thoughts on the mechanics and impact of Mongol expansion', *MS* 6 (1979), 41–59 (here 45–7); and Qu Dafeng, 'A new study concerning an explanation of the word "Tamaci" and the Tamaci army', *CAJ* 47 (2003), 242–9. Donald Ostrowski, 'The *tamma* and the dual- administrative structure of the Mongol empire', *BSOAS* 61 (1998), 262–77 (here 262–8), argues that *tamma* orig- inally designated the commander of such a force; but see now Timothy May, 'Mongol conquest strategy in the Middle East', in De Nicola and Melville (eds), *Mongols' Middle East*, 13–37 (here 17).
66. *JT*, I, 73, 74, and II, 975 (*DzhT*, I, part 1, 150–1, 154, and III, 21; *CC*, 30, 340); Thackston's rendering of *az nasl-i dīgar* as 'of other lines of descent' is misleading; cf. Jean Aubin, 'L'ethnogénèse des Qaraunas', *Turcica* 1 (1969), 65–94 (here 74–5).
67. Jalāl al-D īn's holdings in India: Jackson, *Delhi Sultanate*, 34, 36. Mönggedü and his troops: Aubin, 'L'ethnogénèse', 70–2.
68. *Ta'rīkh- i Sīstān*, 395; *TJG*, II, 219, 268 (*HWC*, 483, 532).
69. Ibid., II, 219–21 (*HWC*, 483–5). For the date, see Bosworth, *History of the Saffarids*, 410.
70. IA, XII, 496 (tr. Richards, III, 303).
71. Ibid., XII, 502–3 (tr. Richards, III, 308–9).
72. Woods, 'A note on the Mongol capture of Iṣfahān', 49–51, and Durand-G uédy, *Iranian Elites*, 294–7, both utilizing Ibn Abī l-Ḥ adīd; see now the Djebli edn, *Les invasions mongoles*, text, 56–7 (trans., 60–2).
73. *HJ*, 114/142. For Chormaghun's activities, see Timothy May, 'The conquest and rule of Transcaucasia: The era of Chormaqan', in Jürgen Tubach, Sophia G. Vashalomidze and Manfred Zimmer (eds), *Caucasus during the Mongol Period / Der Kaukasus in der Mongolenzeit* (Wiesbaden, 2012), 129–51.
74. *TN*, II, 158–9 (tr. Raverty, 1118–19); for Fārs, see also Waṣṣāf, 156, ll. 3–5 (*GW*, II, 22). These client princes are further discussed in chapter 9.
75. *TJG*, I, 205, 212, and III, 74 (*HWC*, 250, 257, 597).
76. Ibn A bī l -Ḥ adīd, ed. Djebli, Ar. text, 58–9 (trans., 62–3), names the Mongol commander. *MZ*, VIII, part 2, 699 (= *MZDMZ*, XV, 86). *HJ*, 98–9/127–8. For the date of the city's capture, see Ibn Khallikān, *Wafayāt al-a 'yān*, tr. William, Baron MacGuckin de Slane, *Ibn Khallikān's Biographical Dictionary* (Paris, 1842–71), II, 560. The two Mongol attempts on Irbil are mentioned in *JT*, II, 814 (*CC*, 281).

77. *HJ*, 111–13/139–42. For the reinforcements, see also Ibn Wāṣil, *al- Ta'rīkh al- Ṣāliḥī*, ed. ʿUmar ʿAbd al-Salām Tadmurī (Beirut, 1431/2010), II, 314; and Ibn al-ʿAmīd, *Kitāb al- majmū' al-m ubārak*, ed. Claude Cahen, 'La «Chronique des Ayyoubides» d'al-M akīn b. al-ʿ Amīd', *BEO* 15 (1955–7), 143, and tr. Anne-M arie Eddé and Françoise Micheau, *Al-M akīn ibn al-' Amīd. Chronique des Ayyoubides (602–658/1205–6–1259–60)* (Paris, 1994), 53, where the number of troops is set at 5,000.
78. Waṣṣāf, 30, ll. 17–19 (*GW*, I, text, 60, trans., 57–8). For a report of a victory by al- Mustanṣir's forces, see *JT*, I, 814 (*CC*, 281).
79. Ibn Bībī, *al- Awāmir al-'alā'iyya fī l-u mūr al-'alā'iyya*, ed. Adnan Sadık Erzi (Ankara, 1956), 514. Kirakos Ganjaketsʿi confirms that Chormaghun was ill: *Patmut'iwn Hayoc'*, tr. Robert Bedrosian, *Kirakos Ganjakets'i's History of the Armenians* (New York, 1986), 227; tr. L. A. Khanlarian, *Kirakos Gandzaketsi. Istoriia Armenii* (Moscow, 1976), 169. See Jackson, 'Dissolution', 216–17, n. 135; and 'Bāyjū', *EIr*, IV, 1–2.
80. See Claude Cahen, *The Formation of Turkey. The Seljükid Sultanate of Rūm: Eleventh to Fourteenth Century* (Harlow, 2001), 70–1.
81. Ibn A bī l -Ḥ adīd, ed. Djebli, Ar. text, 59 (trans., 64), says that the Sultan of Aleppo bought them off. For other references, see Peter Jackson, 'The crusades of 1239–41 and their aftermath', *BSOAS* 50 (1987), 32–60 (here 57); repr. in G. R. Hawting (ed.), *Muslims, Mongols and Crusaders* (London and New York, 2005), 217–47 (here 244).
82. SSQ, 112 (text excerpted from VB, xxxii, 50). Simon's '*Angutha*' has usually been identi- fied with Eljigidei (above); but Arghun Aqa appears a far more likely candidate. For Aleppo, see also PC, 274, but adopting the variant *Alepie* in preference to the *Damasci* of the text (*MM*, 32).
83. SSQ, 93 (= VB, xxxii, 34). André de Longjumeau, cited in Matthew Paris, *Chronica Majora*, ed. H. R. Luard (London, 1872–83), VI, 114. Jackson, 'Crisis in the Holy Land', 488.
84. *AK*, ed. Yaḥyā ʿAbbāra, III (Damascus, 1978), part 2, 472–3. Akhlāṭ: Claude Cahen, 'Une source pour l'histoire ayyūbide: les mémoires de Saʿd al-d īn ibn Ḥamawiya Djuwaynī', in his *Les peuples musulmans*, 457–82 (here 469). Ultimatum: ibid., and *MZ*, VIII, part 2, 733 (= *MZDMZ*, XV, 116).
85. *HJ*, 194/234. *JT*, II, 817 (*CC*, 282).
86. *AK*, ed. ʿAbbāra, III, part 2, 476–7, 479–80. R. Stephen Humphreys, *From Saladin to the Mongols: The Ayyubids of Damascus, 1193–1260* (Albany, NY, 1977), 335. Lu'lu' had made a gesture of submission to the Mongols by 1243: Douglas Patton, *Badr al-D īn Lu'lu' Atabeg of Mosul, 1211–1259* (Seattle, WA, and London, 1991), 54–5; and see p. 88.
87. IW, V, 359. Humphreys, *From Saladin*, 284–7. Küshlü Khan returned to Palestine as a commander in Hülegü's army in 1260 and fell at Gaza in battle with the Mamlūks: Reuven Amitai, 'Mongol raids into Palestine (A.D. 1260 and 1300)', *JRAS* (1987), 236–55 (here 237 and n. 9); Humphreys, *From Saladin*, 358.
88. Ibn A bī l -Ḥ adīd, ed. Djebli, Ar. text, 61–5 (trans., 65–9, with June in error). This is appar- ently the attack mentioned under that year in *HJ*, 199–200/240–1, and briefly by IW, V, 354–5.
89. PC, 275, 319 (*MM*, 32, 62). *HJ*, 259/302 (reading KYK for KYL of the text), names the caliphal ambassador. See Allsen, *Commodity and Exchange*, 29.
90. *JT*, II, 993–4 (*DzhT*, III, 39; *CC*, 346).
91. IA, XII, 388 (tr. Richards, III, 224). For further evidence, see István Zimonyi, 'The first Mongol raid against the Volga-B ulgars', in Gunnar Jarring and Staffan Rosén (eds), *Altaistic Studies: Papers at the 25th Meeting of the PIAC at Uppsala, June 7–11 1982* (Stockholm, [1984]), 197–204.
92. Bertold Spuler, *Die Goldene Horde. Die Mongolen in Rußland 1223–1502*, 2nd edn (Wiesbaden, 1965), 16–24.
93. See Allsen, 'Prelude to the western campaigns', 5–24.
94. For a survey of the likely reasons for the Mongol victories, see Ratchnevsky, *Genghis Khan*, 170–4, and Biran, *Chinggis Khan*, 70–2; and cf. Jean Richard, 'Les causes des victoires mongoles d'après les historiens occidentaux du XIIIe siècle', *CAJ* 23 (1979), 104–17.
95. Peng D aya, *H ei Da zhilue*, tr. in Olbricht and Pinks, 172.
96. Prior to Hülegü's expedition, certainly: see John Masson Smith, Jr, 'Mongol society and military in the Middle East: Antecedents and adaptations', in Yaacov Lev (ed.), *War and Society in the Eastern Mediterranean, 7th–15th Centuries* (Leiden, Boston, MA, and Cologne, 1997), 249–66 (here 249–50, 253–4). But Carl Sverdrup,

'Numbers in Mongol warfare', *Journal of Medieval Military History* 8 (2010), 109–17, concludes that the Mongol armies generally outnumbered those of their opponents.

97. *SH*, § 202 (tr. De Rachewiltz, 133–4), where Chinggis Khan appoints 95 commanders of 'thousands'; figure repeated at § 231 (tr. De Rachewiltz, 160). See the remarks of May, *Mongol Art of War*, 28 and n. 4 at 161. But it should be noted that the figures given in the 1241 census for registered conscripts (105,471) and for the number genuinely resident and available for service (97,575) clearly relate to Chinese troops in the Mongol armies: *YS*, ch. 98, in Hsiao, *Military Establishment*, 75.
98. N.Ts. Munkuev, 'Zametki o drevnikh mongolakh', in Tikhvinskii (ed.), *Tataro- mongoly*, 377–408 (here 394).
99. The view of May, *Mongol Art of War*, 27. The figures in the sources for the armies oper- ating in Western Asia are discussed by D. O. Morgan, 'The Mongol armies in Persia', *Der Islam* 56 (1979), 81–96 (here 82–91).
100. For an example from 1258, see *YS*, ch. 3, tr. Waltraut Abramowski, 'Die chinesischen Annalen des Möngke. Übersetzung des 3. Kapitels des Yüan- Shih', *ZAS* 13 (1979), 8–71 (here 28).
101. E.g., IA, XII, 377 (tr. Richards, III, 216); *TJG*, I, 92 (*HWC*, 117); PC, 281 (*MM*, 36); Matthew Paris, *Chronica Majora*, IV, 76. See May, *Mongol Art of War*, 78–9.
102. IA, XII, 367 (tr. Richards, III, 209).
103. PC, 235 (*MM*, 8). See Adshead, *Central Asia in World History*, 61, and Golden, *Central Asia in World History*, 84; and the calculations (only for the area of present-d ay Mongolia) of Bat-O chir Bold, 'The quantity of livestock owned by the Mongols in the 13th century', *JRAS*, 3rd series, 8 (1998), 237–46. On remounts, see John Masson Smith, Jr., 'From pasture to manger: The evolution of Mongol cavalry logistics in Yuan China and its consequences', in Bert G. Fragner et al. (eds), *Pferde in Asien: Geschichte, Handel und Kultur* (Vienna, 2009), 63–73 (here 63–4).
104. The disadvantages are discussed by Smith, 'From pasture to manger', 64–6.
105. May, 'Mongol conquest strategy', esp. 13–14, 22–3.
106. See generally May, *Mongol Art of War*, 69–71.
107. Zhao H ong, *M eng Da beilu*, tr. in Olbricht and Pinks, 60–1.
108. Nasawī, 45–6 (tr. Houdas, 63–5; Pers. redaction, 55–6). *Turkestan*3, 407 (= *Sochineniia*, I, 474–5).
109. *TJG*, I, 23 (*HWC*, 31). See Denis Sinor, 'On Mongol strategy', in *Proceedings of the Fourth East Asian Altaistic Conference* (Tainan, Taiwan, 1975), 238–49; repr. in Sinor, *Inner Asia and Its Contacts with Medieval Europe* (London, 1977).
110. The classic description is in *TJG*, I, 19–21 (*HWC*, 27–9), where Juwaynī draws the close analogy with warfare. See also WR, 34, 36/in *SF*, 181 (*MFW*, 85). On the *nerge* (or *jerge*), see *TMEN*, I, 291–3 (no. 161).
111. See, e .g., *T JG*, I, 21–4 (*HWC*, 29–32); PC, 245, 267–8, 269 (*MM*, 15, 27, 28).
112. Ratchnevsky, *G enghis Khan*, 84, 94.
113. *SH*, § 153 (tr. De Rachewiltz, 76).
114. *TJG*, I, 24 (*HWC*, 32).
115. Ibid., I, 21–2 (*HWC*, 29–30). WR, 320/in *SF*, 331 (*MFW*, 278). See also PC, 246 (*MM*, 15).
116. On much of this, see the discussion in May, *Mongol Art of War*, 71–7. Among contem- porary observers, Carpini furnishes an accurate survey of Mongol warfare: for dummy warriors, see PC, 281 (*MM*, 36).
117. Samarqand: *T N*, II, 107 (tr. Raverty, 979). Gurgānj: *TJG*, I, 98 (*HWC*, 125).
118. John Masson Smith, Jr, 'The nomads' armament: Home-m ade weaponry', in Gervers and Schlepp (eds), *Religion, Customary Law, and Nomadic Technology*, 51–61, citing (51, n. 1) an example from WR, 168/in *SF*, 255 (*MFW*, 185–6).
119. *TJG*, II, 137–8 (*HWC*, 406–7).
120. PC, 378 (*MM*, 49); see also 367 (*MM*, 37), for siege tactics. Admittedly, the conquerors did encounter difficulties with mountain fortresses in the Far East: Huang K'uan- chung, 'Mountain fortress defence: The experience of the Southern Song and Korea in resisting the Mongol invasions', in Hans Van de Ven (ed.), *Warfare in Chinese History* (Leiden, Boston, MA, and Cologne, 2000), 222–51.
121. Jand and Samarqand: *TJG*, I, 69, 93, 95 (*HWC*, 89, 119, 121). Nīshāpūr: Yāqūt, IV, 858; *TJG*, I, 138–9 (*HWC*, 176). Tirmidh: *TN*, II, 112 (tr. Raverty, 1005); *TJG*, I, 102 (*HWC*, 129). Naṣr- Kūh : *TN*, II, 115 (tr. Raverty, 1012); *TJG*, I, 105 (*HWC*, 132), calling it 'Nuṣrat- Kūh'.

122. *TN*, II, 127, 143 (tr. Raverty, 1047–8, 1073–7). The name is spelled 'BKH in the printed text; the adoption of the variant 'YLH by J. A. Boyle, 'The Mongol commanders in Afghanistan and India according to the *Ṭabaqāt-i- Nāṣirī* of Jūzjānī', *Islamic Studies* 2 (1963), 235–47 (here 236–7), must now be discarded. On Ambughai, see *YS*, ch. 122, where 'An-m u-h ai' is described as '*darughachi* of the catapult operators of all circuits' since Chinggis Khan's day: cited by Thomas T. Allsen, 'The circulation of military tech- nology in the Mongolian empire', in Di Cosmo (ed.), *Warfare in Inner Asian History*, 265–93 (here 277–8); see also Endicott-W est, *Mongolian Rule in China*, 26–7.
123. Kirakos G anjakets'i, tr. Bedrosian, 203/tr. Khanlarian, 157.
124. Alexander V. Maiorov, 'The Mongol invasion of South Rus′ in 1239–1240s: Controversial and unresolved questions', *Journal of Slavic Military Studies* 29 (2016), 473–99 (here 474–5). I am grateful to Dr Maiorov for sending me a pdf. version of his article.
125. *HJ*, 99/128. *MZ*, VIII, part 2, 699 (= *MZDMZ*, XV, 86), describes the Mongol army as 'horse and foot'.
126. Zhao H ong, *M eng Da beilu*, tr. in Olbricht and Pinks, 53; Hsiao, *Military Establishment*, 133, n. 79; Allsen, 'Circulation of military technology', 268.
127. *YS*, ch. 98, tr. in Hsiao, *Military Establishment*, 80, and in *SCC*, V, part 6, 225; Igor de Rachewiltz, 'Personnel and personalities in North China in the early Mongol period', *JESHO* 9 (1966), 88–144 (esp. 104–7, 118–19); Françoise Aubin, 'The rebirth of Chinese rule in times of trouble: North China in the early thirteenth century', in Schram (ed.), *Foundations and Limits*, 113–46 (here 143–4). Ratchnevsky, *Genghis Khan*, 172, 173; at 131 he assumes that Chinggis Khan's army included both Chinese and Muslim siege engineers. Thomas T. Allsen, 'The rise of the Mongolian empire and Mongolian rule in north China', in *CHC*, VI, 321–413 (here 358).
128. J. M. Smith, Jr., 'Mongol warfare with Chinese weapons: catapults – and rockets?', in V. P. Nikonorov (ed.), *Tsentral′naia Aziia ot Akhemenidov do Timuridov: Arkheologiia, istoriia, étnografiia, kul′tura. Materialy mezhdunarodnoi nauchnoi konferentsii, posviashchennoi 100–letiiu so dnia rozhdeniia Aleksandra Markovicha Belenitskogo, Sankt-P eterburg, 2–5 noiabria 2004 goda* (St Petersburg, 2005), 320–2 (here 320). Their range: Herbert Franke, 'Siege and defense of towns in medieval China', in Frank A. Kierman, Jr., and John K. Fairbank (eds), *Chinese Ways in Warfare* (Cambridge, MA, 1974), 151–201 (here 167–8).
129. This is dealt with extensively in *SCC*, V, part 7. See also Wang Ling, 'On the invention and use of gunpowder and firearms in China', *Isis* 37 (1947), 160–78 (here 165–73); L. Carrington Goodrich and Fêng Chia-s hêng, 'The early development of firearms in China', *Isis* 36 (1946), 114–23 (here 114–18). Most recently, Stephen G. Haw, 'The Mongol Empire – the first "gunpowder empire"?', *JRAS*, 3rd series, 23 (2013), 441–69 (here 443–4, 446–8, 453), has shown that the development of these weapons in China, whether of an incendiary or an explosive type, had begun considerably earlier than was previously believed.
130. For the Chinese officer, see *YS*, ch. 151, and for incendiary devices, ibid., ch. 149, and *TJG*: all cited in Allsen, 'Circulation of military technology', 277–8, 279; Haw, 'Mongol Empire', 458–60 (Haw seems to have been unaware of Allsen's article). But for a scep- tical view, cf. May, *Mongol Conquests*, 145–9. For the application of the term *naft* to weaponry based on gunpowder, see David Ayalon, *Gunpowder and Firearms in the Mamluk Kingdom: A Challenge to a Medieval Society* (London, 1956), ch. 2.
131. The implication in May, *Mongol Art of War*, 117. The western Qipchaq groups in contact with Rus′, on the other hand, had begun to experiment with siege weaponry: Golden, 'War and warfare', 152 (repr. in Golden, *Studies*, 112–13).
132. *JT*, I, 491 (*CC*, 171). On the Qipchaq-Q angli, see Golden, 'The Qıpčaqs of medieval Eurasia', 147.
133. Sara Nur Yıldız, 'The rise and fall of a tyrant in Seljuq Anatolia: Sa'd al-D in Köpek's reign of terror, 1237–8', in Hillenbrand et al. (eds), *Ferdowsi*, 92–101; Golden, *Introduction*, 290.
134. Peacock, *G reat Seljuk Empire*, 312–13.
135. Much the same point has been made apropos of the deeply fragmented Rus′: see Janet Martin, *Medieval Russia 980–1584*, 2nd edn (Cambridge, 2007), 155.
136. JQ, Ar. text, clxii-c lxiii (Russian trans., 118)/in *Turkestan*1, I, 135–6. *TJG*, I, 48, 57, 63 (*HWC*, 65, 76, 82). For the variant accounts, see *Turkestan*3, 401 (= *Sochineniia*, I, 468).
137. *TN*, II, 112, 119 (tr. Raverty, 1004, 1023); *TJG*, I, 63 (*HWC*, 82).
138. Ratchnevsky, *G enghis Khan*, 103. Sighnāq-t egin would marry a Chinggisid princess in Ögödei's reign.

139. Nasawī, 53 (tr. Houdas, 75; Pers. redaction, 64).
140. *TJG*, II, 197–8 (*HWC*, 464–5).
141. Ibid., I, 95 (*HWC*, 121–2).
142. Nasawī, 57 (tr. Houdas, 79; Pers. redaction, 68).
143. *Ta'rīkh- i Sīstān*, ed. Malik al Shu'arā Bahār (Tehran, 1314 sh./1935), 394. But Bosworth, *History of the Saffarids*, 406, doubts the truth of this.
144. IA, XII, 454 (tr. Richards, III, 272); hence Nasawī, 146 (tr. Houdas, 204; abridged in the Pers. redaction, 152).
145. IA, XII, 495, 496 (tr. Richards, III, 303).
146. Ḥasan Maḥmūdī Kātib, *Dīwān- i qā'imiyyāt*, 151 (*qaṣīda* no. 49, v. 1489), 211–12 (*qaṣīda* no. 78, vv. 2284–7), 329–30 (*qaṣīda* no. 125, vv. 3759–60).
147. IA, XII, 470 (tr. Richards, III, 283).
148. Timothy May, 'A Mongol-I smâ'îlî alliance? Thoughts on the Mongols and Assassins', *JRAS*, 3rd series, 14 (2004), 231–9. It is interesting to note that the Syrian Assassins, on the other hand, may have participated in a Muslim diplomatic overture in 1238 that was designed to secure aid against the Mongols from Christian Western Europe: see Philip Grierson, 'Muslim coins in thirteenth- century England', in Dickran K. Kouymjian (ed.), *Near Eastern Numismatics, Iconography, Epigraphy and History: Studies in Honor of George C. Miles* (Beirut, 1974), 387–91; A. H. Morton, 'Ghūrid gold en route to England?', *Iran* 16 (1978), 167–70.
149. Ibn A bī l -Ḥ adīd, ed. Djebli, Ar. text, 56–7 (trans., 60–2). See Durand-Guédy, *Iranian Elites*, 295–7.
150. *MZ*, VIII, part 2, 733 (= *MZDMZ*, XV, 116).
151. Allsen, 'Mongolian princes', 87–94.
152. Ja'far: Ratchnevsky, *Genghis Khan*, 110–12. Ḥasan: *TJG*, I, 67 (*HWC*, 87).
153. On their careers, see Ratchnevsky, *Genghis Khan*, 137–8; Th.T. Allsen, 'Maḥmūd Yalavač (?–1254), Mas'ūd Beg (?–1289), 'Alī Beg (?–1280), Safaliq; Bujir (fl. 1206–1260)', in Igor de Rachewiltz et al. (eds), *In the Service of the Khan: Eminent Personalities of the Early Mongol-Y üan Period (1200–1300)* (Wiesbaden, 1993), 122–35 (here 122–9).
154. Ibn Bībī, *al- Awāmir*, 452–6; abridged version, *Mukhtaṣar- i Saljūq- nāma*, ed. Th. Houtsma, *Histoire des Seldjoucides d'Asie Mineure d'après l'abrégé du Seldjouknāmeh d'Ibn- Bībī* (Leiden, 1902), 202–4, and tr. Herbert W. Duda, *Die Seltschukengeschichte des Ibn Bībī* (Copenhagen, 1959), 193–6.
155. *TN*, II, 163–4 (tr. Raverty, 1133).
156. IA, XII, 373 (tr. Richards, III, 213).
157. Nasawī, 65–6 (tr. Houdas, 90–1; Pers. redaction, 80–1).
158. IA, XII, 375 (tr. Richards, III, 214–15).
159. *TMEN*, II, 194–201 (no. 653, 'friedlich, Friedenszustand'), esp. 196–7. Cf. Paul D. Buell and Judith Kolbas, 'The ethos of state and society in the early Mongol empire: Chinggis Khan to Güyük', in May (ed.), *Mongols and Post- Mongol Asia*, 43–64 (here 56): the term 'did not mean just the absence of rebellion but a condition of integration'.
160. Dörrie, 'Drei Texte', 177, *imponunt eisdem ut Tartari de cetero nuncupentur*; cf. also *JT*, I, 43 (*DzhT*, I, part 1, 82–4; *CC*, 18). For Chinggis Khan's reference to a Kitan-t urned- 'Mongol', see Biran, 'Mongols and nomadic identity', 164–5.
161. On the Türks, see Denis Sinor, 'The legendary origin of the Türks', in E.V. Žygas and P. Voorheis (eds), *Folklorica. Festschrift for Felix J. Oinas*, IUUAS 141 (Bloomington, IN, 1982), 223–57 (esp. 236–7); repr. in Sinor, *Studies*. More generally, see the pertinent discussion by Lindner, 'What was a nomadic tribe?', 695–706, and by Antal Bartha, 'The typology of nomadic empires', in *Popoli delle steppe*, I, 151–74 (here 159–61); and the comments of Golden, 'Ethnogenesis in the tribal zone', 105–6 (= Golden, *Studies*, 55–6).
162. On this term, see generally Golden, 'I will give the people unto thee', 24–5.
163. Dörrie, 'Drei Texte', 179. See Charles J. Halperin, 'The Kipchak connection: The Ilkhans, the Mamluks and Ayn Jalut', *BSOAS* 63 (2000), 229–45 (here 236).
164. Described by PC, 232–3 (*MM*, 7); by WR, 38/in *SF*, 182 (*MFW*, 88); and by Zhao Hong, *Meng Da beilu*, tr. in Olbricht and Pinks, 69.
165. *TJG*, I, 95 (*HWC*, 121). The version given in *JT*, I, 503 (*CC*, 175), differs slightly, saying that only the Qangli

were killed. The significance of the episode is highlighted by Ayalon, 'Great *Yāsa*⋯.(C2)', 151–2.

166. Muslims and Cumans: SSQ, 31 (= VB, xxx, 71). Chinese: Xu Ting, *Hei Da shilue*, tr. in Olbricht and Pinks, 155; and see also Christopher P. Atwood, 'Validation by holiness or sovereignty: Religious toleration as political theology in the Mongol world empire of the thirteenth century', *International History Review* 26 (2004), 237–56 (here 244); May, *Mongol Art of War*, 30–1. Jean Richard, 'Sur un passage de Simon de Saint- Quentin. Le costume, signe de soumission dans le monde mongol', *EMS* 27 (1996), 229–34, is unaware of the Chinese evidence and assumes that the requirement applied solely to nomads. Later, the Byzantine historian Georgios Pachymeres (c. 1310) speaks of the Alans, the Zichi, the (Crimean) Goths and the Rus′ learning the customs of the Jochid Mongols and adopting their dress and language: *Khronikon*, ed. Albert Failler and tr. Albert Failler and Vitalien Laurent, *Georges Pachymérès. Relations historiques* (Paris, 1984–2000), II, 444.

167. *DMZ*, II, 16 (= *MZDMZ*, XVII, 70); see now Angus Stewart, 'If the cap fits: Going Mongol in thirteenth century Syria', in May (ed.), *Mongols and Post-M ongol Asia*, 137–46 (here 139). The *sarāqūj/sarāghūch* usually denotes a woman's headgear: *TMEN*, III, 242–3 (no. 1232: 'weibliche Kopfbedeckung'; though the examples given include that worn by Berke, khan of the Golden Horde). Conversely, as early as 1220 a few Mongols were prepared to imitate West Asian hairstyles and attire: Zhao Hong, *Meng Da beilu*, tr. in Olbricht and Pinks, 35, and cited by Allsen, *Commodity and Exchange*, 76–7.

168. *Polnoe sobranie russkikh letopisei*, II. *Ipat′evskaia letopis′*, 2nd edn (St Petersburg, 1908), col. 807 (my translation); cf. George A. Perfecky, *The Hypatian Codex, Part II: The Galician-V olynian Chronicle* (Munich, 1974), 58.

169. *T*, I, 78 (*DzhT*, I, part 1, 163–4; cf. trans. in *CC*, 32, which I have considerably modi- fied).

第四章

1. For the introductory remarks that follow, I am heavily indebted to Nicola Di Cosmo, 'State formation and periodization in Inner Asian history', *JWH* 10 (1999), 1–40 (see esp. 32–5); to Michal Biran, 'Mongol transformation', 340–8; and to Thomas T. Allsen, 'Technologies of governance in the Mongolian empire: A geographic overview', in Sneath (ed.), *Imperial Statecraft*, 117–40.

2. Uighurs: see Brose, 'Uighurs and technologies of literacy', and 'Uyghur technologists', 410–23; also his *Subjects and Masters: Uyghurs in the Mongol Empire* (Bellingham, WA, 2007), 89–112. Kitan: De Rachewiltz, 'Personnel and personalities', 96–8, list at 105, and *passim*.

3. gor de Rachewiltz, 'Yeh-l ü Ch'u-t s'ai (1189–1243): Buddhist idealist and Confucian statesman', in Arthur F. Wright and Denis Twitchett (eds), *Confucian Personalities* (Stanford, CA, 1962), 189–216.

4. In this sense – of drawing on both steppe and sedentary traditions of government and of employing personnel from within each sphere – the system was a 'dual' one, as outlined by Denise Aigle, 'Iran under Mongol domination: The effectiveness and failings of a dual administrative system', in Bethany Walker and Jean-F rançois Salles (eds), *Le pouvoir à l'âge des sultanats dans le* Bilād al-S hām (Damascus, 2008), 65–78 (here 67–8, 72–4). See also Ostrowski, 'The *tamma*'.

5. Allsen, 'Yüan dynasty and the Uighurs', 263 and n. 141 at 278; Morgan, *Mongols*2, 88.

6. De Rachewiltz, 'Personnel and personalities', 111–12; Morgan, *Mongols*2, 91–2 (with an illustration), 94.

7. On the various stages, see Hosung Shim, 'The postal roads of the Great Khans in Central Asia under the Mongol-Y uan empire', *JSYS* 44 (2014), 405–69 (esp. 408–27). See also David Morgan, 'Reflections on Mongol communications in the Ilkhanate', in Hillenbrand (ed.), *Sultan's Turret*, 375–85 (here 379); Morgan, *Mongols*2, 94; Adam J. Silverstein, *Postal Systems in the Pre-Modern Islamic World* (Cambridge, 2007), 141–51; and Thomas T. Allsen, 'Imperial posts, west, east and north: A review article', *AEMA* 17 (2010), 237–75 (here 240–3). Such details as we have on its establishment are in *SH*, § 279 (tr. De Rachewiltz, 214–15, with commentary at 1027–9), and *JT*, I, 665, 671 (*DzhT*, II, part 1, 120–2, 143; *SGK*, 55–6, 62–3; *CC*, 230, 233).

8. WR, 92/in *SF*, 212–13 (*MFW*, 131). For Tu. *orda*, see *TMEN*, II, 32–9 (no. 452, *ordū*: 'Palastzelt', 'Heerlager').

9. *TJG*, I, 240 (*HWC*, 503).

10. J. A. Boyle, 'The seasonal residences of the Great Khan Ögedei', in Georg Hazai and Peter Zieme (eds), *Sprache, Geschichte und Kultur der altaischen Völker. Protokolband der XII. Tagung der PIAC 1969 in Berlin*

(Berlin, 1974), 145–51. For Möngke's migrations, see WR, 210/in *SF*, 276 (*MFW*, 209); and on the broader role of Qaraqorum, the section 'Die Hauptstadt Karakorum', in Müller (ed.), *Dschingis Khan und seine Erben*, 126–95 *passim*. More generally, Tomoko Masuya, 'Seasonal capitals with permanent buildings in the Mongol empire', in Durand-Guédy (ed.), *Turko- Mongol Rulers*, 223–56.

11. Yury Karev, 'From tents to city: The royal court of the Western Qarakhanids between Bukhara and Samarqand', in Durand-G uédy (ed.), *Turko- Mongol Rulers*, 99–147. David Durand- Guédy, 'The tents of the Saljuqs', ibid., 149–89; also his 'Ruling from the outside: A new perspective on early Turkish kingship in Iran', in Lynette Mitchell and Charles Melville (eds), *Every Inch a King: Comparative Studies on Kings and Kingship in the Ancient and Medieval Worlds* (Leiden and Boston, MA, 2013), 325–42.
12. For this term, see Henry Serruys, 'Mongol *altan* "gold" = "imperial"', *Monumenta Serica* 21 (1962), 357–78 (here 359–60).
13. Joseph Fletcher, 'Turco- Mongolian monarchic tradition in the Ottoman empire', in Ihor Ševčenko and Frank E. Sysyn (eds), *Eucharisterion: Essays Presented to Omeljan Pritsak* (Cambridge, MA, 1980 = *HUS* 3–4), 236–51 (here 238–42); Fletcher, 'The Mongols: Ecological and social perspectives', *HJAS* 44 (1984), 11–50 (here 17; and see also 24–6).
14. Michael Hope, 'The transmission of authority through the quriltais of the early Mongol empire and the Īlkhānate of Iran (1227–1335)', *MS* 34 (2012), 87–115 (here 92–4).
15. For a similar uncertainty vis-à -v is the Qarakhanid 'system', see Boris D. Kotchnev, 'La chronologie et la généalogie des Karakhanides du point de vue de la numismatique', in Fourniau (ed.), *Études Karakhanides*, 49–75 (here 51). On what we know of the Saljuqid system, see Peacock, *Great Seljuk Empire*, 131–2.
16. PC, 264 (*MM*, 25). Cf. above, p. 100 regarding the attempted coup in 1246 of Chinggis Khan's brother; also Waṣṣāf, 501, ll. 15–17 (*GW*, IV, 275), on Ananda's bid for the impe- rial throne in China (1307).
17. 1227, as given by Paul Pelliot, *Notes sur l'histoire de la Horde d'Or* (Paris, 1949), 28, by Michal Biran, 'Joči', *EIr*, XV, 1, and by István Vásáry, 'The Jochid realm: The western steppe and eastern Europe', in *CHIA*, 67, is supported by the statement in *TN*, II, 176 (tr. Raverty, 1172), that Jochi's son Batu (known to have died in c. 654/1256) reigned for '28 years more or less'. I have adopted 1225, which is given by JQ, Ar. text, clxiv (reading TWBNY in error for TWŠY; Russian trans., 119: for the Turkish form Tushi, see above, n. 36 at p. 450), and supported at one point by *JT*, I, 536–7 (*CC*, 186). Qu Dafeng and Liu Jianyi, 'On some problems concerning Jochi's lifetime', *CAJ* 42 (1998), 283–90 (here 289–90), arrive at the same date by different means.
18. *SH*, § § 254–255 (tr. De Rachewiltz, 182–8). *JT*, I, 539, 578–9 (*CC*, 187, 199); cf. also I, 618, 636 (*CC*, 215, 222), with no chronological indicator. *YS*, ch. 2, tr. Waltraut Abramowski, 'Die chinesischen Annalen von Ögödei und Güyük. Übersetzung des 2. Kapitels des Yüan- Shih' , *ZAS* 10 (1976), 117–67 (here 124).
19. *YS*, ch. 146; cited in De Rachewiltz, 'Yeh- lü Ch'u- ts'ai', 199 and n. 74 at 364.
20. Dorothea Krawulsky, 'Das Testament von Chinggis Khan: Eine quellenkritische Studie zum Thema Legitimation und Herrschaft', in her *Mongolen und Ilkhâne – Ideologie und Geschichte* (Beirut, 1989), 65–85; updated in 'The testament of Čingiz Khān: A critical source study', in her *The Mongol Īlkhāns and their Vizier Rashīd al-Dīn* (Frankfurt am Main, 2011), 19–28.
21. *TJG*, I, 144, 146 (*HWC*, 182–3, 185). See also *JT*, I, 765 (*SGK*, 148; *CC*, 266).
22. *SH*, § 255 (tr. De Rachewiltz, 187–8; and see his note at 934–5).
23. See Paul Ratchnevsky, 'Šigi-Q utuqu, ein mongolischer Gefolgsmann im 12.-13. Jahrhundert', *CAJ* 10 (1965), 87–120 (here 117); Allsen, *Mongol Imperialism*, 39–42; and De Rachewiltz's commentary on *SH* at II, 922–3, 935–7.
24. For Qaidu's claim, see Waṣṣāf, 66, ll. 21–23 (*GW*, I, text, 132–3, trans., 126). JQ, Ar. text, clxiv (Russian trans., 119)/in *Turkestan*1, I, 136.
25. *TJG*, III, 22 (trans. in *HWC*, 562, modified).
26. *JT*, II, 839 (*SGK*, 215; *CC*, 289–90). On the *möchelge*, see Maria E. Subtelny, 'The binding pledge (*möchälgä*): A Chinggisid practice and its survival in Safavid Iran', in Colin P. Mitchell (ed.), *New Perspectives on Safavid Iran, Empire and Society* (London and New York, 2011), 9–29.
27. *JT*, I, 69 (*DzhT*, I, part 1, 140–1; *CC*, 28). Ratchnevsky, 'Šigi-Q utuqu', 117. Allsen, 'Guard and government', 498, is therefore wrong to state that Möngke's second election was 'without a word of dissent'. Hodong Kim, 'A

reappraisal of Güyüg Khan', in Amitai and Biran (eds), *Mongols, Turks, and Others*, 309–38 (here 324).

28. *JT*, II, 806 (*SGK*, 182; *CC*, 278). Both claims are found in *TJG*, III, 21–2 (*HWC*, 562); hence *JT*, II, 826 (*SGK*, 203; *CC*, 285).
29. *JT*, I, 69 (*DzhT*, I, part 1, 141; *CC*, 28–9). There is a vague echo in *YS*, ch. 2, tr. Abramowski, 'Die chinesischen Annalen von Ögödei und Güyük', 17, where this speech is attributed to Möngke's half- brother Möge. See Kim, 'Reappraisal', 321.
30. *TJG*, III, 3 (*HWC*, 549); also I, 146 (*HWC*, 186), where the equation is put into Ögödei's own mouth. Hence *JT*, I, 635 (*DzhT*, II, part 1, 50; *SGK*, 30–1; *CC*, 222); and see also I, 618 (*DzhT*, II, part 1, 4–5; *SGK*, 17; *CC*, 215). See the comments of David Ayalon, 'Great *Yāsa* of Chingiz Khān ... (B)', *SI* 34 (1971), 151–80 (here 153–5), Krawulsky, 'Testament of Čingiz Khān', 21–2, and Fletcher, 'Turco- Mongolian monarchic tradition', 239–40; for the 'hearth- prince' , B . Vladimirtsov , *Le régime social des Mongols. Le féodalisme nomade*, tr. Michel Carsow (Paris, 1948), 60, 67.
31. *JT*, I, 537 (*CC*, 186).
32. Ibid., II, 825 (*SGK*, 202; *CC*, 285).
33. *SH*, § § 242–3 (tr. De Rachewiltz, 166–8); whether this is identical with the allocation referred to at § 203 (tr. De Rachewiltz, 135), is unclear. The Möngke of the *SH* is called Möge by Rashīd al-D īn (see below, n. 139 at p. 551). *TJG*, I, 30 (*HWC*, 41), makes only a brief reference to the distribution of troops.
34. *JT*, I, 592, 604 (*CC*, 207, 211); cf. also I, 785 (*SGK*, 164; *CC*, 272). The numbers allotted to the other members of the dynasty are listed at I, 605–11 (*CC*, 211–13). Hodong Kim argues that Tolui may have felt he retained a right to the troops of the centre after he relinquished the regency: see his 'A re-e xamination of the "Register of Thousands (*hazāra*)" in the *Jāmi' al-t awārīkh*', in Akasoy, Burnett and Yoeli-T lalim (eds), *Rashīd al- Dīn*, 89–114 (here 104–9).
35. Peter J ackson, ' From *u lus* to khanate: The making of the Mongol states c. 1220–c.1290', in Amitai-P reiss and Morgan (eds), *Mongol Empire and its Legacy*, 12–38 (here 36–7). Krawulsky, 'Das Testament', 76, 77, and 'Testament of Čingiz Khān', 26–7, while pointing out the clash between *JT* and *SH* regarding the number of Tolui's troops, appears to accept Rashīd al-D īn's figure as authentic. So too does L. Venegoni, 'The reorganization of the Mongol army under the heirs of the house of Tolui and the role of the non- Mongol tümen in the new portions of the Mongol empire: A comparison between Īl- Khānid and Yuan military manpower', in Nikonorov (ed.), *Tsentral'naia Aziia*, 326–8 (here 326), although he concedes that Tolui would initially have enjoyed control of the 'troops of the centre' as regent from 1227 to 1229.
36. *JT*, I, 608 (*CC*, 212).
37. Ibid., II, 785 (*SGK*, 164; *CC*, 272); see also I, 618 (*DzhT*, II, part 1, 4; *SGK*, 17; *CC*, 215).
38. PC, 264 (*MM*, 25), calling him, misleadingly, a nephew (*nepos*) of Chinggis Khan and giving no name. *JT*, II, 801–2, 806 (*SGK*, 178, 182; *CC*, 277, 279); more obscurely in *TJG*, I, 199–200, 210 (*HWC*, 244, 255).
39. *TN*, II, 166 (tr. Raverty, 1143–4).
40. The date given by JQ, Ar. text, clxxi (Russian trans., 125)/in *Turkestan*1, I, 138.
41. For what follows, see Allsen, *Mongol Imperialism*, 26–7, 30–4.
42. For a fuller discussion of what follows, see Jackson, 'From *ulus* to khanate', 17–28, and Thomas T. Allsen, 'Sharing out the empire: Apportioned lands under the Mongols', in Anatoly M. Khazanov and André Wink (eds), *Nomads in the Sedentary World* (Richmond, Surrey, 2001), 172–90 (here 176ff).
43. *TJG*, I, 32 (*HWC*, 43). Cf. also Waṣṣāf, 453 ll. 9–11 (*GW*, IV, 148).
44. Only a brief reference to one brother, 'Otegin' (i.e. Temüge Otchigin, the youngest), ibid., I, 31 (*HWC*, 42). For fuller details on the appanages of all the brothers, see *JT*, I, 276, 279, 281 (*CC*, 97, 98, 99); Jackson, 'From *ulus* to khanate', 17.
45. *SH*, § § 269–70 (tr. De Rachewiltz, 200, 'the domain of the centre'; and note at 988); Kim, 'A re-e xamination', 108. For the guard as *yeke qol*, see *SH*, § 226 (tr. De Rachewiltz, 155, and commentary at 825). See generally Buell, 'Kalmyk Tanggaci people', 43–4, who renders *qol- un ulus* as 'the pivot *ulus*'.
46. For the distribution of territory, see *TJG*, I, 31–2 (*HWC*, 42–3).
47. See Michal Biran, 'Rulers and city life in Mongol Central Asia (1220–1370)', in Durand- Guédy (ed.), *Turko-Mongol Rulers*, 257–83 (here 260–1).

48. Chaghadai's *u lus* is also defined at *TJG*, I, 226 (*HWC*, 271). Here, and in the earlier refer- ence, as Allsen, 'Yüan dynasty and the Uighurs', nn. 38 and 39 at 272, points out, Boyle's translation is misleading because he omitted to translate 'border'; see ibid., 248–50, for the hypothesis that the Uighur territory lay outside the appanage. *JT*, I, 762 (*SGK*, 145; *CC*, 265), says that Chaghadai's lands extended to the Altai.
49. *TJG*, I, 31–2, reads *Tūlī nīz muttaṣil-u mujāwir-i ū būd*, rendered in *HWC*, 43, as 'Toli's territory, likewise, lay adjacent thereto'. Yet the Persian makes no mention of territory, and it seems likely, therefore, that *ū* refers not to Ögödei but to their father. Ibid., I, 146 (*HWC*, 186), Juwaynī makes Ögödei say that Tolui had been in constant attendance on Chinggis Khan; hence *JT*, I, 635 (*DzhT*, II, part 1, 50–1; *SGK*, 31; *CC*, 222).
50. Tolui as his father's *nökör*: *JT*, I, 300 (*CC*, 105); also II, 778, 784 (*SGK*, 159, 163; *CC*, 270, 272). Apportionment among the sons: ibid., I, 619 (*DzhT*, II, part 1, 6; *SGK*, 18; *CC*, 215). For *nökör*, see above, pp. 63–5.
51. Reproduction of Juwaynī's statement: *MA*, III, 79, *kāna waladuhū Tūlī muttaṣilan bihi* (Lech, Ar. text, 14, l. 17, though the German trans., 100, is akin to Boyle's). The claim by the other khans: ibid., 69, *lam yamallaka tūlī* (Lech, Ar. text, 1, ll. 16–17, trans., 91). Al- Iṣfahānī, ibid., 78, *lam yaj'alu li- Ṭūlī shay'an* (Lech, Ar. text, 15, l. 12, trans., 100).
52. Waṣṣāf, 50, l. 4, *yurt- i Tūlū* [sic] (*GW*, I, text, 96, trans., 93); he thus understands Juwaynī's statement much as did the modern translators Boyle and Lech.
53. As stated in, e.g., *JT*, II, 787–8 (*SGK*, 166; *CC*, 273).
54. Ibid., I, 207 (*DzhT*, I, part 1, 550; *CC*, 77).
55. *TJG*, I, 229 (*HWC*, 273).
56. Kirakos G anjakets'i, tr. Bedrosian, 309, 310/tr. Khanlarian, 226.
57. *TJG*, I, 230 (*HWC*, 274).
58. On these, see generally Hope, 'Transmission of authority'; Florence Hodous, 'The *quriltai* as a legal institution in the Mongol empire', *CAJ* 56 (2012–13), 87–102.
59. *JT*, I, 665 (*DzhT*, II, part 1, 121–2; *SGK*, 55–6; *CC*, 230).
60. *TJG*, I, 117 (*HWC*, 151); cf. also I, 66–7, 113 (*HWC*, 86, 143).
61. Ibid., I, 211–12 (*HWC*, 256).
62. Ibid., III, 90 (*HWC*, 607).
63. Some of these are listed ibid., I, 224 (*HWC*, 269). *JT*, I, 665–6, 668 (*DzhT*, II, part 1, 123–4, and *SGK*, 56, omitting Kölgen, Büri and Baidar; *DzhT*, II, part 1, 133; *SGK*, 59; *CC*, 230–1, 232).
64. *TJG*, III, 91–2 (*HWC*, 607–8).
65. *JT*, I, 87–8 (*DzhT*, I, part 1, 188–9; *CC*, 35).
66. Waṣṣāf, 12, ll. 10–13, and Sayfī, 174, respectively. Aubin, 'L'ethnogénèse', 70.
67. Aubin,' L'ethnogénèse', 7 5.
68. See *T MEN*, II, 220–5 (no. 670: 'Domäne, kroneigene Länderei: Territorium, das einem Angehörigen des Herrscherhauses ... persönlich gehört').
69. Nasawī, 114 (tr. Houdas, 154; Pers. redaction, 124).
70. WR, 2 96/in *S F*, 318 (*MFW*, 260).
71. For this, see Jackson, 'From *ulus* to khanate', 21–3; Allsen, 'Sharing out the empire', 176–9, and *Culture and Conquest*, 45–9.
72. Chaghadai: *YS*, ch. 2, tr. Abramowski, 'Die chinesischen Annalen von Ögödei und Güyük', 132; for its capture, see *JT*, I, 763 (*SGK*, 146; *CC*, 265). Toluids: ibid., II, 786 (*SGK*, 165; *CC*, 273).
73. See the comments of Mark G. Kramarovski, 'Die frühen J očiden: Die Entwicklungslinien einer Kultur zwischen Asien und Europa', in Müller (ed.), *Dschingis Khan und seine Erben*, 223–7 (here 223).
74. *SH*, § 239 (tr. De Rachewiltz, 164–5).
75. *JT*, I, 731 (*SGK*, 117; *CC*, 254).
76. For a good succinct survey of the Golden Horde territories, see Vásáry, 'Jochid realm', 73–4; for the origin of the term, ibid., 68.
77. *JT*, I, 714 (*SGK*, 103; *CC*, 248).
78. *TN*, II, 179 (tr. Raverty, 1177–81).

79. On Orda's exalted status, see *JT*, I, 710 (*SGK*, 99–100; *CC*, 247); 'Tartar Relation', § 23, ed. Alf Önnerfors, *Hystoria Tartarorum C. de Bridia monachi* (Berlin, 1967), 17. For the history of his *ulus*, see Thomas T. Allsen, 'The Princes of the Left Hand: An introduction to the history of the *ulus* of Orda in the thirteenth and early fourteenth centuries', *AEMA* 5 (1985 [1987]), 5–40; for its probable extent, ibid., 12–14, and Golden, *Introduction*, 299.
80. That he dwelt close to Jochi's encampment is clear from PC, 315 (*MM*, 60).
81. WR, 1 12/in *S F*, 224 (*MFW*, 144–5). *JT*, I, 753 (*SGK*, 138; *CC*, 261), says only that Büri had abused Batu while drunk.
82. Qara Hülegü, Qadan, Melik and Qaidu: Allsen, *Mongol Imperialism*, 52–3. Mothers of Qadan and Melik: *JT*, I, 631, 632 (*DzhT*, II, part 1, 35, 39; *SGK*, 27, 28; *CC*, 220). Totoq: ibid., I, 625 (*DzhT*, II, part 1, 17, reading *tūqāq*; *SGK*, 22; *CC*, 217). Hoqu: Jackson, 'Dissolution', n. 77 at 206; this prince and his mother seem to have resided at Qobuq by 1261: Emil Bretschneider, *Mediaeval Researches from Eastern Asiatic Sources* (London, 1910), I, 160–1. Michal Biran, *Qaidu and the Rise of the Independent Mongol State in Central Asia* (Richmond, Surrey, 1997), 108, and 'The Mongols in Central Asia from Chinggis Khan's invasion to the rise of Temür: The Ögödeid and Chaghadaid realms', in *CHIA*, 46–66 (here 48), believes that the Ögödeyid ulus was dissolved.
83. *JT*, II, 939 (*SGK*, 310). *CC*, 326, follows a corrupted text: for the authentic readings, see Paul Pelliot, *Notes on Marco Polo* (Paris, 1959–73), I, 341–2 (though he doubted that 'Qirghiz' was correct).
84. Luciano Petech, *Central Tibet and the Mongols* (Rome, 1990), 10–12, 89–90. Elliot Sperling, 'Hülegü and Tibet', *AOASH* 44 (1990), 145–57. For Ködön's line and the Tangut region, see *JT*, I, 608, 613, 624, 794 (*CC*, 212, 213, 217, 275).
85. For a brief introduction to this subject, see A. K. S. Lambton, 'al-M ar'a, 3. In Persia. a. Before 1800', *EI2*, VI, 482–3. For more detail, see Ann K. S. Lambton, *Continuity and Change in Medieval Persia: Aspects of Administrative, Economic and Social History, 11th–14th Century* (London, 1988), ch. 8, 'Women of the ruling house'; and Denis Sinor, 'Some observations on women in early and medieval Inner Asian history', in Veronika Veit (ed.), *The Role of Women in the Altaic World. PIAC 44th Meeting, Walberberg, 26–31 August 2001* (Wiesbaden, 2007), 261–8.
86. Biran, *Empire of the Qara Khitai*, 48–50, 54–8, and esp. 160–2 for the fact that both ruled in their own right, despite the claim in the *Liao shi* that the first was merely regent. For the Liao, see David C. Wright, 'The political and military power of Kitan empress dowagers', in Veit (ed.), *Role of Women*, 325–35.
87. Boyle, 'Dynastic and political history', 415. Spuler, *Mongolen*4, 110–11. Bahriye Üçok, *Femmes turques souveraines et régentes dans les états islamiques*, tr. Ayşe Çakmakli (no place of publication, n.d.), 113–16. Hend Gilli-E lewy, 'On women, power, and politics during the last phase of the Ilkhanate', *Arabica* 59 (2012), 709–23 (here 711–12). Judith Pfeiffer, '"Not every head that wears a crown deserves to rule": Women in Il-K hanid political life and court culture', in Rachel Ward (ed.), *Court and Craft: A Masterpiece from Northern Iraq* (London, 2014), 23–9 (here 25).
88. Morris Rossabi, 'Khubilai Khan and the women in his family', in Wolfgang Bauer (ed.), *Studia Sino-M ongolica: Festschrift für H. Franke* (Wiesbaden, 1979), 153–80. Timothy May, 'Commercial queens: Mongolian khatuns and the Silk Road', in May (ed.), *Mongols and Post-Mongol Asia*, 89–106. Bruno De Nicola, 'The Queen of the Chaghatayids: Orghīna Khātūn and the rule of Central Asia', ibid., 107–20.
89. *JT*, II, 977 (*DzhT*, III, 24; *CC*, 340).
90. Bruno De Nicola, 'Women's role and participation in warfare in the Mongol empire', in Klaus Latzel, Franka Maubach and Silke Satjukow (eds), *Soldatinnen: Gewalt und Geschlecht im Krieg vom Mittelalter bis heute* (Paderborn etc., 2011), 95–112 (here 96–104). For the example of Chinggis Khan's daughter Alaqa Beki, see Buell and Kolbas, 'Ethos of state and society', 52.
91. Lambton, *Continuity and Change*, 289. Ilkhanid royal women are surveyed in Quade-Reutter, ch. 4.
92. IB, II, 377–8, 387–97 (tr. Gibb, 480–1, 485–9). Morgan, 'Ibn Baṭṭūṭa and the Mongols', 9.
93. De Nicola, 'Women's role', 105–11.
94. Riccoldo da Montecroce, *Liber peregrinationis*, ed. René Kappler, *Riccold de Monte Croce. Pérégrination en Terre Sainte et au Proche Orient* (Paris, 1997), Latin text, 88, and cf. also 84; tr. in Rita George-Tvrtković, *A Christian Pilgrim in Medieval Iraq: Riccoldo da Montecroce's Encounter with Islam* (Turnhout, 2012), 190,

191.

95. IB, II, 122, 127–8, 383–5, 387–97 (tr. Gibb, 340, 342, 483–9). See the remarks of Fatima Mernissi, *The Forgotten Queens of Islam*, tr. Mary Jo Lakeland (Cambridge, 1993), 102–4.
96. Riccoldo,*L iber peregrinationis*, ed. Kappler, Latin text, 86 (tr. George- Tvrtković, 190). On the social position of elite Mongol women, see generally Lane, *Daily Life*, ch. 11, 'Women and the Mongols'; and the comments in Lambton, *Continuity and Change*, 289–92.
97. Morgan, *Mongols*2, 95–6.
98. *TJG*, II, 76, 81 (*HWC*, 343, 349); at 83 (*HWC*, 351) he is expressly called the *basqaq*.
99. *Shiḥna*s in 1221: *JT*, I, 529 (*CC*, 184). Chin Temür et al. as *basqaq*s: ibid., I, 103, 133 (*CC*, 40, 50). Arghun as *shiḥna*: ibid., I, 134 (*CC*, 51).
100. For both terms, see *TMEN*, I, 319–23 (no. 193), and II, 241–3 (no. 691); and for *darugha*, Francis Woodman Cleaves, '*Daruya* and *gerege*', *HJAS* 16 (1953), 237–59 (here 237–55). On the etymology, see now De Rachewiltz's note in his trans. of *SH*, 961; also István Vásáry, 'The origin of the institution of *basqaqs*', *AOASH* 32 (1978), 201–6, who discusses the pre-Mongol background. Ratchnevsky, *Genghis Khan*, 138, suggested that the *darughachi* was a Mongol officer, whereas the *basqaq* was a local official; ibid., 178–80, he believed that the functions of the two were sometimes identical but also on occasions varied. I am not convinced by the arguments of Donald Ostrowski, *Muscovy and the Mongols: Cross-Cultural Influences on the Steppe Frontier, 1304–1589* (Cambridge, 1998), 37–41, that the *darugha*(*chi*) was a civil official and that the *basqaq* was a military one and synonymous with the *tammachi*.
101. *SH*, § 263 (tr. De Rachewiltz, 194). *YS*, ch. 1, tr. F. E. A. Krause, *Cingis Han. Die Geschichte seines Lebens nach den chinesischen Reichsannalen* (Heidelberg, 1922), 38 and n. 633, merely mentions the appointment of *darughachi*s to all cities.
102. Li Z hichang, *Xi you ji*, tr. Waley, *Travels of an Alchemist*, 85.
103. István Vásáry, 'The Golden Horde term *daruġa* and its survival in Russia', *AOASH* 30 (1976), 187–97 (here 188); repr. in Vásáry, *Turks, Tatars and Russians in the 13th–16th Centuries* (Aldershot and Burlington, VT, 2007).
104. On these figures, see Paul D. Buell, 'Sino-K hitan administration in Mongol Bukhara', *JAH* 13 (1979), 121–51 (here 122–6, 133–41); also his 'Yeh- lü A- hai (*ca.* 1151–*ca.* 1223), Yeh-l ü T'u-h ua (d. 1231)', in De Rachewiltz et al. (eds), *In the Service of the Khan*, 112–21 (here 113–19). For his appointment, see *TJG*, I, 83–4 (*HWC*, 107).
105. *TJG*, II, 218 (*HWC*, 482); called '*basqaq* of Ürgench' at II, 227 (*HWC*, 491). For an outline of his career, see P. Jackson, 'Čīn Tīmūr', *EIr*, V, 567.
106. *TJG*, II, 218–23 (*HWC*, 482–7).
107. Ibid., II, 224–5, 229 (*HWC*, 488–9, 492–3).
108. For Arghun, see P. Jackson, 'Arġūn Aqa', *EIr*, II, 401–2; and for a fuller study, George Lane, 'Arghun Aqa: Mongol bureaucrat', *IS* 32 (1999), 459–82.
109. Li Z hichang, *X i you ji*, tr. Waley, *Travels of an Alchemist*, 92, 109. For a general overview of the *darughachi*'s functions, see Buell, 'Sino-K hitan administration', 133; Elizabeth Endicott- West, 'Imperial governance in Yüan times', *HJAS* 43 (1986), 523–49 (here 541–2).
110. *TJG*, II, 229–30 (*HWC*, 493).
111. Ibid., II, 236 (*HWC*, 499). Körgüz arrived back in Khurāsān in Jumādā I 637/Dec. 1239: ibid., II, 237 (*HWC*, 500).
112. Ibid., II, 243 (*HWC*, 507).
113. Buell, 'Sino-K hitan administration', 141–7; and cf. his 'Kalmyk Tanggaci people', 47. I have adapted somewhat the pattern outlined by May, 'Mongol conquest strategy', 21–2. For the Jurchen background, see De Rachewiltz, 'Personnel and personalities', 113–14; Allsen, 'Rise of the Mongolian empire', 361, 373–4.
114. On these two figures, see Allsen, 'Maḥmūd Yalavač', 124–8; and for the tracts allotted to Mas'ūd, *TJG*, III, 73 (*HWC*, 597).
115. Allsen, 'Guard and government', *passim*. Charles Melville, 'The *keshig* in Iran: The survival of the royal Mongol household', in Komaroff (ed.), *Beyond the Legacy*, 135–64 (here 139).

116. See the discussion in May, 'Conquest and rule of Transcaucasia', 146–7.
117. Endicott-West, 'Imperial governance', 542–3.
118. De Rachewiltz, 'Personnel and personalities', 100–2.
119. Li Z hichang, *Xi you ji*, tr. Waley, *Travels of an Alchemist*, 93; see 97, 105, 116–17 for the Li who is described as 'the Intendant of the Governor' and who was also 'in charge of the observatory'; also Buell, 'Sino-K hitan administration', 137, nn. 76, 78.
120. *TJG*, III, 89 (*HWC*, 607); cited in D. O. Morgan, 'Who ran the Mongol empire?', *JRAS* (1982), 124–36 (here 131). See *TJG*, III, 87 (*HWC*, 605), for Muslim *bitikchi*s.
121. WR, 1 26/in *S F*, 233 (*MFW*, 157).
122. *TJG*, II, 226, 227, 242 (*HWC*, 490, 491, 506).
123. IF, III, 198 (no. 2472).
124. *TJG*, I, 4–5 (*HWC*, 7–8, slightly modified); and for another sardonic comment on the Uighur script, II, 260 (*HWC*, 523). See the remarks of A. P. Martinez, 'Changes in chan- cellery languages and language changes in general in the Middle East, with particular reference to Iran in the Arab and Mongol periods', *AEMA* 7 (1987–91), 103–52 (here 142–3).
125. *TJG*, II, 239 (*HWC*, 502).
126. See Lane, 'Arghun Aqa', 462; also p. 274 on Arghun Aqa and the historian's brother.
127. *TJG*, II, 218–19 (*HWC*, 483).
128. For what follows, Allsen, *Mongol Imperialism*, 144–71, 186–7, is fundamental. There is also a succinct outline in Morgan, *Medieval Persia*, 68.
129. Allsen, *M ongol Imperialism*, 186–8.
130. Hamadān: IA, XII, 374 (tr. Richards, III, 214). Tabrīz (on two occasions in 1221): ibid., XII, 374, 377, 382 (tr. Richards, III, 214, 216, 220); (in 1231), ibid., XII, 502 (tr. Richards, III, 309). Ganja: ibid., XII, 383 (tr. Richards, III, 220).
131. Kirakos G anjakets'i, tr. Khanlarian, 227 (Bedrosian trans., 311, omits the ropes and the horseshoe in error). For this and what follows, see Sinor, 'Inner Asian warriors', 143–4.
132. WR, 1 2/in *S F*, 168 (*MFW*, 66). For parallels in China, see Allsen, 'Rise of the Mongolian empire', 363–4.
133. Ratchnevsky, *Genghis Khan*, 183. For Tu. *tamgha*, see *TMEN*, II, 554–65 (no. 933, *tamghā*: '... Zoll'), *passim*; the word also means 'seal' (ibid.).
134. G. L eiser,' Tamgha', *E I2*, X, 170.
135. By way of introduction, see the comments of I. P. Petrushevsky, 'The socio-e conomic condition of Iran under the Īl-K hāns', in *CHI*, V, 483–537 (here 529–30).
136. John Masson Smith, Jr, 'Mongol and nomadic taxation', *HJAS* 30 (1970), 46–85 (here 50–60). For *qal-* , see *EDT*, 615–16.
137. Ann K. S. Lambton, 'Mongol fiscal administration in Persia' [Part I], *SI* 64 (1986), 79–99 (here 92–4). Allsen, *Mongol Imperialism*, 193 (though at 153–4, he adopts Smith's argument). Petrushevsky, 'Socio-e conomic condition', 532, suggests that *qalan* was sometimes used in place of *kharāj*.
138. *SH*, § 151 (tr. De Rachewiltz, 74, 'raised taxes'; and for the original Mongolian term, *qubchiri qubchiju*, see his note ibid., 558). *JT*, I, 363 (*CC*, 125). See generally D. O. Morgan, 'Ḳūbčūr', *EI2*, V, 299–300.
139. Ögödei: *S H*, § 279 (tr. De Rachewiltz, 214, and commentary at 1025); *JT*, I, 664–5 (*DzhT*, II, part 1, 120; *SGK*, 55; *CC*, 230). Oghul Qaimish: S. Jagchid and C. R. Bawden, 'Some notes on the horse-p olicy of the Yüan dynasty', *CAJ* 10 (1965), 246–68 (here 255). Möngke: *TJG*, III, 79 (*HWC*, 600).
140. Joshua Wright, 'A possible archaeological case of the taxation of medieval Eurasian nomads', *JESHO* 58 (2015), 267–92.
141. *JT*, I, 665 (*DzhT*, II, part 1, 120; *SGK*, 55; *CC*, 230).
142. Lambton, 'Mongol fiscal administration' [Part I], 85–92; more briefly in her *Continuity and Change*, 199–202.
143. For examples, see Lambton, 'Mongol fiscal administration' [Part I], 87, and *Continuity and Change*, 200–1; and for the mechanics and purposes of the census, Thomas T. Allsen, 'Mongol census taking in Rus′, 1245–1275', *HUS* 5 (1981), 32–53 (here 47–52).
144. *TJG*, II, 254 (*HWC*, 517). Bretschneider, *Mediaeval Researches*, I, 131.

145. *TJG*, II, 256, 261 (*HWC*, 519, 524).
146. As noticed by Lambton, 'Mongol fiscal administration' [Part I], 84. Yet there is evidence that in Armenia in 1254 it was also levied on women and children: A. G. Galstian (trans.), *Armianskie istochniki o mongolakh, izvlecheniia iz rukopisei XIII-X IV vv.* (Moscow, 1962), 26; cited in Allsen, *Mongol Imperialism*, 166. Possibly, therefore, the local unit of assessment here was the household, as was in fact consistently the case in Mongol China: Allsen, 'Rise of the Mongolian empire', 401–2, and *Mongol Imperialism*, 149.
147. As *T JG*, I, 25 (*HWC*, 34), makes clear. Petrushevsky, 'Socio-e conomic condition', 530, adduces some evidence of territory in Iran that was subject either to the *kharāj* or the *qubchur* but not both. For the land- tax as 50 per cent, see Grigor Aknerts'i, *Patmut'iwn vasn azgin netoghats'*, tr. Robert P. Blake and Richard N.Frye, 'History of the Nation of the Archers (the Mongols) by Grigor of Akanc'' [*sic*], *HJAS* 12 (1949), 269–399 (here 301); Judith Kolbas, *The Mongols in Iran: Chingiz Khan to Uljaytu 1220–1309* (London and New York, 2006), 97.
148. *TJG*, I, 25 (*HWC*, 34). BH, 355, lists its abolition among Chinggis Khan's yasas. Vladimir Minorsky, 'Naṣīr al-D īn Ṭūsī on finance', in his *Iranica*, 64–85 (here 72–3). For an example from the Chaghadayid khanate, see Spuler, *Mongolen*4, 323.
149. PC, 244 (*MM*, 14). WR, 264/in *SF*, 301 (*MFW*, 241). For further references, see John Andrew Boyle, 'Turkish and Mongol shamanism in the Middle Ages', *Folklore* 83 (1972), 177–93 (here 183–4).
150. *TMEN*, IV, 71–82 (no. 1789). Igor de Rachewiltz, 'Some reflections on Činggis Qan's *Ĵasaγ*', *East Asian History* 6 (Dec. 1993), 91–104 (here 96–8).
151. See David Morgan, 'The "Great *Yāsā* of Chingiz Khān" and Mongol law in the Īlkhānate', *BSOAS* 49 (1986), 163–76, and repr. in Hawting (ed.), *Muslims, Mongols and Crusaders*, 198–211; Morgan, 'The "Great *Yasa* of Chinggis Khan" revisited', in Amitai and Biran (eds), *Mongols, Turks, and Others*, 291–308; and P. Jackson, 'Yāsā', *EIr*, http://www.iran- icaonline.org/articles/yasa-la w-co de. In his commentary on *SH*, III, 96–7, De Rachewiltz modifies the view expressed in 'Some reflections on Činggis Qan's *Ĵasaγ*'.
152. 'Imperial': De Rachewiltz, 'Some reflections on Činggis Qan's *Ĵasaγ*', 94–5. 'Rule': ibid., 97, citing *SH*, § 189 (tr. De Rachewiltz, 111, and commentary at 683); cf. also *TMEN*, IV, 80. For the phrase *yāsā- u yūsūn*, see *JT*, I, 685 (*DzhT*, II, part 1, 183; *SGK*, 77; *CC*, 237, here renders it misleadingly as 'the custom'); other examples at I, 582, 762 (*CC*, 200, 265), and II, 976, *yūsūn- u yāsā- yi Chingīz Khān* (*DzhT*, III, 23; *CC*, 340). Hope, 'Transmission of authority', 104, sees the term *jasagh* as 'a prescription for the ideal society'.
153. Golden, *I ntroduction*, 302. For *törü*, see, e.g., Jaehun Jeong, 'Succession of dynastic legitimacy in North Asian nomadic history', *JCES* 4 (2016), 29–45 (here 35 and n. 19).
154. Paul Pelliot, 'Les Mongols et la papauté. Chapitre premier', *Revue de l'Orient Chrétien* 23 (1922–3), 3–30 (Pers. text at 17); see the translation of this letter in De Rachewiltz, *Papal Envoys*, 213. Reuven Amitai-P reiss, 'An exchange of letters in Arabic between Abaγa Īlkhān and Sultan Baybars (A. H. 667/A.D. 1268–69)', *CAJ* 38 (1994), 11–33 (here 20).
155. *SH*, § 203 (tr. De Rachewiltz, 135–6, and see commentary at 772–4); also Morgan, 'The "Great *Yāsā* of Chingiz Khān" and Mongol law', 164–5 (repr. in Hawting (ed.), *Muslims, Mongols and Crusaders*, 199–200); Allsen, 'Mongol census taking', 34.
156. Li Z hichang, *X i you ji*, tr. Waley, *Travels of an Alchemist*, 113, 116.
157. *JT*, I, 774 (*SGK*, 155; *CC*, 269).
158. Ibid., I, 288 (cf. trans. in *CC*, 101, where 'codified' seems to stretch the meaning of *mudawwan* unduly).
159. *TJG*, I, 149 (*HWC*, 189). *YS*, ch. 2, tr. Abramowski, 'Die chinesischen Annalen von Ögödei und Güyük', 124 ('die grosse Yasa' here is misleading, as evident from the paren- thetical comment that follows).
160. *TJG*, I, 17–18 (*HWC*, 25).
161. Ibid., I, 211 (*HWC*, 256).
162. Waṣṣāf, 504, ll. 15–16 (cf. *GW*, IV, 282).
163. *JT*, I, 207 (trans. in *CC*, 77, modified). For these two terms, see *TMEN*, IV, 82–92 (no. 1791: 'staatliche Ordnung'), 92–6 (no. 1794: [+ *kardan*] 'organisieren, in Ordnung bringen'), respectively; *yasal* had also a more narrowly military significance ('Schlachtordnung'), but such does not seem to be the sense at this point in *JT*.
164. Notably by George Vernadsky, 'The scope and content of Chingiz Khan's *Yasa*', *HJAS* 3 (1938), 337–60, and

in his *The Mongols and Russia* (New Haven, CT, and London, 1953), 99–110, and by Valentin A. Riasanovsky, *Fundamental Principles of Mongol Law*, 2nd edn (Bloomington, IN, and The Hague, 1965), especially 83–6. For a critique of the literature, see Denise Aigle, 'Loi mongole *vs* loi islamique. Entre mythe et réalité', *Annales. Histoire, Sciences Sociales* 59 (2004), 971–96 (here 977–82); revised and tr. as 'Mongol law *versus* Islamic law. Myth and reality', in Aigle, *Mongol Empire*, 134–56 (here 140–5); also her 'Le Grand *Jasaq* de Gengis- Khan, l'empire, la culture mongole et le *Shari'a*', *JESHO* 47 (2004), 31–79 (here 44–6).

165. For a list (in tabular form) of the principal yasas attested in sources from the imperial epoch, see Aigle, 'Le Grand *Jasaq*', 71–4.
166. Christopher P .A twood,'*U lus* emirs, *keshig* elders, signatures, and marriage partners: The evolution of a classic Mongol institution', in Sneath (ed.), *Imperial Statecraft*, 141–73, arguing against Schamiloglu, '*Qaraçi* beys' (see esp. 291, 295–6). See also p. 390.
167. Ken'ichi I sogai,' *Yasa* and *Shari'a* in early 16th century Central Asia', in Maria Szuppe (ed.), *L'Héritage timouride: Iran – Asie centrale – Inde XVe–XVIIIe siècles*, Cahiers d'Asie Centrale 3–4 (Tashkent and Aix-e n-P rovence, 1997), 91–103: at 102, n. 13, the author comments that this yasa is otherwise unrecorded.
168. Robert G. Irwin, 'What the partridge told the eagle: A neglected Arabic source on Chinggis Khan and the early history of the Mongols', in Amitai-Preiss and Morgan (eds), *Mongol Empire and its Legacy*, 5–11 (here 8–9).
169. *TJG*, I, 16–25 (*HWC*, 23–34). Morgan, 'The "Great *Yāsā* of Chingiz Khān" and Mongol law', 166–8 (repr. in Hawting [ed.], *Muslims, Mongols and Crusaders*, 201–3).
170. PC, 264 (*MM*, 25), mentioning the attempt by Temüge to usurp the throne; *TJG*, I, 210 (*HWC*, 255), says that Temüge was executed 'in accordance with the yasa'.
171. *TJG*, I, 18 (*HWC*, 25); see also I, 28 (*HWC*, 39).
172. A point made by John W. Dardess, 'From Mongol empire to Yüan dynasty: Changing forms of imperial rule in Mongolia and Central Asia', *Monumenta Serica* 30 (1972–3), 117–65 (here 119).
173. Ibid., 128. Allsen, 'Yüan dynasty and the Uighurs', 248–50, is surely right that the Uighur principality lay outside any princely ulus. But in my view he gives insufficient weight to the grant of Beshbaligh to Qadan.
174. *JT*, I, 775 (*SGK*, 156; *CC*, 269). For the probable context, see Buell, 'Sino- Khitan admin- istration', 143–6.
175. *TJG*, II, 246 (*HWC*, 508–9).
176. Ibid., II, 241–2 (*HWC*, 504–5); also II, 243 (*HWC*, 507).
177. Sayfī, 127–8: the year given, 639 [1241–2], is by no means reliable. Körgüz's arrest and execution on the orders of Chaghadai's widow may have been due to his obstruction of Chaghadayid encroachments.
178. *TJG*, II, 249 (*HWC*, 512).
179. Ibid., II, 244 (*HWC*, 507–8); see also the less specific allusion at II, 238 (*HWC*, 501–2).
180. Ibid., II, 237 (*HWC*, 501).
181. Ibid., II, 238 (*HWC*, 502); also II, 229–30 (*HWC*, 493).
182. Ibid., II, 236 (*HWC*, 500).
183. Ibid., II, 245–6 (*HWC*, 509).
184. Kim, 'Reappraisal', 326–8; and see 309–13 for his review of previous historiography.
185. Allsen, 'Guard and government', 507–13, 516–19.
186. For what follows, see Allsen, *Mongol Imperialism*, 79–82.
187. On this term, see *TMEN*, II, 25–7 (no. 446, 'Kaufmann, der in Kommission und mit Kredit des Chans seine Geschäfte abwickelt').
188. Allsen, *M ongol Imperialism*, 58, citing *YS*: for the relevant passage, see *YS*, ch. 3, tr. Abramowski, 'Die chinesischen Annalen des Möngke', 22.
189. *TJG*, III, 83–5 (*HWC*, 603–4).
190. E.g. ibid., III, 71, 75, 77 (*HWC*, 596, 598, 599). Allsen, *Mongol Imperialism*, 91–3.
191. *TG*, 799. François de Blois, 'The Iftikhāriyān of Qazvīn', in Eslami (ed.), *Iran and Iranian Studies*, 13–23 (here 14–15). Iftikhār al-D īn is said to have been their tutor during Ögödei's reign.
192. Allsen, *M ongol Imperialism*, 221, 222–3.
193. See especially Morgan, 'Rašīd al-d īn and Ġazan Khan', 184–6; and cf. his review of Allsen, *Mongol Imperialism*, in *The Middle East Studies Association Bulletin* 22 (1988), 52.

194. Allsen, *M ongol Imperialism*, 47.
195. See the remarks of Aubin, *Émirs mongols et vizirs persans*, 11–14 *passim*.
196. *TJG*, II, 218–19 (*HWC*, 483).
197. Ibid., II, 223, *dar ḥukmhā sharīk kard* (*HWC*, 487).
198. Nowhere expressly stated, but implicit ibid., II, 224, 228, 229 (*HWC*, 489, 492, 493), where their names are frequently linked.
199. Ibid., II, 243 (*HWC*, 506).
200. Ibid., II, 227–8 (*HWC*, 491); see also II, 219 (*HWC*, 483).
201. Sayfī, 128, l. 6: the context is the preferential treatment accorded to the envoys of Batu and Körgüz over those of Ögödei and Arghun (below).
202. *TN*, II, 176, to be amended from BL ms. Add. 26189, fo. 255b, which reads *naṣīb mīburdand* for *naṣb būdand* (cf. Raverty trans., 1172). For a similar statement about Batu's status, see *TJG*, I, 222–3 (*HWC*, 267).
203. Sayfī, 1 22–3.
204. Ibid., 1 24–7.
205. Ibid., 1 28.
206. Ibid., 136–9; for Majd al-D īn's death, 132–4. Lane, *Early Mongol Rule*, 153–5, surveys these events.
207. Sayfī, 228–9. The date given, 656/1258, is probably too late: as Aubin, 'L'ethnogénèse', 71, points out, his chronology is to be treated with caution.
208. Ibn a l-ʿA mīd, ed. Cahen, 130 (tr. Eddé and Micheau, 25).
209. al-N uwayrī, XXVII, 348; also in *SMIZO*, I, Ar. text, 133 (Russian trans., 154). Ibn Bībī, *al- Awāmir al-'alā'iyya*, 540–5, and *Mukhtaṣar*, 247–9 (tr. Duda, 236–7).
210. *TJG*, I, 212 (*HWC*, 257 and n. 29). P. Jackson, 'Eljigidei. 2.', *EIr*, VIII, 366–7. For the embassy to Louis IX, see Eudes de Châteauroux, papal legate, to Pope Innocent IV, 31 March 1249, in Peter Jackson (trans. and ed.), *The Seventh Crusade, 1244–1254: Sources and Documents* (Aldershot and Burlington, VT, 2007), 81.
211. *MA*, III, 78 (Lech, Ar. text, 15, l. 17–16, l. 2, German trans., 100–1).
212. Ibid., III, 78–9 (Lech, Ar. text, 16, ll. 8–10, German trans., 101), though erroneously making the expedition a response to Eljigidei's execution, which in reality postdated Möngke's accession. 'Tartar Relation', § 30, ed. Önnerfors, 21. Cf. WR, 138/in *SF*, 241 (*MFW*, 167).
213. *AK*, ed. ʿAbbāra, III, part 2, 477.
214. *TJG*, II, 223 (*HWC*, 487).
215. Ibid., II, 268 (*HWC*, 532).
216. Ibid., II, 243 (*HWC*, 507).
217. Ibid., II, 250 (*HWC*, 513).
218. Ibid., II, 250–1, 260 (*HWC*, 514, 523), suggesting a relatively late date for the confirma- tion; but cf. *YS*, ch. 3, tr. Abramowski, 'Die chinesischen Annalen des Möngke', 19.
219. *TJG*, II, 250, 256 (*HWC*, 513, 519).
220. From the lost portion of ʿIzz al- Dīn Ibn Shaddād, *Ta'rīkh al- malik al- Ẓāhir*, as cited by *DMZ*, I, 497–8, and II, 161–2 (and see *MZDMZ*, XVII, 34); by ID, VIII, 92–3; and by IAF, part 1, 445. The later author Qaraṭāy al-ʿ Izzī al-K haznadārī says that the Golden Horde received one-t hird: *Ta'rīkh majmū' al-n awādir* (*c.* 1330), ed. Horst Hein and Muḥammad al-Ḥuğairī (Beirut and Berlin, 2005), 126 (= *SMIZO*, I, Ar. text, 70–1, but there wrongly identified as IW). The evidence is conveniently summarized in Ayalon, 'Great *Yāsa* ... (B)', 174 (though he follows Tizengauzen's error regarding Qaraṭāy's work).
221. *TN*, II, 176, 218 (tr. Raverty, 1172, 1292–3).
222. Waṣṣāf, 51, ll. 2–3 (*GW*, I, text, 98, trans., 94). See the analysis of this passage in *Turkestan*3, n. 225 at 516–17 (= *Sochineniia*, I, n. 1 at 577–8).
223. WR, 1 12/in *S F*, 225 (*MFW*, 146). Cf. also B. Akhmedov (revised by D. Sinor), 'Central Asia under the rule of Chinggis Khan's successors', in *HCCA*, IV, part 1, 264; though his source for the restitution of property in Khujand to the son of its erstwhile commander, *TJG*, I, 73 (*HWC*, 94), says only that this was done through the good will (*suyūrghāmīshī*) of Batu's court, and the context, moreover, is Ögödei's reign.
224. *YS*, ch. 3, cited by Allsen, *Mongol Imperialism*, 103–4; for the passage, see the transla- tion in Abramowski, 'Die

chinesischen Annalen des Möngke', 26.

225. The chronology of Batu's and Sartaq's reigns is surveyed by Pelliot, *Notes sur l'histoire de la Horde d'Or*, 29, 34–44, and more briefly by Spuler, *Goldene Horde*, 31–3.
226. Kirakos Ganjakets'i, tr. Bedrosian, 309–10/tr. Khanlarian, 226. Vardan Arewelts'i, *Hawak'umn patmut'ean*, tr. Robert W. Thomson, 'The historical compilation of Vardan Arewelc'i', *DOP* 43 (1989), 125–226 (here 217), says that he was poisoned by his 'brothers' and that the Christians mourned his death.
227. *TN*, II, 217–18 (tr. Raverty, 1291).
228. *YS*, ch. 3, tr. Abramowski, 'Die chinesischen Annalen des Möngke', 20.
229. *JT*, I, 736 (*SGK*, 122; *CC*, 255).
230. As is clear, for example, from the diverse allegiances of prominent members of the Jalayir and Qongqurat tribes: *JT*, I, 67–72, 159–60 (*DzhT*, I, part 1, 134–49, 395; *CC*, 28–30, 60). See also the comment on the Ilkhanid military aristocracy, ibid., II, 975 (*DzhT*, III, 22; *CC*, 340); and Wing, *Jalayirids*, 39–42.
231. *SH*, § 279 (tr. De Rachewiltz, 215).
232. Waṣṣāf, 476, ll. 21–23 (*GW*, IV, 212). Antoine Mostaert and Francis Woodman Cleaves, *Les lettres de 1289 et 1305 des ilkhan Aryun et Öljeitü à Philippe le Bel* (Cambridge, MA, 1962), 56.
233. *JT*, II, 976 (*DzhT*, III, 23; *CC*, 340).
234. *TJG*, I, 30, and III, 67–8 (*HWC*, 41–2, 593–4), with the anecdote regarding the arrows in both places. *JT*, I, 582 (*CC*, 200–1), lists it among Chinggis Khan's sayings (*bilig*s); see also ibid., I, 539, and II, 840–1 (*SGK*, 216; *CC*, 187, 290), and Riccoldo, *Liber peregrina- tionis*, ed. Kappler, Latin text, 100, 102, 104 (tr. George-T vrtković, 195). In *SH*, § 22 (tr. De Rachewiltz, 5), the anecdote is attached to Chinggis Khan's remote ancestress, Alan Qo'a: Gießauf, 'Der Traum von der Weltherrschaft', 47–8.
235. *TJG*, I, 143, *madār- i kār- u yāsā- yi īshān* (*HWC*, 181–2, modified).
236. In addition to the references in n. 152 at p. 464, see, e.g., Chinggis Khan's own *bilig* at *JT*, I, 582 (*CC*, 200–1); the edict of the Ilkhan Ghazan, ibid., II, 1479 (*DzhT*, III, 511; *CC*, 512); Du'a's petition to Chapar, claiming that Chinggis Khan's progeny had flouted his *yasa*: Waṣṣāf, 452, ll. 14–15; Chapar's letter to the Qaghan Temür (1303–4): ibid., 452, l. 20–453. l. 1, and (citing the anecdote of the arrows) 453, ll. 1–6 (all at *GW*, IV, 147–8); also Liu Yingsheng, 'War and peace between the Yuan dynasty and the Chaghadaid khanate (1312–1323)', in Amitai and Biran (eds), *Mongols, Turks, and Others*, 339–58 (here 354); and Michal Biran, 'Diplomacy and chancellery practices in the Chagataid khanate: Some preliminary remarks', *OM* 88 (2008), 369–93 (here 391–2).

第五章

1. Boyle, 'Dynastic and political history', 340–52, provides a narrative, and Spuler, *Mongolen*4, 44–53, a briefer outline. For a biography of the prince, see Reuven Amitai, 'Hulāgu (Hülegü) Khan', *EIr*, XII, 554–7.
2. See the comments of Allsen, *Mongol Imperialism*, 77–9.
3. Ḥasan Maḥmūdī Kātib, *Dīwān- i qā'imiyyāt*, 212 (*qaṣīda* no. 78, vv. 2288–9).
4. *TJG*, I, 213 (*HWC*, 258); and for Chaghadai's murder, see *JT*, I, 75 (*DzhT*, I, part 1, 155–6; *CC*, 31). For his arrogance, see Ḥasan Maḥmūdī Kātib, *Dīwān- i qā'imiyyāt*, 351 (*qaṣīda* no. 133, vv. 4003–5). There is a convenient survey of Mongol-A ssassin relations in J. A. Boyle, 'The Ismā'īlīs and the Mongol invasion', in Seyyed Hossein Nasr (ed.), *Ismā'īlī Contributions to Islamic Culture* (Tehran, 1398/1977), 1–22. For more detail, see May, 'A Mongol-I smâ'îlî alliance?'
5. *JT*, II, 981 (*DzhT*, III, 27; *CC*, 342), for the date.
6. WR, 2 32/in *S F*, 286 (*MFW*, 222).
7. *JT*, II, 974 (*DzhT*, III, 20; *CC*, 339). See also *TN*, II, 181–2 (tr. Raverty, 1189–96). The brief allusion by Ibn al-Ṭ iqṭaqā, 40, ll. 10–12 (tr. Whitting, 27), gives the impression that the qadi summoned assistance from the qaghan in destroying the Assassin strongholds.
8. *JT*, II, 977 (*DzhT*, III, 23; *CC*, 340); and for Baiju's complaints, II, 973–4 (*CC*, 339). For the Kurds, see too Ibn al- 'Amīd, 165 (tr. Eddé and Micheau, 98).
9. *TJG*, III, 93–4 (*HWC*, 609).

10. For these events, see Cahen, *Formation of Turkey*, 184–9; also May, 'Mongol conquest strategy', 28.
11. Waṣṣāf, 423–4 (*GW*, IV, 79–80). A more detailed account in Shabānkāra'ī, *Majma' al-ansab*, ed. Mīr Hāshim Muḥaddith (Tehran, 1363 sh./1984), 164–6, 167.
12. The respective dates given in *TJG*, III, 96 (*HWC*, 611), and *JT*, II, 978, 979 (*DzhT*, III, 24, 26; *CC*, 341). For his departure from his *ordo*, *JT* has first the Year of the Ox/1253, at II, 848 (*SGK*, 223; *CC*, 293), and then the autumn of the Year of the Leopard/1254 at II, 978 (*DzhT*, III, 24; *CC*, 341). Conversely, Juwaynī supplies no date for the crossing of the Oxus.
13. *TJG*, III, 100 (*HWC*, 614). *JT*, II, 980 (*DzhT*, III, 26; *CC*, 341).
14. John Masson Smith, Jr, 'Mongol nomadism and Middle Eastern geography: Qīshlāqs and tümens', in Amitai-P reiss and Morgan (eds), *Mongol Empire and its Legacy*, 39–56 (here 40 and n. 4). Other possible reasons are examined in his 'Hülegü moves west: High living and heartbreak on the road to Baghdad', in Komaroff (ed.), *Beyond the Legacy*, 111–34.
15. See Smith, 'Mongol nomadism', 39–40.
16. *TJG*, III, 93–4 (*HWC*, 608–10). *AM*, 24, gives a fuller list of provisions, the stacks of which resembled 'mighty hills'.
17. *TJG*, III, 138–42, 278 (*HWC*, 638–40, 725). See also Mustawfī, *ZN*, II, 1167, ll. 20–1, and 1168, l. 24 (tr. Ward, II, 9, 11). This image is met with elsewhere: e.g. Jean de Joinville, *Vie de saint Louis*, § 452, ed. Jacques Monfrin (Paris, 1995), 223, and tr. in Caroline Smith, *Joinville and Villehardouin: Chronicles of the Crusades* (Harmondsworth, 2008), 257; though there it is voiced by an Assassin envoy to Louis IX.
18. Reduction of Syrian fortresses: Peter Thorau, *The Lion of Egypt: Sultan Baybars I and the Near East in the Thirteenth Century*, tr. P. M. Holt (London, 1992), 201–3. Later history: Charles Melville, '"Sometimes by the sword, sometimes by the dagger": The role of the Isma'ilis in Mamlūk-M ongol relations in the 8th/14th century', in Daftary (ed.), *Mediaeval Isma'ili History and Thought*, 247–63; and more generally, Shafique N. Virani, *The Ismailis in the Middle Ages: A History of Survival, a Search for Salvation* (Oxford, 2007).
19. For the next two paragraphs I rely on the closely similar accounts given in Naṣīr al- Dīn Ṭūsī's *Kayfiyyat* and *MTD* in preference to Rashīd al- Dīn. For the demand for reinforce- ments, see also *JT*, II, 997 (*DzhT*, III, 41–2; *CC*, 347).
20. See Conermann, 'Einnahme Bagdads', 58–61; also Frank Krämer, 'The fall of Baghdad in 1258: The Mongol conquest and warfare as an example of violence', in Krämer et al. (eds), *Historicizing the "Beyond"*, 97–114 (here 101).
21. Ṭūsī, *Kayfiyyat- i wāqi'a- yi Baghdād*, 280–1 (tr. in Boyle, 'Death of the last 'Abbasid Caliph', 151–3). *MTD*, 471–2 (tr. in Wickens, 'Nasir ad-d in Tusi', 32), differs in minor details.
22. For a survey of the campaign, see Hend Gilli- Elewy, *Bagdad nach dem Sturz des Kalifats. Die Geschichte einer Provinz unter ilḫānischer Herrschaft (656–735/1258–1335)* (Berlin, 2000), 23–32.
23. *JT*, II, 993 (*DzhT*, III, 39; *CC*, 346).
24. A point made by Alessandro Bausani, 'Religion under the Mongols', in *CHI*, V, 538–49 (here 538–9).
25. *JT*, II, 1003–4, 1010 (*DzhT*, III, 47–8, 53–4; *CC*, 349, 351); cf. also Ṭūsī, *Kayfiyyat*, 284 (tr. in Boyle, 'Death of the last 'Abbasid Caliph', 155), and *MTD*, 472 (tr. in Wickens, 'Nasir ad- din Tusi', 33). There is a vague echo in Kirakos, tr. Bedrosian, 316/tr. Khanlarian, 229.
26. *JT*, II, 1006–7 (*DzhT*, III, 50–1; *CC*, 350).
27. Waṣṣāf, 30, l. 23–31, l. 1 (*GW*, I, text, 60, trans., 58).
28. Ibid., 40, ll. 4–11 (*GW*, I, text, 78–9, trans., 76). Ibn al-Ṭ iqṭaqā, 187–90 (tr. Whitting, 134–6). There is an echo in *TN*, II, 197–8 (tr. Raverty, 1252).
29. Mehmed Fuad Köprülü, 'La proibizione di versare il sangue nell'esecuzione d'un membro della dinastia presso i Turchi ed i Mongoli', in *Scritti in onore Luigi Bonelli* (Naples, 1940 = *Annali dell'Istituto Universitario Orientale di Napoli*, nuova serie, 1), 15–23.
30. BH, 4 31.
31. Ṭūsī, *Kayfiyyat*, 290 (tr. in Boyle, 'Death of the last 'Abbasid Caliph', 159). Waṣṣāf, 39, l. 20–40, l. 4 (*GW*, I, text, 78, trans., 75); this section of his work was completed in 699/1300. See also Guy Le Strange, 'The story of the death of the last Abbasid Caliph, from the Vatican MS. of Ibn al- Furāt', *JRAS* (1900), 293–300.

32. Riccoldo da Montecroce, *Liber peregrinationis*, ed. Kappler, Latin text, 108, 110 (tr. in George-T vrtković, 197). Hayton, French text, 169, Latin version, 300–1. Pachymeres, I, 180. Grigor Aknerts'i, tr. Blake and Frye, 333, 335. 'Templar of Tyre', § 351, ed. Laura Minervini, *Cronaca del Templare di Tiro (1243–1314)* (Naples, 2000), 288, and tr. Paul Crawford, *The 'Templar of Tyre': Part III of the 'Deeds of the Cypriots'* (Aldershot, 2003), 149. MP, I, 142–3 (tr. Ricci, 27; tr. Latham, 22). Joinville, *Vie de saint Louis*, § § 586–7, ed. Monfrin, 291–2 (tr. Smith, 292). See Boyle, 'Dynastic and political history', 348–9.
33. The fullest account is in *AK*, ed. 'Abbāra, III, part 2, 489–506. See further Reuven Amitai, '*Im Westen nichts Neues*? Re-e xamining Hülegü's offensive into the Jazīra and northern Syria in light of recent research', in Krämer et al. (eds), *Historicizing the "Beyond"*, 83–96 (here 89–90).
34. *JT*, II, 1039–40 (*DzhT*, III, 82; *CC*, 361), alleging that al- Muẓaffar killed his father. *AK*, ed. 'Abbāra, III, part 2, 566, supplies two dates (Dhū l-Ḥ ijja 658 and 16 Ṣafar 659) for al- Sa'īd's death, but makes it clear that the investment of the citadel lasted into 659/1261. Of the varying accounts of its surrender, I have adopted that given in *HJ*, 342–3/372–3, which is seemingly the most coherent. Waṣṣāf, 49 (*GW*, I, text, 95–6, trans., 91–2), alleges that al-S a'īd eventually surrendered on terms but that Hülegü put him to death and replaced him with al- Muẓaffar, whom the Mongols had released from his prison. IF, III, 108 (no. 2290), says merely that al-M uẓaffar was appointed when he brought a letter purportedly written by his father, in which the latter excused himself for his non- appearance on the grounds of illness.
35. For a l-N āṣir's relations with the Mongols, see especially Denise Aigle, 'Les correspond- ances adressées par Hülegü au prince ayyoubide al-M alik al-N āṣir Yūsuf. La construc- tion d'un modèle', in M.-A . Amir Moezzi, J.-D . Dubois, C. Julien and F. Julien (eds), *Pensée grecque et sagesse d'Orient. Hommage à Michel Tardieu* (Turnhout, 2009), 25–45 (here 26–9); revised and tr. as 'Hülegü's letters to the last Ayyubid ruler of Syria: The construction of a model', in Aigle, *Mongol Empire*, 199–218 (here 200–3).
36. Ibn a l-' Amīd, 163 (tr. Eddé and Micheau, 95).
37. Anne-M arie Eddé, *La principauté ayyoubide d'Alep* (579/1183–658/1260) (Stuttgart, 1999), 175–80; eadem, 'La prise d'Alep par les Mongols en 658/1260', *QSA* 5–6 (1987–8), 226–40.
38. Louis Pouzet, *Damas au VIIe/XIIIe siècle. Vie et structures religieuses d'une métropole islamique*, 2nd edn (Beirut, 1991), 292–4, 330.
39. Ibn a l-' Amīd, 173 (tr. Eddé and Micheau, 116). *AK*, ed. Sāmī al-D ahhān, *Liban, Jordanie, Palestine. Topographie historique d'Ibn Šaddād* (Damascus, 1382/1963), 63. For other Ayyubid princes who collaborated with the Mongols, see Reuven Amitai, 'Mongol provincial administration: Syria in 1260 as a case- study', in Iris Shagrir, Ronnie Ellenblum and Jonathan Riley-S mith (eds), *In Laudem Hierosolymitani: Studies in Crusades and Medieval Culture in Honour of Benjamin Z. Kedar* (Aldershot and Burlington, VT, 2007), 117–43 (here 134–6).
40. Ibn a l-' Amīd, 175 (tr. Eddé and Micheau, 120). *DMZ*, II, 16–17 (= *MZDMZ*, XVII, 70). For his conversion, see *AK*, ed. Dahhān, *Liban, Jordanie, Palestine*, 143.
41. WR, 1 64/in *S F*, 253 (*MFW*, 184).
42. Reuven Amitai- Preiss, 'Hülegü and the Ayyūbid lord of Transjordan', *AEMA* 9 (1995–7), 5–16 (here 5–8). Reuven Amitai, 'A Mongol governor of al-K arak in Jordan? A re-examination of an old document in Mongolian and Arabic', *ZAS* 36 (2007), 263–76, corrects an earlier misidentification of the anonymous *shiḥna*. For Hebron, see *AK*, ed. Dahhān, *Liban, Jordanie, Palestine*, 242.
43. Humphreys, *F rom Saladin*, 350–1.
44. *JT*, II, 1027–8 (*DzhT*, III, 70; *CC*, 357). *ZF*, 55 (wrongly placing Möngke's death in the Altai region), 56.
45. For the chronology, see Morris Rossabi, *Khubilai Khan: His Life and Times* (Berkeley and Los Angeles, CA, 1988), 53–4, citing June for Arigh Böke's enthronement, as in *YS*. But JQ, Ar. text, clxix (Russian trans., 123)/ in *Turkestan*1, I, 137–8, dates it as late as Shawwāl 658/Sept.–Oct. 1260. Stephen G. Haw, 'The deaths of two Khaghans: A comparison of events in 1242 and 1260', *BSOAS* 76 (2013), 361–71 (here 367), similarly ascribes Hülegü's withdrawal from Syria to the tensions arising after Möngke's death.
46. Paul Meyvaert, 'An unknown letter of Hulagu, Il-K han of Persia, to King Louis IX of France', *Viator* 11 (1980), 245–59 (here 258); tr. in Malcolm Barber and Keith Bate (eds), *Letters from the East: Crusaders, Pilgrims and Settlers in the 12th–13th Centuries* (Farnham and Burlington, VT, 2010), 159.

47. What follows is largely based on Amitai-P reiss, *Mongols and Mamluks*, 35–9.
48. Waṣṣāf, 47, l. 25 (*GW*, I, text, 92, trans., 89).
49. For his dealings with Acre, see Jackson, 'Crisis', 503.
50. IW, VI, 293 (with Ḥamāh in error for Ḥimṣ)/214. His version of events is to be preferred to that of al- Ashraf's mamluk, Ṣārim al-D īn Özbeg, which seeks to play down his master's support for the Mongols: see Amitai, 'Mongol raids', 239–40.
51. For the campaign, see Amitai-P reiss, *Mongols and Mamluks*, 39–45; for the aftermath, ibid., 45–7.
52. Abū Shāma, 208, ll. 7–10. For the common view of the nomads of East Asia as Turks, see above, p. 52.
53. Jackson, 'Crisis', 506–7, and *Mongols and the West*, 121.
54. At Hülegü's headquarters: IW, VI, 280/205, 311–12/230. En route back to Syria: *JT*, II, 1033–4 (*DzhT*, III, 76; *CC*, 359). Humphreys, *From Saladin*, 357–8, follows the former version.
55. As early as 1254 Rubruck, then in Qaraqorum, learned that this was the qaghan's order: WR, 232/in *SF*, 287 (*MFW*, 222).
56. Hülegü's letter to Syrian rulers, in Waṣṣāf, 43 (*GW*, I, text, 85, trans., 81). al- Kāmil: *JT*, II, 1035, *daram- u dīnār- parast* (*DzhT*, III, 78; *CC*, 360). Cf. also ibid., II, 1002–3 (*DzhT*, III, 47; *CC*, 348), and Waṣṣāf, 31, ll. 15–17 (*GW*, I, text, 61, trans., 59), for the wazir's successful appeal to his stinginess.
57. Ibn a l-K āzarūnī, *M ukhtaṣar al-t a'rīkh*, ed. Muṣṭafā Jawād and Sālim al-Ā lūsī (Baghdad, 1390/1970), 270. *HJ*, 261/304, 319/350; the latter passage is tr. in Gilli- Elewy, '*Al-Ḥawādiṯ al-ǧ āmi'a*', 361.
58. Ṭūsī, *Kayfiyyat*, 286–7 (tr. in Boyle, 'Death of the last ʿAbbasid Caliph', 157). *MTD*, 473 (tr. in Wickens, 'Nasir ad-d in Tusi', 34).
59. *JT*, II, 985 (*DzhT*, III, 31; *CC*, 343); see II, 988–9 (*DzhT*, III, 34; *CC*, 344), for the advice.
60. Ibid., II, 995–6 (*DzhT*, III, 40–1; *CC*, 346).
61. *HJ*, 320–1/349 (tr. in Gilli- Elewy, '*Al- Ḥawādiṯ al- ǧāmi'a*', 360).
62. Ibn a l-Ṭ iqṭaqā, 457, ll. 8–12 (tr. Whitting, 325). Ibn al-ʿ Alqamī's cheated expectations: Waṣṣāf, 41, ll. 1–5 (*GW*, I, text, 80, trans., 77–8). His death: *HJ*, 333/362 (tr. in Gilli- Elewy, '*Al-Ḥawādiṯ al- ǧāmi'a*', 369, where the word *mustahill* is not translated). See Conermann, 'Einnahme Bagdads', 78–80, on the wazir's treachery.
63. *TI*, XLIX, 99. Eddé, *Principauté ayyoubide*, 165–6, 477.
64. See H umphreys, *F rom Saladin*, 330, 337, 346–7, 352–3, 356–7, for al-N āṣir's successive vacillations; also Eddé, 'Prise d'Alep', 234–6.
65. *AM*, 23–4. For the atabeg of Fārs, see also *TN*, II, 190 (tr. Raverty, 1228–9).
66. *TJG*, III, 119 (*HWC*, 626).
67. Baghdad: P atton, *B adr al- Dīn Lu'lu'*, 60. Irbil: *JT*, II, 1021–2 (*DzhT*, III, 64–5; *CC*, 355).
68. *JT*, II, 1025–6, 1036 (*DzhT*, III, 68, 79; *CC*, 357, 360). Eddé, *Principauté ayyoubide*, 190, sees him as the Mongols' most important ally; for the background, see Patton, *Badr al- Dīn Lu'lu'*, 61–3.
69. *JT*, II, 983 (*DzhT*, III, 29; *CC*, 342).
70. See the list in Eddé, *Principauté ayyoubide*, 190–1.
71. Ibn a l-ʿ Amīd, 171 (tr. Eddé and Micheau, 112).
72. For a thorough survey, see Amitai, 'Mongol provincial administration', 130–4.
73. *JT*, II, 1009–10, *az nasl-i khwārazmiyān* (*DzhT*, III, 53; cf. trans. in *CC*, 351).
74. Mayyāfāriqīn: *A K*, ed. ʿAbbāra, III, part 2, 501. Aleppo: IW, VI, 268/196; Eddé, *Principauté ayyoubide*, 177.
75. *AM*, 22–3. The equivalence of a *gaz* is by no means certain, but it measured approx. 95 cm. in seventeenth- and nineteenth-c entury Iran: Walther Hinz, *Islamische Masse und Gewichte* (Leiden, 1955), 62. For this weapon in China, see Franke, 'Siege and defense', 166; and *SCC*, V, part 6, 188, 192–9 and fig. 63 (depicting a 'triple-b ow mounted crossbow'). Raverty's notes to his translation of *TN*, 1191, incorporate an unattributed passage strongly reminiscent of that in *AM*, but including an additional line about siege engines that could be dismantled and reassembled (below, n. 86); it is in turn cited in *SCC*, V, part 6, 219. The work Raverty used was in fact Aḥmad b. Naṣr- Allāh Daybulī Tattawī, *Ta'rīkh- i alfī* (late sixteenth century), which must here be based on *AM* or a common source: see BL, IO Islamic ms. 316, fo. 90b.
76. IAF, part 2, 496–7: forty- eight of them fell into Mamlūk hands.
77. *TJG*, III, 92–3 (*HWC*, 608).

78. Haw, 'Mongol Empire', 458.
79. *TJG*, III, 128 (*HWC*, 631): not simply 'large javelins', as proposed by Allsen, 'Circulation of military technology', 280. Cf. Haw, 'Mongol Empire', 458; also Smith, 'Mongol warfare', 322, and 'Hülegü moves west', 126–7, who points out that *gām* cannot mean 'pace' as rendered by Boyle: a range of even 2,500 feet is unlikely, though accepted in *SCC*, V, part 6, 177, note k. For 'fire-a rrows', see Wang, 'On the invention', 165–7, and *SCC*, V, part 7, 147–58.
80. Ṭūsī, *Kayfiyyat*, 289 (tr. in Boyle, 'Death of the last ʿAbbasid Caliph', 158). *MTD*, 473 (tr. in Wickens, 'Nasir ad-d in Tusi', 33). *JT*, II, 1013 (*DzhT*, III, 57; *CC*, 353). Waṣṣāf, 35, ll. 23–24 (*GW*, I, text, 70, trans., 67).
81. See Iqtidar Alam Khan, 'The coming of gunpowder to the Islamic world and India: Spotlight on the role of the Mongols', *JAH* 30 (1996), 27–45 (here 35–9); Allsen, 'Circulation of military technology', 281–2; Haw, 'Mongol Empire', 457–8. I remain unconvinced by Kate Raphael, 'Mongol siege warfare on the banks of the Euphrates and the question of gunpowder (1260–1312)', *JRAS*, 3rd series, 19 (2009), 355–70 (here 358–64), and *Muslim Fortresses in the Levant: Between Crusaders and Mongols* (London and New York, 2011), 59–61, or by May, *Mongol Conquests*, 146–8, who argue to the contrary. It is unfortunate that Hsiao, *Military Establishment*, 133, n. 79, employs the misleading term 'firearms'.
82. Smith, 'Hülegü moves west', 125–6. *SCC*, V, part 6, 187, note a, may be wrong in suggesting that Ar. *manjanīq* always denotes a trebuchet.
83. See *S CC*, V, part 6, 220–1; Rossabi, *Khubilai Khan*, 86.
84. Smith, 'Mongol warfare', 320, and 'Hülegü moves west', 126, n. 75. Depiction: EUL ms. Or. 20, fo. 124b; David Talbot Rice and Basil Gray, *The Illustrations to the 'World History' of Rashīd al- Dīn* (Edinburgh, 1976), 146 (no. 54), portraying (anachronistically) the attack on Zaranj by Maḥmūd of Ghazna in 1003.
85. *AM*, 32. For the *mann*, which in thirteenth-c entury Iran was equivalent to 260 *dirhams* (five- sixths of a kg.), see Hinz, 18. Cf. the stone weighing 89.4 kg. that was fired from the trebuchet deployed at the siege of Xiangyang in 1272 and manufactured by a Muslim artificer: *YS*, ch. 203, cited in Allsen, 'Circulation of military technology', 271. For weights and ranges, see *SCC*, V, part 6, 187, 204. Modern experiments have shown that a trebu- chet with a 10–ton counterweight could hurl a projectile of 100–150 kg. a distance of c. 150 metres: Christopher Marshall, *Warfare in the Latin East, 1192–1291* (Cambridge, 1992), 213.
86. Tattawī, *T a'rīkh- i alfī*, BL ms. IO Islamic 316, fo. 90b; Needham, in *SCC*, V, part 6, 219, note e, sees this testimony as 'very interesting confirmation, from an independent source, of the composite nature of the arms of the Chinese trebuchets'. Cf. *AM*, 23, ll. 7–8, where a line may possibly be omitted.
87. Catapult from Mosul: *JT*, II, 1036 (*DzhT*, III, 79; *CC*, 360). 100: *AK*, ed. ʿAbbāra, III, part 2, 565 (reading *sittata* for the *mi'at* of the Bodleian ms. Marsh 333, fo. 136b). The two illustrations of siege artillery in the EUL ms. of *JT* (Plates 2 and 3) depict the operatives as Muslims while Mongols look on.
88. Ibn al- Kāzarūnī, 272, *fa- lam yasībū fī ramīhim shay'an wa- lā ta'adāhum ḥajar wa- baṭalat al-' arrādāt wa-g hayrhā*. Cf. also *HJ*, 325/355, *lam taṣiḥḥa wa-l ā ḥaṣala bi-h ā intifā'* (tr. in Gilli- Elewy, '*Al-Ḥ awādiṯ al-ğ āmi'a*', 365, 'faulty and useless').
89. Allsen, *M ongol Imperialism*, 47–8, and 'Sharing out the empire', 173, 175. Cf. also his 'Rise of the Mongolian empire', 407–8.
90. Nitzan Amitai- Preiss and Reuven Amitai- Preiss, 'Two notes on the protocol on Hülegü's coinage', *Israel Numismatic Journal* 10 (1988–9), 117–28. Reuven Amitai-P reiss, 'Evidence for the early use of the title *īlkhān* among the Mongols', *JRAS*, 3rd series, 1 (1991), 354–61. But Kolbas, *Mongols in Iran*, 172–4 and n. 168 at 189, argues that the title does not appear on coins until 664/1265–6, during Abagha's reign.
91. *TMEN*, II, 207–9 (no. 657).
92. Allsen, *Culture and Conquest*, 21–2.
93. Marcel Erdal, 'Die türkisch-m ongolischen Titel Elχan und Elči', in Barbara Kellner- Heinkele (ed.), *Altaica Berolinensia: The Concept of Sovereignty in the Altaic World. PIAC, 34th Meeting, Berlin 21–26 July, 1991* (Wiesbaden, 1993), 81–99 (here 82–94). Hodong Kim, 'The unity of the Mongol empire and continental exchanges over Eurasia', *JCES* 1 (2009), 15–42 (here 31–2), suggests that the title il-khan, which appears only on coins with Arabic/Persian (as opposed to Uighur) legends, was designed for domestic consumption alone.
94. Antoine Mostaert and Francis Woodman Cleaves, 'Trois documents mongols des archives secrètes vaticanes',

HJAS 15 (1952), 419–506 (here 484–5). I owe this reference, and the precise rendering given above, to Professor Hodong Kim. It should be noted, however, that Allsen, *Culture and Conquest*, 37, rejects this interpretation on the grounds that the seal contains the character *bao* (Wade- Giles: *pao*), meaning that it can only have been produced in China.

95. *JT*, I, 746, twice (*SGK*, 128; *CC*, 258). Kim, 'Unity of the Mongol empire', 31.
96. IF, III, 319–20 (no. 2697); DeWeese, 'Cultural transmission', 18. Amitai- Preiss, 'Evidence', 360 and n. 36, regards as suspect Rashīd al- Dīn's use of the title (twice) in relation to the Jochid khan Toqto'a: see *JT*, I, 746 (*SGK*, 128; *CC*, 258).
97. *TJG*, III, 90 (*HWC*, 607).
98. *HJ*, 267/311.
99. Möngke's g rant: *T N*, II, 188, 189 (tr. Raverty, 1215, 1226). Hülegü's death: ibid., II, 204 (tr. Raverty, 1276–8). Other erroneous information: the assassination of the wazir and the massacre of the Christians in Baghdad by a group of the dead Caliph's mamluks, ibid., II, 199–200 (tr. Raverty, 1260–1); the wazir's execution by Hülegü, ibid., II, 200 (tr. Raverty, 1261).
100. *NT*, 2nd recension, ed. and tr. Melville, 'From Adam to Abaqa ... (Part II)', text, 52 (trans., 58). The text reads *mamālik- i Ghaznayn- u Jayḥūn ki Īrān-z amīn khwānand badū tafwīḍ kard*, where I suspect the mention of Ghazna is a corruption; possibly the original read *gharbī* at this point.
101. Shabānkāra'ī, 259; more briefly at 260.
102. Banākatī, 4 13–14. *T G*, 587–8 (at 589 he says more specifically that Hülegü was sent to suppress the Ismā'īlīs); Mustawfī, *ZN*, II, 1170–1 (tr. Ward, II, 14–17).
103. Mustawfī, *Z N*, II, 1293, l. 26, *Hūlākū- rā sūī- yi Īrān- zamīn ba- jang- u ba- lashgar firistāda būd - nah shāhī-y i Īrān badū dāda būd* (tr. Ward, II, 272), from a long speech purport- edly addressed to the Ilkhan Tegüder Aḥmad by the noyan *Yula Temür in 1284.
104. *JT*, II, 974 (*DzhT*, III, 20–1); cf. trans. in *CC*, 340, which, like Allsen, 'Sharing out the empire', 174 ('to Hülegü he assigned the countries of the West ...'), stretches the meaning somewhat. But *JT*, II, 901 (*SGK*, 274; *CC*, 311), says expressly that Möngke had given Qubilai 'that kingdom' (i.e. China).
105. *JT*, I, 615 (cf. *CC*, 214).
106. Ibid., I, 87–8, 615–16, and II, 975 (*DzhT*, I, part 1, 188–9, and III, 21–2, for the first and third of these references; *CC*, 35, 214, 340).
107. Ibid., II, 977 (*DzhT*, III, 24; translation mine, cf. *CC*, 340–1).
108. *MA*, III, 69 (Lech, Ar. text, 1, ll. 16–17, German trans , 91); for Tolui, see above, p. 102.
109. *MA*, III, 81 (Lech, Ar. text, 20, ll. 2–3, German trans., 103–4).
110. Ibid., III, 69 (Lech, Ar. text, 2, ll. 1 and 5, German trans., 91).
111. See Lech's introduction, 32–4 (al- Iṣfahānī), 36–7 (al- Ṭayyārī).
112. *TN*, II, 214 (tr. Raverty, 1285). *MA*, III, 79 (Lech, Ar. text, 16–17, German trans., 101).
113. *TN*, II, 198 (tr. Raverty, 1257). *DMZ*, II, 365 (= *MZDMZ*, XVIII, 7); *TI*, XLIX, 191; and *WW*, X, 118.
114. For a similar conclusion, see Ayalon, 'Great *Yāsa* ... (B)', 176; Jackson, 'Dissolution', 225–6; Ciocîltan, *Mongols and the Black Sea Trade*, 66, n. 27.
115. *JT*, II, 1034 (*DzhT*, III, 77; *CC*, 360).
116. Ibid., II, 1044 (*DzhT*, III, 86–7; *CC*, 363).
117. Ibid., I, 738 (*SGK*, 122–3; *CC*, 256). On Rashīd al-D īn's own admission Balagha was present at the siege of Baghdad in 1258.
118. Waṣṣāf, 50, l. 22–51, l. 2 (*GW*, I, text, 98, trans., 94).
119. Grigor A knerts'i, tr. Blake and Frye, 337, 339. For the *tammachi*s as the Mongol forces in south-w est Asia prior to Hülegü's arrival, see also *K'art'lis Ts'khovreba*, tr. Dmitri Gamq'relidze et al., *Kartlis Tskhovreba. A History of Georgia* (Tbilisi, 2014), 344.
120. Kirakos, tr. Bedrosian, 331/tr. Khanlarian, 236. The account of their execution in *K'art'lis Ts'khovreba*, 359, is similarly brief.
121. The point was made by W. Barthold, *A Historical Geography of Iran*, tr. Svat Soucek and ed. C. E. Bosworth (Princeton, NJ, 1984), 218–19.

122. *MA*, III, 78 (Lech, Ar. text, 15, ll. 9–10, German trans., 100).
123. Ibid., III, 126 (Lech, Ar. text, 78, ll. 3–10, German trans., 143–4).
124. Ibid., III, 80 (Lech, Ar. text, 17, ll. 19–21, German trans., 102).
125. But for his use of legend to support the Ilkhans' rightful possession of the Caucasus region, see Stefan Kamola, 'History and legend in the Jāmiʿal- tawārīkh: Abraham, Alexander and Oghuz Khan', *JRAS*, 3rd series, 25 (2015), 555–77 (here 571–4; and cf. also 575–6).
126. Waṣṣāf, 50, ll. 5–6 (*GW*, I, text, 96, trans., 93).
127. Ibid., 398, ll. 13–17 (*GW*, IV, 12–13).
128. IAF, part 3, 105–7. Salikh Zakirov, *Diplomaticheskie otnosheniia Zolotoi Ordy s Egiptom (XIII–XIV vv.)* (Moscow, 1966), 68.
129. Aubin, *Émirs mongols*, 17, 19. The journey in question is mentioned in *TJG*, II, 258 (*HWC*, 521); for the appointment of amirs representing Möngke's brothers, see ibid., II, 255 (*HWC*, 518).
130. Ibid., II, 260 (*HWC*, 523): the context suggests that his confirmation in office and his second visit to Sarai coincided with Möngke's march into the Song empire, which took place in the summer and autumn of 1258 (Allsen, 'Rise of the Mongolian empire', 410).
131. Allsen, *Mongol Imperialism*, 87–8, and 'Sharing out the empire', 174. The source is Sayfī, 228–33: the date, given as 656/1258, cannot in reality be later than 653/1255, since Hülegü was still in Transoxiana when he received Shams al- Dīn and the latter's conflict with the Jochid princes preceded his killing of ʿAlī b. Masʿūd, the malik of Sīstān, which occurred in Ṣafar 653/April 1255 (*Ta'rīkh- i Sīstān*, 398–9).
132. *TJG*, I, 31, and II, 260 (*HWC*, 42, 523), respectively. *YS*, ch. 3, tr. Abramowski, 'Die chine- sischen Annalen des Möngke', 26; and see Allsen, *Culture and Conquest*, 48.
133. *YS*, ch. 3, tr. Abramowski, 'Die chinesischen Annalen des Möngke', 20.
134. *TU*, 146.
135. Allsen, 'Sharing out the empire', 174.
136. *AM*, 21: the author has just used this same verb to describe Möngke's measures in relation to Turkestan, 'Khiṭā', Transoxiana, Tibet and Tangut----all territories that were already under Mongol rule.
137. Ibid., 39; the date is specified at 41.
138. Ibid., 39, 40. My translation of this passage differs somewhat from that of Lane, 'Mongol news', 553. For *inchü*, see above, p. 104.
139. For the chronological evidence, see Jackson, 'Dissolution', 233–4.
140. *JT*, II, 880, 1047 (*SGK*, 255–6; *DzhT*, III, 90; *CC*, 304, 364): unless it relates to a subse- quent occasion, the chronological context of the second of these references is confused, since by that time, allegedly, Arigh Böke had been defeated and Alughu had died (no earlier than 1264 in either case).
141. Mustawfī, *ZN*, II, 1294, l. 1, *Hūlākū chū gasht az jahān nāpadīd z Qublāī badīn mulk farmān rasīd ki farrukh Abaqāī bar īn būm-u bar ba-s hāhī-y i Īrān bandad kamar* (tr. Ward, II, 272–3); for the immediately preceding lines, see above, n. 103 at p. 473. Qubilai's diploma for Abagha arrived in Rabīʿ I 669/Nov. 1270, according to *JT*, II, 1097 (*DzhT*, III, 139; *CC*, 380).
142. Shabānkāra'ī, 2 63.
143. 'Menkonis chronicon' [written c. 1273], ed. Ludwig Weiland, in G. H. Pertz et al. (eds), *Monumenta Germaniae Historica. Scriptores*, XXIII (Hanover, 1874), 549, *sperans se dominium suscepturum ulterius non processit*. In 'Dissolution', 230 and n. 197, and in *Mongols and the West*, 116, I mistakenly interpreted this as referring to Hülegü's candi- dature for election as qaghan (see next note); had this been so, he would surely instead have continued to move east.
144. Hayton, French text, 172, *les barons le queroient por faire le empereor*; cf. Latin version, 303.
145. *JT*, II, 875, 877 (*SGK*, 251, 253; *CC*, 302, 303). See Jackson, 'Dissolution', 228–9, and Allsen, *Culture and Conquest*, 56.
146. *JT*, II, 877, 884, 965 (*SGK*, 253, 259; *DzhT*, III, 9; *CC*, 303, 305, 335). For Jumughur's position at Hülegü's departure from Mongolia, see *TJG*, III, 96–7 (*HWC*, 611). Morgan, *Mongols*2, 104, and 'Mongols and the eastern Mediterranean', 205, expresses doubt regarding Hülegü's initial support for Qubilai.
147. IF, IV, 457 (no. 4211); *JT*, II, 1045 (*DzhT*, III, 88; *CC*, 363). Aubin, *Émirs mongols*, 21.A Chinese source says

merely that they had 'harboured evil intentions': *Yuan dian zhang*, ch. 57, quoted in Elizabeth Endicott-W est, 'Notes on shamans, fortune-t ellers and *yin- yang* practitioners and civil administration in Yüan China', in Amitai-P reiss and Morgan (eds), *Mongol Empire and its Legacy*, 224–39 (here 232).
148. *JT*, I, 210 (*DzhT*, I, part 1, 561–2; *CC*, 78). IW, VI, 216/156, says that Baiju was executed at some point after the fall of Baghdad, on the pretext of having corresponded with the Caliph; see also al-Dhahabī, *Duwal al-Islām*, tr. Arlette Nègre (Damascus, 1979), 267. Mustawfī, *ZN*, II, 1242–3 (tr. Ward, II, 171–3), says that he committed suicide to avoid complying with Hülegü's summons.
149. Shabānkāra'ī, 247, 259, 260. What might have rendered this statement vaguely plausible was the fact that during Chinggis Khan's invasion Tolui, in contrast with his brothers, had spent so much time campaigning in Khurāsān.
150. Ibid., 245, 247, 256. Beatrice Forbes Manz, 'Mongol history rewritten and relived', *Revue des Mondes Musulmans et de la Méditerranée* 89–90 (2001), 129–49 (here 135).
151. Smith, 'Mongol society and military', 250, assumes, as I do, that the conquests in the Near East were not assigned to Hülegü, but would later have been apportioned among the various branches of the imperial family.
152. Amitai-P reiss, *Mongols and Mamluks*, 81 and n. 19. The main source is Ibn ʿAbd al- Ẓāhir, *al- Rawḍ al-zāhir*, ed. ʿAbd al- ʿAzīz al- Khuwayṭir (Riyāḍ, 1396/1976), 137, and partial trans. by Syedah Fatima Sadeque, *Baybars I of Egypt* (Dacca, 1956), 154–5; cf. also IW, VI, 342 (not in Rahim's edn). For these and later refugee groups, see David Ayalon, 'The Wafidiya in the Mamluk kingdom', *Islamic Culture* 25 (1951), 89–104.
153. *JT*, I, 738–9 (*SGK*, 123; *CC*, 256). For clarification of the fragmentary data, see Aubin, 'L'ethnogénèse', 80–2; and for further detail, Lane, *Early Mongol Rule*, 165–6.
154. Michal Biran, 'The battle of Herat (1270): A case of inter- Mongol warfare', in Di Cosmo (ed.), *Warfare in Inner Asian History*, 175–219 (here 186–8), provides a summary of events. Spuler, *Mongolen*[4], 212, erroneously calls him 'Nikūdār' (i.e. Negüder) and says that he was Baraq's brother.
155. *JT*, I, 754, 767–8, and II, 877–8 (*SGK*, 138–9, 150, 253; *CC*, 261, 266, 303). *TG*, 586, inserts Abishqa before Alughu in the list of khans of Chaghadai's ulus.
156. Waṣṣāf, 12, ll. 6–8 (*GW*, I, text, 23, trans., 24).
157. The details in *JT*, II, 882 (*SGK*, 257–8; *CC*, 304–5), and Waṣṣāf, 12, ll. 15–20, and 51, ll. 2–5 (*GW*, I, text, 23–4, 98, trans., 25, 94), clearly refer to the same episode, though the link made by Waṣṣāf with a census of Bukhārā by Qubilai's agents obscures its signifi- cance: see Gafurov's correction of Barthold's interpretation in *Turkestan*3, n. 225 at 516–17 (= *Sochineniia,* I, n. 1 at 577–8).
158. *JT*, II, 885 (*SGK*, 261; *CC*, 306).
159. Kirakos, tr. Bedrosian, 331/tr. Khanlarian, 236.
160. For a survey of the conflict, see Rossabi, *Khubilai Khan*, 53–62. Its economic aspects are well brought out in Dardess, 'From Mongol empire to Yüan dynasty', 129–31.
161. Patent: *J T*, II, 880 (*SGK*, 255–6; *CC*, 304). Orqina and Masʿūd Beg: ibid., II, 885 (*SGK*, 260–1; *CC*, 306). Michael Weiers, 'Das Khanat Čaγatai', in Müller (ed.), *Dschingis Khan und seine Erben*, 241–3 (here 241).
162. *JT*, II, 889–91 (*SGK*, 264–5; *CC*, 307–8).
163. al-D hahabī alone gives the month of his death, Rabīʿ II (corresponding to Jan. 1267): *TI*, XLIX, 191.
164. For a brief sketch of his career, see Pelliot, *Notes on Marco Polo*, I, 124–8, and Biran, 'Mongols in Central Asia', 49–54; but the comprehensive study is Biran, *Qaidu.*
165. JQ, Ar. text, lii (Russian trans., 124)/*Turkestan*1, I, 138. *TU*, 214. *Tash'ītā*, tr. Budge, 139/ tr. Borbone, 58. Biran, 'Rulers and city life', 266–7; in *Qaidu*, 96–7, she proposes that he may also have had another principal residence further east, between the Chu and the Ili.
166. Biran, *Q aidu*, 108–9.
167. *JT*, I, 625–6 (*DzhT*, II, part 1, 19–20; *SGK*, 22–3; *CC*, 217); see also I, 608–9 (*CC*, 212).
168. Du'a: JQ, Ar. text, liii (Russian trans., 126); and see the discussion in P. N. Petrov, 'Khronologiia pravleniia khanov v Chagataiskom gosudarstve v 1271–1368 gg. (po mate- rialam numizmaticheskikh pamiatnikov)', in S. G. Kliashtornyi, T. I. Sultanov and V. V. Trepavlov (eds), *Istoriia i kul'tura tiurkskikh narodov Rossii i sopredel'nykh stran* (Moscow, 2009 = *Tiurkologicheskii Sbornik* 2007–8), 294–319 (here 298–9). Masʿūd Beg and his sons: JQ, Ar. text, clxxv–clxxviii (trans., 129–30); both JQ passages also in *Turkestan*1, I, 139–40.

169. *TU*, 235, *da'wā-y i qānī mīkard bā qā'ān*. JQ, Ar. text, clxx, l. 2, *khawāqīn- nā*, using a broken plural form (Russian trans., 123); also in *Turkestan*1, I, 138, l. 6. According to Biran, *Qaidu*, 28–9, 32, 108–9, Qaidu did not claim the title; but cf. her more recent view, in 'Mongols in Central Asia', 50.
170. Rather than 701 [1301–2], as in JQ, I have adopted the date given in *TU*, 32, which harmonizes better with the date 6 Sha'bān 702 for the arrival of the news at Ghazan's headquarters in Syria as supplied by *JT*, II, 1312 (*DzhT*, III, 356; *CC*, 458).
171. For the beginnings of this correspondence, see Zakirov, *Diplomaticheskie otnosheniia*, 39–50; more briefly, Spuler, *Goldene Horde*, 40–1, 44–6.
172. The uncertainties surrounding these embassies are discussed in Jackson, *Mongols and the West*, 166.

第六章

1. Edward G. Browne, *A Literary History of Persia from Firdawsí to Sa'dí* (London, 1906), 427.
2. Fletcher, 'Mongols: Ecological and social perspectives', 42–3: judging from the context, he had in mind the sedentary world more generally.
3. Barfield, *Perilous Frontier*, 201–4. Kaplonski, 'Mongolian impact', 257.
4. Allsen, 'Rise of the Mongolian empire', 348; though, as he notes, the earliest firm evidence for belief in such a mandate dates from no earlier than Ögödei's reign (see above, pp. 74–5).
5. Petrushevsky, 'Socio-economic condition', 484–8 (484 for the quotation). Smith, 'Demographic considerations', 330, viewing the first of these as 'the most plausible reason'. See also Petrushevskii, 'Pokhod', 131–3; and the useful appraisal in Michal Biran, 'The Mongol empire and inter-civilizational exchange', in Benjamin Z. Kedar and Merry E. Wiesner-Hanks (eds), *Cambridge World History, V. Expanding Webs of Exchange and Conflict, 500 CE–1500 CE* (Cambridge, 2015), 534–58 (here 539).
6. Yāqūt, *Mu'jam al-buldān*, I, 250.
7. IA, XII, 358–9 (tr. Richards, III, 202).
8. Ibid., 378, 383, 500–1 (tr. Richards, III, 217, 220, 307–8).
9. TI, XLIII, 27 (Cahen, ''Abdallaṭīf al-Baghdādī, portraitiste', 125).
10. Ibid., LII, 50 (Cahen, ''Abdallaṭīf al-Baghdādī, portraitiste', 127).
11. Details in Gian Andri Bezzola, *Die Mongolen in abendländischer Sicht (1220–1270). Ein Beitrag zur Frage der Völkerbegegnungen* (Bern and Munich, 1974), 68–74.
12. Nasawī, 72–3 (tr. Houdas, 99–100; omitted in Pers. redaction).
13. Ibid., 67 (tr. Houdas, 92–3). This led Petrushevskii, 'Pokhod', 127, to abandon a more detailed survey of the capture of the various cities, apart from Khujand.
14. Najm al-Dīn Abū Bakr 'Abd-Allāh b. Muḥammad Rāzī, *Mirṣād al-'ibād min al-mabda' ilā l-ma'ād*, ed. Husayn al-Ḥusaynī Ni'matallāhī (Tehran, 1312 sh./1933), 8–9, and tr. Hamid Algar, *The Path of God's Bondsmen from Origin to Return* (Delmar, NY, 1982), 39–40. On the author, see Algar's introduction, 8–14; also Algar, 'Nadjm al-Dīn Rāzī Dāya', *EI2*, VII, 870–1, and 'Dāya Rāzī', *EI3* (2012), no. 3, 81–6.
15. *TN*, II, 106–7 (tr. Raverty, 978, 980).
16. Ibid., II, 158 (tr. Raverty, 1117). See also the statement by Juwaynī quoted below (p. 169).
17. Riccoldo da Montecroce, *Liber peregrinationis*, ed. Kappler, Latin text, 94 (tr. George-Tvrtković, 193).
18. Waṣṣāf, 192, ll. 21–22, *kushish-i 'āmm* (GW, II, 105).
19. *JT*, II, 1526, 1527 (*DzhT*, III, 557, reading Ardabīl for Irbil; CC, 528–9).
20. *NQ*, ed. Dabīr-Siyāqī, 28/ed. Le Strange, I, (text), 27, II (trans.), 34.
21. Browne, *Literary History of Persia from Firdawsí to Sa'dí*, 433.
22. PC, 279 (MM, 35).
23. S. D. Goitein, 'Glimpses from the Cairo Geniza on naval warfare in the Mediterranean and on the Mongol invasion', in *Studi Orientalistici in onore di Giorgio Levi della Vida*, I (Rome, 1956), 393–408 (here 407).
24. IA, XII, 373, 374, 382–3 (tr. Richards, III, 213, 214, 220). For the location of Baylaqān, see Barthold, *Historical Geography*, 228.
25. Smith, 'Demographic considerations', 332–4. These tactics would also have formed part of the 'Tsunami

Strategy': see May, 'Mongol conquest strategy', *passim*.

26. Jürgen Paul, 'L'invasion mongole comme "révélateur" de la société iranienne', in Aigle (ed.), *L'Iran face à la domination mongole*, 37–53 (here 38). Mohsen Zakeri, 'The ʿayyārān of Khurasan and the Mongol invasion', in Melville (ed.), *Proceedings of the Third European Conference of Iranian Studies*, 269–76. Manz, 'Rule of the infidels', 134. For a revisionist view of the ʿayyārān, see D. G. Tor, *Violent Order: Religious Warfare, Chivalry, and the ʿAyyār Phenomenon in the Medieval Islamic World* (Würzburg, 2007).
27. TJG, I, 67–8 (*HWC*, 87).
28. Ibid., I, 75, 92 (*HWC*, 96, 117).
29. Ibid., I, 77 (*HWC*, 99–100). IA, XII, 390 (tr. Richards, III, 225).
30. TN, II, 105 (tr. Raverty, 970–1). Cf. also Nasawī, 45 (tr. Houdas, 63; Pers. redaction, 54). TJG, I, 66 (*HWC*, 85), speaks of common people and artisans who had escaped the slaughter being carried off.
31. *JT*, I, 489 (CC, 170–1).
32. IA, XII, 366–7 (tr. Richards, III, 208–9); for the distribution of the merchandise, see ibid., XII, 362 (tr. 205).
33. *TJG*, I, 75 (HWC, 96).
34. IA, XII, 365–7 (tr. Richards, III, 207–9); cf. also TJG, I, 81–3 (*HWC*, 105–7).
35. IA, XII, 367–8 (tr. Richards, III, 209–10); cf. also TJG, I, 94–6 (*HWC*, 120–2).
36. *TJG*, I, 71 (HWC, 92); see also I, 96 (*HWC*, 122).
37. Ibid., I, 67 (*HWC*, 87).
38. Ibid., I, 69 (*HWC*, 89–90).
39. Ibid., I, 105 (*HWC*, 132–3). NQ, ed. Dabīr-Siyāqī, 190–1/ed. Le Strange, I (text), 155, II (trans.), 152–3.
40. *TJG*, I, 137–40 (*HWC*, 174–8). Yāqūt, IV, 858–9. IA, XII, 393 (tr. Richards, III, 227), gives five days, but Ibn al-Labbād, in *TI*, XLIV, 50, twenty-four days (Cahen, 'ʿAbdallaṭīf al-Baghdādī, portraitiste', 127). *TN*, II, 120–1 (tr. Raverty, 1028–34), mentions the death of Chinggis Khan's son-in-law but erroneously puts Tolui in charge of the investment. The identity of the widow is uncertain: De Nicola, 'Women's role', 101–2.
41. Nasawī, 63–4 (tr. Houdas, 87–8; Pers. redaction, 76–7).
42. Tirmidh: *TJG*, I, 102 (*HWC*, 129); TN, II, 112 (tr. Raverty, 1004–5). Gurziwān and Nuṣrat-kūh: *TJG*, I, 104–5 (*HWC*, 132); for Nuṣrat-kūh, cf. also *TN*, II, 114–16 (tr. Raverty, 1008–12). Sabzawār: *TJG*, I, 138 (*HWC*, 175, 176). Shahr-i Sīstān: *TN*, I, 283–4, 285 (tr. Raverty, 198, 199, 201–2); for the latter occasion, see also *Taʾrīkh-i Sīstān*, 395–6, and for the date, Bosworth, *History of the Saffarids*, 410.
43. Yāqūt, II, 54, 486; *Turkestan3*, 147 (= Sochineniia, I, 202). Yelü Chucai, tr. De Rachewiltz, 22.
44. IA, XII, 394–5 (tr. Richards, III, 228); data reproduced by Shams al-Dīn Abū ʿAbd-Allāh Muḥammad al-Dimashqī, *Nukhbat al-dahr fī ʿajāʾib al-barr wa l-baḥr*, ed. A. F. Mehren (St Petersburg, 1866), 223, and trans. Mehren, *Manuel de la cosmographie du Moyen Age* (Copenhagen, 1874), 310. TN, II, 149 (tr. Raverty, 1097–1100). Barthold, *Turkestan3*, 436–7 (= Sochineniia, I, 503–4), doubted that the flooding was intentional. Cf. *TJG*, I, 100 (*HWC*, 127).
45. *TN*, II, 125 (tr. Raverty, 1042).
46. IA, XII, 390 (tr. Richards, III, 225); cf. also *TJG*, I, 113 (*HWC*, 144), and for men from Balkh in the operations at Merv, IA, XII, 391 (tr. Richards, III, 226).
47. *TJG*, I, 103–4 (*HWC*, 130–1), clearly dovetailing the two distinct episodes and nowhere expressly mentioning that the city rebelled; hence the misconception in Baumer, *History of Central Asia*, III, 187.
48. The fullest account is given by Sayfī, 66–80: see 75–6 for the killing of the shiḥna Mengütei and his associate, Malik Abū Bakr Marjaqī (probably Marghanī). Cf. also IA, XII, 393, 395–6 (tr. Richards, III, 227, 229). TN, II, 121 (tr. Raverty, 1038), describes the Mongols' vengeance on the city, though the details ibid., II, 121, 128 (tr. Raverty, 1035–7, 1048–51), seemingly refer to its first capture.
49. *TJG*, I, 124, 128, 137 (HWC, 158, 164, 173), with differing details; for its submission, see also I, 121, 123–4 (*HWC*, 155, 158).
50. Ibid., I, 120–7 (*HWC*, 154–62). IA, XII, 392–3 (tr. Richards, III, 226–7), says only that the troops had capitulated, but that they and the inhabitants in general were massacred. *TN*, II, 120 (tr. Raverty, 1027), mentions briefly that the populace was martyred. For the entire sequence of events at Merv, see *Turkestan3*, 447–9 (= Sochineniia, I, 515–17).

51. IA, XII, 397 (tr. Richards, III, 230).
52. *TJG*, I, 106, and II, 196 (*HWC*, 133–4, 463), respectively.
53. Ibid., I, 108 (*HWC*, 135). *Turkestan3*, 444–5 (= Sochineniia, I, 512), points out that there is no evidence that the inhabitants had rebelled.
54. *TN*, II, 126 (tr. Raverty, 1042–3).
55. Ibid., II, 108 (tr. Raverty, 989–91). Paul Ratchnevsky, Činggis-Khan. Sein Leben und Wirken, Münchener Ostasiatische Studien 32 (Wiesbaden, 1983), 118, n. 149, and in the English trans., *Genghis Khan*, 131, misrepresents this passage.
56. IA, XII, 376–7 (tr. Richards, III, 216).
57. Ibid., XII, 370 (tr. Richards, III, 211).
58. *TN*, II, 108 (tr. Raverty, 991–2).
59. *TJG*, I, 115 (*HWC*, 146).
60. IA, XII, 377–8 (tr. Richards, III, 216), saying that they killed everyone; see 404 (tr. Richards, III, 235), however, for the women and the slaughter of 'most of its people'. *TJG*, I, 116 (*HWC*, 148), is very brief.
61. Yāqūt, I, 198. IA, XII, 382 (tr. Richards, III, 219), mentions only one attempt on the city, as does *TJG*, I, 116 (*HWC*, 147). For the massacre, see also Petrushevsky, 'Socio-economic condition', 484.
62. IA, XII, 374 (tr. Richards, III, 214). Mustawfī, *ZN*, II, 1024–5; part of the relevant section is reproduced and tr. in Browne, *History of Persian Literature under Tartar Dominion*, 96–8.
63. Jacques de Vitry, 'Epistola VII', ed. Huygens, *Lettres de Jacques de Vitry*, 147–8 (tr. in Richard, *Au-delà de la Perse*, 51).
64. *TJG*, I, 115, and II, 114 (*HWC*, 147, 384); for the date of the sack, see II, 112 (*HWC*, 381).
65. IA, XII, 373 (tr. Richards, III, 213); later, 399 (tr. Richards, III, 231), he alleges that the Mongols killed everyone there.
66. Ibid., XII, 419 (tr. Richards, III, 246).
67. Ibid., XII, 383 (tr. Richards, III, 220).
68. Yāqūt, III, 24. *TJG*, I, 115, 116 (*HWC*, 146, 148). *NQ*, ed. Dabīr-Siyāqī, 197/ed. Le Strange, I (text), 159, II (trans.), 156. Mīr Sayyid Ẓahīr al-Dīn Mar'ashī, *Ta'rīkh-i Ṭabaristān-u Rūyān-u Māzandarān* [after 881/1476–7], ed. Muḥammad Ḥusayn Tasbīḥī (Tehran, 1345 sh./1966), 118, writes of excessive slaughter in Astarābād, Māzandarān and Rustamdār. *JT*, I, 532, 533 (CC, 184, 185), alone mentions Zanjān and Sarāw. Abū l-Fidā mentions the massacre at Nakhchiwān: *Taqwīm al-buldān*, ed. J. T. Reinaud and W. MacGuckin de Slane, *Géographie d'Aboulféda* (Paris, 1840), 399; tr. J. T. Reinaud and Stanislas Guyard, Géographie d'Aboulféda (Paris, 1848–83), II, 151.
69. IA, XII, 419 (tr. Richards, III, 246). See Andreas Drechsler, *Die Geschichte der Stadt Qom im Mittelalter (650–1350): politische und wirtschaftliche Aspekte* (Berlin, 1999), 232, 233.
70. *TJG*, I, 114–15, 117 (*HWC*, 145, 150).
71. IA, XII, 374, 377 (tr. Richards, III, 214, 216).
72. *TJG*, II, 147 (*HWC*, 415).
73. IA, XII, 382 (tr. Richards, III, 220).
74. Ganja: ibid., 383 (tr. Richards, III, 220). Darband: *JT*, I, 209 (CC, 77).
75. IA, XII, 374 (tr. Richards, III, 214); for the shiḥna, see *TJG*, I, 115 (*HWC*, 147).
76. IA, XII, 380–1 (tr. Richards, III, 218–19); more briefly in *TJG*, I, 116 (*HWC*, 148).
77. Ibid., II, 269 (HWC, 533). The statement in the anonymous *Dhayl-i Ta'rīkh-i Ṭabaristān* (a mid-fourteenth-century continuation of Ibn Isfandiyār's history), abridged trans. by Edward G. Browne (Leiden and London, 1905), 257, that Ṭabaristān was without a ruler for thirty years while the Mongols passed to and fro, suggests that devastation continued during the era of Chin Temür and his successors.
78. *TN*, I, 466 (tr. Raverty, 655); see also II, 165 (tr. 1135).
79. Ibid., II, 158–9 (tr. Raverty, 1118–19).
80. *MZ*, VIII, part 2, 699 (= *MZDMZ*, XV, 86). See also *HJ*, 99/128.
81. Kirakos Ganjakets'i, tr. Bedrosian, 241/tr. Khanlarian, 176. Ibn Bībī, *al-Awāmir*, 514–16; see also the abridged version of this text, *Mukhtaṣar-i Saljūq-nāma*, ed. Houtsma, 234–5, and tr. Duda, *Seltschukengeschichte*, 223–

4.

82. Kirakos, tr. Bedrosian, 245/tr. Khanlarian, 177. BH, 406, 407. Ibn Bībī, *al-Awāmir*, 528–30, and *Mukhtaṣar*, 242–3 (tr. Duda, 230–1). SSQ, 76 (= VB, xxxi, 147).
83. Kirakos, tr. Bedrosian, 245–6/tr. Khanlarian, 177, 178. BH, 407, speaks only of Sebastea (Sivas).
84. Ibn Bībī, *al-Awāmir*, 527–8; *Mukhtaṣar*, 241 (tr. Duda, 229–30). SSQ, 75 (= VB, xxxi, 147), confirms that the inhabitants in general were spared.
85. IA, XII, 269 (tr. Richards, III, 133). For this episode, see *Turkestan3*, 365–6 (= Sochineniia, I, 430–1), though the city is there said to have surrendered.
86. PC, 283 (MM, 37–8).
87. IA, XII, 368 (tr. Richards, III, 209–10); cf. also *TJG*, I, 95 (*HWC*, 121).
88. Ibid., I, 70 (*HWC*, 91).
89. IA, XII, 499 (tr. Richards, III, 306). *MZ*, VIII, part 2, 666 (= *MZDMZ*, XV, 55), who mentions the female captives, dates the attack at the beginning of winter.
90. Ibn Abī l-Ḥadīd, *Sharḥ Nahj al-bilāgha*, ed. and tr. Djebli, *Les invasions mongoles en Orient*, Ar. text, 58–9, trans., 63. Cf. also BH, 402, for the governor's offer, on which *MZ* and *HJ* (n. 80 above) are silent.
91. Woods, 'A note on the Mongol capture of Iṣfahān', 49–51.
92. SSQ, 75 (= VB, xxxi, 147), for both towns. Kirakos, tr. Bedrosian, 245/tr. Khanlarian, 177–8, mentions this only in the context of Arzinjān; BH, 408–9, omits the deceitful ploy.
93. Kirakos, tr. Bedrosian, 198/tr. Khanlarian, 154–5. Vardan Arewelts'i, tr. Thomson, 214, mentions only the merciless slaughter and the sparing of youths and women who pleased the victors.
94. Balāsāghūn: *TJG*, II, 92 (*HWC*, 360), where the number of slain notables alone is set at 47,000. Kāshghar: *JQ*, Ar. text, cxlvii (Russian trans., 105)/in Turkestan1, I, 133.
95. IA, XII, 269 (tr. Richards, III, 133). TJG, II, 125 (*HWC*, 395).
96. Yāqūt, I, 249–50, and III, 234. IA, XII, 271 (tr. Richards, III, 135). *Turkestan3*, 369 (= Sochineniia, I, 433).
97. Nasawī, 78 (tr. Houdas, 107; Pers. redaction, 91).
98. *TJG*, I, 131 (*HWC*, 167), who does not name him, says that he took over Merv for six months.
99. The text in Nasawī, 121–2 (tr. Houdas, 164–5), is faulty here, and I have used the Persian text, 131–2.
100. For the details, see *Turkestan*3, 439–41 (= Sochineniia, I, 506–8).
101. *TJG*, II, 219–21 (*HWC*, 483–5).
102. Nasawī, 157 (tr. Houdas, 221; Pers. redaction, 164).
103. *TJG*, II, 278 (*HWC*, 542).
104. Ibid., II, 276, l. 10 (cf. *HWC*, 540).
105. IW, V, 285. See also *MZ*, VIII, part 2, 670 (= *MZDMZ*, XV, 59).
106. Awliyā' Allāh Āmulī, *Ta'rīkh-i Rūyān* [completed in 764/1362–3], ed. Minūchihr Sutūda (Tehran, 1348 sh./1969), 178; hence Mar'ashī, *Ta'rīkh-i Ṭabaristān*, 40.
107. Morgan, *Mongols2*, 150: the context is Persian historians' recollections of Ilkhanid rule in the light of the chaos that followed it.
108. *TJG*, III, 102–3 (*HWC*, 615–16), fails to mention its earlier capture. JT, II, 981, 984 (*DzhT*, III, 27, 29–30; CC, 342, 343), clarifies the sequence of events.
109. This is also the view of Amitai, 'Im Westen nichts Neues?', arguing against Lane, *Early Mongol Rule*, 27.
110. *JT*, II, 1009 (*DzhT*, III, 53; CC, 350).
111. Ibid., II, 999, 1014–15 (*DzhT*, III, 44, 58; CC, 347, 353).
112. Ibid., II, 1015–17 (*DzhT*, III, 59–60; CC, 353–4); see II, 1011 (*DzhT*, III, 54–5; CC, 352), for the onset of fighting. AM, 33, similarly mentions the massacre of all who emerged from the city. Ṭūsī, *Kayfiyyat*, 290 (tr. in Boyle, 'Death of the last 'Abbasid Caliph', 160), MTD, 475 (tr. in Wickens, 'Nasir ad-din Tusi', 35), and al-Nuwayrī, XXVII, 383, assert that the sack lasted seven days; forty days according to IW, VI, 216/156, *HJ*, 329/359 (tr. in Gilli-Elewy, *'Al-Ḥawādiṯ al-ǧāmi'a'*, 367), Waṣṣāf, 42, ll. 23–24 (*GW*, I, text, 83, trans., 80), and Kirakos, tr. Bedrosian, 318/tr. Khanlarian, 230.
113. Ṭūsī, *Kayfiyyat*, 288 (tr. in Boyle, 'Death of the last 'Abbasid Caliph', 158). *MTD*, 474 (tr. in Wickens, 'Nasir ad-din Tusi', 34). JT, II, 1013 (*DzhT*, III, 56; CC, 352). *HJ*, 329/359 (tr. in Gilli-Elewy, *'Al-Ḥawādiṯ al-ǧāmi'a'*,

367), alone mentions the merchants and confirms the slaughter of women and children. BH, 431.

114. Michal Biran, 'Music in the Mongol conquest of Baghdad: Ṣafī al-Dīn Urmawī and the Ilkhanid circle of musicians', in De Nicola and Melville (eds), *Mongols' Middle East*, 133–54; also her 'Violence and non-violent means in the Mongol conquest of Baghdad (1258)', in Robert Gleave and István Kristó-Nagy (eds), Violence in Islamic Thought from the Mongols to European Imperialism (Edinburgh, [forthcoming]).
115. *JT*, II, 1019–20 (*DzhT*, III, 62–3; CC, 355). Waṣṣāf, 36, ll. 2–14 (*GW*, I, text, 70–1, trans., 67–8); passage tr. in Judith Pfeiffer, 'Confessional ambiguity vs. confessional polarization: Politics and the negotiation of religious boundaries in the Ilkhanate', in Pfeiffer (ed.), *Politics*, 129–68 (here 140–1). HJ, 330–1/360 (tr. in Gilli-Elewy, *'Al-Ḥawādiṯ al-ğāmi'a'*, 368). Ṭūsī, *Kayfiyyat*, 292 (tr. in Boyle, 'Death of the last ʿAbbasid Caliph', 161), and MTD, 475 (tr. in Wickens, 'Nasir ad-din Tusi', 35), say merely that Buqa Temür killed 'many persons' in Wāsiṭ during the course of a week.
116. *TG*, 589.
117. *AK*, ed. ʿAbbāra, III, part 2, 535.
118. BH, 435; *MTD*, 486 (Ḥarrān, al-Ruhā and Manbij).
119. *AK*, ed. ʿAbbāra, III, part 1, 61 (al-Ruhā), 99 (Ḥarrān), 122 (al-Bīra); the second passage is reproduced in D. S. Rice, 'A Muslim shrine at Ḥarrān', *BSOAS* 17 (1955), 432–48 (here text, 445–6, trans., 447).
120. *JT*, II, 1026 (*DzhT*, III, 68; CC, 357).
121. IW, VI, 247/178, 276/202. AK, ed. ʿAbbāra, III, part 2, 502. BH, 436–7, claims that only 100 survived.
122. *JT*, II, 1043 (DzhT, III, 86; CC, 362).
123. *AK*, ed. ʿAbbāra, III, part 1, 155.
124. A letter of Thomas Agni di Lentino, papal legate, 1 March 1260, in Barber and Bate (eds), *Letters from the East*, 154, claims that 'all' the inhabitants were killed. For the expectation that the city could hold out for a long time, see IW, VI, 265/194.
125. IW, VI, 343–7 (not in Rahim's edn).
126. *AK*, ed. Anne-Marie Eddé, 'La description de la Syrie du Nord de ʿIzz al-dīn Ibn Šaddād', *BEO* 32–33 (1980–1), Ar. text, 4, 6, and tr. Anne-Marie Eddé-Terrasse, ʿIzz al-dīn Ibn Šaddād. Description de la Syrie du Nord (Damascus, 1984), 5, 13/ed. Yaḥyā Zakariyā ʿAbbāra, I (Damascus, 1991), part 2, 14, 24. See Stephennie Mulder, The Shrines of the ʿAlids in Medieval Syria: Sunnis, Shiʿis and the Architecture of Coexistence (Edinburgh, 2014), 29.
127. Ibn al-ʿAmīd, 174 (tr. Eddé and Micheau, 117).
128. For most of these centres, see Cahen, *Syrie du Nord*, 706–7, and the sources there cited; also Humphreys, From Saladin, 348–51. ʿAzāz: IW, VI, 266/195; *AK*, ed. Eddé, Ar. text, 21 (tr. Eddé-Terrasse, 56)/ed. ʿAbbāra, I, part 2, 92.
129. BH, 431. *HJ*, 329/359 (tr. in Gilli-Elewy, *'Al-Ḥawādiṯ al-ğāmi'a'*, 367). Kirakos, tr. Bedrosian, 318/tr. Khanlarian, 230, and Vardan, tr. Thomson, 217, say that Doquz Khatun interceded for them. There is some doubt whether Hülegü was responsible for their survival: see Peter Jackson, 'Hülegü Khan and the Christians: The making of a myth', in Peter Edbury and Jonathan Phillips (eds), *The Experience of Crusading*, II. *Defining the Crusader Kingdom* (Cambridge, 2003), 196–213 (here 202). For the sparing of Jews at Baghdad, see Reuven Amitai, 'Jews at the Mongol court in Iran: Cultural brokers or minor actors in a cultural boom?', in Marc von der Höh, Nikolas Jaspert and Jenny Rahel Oesterle (eds), *Cultural Brokers at Mediterranean Courts in the Middle Ages* (Paderborn, 2013), 33–45 (here 36, n. 13).
130. BH, 436. MTD, 487. Ibn al-ʿAmīd, 171 (tr. Eddé and Micheau, 112). See Eddé, Principauté ayyoubide, 179, on the fate of the Christians; as she points out (178), Aleppo was significantly smaller than Baghdad.
131. IW, VI, 269/197. The Armenian Constable Smbat claims that the Christians of Aleppo merely had their goods plundered: La chronique attribuée au connétable Smbat, tr. Gérard Dédéyan (Paris, 1980), 105.
132. See the views of the Kurdish commander Nāṣir al-Dīn Qaymarī and al-Kāmil of Mayyāfāriqīn: JT, II, 1030, 1035 (DzhT, III, 72, 77–8; CC, 358, 360). Ibn Ṣalāya: ibid., II, 1021 (DzhT, III, 64; CC, 355); HJ, 336–7/366, dates his execution after the fall of Baghdad; Lambton, Continuity and Change, 87–8.
133. BH, 435. But in MTD, 486, the same author (Ibn al-ʿIbrī) says merely that it defied him and that the entire populace was slaughtered, as does HJ, 340/370.

134. BH, 436; MTD, 487–8. JT, II, 1027 (DzhT, III, 69; CC, 357). AK, ed. Eddé, Ar. text, 16–17 (tr. Eddé-Terrasse, 42–3)/ed. ʿAbbāra, I, part 2, 68–9.
135. Abū Shāma, 203, l. 25.
136. For the figures, see Morgan, Mongols2, 65–72; Lambton, Continuity and Change, 19–20.
137. TJG, I, 17 (trans. in HWC, 25, modified).
138. Ibid., I, 101 (HWC, 128); for the artisans, I, 100 (HWC, 127).
139. BH, 382.
140. Rāzī, Mirṣād, 9 (tr. Algar, 40); cited (with the figure 700,000) in Lambton, Continuity and Change, 19.
141. Mustawfī, ZN, II, 1025, l. 9 (also in Browne, History of Persian Literature under Tartar Dominion, text at 97, trans. at 98).
142. TN, II, 121 (tr. Raverty, 1038).
143. Sayfī, 80 and 63 respectively.
144. TI, XLIV, 50 (Cahen, 'ʿAbdallaṭīf al-Baghdādī, portraitiste', 127). In the Ghurid era, according to NQ, ed. Dabīr-Siyāqī, 187/ed. Le Strange, I (text), 152, II (trans.), 151, Herat had contained 444,000 houses.
145. IA, XII, 393 (tr. Richards, III, 227); the figure also in al-Dimashqī, Nukhbat al-dahr, 225 (tr. Mehren, 312).
146. Ta'rīkh-i Sīstān, 395–6.
147. SSQ, 76 (= VB, xxxi, 147).
148. Li Zhichang, Xi you ji, tr. Waley, Travels of an Alchemist, 93.
149. Ibid., 111. For the inhabitants' fate, see above, p. 159.
150. Eudes de Châteauroux, papal legate, to Pope Innocent IV, 31 March 1249, in Luc d'Achéry (ed.), Spicilegium sive collectio veterum aliquot scriptorum qui in Galliae bibliothecis delituerant, new edn by Étienne Baluze and L. F. J. de la Barre (Paris, 1723), III, 626; French trans. (based on a better text) in Jean Richard, 'La lettre du Connétable Smbat et les rapports entre Chrétiens et Mongols au milieu du XIIIème siècle', in Dickran Kouymjian (ed.), Armenian Studies – Études arméniennes: In Memoriam Haïg Berbérian (Lisbon, 1986), 683–96 (here 689); tr. in Jackson, Seventh Crusade, 78.
151. IA, XII, 394 (tr. Richards, III, 227). JT, II, 515 (CC, 179). Turkestan3, 435 (= Sochineniia, I, 502).
152. Yāqūt, IV, 858, wa-ijtamaʿa akthar ahl khurāsān wa l-ghurabā'. For Nīshāpūr, see also p. 175.
153. Morgan, Mongols2, 65–8. See also the comments of Petrushevsky, 'Socio-economic condition', 485–6.
154. Petrushevsky, 'Socio-economic condition', 510. More detail in Aubin, Émirs mongols, 25.
155. TJG, I, 128, 130–2 (HWC, 163–4, 166–8). Petrushevsky, 'Socio-economic condition', 485, n. 4, charges Juwaynī himself with reaching the first total by the arbitrary method of assuming that 100,000 corpses could be counted in each of the thirteen days the sayyid and his colleagues spent on the task. See also Kolbas, 'Historical epic', 162–3.
156. IA, XII, 410–11 (tr. Richards, III, 240). Yāqūt, I, 798, mentions only the return of those who had fled, accompanied by others.
157. See JT, I, 537 (CC, 186).
158. Merv: IA, XII, 393 (tr. Richards, III, 227). Samarqand: TJG, I, 95 (HWC, 121).
159. Jin: TJG, I, 153 (HWC, 195). Rus′ (or possibly, from the context, Magas): ibid., I, 225 (HWC, 270); BH, 398. That the Mongols cut off an ear from each of the slain Poles and Germans after the engagement near Liegnitz (Wahlstatt) in 1241 and filled nine sacks, as stated by the early sixteenth-century Polish author Mathias of Miechow, is therefore highly likely: Vernadsky, Mongols and Russia, 55.
160. AM, 31.
161. TJG, I, 140 (HWC, 178). IA, XII, 393 (tr. Richards, III, 227), suggests merely that the conquerors were keen to ensure nobody survived.
162. Meyvaert, 'An unknown letter of Hulagu', 256 (tr. in Barber and Bate, Letters from the East, 158).
163. IA, XII, 374 (tr. Richards, III, 214).
164. TJG, I, 138 (HWC, 175).
165. Nasawī, 64 (tr. Houdas, 88; Pers. redaction, 77).
166. Patton, Badr al-Dīn Lu'lu', 51. But cf. May's assessment, in 'Mongol conquest strategy', 31–2.
167. Respectively IA, XII, 499 (tr. Richards, III, 306), and MZ, VIII, part 2, 666 (= MZDMZ, XV, 55).

168. MZ, VIII, part 2, 787 (= MZDMZ, XV, 167).
169. BH, 426.
170. JT, II, 1020 (DzhT, III, 63; CC, 355).
171. IW, VI, 269/197. Eddé, 'Prise d'Alep', 231; and cf. her Principauté ayyoubide, 178–9. AM, 35, says that 'most' (akthar) of the population were killed.
172. Ibn al-ʿAmīd, 171 (tr. Eddé and Micheau, 112).
173. Xi shiji, tr. in Bretschneider, Mediaeval Researches, I, 138–9.
174. NT, 83.
175. Krämer, 'Fall of Baghdad', 100, for the latter two sources. al-Dhahabī, Duwal al-Islām, tr. Nègre, 267.
176. TG, 589. For the epidemic, see HJ, 331/360 (tr. in Gilli-Elewy, 'Al-Ḥawādiṯ al-ǧāmiʿa', 368), which sets the dead at 'more than 800,000'. Gilli-Elewy, Bagdad, 31 and n. 105, judges these and still higher figures in later sources as excessive.
177. For popular belief, see Ibn al-Ṭiqṭaqā, 190 (tr. Whitting, 136); a faint echo in Waṣṣāf, 25, ll. 20–22 (GW, I, text, 51, trans., 49). AM, 32, and HJ, 322/351, 329/359 (tr. in Gilli-Elewy, 'Al-Ḥawādiṯ al-ǧāmiʿa', 362, 367), confirm that the city was vastly overcrowded with refugees from the Sawād: few of them, according to HJ, survived, while AM speaks of a high mortality rate due to famine and pestilence. Refugees in the 1230s and 1240s: HJ, 109/138, 200/240, 241/285.
178. IA, XII, 377 (tr. Richards, III, 216). Matthew Paris, Chronica Majora, IV, 76. See above, p. 86 and nn.101–2 at p. 454, for other references.
179. TJG, I, 95, 101, 140 (HWC, 122, 128, 177). His figure for Gurgānj artisans (p. 169 above) is too high.
180. Sayfī, 106.
181. See Gregory G. Guzman, 'European captives and craftsmen among the Mongols, 1231–1255', The Historian 72 (2010), 122–50; Jackson, Mongols and the West, 69–70. More generally on those enslaved by the Mongols, see Michal Biran, 'Encounters among enemies: Preliminary remarks on captives in Mongol Eurasia', in Golden et al. (eds), Festschrift for Thomas T. Allsen, 27–42.
182. TN, I, 419, 420, and II, 135, 140–1 (tr. Raverty, 534, 539–41, 1061, 1070–1). Jackson, Delhi Sultanate, 39–41.
183. For preliminary remarks on this, see Reuven Amitai, 'The impact of the Mongols on the history of Syria: Politics, society, and culture', in Amitai and Biran (eds), Nomads as Agents, 228–51 (here 233–6, 239–40); also Reuven Amitai-Preiss, 'Northern Syria between the Mongols and Mamluks: Political boundary, military frontier, and ethnic affinities', in Daniel Power and Naomi Standen (eds), Frontiers in Question: Eurasian Borderlands, 700–1700 (Basingstoke and London, 1999), 128–52 (here 141–2).
184. BH, 439. IW, VI, 216/194, mentions merely the arrival of people 'from outlying parts and from cities'.
185. Carl F. Petry, The Civilian Elite of Cairo in the Later Middle Ages (Princeton, NJ, 1981), 61–4 (Iran).
186. WW, II, 4 (no. 249), and IV, 189–90 (no. 1733).
187. Sayfī, 258.
188. al-Dimashqī, Nukhbat al-dahr, 230 (tr. Mehren, 322).
189. TJG, II, 221 (HWC, 485).
190. De Rachewiltz, 'Yeh-lü Ch'u-ts'ai', 201. Morgan, Mongols2, 64–5.
191. NQ, ed. Dabīr-Siyāqī, 69, 95/ed. Le Strange, I (text), 64, 83, II (trans.), 68–9, 86. For Sujās, see Dorothea Krawulsky, Īrān – das Reich der Īlhˇāne. Eine topographisch-historische Studie (Wíesbaden, 1978), 315.
192. PC, 314 (MM, 59).
193. Ibid., 270 (MM, 28–9, reading 'Sakint').
194. WR, 114/in SF, 226 (MFW, 147).
195. JT, II, 975 (DzhT, III, 22; CC, 340).
196. Allsen, 'Yüan dynasty and the Uighurs', 257. Morgan, Mongols2, 69–71. For Herat, see Lambton, Continuity and Change, 182.
197. TI, XLIV, 50 (Cahen, 'ʿAbdallaṭīf al-Baghdādī, portraitiste', 127). IA, XII, 395 (tr. Richards, III, 228).
198. IA, XII, 389 (tr. Richards, III, 224); for the capture of Sūdāq, see 386 (tr. Richards, III, 223).
199. Oliver Watson, 'Pottery under the Mongols', in Komaroff (ed.), Beyond the Legacy, 325–45 (here 329–31, 335–6).

200. Yuka Kadoi, Islamic Chinoiserie: The Art of Mongol Iran (Edinburgh, 2009), 79.
201. James Allan, 'Chinese silks and Mosul metalwork', in Ward (ed.), Court and Craft, 52–5 (here 53); and see above, p. 168.
202. Qazwīn: Mustawfī, ZN, II, 1025, ll. 11–13 (also in Browne, History of Persian Literature under Tartar Dominion, text at 97, trans. at 98). Rayy and Hamadān: MZ, VIII, part 2, 610 (= MZDMZ, XIV, 601).
203. IA, XII, 392, 393 (tr. Richards, III, 226, 227).
204. AK, ed. Dominique Sourdel, La description d'Alep d'Ibn Šaddād (Damascus, 1953), 36; also in ʿAbbāra's edn, I, part 1, 116. Eddé, Principauté d'Alep, 179–80. For the looting of the Shīʿī shrines at Aleppo, the Mashhad al-Muḥassin and the Mashhad al-Ḥusayn, see Mulder, Shrines of the ʿAlids, 80, 89.
205. Though the restoration of the great mosque at Aleppo would be completed only in 684/1285: Ibn al-Shihna (d. 890/1485), al-Durr al-muntakhab li-ta'rīkh Ḥalab, tr. J. Sauvaget, "Les perles choisies" d'Ibn ach-Chihna. Matériaux pour servir à l'histoire de la ville d'Alep (Beirut, 1933), 59.
206. TJG, I, 3–4 (HWC, 5–6).
207 In a letter of 617/1221 to the wazir of Aleppo, which is incorporated in Yāqūt's biography in Ibn Khallikān's Wafayāt al-aʿyān: see De Slane's trans., IV, 17–19.
208. Yāqūt, III, 24.
209. Erzurum: Chronicle of Bishop Stepʿanos, in Galstian, Armianskie istochniki, 35. Baghdad etc.: Boyle, 'Longer introduction', 247; HJ, 350/382; TI, L, 114 ('over 400,000'); hence WW, I, 179.
210. IB, III, 26–7 (tr. Gibb, 553–4).
211. TJG, I, 3 (HWC, 5–6).
212. Ibid., I, 95–6 (HWC, 122).
213. Ibid., I, 5–7 (HWC, 8–10).
214. Ibid., I, 9 (HWC, 13–14).
215. Yāqūt, II, 54. See also TJG, I, 100–1 (HWC, 127).
216. IA, XII, 495 (tr. Richards, III, 303). Manz, 'Reflections on nomads', 345.
217. TJG, I, 75 (HWC, 96–7).
218. Yelü Chucai, Xi you lu, tr. De Rachewiltz, 21, 22, respectively. For his impressions of Samarqand, see also Wayne Schlepp, 'Ye-lü Ch'u-ts'ai in Samarkand', Canada Mongolia Review 1, part 2 (1975), 5–14.
219. Li Zhichang, Xi you ji, tr. Waley, 93. See the comments of Thomas T. Allsen, 'Population movements in Mongol Eurasia', in Amitai and Biran (eds), Nomads as Agents, 119–51 (here 130).
220. Bretschneider, Mediaeval Researches, I, 127, 131. Allsen, 'Population movements', 130–1.
221. PC, 270 (MM, 29).
222. Zakeri, 'ʿAyyārān of Khurasan', 272–5.
223. Allsen, Commodity and Exchange, 39–40. The figure is from Sayfī, 127.
224. TJG, III, 105 (HWC, 617). Cf. also NQ, ed. Dabīr-Siyāqī, 185/ed. Le Strange, I (text), 150, II (trans.), 149.
225. Allsen, Culture and Conquest, 121–2, and 'Population movements', 131, citing Rashīd al-Dīn, Āthār wa-aḥyā, ed. Minūchihr Sutūda and Īraj Afshār (Tehran, 1368 sh./1989), 144–5. NQ, ed. Dabīr-Siyāqī, 97/ed. Le Strange, I (text), 85, II (trans.), 86–7: since Khūy had therefore become known as 'the Turkistān of Iran', the settlers here are more likely to have been Kitans than Chinese.
226. Yāqūt, I, 198.
227. Ganja and Erzurum: Kirakos, tr. Bedrosian, 199, 255/tr. Khanlarian, 155, 182. Rayy and Iṣfahān: ibid., tr. Bedrosian, 196/tr. Khanlarian, 153–4; but against this must be set the testimony of NQ that Rayy was in a ruined state (p. 179 and n. 243). Grigor Aknertsʿi, tr. Blake and Frye, 303, says that Ganja was restored under Chormaghun, who made it his headquarters. See Bayarsaikhan Dashdondog, 'The Mongol conquerors in Armenia', in Tubach et al. (eds), Caucasus during the Mongol Period, 53–82 (here 60).
228. Drechsler, Geschichte der Stadt Qom, 238–9.
229. TJG, I, 84–5, and III, 9 (HWC, 108, 552–3).
230. Ibid., I, 83–5 (HWC, 108–9).
231. Ibid., II, 238 (HWC, 501).
232. Sayfī, 106–7.

233. TJG, II, 246–7 (HWC, 510).
234. Ḥāfiẓ-i Abrū, Jughrāfiyya, partial edns by Dorothea Krawulsky, Ḫorāsān zur Timuridenzeit nach dem Tārīḫ-e Ḥāfeẓ-e Abrū (verf. 817–823) des Nūrallāh ʿAbdallāh b. Luṭfallāh al-Ḫvāfī (Wiesbaden, 1982–4), I (text), 52/ and by Ghulām-Riḍā Warhrām, Jughrāfiyya-yi ta'rīkhī-yi Khurāsān (Tehran, 1370 sh./1991), 34.
235. IF, III, 111 (no. 2297).
236. JT, II, 1019, naming the noyan as Qaraqai (DzhT, III, 62; CC, 354–5); see 1017 (DzhT, III, 59; CC, 354) for the burning. Cf. also Ṭūsī, Kayfiyyat, 292 (tr. in Boyle, 'Death of the last ʿAbbasid Caliph', 160).
237. Mustanṣiriyya: IF, II, 139. ʿImād al-Dīn: ibid., II, 125–7 (no. 1169); and see also p. 317 below.
238. HJ, 332–3/361–2 (tr. in Gilli-Elewy, 'Al-Ḥawādiṯ al-ǧāmiʿa', 369).
239. Waṣṣāf, 59 (GW, I, text, 117–18, trans., 111–12). IF, II, 315 (no. 1537). Also MA, XI, 188–90. On these measures, see Hend Gilli-Elewy, 'The Mongol court in Baghdad: The Juwaynī brothers between local court and central court', in Albrecht Fuess and Jan-Peter Hartung (eds), Court Cultures in the Muslim World, Seventh to Nineteenth Centuries (London and New York, 2011), 168–81 (here 174); and for cultural life more broadly, Marianna S. Simpson, 'The role of Baghdād in the formation of Persian painting', in C. Adle (ed.), Art et société dans le monde iranien (Paris, 1982), 91–116 (here 92–4).
240. E.g., WW, III, 149, 238–9, and IV, 229 (nos 1103, 1249, 1758). Michal Biran, 'Libraries, books and the transmission of knowledge in Ilkhanid Baghdad', JESHO [forthcoming].
241. Simpson, 'Role of Baghdād', 106–15.
242. See Ravalde, 'Shams al-Dīn Juwaynī', 60–1.
243. NQ, ed. Dabīr-Siyāqī, 56, 57, 59/ed. Le Strange, I (text), 52, 53, 55, II (trans.), 58, 59, 61. Barthold, Historical Geography, 124.
244. NQ, ed. Dabīr-Siyāqī, 70/ed. Le Strange, I (text), 64, II (trans.), 69. On Sarjahān, see Krawulsky, Īrān, 308–9.
245. NQ, ed. Dabīr-Siyāqī, 42, 74, 105, 175, 193, 199/ed. Le Strange, I (text), 40, 67, 91, 143, 157, 160, II (trans.), 47, 71, 92, 142, 154, 157.
246. Ibid., ed. Dabīr-Siyāqī, 52, 107, 109, 117, 120, 127, 130/ed. Le Strange, I (text), 47–8, 93, 94, 100, 102, 107, 109, II (trans.), 54–5, 94, 95, 100, 102, 105, 107.
247. Ibid., ed. Dabīr-Siyāqī, 170/ed. Le Strange, I (text), 139, II (trans.),138: from 880,000 dinars in Saljuq times to 676,500.
248. Carole Hillenbrand, The Crusades: Islamic Perspectives (Edinburgh, 1999), 63–6.
249. Muḥammad b. ʿAlī Rāwandī, Rāḥat al-ṣudūr wa-āyat al-surūr, ed. Muḥammad Iqbál (Leiden and London, 1921), 398. In Turkestan3, 348 (= Sochineniia, I, 412), the 'Turks of Khiṭā' are assumed to be the Mongols.
250. Nīshāpūr: Rāwandī, 180–2; IA, XI, 181–2 (tr. Richards, II, 59–60). Ghazna: TN, I, 343–4 (tr. Raverty, 353–4), alleging that the sack lasted for seven days; IA, XI, 165 (tr. Richards, II, 47), has three days.
251. Cf. the comments of Manz, 'Rule of the infidels', 133.

第七章

1. Jackson, 'From ulus to khanate', 16, 32–5. See further Kim, 'Unity of the Mongol empire', 33–4.
2. JT, I, 711 (SGK, 100; CC, 247).
3. See the comments of Kempiners, 'Vaṣṣāf's Tajziyat al-amṣār', esp. 169–71, 175.
4. TU, 18. Guillaume Adam, Tractatus quomodo Sarraceni sunt expugnandi, ed. and tr. Giles Constable, William of Adam: How to Defeat the Saracens (Washington, DC, 2012), Latin text, 46 (trans., 47). Ch. Kohler, 'Documents relatifs à Guillaume Adam archevêque de Sultanieh, puis d'Antivari, et à son entourage (1318–1346)', Revue de l'Orient Latin 10 (1903–4), 16–56 (here 25). Jordanus de Sévérac, Mirabilia descripta, ed. and tr. Christine Gadrat, Une image de l'Orient au XIVe siècle: les Mirabilia descripta de Jordan Catala de Sévérac (Paris, 2005), 265, § 157; tr. Henry Yule, The Wonders of the East, by Friar Jordanus (London, 1863), 54. Hayton, French text, 214, Latin version, 334, says simply that Du'a held a large part of Chapar's territory. IAF, ed. Samira Kortantamer, Ägypten und Syrien zwischen 1317 und 1341 in der Chronik des Mufaḍḍal b. Abī l-Faḍā'il (Freiburg im Breisgau, 1973), 63, 90 (German trans., 179, 234), writes of Central Asia as the dominions of the 'houses of Qaidu and Du'a'.

5. For clarification of the fragmentary data, see Aubin, 'L'ethnogénèse', 80–2.
6. MP, I, 158–9 (tr. Ricci, 42–3; tr. Latham, 34). For Polo's confusion of Negüder with Tegüder (see above, p.148), frequently replicated in the secondary literature, see Pelliot, Notes on Marco Polo, I, 190–6. Hirotoshi Shimo, 'The Qarāūnās in the historical materials of the Īlkhanate', MRTB 35 (1977), 131–81 (here 161–2), distinguishes the two men but compounds the problem by suggesting, on inadequate grounds, that Tegüder's troops joined the Negüderis. The discussion in A. P. Martinez, 'Notes on the Īl-xānid army', AEMA 6 (1986 [1988]), 129–242 (here 235–40), multiplies the sources of confusion.
7. István Vásáry, Cumans and Tatars: Oriental Military in the Pre-Ottoman Balkans, 1185–1365 (Cambridge, 2005), 88–96. Victor Spinei, Les Mongols et les Roumains dans la synthèse d'histoire ecclésiastique de Tholomeus de Lucca (Iaşi, 2012), 156–7, 163–4. Waṣṣāf, 398, ll. 8–11 (GW, IV, 12), differs from other authors in dating this final battle at the beginning of 702/in the late summer of 1302.
8. See Jean Aubin, 'Le quriltai de Sultân-Maydân (1336)', JA 279 (1991), 175–97 (esp. 191–2).
9. MA, III, 69 (Lech, Ar. text, 1, German trans., 91); and cf. also 89 (Ar. text, 26, trans., 109).
10. W. Barthold, Four Studies on the History of Central Asia, tr. V. and T. Minorsky (Leiden, 1956–62), II, 136–8 (= Sochineniia, II, part 2, 141–2); more recently, see Manz, 'Ulugh Beg, Transoxiana and Turco-Mongolian tradition', 21–4.
11. TR, I (text), 107, II (trans.), 85. Cf. Barfield, Perilous Frontier, 212; Jackson, 'From ulus to khanate', 14–15; and Biran, Chinggis Khan, 81.
12. Cf. the comments of David O. Morgan, 'The decline and fall of the Mongol empire', JRAS, 3rd series, 19 (2009), 427–37 (here 429–30).
13. Dardess, 'From Mongol empire to Yüan dynasty', 122, 125–6, 132, estimates the distances. For the two capitals, see Rossabi, Khubilai Khan, 31–4, 131–5, respectively.
14. Thomas T. Allsen, 'Changing forms of legitimation in Mongol Iran', in Seaman and Marks (eds), Rulers from the Steppe, 223–41 (here 228); and his 'Notes on Chinese titles in Mongol Iran', MS 14 (1991), 27–39 (here 29–30). For the close links between the Ilkhanate and the Yuan, see Allsen, Culture and Conquest, 25–40; also 50–6.
15. Allsen, Culture and Conquest, 29–31. That is, if 'Il-khan' implied subordination: see p. 139.
16. Allsen, Culture and Conquest, 31–3: the exception is coinage struck in Georgia, where, as Allsen points out, the shift to a more distinctively Islamic legitimacy was neither necessary nor desirable. See also his comments ibid., 75, regarding the status of the qaghan's representative, Bolod Chingsang.
17. Allsen, 'Changing forms', 235, and 'Notes on Chinese titles', 28–35. See also Amitai, Holy War, 77–8.
18. See generally Jackson, 'From ulus to khanate', 30–2.
19. MA, III, 126 (Lech, Ar. text, 78, German trans., 144): the account here reads in a slightly confused manner.
20. JT, I, 755 (SGK, 140; CC, 261).
21. Ibid., II, 1063, rafʿ-i muḥāsiba-yi īnchūhā-yi īshān mīkard (DzhT, III, 105; CC, 369). The date is from Waṣṣāf, 69, ll. 18–19 (GW, I, text, 138, trans., 132), who mentions only the espionage.
22. Allsen, Culture and Conquest, 46–8, 49–50. Bretschneider, Mediaeval Researches, II, 11–14.
23. MP, VI, 65 (tr. Ricci, 359–60; tr. Latham, 287–8).
24. The claim by Vernadsky, Mongols and Russia, 73, that Berke sent troops in the 1260s to assist Qubilai in the subjugation of Song China is erroneous. Mengü Temür's coins omitted the qaghan's name: Baumer, History of Central Asia, III, 265. Cf. also his decree to the church in Rus′, in M. D. Priselkov, Khanskie iarlyki russkim mitropolitam (Petrograd, 1916), 96, where the qaghan is not mentioned, in contrast with documents issued by the early Ilkhans: Amitai-Preiss, 'Exchange of letters', 16, 22, 23.
25. Biran, Qaidu, 63–4. Allsen, 'Princes of the Left Hand', 20–1. For the date of Nomoghan's arrival, see Pelliot, Notes on Marco Polo, II, 796 (citing YS, ch. 13).
26. Biran, Qaidu, 64.
27. JT, I, 741, and II, 779–80 (SGK, 124, but making Toqto'a's mother Kelmish Aqa's grandmother in error, and 160; CC, 256, 270). Here and at I, 722 (SGK, 109; CC, 249), the relationship to Toqto'a varies.
28. Ibid., I, 714–15, and II, 957 (SGK, 102–3, 329; CC, 248, 332).
29. Waṣṣāf, 475, ll. 12–16 (GW, IV, 208–9), with a fuller list.

30. TU, 149. Katō Kazuhide, 'Kebek and Yasawr – the establishment of the Chaghatai khanate', MRTB 49 (1991), 97–118 (here 102–3).
31. TU, 203; and see 204 for Esen Buqa's expectation of Yuan gratitude. Biran, 'Diplomacy and chancellery practices', 389. Liu, 'War and peace', 342.
32. See the thorough survey, based on Chinese as well as Muslim sources, in Liu, 'War and peace'. I have adopted 'Köpek', rather than the usual 'Kebek', since SP, fo. 120a, reads KWPAK and the form given above in the Uighur script corresponds; TU, 148, twice spells the name as KWBK. He was still alive in the last summer month of the Year of the Leopard (1326): Dalantai Cerensodnom and Manfred Taube (eds), Die Mongolica der Berliner Turfansammlung (Berlin, 1993), 183 (no. 76).
33. Kim, 'Unity of the Mongol empire', 30–6.
34. MA, III, 89 (Lech, Ar. text, 26, ll. 8–12, German trans., 109); passage noticed in Biran, Qaidu, n. 49 at 173.
35. Dai Matsui, 'Dumdadu Mongγol Ulus "The Middle Mongolian Empire"', in Volker Rybatzki et al. (eds), The Early Mongols: Language, Culture and History. Studies in Honor of Igor de Rachewiltz on the Occasion of His 80th Birthday (Bloomington, IN, 2009), 111–19, with examples from European sources.
36. See the remarks of Kempiners, 'Waṣṣāf's Tajziyat al-amṣār', 169–70, and Biran, 'Battle of Herat', 211–12.
37. JT, II, 1067, 1068–9 (DzhT, III, 110; CC, 370); at I, 770 (SGK, 152; CC, 267), Baraq says that his troops have grown too numerous and that his ulus cannot support them.
38. TU, 203–4, 208. Liu, 'War and peace', 344, 349.
39. Alughu: Waṣṣāf, 12, l. 8 (GW, I, text, 23, trans., 24). Du'a: JT, I, 757 (SGK, 141; CC, 262).
40. Waṣṣāf, 509, ll. 18–21 (GW, IV, 295), furnishes a list of princes from most of these branches in the context of the upheavals of 1305. See Biran, Qaidu, 41, 50, 82, for princes who joined or deserted Qaidu at different times; also O. Karaev, Chagataiskii ulus. Gosudarstvo Khaidu. Mogulistan. Obrazovanie Kyrgyzskogo naroda (Bishkek, 1995), 30.
41. JT, I, 772, and II, 891, 913, 927 (SGK, 144, 153, 265, 286, 299–300; CC, 268, 308, 317, 322); and see also TU, 202, 208 (reading ČWPAN for ČWBAY in error). For references in YS, see ch. 107, ed. and trans. Louis Hambis (with supplementary notes by Paul Pelliot), Le chapitre CVII du Yuan che. Les généalogies impériales mongoles dans l'histoire chinoise officielle de la dynastie mongole (Leiden, 1945 = Supplement to TP 38), n. 8 at 92–3.
42. Mubārak Shāh: JT, I, 759, 772 (SGK, 142–3, 153–4; CC, 263, 268). Böjei was a grandson of Baiju, son of Chaghadai's son Mö'etügen (though some mss. of JT make Baiju a son of Chaghadai himself: see CC, 384, n. 1): SP, fo. 118b; Muʿizz al-ansāb, fo. 30b, in IKPI, III, Pers. text, lx (Russian trans., 48), where he is said to have submitted after the battle of Herat, but the passage is corrupt, omitting one or two words and reading HRAM for HRAT. Jochi Qasar's descendants: JT, I, 278–9 (CC, 98).
43. Waṣṣāf, 450, ll. 11–12 (GW, IV, 142).
44. For these events, see Barthold, Four Studies, I, 130–1, and Zwölf Vorlesungen, 201–2 (= Sochineniia, II, part 1, 73, and V, 160, respectively).
45. See Barthold, Four Studies, I, 131 and n. 3 (= Sochineniia, II, part 1, 74 and n. 60). Naliqo'a appears as a grandson of Büri in JT, I, 753 (CC, 261) and in SP, fo. 118b.
46. Waṣṣāf, 520, ll. 1–3. For Talas, see TU, 210, 214.
47. Waṣṣāf, 520, ll. 1–2.
48. Barthold, Four Studies, I, 129–32 (= Sochineniia, II, part 1, 72–4). More fully in Biran, Qaidu, 69–78.
49. TU, 150.
50. Waṣṣāf, 519 (GW, IV, 316): under Naliqo'a. He had his own governor in Samarqand: TU, 215.
51. For these conflicts, see Katō, 'Kebek and Yasawr', 103–9. The principal sources are Sayfī, 680–722, and TU, 213–20.
52. TU, 144. For what we know of its course, see Allsen, 'Princes of the Left Hand', 22–5; also M. G. Safargaliev, Raspad Zolotoi Ordy (Saransk, 1960), 62–3.
53. Waṣṣāf, 518, ll. 7–8 (GW, IV, 312).
54. A word is evidently omitted in JT, I, 48 (DzhT, I, part 1, 91; CC, 20), which appears to state that these two cities belonged to both princes; the text needs to be corrected in view of the phrasing in JT, ed. Jahn, Geschichte

der Oğuzen, facs. text, 1 (German trans., 17). Although the Mamlūk sources regularly make Qonichi and Bayan rulers also of Ghazna and Bāmıyān, in present-day Afghanistan, this is a misapprehension: Allsen, 'Princes of the Left Hand', 25 and n. 85.

55. Allsen, 'Princes of the Left Hand', 26, 32, citing Mu'īn al-Dīn Naṭanzī, Muntakhab al-tawārīkh, ed. Jean Aubin, Extraits du Muntakhab al-tavarikh-i Mu'ini (Tehran, 1336 sh./1957), 88. Naṭanzī wrongly attributes Uṭrār, a Chaghadayid mint-town, to the Blue Horde, but cf. V. P. Shchekin, 'Klad serebrianykh dinarov i dirkhemov chagataidov XIV v.', Epigrafika Vostoka 23 (1985), 60–2 (here 62, nos 22–3); Michael Fedorov, 'A hoard of fourteenth-century Chaghatayid silver coins from North Kirghizstan', Numismatic Chronicle 162 (2002), 404–19 (here 414, nos 22–3, and 415, nos 26–8); and Petrov, 'Khronologiia', 305–6, 308–10, 314–15. MA, III, 124 (read SWRAN for SWDAQ; cf. Lech, Ar. text, 75, German trans., 142), lists the other four towns among the Jochid possessions. The statement ibid., 99 (text corrupt; see Lech, Ar. text, 38, l. 2, German trans., 116), that Jand and Barchinlighkent were Chaghadayid possessions may be anachronistic, though it is possible that they were forfeited to Orda's line soon afterwards, during a Jochid campaign in 742/1342, which is mentioned by Shams al-Dīn al-Shujā'ī, Ta'rīkh al-malik al-Nāṣir Muḥammad b. Qalāwūn al-Ṣāliḥī wa awlādihi, ed. and tr. Barbara Schäfer, Die Chronik aš-Šuǧā'ī's (Wiesbaden, 1977–85), I (text), 214, 234, II (trans.), 249, 268. Janibeg (1342–58) too is said to have annexed some unspecified Chaghadayid territory: Abū Bakr al-Quṭbī Aharī, Ta'rīkh-i Shaykh Uways (written in or after 760/1359), ed. and tr. J. B. Van Loon (The Hague, 1954), text, 177, trans., 76.
56. István Vásáry, 'The beginnings of coinage in the Blue Horde', AOASH 62 (2009), 371–85 (here 378–80). For the khans' burials, see Naṭanzī, 88, 89; Īrazān's name is possibly a metathetic form of that of the Rus′ town of Riazan. It should be noted that the Mu'izz al-ansāb does not supply any descendants for Sasi Buqa.
57. Barthold, Four Studies, I, 129–30 (= Sochineniia, II, part 1, 72), suggested that the shift began with the wars of Qaidu and Du'a against Bayan. But words imputed to the noyan Nawrūz (the context is 1284) might suggest that Qonichi's territory already lay not far beyond the Oxus: JT, II, 1140 (DzhT, III, 185; CC, 394).
58. As noticed by MA, III, 99 (Lech, Ar. text, 39, ll. 14–15; German trans., 117, renders man yastaḥaqqu mīrāth al-takht misleadingly as 'ein Thronprätendent'), ascribing the practice to fear of Chaghadayid attacks, and Mustawfī, ZN, II, 1440, ll. 24–6 (tr. Ward, II, 599); see also Ḥāfiẓ-i Abrū, Dhayl-i Jāmi' al-tawārīkh, ed. Khānbābā Bayānī, 2nd edn (Tehran, 1350 sh./1971), 111.
59. Karl-Ernst Lupprian (ed.), Die Beziehungen der Päpste zu islamischen und mongolischen Herrschern im 13. Jahrhundert anhand ihres Briefwechsels (Vatican City, 1981), 230 (no. 44), inimici fortissimi. See further Amitai-Preiss, Mongols and Mamluks, 88–9; Biran, 'Battle of Herat', 202.
60. JT, II, 1109 (DzhT, III, 152), with Abagha in error, though 2 mss. read 'Pādishāh-i Islām' (as correctly given in CC, 384), i.e. Ghazan. Waṣṣāf, 368, ll. 7–10 (GW, III, 263). Hayton, French text, 196, Latin trans., 319 (both with 'Baido' in error for 'Caido'). Marino Sanudo Torsello, Liber secretorum fidelium crucis, in J. Bongars (ed.), Gesta Dei per Francos, I (Hanover, 1611; repr. Toronto, 1972), 240; tr. Peter Lock, Marino Sanudo Torsello, The Book of the Secrets of the Faithful of the Cross (Farnham and Burlington, VT, 2011), 382. But Hayton's claim that an attack by Qaidu's army obliged Ghazan to withdraw from Syria in 1303 also is probably untrue: French text, 200 ('Baydo'), Latin trans., 321 (variants D, E and F).
61. Zakirov, Diplomaticheskie otnosheniia, 65. Biran, 'Diplomacy and chancellery practices', 375–7.
62. TU, 212.
63. The situation so eloquently outlined for the sixteenth-century Uzbek khanate by McChesney, 'Chinggisid restoration in Central Asia', 281–2, applies in equal measure to the Mongol khanates of the thirteenth century, albeit across a larger canvas. See also Kradin, 'Chinggis Khan', 186–7.
64. Ilkhanate: see pp. 270, 272. Orda's ulus: G. A. Fedorov-Davydov, Obshchestvennyi stroi Zolotoi Ordy (Moscow, 1973), 105. Succession to Qaidu: SGK, 20; cf. CC, 216 and n. 5, 218 (not in Rawshan and Mūsawī edn). Chaghadai's ulus: Waṣṣāf, 518, ll. 14 and 16–18 (GW, IV, 315); TU, 147; Katō, 'Kebek and Yasawr', 101; Kempiners, 'Vaṣṣāf's Tajziyat al-amṣār', 176–80.
65. Qaraṭāy al-'Izzī al-Khaznadārī, 128, ll. 16–18; cited by Amitai-Preiss, Mongols and Mamluks, 80 (but the reference to IW is an error derived from SMIZO, I, 72). See also the comments of Elverskog, Buddhism and Islam, 186.

66. Broadbridge, Kingship and Ideology, 58.
67. See Amitai-Preiss, Mongols and Mamluks, 230–3, and his 'Mongol imperial ideology and the Ilkhanid war against the Mamluks', in Amitai-Preiss and Morgan (eds), Mongol Empire and its Legacy, 57–72; Halperin, 'Kipchak connection', esp. 231–3, 241; and Kamola, 'History and legend', 569–70, citing JT, II, 1293–4 (DzhT, III, 336; CC, 451). See also pp. 92–3 above.
68. Amitai-Preiss, 'Exchange of letters', esp. 17–18, 20. For il/el, see above, p. 92 and n. 159 at p. 456.
69. Burkhard Roberg, 'Die Tartaren auf dem 2. Konzil von Lyon 1274', Annuarium Historiae Conciliorum 5 (1973), 241–302 (text at 300–1).
70. Ibn ʿAbd al-Ẓāhir, Tashrīf al-ayyām wa l-ʿuṣūr fī sīrat al-malik al-Manṣūr, ed. Murād Kāmil and Muḥammad ʿAlī al-Najjār (Cairo, 1961), 70; passage trans. in Judith Pfeiffer, 'Aḥmad Tegüder's second letter to Qalā'ūn (682/1283)', in Pfeiffer and Quinn (eds), History and Historiography, 167–202 (here 189). Pfeiffer sees the aim of this second embassy differently and accepts (ibid., 184) that the reconciliation with the Jochids was genuine.
71. ZF, 336; cited by Broadbridge, Kingship and Ideology, 78.
72. DMZ, partial edn by Li Guo, Early Mamluk Syrian Historiography: Al-Yūnīnī's Dhayl Mir'āt al-zamān (Leiden, 1998), I (trans.), 190–1, II (text), 220 (= MZDMZ, XXI, 239). ID, IX, 62. IAF, part 3, 60.
73. Mostaert and Cleaves, Les lettres de 1289 et 1305, 56–7. On this embassy, see Jackson, Mongols and the West, 182–3.
74. Waṣṣāf. 453–4 (GW, IV, 150–1). Johannes Vitodurensis (John of Winterthur), Cronica, ed. Friedrich Baethgen (Berlin, 1924), 162; cited in Ciocîltan, Mongols and the Black Sea Trade, 269, n. 517.
75. JT, I, 740 (SGK, 124; CC, 256); for the envoys, ibid., II, 1097 (DzhT, III, 139; CC, 380). But DMZ, II, 443 (= MZDMZ, XVIII, 72), reports news of Abagha's defeat by 'Berke's nephew' (Mengü Temür himself or Noghai?) early in 669/in the winter of 1270–1; Amitai-Preiss, Mongols and Mamluks, 88, is sceptical.
76. See TG, 592 (calling the Jochid force lashgarī-yi ʿaẓīm), and the Mamlūk authors cited by Amitai-Preiss, Mongols and Mamluks, 88–9.
77. JT, I, 740 (SGK, 124; CC, 256).
78. Ibid., II, 1176–7 (DzhT, III, 221; CC, 406). This is presumably the Jochid attack, headed by an unidentifiable commander who was killed, that is described by Mustawfī, ZN, II, 1321–3 (tr. Ward, II, 334–7).
79. JT, II, 1196 (DzhT, III, 238–9; CC, 413).
80. Waṣṣāf, 51, l. 11 (GW, I, text, 99, trans., 95).
81. Zakirov, Diplomaticheskie otnosheniia, 67.
82. JT, I, 747–8 (SGK, 129–30; CC, 258–9); and see II, 1265 (DzhT, III, 306; CC, 441), for a visit to the Ilkhan's court by Noghai's widow and son Türi (or Büri) in 695/1296, an impossible date.
83. DMZ, ed. Guo, I (trans.), 191, II (text), 221 (= MZDMZ, XXI, 239). See also Waṣṣāf, 398 (GW, IV, 12), for Toqto'a's renewal of claims on Arrān and Azerbaijan after his victory over Noghai.
84. Charles J. Halperin, 'Russia in the Mongol empire in comparative perspective', HJAS 43 (1983), 239–61; repr. in Halperin, Russia and the Mongols, 114–31.
85. Waṣṣāf, 398 (GW, IV, 12–13). TU, 146.
86. Biran, 'Mongols in Central Asia', 57: her source is possibly the fifteenth-century Mamlūk chronicler al-ʿAynī.
87. Manz, 'Mongol history rewritten and relived', 139–40.
88. JT, II, 1527 (DzhT, III, 557; CC, 529).
89. Ibid., II, 1044–6, 1062, 1164 (DzhT, III, 87–8, 103–4, 207–8; CC, 363, 368, 402); for Tama Toqta's parentage, see I, 724–5 (SGK, 111; CC, 250).
90. Ibid., II, 1062–3 (DzhT, III, 104; CC, 368). See TMEN, I, 349–51 (no. 227, 'Wall, umwallter Platz, Schutz, Grenze'). DMZ, II, 363 (= MZDMZ, XVIII, 5), gives more detail but dates its construction in 665/1267.
91. YS, ch. 13, cited in Pelliot, Notes on Marco Polo, II, 795–6, and ch. 63, cited in Biran, Qaidu, 41.
92. For the date, see n. 65 in Biran, Qaidu, 151–3, challenging the year 1275 adopted by Allsen, 'Yüan dynasty and the Uighurs', 254–5. Liu, 'Study of Küšän Tariṃ', 480–5. For Chaghadayid appointees, see Peter Zieme, Religion und Gesellschaft im uigurischen Königreich von Qočo. Kolophone und Stifter des alttürkischen buddhistischen Schrifttums aus Zentralasien (Opladen, 1992), 53; and for the short-lived restoration at Qaraqocho, Allsen, 'Yüan dynasty and the Uighurs', 260.

93. MP, II, 9, 12 (tr. Ricci, 62, 64, 65; tr. Latham, 49–50, 51). See further the brief discussion in Pelliot, Notes on Marco Polo, I, 207–8, and II, 878, and the evidence presented in Biran, Qaidu, 44.
94. TU, 149 (Khotan, c. 709/1309–10), 205 (Kāshghar, 713/1313–14). For Kāshghar as one of Qaidu's conquests, see Waṣṣāf, 67, l. 1 (GW, I, text, 133, trans., 127).
95. JT, II, 957 (SGK, 329; CC, 332). For its allegiance to Qubilai, see YS, ch. 9, cited in Pelliot, Notes on Marco Polo, I, 64–5.
96. Sayfī, 629–30. Petrov, 'Khronologiia', 302–3, dates its subjection to Köpek's reign (1320–6); see also 305. MA, III, 99 (Lech, Ar. text, 38, l. 5, German trans., 116), includes Badakhshān in the Chaghadayid dominions; though ibid., 105 (Lech, text, 46, trans., 123), it is said to be independent of the neighbouring rulers.
97. JT, II, 1527 (DzhT, III, 557; CC, 529).
98. Ibid., II, 1066 (DzhT, III, 107; CC, 369).
99. Tash'ītā d-mār Yahballāhā qātōlīkā d-madnhā wad-rabban Ṣāwmā sā'ōrā gawānāyā, tr. E. A. Wallis Budge, The Monks of Kûblâi Khan Emperor of China (London, 1928), 138–9 (where Hoqu is wrongly identified); ed. and tr. Pier Giorgio Borbone, Storia di Mar Yahballaha e di Rabban Sauma. Cronaca siriaca del XIV secolo, 2nd edn (Moncalieri, 2009), 57. For the correct identification, see Pelliot, Notes on Marco Polo, I, 65, also 423. Kim, 'Unity of the Mongol empire', 22.
100. YS, ch. 8, cited in Pelliot, Notes on Marco Polo, II, 878.
101. YS, ch. 134, quoted in Kim, 'Unity of the Mongol empire', 21.
102. MA, III, 99–100 (Lech, Ar. text, 39–40, German trans., 117–18); see also 118 (Lech, text, 67, trans., 136), for another comment about the inadequacy of the inhabitants of the Golden Horde for war.
103. JT, II, 1105 (DzhT, III, 148; CC, 382–3). Sayfī, 346.
104. JT, II, 1222 (DzhT, III, 264; CC, 422). Sayfī, 432.
105. JT, I, 772 (SGK, 153–4; CC, 268).
106. Aubin, 'L'ethnogénèse', 83. Ta'rīkh-i shāhī-yi Qarākhitā'iyyān, ed. Muḥammad Ibrāhīm Bāstānī-Pārīzī (Tehran, 2535 shāhanshāhī/1977), 248–50.
107. Nāṣir al-Dīn Munshī Kirmānī, Simṭ al-'ulā li l-ḥaḍrat al-'ulyā, ed. 'Abbās Iqbāl (Tehran, 1328 sh./1949), 49. TG, 531, describes this as an appeal to Ögödei's line (i.e. Qaidu). The earlier status of 'Abd-Allāh may have misled an author writing in Delhi, and describing his invasion of India in 691/1292, into calling him a descendant of 'Hulū', i.e. Hülegü: Ḍiyā' al-Dīn Baranī, Ta'rīkh-i Fīrūzshāhī (c. 1358), ed. Saiyid Ahmad Khán (Calcutta, 1862), 218.
108. Described at length by Waṣṣāf, 199–202 (GW, II, 119–29); briefer accounts (with the year 676) in Ta'rīkh-i shāhī, 281, and (with 677) in Mu'īn al-Dīn Aḥmad Ibn Zarkūb, Shīrāz-nāma, ed. Bahman Karīmī (Tehran, 1310 sh./1932), 66/ed. Ismā'īl Wā'iẓ Jawādī (Tehran, 1350 sh./1971), 91–2.
109. JT, II, 772, 1109–10, 1210–11 (SGK, 154, n. 40; DzhT, III, 152–3, 252–3; CC, 268, 384, 417). For the date, see Aubin, 'L'ethnogénèse', 85, n. 4. Shimo, 'Qarāūnās', presents a good deal of evidence for the subsequent history of these troops, though some of his assumptions should be treated with caution. The details in Grupper, 'A Barulas family narrative', 53–9, it should be noted, refer to noyans appointed to command these Ilkhanid Qara'unas.
110. Waṣṣāf, 203, ll. 14–18 (GW, II, 129–30, fails to translate the word ākhir).
111. Abū l-Fidā, Taqwīm al-buldān, 339 (tr. Reinaud and Guyard, II, 104). MP, I, tr. Ricci, 43/tr. Latham, 35 (not in Ménard's edn).
112. Sarban: Waṣṣāf, 509, l. 25–510, l. 2 (GW, IV, 295); JT, BN ms., ed. in Jahn, Geschichte Ġāzān Ḫān's, 26, and in DzhT, III, 577 (CC, 424; not in Rawshan and Mūsawī edn). Yasa'ur: JT, I, 606–7 (CC, 212), and II, 1226 (more fully in DzhT, III, 578; CC, 423–4). The base on the upper Oxus must have been Sarban's summer quarters: ibid., I, 628–9 (DzhT, II, part 1, 27–8; SGK, 25–6; CC, 218–19). For this southward expansion, see Kempiners, 'Vaṣṣāf's Tajziyat al-amṣār', 180–4.
113. Waṣṣāf, 314, ll. 8–10, 20 (GW, III, 134, 135). On Nawrūz's defection to Qaidu, see Biran, Qaidu, 57–9.
114. JT, I, 300 (CC, 104–5). For 'Abd-Allāh's recall, see ibid., II, 1109 (DzhT, III, 152; CC, 384), dating it in 698 [1298–9], which is too late; also SGK, 144 (omitted in JT, I, 761, and in CC, 263), and cf. the reconstruction of this corrupt passage by Aubin, 'L'ethnogénèse', 84, n. 2, and Kempiners, 'Vaṣṣāf's Tajziyat al-amṣār', 182–3.

Pace Aubin (84, n. 1), he is clearly the ʿAbd-Allāh, son of Böjei, briefly mentioned at JT, I, 753 (SGK, 138; CC, 260): although Rashīd al-Dīn mentions two different genealogies here, he gives only one in SP, fo. 118b. Aubin, 'L'ethnogénèse', 82–4, dates ʿAbd-Allāh's recall soon after 1270; but cf. Jackson, Delhi Sultanate, 119, 121–2.

115. Waṣṣāf, 367–8 (GW, III, 262–3).
116. Ibid., 368, l. 3 (GW, III, 263).
117. JT, II, 1229 (DzhT, III, 271–2; CC, 425); at I, 757 (SGK, 141; CC, 262), they are said merely to have done much damage in Khurāsān and killed many Muslims. Waṣṣāf, 314, ll. 11–13 (GW, III, 135), specifies that Nawrūz himself plundered Ṭūs.
118. Sayfī, 401–18, gives a detailed account. There is a brief mention of their invasion in JT, II, 1261 (DzhT, III, 302; CC, 440); cf. also I, 757 (SGK, 141; CC, 262).
119. Waṣṣāf, 344, ll. 15–17 (GW, III, 208).
120. JT, II, 1109 (DzhT, III, 152; CC, 384), and Waṣṣāf, 368–71 (GW, III, 263–70): the invading army is here said to have been sent by Qutlugh Qocha himself, who was, however, dead by this date (see above). The year 699 that Waṣṣāf gives throughout for these operations is a year too early, since he makes them coincide with the revolt of Maḥmūd Shāh in Kirmān, which lasted well into 700/1300. Kirmānī, Simṭ al-ʿulā, 89, confirms the year 700 for the Chaghadayid invasion.
121. For these attacks on the Ilkhanate, see generally JT, I, 628–9, 758 (DzhT, II, part 1, 28–30; SGK, 25, 142; CC, 218–19, 262), and TU, 18–20 (date missing, but clearly the invasion of 1302–3).
122. NQ, ed. Dabīr-Siyāqī, 197/ed. Le Strange, I (text), 159, II (trans.), 156.
123. MP, II, 2 (tr. Ricci, 54; tr. Latham, 74).
124. IF, II, 374 (no. 1660). Aubin, 'Le quriltai de Sultân-Maydân', 185. Ḥāfiẓ-i Abrū, Jughrāfiyya, BL ms. Or. 1577, fo. 294b, gives credit for the recovery of Khurāsān after 1320 to the good government of Amīr Ḥusayn (ancestor of the Jalayirids).
125. Qutlugh Qocha's death: TU, 193, 201, and Jackson, Delhi Sultanate, 222. His brothers: Waṣṣāf, 510, 517 (GW, IV, 295–6, 312), and TU, 149–50.
126. TU, 152–3, 201–2, describing his expulsion twice. Sayfī, 595–8.
127. TG, 617. Mustawfī, ZN, II, 1464, ll. 3–9 (tr. Ward, III, 652). Hence Ḥāfiẓ-i Abrū, Dhayl-i Jāmiʿ al-tawārīkh, 167–8; but in his Jughrāfiyya, fos 294b–295a, he supplies a slightly more detailed account, the source of which is unknown.
128. IB, III, 41–2, 87–8 (tr. Gibb, 561, 589–90). Ḥāfiẓ-i Abrū, Jughrāfiyya, fo. 308a, indicates that N. E. Khurāsān ('Balkh, Ṭāliqān, Andkhūd and Shabūrghān, as far as the borders of Badakhshān and Bāmiyān') was under Chaghadayid rule at the death of the Ilkhan Abū Saʿīd (1335).
129. MA, III, 40; also ed. and tr. Otto Spies, Ibn Faḍlallāh al-ʿOmarī's Bericht über Indien in seinem Werke Masālik al-abṣār fī mamālik al-amṣār (Leipzig, 1943), Ar. text, 8 (German trans., 30)/tr. Iqtidar Husain Siddiqi and Qazi Muhammad Ahmad, A Fourteenth-Century Arab Account of India under Sultān Muhammad bin Tughluq (Aligarh, [1972]), 32.
130. TJG, I, 75 (HWC, 96–7); see also I, 84–5 (HWC, 107–9), specifically on Bukhārā. See above, pp. 176–7.
131. JT, II, 927 (SGK, 300; CC, 322).
132. The son who was allegedly slain, the shaykh al-islām Burhān al-Dīn, has possibly been confused with his elder brother, Jalāl al-Dīn Muḥammad, who is said to have been killed in Bukhārā on Wed. 16 Jumādā I 661/28 March 1263: Iraj Afshar, 'Saif-al-Din Bākharzi', in W. B. Henning and E. Yarshater (eds), A Locust's Leg: Studies in Honour of S. H. Taqizadeh (London, 1962), 21–7 (here 25–6).
133. Waṣṣāf, 77 (GW, I, text, 154–5, trans., 147–8). Kish and Nakhshab are mentioned only in the version in JT, II, 1098–1100 (DzhT, III, 140–2; CC, 380–1).
134. Waṣṣāf, 78, ll. 10–13 (GW, I, text, 156, trans., 148): the erroneous year given, 694, is due to the common confusion between sabʿīn (70) and tisʿīn (90) in Arabic-Persian script. JT, II, 1100 (DzhT, III, 142; CC, 381), says that Chübei and Qaban devastated the region for three years and confirms that it lay desolate for (a further) seven.
135. TR, I (text), 106, II (trans.), 85. For the putative sense of Jata, see TMEN, III, 55–6 (no. 1071); and for

the equation with Qazaq, Barthold, Zwölf Vorlesungen, 215 (= Sochineniia, V, 170), and Peter B. Golden, 'Migrations, ethnogenesis', in CHIA, 109–19 (here 117). Martinez, 'Some notes on the Īl-xānid army', 232, however, links it with Mo. root yada- (dzada-), 'poor', 'indigent'. On Tu. qazaq (possibly from qaz-, 'to wander') and the related abstract noun qazaqliq, see now especially Maria E. Subtelny, Timurids in Transition: Turko-Persian Politics and Acculturation in Medieval Iran (Leiden and Boston, MA, 2007), 29–30 and n. 73; and Yuri Bregel, 'Uzbeks, Qazaqs and Turkmens', in CHIA, 221–36 (here 225, nn. 15 and 16).

136. JQ, Ar. text, cxciii, but reading JBA'YH for JTA'YH and misinterpreting it as 'collectors [of taxes]' (Russian trans., 143); cf. the text in Turkestan1, I, 146. This is the earliest known occurrence of the term Jata. Michele Bernardini, Mémoire et propagande à l'époque timouride (Paris, 2008), 61, however, regards its application to the troops of Mughalistān as a later phenomenon.
137. NQ, ed. Le Strange, I (text), 262, II (trans.), 255.
138. Waṣṣāf, 517, ll. 1–2 (GW, IV, 312). TU, 37, with LYČH in error for KNJK (ms. Ayasofya 3109, fo. 18a, reads LJH).
139. Waṣṣāf, 519, ll. 18–24 (GW, IV, 318).
140. TU, 213 (corrected from ms. Ayasofya 3109, fo. 95a). Sayfī, 643–4. See Allsen, 'Population movements', 135–6. Waṣṣāf, 613, ll. 20–23, mentions only the problem of yūt (Mo. dzud), i.e. starvation of livestock when vegetation is rendered inaccessible to the horses by dense frozen snow: see TMEN, IV, 209–11 (no. 1911, 'Epizootie, Viehsterben im Winter durch Unzugänglichkeit des Futters').
141. L. V. Stroieva, 'Bor'ba kochevoi i osedloi znati v chagataiskom gosudarstve v pervoi polovine XIV v.', in Pamiati akademika Ignatiia Iulianovicha Krachkovskogo. Sbornik statei (Leningrad, 1958), 206–20.
142. JT, II, 882 (SGK, 258; CC, 305).
143. Waṣṣāf, 77 (GW, I, text, 154, trans., 147). JT makes no mention of operations in Khwārazm.
144. TU, 173–4, 176.
145. JT, I, 625–6 (DzhT, II, part 1, 19; SGK, 23; CC, 217).
146. Ibid., I, 757 (SGK, 141; CC, 262).
147. One is reminded of the flourishing Frisian emporium of Dorestad, of which a Carolingian annalist says that the Vikings 'destroyed everything' there in 834, 'laid it waste and looted it savagely' in 835 and 'devastated' it in 836, and then assures us, in all seriousness, that they 'fell on it with … fury and exacted tribute' in 837: The Annals of St-Bertin, tr. Janet L. Nelson (Manchester and New York, 1991), 30, 33, 35, 37. See Else Roesdahl, Viking Age Denmark, tr. Susan Margeson and Kirsten Williams (London, 1982), 210. But the Mongol armies were surely more numerous than those of the ninth-century Vikings and the cities they sacked incomparably more populous than Dorestad.
148. Marco Polo, tr. Ricci, 394/tr. Latham, 310 (not in Ménard's edn); though Berke is said below to have 350,000 (tr. Ricci, 395, 396/tr. Latham, 311). JT, II, 1032 (DzhT, III, 75; CC, 359).
149. MA, III, 139 (Lech, Ar. text, 94, German trans., 154).
150. Toqto'a assembled nearly thirty tümens on the Dnieper in 698/1298–9 for his war with Noghai, and sixty tümens the following year: JT, I, 745–6 (SGK, 127–8; CC, 257–8). Noghai's forces, in their first engagement, are set at 200,000: ZF, 322; al-Nuwayrī, XXVII, 370 (= SMIZO, I, Ar. text, 88, 137, Russian trans., 111, 159, respectively). Thirty years later a European observer put Özbeg's forces as high as 707,000 horsemen: De statu, conditione ac regimine magni canis [c. 1340], ed. Christine Gadrat, 'De statu, conditione ac regimine magni canis: l'original latin du «Livre de l'estat du grant can» et la question de l'auteur', Bibliothèque de l'École des Chartes 165 (2007), 355–71 (here 366); fourteenth-century French version, ed. M. Jacquet, 'Le Livre du Grant Caan, extrait d'un manuscrit de la Bibliothèque du Roi', JA 6 (1830), 57–72 (here 59–60), and tr. in Sir Henry Yule, Cathay and the Way Thither, new edn by Henri Cordier (London, 1913–16), III, 90.
151. MA, III, 99 (Lech, Ar. text, 39, German trans., 117). Hayton, French text, 214, 215, Latin trans., 335. For these and other figures, see Biran, Qaidu, 85–6. Spuler, Goldene Horde, 376, sets the maximum size of the Golden Horde army at 60,000, which in my opinion is too low.
152. MA, III, 126–7 (Lech, Ar. text, 79, German trans., 144–5). The same statistic is found in ʿAlam al-Dīn al-Qāsim b. Muḥammad al-Birzālī, al-Muqtafā li-ta'rīkh al-shaykh Shihāb al-Dīn Abū Shāma, ed. ʿUmar ʿAbd al-Salām Tadmurī (Ṣaydā, 1427/2006), IV, 93 (= SMIZO, I, Ar. text, 173, Russian trans., 174).

153. JT, I, 747 (SGK, 129; CC, 258); see also I, 606 (CC, 211), and SP, fo. 107b (both of which add 'Mājār', i.e. Hungarians), and Allsen, Mongol Imperialism, 207–9, for the ethnic composition of Jochid armies.
154. Baraq and Du'a: Sayfī, 313, 402 (as Biran notes, in Qaidu, 85, Du'a's army included troops supplied by Qaidu). Sarban: TU, 18. Köpek: ibid., 164, 209; Sayfī, 630, 633 (for seven divisions, each of 8,000 men); Katō, 'Kebek and Yasawr', 105. Chapar: TU, 37.
155. See Morgan, 'Mongol armies in Persia', 88–91; also the comments of Allsen, Mongol Imperialism, 193–4, 198, 206–7, discussing the numbers for Möngke's reign.
156. Goriatcheva, 'À propos de deux capitales', 97 (citing Maḥmūd Walī).
157. NQ, ed. Le Strange, I (text), 256, II (trans.), 249. Shabānkāra'ī, 231, already confused it with Almaligh.
158. JT, I, 630 (omitted in SGK; CC, 219).
159. Samarqand: IB, III, 52 (tr. Gibb, 567). Bukhārā: ibid., III, 22 (tr. Gibb, 550). Balkh: ibid., III, 58–9, 63 (tr. Gibb, 571, 574). But his claim that Merv (which he almost certainly never visited) was in ruins, ibid., III, 63 (tr. Gibb, 574), is confirmed by NQ, ed. Dabīr-Siyāqī, 193/ed. Le Strange, I (text), 157, II (trans.), 154. Ḥāfiẓ-i Abrū says that it lay in ruins until the Timurid Shāh Rukh ordered its repopulation in 812/1410: Jughrāfiyya, ed. Krawulsky, I (text), 60/ed. Warhrām, 39.
160. Yazdī, ZN, ed. Urunbaev, fo. 80a, ll. 12–13: Yazdī too dated its ruined state from Chinggis Khan's time.
161. On which see A. Mahdī Ḥusain, The Reḥla of Ibn Baṭṭūṭa (Baroda, 1953), n. 5 at 1–2.
162. MA, III, 115 (Lech, Ar. text, 62; cf. German trans., 133). Barthold, Four Studies, I, 132, n. 2, and Zwölf Vorlesungen, 202 (= Sochineniia, II, part 1, 74–5, n. 63, and V, 161, respectively), suggested that this description reflected the events of the early fourteenth century.
163. Charles Melville, 'The itineraries of Sultan Öljeitü, 1304–16', Iran 28 (1990), 55–70.
164. See the remarks of Petrushevsky, 'Socio-economic condition', 491–2, and Lambton, Continuity and Change, 173–84 passim.
165. JT, II, 884 (SGK, 260; CC, 305).
166. Ibid., I, 769 (SGK, 151; CC, 267).
167. Ibid., II, 1066, 1069–70 (DzhT, III, 108–9, 111; CC, 370, 371).
168. Waṣṣāf, 71, l. 6 (GW, I, text, 141, trans., 134). Biran, Qaidu, 30.
169. Ibn Bazzāz, Ṣafwat al-ṣafā, ed. Ghulām-Riḍā Ṭabāṭabā'ī Majd, 2nd edn (Tehran, 1376 sh./1997), 1024, 1028. B. Nikitine, 'Essai d'analyse du Ṣafvat-uṣ-Ṣafā', JA 245 (1957), 385–94 (here 391–2). For other examples (a number of which are from the post-Ilkhanid period), see Gronke, Derwische, 62–3, 66–7.
170. JT, II, 1078, 1097 (DzhT, III, 120, 138; CC, 374, 380). Cf. DMZ, II, 434, 435 (= MZDMZ, XVIII, 64); ID, VIII, 148; and IAF, part 1, 521. Biran, 'Battle of Herat', 191.
171. Ta'rīkh-i āl-i Saljūq dar Ānāṭūlī, ed. Nādira Jalālī (Tehran, 1377 sh./1999), 108.
172. JT, II, 1224 (DzhT, III, 266; trans. in CC, 422, modified).
173. Ibid., II, 1477 (DzhT, III, 509; CC, 511).
174. Jurma: either the Sönit commander who arrived with Chormaghun and on whom see JT, I, 74 (DzhT, I, part 1, 155; CC, 31, 'Chorma'), or his namesake of the Tatar tribe, as ibid., I, 88 (DzhT, I, part 1, 191; CC, 35, 'Joma'); at the latter point, the editors of the Persian text adopt the reading JWRMH. Ughan: ibid., I, 71 (DzhT, I, part 1, 145; CC, 29).
175. 1278–9: Waṣṣāf, 202, ll. 11–12 (GW, II, 127, omits the name); cited by Lambton, 'Mongol fiscal administration' [Part I], 83. 1301: Waṣṣāf, 368, l. 13–369, l. 8; the erroneous reading of Ūghāniyān as Afghāniyān, found, for example, in GW, III, 263–5 ('Afghanen und Dschurmanen'), misled Martinez, 'Some notes on the Īl-xānid army', 220–1.
176. Kirmānī, Simṭ al-ʿulā, 58. Muʿīn al-Dīn Yazdī, Mawāhib-i ilāhī dar ta'rīkh-i āl-i Muẓaffar, ed. Saʿīd Nafīsī (Tehran, 1326 sh./1947), 171 ff., cited by Lambton, Continuity and Change, 18. Maḥmūd Kutubī, Ta'rīkh-i āl-i Muẓaffar, ed. ʿAbd al-Ḥusayn Nawā'ī (Tehran, 1335 sh./1956), 27–8. See A. K. S. Lambton, 'Kirmān', EI2, V, 163; Aigle, Fārs, 186–9.
177. Dawlat Shāh, quoted by Aubin, 'Le quriltai de Sultân-Maydân', 184.
178. Waṣṣāf, 118, ll. 16–17, nasnās-ṣifat and na-nās wa-dar miyān-i mughūl az īshān bībāktar nabāshad (GW, I, text, 239; cf. trans., 223); see also 136, l. 3, shayāṭīn (GW, I, text, 277, trans., 259). For their depredations, see JT, II,

1137, 1147 (DzhT, III, 181–2, 193; CC, 393, 396). Shimo, 'Qarāūnās', 144–8, establishes that the ravaging of Dāmghān, on which see Waṣṣāf, 129, ll. 6–8 (GW, I, text, 264, trans., 245), was the work of a Qaraunas group stationed in the Bādghīs area under the noyan Hindu.

179. JT, II, 1225 (DzhT, III, 267; CC, 423).
180. Ibid., II, 1288 (DzhT, III, 330; CC, 449).
181. Waṣṣāf, 511–13 (GW, IV, 298–303). Mustawfī, ZN, II, 1435, ll. 18–19 (tr. Ward, III, 587–8, with 6,000 in error). TU, 54, 82, mentions only Sarban and Temür. For these and other immigrant princes, see Kempiners, 'Vaṣṣāf's Tajziyat al-amṣār', 184–6.
182. Waṣṣāf, 514–15 (GW, IV, 304–8).
183. Environs of Herat: Sayfī, 657–8, 716–17. Māzandarān: ibid., 689–90. For Yasa'ur's Ögödeyid allies, see Biran, 'Diplomacy and chancellery practices', 378, n. 44.
184. Yasa'ur's overthrow is narrated by Sayfī, 765–9. See further Bosworth, History of the Saffarids, 437–8.
185. JT, II, 1069 (DzhT, III, 110, 111; CC, 370–1).
186. See Biran, Qaidu, 100–3; E. A. Davidovich, Denezhnoe khoziaistvo srednei Azii posle mongol′skogo zavoevaniia i reforma Masʿud-Beka (XIII v.) (Moscow, 1972), ch. 8. The date would coincide with that given for Du'a's accession by JQ, Ar. text, clxxii (Russian trans., 126)/Turkestan1, I, 139.
187. Waṣṣāf, 78, ll. 13–24 (GW, I, text, 156–7, trans., 148–9). It should be noted that although MA, III, 107–13 (Lech, Ar. text, 49–59, German trans., 125–31), speaks warmly of the flourishing condition of both cities, its information comes largely from a much earlier geographical work which al-ʿUmarī calls Ashkāl al-arḍ.
188. Naṭanzī, 106, using the verb iḥyā kard. For Andijān, see also NQ, ed. Le Strange, I (text), 246, with the phrase ābādān gardānīdand (here used of both rulers). In neither case, I suspect, is the strict sense 'founding' as ibid., II (trans.), 239, and in Barthold, Zwölf Vorlesungen, 192, 221 (= Sochineniia, V, 153, 174), and Biran, Qaidu, 104 (and see also her 'Rulers and city life', 268).
189. TU, 217.
190. V. L. Egorov, Istoricheskaia geografiia Zolotoi Ordy v XIII-XIV vv. (Moscow, 1985), 125–7 (Khwārazm), 129 (Sighnāq and Sawrān). He appears to suggest that Uṭrār too belonged to Orda's ulus; but as we saw (n. 55 above) it was a Chaghadayid mint town.
191. Allsen, 'Mongols as vectors', 144. The settlement (casale) on the east bank of the Don, populated by Rus′ whose task was to ferry merchants and envoys across the river, and mentioned by WR, 64/in SF, I, 196–7 (MFW, 109), may have developed into one such town.
192. Remler, 'New light on economic history', 172–3.
193. Vásáry, Cumans and Tatars, 90–1. See also ZF, 355.
194. PC, 254, 315 (MM, 20 and n. at 59). Dardess, 'From Mongol empire to Yüan dynasty', 120 and n. 13; for other such walled centres, see ibid., 119–20.
195. TU, 150.
196. MA, III, 107 (Lech, Ar. text, 49, German trans., 125). For Qarshī, see Biran, 'Rulers and city life', 271–2.
197. Spuler, Goldene Horde, 266–9. Egorov, Istoricheskaia geografiia, 112–17. But cf. Morgan, Mongols2, 125–6, who suggests that they were one and the same. The town called Sarāī-yi Barka ('Berke's Sarai') in the sources was almost certainly identical with Batu's foundation.
198. JT, II, 1443 (DzhT, III, 478; CC, 499). I have adopted the translation in Petrushevsky, 'Socio-economic condition', 494; see also I. P. Petrushevskii, Zemledelie i agrarnye otnosheniia v Irane XIII-XIV vekov (Moscow and Leningrad, 1960), 56–7.
199. Biran, Qaidu, 89, reaches this conclusion in relation to Qaidu's wars in Central Asia.
200. See A. K. S. Lambton, 'Aspects of Saljūq-Ghuzz settlement in Persia', in D. S. Richards (ed.), Islamic Civilisation 950–1150 (Oxford, 1973), 105–25: although the visitation by the Ghuzz undoubtedly had harmful effects on Kirmān, Lambton also points to beneficial consequences for the economy elsewhere.

第八章

1. See, e.g., Adrian Goldsworthy, Pax Romana: War, Peace and Conquest in the Roman World (London and New

York, 2016), 2. On the Pax Mongolica, cf. also the view of Morgan, Mongols2, 73.

2. Nicola Di Cosmo, 'Black Sea emporia and the Mongol empire: A reassessment of the Pax Mongolica', JESHO 53 (2010), 83–108 (here 91). See also the comments of Kim, 'Unity of the Mongol empire', 16–17.
3. Although Susan Whitfield, 'Was there a Silk Road?', AMTM 3 (2007), 201–13, queries the usefulness of the term, I employ it here for the sake of convenience.
4. Valerie Hansen, The Silk Road: A New History (Oxford, 2012), 5.
5. David Christian, 'Silk Roads or Steppe Roads? The Silk Roads in world history', JWH 11 (2000), 1–26.
6. Hansen, Silk Road, 106–8, 111, 184, 192–3, 215, 235.
7. Yuri Bregel, 'Turko-Mongol influences in Central Asia', in Robert L. Canfield (ed.), Turko-Persia in Historical Perspective (Cambridge, 1989), 53–77 (here 69). See generally Étienne de la Vaissière, Sogdian Traders: A History, tr. James Ward (Leiden and Boston, MA, 2005).
8. Jacques de Vitry, Epistolae, 149 (tr. in Richard, Au-delà de la Perse, 54). Göckenjan, 'Frühe Nachrichten', esp. 115, 117; he identifies Chata in the Relatio as 'Cathay', i.e. China, when from the context it can only denote the Qara-Khitai empire.
9. Hansen, 'International gifting', not least her concluding remarks at 302.
10. Jerry H. Bentley, Old World Encounters: Cross-Cultural Contacts and Exchanges in Pre-Modern Times (New York and Oxford, 1993), ch. 4, 'The age of the nomadic empires': see 135–49 for the role of the nomads of Eastern Asia, including the Mongols.
11. Christian, 'Silk Roads', 17–18.
12. For a comprehensive introduction to the term, see Paul Freedman, Out of the East: Spices and the Medieval Imagination (New Haven, CT, and London, 2008); also A. P. Martinez, 'The Eurasian overland and Pontic trades in the thirteenth and fourteenth centuries with special reference to their impact on the Golden Horde, the West, and Russia and to the evidence in archival material and mint outputs', AEMA 16 (2008–9), 127–221 (here 193–5).
13. I have adapted slightly the useful taxonomy in A. P. Martinez, 'Institutional developments, revenues and trade', in CHIA, 89–108 (here 100–1), since (as he points out) bullion, his second category, was normally classed with the first.
14. MP, I, 142, and II, 42 (tr. Latham, 21, 76; Ricci trans., 35, for the first passage, but omitting the second). See generally Anne E. Wardwell, 'Panni Tartarici: Eastern Islamic silks woven with gold and silver (13th and 14th centuries)', Islamic Art 3 (1988–9), 95–173, and the copious illustrations in James C. Y. Watt and Anne E. Wardwell, When Silk was Gold: Central Asian and Chinese Textiles (New York, 1997). David Jacoby, 'Silk economics and cross-cultural artistic interaction: Byzantium, the Muslim world, and the Christian West', DOP 58 (2004), 197–240 (here 233–4), argues convincingly that the two terms denote different types.
15. Serruys, 'Mongol altan', esp. 357–61, 375–6.
16. Allsen, Commodity and Exchange, 13–26, surveys these uses of gold brocade through a wealth of source material. For gifts to noyans and officials, see his 'Robing in the Mongolian empire', in Stewart Gordon (ed.), Robes and Honor: The Medieval World of Investiture (New York and Basingstoke, 2001), 305–13.
17. As did Ögödei in 1229: SH, § 274, tr. De Rachewiltz, 205 (and see commentary at 1007–8); see also IA, XII, 502 (tr. Richards, III, 308–9), for the 'fne textiles' demanded from Azerbaijan in 628/1231. For the Uighur tribute, see SH, § 238, tr. De Rachewiltz, 163.
18. JT, II, 1135 (DzhT, III, 179; CC, 392); and see Allsen, Commodity and Exchange, 57.
19. TJG, I, 164 (HWC, 207).
20. WR, 16/in SF, 171 (MFW, 70). See generally Allsen, 'Population movements', 124–5.
21. DMZ, III, 240 (= MZDMZ, XVIII, 318). Thorau, Lion of Egypt, 28. Robert Irwin, The Middle East in the Middle Ages: The Early Mamluk Sultanate 1250–1382 (London and Sydney, 1986), 17–18.
22. MA, III, 122–3 (Lech, Ar. text, 72, 73; German trans., 140, reading 'verkaufen sie an die [Sklaven]händler', 141–2). See generally Reuven Amitai, 'Mamluks of Mongol origin and their role in early Mamluk political life', MSR 12, part 1 (2008), 119–37 (here 120–2).
23. 1288: al-Nuwayrī, XXVII, 354–5, and ZF, 262; the details of this engagement are muddled, since it is here linked with the mutiny against Qubilai's son Nomoghan, which is known to have occurred in 1275 (see p. 185

above). 1297–9: Baybars al-Manṣūrī, al-Tuḥfat al-mulūkiyya fī l-dawlat al-turkiyya, ed. ʿAbd al-Ḥamīd Ṣāliḥ Ḥamdān (Cairo, 1407/1987), 152, 159; ZF, 347.

24. JT, II, 1487–8 (DzhT, III, 519; CC, 515). Melville, 'Keshig in Iran', 151–2.
25. For this trade, see J. J. Saunders, 'The Mongol defeat at Ain Jalut and the restoration of the Greek empire', in his Muslims and Mongols, 67–76 (esp. 70, 74–6); Andrew Ehrenkreutz, 'Strategic implications of the slave trade between Genoa and Mamluk Egypt in the second half of the thirteenth century', in A. L. Udovitch (ed.), The Islamic Middle East, 700–1900: Studies in Social and Economic History (Princeton, NJ, 1981), 335–45; Amitai-Preiss, Mongols and Mamluks, 85–6; and Reuven Amitai, 'Diplomacy and the slave trade in the eastern Mediterranean: A re-examination of the Mamluk-Byzantine-Genoese triangle in the late thirteenth century in light of the existing early correspondence', OM 88 (2008), 349–68.
26. See Di Cosmo, 'Black Sea emporia', 97.
27. JT, I, 88, and II, 975 (DzhT, I, part 1, 189, and III, 22; CC, 35, 340); JT, ed. Jahn, Indiengeschichte, Ar. text, Tafel 61, ll. 18–19 (German trans., 56)/Khalili Coll. ms., fo. 268b, facsimile in Blair, Compendium.
28. See Jackson, Delhi Sultanate, 116–18, 237.
29. O. D. Chekhovich (ed.), Bukharskie dokumenty XIV veka (Tashkent, 1965), text, 109 (Russian trans., 184); and see the editor's introduction, 22.
30. IB, II, 372–4 (tr. Gibb, 478–9). For the importance of this trade, see Simon Digby, War-Horse and Elephant in the Delhi Sultanate: A Study of Military Supplies (Oxford and Delhi, 1971), 34–6; and for the Sultanate as a market for choice horses, MA, III, 42, 46/ed. and tr. Spies, Ar. text, 11, 15 (German trans., 35, 40–1), and tr. Siddiqi and Ahmad, 35, 39–40.
31. Baranī, Ta'rīkh-i Fīrūzshāhī, 53.
32. On which see Yasuhiro Yokkaichi, 'Horses in the east-west trade between China and Iran under Mongol rule', in Fragner et al. (eds), Pferde in Asien, 87–97.
33. Kaffa: Michel Balard, 'Les Génois en Crimée aux XIIIe–XIVe siècles', Αρχειον Ποντου 35 (1979), 201–17. Tana: S. P. Karpov, 'On the origin of medieval Tana', in Στεφανος. Studia byzantina ac slavica Vladimíro Vavřínek ad annum sexagesimum quintum dedicata (Prague, 1995 = Byzantinoslavica 56), 227–35. Ayās: Catherine Otten-Froux, 'L'Aïas dans le dernier tiers du XIIIe siècle d'après les notaires génois', in B. Z. Kedar and A. L. Udovitch (eds), The Medieval Levant: Studies in Memory of Eliyahu Ashtor (1914–1984) (Haifa, 1988 = AAS 22), 147–71.
34. David Abulafia, 'Asia, Africa and the trade of medieval Europe', in M. M. Postan and Edward Miller (eds), Cambridge Economic History of Europe, II. Trade and Industry in the Middle Ages, 2nd edn (Cambridge, 1987), 402–73 (here 457, 459). David Jacoby, 'Silk crosses the Mediterranean', in Gabriella Airaldi (ed.), Le vie del Mediterraneo. Idee, uomini, oggetti (secoli XI-XVI): Genova, 19–20 aprile 1994 (Genova, 1997), 55–79 (here 78); repr. in Jacoby, Byzantium, Latin Romania and the Mediterranean (Aldershot and Burlington, VT, 2001). On the War of Saint-Sabas, see Jean Richard, The Latin Kingdom of Jerusalem, tr. Janet Shirley (Amsterdam, 1979), 364–71.
35. This can be inferred from scattered information in MA, III, 124, 125 (Lech, Ar. text, 75, 77, German trans., 142, 143). Egorov, Istoricheskaia geografiia, 30, 45, 55, identifies Chūlmān as a river and district in Siberia.
36. Biblioteca Marucelliana, Florence, ms. C226, partial edn in Robert-Henri Bautier, 'Les relations économiques des Occidentaux avec les pays d'Orient au Moyen Âge: points de vue et documents', in M. Mollat du Jourdain (ed.), Sociétés et compagnies de commerce en Orient et dans l'Océan indien. Actes du VIIIe colloque international d'histoire maritime, Beyrouth 5–10 septembre 1966 (Paris, 1970), 263–331 (here 315–16). Francesco Balducci Pegolotti, La pratica della mercatura, ed. Allan Evans (Cambridge, MA, 1936), 21 (tr. in Yule, Cathay, III, 146–9). These authors do not mention Yangī or Qaraqocho, which are listed, however, in MA, III, 91 (read YNKY for NYLY; cf. Lech, Ar. text, 30, German trans., 111), on the route from Samarqand to Ganzhou via Almaligh.
37. Robert Sabatino Lopez, 'European merchants in the medieval Indies: The evidence of commercial documents', Journal of Economic History 3 (1943), 164–84 (here 174–80). Lopez, 'Da Venezia a Delhi nel Trecento', in his Su e giù per la storia di Genova (Genova, 1975), 137–59.
38. TN, II, 163 (tr. Raverty, 1133).

39. IA, XII, 503 (tr. Richards, III, 309–10).
40. WR, 98/in SF, 216 (MFW, 135).
41. JT, II, 1372–3 (DzhT, III, 413–14; CC, 476–7). NQ, ed. Dabīr-Siyāqī, 76/ed. Le Strange, I (text), 76–7, II (trans.), 79–80.
42. Jacques Paviot, 'Les marchands italiens dans l'Iran mongol', in Aigle (ed.), L'Iran face à la domination mongole, 71–86 (here 74).
43. MP, I, 149 (tr. Latham, 26/tr. Ricci, 32–3).
44. Marino Sanudo, Liber secretorum fidelium crucis, 23 (tr. Lock, 51).
45. Pegolotti, Pratica, 26–31. See generally Patrick Wing, '"Rich in goods and abounding in wealth": The Ilkhanid and post-Ilkhanid ruling elite and the politics of commercial life at Tabriz, 1250–1400', in Pfeiffer (ed.), Politics, 301–20; Sheila S. Blair, 'Tabriz: International entrepôt under the Mongols', ibid., 321–56; and for a briefer survey, Morris Rossabi, 'Tabriz and Yuan China', in Ralph Kauz (ed.), Aspects of the Maritime Silk Road: From the Persian Gulf to the East China Sea (Wiesbaden, 2010), 97–106.
46. Odoric, Relatio, in SF, 417; tr. in Yule, Cathay, II, 103–4, whence cited by Wing, 'Rich in goods', 312.
47. Martin, Treasure of the Land of Darkness, 29–32.
48. Pegolotti, Pratica, 24.
49. Sergei P. Karpov, 'The grain trade in the southern Black Sea region: The thirteenth to the fifteenth century', Mediterranean Historical Review 8 (1993), 55–73.
50. John Chaffee, 'Muslim merchants and Quanzhou in the late Yuan-early Ming: Conjectures on the ending of the medieval Muslim trade diaspora', in Angela Schottenhammer (ed.), The East Asian >Mediterranean<: Maritime Crossroads of Culture, Commerce and Human Migration (Wiesbaden, 2008), 115–32 (here 119). Chaffee, 'Cultural transmission by sea: Maritime trade routes in Yuan China', in Rossabi (ed.), Eurasian Influences, 41–59 (here 42–3).
51. See Allsen, 'Mongolian princes', and Elizabeth Endicott-West, 'Merchant associations in Yüan China: The Ortoγ', Asia Major, 3rd series, 2 (1989), part 2, 127–54.
52. Chaffee, 'Cultural transmission', 43–4.
53. HJ, 260–1/304. This must be the episode referred to in MZ, VIII, part 2, 787 (= MZDMZ, XV, 167), though the caravan is there said to have come from Ḥarrān.
54. Both Kim, 'Unity of the Mongol empire', and Di Cosmo, 'Black Sea emporia', 91, 94, clearly believe that they did.
55. Tashʿītā, tr. Budge, 148–9/tr. Borbone, 61.
56. Allsen, Culture and Conquest, 72.
57. Waṣṣāf, 505–7 (GW, IV, 285–7); such is the reason proposed by Jean Aubin, 'Les princes d'Ormuz du XIIIe au XVe siècle', JA 241 (1953), 77–138 (here 96), and Allsen, Culture and Conquest, 34.
58. JT, II, 946 (SGK, 319; CC, 328).
59. Marco Polo, tr. Ricci, 15/tr. Latham, 10 (not in Ménard). Montecorvino, 'Epistolae, II', 349 (MM, 226).
60. Waṣṣāf, 454, ll. 11–12, and 476, ll. 17–23 (GW, IV, 150, 211–12). See Biran, Qaidu, 72, 103. The effects of inter-Mongol warfare on the land routes are discussed by Martinez, 'Eurasian overland and Pontic trades', 138–9, 153–4.
61. Waṣṣāf, 519, l. 21 (GW, IV, 318).
62. Martinez, 'Eurasian overland and Pontic trades', 136, 154.
63. Liu, 'War and peace'. MA, III, 101 (Lech, Ar. text, 41, German trans., 119).
64. Giovanni di Marignolli, 'Relatio', in SF, 536. Janet L. Abu-Lughod, Before European Hegemony: The World-System A.D. 1250–1350 (New York and Oxford, 1989), 169, ascribes this to Chaghadayid civil war.
65. Pegolotti, Pratica, 22 (tr. in Yule, Cathay, III, 152). Such a statement is absent from the anonymous treatise of c. 1315, edited in Bautier, 'Les relations économiques', and referred to earlier (p. 215).
66. JT, I, 755, mutaʿalliqān-i īshān bigirift-u muṣādara kard (SGK, 140; CC, 261); cf. also I, 1072 (DzhT, III, 114; CC, 372), where livestock belonging to both sovereigns are involved.
67. Sūdāq alone is mentioned by DMZ, ed. Guo, II (text), 70–1 (= MZDMZ, XXI, 68; cf. Guo's trans., I, 127); al-Jazarī, Ḥawādith al-zamān, ed. ʿUmar ʿAbd al-Salām Tadmurī (Ṣaydā, 1419/1998), I, 441; and IAF, part

2, 629–31. ZF, 327 (= SMIZO, I, Ar. text, 88–9, Russian trans., 111–12), lists the other towns, on which see Alexander I. Aibabin, 'Cities and steppes of the Crimea in the thirteenth and fourteenth centuries according to the archaeological data', in Schmieder and Schreiner (eds), Il codice Cumanico, 297–334. The Sivas chronicle, dating Noghai's advance on Solghat on the feast of St James (25 July), mentions only the capture of traders, blaming over 15,000 deaths on blizzards: Galstian, Armianskie istochniki, 32. JT, I, 746 (SGK, 127; CC, 258), is brief. See also Ciocîltan, Mongols and the Black Sea Trade, 161–2.

68. Waṣṣāf, 505, ll. 23–4 (GW, IV, 285).
69. TU, 204–5, 208.
70. Waṣṣāf, 476, l. 23–477, l. 2 (GW, IV, 212).
71. Ibid., 51, ll. 11–13, where NQAY is surely an error for TQTAY (cf. GW, I, text, 99, trans., 95).
72. JT, II, 1063, 1164 (DzhT, III, 104, 207–8; CC, 368, 402).
73. Ibid., II, 1302 (DzhT, III, 344–5; CC, 454).
74. TU, 146; cited by Ciocîltan, Mongols and the Black Sea Trade, 174.
75. Abu-Lughod, Before European Hegemony, 144: Berke and Hülegü are mentioned in the very next line. She sees the situation deteriorating only gradually, as the 'subgroups' became 'assimilated in their conquered territories' and 'increasingly diverse and ··· progressively at odds with one another' (ibid., 144–5).
76. Ciocîltan, Mongols and the Black Sea Trade, 32.
77. Morris Rossabi, 'The "decline" of the Central Asian caravan trade', in Gary Seaman (ed.), Ecology and Empire: Nomads in the Cultural Evolution of the Old World (Los Angeles, CA, 1990), 81–102 (here 86; though admitting also that there was 'much strife and even actual warfare among the various Mongol khanates'). Kradin, 'Chinggis Khan', 176–7, sees the upheavals after Möngke's death as having only a temporary effect.
78. Kim, 'Unity of the Mongol empire', 23–4.
79. May, Mongol Conquests, 123.
80. Amitai-Preiss, 'Northern Syria between the Mongols and Mamluks', 143.
81. The judgement of Di Cosmo, 'Black Sea emporia', 91–2.
82. Akinobu Kuroda, 'The Eurasian silver century, 1276–1359: Commensurability and multiplicity', Journal of Global History 4 (2009), 245–69 (esp. 249–63).
83. The growing importance of seaborne commerce has been pointed out by Bentley, Old World Encounters, 115, and Endicott-West, 'Merchant associations', 147.
84. Montecorvino, 'Epistolae, II', 349 (MM, 226).
85. Morris Rossabi, 'The Muslims in the early Yüan dynasty', in John D. Langlois (ed.), China under Mongol Rule (Princeton, NJ, 1981), 257–95 (here 274–83); John Chaffee, 'Diasporic identities in the historical development of the maritime Muslim communities of Song-Yuan China', JESHO 49 (2006), 395–420 (here 412–14). For examples of Muslim office-holders in China, see Lane, 'Persian notables', 187–8.
86. Jitsuzô Kuwabara, 'P'u Shou-kêng', part 2, MRTB 7 (1935), 1–104. Rossabi, 'Muslims in the early Yüan dynasty', 275.
87. Chaffee, 'Cultural transmission', 45–7.
88. Chaffee, 'Diasporic identities', 415; and on these communities under the Song, ibid., 400–11. For Qunduzīs, see Yasuhiro Yokkaichi, 'Chinese and Muslim diasporas and the Indian Ocean trade network under Mongol hegemony', in Schottenhammer (ed.), East Asian >Mediterranean<, 73–102 (here 79–80). But we do know of one Arab official of the king of Maʻbar who in 1291/2 transferred his services to the qaghan and spent the rest of his days in Khanbaligh: Liu Yingsheng, 'An inscription in memory of Sayyid bin Abu Ali: A study of relations between China and Oman from the eleventh to the fifteenth century', in Vadime Elisseeff (ed.), The Silk Roads: Highways of Culture and Commerce (New York and Oxford, 2000), 122–6.
89. See, by way of introduction, Dasheng Chen and Denys Lombard, 'Foreign merchants in maritime trade in Quanzhou ("Zaitun"): Thirteenth and fourteenth centuries', in Denys Lombard and Jean Aubin (eds), Asian Merchants and Businessmen in the Indian Ocean and the China Sea (Oxford and Delhi, 2000), 19–23. More detail in Endicott-West, 'Merchant associations', 139–48; and Ralph Kauz, 'A Kāzarūnī network?', in Kauz (ed.), Aspects of the Maritime Silk Road, 61–9. For Quanzhou, see the essays in Angela Schottenhammer (ed.), The Emporium of the World: Maritime Quanzhou, 1000–1400 (Leiden, Boston, MA, and Cologne, 2001).

90. Allsen, 'Mongols as vectors', 140–1. Robert Finlay, The Pilgrim Art: Cultures of Porcelain in World History (Berkeley and Los Angeles, CA, 2010), 156–60.
91. Tansen Sen, 'The Yuan Khanate and India: Cross-cultural diplomacy in the thirteenth and fourteenth centuries', Asia Major, 3rd series, 19 (2006), 299–326. More generally, see his 'The formation of Chinese maritime networks to Southern Asia, 1200–1450', JESHO 49 (2006), 421–53 (here 427), and 'Maritime interactions between China and India: Coastal India and the ascendancy of Chinese maritime power in the Indian Ocean', JCES 2 (2011), 41–82 (esp. 56–9).
92. MP, I, 160 (tr. Ricci, 44; tr. Latham, 35). Ralph Kauz and Roderich Ptak, 'Hormuz in Yuan and Ming sources', Bulletin de l'École Française d'Extrême-Orient 88 (2001), 27–75 (here 39–46).
93. MP, I, tr. Ricci, 43/tr. Latham, 35 (not in Ménard's edn). Martinez, 'Eurasian overland and Pontic trades', 138, n. 21, claims that the Polos sought to embark from Hurmuz in c. 1272 but were prevented by hostilities; this seems doubtful. For Negüderi attacks on Hurmuz, see Valeria Fiorani Piacentini, 'L'emporio ed il regno di Hormoz (VIII-fine XV sec. d. Cr.): vicende storiche, problemi ed aspetti di una civiltà costiera del golfo persico', Memorie dell'Istituto Lombardo-Accademia di Scienze e Lettere 35, fasc. 1 (Milan, 1975), 110–12.
94. Ibn al-Ṣuqāʿī, Tālī kitāb Wafayāt al-aʿyān, ed. and tr. Jacqueline Sublet (Damascus, 1974), text, 32–3, trans., 42–4, mentions his role as ortaq (Sughunchaq's name appears as SLNJQ). WW, VI, 136–7; AA, I, 69–70. For this figure, see Aubin, 'Princes d'Ormuz', 89–94, 97–9; Lambton, Continuity and Change, 335–41; and Ralph Kauz, 'The maritime trade of Kish during the Mongol period', in Komaroff (ed.), Beyond the Legacy of Genghis Khan, 51–67 (here 58–60). For rivalry with Hurmuz, see Piacentini, 'L'emporio', 79–80.
95. Waṣṣāf, 301–2 (GW, III, 107–8, 109–10); hence (slightly abridged) JT, ed. Jahn, Indiengeschichte, Pers. text, Tafeln 14–15, Ar. text, Tafel 52 (German trans., 37–8)/Khalili Coll. ms., fo. 264a, in Blair, Compendium. For the seaborne horse trade, see Digby, War-Horse and Elephant, 29–31.
96. Kauz, 'Maritime trade of Kish', 65–6.
97. Waṣṣāf, 169, l. 25–170, l. 2, and 303, ll. 6–7 (GW, II, 53, and III, 110).
98. An excellent introduction is Allsen, 'Mongols as vectors'.
99. Thomas T. Allsen, 'Ever closer encounters: The appropriation of culture and the apportionment of peoples in the Mongol empire', Journal of Early Modern History 1 (1997), 2–23 (here 5–6).
100. See the examples in Biran, 'Encounters among enemies', 33–7.
101. IA, XII, 503 (tr. Richards, III, 309).
102. István Vásáry, 'Oriental languages of the Codex Cumanicus: Persian and Cuman as linguae francae in the Black Sea region (13th–14th centuries)', in Schmieder and Schreiner (eds), Il codice Cumanico, 105–24 (here 107–9). Huang Shijian, 'The Persian language in China during the Yuan dynasty', PFEH 34 (Sept. 1986), 83–95. Liu Yingsheng, 'A lingua franca along the Silk Road: Persian language in China between the 14th and 16th centuries', in Kauz (ed.), Aspects of the Maritime Silk Road, 87–95. David Morgan, 'Persian as a lingua franca in the Mongol empire', in Brian Spooner and Willliam L. Hanaway (eds), Literacy in the Persianate World: Writing and the Social Order (Philadelphia, PA, 2012), 160–70.
103. Li Zhichang, Xi you ji, tr. Waley, 93, 94, 97; see also above, p. 110.
104. TJG, I, 101 (HWC, 128). On the basis of Chinese evidence, Allsen, Commodity and Exchange, 35–6, is able to date their arrival in the East to 1223.
105. Sayfī, 106–7. On this community, see Allsen, Commodity and Exchange, 38–40.
106. TJG, I, 192–3 (HWC, 236–7). For its location, see Boyle, 'Seasonal residences', 145–6.
107. JT, II, 903 (SGK, 276, with 'Sinali'; CC, 312). The passage is elucidated in Paul Pelliot, 'Une ville musulmane dans la Chine du Nord sous les Mongols', JA 211 (1927), 261–79, and in Allsen, Commodity and Exchange, 41–3.
108. YS, ch. 120; cited by Allsen, Commodity and Exchange, 43–4.
109. Allsen, 'Population movements', 134 [the italics are his].
110. JT, II, 1027 (DzhT, III, 69; CC, 357).
111. MTD, 489–90. BH, 438, gives a less detailed account. JT, II, 1034 (DzhT, III, 76; CC, 359), is still briefer. But the biographical notice in IF, V, 117 (no. 4753), has him leaving al-Nāṣir's service at an earlier juncture.
112. JT, ed. Jahn, Chinageschichte, Pers. text, Tafel 2, ll. 16–17 (German trans., 21)/ed. Wang, 83–4. See more

generally JT, II, 364 (DzhT, III, 90–1; cf. CC, 1048); the comments of Reuven Amitai, 'Hülegü and his wise men: Topos or reality?' in Pfeiffer (ed.), Politics, 15–34 (here 15–16), and Lane, 'Intellectual jousting', 241.

113. JT, I, 8–9 (DzhT, I, part 1, 16–17; CC, 3). See also Lane, 'Intellectual jousting', 242–3.

114. For an introduction, see Karl Jahn, 'Wissenschaftliche Kontakte zwischen Iran und China in der Mongolenzeit', Anzeiger der phil.-hist. Kl. der Österreichischen Akademie der Wissenschaften 106 (1969), 199–211.

115. Francis Woodman Cleaves, 'A Chinese source bearing on Marco Polo's departure from China and a Persian source on his arrival in Persia', HJAS 36 (1976), 181–203. Italo M. Molinari, 'Un articolo d'autore cinese su Marco Polo e la Cina', suppl. 30 to Annali del Istituto Orientale di Napoli 42 (1982), 1–72.

116. Allsen, 'Mongols as vectors', 143.

117. Kadoi, Islamic Chinoiserie, 86.

118. For an admirably succinct overview, see Biran, 'Mongol empire and civilizational exchange', 541–5.

119. IA, XII, 503 (tr. Richards, III, 309); cited by Allan, 'Chinese silks and Mosul metalwork', 55. See also Kadoi, Islamic Chinoiserie, 18.

120. Kadoi, Islamic Chinoiserie, 44–5, 82–3.

121. An important point made, e.g., by Benno Van Dalen, 'Islamic and Chinese astronomy under the Mongols: A little-known transmission', in Yvonne Dold-Samplonius et al. (eds), From China to Paris: 2000 Years Transmission of Mathematical Ideas (Stuttgart, 2002), 327–56 (here 343–4).

122. YS, ch. 203, cited in Pelliot, Notes on Marco Polo, I, 4, and in Rossabi, 'Muslims in the early Yüan', 287; see further SCC, V, part 6, 222–3. The city fell two years or so before the Venetians reached China; but see Haw, Marco Polo's China, 116. For a possible difference between Muslim and Chinese trebuchets, see above, p. 138.

123. SCC, III, 372–5. Rossabi, 'Muslims in the early Yüan', 286. For his career, see Allsen, Culture and Conquest, 166–70, correcting certain misapprehensions.

124. See, for instance, Paul D. Buell, 'How did Persian and other Western medical knowledge move east, and Chinese west? A look at the role of Rashīd al-Dīn and others', AMTM 3 (2007), 279–95; Morris Rossabi, 'The Mongol empire and its impact on the arts of China', in Amitai and Biran (eds), Nomads as Agents, 214–27 (here 216–17), and some of the essays in Rossabi (ed.), Eurasian Influences. Still valuable is Ch'ên Yüan, Western and Central Asians in China under the Mongols: Their Transformation into Chinese, tr. Ch'ien Hsing-hai and L. Carrington Goodrich (Los Angeles, CA, 1966).

125. On the concept of cultural brokerage, see Marc von der Höh, Nikolas Jaspert and Jenny Rahel Oesterle, 'Cultural brokers and brokerage in the medieval Mediterranean', in Von der Höh, Jaspert and Oesterle (eds), Cultural Brokers, 9–31.

126. S. Mohammad Mozaffari and Georg Zotti, 'Ghāzān Khān's astronomical innovations at Marāgha observatory', JAOS 132 (2012), 395–425 (here 397). For the history of the observatory, see Aydın Sayılı, The Observatory in Islam and its Place in the General History of the Observatory (Ankara, 1960), 189–223. There is a survey of Ṭūsī's career in Lane, Early Mongol Rule, ch. 7.

127. Boyle, 'Longer introduction', 247. JT, II, 1025 (DzhT, III, 67; CC, 356). IF, III, 54–6, 149–50, and V, 489 (nos 2175, 2373, 5550).

128. BH, 451. For a list, see Ḥāfiẓ-i Abrū, Jughrāfiyya, ed. Krawulsky, I (text), 88–9/ed. Warhrām, 57.

129. IF, V, 489.

130. JT, ed. Jahn, Chinageschichte, Pers. text, Tafel 2, ll. 21–25 (German trans., 22)/ed. Wang, 84. For the Chinese scholar, see Yoichi Isahaya, 'History and provenance of the "Chinese" calendar in the Zīj-i Īlkhānī', Majalla-yi Ta'rīkh-i 'Ilm (Iranian Journal for the History of Science) 8 (2009), 19–44 (here 25–9).

131. The misnomer is pointed out by Isahaya, ibid., 20–2.

132. For a description, see Benno Van Dalen, E. S. Kennedy and Mustafa K. Saiyid, 'The Chinese-Uighur calendar in Ṭūsī's Zīj-i Īlkhānī', Zeitschrift für Geschichte der arabisch-islamischen Wissenschaften 11 (1997), 111–52; more briefly, Allsen, Culture and Conquest, 163–4. Yoichi Isahaya, 'The Tārīkh-i Qitā in the Zīj-i Īlkhānī – The Chinese calendar in Persian', Sciamus: Sources and Commentaries in Exact Sciences 14 (2013), 149–258, provides a critical edition and translation.

133. See George Saliba, 'An observational notebook of a thirteenth-century astronomer', Isis 74 (1983), 388–401; repr. in Saliba, A History of Arabic Astronomy: Planetary Theories during the Golden Age of Islam (New York

and London, 1994), 163–76. There is a short biography in IF, V, 117 (no. 4753).
134. Sayılı, Observatory, 214. Mozaffari and Zotti, 'Ghāzān Khān's astronomical innovations', 398.
135. IF, III, 317.
136. Ibid., III, 440 (no. 2927). AA, IV, 2060–1, however, says merely that he studied 'astronomy and the rest of mathematics (al-hay'a wa-baqiyyat al-riyāḍī)' under Ṭūsī.
137. IF, III, 504, 533 (nos 3070, 3137).
138. Amitai, 'Jews at the Mongol court', 44.
139. See Karl Jahn, 'The still missing works of Rashīd al-Dīn', CAJ 9 (1964), 113–22. They are also discussed by Togan, 'Composition', 60–72.
140. That the SP too contains sections on the popes and emperors (fos 149a–170a) and on the Chinese dynasties (fo. 170b–end) has tended to attract less notice.
141. JT, I, 11–12 (CC, 4–5). See Melville, 'Mongol and Timurid periods', 169–70; and Pfeiffer, 'The canonization of cultural memory: Ghāzān Khan, Rashīd al-Dīn, and the construction of the Mongol past', in Akasoy, Burnett and Yoeli-Tlalim (eds), Rashīd al-Dīn, 57–70 (here 64–5, 67).
142. JT, ed. Jahn, Indiengeschichte, Pers. text, Tafeln 34–42 (incomplete)/Ar. text, Tafeln 68–80 (German trans., 70–104)/Khalili Coll. ms., fos 272a–278a, in Blair, Compendium.
143. Gregory Schopen, 'Hīnayāna texts in a 14th century Persian chronicle: Notes on some of Rashīd al-Dīn's sources', CAJ 26 (1982) 225–35.
144. Rashīd al-Dīn, Tanksūq-nāma-yi īlkhānī dar funūn-i ʿulūm-i khitā'ī, ed. Mujtabā Mīnuwī as Tanksūq-nāma yā ṭibb-i ahl-i khitā (Tehran, 1350 sh./1972), 7. On this work, see Allsen, Culture and Conquest, 144–5. For Tu. tansuq, see TMEN, II, 570–3 (no. 939, tansūq, 'ein Geschenk …; kostbar').
145. Jaʿfar b. Muḥammad Jaʿfarī, Ta'rīkh-i Yazd, ed. Īraj Afshār (Tehran, 1338 sh./1960), 92, ba-ṭalab-i ʿilm-i ṭibb. Aḥmad b. Ḥusayn b. ʿAlī Kātib, Ta'rīkh-i jadīd-i Yazd, ed. Īraj Afshār, 2nd edn (Tehran, 2537 shāhanshāhī/1978), 134, does not specify the purpose. Both are cited in Ann K. S. Lambton, 'The Āthār wa aḥyā' of Rashīd al-Dīn Faḍl Allāh Hamadānī and his contribution as an agronomist, arboriculturist and horticulturalist', in Amitai-Preiss and Morgan (eds), Mongol Empire and its Legacy, 126–54 (here 126).
146. Rashīd al-Dīn, Tanksūq-nāma, 23–4. For this translation, see Jutta Rall, 'Zur persischen Übersetzung eines Mo-chüeh, eines chinesischen medizinischen Textes', Oriens Extremus 7 (1960), 152–7 (here 153–4); and for particular Muslim interest in Chinese techniques of pulse diagnosis, Allsen, Culture and Conquest, 145–6.
147. On this work, see Lambton, 'Āthār wa aḥyā'', esp. 129–36; also Allsen, Culture and Conquest, 117–20.
148. Rashīd al-Dīn, Tanksūq-nāma, 15; quoted by Allsen, Culture and Conquest, 159.
149. Allsen, Culture and Conquest, 134–8.
150. For Part I: see above, p. 27; for Part II, see Shiraiwa, 'Rashīd al-Dīn's primary sources', 52–6.
151. JT, I, 35, and II, 1338 (DzhT, I, part 1, 66–7, and III, 379; CC, 13, 465), for his unparalleled knowledge of Mongol and Turkish history; also II, 1308 (DzhT, III, 351; CC, 456). Ibid., II, 899 (CC, 311), for his familiarity with Yuan China.
152. JT, ed. Jahn, Chinageschichte, Pers. text, Tafel 4, ll. 7–8 (German trans., 23–4)/ed. Wang, 86. I follow the reconstructions suggested tentatively by Allsen, Culture and Conquest, 92. In this passage, the word ta'rīkh is clearly used in two distinct senses: in the context of the two men's skills, it is less likely to mean 'history' than 'calendar', for which sense see Isahaya, 'Tārīkh-i Qitā', 149.
153. Herbert Franke, 'Some sinological remarks on Rašîd ad-dîn's History of China', Oriens 4 (1951), 21–6; repr. in his China under Mongol Rule.
154. Charles Melville, 'The Chinese-Uighur animal calendar in Persian historiography of the Mongol period', Iran 32 (1994), 83–98 (here 85).
155. Allsen, Culture and Conquest, 95–100. David Morgan, 'Persian and non-Persian historical writing in the Mongol empire', in Hillenbrand et al. (eds), Ferdowsi, 120–5 (here 124–5).
156. John Andrew Boyle, 'Bīrūnī and Rashīd al-Dīn', CAJ 21 (1977), 4–12; repr. in Boyle, Mongol World Empire.
157. E.g. JT, ed. Jahn, Indiengeschichte, Pers. text, Tafeln 1, ll. 6–7, and 34, ll. 1–2/Ar. text, Tafeln 43, ll. 8–9, and 68, l. 35 (German trans., 19, 70)/Khalili Coll. ms., fos 259b, 272a, in Blair, Compendium. For bakhshī, see p. 299 and n. 12 at p. 520.

158. Klaus Röhrborn, 'Die islamische Weltgeschichte des Rašiduddin als Quelle für den zentralasiatischen Buddhismus?', in Carolyn I. Cross (ed.), Gerhard Doerfer Festschrift: Essays Presented to Gerhard Doerfer on His Seventieth Birthday by His Colleagues and Students (Cambridge, MA, 1989 = JTS 13), 129–33. Elverskog, Buddhism and Islam, 157–61.
159. See JT, ed. Karl Jahn, Die Frankengeschichte des Rašīd ad-Dīn, 2nd edn (Vienna, 1977), introduction, 13–16; and on Martin of Troppau, Repertorium fontium historiae medii aevi, VII (Rome, 1997), 489–90.
160. Allsen, Culture and Conquest, 67–9, 115–16. For Bolod as a ba'urchi, see ibid., 73; JT, I, 197 (DzhT, I, part 1, 518; CC, 73).
161. JT, II, 900, 902 (SGK, 274–5; CC, 311–12); cited by Hyunhee Park, Mapping the Chinese and Islamic Worlds: Cross-Cultural Exchange in Pre-Modern Asia (Cambridge, 2012), 135, 136.
162. JT, I, 9 (CC, 3). Muginov, 'Persidskaia unikal′naia rukopis′', 374. For evidence that the Ṣuwar was completed, see Allsen, Culture and Conquest, 103–4.
163. See especially Allsen, 'Biography of a cultural broker', and Culture and Conquest, 63–80.
164. Hyunhee Park, 'Cross-cultural exchange and geographic knowledge of the world in Yuan China', in Rossabi (ed.), Eurasian Influences, 125–58. Ralph Kauz, 'Some notes on the geographical and cartographical impacts from Persia to China', ibid., 159–67.
165. Morris Rossabi, Voyager from Xanadu: Rabban Sauma and the First Journey from China to the West (Tokyo, New York and London, 1992).
166. MZDMZ, XXI, 356–7. Lech, introduction, 29, 32, 34, 35–6, 37. For another such visitor to China who returned much earlier (prior to 682/1283, since he is said to have joined Muḥyī' al-Dīn al-Maghribī at Marāgha), see IF, I, 146–7 (no. 121).
167. Park, Mapping the Chinese and Islamic Worlds, 129–31. On Qazwīnī, see T. Lewicki, 'al-Ḳazwīnī, Zakariyyā' b. Muḥammad', EI2, IV, 865–7.
168. JT, II, 1178 (DzhT, III, 222; cf. CC, 406–7).
169. IF, IV, 65 (no. 3345).
170. SCC, III, 580–2.
171. Park, Mapping the Chinese and Islamic Worlds, 140–1.
172. Cited by George Lane, 'The Phoenix Mosque', in De Nicola and Melville (eds), Mongols' Middle East, 237–76 (here 244–6).
173. Linda Komaroff, 'The transmission and dissemination of a new visual language', in Komaroff and Carboni (eds), Legacy of Genghis Khan, 168–95 (here 169).
174. James C. Y. Watt, 'A note on artistic exchanges in the Mongol empire', in Komaroff and Carboni (eds), Legacy of Genghis Khan, 62–73 (here 65–6).
175. An important point made by Komaroff, 'Transmission and dissemination', 169, 171, 175–83, and by Kadoi, Islamic Chinoiserie, 15, 33.
176. Jonathan M. Bloom, Paper before Print: The History and Impact of Paper in the Islamic World (New Haven, CT, and London, 2001), 178–95. Bloom, 'Paper: The transformative medium in Ilkhanid art', in Komaroff (ed.), Beyond the Legacy, 289–302. Komaroff, 'Transmission and dissemination', 184–94.
177. For metalwork, see Kadoi, Islamic Chinoiserie, 74–100; for ceramics, ibid., 39–73, and Priscilla Soucek, 'Ceramic production as exemplar of Yuan-Ilkhanid relations', Res: Anthropology and Aesthetics 35 (1999), 125–41: http://www.jstor.org/stable/20167021 [accessed 3.10.2015].
178. Jonathan M. Bloom, 'The introduction of paper to the Islamic lands and the development of the illustrated manuscript', Muqarnas 17 (2000), 18–23. Sheila S. Blair, 'The development of the illustrated book in Iran', in Essays in Honor of Oleg Grabar Contributed by His Students (Leiden, 1993 = Muqarnas 10), 266–74 (here 266–7).
179. See Bloom, Paper before Print, 62–4, 182–4; Robert Hillenbrand, 'The arts of the book in Ilkhanid Iran', in Komaroff and Carboni (eds), Legacy of Genghis Khan, 134–67 (here 140–1); and for the illustrations to JT, also Blair, 'Development of the illustrated book', 270.
180. Sheila S. Blair, 'Calligraphers, illuminators, and painters in the Ilkhanid scriptorium', in Komaroff (ed.), Beyond the Legacy, 167–82 (here 170–7).

181. Nasser D. Khalili Collection, ms. 727, fo. 11a. See Blair, 'Tabriz: International entrepôt', 327: as she points out, the artists do not exactly betray an over-familiarity with the conventions of Chinese iconography.
182. For these characteristic Chinese motifs, see Kadoi, Islamic Chinoiserie, 23–32.
183. Watt, 'A note on artistic exchanges', 71–3. Komaroff, 'Transmission and dissemination', 181–3. For more detail, see Kadoi, Islamic Chinoiserie, 128–48, passim.
184. EUL, ms. Or. 161, fos 92a, 162a: see Blair, 'Development of the illustrated book', 267–9, and 'Religious art of the Ilkhanids', 118.
185. Elverskog, Buddhism and Islam, 167–70. For another example (if from a somewhat different context), see Persis Berlekamp, 'Painting as persuasion: A visual defense of alchemy in an Islamic manuscript of the Mongol period', Muqarnas 20 (2003), 35–59.
186. See generally Eva Baer, The Human Figure in Islamic Art: Inheritances and Transformations (Costa Mesa, CA, 2004), 26–31.
187. Robert Hillenbrand, 'Images of Muhammad in al-Biruni's Chronology of Ancient Nations', in Hillenbrand (ed.), Persian Painting from the Mongols to the Qajars: Studies in Honour of Basil W. Robinson (London, 2000), 129–46; and for an illustration, EUL ms. Or. 161, fo. 6b, in Komaroff and Carboni (eds), Legacy of Genghis Khan, 143 (fig. 170). See also Hillenbrand, 'Propaganda in the Mongol "World History"', British Academy Review 17 (2011), 29–38 (here 29–30, 37).
188. Simpson, 'Role of Baghdād', 108. For an example from Ilkhanid Baghdad dated 698/1299, see Blair, 'Development of the illustrated book', 267.
189. See Blair, 'Tabriz: International entrepôt', 323–5, for this and another borrowing from Christian (possibly English) art.
190. Yuan: Allsen, Culture and Conquest, 151 (medicine); Thomas T. Allsen, 'The Rasûlid Hexaglot in its Eurasian cultural context', in Peter B. Golden (ed.), The King's Dictionary: The Rasūlid Hexaglot: Fourteenth Century Vocabularies in Arabic, Persian, Turkic, Greek, Armenian and Mongol (Leiden, Boston, MA, and Cologne, 2000), 25–49 (here 36–8). W. Asia: ibid., 41–2.
191. TJG, III, 270 (HWC, 719).
192. TU, 106–7; cited by Allsen, Culture and Conquest, 162. See also Lane, 'Intellectual jousting', 241.
193. IF, V, 489 (no. 5550). See also NQ, ed. Dabīr-Siyāqī, 100/ed. Le Strange, I (text), 87, II (trans.), 88.
194. Expertise: JT, II, 1338–41, 1348–9 (DzhT, III, 379–82, 389–90; CC, 465–6, 469). Visits to Marāgha: ibid., II, 1296, 1340 (DzhT, III, 339, 381–2; CC, 452, 466).
195. Ibid., II, 1024 (DzhT, III, 67; CC, 356).
196. Pachymeres, IV, 504. Lambton, Continuity and Change, 253. JT, II, 1351 (DzhT, III, 391; CC, 469), has Ghazan speak of his pleasure in wood-carving and fashioning tools.
197. See Mozaffari and Zotti, 'Ghāzān Khān's astronomical innovations', 399–425.
198. IF, IV, 380 (no. 4020). Cf. JT, II, 1374 (DzhT, III, 415; CC, 477).
199. Ibn al-Ṭiqṭaqā, 23 (cf. Whitting trans., 16, with that of Martinez, 'Changes in chancellery languages', 113).
200. JT, II, 1048–9 (DzhT, III, 90–1; CC, 364): ḥikmat could mean, more narrowly, medicine. For Hülegü's interest in alchemy, see also p. 300; for his reputation as a patron of scholars, see Biran, 'Libraries, books, and the transmission of knowledge', JESHO [forthcoming].
201. George Saliba, 'Horoscopes and planetary theory: Ilkhanid patronage of astronomers', in Komaroff (ed.), Beyond the Legacy of Genghis Khan, 357–68; though he believes that the Ilkhans' interest in astrology has been overstated.
202. The point is well made by Allsen, Culture and Conquest, 175; see also 211.
203. Watson, 'Pottery', 325, 332.
204. Komaroff, for instance, in her introduction to Beyond the Legacy, 7, doubts whether the Mongol rulers' personal tastes played much part in these designs.
205. Rossabi, 'Mongol empire and its impact', 221; Yuan patronage of painting is discussed ibid., 219–22.
206. 1270: YS, ch. 7, quoted in Allsen, Commodity and Exchange, 108. 1314: YS, ch. 78, cited in Kadoi, Islamic Chinoiserie, 22.
207. Hillenbrand, 'Arts of the book', 137.

208. Hillenbrand, 'Propaganda', 32–8. For another set of miniatures that express these themes, see Teresa Fitzherbert, 'Religious diversity under Ilkhanid rule c. 1300 as reflected in the Freer Bal'amı', in Komaroff (ed.), Beyond the Legacy of Genghis Khan, 390–406 (esp. 392–7); though the patron in this case was probably the Christian governor of Mosul.
209. Allsen, Culture and Conquest, 3–4.
210. Banākatī, 245–359. Biran, Chinggis Khan, 90. Melville, 'Mongol and Timurid periods', 168–9.
211. See the remarks of Allsen, 'Mongols as vectors', 149–50, regarding 'intellectual properties'.
212. Vivienne Lo and Wang Yidan, 'Blood or Qi circulation? On the nature of authority in Rashīd al-Dīn's Tānksūqnāma (The Treasure Book of the Ilkhan on Chinese Science and Techniques)', in Akasoy, Burnett and Yoeli-Tlalim (eds), Rashīd al-Dīn, 127–72 (here 159).
213. Persis Berlekamp, 'The limits of artistic exchange in fourteenth-century Tabriz: The paradox of Rashid al-Din's book on Chinese medicine, Part I', Muqarnas 27 (2010), 209–50. Lo and Wang, 'Blood or Qi circulation?', 154–9.
214. Allsen, Culture and Conquest, 207.
215. Ibid., 152–3.
216. Ibid., 158. Leigh Chipman, 'Islamic pharmacy in the Mamlūk and Mongol realms: Theory and practice', AMTM 3 (2007), 265–78 (here 267–8).
217. Rossabi, 'Tabriz and Yuan China', 103–4.
218. Edward S. Kennedy, 'Late medieval planetary theory', Isis 57 (1966), 365–78 (here 365).
219. George Saliba, 'The astronomical tradition of Maragha: A historical survey and prospects for future research', Arabic Sciences and Philosophy 1 (1991), 67–99 (here 84–6); repr. in Saliba, History of Arabic Astronomy, 258–90 (here 275–7).
220. George Saliba, 'The first non-Ptolemaic astronomy at the Maraghah school', Isis 70 (1979), 571–6 (repr. in Saliba, History of Arabic Astronomy, 113–18); and see also his introduction to The Astronomical Work of Mu'ayyad al-Dīn al-ʿUrḍī, a Thirteenth-Century Reform of Ptolemaic Astronomy: Kitāb al-Hay'ah, 2nd edn (Beirut, 1995), 31.
221. Saliba, 'First non-Ptolemaic astronomy', revising the view he had expressed in 'The original source of Quṭb al-Dīn al-Shīrāzī's planetary model', Journal for the History of Arabic Science 3 (1979), 3–18 (repr. in Saliba, History of Arabic Astronomy, 119–34).
222. Allsen, Culture and Conquest, 174–5. For a list, see Isahaya, 'Tārīkh-i Qitā', 150.
223. NQ, ed. Dabīr-Siyāqī, 100/ed. Le Strange, I (text), 87, II (trans.), 88.
224. George Saliba, 'Arabic astronomy and Copernicus', Zeitschrift für Geschichte der Arabisch-Islamischen Wissenschaften 1 (1984), 73–87 (repr. in Saliba, History of Arabic Astronomy, 291–305); and see now Saliba, Islamic Science and the Making of the European Renaissance (Cambridge, MA, 2007), ch. 6.

第九章

1. Luciano Petech, 'Tibetan relations with Sung China and with the Mongols', in Rossabi (ed.), China among Equals, 173–203 (here 181–6); and cf. Turrell V. Wylie, 'Khubilai Khaghan's first viceroy of Tibet', in Louis Ligeti (ed.), Tibetan and Buddhist Studies Commemorating the 200th Anniversary of the Birth of Alexander Csoma de Kőrös (Budapest, 1984), II, 391–404.
2. The history of all those in Iran is sketched by Spuler, Mongolen4, 117–38. Fuller narratives for Fārs, Kirmān and Herat are provided in Lane, Early Mongol Rule, ch. 5, 'The provinces', and for Shabānkāra in Aubin, Émirs mongols, 69–80. The standard work on Fārs is now, of course, Aigle, Le Fārs sous la domination mongole. For the Saljuqids of Rūm, see Charles Melville, 'Anatolia under the Mongols', in Kate Fleet (ed.), The Cambridge History of Turkey, I. Byzantium to Turkey, 1071–1453 (Cambridge, 2009), 51–101.
3. TJG, II, 267, 268 (HWC, 531, 532).
4. Ibid., II, 232 (HWC, 495).
5. Ibid., I, 58 (HWC, 77).
6. JQ, Ar. text, clxxix (Russian trans., 132)/in Turkestan1, I, 140. Shabānkāra'ī, 232, who confuses the princes of

Almaligh with Arslan Khan's descendants (above, p. 90), makes the latter rule there until recent times.

7. On these local princes, see Barthold, Zwölf Vorlesungen, 188–90 (= Sochineniia, V, 151–2); examples (from JQ) in Biran, Qaidu, 174, n. 213. A grandson of the malik of Khotan is mentioned in TI, LII, 88 (the context is Ghazan's first invasion of Syria in 1299).
8. JT, II, 924 (SGK, 296–7; CC, 320–1). Biran, Qaidu, 100.
9. Shabānkāra'ī, 235. For 'Alī Khwāja's appointment, see TJG, I, 69 (HWC, 90).
10. A. K. Arends, A. B. Khalidov and O. D. Chekhovich (eds), Bukharskii vakf XIII v. (Moscow, 1979), facsimile of Persian trans., pl. 22 (Russian trans., 77–8). Chekhovich (ed.), Bukharskie dokumenty, text, 55–6 (Russian trans., 135–6).
11. See Carole Hillenbrand, 'Mu'īn al-Dīn Parwāna: The servant of two masters?', in F. de Jong (ed.), Miscellanea Arabica et Islamica. Dissertationes in Academia Ultrajectina Prolatae Anno MCMXC (Leuven, 1993), 267–74.
12. AK, ed. 'Abbāra, III, part 2, 510, 541: this was Sharaf al-Dīn 'Abd-Allāh al-Lāwī, at one time master of the horse (amīr ākhūr) to Shihāb al-Dīn Ghāzī.
13. IF, V, 579 (no. 5736). AK, ed. 'Abbāra, III, part 2, 535. The style al-Awḥad often given for this prince is contradicted by his coins: see Claude Cahen, 'Contribution à l'histoire du Diyār Bakr au quatorzième siècle', JA 243 (1955), 65–100 (here 67, n. 4); also IF, IV, 35 (no. 3280).
14. Shifā' al-qulūb fī manāqib banī Ayyūb, BL ms. Add. 7311: see fos 124b ff for this branch. The last date mentioned (fo. 127a) is the 'Īd al-fiṭr (1 Shawwāl) 812/7 Feb. 1410. See S. Ory, 'Ḥiṣn Kayfā', EI2, III, 506–8.
15. Cahen, 'Contribution', 67–8. V. Minorsky, 'Mārdīn, I. In pre-Ottoman times', EI2, VI, 541.
16. IF, V, 424 (no. 5416).
17. TJG, I, 116, and II, 248 (HWC, 148, 511). Kolbas, Mongols in Iran, 84.
18. IF, II, 341. More generally, see Sara Ashurbeili, Gosudarstvo Shirvanshakhov (VI–XVI vv.) (Baku, 1983), 155–8; W. Barthold and C. E. Bosworth, 'Shīrwān Shāh', EI2, IX, 489.
19. Spuler, Mongolen4, 136–7.
20. Waṣṣāf, 156, ll. 3–5 (GW, II, 22). TN, I, 273 (tr. Raverty, 180), calling Tahamtan the atabeg's brother.
21. Shabānkāra'ī, 212.
22. TG, 557. Spuler, Mongolen4, 135, dates this to 640/1242–3; but the context suggests merely that Badr al-Dīn submitted to Hülegü on his arrival in Iran.
23. Waṣṣāf, 423–4 (GW, IV, 79–80). A more detailed account in Shabānkāra'ī, 164–6, 167. Aubin, Émirs mongols, 72–3.
24. Elizabeth Lambourn, 'India from Aden: Khuṭba and Muslim urban networks in late thirteenth-century India', in Kenneth R. Hall (ed.), Secondary Cities and Urban Networking in the Indian Ocean Realm, c. 1400–1800 (Lanham, MD, 2008), 55–97 (here 76–84).
25. See the detailed survey, based on Waṣṣāf and other sources, in Aubin, 'Princes d'Ormuz', 80–4; more briefly, Aigle, Fārs, 102, and Kauz, 'Maritime trade of Kish', 55–7. Sa'd's conquests in the Gulf are noticed in NT, 123. For Cambay, see Waṣṣāf, 178 (GW, II, 72); and for other parts of 'Hind', Ibn Zarkūb, ed. Karīmī, 56/ed. Jawādī, 80.
26. On these rulers, see generally Iqtidar Husain Siddiqui, 'The Qarlugh kingdom in north-western India during the thirteenth century', Islamic Culture 54, part 2 (1980), 75–91; André Wink, Al-Hind: The Making of the Indo-Islamic World, II. The Slave Kings and the Islamic Conquest, 11th–13th Centuries (Leiden, New York and Cologne, 1997), 200–1.
27. Waṣṣāf, 310 (GW, III, 124–5); JT, ed. Jahn, Indiengeschichte, Ar. text, Tafel 57, Pers. text, Tafel 22 (German trans., 48)/Khalili Coll. ms., fo. 266b, in Blair, Compendium. Both versions contain historical inaccuracies. See Karl Jahn, 'Zum Problem der mongolischen Eroberungen in Indien (13.–14. Jahrhundert)', in Akten des XXIV. internationalen Orientalisten-Kongresses München ··· 1957 (Wiesbaden, 1959), 617–19 (here 618).
28. TN, II, 38–40 (tr. Raverty, 784, 786). Wink, Al-Hind, II, 205.
29. TN, II, 83–8 (tr. Raverty, 856–63). Jackson, Delhi Sultanate, 114.
30. TN, II, 93–4, 115–16. Baranī, Ta'rīkh-i Fīrūzshāhī, 61. Jackson, Delhi Sultanate, 94. For Binbān, see Siddiqui, 'Qarlugh kingdom', 86.
31. The principal source is TJG, II, 149–50, 165, 205–6, 211–14 (HWC, 417–18, 433, 472–3, 476–9). The date

of Baraq Ḥājib's embassy to the qaghan can be inferred from the fact that Juwaynī makes it coincide with the Mongol investment of Shahr-i Sistan; but the head, for which see JT, I, 658 (DzhT, II, part 1, 102; SGK, 50; CC, 228), may have been sent with an earlier mission.

32. TJG, II, 255 (HWC, 518–19). For this narrower sense of 'Sīstān', see Waṣṣāf, 81, l. 3 (GW, I, text, 163, trans., 154); Aubin, 'L'ethnogénèse', 91.
33. Sayfī, 140–1. The genealogy appears also in the preface to a translation of al-Ghazālī's Iḥyā' ʿulūm al-dīn completed in Herat: Lola Dodkhudoeva, 'Translating and copying in pre-Timurid Herat: A Persian translation of the Iḥyā' ʿulūm al-dīn, 725–726/1325', in Francis Richard and Maria Szuppe (eds), Écrit et culture en Asie centrale et dans le monde turco-iranien, Xe–XIXe siècles, StIr cahier 40 (Paris, 2010), 165–93 (here 176–7), who establishes that the dynastic name was 'Kurt' rather than 'Kart'.
34. Sayfī, 71–2, 74; see p. 159 above.
35. Waṣṣāf, 80, l. 25–81, l. 4 (GW, I, text, 163, trans., 154).
36. So called by Sayfī, 156. For some clarification regarding the early Kurtid genealogy, see Lawrence Goddard Potter, 'The Kart dynasty of Herat: Religion and politics in medieval Iran', unpublished PhD thesis, Columbia University, 1992, 32–7, who suggests that Abū Bakr married Rukn al-Dīn's sister.
37. Sayfī, 141. For ʿIzz al-Dīn ʿUmar, see IA, XI, 384, and XII, 164, 176–7 (tr. Richards, II, 208, and III, 56, 65–6); also TJG, II, 50–1, calling him ʿIzz al-Dīn Marghazī (HWC, 318). On Rukn al-Dīn Muḥammad b. ʿUthmān, see TN, I, 285, 297, and II, 122, 135, 183–5 (tr. Raverty, 201, 233, 1039, 1061–2, 1198–1205); Raverty's long note reconstructing the genealogy of Shams al-Dīn Muḥammad Kurt is confused.
38. TJG, I, 95 (HWC, 121–2); cf. also JT, II, 503 (CC, 175). Sayfī, 151, 156, specifies that Shams al-Dīn's uncle Rukn al-Dīn had received such a yarligh.
39. Sayfī, 139, heard that he took over in the year that Shams al-Dīn Kālyūnī died (see p. 121 above).
40. Ta'rīkh-i Sīstān, 396–7. Bosworth, History of the Saffarids, 429–30.
41. Bosworth, History of the Saffarids, 430–4.
42. Ibid., 436. Ja'farī, Ta'rīkh-i Yazd, 27. Aḥmad b. Ḥusayn, Ta'rīkh-i jadīd-i Yazd, 76.
43. See the discussion in Charles Melville, 'The Mongols in Iran', in Komaroff and Carboni (eds), Legacy of Genghis Khan, 37–61 (here 43–6); also Barthold, Historical Geography, 219. Öljeitü's seasonal migrations were confined to the north and north-west quadrant of Iran, except when he was engaged in military campaigns: Melville, 'Itineraries', 58.
44. For an example, from Manchuria, see Herbert Franke, 'The Chin dynasty', in CHC, VI, 215–320 (here 257–8). Rashīd al-Dīn's term: JT, I, 452 (CC, 158).
45. Qazwīn: TJG, II, 276 (HWC, 542). Qum: JT, I, 74 (DzhT, I, part 1, 154; CC, 30). Hamadān: HJ, 349/380, 485/524.
46. TJG, II, 248, 255 (HWC, 511, 518).
47. I follow the reconstruction of events in Kolbas, Mongols in Iran, 132, 151.
48. JT, II, 1041, 1045, 1049, 1061 (DzhT, III, 84, 88, 91, 103; CC, 362, 363, 364, 368).
49. Aubin, Émirs mongols, 22: his source is possibly IF, II, 163 (no. 1247).
50. JT, II, 1100–1 (DzhT, III, 143; CC, 381). See generally Aubin, Émirs mongols, 26; and now Sheila S. Blair, 'Architecture as a source for local history in the Mongol period: The example of Warāmīn', in May (ed.), Mongols and Post-Mongol Asia, 215–28. Some of these maliks appear in Ibn al-Fuwaṭī's biographical dictionary: IF, II, 369, 589, 590 (nos 1649, 2054, 2057).
51. MA, III, 133 (Lech, Ar. text, 86, German trans., 148).
52. Ibn Bazzāz, 384.
53. TJG, II, 233, 240, 278 (HWC, 497, 503, 543). IF, II, 34 (no. 985).
54. TJG, II, 222–3 (HWC, 486–7).
55. Ibid., II, 233, 278 (HWC, 497, 542–3).
56. Thus Spuler, Mongolen4, 290, lists Ṣadr al-Dīn among the 'governors' of Tabrīz.
57. For comparison, see the analysis of the 'new political relationship' imposed on the Rusʹ princes after 1240, in Martin, Medieval Russia, 163–7; and for the princes of Greater Armenia, Dashdondog, 'Mongol conquerors in Armenia', 68–73.

58. Ibn Bībī, Awāmir, 452–6, and also his Mukhtaṣar, 202–4, with some doubtful readings (tr. Duda, Seltschukengeschichte, 193–6). The yarligh, of which Ibn Bībī includes the text, was dated in the Year of the Monkey (bichin yil: 1236). Jackson, 'World-conquest and local accommodation', 17.
59. Original Pers. text in Pelliot, 'Mongols et la papauté. Chapitre premier', 17–18 (French trans. at 18–23); English trans. in De Rachewiltz, Papal Envoys, 213–14. For other ultimatums, see Voegelin, 'Mongol orders of submission'.
60. William Ellsworth Henthorn, Korea: The Mongol Invasions (Leiden, 1963), 194. Allsen, 'Yüan dynasty and the Uighurs', 261, citing YS, ch. 209. Amitai, 'Mongol provincial administration', 139, adds to the list the striking of coins in the qaghan's name.
61. Antioch: Matthew Paris, Chronica Majora, IV, 389–90; Jackson, Mongols and the West, 74. Mayyāfāriqīn: MZ, VIII, part 2, 733, ad annum 638/1241 (= MZDMZ, XV, 116).
62. AK, ed. ʿAbbāra, III, part 2, 505. That Hülegü was set on the destruction of strongpoints is confirmed by Waṣṣāf, 423, ll. 22–3 (GW, IV, 78).
63. AK, ed. Sāmī al-Dahhān, La description de Damas d'Ibn Šaddād (Damascus, 1956), 40.
64. Waṣṣāf, 163, l. 24–164, l. 1 (GW, II, 39).
65. Ta'rīkh-i Sīstān, 397. Bosworth, History of the Saffarids, 430.
66. TN, II, 76 (tr. Raverty, 844).
67. SSQ, 52 (= VB, xxx, 87).
68. See Aigle, 'Iran under Mongol domination', 71–2.
69. Waṣṣāf, 49, l. 23 (GW, I, text, 96, trans., 92).
70. Cahen, 'Contribution', 68.
71. Waṣṣāf, 157, ll. 11–13 (GW, II, 25). Aigle, Fārs, 104.
72. Waṣṣāf, 185, ll. 21–2, and 186, ll. 2–5, 11 (GW, II, 89–91). Lane, Early Mongol Rule, 129.
73. Fennell, Crisis of Medieval Russia, 78.
74. Waṣṣāf, 157, ll. 8–9 (GW, II, 25); the figure appears incorrectly as 1,000 in Aigle, Fārs, 103, and 'Iran under Mongol domination', 75.
75. SSQ, 85 (= VB, xxxii, 28). Cahen, Formation of Turkey, 177. Spuler, Mongolen4, 272, mangles the numbers.
76. Karīm al-Dīn Maḥmūd b. Muḥammad Āqsarā'ī, Musāmarat al-akhbār, ed. Osman Turan (Ankara, 1944), 62; I have followed the interpretation offered in Martinez, 'Institutional developments', 98.
77. AK, ed. ʿAbbāra, III, part 1, 237–8, 241–2; the passages are translated (from the Berlin ms.) in Patton, Badr al-Dīn Lu'lu', appendix, 85–6, 88–90.
78. The affair is discussed in Eddé, Principauté ayyoubide d'Alep, 165–6.
79. Kirakos Ganjaketsʿi, tr. Bedrosian, 304/tr. Khanlarian, 224; also J. A. Boyle, 'The journey of Hetʿum I, King of Little Armenia, to the court of the Great Khan Möngke', CAJ 9 (1964), 175–89 (here 181), and repr. in Boyle, Mongol World Empire.
80. India: Spuler, Mongolen4, 130; his ultimate source is Sayfī, 157–60 (under the date 644 [1246–7], though this author's chronology is unreliable). Caucasus: Waṣṣāf, 81, ll. 19–20 (GW, I, text, 164, trans., 155); Sayfī, 292–301; Lane, Early Mongol Rule, 168–9.
81. Aigle, Fārs, 115–17. A Lur contingent is mentioned only by Waṣṣāf, 186, l. 15 (GW, II, 91). For ʿAlā' al-Dawla's death, see NT, 127, and JT, II, 936 (SGK, 307; CC, 325).
82. 1270: JT, II, 1079, 1085 (DzhT, III, 120, 127; CC, 374, 376), calling Yūsuf Shāh atabeg of Yazd in error; Shabānkāra'ī, 199; cf. TG, 545. Gīlān: Waṣṣāf, 249, l. 19–250, l. 4 (GW, II, 235–6).
83. Waṣṣāf, 374 (GW, III, 276–7).
84. TG, 543, 544.
85. JT, II, 1015 (DzhT, III, 58; CC, 353). Mustawfī, ZN, II, 1215, ll. 23–7 (tr. Ward, II, 115), has Hülegü send Lu'lu' the heads of seven executed caliphal commanders.
86. Waṣṣāf, 157, ll. 10–11, and 181, ll. 6–12 (GW, II, 25, 78–9), respectively.
87. PC, 319 (MM, 62).
88. AK, ed. ʿAbbāra, III, part 2, 479, 481: al-Kāmil gave the date of his return in a letter to al-Nāṣir Yūsuf.
89. Ibn Bībī, Awāmir al-ʿalā'iyya, 630–1, and Mukhtaṣar, 292–3 (tr. Duda, Seltschukenges-chichte, 278–9). ZF, 28.

BH, 422. TG, 478. See Melville, 'Anatolia under the Mongols', 56.

90. PC, 323 (MM, 65). For a possible context, see James J. Zatko, 'The Union of Suzdal, 1222–1252', Journal of Ecclesiastical History 8 (1957), 33–52 (here 45–8).
91. Sayfī, 170–1, for the act of investiture, though the year given, 645 [1248], ibid., 169, is incorrect, as Potter, 'Kart dynasty', 41, n. 3, points out. See Allsen, Mongol Imperialism, 71.
92. TJG, II, 200–1 (HWC, 468).
93. AK, ed. ʿAbbāra, III, part 2, 480.
94. TJG, I, 205, 212 (HWC, 250, 257). BH, 412–13. Rudi Paul Lindner, 'The challenge of Qılıch Arslan IV', in Kouymjian (ed.), Near Eastern Numismatics, 411–17. Melville, 'Anatolia under the Mongols', 55.
95. Melville, 'Anatolia under the Mongols', 55–6, with full citation of the relevant sources.
96. TG, 558, 560. Spuler, Mongolen4, 136.
97. So according to the anonymous Ta'rīkh-i āl-i Saljūq dar Ānāṭūlī, 107. BH, 462, says that Masʿūd (mistakenly called ʿIzz al-Dīn) had earlier been granted a share of the annual revenues by Abagha.
98. Naṭanzī, 45–6; cited in Allsen, Culture and Conquest, 73–4.
99. Kirmānī, Simṭ al-ʿulā, 26, 28, 31–2. JT, I, 676–7, 860 (DzhT, II, part 1, 159–61; SGK, 68, 235; CC, 235, 297). See Lambton, Continuity and Change, 277, 279; also Allsen, Mongol Imperialism, 69–70.
100. AK, ed. ʿAbbāra, III, part 2, 527, 570, respectively.
101. JT, II, 1040, 1313 (DzhT, III, 82–3, 356; CC, 361, with the curious rendering 'made a peer', and 458).
102. AK, ed. Eddé, 'Description de la Syrie du Nord', 22–3, 27 (tr. Eddé-Terrasse, 59, 70, incorrectly identifying al-Muʿaẓẓam as the son of Saladin and erstwhile commander in Aleppo, who had died in Rabīʿ I 658)/ed. ʿAbbāra, I, part 2, 97, 112. On his father al-Ṣāliḥ Aḥmad b. al-Ẓāhir Ghāzī, see Eddé, Principauté ayyoubide, 133; WW, VII, 276. The father is mentioned in Shifā' al-qulūb, fo. 92a–b; not so the son.
103. Het'um: AK, ed. Eddé, Ar. text, 100, 102 (tr. Eddé-Terrasse, 269, 276)/ed. ʿAbbāra, I, part 2, 421, 434. Bohemond: ibid., ed. Eddé, Ar. text, 17 (tr. Eddé-Terrasse, 45)/ed. ʿAbbāra, I, part 2, 71–2; Ibn ʿAbd al-Ẓāhir, al-Rawḍ, 300; Jackson, 'Crisis in the Holy Land', 494–5; and cf. Anne Troadec, 'Une lettre de Baybars au comte Bohémond VI de Tripoli (mai 1271). Une arme dans l'arsenal idéologique des Mamelouks', in Denise Aigle and Stéphane Péquignot (eds), La correspondance entre souverains, princes et cités-états. Approches croisées entre l'Orient musulman, l'Occident latin et Byzance (XIIIe–début XVIe siècle) (Turnhout, 2013), 107–25 (here 119–21).
104. Only the marriage policies of the Yuan emperors have been subject to in-depth investigation: see George Qingzhi Zhao, Marriage as Political Strategy and Cultural Expression: Mongolian Royal Marriages from World Empire to Yuan Dynasty (New York, 2008).
105. Holmgren, 'Observations', 138–9; Zhao, Marriage as Political Strategy, table 14 at 208. On this tribe, see generally İsenbike Togan, 'The Qongrat in history', in Pfeiffer and Quinn (eds), History and Historiography, 61–83.
106. Henthorn, Korea, 183. Saguchi Tōru, 'The Uyghurs and other non-Muslim Turks under Mongol dominion, circa 1200–1350', in Roemer (ed.), History of the Turkic Peoples, 219–34 (here 222).
107. Chaghadai: Kirmānī, Simṭ al-ʿulā, 25; TG, 529. Qadaqai: Waṣṣāf, 518, ll. 13–14 (GW, IV, 315), calling the mother of his son Naliqo'a 'a daughter of Terken of Kirmān'; see also SP, fo. 118b, and Muʿizz al-ansāb, fo. 31a, Pers. text in IKPI, III, lxi (cf. Russian trans., 48). TU, 147, describes her more specifically as Terken, a daughter of Sultan Rukn al-Dīn of Kirmān.
108. Officers: Melville, 'Keshig in Iran', 149. Vassal rulers: Spuler, Mongolen4, 210–11; Lambton, Continuity and Change, 287–8; Pfeiffer, 'Not every head', 24.
109. See now the in-depth investigation by Anne F. Broadbridge, 'Marriage, family and politics: The Ilkhanid-Oirat connection', in May (ed.), Mongols and Post-Mongol Asia, 121–35.
110. Lambton, Continuity and Change, 280–1, 284, 286.
111. JT, II, 1152 (DzhT, III, 196; CC, 398).
112. Only in IF, V, 542.
113. Carole Hillenbrand, 'Women in the Seljuq period', in Guity Nashat and Lois Beck (eds), Women in Iran from the Rise of Islam to 1800 (Urbana and Chicago, IL, 2003), 103–20 (here 114–15); for other evidence, see

Lambton, Continuity and Change, 269–71.

114. Amalia Levanoni, 'Šağar ad-Durr: A case of female sultanate in medieval Islam', in U. Vermeulen and D. De Smets (eds), Egypt and Syria in the Fatimid, Ayyubid and Mamluk Periods, III (Leuven, 2001), 209–18. Peter Jackson, 'Sulṭān Raḍiyya bint Iltutmish', in Gavin R. G. Hambly (ed.), Women in the Medieval Islamic World: Power, Patronage, and Piety (New York, 1998), 181–97.
115. For her turbulent career, see Lane, Early Mongol Rule, 127–9.
116. On whom see Lambton, 'Mongol fiscal administration in Persia (Part II)', SI 65 (1987), 97–123 (here 98–9), and Continuity and Change, 278–83; Lane, Early Mongol Rule, 106–16, 118–22; and more fully, Quade-Reutter, 75–165.
117. Kirmānī, Simṭ al-ʿulā, 49, includes the date of his death. TG, 531–2, with the incorrect date 669 [1270–1] for his flight from Kirmān. Ta'rīkh-i Sīstān, 405, says that he stayed in Sīstān one year and dates his departure for Delhi in 675 [1276–7], which fits better with the statement in JT, II, 934 (SGK, 305; CC, 324), that he was in India for fifteen years. The date 666 in Spuler, Mongolen4, 128, is groundless; and the discussion of the chronology in Jackson, Delhi Sultanate, 80, n. 112, stands in need of revision. Shabānkāra'ī, 199, supplies no dates.
118. Kirmānī, Simṭ al-ʿulā, 50–1.
119. These events are sketched by JT, II, 934–5 (SGK, 305–6; CC, 324), and by TG, 532–4. For this period, see Lambton, 'Mongol fiscal administration (Part II)', 99–101, and Continuity and Change, 281–7; Lane, Early Mongol Rule, 116–18; more briefly, A. K. S. Lambton, 'Kirmān', EI2, V, 162.
120. Jackson, Delhi Sultanate, 65, and 'Sulṭān Raḍiyya', 189–90.
121. Maria Szuppe, 'Status, knowledge, and politics: Women in sixteenth-century Safavid Iran', in Nashat and Beck (eds), Women in Iran, 140–69 (quotation at 141).
122. The statement quoted from Ta'rīkh-i shāhī, 139, by Lambton, Continuity and Change, 280, and by Lane, Early Mongol Rule, 109, that Pādishāh Khatun would become part of 'the ḥaram of his [Abagha's] chief wives', is bizarre, since the Ilkhan was an infidel; the term ḥaram can only be highly figurative.
123. Quade-Reutter, 199, believes they were not (and cf. also Gilli-Elewy, 'On women', 714, regarding a Mongol princess). Pfeiffer, 'Not every head', 26–7, is unconvinced.
124. Qutlugh Terken: Kirmānī, Simṭ al-ʿulā, 39, 51; JT, II, 934 (SGK, 305; CC, 324). Pādishāh Khatun: Waṣṣāf, 292, ll. 8–9 (GW, III, 85). On the first two, see Quade-Reutter, 142–4, 160–2, 202–4; for Terken of Fārs, 257–8.
125. Lane, Daily Life, 231, 245–8.
126. For these and other examples, see Üçok, Femmes turques, 18–23; on Ḍayfa Khatun's regency, see especially Eddé, Principauté ayyoubide, 107–30 passim; on Ghāziyya Khatun, IW, V, 345.
127. TG, 534.
128. For her khuṭba and coinage, see Quade-Reutter, 290–3; Lambton, Continuity and Change, 272.
129. As pointed out by Üçok, Femmes turques, 95, and by Biran, Empire of the Qara Khitai, 167.
130. Kirmānī, Simṭ al-ʿulā, 56–7.
131. For the government of these two officers, see Aigle, Fārs, 120–3, 126–7. The principal source is Waṣṣāf, 193–7, 204–7 (GW, II, 106–14, 131–8); the relevant dates are supplied by Ibn Zarkūb, ed. Karīmī, 65–6/ed. Jawādī, 90–2.
132. Waṣṣāf, 183, ll. 9–10, and 184, ll. 4–7 (GW, II, 83, 85).
133. Ibid., 186, ll. 12–14 (GW, II, 91).
134. Aubin, Émirs mongols, 74–5.
135. I should stress that the concern here is with rebellions specifically by Muslim princes. For the rising by the Qadi Sayyid Sharaf al-Dīn in Fārs (663/1265), for instance, which was directed against the regime of the Atabeg Ābish and was suppressed at the instigation of her wazir, see below, p. 322.
136. These events can be pieced together with difficulty from a range of Muslim and Greek sources. ZF, 71–3, 93–4, 126, 168, supplies by far the greatest detail. See also al-Nuwayrī, XXVII, 110–11; Vásáry, Cumans and Tatars, 72–7; and Melville, 'Anatolia under the Mongols', 59, 63, 72.
137. IW, VI, 359 (not in Rahim's edn). Ibn ʿAbd al-Ẓāhir, al-Rawḍ, 149 (tr. Sadeque, 165). Baybars also wrote to Kaykāwūs II in 660/1262: IW, VI, 330 (not in Rahim's edn).

138. ZF, 88.
139. Ta'rīkh-i Sīstān, 406.
140. JT, II, 1183 (DzhT, III, 228; CC, 408). TG, 546–7, 600. Waṣṣāf, 250–6 (GW, II, 236–49), supplies much more detail.
141. JT, II, 1271 (DzhT, III, 312; CC, 443); TG, 547–8, 600. See the account in Spuler, Mongolen4, 134–5.
142. Mentioned only by Waṣṣāf, 267 (GW, III, 24–5).
143. Shabānkāra'ī, 212–14, gives the fullest account. Ja'farī, Ta'rīkh-i Yazd, 26–8, omits the atabeg's capture and death. Naṭanzī, 34, says that he was executed because (owing to illness) he had delayed in preparing to accompany Ghazan on his Syrian campaign.
144. Examples listed in Bosworth, History of the Saffarids, 437.
145. See Stefan Heidemann, Das aleppiner Kalifat (AD 1261). Vom Ende des Kalifates in Bagdad über Aleppo zu den Restaurationen in Kairo (Leiden, New York and Cologne, 1994), 100–4, 163–6.
146. Ibn 'Abd al-Ẓāhir, Rawḍ, 114–17. IW, VI, 313, 320/232 (the latter reference in a section excluded from Rahim's edn). For a list of those who accompanied al-Ṣāliḥ, see Ibn Shaddād, Ta'rīkh al-malik al-Ẓāhir, ed. Aḥmad Ḥuṭayṭ (Beirut, 1403/1983), 331–2. Amitai-Preiss, Mongols and Mamluks, 57–8, 60. Heidemann, Das aleppiner Kalifat, ch. 7.
147. Ibn Shaddād, Ta'rīkh, 331–3, 335–8, passim.
148. al-Birzālī, I, 539.
149. Waṣṣāf, 251, ll. 7–10 (GW, II, 238–9).
150. Shabānkāra'ī, 213.
151. JT, II, 1042 (DzhT, III, 86; CC, 362).
152. AK, ed. 'Abbāra, III, part 2, 505, l. 6, saqītuka fī Hamadān fa-mā sharibta.
153. JT, II, 1038, gunāhān-i ū bar way shumurd (DzhT, III, 80; CC, 361).
154. See Lane, Early Mongol Rule, 169–75.
155. TG, 558. See also the unexplained execution of Jalāl al-Dīn T.ayyib Shāh of Shabānkāra by Tegüder Aḥmad (681/1282): Waṣṣāf, 425, ll. 2–4 (GW, IV, 81).
156. Thus according to HJ, 353/384–5, under the incorrect year 663/1265. See ZF, 116, for a different account, ad annum 666/1267–8.
157. ZF, 239, dating this after Arghun's accession; and see 238 for his suspicions. But cf. Melville, 'Anatolia under the Mongols', 74.
158. MP, I, 155 (tr. Ricci, 39/tr. Latham, 31).
159. See the comments of Aigle, 'Iran under Mongol domination', 78.
160. Waṣṣāf, 190, ll. 10–14 (GW, II, 100). Lane, Early Mongol Rule, 131.
161. Waṣṣāf, 197, 211 (GW, II, 114, 146). Aigle, Fārs, 123, 131.
162. Waṣṣāf, 224, ll. 20–1 (GW, II, 176).
163. Shabānkāra'ī, 214. Naṭanzī, 34, as quoted by Lambton, 'Āthār wa Aḥyā' of Rashīd al-Dīn', 127.
164. ZF, 239, l. 7.
165. Melville, 'Anatolia under the Mongols', 81–5. Cf. Aigle, Fārs, 152 and n. 585.
166. TG, 480, has Mas'ūd die in 697/1297–8 and makes Kayqubād ('Alā' al-Dīn) the last. But see Melville, 'Anatolia under the Mongols', 84–6; Cahen, Formation of Turkey, 225; Patricia Blessing, Rebuilding Anatolia after the Mongol Conquest: Islamic Architecture in the Lands of Rūm (Farnham and Burlington, VT, 2014), 129, mentions a Qilich Arslan V, who died in 1318. For 'Alā' al-Dīn, see Āqsarā'ī, 291; IF, II, 345 (no. 1601).
167. Waṣṣāf, 417, ll. 3–14 (GW, IV, 61).
168. TU, 54. The printed edition of Shāh Ḥusayn, Iḥyā' al-mulūk (seventeenth century), ed. Minūchihr Sutūda (Tehran, 1344 sh./1965), 92, has the year of this campaign as haftṣad-u sī in error for haftṣad-u shish, but the BL ms. Or. 2779, fo. 42b, has the correct date.
169. Spuler, Mongolen4, 93–4.
170. ID, IX, 149, and IAF, part 3, 135. TU, 55. For the Gīlān campaign, see the thorough study by Charles Melville, 'The Īlkhān Öljeitü's conquest of Gīlān (1307): Rumour and reality', in Amitai-Preiss and Morgan (eds), Mongol Empire and its Legacy, 73–125.

171. Waṣṣāf, 528. Jackson, Delhi Sultanate, 225.
172. Spuler, Mongolen4, 89–90: 'Das bedeutete den Verzicht auf einer aktiven Außenpolitik ··· [d]ie südlichen Gebiete Irans, Fārs und Kermān, wurden mehr und mehr selbständig. Nur in den ursprünglichen Kernländern der Mongolen hielt sich deren Herrschaft noch einige Jahrzehnte.' ('This meant the renunciation of an active foreign policy ··· [t]he southern districts of Iran, Fārs and Kirmān, grew increasingly independent. Only in the Mongols' original core territories did their sovereignty persist for a further few decades.') On Öljeitü as war leader, see Melville, 'Itineraries of Sultan Öljeitü', 62.
173. TU, 43. TG, 536. Spuler, Mongolen4, 288, regards him merely as a governor; cf. also 129 ('worauf Kermān dem mongolischen Reiche unmittelbar einverleibt wurde'). His son Quṭb al-Dīn, who had acted as his vicegerent (Shabānkāra'ī, 205), ruled until 740/1339–40, according to an early fifteenth-century history of the Muzaffarids: Maḥmūd Kutubī, Ta'rīkh-i āl-i Muẓaffar, 17; see also Faryūmadī, Dhayl-i Majma' al-ansāb, in Muḥaddith's edn of Shabānkāra'ī, 343.
174. Tax-farming under the Ilkhans: Lambton, 'Mongol fiscal administration' [Part I], 97–9, and Continuity and Change, 204–11. Under Ögödei: Baumer, History of Central Asia, III, 196–7.
175. Lane, Early Mongol Rule, 137–8.
176. Waṣṣāf, 268, ll. 12–16, 339–40, 348–9, 505 (GW, III, 27, with 4,000 tūmāns in error; 197–8; 219–20; IV, 284). Aubin, 'Princes d'Ormuz', 90, 93. Lambton, 'Mongol fiscal administration (Part II)', 108–15. Aigle, Fārs, 142–5, 150.
177. Waṣṣāf, 268, ll. 18–22 (GW, III, 27–8). Aigle, Fārs, 144.
178. JT, II, 1496–7, khasīstarīn-i abnā-yi ayyām (DzhT, III, 527; CC, 518).

第十章

1. TJG, II, 200 (HWC, 468).
2. JT, II, 882 (SGK, 257; CC, 304).
3. Waṣṣāf, 71, ll. 12–13 (GW, I, text, 142, trans., 135).
4. TJG, I, 229–31 (HWC, 273–5).
5. For a narrative of the period, see Boyle, 'Dynastic and political history', 355–97.
6. Aubin, Émirs mongols, 22, 82.
7. JT, II, 1145 (DzhT, III, 190–1; CC, 396). BH, 467. ZF, 218, ll. 17–18. al-Nuwayrī, XXVII, 401–2. DMZ, IV, 212 (= MZDMZ, XIX, 249).
8. Bruno De Nicola, 'Ruling from tents: The existence and structure of women's ordos in Ilkhanid Iran', in Hillenbrand et al. (eds), Ferdowsi, 116–36; and his 'The economic role of Mongol women: Continuity and transformation from Mongolia to Iran', in De Nicola and Melville (eds), Mongols' Middle East, 79–105. See also IB, II, 122 (tr. Gibb, 340); Morgan, 'Ibn Baṭṭūṭa and the Mongols', 9; Pfeiffer, 'Not every head', 23.
9. JT, II, 1049 (DzhT, III, 91; CC, 364).
10. Ibid., II, 1060, 1099 (DzhT, III, 102, 141; CC, 368, 380).
11. Grants: ibid., II, 1110 (DzhT, III, 153; CC, 384). Their arrival: ibid., 1064–5 (DzhT, III, 105–6; CC, 369), with the year 666, and AM, 46–7, with 667.
12. JT, II, 1129 (DzhT, III, 173; CC, 390). Waṣṣāf, 125, ll. 4–5 (GW, I, text, 254, trans., 236).
13. JT, II, 1155 (DzhT, III, 199–200; CC, 399).
14. Ibid., II, 1183 (DzhT, III, 227; CC, 408).
15. Ibid., II, 1162–3 (DzhT, III, 206; CC, 401). Ibn al-Ṣuqā'ī, text, 113, trans., 139–40, suggests that he was executed because Aruq (whose name he spells AZQ), accused by Gaikhatu, blamed Hārūn for the deaths of Majd al-Dīn and others. Waṣṣāf, 142, ll. 18–21 (GW, I, text, 292, trans., 272–3), says that Aruq put to death both Hārūn and Majd al-Dīn. See p. 293.
16. JT, II, 1130 (DzhT, III, 174; CC, 391). For Ilkhanid attitudes, see Ravalde, 'Shams al-Dīn Juwaynī', 63.
17. JT, II, 1145 (DzhT, III, 191; CC, 396).
18. Ibid., II, 1125 (DzhT, III, 169; CC, 389).
19. So in AM, 65, and HJ, 416/453.

20. Most of these are named in JT, II, 1131 (DzhT, III, 175; CC, 391); for Buqa and his background, see ibid., II, 1110, 1125, 1142 (DzhT, III, 153, 169, 186; CC, 384, 389, 394).
21. AM, 55–6. BH, 469–70; MTD, 518. JT, II, 1127, 1133 (DzhT, III, 170, 177; CC, 389, 391). Waṣṣāf, 125, ll. 5–9 (GW, I, text, 254–5, trans., 236–7).
22. JT, II, 1131, 1134 (DzhT, III, 175, 178; CC, 391, 392).
23. Waṣṣāf, 132, l. 21, and 133, ll. 16–17 (GW, I, text, 271, 272, trans., 252, 254). Mustawfī, ZN, II, 1308, ll. 9–15 (tr. Ward, II, 304). Aubin, Émirs mongols, 36.
24. JT, II, 1147–8 (DzhT, III, 193–4; CC, 396).
25. Ibid., II, 1154, 1155 (DzhT, III, 198–9; CC, 399). Waṣṣāf, 139, ll. 8–9 and 17–23 (GW, I, text, 285–6, trans., 266–7), is roughly in agreement. Mustawfī, ZN, II, 1312, ll. 5–6 (tr. Ward, II, 312), makes Hülechü one of the two princes who seated Arghun on the throne; but see Boyle, 'Dynastic and political history', 368.
26. JT, II, 1168–72 (DzhT, III, 212–16; CC, 403–5); ibid., II, 1219–20 (DzhT, III, 260–1; CC, 421), where we are told that Hülechü was apprehended in Khurāsān by Ghazan, who sent him to Arghun. For the children, see ibid., II, 1181 (DzhT, III, 225; CC, 407). Waṣṣāf, 232 (GW, II, 193–4), describes more briefly the plot and Jüshkeb's actions.
27. Waṣṣāf, 244, ll. 6–8 (GW, II, 221–2).
28. Allsen, 'Changing forms of legitimation', 230.
29. Waṣṣāf, 267, ll. 2–5 (GW, III, 23–4, following a doubtless faulty ms. reading, has 'fragte er die Prinzen'). For qam, see TMEN, III, 402–6 (no. 1409).
30. BH, 498, 500.
31. Its revenues were accounted separately during the Mongol era: NQ, ed. Dabīr-Siyāqī, 27, 181/ed. Le Strange, I (text), 26–7, 147, II (trans.), 32, 146: Ḥamd-Allāh attributes this to the fact that so many wazirs and treasury officials hailed from Khurāsān.
32. TJG, III, 105 (HWC, 617); and cf. III, 113 (HWC, 622). JT, II, 985, 1009, 1020 (DzhT, III, 30, 52, 63; CC, 343, 350, 355); in the first of these passages, corresponding to the earlier of Juwaynī's, Rashīd al-Dīn calls him 'wazir and administrator (mudabbir)'.
33. TJG, I, 35 (HWC, 49–50).
34. JT, II, 1045 (DzhT, III, 88; CC, 363); see also Aubin, Émirs mongols, 21, and IF, IV, 457 (who dates the executions in Rajab 660 [May–June 1262]).
35. For a convenient survey of their antecedents, see Lambton, Continuity and Change, 52, 305–6; for their ancestry, IF, II, 315 (no. 1537).
36. JT, II, 1049 (DzhT, III, 91; CC, 364). HJ, 339/369, gives the year 657 [1259]. For a sketch of their fortunes under Hülegü, Abagha and Tegüder Aḥmad, see Gilli-Elewy, 'Mongol court in Baghdad', 172–4; and for biographies, George Lane, 'Jovayni, ʿAlā'-al-Din ʿAṭā Malek', EIr, XV, 63–8, and Michal Biran, 'Jovayni, Ṣāḥeb Divān Šams-al-Din Moḥammad', ibid., 71–4.
37. JT, II, 1157 (DzhT, III, 202; CC, 400).
38. IF, I, 200–1 (no. 218); for the family's ancestry, see also ibid., II, 374. JT, II, 984, 1061 (DzhT, III, 30, 103; CC, 343, 368). On Faryūmad, see Krawulsky, Īrān, 82.
39. TG, 599–600. Waṣṣāf, 143, ll. 17–23 (GW, I, text, 294, trans., 274–5), with no date.
40. Yaḥyā: Āqsarā'ī, 257–8; Melville, 'Anatolia under the Mongols', 87. Hindū: IF, II, 374 (no. 1660). Mustawfīs: ibid., II, 165, 364–5 (nos 1256, 1641). TU, 154, says that with Hindū's appointment five generations of his family had held the office of wazir. For later members of the family who held office in Khurāsān, see Aubin, 'Le quriltai de Sultân-Maydân', 184–6.
41. On these appointments, see Gilli-Elewy, Bagdad, 53–5, 56–7. For Ibn al-Dāmghānī's death, see also IF, II, 550 (no. 1971).
42. TJG, III, 115 (HWC, 623). HJ, 339/369. IF, II, 315. Juwaynī, Tasliyat al-ikhwān, ed. ʿAbbās Māhyār (Tehran, 1361 sh./1982), 60, gives the same date.
43. HJ, 376/411.
44. Aubin, Émirs mongols, 27–8. For more detail, see De Blois, 'Iftikhāriyān', and Lane, 'Persian notables', 191–4. The Iftikhāriyān claimed descent from the first Caliph, Abū Bakr (d. 634).

45. Nāṣir al-Dīn Munshī Kirmānī, Nasā'im al-asḥār min laṭa'im al-akhbār, ed. Mīr Jalāl al-Dīn Ḥusaynī Urmawī Muḥaddith (Tehran, 1328 sh./1949), 106. Lane, 'Persian notables', 196.
46. For these two wazirs, see TG, 595, 597–8; and for Sa'd al-Dawla's appointment, JT, II, 1173 (DzhT, III, 317; CC, 405). For Jalāl al-Dīn, see Mustawfī, ZN, II, 1319–20 (tr. Ward, II, 329–30); Kirmānī, Nasā'im al-asḥār, 106, says that he was Juwaynī's immediate successor and that he was wazir for five years, a figure accepted by Aubin, Émirs mongols, 38.
47. His career is summarized in Walter J. Fischel, Jews in the Economic and Political Life of Mediaeval Islam (London, 1937; repr. 1968), 100–14, and in Gilli-Elewy, Bagdad, 86–91.
48. Waṣṣāf, 245, ll. 1–3 (GW, II, 224).
49. JT, II, 1195 (DzhT, III, 237; CC, 412), with the date; HJ, 474/513, has 692/1293, which is less probable. There is a valuable resumé of his first term of office in Aubin, Émirs mongols, 46–51.
50. See Karl Jahn, 'Paper currency in Iran', JAH 4 (1970), 101–35; P. Jackson, 'Čāv', EIr, V, 96–7.
51. HJ, 458/494–5, 483/522. JT, II, 1175, 1256 (DzhT, III, 219, 298; CC, 405, 438). Waṣṣāf, 284, ll. 8–9 (cf. GW, III, 66). TG, 601. On him, see David O. Morgan, 'Dastjerdānī', EIr, VII, 111.
52. JT, II, 1252 (DzhT, III, 294; CC, 436).
53. Ibid., II, 1256–7 (DzhT, III, 298; CC, 438–9); Banākatī, 455; TG, 601. Aubin, Émirs mongols, 58, 61.
54. JT, II, 1274 (DzhT, III, 315–16; CC, 444). Mustawfī, ZN, II, 1357, ll. 1–3 (tr. Ward, III, 404), ascribes Ṣadr al-Dīn's disappointment to the fact that Dastjirdānī had bribed the noyan Nurin to recommend him to Ghazan; he does not mention the brief wazirate of Simnānī.
55. Only in Jahn, Geschichte Ġāzān Ḫān's, 96, and DzhT, III, 618. His dismissal: Waṣṣāf, 327, l. 5 (GW, III, 165).
56. Appointment to Baghdad: HJ, 484/523–4. Dismissal as wazir in 695/1296: ibid., 490/529, and JT, II, 1271 (DzhT, III, 312; CC, 443); though Waṣṣāf, 330, l. 25–331, l. 1 (GW, III, 174), dates this a mere three days prior to Dastjirdānī's execution.
57. JT, II, 1271 (DzhT, III, 312–13; CC, 443), with the date; and see Aigle, Fārs, 149, n. 567. HJ, 492/531, has Muḥarram 696, and Banākatī, 457, 9 Muḥarram [7 Nov. 1296].
58. Waṣṣāf, 331, ll. 1–2 (GW, III, 174, omits the phrase 'Ṣadr-i Jahān').
59. JT, II, 1284 (DzhT, III, 327; CC, 448).
60. Waṣṣāf, 55, l. 19, mushta'il-i ātish-i istīlā-yi mughūl wa-muṣṭabiḥ-i tabāshīr-i ghalaba-yi bīgānagān (GW, I, text, 109; cf. trans., 104).
61. Juwaynī, Tasliyat al-ikhwān, 61. NT, 132. JT, II, 1098, 1489 (DzhT, III, 140, 520; CC, 380, 515). Waṣṣāf, 54, l. 23–55, l. 1, and 105, ll. 12–13 and 19 (GW, I, text, 107, 214, 215, trans., 102–3, 200, 201). HJ, 417/453.
62. BH, 445.
63. Aubin, Émirs mongols, 22.
64. Waṣṣāf, 96 (GW, I, text, 194–5, trans., 183); quoted (without reference) in Aubin, Émirs mongols, 31. Lane, Early Mongol Rule, 202, cites this anecdote from Khwānd-Amīr, who evidently took it from Waṣṣāf.
65. Herat: JT, II, 1081–2 (DzhT, III, 123; CC, 375); Sayfī, 331–5. Anatolia: JT, II, 1102 (DzhT, III, 145; CC, 382). Aubin, Émirs mongols, 24. Lane, Early Mongol Rule, 175, is no doubt right to ascribe Abagha's vagaries to 'fits of alcohol-induced paranoia'.
66. Waṣṣāf, 284, l. 11 (GW, III, 66).
67. Ibid., 106, ll. 24–25, shūr-u shurūr (GW, I, text, 218, trans., 203).
68. Ibid., 106, l. 11 (GW, I, text, 217, trans., 202).
69. Extravagance: ibid., 107, ll. 7–14 (GW, I, text, 219, trans., 204–5); MTD, 505–6. Lack of talent for ruling: Waṣṣāf, 211, l. 23 (GW, II, 147).
70. Waṣṣāf, 105, l. 23, qilāda-yi islāmrā mutaqallid būd, and 110, l. 5 (GW, I, text, 215, 225, trans., 201, 209). Cf. JT, II, 1126, da'wā-yi musulmānī mīkard (DzhT, III, 170; CC, 389); but for a different interpretation of this phrase, see Amitai, 'Conversion of Tegüder', 17, and p. 362 and n. 76 at p. 539 below.
71. Waṣṣāf, 106, l. 25–107, l. 2, and 110 (GW, I, text, 218, 225–6, trans., 203, 209–10).
72. HJ, 466–7/503.
73. Waṣṣāf, 242, l. 19–243, l. 1 (GW, II, 218–19); for a translation of the passage, see Browne, History of Persian Literature under Tartar Dominion, 33.

74. On the Ka'ba project, see Waṣṣāf, 242, ll. 10–14 (GW, II, 217–18); Mustawfī, ZN, II, 1323, ll. 21–6 (tr. Ward, II, 338–9; on his links with Ṣadr al-Dīn, see pp. 280–1). For a later phase of Ilkhanid-Mamlūk contention over the Holy Places, see Charles Melville, '"The Year of the Elephant": Mamluk-Mongol rivalry in the Hejaz in the reign of Abū Sa'īd (1317–1335)', StIr 21 (1992), 197–214.
75. See the comments of Aubin, Émirs mongols, 43–4; and on the naval enterprise, Jean Richard, 'European voyages in the Indian Ocean and the Caspian Sea (12th–15th centuries)', Iran 6 (1968), 45–52 (here 49). Amitai, 'Jews at the Mongol court', 40–1, asks whether there is more behind this story.
76. Waṣṣāf, 241, ll. 10–11 (GW, II, 215). BH, 484–5.
77. See, on this head, Lane, 'Persian notables', 196–7; and cf. also his 'Whose secret intent?', 16.
78. Gilli-Elewy, Bagdad, 86–7.
79. BH, 491–2. See also JT, II, 1192, 1194 (DzhT, III, 234, 236; CC, 411, 412).
80. Waṣṣāf, 266, ll. 22–3 (GW, III, 23).
81. Ibid., 268, ll. 1–7 (GW, III, 25–6); for the quotation, see 279, l. 21, tā salṭanat-u pādishāhī nīz maḥbūb-i ū ya'nī pusht binumūd (GW, III, 55, glosses over this phrase). Boyle, 'Dynastic and political history', 376, cites the translation in D'Ohsson's Histoire des Mongols. See also BH, 494; Mustawfī, ZN, II, 1328–9 and 1331, ll. 10–11 (tr. Ward, II, 348–9, 354).
82. BH, 505.
83. Morgan, Medieval Persia, 71. See JT, II, 967 (DzhT, III, 11; CC, 336), where he is merely said to have contested the throne in succession to Gaikhatu.
84. Ravalde, 'Shams al-Dīn Juwaynī', 64–7.
85. Muḥammad b. Hindū Shāh Nakhchiwānī, Dastūr al-kātib fī ta'yīn al-marātib, ed. A. A. Alizade (Moscow, 1964–76), II, 52; cited by Ravalde, 'Shams al-Dīn Juwaynī', 59.
86. Waṣṣāf, 141–2 (GW, I, text, 290–2, trans., 271–3); and see Charles Melville, 'The historian at work', in Melville (ed.), Persian Historiography, 56–100 (here 77–8). JT, II, 1160 (DzhT, III, 204; CC, 401). Banākatī, 442, 443. HJ, 439/474, is an exception.
87. TG, 593, 595–7; Browne, History of Persian Literature under Tartar Dominion, 30–1; Melville, 'Historian at work', 75–6. But Ḥamd-Allāh does not call Majd al-Mulk a martyr in his ZN; for Shams al-Dīn's martyrdom, see ZN, II, 1315, ll. 9–10 (tr. Ward, II, 319); and for Ḥamd-Allāh's partisanship, Lane, 'Persian notables', 190.
88. Mustawfī, ZN, II, 1321, ll. 2–7 (tr. Ward, II, 332).
89. Waṣṣāf, 245, l. 16 (GW, II, 225).
90. Ibid., 237, l. 22–238, l. 8 (GW, II, 207–8). See the comments of Boyle, 'Dynastic and political history', 370, and Amitai, 'Jews at the Mongol court', 40.
91. Kirmānī, Nasā'im al-asḥār, 108.
92. IF, I, 317 (no. 449); for his rank as mustawfī, see the other, seemingly unfinished, notice on him ibid., I, 310–11 (no. 438), where the names of his forefathers are given differently.
93. Mustawfī, ZN, II, 1334, l. 7, and 1357, l. 3, pur-i hunar (tr. Ward, II, 360, and III, 404).
94. Waṣṣāf, 320, ll. 11–17 (GW, III, 149).
95. HJ, 495/535; but cf. p. 302. See also TI, LII, 318 (no. 445), kāna ẓāliman 'asūfan; hence WW, VII, 58 (no. 2991).
96. Kirmānī, Nasā'im al-asḥār, 110.
97. Waṣṣāf, 271, ll. 8–12 (GW, III, 33–4). BH, 496.
98. See, for instance, Waṣṣāf, 265–6, 329–30, 331, 346 (GW, III, 19–22, 170–3, 174–5, 212–13). On Ṣadr al-Dīn's sufferings in 1296, see Aubin, Émirs mongols, 63–4.
99. Waṣṣāf, 322, ll. 1–4 (GW, III, 152). Aubin, Émirs mongols, 60.
100. For his background, see TG, 802.
101. Mustawfī, ZN, II, 1329, ll. 9–16 and 21–6, and 1357, l. 11 (tr. Ward, II, 350, 351, and III, 405); for his fate as retribution for framing Nawrūz, see ibid., II, 1361, ll. 6–7, and 1365, l. 10 (tr. Ward, III, 413, 422).
102. TG, 603–4. Mustawfī, ZN, II, 1357, ll. 15–23 (tr. Ward, III, 405–6).
103. 'Izz al-Dīn: JT, II, 1183 (DzhT, III, 227; CC, 408). Sa'd al-Dawla: ibid., II, 1164–5, 1176 (DzhT, III, 208, 220; CC, 402, 406).

104. Revenues: JT, II, 1350 (DzhT, III, 391; CC, 469). Reforms: Aubin, Émirs mongols, 46, 48–9, citing Waṣṣāf and Ḥamd-Allāh Mustawfī in particular.
105. JT, II, 1419, 1496–7 (DzhT, III, 457, 527–8; CC, 491, 518).
106. Ibid., II, 1283–4 (DzhT, III, 325; CC, 447–8).
107. Lambton, Continuity and Change, 50; and for military activity by Saljuqid wazirs, 30–1. Aigle, 'Iran under Mongol domination', 72, sees the office as undergoing a 'fundamental transformation' in this era. See also Gilly-Elewy, Bagdad, 46.
108. JT, II, 1104–5 (DzhT, III, 147; CC, 382). This expedition is narrated in some detail by Ibn Bībī, Awāmir, 701–6, 721–3, and Mukhtaṣar, 329–31 (tr. Duda, 316–19).
109. Lambton, Continuity and Change, 56. On Ṣadr al-Dīn, cf. Aubin, Émirs mongols, 47; the original source is Waṣṣāf, 265, l. 14 (GW, III, 19).
110. A point made by Morgan, 'Mongol or Persian', 68.
111. My emphasis here differs from that of Aigle, 'Iran under Mongol domination', 67–74.
112. TU, 28. For Tu. cherig, see TMEN, III, 65–70 (no. 1079).
113. Lambton, Continuity and Change, 53–4; and cf. ibid., 224.
114. Spuler, Mongolen4, 235–6, reaches the opposite conclusion, that the nā'ib was deputy to the wazir.
115. Nakhchiwānī, Dastūr al-kātib, II, 63; cited by Melville, 'Itineraries', 60.
116. NT, 132; 2nd recension in Melville, 'From Adam to Abaqa … (Part II)', text, 53 (trans., 59). Waṣṣāf, 55, ll. 10–11 (GW, I, text, 108, trans., 103–4). JT, II, 1061 (DzhT, III, 103; CC, 368), mentions his responsibility for the two provinces but does not call him nā'ib. Spuler, Mongolen4, 238, and Gilli-Elewy, Bagdad, 47, n. 33 (following Mīr Khwānd), mistakenly see Sughunchaq as nā'ib to the wazir Shams al-Dīn Juwaynī.
117. Waṣṣāf, 110, l. 1 (GW, I, text, 225, trans., 209).
118. JT, II, 1130 (DzhT, III, 173; CC, 390). SP, fo. 140b.
119. JT, II, 1178 (DzhT, III, 222; CC, 406). For his role in 1284, see ibid., II, 1138 (DzhT, III, 182; CC, 393); Waṣṣāf, 135, l. 6 (GW, I, text, 276, trans., 258).
120. JT, II, 1192 (DzhT, III, 234; CC, 411). Waṣṣāf, 260, ll. 22–3 (GW, III, 6, with 'Scheketin' in error). For tamgha, 'seal', see TMEN, II, 561–2 (no. 933).
121. Aubin, Émirs mongols, 85.
122. JT, II, 1155–6 (DzhT, III, 200; CC, 399).
123. Waṣṣāf, 229, ll. 6–10, and 230, ll. 1–4 (GW, II, 187–8, 189). For the seal, see also BH, 478; JT, II, 1167 (DzhT, III, 210; CC, 403). This suggests that he had custody of the āl-tamgha.
124. Only in the BN ms. of JT, ed. in Jahn, Geschichte Ġāzān Ḫān's, 95–6 (in DzhT, III, appendix at 618). Waṣṣāf, 325, ll. 14–15, says that he was given 'the lieutenancy and unlimited authority (niyābat-u ḥukūmat-i muṭlaq) in the empire … and the affairs of the great army (kār-i charīk-i buzurg)' (cf. GW, III, 162); in this case, as in Buqa's, 'great' here must have the sense of 'imperial'. It was presumably for this reason that Sharaf al-Dīn Simnānī did not bear the title of wazir: Kirmānī, Nasā'im al-asḥār, 111.
125. al-Jazarī, Ḥawādith al-zamān, I, 254, 256, citing al-Birzālī; trans. in Charles Melville, 'Pādshāh-i Islām: The conversion of Sultan Maḥmūd Ghāzān Khan', Pembroke Papers 1 (1990), 159–77 (here 162, 164). 'Author Z', in K. V. Zetterstéen (ed.), Beiträge zur Geschichte der Mamlūkensultane in den Jahren 690–741 der Hiǵra nach arabischen Handschriften (Leiden, 1919), 34. The ultimate source for this testimony (absent from the text of al-Birzālī's al-Muqtafā) was Ṣadr al-Dīn Ibrāhīm al-Ḥamuwayī.
126. JT, II, 1167 (DzhT, III, 211; CC, 403).
127. Ibid., II, 1157 (DzhT, III, 202; CC, 400). Aubin, Émirs mongols, 37.
128. TG, 595.
129. Aubin, Émirs mongols, 38.
130. JT, II, 1350 (DzhT, III, 391; cf. CC, 469).
131. Ibid., II, 1274 (DzhT, III, 316; CC, 444). Waṣṣāf, 327, ll. 7–9 (GW, III, 166), says that Dastjirdānī received manṣab-i wizārat-u niyābat dar dīwān-i ḥaḍrat. Mustawfī, ZN, II, 1358, l. 17 (tr. Ward, III, 408), says that whoever was wazir was Nawrūz's deputy. Aubin, Émirs mongols, 62. Aigle, Fārs, 148.
132. JT, II, 1284 (DzhT, III, 326; CC, 448). Melville, 'Keshig in Iran', 157–8; on the composition of the keshig, see

153–4.
133. Spuler, Mongolen4, 236, and Lambton, Continuity and Change, 54, are especially pertinent here.
134. Ilüge: JT, I, 67 (DzhT, I, part 1, 136; CC, 28); Wing, Jalayirids, 49. Shiktür: JT, II, 1192 (DzhT, III, 234; CC, 411). Aqbuqa: Waṣṣāf, 264, l. 25–265, l. 1, and 278, ll. 6–7 (GW, III, 18, 50); and cf. JT, I, 68 (DzhT, I, part 1, 138; CC, 28); Wing, Jalayirids, 56. CC twice obscures the sense by translating as 'a great commander'. See Aubin, Émirs mongols, 46; and for a list of 'chief amirs', Atwood, 'Ulus emirs', 156–7.
135. Waṣṣāf, 284, ll. 7–8 (GW, III, 66).
136. SP, fo. 146b. HJ, 436/472.
137. Chief amir: JT, I, 195, amīr-i buzurg (DzhT, I, part 1, 510; CC, 72, again translating as 'a great commander', cf. n. 134 above); TU, 8, muqaddam-i hama-yi awwal; Mustawfī, ZN, II, 1367, l. 13, mīr-i mīrān (tr. Ward, III, 427); Waṣṣāf, 470, l. 24 (GW, IV, 195), bīklarbīkī; IF, I, 392–3, muqaddam al-juyūsh al-īlkhāniyya. Nā'ib: DMZ, ed. Guo, I (trans.), 154, 156, II (text), 115, 117 (= MZDMZ, XXI, 116, 118); Abū l-Fidā, al-Mukhtaṣar fī akhbār al-bashar, tr. P. M. Holt, The Memoirs of a Syrian Prince (Wiesbaden, 1983), 30; see also 41, 45 ('vicegerent'); TI, LIII, 61, and hence WW, XIII, 348, and AA, II, 666.
138. Aubin, Émirs mongols, 43, 45ff.
139. Waṣṣāf, 238, l. 21, and 239, ll. 5–6 (GW, II, 209, 210). Cf. also BH, 490.
140. DMZ, partially ed. and tr. Antranig Melkonian, Die Jahre 1287–1291 in der Chronik al-Yūnīnīs (Freiburg i. Br., 1975), text, 98 (cf. trans., 183) (= MZDMZ, XX, 124–5). TI, LI, 400.
141. Waṣṣāf, 265, ll. 15–16, and 269, l. 22–270, l. 25 (GW, III, 19, 30–3).
142. JT, II, 1282 (DzhT, III, 324; CC, 447).
143. On this, see the nuanced comments of Aubin, Émirs mongols, 47.
144. Pace Spuler, Mongolen4, 235 and n. 2, who says that the wazir was often designated as the Ilkhan's nā'ib and gives Dastjirdānī as an example; but his source, Waṣṣāf (see n. 131), says merely that Nawrūz (then Ghazan's nā'ib) appointed him as wazir and as (his own) deputy in the dīwān. This is surely also the sense of JT, II, 1273 (DzhT, III, 314; but CC, 444, inserts 'the emperor's' in parentheses).
145. Waṣṣāf, 347 (GW, III, 214–15, rendering niyābat-i jahānbānī as 'Stellvertretung des Ilchans').
146. For these two events, see JT, II, 1285, 1299–1300 (DzhT, III, 328, 342; CC, 448, 453).
147. Morgan, 'Mongol or Persian', 68–73, and 'Mongols in Iran', 133–4; and cf., e.g., Gilly-Elewy, Bagdad, 70, who assumes that the ephemeral Mongol shiḥnas in Baghdad contemporary with ʿAlā' al-Dīn Juwaynī were uninterested in continuity of government.
148. JT, II, 1342 (DzhT, III, 383; CC, 467).
149. Ibid., II, 1492 (DzhT, III, 522; cf. CC, 516).
150. Melville, 'Keshig in Iran', 159.
151. MA, III, 141 (Lech, Ar. text, 96, German trans., 155); ibid., XI, 187, for a still more extreme statement.
152. Waṣṣāf, 268, ll. 8–10 (GW, III, 26).
153. Ibid., 230, ll. 3–4, bīrūn ism-i khāniyyat ānchi az lawāzim-i kār-i pādishāhī-u nafādh-i awāmir-u nawāhī būd ba-way tafwīḍ farmūd (cf. GW, II, 189). See also NT, 2nd recension, in Melville, 'From Adam to Abaqa ⋯ (Part II)', text, 54 (trans., 60–1); and SP, fo. 146b, ḥall-u ʿaqd bar dast-i ū bāz gudhāsht; and TG, 595, dast-i ū dar mulk muṭlaq gardānīd chunānki bar pādishāh nāmī bīsh nabūd.
154. Herbert Franke, 'Could the Mongol emperors read and write Chinese?', Asia Major, n.s., 3 (1953), 28–41; repr. in Franke, China under Mongol Rule.
155. JT, II, 1135 (DzhT, III, 179; CC, 392).
156. Ibid., II, 1337–8 (DzhT, III, 378, 379; cf. CC, 465).
157. 'Author Z', in Zetterstéen (ed.), Beiträge, 34, 35. al-Jazarī, Ḥawādith al-zamān, I, 254, 255 (tr. in Melville, 'Pādshāh-i Islām', 162, 163).
158. WW, XXV, 226; cited in Amitai-Preiss, 'Arabic sources', 103, and 'New material', 27–8.
159. Denise Aigle, 'La légitimité islamique des invasions de la Syrie par Ghazan Khan', ES 6, parts 1–2 (2006), 5–29 (here 15).
160. Allsen, 'Rasûlid Hexaglot', 30–40. Denis Sinor, 'Interpreters in medieval Inner Asia', AAS 16 (1982), 293–320; repr. in Sinor, Studies in Medieval Inner Asia.

161. Tashʿītā, tr. Budge, 152–3/tr. Borbone, 63. David Bundy, 'The Syriac and Armenian Christian responses to the Islamification of the Mongols', in John Victor Tolan (ed.), Medieval Christian Perceptions of Islam (New York and London, 1996), 33–53 (here 43).
162. Kirmānī, Nasā'im al-asḥār, 110. For the ability of Ṣadr al-Dīn and other wazirs to speak Mongolian, see Martinez, 'Changes in chancellery languages', 109 and n. 7.
163. TU, 195–6; cited in Lambton, Continuity and Change, 54.
164. TG, 799. De Blois, 'Iftikhāriyān', 15.
165. Waṣṣāf, 236, l. 1 (GW, II, 203).
166. TU, 75; cited by Blair, 'Architecture as a source', 223.
167. DeWeese, 'Cultural transmission', 23–5.
168. IF, I, 392–3, and III, 178 (nos 600, 2431): to Qutlugh Shāh and to Sevinch respectively.
169. For Lane, 'Persian notables', 201, Buqa's appointment as wazir 'reinforces the sense of integration between Persian and Mongol'; I take the opposite view.
170.See Charles Melville, 'Wolf or shepherd? Amir Chupan's attitude to government', in Raby and Fitzherbert (eds), Court of the Il-khans, 79–93 (here 82–3 and n. 15).
171. JT, II, 1114 (DzhT, III, 160; CC, 386).
172. Ibid., II, 1259 (DzhT, III, 300; CC, 439). We are told simply that this was among the reasons why Ṣadr al-Dīn's affairs declined; see p. 276 and n.55 above.
173. Waṣṣāf, 124, ll. 20–22 (GW, I, text, 254; cf. trans., 236).
174. JT, II, 1159 (DzhT, III, 203; CC, 400). Tabrīzī, Safīna-yi Tabrīz, 414. Nader Mottalebi Kashani, 'The newly discovered testament of Khwāja Shams al-Dīn Muḥammad Juwaynī Ṣāḥib Dīwān in Safīna-yi Tabrīz', in Sayed-Gohrab and McGlinn (eds), Treasury of Tabriz, 103–11 (here 109).
175.HJ, 333/362, 339/369. Gilli-Elewy, 'Mongol court', 172. ʿImād al-Dīn is mentioned also in JT, II, 1019 (DzhT, III, 62; CC, 354).
176. TI, LI, 81; hence MA, XI, 189, l. 5.
177. JT, II, 1061, calling him Sughunchaq's nā'ib (DzhT, III, 103; CC, 368).
178. HJ, 350/381, 352/383.
179. Aubin, Émirs mongols, 21–2. Gilli-Elewy, 'Mongol court', 172–3. HJ, 348–50/380–1, dates ʿImād al-Dīn's execution in 660 and ʿAlī's in 661.
180. HJ, 352/383.
181. Ibid., 412/449.
182. JT, II, 1114, 1128–9 (DzhT, III, 160, 171–2; CC, 386, 390). AM, 51.
183. Abagha: BH, 472; JT, II, 1127, 1131 (DzhT, III, 171, 175; CC, 390, 391). Both: Waṣṣāf, 119, ll. 8–10 (GW, I, text, 240, trans., 224); ZF, 238. His brother ʿAlā' al-Dīn was also rumoured to have arranged for the assassination of both men: ibid., 213.
184. Boyle, 'Dynastic and political history', 407.
185. ZF, 284. BH, 490–1, implies remissness.
186. Waṣṣāf, 47, ll. 5–6 (GW, I, text, 90–1, trans., 88).
187. JT, II, 1349–50 (DzhT, III, 390–1; CC, 469). For Tegüder Aḥmad's extravagance, see Waṣṣāf, 107 (GW, I, text, 219, trans., 204–5).
188. JT, II, 1107, nagudhāsht ki ba-muwājaha anjāmad (DzhT, III, 150; CC, 383, has 'to prevent an audit').
189. Ibid., II, 1158 (DzhT, III, 202; CC, 400). Waṣṣāf, 142, l. 15 (GW, I, text, 291, trans., 272). Jean Aubin, 'La propriété foncière en Azerbaydjan sous les Mongols', Le Monde Iranien et l'Islam 4 (1976–7), 79–132 (here 94). The distinction between inchü and dīwānī ('state') land was not always clear: A. K. S. Lambton, Landlord and Peasant in Persia (Oxford and London, 1953), 78.
190. JT, II, 1115, 1117 (DzhT, III, 161, 163; CC, 386, 387).
191. Ibid., II, 1283 (DzhT, III, 325; CC, 447). Waṣṣāf, 345, ll. 20–2 (GW, III, 211–12).
192. AM, 39, 42–3. A similar account in MA, III, 80–1 (Lech, Ar. text, 18–19, German trans., 102–3). The version in JT, II, 1049–51 (DzhT, III, 92–3; CC, 364–5), makes no link with Hülegü's final illness. HJ, 351–2/383, gives a shorter account of Jalāl al-Dīn's desertion. For the number of troops, see Ibn Shaddād, Ta'rīkh, 331; for

his arrival in Egypt, Amitai-Preiss, Mongols and Mamluks, 109–10.

193. See, for instance, the list in Ibn Shaddād, Ta'rīkh, 335–7.

194. Lambton, Continuity and Change, 63, suggests that the wazir's post was more hazardous than it had been under the Saljuqs.

195. TG, 616. This verdict is accepted in the secondary literature, e.g. in Spuler, Mongolen4, 103–4, and in Morgan, Medieval Persia, 76.

196. Jalāl al-Dīn: TG, 598; Mustawfī, ZN, II, 1320 (tr. Ward, II, 330); there is a longer account of his arrest and execution (with the date in full) in JT, II, 1173–4 (DzhT, III, 217–18; CC, 405); Kirmānī, Nasā'im al-asḥār, 107, says that he survived one year out of office. Fakhr al-Dīn: TG, 597, 598–9.

197. Waṣṣāf, 350, ll. 8–9 (GW, III, 222). See Aigle, Fārs, 151; and for his appointment as wazir, n. 56 above.

198. Waṣṣāf, 61, ll. 8–9 (GW, I, text, 121, trans., 115). JT, II, 1061 (DzhT, III, 103; CC, 368).

199. Waṣṣāf, 66, ll. 6–8, and 91, ll. 4–5 (GW, I, text, 130–1, 184, trans., 125, 173).

200. Daughter: JT, II, 1131 (DzhT, III, 174; CC, 391). Granddaughter: HJ, 327/357, 368/404 (former passage tr. in Gilli-Elewy, 'Al-Ḥawādiṯ al-ǧāmiʿa', 366); IF, IV, 315, 401 (nos 3904, 4067).

201. Mustawfī, ZN, II, 1319, l. 16 (tr. Ward, II, 329).

202. JT, II, 1175 (DzhT, III, 219; CC, 405–6). Waṣṣāf, 237, ll. 11–17 (GW, II, 206). HJ, 458/494–5, mentions only the arrangements for Baghdad. For Fakhr al-Dawla, see IF, II, 572–3 (no. 2014).

203. HJ, 490/529. IF, II, 45 (no. 1003).

204. HJ, 437/472. Tümsege's appointment of Saʿd al-Dawla: JT, II, 1164 (DzhT, III, 208; CC, 402).

205. HJ, 446/481. For Tāj al-Dīn's father's name I have followed Ibn al-Ṣuqāʿī, text, 113, trans., 139.

206. HJ, 448/484. For Majd al-Dīn, see also JT, II, 1162 (DzhT, III, 206; CC, 401); Waṣṣāf, 142, ll. 18–21 (GW, I, text, 292, trans., 272–3); IF, IV, 520 (no. 4359). On the background of this Qutlugh Shāh (not to be confused with the noyan prominent under Ghazan and Öljeitü), see JT, II, 1130, 1165 (DzhT, III, 174, 208; CC, 391, 402); at the latter point, he is said to have had the governorship (ḥukūmat) of the city, but HJ's account is more circumstantial. Gilli-Elewy, Bagdad, 80. His father is named as ʿAlī Malik in one of Pūr-i Bahā's poems: BL ms. Or. 9213, fos 39b–40b.

207. With which JT, II, 1167 (DzhT, III, 210; CC, 403), connects it.

208. Ibid., II, 1165–6 (DzhT, III, 209; CC, 402). Malik here seems to equate to ṣāḥib-dīwān (below).

209. HJ, 459/496. JT, II, 1173 (DzhT, III, 217; CC, 405).

210. HJ, 457/494.

211. Waṣṣāf, 142, ll. 16–21 (GW, I, text, 292, trans., 272–3); HJ, 449–50/485–6. Of the younger sons, JT, II, 1160, 1162–3 (DzhT, III, 204, 206; CC, 401), mentions only the slaying of Yaḥyā (dated by IF, I, 368, on 14 Rabīʿ I 684 [20 May 1285]), and has Hārūn killed by Gaikhatu, who linked him with Aruq's excesses (see p. 271 above).

212. Manṣūr: HJ, 459/496. Shams al-Dīn's sons: ibid., 462/499; JT, II, 1174–5 (DzhT, III, 218–19; CC, 405).

213. HJ, 465/501–2. Gilli-Elewy, Bagdad, 91.

214. ʿIzz al-Dīn: JT, II, 1183 (DzhT, III, 227; CC, 408), and IF, I, 317 (no. 449). More generally: Waṣṣāf, 245 (GW, II, 224–5); Stepʿanos Orbelian, Patmutʿiwn nahangin Sisakan, tr. M.-F. Brosset, Histoire de la Siounie (St Petersburg, 1864–6), I, 259.

215. HJ, 494/534.

216. Waṣṣāf, 346, ll. 13–14 (cf. GW, III, 213–14). JT, II, 1284 (DzhT, III, 327; CC, 448). HJ, 495/535. IF, III, 375 (no. 2789). Banākatī, 459.

217. Waṣṣāf, 247, ll. 18–19 (GW, II, 230).

218. JT, II, 1115 (DzhT, III, 161; CC, 386).

219. Ibid., II, 1157 (DzhT, III, 202; CC, 400).

220. Ibid., II, 1271 (DzhT, III, 312–13; CC, 443).

221. Nawrūz and Qutlugh Shāh: ibid., II, 1274–5, 1284 (DzhT, III, 316, 327; CC, 444, 448); Aubin, Émirs mongols, 66–7. Qutlugh Shāh and Nurin: Waṣṣāf, 345, ll. 21–2 (GW, III, 212).

222. A point stressed by Lane, 'Persian notables', 192; see also ibid., 204.

223. JT, II, 1112, 1127 (DzhT, III, 157, 171; CC, 385, 389). Gilli-Elewy, Bagdad, 66.

224. JT, II, 1157 (DzhT, III, 201; CC, 400).
225. Ibid., II, 1165 (DzhT, III, 208–9; CC, 402).
226. Taghachar: ibid., II, 1167, 1193 (DzhT, III, 210, 235; CC, 403, 411); Waṣṣāf, 207, ll. 16–17, and 320, ll. 10–11 (GW, II, 138, and III, 149). Aqbuqa: JT, II, 1195 (DzhT, III, 237; CC, 412).
227. Qazwīnī: JT, II, 1168, 1171 (DzhT, III, 211, 214–15; CC, 403, 404); Waṣṣāf, 233, ll. 11–12 (GW, II, 196). Simnānī: JT, II, 1173–4 (DzhT, III, 217–18; CC, 405). Mustawfī: TG, 598–9; JT, II, 1178 (DzhT, III, 222–3; CC, 407). For their appointment under Buqa, see Waṣṣāf, 229, ll. 11–12 (GW, II, 188).
228. HJ, 492/531. Aubin, Émirs mongols, 66.
229. JT, II, 1131 (DzhT, III, 175; CC, 391).
230. Ibid., II, 1114, 1117, 1131 (DzhT, III, 159, 163, 175; CC, 386, 387, 391).
231. Ibid., II, 1166, 1168 (DzhT, III, 209–10, 212; CC, 403).
232. Ibid., II, 1175 (DzhT, III, 219; CC, 406).
233. Ibid., II, 1181 (DzhT, III, 226; CC, 408). Waṣṣāf, 244, ll. 24–5, and 245, ll. 5–6 (GW, II, 224).
234. JT, I, 68, and II, 1202, 1248–9 (DzhT, I, part 1, 138, and III, 244, 291; CC, 28, 415, 434); for Aqbuqa, see also SP, fo. 144b. Banākatī, 452. Waṣṣāf, 282, l. 20 (GW, III, 62). TG, 602, for both men.
235. BH, 479, 480, and TG, 604, respectively.
236. This takes into account only adult males: the figure of sixteen excludes Arghun's wife Toghachaq Khatun and the children of Hülechü and Qara Noghai. The remaining twenty-two include Saʿd al-Dawla along with Muslim servitors, but not three whom Aruq put to death without the Ilkhan's leave. The point is made by Aubin, Émirs mongols, 82, who suggests, however, that more princes and noyans were executed than 'divaniens'.
237. These figures exclude alike unnamed Mongol officers, such as three commanders under the rebel Sülemish in Anatolia, and various sayyids and shaykhs; nor are Nawrūz's anonymous shiḥnas (who could have been either Mongols or Tājīks) in various towns taken into account.

第十一章

1. The phrase is David Durand-Guédy's ('Ruling from the outside', 330). See also pp. 96–7 above.
2. PC, 149 (MM, 17). WR, 42/in SF, 184 (MFW, 90). TJG, I, 161–2 (HWC, 204–5). For Mongol fear of thunderstorms, see also JT, I, 153–4 (DzhT, I, part 1, 373–5; CC, 58). Such taboos are conveniently surveyed in Claude and René Kappler, Guillaume de Rubrouck, envoyé de saint Louis. Voyage dans l'empire mongol (Paris, 1985), 262–4.
3. References in Boyle, 'Turkish and Mongol shamanism'. See too Endicott-West, 'Notes on shamans', 226–8.
4. Marie-Lise Beffa, 'Le concept de tänggäri, «ciel», dans l'Histoire Secrète des Mongols', EMS 24 (1993), 215–36. But cf. Igor de Rachewiltz, 'Heaven, Earth and the Mongols in the time of Činggis Qan and his immediate successors (ca. 1160–1260) – A preliminary investigation', in Noël Golvers and Sara Lievens (eds), A Lifelong Dedication to the China Mission: Essays Presented in Honor of Father Jeroom Heyndrickz, CICM, on the Occasion of His 75th Birthday and the 25th Anniversary of the F. Verbiest Institute K. U. Leuven (Leuven, 2007), 107–44.
5. PC, 240 (MM, 12). Peter Jackson, 'The Mongols and the faith of the conquered', in Amitai and Biran (eds), Mongols, Turks, and Others, 243–90 (here 255).
6. Hülegü: Waṣṣāf, 52 (GW, I, text, 101, trans., 97). TJG, I, 149 (HWC, 189), makes Ögödei give orders for forty beautiful maidens and choice horses to be 'sent after' Chinggis Khan, though this is at the quriltai two years after the conqueror's death. General comments: PC, 243 (MM, 13), and Riccoldo da Montecroce, Liber peregrinationis, ed. Kappler, Latin text, 90 (tr. George-Tvrtković, 191–2). See J. A. Boyle, 'The thirteenth-century Mongols' conception of the after-life: The evidence of their funerary practices', MS 1 (1974), 5–14; and for earlier steppe peoples, the references in Peter B. Golden, 'The conversion of the Khazars to Judaism', in Peter B. Golden, Haggai Ben-Shammai and András Róna-Tas (eds), The World of the Khazars: New Perspectives (Leiden and Boston, MA, 2007), 123–62 (here 134 and n. 63).
7. TJG, I, 11, 18–19 (HWC, 15–16, 26). For what follows, see Richard C. Foltz, Religions of the Silk Road: Premodern Patterns of Globalization, 2nd edn (New York and Basingstoke, 2010), 106–8; also Jackson,

'Mongols and the faith of the conquered', 262–8.
8. TJG, III, 89 (trans. in HWC, 606, slightly modified).
9. Li Zhichang, cited in Paul Demiéville, 'La situation religieuse en Chine au temps de Marco Polo', in Oriente Poliano (Rome, 1957), 193–236 (here 195); cf. Waley trans., Travels of an Alchemist, 132. I. de Rachewiltz and T. Russell, 'Ch'iu Ch'u-chi (1148–1227)', PFEH 29 (March 1984), 1–26 (here 11).
10. Waṣṣāf, 262–3 (GW, III, 13, mistranslating jāthlīqān as 'Diakone').
11. Atwood, 'Validation by holiness', 255; for examples of privileged 'religious', ibid., 238–43, 245–7. TJG, III, 78 (HWC, 599), says that Möngke excluded the Jews, to their great chagrin. Aptin Khanbaghi, The Fire, the Star and the Cross: Minority Religions in Medieval and Early Modern Iran (London and New York, 2006), 57, 64, assumes that the Zoroastrians were also excluded, but cites no specific evidence. For Zoroastrian writing in the early Ilkhanid era, see Ž. Āmūzgār, 'Bahrām(-e) Paždū', EIr, III, 524–5, and Sheila S. Blair, 'The religious art of the Ilkhanids', in Komaroff and Carboni (eds), Legacy of Genghis Khan, 104–33 (here 111 and n. 20).
12. For these two terms, see TMEN, II, 648–51 (no. 993) and 271–7 (no. 724), respectively. The etymology of bakhshī is discussed by Leonard W. J. Van der Kuijp, '"Baγši" and baγši-s in Tibetan historical, biographical and lexicographical texts', CAJ 39 (1995), 275–302.
13. Osman Turan, 'Les souverains seldjoukides et leurs sujets non-musulmans', SI 1 (1953), 65–100 (here 69, 77). Jean-Paul Roux, 'La tolérance religieuse dans les empires turco-mongols', Revue de l'Histoire des Religions 203 (1986), 131–68 (here 162).
14. Only one of the documents edited in Heribert Horst, Die Staatsverwaltung der Grosselǧūken und Ḫōrezmšāhs (Wiesbaden, 1964), even refers to the jizya and then in unspecific terms.
15. TJG, I, 11, 18 (HWC, 15, 26).
16. WR, 116/in SF, 228 (MFW, 151).
17. TJG, I, 44 (HWC, 60); and see also Elverskog, Buddhism and Islam, 137–8. M. Molé, 'Les Kubrawiya entre sunnisme et shiisme aux huitième et neuvième siècles de l'Hégire', REI 29 (1961), 61–142 (here 79–82, citing Simnānī, Chihil majlis).
18. JT, II, 1048 (Khūy), 1114 (Marāgha), 1332, 1356 (DzhT, III, 90, 160, 373, 397; CC, 364, 386, 463, 471). For Labnasagut, see Samuel M. Grupper, 'The Buddhist sanctuary-vihāra of Labnasagut and the Il-qan Hülegü: An overview of Il-qanid Buddhism and related matters', AEMA 13 (2004), 5–77.
19. JT, II, 1331–2 (DzhT, III, 373; CC, 463); for his upbringing, see II, 1210, 1211, 1253–4 (DzhT, III, 252, 253, 295; CC, 417, 418, 437, reading, at this last juncture, 'Arghun' in error for Abagha).
20. Warwick Ball, 'Two aspects of Iranian Buddhism', Bulletin of the Asia Institute of Pahlavi University (1976), parts 1–4, 103–63 (here 127–43), and 'The Imamzadeh Maʿsum at Vardjovi: A rock-cut Il-khanid complex near Maragheh', Archäologische Mitteilungen aus Iran 12 (1979), 329–40; cf. Blair, 'Religious art of the Ilkhanids', 110. Arezou Azad, 'Three rock-cut cave sites in Iran and their Ilkhanid Buddhist aspects reconsidered', in Anna Akasoy, Charles Burnett and Ronit Yoeli-Tlalim (eds), Islam and Tibet – Interactions along the Musk Routes (Farnham and Burlington, VT, 2011), 209–30.
21. The testimony of the Armenian sources, cited in Grupper, 'Buddhist sanctuary-vihāra', 32–4. For Hülegü's interest in alchemy, see above, p. 271.
22. JT, II, 1179, 1180 (DzhT, III, 224; CC, 407).
23. Passage not found in Rawshan and Mūsawī's edition of JT: see DzhT, III, 229 note (CC, 409).
24. See W. Björkman, 'Maks', EI2, VI, 194–5.
25. HJ, 375/411.
26. JT, II, 1104 (DzhT, III, 147; CC, 382). Melville, 'Anatolia under the Mongols', 71. See also p. 281, on the substitution of the tamgha for the qubchur in ʿIrāq-i ʿAjam by the wazir Ṣadr al-Dīn.
27. TJG, II, 89, l. 15 (HWC, 357, has 'capitation-tax'). Ibn Naẓīf, fo. 141a, l. 7. At an earlier date, the word had admittedly denoted the land-tax: see Lane, An Arabic-English Lexicon (repr. Cambridge, 1984), s.v. JZY (8.). But there were other words that Ibn Naẓīf could have chosen had he wished.
28. E.g. Vladimir Minorsky, 'Pūr-i Bahā and his poems', in his Iranica, 292–305 (here 299–305).
29. Shams al-Dīn Muḥammad b. Maḥmūd Āmulī, Nafā'is al-funūn fī ʿarāyis al-ʿuyūn, ed. Mīrzā Abū l-Ḥasan Shaʿrānī and Sayyid Ibrāhīm Miyānajī (Tehran, 1377–9/1958–60), I, 327. See Lambton, 'Mongol fiscal

administration' [Part I], 91–2.

30. TJG, I, 22 (HWC, 30).
31. Ibid., II, 274–9, and III, 76–7 (HWC, 538–43, 599).
32. Petrushevsky, 'Socio-economic condition', 535–6: he acknowledges the pre-Mongol precedents (apropos of the billeting of troops and the provision of animals for the relay network), though he assumes that under the Mongols these obligations were more oppressive.
33. TJG, I, 75 (HWC, 97).
34. HJ, 398–9/436.
35. Ibid., 424/461.
36. Ibid., 454/491–2.
37. Ibid., 495/535.
38. Ibid., 482–3/521–2.
39. JT, II, 1415, 1417, 1423 (DzhT, III, 453, 455, 461; CC, 490, 492).
40. Morgan, 'Rašīd al-dīn and Ġazan Khan', 184–6.
41. Sayfī, 649; cited in Petrushevsky, 'Socio-economic condition', 533.
42. Avedis K. Sanjian (tr. and ed.), Colophons of Armenian Manuscripts, 1301–1480: A Source for Middle Eastern History (Cambridge, MA, 1969), 61.
43. On the operation of the yarghu, see Lambton, Continuity and Change, 83–90.
44. Lane, Early Mongol Rule, 111–13, 120.
45. SSQ, 47 (= VB, xxx, 84). 'Tartar Relation', § 42, ed. Önnerfors, 28. BH, 490. Jackson, 'Mongols and the faith of the conquered', 259–62.
46. Edward Gibbon, The History of the Decline and Fall of the Roman Empire (London, 1776–88), VI, 291; ed. J. B. Bury (London, 1896–1900), VII, 4; ed. David Womersley (London, 1994), III, 793: he rounded off his classic (and now notorious) formulation by adding, in a footnote: 'A singular conformity may be found between the religious laws of Zingis Khan and of Mr. Locke'. See Morgan, Mongols2, 37–8, and his 'Edward Gibbon and the East', Iran 33 (1995), 85–92 (here 88–9); and a fuller quotation from Gibbon in Atwood, 'Validation by holiness', 237.
47. Benjamin Z. Kedar, 'The subjected Muslims of the Frankish Levant', in James M. Powell (ed.), Muslims under Latin Rule, 1100–1300 (Princeton, NJ, 1990), 135–74 (here 139–40); repr. in Kedar, The Franks in the Levant (Aldershot and Brookfield, VT, 1993). Brian A. Catlos, The Muslims of Latin Christendom c. 1050–1614 (Cambridge, 2014), 373, 480.
48. Joseph Drory, 'Ḥanbalīs of the Nablus region in the eleventh and twelfth centuries', in Kedar and Udovitch (eds), Medieval Levant, 93–112.
49. Dominique Sourdel, 'Bohémond et les chrétiens à Damas sous l'occupation mongole', in Michel Balard, B. Z. Kedar and J. S. C. Riley-Smith (eds), Dei Gesta per Francos. Études sur les croisades dédiées à Jean Richard (Aldershot and Burlington, VT, 2001), 295–9.
50. Thus, for instance, Roux, 'La tolérance religieuse', confines his discussion to the broader issue of whether the Mongols' subjects were allowed to retain their faith. But for an incisive comment on Mongol 'tolerance' (in a Far Eastern context), see Benjamin Z. Kedar, 'The multilateral disputation at the court of the Grand Qan Möngke, 1254', in Hava Lazarus-Yafeh, Mark R. Cohen, Sasson Somekh and Sidney H. Griffith (eds), The Majlis: Interreligious Encounters in Medieval Islam (Wiesbaden, 1999), 162–83 (here 182–3).
51. J. Schacht, 'Nikāḥ, I. In Classical Islamic Law', EI2, VIII, 26–9.
52. Waṣṣāf, 222, ll. 5–6 (GW, II, 170).
53. See generally Boyle, 'Thirteenth-century Mongols' conception', 6–7; Louis Hambis, 'Une coutume matrimoniale chez les Mongols et les peuples de Haute-Asie', in Mélanges offerts à Jean Dauvillier (Toulouse, 1979), 385–93 (here 389–93); Alice Sárközi, 'Levirate among the Mongols', in Elena V. Boikova and Rostislav B. Rybakov (eds), Kinship in the Altaic World: Proceedings of the 48th PIAC, Moscow 10–15 July, 2005 (Wiesbaden, 2006), 259–67. The levirate (which refers, strictly speaking, to marriage to a brother's widow) is to be distinguished from the sororate, which has no real connection with it, and on which see J. Holmgren, 'Observations on marriage and inheritance practices in early Mongol and Yüan society, with particular

reference to the levirate', JAH 20 (1986), 127–92 (here 142–3): for successive marriages to sisters, see JT, I, 162 (DzhT, I, part 1, 403; CC, 61: Chochimtai of the Olqunu'ut); and for Qubilai's successive marriages to aunt and niece, ibid., I, 161 (DzhT, I, part 1, 400; CC, 61).

54. For examples, see Hambis, 'Une coutume', 385–9. It had been enforced by the Uighur iduq-qut of Beshbaligh, for instance: TJG, II, 226 (HWC, 490). It had also been practised by the Oghuz: Christian, History of Russia, Central Asia and Mongolia, I, 355.
55. JT, II, 963 (DzhT, III, 6; CC, 334, unaccountably renders the phrase as 'by custom'). For another example, see ibid., II, 966, ba-rāh-i yāsā (DzhT, III, 9; CC, 335). See also WW, XXV, 229, which speaks expressly of a yasa regarding marriage to the father's wives.
56. Holmgren, 'Observations', 152–3. Zhao, Marriage as Political Strategy, 28–9.
57. Paul Ratchnevsky, 'The levirate in the legislation of the Yuan dynasty', in Asiatic Studies in Honour of Dr. Jitsuzô Tamura on the Occasion of His Sixty-Fourth Birthday. May 25. MCMLXVIII (Kyôto, 1968), 45–62 (including exemptions in certain circumstances); ibid., n. 12 for the Muslims. For more detail, see Bettine Birge, 'Levirate marriage and the revival of widow chastity in Yüan China', Asia Major, 3rd series, 8 (1995), 107–46; also her Women, Property, and Confucian Reaction in Sung and Yüan China (960–1368) (Cambridge, 2002), 238–44. Holmgren, 'Observations', examines the principles behind the levirate in some depth.
58. According to PC, 239 (MM, 11).
59. See Schacht, 'Nikāḥ, I'.
60. Of the Chinggisids in Iran, Lambton, Continuity and Change, 292, gives several examples, including Pādishāh Khatun (below); see also JT, I, 102, and II, 966, 1055 (DzhT, I, part 1, 229, and III, 9, 96; CC, 40, 335, 366), for Anbarchi (married to one of the widows of his father Mengü Temür), Jüshkeb (to one of his father Jumughur's widows) and Abagha (to Hülegü's widow Öljei Khatun), respectively. Commanders: Tödökech, Hülegü's daughter, married first to Tenggiz Küregen of the Oyirat tribe, was later the wife successively of his son Sülemish and the latter's son Chechek Küregen: ibid., I, 102, and II, 971 (DzhT, I, part 1, 228, and III, 16; CC, 40, 338), and SP, fo. 139b; Qutluqan, another daughter, married Yesü Buqa of the Dörben and later his son Tükel: SP, fo. 139b. Taghai of the Barghut married Kürdüchin, widow of his grandfather Satilmish: JT, I, 104 (DzhT, I, part 1, 234; CC, 41), though at II, 969 (DzhT, III, 14; CC, 337, omitting Taghai's name), her second husband is called the cousin of her first. Toghan, son of Shadai, married his father's widow Keltürmish, daughter of Tegüder Aḥmad by a concubine: ibid., II, 1123 (DzhT, III, 167; CC, 388).
61. Ḥusayn, son of Aqbuqa of the Jalayir (and ancestor of the Jalayirid dynasty), took his father's widow Öljetei (daughter of the Ilkhan Arghun): ibid., II, 1153 (DzhT, III, 197; CC, 398); more explicitly in SP, fo. 147b. Wing, Jalayirids, 65–6.
62. TG, 533.
63. ZF, 168–9 (= SMIZO, I, Ar. text, 81, Russian trans., 103); cf. 216, l. 17. Ta'rīkh-i āl-i Saljūq dar Ānāṭūlī, 119–20 (with the spelling 'WRBNY). Melville, 'Anatolia under the Mongols', 72, 77. I assume that this is identical with the name of a princess who appears in SH, § § 70–1 (tr. De Rachewiltz, I, 17; and see his note at 344). Ibn Bībī, Awāmir, 735–9, and Mukhtaṣar, 334–5 (tr. Duda, 322–3), says nothing of Örbei Khatun, ascribing Mas'ūd's departure for the Ilkhan's territories (but in 679/1280–1) to the instructions of his dying father. Āqsarā'ī, Musāmarat al-akhbār, 133–4, is likewise silent.
64. See ZF, 126, for her parentage.
65. The Saljuq Sultan Alp Arslan (in 1063): Lambton, Continuity and Change, 259. An atabeg of Lesser Luristān (between 621/1224 and 640/1242): TG, 555. In 690/1291 Muẓaffar al-Dīn 'Alī, a son of the historian Juwaynī, married a Mongol lady, the daughter of Arghun Aqa, who was the widow of his uncle, the Ṣāḥib-dīwān Shams al-Dīn: HJ, 469/505; the marriage is not mentioned in his biography in IF, V, 283–4 (no. 5094).
66. Waṣṣāf, 424, l. 23–425, l. 1 (GW, IV, 81). Shabānkāra'ī, 169, for Nuṣrat al-Dīn; at 170 he mentions her remarriage to only one further brother, Nuṣrat al-Dīn's immediate successor Jalāl al-Dīn Ṭayyib Shāh. Spuler, Mongolen4, 122, raises the possibility that Nuṣrat al-Dīn may have had a hereditary claim on the widow.
67. TJG, I, 161–3 (HWC, 204–6); reproduced in JT, I, 685 (DzhT, II, part 1, 183–5; SGK, 77; CC, 237–8). TN, II, 152–3 (tr. Raverty, 1107–9), is briefer and lacks some of the details.
68. For what follows, see Francis Woodman Cleaves, 'The rescript of Qubilai prohibiting the slaughtering of

animals by slitting the throat', in Richard Nelson Frye Festschrift I: Essays Presented to Richard Nelson Frye on His Seventieth Birthday by His Colleagues and Students (Cambridge, MA, 1992 = JTS 16), 67–89 (here 72–3). For the Muslims' inability to circumcise their sons, see also JT, II, 921 (SGK, 293–4; CC, 319); though it is not here made part of the Qaghan's edict. I regret that the important discussion by İsenbike Togan, 'Variations in the perception of Jasagh', in D. A. Alimova (ed.), Markazii Osiyo tarikhi zamonavii medievistika talkinida / History of Central Asia in Modern Medieval Studies (Tashkent, 2013), 67–101, came to my notice too late to be taken into account here.

69. For a discussion of the background, see Rossabi, Khubilai Khan, 199–201 (though the link made there, 199, between Qubilai's anti-Muslim legislation and the threat from the 'Muslim' Qaidu is questionable). See also Elverskog, Buddhism and Islam, 238–9; Rossabi, 'Muslims in the early Yüan', 291–5; and Rossabi, 'Notes on Khubilai Khan: Religious toleration or political expediency?', in Binbaş and Kılıç-Schubel (eds), Horizons of the World, 119–29 (here 124–6).
70. Cleaves, 'Rescript of Qubilai', 72 (slightly modernized; another modified rendering in Elverskog, Buddhism and Islam, 228). See YS, ch. 10 (where the words ascribed to Chinggis Khan are apparently repeated), cited in Donald Daniel Leslie, 'The Mongol attitude to Jews in China', CAJ 39 (1995), 234–45 (here 234–5).
71. TJG, I, 163, 227 (HWC, 206, 272).
72. Kirakos Ganjakets'i, tr. Bedrosian, 219/tr. Khanlarian, 165. Dashdondog, 'Mongol conquerors in Armenia', 69.
73. TN, II, 167 (tr. Raverty, 1146).
74. TJG, I, 163 (HWC, 206–7); reproduced in JT, I, 686 (DzhT, II, part 1, 186–7; SGK, 77–8; CC, 238), where Rashīd al-Dīn adds, seemingly by way of exegesis, that the Turk had flouted the yasa by climbing onto the roof.
75. JT, II, 921 (SGK, 294; CC, 319).
76. This is also the view of Ayalon, 'Great Yāsa ··· (A)', SI 33 (1971), 99–140 (here 120).
77. Lambton, Continuity and Change, 90.
78. Aigle, 'Loi mongole', 972, 974–7 ('Mongol law', 134, 137–40), and 'Le Grand Jasaq', 33, 41–2, 47–8. But even Carpini could not always do so: PC, 250, legem etiam sive consuetudinem habent (MM, 17).
79. Aigle, 'Loi mongole', 991–4 ('Mongol law', 152–5), and 'Le Grand Jasaq', 67–70.
80. TJG, I, 161, yāsā-u ādhīn; I, 227; and III, 3, yāsā-u āyīn (HWC, 204, 272, 549). In the first case, the context is washing in running water, on which see below; in the second, it is both that and the Muslim slaughter-ritual; and in the third, it is the inheritance of the youngest son. See also ibid., I, 203–4, yāsā-u ʿādat (HWC, 248), and 211, yāsā-u ādhīn (HWC, 255). For the phrase yāsā-u yūsūn in JT, see above, n. 152 at p. 464.
81. Paul Heng-chao Ch'en, Chinese Legal Tradition under the Mongols: The Code of 1291 as Reconstructed (Princeton, NJ, 1979), 4–10. On Juwaynī, see Morgan, 'The "Great Yāsā of Chingiz Khān" and Mongol law', 167; Aigle, 'Loi mongole', 985–7 ('Mongol law', 148–9), and 'Grand Jasaq', 54–5.
82. Aigle, 'Loi mongole', 994 ('Mongol law', 155), and 'Le Grand Jasaq', 66. Cf. TJG, I, 227 (HWC, 272).
83. Henry Serruys, 'Remains of Mongol customs in Ming China', Monumenta Serica 16 (1957), 137–90 (here 151–3), and repr. in Serruys, The Mongols and Ming China: History and Customs (London, 1987); at 158, 177–8, however, he appears confident that the Mongols did not impose their own customs on the Chinese.
84. TJG, I, 190–1 (HWC, 235–6); cf. JT, I, 705 (DzhT, II, part 1, 243–4; SGK, 93–4; CC, 245). Both Juwaynī and DzhT omit the name of the tribe.
85. Cleaves, 'Rescript of Qubilai', 72; Elverskog, Buddhism and Islam, 229.
86. Grigor Aknerts'i, tr. Blake and Frye, 343.
87. JT, II, 1060 (DzhT, III, 102; CC, 368).
88. TG, 805.
89. Ibn Shaddād, Ta'rīkh, 122, 169; hence DMZ, III, 112, 229 (= MZDMZ, XVIII, 207, 309). See also BH, 455; Melville, 'Anatolia under the Mongols', 66.
90. HJ, 348/379, calling him simply 'Mar Ḥasiyā'. Fiey, Chrétiens syriaques, 30, identifies him with the town's Nestorian bishop.
91. For a summary of these events, see De Blois, 'Iftikhāriyān', 16–17, who discusses the chronological problems, in particular the incorrect dates supplied by HJ; also Charles Melville, 'Northern Iraq: Historical and political context', in Ward (ed.), Court and Craft, 16–22 (here 19–20).

92. IF, III, 103–4 (n. 2279). He receives fulsome praise in Ibn al-Ṭiqṭaqā, 8–15 (tr. Whitting, 4–9).
93. Aubin, Émirs mongols, 26, however, believes that this shaft was aimed only at the con-querors.
94. BH, 490.
95. JT, II, 1490–1, 1495 (DzhT, III, 521–2, 526; CC, 515–16, 517); see II, 1493 (DzhT, III, 523–4; CC, 516), for a Jew who tried to extract money in this fashion from Shams al-Dīn Juwaynī.
96. Kirmānī, Nasā'im al-asḥār,106.
97. See Endicott-West, 'Notes on shamans', 226–8.
98. Adel Allouche, 'Tegüder's ultimatum to Qalawun', IJMES 22 (1990), 437–46 (here 443); cf. also Reuven Amitai-Preiss, 'Sufis and shamans: Some remarks on the Islamization of the Mongols in the Ilkhanate', JESHO 42 (1999), 27–46 (here 30). For ʿAbd al-Raḥmān's background, see IF, IV, 178, 179.
99. See the survey of primary and secondary literature in Netzer, 'Rashīd al-Dīn and his Jewish background'.
100. E.g. PC, 237–8 (MM, 9–10). See the discussion in Timothy May (T. Mei), 'Mongoly i mirovye religii', in B. V. Bazarov, N. N. Kradin and T. D. Skrynnikova (eds), Mongol′skaia imperiia i kochevoi mir (Ulan Ude, 2004), 424–43 (here 438–9).
101. Judith Pfeiffer, 'Reflections on a "double rapprochement": Conversion to Islam among the Mongol elite during the early Ilkhanate', in Komaroff (ed.), Beyond the Legacy of Genghis Khan, 369–89 (here 375, 377–8). For a translation of the document of 1272 and the list of witnesses, see De Rachewiltz's notes to SH, II, 1345–6; also Pfeiffer, 'Protecting private property vs negotiating political authority: Nur al-din b. Jaja and his endowments in thirteenth-century Anatolia', in Hillenbrand et al. (eds), Ferdowsi, 147–65 (here 153–60).
102. TJG, III, 8–9 (HWC, 552–3). Rossabi, Khubilai Khan, 13.
103. Waṣṣāf, 14, l. 25–15, l. 1: har chand butī khwud parast būd bā dīn-i islām maylī-yi tamām dāsht-u paywasta ta'aṣṣub-i musulmānān kardī (GW, I, text, 29, trans., 30). See De Nicola, 'Queen of the Chaghatayids', 117–18.
104. James D. Ryan, 'Christian wives of Mongol khans: Tartar queens and missionary expectations in Asia', JRAS, 3rd series, 8 (1998), 411–21; repr. in Ryan (ed.), The Spiritual Expansion of Medieval Latin Christendom: The Asian Missions (Farnham and Burlington, VT, 2013), 285–95.
105. WR, 172/in SF, 256 (MFW, 187).
106. Richard C. Foltz, 'Ecumenical mischief under the Mongols', CAJ 43 (1999), 42–69. Foltz, Religions of the Silk Road, ch. 6, esp. 114–15, 126.
107. BH, 490; cited in Morgan, 'Who ran the Mongol empire?', 124.
108. WR, 62/in SF, 195 (MFW, 107). They were generally Khwarazmian Turks: Allsen, Mongol Imperialism, 109–10. A 'Saracen' conducted the census in Rus′ in 1247: Allsen, 'Mongol census taking in Rus′', 37.
109. For these and other episodes, see Jackson, 'Hülegü Khan and the Christians', 201–4.
110. AK, ed. Sourdel, Description d'Alep, 36; also in ʿAbbāra's edn, I, part 1, 116.
111. Riccoldo da Montecroce, Liber peregrinationis, ed. Kappler, Latin text, 114, homo pessimus in omni scelere, amicus tamen christianorum (cf. George-Tvrtković trans., 198). See also 'Templar of Tyre', § 355, ed. Minervini, 288 (tr. Crawford, 149).
112. On which see J.-B. Chabot, 'Notes sur les relations du roi Argoun avec l'Occident', Revue de l'Orient Latin 2 (1894), 566–629; more briefly, Jackson, Mongols and the West, 169–70.
113. Grupper, 'Buddhist sanctuary-vihāra', 9–10.
114. BH, 466; MTD, 505, giving the month in error as Dhū l-Qaʿda [February].
115. JT, II, 1178–9 (DzhT, III, 223; CC, 407).
116. Ibid., II, 1080, 1137, 1375–6 (DzhT, III, 121, 182, 416; CC, 374, 393, 477).
117. For the disabilities traditionally imposed on dhimmis, see Ann K. S. Lambton, State and Government in Medieval Islam: An Introduction to the Study of Islamic Political Theory: The Jurists (Oxford, 1981), 203–7.
118. Āqsarā'ī, Muṣāmarat al-akhbār, 153.
119. Kirakos Ganjakets'i, tr. Bedrosian, 238–9/tr. Khanlarian, 174. On this figure, see Pelliot, 'Les Mongols et la papauté. Chapitre II', Revue de l'Orient Chrétien 24 (1924), 225–335 (here 225–62).
120. Frédéric Luisetto, Arméniens et autres chrétiens d'Orient sous la domination mongole. L'Ilkhanat de Ghâzân 1295–1304 (Paris, 2007), 73–4.
121. JT, II, 963 (DzhT, III, 7; CC, 334).

122. Letter of Ladislaus, warden of the Franciscan province of 'Gazaria', 7 April 1287, in Girolamo Golubovich (ed.), Biblioteca bio-bibliografica della Terra Santa e dell'Oriente Francescano (Quaracchi-Firenze, 1906–27), II, 444. Jean Richard, La papauté et les missions d'Orient au Moyen Age (XIIIe–XVe siècles) (Rome, 1977), 90–1; and his 'Les missions au nord de la mer noire (XIIIe–XVe siècles)', in Schmieder and Schreiner (eds), Il codice Cumanico, 231–46 (here 237), and tr. as 'The missions to the north of the Black Sea (thirteenth to fifteenth centuries)', in Ryan (ed.), Spiritual Expansion, 343–56 (here 348).
123. HJ, 333–4/362–3, 354/385 (the former passage tr. in Gilli-Elewy, 'Al-Ḥawādiṯ al-ǧāmiʿa', 369). Tashʿītā, tr. Budge, 223/tr. Borbone, 95–6. MA, III, 138 (Lech, Ar. text, 91–2, German trans., 152; Lech's n. 73 at 332 wrongly specifies the palace of the Lesser Dawātdār).
124. The verses are preserved in TI, XLVIII, 37–9, and excerpted in Joseph de Somogyi, 'A qaṣīda on the destruction of Baghdād by the Mongols', BSOS 7 (1933–5), 41–8 (text at 44, trans. at 45), repr. in Hawting (ed.), Muslims, Mongols and Crusaders, 1–10.
125. TJG, I, 11 (HWC, 16).
126. Minorsky, 'Naṣīr al-Dīn Ṭūsī on finance', 75. Ann Lambton, 'Awqāf in Persia: 6th–8th/12th–14th centuries', Islamic Law and Society 4 (1997), 298–318 (here 304–5).
127. MA, III, 138 (Lech, Ar. text, 92, German trans., 153).
128. Birgitt Hoffmann, 'Von falschen Asketen und "unfrommen" Stiftungen', in Gherardo Gnoli and Antonio Panaini (eds), Proceedings of the First European Conference of Iranian Studies Held in Turin, September 7th–11th, 1987 by the Societas Iranologica Europaea, Part 2: Middle and New Iranian Studies, Serie Orientale Roma 67/2 (Rome, 1990), 409–85.
129. Lambton, Continuity and Change, 152–4; also her 'Waḳf, III. In Persia', EI2, XI, 84, and 'Awqāf in Persia', 305. Petrushevsky, 'Socio-economic condition', 517, states that expropriation occurred, though without citing any source.
130. Waṣṣāf, 624, l. 24–625, l. 5 (reading awqāf for the awqāt of the text); cited in Lambton, Continuity and Change, 275–6, and 'Waḳf, III', 84. Waṣṣāf claims that Fārs, under the nominal government of the princess Kürdüchin during the Ilkhan Abū Saʿīd's reign, was an exception. Nakhchiwānī, Dastūr al-kātib, I, part 1, 176.
131. E.g., S. J. Badakhchani (ed. and tr.), Shiʿi Interpretations of Islam: Three Treatises on Theology and Eschatology (London and New York, 2010).
132. MTD, 500. BH, 451. Waṣṣāf, 51, ll. 23–4 (GW, I, text, 100, trans., 96). HJ, 350/382. WW, I, 182. Lambton, Continuity and Change, 151–2, and 'Waḳf, III', 83–4. See also Sayılı, Observatory in Islam, 208–11.
133. HJ, 443/478; IF, II, 552–3 (no. 1976). For the vicissitudes of Ṭūsī's sons in their supervision of the awqāf, see HJ, 456/493; Gilli-Elewy, Bagdad, n. 406 at 123–4.
134. Waṣṣāf, 266, ll. 13–14 (GW, III, 22).
135. TI, LII, 90; tr. in Joseph [de] Somogyi, 'Adh-Dhahabī's record of the destruction of Damascus by the Mongols in 699–700/1299–1301', in Samuel Löwinger and Joseph Somogyi (eds), Ignace Goldziher Memorial Volume (Budapest, 1948), I, 353–86 (here 378, reading 'Uṣayl'). See also DMZ, ed. Guo, I (trans.), 158, II (text), 119 (= MZDMZ, XXI, 120), ID, IX, 32, and IAF, part 2, 661, all citing al-Birzālī; this detail, which does not figure in the Muqtafā, may well be based on al-Birzālī's oral testimony, on which see Little, Introduction to Mamlūk Historiography, 54–5. WW, I, 183.
136. Waṣṣāf, 472, ll. 1–2 (GW, IV, 198).
137. Conflict with Sāwajī: TU, 83, 88, 130; Gilli-Elewy, Bagdad, 123–5. Aṣīl al-Dīn's death: TU, 198; TI, LIII, 139 (no. 437), gives the date as 715, and AA, I, 327, as Ṣafar of that year; Banākatī, 476, as 714. Removal of his representatives: IF, II, 530.
138. Spuler, Mongolen4, 179, 273–4; and pace Petrushevsky, 'Socio-economic condition', 517. For a fuller discussion, see Pfeiffer, 'Aḥmad Tegüder's second letter', 173–5.
139. Abū Shāma, 204; hence DMZ, I, 350 (= MZDMZ, XVI, 382), and see also II, 13 (= MZDMZ, XVII, 65–6). Pouzet, Damas au VIIe/XIIIe siècle, 293; Amitai, 'Mongol provincial administration', 136–7.
140. Abū Shāma, 205. IW, VI, 278/204. DMZ, I, 356–7, II, 13–14, and III, 64–5 (= MZDMZ, XVI, 386, XVII, 66, and XVIII, 167). See the chronology in Pouzet, Damas au VIIe/XIIIe siècle, 413, 450–1.
141. Shihāb al-Dīn Ghāzī Ibn al-Wāsiṭī, Radd ʿalāʾ ahl al-dhimma, ed. and tr. Richard Gottheil, 'An answer to the

Dhimmis', JAOS 41 (1921), 383–457 (here text, 407, trans., 446).

142. IF, II, 126.
143. TJG, I, 18–19 (HWC, 26).
144. Kirakos Ganjakets'i, tr. Bedrosian, 295/tr. Khanlarian, 219. The evidence for Sartaq's Christian faith is reviewed in Spuler, Goldene Horde, 211–12.
145. DMZ, II, 35 (= MZDMZ, XVII, 97); passage translated in Reuven Amitai, 'An Arabic biographical notice of Kitbughā, the Mongol general defeated at 'Ayn Jālūt', JSAI 33 (2007), 219–34 (here 226).
146. Abū Shāma, 208. DMZ, I, 362–3 (= MZDMZ, XVI, 391–2), cites Abū Shāma's version; but at I, 363–5 (= MZDMZ, XVI, 392–3), al-Yūnīnī reproduces a fuller account by Shams al-Dīn Muḥammad al-Jazarī (d. 739/1338), whose source in turn was his father Ibrāhīm b. Abī Bakr al-Jazarī (d. 693/1294). For this section of al-Jazarī's Ḥawādith al-zamān, extant only in the Rabat ms. and inaccessible to me, see Haarmann, Quellenstudien, 48, and his survey of mss. at 40, 44. Muslim-Christian relations in 1260 are outlined, mainly on the basis of data from Ibn Kathīr (d. 774/1373), by Pouzet, Damas au VIIe/XIIIe siècle, 329–31.
147. IW, VI, 290/213: his wording ('alā mā qīla) may indicate mild scepticism.
148. TJG, I, 34–9, and III, 60–1 (HWC, 48–53, 589); cf. also III, 28 (HWC, 566), where the princes of Ögödei's line are blamed. Allsen, 'Yüan dynasty and the Uighurs', 250–1, deals briefly with this episode.
149. See the comment in Elverskog, Buddhism and Islam, 136.
150. TJG, I, 163–4 (HWC, 207); reproduced by Rashīd al-Dīn in JT, I, 686–7 (DzhT, II, part 1, 187–9; SGK, 78; CC, 238).
151. TJG, I, 179 (HWC, 223–4); reproduced in JT, I, 697 (DzhT, II, part 1, 220–1; SGK, 87; CC, 242).
152. TJG, I, 181 (HWC, 225); reproduced in JT, I, 687 (DzhT, II, part 1, 190–1; SGK, 79; CC, 238, translates as 'a Persian speaker').
153. TN, II, 154–7 (tr. Raverty, 1110–14). All these stories are conveniently reviewed by Elverskog, Buddhism and Islam, 134–5, 138–9.
154. TN, II, 167 (tr. Raverty, 1146).
155. TJG, I, 213–14 (HWC, 259).
156. TN, II, 171–2, 173 (tr. Raverty, 1157, 1160).
157. Ibid., II, 172–3 (tr. Raverty, 1158–9).
158. Ibid., II, 173–5 (tr. Raverty, 1160–3).
159. MP, II, 10–11 (tr. Ricci, 63–4; tr. Latham, 50–1). The chronological context is apparently Qaidu's era.
160. BH, 433. J. M. Fiey, Chrétiens syriaques sous les Mongols (Il-Khanat de Perse, XIIIe–XIVe s.) (Louvain, 1975), 24–5.
161. BH, 451.
162. Step'anos Orbelian, Histoire de la Siounie, I, 233.
163. BH, 447–8.
164. Gilli-Elewy, Bagdad, 191, linking this with the later attempt on 'Alā' al-Dīn's life (see also ibid., 63).
165. BH, 451. Cf. Spuler, Mongolen4, 177.
166. TN, II, 215–17 (Raverty's trans., 1288–90, differs slightly regarding the force sent by Berke).
167. See the comments of Melville, 'Mongol and Timurid periods', 158–61, 186–7; also his 'Historian at work', passim.
168. Elverskog, Buddhism and Islam, 143–4.
169. Molé, 'Kubrawiya', 69–70. Jean Calmard, 'Le chiisme imamite sous les Ilkhans', in Aigle (ed.), L'Iran face à la domination mongole, 261–92 (here 272–5); and see also p. 167.
170. Patricia Crone, Medieval Islamic Political Thought (Edinburgh, 2004), 250.
171. IW, VI, 213/153. For Sunnī responses, see Heidemann, Das Aleppiner Kalifat, 67–9.
172. Several times in IF, I, alone: see 99, 220, 239, 248, 269, 305, 467, 497, 505; for the latter phrase, see V, 376. HJ, 446/481, also employs the term wāqi'a in relation to 1258.
173. Lambton, State and Government, 138–43. Hirschler, Medieval Arabic Historiography, 111–12.
174. Ann K. S. Lambton, 'Justice in the medieval Persian theory of kingship', SI 17 (1962), 91–119 (here 108); also her State and Government, chs 8 and 9.

175. See Ovamir Anjum, 'Political metaphors and concepts in the writings of an eleventh-century Sunni scholar, Abū al-Maʿālī al-Juwaynī (419–478/1028–1085)', in May (ed.), Mongols and Post-Mongol Asia, 7–18.

176. Molé, 'Kubrawiya', 61. See also John Obert Voll, 'Islam as a special world-system', JWH 5 (1994), 213–26 (here 217–25).

177. Thus in MZ, VIII, part 2, 787 (with 20 in error for 10) = MZDMZ, XV, 168. HJ, 98/128, 114/142, 121/150, 139/168, 146/175, 150/179, 173/202, 208/249, 215/256, 283 [sentence omitted from the 1932 edition], 245/289, and 253/297, says that it lapsed from 634 [1237] to 639 [1242] and again in 643 [1246], 644 [1247] and 646–7 [1249–50], and that in 648/1251 only a group from Baghdad left. See Gilli-Elewy, 'Al-Ḥawādiṯ al-ǧāmiʿa', 359. This would surely have outweighed by far al-Mustaʿṣim's failure to rid the Islamic world of either the Ismāʿīlīs or the Khwarazmian freebooters, to which Lane, 'Persian notables', 184, draws attention.

178. JQ, Ar. text, clxi (Russian trans., 117); at clxii (trans., 118), he describes Chinggis Khan as 'overseer (qahramān) of the end of time'. ʿAwfī (c. 1230) saw the Mongols as the vanguard (muqaddima) of Gog and Magog (Yājūj-u Mājūj): Jawāmiʿ al-ḥikāyāt wa-lawāmiʿ al-riwāyāt, BL ms. Or. 4392, fo. 127b (and cf. above, pp. 53–4). The poet Saʿdī calls the Mongols Gog: Browne, History of Persian Literature under Tartar Dominion, 16. See also David Cook, 'Gog and Magog (Yājūj wa-Mājūj)', EI3 (2013), no. 3, 113–14.

179. HJ, 127–8/156–7, gives the date as 637 and calls the leader 'Abū l-Karam al-Dārānī' (read 'al-Dārābī'). TJG, I, 84, 85–90 (HWC, 108, 109–15), is more detailed. See Turkestan3, 469–71 (= Sochineniia, I, 545–7).

180. Waṣṣāf, 191–2 (GW, II, 102–5). Lane, Early Mongol Rule, 132–3. Aigle, Fārs, 117–18.

181. HJ, 376/411–12.

182. Ibid., 439–41/475–6. Gilli-Elewy, Bagdad, 84–5.

183. See William F. Tucker, 'The Kūfan ghulāt and millenarian (Mahdist) movements in Mongol-Türkmen Iran', in Orkhan Mir-Kasimov (ed.), Unity and Diversity: Mysticism, Messianism and the Construction of Religious Authority in Islam (Leiden and Boston, MA, 2014), 177–95.

184. The view, for example, of Rypka, 'Poets and prose writers', 55.

185. E.g. IF, I, 467; III, 281–2, 480; and V, 512 (nos 744, 2638, 3007, 5597).

186. Amīr Iqbāl Shāh, Fawāʾid Shaykh ʿAlāʾ al-Dawla Simnānī, in ʿAlāʾ al-Dawla Simnānī, Opera Minora, ed. W. M. Thackston, Jr. (Istanbul, 1988), 186–8; cf. also Simnānī, al-ʿUrwa li-ahl al-khalwa, ibid., 117–20. DeWeese, 'ʿAlāʾ al-Dawla Simnānī's religious encounters', 40–60.

187. The thesis has been elaborated in greater detail by Gronke, Derwische, 105–12. See also her 'Lebensangst und Wunderglaube: Zur Volksmentalität im Iran der Mongolenzeit', in Werner Diem and Abdoldjavad Falaturi (eds), XXIV. Deutscher Orientalistentag vom 26. bis 30. September 1988 in Köln. Ausgewählte Vorträge, ZDMG Supplement VIII (Stuttgart, 1990), 391–9; and 'La religion populaire', 207, 211–13. But Lane, 'Persian notables', 195, sounds a cautionary note.

188. TG, 675. See further Gronke, 'La religion populaire', 210–11.

189. IW, VI, 269/198.

190. Ibn al-Ṭiqṭaqā, 21 (tr. Whitting, 14). Kritzeck, 'Ibn al-Ṭiqṭaqā and the fall of Baghdād', 180–1. Amitai, Holy War, 98–9, and 'Hülegü and his wise men', 20–1, doubts the authenticity of this episode.

191. Ibn al-Ṭiqṭaqā, 43–4 (tr. Whitting, 29–30).

192. Melville, 'Northern Iraq', 16.

193. Tr. Abdel Haleem, 36. See Pfeiffer, 'Reflections', 371.

194. DeWeese, 'Cultural transmission', 13–14, 17–18. Michal Biran, 'The Islamisation of Hülegü: Imaginary conversion in the Ilkhanate', in May (ed.), Mongols and Post-Mongol Asia, 79–88 (here 80–1).

195. See, e.g., Browne, A Literary History of Persia from Firdawsí, 473; Boyle's introduction to HWC, xxix–xxxv; Morgan, 'Persian historians', 113–18; Claude-Claire Kappler, 'Regards sur les mongols au XIIIe siècle: Joveyni, Rubrouck', in Ilana Zinguer (ed.), Miroirs d'altérité et voyages au Proche-Orient (Geneva, 1991), 43–53 (here 45–9); and Mohammad Jafar Mahallati, 'Biography and the image of a medieval historian: The Tārīkh-i jahān-goshā of ʿAṭā Malek Jovaynī', in L. Marlow (ed.), The Rhetoric of Biography: Narrating Lives in Persianate Societies (Boston and Cambridge, MA, 2011), 21–40. Each of these authors also comments on Juwaynī's attempt to discern the positive aspects of Mongol rule.

196. For much of what follows, see Michael Weiers, 'Die Mongolen und der Koran', in Rybatzki et al. (eds), Early

Mongols, 209–17.
197. TJG, I, 1 (HWC, 3).
198. Ibid., I, 9, 18 (HWC, 13–14, 25); for the implantation of Muslims across the breadth of Asia in Ögödei's reign also, see ibid., I, 159 (HWC, 201).
199. Weiers, 'Mongolen und der Koran', 215 ('"koranisiert" und damit muslimisiert').
200. TJG, I, 1 (HWC, 3, renders rahish as 'this way' in error for 'his way'). For further thoughts on Juwaynī's writing, see Kolbas, 'Historical epic'.
201. TJG, I, 10 (HWC, 15).
202. Melville, 'From Adam to Abaqa …' [part I], 77–80, 84. Melville, 'The royal image in Mongol Iran', in Mitchell and Melville (eds), Every Inch a King, 343–69 (here 351–2).
203. See Dorothea Krawulsky, 'Zur Wiederbelebung des Begriffes "Irân" zur Ilchânzeit', in her Mongolen und Ilkhâne, 113–30, and 'The revival of the name Īrān under the Mongol Īlkhāns (r. 656–736/1258–1336)', in her Mongol Īlkhāns, 43–51; Melville, 'Mongols in Iran', 54–5; Fragner, 'Ilkhanid rule', 72–4, and 'Iran under Ilkhanid rule', 127–8.
204. NT, 132; ibid., 3, he defines Iran as extending from the Oxus to the Euphrates. NQ, ed. Dabīr-Siyāqī, 21/ed. Le Strange, I (text), 20, II (trans.) 22.
205. The phrase is Melville's: 'Mongol and Timurid periods', 159.
206. TJG, I, 16, and III, 51 (HWC, 23, 583), cited in Thomas T. Allsen, 'A note on Mongol imperial ideology', in Rybatzki et al. (eds), Early Mongols, 1–8 (here 6). Cf. also Pritsak, 'Distinctive features', 752–3.
207. The year given on the earliest dated wall tiles: Dietrich Huff, 'The Ilkhanid palace at Takht-i Sulayman: Excavation results', in Komaroff (ed.), Beyond the Legacy of Genghis Khan, 94–110 (here 97).
208. Assadullah Souren Melikian-Chirvani, 'Le Shāh-nāme, la gnose soufie et le pouvoir mongol', JA 272 (1984), 249–337 (here 255–62).
209. Melikian-Chirvani, 'Conscience du passé', 137–46, 148–9.
210. Ibid., 149–67. For a more detailed study of the panels' significance, see Melikian-Chirvani, 'Le Livre des Rois, miroir du destin, II. Takht-e Soleymān et la symbolique de Shāh-Nāme', StIr 20 (1991), 33–148.
211. Amitai-Preiss, 'Mongol imperial ideology', 62–70.
212. Melville, 'Mongols in Iran', 54–5, likewise points to the Ilkhans' need for 'a more locally relevant image'.
213. But see Amitai, Holy War, 102–5, for the view that the project was exclusively the work of the Ilkhans' Muslim servitors.
214. NQ, ed. Dabīr-Siyāqī, 70/ed. Le Strange, I (text), 64, II (trans.), 69. The form 'Sughūrluq', derived from the Mongol name for this locality, is here corrupted to 'Satūrīq'; cf. the correct reading in Melikian-Chirvani, 'Shāh-nāme', 261.
215. Franke, From Tribal Chieftain, 25–63. Franke, 'Tibetans in Yüan China', in Langlois (ed.), China under Mongol Rule, 296–328 (here 306–10). Rossabi, Khubilai Khan, 131–47. See also Larry William Moses, The Political Role of Mongol Buddhism (Bloomington, IN, 1977), 66–7, 71–3.
216. Charles Melville, 'History and myth: The Persianisation of Ghazan Khan', in Éva M. Jeremiás (ed.), Irano-Turkic Cultural Contacts in the 11th–17th Centuries (Piliscsaba, 2003), 133–60 (esp. 142–4).

第十二章

1. TN, II, 212–13 (tr. Raverty, 1282–3).
2. TJG, I, 11 (HWC, 16). Cf. also Ibn al-Nafīs, as referenced in Devin DeWeese, 'Islamization in the Mongol empire', in CHIA, 120–34 (here 133).
3. See DeWeese, 'Islamization in the Mongol empire', 120–1. My debt to DeWeese's chapter in CHIA will be evident in much of what follows.
4. I shall be using this term, throughout, to signify not merely conversion but also the implementation of Islamic law and the diffusion of Islamic culture and institutions.
5. DeWeese, 'Islamization in the Mongol empire', 133.
6. See also DeWeese, 'Problems of Islamization'.

7. Michael Lambek, 'Localising Islamic performances in Mayotte', in David Parkin and Stephen C. Headley (eds), Islamic Prayer across the Indian Ocean: Inside and Outside the Mosque (Richmond, Surrey, 2000), 63–97 (here 65).
8. Richard W. Bulliet, Conversion to Islam in the Medieval Period: An Essay in Quantitative History (Cambridge, MA, 1979), 33. See also the quotation from R. Stark in Amitai, Holy War, 67, n. 21.
9. Nehemia Levtzion, 'Towards a comparative study of Islamization', in Levtzion (ed.), Conversion to Islam (New York and London, 1979), 1–23 (here 19); repr. in Levtzion, Islam in Africa and the Middle East: Studies on Conversion and Renewal, ed. Michel Abitbol and Amos Nadan (Aldershot and Burlington, VT, 2007).
10. David Parkin, 'Inside and outside the mosque: A master trope', in Parkin and Headley (eds), Islamic Prayer, 1–22 (here 3).
11. Nicholas Morton, 'The Saljuq Turks' conversion to Islam: The Crusading sources', Al-Masāq 27 (2015), 109–18 (here 112).
12. See the comments of Bulliet, 'Conversion stories in early Islam', in Michael Gervers and Ramzi Jibran Bikhazi (eds), Conversion and Continuity: Indigenous Christian Communities in Islamic Lands, Eighth to Eighteenth Centuries (Toronto, 1990), 123–33; also C. F. Beckingham, in the preface to his Between Islam and Christendom (London, 1983), ii–iii, speaking of the two faiths as – in the eyes of the mass of the people – 'two sets of well-defined practices' rather than 'two mutually exclusive systems of belief'.
13. Alessandro Bausani, 'Can monotheism be taught?', Numen 10 (1963), 167–201 (here 174: 'The Truth (ḥaqq) of Islam is not, or not chiefly, a theoretical truth, but also, and prevalently, law and customs felt as given by God, and obviously cannot be spread through personal persuasion, but only through the physical conquest of the region to be converted … [T]he Truth is not, for Islam, a theology, is not a knowledge that brings salvation to the single, but a true attitude or behaviour of an entire society …').
14. Karl F. Morrison, Understanding Conversion (Charlottesville, VA, and London, 1992), 4–5.
15. DeWeese, Islamization and Native Religion, 23, 57–9. See also Stephan Conermann, 'Mongolische Religiosität zwischen Islam und Lamaismus (13. bis 18. Jahrhundert)', in Gießauf (ed.), Die Mongolei, 78–100 (here 81–2).
16. As observed by G. A. Oddie (ed.), Religion in South Asia: Religious Conversion and Revival Movements in South Asia in Medieval and Modern Times, 2nd edn (New Delhi, 1991), 'Introduction', 5.
17. Nicholas IV to Öljeitü, 21 Aug. 1291, in Lupprian (ed.), Beziehungen, 273 (no. 61). See James Muldoon, 'Missionaries and the marriages of infidels: The case of the Mongol mission', The Jurist 35 (1975), 125–41.
18. M. Bernand, 'Idjmāʿ', EI2, III, 1023–6.
19. Riccoldo da Montecroce, Liber peregrinationis, ed. Kappler, Latin text, 172, 174 (tr. George-Tvrtković, 216–17).
20. Ibid., Latin text, 112 (tr. George-Tvrtković, 197). See also Riccoldo's Libellus ad nationes orientales, ed. Antoine Dondaine, 'Ricoldiana. Notes sur les oeuvres de Ricoldo da Montecroce', AFP 37 (1967), 119–79 (text at 167–8). There is a similarly dismissive comment in certain ms. traditions of Marco Polo's book (not in Ménard's edn): see Ricci trans., 33/Latham trans., 27.
21. BH, 505. TR, I (text), 13, II (trans.), 11.
22. IF, V, 78 (no. 4671), cited in DeWeese, 'Cultural transmission', 21.
23. BH, 505.
24. ZF, 347 (= SMIZO, I, Ar. text, 91, Russian trans., 114–15).
25. JT, II, 1282 (DzhT, III, 324; CC, 447). Waṣṣāf, 344, ll. 20–2 (GW, III, 209). Melville, 'Pādshāh-i Islām', 171. The sarāghūch seems to have differed from the Mongol caps illustrated in Arabic mss. of JT (Rice and Gray, Illustrations, 20 and figs 10A and D respectively at 21): see Stewart, 'If the cap fits', 142–6.
26. TR, I (text), 13, II (trans.), 11.
27. Ibid., I (text) 36, II (trans.), 31. For the date of his death, see Kazuo Enoki, 'Fu An's mission to Central Asia', MRTB 35 (1977), 219–31 (here 225): the name in the Chinese reports is here transcribed 'Maḥmūd'.
28. al-Shujāʿī, I (text), 214, 234, II (trans.), 249, 268; cited by DeWeese, Islamization and Native Religion, n. 57 at 95–6.
29. WW, VIII, 367 (no. 3799). AA, II, 290.
30. Roger Bacon, Opus maius, ed. J. H. Bridges (Oxford and London, 1897–1900), I, 400. For Bacon's contact

with Rubruck, see Jarl Charpentier, 'William of Rubruck and Roger Bacon', in Hyllningsskrift tillägnad Sven Hedin på hans 70–årsdag den 19 Febr. 1935 (Stockholm, 1935), 255–67.

31. Cited in DeWeese, Islamization and Native Religion, 75–7; also in Hatcher, 'Peddling Islam', 36–7.
32. Omeljan Pritsak, 'The Khazar Kingdom's conversion to Judaism', HUS 2 (1978), 261–81 (here 280); repr. in Pritsak, Studies.
33. Gerald Mako, 'The Islamization of the Volga Bulghars: A question reconsidered', AEMA 18 (2011), 199–223. See also István Zimonyi, 'Volga Bulghars and Islam', in Ingeborg Baldauf and Michael Friederich (eds), Bamberger Zentralasienstudien. Konferenzakten ESCAS IV, Bamberg 8.–12. Oktober 1991, IU 185 (Berlin, 1994), 235–40.
34. WR, 86/in SF, 209 (MFW, 127).
35. Anatoly M. Khazanov, 'The spread of world religions in medieval nomadic societies of the Eurasian steppes', in Michael Gervers and Wayne Schlepp (eds), Nomadic Diplomacy, Destruction and Religion from the Pacific to the Adriatic (Toronto, 1994), 11–33 (here 16, 19–20). For the Khazars, cf. also Golden, 'Conversion of the Khazars', 14–17; and J. T. Olsson, 'Coup d'etat, coronation and conversion: Some reflections on the adoption of Judaism by the Khazar Khaganate', JRAS, 3rd series, 23 (2013), 495–526 (here 524).
36. M. A. Usmanov, 'Étapy islamizatsii dzhuchieva ulusa i musul′manskoe dukhovenstvo v tatarskikh khanstvakh XIII–XVI vekov', in Dukhovenstvo i politicheskaia zhizn′ na blizhnem i srednem vostoke v period feodalizma (Moscow, 1985), 177–85 (here 179).
37. See the evidence in Jean Richard, 'La conversion de Berke et les débuts de l'islamisation de la Horde d'Or', REI 35 (1967), 173–84 (here 175–6).
38. Khazanov, 'Spread of world religions', 29–30. Biran, 'Mongol empire and inter-civilizational exchange', 549.
39. Michael Bihl and A. C. Moule, 'De duabus epistolis Fratrum Minorum Tartariae aquilonaris an. 1323', Archivum Franciscanum Historicum 16 (1923), 89–112 (here 111). My translation: cf. trans. in A. C. Moule, 'Fourteenth-century missionary letters', The East and the West 19 (1921), 357–66 (here 365).
40. Michael Bihl and A. C. Moule, 'Tria nova documenta de missionibus Fr. Min. Tartariae aquilonaris annorum 1314–1322', Archivum Franciscanum Historicum 17 (1924), 55–71 (here 67, 68).
41. TU, 99. Judith Pfeiffer, 'Conversion versions: Sultan Öljeytü's conversion to Shi'ism (709/1309) in Muslim narrative sources', MS 22 (1999), 35–67 (here 40).
42. TU, 92–3. See Pfeiffer, 'Confessional ambiguity', 143–50.
43. IB, III, 32 (tr. Gibb, 556).
44. JT, II, 922–3 (SGK, 295; cf. CC, 320): the verse in question was presumably an amalgamation of the Qur'ān, ix, 5 and 29 (tr. Abdel Haleem, 116, 118).
45. Cited in Hatcher, 'Peddling Islam', 35.
46. See the discussion in DeWeese, Islamization and Native Religion, 181–93; also Bruno De Nicola, 'Patrons or murīds? Mongol women and shaykhs in Ilkhanid Iran and Anatolia', Iran 52 (2014), 143–56 (here 147–8).
47. De Rachewiltz, 'Heaven, Earth and the Mongols', 127: the suggestion is made almost in passing.
48. Jackson, Mongols and the West, 274–6. Cf. also Richard Fox Young, 'Deus unus or Dei plures sunt? The function of inclusivism in the Buddhist defense of Mongol folk religion against William of Rubruck (1254)', in Universality and Uniqueness in the Context of Religious Pluralism (Philadelphia, 1989 = Journal of Ecumenical Studies 26, part 1), 100–37, passim.
49. E.g., ZF, 108; al-Nuwayrī, XXVII, 359 (also in SMIZO, I, Ar. text, 131, Russian trans., 151; whence cited by DeWeese, Islamization and Native Religion, 84, n. 15); Conermann, 'Mongolische Religiosität', 85–6, rightly labels this detail as 'topoihaft' (see also ibid., 92, n. 80). Other instances are Ḥaydar's account of Tughluq Temür's adoption of Islam and the Persian accounts of Ghazan's conversion (below, p. 341).
50. DeWeese, 'Islamization in the Mongol empire', 120–1.
51. TJG, I, 9 (HWC, 13).
52. TN, II, 151 (tr. Raverty, 1106–7).
53. TJG, I, 226 (HWC, 270–1). Spuler, Goldene Horde, 223. DeWeese, 'Islamization in the Mongol empire', 126. Cf. also TN, II, 176 (tr. Raverty, 1172).
54. Conermann, 'Mongolische Religiosität', 80–1. Amitai, Holy War, 63–4.

55. Biran, 'Mongols in Central Asia', 61, citing a waqf document of 726/1326 from Chekhovich (ed.), Bukharskie dokumenty XIV veka.
56. SSQ, 47 (= VB, xxx, 84); and cf. Richard's n. 5 at 47–8. Amitai, Holy War, 66, suggests that they may have been Turks in the Mongols' service.
57. Ibn Shaddād, Ta'rīkh, 153–4; tr. P. M. Holt in appendix 1 to his trans. of Abū l-Fidā, Memoirs of a Syrian Prince, 92. The passage is reproduced by DMZ, III, 164 (= MZDMZ, XVIII, 254); by ID, VIII, 188–9; and by IAF, part 2, 403–4 (Blochet's trans. of kāfir as 'bouddhiste' somewhat forces the meaning). ZF, 152, mentions the flight of Sögetei and Ja'urchi but not the dispute with their brother; ibid., 229, their arrival is dated in 674/1275–6. Amitai, 'Conversion of Tegüder', 41–2, is not convinced that Sögetei and Ja'urchi were converts.
58. MA, III, 122 (Lech, Ar. text, 73, German trans., 141).
59. Ibid., III, 145 (Lech, Ar. text, 102, ll. 4–5, German trans., 159). TN, II, 151 (tr. Raverty, 1107). Waṣṣāf, 202, ll. 11–12 (GW, II, 127, omitting 'Jurma'); cited by Lambton, 'Mongol fiscal administration' [Part I], 83, and Continuity and Change, 25.
60. Pfeiffer, 'Reflections', 375–6; and cf. Martinez, 'Changes in chancellery languages', 110–11, 145–7, 150, and his 'Some notes on the Īl-xānid army', 214–16.
61. JT, II, 1478 (DzhT, III, 509; CC, 511); and cf. also II, 1412, mughūl-rā ⋯ hawas-i amlāk pādīd āmada (DzhT, III, 450; CC, 489). Morgan, 'Mongol armies in Persia', 93–4. Reuven Amitai, 'Turko-Mongolian nomads and the iqṭāʿ system in the Islamic Middle East (ca. 1000–1400 AD)', in Khazanov and Wink (eds), Nomads in the Sedentary World, 152–71 (here 158–9). Amitai, 'Continuity and change in the Mongol army of the Ilkhanate', in De Nicola and Melville (eds), Mongols' Middle East, 38–52 (here 44).
62. NQ, ed. Dabīr-Siyāqī, 72/ed. Le Strange, I (text), 66, II (trans.), 70. See also p. 174 above.
63. Smith, 'Mongol society and military', 262–3.
64. Amitai, 'Turko-Mongolian nomads', 153, 160–5; and see also his 'Continuity and change', 44–5.
65. DeWeese, 'Problems of Islamization', 10–11.
66. ZF, 82 (= SMIZO, I, Ar. text, 77, Russian trans., 99). Slightly different wording in Badr al-Dīn Maḥmūd b. ʿAḥmad al-ʿAynī (d. 855/1451), ʿIqd al-jumān fī ta'rīkh ahl al-zamān, ed. Muḥammad Muḥammad Amīn (Cairo, 1408–12/1987–92), I, 360.
67. Eudes de Châteauroux to Pope Innocent IV, in D'Achéry (ed.), Spicilegium, III, 627 (tr. in Jackson, Seventh Crusade, 81).
68. al-Nuwayrī, XXVII, 384; cited by Pfeiffer, 'Reflections', 373.
69. Jackson, Delhi Sultanate, 80–1. Pfeiffer, 'Reflections', 374–5, assumes that they were already converts.
70. Baranī, Ta'rīkh-i Fīrūzshāhī, 219, kalima guftand.
71. Ögödeyids: Biran, Qaidu, 93. Chaghadayids: to those listed ibid., n. 159 at 171–2, should be added ʿAlī and Dhū l-Qarnayn, nephews of the khan Naliqo'a.
72. TG, 586.
73. MA, III, 99 (Lech, Ar. text, 38–9, fa-minhum man kāna qad sabaqa islāmahū; trans., 117, renders this misleadingly as 'manche von ihnen ⋯').
74. Woods, Timurid Dynasty, 12. Biran, 'Chaghadaids and Islam', 751, citing Waṣṣāf. See further DeWeese, 'Islamization in the Mongol empire', 131.
75. TR, I (text), 12–13, II (trans.), 10.
76. JT, II, 1150 (CC, 398; and see DzhT, III, 195, n. 6); but Lambton, Continuity and Change, 288, n. 157, shows that he must have been born c. 657/1259. The central point is nevertheless well made by Birgitt Hoffmann, 'Iran unter mongolischer Herrschaft: die Ilchane', in Conermann and Kusber (eds), Mongolen in Asien, 103–19 (here 118).
77. JT, I, 29 (DzhT, I, part 1, 56), for the troops, and II, 1255 (DzhT, III, 297), for the amirs (CC, 12, 438). Waṣṣāf, 317, l. 3 (GW, III, 141). See also the phrasing in TG, 602.
78. BH, 486 (ad annum 1290), 505 (ad annum 1295); cf. also 354. Riccoldo, Epistolae ad ecclesiam triumphantem, ed. R. Röhricht, 'Lettres de Ricoldo de Monte-Croce', Archives de l'Orient Latin 2 (1884), Documents, 258–96 (here no. 3, at 285; cf. also 276); tr. in Kappler, Riccold de Monte Croce: Pérégrination, 237 (cf. also 226), and in George-Tvrtković, 161 (cf. also 152). This letter dates from soon after 1291.

79. Melville, 'Pādshāh-i Islām', 171–2.
80. Awqāf: Waṣṣāf, 284, l. 7 (GW, III, 66). Conversion: Step'anos Orbelian, Histoire de la Siounie, I, 260. For Baidu's religious sympathies, see pp. 362, 368.
81. TU, 98; and see, e.g., Morgan, Mongols2, 142, and Medieval Persia, 73.
82. I owe this suggestion to Professor Ali Ansari, in the discussion following a paper on 'The Mongols and Islam' that I gave at St Andrews on 12 April 2012.
83. Th. Emil Homerin, 'Sufis and their detractors in Mamluk Egypt: A survey of protagonist and institutional settings', in Frederick De Jong and Bernd Radtke (eds), Islamic Mysticism Contested: Thirteen Centuries of Controversies and Polemics (Leiden, Boston, MA, and Cologne, 1999), 225–47 (here 232–3).
84. Cleaves, 'Rescript of Qubilai', 73 and n. 116 at 88. My interpretation is from Pfeiffer, 'Not every head', 24.
85. TU, 98: as Morgan, '"Great Yasa of Chinggis Khan" revisited', 304, n. 38, points out, in the unique Istanbul ms. Ayasofya 3019 Qutlugh Shāh contrasts Islam with 'the new law and custom (yāsāq-u yīsūn-i naw) of Chinggis Khan', but the word naw is omitted from the printed text.
86. Hoffmann, 'Iran unter mongolischer Herrschaft', 117. Fragner, 'Ilkhanid rule', 73–4. For a more detailed discussion, see Broadbridge, Kingship and Ideology, 64–70.
87. Ernest Oberländer-Târnoveanu, 'Numismatical contributions to the history of south-eastern Europe at the end of the 13th century', Revue Roumaine d'Histoire 26 (1987), 245–58 (here 252–4); and cf. Colin Heywood, 'Some problems in the numismatic evidence for the reigns of Nogay Khan and Chaka', in his Ottomanica and Meta-Ottomanica: Studies in and around Ottoman History, 13th–18th Centuries (Istanbul, 2013), 77–89.
88. Yasa: Ibn ʿAbd al-Ẓāhir, al-Rawḍ, 171 (tr. Sadeque, 187); hence al-Nuwayrī, XXX, 87. See the reconstruction of the passage in al-Rawḍ (corrupt in the unique ms.) by Ayalon, 'The Great Yāsa . ··· (B)', 167–72. The failure to consult is mentioned only in JT, II, 1044 (DzhT, III, 87; CC, 363), and is less reliable here.
89. Meyvaert, 'An unknown letter', 252–3, 258; tr. in Barber and Bate (eds), Letters from the East, 156–7, 159. See Jackson, Mongols and the West, 166, 182, and 'Hülegü Khan and the Christians', 211–12.
90. Ibn ʿAbd al-Ẓāhir, Tashrīf, 17–18 (= SMIZO, I, Ar. text, 66, Russian trans., 68). Hence al-Nuwayrī, XXVII, 364; also 363 for Mengü Temür's death (= SMIZO, I, Ar. text, 133–4, Russian trans., 154, 155). Baybars al-Manṣūrī, Tuḥfa, 107.
91. The fuller version in ZF, 234 (= SMIZO, I, Ar. text, 82–3, Russian trans., 105); cf. also Ibn ʿAbd al-Ẓāhir, Tashrīf, 46 (= SMIZO, I, Ar. text, 66, Russian trans., 68), Baybars al-Manṣūrī, Tuḥfa, 108, and al-Nuwayrī, XXXI, 102–3 (= SMIZO, I, Ar. text, 143–4, Russian trans., 165). DeWeese, Islamization and Native Religion, 86–7.
92. Ibn ʿAbd al-Ẓāhir, Tashrīf, 70. See P. M. Holt, 'The Īlkhān Aḥmad's embassies to Qalāwūn: Two contemporary accounts', BSOAS 49 (1986), 128–32 (here 131–2, with the incorrect Hijrī year 683); Pfeiffer, 'Aḥmad Tegüder's second letter', 183–4 (and trans. at 189).
93. Waṣṣāf, 316, ll. 6–9 (GW, III, 139). Melville, 'Pādshāh-i Islām', 166. Rashīd al-Dīn is keen to deny that Ghazan was responding to external pressure of this kind: see p. 372.
94. 'Author Z' in Zetterstéen (ed.), Beiträge, 35, ll. 6–7. al-Jazarī, Ḥawādith al-zamān, I, 255 (tr. in Melville, 'Pādshāh-i Islām', 163; and see also ibid., 167, for the date).
95. TI, LII, 38. al-Jazarī, Ḥawādith al-zamān, I, 256 (tr. in Melville, 'Pādshāh-i Islām', 164 and n. 27).
96. Amitai, Holy War, 65, citing ZF, 11. MZ, VIII, part 2, 790 (= MZDMZ, XV, 171), speaks merely of the high opinion that the Mongols in Khurāsān formed of him and of their lavishing money on him.
97. Amitai, Holy War, 66–7.
98. MA, III, 79 (Lech, Ar. text, 16, German trans., 101). JQ, Ar. text, clxv (Russian trans., 120)/in Turkestan1, I, 136.
99. References in Spuler, Goldene Horde, 69–70.
100. IB, III, 32 (tr. Gibb, 556).
101. TU, 213; both here and in the Istanbul ms. Ayasofya 3019, fo. 95a, the spelling is MNDANY.
102. MA, III, 99 (Lech, Ar. text, 39, ll. 3–4, German trans., 117).
103. IB, III, 30, 33, 36–8 (tr. Gibb, 556, 557, 559). On Ḥusām al-Dīn, see Biran, 'Chaghadaids and Islam', 746–7, who also offers a tentative identification.

104. TR, I (text), 11–13, II (trans.), 9–11.
105. Ibid., I (text), 13, II (trans.), 11.
106. See E. Geoffroy, 'Shaykh', EI2, IX, 397; Amitai-Preiss, 'Sufis and shamans', 28–9.
107. IF, III, 402–3 (no. 2847), min al-ṣūfiyyat al-mutamayyizīna wa l-ʿulamā' al-mubarrizīna.
108. Jean Aubin, 'Shaykh Ibrāhīm Zāhid Gīlānī (1218?–1301)', Turcica 21–23 (1991), 39–53 (here 46–7). Gronke, 'La religion populaire', 214–15. The fullest description is in Ahmet T. Karamustafa, God's Unruly Friends: Dervish Groups in the Islamic Later Middle Period, 1200–1550 (Salt Lake City, UT, 1994), 13–23.
109. This story is found in HJ, 343/373. Amitai-Preiss, 'Sufis and shamans', 29–30.
110. Karamustafa, God's Unruly Friends, 5–6.
111. For what follows, see Amitai-Preiss, 'Sufis and shamans'. For the older view, see, e.g., Morgan, Medieval Persia, 73; Gronke, Derwische, 129. Jürgen Paul, 'Scheiche und Herrscher im Khanat Čaġatay', Der Islam 67 (1990), 278–321 (here 318–19), sees sufi shaykhs as instrumental in royal conversions but excludes the possibility that they employed techniques reminiscent of the shaman.
112. On whom see MZ, VIII, part 2, 790 (= MZDMZ, XV, 171); H. Landolt, 'Saʿd al-Dīn al-Ḥammū'ī', EI2, VIII, 703–4. For both men, see Jamal J. Elias, 'The Sufi lords of Bahrabad: Saʿd al-Din and Sadr al-Din Hamuwayi', IS 27 (1994), 53–75 (here 67–71).
113. DeWeese, Islamization and Native Religion, 135.
114. JT, II, 1137 (DzhT, III, 182; CC, 393). Aubin, 'Shaykh Ibrāhīm Zāhid', 41.
115. JT, II, 1129 (DzhT, III, 173; CC, 390).
116. Calmard, 'Le chiisme imamite', 265 and n. 20.
117. Pfeiffer, 'Reflections', 387–8.
118. IB, III, 54 (tr. Gibb, 568).
119. Amitai-Preiss, 'Sufis and shamans', 41.
120. ID, VIII, 262–3 (tr. in Haarmann, Quellenstudien, 210–11). HJ, 431–2/467–8. These and other sources are cited by Allouche, 'Tegüder's ultimatum', 443; cf. also Amitai-Preiss, 'Sufis and shamans', 30. To be added is al-Jazarī, Ḥawādith al-zamān, in Haarmann, Quellenstudien, Ar. text, 32; also cited in WW, XVIII, 314.
121. Guillaume Adam, Tractatus, Latin text, 46, 48 (trans., 47, 49); Bihl and Moule, 'Tria nova documenta', 66. See DeWeese, Islamization and Native Religion, 140 and n. 164.
122. DeWeese, Islamization and Native Religion, 86. In his 'Islamization in the Mongol empire', 124–5, he suggests that the attribution of Ghazan's conversion to several sufi figures may owe more to the prestige thereby to be garnered by their lineages.
123. DeWeese, Islamization and Native Religion, 137–9.
124. Richard, 'Conversion de Berke', 176, n. 8, 180. On Berkecher, see Pelliot, Notes sur l'histoire de la Horde d'Or, 51–2. It should be noted that Berkecher's sons and grandsons, as given in SP, fo. 113b, and Muʿizz al-ansāb, fo. 23b, in IKPI, III, text, xlvi (Russian trans., 42), do not bear Muslim names.
125. TN, II, 213 (cf. Raverty trans., 1284).
126. Richard, 'Conversion de Berke', 176–83.
127. István Vásáry, '"History and legend" in Berke Khan's conversion to Islam', in Denis Sinor (ed.), Aspects of Altaic Civilization III (Bloomington, IN, 1990), 230–52 (here 238).
128. Waṣṣāf, 518, ll. 13–14 (GW, IV, 315). For his mother, see also TU, 147; SP, fo. 118b; and Muʿizz al-ansāb, fo. 31a, in IKPI, III, Pers. text, lxi (Russian trans., 48). Waṣṣāf and TU differ as to her name or title.
129. Vásáry, '"History and legend"', 238–9; DeWeese, Islamization and Native Religion, 85–6. For the infant Oghuz Khan, see JT, I, 48 (DzhT, I, part 1, 92–3; CC, 20), and JT, ed. Jahn, Geschichte der Oğuzen, Pers. text, Tafel 1 (German trans., 18).
130. See, for instance, the mid-twelfth-century Baḥr al-fawā'id, tr. Julie Scott Meisami, The Sea of Precious Virtues (Baḥr al-favā'id). A Medieval Islamic Mirror for Princes (Salt Lake City, UT, 1991), 81, 154.
131. István Vásáry, 'The institution of foster-brothers (emildäš and kökäldäš) in the Chingisid states', AOASH 36 (1982), 549–62; repr. in Vásáry, Turks, Tatars and Russians.
132. JT, II, 951–3 (SGK, 323–6; CC, 330): Temür is said to have been on the throne for two years. For aqtachi, see TMEN, I, 117–18 (no. 9). On Ananda, see Ruth Dunnell, 'The Anxi principality: [Un]making a Muslim

Mongol prince in northwest China during the Yuan dynasty', CAJ 57 (2014), 185–200.
133. Dunnell, 'Anxi principality', 192.
134. Bar Hebraeus, Chronicon ecclesiasticum, II, col. 756. Roberg, 'Die Tartaren auf dem 2. Konzil von Lyon', text at 299–300. Vardan Arewelts'i, tr. Thomson, 220–1. See also Step'anos Orbelian, Histoire de la Siounie, I, 235; more generally, Jackson, 'Hülegü Khan and the Christians', 198–9.
135. See Jackson, Mongols and the West, 97–102, 270–4.
136. TJG, I, 222 (HWC, 267).
137. Ibid., III, 79–80 (HWC, 600–1). For Iftikhār al-Dīn, see TG, 799; De Blois, 'Iftikhāriyān', 14–15.
138. JQ, Ar. text, clxx, 'āṭifan 'alā l-muslimīn (Russian trans., 124)/in Turkestan1, I, 138. MZDMZ, XXII, 354. Mīr Khwānd (Muḥammad b. Khwānd Shāh), Rawḍat al-ṣafā fī sīrat al-anbiyā' (Tehran, 1338–9 sh./1959–61), V, 218.
139. TN, II, 151, 157, 176 (tr. Raverty, 1106–7, 1115, 1172–3).
140. Ibid., II, 179 (tr. Raverty, 1181).
141. TJG, II, 242 (HWC, 505); hence JT, II, 813 (SGK, 190; CC, 281).
142. Kirakos Ganjakets'i, tr. Bedrosian, 327/tr. Khanlarian, 235. Jackson, 'Arġūn Āqā', EIr, I, 402. Lane, 'Arghun Aqa', 477–8.

第十三章

1. See the caveat in DeWeese, Islamization and Native Religion, 95.
2. TJG, III, 38 (HWC, 573 and n. 72).
3. WR, 86, 88/in SF, 209, facit se sarracenum (MFW, 127). For Batu's jealousy over the gifts, see Paul Pelliot, Recherches sur les chrétiens d'Asie centrale et d'Extrême-Orient, ed. Jean Dauvillier (Paris, 1973), 104.
4. IAF, part 1, 458–62. ID, VIII, 100, mentions only the cap. For the sarāghūch/sarāqūj, see p. 93 above.
5. DeWeese, Islamization and Native Religion, 86–7. Conermann, 'Mongolische Religiosität', 86.
6. JT, I, 744–5, reading QYAQ for the QBAQ of the text (SGK, 126–7; CC, 257, calling her 'Qiyan'). For the religious connotations of the term 'Uighur', see al-Birzālī, as cited below and n. 14.
7. JT, II, 780 (SGK, 160; CC, 270). See the comments of DeWeese, Islamization and Native Religion, 88–9.
8. Ibn 'Abd al-Ẓāhir, al-Rawḍ, 371. ZF, 131 (= SMIZO, I, Ar. text, 79–80, Russian trans., 101). Zakirov, Diplomaticheskie otnosheniia, 64. Broadbridge, Kingship and Ideology, 59–60.
9. JT, II, 1163–4 (DzhT, III, 207; CC, 402).
10. Letter of the Franciscan Ladislaus, guardian of the Crimea, in Golubovich (ed.), Biblioteca, II, 445.
11. Ptolemy of Lucca, Annales, ed. Bernhard Schmeidler, Die Annalen des Tholomeus von Lucca in doppelter Fassung (Berlin, 1930), 237; for a discussion of the fuller details in this author's Historia ecclesiastica, see Spinei, Les Mongols et les Roumains, 156, 161–6 passim. See also the letter of the Franciscans of Kaffa, in which Toqto'a is said to have died a Christian: Bihl and Moule, 'De duabus epistolis', 111 (tr. Moule, 'Fourteenth-century missionary letters', 365).
12. al-Birzālī, IV, 93 (= SMIZO, I, Ar. text, 173, Russian trans., 174). TI, LIII, 105 (= SMIZO, I, Ar. text, 203, Russian trans., 206).
13. Usmanov, 'Étapy islamizatsii dzhuchieva ulusa', 179, citing IB, for whose eyewitness testimony see II, 447–8 (tr. Gibb, 515–16). More broadly, see Conermann, 'Mongolische Religiosität', 86.
14. Uighurs etc.: al-Birzālī, IV, 93 (= SMIZO, I, Ar. text, 173, Russian trans., 174, whence quoted by DeWeese, Islamization and Native Religion, 113). Princes: TU, 144–5, cited in DeWeese, Islamization and Native Religion, 108–11. TI, LIII, 105 (= SMIZO, I, Ar. text, 203, Russian trans., 206), mentions briefly the annihilation of both 'a group of amirs and the sorcerers', and is followed by WW, VIII, 367 (no. 3799); see also IAF, part 3, 228–9.
15. TU, 144–5. TG, 585. Waṣṣāf, 636. al-Nuwayrī, XXVII, 375 (= SMIZO, I, Ar. text, 141, Russian trans., 163), citing an ambassador from Özbeg to Sultan al-Nāṣir Muḥammad. ID, IX, 302. Banākatī, 397. For a survey of these accounts and the problems they raise, see DeWeese, Islamization and Native Religion, 106–13.
16. DeWeese, Islamization and Native Religion, 118–21.

17. Ibid., 93–4 and n. 55. More generally, see Ostrowski, Muscovy and the Mongols, 144–55.
18. Bihl and Moule, 'Tria nova documenta', 66, and 'De duabus epistolis', 111 (tr. Moule, 365); and see ibid., 112 (tr. Moule, 366), for the hope that Özbeg might become a Christian. Cf. Guillaume Adam, Tractatus, Latin text, 48 (trans., 49).
19. Text in Bihl and Moule, 'Tria nova documenta', 65. Richard, 'Les missions au nord de la mer noire', 239, tr. in Ryan (ed.), Spiritual Expansion, 350; I can find no evidence for his statement (n. 17 ibid.) that the khan had a Franciscan church in Solghat demolished in 1320.
20. Naṭanzī, 83. For policy towards the Orthodox clergy, see Spuler, Goldene Horde, 228; and for a comparison between Özbeg and Janibeg, Richard, La papauté et les missions d'Orient, 160–1.
21. Devin DeWeese, 'Khāns and amīrs in the Qalandar-nāma of Abū Bakr Rūmī: Praise of the islamizing Jochid elite in a Persian sufi work from fourteenth-century Crimea', in Golden et al. (eds), Festschrift for Thomas T. Allsen, 53–66 (here 60; text at 59).
22. Vásáry, 'Beginnings of coinage', 378–80, 382–3, resolving a long-standing chronological problem. Mubārak Qocha appears in Muʿizz al-ansāb, fos 26b–27a, in IKPI, III, Pers. text, lii–liii (Russian trans., 44, 45), as two generations closer to Toqa Temür than were Orus Khan (d. c. 1377) and Toqtamish.
23. Naṭanzī, 88. Allsen, 'Princes of the Left Hand', 32.
24. Waṣṣāf, 75, ll. 22–3 (GW, I, text, 151, trans., 144).
25. Ibid., 518, ll. 13 and 15–16, dar ishāʿat-i shiʿār-i dīn masāʿī-yi mashkūr paywasta. TU, 147.
26. TU, 210, 211.
27. IB, III, 31–3 (tr. Gibb, 556–7). Yazdī, ZN, ed. Urunbaev, fo. 80a. Biran, 'Mongols in Central Asia', 57.
28. IB, III, 41–2, 87–8 (tr. Gibb, 561, 589).
29. For this date, see MA, III, 99 (Lech, Ar. text, 38; his trans., 117, reads 'seit 750' in error). Biran, 'Chaghadaids and Islam', 745–7: she advances circumstantial evidence that he may have converted as late as 729/1328–9.
30. TG, 617.
31. IB, III, 36–8, 39 (tr. Gibb, 559, 560).
32. TI, LIII, 330, baṭṭala akthar al-mukūs. Hence WW, X, 382, abṭala mukūs mamlikatihi; AA, I, 523, abṭala min mamlikatihi l-mukūs wa jibāyathā. MA, III, 101 (Lech, Ar. text, 41, German trans., 119). Only al-Dhahabī and al-Ṣafadī supply the year of Tarmashirin's death.
33. For what follows, see Barthold, Four Studies, I, 135–6 (= Sochineniia, II, part 1, 76–7). According to the Shajarat al-atrāk, Harvard University, Houghton Library, ms. Persian 6, fo. 113b, Tarmashirin was succeeded by a Toluid, a son of the Ilkhan Öljeitü named Arjagham (?), against whom Buzun contended unsuccessfully for the throne: Karaev, Chagataiskii ulus, 42. But no other source mentions him.
34. For ʿAlī Sulṭān's ancestry, see Muʿizz al-ansāb, fos 43b–44a, in IPKI, III, Pers. text, lxxxvi–lxxxvii (Russian trans., 59). His coins: Petrov, 'Khronologiia', 309.
35. DeWeese, 'Islamization in the Mongol empire', 132. His ultimate source is Yazdī, ZN, I, 73–4/ed. Urunbaev, fo. 110a, from whom the phrase about his motivation (az wahm-i āsīb-i taghallubāt-i rūzgār) is taken (Shāmī, ZN, I, 27, says nothing about the khan's background). Naṭanzī, 129. See also Tilman Nagel, Timur der Eroberer und die islamische Welt des späten Mittelalters (Munich, 1993), 108; Michele Bernardini, 'The Mongol puppet lords and the Qarawnas', in Hillenbrand et al. (eds), Ferdowsi, 169–76 (here 172–3). Kābul Shāh's coins: Petrov, 'Khronologiia', 317.
36. IB, III, 48–51 (tr. Gibb, 565–7). Barthold, Zwölf Vorlesungen, 206–7 (= Sochineniia, V, 163–4); on this episode, see also Jean Aubin, 'Le khanat de Čaġatai et le Khorassan (1334–1380)', Turcica 8 (1976), 16–60 (here 24, n. 31) Paul, 'Scheiche und Herrscher', 284–9, and Biran, 'Ögödeid and Chaghadaid realms', 59. For Khalīl as both khan and dervish, see Nūr al-Dīn ʿAbd al-Raḥmān Jāmī, Nafaḥāt al-uns [883/1478–9], ed. Mahdī Tawḥīdī-Pūr (Tehran, 1336 sh./1957), 383–4/ed. Maḥmūd ʿĀbādī (Tehran, 1370 sh./1991), 389; H. Algar, 'Naḳshband, Khwādja Bahā' al-Dīn', EI2, VII, 933. A. V. Arapov, 'Problema pravleniia Sultana Khalila i Kazan-Khana v rekonstruktsii chagataiskoi istorii v 1330–1340-e gg.', in Nikonorov (ed.), Tsentral'naia Aziia, 253–8, argues that Khalīl and Qazan were identical. The problem has now been resolved by Petrov, 'Khronologiia', 310–13, who shows that the two men ruled jointly from 742/1341–2 to 745/1344–5 and that thereafter Qazan ruled alone. On Juki, see TU, 220–1. He was killed by Köpek's troops, according to Sayfī,

768; but Ḥāfiẓ Abrū, Dhayl-i Jāmiʿ al-tawārīkh, 159, in copying this passage, says merely that Juki and Qazan fell into their hands, and we know that Qazan, at least, survived.

37. Chronica XXIV Generalium Ordinis Minorum [early 1370s], in Analecta Franciscana, III (Quaracchi, 1897), 531, quidam religiosus saracenus, Alisoldani nomine. Bartolomeo da Pisa, De conformitate vitae beati Francisci ad vitam Domini Iesu [between 1385 and 1390], in Analecta Franciscana, IV (Quaracchi, 1906), 335, quidam pessimus falcherius saracenus ··· nomine Alisolda (tr. in Yule, Cathay and the Way Thither, III, 32, rendering falcherius incorrectly as 'falconer').
38. Although the literary sources make ʿĀdil Sulṭān succeed him as Amīr Ḥusayn's shadow-khan, numismatic evidence shows that ʿĀdil Sulṭān was his predecessor: Shāmī, ZN, I, 55; Yazdī, ZN, I, 138, 142/ed. Urunbaev, fos 133b, 134b; Petrov, 'Khronologiia', 317.
39. MA, III, 99 (Lech, Ar. text, 39, ll. 5–6, German trans., 117).
40. TG, 586.
41. Yazdī, ZN, ed. Urunbaev, fo. 81a, l. 4.
42. TR, I (text) 36, II (trans.), 31.
43. The year of Tughluq Temür's death appears on his tombstone: Bernard O'Kane, 'Chaghatai architecture and the tomb of Tughluq Temür at Almaliq', Muqarnas 21 (2004), 277–87. For the succession of khans, see O. F. Akimushkin, 'Khronologiia pravitelei vostochnoi chasti chagataiskogo ulusa (liniia Tugluk-Timur-khana)', in B. A. Litvinskii (ed.), Vostochnyi Turkestan i Sredniaia Aziia. Istoriia. Kulʹtura. Sviazi (Moscow, 1984), 156–64, though some of the dates require modification.
44. As noted by K. A. Pishchulina, Iugo-vostochnyi Kazakhstan v seredine XIV–nachale XVI vekov (voprosy politicheskoi i sotsialʹno-ékonomicheskoi istorii) (Alma-Ata, 1977), 44, n. 24.
45. For a good survey of the situation in the western half of the ulus, see Beatrice Forbes Manz, 'The Ulus Chaghatay before and after Temür's rise to power: The transformation from tribal confederation to army of conquest', CAJ 27 (1983), 79–100 (here 79–88); also her The Rise and Rule of Tamerlane (Cambridge, 1989), ch. 2.
46. See Aubin, 'Le quriltai de Sultân-Maydân', 180–1, 191–2. The amirs of Khurāsān hoped to profit from the chaos in the western half of the Ilkhanate to mount a successful campaign there. In the case of the ulus of Chaghadai, Tughluq Temür's own bid to assert his authority in Transoxiana had to wait for several years.
47. TR, I (text), 8–9, II (trans.), 6–7.
48. Muʿizz al-ansāb, fo. 33b, in IKPI, III, Pers. text, lxvi (Russian trans., 51). The first redaction of Shāmī's ZN (dedicated to Temür-i Lang) likewise makes Tughluq Temür the son of Emil Qocha, although his parentage is omitted in the later version: see Tauer's edn, I, 13; also Yazdī, ZN, I, 33. On Tughluq Temür's questionable origins, see Barthold, Zwölf Vorlesungen, 208–9 (= Sochineniia, V, 165–6); also Pishchulina, Iugo-vostochnyi Kazakhstan, 43, for other problems with Ḥaydar's information.
49. DeWeese, 'Islamization in the Mongol empire', 132.
50. TR, I (text), 5, II (trans.), 3.
51. See Petrov, 'Khronologiia', 309, on the coins of these khans.
52. Biran, 'Chaghadaids and Islam', 751–2.
53. TR, I (text), 6, II (trans.), 4.
54. MA, III, 101, 122 (Lech, Ar. text, 41, 72–3, German trans., 118–19, 140), respectively (though al-ʿUmarī charges the Golden Horde Mongols, nevertheless, with several vices); but at 105 (Lech, text, 47, ll. 4–5, trans., 123), he appears to say, on the contrary, that all the Mongol states adhere to Chinggis Khan's yasa.
55. See most recently Thomas T. Allsen, 'Mongols as vectors', 143.
56. Tegüder Aḥmad: BH, 474; Mustawfī, ZN, II, 1310, l. 4 (tr. Ward, II, 308); Ibn ʿAbd al-Ẓāhir, Tashrīf, 65 (quoting Tegüder's mother); ID, VIII, 264; al-Jazarī, Ḥawādith al-zamān, excerpted in Haarmann, Quellenstudien, Ar. text, 36; cf. also Arghun to Pope Nicholas IV, 18 May 1285, in Lupprian (ed.), Beziehungen, 246 (no. 49). Tarmashirin: IB, III, 40–1 (tr. Gibb, 560–1); and the references in n. 58 below.
57. Tegüder Aḥmad: Waṣṣāf, 125 (GW, I, text, 255–6, trans., 237–8); JT, II, 1134, 1147–8 (DzhT, III, 177, 193–4; CC, 392, 396). Tarmashirin: TI, LIII, 330; hence WW, X, 383, and AA, I, 523. IB, III, 42 (tr. Gibb, 562), names the victim incorrectly as the khan Köpek (d. 1326), but it is more likely to have been Buzun's father,

and Tarmashirin's immediate predecessor, Döre Temür (d. 1331): see YS, ch. 35, cited in Herbert Franke, 'Zur Datierung der mongolischen Schreiben aus Turfan', Oriens 15 (1962), 399–410 (here 403, n. 1).

58. TI, LIII, 330, amara bi l-sharʿ wa-taraka l-yāsāq; hence WW, X, 383, but reading siyāsāt for yāsāq; AA, I, 523, taraka l-bāsāt [sic] ⋯ wa-amara bi-aḥkām al-sharīʿa. It was seemingly from the latter work that Ibn Ḥajar al-ʿAsqalānī derived the passage in his al-Durar al-kāmina cited by Ayalon, 'The Great Yāsa (B)', 178–9, where some corrupt phrases in the printed text are elucidated.

59. TI, LIII, 330, wa-alzama jundahū ⋯ an yazraʿū al-arāḍī wa-tatabalagha l-tatār min al-muzāʿara ⋯ wa-lāzama al-ṣalawāt wa l-khums fī jamāʿa; hence WW, X, 382; 383; AA, I, 523. See A. Zysow, 'Khums, 1. In Sunnism', EI2, XII (Supplement), 531–3. MA, III, 99 (Lech, Ar. text, 38, l. 14, German trans., 117).

60. TI, LIII, 330, akrama l-umarā l-muslimīna wa qarrabahum wa jafā l-kafara minhum wa abʿadahum. Hence WW, X, 382–3; AA, I, 523, akrama l-umarā l-muslimīna wa qarrabahum ⋯ wa jafā l-kafara wa abʿadahum wa haddadahum wa tawaʿʿadahum (in both cases I have substituted jafā for the ḥafā of the printed text).

61. IB, III, 40–1 (tr. Gibb, 560–1).

62. Manz, 'Rule of the infidels', 163, likewise doubts that it was, but on different grounds.

63. MA, III, 83 (Lech, Ar. text, 22, German trans., 105).

64. Peter Jackson, 'The Mongols and the Delhi Sultanate in the reign of Muḥammad Tughluq (1325–1352)', CAJ 19 (1975), 118–57 (here 147–52), and Delhi Sultanate, 233–4. Aubin, 'Khanat de Čaġatai', 22.

65. Yazdī, ZN, ed. Urunbaev, fo. 81a, ll. 3–4. Shajarat al-atrāk, fo. 113b.

66. IB, III, 39–40, 47 (tr. Gibb, 560, 565).

67. Ibid., III, 47–8 (trans. Gibb, 565). Cf. Biran, 'Chaghadaids and Islam', 748.

68. Date of Changshi's accession: Aubin, 'Le khanat de Čaġatai', 24–5 n. 34. His death: Michael Fedorov, 'On the exact date of Yesün Temür's accession to the throne, according to numismatic data', Iran 39 (2001), 301–2. Yesün Temür was still ruling in 1339: Larry V. Clark, 'On a Mongol decree of Yesün Temür (1339)', CAJ 19 (1975), 194–8; György Kara, 'Mediaeval Mongol documents from Khara Khoto and East Turkestan in the St. Petersburg branch of the Institute of Oriental Studies', Manuscripta Orientalia 9, no. 2 (2003), 3–40 (here 28–30). For coins of both khans, see Petrov, 'Khronologiia', 308.

69. Naṭanzī, 112. Anonymous, Dhayl-i Jāmiʿ al-tawārīkh, BL ms. Or. 2885, fo. 422a.

70. MA, III, 83 (Lech, Ar. text, 22, German trans., 105).

71. Franciscan fortunes under these khans: Barthold, Four Studies, I, 135–6 (= Sochineniia, II, part 1, 77); Richard, Papauté et les missions d'Orient, 163–4. ʿAlī Sulṭān's laqab: Petrov, 'Khronologiia', 309.

72. See Calmard, 'Le chiisme imamite', 277.

73. Pfeiffer, 'Conversion versions', 43. Calmard, 'Le chiisme imamite', 279–80, 282–3. al-Birzālī, IV, 249, says that he died a rāfiḍī. For the coins, see Sheila S. Blair, 'The coins of the later Ilkhanids: A typological analysis', JESHO 26 (1983), 295–317 (here 297–9).

74. BH, 505. Stepʿanos Orbelian, Histoire de la Siounie, I, 260. It is, of course, possible that Baidu's residence in Baghdad for over a decade had bred a sympathy for Islam – or gave rise to the perception that it had done so.

75. Only in the BN ms. of JT: ed. Jahn, Geschichte Ġāzān Ḫān's, 82a; also in DzhT, III, 608.

76. JT, II, 1126 (DzhT, III, 170; CC, 389). Amitai, 'Conversion of Tegüder', 17, interprets the phrase to mean, rather, that he performed the Muslim prayer.

77. See Melville, 'From Adam to Abaqa ⋯ (Part II)', text, 53, trans., 60.

78. Mustawfī, ZN, II, 1292, l. 12 (tr. Ward, II, 269). His source was Buqa, son of *Yula Temür (see p. 30 above).

79. Amitai, 'Conversion of Tegüder', 27, n. 60.

80. Not in Rawshan and Mūsawī's edn of JT or in CC: see DzhT, III, 616.

81. Amitai, 'Conversion of Tegüder', 34, 39. Peter Jackson, 'Mongol khans and religious allegiance: The problems confronting a minister-historian in Mongol Iran', Iran 47 (2009), 109–22 (here 116–17).

82. Mostaert and Cleaves, 'Trois documents mongols', 471, and Les lettres de 1289 et 1305, 56, 57. Broadbridge, Kingship and Ideology, 85, 94.

83. Abolala Soudavar, 'The Mongol legacy of Persian farmāns', in Komaroff (ed.), Beyond the Legacy of Genghis Khan, 407–21 (here 412–14).

84. Blair, 'Religious art of the Ilkhanids' 106, 108. For the importance of the south, see, e.g., WR, 20, 22/in SF,

173, 174 (MFW, 74–5); as Tomoko Masuya, 'Ilkhanid courtly life', in Komaroff and Carboni (eds), Legacy of Genghis Khan, 74–103 (here 89–90), points out, the traditional alignment was N.N.W.-S.S.E. rather than N.-S.

85. As suggested by Reuven Amitai-Preiss, 'Ghazan, Islam and Mongol tradition: A view from the Mamlūk Sultanate', BSOAS 59 (1996), 1–10 (here 10); repr. in Hawting (ed.), Muslims, Mongols and Crusaders, 253–62 (here 262). For the remark, see ID, IX, 127; for the envoy's testimony to ID's father, ibid., 129; and for ID's fabrications, Little, 'Historiography of the Ayyūbid and Mamlūk epochs', 424–5.
86. JT, II, 1307–8 (DzhT, III, 350–2; CC, 456). See the comments of Amitai-Preiss, 'Ghazan, Islam and Mongol tradition', 9, and repr. in Hawting (ed.), Muslims, Mongols and Crusaders, 261.
87. Waṣṣāf, 329, l. 3 (GW, III, 170). Cf. Spuler, Mongolen4, 209, and Boyle, 'Dynastic and political history', 381. At least two more princes shared their fate in the next few years.
88. JT, II, 1300–1 (DzhT, III, 343; CC, 454).
89. Ibid., II, 1383 (DzhT, III, 422; CC, 479). Bausani, 'Religion under the Mongols', 543. For other 'pagan hangovers', see Broadbridge, Kingship and Ideology, 66–7.
90. Amitai-Preiss, 'Arabic sources', 104–5; also his 'Ghazan, Islam and Mongol tradition', 2–3, and in Hawting (ed.), Muslims, Mongols and Crusaders, 254–5. For the original account, see WW, XXV, 229–30.
91. JT, II, 1260 (DzhT, III, 301; CC, 440); and see also SP, fos 146b, 148b.
92. JT, II, 1189, 1215 (DzhT, III, 231, 256; CC, 410, 419). In a moment of near-candour when chronicling the marriage, JT, II, 1269 (DzhT, III, 310; CC, 443, has 'the anniversary of the death' in error), Rashīd al-Dīn calls her the mother of Alafirang (Gaikhatu's son). In SP, fo. 148b, he mentions Ghazan's marriages to Dondi and to another of Gaikhatu's widows, Öljei. Banākatī, 451, neglects to mention the previous husband of both Bulughan and Dondi.
93. Eltüzmish: TU, 7; for her two previous marriages, see JT, II, 1055, 1189 (DzhT, III, 96, 231; CC, 366, 410); Bruno De Nicola, 'The ladies of Rūm: A hagiographic view of women in thirteenth- and fourteenth-century Anatolia', Journal of Sufi Studies 3 (2014), 132–56 (here 151, n. 101), believes that there were two different queens of this name, but the sources name the same father in each case. Günjüshkeb: TU, 7 (the printed text reads KWBḲŠKĀF); and for her marriage to Ghazan, JT, I, 102 (with GNJŠK), and II, 966 (DzhT, I, part 1, 229, variant, and III, 10; CC, 40, 335); Broadbridge, 'Marriage, family and politics', 132, 133. Bulughan Khurāsānī: TU, 8. Banākatī, 473, is similarly silent about the levirate character of the first two marriages, and omits the marriage to Bulughan altogether.
94. For the context of courtly life prior to Ghazan, see Masuya, 'Ilkhanid courtly life', 75–84.
95. Tashʿītā, tr. Budge, 250–1/tr. Borbone, 107.
96. al-Jazarī, Ḥawādith al-zamān, I, 256, 286 (former passage tr. in Melville, 'Pādshāh-i Islām', 164; and see ibid., 170–1). For what follows, see further Denise Aigle, 'The Mongol invasions of Bilād al-Shām by Ghāzān Khān and Ibn Taymīyah's three "anti-Mongol" fatwas', MSR 11, part 2 (2007), 89–120 (here 106–7); revised as 'A religious response to Ghazan Khan's invasions of Syria. The three "anti-Mongol" fatwās of Ibn Taymiyya', in her Mongol Empire, 283–305 (here 296); also Aigle, 'Légitimité islamique', 10–11, and Broadbridge, Kingship and Ideology, 65–6. The device has been adopted, of course, in much more recent times – and in very different circumstances – by the adherents of 'Islamic State'.
97. Waṣṣāf, 313, l. 5 (GW, III, 131). On this figure, see S. Moscati, 'Abū Muslim', EI2, I, 141; for ʿAbbasid symbolism, M. Sharon, Black Banners from the East: The Establishment of the ʿAbbāsid State (Jerusalem and Leiden, 1983).
98. JT, II, 1461 (DzhT, III, 494; CC, 505).
99. Waṣṣāf, 347, l. 21, kharāj-u qubchūr-i muʿayyan; cf. 161, l. 17 (referring to an earlier period), qufchūr-i mawāshī muʿayyan nashuda (GW, II, 34, and III, 216, fails to translate either phrase fully). Lambton, 'Mongol fiscal administration' [Part I], 89–90.
100. JT, II, 1438 (DzhT, III, 473–4; CC, 497). Lambton, 'Mongol fiscal administration' [Part I], 91, and Continuity and Change, 200, 215.
101. JT, II, 1480, 1481–2 (DzhT, III, 512, 513; CC, 512); date given at II, 1477 (DzhT, III, 509; CC, 511). Morgan, 'Mongol armies in Persia', 91–2, 94, and 'Ḳūbčūr', EI2, V, 299–300. Lambton, 'Mongol fiscal administration' [Part I], 90–2, 94.

102. ʿAlā' al-Dīn Falakī Tabrīzī, Saʿādat-nāma, ed. and tr. Mirkamal Nabipour, in Die beiden persischen Leitfäden des Falak ʿAlā-ye Tabrīzī über das staatliche Rechnungswesen im 14. Jahrhundert, unpublished PhD thesis, Göttingen, 1973, Pers. text, 139 (German trans., 132). Nabipour consistently translates qubchur as 'Viehsteuer'; but the fact that the tax is to be paid in cash (al-ʿayn) confirms that the traditional levy of livestock is not involved: ibid., text, 73, 131, 142–3 (trans., 39, 122, 138). See also Lambton, 'Mongol fiscal administration' [Part I], 91. For another example of Mongol administrative practice surviving the adoption of Islam, see p. 390 on the suyūrghāl.
103. Amitai, 'Conversion of Tegüder', 42–3. See also Martinez, 'Some notes on the Īl-xānid army', 215–16.
104. For a good discussion, see Amitai, 'Conversion of Tegüder', 26–30.
105. Hayton, French text, 185, Latin version, 312–13.
106. Stepʿanos Orbelian, Histoire de la Siounie, I, 237.
107. Waṣṣāf, 132, ll. 14–15 (GW, I, text, 270, trans., 252).
108. Ibid., 110, ll. 11–12 (GW, I, text, 226, trans., 210); hence Michael Weiers, 'Die Mongolen in Iran', in Weiers (ed.), Mongolen, 313; Amitai, 'Conversion of Tegüder', 27–8, doubts whether the measure could have been fully executed.
109. BH, 467; MTD, 506, mentions his generosity to Christian priests but not the decrees. For new church building, see Bar Hebraeus, Chronicon ecclesiasticum, III, cols 454, 456.
110. MTD, 508. Waṣṣāf, 114, ll. 5–6 (GW, I, text, 233, trans., 217). Ibn ʿAbd al-Ẓāhir, Tashrīf, 8. ZF, 221, ll. 1–3.
111. DMZ, IV, 141 (= MZDMZ, XIX, 187); hence TI, L, 6.
112. Allouche, 'Tegüder's ultimatum', 444.
113. Waṣṣāf, 110, ll. 8–10 (GW, I, text, 225, trans., 210). Spuler, Mongolen4, 273–4. Pfeiffer, 'Aḥmad Tegüder's second letter', 174, citing Juwaynī's supplement to his Tasliyat al-ikhwān.
114. Letter to Qalāwūn: MTD, 508; Waṣṣāf, 114, ll. 8–10 (GW, I, text, 233, trans., 217); Ibn Mughayzil, Dhayl Mufarrij al-kurūb, ed. ʿUmar ʿAbd al-Salām Tadmurī (Beirut, 1425/2004), 129; Shāfiʿ b. ʿAlī al-ʿAsqalānī, al-Faḍl al-ma'thūr min sīrat al-sulṭān al-malik al-Manṣūr, ed. Paulina B. Lewicka, Šāfiʿ Ibn ʿAlī's Biography of the Mamluk Sultan Qalāwūn (Warsaw, 2000), 313. Both documents: Ibn ʿAbd al-Ẓāhir, Tashrīf, 5, 8; hence ZF, 219, ll. 2–4, and 221, ll. 4–7; and cf. al-Nuwayrī, XXVII, 402, and the summary in DMZ, IV, 141 (= MZDMZ, XIX, 187). See Pfeiffer, 'Aḥmad Tegüder's second letter', 173–5; though she seems to assume that the reform was designed primarily to end the diversion of waqf funds to the observatory.
115. Tashʿītā, tr. Budge, 158–61/tr. Borbone, 65–7. Cf. Borbone's comments at 251–2, on the conflicting testimony.
116. Thus according to a fourteenth-century history of the patriarchs appended to the twelfth-century 'Book of the Tower' of Mari b. Sulaymān: the relevant passage is translated in James A. Montgomery, The History of Yaballaha III (New York, 1927), 21.
117. See Allsen, Culture and Conquest, 27–8, for the circumstantial evidence; also his 'Changing forms of legitimation', 228–9.
118. BH, 505. 'Author Z', in Zetterstéen (ed.), Beiträge, 34, says that he had become a Christian (tanaṣṣara). al-Yūnīnī, in MZDMZ, XX, 279, mentions Baidu's favour towards Christians and the rumour that he himself was one; TI, LII, 191, repeats this, while stressing that both he and Gaikhatu died as polytheists and infidels.
119. Specified by BH, 506.
120. JT, II, 1356 (DzhT, III, 396–7; CC, 471); ibid., I, 29 (DzhT, I, part 1, 56; CC, 12), for Ghazan's personal participation. Waṣṣāf gives a shorter account (reference in n. 123).
121. IF, V, 40 (the context suggests that this occurred in Baghdad). BH, 507, says merely that very many 'pagan priests' became Muslims.
122. JT, II, 1357 (DzhT, III, 397–8; CC, 471). Cf. the brief comments in Spuler, Mongolen4, 156.
123. Waṣṣāf, 323, ll. 7–9 (GW, III, 155). Tashʿītā, tr. Budge, 210/tr. Borbone, 90. JT, II, 1259 (CC, 439; see also the variant reading in DzhT, III, 300), adds synagogues.
124. BH, 506. For King Hetʿum's intervention, see Tashʿītā, tr. Budge, 213/tr. Borbone, 92. His role is confirmed by Armenian authors: Stepʿanos Orbelian, Histoire de la Siounie, I, 262; Sivas chronicle, in Galstian, Armianskie istochniki, 31.
125. BH, 506–7 (attributing this decree to Nawrūz). HJ, 483/523. Waṣṣāf, 324, ll. 18–20 (GW, III, 160), mentioning

the imposition of jizya only on the Jews. For distinguishing marks often imposed in the past on the ahl al-dhimma, see M. Perlmann, 'Ghiyār', EI2, II, 1075–6.

126. HJ, 484/523. Tash'ītā, tr. Budge, 223–4/tr. Borbone, 95–6, strongly implies that Ghazan's resumption of the palace was permanent; and see also MA, III, 138 (Lech, Ar. text, 91–2, German trans., 152). Gilli-Elewy, Bagdad, 105, misrepresents this episode, but gives a correct account at 190.
127. al-Jazarī, Ḥawādith al-zamān, I, 286.
128. Step'anos Orbelian, Histoire de la Siounie, I, 262. Sivas chronicle, in Galstian, Armianskie istochniki, 31.
129. al-Jazarī, Ḥawādith al-zamān, I, 256 (tr. in Melville, 'Pādshāh-i Islām', 164): although al-Jazarī was indebted to al-Birzālī, the ultimate source was Ibn Taymiyya's brother, an eyewitness. Calmard, 'Le chiisme imamite', 270, n. 51.
130. Step'anos Orbelian, Histoire de la Siounie, I, 261. For Nawrūz's activities and the shifts in Ghazan's religious policy, see Aubin, Émirs mongols, 61–6; also Foltz, Religions of the Silk Road, 121–2.
131. HJ, 483–4/523, 494/533: 'two months (shahrayn)' at the latter juncture, regarding the ghiyār specifically. Fiey, Chrétiens syriaques, 69, n. 18.
132. Tash'ītā, tr. Budge, 220–1/tr. Borbone, 94–5, dating this edict to the winter of 1295–6 and ascribing it to Mar Yahballāhā's influence. Step'anos Orbelian, Histoire de la Siounie, I, 261–3. A particularly eulogistic text in Sanjian (tr.), Colophons, 48, claims that under Ghazan 'all taxes were removed', evidently an allusion to the jizya. Melville, 'Pādshāh-i Islām', 170. Aubin, Émirs mongols, 64.
133. JT, II, 1285 (DzhT, III, 327; CC, 448).
134. Tash'ītā, tr. Budge, 240–2/tr. Borbone, 103–4. See also Fitzherbert, 'Religious diversity', 391, n. 5.
135. Tash'ītā, tr. Budge, 234/tr. Borbone, 100.
136. TU, 90–1 (reading ikhtiyār for the ikhtitām of the text); cited by Broadbridge, Kingship and Ideology, 67. For the return to pluralism, see Jackson, 'Mongol khans', 117–18.
137. Weiers, 'Mongolen in Iran', 329–30.
138. Jackson, Mongols and the West, 177.
139. Hayton, French text, 191, Latin version, 316. The 'Templar of Tyre', § § 357–8, ed. Minervini, 288, 290 (tr. Crawford, 150), gives a very similar account.
140. TG, 602–3.
141. Waṣṣāf, 327, ll. 18–19, tamāmat-i masājid-i bilād-i islāmrā bāz mu'ābid-u ṣawāmi'-i asāqifa-u rahābīn sāzand (cf. GW, III, 167). Aubin, Émirs mongols, 63 (no source specified). See also Spuler, Mongolen4, 81–2; Amitai, Holy War, 69.
142. So according to Tash'ītā, tr. Budge, 255–6/tr. Borbone, 109.
143. Sanjian, Colophons, 52, 53, 60. MZDMZ, XXII, 328.
144. Bundy, 'Syriac and Armenian Christian responses', 40–1.
145. For this sequence of events, see Tash'ītā, tr. Budge, 258, 259–60/tr. Borbone, 110, 111. Sanjian, Colophons, 52. Fiey, Chrétiens syriaques, 75–6. The text in Sanjian, 60–1, from the end of Öljeitü's reign, mentions the exemption for clergy and monks, but says that the jizya was again being levied on the laity.
146. TI, LIII, 317. WW, X, 323. AA, I, 497. For an example of the verse, see Aharī, Ta'rīkh-i Shaykh Uways, text, 155–6. Boyle, 'Dynastic and political history', 413.
147. Baghdad: TI, LIII, 317; WW, X, 323; AA, I, 497; al-Birzālī, IV, 468–9, reports pressure on dhimmis to convert (year 721). Tabrīz: Taqī' al-Dīn Aḥmad b. 'Alī al-Maqrīzī, al-Sulūk li-ma'rifat duwal al-mulūk, ed. Muḥammad Muṣṭafā Ziyāda (Cairo, 1934–72), II, 211 (year 720), cited by Charles Melville, 'Čobān', EIr, V, 875–8 (here 878). For anti-dhimmi measures in Cairo, see al-Nuwayrī, XXXIII, 33; al-Birzālī, IV, 468; Donald P. Little, 'Coptic conversion to Islam under the Baḥrī Mamlūks, 692–755/1293–1354', BSOAS 39 (1976), 552–69 (here 562–5); repr. in Little, History and Historiography of the Mamlūks.
148. Tabrīzī, Sa'ādat-nāma, Pers. text, 144 (German trans., 139), gives a tax yield from dhimmis, specifically Jews and Armenians, in the military district (tümen) of Kāshān.
149. See Jackson, 'Mongol khans', 116–17.
150. JT, II, 1256, 1333, 1335 (DzhT, III, 296, 297, 374, 376; CC, 438, 463, 464).
151. Ibid., II, 1254 (DzhT, III, 295–6; CC, 437).

152. Ibid., II, 1358–9 (DzhT, III, 398–400; CC, 472).
153. Molé, 'Kubrawiya', 75–6. But see p. 362 above.
154. JT, I, 289 (cf. CC, 101).
155. Ibid., I, 244 (cf. CC, 87); see also I, 273, 293–4 (CC, 96, 102).
156. Ibid., I, 223 (CC, 82).
157. Ibid., I, 289 (cf. CC, 101); cf. also I, 29, and II, 1335 (DzhT, I, part 1, 56, and III, 377; CC, 12, 464).
158. Ibid., I, 27 (DzhT, I, part 1, 50–1; CC, 11); cf. also I, 287–8 (CC, 101).
159. Ibid., I, 27–30 (DzhT, I, part 1, 51–8; CC, 11–12).
160. Ibid., I, 32 (DzhT, I, part 1, 60; CC, 12).
161. Ibid., I, 288 (CC, 101).
162. Ibid., I, 27 (DzhT, I, part 1, 51; CC, 11).
163. Ibid., I, 29 (DzhT, I, part 1, 56; CC, 11–12). Interestingly, WR, 124, 126/in SF, 232, 233 (MFW, 156, 157), thought that the Uighurs as well as the Mongols were monotheists.
164. JT, II, 1308 (DzhT, III, 351; CC, 456).
165. Ibid., I, 474–5 (CC, 166).
166. Ibid., I, 666 (SGK, 57; CC, 231).
167. TJG, I, 62, 226 (HWC, 80–1, 270).
168. JT, I, 643–4 (SGK, 38–9; CC, 224).
169. SH, § 272 (tr. De Rachewiltz, I, 203–5).
170. JT, II, 951–2 (SGK, 324; CC, 330).
171. Allsen, Culture and Conquest, 55.
172. TJG, I, 18 (HWC, 26).
173. See Felix Klein-Francke, 'Rashīd al-Dīn's self-defence through his commenting on al-Ghazzālī's "Reply to the Opponents of 'The Proof of Islam'". A philosophical interpretation of the Koranic expression "al-amāna"', Le Muséon 115 (2002), 197–214; also idem, 'The relation between knowledge and belief in Islam. Annotations to Rashīd al-Dīn's "Book of Questions and Answers"', Le Muséon 113 (2000), 205–19; and idem, 'Rashīd al-Dīn's treatise «On Free Will and Predestination». An attempt to overcome inner-Islamic differences', Le Muséon 117 (2004), 527–45; more briefly, the passages cited in JT, III, partially ed. Étienne Quatremère, Raschid-eldin. Histoire des Mongols de la Perse (Paris, 1836), introduction, cxx-cxxx.
174. Leigh Chipman, 'The ʿallāma and the ṭabīb: A note on biographies of two doctors, Rashīd al-Dīn and Quṭb al-Dīn al-Shīrāzī', in Akasoy, Burnett and Yoeli-Tlalim (eds), Rashīd al-Dīn, 115–26 (here 122).
175. Aigle, 'Loi mongole vs loi islamique', 973–4 (cf. 'Mongol law versus Islamic law', 135–7), 984–5. For Rashīd al-Dīn's use of legend as propaganda on Ghazan's behalf, see Kamola, 'History and legend', 569–70.
176. JT, I, 29, and II, 1210 (DzhT, I, part 1, 55, and III, 251; CC, 11, 417); and see Amitai-Preiss, 'Ghazan, Islam and Mongol tradition', 4, and in Hawting (ed.), Muslims, Mongols and Crusaders, 256.
177. TI, XLIX, 182; WW, XXVII, 400. See Biran, 'Islamisation of Hülegü'.
178. Mustawfī, ZN, II, 1213, ll. 3–5, 1214, ll. 3–4, and 1219, l. 2 (tr. Ward, II, 109, 111, 122), respectively.
179. Shabānkāra'ī, 223, 227; the former reference is cited in Pfeiffer, 'Confessional ambiguity', 157. See generally Biran, Chinggis Khan, 118–21.
180. Waṣṣāf, 241, ll. 3–4 (GW, II, 214–15).
181. IW, VI, 213/153.
182. As argued by Lyall Armstrong, 'The making of a Sufi: Al-Nuwayrī's account of the origin of Genghis Khan', MSR 10, part 2 (2006), 153–60.
183. al-Nuwayrī, XXVII, 301–2; see 300 for this author's debt to envoys and other visitors from the Ilkhanate. For analysis, see Amitai, 'Al-Nuwayrī', 26–9, and 'Did Chinggis Khan have a Jewish teacher?', esp. 698–705.
184. ID, IX, 32, l. 15; IAF, part 2, 660; but cf. the different report in DMZ, ed. Guo, I (trans.), 158, II (text), 119 (= MZDMZ, XXI, 120), citing al-Birzālī. See Denise Aigle, 'Les invasions de Ġāzān Ḫān en Syrie. Polémiques sur sa conversion à l'islam et la présence de chrétiens dans ses armées', in Aigle (ed.), Le Bilād al-Šām face aux mondes extérieurs. La perception de l'Autre et la représentation du souverain (Damascus and Beirut, 2012), 293–323 (here 311); Aigle, 'Religious response', 299–300.

185. Ibn ʿAbd al-Ẓāhir, Tashrīf, 4, ll. 7–8, cited in Allouche, 'Tegüder's ultimatum', 442. For readiness to believe in the Ilkhan's conversion, see Broadbridge, Kingship and Ideology, 42; for Mamlūk scepticism, Holt, 'Īlkhān Aḥmad's embassies', 130, 132.
186. The rebuttals issued in the name of Sultan al-Nāṣir Muḥammad by his entourage are discussed by Broadbridge, Kingship and Ideology, 82–4, 86.
187. For what follows, see Aigle, 'Mongol invasions' (where the probable dates of the three fatwās are discussed at 117–18), and 'Religious response', 302–5; more briefly, Amitai, Holy War, 78–80.
188. On this campaign, see generally Reuven Amitai, 'Whither the Ilkhanid army? Ghazan's first campaign into Syria (1299–1300)', in Di Cosmo (ed.), Warfare in Inner Asian History, 221–64; and Amitai, 'The Mongol occupation of Damascus in 1300: A study of Mamluk loyalties', in Michael Winter and Amalia Levanoni (eds), The Mamluks in Egyptian and Syrian Politics and Society (Leiden and Boston, MA, 2004), 21–41.
189. Ibn Taymiyya, Majmūʿ fatāwā shaykh al-islām Aḥmad Ibn Taymiyya, ed. ʿAbd al-Raḥmān b. Muḥammad Ibn Qāsim al-ʿĀṣimī al-Najdī (Riyāḍ, 1381–3/1961–3), XXVIII, 510–11; tr. in Yahyâ M. Michot, 'Textes spirituels d'Ibn Taymiyya, XI. Mongols et Mamlûks: l'état du monde musulman vers 709/1310', Le Musulman 24 (Oct. 1994), 26–31 (here 29). See generally Aigle, 'Religious response', 287–93.
190. Aigle, 'Légitimité islamique', 8–9.
191. Abū l-Fidā, al-Mukhtaṣar, tr. Holt, Memoirs of a Syrian Prince, 35. See the comments by Amitai, 'Whither the Ilkhanid army?', 221, n. 3, and in his Holy War, 75.
192. Aigle, 'Légitimité islamique', 11–16; 'Mongol invasions', 107–10; and 'Ghazan Khan's invasions of Syria. Polemics on his conversion to Islam and the Christian troops in his army', in Aigle, Mongol Empire, 255–82 (here 260–4).
193. See Amitai, 'Mongol occupation of Damascus', 22–5.
194. DMZ, ed. Guo, I (trans.), 134, II (text), 98 (= MZDMZ, XXI, 97). Sultan al-Nāṣir Muḥammad to Ghazan, ibid., I (trans.), 195, II (text), 244 (= MZDMZ, XXI, 266). TI, LII, 72 (tr., with one or two errors, in Somogyi, 'Adh-Dhahabī's record', 363–4). Aigle, 'Les invasions de Ġāzān H̱ān', 302, and 'Religious response', 287.
195. DMZ, ed. Guo, I (trans.), 147–8, 158, II (text), 109, 119 (= MZDMZ, XXI, 110, 120). TI, LII, 82 (tr. Somogyi, 'Adh-Dhahabī's record', 370–1).
196. MA, V, 478. To the best of my knowledge, this detail is not met with elsewhere.
197. Ibn Taymiyya, XXVIII, 504–5, and 520, ll. 9–10 and 17; tr. in Michot, 'Textes spirituels ⋯, XI', 31 and n. 47.
198. Ibn Taymiyya, XXVIII, 520, ll. 2–8; tr. in Michot, 'Textes spirituels ⋯, XI', 30–1.
199. Ibn Taymiyya, XXVIII, 520–1, 525; tr. in Michot, 'Textes spirituels ⋯, XI', 31, and 'Textes spirituels ⋯, XII. Mongols et Mamlûks ⋯', Le Musulman 25 (Jan. 1995), 25–30 (here 28). Aigle, 'Les invasions de Ġāzān H̱ān', 310–11, and 'Religious response', 298–9.
200. Ibn Taymiyya, XXVIII, 504, ll. 14–16; tr. in Michot, 'Textes spirituels ⋯, XI', 31, n. 47. For al-Nāṣir's letter, see DMZ, ed. Guo, I (trans.), 195, II (text), 244 (= MZDMZ, XXI, 265); Aigle, 'Les invasions de Ġāzān H̱ān', 301, 307, and 'Ghazan Khan's invasions', 271.
201. Ibn Taymiyya, XXVIII, 521–2 passim; tr. in Michot, 'Textes spirituels ⋯, XII', 25–6. Cf. ID, IX, 32, cited in Aigle, 'Les invasions de Ġāzān H̱ān', 311, and 'Religious response', 299–300; also p. 376 above.
202. Ibn Taymiyya, XXVIII, 530, ll. 14–16; tr. in Michot, 'Textes spirituels ⋯, XIII. Mongols et Mamlûks ⋯', Le Musulman 26 (Sept. 1995), 25–30 (here 25–6). Hülegü is similarly labelled: Ibn Taymiyya, XXVIII, 533; tr. in Michot, 'Textes spirituels ⋯, XIII', 27. See generally Emmanuel Fons, 'À propos des Mongols. Une lettre d'Ibn Taymiyya au sultan al-Malik al-Nāṣir Muḥammad b. Qalāwūn', Annales Islamologiques 43 (2009), 31–73 (here 54–5, 60–1).
203. Ibn Taymiyya, XXVIII, 521, ll. 2–3; tr. in Michot, 'Textes spirituels ⋯, XI', 31. Aigle, 'Les invasions de Ġāzān H̱ān', 313–14.
204. DMZ, ed. Guo, I (trans.), 141, II (text), 104 (= MZDMZ, XXI, 104). Aigle, 'Mongol invasions', 109, 'Légitimité islamique', 14, and 'Ghazan Khan's invasions', 262.
205. Ibn Taymiyya, XXVIII, 520, 525–6; tr. in Michot, 'Textes spirituels ⋯, XI', 31, and '⋯, XII', 28. For Ibn al-ʿAlqamī, see XXVIII, 528; tr. in Michot, 'Textes spirituels ⋯, XIII', 25. Aigle, 'Les invasions de Ġāzān H̱ān', 312, and 'Religious response', 300.

206. Ibn Taymiyya, XXVIII, 523, ll. 11–12; tr. in Michot, 'Textes spirituels ···, XII', 26.
207. Amitai-Preiss, 'New material', 33.
208. Ibn Taymiyya, XXVIII, 524, ll. 13–15; tr. in Michot, 'Textes spirituels ···, XII', 27.
209. Ibn Taymiyya, XXVIII, 526, ll. 2–5; tr. in Michot, 'Textes spirituels ···, XII', 28.
210. Ibn Taymiyya, XXVIII, 525, ll. 13–16; tr. in Michot, 'Textes spirituels ···, XII', 28.
211. J. Y. Michot, 'Un important témoin de l'histoire et de la société mamlūkes à l'époque des Īlḫāns et de la fin des croisades: Ibn Taymiyya (ob. 728/1328)', in U. Vermeulen and D. De Smet (eds), Egypt and Syria in the Fatimid, Ayyubid and Mamluk Eras (Leuven, 1995), 335–53 (here 340–5). For a comparison of the views of the two men, see Yahya Michot, 'Rashid al-Din et Ibn Taymiyya: regards croisés sur la royauté', in B. Khorramshâhî and J. Jahânbakhsh (eds), Mohaghegh Nâma: Collected Papers Presented to Professor Mehdi Mohaghegh on His 70th Birthday, II (Tehran, 2001), 111–37.
212. Ibn Taymiyya, XXVIII, 522, l. 16; tr. in Michot, 'Textes spirituels ···, XII', 26.
213. Melville, 'Keshig in Iran', 162.

尾聲

1. TJG, I, 83 (HWC, 107).
2. JT, I, 32 (DzhT, I, part 1, 59–60; my translation; cf. CC, 12).
3. This chapter owes a great debt to Biran, Chinggis Khan, ch. 4, 'The Chinggisid Legacy'; though she is concerned with the conqueror's own legacy as well as that of Mongol rule in general.
4. Although, as pointed out by John E. Woods, The Aqquyunlu: Clan, Confederation, Empire, revised edn (Salt Lake City, UT, 1999), 7–8, Islamic sacred law and nomadic political tradition formed 'a curious amalgam of legitimizing principles', at least until the late fifteenth century. See also pp. 384–5, on the diverse bases of Temür's claim to rule.
5. Melville, 'End of the Ilkhanate and after', 319.
6. See A. P. Grigor′ev, 'Zolotoordynskie khany 60–70-x godov XIV v.: Khronologiia pravlenii', Istoriografiia i Istochnikovedenie Istorii Stran Azii i Afriki 7 (1983), 9–54. Safargaliev, Raspad, 111–34, discusses this period in the history of Batu's ulus, pointing out (115, n. 2) the unreliability of Naṭanzī in ascribing certain khans to Orda's line, but also preferring (129, n. 2) that author's testimony that Orus Khan (above, n. 22 at p. 536) was descended from Orda. Muʿizz al-ansāb, which makes Orus, like Toqtamish, a descendant of Toqa Temür, provides the most reliable genealogies of the Jochid rulers (to be supplemented by those in Tawārīkh-i guzīda-yi nuṣrat-nāma: see p. 34 above).
7. Although it has been proposed (in the Iranian context) that the absence of pretenders capable of advancing their claims in person, at the head of their own supporters, could be taken to signal a lessening of respect for Chinggisid legitimacy: Melville, 'End of the Ilkhanate and after', 319.
8. TR, I (text), 28, II (trans.), 20. Hodong Kim, 'The early history of the Moghul nomads: The legacy of the Chaghatai khanate', in Amitai-Preiss and Morgan (eds), Mongol Empire and its Legacy, 290–318 (here 299, 303–4). Karaev, Chagataiskii ulus, 54.
9. P. Jackson, 'Togha Temür', EI2, X, 552.
10. Alexander V. Akopyan and Farbod Mosanef, 'Between Jūjīds [sic] and Jalāyirids: The coinage of the Chopānids, Akhījūq and their contemporaries, 754–759/1353–1358', Der Islam 92 (2015), 197–246 (here 215–22).
11. Yazdī, ZN, I, 282, 285. Hans Robert Roemer, 'Tīmūr in Iran', in CHI, VI, 42–97 (here 51). Nagel, Timur der Eroberer, 165–6.
12. Wing, Jalayirids, 64–5, 129–34. See also Melville, 'History and myth', 134–5, 142.
13. For Temür's relations with Ming China, see Ralph Kauz, Politik und Handel zwischen Ming und Timuriden. China, Iran und Zentralasien im Spätmittelalter (Wiesbaden, 2005), ch. 3.
14. Beatrice Forbes Manz, 'Tamerlane and the symbolism of sovereignty', IS 21 (1988), 105–22, passim; and see also her 'Mongol history rewritten', 137–41.
15. Beatrice Forbes Manz, 'Women in Timurid domestic politics', in Nashat and Beck (eds), Women in Iran, 121–

39 (here 130). For examples of marriage with Chaghadayid princesses, see Ando, Timuridische Emire, 28–9.
16. For an overview of the various sources of Temür's legitimacy, see Broadbridge, Kingship and Ideology, 169–70; and Aigle, 'Epilogue: The Mongol empire after Genghis Khan', in her Mongol Empire, 306–22 (here 308–9). For the treatment in the Timurid sources, see also Bernardini, Mémoire et propagande.
17. Biran, 'Diplomacy and chancellery practices', 392–3.
18. A. A. Semenov, 'Nadpisi na nadgrobiiakh Tīmūra i ego potomkov v Gur-i Émire', Epigrafika Vostoka 2 (1948), 49–62 (here 53, 57–8). John E. Woods, 'Timur's genealogy', in Michael M. Mazzaoui and Vera B. Moreen (eds), Intellectual Studies on Islam: Essays Written in Honor of Martin B. Dickson (Salt Lake City, UT, 1990), 85–125 (here 87–8).
19. Beatrice F. Manz, 'The empire of Tamerlane as an adaptation of the Mongol empire: An answer to David Morgan, "The empire of Tamerlane: An unsuccessful re-run of the Mongol state?"', in May (ed.), Mongols and Post-Mongol Asia, 281–91 (here 286–9).
20. On whom see Bernardini, 'Mongol puppet lords', 170–4.
21. Nagel, Timur der Eroberer, 119, 193. Soyurghatmish, there called a son of the Chaghadayid khan Qazan (d. 1347), was in fact the son of Qazan's successor Dānishmandcha and hence descended from Ögödei's son Melik: Mu'izz al-ansāb, fos 44b–45a, in IKPI, III, Pers. text, lxxxviii–lxxxix (Russian trans., 60); Bernardini, 'Mongol puppet lords', 173.
22. Manz, 'Tamerlane and the symbolism', 112–13. But for an alternative view, see Bernardini, 'Mongol puppet lords', 174–5.
23. Bernardini, 'Mongol puppet lords', 173–4. For the capture of Bāyazīd, see Shāmī, ZN, I, 261, and n. 3 at II, 178 (addendum from Ḥāfiẓ-i Abrū, Zubdat al-tawārīkh).
24. Beatrice Forbes Manz, Power, Politics and Religion in Timurid Iran (Cambridge, 2007), 20, 21.
25. Ibid., 10. Sheila S. Blair, 'Timurid signs of sovereignty', in Michele Bernardini (ed.), La civiltà Timuride come fenomeno internazionale (Rome, 1996 = OM 76/n.s., 15), II, 551–76 (here 559).
26. TR, I (text), 45–6, II (trans.), 39: see Woods, 'Timur's genealogy', 116. The date was suggested by Barthold, Four Studies, II, 86, 104 (= Sochineniia, II, part 2, 98, 113), who accepted Ḥaydar's testimony.
27. Barthold, Four Studies, II, 86, 158 (= Sochineniia, II, part 2, 99, 158). Manz, Power, Politics and Religion, 266.
28. Yazdī, ZN, I, 8. See the discussion in Manz, 'Tamerlane and the symbolism', n. 33 at 113–14; Bernardini, Mémoire et propagande, 53–7; more briefly, Manz, 'Tīmūr Lang', EI2, X, 510.
29. Yazdī, ZN, ed. Urunbaev, fos 24a–25a, 61b and 75b, ll. 6–8. Cf. also the slightly more reticent version in Mu'izz al-ansāb, fo. 82a–b, in IKPI, III, Pers. text, clix–clx (Russian trans., 104); and for an English rendering of this passage, Subtelny, Timurids, 19. Woods, 'Timur's genealogy', esp. 91, 92–3. But Grupper, 'A Barulas family narrative', argues that the Timurid accounts merit greater confidence; see also Subtelny, Timurids, 18–22.
30. Yazdī, ZN, ed. Urunbaev, fo. 81a. Shajarat al-atrāk, fo. 114a.
31. Their differing testimony is reviewed in Woods, 'Timur's genealogy', 88–91.
32. JT, I, 606 (CC, 211–12), where Qarachar is one of four noyans allotted to Chaghadai; also SP, fo. 117b. SH, § 243 (tr. De Rachewiltz, I, 167), says he was one of three; cf. § 202 (trans., 133), where he simply appears in the list of ninety-five commanders of 1,000.
33. Shāmī, ZN, I, 10, 58.
34. Woods, 'Rise of Tīmūrid historiography', 104–5; and see n. 106 ibid., for the single reference to shared ancestry that Yazdī retained (Yazdī, ZN, II, 516).
35. Ron Sela, The Legendary Biographies of Tamerlane: Islam and Heroic Apocrypha in Central Asia (Cambridge, 2011), 26–7, 54–5 and passim; ibid., 36–7, on the Kunūz al-a'ẓam.
36. See James Millward, 'Eastern Central Asia (Xinjiang): 1300–1800', in CHIA, 260–76 (here 260–9).
37. For what follows, see Vásáry, 'Jochid realm', 81–5; Bregel, 'Uzbeks, Qazaqs and Turkmens', 221–9; and Allen J. Frank, 'The western steppe: Volga-Ural region, Siberia and the Crimea', in CHIA, 237–59.
38. Leslie Collins, 'On the alleged "destruction" of the Great Horde in 1502', in Anthony Bryer and Michael Ursinus (eds), Manzikert to Lepanto: The Byzantine World and the Turks 1071–1571 (Amsterdam, 1991 = Byzantinische Forschungen 16), 361–99.

39. McChesney, 'Chinggisid restoration', 277–302; also his Central Asia, 132–40. For the era of puppet khans, see Yuri Bregel, 'The new Uzbek states: Bukhara, Khiva and Khoqand: c. 1750–1886', in CHIA, 392–411 (here 392–9).
40. Biran, Chinggis Khan, 104. For examples, see Bregel, 'New Uzbek states', 395, 399.
41. Yuri Bregel, 'Tribal tradition and dynastic history: The early rulers of the Qongrats according to Munis', AAS 16 (1982), 357–98 (here 364–9, 395–7). Biran, Chinggis Khan, 125–6. For Qongqurat traditions from the thirteenth through to the nineteenth century, see Togan, 'Qongrat in history', 66–80.
42. DeWeese, Islamization and Native Religion, esp. 336–43. Frank, 'Western steppe', 242. For other examples of this kind of appeal, see Broadbridge, Kingship and Ideology, 11.
43. Peacock, Great Seljuk Empire, 320.
44. Roemer, 'Tīmūr in Iran', 94–5. Bert Fragner, 'Social and internal economic affairs', in CHI, VI, 491–567 (here 504–11). Ann K. S. Lambton, 'Soyūrghāl', EI2, IX, 731–4. Cf. Fragner, 'Iran under Ilkhanid rule', 130 ('a clear and outspoken offence to the concept of iqṭāʿ').
45. Soudavar, 'Mongol legacy of Persian farmāns', 415–17.
46. Atwood, 'Ulus emirs', 146–7.
47. Subtelny, 'Binding pledge', esp. 9.
48. Melville, 'Chinese-Uighur animal calendar', 83.
49. Joel Shinder, 'Early Ottoman administration in the wilderness: Some limits on comparison', IJMES 9 (1978), 497–517. Abdulkadir Yuvali, 'L'influence des [sic] Ilkhanat sur les institutions de l'empire ottoman', in Daniel Panzac (ed.), Histoire économique et sociale de l'Empire ottoman et de la Turquie (1326–1960). Actes du sixième congrès international tenu à Aix-en-Provence du 1er au 4 juillet 1992 (Paris, 1995), 751–4.
50. I owe this point to an unpublished paper by Dr Andrew Peacock, entitled 'Intellectual exchange between the Islamic East and Anatolia in the Middle Ages' and delivered at a conference convened by the British Institute of Persian Studies in London on 16 September 2016 to celebrate the life and work of Edmund Bosworth.
51. Priscilla P. Soucek, 'Tīmūrid women: A cultural perspective', in Hambly (ed.), Women in the Medieval Islamic World, 199–226 (here 200).
52. Lisa Balabanlilar, 'The Begims of the Mystic Feast: Turco-Mongol tradition in the Mughal harem', Journal of Asian Studies 69 (2010), 123–47.
53. Shāmī, ZN, I, 10, 12–14, 58. Muʿizz al-ansāb, fo. 82a, in IKPI, III, Pers. text, clix (Russian trans., 104), calls Qarachar the drafter (wāḍiʿ) of 'Chinggis Khan's töre'. Manz, 'Tamerlane and the symbolism', 111.
54. McChesney, Central Asia, 129. Manz, 'Mongol history rewritten', 144; and cf. Woods, 'Timur's genealogy', 115–16. David O. Morgan, 'The empire of Tamerlane: An unsuccessful re-run of the Mongol empire?', in J. R. Maddicott and D. M. Palliser (eds), The Medieval State: Essays Presented to James Campbell (London and Rio Grande, 2000), 233–41 (here 239).
55. Manz, 'Ulugh Beg', 21.
56. Manz, 'Women in Timurid domestic politics', 128.
57. TR, I (text), 56, II (trans.), 47; cited by Millward, 'Eastern Central Asia', 264.
58. McChesney, Central Asia, 127–32, for the concerns of some sixteenth- and seventeenth-century authors.
59. On the evidence of Western sources, Ron Sela, Ritual and Authority in Central Asia: The Khan's Inauguration Ceremony (Bloomington, IN, 2003), 28–32, demonstrates that this tradition went back to the thirteenth century and the era of the unitary empire.
60. Stephen F. Dale, The Garden of the Eight Paradises: Bābur and the Culture of Empire in Central Asia, Afghanistan and India (1483–1530) (Leiden and Boston, MA, 2004), 171, 209.
61. McChesney, 'Chinggisid restoration', 283–6. See also his Central Asia, 130.
62. R. D. McChesney, 'Zamzam water on a white felt carpet: Adapting Mongol ways in Muslim Central Asia, 1550–1650', in Gervers and Schlepp (eds), Religion, Customary Law, and Nomadic Technology, 63–80. However, Sela, Ritual and Authority, 42–4 and n. 114, suggests that in view of the absence of any parallel ceremony in Islam there was no need to islamicize the ritual.
63. Jackson, Delhi Sultanate, 256. R. Stephen Humphreys, 'Egypt in the world system of the later Middle Ages', in Petry (ed.), Cambridge History of Egypt, I, 445–61 (here 456).

64. For the two texts and the dating, see Vásáry, 'Oriental languages', 110–11; more broadly, Felicitas Schmieder, 'The world of the Codex Cumanicus, the Codex Cumanicus in its world', in Schmieder and Schreiner (eds), Il codice Cumanico, xiii–xxxi. The interpreter whom Rubruck's party had acquired at Soldaia, and whom the friar dismisses as 'neither intelligent nor articulate', belonged – one hopes – to an era when standards were significantly lower: WR, 54/in SF, 191 (MFW, 101).
65. See Peter B. Golden, 'The world of the Rasûlid Hexaglot', in Golden (ed.), King's Dictionary, 1–24.
66. MA, III, 61/ed. Spies, Ar. text, 35, German trans., 61–2; cited by Allsen, Commodity and Exchange, 1. Lewis, 'Mongols, the Turks and the Muslim polity' (1973), 188–9/(1993), 198–9.
67. Ulrich Haarmann, 'Alṭun Ḫān und Čingiz Ḫān bei den ägyptischen Mamluken', Der Islam 51 (1974), 1–36 (here 6). Little, 'Historiography of the Ayyūbid and Mamlūk epochs', 425.
68. WW, IX, 440: see D. P. Little, 'Notes on Aitamiš, a Mongol mamlūk', in Ulrich Haarmann and Peter Bachmann (eds), Die islamische Welt zwischen Mittelalter und Neuzeit. Festschrift für Hans Robert Roemer zum 65. Geburtstag (Wiesbaden, 1979), 387–401; repr. in Little, History and Historiography of the Mamlūks (London, 1986).
69. Taqī' al-Dīn Aḥmad b. ʿAlī al-Maqrīzī, al-Mawāʿiẓ wa l-iʿtibār fi dhikr al-khiṭaṭ wa l-āthār (Bulāq 1270/1853–4), II, 40–1, 208, 219.
70. Ayalon, 'Great Yāsa … (C2)', 119–42.
71. For Iran, see the comments of Martinez, 'Changes in chancellery languages', 144–5.
72. István Vásáry, 'Bemerkungen zum uigurischen Schrifttum in der Goldenen Horde und bei den Timuriden', Ural-Altaische Jahrbücher 7 (1987), 115–26 (here 115–19); idem, 'Immunity charters of the Golden Horde granted to the Italian towns Caffa and Tana' (published in Russian in 2002), repr. in translation in his Turks, Tatars and Russians (here 5–7); and for the Mongolian vocabulary, his 'Mongolian impact on the terminology of the documents of the Golden Horde', AOASH 48 (1995), 479–85. For Turkish in the Jochid lands, see Omeljan Pritsak, 'Das Kiptschakische', in Jean Deny, Kaare Grønbech, Helmuth Scheel and Zeki Velidi Togan (eds), Philologiae Turcicae Fundamenta, I (Wiesbaden, 1959), 74–87.
73. IB, III, 32, 33, 36 (tr. Gibb, 556, 557, 558).
74. János Eckmann, 'Das Tschaghataische', in Deny et al. (eds), Philologiae Turcicae Fundamenta, I, 138–60.
75. Biran, 'Mongols in Central Asia', 63; cf. her 'Diplomacy and chancellery practices', 370. Dai Matsui, 'A Mongolian decree from the Chaghataid Khanate discovered at Dunhuang', in Peter Zieme (ed.), Aspects of Research into Central Asian Buddhism: In Memoriam Kogi Kudara, Silk Road Studies 16 (Turnhout, 2008), 159–78. Clark, 'On a Mongol decree of Yesün Temür (1339)'. Kara, 'Mediaeval Mongol documents from Khara Khoto'.
76. Martinez, 'Changes in chancellery languages', 151–2.
77. Biran, Chinggis Khan, 100–1. See further Fragner, 'Iran under Ilkhanid rule', 124–7.
78. Jean Aubin, 'Le témoignage d'Ebn-e Bazzâz sur la turquisation de l'Azerbaydjan', in C.-H. de Fouchécour and Ph. Gignoux (eds), Études Irano-Aryennes offertes à Gilbert Lazard, StIr cahier 7 (Paris, 1989), 5–17. Aubin, 'La propriété foncière', 130.
79. See the discussion in Hans Robert Roemer, 'The Türkmen dynasties', in CHI, VI, 147–88 (here 147–54); more briefly, Morgan, Medieval Persia, 100–1, 103.
80. Paul D. Buell, 'Mongol empire and Turkicization: The evidence of food and foodways', in Amitai-Preiss and Morgan (eds), Mongol Empire and its Legacy, 200–23 (here 204–16). See also Buell, 'Pleasing the palate of the Qan: Changing foodways of the imperial Mongols', MS 13 (1990), 57–81; idem, 'Steppe foodways and history', AMTM 2 (2006), part 2, 171–203 (esp. 190–6); E. N. Anderson, 'Food and health at the Mongol court', in Edward H. Kaplan and Donald W. Whisenhunt (eds), Opuscula Altaica: Essays Presented in Honor of Henry Schwarz, Studies on East Asia 19 (Bellingham, WA, 1994), 17–43 (here 20–39).
81. AM, 24.
82. IF, I, 322 (no. 460). There is no indication of date, apart from the year of his death, 704 (1304–5).
83. For references in the sources, see TMEN, II, 457–9 (no. 876: 'tutmāč, ein Nudelgericht'): for pre-Mongol Iran Doerfer here cites a single reference from IA relating to the reign of the Saljuq Toghril Beg (d. 1063).
84. See Ayalon, 'Wafidiya', 90–3.

85. For migration into the thirteenth-century Sultanate, see Jackson, Delhi Sultanate, 39–41, 79–81, 118, and Sunil Kumar, 'The ignored elites: Turks, Mongols and a Persian secretarial class in the early Delhi Sultanate', Modern Asian Studies 43 (2009), 45–77.
86. TN, I, 419, 420 (tr. Raverty, 534, 539–41). For other references, see Jackson, Delhi Sultanate, 40–1.
87. TN, I, 440–1 (tr. Raverty, 598–9).
88. P. Hardy, 'Amīr Khusraw Dihlawī', EI2, I, 444–5.
89. Jackson, Delhi Sultanate, 234; and for the 1330s and 1340s, see also Jackson, 'Mongols and the Delhi Sultanate', 127–8, 147–52. On Khalīl Sulṭān, see above, p. 357.
90. TN, II, 88 (tr. Raverty, 862). Waṣṣāf, 311, ll. 7–8 (GW, III, 126), says that he had governed the Khalaj on behalf of Nāṣir al-Dīn Muḥammad of Binbān (see p. 246 above); hence JT, ed. Jahn, Indiengeschichte, Ar. text, Tafel 57 (German trans., 48–9; the Pers. text is corrupt)/Khalili Coll. ms., fo. 266b, in Blair, Compendium. See Jackson, Delhi Sultanate, 80, and Kumar, 'Ignored elites', 50–1.
91. IB, III, 201 (tr. Gibb, 648–9). Jackson, Delhi Sultanate, 178. Kumar, 'Ignored elites', 51–2 and passim.
92. For examples, see Jackson, Delhi Sultanate, 173–4; Wink, Al-Hind, II, 210–11.
93. IB, III, 91, 374–5, 394–5 (tr. Gibb, 592, 735, 743–4). See Aubin, 'Khanat de Čaġatai', 22; Jackson, Delhi Sultanate, 185, 233–4.
94. Michael Dillon, China's Muslim Hui Community: Migration, Settlement and Sects (Richmond, Surrey, 1999), 12–13, 25.
95. Rossabi, 'Muslims in the early Yüan dynasty', 274–6. Lane, 'Phoenix Mosque', especially 244–9.
96. See H. Franke, 'Ahmad (?–1282)', in De Rachewiltz et al. (eds), In the Service of the Khan, 539–57.
97. TN, II, 151 (tr. Raverty, 1106–7); for Muslim captives dispersed throughout these regions, see II, 155 (tr. Raverty, 1112).
98. MP, II, 16, 22 (tr. Ricci, 68, 75; tr. Latham, 54, 60).
99. JT, II, 951 (SGK, 323; CC, 329); and see Dunnell, 'Anxi principality', 188–9.
100. Waṣṣāf, 498–501 (GW, IV, 269–75). See John W. Dardess, Conquerors and Confucians: Aspects of Political Change in Late Yüan China (New York and London, 1973), 13, 15; Dunnell, 'Anxi principality', 187.
101. Allsen, 'Population movements', 131, 141–2.
102. TN, II, 151 (tr. Raverty, 1107).
103. P. D. Buell, 'Saiyid Ajall (1211–1279)', in De Rachewiltz et al. (eds), In the Service of the Khan, 466–79 (here 477). George Lane, 'The Dali stele', in Binbaş and Kılıç-Schubel (eds), Horizons of the World, 79–118 (here 85–6, 101).
104. See Lane, 'Dali stele', 102–8.
105. See Pelliot, Notes on Marco Polo, I, 262–3; Biran, Qaidu, 49–50.
106. On these events, see Liu, 'War and peace', 348–9.
107. TR, I (text), 32, II (trans.), 28.
108. Ḥāfiẓ-i Abrū, Zubdat al-tawārīkh, ed. Kamāl Ḥājj Sayyid Jawādī (Tehran, 1372 sh./1993), II, 821; excerpted in K. M. Maitra, A Persian Embassy to China (Lahore, 1934; repr. New York, 1970), 12–13. S. Soucek, 'Turfan', EI2, X, 676–7. On the mission, see David J. Roxburgh, 'The "Journal" of Ghiyath al-Din Naqqash, Timurid envoy to Khan Baligh, and Chinese art and architecture', in Lieselotte E. Saurma-Jeltsch and Anja Eisenbeiß (eds), The Power of Things and the Flow of Cultural Transformations: Art and Culture between Europe and Asia (Berlin and Munich, 2010), 90–113.
109. Morris Rossabi, 'Ming China and Turfan, 1406–1517', CAJ 16 (1972), 206–25 (here 212–13).
110. Cited in Peter Zieme, 'Notes on the religions in the Mongol empire', in Akasoy et al. (eds), Islam and Tibet, 177–87 (here 184).
111. TU, 208 (reading ČWPAN in error for ČWBAY); also 202.
112. MP, II, 18 (tr. Ricci, 71; tr. Latham, 57).
113. Giovanni di Marignolli, 'Relatio', in SF, 550.
114. Ḥāfiẓ-i Abrū, Zubdat al-tawārīkh, II, 822 (= Maitra, A Persian Embassy, 14–15).
115. Juten Oda, '[Historical Studies on Central Asia in Japan], Part I. Uighuristan', Acta Asiatica (Tokyo) 34 (1978), 22–45 (here 28–34).

116. Herbert Franke, 'A 14th -century Mongolian letter fragment', Asia Major 11 (1965), 120–7. Franke's reconstruction of the genealogy of these princes is incorrect: see Mu'izz al-ansāb, fo. 39a, in IKPI, III, Pers. text, lxxvii (Russian trans., 54).
117. See Elverskog, Buddhism and Islam, 181, and Zieme, 'Notes on the religions', 182: both authors, however, erroneously identify him with the Ilkhan Sulaymān (1339–43).
118. Gunashirin and his brother Engke Temür (d. 1404) appear in Mu'izz al-ansāb, fo. 38b, in IKPI, III, Pers. text, lxxvi (Russian trans., 54), as the great-grandsons of Chübei. Their grandfather Buyan Quli (not to be confused with the near-contemporary Chaghadayid khan of the same name) appears as prince of Weiwu and Xining in 1348: Franke, 'A 14th century Mongolian letter fragment', 120. On Gunashirin, see Kauz, Politik und Handel, 32–3.
119. Kim, 'Early history of the Moghul nomads', 309–12.
120. Paul Pelliot, 'Le Ḫōja et le Sayyid Ḥusain de l'histoire des Ming', TP 38 (1948), 81–292 (here n. 103 at 134–8); and cf. also Yuan-chu Lam, 'Memoir on the campaign against Turfan (an annotated translation of Hsü Chin's P'ing-fan shih-mo written in 1503)', JAH 24 (1990), 105–60 (here 109–11). For the conflict with Turfan, see Morris Rossabi, China and Inner Asia from 1368 to the Present Day (London, 1970), 35–7.
121. NQ, ed. Le Strange, I (text), 259, II (trans.), 252. Abū l-Fidā, Taqwīm al-buldān, 213 (tr. Reinaud and Guyard, I, 316).
122. Allen Frank, The Siberian Chronicles and the Taybughid Biys of Sibir′, PIA 27 (Bloomington, IN, 1994), 18–19.
123. Bregel, 'Tribal tradition and dynastic history', 365.
124. István Vásáry, 'Orthodox Christian Qumans and Tatars of the Crimea in the 13th–14th centuries', CAJ 32 (1988), 260–71 (here 264–8); repr. in Vásáry, Turks, Tatars and Russians.
125. IB, II, 357, 448 (tr. Gibb, 470, 516).
126. Richard, La papauté et les missions d'Orient, 89–90. See also his 'Les missions au nord de la mer noire', 237–8, tr. in Ryan (ed.), Spiritual Expansion, 348–9; Jackson, Mongols and the West, 257.
127. Anton Kern, 'Der "Libellus de notitia orbis" Iohannes' III. (de Galonifontibus?) O. P. Erzbischofs von Sulthanyeh', AFP 8 (1938), 82–123 (here 108).
128. Here again I am indebted to a paper by Andrew Peacock (see n. 50 above).
129. See Allsen, 'Ever closer encounters', 8–9, and 'Population movements', passim; see also the remarks in Golden, 'Migrations, ethnogenesis', 118–19.
130. Barthold, Historical Geography, 82–3. H. F. Schurmann, The Mongols of Afghanistan: An Ethnography of the Moghôls and Related Peoples of Afghanistan (The Hague, 1962). See also the survey of the literature, and discussion, in Sayed Askar Mousavi, The Hazaras of Afghanistan: An Historical, Cultural, Economic and Political Study (Richmond, Surrey, 1998), ch. 1.
131. On these last, see now Jürgen Paul, 'Zerfall und Bestehen. Die Ğaun-i Qurban im 14. Jahrhundert', Asiatische Studien 65 (2011), 695–733.
132. JT, I, 74 (DzhT, I, part 1, 154; CC, 30). Golden, 'I will give the people unto thee', 24.
133. Golden, Introduction, 291–2, 299–300; also 'I will give the people unto thee', 35, and 'Migrations, ethnogenesis', 112. For examples from the eastern Chaghadayid khanate, see Eiji Mano, '[Historical studies on Central Asia in Japan,] Part II. Mughalistān', Acta Asiatica (Tokyo) 34 (1978), 46–60.
134. Beatrice Forbes Manz, 'The clans of the Crimean Khanate, 1466–1532', HUS 2 (1978), 282–309. Biran, 'Kitan migrations in Eurasia (10th–14th centuries)', JCES 3 (2012), 85–108 (here 96–7), and 'Mongols and nomadic identity', n. 43 at 176.
135. Golden, 'I will give the people unto thee', 38–40. For nökör, see p. 63 above.
136. See, for example, Barthold, Zwölf Vorlesungen, 218–19 (= Sochineniia, V, 172); Manz, Rise and Rule, 164; Katō, 'Kebek and Yasawr', 109; and Ando, Timuridische Emire, 117.
137. Naṭanzī, 110, cited in Ando, Timuridische Emire, 117. Ḥāfiẓ-i Abrū, Dhayl-i Jāmi' al-tawārīkh, 159. Sayfī, 767, says merely that they deserted Yasa'ur.
138. JT, II, 1077, 1080–1, 1226 (DzhT, III, 118, 122, 578; CC, 373, 375, 423). Waṣṣāf, 71, 76 (GW, I, text, 142, 151–2, trans., 135, 144–5).

139. He was the son of Möge of the Jalayir tribe, one of Chaghadai's commanders of a thousand, and his son Changshi, a leading amir in the early fourteenth century, is described as Prince Yasa'ur's maternal uncle: see JT, I, 72, 606–7 (with MWNGGH in error for MWGH at the latter point; rendered correctly in CC, 30, 212); TU, 36.
140. Abū l-Ghāzī Bahādur Khan, Shejere-ye türk, ed. and tr. Petr I. Desmaisons, Histoire des Mongols et des Tatares (St Petersburg, 1871–4; repr. Amsterdam, 1970), I (trans.), 184, II (Chaghatay text), 175. On the author and his work, see B. Spuler, 'Abu 'l-Ghāzī Bahādur Khān', EI2, I, 120–1. For the use of the terms īl and ulus in a slightly earlier era, see Daniel Zakrzewski, 'Terms of politics and pastoral nomadism in two works of fifteenth-century Persian historical writing', ES 9 (2011), 159–85.
141. As noticed by Biran, Chinggis Khan, 101. There is a brief discussion in Bregel, 'Uzbeks, Qazaqs and Turkmens', 221 and n. 3.
142. See the comments of Linda T. Darling, 'Persianate sources on Anatolia and the early history of the Ottomans', Studies on Persianate Societies / Pizhūhish dar jawāmiʿ-i fārsī-zabān 2 (1383 sh./2004), 126–44 (here 126–7).
143. Rudi Paul Lindner, 'How Mongol were the early Ottomans?', in Amitai-Preiss and Morgan (eds), Mongol Empire and its Legacy, 282–9 (here 286–8); also Lindner, Explorations in Ottoman Prehistory (Ann Arbor, MI, 2007), 90–101.
144. Lindner, 'How Mongol were the early Ottomans?', 282–3, and Explorations, 24–6.
145. Lindner, Explorations, 31–4. Darling, 'Persianate sources', 128, n. 3, quoting F. M. Emecen.
146. Ibrahim Artuk, 'Early Ottoman coins of Orhan Ghazi as confirmation of his sovereignty', in Kouymjian (ed.), Near Eastern Numismatics, 457–63. Şevket Pamuk, A Monetary History of the Ottoman Empire (Cambridge, 2000), 30.
147. Pachymeres, IV, 346 and passim. See Colin J. Heywood, 'Filling the black hole: The emergence of the Bithynian atamanates', in Kemal Çiçek et al. (eds), The Great Ottoman-Turkish Civilisation (Ankara, 2000), I. Politics, 107–15 (here 113), and repr. in Heywood, Ottomanica and Meta-Ottomanica, 91–105 (here 102–3). J. H. Kramers, 'Wer war Osman?', Acta Orientalia 6 (1928), 242–54 (here 243–4), saw this, and the similar form given by al-ʿUmarī (below, n. 149), as a 'verstümmelte Form'.
148. Jochid prince: JT, I, 725 (SGK, 112; CC, 250). Qongqurat noyan: ibid., I, 160, and II, 1152, 1215 (DzhT, I, part 1, 396, and III, 197, 256; CC, 61, 398, 419); SP, fos 146b, 148b ('WTMAN); Banākatī, 451, has 'WĠAN, but this is evidently a misreading for 'WTMAN, as given in the late sixteenth-century BL ms. Add. 7626, fo. 156a.
149. MA, III, 226; also ed. Franz Taeschner, Al-ʿUmarī's Bericht über Anatolien in seinem Werke Masālik al-abṣār fī mamālik al-amṣār, I [text only published] (Leipzig, 1929), 41: in a communication dated 1 December 2015, Dr Heywood suggests the reading 'Taman', a metathetic form of that given by Pachymeres. The name appears as ʿUthmān in MA, III, 208/ed. Taeschner, 22 (where the text reads 'WRḤAD for 'WRXAN). We might have suspected that al-ʿUmarī confused Orkhan with his namesake, the ruler of Menteshe, but he and his principality are covered at III, 230/ed. Taeschner, 47.
150. Heywood, 'Filling the black hole', 109–14 (in his Ottomanica and Meta-Ottomanica, 95–105). See Khwānd-Amīr, Ḥabīb al-siyar fī akhbār afrād al-bashar, ed. Jalāl Humā'ī (Tehran, 1333 sh./1954), III, 487; tr. Wheeler M. Thackston, in Classical Writings of the Medieval Islamic World, II (London and New York, 2012), 266; and Cl. Huart, 'Les origines de l'empire ottoman', Journal des Savants, n.s., 15 (1917), 157–66 (here 159–61).
151. Heywood, 'Filling the black hole', 111–13 (in his Ottomanica and Meta-Ottomanica, 100–2). For the origins of Karası, see Paul Wittek, 'Yazijioghlu ʿAlī on the Christian Turks of the Dobruja', BSOAS 14 (1952), 639–68 (here 648–51); cf. also his 'Les Gagaouzes = Les gens de Kaykāūs', Rocznik Orientalistyczny 17 (1951–2), 12–24. For Kayqubād III, see above, p. 266.
152. ʿAzīz b. Ardashīr Astarābādī, Bazm-u razm [800/1397–8], ed. Mehmet Fuat Köprülüzade (Istanbul, 1928), 382. But Ali Anooshahr, The Ghazi Sultans and the Frontiers of Islam: A Comparative Study of the Late Medieval and Early Modern Periods (London and New York, 2009), 134, assumes that 'Mongol' is being used here merely as a term of abuse.
153. Adshead, Central Asia in World History, 95: the chapter is headed 'The Microbian Common Market', using a phrase coined by Le Roy Ladurie. The argument of John Norris, 'East or west? The geographic origin of the Black Death', Bulletin of the History of Medicine 51 (1977), 1–24, that the pandemic originated in Iraq and

then spread northwards, has not attracted much support.

154. See, for instance, Michael W. Dols, The Black Death in the Middle East (Princeton, NJ, 1977), 35, 38, 48–50; William H. McNeill, Plagues and Peoples (Oxford, 1976), ch. 4 (esp. 150–2, 158–65). Morgan, Mongols2, 117–18, is not totally convinced by these speculations.
155. Ole J. Benedictow, 'Yersinia pestis, the bacterium of plague, arose in East Asia. Did it spread westwards via the Silk Roads, the Chinese maritime expeditions of Zheng He or over the vast Eurasian populations of sylvatic (wild) rodents?', JAH 47 (2013), 1–31 (here 29–31).
156. References in Peter Frankopan, The Silk Roads: A New History of the World (London and New York, 2015), 187–8 and nn. 46–7.
157. Allsen, 'Population movements', 136.
158. This testimony is discussed by Ole J. Benedictow, The Black Death 1346–1353: The Complete History (Woodbridge, 2004), 51–4.
159. 1331: McNeill, Plagues and Peoples, 162. 1340s: YS, ch. 51, cited by John Dardess, 'Shun-ti and the end of Yüan rule in China', in CHC, VI, 561–86 (here 585); and see also Robert S. Lopez, 'Nouveaux documents sur les marchands italiens en Chine à l'époque mongole', Comptes-rendus de l'Académie des Inscriptions et Belles-Lettres (1977), 445–57 (here 457).
160. See Dols, Black Death, 49–50, and McNeill, Plagues and Peoples, 164–5, who both link the inscriptions with the Black Death; so too, in a fuller treatment of the gravestones, does Klein, Das nestorianische Christentum, 287–8. But see below and n. 165.
161. ʿAbd al-Malik ʿIṣāmī, Futūḥ al-salāṭīn, ed. A. S. Usha (Madras, 1948), 469, 471.
162. IB, III, 333–4 (tr. Gibb, 717), saying that the majority of the troops died. Baranī, Ta'rīkh-i Fīrūzshāhī, 481. For the probable date of Muḥammad's campaign, see Jackson, Delhi Sultanate, 268.
163. IB, IV, 200–1 (tr. Gibb and Beckingham, 863). Numismatic evidence shows that Ghiyāth al-Dīn must have been succeeded by his nephew Nāṣir al-Dīn in 744 or 745: S. A. Q. Husaini, 'The history of Madura Sultanate', Journal of the Asiatic Society of Pakistan 2 (1957), 90–130 (here 105, 128–9). Dunn, Adventures of Ibn Battuta, n. 4 at 238.
164. 1335: Conermann, Die Beschreibung Indiens in der „Riḥla" des Ibn Baṭṭūṭa, 61. 1344/5: E. Hultzsch, 'The coinage of the Sultans of Madura', JRAS (1909), 667–83 (here 676).
165. Norris, 'East or west?', 10, 13. Benedictow, Black Death, 48, and 'Yersinia pestis', 16–17. Nevertheless, Stephane Barry and Norbert Gualde, 'La Peste noire dans l'Occident chrétien et musulman, 1347–1353', Canadian Bulletin of Medical History 25 (2008), 461–98 (here 466), and Shim, 'Postal roads', 454–6, assume that the outbreak of 1338–9 was bubonic plague.
166. Dols, Black Death, 35.
167. IB, IV, 200–1 (Maʿbar), 319–24 (Syria and Palestine). See the comment of Dunn, Adventures of Ibn Battuta, n. 9 at 261–2.
168. Ibn al-Wardī, Tatimmat Mukhtaṣar fī akhbār al-bashar, ed. Aḥmad Rifʿat al-Badrāwī (Beirut, 1389/1970), II, 489.
169. IB, II, 399–400 (tr. Gibb, 491). On this region, see generally Pelliot, Notes on Marco Polo, II, 616–18.
170. Dols, Black Death, 38, 40, 51–2. For Ibn al-Wardī's account, see Dols, 'Ibn al-Wardī's Risālah al-naba' ʿan al-waba': A translation of a major source for the history of the Black Death in the Middle East', in Kouymjian (ed.), Near Eastern Numismatics, 443–55 (here 448, but with the misleading translation 'the lands of the Uzbeks'). On the author, see Moh. Ben Cheneb, 'Ibn al-Wardī', EI2, III, 966–7.
171. Ibn Khātima, Taḥṣīl al-gharaḍ al-ḥāṣid fī tafsīl al-maraḍ al-wāfid, tr. Taha Dinānah, 'Die Schrift von Abī Jaʿfar Aḥmed ibn ʿAlī ibn Moḥammed ibn ʿAlī ibn Ḫātimah aus Almeriah über die Pest', Archiv für Geschichte der Medizin 19 (1927), 27–81 (here 41). Ibn al-Khaṭīb, Muqniʿat al-sā'il ʿan al-maraḍ al-hā'il, tr. M. J. Müller, 'Ibnulkhatîb's Bericht über die Pest', Sitzungsberichte der königlich bayerischen Akademie der Wissenschaften, philosophisch-philologische Classe (1863), part 2, 1–34 (text at 8–9, trans. at 22); Dols, Black Death, 42, renders al-Ṣīn here as 'Sind' in error. Norris, 'East or west?', 8, is probably wrong to interpret 'Khiṭā' as the former Qara-Khitai territories in Central Asia. For the two Andalusian authors, see Dols, Black Death, 321–3 (appendix 3); J. Bosch-Vilá, 'Ibn al-Khaṭīb', EI2, III, 835–7; S. Gibert, 'Ibn Khātima', ibid., 837.

172. Benedictow, Black Death, 40–4.
173. The passage is found in the compilation of 1408 known as the Trinity Chronicle: Troitskaia letopis′, ed. M. D. Priselkov (Moscow, 1950), 368 (my translation). On this source, see J. L. I. Fennell, The Emergence of Moscow 1304–1359 (London, 1968), 315–17.
174. Benedictow, Black Death, 50–1 and n. 44, and 'Yersinia pestis', 19 and n. 69; he does not specify the original source, but relies on K. G. Vasil′ev and A. E. Segal, Istoriia épidemii v Rossii (materialy i ocherki) (Moscow, 1960), 28, who here cite the Voskresenskaia letopis′.
175. For 'Ornach', cf. Friar Julian's 'Hornach' (surely derived from his Rus′ informants), in Dörrie, 'Drei Texte', 169–71, 174, and the 'Ornac' of the Rus′ prelate Peter in his statements to the Papal Curia (1244/5), ibid., 189, 190; for a better text of the latter, cf. 'Annales monasterii de Burton', ed. H. R. Luard, in Annales monastici (London, 1864–9), I, 272–3. On the 'Bisermini'/'Besermans', see above, p. 60 and n. 87. PC, 270, 331 (MM, 28–9, 70), largely indebted, like Julian, to Rus′ informants, indicates that the Bisermini country included the cities of Ianikint (Yangikent) and Barchin (Barchinlighkent), on the Sīr-daryā.
176. See the extracts quoted by Uli Schamiloglu, 'The rise of the Ottoman Empire: The Black Death in medieval Anatolia and its impact on Turkish civilization', in Neguin Yavari, Lawrence G. Potter and Jean-Marc Ran Oppenheim (eds), Views from the Edge: Essays in Honor of Richard W. Bulliet (New York, 2004), 255–79 (here 263–4).

參考書目

Primary sources Arabic and Persian

Anon., *Akhbār-i mughūlān dar anbāna-y i Quṭb*, ed. Īraj Afshār (Qum, 1389 shamsī/2009).

Anon., *Baḥr al-fa wā'id*, trans. Julie Scott Meisami, *The Sea of Precious Virtues* (Baḥr al- favā'id). *A Medieval Islamic Mirror for Princes* (Salt Lake City, UT, 1991).

Anon., *Dhayl- i Jāmi' al-t awārīkh*, BL ms. Or. 2885.

Anon., *Dhayl- i Ta'rīkh- i Ṭabaristān*, abridged trans. by Edward G. Browne in *An Abridged Translation of the History of Ṭabaristán by Muḥammad b. al-Ḥ asan b. Isfandiyár*, GMS 2 (Leiden and London, 1905).

Anon., *al- Ḥawādith al-j āmi'a wa l-t ajārib al-n āfi'a fī l-m i'a al-s ābi'a*, ed. Muṣṭafā Jawād and Muḥammad Riḍā al-S habībī (Baghdad, 1351/1932); ed. Bashshār ʿAwwād Maʿrūf and ʿImād ʿAbd al-S alām Ra'ūf as *Kitāb al-Ḥ awādith* (Beirut, 1997); extract trans. in Gilli- Elewy, '*Al- Ḥawādiṯ al-ğ āmi'a*' [see secondary literature below].

Anon., *Mu'izz al-a nsāb*, facsimile edn (of BN ms. ancien fonds persan 67) and trans. by Sh.

Kh. Vokhidov, in Abuseitova et al. (general eds), *Istoriia Kazakhstana v persidskikh istoch- nikakh*, III (Almaty, 2006).

Anon., *Shajarat al-a trāk*, Harvard University, Houghton Library, ms. Persian 6.

Anon., *Shifā' al-q ulūb fī manāqib banī Ayyūb*, BL ms. Add. 7311.

Anon., *Siyar al-a bā' al-b aṭārika*, ed. and trans. Antoine Khater and O. H. E. Khs-B urmester, *History of the Patriarchs of the Egyptian Church*, IV, part 1 (Cairo, 1974).

Anon., *Ta'rīkh-i āl-i Saljūq dar Ānāṭūlī*, ed. Nādira Jalālī (Tehran, 1377 shamsī/1999).

Anon., *Ta'rīkh- i Shāhī- yi Qarākhitā'iyyān*, ed. Muḥammad Ibrāhīm Bāstānī-P ārīzī (Tehran, 2535 shāhanshāhī/1977).

Anon., *Ta'rīkh- i Sīstān*, ed. Malik al- Shuʿarā Bahār (Tehran, 1314 shamsī/1935).

Abū l-F idā (al-M u'ayyad Ismāʿīl b. ʿAlī), *al- Mukhtaṣar fī akhbār al-b ashar*, 4 vols (Istanbul, 1286/1869–70); partially trans. P. M. Holt, *The Memoirs of a Syrian Prince. Abu'l-F idā', Sultan of Ḥamāh (672–732/1273–1331)*, FIS 9 (Wiesbaden, 1983).— *Taqwīm al- buldān*, ed. J. T. Reinaud and William, Baron MacGuckin de Slane, *Géographie d'Aboulféda* (Paris, 1840); trans. J. T. Reinaud and Stanislas Guyard, *Géographie d'Aboulféda*, 2 vols (Paris, 1848–83).

Abū Shāma, Shihāb al-D īn Abū l-Q āsim ʿAbd al-R aḥmān b. Ismāʿīl, *al- Dhayl 'alā l- Rawḍatayn*, ed. Muḥammad al-K awtharī as *Tarājim rijāl al-q arnayn al-s ādis wa l-s ābi'* (Cairo, 1366/1947).

Abuseitova, M. Kh., et al. (general eds), *Istoriia Kazakhstana v persidskikh istochnikakh*, 5 vols (Almaty, 2005–7).

Aharī, Abū Bakr al-Q uṭbī, *Ta'rīkh-i Shaykh Uways*, facsimile edn (of Leiden ms. 2634) and trans. by J. B. Van Loon (The Hague, 1954).

Aḥmad b. Ḥusayn b. ʿAlī Kātib, *Ta'rīkh- i jadīd- i Yazd*, ed. Īraj Afshār, 2nd edn (Tehran, 2537 shāhanshāhī/1978).

Āmulī, Mawlānā Awliyā' Allāh, *Ta'rīkh- i Rūyān*, ed. Minūchichr Sutūda (Tehran, 1348 shamsī/1969).

Āmulī, Shams al-D īn Muḥammad b. Maḥmūd, *Nafā'is al- funūn fī 'arā'is al- 'uyūn*, ed. Mīrzā Abū l- Ḥasan Shaʿrānī and Sayyid Ibrāhīm Miyānajī, 3 vols (Tehran, 1377–9/1958–60).

Āqsarā'ī, Karīm al- Dīn Maḥmūd b. Muḥammad, *Musāmarat al- akhbār*, ed. Osman Turan as *Müsâmeret ül-a hbâr.*

Mogollar zamanında Türkiye Selçukluları tarihi (Ankara, 1944).
Arends, A. K., Khalidov, A. B. and Chekhovich, O. D. (eds), *Bukharskii vakf XIII v.*, PPV 52 (Moscow, 1979).
Astarābādī, ʿAzīz b. Ardashīr, *Bazm- u razm*, ed. Mehmet Fuat Köprülüzade (Istanbul, 1928). ʿAwfī, Sadīd al-D īn Muḥammad b. Muḥammad Bukhārī, *Jawāmiʿ al-ḥ ikāyāt wa-l awāmiʿ al- riwāyāt*, BL ms. Or. 4392. al-ʿAynī, Badr al-D īn Maḥmūd b. Aḥmad, *ʿIqd al-j umān fī taʾrīkh ahl al-z amān*, partial edn by Muḥammad Muḥammad Amīn, 4 vols to date (Cairo, 1407–12/1987–92) [years 648–707/1250–1307/8].
Baghdādī, Bahāʾ al-D īn Muḥammad b. Muʾayyad, *al-T awassul ilā l-t arassul*, ed. Aḥmad Bahmanyār (Tehran, 1315 shamsī/1936).
Banākatī, Fakhr al-D īn Abū Sulaymān Dāʾūd b. Abī l-F aḍl, *Rawḍat ūlī l-a lbāb fī maʿrifat al- tawārīkh wa l- ansāb*, ed. Jaʿfar Shiʿār (Tehran, 1348 shamsī/1969); also BL ms. Add. 7626.
Baranī, Ḍiyāʾ al-D īn, *Taʾrīkh- i Fīrūzshāhī*, ed. Saiyid Ahmad Khán, Bibliotheca Indica (Calcutta, 1862).
Baybars al-M anṣūrī al-D awādār, *Zubdat al-fi kra fī taʾrīkh al-h ijra*, ed. D. S. Richards, Bibliotheca Islamica 42 (Beirut, 1419/1998).— *Tuḥfat al-m ulūkiyya fī l-d awlat al-t urkiyya*, ed. ʿAbd al-Ḥ amīd Ṣāliḥ Ḥamdān (Cairo, 1407/1987).
Bayḍāwī, Nāṣir al- Dīn Abū Saʿīd ʿAbd- Allāh ,*Niẓām al- tawārīkh*, ed. Mīr Hāshim Muḥaddith (Tehran, 1382 shamsī/2003).— *Niẓām al-t awārīkh*, 2nd recension, partial edn and trans. in Melville, 'From Adam to Abaqa: Qāḍī Baiḍāwī's rearrangement of history (Part II)' [see secondary literature below], 52–64.
al- Birzālī , ʿAlam al-D īn Abū Muḥammad al-Q āsim b. Muḥammad, *al- Muqtafā li- taʾrīkh al-s haykh Shihāb al-D īn Abū Shāma*, ed. ʿUmar ʿAbd al-S alām Tadmurī, 4 vols (Ṣaydā, 1427/2006).
Chekhovich, O. D. (ed.), *Bukharskie dokumenty XIV veka* (Tashkent, 1965). al- Dhahabī , Shams al- Dīn Abū ʿAbd-Allāh Muḥammad b. ʿUthmān, *Duwal al-I slām*, trans.
Arlette Nègre (Damascus, 1979) [years 447–656/1055–1258].— *Taʾrīkh al-I slām*, ed. ʿUmar ʿAbd al-S alām Tadmurī (Beirut, 1415–24/1995–2004): XLIII [years 601–610]; XLIV [years 611–620]; XLV [years 621–630]; XLVI [years 631–640]; XLVII [years 641–650]; XLVIII [years 651–660]; XLIX [years 661–670]; L [years 671–680]; LI [years 681–690]; LII [years 691–700]; LIII [*Dhayl*: years 701–746]. al-D imashqī, Shams al-D īn Abū ʿAbd- Allāh Muḥammad b. Abī Ṭālib, *Nukhbat al-d ahr fī ʿajāʾib al- barr wa l- baḥr*, ed. A. F. Mehren, *Cosmographie de Chems- ed- Din Abou Abdallah Mohammed ed-D imichqui* (St Petersburg, 1866); trans. idem, *Manuel de la cosmographie du Moyen Age* (Copenhagen, 1874).
Fakhr-i Mudabbir (Muḥammad b. Manṣūr b. Saʿīd Qurashī), *Shajarat* (or *Baḥr*) *al- ansāb*, partially ed. and trans. E. Denison Ross, *Taʾríkh* [sic]- *i Fakhruʾd- dín Mubáraksháh* (London, 1927).
Ḥāfiẓ- i Abrū (Shihāb al- Dīn ʿAbd- Allāh b. Luṭf- Allāh al- Khwāfī) , *Dhayl- i Jāmiʿ al- tawārīkh*, ed. Khānbābā Bayānī, 2nd edn (Tehran, 1350 shamsī/1971).— *Jughrāfiyya*, BL ms. Or. 1577; partial edn and trans. by Dorothea Krawulsky, *Ḫorāsān zur Timuridenzeit nach dem Tārīḫ- e Ḥāfeẓ-e Abrū (verf. 817–823) des Nūrallāh ʿAbdallāh b. Luṭfallāh al-Ḫ vāfī*, 2 vols, Beihefte zum Tübinger Atlas des Vorderen Orients, Reihe B, 46 (Wiesbaden, 1982–4); partial edn by Ghulām-R iḍā Warhrām, *Jughrāfiyya- yi taʾrīkhī- yi Khurāsān* (Tehran, 1370 shamsī/1991).
— *Zubdat al- tawārīkh*, ed. Sayyid Kamāl Ḥājj Sayyid Jawādī, 2 vols with continuous pagina- tion (Tehran, 1372 shamsī/1993); see also below: Maitra; Shāmī.
Ḥamd-A llāh b. Abī Bakr Mustawfī Qazwīnī, *Nuzhat al-q ulūb*, partially ed. Muḥammad Dabīr-S iyāqī (Tehran, 1336 shamsī/1958) [Iran only]; partially ed. and trans. Guy Le Strange, *The Geographical Part of the Nuzhat al-Q ulūb*, GMS 23, 2 vols (Leiden and London, 1915–19): I (text), II (translation).— *Taʾrīkh- i guzīda*, ed. ʿAbd al- Ḥusayn Nawāʾī (Tehran, 1339 shamsī/1960).— *Ẓafar- nāma*, facsimile edn (of BL ms. Or. 2833) by Naṣr-A llāh Pūrjawādī and Nuṣrat- Allāh Rastagār, *Ẓafarnāma von Ḥamdallāh Mustaufī und Šāhnāma von Abu'l-Q āsim Firdausī*, 2 vols (Tehran, 1377 shamsī, and Vienna, 1999); partially trans. Leonard J. Ward, 'The Ẓafar- Nāmah of Ḥamdallāh Mustaufī and the Il- Khān Dynasty of Iran', unpublished PhD thesis, University of Manchester, 1983, 3 vols [years 650 to 735/1252–3 to 1334–5].
Ḥasan Maḥmūdī Kātib, *Dīwān- i qāʾimiyyāt*, ed. Sayyid Jalāl Ḥusaynī Badakhshānī (Tehran, 1390 shamsī/2011).
Ḥaydar Dughlāt, Mīrzā, *Taʾrīkh- i Rashīdī*, ed. and trans. Wheeler M. Thackston, *Mirza Haydar Dughlat: Tarikh-i- Rashidi. A History of the Khans of Moghulistan*, 2 vols, SOLL 37 (Cambridge, MA, 1996): I (text), II (translation). al- Ḥusaynī, Ṣadr al-D īn Abū l-Ḥ asan ʿAlī b. Nāṣir, *Akhbār al-d awla al-s aljūqiyya*, trans.

Clifford Edmund Bosworth, *The History of the Seljuq State* (London and New York, 2011).
Ibn ʿAbd al-Ẓ āhır, Muḥyī' al-D īn Abū l-F aḍl ʿAbd- Allāh , *al- Rawḍ al-z āhir fī sīrat al-m alik al-Ẓ āhir*, ed. ʿAbd al-ʿ Azīz al-K huwayṭir (Riyāḍ, 1396/1976); partially trans. Syedah Fatima Sadeque, *Baybars I of Egypt* (Dacca, 1956).— *Tashrīf al- ayyām wa l- 'uṣūr fī sīrat al- malik al- Manṣūr*, ed. Murād Kāmil and Muḥammad ʿAlī al-Najjār (Cairo, 1961).
Ibn Abī l-F aḍā'il, al-M ufaḍḍal, *al-N ahj al-s adīd wa l-d urr al-f arīd fī mā ba'd ta'rīkh Ibn al- 'Amīd*, partially ed. and trans. Edgar Blochet, 'Moufazzal Ibn Abil-F azaïl. Histoire des Sultans Mamlouks', part 1, *Patrologia Orientalis* 12 (1919), 343–550; part 2, ibid., 14 (1920), 375–672; and part 3, ibid., 20 (1929), 3–270 [years 658–716/1260–1316]; partially ed.
Samira Kortantamer, *Ägypten und Syrien zwischen 1317 und 1341 in der Chronik des Mufaḍḍal b. Abī l- Faḍā'il*, IU 23 (Freiburg im Breisgau, 1973).
Ibn Abī l-Ḥ adīd al-M adā'inī, ʿIzz al-D īn Abū Ḥāmid ʿAbd al-Ḥ amīd b. Hibat-A llāh, *Sharḥ Nahj al-b alāgha*, partially ed. and trans. Moktar Djebli, *Les invasions mongoles en Orient vécues par un savant médiéval arabe* (Paris, 1995).
Ibn al-ʿ Amīd, al-M akīn b. Jirjīs, *Kitāb al-m ajmū' al-m ubārak*, ed. Claude Cahen, 'La «Chronique des Ayyoubides» d'al-M akīn b. al-ʿ Amīd', *BEO* 15 [1955–7] (Paris, 1958), 108–84; trans. Anne-M arie Eddé and Françoise Micheau, *Al-M akīn ibn al- 'Amīd.*
Chronique des Ayyoubides (602–658/1205–6–1259–60), DHC 16 (Paris, 1994).
Ibn al-A thīr, ʿIzz al-D īn Abū l-Ḥ asan ʿAlī b. Muḥammad, *al-K āmil fī l-t a'rīkh*, ed. C. J.
Tornberg (Leiden, 1852–61) and reprinted with different pagination, 12 vols (Beirut, 1385–6/1965–6); partially trans. D. S. Richards, *The Chronicle of Ibn al-A thīr for the Crusading Period*, 3 vols, CTT 13, 15 and 17 (Aldershot and Burlington, VT, 2006–8).
Ibn Baṭṭūṭa, Shams al-D īn Abū ʿAbd- Allāh Muḥammad b. ʿAbd- Allāh al- Lawātī al- Ṭanjī, *Tuḥfat al-n uẓẓār fī gharā'ib al-a mṣār*, ed. and trans. Ch. Defrémery and B. R. Sanguinetti, *Voyages d'Ibn Batoutah*, 4 vols (Paris, 1853–8); trans. H. A. R. Gibb and C. F. Beckingham, *The Travels of Ibn Baṭṭūṭa A.D. 1325–1354*, 4 vols with continuous pagination + index volume, HS, 2nd series, 110, 117, 141, 178, 190 (Cambridge, 1958–2000).
Ibn Bazzāz (Tawakkulī b. Ismā'īl Ardabīlī), *Ṣafwat al-ṣ afā*, ed. Ghulām-R iḍā Ṭabāṭabā'ī Majd, 2nd edn (Tehran, 1376 shamsī/1997).
Ibn Bībī, Nāṣir al-D īn Yaḥyā b. Muḥammad, *al- Awāmir al- 'alā'iyya fī l-u mūr al-' alā'iyya*, facsimile edn (of SK ms. Ayasofya 2985) by Adnan Sadık Erzi (Ankara, 1956).— [abridged version] *Mukhtaṣar- i Saljūq- nāma*, ed. Th. Houtsma, *Histoire des Seldjoucides d'Asie Mineure d'après l'abrégé du Seldjouknāmeh d'Ibn-B ībī* (Leiden, 1902), and trans.
Herbert W. Duda, *Die Seltschukengeschichte des Ibn Bībī* (Copenhagen, 1959).
Ibn al- Dawādārī (Abū Bakr b. ʿAbd- Allāh b .Aybak) , *Kanz al- durar wa- jāmi' al- ghurar*, VIII, ed. Ulrich Haarmann, *Der Bericht über die frühen Mamluken* (Cairo, 1391/1971); IX, ed.
Hans Robert Roemer, *Der Bericht über den Sultan al-M alik al-N āṣir Muḥammad ibn Qala'un* (Cairo, 1379/1960).
Ibn Faḍl- Allāh al- ʿUmarī, Shihāb al-D īn Aḥmad, *Masālik al-a bṣār fī mamālik al-a mṣār*, ed.
Muḥammad ʿAbd al-Q ādir Khuraysāt, ʿIṣām Muṣṭafā Hazāyima, Yūsuf Aḥmad Banī Yāsīn et al., 22 vols so far in 27 parts (al-ʿ Ayn, 1421–9/2001–8). Partial editions: [Mongol empire] ed. and trans. Klaus Lech, *Das mongolische Weltreich. Al- 'Umarī's Darstellung der mongolischen Reiche in seinem Werk* Masālik al-a bṣār fī mamālik al-a mṣār, AF 22 (Wiesbaden, 1968); [India] ed. and trans. Otto Spies, *Ibn Faḍlallāh al-' Omarī's Bericht über Indien in seinem Werke Masālik al-a bṣār fī mamālik al-a mṣār* (Leipzig, 1943); trans.
Iqtidar Husain Siddiqi and Qazi Muhammad Ahmad, *A Fourteenth- Century Arab Account of India under Sultan Muhammad bin Tughluq* (Aligarh, [1972]); [Anatolia] ed. Franz Taeschner, *Al- 'Umarī's Bericht über Anatolien in seinem Werke Masālik al- abṣār fī mamālik al- amṣār* (Leipzig, 1929).
Ibn al-F uwaṭī, Kamāl al-D īn ʿAbd al-R azzāq b. Aḥmad, *Talkhīṣ Majma' al-ā dāb fī mu'jam al- alqāb*, ed. Muḥammad al-K āẓim as *Majma' al- ādāb* [etc.], 6 vols (Tehran, 1416/1995).
Ibn al-ʿ Ibrī (Bar Hebraeus), *Mukhtaṣar ta'rīkh al-d uwal*, ed. Antūn Ṣāliḥānī as *Ta'rīkh mukhtaṣar al-d uwal* (Beirut, 1890; reprinted 1403/1983); extract trans. in G. M. Wickens, 'Nasir ad-d in Tusi on the fall of Baghdad: A further study' [see secondary literature below].

Ibn al-K āzarūnī, Ẓahīr al-D īn Abū l-Ḥ asan ʿAlī b. Muḥammad, *Mukhtaṣar al-t aʾrīkh*, ed. Muṣṭafā Jawād and Sālim al- Ālūsī (Baghdad, 1390/1970).
Ibn Khallikān, Shams al-D īn Aḥmad b. Muḥammad, *Wafayāt al-a 'yān wa-a nbā' abnā' al- zamān*, trans. William, Baron MacGuckin de Slane, *Ibn Khallikān's Biographical Dictionary*, 4 vols (Paris, 1842–71).
Ibn al- Khaṭīb (Abū ʿAbd- Allāh Muḥammad b. ʿAbd- Allāh al- Salmānī) , *Muqni'at al- sā'il 'an al- maraḍ al-h ā'il*, trans. M. J. Müller, 'Ibnulkhatîb's Bericht über die Pest', *Sitzungsberichte der königlich bayerischen Akademie der Wissenschaften, philosophisch-p hilologische Classe* (1863), part 2, 1–34; reprinted in Fuat Sezgin (ed. with M. Amawi, D. Bischoff and E. Neubauer), *Beiträge zur Geschichte der arabisch-is lamischen Medizin. Aufsätze*, I (Frankfurt am Main, 1987), 559–92.
Ibn Khātima (Abū Jaʿfar Aḥmad b. ʿAlī al- Anṣārī), *Taḥṣīl al- gharaḍ al- qāṣid fī tafsīl al- maraḍ al- wāfid*, trans. Taha Dinānah, 'Die Schrift von Abī Jaʿfar Aḥmed ibn ʿAlī ibn Moḥammed ibn ʿAlī ibn Ḫātimah aus Almeriah über die Pest', *Archiv für Geschichte der Medizin* 19 (1927), 27–81.
Ibn al-L abbād (ʿAbd al- Laṭīf al-B aghdādī): see Cahen [secondary literature below].
Ibn Mughayzil, Nūr al- Dīn ʿAlī b. ʿAbd al- Raḥīm, *Dhayl Mufarrij al- kurūb*, ed. ʿUmar ʿAbd al- Salām Tadmurī (Beirut, 1425/2004).
Ibn Naẓīf al- Ḥamawī, Abū l- Faḍā'il Muḥammad b. ʿAlī, *al- Ta'rīkh al- Manṣūrī*, facsimile edn (of Institut Narodov Azii, St Petersburg, ms. B614) by P. A. Griaznevich, PLNV, b.s., 11 (Moscow, 1963).
Ibn Saʿīd al-M aghribī, Abū l-Ḥ asan ʿAlī b. Mūsā, *Kitāb al-j ughrāfiyā*, ed. Ismāʿīl al-ʿ Arabī (Beirut, 1970).
Ibn Shaddād al-Ḥ alabī, ʿIzz al-D īn Muḥammad b. ʿAlī, *al- A'lāq al-k haṭīra fī dhikr umarā' al-S hām wa l-J azīra*, partial editions and translations: [Aleppo] ed. Dominique Sourdel, *La description d'Alep d'Ibn Šaddād* (Damascus, 1953); [Northern Syria minus Aleppo] ed.
Anne-M arie Eddé, 'La description de la Syrie du Nord de ʿIzz al-d īn Ibn Šaddād', *BEO* 32–33 (1980–1), 265–403; trans. Anne-M arie Eddé-T errasse, *'Izz al-D īn Ibn Šaddād.*
Description de la Syrie du Nord (Damascus, 1984); [Northern Syria] ed. Yaḥyā Zakariyā ʿAbbāra, I, 2 parts (Damascus, 1991); [Damascus] ed. Sāmī al-D ahhān, *La description de Damas d'Ibn Šaddād* (Damascus, 1956); [Southern Syria] ed. Sāmī al-D ahhān, *Liban, Jordanie, Palestine. Topographie historique d'Ibn Šaddād* (Damascus, 1382/1963); [Jazīra] ed. Yaḥyā ʿAbbāra, III, 2 parts (Damascus, 1978).— *Ta'rīkh al- malik al-Ẓāhir*, ed. Aḥmad Ḥuṭayṭ, *Die Geschichte des Sultan Baibars*, Bibliotheca Islamica 31 (Beirut, 1403/1983).
Ibn al-S hihna, Muḥibb al-D īn Abū l-F aḍl Muḥammad, *al- Durr al- muntakhab li- ta'rīkh Ḥalab*, trans. J. Sauvaget, *"Les perles choisies" d'Ibn ach-C hihna. Matériaux pour servir à l'histoire d'Alep*, I (Beirut, 1933).
Ibn al-Ṣ uqāʿī, al-M uwaffaq Faḍl-A llāh b. Abī l-F akhr, *Tālī kitāb Wafayāt al-a 'yān*, ed. and trans. Jacqueline Sublet (Damascus, 1974).
Ibn Taymiyya, Taqī al- Dīn Aḥmad b. ʿAbd al- Ḥalīm, *Majmū' fatāwī shaykh al- islām Aḥmad Ibn Taymiyya*, ed. ʿAbd al-R aḥmān b. Muḥammad Ibn Qāsim al-ʿ Āṣimī al-N ajdī, 30 vols (Riyāḍ, 1381–3/1961–3); extracts trans. in Yahyâ M. Michot, 'Textes spirituels d'Ibn Taymiyya, XI. Mongols et Mamlûks; l'état du monde musulman vers 709/1310', *Le Musulman* 24 (Oct. 1994), 26–31; '..., XII', ibid. 25 (Jan. 1995), 25–30; '..., XIII', ibid. 26 (Sept. 1995), 25–30; '..., XIV. Raison, confession, Loi: une typologie musulmane du religieux', ibid. 27 (Jan. 1996), 24–9; extracts in Yahya Michot, *Muslims under Non-M uslim Rule. Ibn Taymiyya on fleeing from sin; kinds of emigration; the status of Mardin; domain of peace/war, domain composite; the conditions for challenging power*, trans. Jamil Qureshi (Oxford and London, 2006).
Ibn al-Ṭ iqṭaqā (Ṣafī al-D īn Abū Jaʿfar Muḥammad b. ʿAlī b. Ṭabāṭabā), *Kitāb al-F akhrī*, ed.
Hartwig Derenbourg, *Al-F akhrî. Histoire du khalifat et du vizirat depuis leurs origines jusqu'à la chute du khalifat 'Abbaside de Bagdâdh* (Paris, 1895); trans. C. E. J. Whitting, *Al Fakhri: On the Systems of Government and the Moslem Dynasties* (London, 1947).
Ibn al-W ardī, Zayn al-D īn Abū Ḥafṣ ʿUmar b. Muẓaffar, *Risālat al-n aba' 'an al-w aba'*, trans.
Michael W. Dols, 'Ibn al-W ardī's *Risālah al-n aba' 'an al-w aba'*: A translation of a major source for the history of the Black Death in the Middle East', in Kouymjian (ed.), *Near Eastern Numismatics, Iconography, Epigraphy and History* (1974) [see secondary literature below], 443–55.— *Tatimmat al-M ukhtaṣar fī akhbār al-b ashar*, ed. Aḥmad Rifʿat al-B adrāwī, 2 vols (Beirut, 1389/1970).
Ibn Wāṣil, Jamāl al-D īn Muḥammad b. Sālim, *Mufarrij al-k urūb fī akhbār banī Ayyūb*, I–V, ed. Jamāl al-D īn al-S

hayyāl, Hassanein Rabie and Saʿīd al-F atḥ ʿĀshūr (Cairo, 1953–77); VI, ed. ʿUmar ʿAbd al-S alām Tadmurī (Beirut, 1425/2004); also ed. Mohammed Rahim, *Die Chronik des ibn Wāṣil ... Kritische Edition des letzten Teils (646/1248–659/1261) mit Kommentar*, Arabische Studien 6 (Wiesbaden, 2010).— *al- Ta'rīkh al- Ṣāliḥī*, ed. ʿUmar ʿAbd al- Salām Tadmurī, 2 vols (Beirut, 1431/2010).

Ibn al-W āsiṭī, Shihāb al-D īn Ghāzī, *Radd 'alā ahl al-d himma wa-m an tabi'ahum*, ed. and trans. Richard Gottheil, 'An answer to the Dhimmis', *JAOS* 41 (1921), 383–457.

Ibn Zarkūb, Muʿīn al-D īn Aḥmad b. Abī l-K hayr Shīrāzī, *Shīrāz- nāma*, ed. Bahman Karīmī (Tehran, 1310 shamsī/1931); ed. Ismāʿīl Wāʿiẓ Jawādī (Tehran, 1350 shamsī/1971).

Ibragimov, S. K. et al. (eds), *Materialy po istorii kazakhskikh khanstv XV–XVIII vekov (izvlech- eniia iz persidskikh i tiurkskikh sochinenii)* (Alma- Ata, 1969). ʿIṣāmī, ʿAbd al- Malik, *Futūḥ al-s alāṭīn*, ed. A. S. Usha (Madras, 1948).

Jaʿfarī, Jaʿfar b. Muḥammad b. Ḥasan, *Ta'rīkh- i Yazd*, ed. Īraj Afshār (Tehran, 1338 shamsī/1960).

Jamāl al-Q arshī (Abū l-F aḍl Muḥammad b. ʿUmar b. Khālid), *al- Mulḥaqāt bi l-Ṣ urāḥ*, ed. and trans. Sh. Kh. Vokhidov and B. B. Aminov, in Abuseitova et al. (general eds), *Istoriia Kazakhstana v persidskikh istochnikakh*, I (Almaty, 2005); extracts also in Barthold, *Turkestan*1, I (St Petersburg, 1898) [see secondary literature below], 128–52.

Jāmī, Nūr al- Dīn ʿAbd al- Raḥmān, *Nafaḥāt al- uns min ḥaḍarāt al- quds*, ed. Mahdī Tawḥīdī- Pūr (Tehran, 1336 shamsī/1957); ed. Maḥmūd ʿĀbādī (Tehran, 1370 shamsī/1991). al-J azarī, Shams al-D īn Abū ʿAbd- Allāh Muḥammad b. Ibrāhīm, *Ḥawādith al-z amān wa- anbā'uhā wa-w afayāt al-a kābir wa l-a 'yān min abnā'ihi*, ed. ʿUmar ʿAbd al-S alām Tadmurī, 3 vols (Ṣaydā, 1419/1998) [years 689–699/1290 to 1299/1300 and 725–738/1325 to 1337/8]; extract [years 682–687/1283–1288] ed. in Haarmann, *Quellenstudien zur frühen Mamlukenzeit* [see secondary literature below].

Juwaynī, ʿAlā' al-D īn ʿAṭā Malik, *Ta'rīkh- i jahān- gushā*, ed. Mīrzā Muḥammad Qazwīnī, 3 vols, GMS 16 (Leiden and London, 1912–37); trans. John Andrew Boyle, *The History of the World- Conqueror*, 2 vols with continuous pagination (Manchester, 1958; reprinted in one vol., 1997).

— *Tasliyat al-i khwān*, ed. ʿAbbās Māhyār (Tehran, 1361 shamsī/1982).

Jūzjānī, Minhāj al-D īn Abū ʿUmar ʿUthmān b. Sirāj al-D īn, *Ṭabaqāt- i Nāṣirī*, ed. ʿAbd al- Ḥayy Ḥabībī, 2nd edn, 2 vols (Kabul, 1342–3 shamsī/1963–4); trans. Henry George Raverty, *Ṭabaḳāt- i Nāṣirī: A General History of the Muhammadan Dynasties of Asia*, 2 vols with continuous pagination, Bibliotheca Indica (Calcutta, 1872–81); also BL ms. Add. 26189. al- Kāshgharī , Maḥmūd, *Dīwān lughāt al-t urk*, trans. Robert Dankoff and James Kelly, *A Compendium of the Turkic Dialects*, 3 vols, SOLL 7 (Cambridge, MA, 1982–5).

Khwānd-A mīr (Ghiyāth al-D īn b. Humām al-D īn Muḥammad Ḥusaynī), *Ḥabīb al-s iyar fī akhbār afrād al- bashar*, ed. Jalāl Humā'ī, 4 vols (Tehran, 1333 shamsī/1954); trans. Wheeler M. Thackston as *Classical Writings of the Medieval Islamic World: Persian Histories of the Mongol Dynasties*, II (London and New York, 2012).

Kirmānī, Nāṣir al-D īn Munshī, *Nasā'im al-a sḥār min laṭā'im al-a khbār dar ta'rīkh-i wuzarā*, ed. Mīr Jalāl al-Dīn Ḥusaynī Urmawī Muḥaddith (Tehran, 1338 shamsī/1959).— *Simṭ al- 'ulā li l-ḥ aḍrat al-' ulyā*, ed. ʿAbbās Iqbāl (Tehran, 1328 shamsī/1949).

Maḥmūd Kutubī, *Ta'rīkh- i āl- i Muẓaffar*, ed. ʿAbd al-Ḥ usayn Nawā'ī (Tehran, 1335 shamsī/1956).

Maitra, K. M. (ed. and trans.), *A Persian Embassy to China, Being an Extract from Zubdatu't Tawarikh of Hafiz Abru* (Lahore, 1934); reprinted with a new introduction by L. Carrington Goodrich (New York, 1970). al-M aqrīzī, Taqī' al-D īn Aḥmad b. ʿAlī, *al- Mawā'iẓ wa l-i 'tibār fi dhikr al-k hiṭaṭ wa l-ā thār*, 2 vols (Bulāq 1270/1853–4).— *al- Sulūk li- ma'rifat duwal al-m ulūk*, ed. Muḥammad Muṣṭafā Ziyāda, 4 vols in 8 parts (Cairo, 1934–72).

Marʿashī, Mīr Sayyid Ẓahīr al-D īn, *Ta'rīkh- i Ṭabaristān- u Rūyān- u Māzandarān*, ed.

Muḥammad Ḥusayn Tasbīḥī (Tehran, 1345 shamsī/1966). al-M arwazī, Sharaf al-Z amān Ṭāhir, *Ṭabā'i' al-ḥ ayawān*, partially ed. and trans. Vladimir Minorsky, *Sharaf al-Z amān Ṭāhir Marvazī on China, the Turks and India*, James G.

Forlong Fund 22 (London, 1942).

Minorsky, Vladimir (ed. and trans.), 'Pūr-i Bahā's Mongol ode', in Minorsky, *Iranica*, 274–91 [see secondary literature below].— 'Naṣīr al- Dīn Ṭūsī on finance', in Minorsky, *Iranica*, 64–85 [see secondary literature

below].
Mīr Khwānd (Muḥammad b. Khwānd Shāh), *Rawḍat al-ṣ afā fī sīrat al-a nbiyā' wa l-m ulūk wa l-k hulafā'*, 10 vols (Tehran, 1338–9 shamsī/1959–61).
Nakhchiwānī, Muḥammad b. Hindū Shāh, *Dastūr al-k ātib fī ta'yīn al-m arātib*, ed. A. A.
Alizade ('Abd al-K arīm 'Alī- ughlī 'Alīzāda), 2 vols in 3 parts, PLNV, b.s., 9 (Moscow, 1964–76).
al-N asawī, Shihāb al-D īn Muḥammad b. Aḥmad, *Sīrat al-s ulṭān Jalāl al-D īn*, ed. Zh. M.
Buniiatov, PPV 107 (Moscow, 1996); trans. Octave Houdas, *Histoire du Sultan Djelal ed-D in Mankobirti prince du Kharezm* (Paris, 1895); Persian redaction, ed. Mujtabā Mīnuwī (Tehran, 1344 shamsī/1965).
Naṭanzī, Mu'īn al-D īn, *Muntakhab al-ta wārīkh*, partially ed. Jean Aubin, *Extraits du Muntakhab al-t avarikh-i Mu'ini (Anonyme d'Iskandar)* (Tehran, 1336 shamsī/1957).
Niẓāmī- yi 'Arūḍī- yi Samarqandī , *Chahār maqāla*, trans. Edward G. Browne, GMS 11 (London, 1921; reprinted 1978). al-N uwayrī, Shihāb al-D īn Aḥmad b. 'Abd al-W ahhāb, *Nihāyat al-a rab fī funūn al-a dab*, XXVII, ed. Sa'īd 'Āshūr with Muḥammad Muṣṭafā Ziyāda and Fu'ād 'Abd al-M u'ṭī al- Ṣayyād (Cairo, 1405/1985); XXIX, ed. Muḥammad Ḍiyā' al- Dīn al- Rays and Muḥammad Muṣṭafā Ziyāda (Cairo, 1992); XXX, ed. Muḥammad Muṣṭafā Ziyāda with Muḥammad 'Abd al-H ādī Sha'īra (Cairo, 1410/1990); XXXI, ed. Albāz al-' Arīnī with 'Abd al-' Azīz al-A hwānī (Cairo, 1412/1992); XXXII, ed. Fahīm Muḥammad 'Alawī Shaltūt (Cairo, 1998; reprinted 1423/2002); XXXIII, ed. Muṣṭafā Ḥijāzī with Muḥammad Muṣṭafā Ziyāda (Cairo, 1997; reprinted 1423/2002).
Pūr-i Bahā Jāmī, *Dīwān*, BL ms. Or. 9213; and see also Minorsky [above].
Qaraṭāy al-' Izzī al-K haznadārī, Shihāb al-D īn, *Ta'rīkh majmū' al-n awādir mimmā jarā li l- awā'il wa l-a wākhir*, ed. Horst Hein and Muḥammad al-Ḥ uğairī, Bibliotheca Islamica 46 (Beirut and Berlin, 2005).
Qāshānī, Jamāl al-D īn Abū l-Q āsim 'Abd- Allāh b . 'Alī, *Ta'rīkh-i Uljāītū Sulṭān*, ed. Mahin Hambly (Tehran, 1348 shamsī/1969); also SK ms. Ayasofya 3019 [photocopy in SOAS].
Rashīd al-D īn Faḍl-A llāh b. Abī l-K hayr Hamadānī, *Āthār wa-a ḥyā'*, ed. Minūchihr Sutūda and Īraj Afshār (Tehran, 1368 shamsī/1989).— *Jāmi' al-t awārīkh*, Part I, *Ta'rīkh- i mubārak- i Ghāzānī* [history of the Mongols], ed.
Muḥammad Rawshan and Muṣṭafā Mūsawī, 4 vols with continuous pagination (Tehran, 1373 shamsī/1994); trans. Wheeler M. Thackston, *Classical Writings of the Medieval Islamic World: Persian Histories of the Mongol Dynasties*, III. *Jami'u't- Tawarikh: A Compendium of Chronicles by Rashiduddin Fazlullah* (London and New York, 2012).
Other (partial) editions and translations of Part I: vol. I, part 1, ed. A. A. Romaskevich, A. A. Khetagurov and A. A. Alizade ('Abd al-K arīm 'Alī- ughlī 'Alīzāda), *Dzhāmi' at- tavārīkh*, I (Moscow, 1965); vol. II, part 1, ed. A. A. Alizade, *Dzhāmi' at-t avārīkh*, II (Moscow, 1980); vol. II, trans. J. A. Boyle, *The Successors of Genghis Khan* (New York, 1971); vol. III, ed. and trans. A. A. Alizade, *Dzhāmi' at- tavārīkh*, III (Baku, 1957); partially ed. Étienne Quatremère, *Raschid-e ldin. Histoire des Mongols de la Perse*, vol. I only published [Hülegü] (Paris, 1836); partially ed. Karl Jahn, *Ta'rīḫ-i mubārak-i Ġāzānī des Rašīd al-D īn Faḍl Allāh Abī-l -Ḫ air. Geschichte der Ilḫāne Abāġā bis Gaiḫātū (1265–1295)* (The Hague, 1957), and *Geschichte Ġāzān Ḫān's aus dem Ta'rīḫ- i- mubārak- i Ġāzānī des Rašīd al- Dīn Faḍlallāh b. 'Imād al-D awla Abūl-Ḫ air*, GMS, n.s., 14 (London, 1940).— *Jāmi' al-t awārīkh*, Part II [history of the non-M ongol peoples]. Partial editions: [Oghuz] ed. and trans. Karl Jahn, *Die Geschichte der Oġuzen des Rašīd al-D īn* (Vienna, 1969); [China] ed. and trans. Karl Jahn, *Die Chinageschichte des Rašīd al-D īn* (Vienna, Cologne and Graz, 1971); also ed. Wang Yidan, *History of China and Cathay* (Tehran, 2000); [India] ed. and trans. Karl Jahn, *Die Indiengeschichte des Rašīd al-D īn*, 2nd edn (Vienna, 1980).— *Shu'ab- i panjgāna*, TSM ms. III Ahmet 2937.— *Tanksūq-n āma-y i īlkhānī dar funūn-i 'ulūm- i khitā'ī*, facsimile edn (of SK ms. Aya Sofya 3596) by Mujtabā Mīnuwī as *Tanksūq- nāma yā ṭibb- i ahl- i khitā* (Tehran, 1350 shamsī/1972).
Rāwandī, Muḥammad b. 'Alī, *Rāḥat al- ṣudūr wa-ā yat al-s urūr*, ed. Muḥammad Iqbál, GMS, n.s., 2 (Leiden and London, 1921).
Rāzī, Najm al-D īn Abū Bakr 'Abd-A llāh b. Muḥammad, *Mirṣād al-' ibād min al-m abda' ilā l- ma'ād*, ed. Ḥusayn al-Ḥ usaynī Ni'matallāhī (Tehran, 1312 shamsī/1933); trans. Hamid Algar, *The Path of God's Bondsmen from Origin to Return* (Delmar, NY, 1982). al- Rāzī, Shams al- Dīn Muḥammad b. Qays, *al- Mu'jam fī ma'āyīr ash'ār al- 'Ajam*, ed. Mīrzā Muḥammad b. 'Abd al-W ahhāb Qazwīnī, GMS 10 (Leiden and London, 1909).

al- Ṣafadī, Ṣalāḥ al-D īn Khalīl b. Aybak, *al-W āfī bi l-w afayāt*, ed. Helmut Ritter et al., *Das biographische Lexikon des Ṣalāḥaddīn Ḫalīl ibn Aybak aṣ-Ṣ afadī*, 32 vols, Bibliotheca Islamica 6 (Istanbul, Leipzig, Wiesbaden and Beirut, 1931–2013).— *A'yān al-' aṣr wa-a 'wān al-n aṣr*, ed. Fāliḥ Aḥmad al-B akkūr, 4 vols (Beirut, 1419/1998).

Sayfī (Sayf b. Muḥammad b. Ya'qūb al-H arawī), *Ta'rīkh- nāma- yi Harāt*, ed. Muḥammad Zubayr aṣ-Ṣ iddíqí (Calcutta, 1944).

Shabānkāra'ī, Muḥammad b. 'Alī, *Majma' al-a nsāb*, ed. Mīr Hāshim Muḥaddith (Tehran, 1363 shamsī/1984).

Shāfi' b. 'Alī al-' Asqalānī, Nāṣir al-D īn, *al- Faḍl al-m a'thūr min sīrat al-s ulṭān al-m alik al- Manṣūr*, ed. Paulina B. Lewicka, *Šāfi' Ibn 'Alī's Biography of the Mamluk Sultan Qalāwūn* (Warsaw, 2000).

Shāh Ḥusayn b. Ghiyāth al-D īn Maḥmūd Sīstānī, *Iḥyā' al-m ulūk*, ed. Manūchihr Sutūda (Tehran, 1344 shamsī/1966); also BL ms. Or. 2779.

Shāmī, Niẓām- i (Niẓām al-D īn), *Ẓafar- nāma*, ed. Felix Tauer, *Histoire des conquêtes de Tamerlan intitulée Ẓafarnāma par Niẓāmuddīn Šāmī, avec des additions empruntées au Zubdatu- t- tawārīḫ- i Bāysunġurī de Ḥāfiẓ- i Abrū*, 2 vols, Monografie Archivu Orientálního 5 (Prague, 1937–56). al- Shujā'ī, Shams al-D īn, *Ta'rīkh al-m alik al-N āṣir Muḥammad b. Qalāwūn al-Ṣ āliḥī wa- awlādihi*, ed. and trans. Barbara Schäfer, 2 vols (Wiesbaden, 1977–85).

Sibṭ Ibn al- Jawzī (Shams al- Dīn Abū l- Muẓaffar Yūsuf b. Qizūghlī), *Mir'āt al- zamān fī ta'rīkh al- a'yān*, VIII, 2 parts (Hyderabad, A.P., 1370–1/1951–2); also ed. Kāmil Salmān al- Jubūrī, Aḥmad Zakī al-A nbārī and Qays Kāẓim al-J anābī, in Sibṭ Ibn al-J awzī, *Mir'āt al-z amān*, and al-Y ūnīnī, *Dhayl Mir'āt al- zamān* (Beirut, 1434/2013), I–XV.

Simnānī, 'Alā' al- Dawla, *Opera minora*, ed. W. M. Thackston, Jr., SOLL 10 (Istanbul, 1988).

Tabrīzī, Abū l-M ajd Muḥammad b. Mas'ūd (compilator), *Safīna- yi Tabrīz*, facsimile edn (Tehran, 1381 shamsī/2003).

Tabrīzī, 'Alā' al-D īn Falakī, *Sa'ādat- nāma*, ed. and trans. Mirkamal Nabipour, in *Die beiden persischen Leitfäden des Falak 'Alā-y e Tabrīzī über das staatliche Rechnungswesen im 14.*

Jahrhundert, unpublished PhD thesis, Göttingen, 1973.

Tattawī, Aḥmad b. Naṣr-A llāh Daybulī et al., *Ta'rīkh- i alfī*, BL, IO Islamic mss. 316 (Ethé, *Catalogue*, no. 115) and 3292 (Ethé, *Catalogue*, no. 112).

Tizengauzen, V. G. (Tiesenhausen, Frhr. von) (ed. and trans.), *Sbornik materialov, otnosiash- chikhsia k istorii Zolotoi Ordy*, I: *izvlecheniia iz sochinenii arabskikh* (St Petersburg, 1884); II: *izvlecheniia iz persidskikh sochinenii*, ed. A. A. Romaskevich and S. L. Volin (Moscow and Leningrad, 1941).

Ṭūsī, Naṣīr ad-D in Abū Ja'far Muḥammad b. Muḥammad, *Kayfiyyat- i wāqi'a- yi Baghdād*, ed. Mīrzā Muḥammad Qazwīnī as an appendix to his edition of Juwaynī, *Ta'rīkh- i Jahān- gushā*, III (London, 1937), 280–92; trans. in Boyle, 'The death of the last Abbasid Caliph: A contemporary Muslim account' [see secondary literature below].— *Zīj- i Īlkhānī*, introduction, ed. and trans. J. A. Boyle, 'The longer introduction to the "Zij- i Ilkhani" of Nasir-a d-D in Tusi' [see secondary literature below]; for the Chinese calendar, see Isahaya, 'The *Tārīkh- i Qitā* in the *Zīj- i Īlkhānī*' [secondary literature below].— see also Minorsky, 'Naṣīr ad-D īn Ṭūsī on finance' [above].

Waṣṣāf al-ḥ aḍrat (Shihāb al-D īn 'Abd-A llāh b. Faḍl- Allāh Shīrāzī) , *Tajziyat al-a mṣār wa- tazjiyat al- a'ṣār*, lithograph edn (Bombay, 1269/1853); reprinted as *Ta'rīkh- i Waṣṣāf al-ḥ aḍrat dar aḥwāl- i salāṭīn- i mughūl* (Tehran, 1338 shamsī/1959–60); partially ed. and trans. Joseph Frhr. von Hammer- Purgstall, *Geschichte Wassafs*, I (Vienna, 1856); II [trans- lation only], ed. Sibylle Wentker with Elisabeth and Klaus Wundsam (Vienna, 2010); III [translation only], ed. Sibylle Wentker etc. (Vienna, 2012); IV [translation only], ed. Sibylle Wentker etc. (Vienna, 2016).

Yāqūt al-Ḥ amawī, *Mu'jam al-b uldān*, ed. Ferdinand Wüstenfeld, *Jacut's Geographisches Wörterbuch*, 6 vols (Leipzig, 1866–73).

Yazdī, Mu'īn al-D īn b. Jalāl al-D īn Muḥammad Mu'allim, *Mawāhib-i ilāhī dar ta'rīkh-i āl-i Muẓaffar*, ed. Sa'īd Nafīsī (Tehran, 1326 shamsī/1947).

Yazdī, Sharaf al-D īn 'Alī, *Ẓafar- nāma*, ed. Muḥammad 'Abbāsī, 2 vols (Tehran, 1336 shamsī/1957); facsimile edn (of Gosudarstvennyi Institut Vostokovedeniia, Tashkent, ms. 4472) by A. Urunbaev (Tashkent, 1972). al-

Yūnīnī , Quṭb al-D īn Abū l-F atḥ Mūsā b. Muḥammad, *Dhayl Mir'āt al-z amān*, ed. ʿAbbās Hānī Jarrākh, in Sibṭ Ibn al-J awzī, *Mir'āt al-z amān*, and al-Y ūnīnī, *Dhayl Mir'āt al-z amān* (Beirut, 1434/2013), XVI–XXII. Partial editions: 4 vols (Hyderabad, A. P., 1374–80/1954– 61) [down to the year 686/1287]; ed. and trans. Antranig Melkonian, *Die Jahre 1287–1291 in der Chronik al-Y ūnīnīs* (Freiburg im Breisgau, 1975); ed. and trans. Li Guo, *Early Mamluk Syrian Historiography. Al- Yūnīnī's* Dhayl Mir'āt al- Zamān, IHC 21, 2 vols (Leiden, Boston, MA, and Cologne, 1998) [years 697/1297–8 to 701/1301–2].
Zetterstéen, K. V. (ed.), *Beiträge zur Geschichte der Mamlūkensultane in den Jahren 690–741 der Hiǵra nach arabischen Handschriften* (Leiden, 1919).

Chaghatay Turkish

Abū l- Ghāzī Bahādur Khan, *Shajarat al-a trāk*, ed. and trans. Petr I. Desmaisons, *Histoire des Mongols et des Tatares* (St Petersburg, 1871–4; reprinted Amsterdam, 1970).

Mongolian

Anon., *Mongghol'un niucha tobcha'an*, trans. Igor de Rachewiltz, *The Secret History of the Mongols: A Mongolian Epic Chronicle of the Thirteenth Century*, I and II, with continuous pagination, and III: Supplement, BIAL 7/1–3 (Leiden and Boston, 2004–13).
Cerensodnom, Dalantai, and Taube, Manfred (eds), *Die Mongolica der Berliner Turfansammlung* (Berlin, 1993).
Franke, Herbert, 'A 14th century Mongolian letter fragment', *Asia Major* 11 (1965), 120–7.
Mostaert, Antoine, and Cleaves, Francis Woodman, 'Trois documents mongols des archives secrètes vaticanes', *HJAS* 15 (1952), 419–506.— *Les lettres de 1289 et 1305 des ilkhan Arγun et Öljeitü à Philippe le Bel*, Harvard-Y enching Institute, Scripta Mongolica Monograph series 1 (Cambridge, MA, 1962).

Chinese

Anon., *Shengwu qinzheng lu*, ed. and trans. Paul Pelliot and Louis Hambis, *Histoire des campagnes de Gengis Khan. Cheng-w u Ts'in-t cheng-l ou*, vol. I only published (Leiden, 1951).
Bretschneider, Emil (trans.), *Mediaeval Researches from Eastern Asiatic Sources: Fragments towards the Knowledge of the Geography and History of Central and Western Asia from the 13th to the 17th Century*, 2 vols (London, 1910).
Zhao Hong, *Meng Da beilu*: see Olbricht and Pinks.
Li Zhichang, *Xi you ji*, trans. Arthur Waley, *The Travels of an Alchemist: The Journey of the Taoist Ch'ang-c h'un from China to the Hindukush at the Summons of Chingiz Khan* (London, 1931).
Liao shi: see Wittfogel and Fêng, *History of Chinese Society* [secondary literature below].
Olbricht, Peter, and Pinks, Elisabeth (ed. and trans.), *Meng-T a pei-l u und Hei Ta shih-l üeh.*
Chinesische Gesandtenberichte über die frühen Mongolen 1221 und 1237, AF 56 (Wiesbaden, 1980).
Song Lian et al. (compilators), *Yuan shi*, ch. 1, trans. F. E. A. Krause, *Cingis Han. Die Geschichte seines Lebens nach den chinesischen Reichsannalen* (Heidelberg, 1922).— ch. 2, trans. Waltraut Abramowski, 'Die chinesischen Annalen von Ögödei und Güyük: Übersetzung des 2. Kapitels des Yüan- Shih', *ZAS* 10 (1976), 117–67.— ch. 3, trans. Waltraut Abramowski, 'Die chinesischen Annalen des Möngke: Übersetzung des 3. Kapitels des Yüan-S hih', *ZAS* 13 (1979), 7–71.— chs 98–9, trans. in Hsiao, *The Military Establishment* [see secondary literature below], 65–124.— ch. 107, ed. and trans. Louis Hambis (with supplementary notes by Paul Pelliot), *Le chapitre CVII du Yuan che. Les généalogies impériales mongoles dans l'histoire chinoise offi- cielle de la dynastie mongole* (Leiden, 1945 = Supplement to *TP* 38).
Xu Ting, *Hei Da zhilue*: see Olbricht and Pinks.
Yelü Chucai, *Xi you lu*, trans. Igor de Rachewiltz, 'The *Hsi- yu lu* of Yeh-l ü Ch'u-t s'ai', *Monumenta Serica* 21 (1962), 1–128.

Syriac

Anonymi auctoris Chronicon ad A.C. 1234 pertinens, trans. J.- M. Fiey (Louvain, 1974).

Anon., *Tash'ītā d- mār Yahballāhā qātōlīkā d- madnhā wad- rabban Ṣāwmā sā'ōrā gawānāyā*, trans. E. A. Wallis Budge, *The Monks of Kûblâi Khan Emperor of China* (London, 1928); ed. and trans. Pier Giorgio Borbone, *Storia di Mar Yahballaha e di Rabban Sauma. Cronaca siriaca del XIV secolo*, 2nd edn (Moncalieri, 2009).

Bar Hebraeus, Gregory Abū l-F araj, *Maktbānūt zabnē*, ed. and trans. E. A. Wallis Budge, *The Chronography of Gregory Abû'l- Faraj Son of Aaron the Physician Commonly Known as Bar Hebraeus*, 2 vols (Oxford and London, 1932) [references are to vol. I, the translation].— *Chronicon ecclesiasticum*, ed. and trans. Jean-Baptiste Abbeloos and Thomas Joseph Lamy, 3 vols (Louvain, 1872–7).— for his Arabic history, see Ibn al-ʻIbrī [in the Arabic and Persian section above].

Caucasian

Anon., *K'art'lis ts'chovreba*, trans. Dmitri Gamq'relidze et al., *Kartlis Tskhovreba: A History of Georgia* (Tbilisi, 2014).

Galstian, A. G. (trans.), *Armianskie istochniki o mongolakh, izvlecheniia iz rukopisei XIII– XIV vv.* (Moscow, 1962).

Grigor Aknertsʻi, *Patmut'iwn vasn azgin netoghats'*, trans. Robert P. Blake and Richard N.

Frye, 'History of the Nation of the Archers (the Mongols) by Grigor of Akancʻ' [*sic*], *HJAS* 12 (1949), 269–399 [references are to the pagination of the article rather than the sepa- ratum (Cambridge, MA, 1954)].

Hayton of Gorighos, *La Flor des Estoires de la Terre d'Orient*, ed. Charles Kohler, in *Recueil des Historiens des Croisades: Documents arméniens*, II (Paris, 1906), Old French text, 111–253, contemporary Latin translation (by Nicolas Faucon), 255–363.

Kirakos Ganjaketsʻi, *Patmut'iwn Hayots'*, trans. Robert Bedrosian, *Kirakos Ganjakets'i's History of the Armenians* (New York, 1986); trans. L. A. Khanlarian, *Kirakos Gandzaketsi.*

Istoriia Armenii, PPV 53 (Moscow, 1976).

Richard, Jean (ed.), 'La lettre du Connétable Smbat et les rapports entre Chrétiens et Mongols au milieu du XIIIème siècle', in Dickran Kouymjian (ed.), *Armenian Studies – Études arméniennes. In memoriam Haïg Berbérian* (Lisbon, 1986), 683–96; reprinted in Richard, *Croisades et États latins d'Orient. Points de vue et documents* (Aldershot and Brookfield, VT, 1992).

Sanjian, Avedis K. (trans. and ed.), *Colophons of Armenian Manuscripts, 1301–1480: A Source for Middle Eastern History* (Cambridge, MA, 1969).

Smbat Sparapet, *La chronique attribuée au connétable Smbat*, trans. Gérard Dédéyan, DHC 13 (Paris, 1980).

Step'anos Orbelian, *Patmut'iwn nahangin Sisakan*, trans. M.- F. Brosset, *Histoire de la Siounie*, 2 vols (St Petersburg, 1864–6).

Vardan Areweltsʻi, *Hawak'umn patmut'ean*, trans. Robert W. Thomson, 'The historical compilation of Vardan Arewelcʻi', *DOP* 34 (1989), 125–226.

Byzantine

Pachymeres, Georgios, *Khronikon*, ed. Albert Failler and trans. Albert Failler and Vitalien Laurent, *Georges Pachymérès. Relations historiques*, 5 vols (Paris, 1984–2000).

Russian

Anon., Galician Chronicle, ed. in *Polnoe sobranie russkikh letopisei*, II. *Ipat'evskaia letopis'*, 2nd edn (St Petersburg, 1908); trans. George A. Perfecky, *The Hypatian Codex, Part II: The Galician- Volynian Chronicle* (Munich, 1974).

Anon., *Troitskaia letopis'*, ed. M. D. Priselkov (Moscow, 1950).

Western Christian

Anon., 'Annales monasterii de Burton', ed. Henry Richards Luard, in *Annales monastici*, Rolls Series 36, 5 vols (London, 1864–9), I, 181–500.

Anon., *Chronica XXIV Generalium Ordinis Minorum*, in *Analecta Franciscana. Chronica aliaque varia documenta ad historiam Fratrum Minorum*, III (Quaracchi, 1897).

Anon., *De statu, conditione ac regimine magni canis*, ed. Christine Gadrat, '*De statu, condi- tione ac regimine magni canis*: l'original latin du «Livre de l'estat du grant can» et la ques- tion de l'auteur', *Bibliothèque de l'École des Chartes* 165 (2007), 355–71; 14th-c entury French translation, ed. M. Jacquet, 'Le Livre du Grant Caan, extrait d'un manuscrit de la Bibliothèque du Roi', *JA* 6 (1830), 57–72, and trans. in Yule, *Cathay and the Way Thither*, III, 89–103.

Barber, Malcolm, and Bate, Keith (trans. and eds), *Letters from the East: Crusaders, Pilgrims and Settlers in the 12th–13th Centuries*, CTT 18 (Farnham and Burlington, VT, 2010).

Bartolomeo da Pisa, *De conformitate vitae beati Francisci ad vitam Domini Iesu*, in *Analecta Franciscana. Chronica aliaque varia documenta ad historiam Fratrum Minorum*, IV (Quaracchi, 1906).

Bihl, Michael, and Moule, A. C., 'De duabus epistolis Fratrum Minorum Tartariae aqui- lonaris an. 1323', *Archivum Franciscanum Historicum* 16 (1923), 89–112; trans. in A. C.

Moule, 'Fourteenth-c entury missionary letters', *The East and the West* 19 (1921), 357–66.— 'Tria nova documenta de missionibus Fr. Min. Tartariae aquilonaris annorum 1314–1322', *Archivum Franciscanum Historicum* 17 (1924), 55–71.

Carpini: see Plano Carpini.

D'Achéry, Luc (ed.), *Spicilegium sive collectio veterum aliquot scriptorum qui in Galliae bibli- othecis delituerant*, new edn by Étienne Baluze and L. F. J. de la Barre, 3 vols (Paris, 1723).

Dawson, Christopher (ed.), *The Mongol Mission: Narratives and Letters of the Franciscan Missionaries in Mongolia and China in the Thirteenth and Fourteenth Centuries* (London and New York, 1955; reprinted New York, 1979, as *Mission to Asia*).

Dörrie, Heinrich (ed.), 'Drei Texte zur Geschichte der Ungarn und Mongolen: Die Missionsreisen des fr. Iulianus O. P. ins Ural-G ebiet (1234/5) und nach Rußland (1237) und der Bericht des Erzbischofs Peter über die Tartaren', *Nachrichten der Akademie der Wissenschaften in Göttingen, phil.- hist. Klasse* (1956), no. 6, 125–202.

Golubovich, Girolamo (ed.), *Biblioteca bio-b ibliografica della Terra Santa e dell'Oriente Francescano*, 5 vols (Quaracchi- Firenze, 1906–27).

Guillaume Adam, *Tractatus quomodo Sarraceni sunt expugnandi*, ed. and trans. Giles Constable, *William of Adam: How to Defeat the Saracens* (Washington, DC, 2012).

Jackson, Peter (trans. and ed.), *The Seventh Crusade, 1244 1254: Sources and Documents*, CTT 16 (Aldershot and Burlington, VT, 2007).

Jacques de Vitry, *Epistolae*, ed. R. B. C. Huygens, *Lettres de Jacques de Vitry (1160/1170–1240) évêque de Saint-J ean-d 'Acre. Edition critique* (Leiden, 1960).

Johannes Vitodurensis (John of Winterthur), *Cronica*, ed. Friedrich Baethgen (Berlin, 1924).

Joinville, Jean de, *Vie de saint Louis*, ed. Jacques Monfrin (Paris, 1995); trans. Caroline Smith in *Joinville and Villehardouin: Chronicles of the Crusades* (Harmondsworth, 2008).

Jordanus Catala de Sévérac, *Mirabilia descripta*, ed. and trans. Christine Gadrat, *Une image de l'Orient au XIVe siècle: Les* Mirabilia descripta *de Jordan Catala de Sévérac*, Mémoires et Documents de l'École des Chartes 78 (Paris, 2005); trans. Henry Yule, *The Wonders of the East, by Friar Jordanus*, HS, 1st series, [31] (London, 1863).

Lupprian, Karl-E rnst (ed.), *Die Beziehungen der Päpste zu islamischen und mongolischen Herrschern im 13. Jahrhundert anhand ihres Briefwechsels* (Città del Vaticano, 1981).

Marco Polo, *Le devisement du monde*, ed. Philippe Ménard et al., 6 vols (Geneva, 2001–9); trans. Aldo Ricci, *The Travels of Marco Polo* (London, 1931); trans. Ronald Latham, *Marco Polo: The Travels* (Harmondsworth, 1958).

Marignolli, Giovanni di, *Relatio*, in Van den Wyngaert (ed.), *Sinica Franciscana*, I, 513–60; extracts trans. in Yule,

Cathay and the Way Thither, III, 175–269.
Marino Sanudo Torsello, *Liber secretorum fidelium crucis*, in J. Bongars (ed.), *Gesta Dei per Francos*, I (Hanover, 1611; reprinted Toronto, 1972); trans. Peter Lock, *Marino Sanudo Torsello: The Book of the Secrets of the Faithful of the Cross*, CTT 21 (Farnham and Burlington, VT, 2011).
Matthew Paris, *Chronica Majora*, ed. Henry Richards Luard, Rolls Series 57, 6 vols (London, 1872–83); trans. J. A. Giles, *Matthew Paris's English History from the Year 1235 to 1273*, 3 vols (London, 1853). 'Menkonis chronicon', ed. Ludwig Weiland, in G. H. Pertz et al. (eds), *Monumenta Germaniae Historica. Scriptores*, XXIII (Hanover, 1874), 523–72.
Meyvaert, Paul, 'An unknown letter of Hulagu, Il- Khan of Persia, to King Louis IX of France', *Viator* 11 (1980), 245–59; reprinted in Ryan (ed.), *The Spiritual Expansion of Medieval Latin Christendom* [see secondary literature below]; trans. in Barber and Bate, *Letters from the East*, 156–9 (no. 72).
Montecorvino, Giovanni di, 'Epistolae', in Van den Wyngaert (ed.), *Sinica Franciscana*, I, 335–55; trans. in Dawson (ed.), *The Mongol Mission*, 224–31 [letters 2 and 3 only].
Odorico da Pordenone, *Relatio*, in Van den Wyngaert (ed.), *Sinica Franciscana*, I, 379–495; trans. in Yule, *Cathay and the Way Thither*, II, 97ff.
Pegolotti, Francesco Balducci, *La pratica della mercatura*, ed. Allan Evans (Cambridge, MA, 1936); partial trans. in Yule, *Cathay and the Way Thither*, III, 135–73.
Plano Carpini (Pian di Carpine), Giovanni di, *Ystoria Mongalorum quos nos Tartaros appel- lamus*, ed. Enrico Menestò et al., *Giovanni di Pian di Carpine. Storia dei Mongoli* (Spoleto, 1989); trans. in Dawson (ed.), *The Mongol Mission*, 1–72.
Riccoldo da Montecroce, *Epistolae V commentatorie de perditione Acconis 1291*, ed. R. Röhricht, 'Lettres de Ricoldo de Monte-C roce sur la prise d'Acre (1291)', *Archives de l'Orient Latin* 2 (1884), documents, 258–96; trans. in Kappler, *Riccold de Monte Croce*, 207–52, and in George- Tvrtković, *A Christian Pilgrim* [see secondary literature below], appendix A, 137–73.— *Libellus ad nationes orientales*, ed. Antoine Dondaine, in 'Ricoldiana. Notes sur les oeuvres de Ricoldo da Montecroce', *AFP* 37 (1967), 162–70.— *Liber peregrinationis*, ed. and trans. René Kappler, *Riccold de Monte Croce. Pérégrination en Terre Sainte et au Proche Orient ... Lettres sur la chute de Saint-J ean d'Acre* (Paris, 1997), 33–205; trans. in George- Tvrtković, *A Christian Pilgrim*, appendix B, 175–227.
Richard, Jean (ed.), *Au- delà de la Perse et de l'Arménie. L'Orient latin et la découverte de l'Asie intérieure. Quelques textes inégalement connus aux origines de l'alliance entre Francs et Mongols (1145–1262)* (Turnhout, 2005).
Roger Bacon, *Opus maius*, ed. John Henry Bridges, 3 vols (Oxford and London, 1897–1900).
Rubruck, William of, *Itinerarium*, ed. and trans. Paolo Chiesa, *Guglielmo di Rubruk. Viaggio in Mongolia* ([Milan], 2011); also in Van den Wyngaert (ed.), *Sinica Franciscana*, I, 164–332; trans. in Peter Jackson (ed., with David Morgan), *The Mission of Friar William of Rubruck: His Journey to the Court of the Great Khan Möngke 1253–1255*, HS, 2nd series, 173 (Cambridge, 1990).
Simon de Saint-Q uentin, *Historia Tartarorum*, ed. Jean Richard, *Simon de Saint-Q uentin.*
Histoire des Tartares, DHC 8 (Paris, 1965) [text excerpted from Vincent de Beauvais, *Speculum historiale*]. 'Tartar Relation', ed. Alf Önnerfors, *Hystoria Tartarorum C. de Bridia monachi*, Kleine Texte für Vorlesungen und Übungen 186 (Berlin, 1967). 'The Templar of Tyre', ed. Laura Minervini, *Cronaca del Templare di Tiro (1243–1314). La caduta degli Stati Crociati nel racconto di un testimone oculare* (Naples, 2000); trans. Paul Crawford, *The 'Templar of Tyre: Part III of the 'Deeds of the Cypriots'*, CTT 6 (Aldershot and Burlington, VT, 2003).
Van den Wyngaert, Anastasius (ed.), *Sinica Franciscana*, I. *Itinera et relationes Fratrum Minorum saeculi XIII et XIV* (Quaracchi- Firenze, 1929).
Vincent de Beauvais, *Speculum historiale*, ed. Johann Mentelin (Straßburg, 1473).
Yule, Sir Henry, *Cathay and the Way Thither*, new edn by Henri Cordier, 4 vols, HS, 2nd series, 33, 37, 38 and 41 (London, 1913–16).

Studies, series titles, journals and reference works

This section contains only those works that appear more than once in the notes. Encyclopaedia articles, however, are omitted. Each author's publications appear in chronological order.

Abu- Lughod, Janet L., *Before European Hegemony: The World- System A.D. 1250–1350* (New York and Oxford, 1989).

Adshead, S. A. M., *Central Asia in World History* (Basingstoke, 1993).

Aigle, Denise, 'Loi mongole *vs* loi islamique. Entre mythe et réalité', *Annales. Histoire, Sciences Sociales* 59 (2004), 971–96; revised and trans. 'Mongol law *versus* Islamic law: Myth and reality', in Aigle, *The Mongol Empire between Myth and Reality*, 134–56.— 'Le Grand *Jasaq* de Gengis-K han, l'empire, la culture mongole et le *Shari'a*', *JESHO* 47 (2004), 31–79.

— *Le Fārs sous la domination mongole. Politique et fiscalité (XIIIe–XIVe s.)*, *StIr* cahier 31 (Paris, 2005).— 'La légitimité islamique des invasions de la Syrie par Ghazan Khan', *ES* 5 (2006), 5–29.— 'The Mongol invasions of Bilād al- Shām by Ghāzān Khān and Ibn Taymīyah's three "anti- Mongol" fatwas', *MSR* 11, part 2 (2007), 89–120; revised as 'A religious response to Ghazan Khan's invasions of Syria: The three "Anti-M ongol" *fatwā*s of Ibn Taymiyya', in Aigle, *The Mongol Empire between Myth and Reality*, 283–305.

— 'Iran under Mongol domination: The effectiveness and failings of a dual administrative system', in Bethany Walker and Jean-F rançois Salles (eds), *Le pouvoir à l'âge des sultanats dans le* Bilād al-S hām. *Séminaire IFPO-A COR, Amman 15–16 mai 2005*, BEO 57, Supplément (Damascus, 2008), 65–78.— 'Les invasions de Ġāzān Ḫān en Syrie. Polémiques sur sa conversion à l'islam et la présence de chrétiens dans ses armées', in Aigle (ed.), *Le Bilād al-Š ām face aux mondes extérieurs.*

La perception de l'Autre et la représentation du souverain (Damascus and Beirut, 2012), 293–323; revised and trans. as 'Ghazan Khan's invasions of Syria: Polemics on his conver- sion to Islam and the Christian troops in his army', in Aigle, *The Mongol Empire between Myth and Reality*, 255–82.— *The Mongol Empire between Myth and Reality: Studies in Anthropological History* (Leiden and Boston, 2015).

Aigle, Denise (ed.), *L'Iran face à la domination mongole*, Bibliothèque Iranienne 45 (Tehran, 1997).

Akasoy, Anna, Burnett, Charles, and Yoeli- Tlalim, Ronit (eds), *Islam and Tibet – Interactions along the Musk Routes* (Farnham and Burlington, VT, 2011).— *Rashīd al-D īn: Agent and Mediator of Cultural Exchanges in Ilkhanid Iran*, Warburg Institute Colloquia 24 (London and Turin, 2013).

Allan, James, 'Chinese silks and Mosul metalwork', in Ward (ed.), *Court and Craft* (2014), 52–5.

Allouche, Adel, 'Tegüder's ultimatum to Qalawun', *IJMES* 22 (1990), 437–46.

Allsen, Thomas T., 'Prelude to the western campaigns: Mongol military operations in the Volga- Ural region, 1217–1237', *AEMA* 3 (1983), 5–24.— 'The Yüan dynasty and the Uighurs of Turfan in the 13th century', in Rossabi (ed.), *China among Equals* (1983), 243–80.— 'Guard and government in the reign of the Grand Qan Möngke, 1251–59', *HJAS* 46 (1986), 495–521.

— 'The Princes of the Left Hand: An introduction to the history of the *ulus* of Orda in the thirteenth and early fourteenth centuries', *AEMA* 5 (1985 [1987]), 5–40.— *Mongol Imperialism: The Policies of the Grand Qan Möngke in China, Russia, and the Islamic Lands, 1251–1259* (Berkeley and Los Angeles, CA, 1987).— 'Mongolian princes and their merchant partners, 1200–1260', *Asia Major*, 3rd series, 2, part 2 (1989), 83–126.— 'Changing forms of legitimation in Mongol Iran', in Seaman and Marks (eds), *Rulers from the Steppe* (1991), 223–41.— 'Notes on Chinese titles in Mongol Iran', *MS* 14 (1991), 27–39.— 'Maḥmūd Yalavač (?–1254), Mas'*ūd Beg (?–1289),* 'Alī Beg (?–1280), Safaliq; Bujir (fl. 1206–1260)', in De Rachewiltz et al. (eds), *In the Service of the Khan: Eminent Personalities of the Early Mongol-Y üan Period (1200–1300)* (1993), 122–35.— 'The rise of the Mongolian empire and Mongolian rule in north China', in *CHC*, VI (1994), 321–413.

— 'Biography of a cultural broker: Bolad Ch'eng-H siang in China and Iran', in Raby and Fitzherbert (eds), *The Court of the Il- khans* (1996), 7–22.— 'Spiritual geography and political legitimacy in the eastern steppe', in Henri J. M. Claessen and Jarich G. Oosten (eds), *Ideology and the Formation of Early States*, Studies in Human Society 11 (Leiden, 1996), 116–35.— *Commodity and Exchange in the Mongol Empire: A Cultural History of Islamic Textiles*, CSIC (Cambridge, 1997).— 'Ever closer encounters: The appropriation of culture and the apportionment of peoples in the Mongol empire', *Journal of Early Modern History* 1 (1997), 2–23.— 'The

Rasûlid Hexaglot in its Eurasian cultural context', in Golden (ed.), *The King's Dictionary* (2000), 25–49.— *Culture and Conquest in Mongol Eurasia*, CSIC (Cambridge, 2001).— 'Sharıng out the empire: Apportioned lands under the Mongols', in Khazanov and Wink (eds), *Nomads in the Sedentary World* (2001), 172–90.— 'The circulation of military technology in the Mongolian empire', in Di Cosmo (ed.), *Warfare in Inner Asian History* (2002), 265–93.

— 'The Mongols as vectors for cultural transmission', in *CHIA* (2009), 135–54.— 'Population movements in Mongol Eurasia', in Amitai and Biran (eds), *Nomads as Agents of Cultural Change* (2015), 119–51.

Amitai, Reuven, 'Mongol raids into Palestine (A.D. 1260 and 1300)', *JRAS* (1987), 236–55; reprinted in Amitai, *The Mongols in the Islamic Lands*.— 'Al-N uwayrī as a historian of the Mongols', in Kennedy (ed.), *Historiography of Islamic Egypt* (2001), 23–36; reprinted in Amitai, *The Mongols in the Islamic Lands*.— 'The conversion of Tegüder Ilkhan to Islam', *JSAI* 25 (2001), 15–43; reprinted in Amitai, *The Mongols in the Islamic Lands*.— 'Turko-M ongolian nomads and the *iqṭā'* system in the Islamic Middle East (ca. 1000– 1400 AD)', in Khazanov and Wink (eds), *Nomads in the Sedentary World* (2001), 152–71; reprinted in Amitai, *The Mongols in the Islamic Lands*.— 'Whither the Ilkhanid army? Ghazan's first campaign into Syria (1299–1300)', in Di Cosmo (ed.), *Warfare in Inner Asian History* (2002), 221–64; reprinted in Amitai, *The Mongols in the Islamic Lands*.— 'Did Chinggis Khan have a Jewish teacher? An examination of an early fourteenth- century Arabic text', *JAOS* 124 (2004), 691–705.— 'The Mongol occupation of Damascus in 1300: A study of Mamluk loyalties', in Michael Winter and Amalia Levanoni (eds), *The Mamluks in Egyptian and Syrian Politics and Society* (Leiden and Boston, MA, 2004), 21–39.— 'Mongol provincial administration: Syria in 1260 as a case-s tudy', in Iris Shagrir, Ronnie Ellenblum and Jonathan Riley-S mith (eds), *In Laudem Hierosolymitani. Studies in Crusades and Medieval Culture in Honour of Benjamin Z. Kedar* (Aldershot and Burlington, VT, 2007), 117–143.

— *The Mongols in the Islamic Lands: Studies in the History of the Ilkhanate* (Aldershot and Burlington, VT, 2007).— '*Im Westen nichts Neues*? Re-e xamining Hülegü's offensive into the Jazīra and northern Syria in light of recent research', in Krämer, Schmidt and Singer (eds), *Historicizing the 'Beyond'* (2011), 83–96.— *Holy War and Rapprochement: Studies in the Relations between the Mamluk Sultanate and the Mongol Ilkhanate (1260–1335)* (Turnhout, 2013).— 'Jews at the Mongol court in Iran: Cultural brokers or minor actors in a cultural boom?', in Von der Höh, Jaspert and Oesterle (eds), *Cultural Brokers at Mediterranean Courts in the Middle Ages* (2013), 33–45.— 'Hülegü and his Wise Men: Topos or reality?', in Pfeiffer (ed.), *Politics, Patronage and the Transmission of Knowledge in 13th–15th Century Tabriz* (2014), 15–34.— 'Continuity and change in the Mongol army of the Ilkhanate', in De Nicola and Melville (eds), *The Mongols' Middle East* (2016), 38–52.

Amitai, Reuven, and Biran, Michal (eds), *Mongols, Turks, and Others: Eurasian Nomads and the Sedentary World*, BIAL 11 (Leiden and Boston, MA, 2005).— *Nomads as Agents of Cultural Change: The Mongols and their Eurasian Predecessors* (Honolulu, 2015).

Amitai-P reiss, Reuven, 'Evidence for the early use of the title *īlkhān* among the Mongols', *JRAS*, 3rd series, 1 (1991), 354–61; reprinted in Amitai, *The Mongols in the Islamic Lands*.— 'An exchange of letters in Arabic between Abaγa Īlkhān and Sultan Baybars (A.H. 667/A.D. 1268–69)', *CAJ* 38 (1994), 11–33; reprinted in Amitai, *The Mongols in the Islamic Lands*.— 'Arabic sources for the history of the Mongol empire', *Mongolica* 5 (1994), 99–107.—*Mongols and Mamluks: The Mamluk-Īl khānid War, 1260–1281*, CSIC (Cambridge, 1995).

— 'Ghazan, Islam and Mongol tradition: A view from the Mamlūk Sultanate', *BSOAS* 59 (1996), 1–10; reprinted in Hawting (ed.), *Muslims, Mongols and Crusaders* (2005), 253–62, and in Amitai, *The Mongols in the Islamic Lands*.— 'New material from the Mamluk sources for the biography of Rashid al- Din', in Raby and Fitzherbert (eds), *The Court of the Il-k hans* (1996), 23–37; reprinted in Amitai, *The Mongols in the Islamic Lands*.

— 'Mongol imperial ideology and the Ilkhanid war against the Mamluks', in Amitai-P reiss and Morgan (eds), *The Mongol Empire and its Legacy* (1999), 57–72; reprinted in Amitai, *The Mongols in the Islamic Lands*.— 'Northern Syria between the Mongols and Mamluks: Political boundary, military frontier, and ethnic affinities', in Daniel Power and Naomi Standen (eds), *Frontiers in Question: Eurasian Borderlands, 700–1700* (Basingstoke and London, 1999), 128–52; reprinted in Amitai, *The Mongols in the Islamic Lands*.— 'Sufis and shamans: Some remarks on the Islamization of the Mongols in the Ilkhanate', *JESHO* 42 (1999), 27–46; reprinted in Amitai, *The Mongols in the Islamic Lands*.

Amitai- Preiss, Reuven, and Morgan, David (eds), *The Mongol Empire and its Legacy*, IHC 24 (Leiden, Boston, MA, and Cologne, 1999).

Ando, Shiro, *Timuridische Emire nach dem Mu'izz al-an sāb. Untersuchung zur Stammesaristokratie Zentralasiens im 14. und 15. Jahrhundert*, IU 153 (Berlin, 1992).

Atwood, Christopher P., 'Validation by holiness or sovereignty: Religious toleration as polit- ical theology in the Mongol world empire of the thirteenth century', *International History Review* 26 (2004), 237–56.— '*Ulus* emirs, *keshig* elders, signatures, and marriage partners: The evolution of a classic Mongol institution', in Sneath (ed.), *Imperial Statecraft* (2006), 141–73.

Aubin, Jean, 'Les princes d'Ormuz du XIIIe au XVe siècle', *JA* 241 (1953), 77–138.— 'L'ethnogénèse des Qaraunas', *Turcica* 1 (1969), 65–94.— 'Le khanat de Čaġatai et le Khorassan (1334–1380)', *Turcica* 8 (1976), 16–60.— 'Le *quriltai* de Sultân-M aydân (1336)', *JA* 279 (1991), 175–97.— 'Shaykh Ibrāhīm Zāhid Gīlānī (1218?–1301)', *Turcica* 21–23 (1991), 39–53.— *Émirs mongols et vizirs persans dans les remous de l'acculturation*, *StIr* cahier 15 (Paris, 1995).

Ayalon, David, 'The Wafidiya in the Mamluk kingdom', *Islamic Culture* 25 (1951), 81–104; reprinted in Ayalon, *Studies on the Mamlūks of Egypt (1250–1517)* (London, 1977).— 'The Great *Yāsa* of Chingiz Khān: A re-e xamination (A)', *SI* 33 (1971), 99–140; '... (B)', *SI* 4 (1971), 151–80; '... (C1)', *SI* 36 (1972), 113–58; '... (C2)', *SI* 38 (1973), 107–56; reprinted in Ayalon, *Outsiders in the Lands of Islam: Mamluks, Mongols and Eunuchs* (London, 1988).

Barfield, Thomas J., *The Perilous Frontier: Nomadic Empires and China* (Oxford, 1989).

Barthold, W. (Bartol´d, V. V.), *Turkestan v epokhu mongol´skogo nashestviia*, 2 vols (St Petersburg, 1898–1900), I (texts); II, reprinted in his *Sochineniia*, I, 43–759; trans. as *Turkestan down to the Mongol Invasion* [below].— *Zwölf Vorlesungen über die Geschichte der Türken Mittelasiens*, trans. and ed. Theodor Menzel (Berlin, 1935; reprinted Hildesheim, 1962); Russian text, 'Dvenadtsat´ lektsii po istorii turetskikh narodov Srednei Azii', in his *Sochineniia*, V, 17–192.— *Four Studies on the History of Central Asia*, trans. V. and T. Minorsky, 4 vols in 3 (Leiden, 1956–62): I. *History of the Semirechyé*; II. *Ulugh- Beg*; III. *Mīr 'Alī-S hīr: A History of the Turkman People*; Russian texts reprinted in his *Sochineniia*, II, part 1, 21–106 ('Ocherk istorii Semirech´ia'), and part 2, 23–196 ('Ulugbek i ego vremia'), 197–260 ('Mir Ali-S hir i politicheskaia zhizn´').— *Turkestan down to the Mongol Invasion*, 3rd edn by C. E. Bosworth, with an additional chapter trans. T. Minorsky, GMS, n.s., 5 (London, 1968).— *A Historical Geography of Iran*, trans. Svat Soucek and ed. C. E. Bosworth (Princeton, NJ, 1984).

Baumer, Christoph, *The History of Central Asia*, II. *The Age of the Silk Roads* (London and New York, 2014).— *The History of Central Asia*, III. *The Age of Islam and the Mongols* (London and New York, 2016).

Bausani, Alessandro, 'Religion under the Mongols', in *CHI*, V (1968), 538–49.

Bautier, Robert-H enri, 'Les relations économiques des Occidentaux avec les pays d'Orient, au Moyen Âge: points de vue et documents', in M. Mollat du Jourdain (ed.), *Sociétés et compagnies de commerce en Orient et dans l'Océan Indien. Actes du VIIIe colloque interna- tional d'histoire maritime, Beyrouth 5–10 septembre 1966* (Paris, 1970), 263–331; and reprinted in Bautier, *Commerce méditerranéen et banquiers italiens au Moyen Âge* (London, 1992).

Beckwith, Christopher I., *Empires of the Silk Road: A History of Central Eurasia from the Bronze Age to the Present* (Princeton, NJ, 2009).

Benedictow, Ole J., *The Black Death 1346–1353: The Complete History* (Woodbridge, 2004).— '*Yersinia pestis*, the bacterium of plague, arose in East Asia. Did it spread westwards via the Silk Roads, the Chinese maritime expeditions of Zheng He or over the vast Eurasian populations of sylvatic (wild) rodents?', *JAH* 47 (2013), 1–31.

Bentley, Jerry H., *Old World Encounters: Cross-C ultural Contacts and Exchanges in Pre- Modern Times* (New York and Oxford, 1993).

Bernardini, Michele, *Mémoire et propagande à l'époque timouride*, *StIr* cahier 37 (Paris, 2008).— 'The Mongol puppet lords and the Qarawnas', in Hillenbrand, Peacock and Abdullaeva (eds), *Ferdowsi, the Mongols and the History of Iran* (2013), 169–76.

Binbaş, İlker Evrim, 'Structure and function of the genealogical tree in Islamic historiog- raphy (1200–1500)', in Binbaş and Kılıç-S chubel (eds), *Horizons of the World* (2011), 465–544.

Binbaş, İlker Evrim, and Kılıç-S chubel, Nurten (eds), *Horizons of the World: Festschrift for İsenbike Togan / Hudûdül-Â lem: İsenbike Togan'a Armağan* (Istanbul, 2011).

Biran, Michal, *Qaidu and the Rise of the Independent Mongol State in Central Asia* (Richmond, Surrey, 1997).— 'The battle of Herat (1270): A case of inter-M ongol warfare', in Di Cosmo (ed.), *Warfare in Inner Asian History* (2002), 175–219.— 'The Chaghadaids and Islam: The conversion of Tarmashirin Khan (1331–1334)', *JAOS* 122 (2002), 742–52.

— 'The Mongol transformation: From the steppe to Eurasian empire', in Johann P. Arnason and Björn Wittrock (eds), *Eurasian Transformations, Tenth to Thirteenth Centuries: Crystallizations, Divergences, Renaissances* (Leiden and Boston, MA, 2004 = Medieval Encounters 10), 339–61.— *The Empire of the Qara Khitai in Eurasian History: Between China and the Islamic World*, CSIC (Cambridge, 2005).— *Chinggis Khan*, Makers of the Muslim World (Oxford, 2007).— 'Diplomacy and chancellery practices in the Chagataid khanate: Some preliminary remarks', *OM* 88 (2008), 369–93.— 'The Mongols in Central Asia from Chinggis Khan's invasion to the rise of Temür: The Ögödeid and Chaghadaid realms', in *CHIA* (2009), 46–66.— 'Rulers and city life in Mongol Central Asia (1220–1370)', in Durand- Guédy (ed.), *Turko- Mongol Rulers* (2013), 257–83.— 'Unearthing the Liao dynasty's relations with the Muslim world: Migrations, diplomacy, commerce, and mutual perceptions', *JSYS* 43 (2013), 221–51.— 'Encounters among enemies: Preliminary remarks on captives in Mongol Eurasia', in Golden et al. (eds), *Festschrift for Thomas T. Allsen* (2015), 27–42.— 'The Mongol empire and inter-c ivilizational exchange', in Benjamin Z. Kedar and Merry E. Wiesner-H anks (eds), *Cambridge World History*, V. *Expanding Webs of Exchange and Conflict, 500 CE–1500 CE* (Cambridge, 2015), 534–58.— 'The Mongols and nomadic identity: The case of the Kitans in China', in Amitai and Biran (eds), *Nomads as Agents of Cultural Change* (2015), 152–81.— 'The Islamization of Hülegü: Imaginary conversion in the Ilkhanate', in May (ed.), *The Mongols and Post- Mongol Asia* (2016), 79–88.— 'Libraries, books and the transmission of knowledge in Ilkhanid Baghdad', *JESHO* [forth- coming].

Blair, Sheila S., 'The development of the illustrated book in Iran', in *Essays in Honor of Oleg Grabar Contributed by His Students* (Leiden, 1993 = *Muqarnas* 10), 266–74.— *A Compendium of Chronicles: Rashid al- Din's Illustrated History of the World* (London and Oxford, 1995).— 'The religious art of the Ilkhanids', in Komaroff and Carboni (eds), *The Legacy of Genghis Khan* (2002), 104–33.— 'Tabriz: International entrepôt under the Mongols', in Pfeiffer (ed.), *Politics, Patronage and the Transmission of Knowledge* (2014), 321–56.

— 'Architecture as a source for local history in the Mongol period: The example of Varāmīn', in May (ed.), *The Mongols and Post-M ongol Asia* (2016), 215–28.

Bloom, Jonathan M., *Paper before Print: The History and Impact of Paper in the Islamic World* (New Haven, CT, and London, 2001).

Bosworth, C. Edmund, *The History of the Saffarids of Sistan and the Maliks of Nimruz (247/861 to 949/1542–3)* (Costa Mesa, CA, and New York, 1994).— 'Tha*'ālibī's information on the Turks', in Rudolf Veselý and Eduard Gombár (eds), Ẓafar Nāme: Memorial Volume of Felix Tauer* (Prague, 1996), 61–6.— 'The steppe peoples in the Islamic world', in *NCHI*, III (2010), 21–77.

Boyle, J. A., 'The death of the last Abbasid Caliph: A contemporary Muslim account', *JSS* 6 (1961), 145–61; reprinted in Boyle, *The Mongol World Empire*.— 'The longer introduction to the "Zij- i- Ilkhani" of Nasir- ad- Din Tusi', *JSS* 8 (1963), 244–54; reprinted in Boyle, *The Mongol World Empire*.— 'Dynastic and political history of the Īl-k hāns', in *CHI*, V (1968), 303–421.— 'Turkish and Mongol shamanism in the Middle Ages', *Folklore* 83 (1972), 177–93; reprinted in Boyle, *The Mongol World Empire*.— 'The seasonal residences of the Great Khan Ögedei', in Georg Hazai and Peter Zieme (eds), *Sprache, Geschichte und Kultur der altaischen Völker. Protokolband der XII. Tagung der PIAC 1969 in Berlin* (Berlin, 1974), 145–51; reprinted in Boyle, *The Mongol World Empire*.— 'The thirteenth-c entury Mongols' conception of the after-l ife: The evidence of their funerary practices', *MS* 1 (1974), 5–14; reprinted in Boyle, *The Mongol World Empire*.— *The Mongol World Empire 1206–1370* (London, 1977).

Bregel, Yuri, 'Tribal tradition and dynastic history: The early rulers of the Qongrats according to Munis', *AAS* 16 (1982), 357–98.— 'Uzbeks, Qazaqs and Turkmens', in *CHIA* (2009), 221–36.— 'The new Uzbek states:

Bukhara, Khiva and Khoqand: *c.* 1750–1886', in *CHIA* (2009), 392–411.
Broadbridge, Anne F., *Kingship and Ideology in the Islamic and Mongol Worlds*, CSIC (Cambridge, 2008).— 'Marriage, family and politics: The Ilkhanid- Oirat connection', in May (ed.), *The Mongols and Post- Mongol Asia* (2016), 121–35.
Brose, Michael C., 'Uighurs and technologies of literacy', in Gervers and Schlepp (eds), *Religion, Customary Law, and Nomadic Technology* (2000), 15–25.— 'Uyghur technologists of writing and literacy in Mongol China', *TP* 91 (2005), 396–435.
Browne, Edward G., *A Literary History of Persia from Firdawsí to Sa'dí* (London, 1906); reprinted as *A Literary History of Persia*, II.— *A History of Persian Literature under Tartar Dominion (A.D. 1265–1502)* (Cambridge, 1920); reprinted as *A Literary History of Persia*, III.
Buell, Paul D., 'Sino-K hitan administration in Mongol Bukhara', *JAH* 13 (1979), 121–51.— 'Kalmyk Tanggaci people: Thoughts on the mechanics and impact of Mongol expansion', *MS* 6 (1979), 41–59.
— 'Early Mongol expansion in Western Siberia and Turkestan (1207–1219): A reconstruc- tion', *CAJ* 36 (1992), 1–32.
Buell, Paul D., and Kolbas, Judith, 'The ethos of state and society in the early Mongol empire: Chinggis Khan to Güyük', in May (ed.), *The Mongols and Post- Mongol Asia* (2016), 43–64.
Bundy, David, 'The Syriac and Armenian Christian responses to the Islamification of the Mongols', in John Victor Tolan (ed.), *Medieval Christian Perceptions of Islam* (New York and London, 1996), 33–53.
Cahen, Claude, *La Syrie du Nord à l'époque des croisades et la principauté franque d'Antioche* (Paris, 1940).— 'Contribution à l'histoire du Diyār Bakr au quatorzième siècle', *JA* 243 (1955), 65–100.— ''Abdallaṭīf al-B aghdādī, portraitiste et historien de son temps. Extraits inédits de ses Mémoires', *BEO* 23 (1970), 101–28.— *The Formation of Turkey. The Seljükid Sultanate of Rūm: Eleventh to Fourteenth Century*, trans. P. M. Holt (Harlow, 2001).
Calmard, Jean, 'Le chiisme imamite sous les Ilkhans', in Aigle (ed.), *L'Iran face à la domina- tion mongole* (1997), 261–92.
Chaffee, John, 'Diasporic identities in the historical development of the maritime Muslim communities of Song-Y uan China', *JESHO* 49 (2006), 395–420.— 'Cultural transmission by sea: Maritime trade routes in Yuan China', in Rossabi (ed.), *Eurasian Influences on Yuan China* (2013), 41–59.
Christian, David, *A History of Russia, Central Asia and Mongolia*, I. *Inner Eurasia from Prehistory to the Mongol Empire* (Oxford, 1998).— 'Silk Roads or Steppe Roads? The Silk Roads in world history', *JWH* 11 (2000), 1–26.
Ciocîltan, Virgil, *The Mongols and the Black Sea Trade in the Thirteenth and Fourteenth Centuries*, tr. Samuel Willcocks (Leiden and Boston, MA, 2012).
Clark, Larry V., 'On a Mongol decree of Yisün Temür (1339)', *CAJ* 19 (1975), 194–8.—, and Draghi, Paul Alexander (eds), *Aspects of Altaic Civilization II: Proceedings of the XVIII PIAC, Bloomington, June 29–July 5 1975*, IUUAS 134 (Bloomington, IN, 1978).
Cleaves, Francis Woodman, 'The rescript of Qubilai prohibiting the slaughtering of animals by slitting the throat', in *Richard Nelson Frye Festschrift I: Essays Presented to Richard Nelson Frye on His Seventieth Birthday by His Colleagues and Students* (Cambridge, MA, 1992 = *JTS* 16), 67–89.
Conermann, Stephan, *Die Beschreibung Indiens in der „Riḥla" des Ibn Baṭṭūṭa. Aspekte einer herrschaftssoziologischen Einordnung des Delhi-S ultanates unter Muḥammad Ibn Tuġluq*, IU 165 (Berlin, 1993).— 'Mongolische Religiosität zwischen Islam und Lamaismus (13. bis 18. Jahrhundert)', in Gießauf (ed.), *Die Mongolei: Aspekte ihrer Geschichte und Kultur* (2001), 78–100.— 'Die Einnahme Bagdads durch die Mongolen im Jahre 1258: Zerstörung – Rezeption – Wiederaufbau', in Andreas Ranft and Stephan Selzer (eds), *Städte aus Trümmern.*
Katastrophenbewältigung zwischen Antike und Moderne (Göttingen, 2004), 54–100.—, and Kusber, Jan (eds), *Die Mongolen in Asien und Europa* (Frankfurt am Main, 1997).
Daftary, Farhad (ed.), *Medieval Isma'ili History and Thought* (Cambridge, 1996).
Dardess, John W., 'From Mongol empire to Yüan dynasty: Changing forms of imperial rule in Mongolia and Central Asia', *Monumenta Serica* 30 (1972–3), 117–65.

Darling, Linda T., 'Persianate sources on Anatolia and the early history of the Ottomans', *Studies on Persianate Societies / Pizhūhish dar jawāmi'- i fārsī- zabān* 2 (Tehran, 1383 shamsī/2004), 126–44.

Dashdondog, Bayarsaikhan, *The Mongols and the Armenians (1220–1335)*, BIAL 24 (Leiden and Boston, MA, 2011).— 'The Mongol conquerors in Armenia', in Tubach et al. (eds), *Caucasus during the Mongol Period* (2012), 53–82.

Dauvillier, Jean, *Histoire et institutions des églises orientales au Moyen Âge* (London, 1983).

De Blois, François, 'The Iftikhāriyān of Qazvīn', in Eslami (ed.), *Iran and Iranian Studies* (1998), 13–23.

De la Vaissière, Étienne (ed.), *Islamisation de l'Asie centrale. Processus locaux d'acculturation du VIIe au XIe siècle*, *StIr* cahier 39 (Paris, 2008).

De Nicola, Bruno, 'Women's role and participation in warfare in the Mongol empire', in Klaus Latzel, Franka Maubach and Silke Satjukow (eds), *Soldatinnen: Gewalt und Geschlecht im Krieg vom Mittelalter bis heute* (Paderborn, Munich, Vienna and Zürich, 2011), 95–112.

— 'The Queen of the Chaghatayids: Orghīna Khātūn and the rule of Central Asia', in May (ed.), *The Mongols and Post-Mongol Asia* (2016), 107–20.—, and Melville, Charles (eds), *The Mongols' Middle East: Continuity and Transformation in Ilkhanid Iran*, IHC 127 (Leiden and Boston, MA, 2016).

De Rachewiltz, Igor, 'Yeh-lü Ch'u-ts 'ai (1189–1243): Buddhist idealist and Confucian statesman', in Arthur F. Wright and Denis Twitchett (eds), *Confucian Personalities* (Stanford, CA, 1962), 189–216.— 'Personnel and personalities in North China in the early Mongol period', *JESHO* 9 (1966), 88–144.

— *Papal Envoys to the Great Khans* (London, 1971).— 'Turks in China under the Mongols: A preliminary investigation of Turco-M ongol rela- tions in the 13th and 14th centuries', in Rossabi (ed.), *China among Equals* (1983), 281–310.

— 'Some reflections on Činggis Qan's *jasaγ*', *East Asian History* 6 (Dec. 1993), 91–104.— 'Heaven, Earth and the Mongols in the time of Činggis Qan and his immediate successors (*ca.* 1160–1260) – A preliminary investigation', in Noël Golvers and Sara Lievens (eds), *A Lifelong Dedication to the China Mission: Essays Presented in Honor of Father Jeroom Heyndrickz, CICM, on the Occasion of His 75th Birthday and the 25th Anniversary of the F. Verbiest Institute K. U. Leuven* (Leuven, 2007), 107–44.—, Chan, Hok-l am, Hsiao Ch'i-c h'ing and Geier, Peter W. (eds), *In the Service of the Khan: Eminent Personalities of the Early Mongol-Y üan Period*, AF 121 (Wiesbaden, 1993). [De] Somogyi, Joseph, 'Adh-D hahabī's record of the destruction of Damascus by the Mongols in 699–700/1299–1301', in Samuel Löwinger and Joseph Somogyi (eds), *Ignace Goldziher Memorial Volume* (Budapest, 1948), I, 353–86.

DeWeese, Devin, *Islamization and Native Religion in the Golden Horde: Baba Tükles and Conversion to Islam in Historical and Epic Tradition* (University Park, PA, 1994).— 'Problems of Islamization in the Volga-U ral region: Traditions about Berke Khan', in Ali Çaksu and Radik Mukhammetshin (eds), *Proceedings of the International Symposium on Islamic Civilisation in the Volga- Ural Region, Kazan, 8–11 June 2001* (Istanbul, 2004), 3–13.— '"Stuck in the throat of Chingīz Khān": Envisioning the Mongol conquests in some Sufi accounts from the 14th to 17th centuries', in Pfeiffer and Quinn (eds), *History and Historiography of Post-M ongol Central Asia and the Middle East* (2006), 23–60.— 'Cultural transmission and exchange in the Mongol empire: Notes from the biographical dictionary of Ibn al- Fuwaṭī', in Komaroff (ed.), *Beyond the Legacy of Genghis Khan* (2006), 11–29.

— 'Islamization in the Mongol empire', in *CHIA* (2009), 120–34.— ''Alā' al- Dawla Simnānī's religious encounters at the Mongol court near Tabriz', in Pfeiffer (ed.), *Politics, Patronage and the Transmission of Knowledge in 13th–15th Century Tabriz* (2014), 35–76.

Deny, Jean, Grønbech, Kaare, Scheel, Helmuth, and Togan, Zeki Velidi (eds), *Philologiae Turcicae Fundamenta* I (Wiesbaden, 1959).

Di Cosmo, Nicola, 'Black Sea emporia and the Mongol empire: A reassessment of the Pax Mongolica', *JESHO* 53 (2010), 83–108.— (ed.), *Warfare in Inner Asian History (500–1800)* (Leiden, Boston, MA, and Cologne, 2002).

Digby, Simon, *War-H orse and Elephant in the Delhi Sultanate: A Study of Military Supplies* (Oxford and Delhi, 1971).

Dols, Michael W., *The Black Death in the Middle East* (Princeton, NJ, 1977).

Drechsler, Andreas, *Die Geschichte der Stadt Qom im Mittelalter (650–1350): politische und wirtschaftliche Aspekte*, IU 224 (Berlin, 1999).
Dunn, Ross E., *The Adventures of Ibn Battuta: A Muslim Traveler of the 14th Century* (1986), 2nd edn (Berkeley and Los Angeles, CA, 2005; reprinted with updated preface, 2012).
Dunnell, Ruth W., 'The Anxi principality: [Un]making a Muslim Mongol prince in north- west China during the Yuan dynasty', *CAJ* 57 (2014), 185–200.
Durand- Guédy , David , *Iranian Elites and Turkish Rulers: A History of Iṣfahān in the Saljūq Period* (London and New York, 2010).— 'Ruling from the outside: A new perspective on early Turkish kingship in Iran', in Mitchell and Melville (eds), *Every Inch a King* (2013), 325–42.— (ed.), *Turko-M ongol Rulers, Cities and City Life*, BIAL 31 (Leiden and Boston, MA, 2013).
Eddé, Anne- Marie, 'La prise d'Alep par les Mongols en 658/1260', *QSA* 5–6 (1987–8), 226–40.— *La principauté ayyoubide d'Alep (579/1183–658/1260)*, FIS 21 (Stuttgart, 1999).
Egorov, V. L., *Istoricheskaia geografiia Zolotoi Ordy v XIII–XIV vv.* (Moscow, 1985).
Elverskog, Johan, *Buddhism and Islam on the Silk Road* (Philadelphia, PA, 2010).
Endicott- West, Elizabeth, 'Imperial governance in Yüan times', *HJAS* 43 (1986), 523–49.— 'Merchant associations in Yüan China: The *Ortoγ*', *Asia Major*, 3rd series, 2 (1989), part 2, 127–54.
— *Mongolian Rule in China: Local Administration in the Yuan Dynasty*, Harvard-Y enching Institute Monograph Series 29 (Cambridge, MA, 1989).
— 'Notes on shamans, fortune-t ellers and *yin- yang* practitioners and civil administration in Yüan China', in Amitai- Preiss and Morgan (eds), *The Mongol Empire and its Legacy* (1999), 224–39.
Eslami, Kambiz (ed.), *Iran and Iranian Studies: Essays in Honor of Iraj Afshar* (Princeton, NJ, 1998).
Fennell, John, *The Crisis of Medieval Russia 1200–1304* (Harlow, 1983).
Fiey, J.M., *Chrétiens syriaques sous les Mongols (Il-Khanat de Perse, XIIIe–XIVe s.)*, Corpus Scriptorum Christianorum Orientalium, Subsidia 44 (Louvain, 1975).
Fitzherbert, Teresa, 'Religious diversity under Ilkhanid rule c. 1300 as reflected in the Freer Bal'amī', in Komaroff (ed.), *Beyond the Legacy of Genghis Khan* (2006), 390–406.
Fitzhugh, William W., Rossabi, Morris, and Honeychurch, William (eds), *Genghis Khan and the Mongol Empire* (Santa Barbara, CA, 2009).
Fletcher, Joseph, 'Turco-M ongolian monarchic tradition in the Ottoman empire', in Ihor Ševčenko and Frank E. Sysyn (eds), *Eucharisterion: Essays Presented to Omeljan Pritsak* (Cambridge, MA, 1980 = *HUS* 3–4), 236–51; reprinted in Fletcher, *Studies on Chinese and Islamic Inner Asia* (1995).— 'The Mongols: Ecological and social perspectives', *HJAS* 44 (1984), 11–50; reprinted in Fletcher, *Studies on Chinese and Islamic Inner Asia* (1995).— *Studies on Chinese and Islamic Inner Asia*, ed. Beatrice Forbes Manz (Aldershot, 1995).
Foltz, Richard C., *Religions of the Silk Road: Premodern Patterns of Globalization*, 2nd edn (New York and Basingstoke, 2010).
Fourniau, Vincent (ed.), *Études Karakhanides*, Cahiers d'Asie Centrale 9 (Tashkent and Aix- en- Provence , 2001).
Fragner, Bert G., 'Iran under Ilkhanid rule in a world history perspective', in Aigle (ed.), *L'Iran face à la domination mongole* (1997), 121–31.— 'Ilkhanid rule and its contributions to Iranian political culture', in Komaroff (ed.), *Beyond the Legacy of Genghis Khan* (2006), 68–80.—, Kauz, Ralph, Ptak, Roderich, and Schottenhammer, Angela (eds), *Pferde in Asien: Geschichte, Handel und Kultur / Horses in Asia: History, Trade and Culture* (Vienna, 2009).
Frank, Allen J., 'The western steppe: Volga-U ral region, Siberia and the Crimea', in *CHIA* (2009), 237–59.
Franke, Herbert, 'Siege and defense of towns in medieval China', in Frank A. Kierman, Jr., and John K. Fairbank (eds), *Chinese Ways in Warfare* (Cambridge, MA, 1974), 151–201.— *From Tribal Chieftain to Universal Emperor and God: The Legitimation of the Yüan Dynasty*, Sitzungsberichte der Bayerischen Akademie der Wissenschaften, phil.-h ist. Kl. (Munich, 1978); reprinted in Franke, *China under Mongol Rule*.— *China under Mongol Rule* (Aldershot and Brookfield, VT, 1994).
George- Tvrtković , Rita , *A Christian Pilgrim in Medieval Iraq: Riccoldo da Montecroce's Encounter with Islam* (Turnhout, 2012).
Gervers, Michael, and Schlepp, Wayne (eds), *Religion, Customary Law, and Nomadic Technology: Papers Presented*

at the Central and Inner Asian Seminar, University of Toronto, 1 May 1998 and 23 April 1999, TSCIA 4 (Toronto, 2000).
Gervers, Michael, Bulag, Uradyn E., and Long, Gillian (eds), *Traders and Trade Routes of Central and Inner Asia: The 'Silk Road', Then and Now*, TSCIA 8 (Toronto, 2007).
Gießauf, Johannes, 'Der Traum von der Weltherrschaft: Eine Skizze der politischen Geschichte des mongolischen Großreichs vom Tode Činggis Khans bis zum Zerfall in Einzelkhanate', in Gießauf (ed.), *Die Mongolei: Aspekte ihrer Geschichte und Kultur*, 47–77.— (ed.), *Die Mongolei: Aspekte ihrer Geschichte und Kultur*, Grazer Morgenländische Studien 5 (Graz, 2001).
Gilli- Elewy , Hend , *Bagdad nach dem Sturz des Kalifats. Die Geschichte einer Provinz unter ilḫānischer Herrschaft (656–735/1258–1335)*, IU 231 (Berlin, 2000).— '*Al- Ḥawādiṯ al-ǧ āmi'a*: A contemporary account of the Mongol conquest of Baghdad, 656/1258', *Arabica* 58 (2011), 353–71.— 'The Mongol court in Baghdad: The Juwaynī brothers between local court and central court', in Albrecht Fuess and Jan- Peter Hartung (eds), *Court Cultures in the Muslim World, Seventh to Nineteenth Centuries* (London and New York, 2011), 168–81.
— 'On women, power, and politics during the last phase of the Ilkhanate', *Arabica* 59 (2012), 709–23.
Göckenjan, Hansgerd, 'Frühe Nachrichten über Zentralasien und die Seidenstrassen in der „Relatio de Davide Rege"', *Ural- Altaische Jahrbücher*, neue Folge, 8 (1988), 99–124.
Golden, Peter B., 'Imperial ideology and the sources of political unity amongst the pre- Činggisid nomads of Western Eurasia', *AEMA* 2 (1982), 37–76; reprinted in Golden, *Nomads and Their Neighbours*.— 'Cumanica II. The Ölberli (Ölperli): The fortunes and misfortunes of an Inner Asian nomadic clan', *AEMA* 6 (1985 [1987]), 5–29; reprinted in Golden, *Nomads and Their Neighbours*.— 'The Karakhanids and early Islam', in *CHEIA* (1990), 343–70.— 'The peoples of the South Russian steppes', in *CHEIA* (1990), 256–84.— 'The Qıpčaqs of medieval Eurasia: An example of stateless adaptation in the steppes', in Seaman and Marks (eds), *Rulers from the Steppe* (1991), 132–57; reprinted in Golden, *Nomads and Their Neighbours*.— *An Introduction to the History of the Turkic Peoples: Ethnogenesis and State-F ormation in Medieval and Early Modern Eurasia and the Middle East* (Wiesbaden, 1992).— '"I will give the people unto thee": The Činggisid conquests and their aftermath in the Turkic world', *JRAS*, 3rd series, 10 (2000), 21–41.— 'War and warfare in the pre-Č inggisid western steppes of Eurasia', in Di Cosmo (ed.), *Warfare in Inner Asian History* (2002), 105–72; reprinted in Golden, *Studies on the Peoples and Cultures of the Eurasian Steppes*, 65–133.— *Nomads and Their Neighbours in the Russian Steppe: Turks, Khazars and Qipchaqs* (Aldershot and Burlington, VT, 2003).— 'The shaping of the Cuman- Qïpchaqs and their world', in Schmieder and Schreiner (eds), *Il codice Cumanico e il suo mondo* (2005), 247–77; reprinted in Golden, *Studies on the Peoples and Cultures of the Eurasian Steppes*, 303–32.— 'The Türk imperial tradition in the pre- Chinggisid era', in Sneath (ed.), *Imperial Statecraft* (2006), 23–61; reprinted in Golden, *Turks and Khazars*.— 'The conversion of the Khazars to Judaism', in Peter B. Golden, Haggai Ben-Shammai and András Róna-T as (eds), *The World of the Khazars: New Perspectives* (Leiden and Boston, MA, 2007), 123–62; reprinted in Golden, *Turks and Khazars*.— 'Ethnogenesis in the tribal zone: The shaping of the Turks', *AEMA* 16 (2008–9), 73–112; reprinted in Golden, *Studies on the Peoples and Cultures of the Eurasian Steppes*, 17–63.
— 'Migrations, ethnogenesis', in *CHIA* (2009), 109–19.— *Turks and Khazars: Origins, Institutions and Interactions in Pre- Mongol Eurasia* (Farnham and Burlington, VT, 2010).— *Central Asia in World History* (Oxford, 2011).— *Studies on the Peoples and Cultures of the Eurasian Steppes*, ed. Cătălin Hriban (Bucharest, 2011).
— (ed.), *The King's Dictionary: The Rasūlid Hexaglot: Fourteenth-C entury Vocabularies in Arabic, Persian, Turkic, Greek, Armenian and Mongol* (Leiden, Boston, MA, and Cologne, 2000).
—, Kovalev, R. K., Martinez, A. P., Skaff, J., and Zimonyi, A. (eds), *Festschrift for Thomas T. Allsen in Celebration of His 75th Birthday* (Wiesbaden, 2015 = *AEMA* 21 [2014–15]).
Goriatcheva, Valentina D., 'À propos de deux capitales du kaghanat karakhanide', in Fourniau (ed.), *Études Karakhanides* (2001), 91–114.
Gronke, Monika, *Derwische im Vorhof der Macht. Sozial- und Wirtschaftsgeschichte Nordwestirans im 13. und 14. Jahrhundert*, FIS 15 (Stuttgart, 1993).— 'La religion populaire en Iran mongol', in Aigle (ed.), *L'Iran face à la domination mongole* (1997), 205–30.
Grupper, Samuel M., 'A Barulas family narrative in the *Yuan Shih*: Some neglected prosopo- graphical and

institutional sources on Timurid origins', *AEMA* 8 (1992–4), 11–97.— 'The Buddhist sanctuary-*v ihāra* of Labnasagut and the Il-q an Hülegü: An overview of Il-q anid Buddhism and related matters', *AEMA* 13 (2004), 5–77.

Haarmann, Ulrich, *Quellenstudien zur frühen Mamlukenzeit*, IU 1 (Freiburg im Breisgau, 1970).

Halperin, Charles J., 'The Kipchak connection: The Ilkhans, the Mamluks and Ayn Jalut', *BSOAS* 63 (2000), 229–45.

— *Russia and the Mongols: Slavs and the Steppe in Medieval and Early Modern Russia*, ed.

Victor Spinei and George Bilavschi (Bucharest, 2007).

Hambis, Louis, 'Une coutume matrimoniale chez les Mongols et les peuples de Haute-A sie', in *Mélanges offerts à Jean Dauvillier* (Toulouse, 1979), 385–93.

Hambly, Gavin R. G. (ed.), *Women in the Medieval Islamic World: Power, Patronage, and Piety* (New York, 1998).

Hansen, Valerie, *The Silk Road: A New History* (Oxford, 2012).— 'International gifting and the Kitan world, 907–1125', *JSYS* 43 (2013), 273–302.

Hatcher, Patrick A., 'Peddling Islam: The merchant in early conversion narratives of the Central Asian Turks', in Gervers, Bulag and Long (eds), *Traders and Trade Routes of Central and Inner Asia* (2007), 31–44.

Haw, Stephen G., *Marco Polo's China: A Venetian in the Realm of Khubilai Khan* (London and New York, 2006).— 'The Mongol Empire – the first "gunpowder empire"?', *JRAS*, 3rd series, 23 (2013), 441–69.

Hawting, G. R. (ed.), *Muslims, Mongols and Crusaders: An Anthology of Articles Published in the Bulletin of the School of Oriental and African Studies* (London and New York, 2005).

Hazai, Georg, and Zieme, Peter (eds), *Sprache, Geschichte und Kultur der altaischen Völker: Protokolband der XII. Tagung der PIAC 1969 in Berlin*, Schriften zur Geschichte und Kultur des alten Orients 5 (Berlin, 1974).

Heidemann, Stefan, *Das aleppiner Kalifat (AD 1261). Vom Ende des Kalifates in Bagdad über Aleppo zu den Restaurationen in Kairo*, IHC 6 (Leiden, New York and Cologne, 1994).

Heissig, Walther, and Sagaster, Klaus (eds), *Gedanke und Wirkung. Festschrift zum 90.*

Geburtstag von Nikolaus Poppe, AF 108 (Wiesbaden, 1989).

Henthorn, William Ellsworth, *Korea: The Mongol Invasions* (Leiden, 1963).

Heywood, Colin J., 'Filling the black hole: The emergence of the Bithynian atamanates', in Kemal Çiçek et al. (eds), *The Great Ottoman- Turkish Civilisation* (Ankara, 2000), I. *Politics*, 107–15; reprinted in Heywood, *Ottomanica and Meta-O ttomanica*, 91–105.— *Ottomanica and Meta-O ttomanica: Studies in and around Ottoman History, 13th–18th Centuries* (Istanbul, 2013).

Hillenbrand, Carole (ed.), *The Sultan's Turret: Studies in Persian and Turkish Culture* (= *Studies in Honour of Clifford Edmund Bosworth*, II) (Leiden, Boston, and Cologne, 2000).

Hillenbrand, Robert, 'The arts of the book in Ilkhanid Iran', in Komaroff and Carboni (eds), *The Legacy of Genghis Khan* (2002), 134–67.— 'Propaganda in the Mongol "*World History*"', *British Academy Review* 17 (2011), 29–38.— Peacock, A. C. S., and Abdullaeva, Firuza (eds), *Ferdowsi, the Mongols and the History of Iran: Art, Literature and Culture from Early Islam to Qajar Persia. Studies in Honour of Charles Melville* (London and New York, 2013).

Hinz, Walther, *Islamische Masse und Gewichte* (Leiden, 1955).

Hirschler, Konrad, *Medieval Arabic Historiography: Authors as Actors* (London and New York, 2006) Hodgson, M. G. S., 'The Ismā'īlī *state', in CHI*, V, 422–82.

Hoffmann, Birgitt, 'Iran unter mongolischer Herrschaft: Die Ilchane', in Conermann and Kusber (eds), *Die Mongolen in Asien und Europa* (1997), 103–19.

Holmgren, J., 'Observations on marriage and inheritance practices in early Mongol and Yüan society, with particular reference to the levirate', *JAH* 20 (1986), 127–92.

Hope, Michael, 'The transmission of authority through the quriltais of the early Mongol empire and the Īlkhānate of Iran (1227–1335)', *MS* 34 (2012), 87–115.

Hsiao, Ch'i-c h'ing, *The Military Establishment of the Yuan Dynasty*, Harvard East Asian Monographs 77 (Cambridge, MA, and London, 1978).

Huang Shijian, 'The Persian language in China during the Yuan dynasty', *PFEH* 34 (Sept. 1986), 83–95.

Humphreys, R. Stephen, *From Saladin to the Mongols: The Ayyubids of Damascus, 1193– 1260* (Albany, NY, 1977).

Isahaya, Yoichi, 'History and provenance of the "Chinese" calendar in the *Zīj- i Īlkhānī*', *Majalla- yi Ta'rīkh- i 'Ilm (Iranian Journal for the History of Science)* 8 (2009), 19–44.— 'The *Tārīkh- i Qitā* in the *Zīj- i Īlkhānī* – The Chinese calendar in Persian', *Sciamus: Sources and Commentaries in Exact Sciences* 14 (2013), 149–258.
Itani Kōzō, 'Jalāl al- Dīn Khwārazmshāh in West Asia', *MRTB* 47 (1989), 145–64.
Jackson, Peter, 'The Mongols and the Delhi Sultanate in the reign of Muḥammad Tughluq (1325–1352)', *CAJ* 19 (1975), 118–57; reprinted in Jackson, *Studies on the Mongol Empire*.— 'The dissolution of the Mongol empire', *CAJ* 22 (1978), 186–244; reprinted in Jackson, *Studies on the Mongol Empire*.— 'The crisis in the Holy Land in 1260', *English Historical Review* 95 (1980), 481–513.— *The Delhi Sultanate: A Political and Military History*, CSIC (Cambridge, 1999).— 'From *ulus* to khanate: The making of the Mongol states, c.1220–1290', in Amitai-P reiss and Morgan (eds), *The Mongol Empire and its Legacy* (1999), 12–38; reprinted in Jackson, *Studies on the Mongol Empire*.— 'Hülegü Khan and the Christians: The making of a myth', in Peter Edbury and Jonathan Phillips (eds), *The Experience of Crusading*, II. *Defining the Crusader Kingdom* (Cambridge, 2003), 196–213; reprinted in Jackson, *Studies on the Mongol Empire*.— 'The Mongols and the faith of the conquered', in Amitai and Biran (eds), *Mongols, Turks, and Others* (2005), 245–90; reprinted in Jackson, *Studies on the Mongol Empire*, and in Ryan (ed.), *The Spiritual Expansion of Medieval Latin Christendom* (2013), 297–342.— *The Mongols and the West, 1221–1410* (Harlow, 2005).— 'World-c onquest and local accommodation: Threat and blandishment in Mongol diplo- macy', in Pfeiffer and Quinn (eds), *History and Historiography of Post- Mongol Central Asia and the Middle East* (2006), 3–22; reprinted in Jackson, *Studies on the Mongol Empire*.— 'Mongol khans and religious allegiance: The problems confronting a minister- historian in Ilkhanid Iran', *Iran* 47 (2009), 109–22.— *Studies on the Mongol Empire and Early Muslim India* (Farnham and Burlington, VT, 2009).
Kadoi, Yuka, *Islamic Chinoiserie: The Art of Mongol Iran* (Edinburgh, 2009).
Kamola, Stefan, 'History and legend in the Jāmi` al- tawārikh [*sic*]: Abraham, Alexander, and Oghuz Khan', *JRAS*, 3rd series, 25 (2015), 555–77.
Kaplonski, Christopher, 'The Mongolian impact on Eurasia: A reassessment', in Andrew Bell- Fialkoff (ed.), *The Role of Migration in the History of the Eurasian Steppe: Sedentary Civilization vs. 'Barbarian' and Nomad* (Basingstoke, 2000), 251–74.
Kaplony, Andreas, 'The conversion of the Turks of Central Asia to Islam as seen by Arabic and Persian geography: A comparative perspective', in De la Vaissière (ed.), *Islamisation de l'Asie centrale* (2008), 319–38.
Kara, György, 'Mediaeval Mongol documents from Khara Khoto and East Turkestan in the St Petersburg branch of the Institute of Oriental Studies', *Manuscripta Orientalia* 9, no. 2 (2003), 3–40.
Karaev, O., *Chagataiskii ulus. Gosudarstvo Khaidu. Mogulistan. Obrazovanie Kyrgyzskogo naroda* (Bishkek, 1995).
Karamustafa, Ahmet T., *God's Unruly Friends: Dervish Groups in the Islamic Later Middle Period, 1200–1550* (Salt Lake City, UT, 1994).
Katō, Kazuhide, 'Kebek and Yasawr – the establishment of the Chaghatai khanate', *MRTB* 49 (1991), 97–118.
Kauz, Ralph, *Politik und Handel zwischen Ming und Timuriden. China, Iran und Zentralasien im Spätmittelalter* (Wiesbaden, 2005).— 'The maritime trade of Kish during the Mongol period', in Komaroff (ed.), *Beyond the Legacy of Genghis Khan* (2006), 51–67.— (ed.), *Aspects of the Maritime Silk Road: From the Persian Gulf to the East China Sea* (Wiesbaden, 2010).
Kedar, B. Z., and Udovitch, A. L. (eds), *The Medieval Levant: Studies in Memory of Eliyahu Ashtor (1914–1984)* (Haifa, 1988 = *AAS* 22, nos 1–3).
Kempiners, Russell G., Jr, 'Vaṣṣāf's *Tajziyat al-a mṣār wa Tazjiyat al-a 'ṣār* as a source for the history of the Chaghadayid khanate', *JAH* 22, part 2 (1988), 160–87.
Kennedy, Hugh (ed.), *The Historiography of Islamic Egypt (c. 950–1800)* (Leiden, 2001).
Khazanov, Anatoly M., 'The spread of world religions in medieval nomadic societies of the Eurasian steppes', in Michael Gervers and Wayne Schlepp (eds), *Nomadic Diplomacy, Destruction and Religion from the Pacific to the Adriatic*, TSCIA 1 (Toronto, 1994), 11–33.— and Wink, André (eds), *Nomads in the Sedentary World* (Richmond, Surrey, 2001).
Kim, Hodong, 'The early history of the Moghul nomads: The legacy of the Chaghatai khanate', in Amitai-P reiss and Morgan (eds), *The Mongol Empire and its Legacy* (1999), 290–318.— 'A reappraisal of Güyüg Khan', in

Amitai and Biran (eds), *Mongols, Turks, and Others* (2005), 309–38.
— 'The unity of the Mongol empire and continental exchanges over Eurasia', *JCES* 1 (2009), 15–42.
— 'A re- examination of the "Register of Thousands (*hazāra*)" in *Jāmi' al- tawārīkh*', in Akasoy, Burnett and Yoeli-T lalim (eds), *Rashīd al- Dīn* (2013), 89–114.
Klein, Wassilios, *Das nestorianische Christentum an den Handelswegen durch Kyrgyzstan bis zum 14. Jh.*, Silk Road Studies 3 (Turnhout, 2000).
Kolbas, Judith, *The Mongols in Iran: Chingiz Khan to Uljaytu 1220–1309* (London and New York, 2006).— 'Historical epic as Mongol propaganda? Juwaynī's motifs and motives', in De Nicola and Melville (eds), *The Mongols' Middle East* (2016), 155–71.
Komaroff, Linda, 'The transmission and dissemination of a new visual language', in Komaroff and Carboni (eds), *The Legacy of Genghis Khan* (2002), 168–95.— (ed.), *Beyond the Legacy of Genghis Khan*, IHC 64 (Leiden and Boston, MA, 2006).— and Carboni, Stefano (eds), *The Legacy of Genghis Khan: Courtly Art and Culture in Western Asia, 1256–1353* (New York, 2002).
Kouymjian, Dickran K. (ed.), *Near Eastern Numismatics, Iconography, Epigraphy and History: Studies in Honor of George C. Miles* (Beirut, 1974).
Kradin, Nikolai N., 'Chinggis Khan, world system analysis and preindustrial globalization', in his *Nomads of Inner Asia in Transition* (Moscow, 2014), 173–90.
Krämer, Franz, Schmidt, Katharina, and Singer, Julika (eds), *Historicizing the 'Beyond': The Mongolian Invasion as a New Dimension of Violence?* (Heidelberg, 2011).
Krawulsky, Dorothea, *Īrān – das Reich der Īlḫāne. Eine topographisch-h istorische Studie*, Beihefte zum Tübinger Atlas des Vorderen Orients, Reihe B, 17 (Wiesbaden, 1978).— *Mongolen und Ilkhâne – Ideologie und Geschichte* (Beirut, 1989).— 'Das Testament von Chinggis Khan: Eine quellenkritische Studie zum Thema Legitimation und Herrschaft', in Krawulsky, *Mongolen und Ilkhâne – Ideologie und Geschichte*, 65–85.— *The Mongol Īlkhāns and their Vizier Rashīd al-D īn* (Frankfurt am Main, 2011).— 'The testament of Čingiz Khān: A critical source study', in Krawulsky, *The Mongol Īlkhāns and their Vizier Rashīd al-D īn*, 19–28.
Kritzeck, James, 'Ibn al-Ṭ iqṭaqā and the fall of Baghdād', in James Kritzeck and R. Bayly Winder (eds), *The World of Islam: Studies in Honour of Philip K. Hitti* (London and New York, 1959), 159–84.
Kumar, Sunil, 'The ignored elites: Turks, Mongols and a Persian secretarial class in the early Delhi Sultanate', *Modern Asian Studies* 43 (2009), 45–77.
Lambton, Ann K. S., 'Justice in the medieval Persian theory of kingship', *SI* 17 (1962), 91–119; reprinted in Lambton, *Theory and Practice in Medieval Persian Government* (London, 1980).
— *State and Government in Medieval Islam: An Introduction to the Study of Islamic Political Theory: The Jurists* (Oxford, 1981).— 'Mongol fiscal administration in Persia' [Part I], *SI* 64 (1986), 79–99; '... (Part II), *SI* 65 (1987), 97–123.
— *Continuity and Change in Medieval Persia: Aspects of Administrative, Economic and Social History, 11th–14th Century* (London, 1988).
— '*Awqāf* in Persia: 6th–8th/12th–14th centuries', *Islamic Law and Society* 4 (1997), 298–318.— 'The *Āthār wa aḥyā'* of Rashīd al- Dīn Faḍl Allāh Hamadānī and his contribution as an agronomist, arboriculturist and horticulturalist', in Amitai-P reiss and Morgan (eds), *The Mongol Empire and its Legacy* (1999), 126–54.
Lane, George, 'Arghun Aqa: Mongol bureaucrat', *IS* 32 (1999), 459–82.— *Early Mongol Rule in Thirteenth-C entury Iran: A Persian Renaissance* (London and New York, 2003).— *Daily Life in the Mongol Empire* (Westport, CT, 2006).— 'The Dali stele', in Binbaş and Kılıç-S chubel (eds), *Horizons of the World* (2011), 79–118.— 'Mongol news: The Akhbār- i Moghulān dar Anbāneh Qutb by Quṭb al- Dīn Maḥmūd ibn Mas'ūd [*sic*] Shīrāzī', *JRAS*, 3rd series, 22 (2012), 541–59.— 'A Tale of Two Cities: The liberation of Baghdad and Hangzhou and the rise of the Toluids', *CAJ* 56 (2012–13), 103–32.
— 'Whose secret intent?', in Rossabi (ed.), *Eurasian Influences on Yuan China* (2013), 1–40.— 'Persian notables and the families who underpinned the Ilkhanate', in Amitai and Biran (eds), *Nomads as Agents of Cultural Change* (2015), 182–213.— 'Intellectual jousting and the Chinggisid wisdom bazaars', in May (ed.), *The Mongols and Post- Mongol Asia* (2016), 235–47.— 'The Phoenix Mosque', in De Nicola and Melville (eds), *The Mongols' Middle East* (2016), 237–76.

Langlois, John D., Jr (ed.), *China under Mongol Rule* (Princeton, NJ, 1981).
Lewis, Bernard, 'The Mongols, the Turks and the Muslim polity', in his *Islam in History: Ideas, Men and Events in the Middle East* (London, 1973), 179–98; revised version in idem, *Islam in History: Ideas, People, and Events in the Middle East*, 2nd edn (Chicago and La Salle, IL, 1993), 189–207.
Lindner, Rudi Paul, 'The challenge of Qılıch Arslan IV', in Kouymjian (ed.), *Near Eastern Numismatics, Iconography, Epigraphy and History* (1974), 411–17.— 'What was a nomadic tribe?', *Comparative Studies in Society and History* 24 (1982), 689–711.
— 'How Mongol were the early Ottomans?', in Amitai- Preiss and Morgan (eds), *The Mongol Empire and its Legacy* (1999), 282–9.— *Explorations in Ottoman Prehistory* (Ann Arbor, MI, 2007).
Little, Donald Presgrave, *An Introduction to Mamlūk Historiography: An Analysis of Arabic Annalistic and Biographical Sources for the Reign of al-M amlik al-N āṣir Muḥammad ibn Qalā'ūn*, FIS 2 (Wiesbaden, 1970).— *History and Historiography of the Mamlūks* (London, 1986).— 'Historiography of the Ayyūbid and Mamlūk epochs', in Petry (ed.), *The Cambridge History of Egypt*, I (1998), 412–44.
Liu Yingsheng, 'War and peace between the Yuan dynasty and the Chaghadaid khanate (1312–1323)', in Amitai and Biran (eds), *Mongols, Turks, and Others* (2005), 339–58.— 'A study of Küšän Tarim in the Yuan dynasty', in Luo (ed.), *Chinese Scholars on Inner Asia* (2012), 463–85.
Lo, Vivienne, and Wang Yidan, 'Blood or *Qi* circulation? On the nature of authority in Rashīd al-D īn's *Tānksūqnāma* (The Treasure Book of the Ilkhan on Chinese Science and Techniques)', in Akasoy, Burnett and Yoeli-T lalim (eds), *Rashīd al-D īn* (2013), 127–72.
Luo Xin (ed.), *Chinese Scholars on Inner Asia*, trans. Roger Covey, IUUAS 174 (Bloomington, IN, 2012).
Manz, Beatrice Forbes, 'Tamerlane and the symbolism of sovereignty', *IS* 21 (1988), 105–22.— *The Rise and Rule of Tamerlane*, CSIC (Cambridge, 1989).— 'The development and meaning of Chaghatay identity', in Jo-A nn Gross (ed.), *Muslims in Central Asia: Expressions of Identity and Change* (Durham, NC, and London, 1992), 29–45.
— 'Mongol history rewritten and relived', *Revue des Mondes Musulmans et de la Méditerranée* 89–90 (2001), 129–49.
— *Power, Politics and Religion in Timurid Iran*, CSIC (Cambridge, 2007).
— 'Ulugh Beg, Transoxiana and Turco-M ongolian tradition', in Markus Ritter, Ralph Kauz and Birgitt Hoffmann (eds), *Iran und iranisch geprägte Kulturen. Studien zum 65.*
Geburtstag von Bert G. Fragner (Wiesbaden, 2008), 20–7.— 'The rule of the infidels: The Mongols and the Islamic world', in *NCHI*, III (2010), 128–68.
— 'Reflections on nomads, agriculture and urban life', in Binbaş and Kılıç-S chubel (eds), *Horizons of the World* (2011), 325–57.— 'Juvayni's historical consciousness', in Hillenbrand, Peacock and Abdullaeva (eds), *Ferdowsi, the Mongols and the History of Iran* (2013), 114–19.— (ed.), *Central Asia in Historical Perspective* (Boulder, CO, and Oxford, 1994).
Markov, A. K., *Inventar'nyi katalog musulmanskikh monet Ermitazha* (St Petersburg, 1896– 1904).
Martin, Janet, *Treasure of the Land of Darkness: The Fur Trade and its Significance for Medieval Russia* (Cambridge, 1986).— *Medieval Russia 980–1584* (1995), 2nd edn (Cambridge, 2007).
Martinez, A. P., 'Some notes on the Īl-x ānid army', *AEMA* 6 (1986 [1988]), 129–242.— 'Changes in chancellery languages and language changes in general in the Middle East, with particular reference to Iran in the Arab and Mongol periods', *AEMA* 7 (1987–91), 103–52.
— 'The Eurasian overland and Pontic trades in the thirteenth and fourteenth centuries with special reference to their impact on the Golden Horde, the West, and Russia, and to the evidence in archival material and mint outputs', *AEMA* 16 (2008–9), 127–221.— 'Institutional developments, revenues and trade', in *CHIA* (2009), 89–108.
Mason, Herbert, *Two Statesmen of Medieval Islam: Vizir Ibn Hubayra (499–560 AH/1105– 1165 AD) and Caliph an-Nāṣir li Dīn Allāh (553–622 AH/1158–1225 AD)* (The Hague and Paris, 1972).
Masuya, Tomoko, 'Ilkhanid courtly life', in Komaroff and Carboni (eds), *The Legacy of Genghis Khan* (2002), 74–103.
May, Timothy, 'A Mongol-I smâ'*ilî alliance? Thoughts on the Mongols and Assassins', JRAS*, 3rd series, 14 (2004), 231–9.— (Mei, T.), 'Mongoly i mirovye religii v XIII veke', in B. V. Bazarov, N. N. Kradin and T. D.

Skrynnikova (eds), *Mongol′skaia imperiia i kochevoi mir* (Ulan Ude, 2004), 424–43.
— *The Mongol Art of War: Chinggis Khan and the Mongol Military System* (Barnsley, 2007).— 'The conquest and rule of Transcaucasia: The era of Chormaqan', in Tubach et al. (eds), *Caucasus during the Mongol Period* (2012), 129–51.— *The Mongol Conquests in World History* (London, 2012).— 'Mongol conquest strategy in the Middle East', in De Nicola and Melville (eds), *The Mongols' Middle East* (2016), 13–37.— (ed.), *The Mongols and Post- Mongol Asia: Studies in Honour of David Morgan* (Cambridge, 2016 = *JRAS*, 3rd series, 26, parts 1–2).
McChesney, R. D., *Central Asia: Foundations of Change* (Princeton, NJ, 1996).— 'The Chinggisid restoration in Central Asia: 1500–1785', in *CHIA* (2009), 277–302.
McNeill, William H., *Plagues and Peoples* (Oxford, 1976).
Melikian- Chirvani ,Assadullah Souren ,'Le *Shāh- nāme*, la gnose soufie et le pouvoir mongol', *JA* 272 (1984), 249–337.
— 'Conscience du passé et résistance culturelle dans l'Iran mongol', in Aigle (ed.), *L'Iran face à la domination mongole* (1997), 135–77.
Melville, Charles, '*Pādshāh- i Islām*: The conversion of Sultan Maḥmūd Ghāzān Khan', *Pembroke Papers* 1 (1990), 159–77.— 'The itineraries of Sultan Öljeitü', *Iran* 28 (1990), 55–70.— 'The Chinese-U ighur animal calendar in Persian historiography of the Mongol period', *Iran* 32 (1994), 83–98.— 'From Adam to Abaqa: Qāḍī Baiḍāwī's rearrangement of history', *StIr* 30 (2001), 67–86.— 'The Mongols in Iran', in Komaroff and Carboni (eds), *The Legacy of Genghis Khan* (2002), 36–61.
— 'History and myth: The Persianisation of Ghazan Khan', in Éva M. Jeremiás (ed.), *Irano- Turkic Cultural Contacts in the 11th–17th Centuries* (Piliscsaba, 2003), 133–44.— 'The *Keshig* in Iran: The survival of the royal Mongol household', in Komaroff (ed.), *Beyond the Legacy of Genghis Khan* (2006), 135–64.— 'From Adam to Abaqa: Qāḍī Baiḍāwī's rearrangement of history (Part II)', *StIr* 36 (2007), 7–64.
— 'Anatolia under the Mongols', in Kate Fleet (ed.), *The Cambridge History of Turkey*, I.
Byzantium to Turkey, 1071–1453 (Cambridge, 2009), 51–101.— 'The historian at work', in Melville (ed.), *Persian Historiography* (2012), 56–100.— 'The Mongol and Timurid periods, 1250–1500', in Melville (ed.), *Persian Historiography* (2012), 155–208.
— 'Northern Iraq: Historical and political context', in Ward (ed.), *Court and Craft* (2014), 16–22.
— 'The end of the Ilkhanate and after: Observations on the collapse of the Mongol world empire', in De Nicola and Melville (eds), *The Mongols' Middle East* (2016), 309–35.— (ed.), *Proceedings of the Third European Conference of Iranian Studies Held in Cambridge, 11th to 15th September 1995, Part 2: Mediaeval and Modern Persian Studies* (Wiesbaden, 1999).
— (ed.), *Persian Historiography*, A History of Persian Literature, X (Ehsan Yarshater, general ed.), (London, 2012).
Michot: see Ibn Taymiyya [primary sources (Arabic and Persian) above].
Millward, James, 'Eastern Central Asia (Xinjiang): 1300–1800', in *CHIA* (2009), 260–76.
Minorsky, Vladimir, *Iranica: Twenty Articles* (Tehran, 1964).
Miquel, André, *La géographie humaine du monde musulman jusqu'au milieu du 11e siècle*, I, 2nd edn (Paris and The Hague, 1973); II–III (Paris and The Hague, 1975–80); IV (Paris, 1988).
Mitchell, Lynette, and Melville, Charles (eds), *Every Inch a King: Comparative Studies on Kings and Kingship in the Ancient and Medieval Worlds* (Leiden and Boston, MA, 2013).
Molé, M., 'Les Kubrawiya entre sunnisme et shiisme aux huitième et neuvième siècles de l'Hégire', *REI* 29 (1961), 61–142.
Morgan, David O., 'The Mongol armies in Persia', *Der Islam* 56 (1979), 81–96.— 'Who ran the Mongol Empire?', *JRAS* (1982), 124–36.— 'Persian historians and the Mongols', in Morgan (ed.), *Medieval Historical Writing* (1982), 109–24.
— 'The "Great *Yāsā* of Chingiz Khān" and Mongol law in the Īlkhānate', *BSOAS* 49 (1986), 163–76; reprinted in Hawting (ed.), *Muslims, Mongols and Crusaders* (2005), 198–211.— 'The Mongols and the eastern Mediterranean', in Benjamin Arbel et al. (eds), *Latins and Greeks in the Eastern Mediterranean after 1204* (London, 1989 = *Mediterranean Historical Review* 4, part 1), 198–211.— 'Mongol or Persian: The government of Īlkhānid Iran', *Harvard Middle Eastern and Islamic Review* 3 (1996), 62–76.— 'Rašīd al-d īn and Ġazan

Khan', in Aigle (ed.), *L'Iran face à la domination mongole* (1997), 179–88.
— 'The empire of Tamerlane: An unsuccessful re-r un of the Mongol empire?', in J. R. Maddicott and D. M. Palliser (eds), *The Medieval State: Essays Presented to James Campbell* (London and Rio Grande, 2000), 233–41.— 'Ibn Baṭṭūṭa and the Mongols', *JRAS*, 3rd series, 11 (2001), 1–11.— 'The Mongols in Iran: A reappraisal', *Iran* 42 (2004), 131 6.— 'The "Great *Yasa* of Chinggis Khan" revisited', in Amitai and Biran (eds), *Mongols, Turks, and Others* (2005), 291–308.— 'The Mongol empire in world history', in Komaroff (ed.), *Beyond the Legacy of Genghis Khan* (2006), 425–37.— *The Mongols*, The Peoples of Europe (1986), 2nd edn (Oxford, 2007).— 'The decline and fall of the Mongol empire', *JRAS*, 3rd series, 19 (2009), 427–37.— *Medieval Persia, 1040–1797* (1988), 2nd edn (London and New York, 2016).— (ed.), *Medieval Historical Writing in the Christian and Islamic Worlds* (London, 1982).
Mozaffari, S. Mohammad, and Zotti, Georg, 'Ghāzān Khān's astronomical innovations at Marāgha observatory', *JAOS* 132 (2012), 395–425.
Muginov, A. M., 'Persidskaia unikal′naia rukopis′ Rashīd ad- Dīna', *Uchenye Zapiski Instituta Vostokovedeniia* 16 (1958), 352–75.
Mulder, Stephennie, *The Shrines of the 'Alids in Medieval Syria: Sunnis, Shi'is and the Architecture of Coexistence* (Edinburgh, 2014).
Müller, Claudius (ed.), *Dschingis Khan und seine Erben. Das Weltreich der Mongolen* (Bonn and Munich, 2005).
Nagel, Tilman, *Timur der Eroberer und die islamische Welt des späten Mittelalters* (Munich, 1993).
Nashat, Guity, and Beck, Lois (eds), *Women in Iran from the Rise of Islam to 1800* (Urbana and Chicago, IL, 2003).
Needham, Joseph, *Science and Civilisation in China*, III: *Mathematics and the Sciences of the Heavens and the Earth* (Cambridge, 1959).— *Science and Civilisation in China*, V, part 7: *Military Technology: The Gunpowder Epic* (Cambridge, 1986).— and Yates, Robin D. S., *Science and Civilisation in China*, V, part 6: *Military Technology: Missiles and Sieges* (Cambridge, 1994).
Netzer, Amnon, 'Rashīd al-D īn and his Jewish background', in Shaul Shaked and Amnon Netzer (eds), *Irano-J udaica, III: Studies Relating to Jewish Contacts with Persian Culture throughout the Ages* (Jerusalem, 1994), 118–26.
Nikonorov, V. P. (ed.), *Tsentral′naia Aziia ot Akhemenidov do Timuridov: Arkheologiia, istoriia, étnografiia, kul′tura. Materialy mezhdunarodnoi nauchnoi konferentsii, posviash- chennoi 100–letiiu so dnia rozhdeniia Aleksandra Markovicha Belenitskogo, Sankt- Peterburg, 2–5 noiabria 2004 goda* (St Petersburg, 2005).
Norris, John, 'East or west? The geographic origin of the Black Death', *Bulletin of the History of Medicine* 51 (1977), 1–24.
Ostrowski, Donald, *Muscovy and the Mongols: Cross-C ultural Influences on the Steppe Frontier, 1304–1589* (Cambridge, 1998).— 'The *tamma* and the dual-a dministrative structure of the Mongol empire', *BSOAS* 61 (1998), 262–77.
Park, Hyunhee, *Mapping the Chinese and Islamic Worlds: Cross-C ultural Exchange in Pre- Modern Asia* (Cambridge, 2012).
Parkin, David, and Headley, Stephen C. (eds), *Islamic Prayer across the Indian Ocean: Inside and Outside the Mosque* (Richmond, Surrey, 2000).
Patton, Douglas, *Badr al-D īn Lu'lu' Atabeg of Mosul, 1211–1259* (Seattle, WA, and London, 1991).
Paul, Jürgen, 'Scheiche und Herrscher im Khanat Čaġatay', *Der Islam* 67 (1990), 278–321.
— 'L'invasion mongole comme "révélateur" de la société iranienne', in Aigle (ed.), *L'Iran face à la domination mongole* (1997), 37–53.— 'The role of Ḫwārazm in Seljuq Central Asian politics, victories and defeats: Two case studies', *ES* 6 (2007–8), 1–17.
Peacock, A. C. S., *The Great Seljuk Empire* (Edinburgh, 2015).
Pederson, Neil, Hessl, Amy E., Baatarbileg, Nachin, Anchukaitis, Kevin J., and Di Cosmo, Nicola, 'Pluvials, droughts, the Mongol Empire, and modern Mongolia', *Proceedings of the National Academy of Sciences of the United States of America* 111, no. 12 (25 March 2014), 4375–9.
Pelliot, Paul, 'Les Mongols et la papauté. Chapitre premier', *Revue de l'Orient Chrétien* 23 (1922–3), 3–30.
— 'Le Ḫōǰa et le Sayyid Ḥusain de l'histoire des Ming', *TP* 38 (1948), 81–292.— *Notes sur l'histoire de la Horde d'Or, suivi de quelques noms turcs d'hommes et de peuples finissant en 'ar'* (Paris, 1949).— *Notes on Marco*

Polo, 3 vols with continuous pagination (Paris, 1959–73).— *Recherches sur les chrétiens d'Asie centrale et d'Extrême-O rient*, ed. Jean Dauvillier (Paris, 1973).
— and Hambis, Louis (eds), *Histoire des campagnes de Gengis Khan. Cheng- wou ts'in- tcheng lou* (Leiden, 1951: vol. I only published): see Anon., *Shengwu qinzheng lu* [primary sources (Chinese) above].
Petrov, P. N., 'Khronologiia pravleniia khanov v Chagataiskom gosudarstve v 1271–1368 gg. (po materialam numizmaticheskikh pamiatnikov)', in S. G. Kliashtornyi, T. I. Sultanov and V. V. Trepavlov (eds), *Istoriia i kul'tura tiurkskikh narodov Rossii i sopredel'nykh stran* (Moscow, 2009 = *Tiurkologicheskii Sbornik* 2007–8), 294–319.
Petrushevskii, I. P., *Zemledelie i agrarnye otnosheniia v Irane XIII–XIV vekov* (Moscow and Leningrad, 1960).— 'Pokhod mongol'skikh voisk v Sredniuiu Aziiu v 1219–1224 gg. i ego posledstviia', in Tikhvinskii (ed.), *Tataro-M ongoly v Azii i Evrope* (1977), 107–39.
Petrushevsky, I. P., 'The socio-e conomic condition of Iran under the Īl-K *hāns', in CHI*, V (1968), 483–537.
Petry, Carl F. (ed.), *The Cambridge History of Egypt*, I. *Islamic Egypt, 640–1517* (Cambridge, 1998).
Pfeiffer, Judith, 'Conversion versions: Sultan Öljeitü's conversion to Shi'ism (709/1309) in Muslim narrative sources', *MS* 22 (1999), 35–67.— 'Aḥmad Tegüder's second letter to Qalā'ūn (682/1283)', in Pfeiffer and Quinn (eds), *History and Historiography of Post-M ongol Central Asia and the Middle East* (2006), 167–202.— 'Reflections on a "Double Rapprochement": Conversion to Islam among the Mongol elite during the early Ilkhanate', in Komaroff (ed.), *Beyond the Legacy of Genghis Khan* (2006), 369–89.
— 'Confessional ambiguity vs. confessional polarization: Politics and the negotiation of reli- gious boundaries in the Ilkhanate', in Pfeiffer (ed.), *Politics, Patronage and the Transmission of Knowledge in 13th–15th Century Tabriz* (2014), 129–68.— '"Not every head that wears a crown deserves to rule": Women in Il-K hanid political life and court culture', in Ward (ed.), *Court and Craft* (2014), 23–9.— (ed.), *Politics, Patronage and the Transmission of Knowledge in 13th–15th Century Tabriz* (Leiden and Boston, MA, 2014).— and Quinn, Sholeh A. (eds, with Ernest Tucker), *History and Historiography of Post- Mongol Central Asia and the Middle East: Studies in Honor of John E. Woods* (Wiesbaden, 2006).
Piacentini, Valeria Fiorani, 'L'emporio ed il regno di Hormoz (VIII–fine XV sec. d. Cr.).
Vicende storiche, problemi ed aspetti di una civiltà costiera del Golfe Persico', *Memorie dell'Istituto Lombardo, Accademia di Scienze e Lettere* 35 (Milan, 1975), 7–169.
Pishchulina, K. A., *Iugo-v ostochnyi Kazakhstan v seredine XIV–nachale XVI vekov (voprosy politicheskoi i sotsial'no-é konomicheskoi istorii)* (Alma- Ata, 1977).
Popoli delle steppe: Unni, Avari, Ungari, 23–29 aprile 1987, 2 vols, Settimane di studio del Centro italiano di studi sull'alto medioevo 35 (Spoleto, 1988).
Potter, Lawrence Goddard, 'The Kart dynasty of Herat: Religion and politics in medieval Iran', unpublished PhD thesis, Columbia University, 1992.
Pouzet, Louis, *Damas au VIIe/XIIIe siècle. Vie et structures religieuses d'une métropole islamique*, 2nd edn (Beirut, 1991).
Pritsak, Omeljan, 'Von den Karluk zu den Karachaniden', *ZDMG* 101 (1951), 270–300; reprinted in Pritsak, *Studies in Medieval Eurasian History*.— 'Two migratory movements in the Eurasian steppe in the 9th–11th centuries', in *Proceedings of the 26th International Congress of Orientalists, New Delhi 1964* (New Delhi, 1968), II, 157–63; reprinted in Pritsak, *Studies in Medieval Eurasian History*.— *Studies in Medieval Eurasian History* (London, 1981).— 'The distinctive features of the *Pax nomadica*', in *Popoli delle steppe* (1988), I, 749–80.
Quade-R eutter, Karin, '*... denn sie haben einen unvollkommenen Verstand*' – *Herrschaftliche Damen im Grossraum Iran in der Mongolen- und Timuridenzeit (ca. 1250–1507)* (Aachen, 2003).
Raby, Julian, and Fitzherbert, Teresa (eds), *The Court of the Il-k hans 1290–1340*, Oxford Studies in Islamic Art 12 (Oxford, 1996).
Raff, Thomas, *Remarks on an Anti-M ongol Fatwā by Ibn Taymīya* (Leiden, 1973).
Ratchnevsky, Paul, 'Šigi-Q utuqu, ein mongolischer Gefolgsmann im 12.–13. Jahrhundert', *CAJ* 10 (1965), 87–120.
— 'Die Yasa (Jasaq) Cinggis- khans und ihre Problematik', in Hazai and Zieme (eds), *Sprache, Geschichte und Kultur* (1974), 471–87.— *Genghis Khan: His Life and Legacy*, trans. and ed. Thomas Nivison Haining (Oxford, 1991).

— 'Jurisdiction, penal code, and cultural confrontation under Mongol- Yüan law', *Asia Major*, 3rd series, 6 (1993), part 1, 161–79.

Ravalde, Esther, 'Shams al-D īn Juwaynī, vizier and patron: Mediation between ruler and ruled in the Ilkhanate', in De Nicola and Melville (eds), *The Mongols' Middle East* (2016), 55–78.

Remler, Philip, 'New light on economic history from Ilkhanid accounting manuals', *StIr* 14 (1985), 157–77.

Rice, David Talbot, and Gray, Basil, *The Illustrations to the 'World History' of Rashīd al-D īn* (Edinburgh, 1976).

Richard, Jean, 'La conversion de Berke et les débuts de l'islamisation de la Horde d'Or', *REI* 35 (1967), 173–84; reprinted in Richard, *Orient et Occident au Moyen Age: Contacts et relations (XIIe–XVe s.)* (London, 1976).— *La papauté et les missions d'Orient au Moyen Age (XIIIe–XVe siècles)*, Collection de l'École Française de Rome 33 (Rome, 1977).— 'Les missions au nord de la mer noire (XIIIe–XVe siècles)', in Schmieder and Schreiner (eds), *Il codice Cumanico e il suo mondo* (2005), 231–46; trans. as 'The missions to the north of the Black Sea (thirteenth to fifteenth centuries)', in Ryan (ed.), *The Spiritual Expansion of Medieval Latin Christendom* (2013), 343–56.

Richards, D. S ., 'Ibn al-A thīr and the later parts of the *Kāmil*: A study of aims and methods', in Morgan (ed.), *Medieval Historical Writing in the Christian and Islamic Worlds* (1982), 76–108.

Roberg, Burkhard, 'Die Tartaren auf dem 2. Konzil von Lyon 1274', *Annuarium Historiae Conciliorum* 5 (1973), 241–302.

Roemer, Hans Robert, 'Tīmūr in Iran', in *CHI*, VI (1986), 42–97.— (ed., with Wolfgang-E kkehard Scharlipp), *History of the Turkic Peoples in the Pre-I slamic Period*, Philologiae et Historiae Turcicae Fundamenta I (Berlin, 2000).

Rossabi, Morris, 'The Muslims in the early Yüan dynasty', in Langlois (ed.), *China under Mongol Rule* (1981), 257–95.— *Khubilai Khan. His Life and Times* (Berkeley and Los Angeles, CA, 1988).— 'The Mongols and their legacy', in Komaroff and Carboni (eds), *The Legacy of Genghis Khan* (2002), 13–35.— 'Tabriz and Yuan China', in Kauz (ed.), *Aspects of the Maritime Silk Road* (2010), 97– 106.

— 'The Mongol empire and its impact on the arts of China', in Amitai and Biran (eds), *Nomads as Agents of Cultural Change* (2015), 214–27.— (ed.), *China among Equals: The Middle Kingdom and its Neighbors, 10th–14th Centuries* (Berkeley and Los Angeles, CA, 1983).— (ed.), *Eurasian Influences on Yuan China* (Singapore, 2013).

Roux, Jean- Paul, 'La tolérance religieuse dans les empires turco- mongols', *Revue de l'Histoire des Religions* 203 (1986), 131–68.

Ryan, James D. (ed.), *The Spiritual Expansion of Medieval Latin Christendom: The Asian Missions*, The Expansion of Latin Europe, 1000–1500, 11 (Farnham and Burlington, VT, 2013).

Rybatzki, Volker, Pozzi, Alessandra, Geier, Peter W., and Krueger, John R. (eds), *The Early Mongols: Language, Culture and History: Studies in Honor of Igor de Rachewiltz on the Occasion of His 80th Birthday*, IUUAS 173 (Bloomington, IN, 2009).

Rypka, Jan, 'Poets and prose writers of the late Saljuq and Mongol periods', in *CHI*, V (1968), 550–625.

Safargaliev, M. G., *Raspad Zolotoi Ordy* (Saransk, 1960).

Saliba, George, 'The first non-P tolemaic astronomy at the Maraghah school', *Isis* 70 (1979), 571–6; reprinted in Saliba, *A History of Arabic Astronomy*, 113–18.— *A History of Arabic Astronomy: Planetary Theories during the Golden Age of Islam* (New York and London, 1994).— 'Horoscopes and planetary theory: Ilkhanid patronage of astronomers', in Komaroff (ed.), *Beyond the Legacy of Genghis Khan* (2006), 357–68.

Saunders, J. J., *Muslims and Mongols: Essays on Medieval Asia*, ed. G. W. Rice (Canterbury, N.Z., 1977).

Sayed-G ohrab, A. A., and McGlinn, S. (eds), *The Treasury of Tabriz: The Great Il-K hanid Compendium* (Amsterdam and West Lafayette, IN, 2007).

Sayılı, Aydın, *The Observatory in Islam and its Place in the General History of the Observatory* (Ankara, 1960).

Schamiloglu, Uli, 'The *qaraçi* beys of the later Golden Horde: Notes on the organization of the Mongol world empire', *AEMA* 4 (1984), 283–97.

Schmieder, Felicitas, and Schreiner, Peter (eds), *Il codice Cumanico e il suo mondo. Atti del Colloquio internazionale Venezia, 6–7 dicembre 2002* (Rome, 2005).

Schottenhammer, Angela (ed.), *The East Asian 'Mediterranean': Maritime Crossroads of Culture, Commerce and*

Human Migration (Wiesbaden, 2008).
Schram, Stuart R. (ed.), *Foundations and Limits of State Power in China* (London and Hong Kong, 1987).
Seaman, Gary, and Marks, Daniel (eds), *Rulers from the Steppe: State Formation on the Eurasian Periphery* (Los Angeles, CA, 1991).
Sela, Ron, *Ritual and Authority in Central Asia: The Khan's Inauguration Ceremony*, PIA 37 (Bloomington, IN, 2003).
Serruys, Henry, 'Mongol *altan* "gold" = "imperial"', *Monumenta Serica* 21 (1962), 357–78.
Shim, Hosung, 'The postal roads of the Great Khans in Central Asia under the Mongol Yuan empire', *JSYS* 44 (2014), 405–69.
Shimo, Hirotoshi, 'The Qarāūnās in the historical materials of the Īlkhanate', *MRTB* 35 (1977), 131–81.
Shiraiwa, Kazuhiko, 'Rashīd al-D īn's primary sources in compiling the *Jāmi' al-t awārīkh*: A tentative survey', in Akasoy, Burnett and Yoeli- Tlalim (eds), *Rashīd al- Dīn* (2013), 39–56.
Siddiqui, Iqtidar Husain, 'The Qarlugh kingdom in north-w estern India during the thir- teenth century', *Islamic Culture* 54, part 2 (1980), 75–91.
Simpson, Marianna S., 'The role of Baghdād in the formation of Persian painting', in Chahryar Adle (ed.), *Art et société dans le monde iranien*, Bibliothèque iranienne 26 (Paris, 1982), 91–116.
Sinor, Denis, 'The Inner Asian warriors', *JAOS* 101 (1981), 133–44; reprinted in Sinor, *Studies in Medieval Inner Asia*.— *Studies in Medieval Inner Asia* (Aldershot and Brookfield, VT, 1997).— 'The Kitan and the Kara Khitay', in *HCCA*, IV, part 1, 227–42.— (ed.), *Aspects of Altaic Civilization III: Proceedings of the Thirtieth Meeting of the PIAC, Indiana University, Bloomington, Indiana, June 19–25, 1987*, IUUAS 145 (Bloomington, IN, 1990).
Smith, John Masson, Jr, 'Mongol and nomadic taxation', *HJAS* 30 (1970), 46–85.— 'Mongol manpower and Persian population', *JESHO* 18 (1975), 271–99.— 'Demographic considerations in Mongol siege warfare', *Archivum Ottomanicum* 13 (1993–4), 329–34.
— 'Mongol society and military in the Middle East: Antecedents and adaptations', in Yaacov Lev (ed.), *War and Society in the Eastern Mediterranean, 7th–15th Centuries* (Leiden, New York and Cologne, 1997), 249–66.— 'Mongol nomadism and Middle Eastern geography: Qīshlāqs and tümens', in Amitai- Preiss and Morgan (eds), *The Mongol Empire and its Legacy* (1999), 39–56.— 'Mongol warfare with Chinese weapons: catapults – and rockets?', in Nikonorov (ed.), *Tsentral'naia Aziia ot Akhemenidov do Timuridov* (2005), 320–2.— 'Hülegü moves west: High living and heartbreak on the road to Baghdad', in Komaroff (ed.), *Beyond the Legacy of Genghis Khan* (2006), 111–34.
— 'From pasture to manger: The evolution of Mongol cavalry logistics in Yuan China and its consequences', in Fragner et al. (eds), *Pferde in Asien* (2009), 63–73.
Sneath, David (ed.), *Imperial Statecraft: Political Forms and Techniques of Governance in Inner Asia, Sixth Twentieth Centuries* (Bellingham, WA, 2006).
Soucek, Svat, *A History of Inner Asia* (Cambridge, 2000).
Soudavar, Abolala, 'The Mongol legacy of Persian *farmān*s', in Komaroff (ed.), *Beyond the Legacy of Genghis Khan*, 407–21.
Spinei, Victor, *Mongolii şi Românii în sinteza de istorie ecleziastică a lui Tholomeus din Lucca / Les Mongols et les Roumains dans la synthèse d'histoire ecclésiastique de Tholomeus de Lucca* (Iaşi, 2012) [French text at 101ff.].
Spuler, Bertold, *Die Goldene Horde: Die Mongolen in Rußland 1223–1502* (1943), 2nd edn (Wiesbaden, 1965).— *Die Mongolen in Iran: Politik, Verwaltung und Kultur der Ilchanzeit 1220–1350* (1939), 4th edn (Leiden, 1985).
Stewart, Angus, 'If the cap fits: Going Mongol in thirteenth-c entury Syria', in May (ed.), *The Mongols and Post-Mongol Asia* (2016), 137–46.
Subtelny, Maria E., *Timurids in Transition: Turko-P ersian Politics and Acculturation in Medieval Iran*, BIAL 19 (Leiden and Boston, MA, 2007).— 'The binding pledge (*möchälgä*): A Chinggisid practice and its survival in Safavid Iran', in Colin P. Mitchell (ed.), *New Perspectives on Safavid Iran, Empire and Society* (London and New York, 2011), 9–29.
Thorau, Peter, *The Lion of Egypt: Sultan Baybars I and the Near East in the Thirteenth Century*, trans. P. M. Holt

(Harlow, 1992).
Tikhvinskii, S. L. (ed.), *Tataro-M ongoly v Azii i Evrope. Sbornik statei* (1970), 2nd edn (Moscow, 1977).
Togan, A. Zeki Velidi, 'The composition of the history of the Mongols by Rashīd al- Dīn', *CAJ* 7 (1962), 60–72.
Togan, İsenbike, *Flexibility and Limitation in Steppe Formations: The Kerait Khanate and Chinggis Khan* (Leiden, New York and Cologne, 1998).— 'The Qongrat in history', in Pfeiffer and Quinn (eds), *History and Historiography of Post- Mongol Central Asia and the Middle East* (2006), 61–83.
Tor, Deborah G., 'The Islamization of Central Asia in the Sāmānid era and the reshaping of the Muslim world', *BSOAS* 72 (2009), 279–99.
Tubach, Jürgen, Vashalomidze, Sophia G., and Zimmer, Manfred (eds), *Caucasus during the Mongol Period / Der Kaukasus in der Mongolenzeit* (Wiesbaden, 2012).
Üçok, Bahriye, Femmes turques souveraines et régentes dans les états islamiques, trans. Ayşe Çakmakli [no date or place of publication].
Usmanov, M. A., 'Étapy islamizatsii dzhuchieva ulusa i musul′manskoe dukhovenstvo v tatarskikh khanstvakh XIII–XVI vekov', in *Dukhovenstvo i politicheskaia zhizn′ na blizhnem i srednem vostoke v period feodalizma* (Moscow, 1985), 177–85.
Van Donzel, Emeri, and Schmidt, Andrea, *Gog and Magog in Early Eastern Christian and Islamic Sources: Sallam's Quest for Alexander's Wall*, BIAL 22 (Leiden and Boston, MA, 2010).
Vásáry, István, '"History and legend" in Berke Khan's conversion to Islam', in Sinor (ed.), *Aspects of Altaic Civilization III* (1990), 230–52; reprinted in Vásáry, *Turks, Tatars and Russians*.— *Cumans and Tatars: Oriental Military in the Pre- Ottoman Balkans, 1185–1365* (Cambridge, 2005).
— 'Oriental languages of the *Codex Cumanicus*: Persian and Cuman as *linguae francae* in the Black Sea region (13th–14th centuries)', in Schmieder and Schreiner (eds), *Il codice Cumanico e il suo mondo* (2005), 105–24.— *Turks, Tatars and Russians in the 13th–16th Centuries* (Aldershot and Burlington, VT, 2007).
— 'The Jochid realm: The western steppe and eastern Europe', in *CHIA* (2009), 67–85.
Veit, Veronika (ed.), *The Role of Women in the Altaic World. PIAC 44th Meeting, Walberberg, 26–31 August 2001*, AF 152 (Wiesbaden, 2007).
Vernadsky, George, *The Mongols and Russia* (New Haven, CT, and London, 1953).
Voegelin, Eric, 'The Mongol orders of submission to European powers, 1245–1255', *Byzantion* 15 (1940–1), 378–413.
Von der Höh, Marc, Jaspert, Nikolas, and Oesterle, Jenny Rahel (eds), *Cultural Brokers at Mediterranean Courts in the Middle Ages* (Paderborn, 2013).
Wang Ling, 'On the invention and use of gunpowder and firearms in China', *Isis* 37 (1947), 160–78.
Ward, Rachel (ed.), *Court and Craft: A Masterpiece from Northern Iraq* (London, 2014).
Watson, Oliver, 'Pottery under the Mongols', in Komaroff (ed.), *Beyond the Legacy of Genghis Khan* (2006), 325–45.
Watt, James C. Y., 'A note on artistic exchanges in the Mongol empire', in Komaroff and Carboni (eds), *The Legacy of Genghis Khan* (2002), 62–73.
Weiers, Michael, 'Die Mongolen in Iran', in Weiers (ed.), *Die Mongolen*, 300–44.— 'Die Mongolen und der Koran', in Rybatzki et al. (eds), *The Early Mongols: Language, Culture and History* (2009), 209–17.— (ed.), with Veronika Veit and Walther Heissig, *Die Mongolen. Beiträge zu ihrer Geschichte und Kultur* (Darmstadt, 1986).
Wickens, G. M., 'Nasir ad-d in Tusi on the fall of Baghdad: A further study', *JSS* 7 (1962), 23–35.
Wing, Patrick, '"Rich in goods and abounding in wealth": The Ilkhanid and post-I lkhanid ruling elite and the politics of commercial life at Tabriz, 1250–1400', in Pfeiffer (ed.), *Politics, Patronage and the Transmission of Knowledge in 13th–15th Century Tabriz* (2014), 301–20.
— *The Jalayirids: Dynastic State Formation in the Mongol Middle East* (Edinburgh, 2016).
Wittfogel, Karl A., and Fêng Chia-s hêng, *History of Chinese Society: Liao (907–1125)* (Philadelphia, PA, 1949 = *Transactions of the American Philosophical Society*, n.s., 36 [1946]).
Woods, John E., 'A note on the Mongol capture of Iṣfahān', *JNES* 36 (1977), 49–51.— 'The rise of Tīmūrid historiography', *JNES* 46 (1987), no. 2, 81–108.— *The Timurid Dynasty*, PIA 14 (Bloomington, IN, 1990).— 'Timur's genealogy', in Michael M. Mazzaoui and Vera B. Moreen (eds), *Intellectual Studies on Islam: Essays*

Written in Honor of Martin B. Dickson (Salt Lake City, UT, 1990), 85–125.
Zakeri, Mohsen, 'The *'ayyārān* of Khurasan and the Mongol invasion', in Melville (ed.), *Proceedings of the Third European Conference of Iranian Studies* (1999), 269–76.
Zakirov, Salikh, *Diplomaticheskie otnosheniia Zolotoi Ordy s Egiptom (XIII–XIV vv.)* (Moscow, 1966).
Zhao, George Qingzhi, *Marriage as Political Strategy and Cultural Expression: Mongolian Royal Marriages from World Empire to Yuan Dynasty* (New York, 2008).
Zieme, Peter, 'Notes on the religions in the Mongol empire', in Akasoy, Burnett and Yoeli- Tlalim (eds), *Islam and Tibet* (2011), 177–87.

THE CONTINENT
大陸
02

蒙古帝國與伊斯蘭世界：從征服到改宗的歷史大變局

The Mongols and the Islamic World: From Conquest to Conversion

作者	彼得・傑克森（Peter Jackson）
譯者	廖素珊、王紫讓
審訂	李鳴飛
譯校	蔡偉傑
執行長	陳蕙慧
總編輯	張惠菁
責任編輯	洪仕翰
特約編輯	王紫讓、吳鴻誼
行銷總監	陳雅雯
行銷企劃	余一霞
封面設計	莊謹銘
內頁排版	宸遠彩藝
社長	郭重興
發行人	曾大福
出版	廣場出版 / 遠足文化事業股份有限公司
發行	遠足文化事業股份有限公司
地址	231 新北市新店區民權路 108-2 號 9 樓
電話	02-22181417
傳真	02-22180727
客服專線	0800-221029
法律顧問	華洋法律事務所　蘇文生律師
印刷	呈靖彩藝有限公司
初版	2022 年 9 月
初版二刷	2023 年 4 月
定價	850 元
ISBN	978-986-0693-64-5（平裝）
	978-986-0693-63-8（EPUB）
	978-986-0693-62-1（PDF）

AGORA
廣場出版
Email acropolismde@gmail.com
Facebook www.facebook.com/acrolispublish

國家圖書館出版品預行編目(CIP)資料

蒙古帝國與伊斯蘭世界：從征服到改宗的歷史大變局
彼得・傑克森(Peter Jackson)著；廖素珊、王紫讓譯.
-- 初版. -- 新北市：廣場出版：遠足文化事業股份有限公司發行，2022.09
面；　公分
譯自：The Mongols and the Islamic world : from conquest to conversion

ISBN 978-986-0693-64-5 (平裝)
978-986-0693-63-8 (EPUB)
978-986-0693-62-1 (PDF)

1.CST: 蒙古族　2.CST: 蒙古史　3.CST: 伊斯蘭教

639.3　　111001446